Haller/Conzen · Das Strafverfahren

Das Strafverfahren

Eine systematische Darstellung
mit Originalakte und Fallbeispielen

von

Dr. Klaus Haller
Vorsitzender Richter am Landgericht Bonn

und

Klaus Conzen
Vorsitzender Richter am Oberlandesgericht Köln

8., neu bearbeitete Auflage

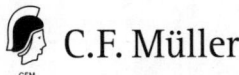 C.F. Müller

Bibliografische Information der Deutschen Nationalbibliothek
Die Deutsche Nationalbibliothek verzeichnet diese Publikation in der Deutschen Nationalbibliografie; detaillierte bibliografische Daten sind im Internet über <http://dnb.d-nb.de> abrufbar.

ISBN 978-3-8114-5617-4

E-Mail: kundenservice@cfmueller.de
Telefon: +49 89 2183 7923
Telefax: +49 89 2183 7620

www.cfmueller-campus.de
www.cfmueller.de

© 2018 C.F. Müller GmbH, Waldhofer Straße 100, 69123 Heidelberg

Dieses Werk, einschließlich aller seiner Teile, ist urheberrechtlich geschützt. Jede Verwertung außerhalb der engen Grenzen des Urheberrechtsgesetzes ist ohne Zustimmung des Verlages unzulässig und strafbar. Dies gilt insbesondere für Vervielfältigungen, Übersetzungen, Mikroverfilmungen und die Einspeicherung und Verarbeitung in elektronischen Systemen.

Satz: Gottemeyer, Rot
Druck: Kessler Druck + Medien, Bobigen

Vorwort

Strafprozessrecht wird in der juristischen Ausbildung vernachlässigt. Der „fertige" Jurist ist bewandert im materiellen Recht, hat von dessen oftmals schwierigen Durchsetzung aber allenfalls rudimentäre Vorstellungen. Daher ist es gut, dass Sie sich mit dieser vielschichtigen und interessanten Materie beschäftigen wollen (oder müssen). Bei näherem Hinsehen zeigt sie sich lebensnaher und greifbarer als die ebenso wichtige, aber zuweilen nüchtern und theoretisch anmutende Ziviljustiz. Strafverfahren beschäftigen sich eben oftmals mit extremen Situationen menschlichen Handelns, dem „wahren Leben". Sie sind in ihrer äußeren Gestaltung gelegentlich konfliktbeladen und unterliegen in Einzelfällen großer öffentlicher Beachtung.

Strafverfahren sind auch Gegenstand gesellschaftlicher Diskurse und folglich des rechtspolitischen Interesses, dem bekanntermaßen nicht zwingend weitsichtige Reaktionen des Gesetzgebers folgen. Es hinterlässt jedoch seine Spuren in den maßgeblichen Vorschriften, deren zahlreiche und zuweilen kurzatmige Veränderungen vom Rechtsanwender kaum mehr zu überblicken sind. Seit der letzten Auflage haben sie ungewöhnlich zahlreich stattgefunden.

Besonders hervorzuheben ist das Gesetz zur verpflichtenden Einführung der elektronischen Akte vom 05.07.2017 mit der passworttauglichen Abkürzung EAJEGuERVFöG. Es wird in einem langen und technisch anspruchsvollen Übergangsprozess bis Anfang 2026 nicht nur die Kommunikation zwischen den Verfahrensbeteiligten grundlegend verändern, sondern – vielleicht nicht nur zum Guten – auch die Anforderungen an die kognitive Erfassung des Akteninhalts. Zu erwähnen sind auch das Gesetz zur Erweiterung der Medienöffentlichkeit vom 08.10.2017, das Zweite Gesetz zur Stärkung der Verfahrensrechte von Beschuldigten vom 27.08.2017, das (recht vollmundig so genannte) „Gesetz zur effektiveren und praxistauglicheren Ausgestaltung des Strafverfahrens" vom 17.08.2017 mit nur teilweise wirklich nützlichen Neuregelungen, die Runderneuerung der Vermögensabschöpfung zum 01.07.2017 und die Intensivierung transnationaler Vernetzung in Gestalt der Europäischen Ermittlungsanordnung. Das dritte Opferrechtsreformgesetz vom 21.12.2015 hat u.a. umfassende und einzelfallbezogene Belehrungspflichten sowie einen Anspruch auf psychosoziale Prozessbegleitung gebracht.

Manche Neuerungen basieren auf (oft nützlichen, selten gut kommunizierten) europarechtlichen Vorgaben, von denen besonders die Richtlinie über Mindeststandards für die Rechte von Tatopfern aus dem Jahr 2012 hervorzuheben ist. Die Internationalisierung des Strafverfahrens schreitet also fort.

Veränderungen kommen aber auch aus der Justiz selbst. Neben den üblichen Entwicklungen in der Revisionsrechtsprechung versteht sich das Bundesverfassungsgericht weiterhin als „Superrevisionsinstanz" und greift neuerdings sogar in laufende

Vorwort

Ermittlungsverfahren ein (vgl. 2 BvR 200/14 oder 2 BvR 1562/17). Aufgrund seiner andererseits sehr begrüßenswerten Rechtsprechung zu Urteilsabsprachen wird der Gesetzgeber hier die Rechtspraxis beobachten und über die Zulässigkeit von Absprachen ggfls. neu entscheiden müssen. Das kann schwierig werden, wie die langwierigen parlamentarischen Wirren um eine nunmehr geregelte Vorratsdatenspeicherung oder Onlinedurchsuchung zeigen. Bedenkt man zudem, dass nicht wenige Vorschriften der aktuellen StPO mit angehängten Buchstaben versehen sind (z.B. §§ 100a ff.; 406a bis 406l StPO), so erscheint das gesetzgeberische Wirken mehr denn je als Flickwerk. Die rechtlichen Rahmenbedingungen des Strafverfahrens bleiben also in Bewegung und in vielerlei Hinsicht spannend, verlangen dem Rechtsanwender aber einiges ab.

Dieses Buch soll Ihnen etwas von dieser Spannung sowie den nötigen Durchblick bei der Einarbeitung, Vertiefung oder Aktualisierung Ihres Wissens vermitteln. Dabei wenden wir uns an

- Studierende (die sich den über den unmittelbaren Studienbedarf hinausgehenden Inhalt in froher Erwartung der Referendarzeit oder des Berufsanfangs für später aufheben können),
- Referendare,
- Strafverteidiger und Opferanwälte,
- Staatsanwälte oder Richter, die von Seiten der Justizverwaltung in der Regel unvorbereitet in das kalte Wasser des ersten Strafverfahrens (schlimmstenfalls als Strafrichter am Amtsgericht) geworfen werden.

Bei der Lektüre folgen Sie – nach einer Darstellung der für das gesamte Strafverfahren grundlegenden Prinzipien – der realen Chronologie über das Ermittlungsverfahren und die Hauptverhandlung der Tatsacheninstanz zum Rechtsmittelverfahren. In besonderen Kapiteln sind zudem praktische Probleme der Abfassung strafrichterlicher Urteile sowie die strafprozessualen Zwangsmittel abgehandelt.

Selbstverständlich können und wollen wir Ihnen bei konkreten Problemen nicht den Blick in die einschlägige Kommentierung ersparen. Dieses Buch soll Ihnen aber den erforderlichen Überblick und das nötige Fundament vermitteln, welches Sie benötigen, um im strafprozessualen Alltag zu bestehen. Zur Veranschaulichung dienen optisch hervorgehoben die Wiedergabe einer Originalakte bis zum Revisionsurteil sowie zahlreiche Beispielsfälle und Entscheidungsmuster. Besonderer Dank gilt dabei Herrn EPHK *Tölle* vom Polizeipräsidium Bonn für seine Unterstützung.

Unsere Ausführungen orientieren sich an den **praktischen** Problemen bzw. Rechtsfragen eines Strafverfahrens und den Lösungsmodellen der Rechtsprechung. Natürlich gibt es zu fast jedem juristischen Problem verschiedene Auffassungen. Der Rahmen dieses Buches würde aber gesprengt – und Sie orientierungslos zurückgelassen – wollte man sie alle darstellen. So haben wir dies auf wichtige Punkte beschränkt. Ohnehin finden sich in den zitierten Entscheidungen des BGH oder des BVerfG zu umstrittenen Rechtsfragen auch die maßgeblichen Literaturstimmen wieder. Der um wissenschaftliche Vertiefung Bemühte wird hier also schnell fündig.

Was die in Fußnoten zitierte Rechtsprechung und Literatur angeht, so haben wir uns weiterhin um einen sparsamen Umgang bemüht. Sie sollen im Schrifttum oftmals nur durch Berufung auf eine höhere Instanz die eigenen Ausführungen glaubhafter erscheinen lassen. Verfallen Sie nicht in diesen Autoritätsglauben. Lassen Sie sich nicht davon abhalten, selbst nachzudenken und sich eine eigene Meinung zu den oftmals auch rechtspolitisch interessanten Interessenkonflikten zu bilden. In diesem Buch haben Fundstellennachweise allein den Zweck, dass Sie sich in einen bestimmten Problemkreis noch näher vertiefen können. Trösten Sie sich also mit dem Gedanken, dass Sie nicht alle nachschlagen müssen. Der Praktiker wird sich hoffentlich über den Fundus an Argumentationshilfen freuen. Soweit unter Angabe des Aktenzeichens auf Entscheidungen des BGH Bezug genommen wird, finden Sie diese über die Suchmaske der Homepage des Bundesgerichtshofs, die auch ansonsten sehr zu empfehlen ist (www.bundesgerichtshof.de).

Selbstverständlich wurde die letzte Auflage vollständig überarbeitet und auf den allerneuesten Stand gebracht.

Und nun wünschen wir Ihnen wieder viel Vergnügen und – soweit Prüfungen anstehen – viel Erfolg.

Bonn, im Januar 2018

Dr. Klaus Haller
Klaus Conzen

Inhaltsverzeichnis

Vorwort V
Abkürzungs- und Literaturverzeichnis XXIII

Kapitel 1
Grundlagen des Strafverfahrens 1

A. Strafjustiz und Gesellschaft 1

B. Gesetzliche Grundlagen des Strafverfahrens 2

C. Tragende Verfahrensprinzipien/Unterschiede zum Zivilverfahren 4
    I. Offizialmaxime 4
        1. Grundsatz 4
        2. Durchbrechungen 4
    II. Legalitätsprinzip 5
    III. Ermittlungs- oder Untersuchungsmaxime 6
    IV. Anklagegrundsatz 6
    V. Beschleunigungsgrundsatz (Konzentrationsmaxime) 7
    VI. Öffentlichkeit der Verhandlung 11
    VII. Unmittelbarkeit und Mündlichkeit 14
    VIII. „In dubio pro reo" 15
    IX. Faires Verfahren („fair trial") 16
    X. Rechtliches Gehör 18
    XI. „ne bis in idem" – Verbot der Mehrfachverfolgung 20

Kapitel 2
Das Ermittlungsverfahren 23

A. Stellung des Ermittlungsverfahrens im Gesamtablauf 23

B. Die „Tat" als Grundlage der Strafverfolgung 24
    I. Materiell-rechtlicher Handlungsbegriff 26
    II. Prozessualer Tatbegriff 27

C. Einleitung des Ermittlungsverfahrens 31
    I. Originalakte 31
    II. Strafanzeige 56

III.	Strafantrag	57
	1. Deliktstypen/Antragserfordernis	57
	2. Wirksamkeitsvoraussetzungen	58
	3. Rücknahme des Strafantrags	60
IV.	Einschreiten von Amts wegen	61
V.	Tätigwerden aufgrund einer Weisung/Aufbau der Staatsanwaltschaft.	62
VI.	Die Staatsanwaltschaft als „Herrin des Ermittlungsverfahrens"	63
	1. Verhältnis zur Polizei	63
	2. Verhältnis zu Finanzbehörden	64

D. Zweck, Ziel und Ablauf des Ermittlungsverfahrens 64

E. Umfang der Ermittlungen 65
    I. Standardmaßnahmen 65
    II. Transnationale Vernetzung....................................... 66

F. Der Beschuldigte im Ermittlungsverfahren 68
    I. Der Beschuldigte als Beweismittel 68
    II. „Nemo-tenetur-Grundsatz" 69
    III. Pflicht zur Beschuldigtenvernehmung 70
    IV. Vernehmung durch die Polizei 71
    V. Verbotene Vernehmungsmethoden.............................. 72
    VI. Relevante Fehler bei der Beschuldigtenvernehmung 73
        1. Belehrung über das Schweigerecht 73
        2. Belehrung über das Recht zur Konsultation eines Verteidigers... 75
        3. Belehrung über konsularische Hilfe 76
    VII. Sonstige Rechte des Beschuldigten 76
        1. Akteneinsicht 77
        2. Anwesenheit bei Ermittlungshandlungen 77

G. Der Zeuge im Ermittlungsverfahren 79
    I. Pflichten des Zeugen 79
    II. Ablauf der Zeugenvernehmung 80
    III. Relevante Fehler bei der Zeugenvernehmung 80
    IV. Richterliche Zeugenvernehmung 81
    V. Schutz des Zeugen, insbesondere des Tatopfers 81

H. Abschlussmöglichkeiten des Ermittlungsverfahrens 85
    I. Verfahrenseinstellung gemäß § 170 Abs. 2 StPO................... 85
    II. Verfahrenseinstellungen nach §§ 153, 153a StPO 87
        1. Voraussetzungen einer Einstellung nach § 153 StPO 87
        2. Voraussetzungen einer Einstellung nach § 153a StPO 88
    III. Verfahrenseinstellungen nach §§ 154, 154a StPO 89
        1. Allgemeines 89
        2. Abgrenzung zwischen § 154 und § 154a StPO 90
        3. Beispiele 91

IV.	Verfahrenseinstellung nach § 154f StPO	93
V.	Alle Einstellungsmöglichkeiten auf einen Blick	94
	1. Vorläufige Einstellungen	94
	2. Endgültige Einstellungen ohne Strafklageverbrauch	94
	3. Endgültige Einstellungen mit beschränktem Strafklageverbrauch	95
VI.	Verweisung auf den Privatklageweg	95
VII.	Anklage	95

I. Die Anklageschrift 96

I.	Inhalt, Wirkung und Form im Überblick	96
II.	Aufbau der Anklageschrift	98
	1. Kopf und Adressat	98
	2. Anklagesatz	98
	3. Angabe der Beweismittel	101
	4. Wesentliches Ergebnis der Ermittlungen und Antrag	102
III.	Adressat der Anklageschrift	103
IV.	Abschlussverfügung	107

Kapitel 3
Das gerichtliche Verfahren erster Instanz 115

A. Die Beteiligten, ihre Rechte und Pflichten 115

I.	Der Angeklagte	115
	1. Schweigerecht	115
	2. Anwesenheitsrechte und -pflichten	117
	a) § 230 StPO	117
	b) § 231 StPO	118
	c) § 231a StPO	118
	d) § 231b StPO	119
	e) § 231c StPO	119
	f) § 232 StPO	120
	g) § 233 StPO	120
	h) § 247 StPO	121
	i) § 411 StPO	124
	3. Sonstige Rechte des Angeklagten	124
II.	Der Verteidiger	126
	1. Funktion und Stellung	126
	2. Auswahl	126
	a) Wahlverteidiger	126
	b) Pflichtverteidiger	127
	3. Prozessuale Rechte	133
	a) Akteneinsicht	133
	b) Recht auf ungehinderten Umgang mit dem Mandanten	135
	c) Sonstige Verteidigerrechte	136

III. Die Staatsanwaltschaft 136
1. Funktion und Stellung 136
2. Prozessuale Rechte 137
IV. Zeugen 137
1. Funktion und Stellung 137
2. Pflichten 137
3. Rechte 138
    a) Überblick 138
    b) Zeugnisverweigerung aus persönlichen Gründen 139
    c) Zeugnisverweigerung aus beruflichen Gründen 143
    d) Zeugnisverweigerung aus dienstlichen Gründen 145
    e) Auskunftsverweigerung 145
V. Sachverständige 147
1. Funktion und Stellung 147
2. Abgrenzung zwischen Sachverständigen und Zeugen 151
3. Auswahl und Bestellung 151
VI. Das Tatopfer 153
1. Nebenklage 153
    a) Anschlussbefugnis und -erklärung 153
    b) Rechte des Nebenklägers 154
2. Adhäsionsverfahren 156
    a) Prozessuale Vorteile 157
    b) Verfahrensgang und Entscheidung 158
3. Vermögensabschöpfung 160
4. Psychosoziale Prozessbegleitung 161
VII. Gerichtshilfe 161
VIII. Dolmetscher 162
1. Funktion und Stellung 162
2. Auswahl 163
IX. Urkundsbeamter der Geschäftsstelle 163
X. Rechtspfleger 164
XI. Berufsrichter 164
1. Allgemeines 164
2. Gerichtsaufbau/Instanzenzug 165
XII. Schöffen 167
1. Funktion, Arten und Auswahl 167
2. Rechte und Pflichten 169

B. Ablauf des gerichtlichen Verfahrens 170
I. Das Zwischenverfahren 170
1. Zweck und Gestaltung 170
2. Einstellung des Verfahrens 172
3. Eröffnungsbeschluss 172
4. Ablehnung der Eröffnung 174
II. Vorbereitung der Hauptverhandlung 177
1. Terminbestimmung 177

		2. Ladungen	178

      2. Ladungen 178
         a) Allgemeine Regelungen................................ 178
         b) Besonderheiten der Ladung bei einzelnen Beteiligten 178
  III. Gang der Hauptverhandlung...................................... 183
      1. Aufruf der Sache 183
      2. Feststellung der Präsenz 183
      3. Vernehmung des Angeklagten zur Person 184
      4. Verlesung des Anklagesatzes 184
      5. Information über Absprachen 185
      6. Belehrung des Angeklagten 185
      7. „Opening Statement".................................... 185
      8. Vernehmung des Angeklagten zur Sache 186
      9. Beweisaufnahme 187
     10. Schlussvorträge... 188
     11. Letztes Wort des Angeklagten 188
     12. Beratung des Gerichts und Abstimmung 189
     13. Urteilsverkündung....................................... 190
     14. Rechtsmittelbelehrung 190
     15. Unterbrechung und Aussetzung der Hauptverhandlung 191
  IV. Protokoll über die Hauptverhandlung 192
      1. Funktion 192
      2. Umfang und Wirkungen der Beweiskraft 193
      3. Voraussetzungen der Beweiskraft 194
      4. Begriff der (zu protokollierenden) „Förmlichkeit" 194

Kapitel 4
Die gerichtliche Beweisaufnahme 204

A. Unterscheidung Strengbeweis – Freibeweis 204

    I. Strengbeweis 205
   II. Freibeweis... 205

B. Aufklärungspflicht – Beweisantrag – Beweisermittlungsantrag 207

    I. Überblick 207
   II. Inhalt und Grenzen der Aufklärungspflicht 207
      1. Zulässigkeit der Beweiserhebung 208
      2. Bedeutung der Beweistatsache 209
      3. Geeignetheit des Beweismittels 209
         a) Zeugen 209
         b) Sachverständige 210
         c) Augenschein/Urkunden 210
      4. Erreichbarkeit des Beweismittels 211
      5. Schätzungen 216
  III. Voraussetzungen und Wirkungen des Beweisantrags 217
      1. Zulässigkeit des Beweisantrags 217

Inhaltsverzeichnis

	a) Antragsrecht	217
	b) Notwendiger Inhalt	218
	c) Notwendige Form	222
	d) Frist	222
	e) Mögliche Bedingungen/Hilfsbeweisantrag	223
2.	Protokollpflicht	225
3.	Ablehnungsmöglichkeiten	225
	a) Ablehnung einer Zeugenvernehmung	226
	b) Ablehnung des Sachverständigenbeweises	233
	c) Ablehnung sonstiger Beweiserhebungen	237
IV.	Der Beweisermittlungsantrag	237

C. Präsente Beweismittel 238

D. Der Unmittelbarkeitsgrundsatz 239
    I. Regelungsgehalt 239
    II. Ausnahmen 239
        1. Der Zeuge vom Hörensagen 239
        2. Vorführung einer Videoaufzeichnung 240

E. Die Zeugenvernehmung 242
    I. Ablauf 242
    II. Probleme der Bewertung einer Zeugenaussage 243
    III. Lichtbildvorlage und Wahlgegenüberstellung 246

F. Der Urkundenbeweis 247
    I. Förmliche Einführung von Urkunden in das Verfahren 248
    II. Zulässigkeit des Urkundenbeweises 248
        1. Grundsatz der Unmittelbarkeit, § 250 StPO .. 249
        2. Durchbrechungen 251
            a) Verlesung von Protokollen oder Erklärungen 251
            b) Protokollverlesung zur Gedächtnisunterstützung 255
            c) Richterliches Protokoll bei Geständnis oder Widersprüchen .. 256
            d) Erklärungen von Behörden und Sachverständigen 258

G. Die Augenscheinseinnahme 259

H. Hinweispflicht und Nachtragsanklage 260
    I. Der Hinweis, § 265 StPO 261
        1. Voraussetzungen der Hinweispflicht 261
            a) Veränderungen hinsichtlich des angeklagten Strafgesetzes ... 261
            b) Hervortreten sonstiger relevanter Umstände 262
        2. Rechte des Angeklagten bei erteiltem Hinweis 264
    II. Die Nachtragsanklage, § 266 StPO 265
        1. Wirksamkeitsvoraussetzungen 265
        2. Rechte des Angeklagten 266

I. Beweisverbote ... 266
   I. Beweiserhebungsverbote ... 267
   II. Beweisverwertungsverbote ... 268
      1. Allgemeine Voraussetzungen ... 268
      2. Verwertungsverbot des § 252 StPO ... 272
         a) Anwendungsbereich ... 273
         b) Inhaltliche Voraussetzungen ... 274
         c) Umfang des Verbotes ... 275
         d) Durchbrechung des § 252 StPO durch das „Richterprivileg" ... 277
      3. Tagebuchaufzeichnungen ... 278
      4. Akustische Überwachung ... 279
         a) Tätigkeit staatlicher Organe ... 279
         b) Tätigkeiten von Privatpersonen ... 281
      5. Verdeckter Einsatz von Ermittlern oder Privatpersonen ... 282
   III. „Fernwirkung" und „Fortwirkung" von Verwertungsverboten ... 285

J. Konfliktverteidigung ... 287
   I. Problemstellung ... 287
   II. Lösungsansätze ... 289

K. Urteilsabsprachen ... 293
   I. Hintergrund der aktuellen Gesetzeslage ... 293
   II. Realität verfahrensbeendender Absprachen ... 294
   III. Begriff der Absprache ... 297
   IV. Grenzen der Zulässigkeit ... 298
      1. Geeignetheit des Falles ... 298
      2. Aufklärungspflicht ... 298
      3. Schuldspruch ... 299
      4. Rechtsfolgen ... 299
   V. Besonderheiten in der Hauptverhandlung ... 300
   VI. Allgemeines Fairnessgebot ... 304
   VII. Bindungswirkung von Absprachen ... 305
   VIII. Urteilsabfassung ... 307
   IX. Rechtsmittelbefugnis ... 308

L. Fragen der Schuldfähigkeit ... 309
   I. Allgemeine Voraussetzungen der §§ 20, 21 StGB ... 309
   II. Einzelprobleme ... 311
      1. BtM-Hintergrund ... 311
      2. Die „Persönlichkeitsstörung" ... 311

M. Der alkoholisierte Täter ... 313
   I. Verfahrensmäßige Bedeutung des Alkohols ... 313
   II. Ermittlung der Tatzeit-Blutalkoholkonzentration ... 314
      1. Vorliegen einer Blutprobe ... 314

        a) Dem Angeklagten nachteiliger Alkoholgenuss 315
        b) Dem Angeklagten „vorteilhafter" Alkoholgenuss 317
    2. Fehlen einer Blutprobe 318
        a) Dem Angeklagten nachteiliger Alkoholgenuss.............. 320
        b) Dem Angeklagten „vorteilhafter" Alkoholgenuss 320

Kapitel 5
Das Urteil in der Tatsacheninstanz 322

A. Begriff, Voraussetzungen und Verkündung 322

B. Gegenstand des Urteils... 324

C. Urteilsarten 325

D. Inhaltliche Grundlagen des Urteils................................... 326
    I. Freie richterliche Beweiswürdigung 326
    II. Schranken der freien Beweiswürdigung 328

E. Inhalt und Aufbau des schriftlichen Urteils 330
    I. Rubrum.. 332
    II. Urteilstenor 332
        1. Abfassung des Schuldspruchs................................ 332
        2. Abfassung des Rechtsfolgenausspruchs 333
            a) Verhängung einer Geldstrafe 333
            b) Verhängung einer Freiheitsstrafe 334
            c) Verstöße gegen das Beschleunigungsgebot 335
            d) Sonstiger Inhalt des Rechtsfolgenausspruchs 336
        3. Kostenentscheidung.. 337
        4. Exkurs: Kostenentscheidung in anderen Fällen als des Urteils ... 338
        5. Paragraphenleiste... 339
        6. Tenorierungsbeispiele 339
            a) Verurteilung zu einer Geldstrafe....................... 339
            b) Gesamtfreiheitsstrafe mit Strafaussetzung zur Bewährung.... 339
            c) Einfacher Fall des Freispruchs mit Entschädigungsanordnung 340
            d) Kombination von Verurteilung und Freispruch,
                Anordnung einer Maßregel nach §§ 69, 69a StGB 340
            e) Kombination Tatmehrheit, Tateinheit und Teilfreispruch 341
            f) Versuch im Zustand erheblich verminderter Schuldfähigkeit;
                Maßregel i.S.d. § 63 StGB................................. 341
            g) Ausspruch über einen Adhäsionsantrag 342
            h) Einstellung des Verfahrens 343
    III. Urteilsgründe im Fall der Verurteilung........................... 343
        1. Darstellung und Aufbau 343
        2. Darstellung der persönlichen Verhältnisse des Angeklagten 345

	3. Schilderung des Tatgeschehens	347
	4. Beweiswürdigung	349
	5. Rechtliche Beurteilung des festgestellten Sachverhaltes	355
	6. Ausführungen zur Strafzumessung	356
	a) Ermittlung des anzuwendenden (abstrakten) Strafrahmens	356
	b) Konkrete Strafzumessung	358
	c) Begründung der Sanktionsart	360
	d) Besonderheiten bei der Verhängung einer Gesamtstrafe	361
	e) Begründung der Strafaussetzung zur Bewährung	363
	f) Beispiel für Strafzumessungserwägungen	363
	7. Sonstiger Inhalt des Urteils	364
IV.	Urteilsgründe im Fall des Freispruchs	366
V.	Teilfreispruch	367
VI.	Abgekürztes Urteil im Fall der Rechtskraft	370

F. Zu beachtende Fristen und Zustellung des Urteils 379

   I. Frist zur Abfassung des Urteils 379
   II. Zustellung des Urteils an den Angeklagten oder Verteidiger 379
   III. Zustellung des Urteils an die Staatsanwaltschaft 381

Kapitel 6
Besondere erstinstanzliche Verfahrensarten 382

A. Beschleunigtes Verfahren 382

B. Strafbefehlsverfahren 385

C. Sonstige besondere Verfahrensarten 390

Kapitel 7
Die Rechtsmittel im Strafverfahren 391

A. Übersicht über die Rechtsmittel der StPO 391

B. Allgemeingültiges für alle Rechtsmittel 392

   I. Gemeinsame Vorschriften 392
   II. Wirkungen der Rechtsmittel 393
   III. Anfechtungsberechtigte 394
   IV. Gemeinsame Zulässigkeitsvoraussetzungen 394
   V. Disposition über eingelegte Rechtsmittel 395
      1. Rechtsmittelbeschränkung 395
      2. Rechtsmittelverzicht 397
      3. Rücknahme des Rechtsmittels 399

C. Die Beschwerde 399

D. Die Berufung 404
    I. Allgemeines 404
    II. Statthaftigkeit der Berufung 404
    III. Einlegung der Berufung 405
    IV. Verfahren vor dem Berufungsgericht 407
        1. Zuständigkeiten 407
        2. Zulässigkeitsprüfung 407
        3. Hauptverhandlung 408
            a) Verwerfung der Berufung bei unentschuldigtem Ausbleiben .. 408
            b) Gang der Berufungsverhandlung 411
    V. Berufungsurteil 416
        1. Prozessurteile 416
            a) Verwerfung der Berufung als unzulässig 416
            b) Aufhebung und Verweisung 416
            c) Einstellung des Verfahrens 417
        2. Sachurteile 417
            a) Verwerfung der Berufung als unbegründet 417
            b) Aufhebung des erstinstanzlichen Urteils bei begründeter Berufung 418
            c) Berufungsurteil im Fall Lellmann 419

E. Die Revision 426
    I. Zulässigkeitsvoraussetzungen der Revision 427
        1. Statthaftigkeit 427
        2. Allgemeine Zulässigkeitsvoraussetzungen 429
        3. Ordnungsgemäßheit der Einlegung 429
            a) Adressat 429
            b) Form 429
            c) Frist 429
        4. Ordnungsgemäße Begründung der Revision 430
            a) Anforderungen an die Verfahrensrüge 431
            b) Beweis von Verfahrensmängeln 433
            c) Anforderungen an die Sachrüge 434
            d) Weitere formale Voraussetzungen 435
        5. Prüfungsschema zur Zulässigkeit der Revision 436
        6. Exkurs: Fristberechnung und Einzelfragen der Zustellung 438
    II. Entscheidung über die Zulässigkeit der Revision 440
    III. Voraussetzungen der Begründetheit 441
        1. Missachtung von Verfahrenshindernissen 442
            a) Verfolgungsverjährung 444
            b) Fehlender Strafantrag 446
            c) Verstoß gegen den Anklagegrundsatz 447
            d) Fehlender oder mangelhafter Eröffnungsbeschluss 450
            e) Dauernde Verhandlungsunfähigkeit des Angeklagten 451
        2. „Absolute" Revisionsgründe 452

   a) Vorschriftswidrige Besetzung des Gerichts 452
   b) Mitwirkung eines ausgeschlossenen oder abgelehnten Richters 459
   c) Unzuständigkeit des Gerichts 470
   d) Vorschriftswidrige Abwesenheit von Verfahrensbeteiligten . . . 472
   e) Verstoß gegen den Grundsatz der Öffentlichkeit 476
   f) Fehlende oder verspätete schriftliche Urteilsbegründung. 479
  3. Relative Revisionsgründe 480
   a) Voraussetzungen des § 337 StPO 481
   b) Voraussetzungen des § 338 Nr. 8 StPO. 486
   c) Einwände gegen das Protokoll über die Hauptverhandlung. . . 487
   d) Falsch behandelter Beweisantrag 488
   e) Verstöße gegen die Aufklärungspflicht 490
   f) Fehlerhafte Belehrung von Zeugen 491
   g) Fehler bei der Vereidigung von Zeugen. 493
   h) Fehler bei der Vereidigung sonstiger Beteiligter 496
   i) Verstöße gegen den Unmittelbarkeitsgrundsatz. 496
   j) Verstöße gegen die Hinweispflicht 497
   k) Verstöße gegen sonstige Rechte des Angeklagten 497
  4. Rüge der Verletzung materiellen Rechts 499
 IV. Weiterer Gang des Revisionsverfahrens. 505
 V. Beispiel für eine Revisionsentscheidung 510

F. Sonstige Rechtsbehelfe 525
 I. Wiedereinsetzung in den vorigen Stand 525
 II. Einspruch im Strafbefehlsverfahren 527
 III. Wiederaufnahmeverfahren 527
  1. Arten der Wiederaufnahme 528
  2. Einschränkungen der Wiederaufnahme 528
  3. Gang des Wiederaufnahmeverfahrens 529
 IV. Klageerzwingungsverfahren 530
 V. Gegenvorstellung und Anhörungsrüge 533

Kapitel 8
Zwangsmittel zur Sachaufklärung und Verfahrenssicherung 535

A. Vorläufige Festnahme 536
 I. „Jedermann-Recht" aus § 127 Abs. 1 S. 1 StPO. 536
 II. Vorläufige Festnahme nach § 127 Abs. 2 StPO 537
 III. Vorläufige Festnahme nach § 127b Abs. 1 StPO 538
 IV. Vorläufige Festnahme nach § 183 S. 2 GVG 539

B. Die Haft 539
 I. Untersuchungshaft, §§ 112 ff. StPO 539
  1. Voraussetzungen der Anordnung 540
   a) Tatverdacht 540

Inhaltsverzeichnis

b) Haftgründe	541
c) Verhältnismäßigkeit der Haftanordnung	544
2. Inhalt des Haftbefehls	545
3. Verfahren bei Erlass und Vollstreckung des Haftbefehls	548
a) Anordnungszuständigkeiten	548
b) Einzelheiten des Verfahrensganges	548
4. Anfechtungsmöglichkeiten	550
a) Haftprüfung	551
b) Haftbeschwerde	551
5. Erledigung und Aufhebung des Haftbefehls, § 120 StPO	552
6. Vorlageverfahren, §§ 121, 122 StPO	553
a) Voraussetzungen der Haftfortdauer über sechs Monate	553
b) Formales Verfahren bei Vorlage	555
II. Hauptverhandlungshaft	556
III. Vorführhaftbefehl	556
IV. Sicherungshaftbefehl	557
V. Vollstreckungshaftbefehl	557
VI. Auslieferungshaftbefehl	558
1. Allgemeines	558
2. Auslieferungsvoraussetzungen/Auslieferungshindernisse	559
3. Gang des Auslieferungsverfahrens/Zuständigkeiten	560

C. Vorläufige Unterbringung 561

D. Unterbringung des Beschuldigten zur Beobachtung 562

E. Körperliche Untersuchungen 562

I. Maßnahmen gegen den Beschuldigten, § 81a StPO	563
II. Maßnahmen gegen Dritte, § 81c StPO	564
III. DNA-Analyse und Speicherung von Daten, §§ 81e–g StPO	565
1. Allgemeines	565
2. Anordnungsvoraussetzungen der DNA-Analyse, §§ 81e, 81f StPO	565
3. Speicherung von Daten (sog. Gen-Datenbanken)	566
a) Inhaltliche Anforderungen	566
b) Anordnungskompetenz	567

F. Erkennungsdienstliche Behandlung 567

G. Durchsuchung 568

I. Durchsuchung beim Verdächtigen	568
II. Durchsuchung bei Dritten	569
III. Einzelheiten	569
1. Einschränkungen der Möglichkeit einer Durchsuchung	569
2. Anordnungsverfahren	570
3. Zufallsfunde	576
4. Rechtsbehelfe gegen Durchsuchungsmaßnahmen	576

H. Beschlagnahme	577
I. Voraussetzungen	577
II. Anordnungskompetenz	580
III. Rechtsbehelfe gegen die Beschlagnahme	583
I. Vorläufige Entziehung der Fahrerlaubnis	583
I. Allgemeines	583
II. Voraussetzungen	583
III. Anordnungskompetenzen und Zuständigkeit	584
J. Verdeckte Ermittlungsmaßnahmen	586
I. Gesetzliche Entwicklung und allgemeiner Überblick	586
II. Überwachung der Telekommunikation	589
1. Inhaltliche Voraussetzungen	590
2. Anordnungskompetenzen und Dauer der Maßnahme	593
3. Vorratsdatenspeicherung	593
4. „IMSI-Catcher"	594
III. Online-Durchsuchung	594
IV. Sonstige Observationsmaßnahmen	595
1. Technische Observation nach § 100h StPO	596
2. Abhören jenseits der Telekommunikation	596
a) Abhörmaßnahmen außerhalb von Wohnungen	597
b) Abhörmaßnahmen innerhalb einer Wohnung	598
V. Verwertungsverbote bei Überwachungsmaßnahmen	599
K. Zwangsmittel in der Hauptverhandlung	600
I. Zwangsmittel gegen den Angeklagten	601
II. Zwangsmaßnahmen gegen Zeugen und Sachverständige	601
III. Ordnungsmittel gegen (fast) jedermann	602
Sachverzeichnis	605

Abkürzungs- und Literaturverzeichnis

a.a.O.	am angegebenen Ort
a.E.	am Ende
AG	Amtsgericht
AO	Abgabenordnung
Arntzen	Friedrich Arntzen, Psychologie der Zeugenaussage – System der Glaubwürdigkeitsmerkmale, 5. Auflage 2011
Art.	Artikel
BAK	Blutalkoholkonzentration
BayObLG	Bayerisches Oberstes Landesgericht
BBG	Bundesbeamtengesetz
BeamtStG	Beamtenstatusgesetz
Bender/Nack/Treuer	Rolf Bender/Armin Nack/Wolf-Dieter Treuer, Tatsachenfeststellung vor Gericht, 4. Auflage 2014
Beulke	Werner Beulke, Strafprozessrecht, 13. Auflage 2016
BFH	Bundesfinanzhof
BFStrMG	Gesetz über die Erhebung von streckenbezogenen Gebühren für die Benutzung von Bundesautobahnen und Bundesstraßen
BGB	Bürgerliches Gesetzbuch
BGBl.	Bundesgesetzblatt
BGH	Bundesgerichtshof
BGHR-StPO	BGH-Rechtsprechung Strafsachen (Loseblattsammlung)
BGHSt	Bundesgerichtshof, Entscheidungen in Strafsachen (amtliche Sammlung)
BJ	Betrifft Justiz (Zeitschrift)
BKAG	Gesetz über die Einrichtung eines Bundeskriminalpolizeiamtes
B/L/A/H	Baumbach/Lauterbach/Albers/Hartmann: Zivilprozessordnung mit Gerichtsverfassungsgesetz und anderen Nebengesetzen, 76. Auflage 2018, zitiert: B/L/A/H
Bode	Karl-Christoph Bode, Das Wahlrechtsmittel im Strafverfahren, Frankfurt/Main 2000
BRAO	Bundesrechtsanwaltsordnung
BtMG	Betäubungsmittelgesetz
BVerfG	Bundesverfassungsgericht
BVerfGG	Gesetz über das Bundesverfassungsgericht
BVerwG	Bundesverwaltungsgericht
BZRG	Bundeszentralregistergesetz
DAD	DNA-Analyse-Datei (beim BKA)
Dahs	Hans Dahs, Die Revision im Strafprozess, 9. Auflage 2017
Dahs	Hans Dahs, Handbuch des Strafverteidigers, 8. Auflage 2015
DAR	Deutsches Autorecht (Zeitschrift)
DNA-IFG	DNA-Identitätsfeststellungsgesetz
DRiG	Deutsches Richtergesetz
DRiZ	Deutsche Richterzeitung

Abkürzungs- und Literaturverzeichnis

EEA	Europäische Ermittlungsanordnung
EGGVG	Einführungsgesetz zum Gerichtsverfassungsgesetz
EGMR	Europäischer Gerichtshof für Menschenrechte
EGStGB	Einführungsgesetz zum Strafgesetzbuch
EMA	Einwohnermeldeamt
EMRK	Europäische Konvention zum Schutz der Menschenrechte und Grundfreiheiten
EuGRZ	Europäische Grundrechte-Zeitschrift
EuRHÜbk	Europäisches Übereinkommen über die Rechtshilfe in Strafsachen
EuStA	Europäische Staatsanwaltschaft
EuZustVO	Verordnung (EG) Nr. 1393/2007 des Europäischen Parlaments und des Rates vom 13. November 2007 über die Zustellung von Schriftstücken
evtl.	eventuell
FamFG	Gesetz über das Verfahren in Familiensachen und in der freiwilligen Gerichtsbarkeit
FamRZ	Zeitschrift für das gesamte Familienrecht
FeV	Verordnung über die Zulassung von Personen zum Straßenverkehr
f.	folgende
ff.	fortfolgende
Fischer	Thomas Fischer, Strafgesetzbuch und Nebengesetze, 65. Auflage 2018
G 10	Gesetz zur Beschränkung des Brief-, Post- und Fernmeldegeheimnisses
GBA	Generalbundesanwalt
GG	Grundgesetz
ggfls.	gegebenenfalls
GKG	Gerichtskostengesetz
GStA	Generalstaatsanwaltschaft
GSSt	Großer Senat für Strafsachen des Bundesgerichtshofs
GSZ	Großer Senat für Zivilsachen des BGH
GVG	Gerichtsverfassungsgesetz
GwG	Gesetz über das Aufspüren von Gewinnen aus schweren Straftaten (Geldwäschegesetz)
GewSchG	Gesetz zum zivilrechtlichen Schutz vor Gewalttaten und Nachstellungen (Gewaltschutzgesetz)
Haller	Klaus Haller; Der Eid im Strafverfahren, 1998
Hartmann	Peter Hartmann, Kostengesetze, 47. Auflage 2017
HK	Heidelberger Kommentar zur Strafprozessordnung, 5. Auflage 2012, zitiert: HK-*Bearbeiter*
Hentschel	Hentschel/König/Dauer, Straßenverkehrsrecht, 44. Auflage 2017
h.M.	herrschende Meinung
HS	Heghmanns/Scheffler: Handbuch zum Strafverfahren, 2008, zitiert: HS-*Bearbeiter*
i.d.F.	in der Fassung
inkl.	Inklusive
InsO	Insolvenzordnung vom 05.10.1994
IRG	Gesetz über die internationale Rechtshilfe in Strafsachen
i.S.d.	im Sinne des/der
i.V.m.	in Verbindung mit
JGG	Jugendgerichtsgesetz

JuS	Juristische Schulung
JR	Juristische Rundschau
JVA	Justizvollzugsanstalt
JVEG	Justizvergütungs- und -entschädigungsgesetz
JZ	Juristenzeitung
KK	Karlsruher Kommentar zur Strafprozessordnung und zum Gerichtsverfassungsgesetz, 7. Auflage 2013, zitiert: KK-*Bearbeiter*
Lamprecht	Rolf Lamprecht, Vom Mythos der Unabhängigkeit, 2. Auflage 1995
LG	Landgericht
LOStA	Leitender Oberstaatsanwalt
LR	Löwe-Rosenberg: Die Strafprozeßordnung und das Gerichtsverfassungsgesetz, Großkommentar, 27. Auflage 2017, zitiert: LR-*Bearbeiter*
MDR	Monatsschrift für Deutsches Recht
Meyer-Goßner/Schmitt	Strafprozessordnung, Gerichtsverfassungsgesetz, Nebengesetze und ergänzende Bestimmungen, 60. Auflage 2017 zitiert: *Meyer-Goßner*
Meyer-Goßner/Appl	Die Urteile in Strafsachen, 29. Auflage 2014 zitiert: *Meyer-Goßner/Appl*
MfS	Ministerium für Staatssicherheit der DDR
MiStra	Mitteilungen in Strafsachen
MK-ZPO	Münchener Kommentar zur Zivilprozessordnung mit Gerichtsverfassungsgesetz und Nebengesetzen, 5. Auflage 2016, zitiert: MK-ZPO-*Bearbeiter*
MuSchG	Gesetz zum Schutze der erwerbstätigen Mutter
m.w.N.	mit weiteren Nachweisen
NJW	Neue Juristische Wochenschrift
NStZ	Neue Zeitschrift für Strafrecht
NStZ-RR	NStZ-Rechtsprechungsreport
NZWiSt	Neue Zeitschrift für Wirtschafts-, Steuer- und Unternehmensstrafrecht
o.Ä.	oder ähnliches
OAG	Gesetz zur Sicherung der zivilrechtlichen Ansprüche der Opfer von Straftaten (Opferanspruchssicherungsgesetz)
OEG	Gesetz über die Entschädigung für Opfer von Gewalttaten
OLG	Oberlandesgericht
OpferRRG	Gesetz zur Verbesserung der Rechte von Verletzten im Strafverfahren (Opferrechtsreformgesetz)
OrgStA	Anordnungen über Organisation und Dienstbetrieb der Staatsanwaltschaft
OStA	Oberstaatsanwalt
OWiG	Gesetz über Ordnungswidrigkeiten
Peters	Karl Peters, Strafprozeß, 4. Auflage 1985
PolGNW	Polizeigesetz des Landes Nordrhein-Westfalen
PsychPbG	Gesetz über die psychosoziale Prozessbegleitung im Strafverfahren
Rn.	Randnummer
RGSt	Reichsgericht in Strafsachen (amtliche Sammlung)

Abkürzungs- und Literaturverzeichnis

RiStBV	Richtlinien über das Straf- und Bußgeldverfahren
RiVASt	Richtlinien für den Verkehr mit dem Ausland in strafrechtlichen Angelegenheiten
Roxin/Schünemann	Strafverfahrensrecht, 29. Auflage 2017
Rpfl.	Der Deutsche Rechtspfleger
RPflG	Rechtspflegergesetz
Rüegger/Gysi (Hrsg.)	Handbuch sexualisierte Gewalt: Therapie, Prävention und Strafverfolgung, 2017, zitiert: Rüegger/Gysi-*Verfasser*
RVG	Gesetz über die Vergütung der Rechtsanwältinnen und Rechtsanwälte (Rechtsanwaltsvergütungsgesetz)
S.	Satz oder Seite
SchlHA	Justizministerialblatt des Landes Schleswig-Holstein
Schlothauer	Reinhold Schlothauer, Vorbereitung der Hauptverhandlung; 2. Auflage 1998
Schönke/Schröder	Strafgesetzbuch, Kommentar, 29. Auflage 2014, zitiert: Sch/Sch-*Bearbeiter*
SGB X	Zehntes Buch Sozialgesetzbuch – Sozialverwaltungsverfahren und Sozialdatenschutz
SK-StPO	Systematischer Kommentar zur Strafprozessordnung und zum Gerichtsverfassungsgesetz, 9. Auflage 2017; zitiert: SK-StPO-*Bearbeiter*
Schomburg	Schomburg, Lagodny, Gleß, Hackner: Internationale Rechtshilfe in Strafsachen. Kommentar zum IRG, 5. Auflage 2012, zitiert: Schomburg-*Bearbeiter*
SIS	Schengener Informationssystem
s.o.	siehe oben
sog.	sogenannt
StA	Staatsanwaltschaft
StGB	Strafgesetzbuch
StPO	Strafprozessordnung
str.	streitig
StraFo	Strafverteidiger Forum (Zeitschrift)
StrEG	Gesetz über die Entschädigung für Strafverfolgungsmaßnahmen (abgedruckt bei Meyer-Goßner, Anhang A 5)
StVG	Straßenverkehrsgesetz
StVO	Straßenverkehrsordnung
StVollzG	Strafvollzugsgesetz
StVZO	Straßenverkehrszulassungsordnung
StV	Der Strafverteidiger
TKG	Telekommunikationsgesetz
Trankell	Arne Trankell, Der Realitätsgehalt von Zeugenaussagen, 1971
UdG	Urkundsbeamter der Geschäftsstelle
u.a.	und andere/unter anderem
u.U.	unter Umständen
VersammlG	Versammlungsgesetz
VerkMitt	Verkehrsrechtliche Mitteilungen, zitiert nach Jahrgang und Entscheidungsnummer
VGS	Vereinigte Große Senate des BGH
VRS	Verkehrsrechts-Sammlung, zitiert nach Band und Seite

WaffG	Waffengesetz
wistra	Zeitschrift für Wirtschafts- und Steuerstrafrecht
WÜK	Wiener Übereinkommen über konsularische Beziehungen
z.B.	zum Beispiel
ZIP	Zeitschrift für Wirtschaftsrecht
Zöller	Zivilprozessordnung mit FamFG, Gerichtsverfassungsgesetz und den Einführungsgesetzen, 32. Auflage 2017
ZPO	Zivilprozessordnung
ZRP	Zeitschrift für Rechtspolitik
z.Zt.	zur Zeit

Kapitel 1
Grundlagen des Strafverfahrens

A. Strafjustiz und Gesellschaft

Im Strafrecht spiegelt sich der Zustand einer Gesellschaft. Denn die Frage nach dem „Recht zu Strafen" wirft auch das Problem auf, wer aus welchen Gründen Straftaten begeht und wie wir dieses Phänomen behandeln. Kriminalität ist eine soziale Erscheinung, mit deren Ursachen und Formen sich die Kriminologie befasst. An dieser Stelle kann daher nur auf die Komplexität des Problems hingewiesen werden. Die Entstehung von „Normlosigkeit" aufgrund ungleichen Zugangs zu dem als alleinigem Heilsbringer propagierten materiellen Wohlstand, zu Bildung und beruflichen Perspektiven, spielt eine ebenso bedeutende Rolle, wie der Verlust „sozialer Kontrolle" durch das Auseinanderbrechen gesellschaftlicher Strukturen.

1

So tragen abgesehen von individuellen Faktoren insbesondere die Sozialpolitik, das wirtschaftliche System mit seinen Verteilungsmodellen, die Chancen auf Bildung und Beruf, die gesellschaftliche Wertorientierung, aber auch die „Mediensozialisation" entscheidend zu Ausmaß und Erscheinungsformen von Kriminalität bei. Der im politischen Raum immer wieder zu vernehmende Ruf nach schärferen Gesetzen ist also einfach, populistisch und wird dem Problem nicht gerecht. Noch immer sind eine gute Sozialpolitik und eine an Gemeinschaftswerten orientierte Erziehung die besten Präventionsmittel. Gute (folglich auch teure) Schulen und die Vermittlung individueller Perspektiven sind letztlich preiswerter als Kriminalitätsbekämpfung.

2

Deren Augenmerk gilt vor allem männlichen Erwachsenen. Zwar wird vielfach „die Jugend" als potentielle Straftäter ausgemacht, weil sich die Anzahl der Tatverdächtigen in der Altersgruppe bis zu 21 Jahren seit vielen Jahren auf einem leicht sinkenden, aber hohen Niveau bewegt. Gleichwohl werden ganz überwiegend Erwachsene, also Personen in einem Alter von mindestens 21 Jahren delinquent (77 %). In allen Altersstufen stellen männliche Tatverdächtige mit rund 75 % den Hauptanteil[1].

3

Die besondere Problematik des Strafverfahrens liegt in dem klaren **Interessenkonflikt** zwischen dem Staat, dem es obliegt, kriminelles Handeln aufzuklären und zu verfolgen, und den Interessen des Bürgers, nicht zu Unrecht mit einem belastenden Verfahren überzogen zu werden, welches naturgemäß mit Eingriffen in seine Privatsphäre verbunden ist.

4

---
1 Quelle: Polizeiliche Kriminalstatistik 2016, herausgegeben vom Bundeskriminalamt Wiesbaden. Ein Blick in diese Statistik ist auch im Übrigen – etwa hinsichtlich der einzelnen Deliktsgruppen – sehr zu empfehlen (www.bka.de).

Kapitel 1 *Grundlagen des Strafverfahrens*

Die Lösung dieses Konflikts, welche Eingriffsrechte also der Staat sich selbst zugesteht, kann als deutlicher Parameter für das gesellschaftliche Gefüge betrachtet werden. Je freiheitlicher die Rechtsordnung, um so stärker sind die Individualrechte ausgestaltet. Anders als in den zahlreichen autoritären Staaten dieser Welt sind bei uns die prozessualen Rechte des Beschuldigten stark ausgeprägt, und das mit Recht. Schließlich ist die Kriminalstrafe die stärkste staatliche Sanktion[2]. Strafprozessrecht muss also den Anforderungen an ein „angewandtes Verfassungsrecht" genügen.

B. Gesetzliche Grundlagen des Strafverfahrens

5   Regelungen zum Strafverfahren finden sich in zahlreichen Rechtsquellen. Maßgeblich sind insbesondere:

– **Gerichtsverfassungsgesetz (GVG)**; es regelt Aufbau und Zusammensetzung sowie sachliche und funktionelle Zuständigkeit der einzelnen Gerichte.
– **Strafprozessordnung (StPO)**, die das eigentliche „Verfahrensrecht" enthält. Hier finden sich die Vorschriften über das Ermittlungsverfahren und den konkreten Ablauf des Verfahrens vor dem jeweils zuständigen Gericht.
– **Jugendgerichtsgesetz (JGG)**, welches die Besonderheiten im Verfahren gegen Jugendliche und Heranwachsende regelt.

6   – **Grundgesetz (GG)**. Hier verdient zunächst **Art. 101 GG** Erwähnung, der insbs. einen Anspruch auf den **gesetzlichen Richter** normiert. So soll der Gefahr vorgebeugt werden, dass die Justiz durch Manipulation sachfremden Einflüssen ausgesetzt wird. Entscheidungen dürfen nicht durch die gezielte Auswahl des Richters beeinflusst werden können. Es muss daher in abstrakt-genereller und klarer Form schriftlich bestimmt sein, welcher Richter an welchem Verfahren und welcher Entscheidung mitwirkt[3]. Für die Aufgabenverteilung innerhalb eines Gerichts geschieht dies durch den sog. Geschäftsverteilungsplan.

Daneben gewährt **Art. 103 GG** folgende Grundrechte:
a) den Anspruch auf **rechtliches Gehör** (Abs. 1),
b) die Beachtung des Rechtsgrundsatzes **„nulla poena sine lege"** (Abs. 2), wonach unzulässig sind:
  – die analoge Anwendung von Straftatbeständen (zuweilen schwer abzugrenzen von der zulässigen Auslegung der Vorschriften),
  – strafrechtliches Gewohnheitsrecht,
  – rückwirkende **Straf**vorschriften[4],
  – unbestimmte Strafgesetze,

---

[2]   Aus diesem Grund ist die Verfassungsbeschwerde gegen eine strafrechtliche Verurteilung unter erleichterten Voraussetzungen möglich, vgl. BVerfG NJW 1998, 443 f.
[3]   BVerfG NStZ 1998, 418; BGH 1 StR 493/16.
[4]   Für **Verfahrensvorschriften** gilt dieses Rückwirkungsverbot allerdings nicht. Ändern sich im Verlauf eines anhängigen Strafverfahrens strafprozessuale Vorschriften, so ist grundsätzlich die neue Rechtslage maßgeblich, vgl. BGH 4 StR 188/09; 3 StR 552/08; 3 StR 342/08 m.w.N.

– die missbräuchliche Heranziehung nicht passender Gesetze, die sog. „Überdehnung" von Straftatbeständen.
c) das Verbot der Mehrfachverfolgung („**ne bis in idem**"), sog. „Strafklageverbrauch" (Abs. 3).
- **Strafgesetzbuch (StGB)** bzgl. Verfolgungsvoraussetzungen und Verfolgungshindernissen, namentlich in Form des Strafantrages (§§ 77 bis 77d StGB) und der Verfolgungsverjährung, §§ 78 ff. StGB.
- **Zivilprozessordnung (ZPO)** hinsichtlich der Zustellungsvorschriften. Denn über § 37 Abs. 1 StPO gelten für die Zustellung auch im Strafverfahren die Vorschriften der ZPO, also insbesondere die §§ 166 ff. ZPO.
- **Konvention zum Schutz der Menschenrechte und Grundfreiheiten (EMRK)**, wo neben der Unschuldsvermutung (Art. 6 Abs. 2 EMRK[5]) strafprozessuale (Mindest-) Garantien festgeschrieben sind, vgl. Art. 5 (Recht auf Freiheit und Sicherheit), Art. 6 Abs. 1 und 3 (sog. „Magna Charta" des Strafverfahrens) sowie Art. 7 EMRK („nulla poena").

7

8

Die Bestimmungen der EMRK werden ergänzt durch zahlreiche Zusatzprotokolle, die teils weitere materielle Gewährleistungen, teils Verfahrensvorschriften enthalten. Der Rechtsnatur nach handelt es sich um einen **völkerrechtlichen Vertrag** im Sinne von Art. 59 Abs. 1 S. 1 GG zwischen den Mitgliedsstaaten des Europarates, dem heute 47 Staaten angehören. Durch die Ratifizierung ist das gesamte Regelwerk in Deutschland geltendes Recht im Range eines einfachen Bundesgesetzes, also ohne Verfassungsstatus. Das folgt aus Art. 59 Abs. 2 GG. Gleichwohl sind die materiellen Gewährleistungen der EMRK wie die Rechtsprechung des Europäischen Gerichtshofs für Menschenrechte (EGMR) im Zuge einer völker- und **europarechtsfreundlichen Auslegung** der Gesetze einschließlich der Grundrechte und der rechtsstaatlichen Grundsätze heranzuziehen[6]. Hieraus folgt eine erhebliche Relevanz der EMRK; die Entscheidungen des EGMR sind de facto bindend[7].
- **Richtlinien über das Straf- und Bußgeldverfahren (RiStBV)**, bei denen es sich um einheitliche Regelungen des Bundes und der Landesjustizverwaltungen[8] handelt, die im Wesentlichen als Anleitungen für das Verfahren bei der Staatsanwaltschaft zu verstehen sind. Diese ist hieran gebunden, weil die Richtlinien Ausfluss des allgemeinen Weisungsrechts aus § 147 Nr. 2 GVG sind.

---

5 Abgedruckt in *Meyer-Goßner*, Anhang 4. Zu deren Regelungsgehalt siehe EGMR NJW 2011, 1789 ff.
6 Vgl. BVerfGE 111, 307 ff.; 128, 326 ff.; BVerfG NJW 2004, 3407. Das gilt auch für andere strafprozessuale Garantien enthaltende internationale Vertragswerke, wie etwa das WÜK, sowie für die Rechtsprechung des Internationalen Strafgerichtshofs in Den Haag zur Auslegung des Völkerstrafrechts, BVerfG NJW 2007, 499 ff. Näheres zur Bestimmung des Art. 36 WÜK finden Sie in Rn. 144 f, 1156.
7 Siehe BVerfGE 128, 326 ff. zur Sicherungsverwahrung sowie BVerfG NJW 2013, 3567 f: „Stellt der Gerichtshof eine Verletzung der Konvention fest, muss der betroffene Staat sie beenden und ihre Folgen so beseitigen, dass der frühere Zustand so weit wie möglich wiederhergestellt wird."
8 Abgedruckt in *Meyer-Goßner*, Anhang 12 sowie im Schönfelder (Ergänzungsband).

Kapitel 1 *Grundlagen des Strafverfahrens*

C. Tragende Verfahrensprinzipien/Unterschiede zum Zivilverfahren

9 Um den oben bereits erwähnten Interessenkonflikt zwischen der Durchsetzung des staatlichen Strafanspruchs und der Abwehr als ungerecht empfundener Eingriffe akzeptabel zu lösen, sind für das Strafverfahren eine Reihe von Verfahrensprinzipien von entscheidender Bedeutung. Diese sollen im Folgenden kurz dargestellt werden.

I. Offizialmaxime

1. Grundsatz

10 **Beispiel:** Die Geschädigte wollte sich von ihrem Freund trennen. Da dieser hiermit nicht einverstanden war, kam es zwischen beiden zu Tätlichkeiten, die letztlich in einer Vergewaltigung gipfelten. Auf Anraten ihrer Freundinnen und Eltern zeigte die Geschädigte ihren Ex-Freund daraufhin an. Später reute sie dieser Entschluss, da sie sich zwischenzeitlich mit ihrem Freund wieder ausgesöhnt und sogar verlobt hatte. Aus diesem Grunde schrieb sie an die Staatsanwaltschaft, sie „nehme die Anzeige zurück".
Hat diese Erklärung Auswirkungen auf das Verfahren?

Nach **§ 152 Abs. 1 StPO** ist zur Erhebung der öffentlichen Klage die Staatsanwaltschaft berufen. Die Vorschrift beinhaltet das sog. **Offizialprinzip**, wonach für die Strafverfolgung ausschließlich der Staat (und für diesen handelnd die Staatsanwaltschaft) zuständig ist. Da es um den staatlichen (also gesellschaftlichen) Strafanspruch geht, muss grundsätzlich von Amts wegen ohne Rücksicht auf den Willen der Beteiligten ermittelt und verfahren werden.

Dies unterscheidet das Strafverfahren vom Zivilprozess, wo entsprechend der sog. **Dispositionsmaxime** allein die Parteien Herren des Verfahrens sind. Sie können es z.B. durch Klagerücknahme, Vergleich oder Anerkenntnis in jedem Stadium beenden.

2. Durchbrechungen

11 Das Offizialprinzip erfährt drei wesentliche Einschränkungen, nämlich durch:

a) **Antragsdelikte**, bei denen für die Ermittlungsbehörden ein Zwang zum Einschreiten nicht besteht. Hierzu gehören folgende Vorschriften des StGB: §§ 123, 185 i.V.m. 194, 223 und 229 i.V.m. 230, 238 Abs. 1, 247, 248b, 248c, 242, 246, 263 Abs. 4, jeweils i.V.m. 248a, 288, 289, 303 bis 303b, jeweils i.V.m. 303c. Auf diese Normen wird unten im Rahmen der sog. Verfahrenshindernisse[9] noch einzugehen sein.

12 b) **Ermächtigungsdelikte**. Hier können die Ermittlungsbehörden zwar zunächst Ermittlungen aufnehmen, zur Erhebung der Anklage wird die Staatsanwaltschaft jedoch erst durch den jeweils Berechtigten – z.B. den Bundespräsidenten im Falle des § 90 Abs. 4 StGB – „ermächtigt".

Zu nennen sind die sämtlich staatsbezogenen §§ 90 Abs. 4, 90b Abs. 2, 97 Abs. 3, 104a, 353a Abs. 2, 353b Abs. 4 StGB.

---

9 Vgl. unten Rn. 936 ff.

– **Privatklagedelikte**, §§ 374 ff. StPO. Die Verfolgung der in § 374 StPO (lesen!) aufgeführten Straftaten liegt nach der Wertung des Gesetzgebers in der Regel nicht im öffentlichen Interesse, vgl. §§ 374, 376 StPO. 13

> Im Beispiel hätte die „Rücknahme der Anzeige" also keinerlei Auswirkungen auf das Verfahren, da es sich bei dem angezeigten Delikt um einen Verbrechenstatbestand (vgl. § 12 Abs. 1 StGB) und nicht um ein Antragsdelikt handelt.

II. Legalitätsprinzip

Nach **§ 152 Abs. 2 StPO** ist die Staatsanwaltschaft nicht nur berechtigt, sondern bei Vorliegen tatsächlicher Anhaltspunkte **verpflichtet**, gegen jeden Verdächtigen mit dem Ziel zu ermitteln, belastende wie entlastende Umstände zu erforschen (vgl. § 160 Abs. 2 StPO). Nach § 163 Abs. 1 StPO trifft die Polizei als Hilfsorgan der Staatsanwaltschaft dieselbe Pflicht. Dieser für das Strafverfahren wesentliche Grundsatz ist in zweifacher Hinsicht abgesichert: 14

– **materiellrechtlich** durch § 258a StGB, also die Androhung von Strafe für die Strafvereitelung im Amt,
– **prozessual** durch die §§ 172 ff. StPO. Durch das sog. Klageerzwingungsverfahren kann der Verletzte einer Straftat notfalls die Staatsanwaltschaft gerichtlich zur Anklageerhebung zwingen.

Die Pflicht zur Verfolgung von Straftaten besteht zwar allein im öffentlichen Interesse. Aus Art. 8 EMRK, Art. 2 Abs. 2 S. 1 und 2 in Verbindung mit Art. 1 Abs. 1 S. 2 GG ergibt sich allerdings eine auch drittbezogene Verpflichtung aller Strafverfolgungsorgane zu **effektiver Strafverfolgung** bei erheblichen Straftaten, also gegen das Leben, die körperliche Unversehrtheit, die sexuelle Selbstbestimmung und die Freiheit der Person, für Straftaten von Amtsträgern bei der Wahrnehmung hoheitlicher Aufgaben oder wenn den Staat eine spezifische Obhutspflicht trifft, etwa weil Opfer sich im Maßregel- oder Strafvollzug befinden. Hier besteht ein entsprechender **Anspruch des Tatopfers**. Der Ermittlungsverlauf ist folglich detailliert und vollständig zu dokumentieren, Einstellungsentscheidungen sind zu begründen[10].

Trotz seiner herausragenden Bedeutung ist auch das Legalitätsprinzip in nicht unerheblichem Umfang durchbrochen. 15

Eine große praktische Bedeutung haben die §§ 153, 153a bis e, 154, 154a StPO. Sie eröffnen der Staatsanwaltschaft insbes. bei Straftaten von geringerem Gewicht einen Ermessensspielraum, ob eine weitere Verfolgung stattfinden soll oder nicht (sog. **Opportunitätsprinzip**). Als weitere Durchbrechung des Legalitätsprinzips kann § **31a BtMG** angesehen werden, der bei der Verfolgung von Drogenkriminalität einen gewissen Freiraum lässt.

Die rechtspolitisch markanteste Ausnahme liegt in der „**Kronzeugenregelung**", § **46b** StGB. Sie ermöglicht bei Aufklärung oder Verhinderung schwerer Straftaten (i.S.d. 16

---

10 Siehe EGMR NJW 2014, 607 ff.; BVerfG NJW 2015, 3500 ff.; NStZ-RR 2015, 347 ff.; NJW 2015, 150 f.; 2 BvR 1568/14.

Kapitel 1 *Grundlagen des Strafverfahrens*

§ 100a Abs. 2 StPO) eine Strafmilderung oder gar ein Absehen von Strafe. Die Vorgängerregelung für Kronzeugen war zum 31.12.1999 ausgelaufen. Abgesehen von rechtsstaatlichen Bedenken und der Beeinträchtigung des Gleichbehandlungsgrundsatzes hatte sie nicht zu der gewünschten Erleichterung bei der Bekämpfung von Straftaten aus dem terroristischen oder organisierten Umfeld geführt[11]. Das hat den Gesetzgeber freilich nicht gehindert, sie im Jahre 2009 in Gestalt des § 46b StGB wieder einzuführen. Eine besondere Art der Kronzeugenregelung enthält § **31 BtMG**.

III. Ermittlungs- oder Untersuchungsmaxime

17 Dieser in den §§ **155 Abs. 2, 160 Abs. 2, 244 Abs. 2 StPO** geregelte Grundsatz steht mit dem Legalitätsprinzip in engem Zusammenhang. Es besagt, dass alle für die Untersuchung bedeutsamen Beweismittel von Amts wegen heranzuziehen und zu verwerten sind.

Ziel des Strafverfahrens ist nämlich die Erforschung des wahren Sachverhalts, also der **materiellen Wahrheit**, um auf dieser Grundlage entsprechend dem verfassungsrechtlich verankerten Schuldprinzip das Bestehen oder Nichtbestehen des staatlichen Strafanspruchs festzustellen[12]. Es gilt daher im gerichtlichen Verfahren das „**Gebot der bestmöglichen Sachaufklärung**"[13]. Auch hierin liegt ein Unterschied zum Zivilprozess, in dem eine Bindung des Gerichts an das Parteivorbringen besteht und im Wesentlichen nur die von den Parteien benannten Beweismittel herangezogen werden. Daher kann man für das Zivilverfahren auch von „**prozessualer**" Wahrheit sprechen, wenngleich dies nicht zu der irrigen Annahme verleiten sollte, in einem Strafverfahren käme stets das wirkliche Tatgeschehen ans Licht. Das Gericht kann sich aufgrund von Beweismitteln i.d.R. nur ein mehr oder weniger eingeschränktes Bild vom Geschehen machen. Auch der Strafrichter kann im Übrigen Täuschungen und Irrtümern erliegen.

IV. Anklagegrundsatz

18 Nach §§ **151, 152 StPO** ist die Erhebung einer Anklage durch die Staatsanwaltschaft Voraussetzung für die Eröffnung einer gerichtlichen Untersuchung. Dies bezeichnet man als Anklagegrundsatz, Akkusationsprinzip oder Anklagemonopol der Staatsanwaltschaft. Ein Gericht darf also nicht von sich aus tätig werden, wenn es Kenntnis von einer Straftat erlangt hat. Dies beruht auf der gewollten strikten Trennung zwischen Staatsanwaltschaft und Gericht, um ein unvoreingenommenes und faires gerichtliches Verfahren zu garantieren.

19 An dieser Stelle sei wegen der grundlegenden Bedeutung für das Strafverfahren ein kurzer historischer Rückblick erlaubt: Etwa seit dem 13. Jhd. hatte sich das sog. **Inquisitionsverfahren** herausgebildet. Dieses setzte nicht mehr – wie im germanischen Recht mit seinen Reinigungseiden und Gottesurteilen – die „Klage" eines Verletzten

---

11 Vgl. zu diesem Problemfeld *Mühlhoff/Pfeiffer* ZRP 2000, 121 ff. sowie *Schlüchter* ZRP 1997, 65 ff.
12 BVerfG NJW 2010, 592 ff.; BGH 3 StR 35/13 Tz. 6; NJW 2005, 1442.
13 Vgl. BVerfG NStZ-RR 2013, 115; NJW 2013, 1060.

voraus[14]; die Tatsachenfeststellung wurde vielmehr zum Ziel richterlicher Beweiswürdigung. Allerdings lagen Ermittlungen, Anklage und Urteilsfindung in einer Hand. Untrennbar verbunden war der Inquisitionsprozess mit starren Beweisregeln, Heimlichkeit, Schriftlichkeit und – vor allem – der Folter zur Erzwingung eines Geständnisses, das man als „Königin" der Beweismittel ansah. Kodifiziert wurde der Inquisitionsprozess u.a. in verschiedenen „Halsgerichtsordnungen" und der „Peinlichen Gerichtsordnung" Kaiser Karls V. von 1532 (constitutio criminalis carolina). Zwar schaffte Friedrich der Große im Jahre 1740 die Folter ab, doch hatte auch noch die bereits von aufklärerischem Gedankengut geprägte „Preußische Criminal-Ordnung" von 1805 den gemeinen Inquisitionsprozess zum Vorbild. Erst Napoleon I. führte mit dem „code d'instruction criminelle" von 1808 die Trennung von Staatsanwaltschaft und Gericht sowie die Prinzipien der Öffentlichkeit und Mündlichkeit der Beweisaufnahme im seinerzeit besetzten Rheinland ein. Bis Mitte des 19. Jahrhunderts wurden diese Verfahrensprinzipien in den meisten deutschen Staaten und durch die Reichs-Strafprozessordnung von 1877 i.V.m. dem GVG aus demselben Jahr im gesamten Deutschen Reich eingeführt.

Die Einrichtung der Staatsanwaltschaft als eigenständige Anklagebehörde muss angesichts der gleichzeitigen Gründung unabhängiger Gerichte also – wie das Aufklärungsprinzip und die freie richterliche Beweiswürdigung – als herausragende gesellschaftliche Errungenschaft verstanden werden. Sie sichert eine an rationaler Erkenntnis und am Gerechtigkeitsgedanken orientierte Rechtspflege.

Eine Einschränkung erfährt das Anklagemonopol der Staatsanwaltschaft allein durch das Privatklageverfahren nach §§ 374 ff. StPO.

V. Beschleunigungsgrundsatz (Konzentrationsmaxime)

Eine funktionstüchtige Strafrechtspflege erfordert die Durchsetzung des staatlichen Strafanspruchs innerhalb eines angemessenen Zeitrahmens. Unnötige Verfahrensverzögerungen beeinträchtigen also schon wegen der möglicherweise steigenden Beweisschwierigkeiten das verfassungsrechtlich abgesicherte öffentliche Interesse an einer möglichst vollständigen Wahrheitsermittlung im Strafprozess[15]. Auch Gesichtspunkte des Opferschutzes gebieten eine Beschleunigung des Strafverfahrens. Eine rasche Durchführung liegt also jedenfalls in der Regel im Interesse aller Beteiligten. Für Staatsanwaltschaft und Gericht beruht dieses neben der Arbeitsbelastung auch auf dem Bestreben, die Umstände eines Falles möglichst umfassend gedanklich präsent zu haben. Betrachtet man die psychische und soziale Belastung des Beschuldigten durch ein sich hinschleppendes Strafverfahren, so wird auch sein Interesse an einer zügigen Erledigung deutlich. Eine von den Strafverfolgungsorganen zu verantwortende, erhebliche und vermeidbare Verzögerung verletzt daher das Recht des Beschuldigten auf ein rechtsstaatliches Verfahren.

---

14 Daher der heute nur noch für das Zivilrecht gültige Spruch „wo kein Kläger, da kein Richter".
15 BVerfG NJW 2013, 1061; NJW 2010, 592 ff.; BGH 5 StR 145/12 Tz. 4.

Kapitel 1 *Grundlagen des Strafverfahrens*

22 Besondere Bedeutung gewinnt das Beschleunigungsgebot immer dann, wenn es aufgrund summarischer und vorläufiger Bewertungen bereits zu erheblichen Eingriffen in die Rechte des Beschuldigten kommt. Dies kann etwa bei der vorläufigen Entziehung der Fahrerlaubnis nach § 111a StPO der Fall sein[16], gilt naturgemäß aber in besonderem Maße, wenn es zu einem **Freiheitsentzug** kommt. Bei einstweiliger Unterbringung des Beschuldigten nach § 126 a StPO oder der Anordnung von **Haft** ist das Verfahren daher – besonders wenn es sich gegen einen Jugendlichen oder Heranwachsenden richtet[17] – vorrangig zu bearbeiten und zu terminieren[18]. Der inhaftierte Beschuldigte hat gem. Art. 5 Abs. 3 S. 2 EMRK Anspruch auf ein „Urteil innerhalb angemessener Frist oder auf Entlassung während des Verfahrens", so dass – jedenfalls nach Auffassung des privilegierten BVerfG – im Einzelfall an zumindest vier Werktagen je Woche und ggfls. auch am Wochenende zu verhandeln ist[19].

23 Aber auch der auf freiem Fuß befindliche Beschuldigte kann nach **Art. 6 Abs. 1 S. 1 EMRK** die Verhandlung seiner Sache innerhalb **„angemessener** Frist" verlangen. Diese beginnt, wenn er – spätestens mit der Anklage – von den gegen ihn gerichteten Ermittlungen in Kenntnis gesetzt wird und endet mit der Rechtskraft der abschließenden Entscheidung[20]. Ob diese Zeitspanne sich als angemessen darstellt, ist im Einzelfall zu beurteilen. Maßgeblich sind – neben dem eigenen Verhalten des Beschuldigten – Art und Schwere des Tatvorwurfs, Umfang und Schwierigkeit der Ermittlungen bzw. des Verfahrens und die damit verbundenen Belastungen für den Beschuldigten[21]. Das Beschleunigungsgebot ist also relativ. Nicht nur kurzfristige Defizite der gerichtlichen Organisation (z.B. dauernde Überlastung des Spruchkörpers) rechtfertigen eine lange Verfahrensdauer jedoch nicht[22].

24 Ein von innerstaatlichen Organen verursachter Verstoß gegen den Beschleunigungsgrundsatz, also eine **überlange Haft- oder Verfahrensdauer**, muss jedenfalls im Bereich des Erwachsenenstrafrechts[23] im Falle einer Verurteilung zugunsten des Angeklagten berücksichtigt werden[24] und kann im Einzelfall sogar dazu führen, dass ein Teil der verhängten Strafe für bereits vollstreckt erklärt wird. Denn es ist stets sicherzustellen, dass die strafrechtliche Sanktion zu dem erreichbaren und bezweckten

---

16 Siehe hierzu OLG Hamm NStZ-RR 2007, 351; BVerfG NStZ-RR 2005, 276.
17 Für diese Personengruppe gilt das Beschleunigungsgebot ohnehin in besonderem Maße, vgl. BGH 4 StR 551/13 Tz. 4.
18 Vgl. EGMR NJW 2012, 2331 ff.; BVerfG NStZ-RR 2014, 314; NJW 2012, 513 ff.; 2 BvR 2098/12.
19 Vgl. BVerfG NJW 2006, 668 ff., 672 ff.
20 BGH 5 StR 540/03 S. 6. Eine große Zeitspanne zwischen Tatbegehung und Urteil kann daneben einen eigenständigen Strafmilderungsgrund darstellen.
21 BGH NStZ-RR 2007, 57; NStZ 2003, 384. Zu den Besonderheiten komplexer **Wirtschaftsstrafverfahren** siehe BGH 1 StR 525/11 Tz. 47 ff.; NJW 2008, 2451 ff.
22 EGMR NJW 2012, 2331 ff.; BVerfG NJW 2006, 668 ff.; 677 ff.; BGH StraFo 2005, 24 für eine Verfahrensverzögerung von einem Jahr und drei Monaten. Bei sich selbst legt das BVerfG indes großzügigere Maßstäbe an, siehe BVerfG 1 BvR 99/11 – Vz 1/15 Tz. 25.
23 Da sich die Jugendstrafe jedenfalls beim Vorliegen sog. „schädlicher Neigungen" (§ 17 Abs. 2 JGG) maßgeblich an erzieherischen Aspekten orientiert, kann bei Anwendung von **Jugendrecht** etwas anderes gelten, vgl. BGH NStZ 2010, 94 f.; NJW 2008, 2451 ff.; NStZ 2003, 364.
24 BGH 1 StR 359/17; 2 StR 573/16 Tz. 5 m.w.N.; BVerfG NJW 2003, 2897 und NJW 1993, 3254 (3255) für ein über 10 Jahre andauerndes Ermittlungsverfahren; das war mehr als das Doppelte der gesetzlichen Verfolgungsverjährung in dem entschiedenen Fall. Zur **Darstellung im Urteil** siehe unten Rn. 725.

Tragende Verfahrensprinzipien/Unterschiede zum Zivilverfahren   C

Rechtsgüterschutz in einem angemessenen Verhältnis steht[25]. Daher ist eine rechtsstaatswidrige Verfahrensverzögerung – wofür jedenfalls das Nichtbetreiben der Sache über einen Zeitraum von vier Monaten genügt[26] – auch dann noch zu berücksichtigen, wenn sie erst nach dem Erlass des tatrichterlichen Urteils eingetreten ist[27]. Dies kann dazu führen, dass ordnungsgemäß zustande gekommene Entscheidungen im Revisionsverfahren aufgehoben bzw. abgeändert werden, etwa weil es bei der Aktenvorlage an das Revisionsgericht zu unvertretbaren Verzögerungen gekommen ist[28]. Da die EMRK den jeweiligen Vertragsstaat bindet, ist es unerheblich, ob die Verzögerung einer Justizbehörde oder einer anderen staatlichen Einrichtung anzulasten ist[29].

Streitig ist jedoch, ob die **reguläre** Dauer eines Rechtsmittelverfahrens oder eines – oft Jahre währenden und gelegentlich seinerseits konventionswidrigen[30] – Verfahrens vor dem BVerfG bei der individuellen Prüfung eines Konventionsverstoßes zu berücksichtigen ist[31]. Dieser Diskussion liegt sicher auch zu Grunde, dass Mitglieder der zuständigen Kammer des BVerfG ihre Tätigkeit – wohl zwecks rechtspolitischer Gestaltung strafprozessualer Verfahrensabläufe[32], schematisch[33] und teils ohne die wünschenswerte eigene tatrichterliche Erfahrung[34] – immer weiter in den Kernbereich der Fachgerichte ausgedehnt haben. Der Europäische Gerichtshof sieht indes (völlig zu Recht) bezgl. der EMRK sämtliche innerstaatlichen Gerichte gleichermaßen und unterschiedslos in der Pflicht[35]. Daher ist auch die Bearbeitung beim Revisionsgericht oder beim BVerfG in die Gesamtdauer des Verfahrens einzubeziehen[36].

25

Da die strafmildernde Wirkung der Verfahrensverzögerung insbesondere im Bereich schwerer und/oder sozialschädlicher Straftaten dem ebenfalls rechtsstaatlichen Ziel einer effektiven Verteidigung der Rechtsordnung zuwiderläuft, ist der jeweilige Strafabschlag mit Augenmaß vorzunehmen[37]. Allerdings kann bei einer überlangen Verfahrensdauer im Einzelfall **ausnahmsweise** auch die endgültige Einstellung des Verfahrens (etwa nach §§ 153, 153a StPO) geboten sein, wenn das öffentliche Interesse an einer Strafverfolgung entfallen ist[38]. In ganz außergewöhnlichen Fällen kann eine

---

25 Zum notwendigen **Revisionsvorbringen** siehe unten Rn. 917.
26 BGH 5 StR 357/07; NStZ 2007, 479.
27 BVerfG NJW 2006, 677 ff.
28 BGH 4 StR 391/14; 5 StR 443/10. Vgl. hierzu und zur Strafzumessung durch den neuen Tatrichter auch BGH 3 StR 173/09; NJW 2007, 2647 f.; NStZ 2007, 479.
29 BGH 5 StR 253/09.
30 Vgl. z.B. EGMR NJW 2011, 3353 ff.
31 Siehe hierzu – gut begründet – BGH NStZ-RR 2006, 177 f.; NStZ 2006, 346 ff.; 3 StR 358/08 einerseits, BVerfG NJW 2006, 672 ff. andererseits. Jedenfalls bei Urteilsaufhebungen wegen **eklatanter Rechtsfehler** dürfte aber die hierdurch bedingte Verzögerung zu einer Kompensation zwingen, vgl. BGH 2 StR 256/09.
32 Vgl. BVerfG NJW 2006, 671; BGH NStZ 2006, 346 f.
33 Vgl. hierzu *Tepperwien* NStZ 2009, 1 ff.
34 Siehe zutreffend die Momentaufnahme von *Schmidt* NStZ 2006, 313 ff.
35 EGMR NJW 2011, 3353 ff.; StV 2009, 561 ff.
36 Vgl. BGH 4 StR 575/13; EGMR, Entscheidung vom 22.05.2012, Nr. 17603/07.
37 BGH 1 StR 153/11 Tz. 40; 1 StR 19/11.
38 BGH NJW 1996, 2739.

Kapitel 1 *Grundlagen des Strafverfahrens*

Verfahrensverzögerung sogar zu einem von Amts wegen zu berücksichtigenden Verfahrenshindernis und damit zur Einstellung des Verfahrens führen[39].

26 Allerdings kann der Angeklagte seine Rechtspositionen auch **verwirken**, etwa indem er durch prozessverschleppendes Verhalten die Verfahrensverzögerung mutwillig herbeiführt. Zu denken ist z.B. an den exzessiven Missbrauch des Beweisantragsrechts[40]. Ohnehin scheidet ein Strafnachlass immer dann aus, wenn die Verzögerung – und sei es durch zulässiges Prozessverhalten – von dem Angeklagten selbst verursacht wurde[41]. Die Angemessenheit der Frist, innerhalb derer über die Sache verhandelt und entschieden werden muss, beurteilt sich also nicht rein rechnerisch, sondern nach den besonderen Umständen des Einzelfalles. Maßgeblich[42] sind im Wege einer **Gesamtabwägung**

- der Zeitraum der staatlich zu verantwortenden Verfahrensverlängerung (nicht eingerechnet werden dürfen also die Zeiträume, die bei angemessener Verfahrensgestaltung ohnehin beansprucht worden wären),
- die Gesamtdauer des Verfahrens (ein Verstoß gegen das Beschleunigungsgebot scheidet aus, wenn das Verfahren zwar während einzelner Verfahrensabschnitte verzögert, insgesamt aber in angemessener Zeit abgeschlossen wurde),
- Umfang und Schwierigkeit des Verfahrensgegenstands,
- Stringenz der Ermittlungen
- sowie die individuellen Belastungen des Betroffenen durch das schwebende Verfahren.

27 Eine konkrete Ausgestaltung erfährt der Beschleunigungsgrundsatz in § 121 StPO, welcher eine über 6 Monate hinausgehende **Untersuchungshaft** an enge Voraussetzungen knüpft[43]. Zu erwähnen ist auch § 229 Abs. 1 StPO, wonach eine Hauptverhandlung i.d.R. nur bis zu drei Wochen unterbrochen werden darf[44] (vgl. zu den Ausnahmen § 229 Abs. 2, 3 und 5 StPO). Danach muss weiter „verhandelt"[45] werden. Zudem dürfen zwischen dem letzten Wort des Angeklagten und der Urteilsverkündung nicht mehr als zehn Tage liegen, vgl. § 268 Abs. 3 StPO mit den dort genannten Ausnahmen. Hierdurch sollen der lebendige Eindruck und ein zusammenhängendes Bild des Verhandlungsstoffes bei den Beteiligten sichergestellt werden, damit das Gericht aus dem „Inbegriff der Verhandlung" (§ 261 StPO) entscheiden kann[46]. Auch muss das Urteil innerhalb bestimmter Fristen (vgl. § 275 Abs. 1 StPO) fertiggestellt werden.

---

39 BVerfG NJW 2003, 2897; siehe auch BGH 1 StR 196/16 (drei Jahre Verzögerung genügen nicht); 5 StR 354/07; NStZ-RR 2004, 230 ff.; NJW 2001, 1146 ff. (letztere Entscheidung zu einem sich bis zur Revisionsentscheidung über 13 1/2 Jahre hinschleppenden Verfahren).
40 BGH NStZ 2005, 579 f.
41 BGH 1 StR 531/12; BVerfG NStZ-RR 2005, 347.
42 Vgl. BGH 1 StR 531/12; 3 StR 148/09 m.w.N.
43 Siehe dazu unten Rn. 1167 ff.
44 Erkrankt der Angeklagte während einer angeordneten Unterbrechung, so ist der Fristablauf allerdings gehemmt, BGH NStZ 1998, 633. Nach § 229 Abs. 3 S. 1 StPO gilt dies auch für die Erkrankung eines Richters. Bei der Fristberechnung werden die Tage, an denen die Unterbrechung angeordnet bzw. die Verhandlung fortgeführt wird, nicht mitgerechnet, vgl. hierzu BGH 3 StR 235/16; 1 StR 590/15; 3 StR 408/13.
45 Siehe hierzu unten Rn. 405.
46 BGH 5 StR 333/13 Tz. 6; 4 StR 106/13.

Abschließend sei noch auf die – allerdings subsidiäre und eine Verzögerungsrüge erfordernde – Entschädigung für eine unangemessene Verfahrensdauer nach § 198 GVG verwiesen. Daneben besteht (eher selten) die Möglichkeit einer finanziellen Kompensation aus Amtshaftung gem. § 839 BGB[47]. Beides genügt indes nicht den Anforderungen des Art. 13 EMRK, welcher einen effizienten nationalen Rechtsbehelf zur Verfahrensbeschleunigung verlangt. Schon die früher vereinzelt anerkannte „Untätigkeitsbeschwerde" war insoweit ungeeignet[48]. **28**

VI. Öffentlichkeit der Verhandlung

Nach § 169 GVG ist die Verhandlung vor einem erkennenden Gericht einschließlich der Verkündung von Urteilen und Beschlüssen grundsätzlich „öffentlich" in dem Sinne, dass jedermann die Möglichkeit hat, sich ohne größere Schwierigkeiten über Ort und Zeit einer Hauptverhandlung zu informieren und dass ihm jederzeit der Zutritt zu der Verhandlung im Rahmen der tatsächlichen Möglichkeiten eröffnet ist[49]. So sollen – als „Ausdruck der demokratischen Idee"[50] – das Vertrauen der Bevölkerung in die Justiz gefördert und eine unvoreingenommene Verhandlung sichergestellt werden. § 169 GVG beinhaltet daher auch die Presseöffentlichkeit, d.h. die grundsätzliche Möglichkeit der ungehinderten Berichterstattung. **29**

Allerdings gilt auch dieser Grundsatz nur mit gewissen **Einschränkungen**: **30**

Eine Grenze zieht zunächst die vorhandene **räumliche Kapazität** des Gerichts. Wäre eine geordnete Verhandlung wegen der zu großen Zahl von Zuschauern nicht mehr durchführbar, so kann die Öffentlichkeit (teilweise) ausgeschlossen werden[51]. In solchen Fällen kann auch nicht verlangt werden, dass zur Befriedigung des öffentlichen Interesses die Gerichtsverhandlung z.B. in eine Stadthalle verlegt wird. Denn dies würde dem Sinn des Öffentlichkeitsgrundsatzes zuwider laufen und den Angeklagten letztlich zu einem bloßen Objekt des Verfahrens degradieren.

Zudem steht dem Öffentlichkeitsgrundsatz die Notwendigkeit einer **ungestörten Verhandlung** gegenüber. Sind in besonderen (Ausnahme-)Situationen nicht hinnehmbare Störungen zu befürchten, so kann etwa die Anordnung des Vorsitzenden statthaft sein, die Tür zum Sitzungssaal während einer Urteilsverkündung möglichst geschlossen zu halten, den Zutritt auf Sitzungspausen zu beschränken oder Personen unter 16 Jahren den Zutritt generell zu versagen[52]. Entsprechende Maßnahmen bedürfen jedoch stets einer eingehenden Abwägung der widerstreitenden Rechtsgüter[53]. Auch die Gerichtspräsidenten als Inhaber des Hausrechts dürfen vorbeugende Maß-

---

47 Siehe hierzu BGH III ZR 335/13; NJW 2014, 220 ff.; BVerfG NJW 2013, 3630 ff.
48 Siehe EGMR NJW 2015, 1433 ff.
49 Vgl. BVerfG NJW 2012, 1865; NJW 2002, 814.
50 So BVerfG NJW 2013, 1065.
51 Das gilt selbst für Mitarbeiter der Presse, vgl. EGMR NJW 2013, 521 ff.; BVerfG 1 BvQ 13/13; NJW 2003, 500.
52 Vgl. BGH NStZ 2006, 652 f.
53 Vgl. hierzu BGH 4 StR 42/02 m.w.N.

Kapitel 1 *Grundlagen des Strafverfahrens*

nahmen zur Sicherung des Verhandlungsbetriebes jenseits der sitzungspolizeilichen Befugnisse des Vorsitzenden anordnen[54].

31 Eine weitere Begrenzung ist im Rahmen von **Ortsterminen** hinzunehmen, die außerhalb des Gerichtsgebäudes stattfinden. Auch hier muss zwar generell die Öffentlichkeit gewahrt werden, faktische Beschränkungen ergeben sich aber etwa, wenn der Inhaber des Hausrechts Zuschauern bzw. der Presse den Zutritt zu seinem – im Rahmen einer Ortsbesichtigung zu betretenden – Anwesen verweigert. Denn das durch Art. 13 GG geschützte Hausrecht geht in einem solchen Fall (mangels einer gesetzlichen Ermächtigungsgrundlage für das Gericht, sich über die Weigerung hinwegzusetzen) dem Öffentlichkeitsgrundsatz vor[55]. Zudem können sich aus den räumlichen Verhältnissen (z.B. Ortstermin in einem Krankenhaus, am Tatort oder in einer JVA) Begrenzungen ergeben. In solchen Fällen darf je nach örtlicher Gegebenheit aus Gründen einer sachgerechten Verhandlungsführung die Zahl der Zuhörer durch den Vorsitzenden beschränkt werden[56]. Auch Ausweiskontrollen und Durchsuchungen der Zuhörer können dann zulässig und notwendig sein.

32 Darüber hinaus gibt es **gesetzliche Ausschließungsgründe**, nämlich:
- **§ 171a GVG**, sofern sich das Verfahren mit der **Unterbringung** des Beschuldigten in einem psychiatrischen Krankenhaus oder einer Entziehungsanstalt befasst;
- **§ 171b GVG** zum Schutze der **Intimsphäre** von Prozessbeteiligten (also auch des Angeklagten), Zeugen oder Verletzten, soweit nicht das Interesse an der öffentlichen Erörterung überwiegt. Besonders Opfer von Sexualstraftaten und Minderjährige sollen hierdurch geschützt werden. Betroffene haben hierauf einen **Anspruch**, § 171b Abs. 3 GVG, wobei der entsprechende Antrag auch schon vor der Hauptverhandlung gestellt werden darf[57]. Das Gericht hat dann keinen Beurteilungsspielraum[58].
Ein Ausschluss der Öffentlichkeit ist für sämtliche Abschnitte der Hauptverhandlung möglich, also auch schon für die Verlesung der Anklage[59]. Für die Schlussanträge **ist** die Öffentlichkeit unter den Voraussetzungen des § 171b Abs. 3 S. 2 GVG sogar von Amts wegen auszuschließen. All diese Entscheidungen sind unanfechtbar, § 171b Abs. 5 GVG, weshalb gemäß § 336 S. 2 StPO mit der Revision nicht geltend gemacht werden kann, die Voraussetzungen für einen Ausschluss der Öffentlichkeit hätten im Einzelfall nicht vorgelegen[60];
- **§ 172 GVG** bei Gefährdung der **Staatssicherheit**, von **Privatgeheimnissen** etc. sowie bei Vernehmung einer Person unter 18 Jahren;
- **§ 175 GVG** bzgl. einzelner Personen, welche „unerwachsen" sind oder die **Würde des Gerichts** nicht wahren;

---

54 BVerfG NJW 2012, 1863; VGH Mannheim NJW 2017, 3543 ff.
55 BGH NJW 1994, 2773.
56 Vgl. BGH NJW 2006, 1220 f.
57 BGH 4 StR 389/13.
58 BGH 1 StR 212/14 Tz. 26.
59 BGH 4 StR 623/11 Tz. 9.
60 BGH 4 StR 601/16. Gerügt werden kann allerdings das Unterlassen einer Entscheidung, insbesondere des (amtswegigen) Ausschlusses für die Schlussvorträge einschließlich des letzten Wortes, siehe BGH 1 StR 130/17; 1 StR 487/16 Tz. 9; 5 StR 396/16; 2 StR 311/15 Tz. 4 ff.; 4 StR 493/15 Tz. 3.

- § 177 GVG für „ungehorsame", **störende Personen**, gegen die neben einer Entfernung aus dem Sitzungszimmer auch sonstige Ordnungsmittel (vgl. § 178 GVG) angewandt werden können;
- § 48 Abs. 1 JGG zwingend für das gesamte **Jugendstrafverfahren** (einschließlich der Verkündung der Entscheidung), da hier der Gedanke der Erziehung und des Schutzes Vorrang vor dem Prinzip der Öffentlichkeit genießt. Im Verfahren gegen Heranwachsende kann in demselben Umfang die Öffentlichkeit ausgeschlossen werden, wenn dies in deren Interesse geboten ist, § 109 Abs. 1 S. 4 JGG[61].

Nach § 175 Abs. 2 GVG kann trotz des erfolgten Ausschlusses der Öffentlichkeit einzelnen Personen – insbesondere dem Verletzten – der Zutritt gewährt werden.

Anders als insbesondere in manchen Staaten des anglo-amerikanischen Raumes sind **Ton- und Filmaufnahmen** während der (mit dem Aufruf der Sache beginnenden) Verhandlung zum Zwecke der öffentlichen Vorführung oder Veröffentlichung im Grundsatz unzulässig, § 169 S. 2 GVG. Dies dient dem Schutz der Verfahrensbeteiligten und soll die Entstehung eines öffentlichen Drucks auf das Verfahren verhindern, um die Unbefangenheit der Beteiligten und damit die Wahrheits- und Rechtsfindung sicherzustellen. Die zum Rechtsstaats- und Demokratieprinzip gehörende Kontrolle der Justiz findet also regelmäßig durch die sog. Saalöffentlichkeit und die mediale Berichterstattung statt. 33

Allerdings ist der durch § 169 S. 2 GVG zum Schutz der Verfahrensbeteiligten und einer vernünftigen **Verhandlungsatmosphäre** errichtete Damm seit langem in bedenklicher Weise gefährdet. Da die Vorschrift vor allem im Interesse der Medien kontrovers diskutiert wird, hat das BVerfG eine auf die Zulassung von Ton- und Fernsehaufnahmen während einer Gerichtsverhandlung gerichtete Verfassungsbeschwerde nicht für offensichtlich unbegründet erachtet[62]. Allerdings hat es schließlich die Regelung im Hinblick auf die Persönlichkeitsrechte der Verfahrensbeteiligten, den Anspruch des Betroffenen auf ein faires Verfahren sowie das Gebot einer ungestörten Wahrheits- und Rechtsfindung für verfassungsgemäß erklärt[63]. Politisch wurde gleichwohl weiter an einer Aufweichung gearbeitet[64], und das letztlich jedenfalls mit einem Teilerfolg. Nach der im Oktober 2017 erfolgten Neufassung des § 169 GVG dürfen nun u.a. Tonübertragungen in einen Arbeitsraum für Mitarbeiter der Medien stattfinden. Auch darf die Verhandlung aus wissenschaftlichen oder historischen Gründen aufgezeichnet werden. Eine Verwendung der Aufzeichnungen im laufenden Verfahren oder im Zusammenhang mit Rechtsmitteln scheidet allerdings (noch) aus. Die jeweiligen Entscheidungen des Tatgerichts sind unanfechtbar, § 169 Abs. 4 GVG. Besonderheiten gelten nunmehr auch für die Verkündung von Entscheidungen des BGH, § 169 Abs. 3 GVG.

---

61 BGH NStZ 1998, 53 f.; wird wegen Taten verhandelt, die der Angeklagte teils als Heranwachsender, teils als Jugendlicher begangen hat, so ist der Ausschluss der Öffentlichkeit obligatorisch, BGH NJW 1998, 2066.
62 BVerfG NJW 1996, 581 ff. Vgl. zum Problemkreis auch BVerfG NJW 1995, 184 ff.; *Lehr* NStZ 2001, 63 ff.; *Gehring* ZRP 2000, 197; *Weiler* ZRP 1995, 131 ff.; *Hofmann* ZRP 1996, 399 ff.
63 Siehe BVerfG NJW 2008, 977 ff. sowie NJW 2001, 1633 ff. (lesenswert auch wegen der abweichenden Meinungen dreier Verfassungsrichter).
64 Siehe *Franke* NJW 2016, 2618 ff.

Kapitel 1 *Grundlagen des Strafverfahrens*

34 **Vor Beginn und nach dem Schluss der mündlichen Verhandlung** sowie in den Sitzungspausen sind Ton- und Filmaufnahmen dagegen prinzipiell zulässig. Beschränkungen können hier durch – im pflichtgemäßen Ermessen stehende, aber umfassend zu begründende – **sitzungspolizeiliche Anordnungen des Vorsitzenden** nach § 176 GVG vorgenommen werden[65]. Dabei sind die jeweils gegenläufigen Interessen abzuwägen. Maßgeblich sind insbesondere der Gegenstand des Verfahrens (Schwere der Tatvorwürfe, öffentliches Interesse) einerseits sowie der Anspruch von Beteiligten auf den Schutz ihrer Persönlichkeits- und Verfahrensrechte andererseits. Zu bedenken sind also auch die Unschuldsvermutung und der Schutz psychisch kranker Angeklagter.

35 Überwiegt das Interesse an der grundgesetzlich geschützten Berichterstattung mit Ton und bewegten Bildern, so ist der Vorsitzende verpflichtet, diese – ggfls. mit den nötigen Einschränkungen (etwa Verpixelung von Gesichtern, „Poollösung" betreffend zugelassener Fernsehteams) – sicherzustellen[66]. Die Persönlichkeitsrechte (u.a. Recht am eigenen Bild) von Angeklagten, Richtern, Schöffen, Anwälten, Zeugen und Zuschauern werden folglich jedenfalls nach dem Willen des BVerfG für das Umfeld der eigentlichen Verhandlung regelmäßig einer öffentlichen Bildberichterstattung untergeordnet[67]. Für sich selbst lässt es ohnehin eine großzügigere „Medienöffentlichkeit" bei mündlichen Verhandlungen und Urteilsverkündungen zu[68]. Die Störung des Verfahrensablaufs ist unbeachtlich[69]. Staatsanwälte und Richter müssen auch damit leben, dass ihre Namen in den Medien genannt werden[70]. Insbesondere bei der Interessenabwägung zwischen medialen Bedürfnissen und dem **Recht des Opfers auf Schutz der Privatsphäre** hat das Tatgericht aber einen weiten Ermessensspielraum[71].

VII. Unmittelbarkeit und Mündlichkeit

36 Unmittelbarkeit und Mündlichkeit sind wesentliche Merkmale der **Hauptverhandlung**. Denn nach §§ 261, 264 Abs. 1 StPO ist die gerichtliche Entscheidung – also das Urteil – „aus dem Inbegriff der Verhandlung" bzw. aus dem „Ergebnis der Verhandlung" zu schöpfen. Es darf also nur der mündlich vorgetragene und erörterte Prozessstoff Berücksichtigung finden, was mit dem unten näher dargestellten Grundsatz des rechtlichen Gehörs und demjenigen der Öffentlichkeit korrespondiert.

---

65 BVerfG NJW 2017, 3288 f.; 2014, 3013 ff.; ein Beispiel findet sich in StraFo 2013, 30.
66 BVerfG NJW 2017, 798 ff.; 2012, 2178 f.; 2009, 350 ff.; 2117 ff.; 2008, 977 ff. sowie NStZ 2004, 161.
67 Das BVerfG begründet dies u.a. mit den „Erwartungen der Fernsehzuschauer", eine dogmatisch wie rechtspolitisch fragwürdige Argumentation. Um diese Erwartungen nicht zu enttäuschen, soll das Gericht sogar verpflichtet sein, sich beim Betreten des Sitzungssaales filmen zu lassen und erst dann die Sache i.S.d. § 243 Abs. 1 S. 1 StPO aufzurufen. Vgl. zu alldem BVerfG 1 BvR 1741/17; NJW 2008, 977 ff. sowie NJW 2009, 2117 ff.
68 Das ist angesichts der mit einem sonstigen Gerichtsverfahren nicht vergleichbaren Situation auch nicht zu beanstanden und nunmehr in § 17a BVerfGG geregelt; vgl. hierzu auch *Eberle* NJW 1994, 1637 ff.
69 BVerfG NJW 2017, 798 ff.
70 Siehe BVerwG NJW 2015, 807 ff.
71 EGMR NJW 2013, 771 ff. Ob die Entscheidung fachgerichtlich angefochten werden kann, ist ungeklärt, vgl. BVerfG, Beschluss vom 17.04.2015, 1 BvR 3276/08.

Urteile im schriftlichen Verfahren, wie sie etwa die ZPO in §§ 128 Abs. 2 und 3, 331 Abs. 3 kennt, gibt es im Strafprozess nicht.

Nach dem Unmittelbarkeitsgrundsatz hat das Gericht sich einen möglichst direkten und unverfälschten Eindruck vom Tatgeschehen zu verschaffen. Die aufzuklärenden Tatsachen hat es selbst festzustellen und grundsätzlich nur originäre Beweismittel zu verwenden, vgl. §§ 244 Abs. 2, 250 StPO. Auf die Besonderheiten dieses Grundsatzes und die vorgesehenen Durchbrechungen wird im Zusammenhang mit den Einzelheiten der Beweisaufnahme näher eingegangen werden. 37

VIII. „In dubio pro reo"

Dieser Grundsatz ist nicht dem Verfahrens- sondern dem sachlichen Recht zuzuordnen. Er besagt, dass sich nach Ausschöpfung sämtlicher Beweismittel nicht auszuräumende Zweifel im Hinblick auf die **Tat- und Schuldfrage** zugunsten des Angeklagten auswirken müssen. Er ergibt sich aus der Unschuldsvermutung des Art. 6 Abs. 2 EMRK[72] und greift erst auf der Grundlage der freien Beweiswürdigung (§ 261 StPO) ein, falls diese entsprechenden Zweifeln Raum lässt[73]. 38

Der Zweifelssatz gilt für die Frage der Täterschaft und Schuld des Angeklagten, insbesondere also dann, wenn ungewiss bleibt, ob
- die Tat durch die in der Hauptverhandlung ausgeschöpften Beweismittel nachgewiesen ist,
- ein Tatbestandsirrtum i.S.d. § 16 StGB vorlag,
- aus tatsächlichen Gründen von Schuldfähigkeit des Angeklagten i.S.d. §§ 20, 21 StGB ausgegangen werden kann.

Bei mehreren Angeklagten ist der Zweifelssatz für jeden gesondert zu prüfen. Auf ihm basierende Feststellungen zugunsten eines Angeklagten dürfen also nicht einfach auf den anderen übertragen werden. Dies kann durchaus dazu führen, dass für jeden Angeklagten verschiedene Tatvarianten zu Grunde zu legen sind[74].

Auf **Rechts- und Verfahrensfragen** (etwa ob bei Tatbegehung eine „erhebliche" Beeinträchtigung i.S.d. § 21 StGB vorlag, dem Gericht ein Verfahrensfehler unterlaufen ist oder Verfahrenshindernisse vorliegen) kann die Regel „im Zweifel für den Angeklagten" jedoch nicht angewandt werden[75]. Das gilt auch für die Geltendmachung eines **Verwertungsverbotes**[76].

---

72 Unabhängig von Art. 6 Abs. 2 EMRK folgt die Unschuldsvermutung auch aus dem Rechtsstaatsprinzip, vgl. BVerfG NJW 2017, 1539 f.; 2013, 1061.
73 Mehr dazu unten bei den Ausführungen zum Urteil, Rn. 710 ff.; 1077; sowie bei *Miebach* NStZ-RR 2015, 297 ff.
74 Vgl. BGH 2 StR 1/14 Tz. 8 m.w.N.
75 Siehe BGH 4 StR 527/16 Tz. 2; 1 StR 359/08 m.w.N. Vgl. im Einzelnen zu diesem Problemkreis *Meyer-Goßner*, § 261 Rn. 34 f. m.w.N.
76 Siehe BGH 1 StR 604/15; 3 StR 284/11 Tz. 15.

Kapitel 1 *Grundlagen des Strafverfahrens*

IX. Faires Verfahren („fair trial")

39 Bereits aus der Garantie eines an materieller Gerechtigkeit orientierten rechtsstaatlichen Verfahrens[77] ergibt sich die Pflicht zu einem gegenüber allen Verfahrensbeteiligten fairen Vorgehen. Dies gilt naturgemäß in besonderem Maße für den Beschuldigten, dessen durch Art. 2 Abs. 1 GG geschütztes Freiheitsrecht bedroht ist. Diese – in Anlehnung an das anglo-amerikanische Recht auch als „fair-trial-Grundsatz" bezeichnete – Selbstverständlichkeit genießt Verfassungsrang; ein Verstoß kann mit der Revision gerügt werden[78].

40 Der Grundsatz des fairen Verfahrens gehört zu den Verfassungsprinzipien abstrakter Natur, enthält also keine in allen Einzelheiten bestimmten Gebote und Verbote. Er verpflichtet den Gesetzgeber, das Strafverfahren unter angemessener Beachtung der berechtigten Interessen der Beteiligten so auszugestalten, dass der Beschuldigte Übergriffe staatlicher Stellen oder anderer Verfahrensbeteiligter angemessen abwehren und auf die Beweiserhebung Einfluss nehmen kann[79]. Der Gesetzgeber kann – muss aber nicht – Verfahrensverstöße sanktionieren (vgl. etwa § 136a Abs. 3 StPO). In der Rechtsanwendung haben zudem die Fachgerichte den „fair-trial"-Grundsatz als Leitlinie zu beachten, zu konkretisieren und auszulegen[80]. Dabei wird den verfassungsrechtlichen Anforderungen i.d.R. durch eine fehlerfreie Anwendung der StPO genügt[81]. Eine Verletzung des Rechts auf ein faires Verfahren liegt also erst dann vor, wenn im Einzelfall unter Berücksichtigung der Erfordernisse einer funktionierenden Strafrechtspflege rechtsstaatlich zwingende Forderungen nicht erfüllt worden sind oder rechtsstaatlich Unverzichtbares preisgegeben wurde[82].

Die inhaltlichen Anforderungen an ein faires Verfahren werden darüber hinaus – und vergleichsweise konkret – in **Art. 6 EMRK** (lesen!), der sog. „Magna Charta" des Strafverfahrensrechts, konkretisiert. Danach besteht – neben der **Unschuldsvermutung** – vor allem ein Anspruch des Beschuldigten auf

– die öffentliche und mündliche Verhandlung in angemessener Frist durch ein unabhängiges und unparteiisches Gericht[83];
– die kostenlose Stellung eines Dolmetschers[84];
– die freie Wahl und ggfls. unentgeltliche Stellung eines Verteidigers;
– rechtliches Gehör (vgl. auch § 33 StPO).

41 Da der Angeklagte nicht zum bloßen Objekt des Verfahrens degradiert werden darf, muss ihm auch die Möglichkeit eröffnet werden, auf den Gang und das Ergebnis des Verfahrens Einfluss zu nehmen. Daraus resultieren insbesondere

---

77 Dies verlangt das BVerfG, vgl. NJW 2015, 1083 ff.; 2012, 1863; 1987, 2662 f. (lesenswert ist diese Entscheidung auch zur Problematik der Absprachen im Strafprozess).
78 Siehe hierzu unten Rn. 1042.
79 BVerfG 2 BvR 209/14 Tz. 31; NJW 2012, 907 ff.; 2010, 925 ff.
80 BVerfG NJW 2010, 925 ff.; 2007, 499 f.
81 KK-*Schädler*, Art. 6 EMRK Rn. 34.
82 BVerfG NJW 2015, 1083 ff.; 2013, 1060; NStZ 2012, 496 ff.; BGH 1 StR 701/08.
83 EGMR NJW 2017, 2331 ff.
84 Vgl. zum – auch kostenmäßigen – Umfang dieses Anspruchs BVerfG NStZ 2004, 161; BGH NJW 2001, 309 ff.

– die Befugnis, **Anträge** zu stellen (insbes. Beweisanträge);
– der Anspruch, dass Beweiserhebungen in seiner **Anwesenheit** stattfinden, so dass darüber streitig verhandelt werden kann. Dieses sog. **Konfrontationsrecht** ist in Art. 6 Abs. 3 lit. d) EMRK garantiert und wird allgemein als besondere Ausformung des Fairnessgebots verstanden. Danach hat der Beschuldigte ein Recht, Belastungszeugen und Mitangeklagte[85] unmittelbar zu befragen oder befragen zu lassen. Wenn die Vernehmungsperson nur außerhalb der Hauptverhandlung vernommen worden ist, muss ihm dieses Recht entweder bei der Vernehmung oder zu einem späteren Zeitpunkt eingeräumt werden. Insbesondere bei Zeugenvernehmungen muss der Beschuldigte also im Verlaufe des Verfahrens die Möglichkeit haben, Fragen zu stellen oder durch seinen Verteidiger stellen zu lassen[86]. Demzufolge sind Zeugen grundsätzlich – aber nicht zwingend (vgl. § 247 StPO) – in der Hauptverhandlung in Anwesenheit des Angeklagten zu vernehmen.

Eine unmittelbare Befragung kann zuweilen aber aus tatsächlichen Gründen unmöglich sein. Das gilt etwa, wenn ein Zeuge bei der Polizei (in Abwesenheit anderer Verfahrensbeteiligter) umfangreiche Angaben macht, sich später aber auf ein Zeugnisverweigerungsrecht beruft oder nicht mehr erreichbar ist. Dies zwingt indes nicht zur Einstellung eines Verfahrens und begründet auch **kein Verwertungsverbot** hinsichtlich der erhobenen Beweise. Diesbezüglich hat sich in der Rechtsprechung die sog. „**Drei-Stufen-Theorie**" herausgebildet. Zunächst ist zu prüfen, ob es für das Nichterscheinen des Zeugen bzw. dessen mangelnde Vernehmbarkeit einen triftigen Grund gab. Sodann ist maßgeblich, ob die Aussage die entscheidende Grundlage für die Beweisführung darstellte. Schließlich ist relevant, ob es verfahrensrechtliche Faktoren gab, welche die Unmöglichkeit einer konfrontativen Befragung ausgeglichen haben (z.B. Videovernehmung; Anwesenheit zumindest des Verteidigers bei der Zeugenbefragung). Im Einzelfall kann eine Verurteilung also auch dann konventionsrechtlich unbedenklich sein, wenn der Angeklagte den Hauptbelastungszeugen nicht selbst befragen oder befragen lassen konnte. Denn maßgeblich ist auch im Sinne des Art. 6 EMRK, ob das Verfahren in seiner Gesamtheit fair ist[87]. 42

Entscheidend ist auch, ob die Beschränkung der deutschen Justiz[88] anzulasten ist oder auf anderen Gründen beruht. Im ersteren Fall sind an die **Beweiswürdigung** besonders hohe Anforderungen zu stellen. Regelmäßig darf hier die Verurteilung des Angeklagten nicht allein auf die Aussage der betreffenden Belastungszeugen gestützt werden. Diese kann nur dann Grundlage einer Verurteilung sein, wenn sie durch andere, gewichtige Gesichtspunkte außerhalb der Aussage bestätigt wird. Dies können neben objektiven Umständen (z.B. Tatspuren) Aussagen desselben Zeugen bei anderen Gelegenheiten oder Bekundungen anderer Zeugen sein. Ist die Unmöglichkeit konfron-

---

85 Art. 6 Abs. 3 lit. d) EMRK erfasst daher auch die Aussage eines Mitangeklagten im Ermittlungsverfahren, der in der Hauptverhandlung von seinem Schweigerecht Gebrauch macht. Ein Konventionsverstoß setzt aber auch hier staatliches Verschulden voraus. Siehe hierzu BGH 5 StR 495/16; 3 StR 157/10.
86 Siehe hierzu EGMR NStZ 2007, 103 ff.; NJW 2003, 2297, 2893 f.
87 EGMR EuGRZ 2016, 511 ff.; NJW 2013, 3225 ff.; BVerfG NJW 2015, 1083 ff.; 2010, 925 f.; BGH 1 StR 32/17; 1 StR 638/13 Tz. 26 ff.; 5 StR 578/12.
88 Bei Auslandsermittlungen kann der Verfahrensgang in Mitgliedsstaaten der EMRK den deutschen Behörden nicht zugerechnet werden, BGH 2 StR 397/09 m.w.N.

Kapitel 1 *Grundlagen des Strafverfahrens*

tativer Befragung der Justiz nicht zuzurechnen, so kann eine Verurteilung auf die Aussage des Zeugen bei äußerst sorgfältiger Würdigung gestützt werden, wenn sie nicht einzig und allein auf dieser Aussage beruht. Die Einschränkungen bei der Beweiswürdigung sind hier also etwas geringer. Verstöße gegen Art. 6 Abs. 3 lit. d) EMRK können folglich durch eine entsprechend „vorsichtige" Beweiswürdigung im Rahmen der Urteilsfindung kompensiert werden[89]. Selbstverständlich müssen auch die schriftlichen Urteilsgründe diesem Erfordernis Rechnung tragen.

43 Aus dem Anspruch des Beschuldigten auf ein faires Verfahren resultieren zudem **Hinweispflichten** des Gerichts. Neben den gesetzlich geregelten Fällen des § 265 StPO[90] bestehen diese insbesondere dann, wenn das Gericht einen Vertrauenstatbestand geschaffen, etwa Zusagen gemacht hat, die es später nicht erfüllen kann oder will. Hinweise kommen also in Betracht bei:
- zugesagter Wahrunterstellung (d.h. wenn das Gericht eine bestimmte vom Angeklagten behauptete und ihm günstige Tatsache seiner Entscheidung zu Grunde legen will, ohne hierüber Beweis zu erheben);
- Verwertung von nach §§ 154, 154a StPO ausgeschiedenen Verfahrensteilen im Rahmen der Beweiswürdigung oder der Strafzumessung[91];
- zugesagtem Strafmaß oder sonstigen Absprachen[92].

> **Beispiel:** Der Verteidiger bespricht den bisherigen Verfahrensablauf mit dem Kammervorsitzenden. Dieser stellt für den Fall eines Geständnisses eine Freiheitsstrafe von nicht mehr als drei Jahren in Aussicht. Nach Beratung wird aber trotz des Geständnisses eine solche von 5 Jahren verhängt.
> Unabhängig von der grundsätzlichen Problematik einer solchen Absprache[93] ist hier der „fair-trial-Grundsatz" verletzt. Eine erfolgreiche Revision des Angeklagten kann nur dadurch abgewendet werden, dass vor Schluss der Beweisaufnahme (oder nach Wiedereintritt in dieselbe) ein Hinweis erteilt wird, man werde möglicherweise von der Zusage abweichen. Nur so kann sich die Verteidigung auf die mögliche Nichterfüllung einstellen und entsprechend – z.B. mit neuen Anträgen – reagieren.

X. Rechtliches Gehör

44 Nach Art. 103 Abs. 1 GG hat vor Gericht jedermann Anspruch auf rechtliches Gehör, wobei die konkrete Ausgestaltung in den jeweiligen Verfahrensordnungen unterschiedlich geregelt sein kann[94]. Hierdurch soll – wie auch durch den Grundsatz des fairen Verfahrens – verhindert werden, dass der Betroffene unter Verletzung seiner Menschenwürde zum bloßen Objekt eines staatlichen Verfahrens degradiert wird[95]. Daher muss das Gericht als Mindeststandard dem Beschuldigten Gelegenheit geben:

---

89 EGMR JR 2013, 177 ff.; NStZ 2007, 103 ff.; BVerfG NJW 2010, 925 ff.; NJW 2007, 206; BGH 2 StR 92/17 Tz. 13; 1 StR 32/17 Tz. 21; 3 StR 323/16 Tz. 17 f, 26; 3 StR 597/14 Tz. 6; 2 StR 397/09; BGH 5 StR 448/09.
90 Näheres hierzu siehe Rn. 562 ff.
91 BGH NStZ 1998, 51; BGH NJW 1996, 2585 f.; BGH NStZ 1996, 611 f.
92 Vgl. BGH NJW 1998, 3654; NJW 1996, 3018; NJW 1992, 519 (520). Siehe auch unten Rn. 654, 660.
93 Siehe hierzu unten Rn. 642 ff.
94 BVerfG NJW 1987, 2067.
95 Vgl. hierzu BVerfG NJW 2015, 1083 ff.; 2006, 3131; 2004, 1308; 2000, 3197; 1983, 2762 f.

- im Verfahren zu Wort zu kommen, insbesondere sich zu dem maßgeblichen Sachverhalt und zur Rechtslage zu äußern[96];
- Anträge zu stellen und Ausführungen zu machen.

Hiermit korrespondiert die (selbstverständliche) Pflicht des Gerichts, Ausführungen der Prozessbeteiligten zur Kenntnis zu nehmen und in Erwägung zu ziehen.

Die Gewährung rechtlichen Gehörs wird durch eine Fülle von Vorschriften sichergestellt: **45**
- Recht des Verteidigers auf umfassende Akteneinsicht, § 147 StPO;
- Anspruch des Beschuldigten auf ungehinderte Kommunikation mit dem Verteidiger, § 148 StPO (in Verbindung mit dem Anspruch auf unentgeltliche Stellung eines Dolmetschers, Art. 6 Abs. 3 lit. e EMRK, §§ 185, 187 GVG[97]);
- Belehrung des Beschuldigten bzw. Angeklagten über seine Rechte, §§ 136, 163a Abs. 4, 243 Abs. 5 StPO;
- Mitteilung der Anklageschrift, § 201 StPO;
- Anspruch des der deutschen Sprache nicht mächtigen Beschuldigten auf Übersetzung maßgeblicher Dokumente (insbesondere Anklageschrift, Strafbefehl, nicht rechtskräftiges Urteil), soweit nicht ausnahmsweise eine mündliche Übersetzung genügt, vgl. hierzu § 187 GVG. Ein Verstoß gegen diese Informationspflicht kann mit der Revision gerügt werden[98];
- Anhörung des Beteiligten vor einer „Entscheidung", insbesondere vor einem Urteil oder Beschluss, §§ 33, 33a, 311a StPO[99]. Auch sonst ist eine Anhörung geboten, wenn durch die gerichtliche Maßnahme eine Beschwer – also eine Beeinträchtigung von Rechten oder schutzwürdigen Interessen – möglich ist. Allerdings muss die Anhörung nicht stets der Maßnahme vorangehen, vgl. § 33 Abs. 4 StPO;
- Durchführung einer Hauptverhandlung nur gegen den erschienenen Angeklagten, **46** § 230 StPO[100]. Die Vorschrift lässt erkennen, wie die unterschiedlichen Verfahrensgarantien sinnvoll ineinander greifen. So steht § 230 StPO in innerem Zusammenhang mit dem Grundsatz der Mündlichkeit;
- Hinweispflicht des Gerichts gemäß § 265 StPO, wodurch – unzulässige – Überraschungsentscheidungen verhindert werden sollen;
- Erklärungsrecht im Rahmen der Beweisaufnahme und beim letzten Wort, §§ 257, 258 StPO.

Sanktioniert werden Verstöße gegen Art. 103 Abs. 1 GG im Strafverfahren vor allem **47** durch ein Verwertungsverbot eigener Art (nicht zu verwechseln also mit den sog.

---

96 BVerfG NJW 2006, 3131; BGHSt 30, 131 (140); BGH NJW 1998, 3788 f.
97 Den Anspruch auf einen Dolmetscher leitet das BVerfG dogmatisch allerdings aus dem Rechtsstaatsprinzip und dem Diskriminierungsverbot des Art. 3 Abs. 3 GG ab, BVerfG NStZ 2004, 161; NJW 1983, 2762 f. Zu den **Kosten** für die Brief- und Besuchskontrolle eines in Untersuchungshaft befindlichen Beschuldigten (die in angemessenem Umfang der Staat zu tragen hat) bzw. denjenigen einer Telefonüberwachung (die im Falle einer Verurteilung der Angeklagte trägt) siehe BVerfG NJW 2004, 1095.
98 BGH 2 StR 457/14 Tz. 23 ff.
99 Keine Entscheidungen sind dagegen prozessleitende Verfügungen oder bloße Mitteilungen.
100 Von diesem Grundsatz gibt es Ausnahmen, vgl. hierzu Rn. 231 ff.

Kapitel 1 *Grundlagen des Strafverfahrens*

Beweisverwertungsverboten[101]). Das Gericht darf – dem Betroffenen nachteilige – Tatsachen und Beweisergebnisse nur dann verwerten, wenn insoweit rechtliches Gehör gewährt wurde. Das ergibt sich im Übrigen bereits aus § 261 StPO, wonach der dem Urteil zu Grunde gelegte Prozessstoff in der Hauptverhandlung erörtert worden sein muss. Folglich ist dem Beschuldigten auch Zugang zu den Ergebnissen von Ermittlungen zu gewähren, welche das Gericht ohne sein Wissen während der Hauptverhandlung veranlasst hat[102].

XI. „ne bis in idem" – Verbot der Mehrfachverfolgung

48 **Beispiel:** Der Angeklagte hat in der Silvesternacht zwei Feuerwerkskörper (sog. Kanonenschläge) in den Briefkasten seines Nachbarn eingelegt und gezündet. Wegen Sachbeschädigung ist er angeklagt, dann aber rechtskräftig freigesprochen worden, da man ihm eine Täterschaft nicht nachweisen konnte. Später stellt sich heraus, dass die Ehefrau des Nachbarn infolge des Explosionsknalls einen Herzinfarkt erlitten hat und daran verstorben ist. Zudem hat man an dem Briefkasten nachträglich einen verräterischen Fingerabdruck des Angeklagten gefunden. Kann er für den Tod der Nachbarin noch nachträglich strafrechtlich belangt werden?

Nach Art. 103 Abs. 3 GG darf niemand „wegen derselben Tat auf Grund der allgemeinen Strafgesetze mehrmals bestraft werden". Nach dem Wortlaut dieser Vorschrift wäre eine Bestrafung nicht ausdrücklich ausgeschlossen, da der Angeklagte in dem ersten Verfahren freigesprochen, also nicht „bestraft" wurde. Der grundgesetzlichen Regelung wird jedoch das allgemeine Verbot entnommen, denselben Täter wegen derselben Tat erneut strafrechtlich zu verfolgen oder zu belangen. Ist durch eine **Sachentscheidung** rechtskräftig über den strafrechtlichen Vorwurf entschieden, so ist der Strafanspruch des Staates „verbraucht", weshalb man auch vom „**Strafklageverbrauch**" spricht. Ein rechtskräftiges Strafurteil begründet also bezüglich der dort abgeurteilten Tat[103] – gleichgültig ob der Angeklagte verurteilt oder freigesprochen wurde – ein Verfahrenshindernis. Durchbrochen wird dieses Prinzip allein durch die Möglichkeiten einer Wiederaufnahme des Verfahrens, die aber nur unter den engen Voraussetzungen des § 362 StPO **zu Ungunsten** des Angeklagten möglich ist.

49 Seine Rechtfertigung findet dieses umfassende Verbot der Mehrfachverfolgung im Gedanken der materiellen Gerechtigkeit und der Verhältnismäßigkeit. Es gehört zum historischen Bestand unseres Rechtssystems, dass die individuelle Schuld durch die Strafe getilgt wird[104]. Im Übrigen wäre auch die erneute Verfolgung eines rechtskräftig Freigesprochenen oder der „Nachschlag" für eine bereits abgeurteilte Tat mit dem Gebot der Rechtssicherheit nicht vereinbar.

---

101 Siehe hierzu unten Rn. 580 ff.
102 BGH NJW 2006, 3296.
103 Das Grundgesetz enthält keinen eigenständigen Begriff der „Tat". Vielmehr gilt auch im Rahmen des Art. 103 Abs. 3 GG der prozessuale Tatbegriff; siehe insoweit unten Rn. 61 ff.
104 BVerfGE 3, 251 m.w.N.

> Da ein Wiederaufnahmegrund i.S.d. § 362 StPO nicht gegeben ist, käme in dem Beispielsfall eine neuerliche Verfolgung also nicht in Betracht.

Der Grundsatz des „ne bis in idem" gehört zwar zu den allgemeinen Regeln des Völkerrechts[105], verhindert aber nur die erneute Verfolgung eines Angeklagten wegen desselben Lebenssachverhaltes **im selben Staat**. Angesichts der zunehmenden Bedeutung des sog. „Internationalen Strafrechts" – also der Anwendung nationalen Strafrechts auf bestimmte Delikte, etwa aufgrund des Weltrechtsprinzips (vgl. z.B. § 6 StGB) – besteht folglich durchaus ein Risiko, in verschiedenen Staaten wegen derselben Tat mehrfach verfolgt und abgeurteilt zu werden. **50**

Dem trägt als transnationale Regelung das **Schengener Durchführungsübereinkommen** (SDÜ) vom 14.06.1985[106] Rechnung. Danach gilt das Verbot der Mehrfachverfolgung nicht mehr allein für Aburteilungen durch deutsche Gerichte. Gemäß Art. 54 SDÜ darf durch eine Vertragspartei – dies sind neben Deutschland nahezu alle EU-Staaten – nicht wegen **derselben Tat** verfolgt werden, wer in einem anderen Vertragsstaat insoweit bereits rechtskräftig „abgeurteilt" wurde. Dieses Verbot begründet ein in jedem Verfahrensstadium von Amts wegen zu berücksichtigendes Verfahrenshindernis[107]. Allerdings ist zu beachten, dass im Rahmen des SDÜ ein eigenständiger **unionsrechtlicher Tatbegriff** gilt, der zu anderen Bewertungen führen kann, als dies nach Art. 103 Abs. 3 GG der Fall wäre[108]. Im Falle einer Verurteilung gilt „ne bis in idem" nach Art. 54 SDÜ zudem nur dann, wenn

– der im anderen Vertragsstaat ergangenen Entscheidung Rechtskraftwirkung zukommt, das Verfahren also endgültig abgeschlossen ist und einer weiteren Verfolgung des Betroffenen entgegensteht;
– die Entscheidung aufgrund einer inhaltlichen Prüfung der Tatvorwürfe in der Sache ergangen ist[109] und
– die Sanktion bereits vollstreckt ist, gerade vollstreckt wird[110] oder nach dem Recht des Urteilsstaates nicht mehr vollstreckt werden kann[111].

---

105 BVerfGE 75, 23.
106 Die maßgeblichen Texte finden Sie in BGBl. 1993, 1010 ff.; BGBl. 1994, 631; BGBl. 1996, 242 ff.; BGBl. 1997, 966 ff.
107 BGH 3 StR 531/12 Tz. 10.
108 Nach der Rspr. des EuGH setzt Tatidentität „das Vorhandensein eines Komplexes konkreter, unlösbar miteinander verbundener Umstände" voraus. Die Beurteilung anhand dieser (wenig eindeutigen) Definition ist Sache der nationalen Gerichte. Vgl. hierzu BGH 1 StR 39/17; 3 StR 531/12 Tz. 15 ff.; NStZ 2009, 457 ff.; NJW 2008, 2931 ff.; EuGH NJW 2007, 3416 ff. Der Tatbegriff der StPO wird unter Rn. 61 ff. näher erläutert. Zum Spannungsverhältnis zwischen nationalem und europäischem Tatbegriff siehe auch *Radtke* NStZ 2012, 479 ff.
109 Siehe EuGH NJW 2016, 2939 ff. Hieran fehlt es etwa, wenn das Verfahren im Ausland allein wegen überlanger Verfahrensdauer eingestellt wurde, BGH 3 StR 25/16.
110 Insoweit genügt die Strafaussetzung zur Bewährung, vgl. BGH NJW 2001, 692 f.
111 Vgl. EuGH NStZ 2009, 454 ff. Zu den Einzelheiten und Problemen des SDÜ vgl. auch OLG Köln NStZ 2001, 558; *Radtke/Busch* NStZ 2003, 281 ff.; *Schomburg* NJW 1995, 1931 ff. Zur (Nicht-)Anwendbarkeit des Art. 54 SDÜ auf
– Entscheidungen einer Verwaltungsbehörde (Finanzverwaltung) siehe BGH NJW 1999, 1270 f.
– die Einstellung des Verfahrens aus tatsächlichen Gründen nach französischem Recht („ordonnance de non-lieu") vgl. EuGH NJW 2014, 3010 ff.; BGH NJW 1999, 3134 f. sowie *Bohnert/Lagodny* NStZ 2000, 636 ff.

Kapitel 1 *Grundlagen des Strafverfahrens*

51 Der Begriff der „Aburteilung" erfasst neben der Verurteilung oder einem (selbst auf Verjährungsvorschriften beruhenden) Freispruch[112] auch andere verfahrensbeendende Sachentscheidungen, welche nach dem Recht des jeweiligen Staates die Strafverfolgung **endgültig beenden** und die Strafklage verbrauchen[113]. So kann unter gewissen Voraussetzungen auch eine allein von der Staatsanwaltschaft – also ohne Beteiligung eines Gerichts – angeordnete Verfahrenseinstellung gegen Zahlung einer Geldbuße zu einem Verfahrenshindernis im Bereich der Partnerstaaten führen[114]. Dasselbe gilt für Verfahrenseinstellungen i.S.d. §§ 153, 153a StPO. Erforderlich ist aber immer eine Entscheidung nach inhaltlicher Prüfung des Tatvorwurfs, so dass etwa die „Verbüßung" von Untersuchungshaft nicht genügt[115].

Angesichts einer bislang fehlenden Harmonisierung der nationalen Strafvorschriften kann die mangelnde Verfolgbarkeit zuweilen als durchaus schmerzlich und dem „nationalen Rechtsempfinden" zuwiderlaufend empfunden werden. Hinzu kommt, dass der Inhalt von Art. 54 SDÜ von demjenigen des Art. 50 der durch den Vertrag von Lissabon am 01.12.2009 in Kraft getretenen Europäischen Grundrechtscharta[116] (GRC) insoweit abweicht, als es dort an dem Erfordernis der Vollstreckung für ein Verfahrenshindernis fehlt[117]. Die Entwicklung auf europäischer Ebene ist also noch nicht abgeschlossen[118]. So gibt es ein mit Art. 54 SDÜ praktisch identisches Übereinkommen zwischen den Mitgliedstaaten der Europäischen Gemeinschaft über das Verbot der Doppelbestrafung, das zwar noch nicht umfassend in Kraft getreten ist, von der Bundesrepublik aber bereits angewendet wird[119].

---

112 Vgl. BGH NStZ-RR 2007, 179; EuGH NJW 2006, 3403 f.; BGH NStZ 2001, 557 f.
113 BGH 3 StR 531/12 Tz. 10; EuGH NStZ-RR 2009, 109 f. Art 54 SDÜ gilt also auch für sog. „Abwesenheitsurteile", eine vor allem italienische Spezialität, vgl. BGH 1 StR 57/10 m.w.N.
114 Vgl. EuGH NStZ 2003, 332 f. für § 153a StPO und die niederländische „transactie".
115 EuGH NJW 2007, 3412 ff.; NJW 2005, 1337 f.
116 „Niemand darf wegen einer Straftat, derentwegen er bereits in der Union nach dem Gesetz rechtskräftig verurteilt oder freigesprochen worden ist, in einem Strafverfahren erneut verfolgt oder bestraft werden."
117 Letzteres ist aber unbeachtlich, vgl. EuGH NJW 2014, 3007 ff.
118 Siehe hierzu *Gaede* NJW 2014, 2990 ff.; *Burchard/Brodowski* StraFo 2010, 179 ff. und BGH 1 StR 627/15; 1 StR 57/10 zu dem Verhältnis zwischen SDÜ und GRC.
119 Vgl. die Nachweise bei BGH 1 StR 57/10.

Kapitel 2
Das Ermittlungsverfahren

A. Stellung des Ermittlungsverfahrens im Gesamtablauf

Das Strafverfahren kann in zwei große Abschnitte unterteilt werden, nämlich:

Das Erkenntnisverfahren, geregelt im Wesentlichen in der StPO.

Das Vollstreckungsverfahren, welches in den §§ 449 ff. StPO sowie im Strafvollzugsgesetz bzw. der Justizbeitreibungsordnung geregelt ist (vgl. § 459 StPO)[1].

Das Erkenntnisverfahren gliedert sich wie folgt:

> **Verdacht der Straftat.** Die tatbestandlichen Voraussetzungen regeln sich nach materiellem Strafrecht, also nach dem StGB und den strafrechtlichen Nebengesetzen (z.B. BtMG, WaffG).
>
> Für die Bezeichnung „Tat" gibt es im Rahmen der StPO allerdings einen eigenen, „prozessualen" Begriff, vgl. §§ 155, 264 StPO.

> **Ermittlungsverfahren** (auch als **Vorverfahren** bezeichnet), §§ 160 bis 177 StPO. In der Regel wird es eingeleitet durch Strafanzeige oder Strafantrag, § 158 StPO.
> **Ziel:** Die Staatsanwaltschaft hat zu ermitteln, ob ein „genügender Anlass zur Erhebung der öffentlichen Klage" (§ 170 Abs. 1 StPO) gegen den Beschuldigten gegeben, seine Verurteilung also mit Wahrscheinlichkeit zu erwarten ist.
> Andernfalls erfolgt die Einstellung nach § 170 Abs. 2 StPO mangels Tatverdachts. Zu beachten sind allerdings auch – in der Praxis wichtig – die Möglichkeiten, das Verfahren aus anderen Gründen einzustellen, etwa nach den §§ 153, 153a StPO. Erfolgt keine Einstellung, so kommt es zu der **Anklageerhebung** durch die Staatsanwaltschaft, § 170 Abs. 1 StPO, bei dem erstinstanzlich zuständigen Gericht. Der zuvor „Beschuldigte" wird hierdurch zum „Angeschuldigten", § 157 StPO.

---

[1] Bei Verfahren gegen **Jugendliche oder Heranwachsende** gelten sowohl für das Erkenntnis- wie auch für das Vollstreckungsverfahren die im JGG geregelten Besonderheiten.

Kapitel 2 *Das Ermittlungsverfahren*

53 **Zwischenverfahren**, §§ 199 bis 211 StPO. Dem Angeschuldigten wird die Anklageschrift zugestellt, um ihm rechtliches Gehör zu gewähren. Das Gericht hat unter Berücksichtigung möglicher Einwendungen zu prüfen, ob der von der Staatsanwaltschaft angenommene hinreichende Verdacht tatsächlich gegeben ist; kommt es zu einem negativen Ergebnis, so wird die Eröffnung des Hauptverfahrens abgelehnt (§ 204 StPO); andernfalls kommt es zum **Eröffnungsbeschluss des Gerichts**, § 207 StPO, der „hinreichenden Tatverdacht" voraussetzt (§ 203 StPO); auch dies bedeutet hinreichende Wahrscheinlichkeit der späteren Verurteilung. Aus dem „Angeschuldigten" wird der „Angeklagte", § 157 StPO.

Hauptverhandlung, §§ 213 bis 295 StPO. Die Hauptverhandlung ist das „Kernstück" des Strafverfahrens; das Gericht hat in der Beweisaufnahme zu prüfen, ob der Angeklagte einer Straftat tatsächlich schuldig ist. Soweit keine Einstellung des Verfahrens erfolgt, kommt es immer (ob Freispruch oder Verurteilung) zu einem **Urteil**, § 260 StPO, welches Gegenstand eines Rechtsmittelverfahrens (Berufung/Revision) sein kann und im Falle der Rechtskraft – wenn es also nicht mehr anfechtbar ist – Grundlage ist für die sich anschließende Vollstreckung[2].

B. Die „Tat" als Grundlage der Strafverfolgung

54 Der Begriff der „Tat" spielt in der täglichen Rechtspraxis eine bedeutende Rolle. Er ist auch beliebtes Prüfungsthema. Mit ihm umgehen zu können, gehört daher zum Rüstzeug eines jeden Strafjuristen.

Ob ein Vorgang zur „Tat" im strafprozessualen Sinn gehört, ist für die Beurteilung entscheidend, mit welchem **tatsächlichen Prozessstoff** sich das Gericht aufgrund der staatsanwaltschaftlichen Anklage zu befassen hat, vgl. §§ 155, 264 StPO. Damit korrespondierend beurteilt sich nach dem prozessualen Tatbegriff,

– ob in der Hauptverhandlung sich neu herausstellende Gesichtspunkte nur im Wege der **Nachtragsanklage** (§ 266 StPO) oder durch den – wesentlich einfacheren – rechtlichen Hinweis nach § 265 StPO in das laufende Verfahren einbezogen werden können[3];
– ob bei Nichterweislichkeit bestimmter Vorwürfe ein **Teilfreispruch** zu erfolgen hat[4];
– auf welches Geschehen sich die Rechtskraft eines (verurteilenden oder freisprechenden) Urteils bezieht und inwieweit damit ggfls. **Strafklageverbrauch** eingetreten ist;
– ob die Staatsanwaltschaft oder das Gericht im Wege der **Teileinstellung** gem. § 154 Abs. 1 bzw. Abs. 2 StPO von der Verfolgung einer einzelnen Tat absehen können oder lediglich eine Beschränkung der Strafverfolgung gem. § 154a StPO in Betracht kommt[5].

---

2 Eine Einstellung erfolgt nur dann durch Urteil, wenn sie auf einem Verfahrenshindernis beruht, § 260 Abs. 3 StPO.
3 Siehe hierzu Rn. 575 ff.
4 Siehe hierzu Rn. 795 ff.
5 Siehe hierzu Rn. 178 ff.

Die „Tat" als Grundlage der Strafverfolgung   B

Zur Einstimmung in die Problematik folgender Beispielsfall: **55**

> Der Angeklagte ist wegen Fahrens ohne Fahrerlaubnis (§§ 2, 21 StVG) rechtskräftig zu einer Geldstrafe verurteilt worden. Später stellt sich heraus, dass er bei dieser Fahrt mit mehr als 1,1 ‰ alkoholisiert war (§ 316 Abs. 1 StGB).
> Darf die Staatsanwaltschaft im Hinblick auf § 316 StGB ein neues Verfahren einleiten?

Wie bereits dargestellt, verbietet Art. 103 Abs. 3 GG die Mehrfachverfolgung. Niemand darf wegen „derselben Tat" mehrmals zur Verantwortung gezogen werden. Ist mit dem Begriff der „Tat" lediglich die Verwirklichung des materiell-rechtlichen Delikts – hier: Verstoß gegen § 316 StGB – gemeint, so stünde der Einleitung eines neuen Strafverfahrens nichts im Wege. Denn der Angeklagte wurde ja nur wegen der Straftat i.S.d. §§ 2, 21 StVG verurteilt. Ist dagegen das gesamte historische Geschehen, nämlich die Fahrt mit dem Pkw, von der Verurteilung erfasst, so dürfte der Angeklagte nicht erneut belangt werden.

Das materielle Strafrecht und das Strafverfahrensrecht verwenden den Begriff der Tat nicht einheitlich. Insoweit ist wie folgt zu unterscheiden: **56**

materiell-rechtlicher Tat- oder Handlungsbegriff im Sinne der §§ 52 ff. StGB.

prozessualer Tatbegriff im Sinne des § 264 StPO.

Tateinheit (sog. **Idealkonkurrenz**) i.S.d. § 52 StGB, der von „Handlung" spricht.

Tatmehrheit (sog. **Realkonkurrenz**) i.S.d. § 53 StGB, der an „Straftaten" anknüpft.

Der Grund für die fehlende Gleichsetzung der Begriffe liegt in den **unterschiedlichen Funktionen**. Mit dem prozessualen Tatbegriff soll der **Lebenssachverhalt** umrissen werden, mit dem sich das Gericht auf der Grundlage der Anklage auseinanderzusetzen hat und der Gegenstand eines Urteils wird (§§ 155, 264 StPO). Erst in zweiter Linie stellt sich im Verfahren die weitere Frage, wie das ermittelte tatsächliche Geschehen rechtlich zu bewerten ist (vgl. auch § 264 Abs. 2 StPO). **57**

Im Rahmen dieser Bewertung ist dann ggfls. auch zu bestimmen, in welchem Verhältnis verwirklichte Straftatbestände zueinander stehen. So kann ermittelt werden, welchem Straftatbestand der konkrete gesetzliche **Strafrahmen** für die Strafzumessung zu entnehmen ist. Diese **Konkurrenz** verschiedener Straftatbestände zueinander ist in den §§ 52, 53 StGB geregelt[6]. Verletzt „dieselbe Handlung" mehrere Strafgesetze, so bestimmt sich die Strafe nach dem Gesetz, das die schwerste Sanktion androht, § 52 Abs. 2 StGB. Im Falle der Tatmehrheit ist gem. § 53 StGB auf eine Gesamtstrafe unter Beachtung der in § 54 StGB normierten Regeln (lesen!) zu erkennen.

---

6 Neben Real- und Idealkonkurrenz gibt es auch noch andere Formen, etwa die der Gesetzeskonkurrenz.

Kapitel 2   Das Ermittlungsverfahren

I. Materiell-rechtlicher Handlungsbegriff

58 Für die Beurteilung der Konkurrenzen kommt es darauf an, ob eine einheitliche „Handlung" vorliegt. Das ist einfach zu beurteilen, wenn der Beschuldigte sich nur einmal „betätigt" hat, etwa indem er einen anderen geschlagen oder ihm eine Sache in Zueignungsabsicht weggenommen hat.

Häufig besteht strafrechtlich relevantes Tun aber aus mehraktigen Verhaltensweisen. Hier besteht Tateinheit, wenn die objektiven Ausführungshandlungen in einem für sämtliche Tatbestände notwendigen Teil identisch sind[7]. Entsprechend dem Begriff der sog. „natürlichen Handlungseinheit" ist auch dann von einer „einheitlichen Handlung" auszugehen, wenn zwischen mehreren im Wesentlichen gleichartigen strafrechtlich relevanten Handlungen ein derart **unmittelbarer räumlicher und zeitlicher Zusammenhang** gegeben ist, dass das gesamte Handeln sich bei objektiver Betrachtung auch einem Dritten als einheitliches Geschehen darstellt und die einzelnen Handlungsakte auf einem einheitlichen Willensentschluss beruhen. Die historischen Vorgänge müssen also hinsichtlich Tatzeit, Tatort und Zielrichtung so eng beieinander liegen, dass eine Aufspaltung in Einzeltaten „willkürlich und gekünstelt" erschiene. Dabei gelten Besonderheiten für die Verletzung höchstpersönlicher Rechtsgüter (etwa Körperverletzung an mehreren Personen)[8].

59 Ist ein solcher unmittelbarer Zusammenhang gegeben, dann liegt Tateinheit (Idealkonkurrenz) i.S.d. § 52 StGB vor. Fehlt es bei einem mehraktigen Geschehen daran, so stehen die Delikte im Verhältnis der Tatmehrheit, § 53 StGB.

Zur Verdeutlichung folgende Beispielsfälle:

> **Beispiel 1:** Der Beschuldigte begehrt Einlass in eine Diskothek. Als die beiden Türsteher dies verwehren, zückt er ein Messer und sticht auf beide ein. Sie erleiden hierdurch Schnittwunden.
>
> Angesichts des sehr engen zeitlichen und räumlichen Zusammenhangs ist trotz der Verletzung höchstpersönlicher Rechtsgüter (also ausnahmsweise) von nur einer einzigen „Handlung" auszugehen[9]. Dasselbe Strafgesetz (§ 224 Abs. 1 Nr. 2 StGB) wurde dadurch „mehrmals" i.S.d. § 52 Abs. 1 StGB verletzt. Es liegt ein Fall sog. gleichartiger Idealkonkurrenz vor.

> **Beispiel 2:** Der Beschuldigte fährt nachts mit einer flüchtigen Bekannten an einen einsam gelegenen Ort. Nachdem er sich zunächst mit ihr unterhalten hat, vergewaltigt er die sich heftig wehrende Frau. Anschließend lässt er von ihr ab. Sie kleidet sich wieder an und kann zunächst fliehen. Der Beschuldigte folgt ihr und fasst den Entschluss, sein Opfer ein weiteres Mal zu vergewaltigen, was er auch tut.

---

[7] Siehe BGH 4 StR 124/13 Tz. 9.
[8] Siehe hierzu BGH 5 StR 202/17 Tz. 3; 1 StR 41/17 Tz. 9 f.; 3 StR 402/16 Tz. 8; 1 StR 128/16 Tz. 12; 4 StR 262/15 Tz. 13; 4 StR 52/15 Tz. 5; 1 StR 488/14 Tz. 48; 3 StR 555/14.
[9] Vgl. BGH 4 StR 487/15 Tz. 23; NStZ 2003, 366 f.; NJW 2001, 839.

> Auch hier hat der Beschuldigte denselben Straftatbestand (§ 177 Abs. 6 Nr. 1 StGB) mehrfach verwirklicht. Allerdings liegt zwischen beiden Handlungsabschnitten eine Zäsur. Der Beschuldigte hat vor dem zweiten Übergriff von seinem Opfer abgelassen und dann in einem gewissen zeitlichen Abstand einen neuen Tatentschluss gefasst. Trotz derselben Angriffsrichtung und desselben Tatopfers ist daher von tatmehrheitlicher Begehung auszugehen[10].

Ob im konkreten Fall Tateinheit oder Tatmehrheit anzunehmen ist, hängt neben der begrifflichen Definition der „Handlungseinheit" auch von den **Besonderheiten des einzelnen Tatbestandes** ab und kann daher im Einzelfall sehr schwirig zu beurteilen sein[11]. So ist etwa bei Handlungen gegen höchstpersönliche Rechtsgüter mehrerer Opfer die Annahme von Handlungseinheit auf Ausnahmefälle beschränkt[12]. Andererseits kann der Zusammenhang im Sinne des Handlungsbegriffs zur Annahme einer (tateinheitlichen) „Dauerstraftat" führen. Hier hält der Täter über die Tatvollendung hinaus den geschaffenen rechtswidrigen Zustand willentlich aufrecht oder setzt seine deliktische Handlung ununterbrochen fort, so dass der strafrechtliche Vorwurf auch die Aufrechterhaltung des rechtswidrigen Zustands mit umfasst[13]. **60**

II. Prozessualer Tatbegriff

Der – rechtlich selbstständige – prozessuale Tatbegriff wird aus der Vorschrift des **§ 264 StPO** abgeleitet, wonach Gegenstand der Urteilsfindung die „in der Anklage bezeichnete Tat" ist, wie sie sich nach dem Ergebnis der Verhandlung – also den tatsächlichen Erkenntnissen – darstellt. Im strafprozessualen Sinn ist die Tat der von der Anklage und dem Eröffnungsbeschluss umrissene, „nach der Auffassung des Lebens eine Einheit bildende **geschichtliche Vorgang**", innerhalb dessen der Angeklagte als Täter oder Teilnehmer einen Straftatbestand verwirklicht haben soll[14]. **61**

Entscheidend insoweit ist allein, welches Verhalten des Täters – unter Berücksichtigung des jeweiligen Einzelfalls – nach „natürlicher Auffassung" mit dem in der Anklage bezeichneten und vom erkennbaren Verfolgungswillen der Staatsanwaltschaft erfassten geschichtlichen Geschehen einen **einheitlichen Lebensvorgang** darstellt. Dies wird jedenfalls bezüglich der Geschehnisse angenommen, die in einem solch **engen sachlichen, räumlichen und zeitlichen Zusammenhang** stehen, dass die getrennte Würdigung der Geschehnisse als „unnatürliche Aufspaltung eines einheitli- **62**

---

10 BGH NStZ 1999, 505.
11 Vgl. BGH 4 StR 298/17 (BtM-Geschäfte); 1 StR 122/16; 1 StR 454/09; NJW 1998, 1572 ff. (Steuerhinterziehung); NJW 2004, 2840 ff. (gewerbsmäßiger Bandenbetrug); NJW 2004, 1539 ff. (Submissionsbetrug); BGH 1 StR 422/15 Tz. 15; NStZ 2001, 436 ff. (§§ 129, 129a StGB); NJW 1998, 619 f. (mehrere Mordversuche). Siehe auch unten Rn. 68 f.
12 Siehe BGH 3 StR 87/09.
13 Vgl. BGH 1 StR 488/14 Tz. 20 (zum Strafklageverbrauch beim Dauerdelikt); NStZ 2008, 209 f.; 1997, 79 f. Solche „Dauerdelikte" sind beispielsweise Freiheitsberaubung (§ 239 StGB), Zuhälterei (§ 181a StGB) oder Trunkenheit im Verkehr (§ 316 StGB).
14 Vgl. BGH 4 StR 127/17 Tz. 12; 3 StR 482/16 Tz. 21; 1 StR 595/15 Tz. 19; 1 StR 256/15 Tz. 23; 4 StR 381/14 Tz. 6; BVerfG NStZ 2004, 687 f.

Kapitel 2 *Das Ermittlungsverfahren*

chen Lebensvorgangs empfunden würde"[15]. In diesem Rahmen muss der Tatrichter seine Untersuchung auch auf Teile der Tat erstrecken, die erst in der Hauptverhandlung bekannt werden[16]. Der Umfang des Verfolgungswillens der Staatsanwaltschaft ergibt sich dabei im Zweifel aus den Darstellungen in der Anklage zum „wesentlichen Ergebnis der Ermittlungen"[17].

63 Damit geht der prozessuale Tatbegriff zwar **weiter als derjenige der „Handlung"**, im Regelfall gelangt man jedoch nicht zu unterschiedlichen Ergebnissen. Dies zeigt ein Blick auf unseren Ausgangsfall (Rn. 55):

> Der Angeklagte war bei derselben Fahrt ohne Fahrerlaubnis unterwegs (§§ 2, 21 StVG) und mit mehr als 1,1 ‰ alkoholisiert (§ 316 Abs. 1 StGB).
>
> Materiell-rechtlich handelt es sich um eine tateinheitliche Begehung beider Delikte i.S.d. § 52 StGB, da sie in „unmittelbarem" zeitlichen und räumlichen Zusammenhang begangen wurden. Es handelt sich ferner um ein und denselben historischen Vorgang, so dass auch nur eine Tat i.S.d. § 264 StPO vorliegt.
>
> Die rechtskräftige Verurteilung allein wegen des Fahrens ohne Fahrerlaubnis schließt damit eine erneute Verfolgung wegen Trunkenheit im Straßenverkehr aus.

An diesem Beispiel wird deutlich, dass die in Tateinheit stehenden Delikte immer auch eine „Tat" i.S.d. § 264 StPO darstellen[18].

64 Liegt materiell-rechtlich Tatmehrheit i.S.d. § 53 StGB vor, so ist regelmäßig – aber nicht immer (!) – auch von verschiedenen geschichtlichen Vorgängen im Sinne des prozessualen Tatbegriffs auszugehen[19].

> **Beispiel:** Der Beschuldigte fährt ohne Fahrerlaubnis auf der Suche nach geeigneten Einbruchsobjekten umher. Unterwegs kommt er an einem Geschäftslokal vorbei, in welches er einbricht und Beute macht. Er setzt seine Fahrt fort und stößt nach 1/2 Stunde auf ein weiteres lohnendes Objekt. Dort begeht er einen weiteren Einbruchsdiebstahl.
>
> Hier stellt sich zunächst die Frage, ob die – durch die Diebstahlstaten unterbrochene – Fahrt ohne Fahrerlaubnis (§§ 2, 21 StVG) das ganze Geschehen zu einem einheitlichen Vorgang im materiell-rechtlichen Sinn verbindet. Dies ist zu verneinen. Zwischen den jeweiligen Fahrten und den Einbruchstaten besteht kein „unmittelbarer" Zusammenhang und damit keine Tateinheit. Aber auch an einer Tatidentität i.S.d. § 264 StPO fehlt es, da die Fahrten und die Einbrüche ohne weiteres getrennt beurteilt werden können[20].

65 Mehrere Handlungen i.S.d. § 53 StGB bilden – im Ausnahmefall – aber dann eine einheitliche Tat i.S.d. § 264 StPO, wenn sie unmittelbar und innerlich – etwa wegen deliktsimmanenter Verbindung der Handlungen oder Überschneidungen im äuße-

---

15 BGH in ständiger Rspr., vgl. BGH 2 StR 86/16 Tz. 9; 3 StR 642/14 Tz. 6; 1 StR 374/13 Tz. 15; 5 StR 462/12 Tz. 5.
16 BGH 3 StR 375/08.
17 BGH 4 StR 205/16 Tz. 5; 5 StR 462/12 Tz. 7; NStZ-RR 2009, 289 f. Siehe Näheres unten unter Rn. 205 ff.
18 BGH 4 StR 528/13 Tz. 7; 3 StR 531/12 Tz. 13.
19 Vgl. BGH 4 StR 247/15; 3 StR 531/12 Tz. 13 f.; 5 StR 288/11 Tz. 20 m.w.N.
20 Vgl. BGH NStZ 2001, 89; NStZ 1997, 508; NJW 1981, 997.

ren Ablauf – so miteinander verknüpft sind, dass der Unrechts- und Schuldgehalt der einen Handlung nicht ohne die Umstände, die zu der anderen Handlung geführt haben, richtig bewertet werden kann und die getrennte Würdigung und Aburteilung folglich als „unnatürliche Aufspaltung eines einheitlichen Lebensvorganges" anzusehen wäre[21].

> **Beispiel:** Der Beschuldigte entschließt sich, seine desolate finanzielle Situation dadurch zu verbessern, dass er ein ihm gehörendes und entsprechend versichertes Wohngebäude in Brand setzt. Nachdem er die Versicherungssumme erhöht hat, zündet er das Haus nachts an, so dass es völlig ausbrennt (Brandstiftung). Anderntags meldet er den Schaden seiner Versicherung, um diese zur Auszahlung der Versicherungssumme zu veranlassen (versuchter Betrug).
> Trotz der zeitlichen Zäsur und der materiellrechtlichen Tatmehrheit hat der BGH angesichts des inneren Zusammenhangs zwischen den Handlungen hier eine einheitliche prozessuale Tat angenommen[22].

Die prozessuale Bewertung mehrerer strafbarer Handlungen kann im Einzelfall also durchaus schwierig sein. Besondere Probleme tauchen insbesondere im Zusammenhang mit den Delikten im **Straßenverkehr** auf, wie die beiden nachfolgenden – abschließenden – Beispielsfälle[23] zeigen: **66**

> **Beispiel 1:** Der mit 2,3 ‰ alkoholisierte Beschuldigte verursacht in Bonn fahrlässig einen Verkehrsunfall mit erheblichem Sachschaden. Er setzt gleichwohl seine Fahrt fort, ohne sich um den Schaden zu kümmern.
> Materiell-rechtlich sind folgende Straftatbestände verwirklicht:
> – § 315c Abs. 1 Nr. 1a, Abs. 3 StGB durch die alkoholbedingte Herbeiführung des Unfalls (der zugleich vorliegende Tatbestand des § 316 StGB wird verdrängt);
> – § 142 Abs. 1 Nr. 1 StGB durch das unerlaubte Entfernen vom Unfallort;
> – § 316 StGB durch die alkoholisierte Weiterfahrt.
> Für die Konkurrenzen gilt: Mit dem Unfallgeschehen tritt in dem geschilderten Handlungsablauf eine Zäsur ein. Damit liegen zwei selbstständige Handlungen im materiellrechtlichen Sinne (§ 53 StGB) vor, nämlich Straßenverkehrsgefährdung (§ 315c StGB) und unerlaubtes Entfernen vom Unfallort (§ 142 StGB) bei gleichzeitiger Trunkenheitsfahrt (§ 316 StGB). Damit steht nur das unerlaubte Entfernen vom Unfallort in Tateinheit (§ 52 StGB) zu § 316 StGB.
> Das gesamte historische Geschehen ist jedoch nach Auffassung des BGH ein einheitlicher Lebensvorgang und damit verfahrensrechtlich eine Tat i.S.d. § 264 StPO, welche alle drei Delikte umfasst[24].

---

21 BGH 5 StR 288/11 Tz. 20 m.w.N.
22 BGH NStZ 2006, 350 f.
23 Nachgebildet den Entscheidungen BGHSt 24, 185 ff. und 23, 141 ff.
24 Zur Begründung führt der BGH (BGHSt 24, a.a.O.) Folgendes an: Die einzelnen Handlungen „gingen nicht nur äußerlich ineinander über", sondern seien auch „innerlich – strafrechtlich – derart miteinander verknüpft, dass der Unrechts- und Schuldgehalt der Unfallflucht nicht ohne Berücksichtigung der Umstände, unter denen es zum Unfall gekommen ist, gewürdigt werden" könne. Siehe zu einer „Fluchtfahrt" auch BGH NJW 2003, 1614 f. sowie OLG Hamm NStZ-RR 2018, 26.

Kapitel 2 *Das Ermittlungsverfahren*

67 **Beispiel 2:** Es ist nicht nur – wie oben geschildert – zu einem Unfall mit anschließendem unerlaubten Entfernen vom Unfallort gekommen. In dem 4 Kilometer entfernten Stadtteil Röttgen verursacht der Beschuldigte einen weiteren alkoholbedingten Zusammenstoß mit einem geparkten Pkw.

Hier tritt in Abweichung von Beispiel 1 eine weitere Straßenverkehrsgefährdung (§ 315c StGB) hinzu. Materiell-rechtlich sind also folgende Straftatbestände verwirklicht:
– § 315c Abs. 1 Nr. 1a, Abs. 3 StGB durch die alkoholbedingte Herbeiführung des Unfalls in Bonn;
– § 142 Abs. 1 Nr. 1 StGB durch das unerlaubte Entfernen vom Unfallort;
– § 316 StGB durch die alkoholisierte Weiterfahrt;
– § 315c Abs. 1 Nr. 1a, Abs. 3 StGB durch den neuerlichen Unfall in Röttgen.

Tateinheit (§ 52 StGB) zwischen dem unerlaubten Entfernen vom Unfallort und dem zweiten Verkehrsunfall in Röttgen ist nach Auffassung des BGH mit der Begründung abzulehnen, dass die Verwirklichung des § 142 StGB nach einigen Kilometern unbemerkten Fahrens bereits beendet gewesen ist und in keinem Zusammenhang mit dem zweiten Unfallgeschehen stand. Auch das verwirkte Dauerdelikt des § 316 Abs. 2 StGB vermag mangels „Gewichtigkeit" nicht als Bindeglied zwischen dem § 142 StGB (in Bonn) und § 315c StGB (in Röttgen) zu fungieren und so über eine „Klammerwirkung"[25] Idealkonkurrenz zu begründen.

Diese materiell-rechtliche Situation kann verfahrensrechtlich „bei gerechter Gesetzesauslegung" nicht anders beurteilt werden, obwohl man denken könnte, das gesamte Geschehen sei – als historischer Vorgang – insgesamt eine Autofahrt und damit eine „Tat". Nach dem BGH ist jedoch das zweite Unfallgeschehen in Röttgen als eigene „Tat" i.S.d. § 264 StPO zu werten, während die sog. Unfallflucht – insoweit in Einklang mit Beispiel 1 – zum ersten Tatgeschehen zu rechnen ist[26].

68 Beide Fälle belegen, dass auch die verfahrensrechtliche Eingrenzung des Tatgeschehens gelegentlich schwierig zu vollziehen ist und bei der häufig ergebnisorientierten Begründung wiederum **Wertungsgesichtspunkte** oder die Besonderheiten des einzelnen Straftatbestandes eine erhebliche Rolle spielen[27]. Eine befriedigende Lösung ist daher – insoweit herrscht Einigkeit[28] – nur bei Anwendung einer „natürlichen Betrachtungsweise im Einzelfall" möglich[29]. Wichtig ist also in erster Linie ein geschärftes Problembewusstsein.

69 Im Zusammenhang mit dem Tatbegriff bedarf abschließend die „fortgesetzte Handlung" der Erwähnung, bei welcher ein „Gesamtvorsatz" bei Vorliegen weiterer Voraussetzungen mehrere selbständige Einzelakte zu einer Handlung im Rechtssinne verknüpfen konnte. Diese über hundert Jahre gebräuchliche Rechtsfigur ist jedoch

---

25 Siehe hierzu BGH 1 StR 310/16 Tz. 12; 3 StR 537/14 Tz. 22 m.w.N.; 4 StR 528/13; 2 StR 70/12 Tz. 5.
26 BGHSt 23, 141 ff. Der BGH erklärt zur Begründung, es handele sich um zwei „voneinander unabhängige Unfallgeschehen", die bei „natürlicher Betrachtung" auch unabhängig voneinander zu beurteilen seien. Eine andere Auffassung führe zu „unannehmbaren Ergebnissen".
27 Vgl. beispielsweise zur Trunkenheitsfahrt bei gleichzeitigem Besitz von Betäubungsmitteln BGH 3 StR 109/12; KG NStZ-RR 2012, 155 m.w.N.; zur Umsatzsteuerhinterziehung BGH NJW 2005, 836 ff.; zur geheimdienstlichen Tätigkeit BGH NStZ 1997, 79.
28 Lesen Sie zur umfangreichen Rechtsprechung und zum Stand der Diskussion: KK-*Kuckein*, § 264 Rn. 7 ff.
29 BGH NJW 2003, 1750 sowie NJW 1980, 2718 ff. (auch zur „Klammerwirkung" des § 129 StGB).

im Jahre 1994 aufgegeben worden[30]. Partiell lebt sie in der Rechtsprechung zur sog. **„Bewertungseinheit"** fort[31].

C. Einleitung des Ermittlungsverfahrens

Bevor wir im Einzelnen auf Beginn, Ziel und Ablauf des Ermittlungsverfahrens eingehen, wollen wir einen Blick in den diesbezüglichen Teil einer (natürlich hinsichtlich der personenbezogenen Daten veränderten) Original-Strafakte werfen. Bitte richten Sie ihr Augenmerk besonders auf die Art der Einleitung und den chronologischen Ablauf.

70

Auf den dort geschilderten Fall und seinen verfahrensmäßigen Fortgang werden wir an verschiedenen Stellen wieder zurückkommen.

I. Originalakte

---

30 BGH NJW 1994, 1663 ff. (lesen!); NJW 1998, 1652.
31 Vgl. hierzu BGH 5 StR 284/17; 3 StR 487/16 Tz. 4; 3 StR 427/16; 3 StR 236/15 (BtM-Delikte); BGH 4 StR 340/13 Tz. 9; 4 StR 480/11 Tz. 5 (sukzessive Tatausführung); 4 StR 115/15 Tz. 16; 4 StR 252/11 Tz. 12; 3 StR 230/10 („Organisationsdelikte"); 3 StR 466/09 (Betätigungsverbot nach dem VereinsG); BGH 5 StR 425/11 (Inverkehrbringen von Arzneimitteln); NStZ 2006, 228 f. (Kartellabsprachen).

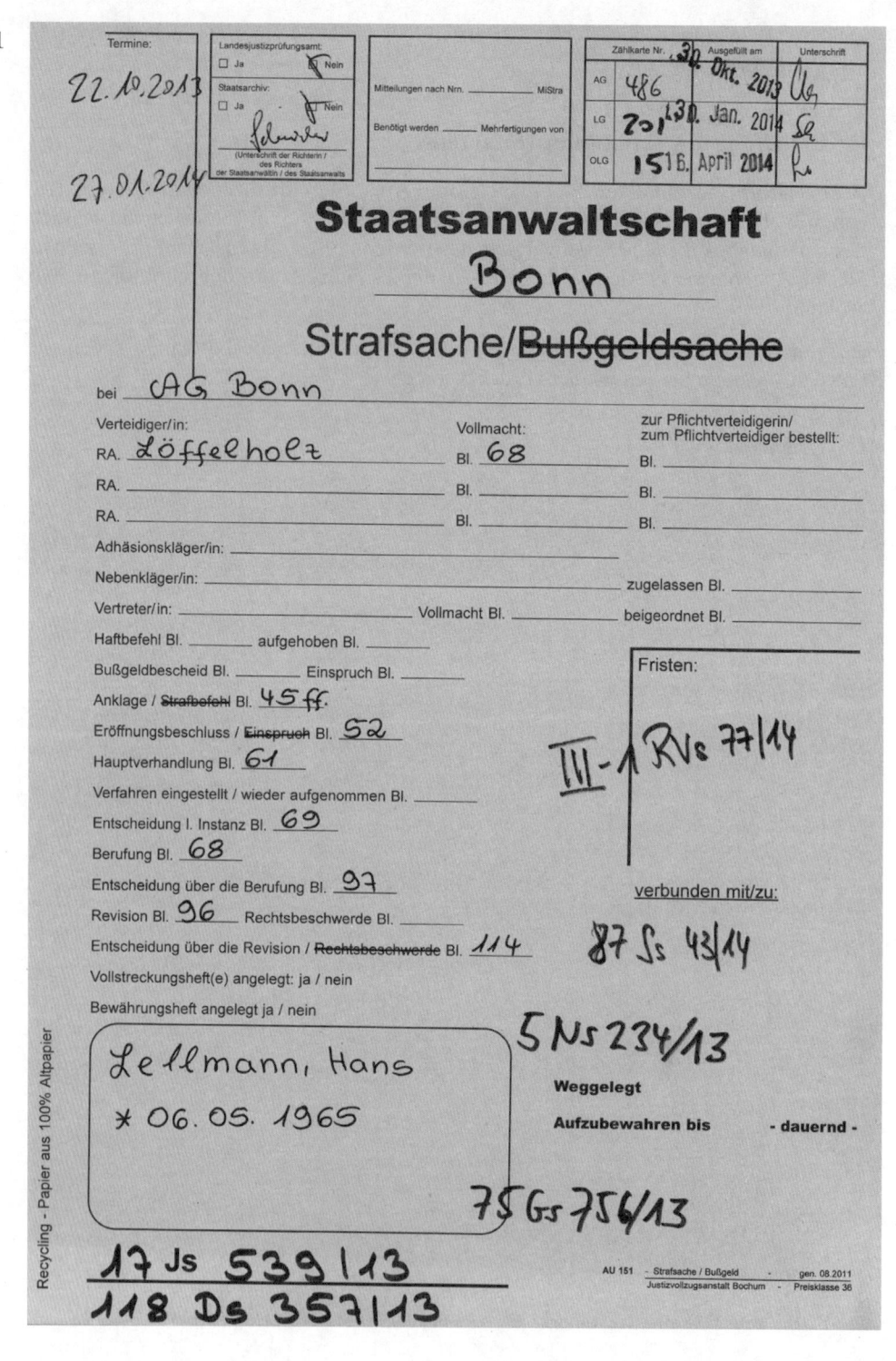

Kapitel 2 *Das Ermittlungsverfahren*

Termine:
22.10.2013
27.01.2014

Landesjustizprüfungsamt:
☐ Ja ☒ Nein
Staatsarchiv:
☐ Ja ☒ Nein
(Unterschrift der Richterin / des Richters / der Staatsanwältin / des Staatsanwalts)

Mitteilungen nach Nrn. _____ MiStra
Benötigt werden _____ Mehrfertigungen von _____

	Zählkarte Nr.	Ausgefüllt am	Unterschrift
AG	486	30. Okt. 2013	
LG	701	30. Jan. 2014	
OLG	151	6. April 2014	

Staatsanwaltschaft
Bonn

Strafsache/~~Bußgeldsache~~

bei AG Bonn

Verteidiger/in: Vollmacht: zur Pflichtverteidigerin/
                                                          zum Pflichtverteidiger bestellt:
RA Löffelholz   Bl. 68   Bl. _____
RA _____   Bl. _____   Bl. _____
RA _____   Bl. _____   Bl. _____

Adhäsionskläger/in: _____
Nebenkläger/in: _____   zugelassen Bl. _____
Vertreter/in: _____   Vollmacht Bl. _____   beigeordnet Bl. _____
Haftbefehl Bl. _____ aufgehoben Bl. _____
Bußgeldbescheid Bl. _____ Einspruch Bl. _____
Anklage / ~~Strafbefehl~~ Bl. 45 ff.
Eröffnungsbeschluss / ~~Einspruch~~ Bl. 52
Hauptverhandlung Bl. 61
Verfahren eingestellt / wieder aufgenommen Bl. _____
Entscheidung I. Instanz Bl. 69
Berufung Bl. 68
Entscheidung über die Berufung Bl. 97
Revision Bl. 96 Rechtsbeschwerde Bl. _____
Entscheidung über die Revision / ~~Rechtsbeschwerde~~ Bl. 114
Vollstreckungsheft(e) angelegt: ja / nein
Bewährungsheft angelegt ja / nein

Lellmann, Hans
* 06.05.1965

17 Js 539/13
118 Ds 357/13

Fristen:

III-1 RVs 77/14

verbunden mit/zu:

87 Ss 43/14

5 Ns 234/13
Weggelegt
Aufzubewahren bis   - dauernd -

75 Gs 756/13

AU 151 - Strafsache / Bußgeld - gen. 08.2011
Justizvollzugsanstalt Bochum - Preisklasse 36

71

32

Einleitung des Ermittlungsverfahrens **C**

Dienststelle	Aktenzeichen
Polizeipräsidium Bonn Polizeiinspektion 1 / PW Innenstadt Bornheimer Str. 19 53111 Bonn	600000-002807-13/7

Sammelaktenzeichen	Fallnummer

Sachbearbeitung durch (Name, Amtsbezeichnung)
Müller, PK

Sachbearbeitung Telefon	Nebenstelle	Fax
0228 - 15 -	- 4421	- 4423

Strafanzeige für Straftaten mit Freiheitsentziehung

Aufnahmezeit (Datum, Uhrzeit)	Aufnahme durch (Name, Amtsbezeichnung, Dienststelle)
01.07.2013, 23.20 Uhr	Müller, PK – PW Innenstadt

Straftat(en)/Verletzte Bestimmung(en), kriminologische Bezeichnung	Versuch
(1) Widerstand gegen Vollstreckungsbeamte (Par. 113 StGB)	Nein
(2) Trunkenheit im Verkehr (Par. 316 StGB)	Nein
(3) Beleidigung (Par. 185 StGB)	Nein
(4) Vorsätzliche leichte Körperverletzung (Par. 223 StGB)	Nein
(5) Sachbeschädigung an Kfz (Par. 303 StGB)	Nein

Tatzeit am/Tatzeitraum von (Wochentag, Datum, Uhrzeit) bis (Wochentag, Datum, Uhrzeit)
01.07.2013, 22.00 Uhr

Tatort (PLZ, Ort, Gemeinde, Kreis, Straße/Platz, Hausnummer, Stockwerk, AG-Bezirk)
53225 Bonn, Beuel, Kennedybrücke, Bertha-von-Suttner-Platz, AG Bonn

Tatörtlichkeit
Straße, Platz innerhalb geschlossener Ortschaften

Ergänzende Beschreibung zum Tatort/zur Tatörtlichkeit

Begehungsweise (stichwortartige Schilderung)

Beweismittel

Maßnahmen		durchführende/ersuchte Dienststelle
☐ Spurensuche durchgeführt	☐ Spurensicherung durchgeführt	

Proben		Sonstige Probe(n)	
X Blutprobe(n)	☐ Urinprobe(n)	☐	**X** Torkelbogen

Asservate			
☐ vorhanden	☐ beschlagnahmt (Frist!)	☐ Sicherstellungsprotokoll gefertigt	

Beweismittel (auch Spuren, Asservate)	Asservatennummer

Erlangtes Gut

Schadenssumme erlangtes Gut €	Sachschaden €
	1500,00 €

Gesamtschaden €

Tatverdächtig ist	Lfd. Nr. 001		Freiheitsentziehung
Name **Lellmann**			Akademische Grade/Titel

Geburtsname	Vorname(n)
Lellmann	**Hans**

Sonstige Namen (FR = Früherer-, GS = Geschiedenen-, VW = Verwitweten-, GN = Genannt-, KN = Künstler-, ON = Ordens-, SP = Spitz-, SN = nicht zugeordneter Name)

Geschlecht	Geburtsdatum	Geburtsort/-kreis/-staat
männlich	**06.05.1965**	**Bonn / Deutschland**

Familienstand	Ausgeübter Beruf	Staatsangehörigkeit(en)
ledig	**Bauarbeiter**	**deutsch**

Anschrift
53225 Bonn, Beuel, Wagnerstr. 187

Telefonische (z. B. privat, geschäftlich, mobil) und sonstige (z. B. per E-Mail) Erreichbarkeit

Strafanzeige Seite 1 von 4

Kapitel 2 *Das Ermittlungsverfahren*

	Aktenzeichen
	600000-002807-13/7

Strafanzeige - Fortsetzung

Zusatzdaten Fahrerlaubnis/Fahrzeug(e)

Fahrerlaubnisdaten (Klasse, Nummer, Ausstellungsdatum und –behörde)
Führerschein; Kl. B, C1, ausgestellt: 16.04.2004, Stadt Bonn, Nr.: K0281897087
Andere/besondere Fahrerlaubnis/Fahrlehrerlaubnis/Mofa-Prüfbescheinigung

Fahrzeugart	Hersteller	Typ
Pkw	**VW**	**Golf**
Kennzeichen	Fahrzeugidentifizierungsnummer	Farbe
BN - DX 316		

Geschädigte/Geschädigter ist

Name			Akademische Grade/Titel
Müller			
Geburtsname		Vorname(n)	
Müller		**Peter**	
Geschlecht	Geburtsdatum	Geburtsort/-kreis/-staat	
männlich			
Familienstand	Ausgeübter Beruf	Staatsangehörigkeit(en)	
	Polizeibeamter	**deutsch**	
Anschrift			
53111 Bonn, Bornheimer Str. 19, Polizeiwache Innenstadt			
Telefonische (z. B. privat, geschäftlich, mobil) und sonstige (z. B. per E-Mail) Erreichbarkeit			

Verletzungen
Beschädigungen
erlangtes Gut

Schadenssumme erlangtes Gut €	Sachschaden €
Gesamtschaden €	

Versicherung/Nr.	
	☐ nicht abgeschlossen

Datum	Unterschrift der/des Geschädigten

Geschädigte/Geschädigter ist

Name			Akademische Grade/Titel
Rossel			
Geburtsname		Vorname(n)	
Rossel		**Inge**	
Geschlecht	Geburtsdatum	Geburtsort/-kreis/-staat	
weiblich			
Familienstand	Ausgeübter Beruf	Staatsangehörigkeit(en)	
	Polizeibeamtin	**deutsch**	
Anschrift			
53111 Bonn, Bornheimer Str. 19, Polizeiwache Innenstadt			
Telefonische (z. B. privat, geschäftlich, mobil) und sonstige (z. B. per E-Mail) Erreichbarkeit			

Strafanzeige Seite 2 von 4

Einleitung des Ermittlungsverfahrens **C**

Aktenzeichen
600000-002807-13/6

Strafanzeige - Fortsetzung

Verletzungen
Biss in die Hand

Beschädigungen

erlangtes Gut

Schadenssumme erlangtes Gut €	Sachschaden €

Gesamtschaden €

Versicherung/Nr.	☐ nicht abgeschlossen

Ich stelle Strafantrag.

Datum	Unterschrift der/des Geschädigten
1.7.13	*(Signatur)*

Geschädigte/Geschädigter ist

Name	Akademische Grade/Titel
Taxi-Buchmann GbR	

Geburtsname	Vorname(n)

Geschlecht	Geburtsdatum	Geburtsort/-kreis/-staat

Familienstand	Ausgeübter Beruf	Staatsangehörigkeit(en)

Anschrift
Hauptniederlassung, 53111 Bonn, Zentrum, Kölnstr. 135
Telefonische (z. B. privat, geschäftlich, mobil) und sonstige (z. B. per E-Mail) Erreichbarkeit
049-228-12345678

Zusatzdaten Fahrzeug(e)

Fahrzeugart	Hersteller	Typ
Pkw	**Mercedes Benz**	**E 220 T**

Kennzeichen	Fahrzeugidentifizierungsnummer	Farbe
BN - KB 100		**beige**

Verletzungen

Beschädigungen

erlangtes Gut

Schadenssumme erlangtes Gut €	Sachschaden €

Gesamtschaden €

Versicherung/Nr.	☐ nicht abgeschlossen

Datum	Unterschrift der/des Geschädigten

Strafanzeige Seite 3 von 4

Kapitel 2 *Das Ermittlungsverfahren*

Aktenzeichen
600000-002807-13/07

Strafanzeige - Fortsetzung

Zeuge/Zeugin ist

Name		Akademische Grade/Titel
Schmitz		

Geburtsname		Vorname(n)
Schmitz		**Heinz**

Geschlecht	Geburtsdatum	Geburtsort/-kreis/-staat
männlich	**31.03.1957**	**Neuwied / Deutschland**

Familienstand	Ausgeübter Beruf	Staatsangehörigkeit(en)
	Taxi - Fahrer	**deutsch**

Anschrift
53229 Bonn, Holzlar, Tulpenweg 8

Telefonische (z. B. privat, geschäftlich, mobil) und sonstige (z. B. per E-Mail) Erreichbarkeit

74

Sachverhalt:

Am 01.07.2013, gegen 22:00 Uhr, bemerkten die auf Streifenfahrt befindlichen PK Müller und POK Meimeier den Beschuldigten, der mit seinem Fahrzeug VW Golf II, amtliches Kennzeichen BN-DX 316, über die Kennedybrücke aus Fahrtrichtung Beuel in Richtung Stadthaus fuhr. Er fuhr in Schlangenlinien über die volle Fahrbahnbreite, teils über die gesonderte Busspur. Es bestand der Verdacht der Trunkenheitsfahrt, deswegen überholte PK Müller das Fahrzeug des Beschuldigten Höhe Wachsbleiche und hielt diesen unter Einsatz von Sonder- und Wegerechten an. Der Beschuldigte leistete der Anhalteaufforderung erst nach weiteren 150 m Folge, indem er das Fahrzeug unkontrolliert gegen den rechten Bordsteinrand steuerte, wo es in Höhe des Taxistandes (Bertha-von-Suttner-Platz) zum Stehen kam. Zur Verhinderung einer Weiterfahrt wurde das Dienstfahrzeug unmittelbar vor dem PKW des Beschuldigten abgestellt. Der Beschuldigte entstieg seinem Fahrzeug und zeigte sich sofort äußerst aggressiv und aufgebracht. Die beiden eingesetzten Beamten beschimpfte er als „Bullenschweine". Noch bevor die Beamten eingreifen konnten, begab er sich zu dem wartenden Taxi des Taxiunternehmens Buchmann (Fahrer: Zeuge Schmitz) und trat mehrfach gegen die Fahrertür, wodurch diese beschädigt wurde (Eindellung). Nur mit Mühe konnte der Beschuldigte zunächst auf der Motorhaube des Streifenwagens fixiert werden. Nachdem mit PKín Rossel und PHK Pillmann die angeforderte Verstärkung eingetroffen war, trat der Beschuldigte nach dem Polizeibeamten und biss der Beamtin Rossel in die Hand. Er verweigerte die Durchführung eines freiwilligen Atemalkoholtests. Unter Anwendung einfacher körperlicher Gewalt wurde er schließlich in Gewahrsam genommen und dem PGD Bonn zugeführt. Hier wurde ihm gegen 23:50 Uhr eine Blutprobe entnommen. Die Anordnung der Blutprobe erfolgte wegen Gefahr im Verzug durch den Unterzeichner. Im Hinblick auf den Abbau des Alkohols im Körper drohte Beweismittelverlust. Dem Unterzeichner ist im Übrigen bekannt, dass ein richterlicher Eildienst zur Nachtzeit im Bezirk des Landgerichts Bonn nicht existiert. Daher wurde davon Abstand genommen, vor der Anordnung der Blutentnahme den Versuch zu unternehmen, einen Richter zu erreichen. Der Führerschein des Beschuldigten Nr. K0281897087 / Stadt Bonn wurde sichergestellt. Sein Fahrzeug wurde vom Abschleppdienst Fischer übernommen.

75

Bonn, 01.03.2014

selbst gelesen, genehmigt und unterschrieben:

Müller PK
_____
Müller, Polizeikommissar

Unterschrift Anzeigenerstatter / Anzeigenerstatterin

Raum für Kontrollmarken

Einleitung des Ermittlungsverfahrens **C**

Dienststelle	Aktenzeichen	
Polizeipräsidium Bonn **Polizeiinspektion Nord-Ost** **Bornheimer Str. 19** **53111 Bonn**	**600000-002807-13/7**	
	Sammelaktenzeichen	Fallnummer
	Sachbearbeitung durch (Name, Amtsbezeichnung) **Müller, PK**	
	Sachbearbeitung Telefon **0228 15**	Nebenstelle **4421**	Fax **4423**

Freiheitsentziehung   Ingewahrsamnahme

Erstellungszeit (Datum, Uhrzeit)	Erstellung durch (Name, Amtsbezeichnung, Dienststelle)
01.07.2013, 23:20 Uhr	Müller, PK, PI Nord-Ost/PW Innenstadt

Der Betroffene ist Erwachsener

Personengebundene Hinweise
gewalttätig

Name	Akademischer Grad/Titel
Lellmann	
Geburtsname	Vorname(n)
Lellmann	**Hans**

Sonstige Namen (FR = Früherer-, GS = Geschiedenen-, VW = Verwitweten-, GN = Genannt-, KN = Künstler-, ON = Ordens-, SP = Spitz-, SN = nicht zugeordneter Name)

Geschlecht	Geburtsdatum	Geburtsort/-kreis/-staat
männlich	**06.05.1965**	**Bonn**
Familienstand	Ausgeübter Beruf	Staatsangehörigkeit(en) Nationalität
ledig	**Bauarbeiter**	**Deutsch,**

Anschrift
Wagnerstr. 187, 53225 Bonn

Telefonische (z. B. privat, geschäftlich, mobil) und sonstige (z. B. per E-Mail) Erreichbarkeit

Beide Elternteile/Personensorgeberechtigte(r), Vormund, Betreuer(in) – soweit Angaben erforderlich – mit Anschrift und Erreichbarkeiten

Ausweisdaten (Art, Nummer, Ausstellungsdatum, Ausstellungsbehörde)
BPA, 6264693165-D, 23.04.2007, Stadt Bonn

Zeit der Freiheitsentziehung	Ort der Freiheitsentziehung
01.07.2013, 22:30	**Bertha-vonSuttner-Platz, Bonn**

Freiheitsentziehende Beamtin/freiheitsentziehender Beamter (Name, Amtsbezeichnung, Dienststelle)
PK Müller, POK Meimeier, PI Nord-Ost/PW Innenstadt

Begründung der Freiheitsentziehung (ggf. auf Beiblatt fortsetzen)
§§ 316, 113, 185, 223, 303 StGB
Der Tatverdächtige befuhr in erkennbar alkoholisiertem Zustand unter anderem die Kennedybrücke in Bonn. Nach dem Anhalten beschimpfte die eingesetzten Beamten, trat nach ihnen und beschädigte mutwillig ein fremdes Fahrzeug. Insoweit wird auf die gesonderte Anzeige Bezug genommen. Er wurde dem zentralen Polizeigewahrsam zugeführt, wo ihm von Dr. med. Hofmann eine Blutprobe entnommen wird. Von dort aus kann er nach Ausnüchterung entlassen werden.

Grund der Freiheitsentziehung gem.	☒ § 37 PolG NRW	☐ § 163 b Abs. 1 oder 2 StPO	bekannt gegeben

Bekanntgabe konnte nicht erfolgen, weil

Belehrungspflichten gem. § 114 b StPO

☐ Die „Belehrung von aufgrund eines Haftbefehls festgenommenen Personen" wurde in folgender Sprache ausgehändigt:
☒ Die „Belehrung von vorläufig festgenommenen Personen" wurde in folgender Sprache ausgehändigt: Deutsch
☐ Die „Belehrung von aufgrund eines Unterbringungsbefehls festgenommenen Personen" wurde in folgender Sprache ausgehändigt:
☐ Die „Belehrung von zur Identitätsfeststellung festgehaltenen Verdächtigen" wurde in folgender Sprache ausgehändigt:
☐ Die „Belehrung von zur Identitätsfeststellung festgehaltenen Unverdächtigen" wurde in folgender Sprache ausgehändigt:

Zusatz bei ausländischen Staatsangehörigen

☐ Die/Der Betroffene wurde belehrt, dass sie/er das Recht hat, ihre/seine konsularische Vertretung benachrichtigen zu lassen.
☐ Belehrung wurde nicht durchgeführt, weil

Kapitel 2 *Das Ermittlungsverfahren*

	Aktenzeichen
	600000-002807-13/7

Nach Gesamteindruck ärztliche Untersuchung erforderlich	☐ Ja	☒ Nein

Hinweis: Bei Ingewahrsamnahme wegen Hilflosigkeit ist eine ärztliche Untersuchung zwingend vorgeschrieben (VVPolG NRW - Nr. 35.11-)

☐ Personalien nach eigenen Angaben	☒ Personalien bei dateiführenden Behörden überprüft EMA
Fahndungsabfrage ☒ erfolgt	☐ noch erforderlich ☐ Fahndungsausschreibung besteht

Personalien eventueller Mittäter - **getrennt halten** -

Bonn, 01.07.2013   Entlassen am 02.07.13   um 7.00 Uhr

Müller, PK *Müller*   *Kunzelt*
(Name, Amtsbezeichnung, Unterschrift)   Name, Amtsbezeichnung, Unterschrift

Einleitung des Ermittlungsverfahrens **C**

Dienststelle	Aktenzeichen
Polizeipräsidium Bonn **Polizeigewahrsam** **Königswinterer Str. 500** **53227 Bonn**	**600000-002807-13/7**

Sammelaktenzeichen		Fallnummer
Sachbearbeitung durch (Name, Amtsbezeichnung) **Humpert, POK**		
Sachbearbeitung Telefon **0228 15**	Nebenstelle **4834**	Fax **4837**

Einlieferungsanzeige

Aufnahmezeit (Datum, Uhrzeit)	Aufnahme durch (Name, Amtsbezeichnung, Dienststelle)
01.07.2013, 23:05 Uhr	Humpert, POK, PGD

☒ Polizeigewahrsam ☐ anderer Ort   Bezeichnung   in

Einlieferung der/ des (Name, Vorname, Geb.-Datum)
Lellmann, Hans, 06.05.1965

am, um	durch	Zellen-Nummer
01.07.2013, 23:05 Uhr	Müller , PK, PI Nord-Ost / PW Innenstadt	13

übergebende Beamtin/übergebender Beamter   übernehmende Beamtin/übernehmender Beamter

Name, Amtsbezeichnung, Unterschrift   Name, Amtsbezeichnung, Unterschrift

Verlegung nach Einlieferung
am, um   nach   durch   Zellen-Nummer
                  Uhr

übergebende Beamtin/übergebender Beamter   übernehmende Beamtin/übernehmender Beamter

Name, Amtsbezeichnung, Unterschrift   Name, Amtsbezeichnung, Unterschrift

Durchsuchung der Person
am, um	durch (Name, Amtsbezeichnung)	Unterschrift
01.07.2013, 23:10 Uhr	Humpert, POK	

Verzeichnis der abgenommenen persönlichen Gegenstände

Lfd. Nr.	Bezeichnung	Lfd. Nr.	Bezeichnung
1	1 Armbanduhr	6	1 Brille
2	1 Einwegfeuerzeug	7	
3	1 Zigarettenpackung im Anbruch	8	
4	1 Geldbörse ohne Bargeld	9	
5	diverse Papiere	10	

Unterschrift der übernehmenden Beamtin/ des übernehmenden Beamten   Unterschrift des/der Betroffenen

Zurückgehalten lfd. Nr./von/bis
                  1 bis 6
                                        Unterschrift der Empfängerin/des Empfängers

Beweiswichtige Gegenstände
☒ keine beweiswichtigen Gegenstände vorgefunden ☐ beweiswichtige Gegenstände mit Durchsuchungs-/Sicherstellungsprotokoll erfasst

Das Merkblatt „Wichtige Hinweise über die Rechte von Personen im Polizeigewahrsam" habe ich in folgender Sprache erhalten: Deutsch
                                        Unterschrift der Empfängerin/des Empfängers

☒ Die Unterschriftsleistung wurde verweigert

Angehörige (ggf. Erziehungsberechtigte(r)/Vormund)
Name/Anschrift/ Erreichbarkeit

Benachrichtigung durchgeführt gemäß ☐ § 37 PolG NRW ☐ § 163 c Abs. 2 StPO
Benachrichtigt am   Uhr durch
Nicht benachrichtigt, weil nicht ermittelbar

Bei ausländischen Staatsangehörigen: Unterrichtung der konsularischen Vertretung des Entsendestaates
Name/Anschrift der konsularischen Vertretung

Durchgeführt am   Uhr durch
Nicht benachrichtigt, weil

Sonstige Vermerke (z.B. Einzelzelle erforderlich, Besuche, Zellenkontrolle, ggf. Gesundheitszustand, kurzfristige Überstellungen Vertretung, Haftkosten)

Verbleib der/des Eingelieferten
Entlassen am	02.07.2013, 07:00 Uhr	durch Humpert, POK
Vorgeführt am	Uhr	durch
Anderweitiger Verbleib		

Kapitel 2 *Das Ermittlungsverfahren*

Dienststelle KK 43 Königswinterer Str. 500 53227 Bonn	Aktenzeichen 600000-002807-13/7		
	Sammelaktenzeichen		Fallnummer
	Sachbearbeitung durch (Name, Amtsbezeichnung) Müller, PK		
	Sachbearbeitung Telefon 0228 15	Nebenstelle 4421	Fax 4423
	Ort Bonn		Datum 01.07.2013

78

Entnahme von Blutproben zur Nachtzeit (21:00 Uhr bis 06:00Uhr)

Anordnung der Blutprobe

Eine wirksame Einwilligung in die Blutentnahme liegt nicht vor, so dass eine förmliche Anordnung gem. § 81a Abs. 2 StPO erforderlich ist.

In der Zeit von 21:00 Uhr bis 06:00 Uhr (Nachtzeit) besteht kein richterlicher Bereitschaftsdienst. Es bedarf daher grundsätzlich keinerlei Bemühungen, eine richterliche Anordnung zu erwirken.

In Absprache mit der Staatsanwaltschaft Bonn ist von einer Gleichrangigkeit der Befugnisse der Staatsanwaltschaft und ihrer Ermittlungspersonen bei der Anordnung von Blutproben in Eilfällen (Gefahr im Verzug) auszugehen, so dass eine vorherige Kontaktaufnahme mit der Staatsanwaltschaft entbehrlich ist.

Die Blutprobe dient der:

☒ **Feststellung, ob ein die Verfolgbarkeit begründender Alkoholgrenzwert** in den Fällen der §§ 315c, 316 StGB oder der §§ 24a Abs. 1, 24c StVG überschritten ist.
☐ Die Durchführung eines Alkotests Dräger 6510/7410 auf freiwilliger Basis ergab einen Wert von   mg/l.
☒ Ein Alkotest konnte nicht durchgeführt werden, es liegen folgende Hinweise auf Alkoholkonsum vor: Deutlicher Alkoholgeruch im Atem, gerötete Augen, gereizte Stimmung
☒ Es liegen Hinweise auf eine relative Fahruntüchtigkeit vor (0,15 mg/l bis 0,54 mg/l); es wurden folgende Ausfallerscheinungen festgestellt:
Der Beschuldigte befuhr die Kennedybrücke in Schlangenlinien. Beim Anhalten des Fanhrzeugs touchierte er den Bordstein.

☐ **Feststellung, ob sich andere berauschende Mittel** (Betäubungsmittel/Medikamente) im Blut des Beschuldigten befinden
☐ die zu einer Fahruntüchtigkeit i.S.d. §§ 315c, 316 StGB führen. Ein angebotener Drogenvortest verlief positiv.
Es wurden folgende Ausfallerscheinungen festgestellt, die auf eine Fahruntüchtigkeit schließen lassen:

☐ Es wurden keine Ausfallerscheinungen festgestellt. Die Maßnahme dient dem Zweck festzustellen, ob sich berauschende Mittel i.S.d. § 24a Abs. 2 StVG im Blut des Betroffenen befinden. Ein Drogenvortest verlief positiv.

Einleitung des Ermittlungsverfahrens **C**

☐ **Feststellung der Schuldfähigkeit**
Es liegen hinreichende Anhaltspunkte dafür vor, dass der Beschuldigte als Täter oder Teilnehmer in sonstigen/ weiteren Delikten in Betracht kommt.
Delikt:

☒ **Folgende Umstände sprechen für eine besondere Dringlichkeit der Maßnahme, die eine weitere Verzögerung bis zum Erlass einer richterlichen Entscheidung nicht zulassen:**
(insbesondere bei Blutproben, die unmittelbar vor Ende der Nachtzeit erfolgen)

    ☐ Hinweise auf „Nachtrunk"

    ☒ Geringe Überschreitung des die Verfolgbarkeit begründenden Alkoholgrenzwertes
    Ein Atemalkoholtest konnte nicht durchgeführt werden. Die beim Beschuldigten festgestellten Symptome und der gewonnene Gesamteindruck deuten darauf hin, dass der Grenzwert zur aboluten Fahruntüchtigkeit jedenfalls nicht signifikant überschritten sein dürfte.

    ☒ Annahme einer relativen Fahruntüchtigkeit mit Ausfallerscheinungen. (siehe oben)
    Es wird auf die oben geschilderte Fahrweise des Beschuldigten verwiesen.

    ☒ Ein weiteres Zuwarten bis zu einem Zeitpunkt, in dem eine richterliche Anordnung erwirkt werden könnte, wäre mit einer unverhältnismäßig langen Freiheitsbeschränkung für die von der Maßnahme betroffene Person verbunden.
    Mit einer richterlichen Entscheidung kann nicht vor morgen früh gerechnet werden.

    ☐ Sonstige Gründe:

79

Raum für ggf. notwendige Ergänzungen

Die Blutprobe wird unter Inanspruchnahme der Eilkompetenz durch

Müller, PK _/Müller/_   angeordnet.
(Name, Amtsbezeichnung, Unterschrift des Beamten/der Beamtin laut Protokoll und Antrag zur Blutentnahme)

Kapitel 2   *Das Ermittlungsverfahren*

Dienststelle **Polizeipräsidium Bonn** **Polizeiinspektion Nord-Ost** **Bornheimer Str. 19** **53111 Bonn**	Aktenzeichen **600000-002807-13/7**		
	Sammelaktenzeichen		Fallnummer
	Sachbearbeitung durch (Name, Amtsbezeichnung) **Müller, PK**		
	Sachbearbeitung Telefon **0228 15**	Nebenstelle **4421**	Fax **4423**

Protokoll und Antrag zur Feststellung von

☒ Alkohol   ☐ Drogen   ☐ Medikamenten/anderen berauschenden Mitteln
☒ im Blut   ☐ im Urin   ☐ im Haar

Anlass
Ereignis/Delikt/Verletzte Bestimmung
Trunkenheit im Verkehr, Widerstand, Beleidigung, Sachbeschädigung

Tatzeit am/Tatzeitraum von (Wochentag, Datum, Uhrzeit) bis (Wochentag, Datum, Uhrzeit)
01.07.2013, 22.00 Uhr bis 22.10 Uhr

Maßnahme(n)
Alkoholtest: ____ mg/l mit ____ Art   ☐ nicht durchgeführt ☒ verweigert
Drogentest: ☐ positiv ☐ negativ ☒ nicht durchgeführt ☐ verweigert
Anordnungszeit (Datum, Uhrzeit)   Anordnung durch
01.07.2013, 23:15 Uhr   Müller, PK
☒ 1 Blutentnahme   ☐ 2 Blutentnahmen   ☐ Urinprobe   ☐ Haarprobe

Belehrung
☒ als Beschuldigte(r) nach   ☐ als Zeugin/Zeuge nach
§ 163a Abs. 4, § 136 Abs. 1 S. 2-4 StPO   § 52 Abs. 3, § 55 Abs. 2 i. V. m. § 81c StPO
☐ als Betroffene(r) nach § 55 OWiG   ☐ nicht erfolgt, weil

Von der Maßnahme betroffene Person   Geschlecht ☒ M ☐ W ☐ U
Name, Vorname(n), Geburtsjahr, ggf. Geburtsort/-kreis/-staat
Lellmann, Hans, 1965, Bonn

Angaben über Alkohol-/Medikamenten-/Drogenauf- bzw. einnahme
Auf-/Einnahme in den letzten 24 Stunden vor dem Vorfall (Datum, Zeitraum, Art und Menge, Ort (Wohnung, Gaststätte))
01.07.2013, 17.00 Uhr bis 01.07.2013, 21.30 Uhr, Bier (3 Gläser Kölsch),
Gaststätte "Zum Krug" in Bonn-Beuel

Auf-/Einnahme nach dem Vorfall (Datum, Zeitraum, Art und Menge, Ort (Wohnung, Gaststätte))   dazu befragt ☒ Ja ☐ Nein
keine

Letzte Nahrungsaufnahme (Datum, Zeitraum, Art und Menge, Ort (Wohnung, Gaststätte))
01.07.2013, 13.00 Uhr, Bratwurst und Pommes, Imbissbude

Bemerkungen

Nr. 350528 *
Namen, Vornamen *Lellmann, Hans*
Geb.-Datum *6.5.65*   Wohnort
Datum *1.7.2013*
Entnahmezeit *2350*
Auf **BEFUND** kleben !

Bonn, 01.07.2013

Müller, PK   *(Unterschrift)*
(Name, Amtsbezeichnung, Unterschrift)

Die lose anhängende untere Ident-Nummer ist für das Gutachten bestimmt.

Untersuchungsergebnis und Rechnung an
Polizeipräsidium Bonn, Polizeiinspektion Nord-Ost, Bornheimer Str. 19, 53111 Bonn

Ärztlicher Bericht

Aktenzeichen: 600000-002807-13/7

Nicht mit Alkohol, Ether, Phenol, Lysol, Sagrotan, Jodtinktur oder anderen organischen Flüssigkeiten desinfizieren.

Personalien — Lfd. Nr.: — Geschlecht: ☒ M ☐ W ☐ U

Name, Vorname(n), Geburtsjahr: Lellmann, Hans, 1965

Blutprobe

	Datum, Uhrzeit	Kontrollnummer	Blutröhrchen EtOH	Drogen
1. BE	01.07.2013, 23:50 Uhr	348029	☒	☐
2. BE	Uhr		☐	☐

☐ Urinprobe(n) — Datum, Uhrzeit: Uhr
☐ Haarprobe(n) — Datum, Uhrzeit, Entnahmestelle: Uhr

Bei Leichen
Todeszeit (Datum, Uhrzeit): Uhr
Fäulniserscheinung: ☐ keine ☐ leicht ☐ stark
Blutentnahme (ca. 8 ccm) mit Venüle R oder Venülröhrchen aus der freigelegten Oberschenkelvene (nicht aus dem Herzen, aus Wunden oder Blutlachen)
Datum, Uhrzeit der Leichenblutentnahme, Art der Vene:

Befragung (a bis e bezogen auf die letzten 24 Stunden)

	Datum, Uhrzeit	Menge (ccm)		
☐ a Blutverlust		Uhr	☐ Schock	☐ Erbrechen
☐ b Blutentnahme nach Narkose		Uhr Narkosemittel		
☐ c Transfusion		Uhr Menge		
☐ d Infusion		Uhr Art und Menge		
☐ e Medikamente oder Drogen		Uhr Art und Menge		

f Von dem jetzigen Vorfall unabhängige Krankheiten/Leiden ☐
☐ Diabetes ☐ Epilepsie ☐ Geisteskrankheit ☐ frühere Schädel-/Hirntraumen

Untersuchungsbefund (Sollten Tests nicht durchführbar sein, so kann dies unter „Gesamteindruck" vermerkt werden)

Körpergewicht in kg: 83 ☐ gewogen ☒ geschätzt — Körperlänge in cm: 176,00 ☐ gemessen ☒ geschätzt

Konstitution	☐ hager	☒ mittel	☐ fettleibig	
Bestehende Verletzungen (auch Verdacht auf Schädelhirntrauma)	☐ ja			
Gang (Geradeaus)	☐ sicher	☒ schwankend	☐ torkelnd	☐ schleppend
Plötzliche Kehrtwendung (nach vorherigem Gehen)			☐ sicher	☒ unsicher
Drehnystagmus Dauer in Sekunden	☐ feinschlägig	☐ grobschlägig	☐ Auslenkung schnell	☒ Auslenkung langsam
Finger-Finger-Prüfung	☒ sicher	☐ unsicher		
Finger-Nasen-Prüfung	☒ sicher	☐ unsicher		
Sprache	☒ deutlich	☐ verwaschen	☐ lallend	☐
Pupillen	☒ unauffällig	☐ stark erweitert	☐ fehlend	
Pupillenlichtreaktion	☒ prompt	☐ verzögert	☐ fehlend	
Bewusstsein	☒ klar	☐ benommen	☐ bewusstlos	☐ verwirrt
Störung der Orientierung / der Erinnerung an Vorfall	☐ ja / ☐ ja	Art		
Denkablauf	☐ geordnet / ☐ verworren	☒ sprunghaft	☐ perseverierend	
Verhalten	☐ beherrscht / ☐ aggressiv	☐ redselig / ☐ verlangsamt	☐ distanzlos / ☐ lethargisch	☒ abweisend / ☐
Stimmung	☐ unauffällig / ☒ gereizt	☐ depressiv	☐ euphorisch	☐ stumpf
Äußerlicher Anschein des Einflusses von ... bemerkbar	☒ Alkohol / ☐ leicht	☐ Drogen / ☒ deutlich	☐ Medikamente / ☐ stark	☐ nicht / ☐ sehr stark

Gesamteindruck (z. B. Vortäuschung/Übertreibung/sonstige Auffälligkeiten):
Proband zeigt sich abweisend und aggressiv

Versicherung der Ärztin/des Arztes

Desinfektion der Haut erfolgte mit ☐ Lauryldimethylbenzilammoniumbromid ☒ Oxicyanid-Tupfer
Röhrchen und Protokoll sind in meiner Gegenwart mit gleichlautend nummerierten Klebezetteln versehen worden.

Ort, Datum: Bonn, den 1.7.13

Unterschrift und Name der Ärztin/des Arztes

Kapitel 2   *Das Ermittlungsverfahren*

83

Dienststelle	Aktenzeichen
Polizeipräsidium Bonn **VK 21** **Königswinterer Str. 500** **53227 Bonn**	**600000-002807-13/7**

Sammelaktenzeichen		Fallnummer

Sachbearbeitung durch (Name, Amtsbezeichnung)
Schlecker, PHK

Sachbearbeitung Telefon	Nebenstelle	Fax
0228 15	**6216**	**6203**

Beschuldigtenvernehmung

Angaben zur Person

	Lfd. Nr.	
Name* **Lellmann**		Akademische Grade/Titel
Geburtsname* **Lellmann**		Vorname(n)* **Hans**
Geschlecht **männlich**	Geburtsdatum* **06.05.1965**	Geburtsort/-kreis/-staat* **Bonn**
Familienstand **ledig**	Ausgeübter Beruf* **Bauarbeiter**	Staatsangehörigkeit(en)* **Deutsch,**

Anschrift*
Wagnerstr. 187, 53119 Bonn

Telefonische (z. B. privat, geschäftlich, mobil) und sonstige (z. B. per E-Mail) Erreichbarkeit

Belehrung für Beschuldigte

Ihnen wird folgende Tat zur Last gelegt:
§§ 113, 316, 185, 223, 303 StGB

Ich weise Sie nach § 163 a Absatz 4 Strafprozessordnung darauf hin, dass es Ihnen nach dem Gesetz freisteht, sich zu der Beschuldigung zu äußern oder nicht zur Sache auszusagen. Sie sind aber in jedem Fall verpflichtet, die mit * gekennzeichneten Felder zur Person vollständig und richtig auszufüllen. Die Verletzung dieser Pflicht ist nach § 111 des Gesetzes über Ordnungswidrigkeiten mit einer Geldbuße bedroht. Sie können jederzeit einen von Ihnen zu wählenden Verteidiger befragen. Außerdem können Sie zu Ihrer Entlastung einzelne Beweiserhebungen beantragen.

Angaben der/des Beschuldigten

Ich habe die Belehrung verstanden   *Lellmann*
                                        Unterschrift

☒ Ich will mich zur Sache äußern. (Bitte Rückseite oder Beiblatt verwenden und gesondert unterschreiben.)

☐ Ich gebe die Straftat zu.   ☐ Ich gebe die Straftat nicht zu.   ☐ Ich will mich nicht zur Sache äußern.

☐ Ich möchte bei der Polizei vernommen werden.

☐ Ich werde einen Verteidiger (z. B. Rechtsanwältin/Rechtsanwalt) mit der Wahrnehmung meiner Interessen beauftragen.

☐ Ich wurde darauf hingewiesen, dass im vorliegenden Fall die Möglichkeit eines Täter-Opfer-Ausgleichs besteht und die Polizei gegenüber der Staatsanwaltschaft ggf. eine entsprechende Anregung geben wird. Ein Merkblatt mit weiterführenden Informationen habe ich erhalten.

Die Staatsanwaltschaft entscheidet, in welcher Form das Strafverfahren weiter geführt werden soll (z. B. Anklageerhebung, beschleunigtes Verfahren, Strafbefehl, Einstellung gegen Zahlung einer Geldbuße). Sofern das Verfahren gegen Zahlung einer Geldbuße eingestellt werden soll, benötigt die Staatsanwaltschaft folgende Angaben von Ihnen:

☐ Mit einer Einstellung des Verfahrens gegen Zahlung einer Geldbuße bin ich einverstanden.

Anzahl der Kinder	monatl. Nettoeinkommen
	Euro

Nur bei Verfahren wegen des Verstoßes gegen das Betäubungsmittelgesetz

Die bei Ihnen sichergestellten Gegenstände unterliegen gemäß § 33 Betäubungsmittelgesetz der Einziehung.
Mit Ihrem Einverständnis kann das Verfahren mit Zustimmung der Staatsanwaltschaft erheblich verkürzt werden, wenn Sie die nachfolgende Erklärung abgeben.

☐ Auf die Rückgabe der bei mir sichergestellten Gegenstände verzichte ich und bin mit deren Vernichtung einverstanden.

zurück an

Polizeipräsidium Bonn   (Ort/Datum)   (Unterschrift der/des Beschuldigten)
VK 21
SB: Schlecker   *)
Königswinterer Str. 500   geschlossen:
53227 Bonn   (Name, Amtsbezeichnung, Unterschrift der
                                                    vernehmenden Beamtin/des vernehmenden Beamten)
                        *) entfällt bei schriftlicher Anhörung

Dienststelle Polizeipräsidium Bonn VK 21 Königswinterer Str. 500 53227 Bonn	**Aktenzeichen** 600000-002807-13/7
	Sammelaktenzeichen / **Fallnummer**
	Sachbearbeitung durch (Name, Amtsbezeichnung) Schlecker, PHK
	Sachbearbeitung Telefon 0228 15 / **Nebenstelle** 6216 / **Fax** 6203

Fortsetzung der Vernehmung/Anhörung

Name, Vorname, Geburtsdatum
Lellmann, Hans, 06.05.1965

Beginn der Vernehmung/Anhörung, (Datum, Uhrzeit): 02.07.2013, 10:45 Uhr
Ort der Vernehmung/Anhörung: Polizeipräsidium, VK 21

Nach Belehrung möchte ich mich wie folgt zur Sache äußern:

Zu Beginn meiner Vernehmung zur Sache ist mir eröffnet worden, welche Taten mir zur Last gelegt werden. Ich bin darauf hingewiesen worden, dass es mir nach dem Gesetz freisteht, mich zu der Beschuldigung zu äußern oder nicht zur Sache auszusagen und jederzeit, auch schon vor meiner Vernehmung, einen von mir zu wählenden Verteidiger zu befragen.
Ich bin ferner darüber belehrt worden, dass ich zu meiner Entlastung einzelne Beweiserhebungen beantragen kann. Ich habe mich wie folgt entschieden:

Ich will aussagen!

Gestern Nachmittag hatte ich mal wieder mit meiner Lebensgefährtin Streit. Schließlich hat sie mich aus der Wohnung geworfen. In Bonn habe ich meinen Freund Alfred Peters getroffen. Wir sind dann nach Beuel gefahren. Gemeinsam sind wir etwa um 17:00 Uhr in die Gaststätte „Zum Krug" in der Friedrich-Breuer-Strasse gegangen. Dort haben wir bis gegen 21:30 Uhr Dart gespielt. Ich habe meist verloren und meine Stimmung wurde immer mieser.
Im Verlauf des Abends habe ich maximal 3 Gläser Kölsch getrunken. Wenn mir hier gesagt wird, ich hätte einen stark betrunkenen Eindruck gemacht, so kann das nicht stimmen. Ich habe wirklich fast nur Cola getrunken. Ab 19:00 Uhr habe ich gar nichts mehr getrunken, weil ich kein Geld mehr hatte.
Ich bin dann gegen 21:30 Uhr zum Parkhaus im Brückenforum gegangen und habe mein Auto abgeholt. Mein Freund Peters hat mir extra noch Geld geliehen, damit ich das Parkhaus bezahlen konnte. Ich wollte dann nach Hause fahren und fühlte mich absolut fahrtüchtig. Ich weiß nicht, warum die Polizei mich am Suttner-Platz angehalten hat. Deswegen war ich dann auch so wütend. Wenn ich die Polizeibeamten beleidigt haben sollte, so tut mir das leid. Es stimmt aber nicht, dass ich nach den Beamten getreten oder jemanden gebissen hätte. So etwas ist mir wesensfremd. Wenn mir hier vorgehalten wird, dass ich letztes Jahr schon einmal in dieser Beziehung auffällig geworden bin, so war das eine ganz andere Situation. Das mit dem Taxi war auch nicht so. Die Beamten haben mich mit Absicht dagegen geschubst. Ich glaube, die wollen mir hier was anhängen. Die haben mir auch den Führerschein weggenommen. Den will ich so schnell wie möglich wiederhaben, mit der Sicherstellung bin ich nicht einverstanden. Mehr habe ich jetzt zu dem Ganzen nicht zu sagen.

☐ Ich bin mit der Aufzeichnung meiner Vernehmung/Anhörung auf Ton-/Bildträger/Video einverstanden.
☐ Die Aufzeichnung habe ich mitverfolgt und bin mit dem Inhalt einverstanden.
☐ Die Aufzeichnung wurde mir nochmals vorgespielt und ich bin mit dem Inhalt einverstanden.

Ende der Vernehmung/Anhörung (Datum, Uhrzeit): Uhr

Geschlossen: *(Unterschrift)* Schlecker, PHK
(Name, Amtsbezeichnung, Unterschrift)

für die Richtigkeit der Übersetzung (sofern erforderlich)
Unterschrift Dolmetscher(in)

Selbst gelesen, genehmigt und unterschrieben
(Unterschrift)

Fortsetzung der Vernehmung/Anhörung: Seite 1

Kapitel 2 *Das Ermittlungsverfahren*

85

Dr. med. Hiob Prätorius
Arzt für Allgemeinmedizin

Horionstraße 423
53177 Bonn
Tel.: 0228/5378920
Fax: 0228/5378921
e-mail: prätorius@gmx.de

Bonn, den 02. Juli 2013

Ärztliches Attest

Frau Inge Rossel, geboren am 12.12.1979, hat sich heute in meiner Sprechstunde vorgestellt. Sie gab an, ihr sei am 01.07.2013 bei einem dienstlichen Einsatz von einer Person in die Hand gebissen worden.

Bei der Untersuchung konnten blutunterlaufene, teils bläulich verfärbte Bissmarken an der linken Hand festgestellt werden. Ich habe Kühlung der Hand und Salbenverbände empfohlen.

Dr. med Prätorius

Dienststelle **Polizeipräsidium Bonn** **VK 21** **Königswinterer Str. 500** **53227 Bonn**	Aktenzeichen **600000-002807-13/7** Sammelaktenzeichen / Fallnummer Sachbearbeitung durch (Name, Amtsbezeichnung) **Schlecker, PHK** Sachbearbeitung Telefon **0228 15** / Nebenstelle **6216** / Fax **6203**

PP Bonn, Königswinterer Straße 500, Postfach 2838

Staatsanwaltschaft Bonn
53225 Bonn

FÜHRERSCHEINSACHE

Ihr Zeichen:

Der Vorgang zum Nachteil von
Lellmann, Hans, geb. 06.05.1965

wegen
Trunkenheit im Verkehr (§ 316 StGB), u.a.

wird hiermit übersandt.

Bemerkungen
Der Beschuldigte hat der Sicherstellung seines Führerscheins widersprochen. Es wird angeregt, eine Entscheidung des Ermittlungsrichters herbeizuführen.

Anlage(n)
Originalakte

Abdruck an

Bonn, 02.07.2013
Im Auftrag

(Unterschrift)

Schlecker
Polizeihauptkommissar

Kapitel 2 *Das Ermittlungsverfahren*

Institut für Rechtsmedizin
Direktor: Prof. Dr. med. B. Madea
Blutalkoholuntersuchungsstelle

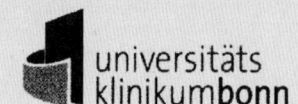

universitäts klinikumbonn

Institut für Rechtsmedizin Stiftsplatz12 D-53111 Bonn

Anstalt öffentlichen Rechts
Bonn, den 08.07.2013

Polizeipräsidium Bonn

PI Nord-Ost PW Innenstadt

53111 Bonn

Tel. 49-228-738325
Fax 49-228-738301
Email: b.madea@uni-bonn.de

Name: Lellmann
Vorname: Hans
Venülen-Nr: NRW7307-004422-13/8
Material: Blut
Vorfall: 01.07.2013 22:00 Uhr
Blutentnahme: 01.07.2013 23:50 Uhr

Eingang: 02.07.2013
Bearbeitet am: 03.07.2013

BA-Nummer: 0623/13
(Bei Rückfragen bitte angeben!)

Atemalkoholwert [mg/l]: 0,51

DAkkS
Deutsche
Akkreditierungsstelle
D-PL-13125-02-00

DAkkS
Deutsche
Akkreditierungsstelle
D-IS-13125-01-00

Blutalkohol - Untersuchungsbefund

Die Analysen wurden nach den aktuellen Richtlinien und Arbeitsanweisungen für die Alkoholbestimmung für forensische Zwecke mittels zweier von einander unabhängiger Verfahren (Gaschromatographie (GC) und ADH-Methode) durchgeführt. Folgende Konzentrationen wurden bestimmt und daraus der forensisch relevante Mittelwert der Blutalkoholkonzentration (BAK) errechnet:

GC [Promille]		ADH [Promille]		Mittelwert [Promille]
1,05	1,06	1,04	1,05	**1,05**

Der ermittelte Wert gibt die BAK für den Zeitpunkt der Blutentnahme wieder. Ein ergänzendes Gutachten z.B. zur Höhe der BAK zur Vorfallszeit oder zur Frage der Fahrsicherheit oder Schuldfähigkeit kann erst nach Kenntnis weiterer Ermittlungsergebnisse erstattet werden.

Die Blutalkoholuntersuchungsstelle nimmt seit Jahren regelmäßig mit Erfolg an den Ringversuchen der Dt. Gesellschaft für Klinische Chemie und der Gesellschaft für Toxikologische und Forensische Chemie teil.

Die Rückstellproben werden noch zwei Jahre sachgerecht gelagert

Nr. 350528 *
Lellmann, Hans
Namen, Vornamen
Geb.-Datum 6.5.65 / Wohnort
Datum 1.7.2013
Entnahmezeit 23:50
Auf **BEFUND** kleben !

Prof. Dr. med. B. Madea

Staatsanwaltschaft Bonn
17 Js 539/13

Vfg.

1. <u>Vermerk</u>:

    Das Gutachten des Instituts für Rechtsmedizin ergab einen Mittelwert von 1,05 Promille BAK beim Beschuldigten.

2. Führerschein asservieren.

3. U.m.A. und mit Führerschein
   dem Amtsgericht - Ermittlungsrichter –
   in Bonn

    mit dem Antrag übersandt, dem Beschuldigten Lellmann gem. § 111 a StPO die Fahrerlaubnis vorläufig zu entziehen.
    Der Beschuldigte ist dringend verdächtig, in alkoholbedingt fahruntüchtigem Zustand im Verkehr ein Kraftfahrzeug geführt zu haben (§§ 316, 69 StGB). Die alkoholbedingte Fahruntüchtigkeit ergibt sich aus dem Blutalkoholgehalt von 1,05 Promille in Verbindung mit dem Fahrverhalten. Insoweit wird auf die Strafanzeige Bezug genommen. Das Gutachten des Instituts für Rechtsmedizin wird unverzüglich nachgereicht.

    Es sind daher dringende Gründe für die Annahme vorhanden, dass der Beschuldigte sich als ungeeignet zum Führen von Kraftfahrzeugen erwiesen hat und ihm in der demnächst stattfindenden Hauptverhandlung die Fahrerlaubnis entzogen werden wird.

4. Frist: 1 Monat

Bonn, den 4. Juli 2013

(Schatz)
Staatsanwältin

Kapitel 2 *Das Ermittlungsverfahren*

89

75 Gs 756/13 AG Bonn
17 Js 539/13 StA Bonn

```
Staatsanwaltschaft
     Bonn
  1 2. JULI 2013
Band    Heft    Anl.
```

AMTSGERICHT BONN

BESCHLUSS

In dem Ermittlungsverfahren

gegen   Hans **Lellmann**,
geboren 6. Mai 1965 in Bonn,
wohnhaft: Wagnerstr. 187,
53111 Bonn

wegen   Trunkenheit im Straßenverkehr pp.

wird dem Beschuldigten die Fahrerlaubnis vorläufig entzogen.

Gründe:

Nach dem gegenwärtigen Ermittlungsstand sind dringende Gründe für die Annahme vorhanden, dass dem Beschuldigten die Erlaubnis zum Führen von Kraftfahrzeugen gemäß §§ 69, 69 a StGB entzogen werden wird.

Dies hat gemäß § 69 Abs. 2 StGB in der Regel bei Trunkenheit im Straßenverkehr (§ 316 StGB) zu geschehen. Ein entsprechender Tatvorwurf wird sich im Rahmen einer Hauptverhandlung aller Voraussicht nach beweisen lassen. Nach Aktenlage hat der Beschuldigte am 01.07.2013 gegen 22:00 Uhr in Bonn unter anderem die Kennedybrücke mit seinem Pkw VW Golf in Richtung Bertha-von-Suttner-Platz in fahruntüchtigem Zustand unter Alkoholeinfluss befahren.

2

Die Blutalkoholkonzentration betrug bei dem Beschuldigten am Tattag gegen 23:50 Uhr noch 1,05 ‰. Damit ist der Grenzwert zur absoluten Fahruntauglichkeit (1,1 ‰) - vorbehaltlich einer Rückrechnung auf den Tatzeitpunkt - zwar noch nicht erreicht. Sehr wahrscheinlich ist aber eine relative Fahruntauglichkeit nachweisbar: Die ermittelnden Polizeibeamten, die Zeugen Müller und Meimeier, haben ausweislich der Strafanzeige vom 01.07.2013 beobachtet, wie der Beschuldigte über die volle Fahrbahnbreite in Schlangenlinien fuhr. Der Blut entnehmende Arzt hat bei ihm einen deutlichen Alkoholeinfluss festgestellt. Dies ergibt sich auch daraus, dass der Beschuldigte nach dem Anhalten durch die Polizeibeamten sich deren Anordnungen widersetzt und das Fahrzeug des Zeugen Schmitz beschädigt hat.

Das geschilderte Gesamtverhalten rechtfertigt die Annahme, dass der Beschuldigte infolge des Genusses alkoholischer Getränke nicht mehr in der Lage war, sein Fahrzeug sicher zu führen. Bereits ab einer Blutalkoholkonzentration von 0,5 ‰ ist nach rechtsmedizinischer Erkenntnis regelmäßig mit einer signifikanten Erhöhung der Ausfallerscheinung bei einem Kraftfahrer zu rechnen (vgl. Heifer/Pluisch in ZRP 1991, 421 ff.). Bei dem fehlerhaften Fahrverhalten des Beschuldigten handelt es sich daher offensichtlich um eine alkoholtypische Folgeerscheinung, so dass der Beweis einer relativen Fahruntüchtigkeit als gesichert angesehen werden kann. Dies gilt um so mehr, als die Anforderungen an den Nachweis alkoholbedingter Fahrfehler um so geringer sind, je näher der Alkoholwert - wie im vorliegenden Fall - an die Grenze zur absoluten Fahruntüchtigkeit heranreicht.

Wenn die Entziehung der Fahrerlaubnis den Beschuldigten auch beruflich treffen sollte, so wäre dies im Rahmen der Verhältnismäßigkeit von ihm hinzunehmen (vgl. BVerfG in NJW 2001, 357).

Bonn, den 9. Juli 2013
Amtsgericht Bonn
(Kolwenbach)
Richter am Amtsgericht

Kapitel 2 *Das Ermittlungsverfahren*

Dienststelle **Polizeipräsidium Bonn** **VK 21** **Königswinterer Str. 500** **53227 Bonn**	Aktenzeichen **600000-002807-13/7**		
	Sammelaktenzeichen		Fallnummer
	Sachbearbeitung durch (Name, Amtsbezeichnung) **Schlecker, PHK**		
	Sachbearbeitung Telefon **0228 15**	Nebenstelle **6216**	Fax **6203**

Zeugenvernehmung

Beginn der Vernehmung (Datum, Uhrzeit) 05.08.2013, 10:00 Uhr	Ort der Vernehmung Polizeipräsidium, VK 21

Mir wurde eröffnet, zu welcher Sache ich gehört werden soll.

Stichwortartige, konkrete Angaben zum Sachverhalt
Vorfall am 01.07.2013, gegen 22.00 Uhr, am Bertha-von-Suttner-Platz in Bonn. Beschuldigter trat gegen die Türe meines Taxis und verursachte dabei Sachschaden.

Ich wurde darauf hingewiesen, dass bei Fragen nach den Vornamen, Familien-, Geburtsnamen, nach Ort und Tag der Geburt, nach dem Familienstand, dem Beruf, dem Wohnort, der Wohnung und der Staatsangehörigkeit die Pflicht zur vollständigen und richtigen Beantwortung besteht und die Verletzung dieser Pflicht nach § 111 Gesetz über Ordnungswidrigkeiten (OWiG) mit Geldbuße bedroht ist.

Angaben zur Person		**Lfd. Nr.**		
Name Schmitz				Akademische Grade/Titel
Geburtsname Schmitz			Vorname(n) Heinz	
Geschlecht männlich	Geburtsdatum 31.03.1957	Geburtsort/-kreis/-staat Neuwied		
Anschrift Tulpenweg 8, 53177 Bonn				
Familienstand verheiratet	Ausgeübter Beruf Taxifahrer		Staatsangehörigkeit(en) Deutsch,	
Telefonische (z. B. geschäftlich, privat, mobil) und sonstige (z. B. per E-Mail) Erreichbarkeit 0228 - 34 56 78				
Beide Elternteile/Personensorgeberechtigte(r), Vormund, Betreuer(in) – soweit Angaben erforderlich – mit Anschrift und Erreichbarkeiten				

Ich bin gemäß § 52 Abs. 1 Strafprozessordnung (StPO) darüber belehrt worden, dass ich ein Zeugnisverweigerungsrecht habe, wenn ich mit einer der oder einem der Beschuldigten/Betroffenen verlobt, verheiratet, in gerader Linie verwandt oder verschwägert, in der Seitenlinie bis zum dritten Grad verwandt oder bis zum zweiten Grad verschwägert bin oder war oder eine Lebenspartnerschaft besteht oder bestand. Ebenso bin ich gemäß § 55 Abs. 1 StPO darüber belehrt worden, dass ich das Recht habe, die Auskunft auf solche Fragen zu verweigern, deren Beantwortung für mich selbst oder eine(n) der in § 52 Abs. 1 StPO bezeichnete(n) Angehörige(n) die Gefahr nach sich ziehen würde, wegen einer Straftat oder Ordnungswidrigkeit verfolgt zu werden. Außerdem kann ich den Verzicht auf das Verweigerungsrecht auch während der Vernehmung widerrufen.

Ich habe die Belehrung verstanden.	Für die Richtigkeit der Übersetzung (falls erforderlich):	Belehrung erfolgt durch:
Unterschrift der Zeugin/des Zeugen	Unterschrift Dolmetscher(in)	Unterschrift der Beamtin/des Beamten

☒ Ich bin/war mit der/dem Betroffenen/Beschuldigten **nicht** verheiratet, in Lebenspartnerschaft lebend, geschieden, verwandt, verschwägert und bin mit ihr/ihm auch nicht verlobt
und **kein** Versprechen eingegangen, eine Lebenspartnerschaft zu begründen.

☐ Ich bin/war mit der/dem Betroffenen/Beschuldigten   verheiratet, in Lebenspartnerschaft lebend, geschieden, verwandt, verschwägert bzw. mit ihr/ihm verlobt
oder ein Versprechen eingegangen, eine Lebenspartnerschaft zu begründen. *

Sie/Er ☐ ist ☐ war mein(e)
☐ Ich mache von meinem Zeugnisverweigerungsrecht Gebrauch.

☒ Ich möchte mich zur Sache äußern.

* Falls die Zeugin/der Zeuge mit weiteren Beschuldigten/Betroffenen in diesem Verfahren verheiratet ist , in Lebenspartnerschaft lebt, geschieden, verwandt, verschwägert bzw. mit jemandem verlobt oder ein Versprechen eingegangen ist, eine Lebenspartnerschaft zu begründen, wäre dieser Umstand und die Entscheidung bezüglich des Zeugnisverweigerungsrechts bei Beginn der Vernehmung zur Sache zu protokollieren.

Zeugenvernehmung NRW 2301

Seite 1 von 2

Name	Aktenzeichen
Schmitz, Heinz, *31.03.1957	600000-002807-13/7

☒ Zusätzlicher Hinweis (für Verletzte/Geschädigte).
Die Polizei geht davon aus, dass Sie in dem vorliegenden Strafverfahren in Ihren Rechten verletzt wurden. Ihnen stehen daher nach der Strafprozessordnung besondere Rechte zu, die in dem „Merkblatt über Rechte von Verletzten und Geschädigten im Strafverfahren" dargestellt sind.
Das Merkblatt ☒ wurde mir ausgehändigt. ☐ liegt mir bereits vor.

Darüber hinaus besteht für Sie die Möglichkeit, das so genannte Adhäsionsverfahren (Entschädigungsverfahren) zu beantragen, um bereits im Strafverfahren von der Täterin bzw. von dem Täter eine Entschädigung, z.B. Schadensersatz und Schmerzensgeld, erlangen zu können. Ihr Antrag ist hierfür die Voraussetzung. Das Adhäsionsverfahren kommt in Betracht, wenn eine Tatverdächtige bzw. ein Tatverdächtiger ermittelt wurde und nach Erhebung der Anklage durch die Staatsanwaltschaft die Gerichtsverhandlung durchgeführt wird.
Das Nähere ergibt sich aus dem Informationsblatt des Justizministeriums NRW „2 in 1".
Das Informationsblatt „2 in1" ☒ wurde mir ausgehändigt. ☐ liegt mir bereits vor.

Weitergehende Fragen beantworten Ihnen die speziell für den Opferschutz geschulten Beamtinnen und Beamten der Polizei.
☒ Name und Erreichbarkeit wurden mir genannt.

Zur Sache
Ich bin seit 1991 bei dem Taxiunternehmen Buchmann angestellt. Am 01.07.2013 habe ich abends an dem Taxistand am Bertha-von-Suttner-Platz vor McDonalds auf Kundschaft gewartet. Ich stand neben meinem Fahrzeug, als ich aus Richtung Beuel Martinshorn hörte. Als ich in die Richtung schaute, sah ich einen Golf ankommen, der Schlangenlinien fuhr. Um mich selbst in Sicherheit zu bringen, bin ich ein Stück zur Seite gegangen. Der Golf wurde offenbar von einem Streifenwagen verfolgt. Direkt neben meinem Taxi ist der Golf dann gegen den Bordstein gefahren. Der Fahrer stieg aus und wurde gleich fuchsteufelswild. Er trat gegen die Türe meines Taxis. Warum, weiß ich nicht, er ist völlig ausgeflippt. Die Polizeibeamten haben sich ihn dann geschnappt, zum Streifenwagen geschleppt und dort auf die Motorhaube gedrückt. Der Mann hat wild um sich geschlagen, ob er jemanden verletzt hat, weiß ich nicht. Kurz darauf kam noch ein zweiter Streifenwagen; die Polizei hat ihn dann mitgenommen. Mein Chef hat das Taxi inzwischen reparieren lassen. Das Ausbeulen und teilweise Neulackieren hat ca. 1.500 € gekostet.

Ich stelle insoweit Strafantrag.

Ende der Zeugenvernehmung (Datum, Uhrzeit)
05.08.2013, 10:50 Uhr

Geschlossen:

Schlecker, PHK
Name, Amtsbezeichnung

Für die Richtigkeit der Übersetzung (falls erforderlich):

Unterschrift Dolmetscher(in)

☐ Vorgelesen, genehmigt und unterschrieben
☒ Selbst gelesen, genehmigt und unterschrieben

Unterschrift

Kapitel 2 *Das Ermittlungsverfahren*

Dienststelle	Aktenzeichen
Polizeipräsidium Bonn VK 21 Königswinterer Str. 500 53227 Bonn	600000-002807-13/7

Sammelaktenzeichen	Fallnummer

Sachbearbeitung durch (Name, Amtsbezeichnung)
Schlecker, PHK

Sachbearbeitung Telefon	Nebenstelle	Fax
0228 15	6216	6203

93

Zeugenvernehmung

Beginn der Vernehmung (Datum, Uhrzeit): **05.08.2013, 16:00 Uhr**
Ort der Vernehmung: **Polizeipräsidium, VK 21**

Mir wurde eröffnet, zu welcher Sache ich gehört werden soll.
Stichwortartige, konkrete Angaben zum Sachverhalt
Vorfall am 01.07.2013, gegen 22.00 Uhr.

Ich wurde darauf hingewiesen, dass bei Fragen nach dem Vornamen, Familien-, Geburtsnamen, nach Ort und Tag der Geburt, nach dem Familienstand, dem Beruf, dem Wohnort, der Wohnung und der Staatsangehörigkeit die Pflicht zur vollständigen und richtigen Beantwortung besteht und die Verletzung dieser Pflicht nach § 111 Gesetz über Ordnungswidrigkeiten (OWiG) mit Geldbuße bedroht ist.

Angaben zur Person

Lfd. Nr.

Name	Akademische Grade/Titel
Peters	

Geburtsname	Vorname(n)
Peters	Alfred

Geschlecht	Geburtsdatum	Geburtsort/-kreis/-staat
männlich	12.12.1964	Münster

Anschrift
Siegfried-Leopold-Str. 15, 53225 Bonn

Familienstand	Ausgeübter Beruf	Staatsangehörigkeit(en)
verheiratet	Schreinermeister	Deutsch,

Telefonische (z. B. geschäftlich, privat, mobil) und sonstige (z. B. per E-Mail) Erreichbarkeit
0228 - 46 47 48

Beide Elternteile/Personensorgeberechtigte(r), Vormund, Betreuer(in) – soweit Angaben erforderlich – mit Anschrift und Erreichbarkeiten

Ich bin gemäß § 52 Abs. 1 Strafprozessordnung (StPO) darüber belehrt worden, dass ich ein Zeugnisverweigerungsrecht habe, wenn ich mit einer oder einem der Beschuldigten/Betroffenen verlobt, verheiratet, in gerader Linie verwandt oder verschwägert, in der Seitenlinie bis zum dritten Grad verwandt oder bis zum zweiten Grad verschwägert bin oder war oder eine Lebenspartnerschaft besteht oder bestand. Ebenso bin ich gemäß § 55 Abs. 1 StPO darüber belehrt worden, dass ich das Recht habe, die Auskunft auf solche Fragen zu verweigern, deren Beantwortung für mich selbst oder eine(n) der in § 52 Abs. 1 StPO bezeichnete(n) Angehörige(n) die Gefahr nach sich ziehen würde, wegen einer Straftat oder Ordnungswidrigkeit verfolgt zu werden. Außerdem kann ich den Verzicht auf das Verweigerungsrecht auch während der Vernehmung widerrufen.

Ich habe die Belehrung verstanden.	Für die Richtigkeit der Übersetzung (falls erforderlich):	Belehrung erfolgt durch:
Unterschrift der Zeugin/des Zeugen	Unterschrift Dolmetscher(in)	Unterschrift der Beamtin/des Beamten

☒ Ich bin/war mit der/dem Betroffenen/Beschuldigten **nicht** verheiratet, in Lebenspartnerschaft lebend, geschieden, verwandt, verschwägert und bin mit ihr/ihm auch nicht verlobt und **kein** Versprechen eingegangen, eine Lebenspartnerschaft zu begründen.

☐ Ich bin/war mit der/dem Betroffenen/Beschuldigten ____ verheiratet, in Lebenspartnerschaft lebend, geschieden, verwandt, verschwägert bzw. mit ihr/ihm verlobt oder ein Versprechen eingegangen, eine Lebenspartnerschaft zu begründen. *

Sie/Er ☐ ist   ☐ war   mein(e) ____

☐ Ich mache von meinem Zeugnisverweigerungsrecht Gebrauch.

☒ Ich möchte mich zur Sache äußern.

* Falls die Zeugin/der Zeuge mit weiteren Beschuldigten/Betroffenen in diesem Verfahren verheiratet ist , in Lebenspartnerschaft lebt, geschieden, verwandt, verschwägert bzw. mit jemandem verlobt oder ein Versprechen eingegangen ist, eine Lebenspartnerschaft zu begründen, wäre dieser Umstand und die Entscheidung bezüglich des Zeugnisverweigerungsrechts bei Beginn der Vernehmung zur Sache zu protokollieren.

Einleitung des Ermittlungsverfahrens **C**

Name	Aktenzeichen
Peters, Alfred, *12.12.1964	600000-002807-13/7

☐ Zusätzlicher Hinweis (für Verletzte/Geschädigte).
Die Polizei geht davon aus, dass Sie in dem vorliegenden Strafverfahren in Ihren Rechten verletzt wurden. Ihnen stehen daher nach der Strafprozessordnung besondere Rechte zu, die in dem „Merkblatt über Rechte von Verletzten und Geschädigten im Strafverfahren" dargestellt sind.
Das Merkblatt   ☐ wurde mir ausgehändigt.   ☐ liegt mir bereits vor.
Darüber hinaus besteht für Sie die Möglichkeit, das so genannte Adhäsionsverfahren (Entschädigungsverfahren) zu beantragen, um bereits im Strafverfahren von der Täterin bzw. von dem Täter eine Entschädigung, z.B. Schadensersatz und Schmerzensgeld, erlangen zu können. Ihr Antrag ist hierfür die Voraussetzung. Das Adhäsionsverfahren kommt in Betracht, wenn eine Tatverdächtige bzw. ein Tatverdächtiger ermittelt wurde und nach Erhebung der Anklage durch die Staatsanwaltschaft die Gerichtsverhandlung durchgeführt wird.
Das Nähere ergibt sich aus dem Informationsblatt des Justizministeriums NRW „2 in 1".
Das Informationsblatt „2 in1"   ☒ wurde mir ausgehändigt.   ☐ liegt mir bereits vor.
Weitergehende Fragen beantworten Ihnen die speziell für den Opferschutz geschulten Beamtinnen und Beamten der Polizei.
☐ Name und Erreichbarkeit wurden mir genannt.

Zur Sache

Ich bin mit dem Hans Lellmann ganz gut befreundet. Wir kennen uns schon seit der Schule. Etwa Mitte Juli hat er mich angerufen und mir berichtet, dass er von der Polizei festgenommen worden sei. Ich kann zu dem Vorfall eigentlich nur wenig sagen.

Am 01.07.2013 habe ich den Lellmann zufällig in Bonn getroffen. Da hatte er Stress mit seiner Freundin gehabt. Wir sind dann zusammen mit seinem Wagen nach Beuel gefahren, weil er sich ein bisschen ablenken wollte und sind in meine Stammkneipe „Zum Krug" in der Friedrich-Breuer-Straße gegangen, wo wir dann Dart gespielt haben. Der Hans war ziemlich abgebrannt und ich habe ihn eingeladen. Am Schluss habe ich ihm sogar noch Geld für das Parkhaus im Brückenforum gegeben, wo er seinen Wagen abgestellt hatte. Während wir zusammen waren, war er eigentlich ziemlich friedlich. Was er getrunken hat, kann ich nicht so genau sagen. Ich meine, es wären ein paar Bier und zwei oder drei Kurze gewesen. Gegen 21:30h sind wir dann gegangen. Vor dem Parkhaus haben wir uns verabschiedet; er wollte noch auf dem Weg nach Hause zu einer Imbissbude an der Bornheimer Straße fahren und sich einen Döner holen. Ich fand es eigentlich nicht gut, dass er nach dem Biertrinken noch Auto fahren wollte. Er hatte eine leichte Fahne.

Ende der Zeugenvernehmung (Datum, Uhrzeit)
05.08.2013, 16:40 Uhr

Geschlossen:

Schlecker, PHK
Name, Amtsbezeichnung

Für die Richtigkeit der
Übersetzung (falls erforderlich):

Unterschrift Dolmetscher(in)

☐ Vorgelesen, genehmigt und unterschrieben
☒ Selbst gelesen, genehmigt und unterschrieben

Unterschrift

Kapitel 2 *Das Ermittlungsverfahren*

II. Strafanzeige

94 Die StPO kennt eine Reihe von Möglichkeiten, wie ein Ermittlungsverfahren in Gang gesetzt werden kann:
– Strafanzeige (auch bezüglich bestimmter im Ausland begangener Taten, vgl. § 158 Abs. 3 StPO),
– Strafantrag,
– Einschreiten von Amts wegen,
– Einschreiten auf Grund einer Weisung.

Die praktisch bedeutsamste Strafanzeige ist in § 158 Abs. 1 StPO erwähnt, welcher indes nur Form und Adressat einer solchen Erklärung sowie die Art und Weise ihrer Abgabe regelt. Sie muss nämlich gegenüber der Polizei, der Staatsanwaltschaft oder den Amtsgerichten schriftlich oder mündlich (d.h. auch telefonisch, per Email oder Fax) erfolgen.

Inhaltlich wird die Strafanzeige einhellig definiert als die Mitteilung des Verdachts einer Straftat mit der Anregung zur Prüfung, ob aufgrund des dargelegten Sachverhalts Anlass zur Strafverfolgung besteht.

95 Sie muss also nicht in einem zivilrechtlichen Sinne schlüssig sein, sondern lediglich greifbare Anhaltspunkte dafür enthalten, dass eine verfolgbare Straftat begangen wurde. Daraus folgt, dass es auf die Geschäftsfähigkeit oder prozessuale Handlungsfähigkeit des Anzeigenden nicht ankommt, sondern allein auf den mitgeteilten Sachverhalt. Vertrauliche, ja selbst pseudonyme bzw. anonyme Anzeigen lösen grundsätzlich eine Prüfungspflicht der Ermittlungsbehörden aus. In letzterem Fall soll gemäß Nr. 8 RiStBV der Beschuldigte allerdings erst dann vernommen werden, wenn der Verdacht durch andere Ermittlungen eine gewisse Bestätigung gefunden hat.

Sollte sich der mitgeteilte Verdacht nicht bestätigen, so kann der Anzeigenerstatter – von bewusst unwahren oder leichtfertigen Behauptungen abgesehen – nicht nach § 186 StGB belangt werden, da die Erstattung von Anzeigen im allgemeinen Interesse an der Aufklärung von Straftaten liegt und damit die Ausübung berechtigter Interessen i.S.d. § 193 StGB darstellt[32].

96 **Anzeigepflichten** sieht das Gesetz nur in Ausnahmefällen vor, z.B. in § 159 StPO (unnatürlicher Leichenfund) und § 183 GVG (Straftaten während einer Gerichtsverhandlung). Beide Vorschriften richten sich an Amtsträger. Die §§ 2, 11 GwG verpflichten Steuerberater, Rechtsanwälte oder Notare zur Anzeige des eigenen Mandanten (!) bei dem Verdacht der Geldwäsche. Eine jedermann treffende und strafbewehrte Anzeigepflicht normiert § 138 StGB für **geplante**, d.h. noch nicht begangene Taten auf dem Gebiet der Schwerkriminalität.

---

32 OLG Köln NJW 1997, 1247 f. mit zahlreichen Nachweisen.

III. Strafantrag

Anders als die Strafanzeige ist der Strafantrag nicht lediglich die Anregung zur Einleitung eines Ermittlungsverfahrens, sondern das **gezielte Verlangen**, einen bestimmten, nicht notwendigerweise bekannten Täter wegen einer bestimmten Straftat zu verfolgen. Häufig kommt dieser Wille schon in einer Strafanzeige zum Ausdruck. Nicht selten ergeben sich jedoch insoweit Zweifel. In diesen Fällen muss die Erklärung ausgelegt werden[33]. Dies kann auch deshalb erforderlich sein, weil der Strafantrag nicht nur zur Einleitung eines Ermittlungsverfahrens führt, sondern darüber hinaus in einigen **Vergehen**statbeständen des StGB als **Prozessvoraussetzung** enthalten ist, § 77b Abs. 1 S. 1 StGB. Er kann zwar ausdrücklich auf bestimmte Delikte beschränkt werden, erfasst jedoch grundsätzlich die gesamte prozessuale Tat. Diese ist also i.d.R. auch wegen eines anderen Antragsdelikts als des zunächst vom Geschädigten ins Auge gefassten verfolgbar[34].

97

1. Deliktstypen/Antragserfordernis

Hinsichtlich der Folgen eines Strafantrages (bzw. dessen Rücknahme) muss zunächst zwischen zwei Deliktstypen unterschieden werden, nämlich zwischen

98

Offizialdelikten **Antragsdelikten.**

Offizialdelikte sind solche, die von Amts wegen zu verfolgen sind. Hierunter fallen alle Verbrechen i.S.d. § 12 Abs. 1 StGB, aber auch die meisten Vergehenstatbestände. Hier muss das Verfahren auch unabhängig von einem Strafantrag betrieben werden.

Antragsdelikte sind demgegenüber solche, die grundsätzlich nur auf Antrag verfolgt werden können. Insoweit ist aber eine **weitere Unterscheidung** vorzunehmen, nämlich in

99

absolute Antragsdelikte, bei denen sich die Ermittlungsbehörde über einen fehlenden Strafantrag nicht hinwegsetzen kann.
Beispiele:
– § 123 StGB (Hausfriedensbruch);
– § 185 StGB (Beleidigung) mit den in § 194 StGB genannten Einschränkungen;
– §§ 201 bis 204 StGB (Verletzung bestimmter Geheimnisse) mit den in § 205 Abs. 1 StGB genannten Einschränkungen;

relative Antragsdelikte, bei denen zwar grundsätzlich ein Strafantrag erforderlich ist, die Staatsanwaltschaft aber wegen eines besonderen öffentlichen Interesses gleichwohl an einer Strafverfolgung und einem Einschreiten von Amts wegen nicht gehindert ist.

Die wichtigsten relativen Antragsdelikte sind:
– § 238 Abs. 1 StGB „einfaches" Stalking;
– § 242 StGB (Diebstahl);
– § 246 StGB (Unterschlagung);

---

33 Siehe BGH 2 StR 448/15 Tz. 2.
34 Vgl. OLG Hamm NStZ-RR 2012, 308 m.w.N.

Kapitel 2 *Das Ermittlungsverfahren*

- § 247 StGB (Haus- und Familiendiebstahl);
- § 248b StGB (unbefugter Gebrauch eines Fahrzeugs);
- § 288 StGB (Vereitelung der Zwangsvollstreckung);
- § 289 StGB (Pfandkehr).

- § 257 Abs. 4 S. 1 StGB (Begünstigung);
- § 259 Abs. 2 StGB (Hehlerei);
- § 263 Abs. 4 StGB (Betrug);
- § 266 Abs. 2 StGB (Untreue) jeweils i.V.m. **§ 248a StGB**;
- § 303 StGB (Sachbeschädigung, vgl. § 303c StGB);
- § 223 und § 229 StGB (einfache und fahrlässige Körperverletzung), jeweils i.V.m. **§ 230 StGB**.

100 Bei den Antragsdelikten handelt es sich in der Regel um Fälle der untergeordneten Kriminalität, bei denen kein öffentliches Interesse an einer Strafverfolgung besteht. Dies wird auch aus dem in **§ 77b Abs. 1 S. 1 StGB** niedergelegten Grundsatz deutlich, wonach es keine Verfolgung ohne Antrag (innerhalb der 3-Monats-Frist) geben soll.

101 Will die Staatsanwaltschaft – bei relativen Antragsdelikten – trotz fehlenden oder unwirksamen Strafantrages einschreiten und ein besonderes öffentliches Interesse an der Strafverfolgung bejahen, so sollte sie dies aus Gründen der Klarheit ausdrücklich in der Anklageschrift erwähnen. Allerdings wird auch allein die Anklageerhebung hinsichtlich des Antragsdelikts als (konkludente, vgl. § 133 BGB) Erklärung in diesem Sinne verstanden, sofern sich nicht ausnahmsweise aus den konkreten Umständen etwas anderes ergibt[35].

Eine Stütze findet diese Rechtsprechung in dem gesetzgeberischen Leitbild des § 376 StPO, wonach die Staatsanwaltschaft in Fällen der „Bagatellkriminalität" (vgl. den Katalog des § 374 Abs. 1 StPO) nur bei entsprechendem öffentlichen Interesse Anklage erheben soll. In der Praxis wird insbesondere bei Körperverletzungen im Zusammenhang mit dem Straßenverkehr in der Regel ein solches Interesse bejaht und von Amts wegen ermittelt. Das Bestehen des öffentlichen Interesses kann die Staatsanwaltschaft im Übrigen auch noch in der Rechtsmittelinstanz erklären[36].

102 Bei den absoluten Antragsdelikten genügt demgegenüber eine Strafanzeige nicht, um die Ermittlungen der Staatsanwaltschaft auszulösen. Vielmehr bedarf es hierzu eines ordnungsgemäßen Strafantrages.

2. Wirksamkeitsvoraussetzungen

103 Bei der Prüfung, ob ein wirksamer Strafantrag vorliegt, sind folgende Punkte zu berücksichtigen:

Der Antrag muss von einem **Antragsberechtigten** gestellt sein. Wer dies ist, regelt § 77 StGB. Danach sind insbesondere zu nennen:

---

35 BGH 2 StR 79/17 Tz. 24; 3 StR 114/16 Tz. 3; 3 StR 417/15 Tz. 6; 4 StR 247/13 Tz. 4.
36 Vgl. BGH 5 StR 346/11; 2 StR 90/11.

- Der **Verletzte**, § 77 Abs. 1 StGB, also der Träger des verletzten Rechtsguts[37]. Er kann die Erhebung der öffentlichen Klage ggfls. auch im Wege des Klageerzwingungsverfahrens (§§ 172 bis 177 StPO) herbeiführen (hierzu unten mehr[38]);
- nach dem Tod des Verletzten dessen **Ehegatte und Kinder, soweit das Gesetz dies bestimmt**. Eine solche gesetzliche Bestimmung findet sich nur in wenigen Vorschriften, namentlich in
  - § 165 Abs. 1 S. 2 StGB für den Fall der falschen Verdächtigung;
  - § 194 Abs. 1 S. 5 und Abs. 2 StGB für den Fall der Verunglimpfung des Andenkens Verstorbener sowie Beleidigungen gegenüber insbesondere nationalsozialistisch Verfolgten;
  - § 205 Abs. 2 StGB für den Fall der Verletzung insbesondere der Vertraulichkeit des Wortes;
  - § 230 Abs. 1 S. 2 StGB für den Fall der einfachen vorsätzlichen Körperverletzung.
- Bei nicht vorhandenen Ehegatten und Kindern die **Eltern, Geschwister und Enkel des Verletzten** unter der genannten Voraussetzung, nämlich des gesetzlichen Übergangs des Antragsrechts im Falle des Todes des Verletzten; **104**
- in den Fällen der Geschäftsunfähigkeit oder der beschränkten Geschäftsfähigkeit des Verletzten: der **gesetzliche Vertreter** in persönlichen Angelegenheiten, § 77 Abs. 3 StGB[39]. Eltern müssen bei gemeinsamem Sorgerecht ihr Antragsrecht gemeinsam ausüben (vgl. §§ 1626, 1629 Abs. 1 S. 2 BGB). Es genügt aber, wenn ein Elternteil den Antrag in der Form des § 158 Abs. 2 StPO stellt und der andere mündlich zustimmt oder den Handelnden zur Stellung des Strafantrags ermächtigt[40]. Der Strafantrag des Minderjährigen selbst ist unwirksam. Der Mangel kann aber geheilt werden, wenn dieser noch innerhalb der Antragsfrist volljährig wird und (ebenfalls innerhalb der Frist) den – unwirksamen – Antrag billigt[41].
- Unter Umständen sind auch **Dritte** antragsberechtigt, vgl. z.B. § 77a StGB oder § 194 Abs. 3 StGB.

Das Problem der Berechtigung soll anhand unseres **Originalfalles** verdeutlicht werden: **105**

> Wie Sie der Strafanzeige entnehmen können, war durch die Sachbeschädigung an dem Taxi dessen Eigentümer, der Zeuge Buchmann, geschädigt worden. Dieser war folglich auch „Verletzter" i.S.d. § 77 Abs. 1 StGB und allein zur Stellung des Strafantrages berechtigt. Tatsächlich hat jedoch der Fahrer, der Zeuge Schmitz, das entsprechende Formular unterzeichnet. Es handelt sich hierbei zwar um eine Prozesshandlung, eine Stellvertretung ist jedoch zulässig[42].

---

37 BGH 2 StR 388/12 Tz. 18.
38 Vgl. unten Rn. 1119 ff.
39 Der **Betreuer** ist hierzu im Rahmen der ihm durch das Betreuungsgericht zugewiesenen Aufgabenkreise befugt, vgl. BGH 5 StR 46/14; OLG Karlsruhe NStZ-RR 2014, 143 f.; OLG Celle NStZ 2012, 702.
40 BGH 1 StR 532/11.
41 BGH NJW 1994, 1165. Vgl. zu Strafanträgen bei minderjährigen Verletzten auch *Schwarz/Sengbusch* NStZ 2006, 673 ff.
42 Vgl. *Meyer-Goßner*, Einl. Rn. 127; § 158 Rn. 15.

Kapitel 2 *Das Ermittlungsverfahren*

> Der Strafantrag des Zeugen Schmitz wäre demnach nur dann wirksam gestellt, wenn eine entsprechende Vollmacht im Innenverhältnis zum Geschädigten bestanden oder dieser den Antrag – innerhalb der Frist des § 77b Abs. 1 S. 1 StGB – gegenüber der Ermittlungsbehörde genehmigt hätte. Bitte achten Sie insoweit auf die Erklärungen des Zeugen Buchmann in der Hauptverhandlung. Eine ausführliche Lösung finden Sie unten unter Rn. 947.

106 **Inhaltlich** genügt für einen Strafantrag jede Erklärung, die den Willen zur Strafverfolgung eindeutig erkennen lässt. Insoweit geht der Strafantrag über die Strafanzeige hinaus. Angaben zu der Person des Täters sind nicht erforderlich.

Hinsichtlich der **Form** bestimmt § 158 Abs. 2 StPO, dass der Strafantrag bei einem Gericht oder der Staatsanwaltschaft schriftlich oder zu Protokoll erklärt werden kann. Bei anderen Behörden kann er schriftlich angebracht werden. Demgemäß ist eine telefonische Antragstellung unwirksam[43], sie kann jedoch als Strafanzeige behandelt werden.

107 Zu beachten ist ferner die **Antragsfrist** von **drei Monaten** (§ 77b Abs. 1 StGB).

Sie beginnt, sobald der Berechtigte Kenntnis von der Tat **und** der Person des Täters erlangt, ohne dass der Tag der Kenntniserlangung mitgerechnet wird, § 77b Abs. 2 StGB. Dabei müssen weder der Name noch die Lebensumstände oder der Aufenthaltsort des Täters bekannt sein. Es genügt, wenn der Verletzte ihn individualisieren und sich damit überlegen kann, ob er diese Person belangt sehen möchte oder nicht[44]. Zu der „Kenntnis" gehört im Übrigen auch das Wissen um die Umstände, welche die Tat zum Antragsdelikt machen (etwa die Geringwertigkeit i.S.d. § 248a StGB)[45].

Gem. § 77b Abs. 3 StGB läuft bei mehreren Antragsberechtigten die Frist für jeden gesondert.

3. Rücknahme des Strafantrags

108 Nach § 77d StGB kann der Strafantrag in jeder Lage des Verfahrens **zurückgenommen** werden. Bei den absoluten Antragsdelikten führt dies zu einem endgültigen Verfahrenshindernis. Demgegenüber kann bei den relativen Antragsdelikten bei Bejahung des besonderen öffentlichen Interesses das Verfahren fortgesetzt werden.

Allerdings hat eine Rücknahme für den Antragsteller unter Umständen gewichtige Konsequenzen. Nach § 470 StPO können ihm nämlich die Kosten des Verfahrens auferlegt werden. Da die Rücknahme noch bis zum rechtskräftigen Abschluss des Verfahrens möglich ist, stellt es in der Praxis (insbesondere der Amtsgerichte) keine Seltenheit dar, dass bei Antragsdelikten dem Verletzten seitens der Verteidigung Freistellung von der aus § 470 StPO resultierenden Kostenlast gegen Rücknahme des Strafantrages versprochen wird.

---

43 Vgl. BGH 4 StR 321/10; NJW 1971, 903.
44 BGH NJW 1999, 509.
45 BGH NJW 2003, 226 ff.

IV. Einschreiten von Amts wegen

109 Eine neben Anzeige und Strafantrag bedeutsame Möglichkeit der Einleitung eines Ermittlungsverfahrens stellt die **amtliche Wahrnehmung** durch Strafverfolgungsorgane dar. Die StPO benennt insoweit:

- Staatsanwaltschaft (vgl. § 160 Abs. 1 StPO „auf anderem Wege");
- Polizei (§ 163 Abs. 1 StPO);
- Richter (als Notstaatsanwalt in den praktisch nicht bedeutsamen und daher hier zu vernachlässigenden Fällen des § 165 StPO).

110 „Auf anderem Wege" im Sinne des § 160 Abs. 1 StPO kann die Staatsanwaltschaft in vielfältiger Weise Kenntnis vom Verdacht einer strafbaren Handlung erlangen, etwa durch Berichte in den Medien, durch Übersendung eines Vorgangs oder Hinzuziehung durch die Polizei, Leichenfund etc.

Eine beliebte, wenn auch im umgekehrten Verhältnis zu ihrer praktischen Bedeutung stehende Prüfungsfrage ist, ob auch die **private Kenntnisnahme** eines Staatsanwalts, etwa in geselliger abendlicher Runde, ihn nach § 160 Abs. 1 StPO i.V.m. dem Legalitätsprinzip (§§ 152 Abs. 2 StPO, 258a StGB) zur Aufnahme von Ermittlungshandlungen zwingt[46]. Das ist deshalb problematisch, weil auch dem Amtsträger als Ausfluss seines allgemeinen Persönlichkeitsrechts aus Art. 1, 2 GG ein geschützter Kernbereich menschlicher Beziehungen zusteht, welcher trotz der in das Privatleben hinein reichenden Dienstpflichten nicht unbegrenzt eingeschränkt werden darf.

111 Der BGH hat zu dieser Problematik in älteren Entscheidungen Stellung genommen[47]. Danach soll – jedenfalls bei sachlicher und örtlicher Zuständigkeit des Amtsträgers – eine Pflicht zum Einschreiten bei solchen Straftaten bestehen, die nach Art oder Umfang die Belange der Öffentlichkeit oder des Einzelnen in einem solchen Maße berühren, dass bei der vorzunehmenden Abwägung die privaten Interessen zurückzustehen haben. Diese nicht klar umrissenen Anforderungen[48] werden jedenfalls bei den in den Katalogen der §§ 138 StGB, 100a StPO aufgezählten schwerwiegenden Straftaten als erfüllt angesehen[49]. Aber auch die private Kenntniserlangung von einer erheblichen Betrugstat kann die Verpflichtung zu dienstlichem Einschreiten begründen[50]. Eine Stütze findet diese auf eine Güterabwägung im Einzelfall abstellende Ansicht in den §§ 152 Abs. 2, 160 Abs. 1 StPO – die nur ein „Alles oder Nichts" kennen – allerdings nicht.

---

46 Vgl. dazu auch *Roxin/Schünemann*, § 39 Rn. 3.
47 Siehe BGHSt 5, 225 (229); 12, 277 (281); BGH NStZ 1993, 383 f.
48 Im Falle BGHSt 12, 277 ff. soll ein Gemeindevorsteher schon bei der körperlichen Misshandlung eines Dritten durch – offenbar – seine Parteifreunde zum Tätigwerden verpflichtet gewesen sein.
49 So besteht eine Pflicht zum Einschreiten z.B. bei schwerwiegenden, auf Dauer angelegten BtM- oder Waffendelikten, Schutzgelderpressung oder Taten aus dem Bereich der organisierten Kriminalität, vgl. BGH NStZ 1993, 383 f.; OLG Köln NJW 1981, 1794 f. Siehe zum Meinungsstand ausführlich auch SK-StPO-*Wohlers*, § 158 Rn. 12 f.
50 BVerfG NJW 2003, 1030 m.w.N.

Kapitel 2 *Das Ermittlungsverfahren*

V. Tätigwerden aufgrund einer Weisung/Aufbau der Staatsanwaltschaft

112 Ermittlungen können auch auf **Weisung** eines vorgesetzten Beamten oder einer übergeordneten Behörde in Gang gesetzt (oder beendet) werden.

Nach den grundlegenden Vorschriften der §§ 141 bis 152 GVG, welche die Organisation und die Zuständigkeiten der einzelnen Staatsanwaltschaften auf Bundes- und Landesebene regeln[51], ist die Staatsanwaltschaft zwar nach außen hin ein der Rechtsprechung zugeordnetes selbstständiges Organ der Rechtspflege, wobei der einzelne Beamte den Behördenleiter vertritt (§ 144 GVG: sog. monokratisches Prinzip).

Die einzelnen Behörden sind aber intern nach hierarchischen Grundsätzen aufgebaut. Die Staatsanwälte unterliegen sowohl der Dienstaufsicht, als auch dem Weisungsrecht der übergeordneten Beamten (§§ 146, 147 Nr. 3 GVG). Eine Staatsanwaltschaft beim Landgericht hat folgenden **Aufbau**:

113

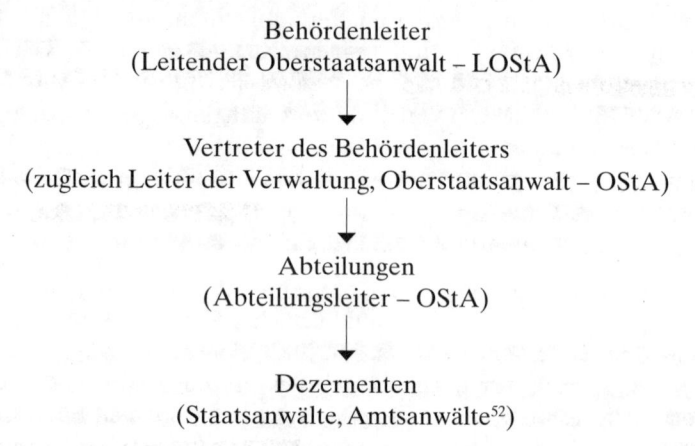

Behördenleiter
(Leitender Oberstaatsanwalt – LOStA)
↓
Vertreter des Behördenleiters
(zugleich Leiter der Verwaltung, Oberstaatsanwalt – OStA)
↓
Abteilungen
(Abteilungsleiter – OStA)
↓
Dezernenten
(Staatsanwälte, Amtsanwälte[52])

114 Auch die Staatsanwaltschaften unterliegen ihrerseits im Verhältnis zu den ihnen übergeordneten Behörden der Dienstaufsicht und der Weisungsbefugnis (sogenanntes externes Weisungsrecht, § 147 Nr. 1 u. 2 GVG). Auf der – jeweils getrennten – Bundes- und Länderebene ergeben sich danach folgende Weisungszüge:

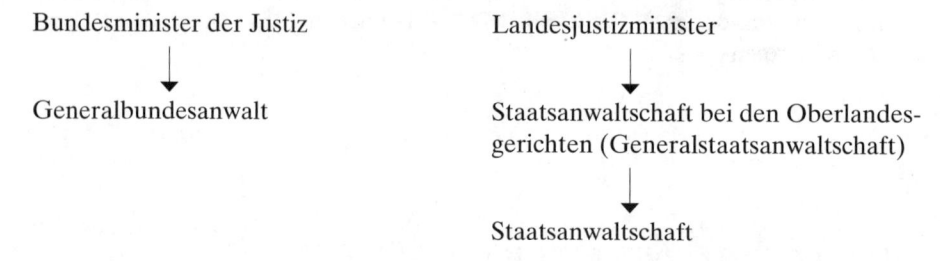

Bundesminister der Justiz   Landesjustizminister
↓   ↓
Generalbundesanwalt   Staatsanwaltschaft bei den Oberlandes-
                                  gerichten (Generalstaatsanwaltschaft)
                                  ↓
                                  Staatsanwaltschaft

---

51 Diese werden in den Bundesländern ergänzt durch die einheitlichen „Anordnungen über Organisation und Dienstbetrieb der Staatsanwaltschaft" – OrgStA – (für Nordrhein-Westfalen vom 15. April 1975). Gemäß Ziff. 1 Abs. 1 OrgStA bestehen Staatsanwaltschaften am Sitz der Oberlandesgerichte und der Landgerichte.
52 Amtsanwälte dürfen nur bei den Amtsgerichten auftreten und die Verfahrensrechte der StA ausüben, §§ 142 Abs. 1 Nr. 3, Abs. 2, 145 Abs. 2 GVG. Vgl. hierzu BGH 3 StR 281/11.

Diese doppelte Abhängigkeit des Staatsanwalts – extern von Weisungen des Ministers und intern von denjenigen des Behördenleiters – wird zu Recht als anachronistisches Relikt des immerhin aus dem Jahre 1877 stammenden GVG angesehen. Politische Einflussnahme auf Ermittlungen ist keinesfalls eine rein theoretische Gefahr – sie findet tatsächlich statt und dient der Sache nicht. Die Forderung nach umfassender Unabhängigkeit der Staatsanwälte ist daher ebenso berechtigt wie politisch erkennbar unerwünscht[53].

VI. Die Staatsanwaltschaft als „Herrin des Ermittlungsverfahrens"

1. Verhältnis zur Polizei

§ 163 StPO weist zwar auch den Beamten des Polizeidienstes (neudeutsch sog. „Ermittlungspersonen"[54]) strafprozessuale Aufgaben zu („Straftaten erforschen"). Die Entscheidungskompetenz liegt jedoch stets bei der Staatsanwaltschaft, § 152 GVG. Sie trägt damit die **Gesamtverantwortung** für ein rechtsstaatliches und ordnungsgemäßes Ermittlungsverfahren. Sie kann (und muss) dieser Leitungsbefugnis durch allgemeine oder im Einzelfall zu erteilende Weisungen entsprechen[55]. **115**

Tatsächlich hat die Tätigkeit der Polizei eine ganz erhebliche Bedeutung. Da § 163 StPO („Erster Zugriff") in der Praxis eine weite Auslegung findet, werden die Sachverhalte in Fällen kleinerer bis mittlerer Kriminalität von den Polizeibehörden in eigener Zuständigkeit „ausermittelt" und die Vorgänge erst dann an die Staatsanwaltschaft übersandt. Diese entscheidet häufig nur noch darüber, ob Anklage zu erheben oder ggfls. weitere Aufklärung erforderlich ist[56].

In bedeutsamen oder rechtlich bzw. tatsächlich schwierigen Fällen (z.B. Kapitalverbrechen) soll der Staatsanwalt allerdings vom ersten Zugriff an selbst aufklären, Nr. 3 Abs. 1 RiStBV. Gerade hier muss die Staatsanwaltschaft mit Blick auf mögliche Beweisverwertungsverbote (etwa infolge unzulänglicher Belehrungen) ihre Leitungs- und Kontrollbefugnisse effektiv ausüben[57]. **116**

Vom Inhalt her unterscheidet sich die Ermittlungstätigkeit der Polizeibehörde nicht von derjenigen der Staatsanwaltschaft, deren „verlängerter Arm"[58] sie ist. Gleichwohl ist ein „polizeiliches Vorverfahren" in der StPO nicht vorgesehen. Die Staatsanwaltschaft bleibt stets „Herrin des Ermittlungsverfahrens" und hat daher die Mög-

---

53 Siehe hierzu das Lehrbeispiel für Missbrauch durch politische Mandatsträger (Verurteilung einer Justizministerin) BGH NJW 2008, 2057 sowie *Rautenberg* ZRP 2016, 38 ff. (zum europäischen Leitbild); *Trentmann* ZRP 2015, 198 ff. (zum Fall netzpolitik.org); *Reuter* ZRP 2011, 104 ff. und *Maier* ZRP 2003, 387 ff.
54 Wer Ermittlungsperson ist, regelt § 152 Abs. 2 GVG i.V.m. den entsprechenden Rechtsvorschriften der Länder. Für NRW ist dies beispielsweise die Verordnung über die Ermittlungspersonen der Staatsanwaltschaft vom 16.02.2016. Eine Übersicht hierzu finden Sie bei *Meyer-Goßner*, § 152 GVG Rn. 6.
55 Siehe BGH 1 StR 153/11 Tz. 18.
56 Zu den Gründen für diese Praxis (bessere kriminalistische Ausbildung, technische und personelle Ausrüstung des Polizeiapparats) lesen Sie im Einzelnen: *Peters*, § 24 III.
57 BGH NJW 2009, 2612 f.
58 So das BVerwG NJW 1975, 893 ff.; eine lesenswerte Entscheidung auch im Hinblick auf die Rechtswegabgrenzung zwischen § 40 Abs. 1 VwGO und § 23 Abs. 1 EGGVG.

Kapitel 2 *Das Ermittlungsverfahren*

lichkeit des jederzeitigen Eingriffs, Nr. 3 Abs. 2 RiStBV. Nur sie hat auch das Recht, das Verfahren zum Abschluss zu bringen.

2. Verhältnis zu Finanzbehörden

117 Finanzbehörden haben beim Verdacht einer Steuerstraftat im Grundsatz eine eigenständige Ermittlungskompetenz, vgl. §§ 386 Abs. 1, Abs. 2, 399 Abs. 1 AO. Gleichwohl ist es nicht etwa so, dass sie in allen Fällen die Sache bis zur Entscheidungsreife ohne Beteiligung der StA selbstständig ausermitteln dürften. Denn nach § 386 Abs. 4 AO kann die Staatsanwaltschaft eine Steuerstrafsache jederzeit von sich aus an sich ziehen (sog. Evokationsrecht). Steuerstrafrechtliche Verfahren können von den Finanzbehörden gem. § 386 Abs. 2 AO folglich zwar autonom betrieben werden; abweichend von § 152 Abs. 1 GVG darf die Staatsanwaltschaft den ermittelnden Steuerfahndungsbeamten also keine Weisungen erteilen. Die Staatsanwaltschaft bleibt aber auch in diesen Fällen insoweit Herrin des Verfahrens, als sie – etwa bei Kontroversen über die Gestaltung des Verfahrens – dieses jederzeit gem. § 386 Abs. 4 S. 2 AO übernehmen kann[59].

D. Zweck, Ziel und Ablauf des Ermittlungsverfahrens

118 Das in den §§ 158 bis 177 StPO geregelte Ermittlungsverfahren findet seine Rechtfertigung in den Vorschriften über die „Öffentliche Klage", die gemäß § 151 StPO Voraussetzung einer gerichtlichen Untersuchung ist (**Akkusationsprinzip**). Zu deren Erhebung ist die Staatsanwaltschaft nicht nur zuständig, sondern grundsätzlich auch verpflichtet (Offizial- und **Legalitätsprinzip**). Das Ermittlungsverfahren dient daher der Klärung des Verdachts bezüglich einer Straftat, um entscheiden zu können, ob Anklage zu erheben ist.

119 Der zeitliche Ablauf zeigt sich in der Abfolge der gesetzlichen Vorschriften:

§ 152 Abs. 2 StPO
(Prüfung, ob zureichende tatsächliche Anhaltspunkte
für das Vorliegen einer verfolgbaren Straftat gegeben sind)

↓

§ 160 Abs. 1 StPO
(Sachverhaltserforschung hinsichtlich der Fragestellung,
ob öffentliche Klage zu erheben ist)

↓

§ 170 Abs. 1 StPO
(Anklageerhebung, wenn „die Ermittlungen genügenden Anlass" bieten)

---

59 Vgl. zu alldem BGH NJW 2009, 2319 f.

Der Anfangsverdacht: 120
Anlass für die Einleitung der Ermittlungen bietet der sogenannte „Anfangsverdacht" (§ 152 Abs. 2 StPO). Wird den Ermittlungsbehörden ein Sachverhalt bekannt, so sind zunächst drei Punkte abzuklären[60]:

- Fällt der angezeigte Sachverhalt überhaupt unter einen Straftatbestand (rechtliche Prüfung)?
- Bestehen nicht behebbare Verfolgungshindernisse (z.B. §§ 78 ff. StGB, Strafklageverbrauch, persönliche Strafausschließungsgründe etc.)[61]?
- Gibt es hinreichende tatsächliche Anhaltspunkte für die angezeigte Tatbegehung? Das ist angesichts der niedrigen Schwelle dieser Verdachtsstufe schon dann der Fall, wenn nach kriminalistischer Erfahrung eine Straftat möglich erscheint[62]. Bei offensichtlich unrichtigen, querulatorischen oder auf bloßen Vermutungen basierenden Anzeigen kann der Anfangsverdacht verneint werden[63].

Wird der Anfangsverdacht nach Prüfung der genannten Punkte angenommen, so ist das Ermittlungsverfahren einzuleiten und entweder durch die Staatsanwaltschaft selbst oder unter Einschaltung der Polizei durchzuführen, **§ 161 StPO**. 121

Diese Norm stellt als **Generalklausel** die Ermächtigungsgrundlage für Ermittlungen jeder Art dar, die nicht mit einem erheblichen Grundrechtseingriff verbunden sind. Die Staatsanwaltschaft kann auf dieser Grundlage in **freier Gestaltung des Ermittlungsverfahrens** die erforderlichen Maßnahmen zur Aufklärung von Straftaten ergreifen[64]. Grundrechtsrelevante Eingriffe – etwa Telefonüberwachung oder Durchsuchung – unterliegen dagegen weiteren gesetzlichen Voraussetzungen, nämlich regelmäßig einer gerichtlichen Anordnung. Hierzu später in Kapitel 8 mehr.

E. Umfang der Ermittlungen

Der Umfang der Ermittlungen richtet sich nach dem Aufklärungsbedarf des Einzelfalls. Einen Anspruch des Beschuldigten auf Nachweis der Unschuld oder gar gerichtliche Rehabilitierung nach Einstellung der Ermittlungen kennt die StPO nicht. Es besteht auch kein Anspruch auf Mitteilung der Verdachtsmomente. 122

I. Standardmaßnahmen

Das Gesetz stellt die Ermittlungstätigkeit folglich weitgehend in das Ermessen der Staatsanwaltschaft und begnügt sich in § 160 Abs. 2 und 3 StPO mit der Aufstellung von **Mindestanforderungen**, die zu einem großen Teil verfahrensrechtliche Selbstverständlichkeiten darstellen, nämlich: 123

---

60 Nach denselben Maßstäben hat natürlich auch die Polizei das Vorliegen eines Anfangsverdachts eigenständig zu beurteilen, § 163 StPO.
61 Näheres hierzu im Rahmen der Revision, Rn. 936 ff.
62 BVerfG NJW 2002, 1411 f.; BGH NJW 1989, 36 f.; vgl. zur Kritik an dieser Verdachtsstufe und zur – praxisfernen – Forderung, die Bejahung des Anfangsverdachts einer gerichtlichen Kontrolle zu unterwerfen *Eisenberg/Conen* NJW 1998, 2241 ff.
63 OLG Hamburg NJW 1984, 1635 f.
64 Vgl. BVerfG NJW 2009, 1405 ff.

Kapitel 2 *Das Ermittlungsverfahren*

- Ermittlungen auch zugunsten des Beschuldigten (die Staatsanwaltschaft ist danach die „objektivste Behörde der Welt");
- Sicherung der Beweise, z.B. mittels Durchsuchung (§§ 102 ff. StPO) oder Beschlagnahme (§§ 94 ff. StPO) zur Sicherung sog. „sachlicher" Beweismittel. In geeigneten Fällen sollen Zeugen, sog. „persönliche" Beweismittel, schon im Vorverfahren richterlich vernommen werden, um dadurch die Voraussetzungen einer späteren Verlesung und Verwertung der Aussage nach § 251 Abs. 2 StPO bzw. die Möglichkeit einer späteren Vernehmung des Ermittlungsrichters in der Hauptverhandlung im Falle des § 252 StPO zu schaffen. Mehr hierzu später[65];

123 - Untersuchung auch solcher Umstände, die als Strafzumessungskriterien i.S.d. § 46 StGB für die möglichen Rechtsfolgen der Tat von Bedeutung sind, wie etwa Täterpersönlichkeit, Werdegang u.ä., aber auch der **Tatfolgen** für das jeweilige Opfer. Es wird jedoch insoweit keine lückenlose Aufklärung verlangt. In der Mehrzahl der Fälle kann diese ohnehin erst im Rahmen einer Hauptverhandlung erfolgen.

Nach § 160 Abs. 4 StPO sind die Ermittlungsmaßnahmen neben den Beweiserhebungs- und Beweisverwertungsverboten der StPO (etwa § 136a StPO) allerdings auch durch spezielle bundes- oder landesrechtliche Regelungen eingeschränkt. Zu nennen sind hier beispielsweise das Steuer- oder das Sozialgeheimnis (§ 30 AO, §73 SGB X) sowie das Verbot einer Nutzung der Verkehrsdaten aus der Mautüberwachung, § 7 Abs. 2 S. 3 BFStrMG.

II. Transnationale Vernetzung

124 Die Tätigkeit der Staatsanwaltschaft ist allerdings keineswegs auf die Bundesrepublik oder eigene Ermittlungsverfahren beschränkt. Mit der in §§ 91a ff. IRG umgesetzten Richtlinie 2014/41/EU über die Europäische Ermittlungsanordnung in Strafsachen (RL EEA) ist für die meisten Mitgliedsstaaten der Europäischen Union nämlich ein wechselseitig anerkanntes Instrument grenzüberschreitender Beweisgewinnung durch **transnationale Ermittlungen** geschaffen worden. Nach dem Willen des EU-Gesetzgebers soll die EEA „umfassenden Charakter" haben und daher für alle Ermittlungsmaßnahmen auf dem Gebiet des Strafrechts und (gem. Art. 4b der RL EEA) der Ordnungswidrigkeiten gelten. In Betracht kommen damit etwa Vernehmungsersuchen aller Art, Kontenabfragen, Durchsuchungen, Beschlagnahmen und Überwachungsmaßnahmen des Telefonverkehrs. Ausgenommen sind nach § 91a Abs. 2 IRG gemeinsame Ermittlungsgruppen, grenzüberschreitende Observation oder Beschuldigtenvernehmung im Wege einer Telefonkonferenz.

Erklärtes Ziel der Richtlinie ist die Vereinheitlichung und Beschleunigung der strafrechtlichen Zusammenarbeit in den Mitgliedsstaaten. Dem dient zunächst die gem. § 91d IRG als echte Zulässigkeitsvoraussetzung ausgestaltete Benutzung des im Anhang A bzw. C der Richtlinie wiedergegebenen Formblatts, dessen Empfang spätestens innerhalb einer Woche zu quittieren ist. Über die Bewilligung der Rechtshilfe

---

65 Vgl. unten Rn. 604 f.

soll sodann unverzüglich, spätestens aber 30 Tage nach Eingang des Ersuchens, befunden werden. Innerhalb eines weiteren Zeitraums von längstens 90 Tagen (§ 91g Abs. 2 IRG) soll die Ermittlungsmaßnahme im Falle der Bewilligung „nach denselben Vorschriften ausgeführt werden, die gelten würden, wenn das Ersuchen von einer deutschen Stelle gestellt worden wäre" (§ 91h Abs. 1 IRG).

Der vereinbarten Wechselseitigkeit entsprechend ist gem. Art. 2 der RL EEA zu unterscheiden zwischen dem
– „Anordnungsstaat" (in der Terminologie des IRG: der „ersuchender Mitgliedsstaat"), in dem die EEA von einer „Anordnungsbehörde" erlassen wird und dem
– „Vollstreckungsstaat" („ersuchter Mitgliedsstaat"), in dem die EEA von einer Vollstreckungsbehörde durchzuführen ist.

Von den deutschen Behörden sind im Fall eines eingehenden Ersuchens zunächst die Zulässigkeitsvoraussetzungen nach Maßgabe der §§ 91b, 91c IRG zu prüfen. Die Rechtshilfe ist danach unzulässig, wenn sie im Gesetz besonders bezeichnete Straftaten (etwa Katalogtaten im Sinne von § 100a Abs. 2 StPO) oder Straftaten von einer bestimmten Erheblichkeit voraussetzt und die dem Ersuchen zu Grunde liegende Tat diese Voraussetzung auch bei gegebenenfalls sinngemäßer Umstellung des Sachverhalts nicht erfüllt. Das gilt unabhängig davon, ob sich das Ersuchen auf ein sog. Listendelikt im Sinne des Anhangs D der RL EEA stützt. Rechtshilfe ist gem. § 91b Abs. 3 IRG auch dann abzulehnen, wenn berechtigte Gründe für die Annahme bestehen, dass die Erledigung des Ersuchens mit den Verpflichtungen der Bundesrepublik Deutschland nach Artikel 6 des Vertrags über die Europäische Union und der Charta der Grundrechte der Europäischen Union unvereinbar wäre. **125**

Eine Prüfung des Tatverdachts ist grundsätzlich nicht vorgesehen, denn die RL EEA verzichtet auf die Einführung spezifischer Rechtsbehelfe. Die sachlichen Gründe für den Erlass der Anordnung sind gem. Art. 14 Abs. 2 der Richtlinie allein mit den im Anordnungsstaat geltenden Rechtsbehelfen überprüfbar. Unberührt bleiben grundrechtliche Garantien im ersuchten Staat. Die beiderseitige Strafbarkeit wird grundsätzlich ebenfalls nicht überprüft (vgl. § 91b Abs. 2 IRG). Für Durchsuchungen, Beschlagnahmen und Herausgabe von Gegenständen an den ersuchenden Staat gilt dies mit der Maßgabe von §§ 91b Abs. 4, 66, 67 IRG.

Ist die ersuchte Rechtshilfemaßnahme nicht zulässig, erübrigt sich die Frage nach dem Vorliegen etwaiger Bewilligungshindernisse. Ansonsten begründet § 91e IRG eine grundsätzliche Bewilligungspflicht. Die möglichen, teils im Ermessen der Bewilligungsbehörde stehenden Hindernisse sind in der Vorschrift abschließend aufgelistet. Hervorzuheben ist etwa die Beachtung des Grundsatzes „ne bis in idem" (§ 91e Abs. 1 Nr. 2 IRG).

Die zunehmende „Internationalisierung" von Ermittlungen ist schließlich auch an der für das Jahr 2020 vorgesehenen Einrichtung einer unabhängigen **Europäischen Staatsanwaltschaft** (EUStA oder EPPO – European Public Prosecutor's office) mit Sitz in Luxemburg zu erkennen, die u.a. in grenzüberschreitenden Fällen von Betrug oder Korruption zulasten des EU-Haushalts aufklären und diese vor einem dann zuständigen nationalen Gericht zur Anklage bringen soll. **126**

Kapitel 2 *Das Ermittlungsverfahren*

Bereits existent sind Europol, Eurojust und OLAF. Bei **Europol** (Europäisches Polizeiamt) handelt es sich um eine Polizeibehörde mit Sitz in Den Haag. Sie soll die Arbeit der nationalen Polizeibehörden bei grenzüberschreitenden Ermittlungen im Bereich der organisierten Kriminalität, insbesondere betreffend Terrorismus, Waffen-, Drogen- oder Menschenhandel, koordinieren und den Informationsaustausch fördern. **Eurojust** (Einheit für justizielle Zusammenarbeit) ist die entsprechende Justizbehörde, ebenfalls mit Sitz in Den Haag. Sie dient der Vernetzung zwischen den nationalen Strafverfolgungsbehörden. **OLAF** (Office Européen de Lutte Anti-Fraude) mit Sitz in Brüssel soll als Amt der Europäischen Kommission bei Betrug und Korruption ermitteln sowie Prävention betreiben, soweit die finanziellen Interessen der EU betroffen sind (z.B. bei EU-Subventionen).

Daneben existieren bereits europäische **Datenbanken**, etwa EURODAC, ein Fingerabdruck-Identifizierungssystem vornehmlich zum Datenabgleich bei Asylbewerbern. Die erfassten Daten können nach Art. 21 der entsprechenden EU-Verordnung[66] unter bestimmten Bedingungen aber auch von Europol abgefragt werden, wenn dies zur Verhütung, Aufdeckung und Untersuchung terroristischer und sonstiger schwerer Straftaten erforderlich ist. Zu nennen ist auch das Schengener Informationssystem (SIS), das der Personen- und Sachfahndung in der Europäischen Union dient.

Auf der Grundlage des sog. „Prümer Vertrages"[67] findet zudem mit einigen europäischen Nachbarländern ein grenzüberschreitender Abgleich von genetischen Fingerabdrücken statt, welche für die Bundesrepublik in der DNA-Analyse-Datei (DAD) beim BKA gespeichert werden. Schließlich unterhält auch der Verein (!) INTERPOL Datenbanken mit Fingerabdrücken oder DNA-Mustern, auf welche die Mitgliedsstaaten zugreifen können. Die Funktion des nationalen Büros wird vom BKA wahrgenommen.

F. Der Beschuldigte im Ermittlungsverfahren

I. Der Beschuldigte als Beweismittel

127 Der Beschuldigte ist nicht nur Verfahrensbeteiligter, er kommt auch selbst als Erkenntnisquelle in Betracht. Seine **Angaben** zählen zu den Beweismitteln. So kann etwa ein (glaubhaftes) Geständnis zur Grundlage einer Anklage und späteren Verurteilung werden. Darüber hinaus kann er als „**Augenscheinsobjekt**" fungieren, wie die §§ 81, 81a, 81b und 81g StPO zeigen, wonach auch gegen seinen Willen körperliche Untersuchungen oder erkennungsdienstliche Maßnahmen vorgenommen werden können. Die so gewonnenen Erkenntnisse – etwa der festgestellte Blutalkoholgehalt zur Tatzeit, die Erkenntnisse aus einer DNA-Analyse oder aus der Gegenüberstellung mit Tatzeugen – können ohne weiteres zur Beurteilung der Tat- und Schuldfrage herangezogen werden. Bei Letzterer hat der Verteidiger ein Anwesenheitsrecht, § 58 Abs. 2 StPO.

---

66 Nr. 603/2013 des Europäischen Parlaments und des Rates, Amtsblatt der EU vom 29.06.2013 L 180/15.
67 Ratifiziert am 10.07.2006, BGBl. 2006 I, S. 1458 ff.

II. „Nemo-tenetur-Grundsatz"

Nach dem aus der Menschwürde und aus dem Grundsatz des fairen Verfahrens abgeleiteten „nemo-tenetur-Prinzip"[68] besteht allerdings keine Verpflichtung des Beschuldigten, sich selbst zu belasten. Muss er auch bestimmte – gesetzlich klar umrissene – Maßnahmen an sich dulden (etwa die Entnahme einer Speichelprobe nach §§ 81a, 81e StPO), so kann er nicht gezwungen werden, **aktiv** an Ermittlungen mitzuwirken. Er darf gegen seinen Willen folglich nicht zu Tests, einer Tatrekonstruktion, der Abgabe von Schrift- oder Sprechproben oder ähnlichen Maßnahmen herangezogen werden, die seine aktive Teilnahme voraussetzen[69]. Die Verweigerung einer solchen Mitwirkung darf dem Beschuldigten auch nicht als belastendes Beweisanzeichen entgegengehalten werden. Er ist in seiner Verteidigungsstrategie frei; seine Unschuld muss er nicht beweisen.

128

Auch unterliegt der Beschuldigte nicht der durch §§ 153, 154, 258 StGB sanktionierten Wahrheitspflicht des Zeugen. Sein Recht, ohne nachteilige Konsequenzen zu dem Tatvorwurf zu **schweigen**, ist elementarer Bestandteil unseres strafprozessualen Selbstverständnisses und Ausfluss der Achtung vor dem Persönlichkeitsrecht des Beschuldigten[70]. Das „nemo-tenetur"-Prinzip gehört folglich zum „Kernbestand des Begriffs des fairen Verfahrens"[71].

Wichtig ist daher die **Abgrenzung zum Zeugen**, der – anders als der Beschuldigte – nach § 70 StPO zu einer Aussage gezwungen werden kann, wenn ihm nicht ein Zeugnis- oder Auskunftsverweigerungsrecht (§§ 52 ff., 55 StPO) zur Seite steht. Dementsprechend sind auch die **Belehrungen** unterschiedlich zu gestalten, je nachdem, ob sich der zu Vernehmende in der Rolle des Beschuldigten oder des Zeugen befindet.

129

Der Tatverdächtige erlangt (auch wenn er zuvor Zeuge war) zunächst dadurch die Rechtsstellung eines Beschuldigten, dass die Verfolgungsbehörde faktische Maßnahmen gegen ihn ergreift, die erkennbar darauf abzielen, ihn wegen einer Straftat zu belangen. Voraussetzung ist also ein **pflichtgemäßer** – mithin an der Stärke des Tatverdachts auszurichtender – **Willensakt der Staatsanwaltschaft**, wie er etwa in der förmlichen Einleitung eines Ermittlungsverfahrens oder dem Ersuchen um einen Durchsuchungsbeschluss gesehen werden kann[72]. Beschuldigter ist aber auch derjenige, gegen den die Polizei als sog. „verlängerter Arm" der Staatsanwaltschaft strafprozessuale Maßnahmen mit Außenwirkung ergreift[73] (Mitnahme zur Polizeiwache,

---

68 Vgl. hierzu BVerfG NJW 2013, 1061; BGH 3 StR 11/15 Tz. 5. Diese Bezeichnung kommt aus dem Lateinischen: „nemo tenetur se ipsum accusare" – niemand muss sich selbst anklagen – und „nemo tenetur se ipsum prodere" – man muss nicht gegen sich selbst als Zeuge auftreten. Zur verfassungsmäßigen Absicherung und der **Kollision mit gesetzlichen Auskunftspflichten** insbesondere im Steuerrecht siehe BVerfG NJW 2005, 352; BGH NJW 2005, 763 ff. Ein weiteres Spannungsfeld – etwa zu arbeitsrechtlichen Auskunftspflichten – entsteht bei **Privatermittlungen**, z.B. von großen Wirtschaftsunternehmen im Rahmen der Korruptionsbekämpfung. Siehe hierzu *Krug/Skoupil* NJW 2017, 2374 ff.; *Kasiske* NZWiSt 2014, 262 ff.; *Raum* StraFo 2012, 395 ff.; *Wastl* NStZ 2009, 68 ff.
69 Vgl. BGH 4 StR 151/13 Tz. 5; NStZ 2009, 705; NJW 2000, 1962 f.; NJW 1986, 2263; NJW 1981, 1431.
70 Vgl. BGH 3 StR 400/10 m.w.N.; BVerfG NStZ 2002, 378; NJW 1999, 779.
71 So EGMR JR 2013, 170 ff.; BGH 3 StR 344/15.
72 Vgl. BGH NStZ 2008, 48 f.; 1997, 398 f. mit Anmerkungen von *Rogall*.
73 BGH 2 StR 439/13 Tz. 28; NStZ 2009, 702 f.; NJW 2003, 3143.

Kapitel 2 *Das Ermittlungsverfahren*

Durchsuchung seiner Wohnung oder vorläufige Festnahme) oder wer – etwa im Rahmen einer Vernehmung – faktisch wie ein Beschuldigter behandelt wird.

130 Im Übrigen ist aber auch der vormalige Zeuge ab dem Zeitpunkt als Beschuldigter zu behandeln, in dem sich der Tatverdacht so verdichtet hat, dass er ernstlich als Täter der untersuchten Straftat in Betracht kommt. Das kann naturgemäß auch im Rahmen ein und derselben Vernehmung geschehen. In diesem Fall muss dann – mit den entsprechenden Belehrungen – unverzüglich von der Zeugen- in die Beschuldigtenvernehmung übergegangen werden. Werden die Grenzen des (weiten) Beurteilungsspielraums **willkürlich** überschritten und hierdurch die an die Beschuldigteneigenschaft anknüpfenden Belehrungspflichten verletzt, so kann dies ein Verwertungsverbot hinsichtlich der Inhalte **aus der Zeugenvernehmung** begründen[74].

131 Erweist sich die Zeugenvernehmung in dem vorbeschriebenen Sinne als unzulässig – weil tatsächlich schon ein entsprechend starker Tatverdacht bestand –, so ist der nunmehr Beschuldigte zunächst über sein Schweigerecht aus § 136 Abs. 1 S. 2 StPO zu belehren. Darüber hinaus bedarf es einer „**qualifizierten**" Belehrung dahingehend, dass die vorausgegangene Zeugenaussage nicht verwertbar ist. Nur so kann der Beschuldigte über sein Schweigerecht eigenverantwortlich entscheiden. Wird gegen diese Verpflichtung zur „qualifizierten" Belehrung verstoßen, so kann – im Einzelfall – ein Verwertungsverbot auch hinsichtlich der Beschuldigtenvernehmung entstehen. Dies beurteilt sich unter anderem danach, ob Belehrungspflichten bewusst umgangen wurden und welches Interesse an der Sachverhaltsaufklärung (nach Schwere des Delikts) besteht. Von Bedeutung ist auch, ob der ursprüngliche Belehrungsverstoß bei der – dann formal ordnungsgemäßen – Beschuldigtenvernehmung fortwirkte[75].

III. Pflicht zur Beschuldigtenvernehmung

132 Nach § 163a Abs. 1 StPO ist dem Beschuldigten vor Abschluss der Ermittlungen rechtliches Gehör zu gewähren. Er muss also – soweit er sich hierzu bereit erklärt – noch im Ermittlungsverfahren vernommen werden, sofern nicht eine Einstellung des Verfahrens (gleich nach welcher Vorschrift) beabsichtigt ist. Ggfls. erfolgt eine Videoaufzeichnung, in einfachen Sachen genügt auch eine schriftliche Anhörung. Üblicherweise erfolgt die Vernehmung im Rahmen des ersten Zugriffs durch die Polizei (§ 163 StPO). Geht das Ermittlungsverfahren von der Staatsanwaltschaft aus, so kann diese den Beschuldigten selbst vernehmen oder hiermit – was den Regelfall bildet – nach § 161 StPO die Polizei beauftragen.

133 In seltenen Fällen wird auch der Ermittlungsrichter[76] nach § 162 StPO die Vernehmung durchführen. Das ist insbesondere sinnvoll, wenn mit einem Geständnis des Beschuldigten zu rechnen ist. Das entsprechende Protokoll kann dann – etwa wenn später von dem Aussageverweigerungsrecht Gebrauch gemacht wird – in der Haupt-

---

74 Siehe hierzu BGH 1 StR 186/17; 2 StR 439/13 Tz. 37; 1 StR 476/11; 4 StR 170/09; NStZ 2008, 48 f.
75 Vgl. BGH 2 StR 439/13 Tz. 37 ff.; NStZ 2009, 281 f.; NJW 2009, 2612 f. Zur „Fortwirkung" siehe auch unten Rn. 625.
76 Der „Ermittlungsrichter" ist – von den Besonderheiten des § 169 StPO abgesehen – ein nach § 21e GVG mit den Aufgaben des § 162 StPO betrauter Richter am Amtsgericht.

verhandlung verlesen und für die Entscheidungsfindung verwertet[77] werden, § 254 StPO.

Während der Beschuldigte nicht verpflichtet ist, zu einer polizeilichen Vernehmung zu erscheinen, hat er einer Ladung durch die Staatsanwaltschaft Folge zu leisten, § 163a Abs. 3 S. 1 StPO. Nach Androhung in der Ladung kann er daher zur staatsanwaltschaftlichen Vernehmung auch zwangsweise vorgeführt werden, §§ 163a Abs. 3 S. 2, 133 Abs. 2, 134 Abs. 2 StPO. Er hat natürlich gleichwohl das Recht zu schweigen.

Bei Vernehmungen jugendlicher Beschuldigter ist schließlich stets das Anwesenheitsrecht des Erziehungsberechtigten bzw. des gesetzlichen Vertreters zu berücksichtigen, § 67 Abs. 1 JGG[78]. Zudem verlangt Art. 9 der Richtlinie (EU) 2016/800 über Verfahrensgarantien in Strafverfahren gegen Kinder – das sind nach Art. 1 der UN-Kinderrechtskonvention Personen unter 18 Jahren – hier regelmäßig eine Videoaufzeichnung.

IV. Vernehmung durch die Polizei

Der Ablauf einer Beschuldigtenvernehmung ist in § 136 StPO geregelt (lesen!). Diese für richterliche Vernehmungen geltende Vorschrift ist auch auf andere Organe anzuwenden, vgl. § 163a Abs. 3 S. 2, Abs. 4 S. 2 StPO. Der Ablauf der polizeilichen Vernehmung hat sich danach wie folgt zu gestalten:

- Dem Beschuldigten ist zu eröffnen, **welche Tat ihm zur Last gelegt wird**. Der Sachverhalt muss ihm zumindest in groben Zügen erläutert werden[79], damit ihm bewusst wird, dass und warum ein Verfahren gegen ihn eingeleitet wurde. Einer Aufklärung über die in Betracht kommenden Strafvorschriften bedarf es in diesem Zusammenhang – anders als bei einer Vernehmung durch den Richter oder die Staatsanwaltschaft – nicht, wie ein Vergleich zwischen § 136 Abs. 1 S. 1 und § 163a Abs. 4 S. 1 StPO zeigt. Auch besteht keine Verpflichtung, dem Beschuldigten alle bis dahin bereits bekannten Tatumstände mitzuteilen[80].

- Er ist **vor jeder Vernehmung** u.a. **über sein Aussageverweigerungsrecht zu belehren**, § 136 Abs. 1 S. 2 StPO. Dies ist wichtig, da insbesondere von der ordnungsgemäßen Belehrung die spätere **Verwertbarkeit** seiner im Ermittlungsverfahren gemachten Angaben abhängen kann. Schließlich soll sie ja sicherstellen, dass ein Beschuldigter nicht im Glauben an eine vermeintliche Aussagepflicht Angaben macht und sich damit unfreiwillig selbst belastet.

- Nach § 137 Abs. 1 StPO darf sich der Beschuldigte in jeder Lage des Verfahrens des Beistands eines Verteidigers bedienen. Er ist folglich darauf hinzuweisen, dass er **jederzeit**, insbesondere schon vor seiner Vernehmung, maßgeblich zwecks Beratung hinsichtlich einer Geltendmachung des Schweigerechts, einen **Verteidiger** hin-

---

77 „Verwertbarkeit" bedeutet generell, dass das jeweilige Beweismittel zur Grundlage der Entscheidung – insbesondere eines Urteils – gemacht werden darf.
78 Ob Verstöße gegen dieses Anwesenheits- und Benachrichtigungsrecht zu einem Verwertungsverbot für Angaben des Jugendlichen führen, ist nicht abschließend geklärt. Vgl. hierzu *Möller* NStZ 2012, 113 f.
79 BGH 1 StR 623/11 Tz. 43.
80 BGH 2 StR 247/16 Tz. 47.

Kapitel 2 *Das Ermittlungsverfahren*

zuziehen, einzelne Beweiserhebungen (etwa die Vernehmung eines Entlastungszeugen) und – etwa im Falle der Mittellosigkeit – auch die Bestellung eines Pflichtverteidigers beantragen kann, § 136 Abs. 1 S. 2 und 3 StPO[81]. Auf die möglichen Kostenfolgen im Fall der Verurteilung ist er hinzuweisen. Wünscht der Beschuldigte die Zuziehung eines Verteidigers, so sind ihm entsprechende Informationen insbesondere zum anwaltlichen Notdienst zu erteilen. Die Vernehmung ist zu unterbrechen, um die Kontaktaufnahme zu ermöglichen. Auf keinen Fall darf er zu weiteren Angaben gedrängt werden[82].

– Bei planbaren Vernehmungen ist ein bereits bekannter Verteidiger von dem Termin vorab zu informieren. Seine Verhinderung führt jedoch nicht zwingend zu einer Verschiebung. Der anwesende Verteidiger darf stets aktiv und (ausschließlich) sachbezogen an der Vernehmung teilnehmen, vgl. §§ 163a Abs. 4 S. 3, 168c Abs. 1 und 5 StPO.

– Sodann folgt ggfls. die **Vernehmung zur Person und zur Sache**, wobei insbesondere auch Gelegenheit gegeben werden soll, Verdachtsmomente zu beseitigen und entlastende Umstände geltend zu machen, § 136 Abs. 2 StPO. Die Vernehmung kann aufgezeichnet werden. Ab dem 01.01.2020 ist dies gem. § 136 Abs. 4 StPO in der dann geltenden Fassung sogar oftmals obligatorisch, namentlich bei Tötungsdelikten sowie der Vernehmung minderjähriger bzw. psychisch eingeschränkter Beschuldigter. Für den Umgang mit den Bild-Ton-Aufzeichnungen gilt dann § 58a Abs. 2 StPO entsprechend[83].

V. Verbotene Vernehmungsmethoden

136 Da der Beschuldigte nicht bloßes Objekt des Verfahrens ist, hat er stets Anspruch auf Wahrung seiner durch Art. 1 Abs. 1 GG geschützten Menschenwürde. Das Interesse an der Aufklärung und Ahndung von Straftaten rechtfertigt nicht die Wahl jeden Mittels, vielmehr dürfen die Erkenntnisse nur in einem „justizförmigen" – also rechtsstaatlichen Ansprüchen genügenden – Verfahren gewonnen werden[84]. Dem trägt die zentrale Vorschrift des **§ 136a StPO** Rechnung, der bei Vernehmungen[85] eine Beeinträchtigung der Willensfreiheit durch die dort – nicht abschließend – genannten Mittel verbietet. Die Entscheidung über das „Ob" und das „Wie" einer Aussage muss der Beschuldigte frei treffen können[86]. Verstöße hiergegen werden durch ein **absolutes** – also nicht vom Willen des Beschuldigten abhängiges – **Verwertungsverbot** sanktioniert, § 136a Abs. 3 StPO[87].

137 Praktische Probleme bereitet in diesem Zusammenhang neben der Frage einer **Vernehmungsfähigkeit** etwa des alkoholisierten oder betäubungsmittelabhängigen Be-

---

[81] Vgl. BGH 1 StR 117/05; ein Verstoß hiergegen begründet indes i.d.R. kein Verwertungsverbot.
[82] Diese könnten einem Verwertungsverbot unterliegen, vgl. BGH 3 StR 435/12 Tz. 10 f.
[83] Vgl. BGBl. 2017 I S. 3208, 3213.
[84] BVerfG NJW 2013, 1060; NJW 1984, 428 f.
[85] Siehe zum Begriff der Vernehmung unten Rn. 598.
[86] Vgl. BGH 1 StR 560/12.
[87] Allerdings lässt der BGH ausdrücklich offen, ob in ganz besonders gelagerten Fällen zugunsten des Beschuldigten eine Verwertung des nach § 136a StPO gesperrten Beweisstoffes möglich ist, wenn ansonsten eine effektive Verteidigung unmöglich wäre, vgl. BGH NStZ 2008, 706 f.

schuldigten gelegentlich die verbotene „Täuschung", da die Grenzziehung zur – erlaubten – „kriminalistischen List" Schwierigkeiten bereiten kann. So ist es durchaus gestattet, Fangfragen zu stellen oder den Beschuldigten **ohne eigenes Einwirken** in dem falschen Glauben zu lassen, man habe bereits Kenntnis von bestimmten Beweismitteln oder belastenden Tatsachen. Umgekehrt darf ihm aber nicht aktiv vorgegaukelt werden, man verfüge über maßgebliche Ermittlungsergebnisse, z.B. das Geständnis eines Mittäters. Denn § 136a StPO verbietet aktive Irreführungen, die **bewusst** darauf **abzielen**, die geschützte Aussagefreiheit des Beschuldigten zu umgehen[88]. Verboten ist es damit etwa, ihm für den Fall eines Geständnisses gesetzlich nicht vorgesehene oder tatsächlich nicht erreichbare Vorteile zu versprechen (z.B. keine Inhaftierung, spätere Strafaussetzung zur Bewährung)[89].

Das Verwertungsverbot des § 136a Abs. 3 S. 2 StPO greift also, wenn **138**
- die Willensfreiheit **gezielt** beeinträchtigt wurde **und**
- zwischen der Aussage und dem Gesetzesverstoß ein **ursächlicher Zusammenhang** besteht. Hieran fehlt es beispielsweise, wenn der Beschuldigte die Täuschung erkennt und gleichwohl eine Aussage macht.

> **Beispiel** für zulässige „List": Der Beschuldigte befindet sich in Untersuchungshaft. In der JVA wird er von einem Kriminalbeamten aufgesucht, der ihn zu weiteren Tatbeteiligten befragen will. Bei dem sich entwickelnden Gespräch geht der Beschuldigte irrtümlich davon aus, nur eine schriftlich fixierte Vernehmung habe später rechtliche Bedeutung. Wunschgemäß macht der Polizeibeamte, der diesen Irrtum erkennt, während des Gesprächs keine Notizen. Der Beschuldigte räumt daraufhin die Beteiligung eines weiteren Täters ein und macht diesen namhaft. Der Polizeibeamte fertigt später pflichtgemäß (!) einen Aktenvermerk über den Inhalt der Aussage und bestätigt als Zeuge dessen Richtigkeit in der Hauptverhandlung.
> Die Erkenntnisse aus dieser Beschuldigtenvernehmung können als Beweismittel Verwendung finden, da eine gezielte Einflussnahme auf die Entschließungsfreiheit des Beschuldigten nicht stattgefunden hat[90].

VI. Relevante Fehler bei der Beschuldigtenvernehmung

1. Belehrung über das Schweigerecht

Unterbleibt die Belehrung des Beschuldigten über sein **umfassendes Schweigerecht**, **139** obwohl er in dieser Eigenschaft[91] vernommen wird oder bei pflichtgemäßer Beurteilung der Verfolgungsbehörde von einem Beschuldigtenstatus auszugehen wäre, so hat dies unter Umständen weitreichende Konsequenzen. Denn die unter Verstoß gegen **§ 136 Abs. 1 S. 2 StPO** zustande gekommene Aussage unterliegt regelmäßig einem – in der späteren Hauptverhandlung allerdings ausdrücklich geltend zu machenden –

---
88 BGH 2 StR 84/16 Tz. 22 f.; NStZ 2004, 631; 1997, 251 f. Siehe zur „kriminalistischen List" auch *Soiné*, NStZ 2010, 596 ff.
89 Siehe OLG Köln NStZ 2014, 172 ff.
90 So BGH NStZ 1997, 251 f.
91 Etwas anderes kann gelten, wenn er als Zeuge vernommen wurde und erst später die Beschuldigteneigenschaft erlangt hat. Siehe hierzu oben Rn. 130.

Kapitel 2 *Das Ermittlungsverfahren*

Verwertungsverbot[92]. Wegen der herausragenden Bedeutung der Belehrung ist sie gem. Nr. 45 Abs. 1 RiStBV **aktenkundig** zu machen. Fehlt es hieran, so hat das Tatgericht – bei entsprechendem Einwand des Angeklagten – im Freibeweis zu klären, ob sie erfolgt ist oder nicht[93].

Der Wortlaut der Belehrung ist dagegen nicht maßgebend. In der Regel empfiehlt sich zwar die Nutzung der Formulierung des § 136 Abs. 1 Satz 2 StPO. Entscheidend ist aber allein, dass die Belehrung dem Beschuldigten Klarheit über seine Aussagefreiheit verschafft und eine diesbezügliche etwaige Fehlvorstellung ausschließt[94].

140 Ein Verstoß gegen die Belehrungspflicht ist nur dann unschädlich, wenn alternativ
- davon ausgegangen werden kann, dass der Beschuldigte sein Recht (etwa aus vorangegangenen Strafverfahren oder Belehrungen) kannte[95],
- er in der Hauptverhandlung der Verwertung einer fehlerhaft zustande gekommenen Aussage ausdrücklich zustimmt oder ihr (beispielsweise bei der Zeugenaussage eines Vernehmungsbeamten) nicht bis zum Zeitpunkt des § 257 StPO – also unmittelbar nach der Beweiserhebung – widerspricht[96],
- zwischen dem Belehrungsmangel und der Aussage keine ursächliche Verknüpfung besteht. Dies ist etwa bei einer „Spontanäußerung" der Fall, bei welcher der Beschuldigte ohne Zutun der Verhörsperson noch vor der beabsichtigten Belehrung von sich aus Erklärungen abgibt[97].

> **Beispiel** für eine „Spontanäußerung": Der Beschuldigte ruft über Notruf bei der Polizei an und teilt mit, er habe soeben seine Frau erstochen. Dieses Gespräch wird auf Band aufgezeichnet. Später leugnet er die Tat.
> Diese aufgezeichnete Äußerung des Beschuldigten kann als Beweismittel verwertet werden, da sie nicht auf einen Belehrungsmangel zurückzuführen ist.

141 Ist die Belehrung über das Schweigerecht **versehentlich** unterblieben, so kann dieser Mangel durch eine erneute – nun ordnungsgemäße – Vernehmung geheilt werden. Das ist selbst bei einem Verstoß gegen § 136a StPO möglich[98]. Denn dem Beschuldigten, der sich nunmehr aus freien Stücken zu Angaben entschließt, geschieht kein Unrecht.

Problematisch ist allerdings, ob die spätere Verwertung der (neuerlichen) Aussage auch hier (wie beim Übergang von der Zeugen- zur Beschuldigtenvernehmung) von der Erteilung einer sog. **„qualifizierten Belehrung"**, also dem Hinweis auf die mangelnde Verwertbarkeit der vorangegangenen Angaben, abhängt.

---

92 BGH 3 StR 63/10; NStZ 2007, 653 ff.; Näheres zu Verwertungsverboten erfahren Sie unter Rn. 580 ff.
93 Bleibt dabei offen, ob die Belehrung erfolgte, so darf die entsprechende Aussage jedenfalls dann verwertet werden, wenn es konkrete Anhaltspunkte für ein ordnungsgemäßes Vorgehen der Vernehmungsbeamten gibt, vgl. BGH NStZ-RR 2007, 80 f.
94 Vgl. BGH 3 StR 63/10.
95 Vgl. BGH 4 StR 343/16 Tz. 5; 1 StR 623/11 Tz. 45; NJW 2009, 1619 ff.; 1 StR 691/08; NJW 2002, 975.
96 BGH 1 StR 273/07 Tz. 15; NStZ 1996, 293.
97 BGH 4 StR 170/09; NJW 1990, 461. Siehe hierzu auch Rn. 599.
98 BGHSt 27, 355 (359).

Für die Notwendigkeit eines solchen Hinweises spricht, dass der Beschuldigte möglicherweise annimmt, Schweigen nutze ihm ohnehin nichts mehr, nachdem er sich bereits zum Tatvorwurf geäußert hat. Ob eine solche subjektive Einschränkung der Entschließungsfreiheit tatsächlich vorliegt, hängt allerdings von der konkreten Situation im Einzelfall, insbesondere der Persönlichkeit des Betroffenen, ab. Die generalisierende Annahme eines Verwertungsverbotes würde also über das Ziel hinausschießen, die berechtigten Belange des Beschuldigten zu schützen. Daher ist die Frage der Verwertbarkeit unter Berücksichtigung des Interesses an der Sachaufklärung einerseits sowie des Gewichts des Verfahrensverstoßes andererseits von Fall zu Fall zu prüfen[99]. **142**

2. Belehrung über das Recht zur Konsultation eines Verteidigers

Das Recht zur Beiziehung eines frei gewählten Verteidigers ist neben § 137 Abs. 1 StPO auch durch Art. 6 Abs. III c EMRK verbrieft und genießt Verfassungsrang[100]. Rechtskundig beraten wird der Beschuldigte möglicherweise manche unüberlegte Äußerung unterlassen, aus der später ihm nachteilige Schlüsse gezogen werden könnten. Gleichwohl besteht keine Verpflichtung, dem Beschuldigten bereits frühzeitig im Ermittlungsverfahren, etwa beim dringenden Verdacht eines Verbrechens, noch vor einer Vernehmung einen Verteidiger zu bestellen[101]. Er ist lediglich über sein Recht zur Konsultation eines Verteidigers zu informieren. Ob das Unterlassen dieser Belehrung bereits für sich gesehen ein Verwertungsverbot begründen kann, ist umstritten. Der BGH hat diese Frage verneint[102]. Für die Annahme eines Verwertungsverbotes haben sich Teile der Literatur ausgesprochen[103]. **143**

Unbestritten kommt (mit den oben unter Rn. 140 genannten Einschränkungen!) ein **Verwertungsverbot** dann in Betracht, wenn

- dem Beschuldigten bewusst verschwiegen worden ist, dass sich bereits ein Verteidiger für ihn bestellt hat[104],
- ihm die vor der ersten Vernehmung gewünschte Hinzuziehung des Verteidigers verwehrt worden ist[105],
- der Beschuldigte trotz eines geäußerten Wunsches bei seiner Suche nach einem Verteidiger nicht in effektiver Weise (z.B. durch den Hinweis auf einen anwaltlichen Notdienst und die Zurverfügungstellung eines Telefons) unterstützt worden ist, es sei denn, er hat sich nach erfolgloser Suche freiwillig doch zu einer Aussage bereit erklärt[106],

---

99 BGH 4 StR 170/09; NJW 2009, 1427 ff.
100 EGMR NJW 2012, 3709 ff.; BVerfG NJW 2004, 1308; NJW 2001, 2532.
101 Siehe BGH 5 StR 176/14 m.w.N.
102 Vielmehr bedarf es auch hier einer einzelfallbezogenen Abwägung, vgl. BGH NStZ 2006, 236 f.; 2004, 450 f.; NJW 2002, 975 f.; NStZ 1997, 609 f. mit zahlreichen Nachweisen.
103 Vgl. *Roxin/Schünemann*, § 24 Rn. 37.
104 BGH NStZ 1997, 502.
105 EGMR NJW 2012, 3709 ff.; BGH NJW 2002, 975 f.; BGHSt 38, 372 ff.
106 Vgl. BGH NStZ 2006, 115; NJW 2002, 1277 f. Siehe zu dem gesamten Themenkreis auch: *Herrmann* NStZ 1997, 209 ff.; *Hamm* NJW 1996, 2185 ff.; *Beulke* NStZ 1996, 257 ff.

Kapitel 2 *Das Ermittlungsverfahren*

- die Vernehmung fortgeführt wird, obwohl ein Anwalt telefonisch die Übernahme der Verteidigung erklärt und sein kurzfristiges Erscheinen angekündigt hat[107] oder obwohl der Beschuldigte erklärt hatte, ohne anwaltliche Beratung sein Schweigerecht ausüben zu wollen[108].

Kommt ein Verwertungsverbot in Betracht, so schützt dieses allerdings nur den von dem Verfahrensverstoß betroffenen Beschuldigten. Es erstreckt sich nicht auf weitere Beschuldigte[109].

3. Belehrung über konsularische Hilfe

144 Jeder **ausländische** Beschuldigte ist zudem nach Art. 36 Abs. 1 lit. b S. 3 WÜK über die Möglichkeit zu belehren, dass – sein Einverständnis vorausgesetzt – die jeweilige konsularische Vertretung über die Inhaftierung informiert wird und dass er von dort ggfls. Hilfestellung erfahren kann. Dies gilt nach der StPO (§§ 114b Abs. 2 S. 3, 127 Abs. 4, 163c Abs. 1 S. 3) ausdrücklich im Falle der Festnahme und verpflichtet auch Polizeibeamte.

Wird gegen die Belehrungspflicht verstoßen, so begründet dies angesichts der sonstigen Verfahrensgarantien – anders als bei § 136 StPO – indes **kein generelles Verwertungsverbot** hinsichtlich der Angaben, welche der Beschuldigte im Rahmen der polizeilichen Vernehmung macht[110]. Allerdings darf der entsprechende Verstoß gegen internationale Vereinbarungen auch nicht folgenlos bleiben und muss – jedenfalls im Falle eines in der Hauptverhandlung im Rahmen der Erklärung nach § 257 StPO rechtzeitig und qualifiziert erhobenen Widerspruchs gegen eine Verwertung – auch revisibel sein[111]. Zu prüfen ist damit auf jeden Fall, ob und ggfls. in welchem Umfang der Angeklagte in seinen Verteidigungsmöglichkeiten eingeschränkt wurde[112]. Beruht das Urteil auf dem Verstoß gegen das WÜK, so ist es im Rahmen einer Revision aufzuheben.

145 Ein darüber hinausgehender Nutzen erwächst dem Angeklagten letztlich nicht. Insbesondere ist es generell nicht angezeigt, einen Konventionsverstoß mit einer Reduktion der Strafe auszugleichen[113].

VII. Sonstige Rechte des Beschuldigten

146 An weiteren Rechten des Beschuldigten im Rahmen des Ermittlungsverfahrens sind vor allem folgende zu nennen:

---

107 Vgl. BGH NStZ 2008, 643.
108 BGH 3 StR 435/12 Tz. 10 ff.
109 Siehe BGH 4 StR 195/16 m.w.N.; NJW 2009, 1619 ff., 1 StR 691/08.
110 BVerfG NJW 2014, 532 ff.; BGH 1 StR 251/10; NJW 2008, 1090 ff.
111 So BVerfG NJW 2007, 503.
112 BVerfG NJW 2014, 532 ff.; NJW 2011, 207 ff.; BGH 4 StR 643/10.
113 BVerfG NJW 2014, 532 ff.; BGH 4 StR 643/10; NJW 2008, 307 ff., 1090 ff.

1. Akteneinsicht

Die Einsicht in die Verfahrensakten dient der Durchsetzung der Ansprüche auf die Gewährung rechtlichen Gehörs und auf ein rechtsstaatliches faires Verfahren[114]. Ohne Aktenkenntnis ist – abgesehen von bloßem Schweigen – eine effiziente Verteidigung zumindest erschwert, im Einzelfall vielleicht sogar unmöglich. Daher normiert der insoweit maßgebliche § 147 StPO das Recht des **Verteidigers** auf Akteneinsicht, deren Durchführung in § 32f StPO geregelt ist.

Etwas anders liegen die Dinge bei dem **unverteidigten** Beschuldigten. Angesichts der – zuweilen sicher begründeten – Sorge, die Akten könnten in falsche Hände gelangen, bei der Einsicht beschädigt, verfälscht oder vernichtet werden bzw. Anlass zu sonstigen Beweisvereitelungen bieten, hat er gemäß §§ 147 Abs. 4, 32f Abs. 2 S. 1 StPO nur einen Anspruch auf Akteneinsicht oder Besichtigung von Beweisstücken in den amtlichen Diensträumen. Bei Papierakten können ihm statt der Einsicht auch auszugsweise Kopien zur Verfügung gestellt werden. Das Einsichtsrecht greift zudem nur, soweit nicht der Untersuchungszweck (auch in anderen Verfahren) gefährdet wird oder schutzwürdige Interessen Dritter (z.B. des Tatopfers) entgegenstehen.

147

2. Anwesenheit bei Ermittlungshandlungen

Der Beschuldigte und sein Verteidiger haben bei der Vornahme **polizeilicher** Ermittlungen jenseits der Beschuldigtenvernehmung, also insbesondere bei Zeugenvernehmungen, kein Anwesenheitsrecht. Ihnen ist insoweit nur bei bestimmten **richterlichen Vernehmungen und Augenscheinseinnahmen** die Anwesenheit gestattet, §§ 168c und 168d StPO.

148

Zunächst hat selbstverständlich der Verteidiger ein Recht zur Anwesenheit, (sachdienlichen) Befragung und zu Erklärungen, wenn sein Mandant als **Beschuldigter** richterlich vernommen wird, § 168c Abs. 1 StPO. Er ist folglich gemäß § 168c Abs. 5 S. 1 StPO von einem entsprechenden Termin zu unterrichten. Wird hiergegen verstoßen, so begründet dies ein Verwertungsverbot hinsichtlich der Angaben des Beschuldigten, sofern dieser bei Beginn der richterlichen Vernehmung seinen Anspruch auf Anwesenheit des Verteidigers nicht kannte und der Verwertung später widerspricht.

Dieses Verwertungsverbot erstreckt sich indes nicht auf **Mitbeschuldigte**[115]. Denn ein Anwesenheitsrecht des Beschuldigten oder seines Anwalts bei der Vernehmung eines Mitbeschuldigten besteht nicht, da es in § 168c Abs. 2 StPO nicht vorgesehen ist und mangels einer Regelungslücke auch eine analoge Anwendung dieser Vorschrift ausscheidet[116].

Wird auf Antrag der Staatsanwaltschaft ein **Zeuge oder Sachverständiger** durch den Ermittlungsrichter vernommen (§ 162 Abs. 1 StPO), so ist dem Beschuldigten (und seinem Verteidiger) die aktive Teilnahme ebenfalls erlaubt, vgl. § 168c Abs. 2 StPO

149

---

114 BVerfG NJW 1983, 1043.
115 BGH NJW 2009, 1619 ff., 1 StR 691/08 m.w.N.
116 Vgl. hierzu BVerfG NJW 2007, 204; BGH 4 StR 299/09; NJW 2009, 1619 ff.

Kapitel 2 *Das Ermittlungsverfahren*

mit der wichtigen Beschränkung des Fragerechts gem. § 241a StPO. Der Beschuldigte kann allerdings wegen Gefährdung des Untersuchungszwecks – etwa bei der Gefahr von Verdunkelungsmaßnahmen oder der Einflussnahme auf den Zeugen – ausgeschlossen werden, § 168c Abs. 3 StPO.

In diesem Fall ist für die richterliche Vernehmung eines zentralen Belastungszeugen dem – von der Anwesenheit ausgeschlossenen – Beschuldigten gem. § 141 Abs. 3 StPO ein Verteidiger zu bestellen, der für ihn das Fragerecht ausüben kann[117].

Besteht die dringende Gefahr eines schwerwiegenden Nachteils für das Wohl des Zeugen, wenn er in Anwesenheit der hierzu Berechtigten vernommen wird – etwa im Fall der Vernehmung eines Kindes beim Verdacht des sexuellen Missbrauchs – so ist zudem § 168e StPO zu beachten. Danach „soll" – also muss – die Befragung ohne unmittelbare Konfrontation den (in einem anderen Raum befindlichen) Anwesenheitsberechtigten in Bild und Ton übertragen werden. Unter den weiteren Voraussetzungen des § 247a Abs. 1 StPO kann auch später in der Hauptverhandlung so verfahren werden. Die weiteren Mitwirkungsrechte bleiben hierdurch unberührt.

150 Wichtig ist auch in diesem Zusammenhang die in § 168c Abs. 5 S. 1 StPO normierte **Pflicht** des Gerichts, die zur Anwesenheit Berechtigten von dem bevorstehenden Vernehmungstermin zu **benachrichtigen**. Hierdurch soll verhindert werden, dass ein für das weitere Verfahren möglicherweise erhebliches Beweisergebnis erzielt wird, ohne dass der Beschuldigte und sein Verteidiger die Möglichkeit hatten, hierauf Einfluss zu nehmen. § 168c Abs. 5 S. 1 StPO ist also letztlich Ausfluss des Anspruchs auf rechtliches Gehör.

Von der Benachrichtigung des Beschuldigten und/oder seines Verteidigers darf – was für beide Personen getrennt zu prüfen ist – nur abgesehen werden, wenn auch die Mitteilung über die beabsichtigte Vernehmung den Zweck der Untersuchung – also die Gewinnung einer wahrheitsgemäßen Aussage – vereiteln könnte, § 168c Abs. 5 S. 2 StPO[118]. Ein Verstoß gegen die Benachrichtigungspflicht hat zwar kein umfassendes Verwertungsverbot hinsichtlich der (in Abwesenheit des Beschuldigten zustande gekommenen) Aussage zur Folge. Das Vernehmungsprotokoll darf jedoch nicht mehr nach § 251 Abs. 2 StPO ohne das Einverständnis des Angeklagten und seines Verteidigers in der Hauptverhandlung verlesen werden. Dies ist nur noch in den (engen) Grenzen des § 251 Abs. 1 StPO möglich[119]. Auch das „Richterprivileg" des § 252 StPO gilt bei fehlender Benachrichtigung nicht mehr[120]. Denn die erhöhte Beweiskraft richterlicher Vernehmungen beruht zumindest auch auf den in § 168c StPO vorgesehenen Beteiligungsrechten.

151 Das – mangels notwendiger Benachrichtigung – fehlerhaft zustande gekommene richterliche Protokoll wird also zu einem nichtrichterlichen „herabgestuft". Ob damit an dem Verbot festzuhalten ist, den Richter – wie dies beim vernehmenden Polizei-

---

117 BGH NJW 2000, 3505 ff.
118 Zur Benachrichtigung bei Rechtshilfehandlungen im Ausland vgl. BGH NJW 1996, 2239 ff. sowie die Anmerkungen von *Nagel* NStZ 1998, 148 ff.
119 BGH NStZ 1999, 417; NStZ 1998, 312 f.
120 Vgl. BGH 3 StR 34/11. Zum Richterprivileg siehe unten Rn. 604 f.

beamten möglich ist – als Zeugen über den Inhalt der Vernehmung zu hören[121], ist fraglich[122].

Angesichts der möglichen prozessualen Folgen empfiehlt es sich für den Ermittlungsrichter, die Gründe seiner Entscheidung in den Akten niederzulegen, wenn er von § 168c Abs. 5 S. 2 StPO Gebrauch macht. Allerdings kommt es für die Frage einer späteren Verwertbarkeit allein darauf an, ob die Benachrichtigung objektiv zu Recht unterblieben ist. Dies hat das erkennende Gericht im Hauptverfahren in eigener Verantwortung zu prüfen[123]. Da hierbei auf den Zeitpunkt der Entscheidung des Ermittlungsrichters abzustellen ist, können dessen Ausführungen hilfreich sein.

G. Der Zeuge im Ermittlungsverfahren

Zeugen sind – wegen der Subjektivität von Wahrnehmung und Erinnerung – in der Regel zwar nur bedingt zuverlässige Beweismittel, zur Erforschung der Wahrheit jedoch in vielen Fällen unverzichtbar. Ermittlungs- und Strafverfahren ohne die Einvernahme von Zeugen bilden die Ausnahme. Oftmals kommt das Verfahren durch die Anzeige eines Betroffenen überhaupt in Gang, beginnt also bereits mit den Angaben eines Zeugen. Nicht selten ist der Zeugenbeweis auch der einzig zur Verfügung stehende. Dabei liegt die prozessuale Funktion des Zeugen in der Bekundung **eigener sinnlicher Wahrnehmungen**, die zuweilen nur schwer von persönlichen Schlussfolgerungen zu trennen sind. Wie der Angeklagte, kann er aber auch Gegenstand des Augenscheins sein (z.B. bzgl. Verletzungsfolgen).

152

I. Pflichten des Zeugen

Als Zeuge bei der Aufklärung von Straftaten zur Verfügung zu stehen, gehört zu den allgemeinen staatsbürgerlichen Pflichten, deren Unannehmlichkeiten jedermann zuzumuten sind. Auf Ladung der Staatsanwaltschaft hat er dort zu **erscheinen** und – anders als der Beschuldigte – eine (natürlich wahrheitsgemäße) **Aussage zu machen**. Diese Pflicht kann notfalls mit Zwangsmitteln durchgesetzt werden, §§ 161a Abs. 1 und 2 StPO. Selbstverständlich muss der Zeuge auch einer gerichtlichen Ladung Folge leisten, §§ 48, 51, 70 StPO. Angaben darf er nur dann verweigern, wenn ihm ein Zeugnis- oder Auskunftsverweigerungsrecht nach den §§ 52 ff., 55 StPO zusteht.

153

Auf eine **polizeiliche Ladung** muss der Zeuge (nur) dann erscheinen, wenn dieser ein entsprechender Auftrag der Staatsanwaltschaft zu Grunde liegt. Diese entscheidet dann – in Zweifelsfällen – auch über Zeugnis- oder Auskunftsverweigerungsrechte sowie generell über den Umfang der Angaben zur Person (§ 68 Abs. 3 S. 1 StPO),

---

121 So noch BGH NStZ 1986, 207; BGHSt 26, 335.
122 Vgl. BGH NJW 2000, 3505 ff. – der zwar kein Verwertungsverbot annimmt, den Beweiswert einer Vernehmung des Ermittlungsrichters im Falle eines Verstoßes gegen § 168c StPO aber als so gering ansieht, dass dessen Bekundungen durch wichtige Gesichtspunkte außerhalb der Aussage gestützt werden müssen – sowie die lesenswerten Anmerkungen von *Wönne* NStZ 1998, 313 f. Der 3. Strafsenat des BGH nimmt bei einem Verstoß gegen § 168c Abs. 5 S. 1 StPO sogar ein generelles Verwertungsverbot an, BGH NJW 2003, 3142 ff.
123 Vgl. BGH NStZ 2003, 672, auch zum Prüfungsumfang in der Revision.

Kapitel 2 *Das Ermittlungsverfahren*

die Beiordnung eines Beistands oder Ordnungsmittel (mit Ausnahme der Haft). Die Entscheidungen der Polizeibeamten bzw. der Staatsanwaltschaft können auf Antrag des Zeugen von dem nach § 162 StPO zuständigen Amtsgericht überprüft werden, dessen Beschluss dann aber unanfechtbar ist. Vgl. zu alldem § 163 Abs. 3 ff. StPO.

II. Ablauf der Zeugenvernehmung

154 Wie der Beschuldigte wird auch der Zeuge von der Polizei oder der Staatsanwaltschaft vernommen, wobei ein Vernehmungsprotokoll zu fertigen ist, § 168b StPO. Zeugen sind **vor jeder Vernehmung** über eventuelle Zeugnis- bzw. Auskunftsverweigerungsrechte zu **belehren**, was aktenkundig zu machen ist (Nr. 65 RiStBV). Für die polizeiliche Vernehmung ist dies in § 163 Abs. 3 StPO geregelt. Für die Staatsanwaltschaft, welche in diesem Stadium auch über die Bestellung eines Zeugenbeistands zu entscheiden hat, folgt es aus der allgemeinen Verweisung in § 161a Abs. 1 S. 2 StPO.

Die Vernehmung selbst gliedert sich in diejenige zur Person (§ 68 StPO) und die zur Sache (§ 69 StPO). Selbstverständlich sind auch gegenüber Zeugen die in § 136a StPO erwähnten Vernehmungsmethoden verboten.

III. Relevante Fehler bei der Zeugenvernehmung

155 Ein denkbarer Kardinalfehler bei der Vernehmung von Zeugen ist die Unterlassung der in **§ 52 Abs. 3 StPO** zwingend vorgeschriebenen Belehrung über das mögliche **Zeugnisverweigerungsrecht**. Besteht ein solches Recht und macht der Zeuge mangels Belehrung eine Aussage, so begründet dies ein **Verwertungsverbot** in demselben (weiten) Umfang wie bei § 252 StPO[124]. Der Inhalt seiner Vernehmung darf also auch nicht auf dem Umweg über eine Anhörung der Verhörsperson in die spätere Hauptverhandlung eingeführt werden. Dabei ist es unerheblich, aus welchem Grund die Belehrung unterblieben ist. Selbst wenn ein Zeuge sich selbst irrig als „mit den Angeklagten nicht verwandt oder verschwägert" bezeichnet, greift das Verwertungsverbot. Denn bezüglich des Zeugnisverweigerungsrechts kommt es allein auf die **objektive Sachlage** – also das Bestehen eines Angehörigenverhältnisses i.S.d. § 52 StPO – an[125].

Eine Verwertung bleibt nur dann zulässig, wenn
– der Zeuge seine Rechte kannte und auch nach entsprechender Belehrung ausgesagt hätte[126] oder
– wenn er in der Hauptverhandlung nach Belehrung ausdrücklich oder konkludent auf sein Zeugnisverweigerungsrecht verzichtet[127].

156 Demgegenüber führt ein Verstoß gegen **§ 55 Abs. 2 StPO** (Belehrung über das Auskunftsverweigerungsrecht) nicht zu einer Einschränkung der Verwertbarkeit in dem gegen den Beschuldigten geführten Verfahren, da Letzterer durch diese Vorschrift nicht geschützt werden soll. Wird wegen selbstbelastender Angaben jedoch ein Ver-

---

124 BGH NStZ 1990, 25. Mehr zu § 252 StPO unten unter Rn. 594 ff.
125 Siehe BGH 3 StR 442/09.
126 Siehe BGH 4 StR 100/16 Tz. 4.
127 Vgl. BGH NStZ 1999, 91.

fahren auch gegen den Zeugen eröffnet, so darf die fehlerhafte Vernehmung dort nicht eingeführt werden. Hinsichtlich der Ausnahmen gilt das oben Gesagte.

IV. Richterliche Zeugenvernehmung

Auch jenseits der unten noch näher erörterten Fälle des § 58a StPO kann in besonderen Situationen die richterliche Vernehmung des Zeugen bereits im Ermittlungsverfahren erforderlich sein. Nahezu unumgänglich ist sie bei einem Belastungszeugen, dem ein Zeugnisverweigerungsrecht zusteht. Macht dieser nämlich zunächst eine Aussage, beruft sich jedoch in der Hauptverhandlung auf sein Zeugnisverweigerungsrecht, so besteht hinsichtlich seiner früheren Angaben ein Verwertungsverbot, § 252 StPO. Verwertbar bleibt i.d.R aber die Aussage in einer richterlichen Vernehmung[128]. Ist mit der späteren Geltendmachung des Zeugnisverweigerungsrechts zu rechnen – z.B. in Fällen sexuellen Missbrauchs innerhalb der Verwandtschaft –, so stellt das Unterlassen eines Antrags auf richterliche Vernehmung (§ 162 Abs. 1 StPO) einen schwerwiegenden Kunstfehler der Staatsanwaltschaft dar. Denn dadurch kann das Gericht in der Hauptverhandlung in „Beweisnot" geraten. Gleiches gilt, wenn aus anderen Gründen hinsichtlich der späteren Aussagebereitschaft oder Aussagefähigkeit Bedenken angebracht sind. Insbesondere bei Tatvorwürfen des Menschenhandels oder der Zuhälterei ist daher eine richterliche Zeugenvernehmung i.d.R. zwingend (vgl. auch Nr. 248 Abs. 1 RiStBV).

157

V. Schutz des Zeugen, insbesondere des Tatopfers

Den genannten Pflichten entspricht ein Anspruch des Zeugen auf Schutz seiner körperlichen Unversehrtheit, auf Achtung seiner Persönlichkeit und informationellen Selbstbestimmung. Auf europäischer Ebene wurde der Bedeutung des Zeugenschutzes insbesondere durch den **Rahmenbeschluss** des Rates vom 15.03.2001[129] Rechnung getragen. Er enthielt zwingende Vorgaben an die nationalen Gesetzgeber zur Verbesserung der Lage von Tatopfern im Strafverfahren. Im November 2012 wurde er ersetzt durch die „**Richtlinie über Mindeststandards** für die Rechte und den Schutz von Opfern von Straftaten"[130]. Besonderen prozessualen Schutz für sexuell missbrauchte Kinder (auf europäischer Ebene sind dies Personen unter 18 Jahren) verlangt zudem die Richtlinie 2011/93/EU[131]. Die in solchen Regelungen aufgestellten Standards sind im Rahmen der gemeinschaftskonformen Auslegung einzelstaatlicher Regelungen zu beachten[132]. Die „Internationalisierung" des Strafrechts ist auch daran abzulesen, dass aus Art. 2 und 8 EMRK eine staatliche Pflicht zur **effektiven Strafverfolgung** abgeleitet wird. Das gilt jedenfalls bei Taten gegen das Leben, die körperliche Unversehrtheit, sexuelle Selbstbestimmung, Freiheit der Person und bei Straftaten von

158

---

128 Siehe hierzu unten Rn. 604 f.
129 Amtsblatt der Europäischen Union vom 22.03.2001, L 82/1.
130 Richtlinie 2012/29/EU, Amtsblatt der Europäischen Union vom 14.11.2012, L 315/57. Der europarechtliche Opferbegriff erfasst allerdings **nur natürliche Personen**, Art. 2 der Richtlinie; EuGH NJW 2007, 2835 ff.
131 Amtsblatt der Europäischen Union vom 13.12.2011, L 335/1 ff., dort insbes. Art 19 f.
132 EuGH NJW 2005, 2839 ff. **(lesenswert)**.

Kapitel 2 *Das Ermittlungsverfahren*

Amtsträgern im Rahmen der Wahrnehmung hoheitlicher Aufgaben. Hier besteht ein Anspruch des Opfers auf „wirksame strafrechtliche Ermittlungen ... und die Möglichkeit von Wiedergutmachung und Entschädigung"[133].

159 Zusammenfassend existieren neben den Zeugnisverweigerungsrechten derzeit im Wesentlichen folgende Regelungen zum Schutz von Zeugen:

Videovernehmung: Nach § 58a Abs. 1 S. 1 StPO kann **jede** Zeugenvernehmung im Ermittlungsverfahren insgesamt unter Videoaufzeichnung erfolgen. Ausdrücklich gilt diese Regelung zwar nur für Vernehmungen durch den Richter[134] oder die Staatsanwaltschaft (vgl. § 161a Abs. 1 S. 2 StPO, Nr. 19 Abs. 2 und 3 RiStBV). Es ist aber allgemein anerkannt, dass auch polizeiliche Zeugenvernehmungen aufgezeichnet werden dürfen[135].

Zwingend ist die Aufzeichnung der dann regelmäßig richterlichen Vernehmung bei Verletzten unter 18 Jahren (insbesondere Missbrauchsopfern) zur Wahrung der schutzwürdigen Belange (also insbes. zur Vermeidung von Mehrfachvernehmungen)[136] und ferner dann, wenn zu besorgen ist, dass der Zeuge in der Hauptverhandlung nicht vernommen werden kann – etwa weil er gebrechlich oder mit seinem Untertauchen zu rechnen ist, § 58a Abs. 1 S. 2 StPO. Bei kindlichen Zeugen bietet es sich an, zeitnah zur Tatbegehung bzw. Anzeigenerstattung eine ausführliche Videovernehmung unter Beteiligung eines aussagepsychologischen Sachverständigen durchzuführen (vgl. auch Nr. 222 RiStBV).

Wenngleich im Hinblick auf die Gesprächsatmosphäre regelmäßig wenig sinnvoll, kann die Vernehmung auch so durchgeführt werden, dass sich der Zeuge in einem anderen Raum aufhält als der Vernehmende, § 58b StPO.

160 Die Videoaufzeichnung kann später regelmäßig (soweit nicht die Voraussetzungen des § 252 StPO vorliegen) neben der Zeugenaussage als **Augenscheinsobjekt** durch Abspielen als Beweismittel in die Hauptverhandlung eingeführt werden[137]. Sie ist daher ein wirksames Instrument des Opferschutzes. Unter den Voraussetzungen des § 255a StPO kann sie – in Durchbrechung des Unmittelbarkeitsgrundsatzes – eine Zeugenaussage auch ersetzen. In den Fällen des § 255a Abs. 2 StPO setzt dies aber voraus, dass der Angeklagte und sein Verteidiger Gelegenheit hatten, an der richterlichen Vernehmung mitzuwirken. Hier können sich beispielsweise schon bei einem flüchtigen Täter Schwierigkeiten einstellen. Angesichts der zwingenden Bestimmung in § 255a Abs. 2 StPO scheidet eine Ersetzung der persönlichen Zeugenvernehmung in der späteren Hauptverhandlung aber insbes. dann aus, wenn der Beschuldigte nach § 168c Abs. 3 StPO von der Vernehmung im Ermittlungsverfahren ausgeschlossen war[138]. Dies gilt es also bereits bei Durchführung der Vernehmung zu beachten.

---

133 Siehe EGMR NJW 2014, 607 ff.; 2012, 283 ff.; 2005, 3405 ff. sowie BVerfG NJW 2015, 3500 ff.; NJW 2015, 150 f.; BGH NStZ 2010, 697.
134 Zuständig ist gem. § 162 Abs. 1 S. 1 StPO das für den Wohnort des Zeugen zuständige Amtsgericht, vgl. OLG München, NStZ 2004, 642 f.
135 Vgl. KK-*Senge*, § 58a Rn. 3 m.w.N.
136 Siehe auch BGH 1 StR 273/04.
137 Vgl. BGH 1 StR 350/07. Siehe zu den Einzelheiten – insbes. Beachtung des **Unmittelbarkeitsgrundsatzes** – unten Rn. 533 ff.
138 Vgl. BGH 1 StR 327/11; NStZ 2004, 390 ff. m.w.N.

Zeugenbeistand: Zeugen können sich generell eines anwaltlichen Beistands bedienen, dem auch die Anwesenheit bei der Vernehmung gestattet ist, § 68b Abs. 1 StPO. Der Zeugenbeistand darf nur in besonders gelagerten Ausnahmefällen zurückgewiesen werden, wenn nämlich seine Anwesenheit eine geordnete und effektive Beweiserhebung erschweren würde[139]. Unter den Voraussetzungen des § 68b Abs. 2 StPO **muss** das zuständige Gericht durch unanfechtbaren Beschluss solchen Zeugen, die ihre Interessen nicht selbst wahrnehmen können – also vor allem Kindern oder Jugendlichen – (nur) für die Dauer ihrer Vernehmung[140] sogar einen anwaltlichen Zeugenbeistand bestellen, wenn ihre schutzwürdigen Interessen nicht anders gewahrt werden können. Dies wird vor allem bei Verbrechen gegen die sexuelle Selbstbestimmung der Fall sein. Die Beiordnung darf selbstverständlich nicht davon abhängig gemacht werden, dass der Zeuge auch eine Aussage macht[141]. Bei polizeilichen Vernehmungen im Auftrag der Staatsanwaltschaft trifft letztere die Beiordnungsentscheidung, § 163 Abs. 4 Nr. 3 StPO.

161

Die Kosten trägt der Staat. Die §§ 397a, 406h StPO erweitern diese Möglichkeit für nebenklageberechtigte Verletzte – wer das ist, steht in § 395 StPO – auch über die Dauer der Vernehmung hinaus. Ohnehin kann sich der Verletzte im gesamten Verfahren des Beistands eines Rechtsanwalts bedienen.

Die Rechtsstellung des Beistands entspricht prinzipiell derjenigen des Zeugen; er hat keine eigenen Rechte als Verfahrensbeteiligter und damit auch insbesondere **keinen** allgemeinen **Anspruch auf Akteneinsicht**[142]. Diese ist für Dritte abschließend in den §§ 475 ff. StPO geregelt und von einem berechtigten Interesse abhängig, welches gegen die schutzwürdigen Belange der Beteiligten abzuwägen ist[143].

162

Anders verhält es sich allerdings bei dem Beistand des **Verletzten**, der insbesondere
– gem. § 406e StPO unter den dort geregelten Voraussetzungen – nach Anhörung des Beschuldigten[144] – Akteneinsicht nehmen kann[145],
– bei Vernehmungen seines Mandanten zugegen sein (§ 406f Abs. 1 StPO) und
– an der Hauptverhandlung teilnehmen, Zeugen befragen und Erklärungen abgeben darf (vgl. im Einzelnen §§ 406f Abs. 1, 406h Abs. 2 StPO).

Sonstige Schutzvorschriften: Tatopfer haben ggfls. schon bei der Anzeigenerstattung wie generell bei Vernehmungen Anspruch auf einen Dolmetscher (§§ 158 Abs. 4, 161a Abs. 5 StPO) sowie auf Übersetzung etwa von Einstellungsbescheiden (§ 171 StPO). Auch einer (nicht anwaltlichen) **Person des Vertrauens** ist unter den Voraussetzungen des § 406f Abs. 2 StPO die Anwesenheit bei Vernehmungen des Verletzten zu gestat-

163

---

139 Siehe hierzu auch BVerfG StraFo 2010, 243 f.
140 Dieser Begriff umfasst auch die Vor- und Nachbereitung der Aussage.
141 BGH NStZ-RR 2016, 174.
142 BGH 5 StR 64/17; NStZ-RR 2010, 246 f.; KG NJW 2015, 3255 ff.; OLG Düsseldorf NJW 2002, 2806.
143 Siehe hierzu BVerfG NJW 2009, 2876 f. sowie zur missbräuchlichen Umgehung durch „Kooperation" zwischen Beistand und Verteidiger *Dahs* NStZ 2011, 200 ff.
144 BVerfG NJW 2017, 1164 ff.
145 Zum Beurteilungsspielraum hinsichtlich der Versagung wegen Gefährdung des Untersuchungszwecks siehe BGH NJW 2005, 1520 sowie OLG Braunschweig NStZ 2016, 629 ff.; OLG Hamburg NStZ 2015, 105 ff.

Kapitel 2 *Das Ermittlungsverfahren*

ten. Stets ist das Tatopfer auf Antrag über Ort und Zeit der Hauptverhandlung, den Ausgang des Verfahrens, freiheitsentziehende Maßnahmen, Vollzugslockerungen etc. zu **informieren**. Zuständig insoweit ist derjenige, der die maßgebliche Entscheidung getroffen hat, vgl. § 406d StPO.

Hervorzuheben ist auch der Anspruch des Verletzten auf Stellung eines **psychosozialen Prozessbegleiters** für Vernehmungen und insbesondere die Hauptverhandlung gem. § 406g StPO. Über seine prozessualen Rechte wie die außergerichtlichen Hilfsangebote ist der Verletzte frühzeitig (also etwa anlässlich einer polizeilichen Vernehmung), i.d.R. schriftlich und in verständlicher Form möglichst konkret und einzelfallbezogen zu **belehren**, §§ 406d Abs. 3, 406i, 406j, 406k StPO.

Ist er i.S.d. § 395 StPO nebenklagebefugt, so hat er – in dem erforderlichen Umfang[146] – auch Anspruch auf die unentgeltliche Stellung eines **Dolmetschers**, wenn dies zur Ausübung seiner prozessualen Rechte erforderlich ist, § 187 GVG. Bedeutung erlangt dies insbesondere für Gespräche mit dem anwaltlichen Beistand. Zudem besteht nach § 187 Abs. 4 GVG ggfls. auch ein Anspruch des der deutschen Sprache nicht mächtigen Verletzten auf Übersetzung maßgeblicher Dokumente (z.B. Anklageschrift, nicht rechtskräftiges Urteil).

164 Zu erwähnen sind auch die Regelungen zum Schutz gefährdeter Zeugen, insbesondere bestimmter V-Leute, verdeckter Ermittler oder Überläufer bzw. Zeugen aus dem Bereich organisierter Kriminalität. So ermöglicht es § 68 Abs. 2 und 3 StPO dem Zeugen, unter den dort genannten Voraussetzungen nur **eingeschränkte** oder gar keine **Angaben** zu seinem Wohnort und seiner Person zu machen. Unterlagen über seine Identität werden in diesem Fall gesondert geführt. Sie werden, solange die Gefährdung andauert, nicht zur Akte genommen und unterliegen daher auch nicht der Akteneinsicht (vgl. § 68 Abs. 4 StPO). Eine Revision des Angeklagten kann hierauf regelmäßig nicht gestützt werden[147].

Daneben existieren Richtlinien der Justizminister der Länder, welche die Grundlage für sog. **polizeiliche Zeugenschutzprogramme** bilden und so u.a. die Möglichkeiten zur Verschleierung der Identität (z.B. durch Ausstellung von Tarnpapieren oder Identitätsänderung[148]) oder der Geheimhaltung des Wohnortes bieten[149]. Derartige Schutzmaßnahmen können auch Auswirkungen auf die örtliche Zuständigkeit des Ermittlungsrichters haben[150].

165 Der Gesetzgeber hat aber auch im Wesentlichen **zivilrechtlich** orientierte Verbesserungen für die Opfer von Straftaten auf den Weg gebracht. Zu erwähnen sind neben dem **Adhäsionsverfahren**[151] und der im Jahr 2017 neu geregelten **Vermögensabschöpfung**[152] vor allem

---

146 OLG Hamburg NJW 2005, 1135 ff.
147 Vgl. BGH 5 StR 292/11 Tz. 6.
148 Das ist bei verdeckten Ermittlern sogar gesetzlich erlaubt, vgl. § 110a Abs. 2 StPO.
149 Soweit es für das Verfahren bedeutsam ist, muss der geschützte Zeuge allerdings in der Hauptverhandlung Auskunft über Art und Umfang der polizeilichen Maßnahmen geben, vgl. BGH NJW 2006, 785 ff.
150 Vgl. LG Karlsruhe NJW 1997, 3184.
151 Hierzu unter Rn. 324 ff. mehr.
152 Mehr hierzu unter Rn. 329 f.

- das Gesetz über die Entschädigung für Opfer von Gewalttaten (**OEG**), welches die finanzielle Versorgung der Geschädigten eines „tätlichen Angriffs"[153] regelt (Kosten der Heilbehandlung, Rente, Hinterbliebenenversorgung etc.);
- das Gesetz zur Sicherung der zivilrechtlichen Ansprüche der Opfer von Straftaten, sog. Opferanspruchssicherungsgesetz (**OASG**). Dieses normiert insbesondere ein Pfandrecht an Forderungen, die der Täter oder Teilnehmer im Hinblick auf die öffentliche Darstellung der Tat erlangt, also etwa an Honoraransprüchen aus Veröffentlichungen oder Auftritten in den Medien;
- das Gesetz zum zivilrechtlichen Schutz vor Gewalttaten und Nachstellungen, sog. Gewaltschutzgesetz (**GewSchG**). Es gewährt einstweiligen gerichtlichen Rechtsschutz gegen gewalttätige Dritte, etwa indem dem Täter verboten wird, die Wohnung des Verletzten (z.B. die Ehewohnung) zu betreten oder mit diesem Kontakt aufzunehmen[154]. Eng verzahnt sind diese Regelungen insbesondere im Bereich häuslicher Gewalt mit der polizeirechtlichen Möglichkeit, eine Person zur Gefahrenabwehr – also präventiv – aus einer Wohnung zu verweisen und ein Rückkehrverbot auszusprechen. Bei Zuwiderhandlung kann auch eine Ingewahrsamnahme erfolgen[155]. Wer einer bestimmten vollstreckbaren Anordnung oder einem gerichtlich bestätigten Vergleich der Beteiligten zuwiderhandelt, kann bestraft werden (§ 4 GewSchG). Die Anordnung muss aber entweder wirksam zugestellt oder die Vollstreckbarkeit der einstweiligen Anordnung angeordnet worden sein[156]. Zudem muss der Verpflichtete (Vorsatz!) von der Anordnung Kenntnis haben. Regelmäßig ist dem Betroffenen also der entsprechende Beschluss zuzustellen, was in der Praxis auf Schwierigkeiten stoßen kann. Das Strafgericht hat zudem die materielle Rechtmäßigkeit der familiengerichtlichen Entscheidung eigenständig zu überprüfen; insoweit besteht keinerlei Bindung[157].

166

Auch über diese zivilrechtlichen Möglichkeiten sind die betroffenen Zeugen bereits im Ermittlungsverfahren zu informieren.

H. Abschlussmöglichkeiten des Ermittlungsverfahrens

I. Verfahrenseinstellung gemäß § 170 Abs. 2 StPO

Bieten die Ermittlungen keinen genügenden Anlass zur Anklageerhebung, so hat die Staatsanwaltschaft das Verfahren einzustellen (§ 170 Abs. 2 S. 1 StPO). Dies kann schon in einem frühen Stadium der Ermittlungen der Fall sein, etwa wenn es bereits am Anfangsverdacht i.S.d. § 152 Abs. 2 StPO fehlt.

167

---

153 Erforderlich ist die unmittelbar auf den Körper eines anderen zielende, gewaltsame physische Einwirkung. Die bloße Drohung mit einer – wenn auch erheblichen – Gewaltanwendung oder Schädigung genügt nicht (BSG Urteil vom 16.12.2014, B 9 V 1/13 R). Bei Stalking oder manchen Formen sexuellen Missbrauchs insbesondere von Kindern scheiden damit Leistungen nach dem OEG aus, was den Gesetzgeber bereits – wenngleich bislang erfolglos – auf den Plan gerufen hat.
154 Materielle Grundlage hierfür ist § 1004 BGB, der eine Prüfung der Verhältnismäßigkeit verlangt, vgl. hierzu OLG Brandenburg NJW 2016, 3541 f.; BGH XII ZB 373/11.
155 Vgl. etwa §§ 34a, 35 PolGNW.
156 BGH 1 StR 578/15 Tz. 4.
157 BGH 2 StR 270/16 Tz. 26; 3 StR 40/13.

Kapitel 2 *Das Ermittlungsverfahren*

Häufiger sind jedoch die Fälle, in denen die Ermittlungen in tatsächlicher Hinsicht nicht zu einem ausreichenden Ergebnis führen, sei es dass der Täter überhaupt nicht zu ermitteln ist oder die zur Verfügung stehenden Beweismittel – ggfls. auch nach Einholung eines Sachverständigengutachtens – nicht mit der erforderlichen hinreichenden Wahrscheinlichkeit für eine Verurteilung genügen.

Allerdings bedeutet die Einstellung nach § 170 Abs. 2 StPO **keine endgültige Beendigung** des Ermittlungsverfahrens. Ergeben sich neue Erkenntnisse oder zusätzliche Beweismittel, so können die Ermittlungen jederzeit wieder aufgenommen werden, sofern nicht zwischenzeitlich Verfolgungsverjährung oder ein anderes dauerndes Verfahrenshindernis eingetreten ist.

168 Die Einstellung der Ermittlungen erfolgt durch **Verfügung**. Sie begründet keinen Anspruch des Beschuldigten auf Erstattung eventueller Auslagen[158]. Er ist von der Einstellung auch nur dann in Kenntnis zu setzen, wenn er als solcher vernommen worden ist oder eine der sonstigen Voraussetzungen des § 170 Abs. 2 S. 2 StPO vorliegt.

Gemäß § 171 S. 1 StPO ist dagegen der „Antragsteller", d.h. auch der Anzeigenerstatter, der erkennbar die Strafverfolgung wünschte, unter Angabe der Gründe zu bescheiden. Der Inhalt der Begründung richtet sich nach Stadium, Umfang und Ergebnis der Ermittlungen.

Die Bandbreite reicht von der einfachen Mitteilung, etwa an den Geschädigten eines Fahrraddiebstahls, dass ein Täter nicht ermittelt werden konnte, bis hin zur Darlegung einer vorläufigen Beweiswürdigung, ggfls. auch differenzierten rechtlichen Erwägungen. Jedenfalls muss der Bescheid aber nachvollziehbar und verständlich sein.

169 Ist der Antragsteller zugleich der **Verletzte** der Straftat, so ist er wegen der Möglichkeit des fristgebundenen **Klageerzwingungsverfahrens** förmlich und zweckmäßigerweise unter Zustellung der Einstellungsverfügung zu bescheiden. Denn da das Anklagemonopol bei der Staatsanwaltschaft liegt, räumt der Gesetzgeber ihm zur Einhaltung des Legalitätsprinzips unter den Voraussetzungen des § 172 Abs. 2 StPO die Möglichkeit ein, die Ermittlungsbehörden gerichtlich zur Aufnahme und Durchführung entsprechender Ermittlungen bzw. zur Erhebung der Anklage zu zwingen. Näheres zu diesem Rechtsbehelf finden Sie unter der Rubrik „Sonstige Rechtsbehelfe"[159].

170 Wer im Einzelfall als Verletzter anzusehen ist, ist im Gesetz nicht näher definiert. Im Sinne einer effektiven Wahrung des Legalitätsprinzips besteht aber Einigkeit, dass der Begriff weit auszulegen ist[160]. Voraussetzung ist, dass der Betreffende durch die behauptete Straftat unmittelbar in seinen Rechtsgütern verletzt oder doch zumindest in seiner Rechtssphäre beeinträchtigt wurde. Letzteres kann zum Beispiel schon gegeben sein, wenn eine Person durch eine Falschaussage in ihrer Prozessstellung beeinträchtigt worden ist[161]. Keine Verletzten im Sinne des § 171 StPO sind auf der anderen

---

158 BVerfG NJW 2010, 360.
159 Unten Rn. 1119 ff.
160 So auch BVerfG ZIP 2009, 1270 ff.
161 Vgl. hierzu OLG Stuttgart NStZ-RR 2012, 116 m.w.N. Dies gilt etwa für den Kläger eines Zivilverfahrens, wenn er infolge der Falschaussage den Prozess verloren hat.

Seite diejenigen, die wie jeder andere Staatsbürger durch die Straftat „betroffen" sind[162] (etwa bei Verbreitung pornographischer Schriften durch den Beschuldigten). Denn es besteht kein allgemeiner und von der Opferstellung unabhängiger Anspruch auf Strafverfolgung Dritter[163].

II. Verfahrenseinstellungen nach §§ 153, 153a StPO

171 Beide Einstellungsarten stellen – verfassungskonforme[164] – **Durchbrechungen des Legalitätsprinzips (§ 152 Abs. 2 StPO)** dar und geben den Ermittlungsbehörden die Möglichkeit, von der Verfolgung abzusehen (sogenanntes **Opportunitätsprinzip**), wobei die Einstellung auch noch nach Erhebung der öffentlichen Klage durch das Gericht erfolgen kann (§§ 153 Abs. 2, 153a Abs. 2 StPO)[165]. Dies dient neben der Entkriminalisierung bei geringfügigen Vergehen vorrangig einer Entlastung der Justizbehörden in Bagatellsachen, um die Effektivität der Strafverfolgung in Fällen mittlerer und schwerer Kriminalität zu erhöhen.

172 Trotz des mit der Durchbrechung des Legalitätsprinzips verbundenen Gebots der Gleichbehandlung ist die Weigerung der Staatsanwaltschaft, einer Verfahrenseinstellung zuzustimmen – also das Ausüben des Ermessens –, ebenso einer gerichtlichen Nachprüfung entzogen wie entsprechende Entscheidungen der Gerichte, vgl. bzgl. Letzterem § 153 Abs. 2 S. 4 StPO[166]. Umgekehrt hat auch der Verletzte einer Straftat im Falle einer Verfahrenseinstellung nach § 153a StPO keine beschwerdefähige Rechtsposition[167]. Gerichtliche Entscheidungen sind allerdings trotz § 153 Abs. 2 S. 4 StPO dann beschwerdefähig, wenn eine **prozessuale** Voraussetzung (etwa eine erforderliche Zustimmung) fehlte[168].

1. Voraussetzungen einer Einstellung nach § 153 StPO

173 Es muss zumindest ein **Anfangsverdacht** bzgl. einer Straftat gegeben sein, denn die Verfahrensbeendigung nach § 170 Abs. 2 StPO (kein hinreichender Tatverdacht) ist im Interesse des Beschuldigten vorrangig. Statthaft ist die Einstellung nur bei **Vergehenstatbeständen** im Sinne des § 12 Abs. 2 StGB, so dass schon beim Verdacht der geringfügigen Beihilfe zu einem Verbrechen die Anwendung des Opportunitätsgrundsatzes ausscheidet.

Das Absehen von der Verfolgung setzt ferner die Feststellung voraus, dass die **Schuld** des Täters „**gering wäre**". Aus dieser Formulierung folgt, dass die Schuld nicht nachgewiesen sein, sondern diesbezüglich lediglich eine gewisse Wahrscheinlichkeit bestehen muss. Ausgangspunkt für die Beurteilung sind die **Strafzumessungserwägungen**

---

162 Beispiele für die Annahme von Verletzteneigenschaft in der Rechtsprechung bei *Meyer-Goßner*, § 172 Rn. 9 bis 12.
163 BVerfG NJW 2015, 3500 ff.; NStZ-RR 2015, 347 ff.
164 Vgl. BVerfG NJW 2013, 1067.
165 Die Einstellung nach §§ 153 Abs. 2, 153a StPO ist sogar noch im Revisionsrechtszug möglich.
166 Zur Kritik daran vgl. *Terbach* NStZ 1998, 172 ff.
167 Vgl. BVerfG NJW 2002, 815.
168 BGH NJW 2002, 2401; OLG Hamm NStZ-RR 2004, 144 f. m.w.N.

Kapitel 2 *Das Ermittlungsverfahren*

des § 46 StGB. Dabei muss die Staatsanwaltschaft zu dem Schluss kommen, dass die Schuld des Täters deutlich unter der Durchschnittsverfehlung liegen würde.

174 Es darf schließlich unter Beachtung spezialpräventiver[169] oder generalpräventiver[170] Gesichtspunkte **kein öffentliches Interesse an der Strafverfolgung** bestehen. Anhaltspunkte insoweit bietet die für Privatklagedelikte geltende Nr. 86 Abs. 2 RiStBV. Danach fehlt ein öffentliches Interesse, wenn der Rechtsfrieden nicht über den Lebenskreis des Verletzten hinaus gestört und die Strafverfolgung kein Anliegen der Allgemeinheit ist.

Die Einstellung darf in der Regel erst nach **Zustimmung des für die Eröffnung des Hauptverfahrens zuständigen Gerichts** erfolgen, die als Prozesserklärung nicht mit der Beschwerde angefochten werden kann, andererseits aber auch für die Staatsanwaltschaft keine Bindungswirkung dahingehend entfaltet, dass diese an der Anklageerhebung gehindert wäre. Ausnahmen von der Zustimmungspflicht bestehen bei Vergehen, die nicht mit einer im Mindestmaß erhöhten Strafe bedroht sind[171], oder wenn die Folgen der Tat „gering" sind, § 153 Abs. 1 S. 2 StPO. Erfasst werden hiervon Vermögensbagatelldelikte (z.B. §§ 242, 246, 259 Abs. 2, 263 Abs. 4 StGB jeweils i.V.m. § 248a StGB), aber auch weniger gewichtige Fälle der §§ 229, 240, 267 StGB.

175 Auch nach einer Einstellung gemäß § 153 Abs. 1 StPO im Ermittlungsverfahren können die Untersuchungen jederzeit wieder aufgenommen werden. Inwieweit eine **gerichtliche** Einstellung nach Eröffnung des Hauptverfahrens (§ 153 Abs. 2 StPO) zu einem Verbot neuerlicher Verfolgung führt, ist umstritten. Insoweit wird in Anlehnung an § 47 Abs. 3 JGG vertreten, bereits das Bekanntwerden neuer Tatsachen oder Beweismittel könne die Wiederaufnahme der Ermittlungen rechtfertigen. Der BGH misst demgegenüber (in Anlehnung an § 153a Abs. 1 S. 5 StPO) der Einstellung nach § 153 Abs. 2 StPO einen **beschränkten Strafklageverbrauch** zu. Danach kommt ein Aufgreifen des Verfahrens nur dann in Betracht, wenn sich die Tat aus tatsächlichen oder rechtlichen Gründen nachträglich als Verbrechen darstellt[172].

2. Voraussetzungen einer Einstellung nach § 153a StPO

176 Der Anfangsverdacht genügt hier nicht. Da es – anders als bei § 153 StPO – zu einer wenn auch geringfügigen Sanktion kommt, müssen die Ermittlungen zumindest bis zu einem **„hinreichenden" Verdacht** gediehen sein. Wie bei § 153 StPO ist die Einstellung nach § 153a StPO auf **Vergehenstatbestände** beschränkt. In Abweichung von § 153 StPO muss jedoch ein **öffentliches Interesse** an der Strafverfolgung festgestellt werden, welches durch die Erfüllung der in § 153a Abs. 1 StPO abschlie-

---

169 Das bedeutet „zur Einwirkung auf den Beschuldigten".
170 Generalprävention bedeutet „Abschreckung".
171 Im Falle eines Diebstahls mit Waffen (§ 244 Abs. 1 Nr. 1 StGB) bedarf es also – obwohl es sich um ein Diebstahlsdelikt handelt – der Zustimmung des Gerichts. Demgegenüber wird § 243 StGB, der bloße Strafzumessungsregeln enthält, von der Befreiung nach § 153 Abs. 1 S. 2 StPO erfasst, vgl. *Meyer-Goßner*, § 153 Rn. 15.
172 Siehe – auch zum Meinungsstand in der Literatur – BGH NJW 2004, 375 ff.

ßend aufgezählten[173] Auflagen und Weisungen – zu denen ggfls. gem. § 246a StPO ein Sachverständiger zu hören ist – beseitigt werden kann.

§ 153a StPO setzt eine **geringe Schuld** des Täters voraus. Die Formulierung „wenn die Schwere der Schuld nicht entgegensteht" lässt allerdings auch einen geringfügig höheren Grad an Vorwerfbarkeit zu. Auch diese Beurteilung steht im Ermessen der Staatsanwaltschaft[174]. Ferner bedarf es in der Regel der **Zustimmung** des für die Eröffnung des Hauptverfahrens zuständigen Gerichts, das andere Auflagen und Weisungen anregen kann. Ausnahmen bestehen wie bei § 153 Abs. 1 S. 2 StPO, vgl. § 153a Abs. 1 S. 7 StPO. Erforderlich ist schließlich die **Einwilligung des Beschuldigten**, da ihm Sanktionen ohne formellen Schuldspruch auferlegt werden sollen.

Wenn die erforderlichen Zustimmungen vorliegen, wird das Verfahren zunächst **vorläufig** unter Bestimmung einer Frist zur Erbringung der Auflagen bzw. Befolgung der Weisungen eingestellt. Erfüllt der Beschuldigte sie innerhalb des vorgesehenen Zeitrahmens **vollständig**, so steht einer Fortführung der Ermittlungen bezüglich der verfahrensgegenständlichen prozessualen Tat ab diesem Zeitpunkt ein Prozesshindernis entgegen[175]. Dies gilt mit der Einschränkung, dass die Tat als Verbrechen weiterverfolgt werden kann, wenn sich entsprechende Erkenntnisse ergeben (§ 153a Abs. 1 S. 5 StPO). Das Verfahren ist nach Erfüllung der Auflagen und Weisungen von der Staatsanwaltschaft **endgültig** einzustellen[176].

177

Kommt der Beschuldigte den Sanktionen nicht nach, so ist dem Verfahren – gleich ob die Einstellung durch die Staatsanwaltschaft oder das Gericht erfolgt ist – Fortgang zu geben.

III. Verfahrenseinstellungen nach §§ 154, 154a StPO

1. Allgemeines

Beide Vorschriften dienen der Vereinfachung und Beschleunigung, sprich „Ökonomisierung" des Strafverfahrens, indem sie es Ermittlungsbehörden und Gerichten erlauben, die Untersuchung auf die bedeutsamen Aspekte zu beschränken. Sie spielen daher in der Praxis eine herausgehobene Rolle, wie auch die Vorschriften der Nrn. 101, 101a RiStBV belegen. Danach soll in weitem Umfang und möglichst zeitig von diesen Instrumentarien Gebrauch gemacht werden. Ob dies tatsächlich geschieht, unterliegt freilich dem Beurteilungsspielraum der Ermittlungsbehörden[177]. Nach Eröffnung des Hauptverfahrens ist demgegenüber die Zustimmung des Gerichts erforderlich (vgl. §§ 154 Abs. 2, 154a Abs. 2 StPO). Ein Anspruch des Beschuldigten auf eine (Teil-)Einstellung existiert naturgemäß nicht.

178

---

173 Der Staatsanwalt darf sich also z.B. nicht das Auto waschen oder den Rasen mähen lassen.
174 BVerfG NJW 2002, 815 f.
175 Siehe hierzu KG NStZ-RR 2017, 86 m.w.N.
176 Erfolgt die vorläufige Einstellung des Verfahrens erst durch das Gericht nach § 153a Abs. 2 StPO, so ist dieses auch für die endgültige Einstellung – durch Beschluss – zuständig (vgl. auch § 467 Abs. 5 StPO).
177 In diesem Stadium bedarf es im Gegensatz zu §§ 153, 153a StPO **nicht** der Zustimmung des Gerichts.

Kapitel 2 *Das Ermittlungsverfahren*

§§ 154, 154a StPO ermöglichen die Ausklammerung strafbaren Handelns aus der Verfolgung im Hinblick auf eine bereits verhängte bzw. in demselben oder einem anderen Verfahren noch zu erwartende Strafe oder Maßregel (sog. Bezugssanktion). Die partielle Verfahrenseinstellung erfolgt durch Verfügung der Staatsanwaltschaft oder – im gerichtlichen Verfahren – durch Beschluss. Wirksamkeitsvoraussetzung ist die konkrete und **eindeutige Bezeichnung** der ausgeschiedenen Tatteile oder Strafbestimmungen[178].

Die wirksame Verfahrensbeschränkung begründet regelmäßig ein schutzwürdiges Vertrauen des Beschuldigten darauf, dass er wegen des ausgeschiedenen Prozessstoffs nicht weiter verfolgt wird. Trotzdem dürfen die insoweit gewonnenen Erkenntnisse – etwa bei der Strafzumessung im Fall der Verurteilung – zu seinem Nachteil verwendet werden. Voraussetzung ist hierfür jedoch, dass die prozessual ausgeschiedenen Handlungen in der Hauptverhandlung ordnungsgemäß und so konkret, dass ihr Unwertgehalt abzuschätzen ist, festgestellt wurden und das Gericht einen entsprechenden rechtlichen Hinweis erteilt hat[179].

2. Abgrenzung zwischen § 154 und § 154a StPO

179 Der wesentliche Unterschied zwischen den beiden Vorschriften besteht darin, dass § 154 StPO wenigstens zwei **selbstständige Taten** im verfahrensrechtlichen Sinne (§ 264 StPO) voraussetzt, während § 154a StPO abtrennbare Teile einer „Tat" (Teilakte einer Dauerstraftat oder einer natürlichen Handlungseinheit) bzw. darin enthaltene einzelne Gesetzesverletzungen betrifft.

Von einer Verfahrenseinstellung im eigentlichen Sinne kann aus diesem Grund nur im Fall des § 154 StPO gesprochen werden, da die Vorschrift das Absehen von der Verfolgung betreffend die gesamte prozessuale Tat regelt[180]. Im Rahmen von § 154a StPO bleibt die Tat als solche dagegen weiterhin Gegenstand der Ermittlungen/des Verfahrens. Korrekterweise heißt es in der Gesetzesüberschrift zu § 154a StPO daher auch „Beschränkung der Strafverfolgung".

Ist wegen einer **anderen** – verfahrensrechtlich selbstständigen – Tat eine Strafe oder Maßregel bereits rechtskräftig verhängt worden oder ist dies zu erwarten, so erlaubt § 154a Abs. 1 Nr. 2 StPO auch mit Rücksicht darauf die Beschränkung der Verfolgung.

180 Die erneute Einbeziehung der ausgeschiedenen Tatteile ist unter den Voraussetzungen des § 154a Abs. 3 StPO jederzeit zulässig, und zwar auch dann, wenn die Beschränkung bereits im Ermittlungsverfahren erfolgt ist[181]. Sie kann sogar zwingend sein, wenn hinsichtlich des Tatvorwurfs, auf den die Verfolgung beschränkt wurde, ein Freispruch zu erwarten ist oder erfolgt[182].

---

178 BGH 4 StR 69/14; 4 StR 461/13 Tz. 6; 2 StR 561/11 Tz. 17; 1 StR 321/11.
179 Vgl. BGH 5 StR 270/16 Tz. 8; 2 StR 258/15 Tz. 24; 2 StR 54/15 Tz. 4; 2 StR 259/14 Tz. 8.
180 BGH 4 StR 339/13 Tz. 6 m.w.N.
181 Die Verfolgungsbeschränkung muss sich allerdings aus der Anklageschrift ergeben, vgl. BGH NStZ 1985, 515.
182 BGH 2 StR 189/12 Tz. 11; NStZ-RR 2006, 311; NStZ 2002, 489.

3. Beispiele

Angesichts der großen praktischen Relevanz wollen wir im Folgenden zwei kleine **181**
Beispielsfälle vorstellen (davon erscheint Fall 1 in drei Varianten):

> **Beispiel 1** (§ 154 StPO): A begeht nach dem Genuss von ca. 20 Gläsern Kölsch mittags in einem Bonner Kaufhaus einen Ladendiebstahl, bei dem er 100 € erbeutet. Als er gegen Abend wieder einigermaßen nüchtern ist, beschließt er, seine Vermögensverhältnisse nunmehr grundlegend zu verbessern. Er begibt sich in eine Imbissstube, hält dem Inhaber ein mitgeführtes Messer vor und entwendet so die Tageseinnahmen aus der Kasse.
>
> Während die Beweislage im Hinblick auf die erste Tat schlecht ist (A streitet ab, Zeugen haben ihn nicht mit Sicherheit wiedererkannt), ist er bei dem Raub auf frischer Tat festgenommen worden.
>
> Es liegen hier nicht nur zwei materiell-rechtlich selbstständige Delikte vor (§ 242 StGB einerseits, §§ 249, 250 Abs. 2 Nr. 1 StGB andererseits), sondern auch selbstständige Taten im verfahrensrechtlichen Sinne, da sich zwei unterschiedliche Lebenssachverhalte zugetragen haben. Begehen Sie nicht den Fehler anzunehmen, die Untersuchung beider Vorfälle in einem Ermittlungsverfahren[183] führe auch dazu, dass eine prozessual einheitliche Tat anzunehmen sei. Im Beispiel käme daher eine Verfahrenseinstellung gemäß § 154 Abs. 1 StPO in Betracht. Der Staatsanwalt wird überlegen, ob er den Ladendiebstahl von der Verfolgung ausnimmt.
>
> Insoweit besteht zwar ein Anfangsverdacht[184], im Hinblick auf die Beweissituation ist eine Verurteilung aber nicht unbedingt wahrscheinlich. Wegen des nicht unerheblichen Alkoholgenusses des Beschuldigten vor der Tat wären zusätzlich zumindest die Voraussetzungen einer verminderten Schuldfähigkeit gemäß § 21 StGB zu prüfen. Ob diese vorliegen, wäre gegebenenfalls erst nach – kostspieliger – Befragung eines Sachverständigen festzustellen.

Kernstück der Überlegungen bei § 154 Abs. 1 Nr. 1 StPO ist ein **Rechtsfolgenver- 182
gleich**[185]. Die Staatsanwaltschaft hat den Verfahrensausgang zum einen bei Berücksichtigung der auszuscheidenden Tat und zum anderen bei deren Wegfall zu prognostizieren. In letzterem Fall darf das Ergebnis des Verfahrens, was die Rechtsfolgen betrifft, nicht wesentlich von dem Verfahrensausgang bei Aburteilung beider Taten abweichen (sogenanntes „Rechtsfolgenminus"). Dabei ist auf die Umstände des jeweiligen Einzelfalles abzustellen.

> Im Beispiel lassen sich bereits folgende abstrakte Überlegungen anstellen: Ein Vergleich der jeweiligen gesetzlichen Strafrahmen (§ 242 StGB sieht die Verhängung von Freiheitsstrafe bis zu fünf Jahren oder Geldstrafe vor, während Taten nach §§ 249, 250 Abs. 2 Nr. 1 StGB mit Freiheitsstrafe zwischen fünf und fünfzehn Jahren, in minder schweren Fällen zwischen einem und zehn Jahren zu ahnden sind), aber auch die unterschiedlichen Unrechts- und Schuldgehalte ergeben ein deutliches Übergewicht der Raubtat.
>
> Konkret mag sich der Staatsanwalt folgendes überlegen:

---

183 Vgl. zur Verbindung mehrerer Strafverfahren gegen eine Person §§ 2, 3 StPO.
184 Dieser ist auch für § 154 Abs. 1 StPO erforderlich, da ansonsten schon nach § 170 Abs. 2 StPO einzustellen wäre. Bei Zweifeln im Hinblick auf den **hinreichenden** Tatverdacht hat § 170 Abs. 2 StPO dagegen keinen Vorrang.
185 § 154 Abs. 1 Nr. 2 StPO, der dies nicht voraussetzt, spielt in der Praxis eine untergeordnete Rolle und kann daher hier vernachlässigt werden.

Kapitel 2 *Das Ermittlungsverfahren*

> Für den Raub kann eine Einzelstrafe von 3 Jahren, für den Diebstahl eine solche von 60 Tagessätzen prognostiziert werden. Hieraus könnte nach § 54 StGB eine Gesamtfreiheitsstrafe von 3 Jahren und 1 Monat gebildet werden. Der Diebstahl fällt also bei der Rechtsfolge nicht beträchtlich ins Gewicht („Rechtsfolgenminus").
>
> Die Staatsanwaltschaft wird daher zweckmäßigerweise von der Möglichkeit der Verfahrenseinstellung Gebrauch machen.

183 Die Staatsanwaltschaft kann die Ermittlungen im Übrigen bis zum Eintritt der Verfolgungsverjährung jederzeit wieder aufnehmen, etwa indem sie Anklage erhebt[186]. Stellt das **Gericht** ein Verfahren nach § 154 Abs. 2 StPO ein, so entsteht dagegen ein von Amts wegen zu beachtendes **Verfahrenshindernis**, welches nur durch den in § 154 Abs. 5 StPO geregelten Wiederaufnahmebeschluss beseitigt werden kann[187]. Auch die in § 154 Abs. 3, 4 StPO vorgesehenen Beschränkungen hinsichtlich der Wiederaufnahme gelten nur für die Fälle der gerichtlichen Einstellung. Sie beinhalten indes keine abschließende Regelung[188].

184 > **1. Abwandlung:** A ist wegen des Raubes bereits rechtskräftig zu einer Freiheitsstrafe von drei Jahren verurteilt worden, die er verbüßt. Erst im Nachhinein werden die Ermittlungen wegen des zeitlich vor dieser Verurteilung begangenen Ladendiebstahls aufgenommen.
>
> Im Unterschied zum Ausgangsfall wäre bei dieser Fallvariante vom Gericht eine **nachträgliche** Gesamtstrafe gemäß § 55 StGB zu bilden. Auf die Möglichkeit der Verfahrenseinstellung gem. § 154 Abs. 1 StPO hat dies keinen Einfluss. Die Staatsanwaltschaft hat es sogar insofern leichter, als die „Bezugssanktion" bereits feststeht und nur deren Erhöhung gemäß §§ 55, 54 Abs. 1 S. 2 StGB bei einer Gesamtstrafenbildung zu prognostizieren wäre, falls der Diebstahl abgeurteilt würde.

> **2. Abwandlung:** Wie erste Abwandlung, A hat jedoch den Ladendiebstahl erst **nach rechtskräftiger** Verurteilung wegen Raubes während einer eigenmächtigen Abwesenheit aus der Vollzugsanstalt begangen.
>
> Auch in diesem Fall ist eine Einstellung gemäß § 154 Abs. 1 StPO möglich. Die Bezugssanktion ist jedoch nicht mehr abänderbar, da eine Gesamtstrafe auch nachträglich nicht mehr gebildet werden kann[189]. Die wegen des Ladendiebstahls zu erwartende Strafe oder Maßregel ist daher ohne den sich aus § 54 Abs. 2 S. 1 StGB ergebenden „Rabatt" allein mit der Verurteilung zu der Freiheitsstrafe von drei Jahren ins Verhältnis zu setzen und danach die Entscheidung über eine Einstellung zu treffen.

185 > **Beispiel 2** (§ 154a StPO): A dringt in die Wohnung der Zeugin F ein und zwingt sie unter Vorhalt eines Messers zum Geschlechtsverkehr. Obwohl sich die völlig verängstigte Zeugin nicht wehrt, schlägt er ihr dabei mit der flachen Hand ins Gesicht. Bei seiner polizeilichen

---

186 BGH 4 StR 339/13 Tz. 13; 2 StR 344/10; NStZ 2007, 20.
187 Vgl. BGH 4 StR 69/14 Tz. 9; 2 StR 487/13 Tz. 2; 4 StR 339/13 Tz. 11 m.w.N.; 1 StR 45/11 Tz. 21.
188 Lesen Sie dazu BGH NStZ-RR 2006, 43 f. und *Rieß* NStZ 1986, 36 f.
189 Auch § 460 StPO greift nicht ein, da diese Norm **zwei rechtskräftige Verurteilungen** in unterschiedlichen Verfahren verlangt **und** die Voraussetzungen der nachträglichen Gesamtstrafenbildung (§ 55 StGB) nicht gegeben sind.

Vernehmung leugnet er, gegen sein Opfer handgreiflich geworden zu sein. F selbst kann hierzu keine genauen Angaben machen.

Materiell-rechtlich ist zunächst der Tatbestand des § 177 Abs. 6 Nr. 1 StGB (sexuelle Nötigung im besonders schweren Fall, Vergewaltigung) erfüllt, der in Verbindung mit § 177 Abs. 7 Nr. 1 und § 38 Abs. 2 StGB die Verhängung einer Freiheitsstrafe zwischen 3 und 15 Jahren vorsieht. Daneben hat A eine vorsätzliche Körperverletzung i.S.d. § 223 StGB begangen. Beide Delikte stehen nicht ohne weiteres in Tateinheit (§ 52 StGB), denn die einfache Körperverletzung kann im Wege der Gesetzeskonkurrenz verdrängt werden[190].

Etwas anders gilt aber, wenn der Täter über die im Rahmen der Vergewaltigung „erforderliche" Gewaltanwendung hinausgeht und damit der Körperverletzung ein eigenständiger Unrechtsgehalt zukommt. Hiervon ist in unserem Beispielsfall auszugehen, da A mit seiner Drohung bereits die Vollziehung des Beischlafs erzwungen hatte. Folglich liegt hier zwischen § 177 StGB und § 223 StGB Tateinheit i.S.d. § 52 StGB vor.

Im Hinblick auf die unsichere Beweislage erscheint jedoch eine Verurteilung des A in diesem Umfang nicht gewiss. Die Staatsanwaltschaft wird daher gem. § 154a Abs. 1 StPO eine Beschränkung des Verfahrens auf den Vorwurf der Vergewaltigung erwägen. Die hierbei anzustellende Abwägung im Hinblick auf das zu erwartende Rechtsfolgenminus stellt sich im Prinzip nicht anders dar, als bei der im Rahmen von § 154 Abs. 1 StPO zu prognostizierenden Gesamtstrafe.

Der Unterschied besteht allein darin, dass gem. § 52 Abs. 2 StGB die Freiheitsstrafe in jedem Fall aus dem Strafrahmen des § 177 StGB zu entnehmen ist und bei Berücksichtigung der Körperverletzung höher ausfallen müsste. „Rechtsfolgenminus" ist also der Verlust dieses strafschärfenden Aspektes.

Die Verfolgungsbeschränkung dürfte im Beispielsfall sachgerecht und zweckmäßig sein.

IV. Verfahrenseinstellung nach § 154f StPO

Steht der **Beschuldigte** für das Verfahren aus tatsächlichen Gründen – etwa weil er unbekannten Aufenthaltes ist – nicht zur Verfügung, so erlaubt § 154f StPO der Staatsanwaltschaft vor Anklageerhebung eine **vorläufige** Einstellung. Sie hat in diesem Fall aber zu prüfen, ob die Sicherung von Beweismitteln erforderlich oder der Antrag auf Erlass eines Haftbefehls zu stellen ist[191].

Als weitere mögliche Maßnahmen der Fahndung kommen in Betracht:
– die Niederlegung eines sogenannten Suchvermerks beim Bundeszentralregister;
– Anfragen bei Einwohnermeldeämtern, zentralen Haftkarteien;
– die in §§ 131 ff. StPO geregelte Ausschreibung zur Festnahme oder zur Aufenthaltsermittlung bei den einzelnen Landeskriminalämtern[192];
– Nutzung des Schengener Informationssystems (SIS);
– bei Straftaten von erheblicher Bedeutung die Öffentlichkeitsfahndung, § 131 Abs. 3 StPO, einschließlich der Veröffentlichung von Abbildungen des Beschuldigten oder Zeugen nach § 131b StPO[193].

---
190 Vgl. BGH 2 StR 504/15 Tz. 13.
191 Siehe auch Nrn 39 ff. RiStBV.
192 Daneben gibt es noch eine Ausschreibung zur Beobachtung anlässlich von polizeilichen Kontrollen nach § 163e StPO, welche in erster Linie der Aufklärung erheblicher Straftaten dient.
193 Zur Verhältnismäßigkeitsprüfung siehe SächsVerfGH NJW 2016, 48 ff. m.w.N.

Kapitel 2   *Das Ermittlungsverfahren*

Angesichts der Verpflichtung zu einer möglichst umfassenden Wahrheitsfindung und zur Beschleunigung des Verfahrens rechtfertigt die Unauffindbarkeit eines **Zeugen** demgegenüber eine Einstellung nach § 154f StPO ebenso wenig wie eine analoge Anwendung des **§ 205 StPO**, der entsprechenden Regelung für das gerichtliche Verfahren[194].

187   Auch eine **vorübergehende** d.h. behebbare **Verhandlungsunfähigkeit** des Beschuldigten fällt unter § 154f StPO. Hierunter ist zu verstehen, dass (befristet)
– die Durchführung einer Hauptverhandlung Leben oder körperliche Unversehrtheit des Beschuldigten gefährden würde oder
– dass ihm die Möglichkeit fehlt, in und außerhalb der Verhandlung seine Interessen vernünftig wahrzunehmen, die Verteidigung in verständiger und verständlicher Weise zu führen, Prozesserklärungen abzugeben oder entgegenzunehmen[195].

Die **endgültige** Verhandlungsunfähigkeit ist demgegenüber ein Verfahrenshindernis, welches gem. § 170 Abs. 2, § 206a oder § 260 Abs. 3 StPO zur Verfahrenseinstellung zwingt[196].

V. Alle Einstellungsmöglichkeiten auf einen Blick

1. Vorläufige Einstellungen

188   – wegen Unerreichbarkeit des Beschuldigten: § 154f StPO;
– wegen vorübergehender Verhandlungsunfähigkeit des Beschuldigten: § 154f StPO
– bei unwesentlichen Nebenstrafen im Verhältnis zu noch nicht abgeschlossenen Verfahren: § 154 Abs. 1 StPO;
– bei abtrennbaren Teilen oder Tateinheit: § 154a Abs. 1 StPO.

2. Endgültige Einstellungen ohne Strafklageverbrauch

189   – mangels hinreichenden Tatverdachts (also bei nicht ausreichender Tatsachengrundlage, fehlenden Beweismitteln, fehlender Strafbarkeit, Vorliegen nicht behebbarer Verfolgungshindernisse): § 170 Abs. 2 StPO;
– wegen geringer Schuld bei staatsanwaltschaftlichen Entscheidungen in „normalen" Strafsachen: § 153 Abs. 1 StPO; in Steuerstrafsachen: § 398 AO; in Jugendstrafsachen: § 45 Abs. 1 JGG;
– in Jugendsachen nach Verhängung einer erzieherischen Maßnahme durch den Richter: § 45 Abs. 2 JGG;
– weil von Strafe abgesehen werden kann: § 153b StPO;
– aufgrund von Tatortbesonderheiten: § 153c Abs. 1 StPO;
– in Staatsschutzsachen und bei sog. „Distanztaten" aus politischen Gründen: §§ 153c Abs. 2, 153d StPO;
– bei unwesentlichen Nebenstraftaten im Verhältnis zu bereits abgeschlossenen Verfahren: § 154 Abs. 1 StPO;

---

194   Vgl. OLG Hamm NJW 1998, 1088 mit zahlreichen Nachweisen.
195   BVerfG NJW 2005, 2382 f.; NJW 2002, 51; BGH NStZ 1996, 242.
196   Vgl. hierzu auch BVerfG NJW 1995, 1951 ff. sowie unten Rn. 936 ff.

- in Auslieferungs- und Ausweisungsfällen: § 154b Abs. 1–3 StPO;
- bei Opfern einer Nötigung oder Erpressung: § 154c StPO;
- bei zivil- oder verwaltungsrechtlichen Vorfragen: § 154d StPO.

3. Endgültige Einstellungen mit beschränktem Strafklageverbrauch

- wegen geringer Schuld nach Erfüllung von Auflagen oder Weisungen: § 153a Abs. 1 S. 5 StPO.
  Wenngleich eine entsprechende ausdrückliche gesetzliche Regelung in § 153 StPO fehlt, soll auch für die auflagenfreie gerichtliche Verfahrenseinstellung nach § 153 Abs. 2 StPO die erneute Verfolgung der Tat nur dann möglich sein, wenn sie sich nachträglich als Verbrechen darstellt[197].
- in Jugendsachen nach Verhängung von Auflagen und/oder Weisungen durch den Richter: § 45 Abs. 3 JGG.

190

VI. Verweisung auf den Privatklageweg

Die in dem Katalog des § 374 StPO aufgeführten Straftaten – vorausgesetzt, sie treffen nicht tateinheitlich mit einem Offizialdelikt zusammen – werden nur dann verfolgt, wenn dies im öffentlichen Interesse liegt (§ 376 StPO). Dies ist in der Regel anzunehmen, „wenn der Rechtsfrieden über den Lebenskreis des Verletzten hinaus gestört und die Strafverfolgung ein gegenwärtiges Anliegen der Allgemeinheit ist" (Nr. 86 Abs. 2 RiStBV).

191

Verneint die Staatsanwaltschaft das öffentliche Interesse, so kann sie den Verletzten – dem ein Rechtsmittel hiergegen nicht zusteht, § 172 Abs. 2 S. 3 StPO – auf den Weg der Privatklage verweisen. Dieser kann dann das Strafverfahren selbst mit dem Ziel betreiben, dass gegen den Beschuldigten eine Strafe verhängt wird. Demgemäß tritt er an die Stelle der Staatsanwaltschaft. Er muss eine Privatklageschrift verfassen (§ 381 StPO), welche den Formerfordernissen der Anklageschrift entspricht, und diese mit einem Kostenvorschuss bei Gericht einreichen[198]. Zu den weiteren Einzelheiten lesen Sie bitte die §§ 374, 376, 377, 380 ff. StPO.

Eine Privatklage ist allerdings gegen Jugendliche nicht zulässig, § 80 Abs. 1 JGG[199]. Das Jugendgerichtsverfahren ist von der Rücksichtnahme auf den Beschuldigten geprägt, die von einem Privatkläger nicht erwartet werden kann.

Aus dem Vorgesagten ergibt sich, dass die entsprechende Verfügung der Staatsanwaltschaft keine Verfahrensbeendigung darstellt.

VII. Anklage

Bieten die Ermittlungen „genügenden" Anlass zur Erhebung der öffentlichen Klage, so erhebt die Staatsanwaltschaft sie gem. **§ 170 Abs. 1 StPO** durch Einreichung einer

192

---

197 Siehe oben Rn. 175.
198 Bei bestimmten Delikten muss zuvor ein Sühneversuch stattgefunden haben, § 380 StPO.
199 Anders ist es bei einem Heranwachsenden, §§ 2, 109 Abs. 1 und 2 JGG; siehe auch Fn. zu Rn. 317.

Kapitel 2 *Das Ermittlungsverfahren*

Anklageschrift bei dem zuständigen Gericht. Soweit das Legalitätsprinzip gilt, ist die Anklageerhebung zwingend. Ohne Anklage gibt es keine gerichtliche Untersuchung, sog. **Anklagegrundsatz** (§ 151 StPO).

Allerdings kann die Staatsanwaltschaft statt der Anklage bei **Vergehenstatbeständen** auch das **Strafbefehlsverfahren** wählen, welches in den §§ 407 ff. StPO (sowie in Nrn. 175 bis 179 RiStBV) geregelt ist. Es spielt bei den Massendelikten insbesondere im Straßenverkehr neben der Anwendung von § 153a StPO eine herausragende Rolle und wird unten (Rn. 826 ff.) näher behandelt. Bei der Entscheidung zwischen Anklage und Strafbefehl hat die Staatsanwaltschaft im Sinne des Opferschutzes zu bedenken, dass ein etwa gestellter **Adhäsionsantrag** nur im Falle der Anklageerhebung Wirkung entfalten kann, da die Adhäsionsentscheidung eine Hauptverhandlung und ein Urteil voraussetzt (vgl. § 406 Abs. 1 StPO). Erfolgt im Strafbefehlsverfahren kein Einspruch, so läuft der Adhäsionsantrag folglich ins Leere.

193 Der nach § 170 Abs. 1 StPO in Verbindung mit § 203 StPO erforderliche „**hinreichende" Tatverdacht** erfordert keine Gewissheit der Staatsanwaltschaft, dass die Beweislage in jedem Fall ausreichend ist. Der Grundsatz „in dubio pro reo" gilt in diesem Verfahrensstadium zwar nicht. Die Anklagebehörde muss aber bei vorläufiger Bewertung der Aktenlage aufgrund eigener Prognose zu dem Schluss gelangen, dass wegen einer oder mehrerer Straftaten die vorliegenden Beweise **wahrscheinlich** für eine Verurteilung genügen und keine sonstigen Hinderungsgründe (beispielsweise Verfahrenshindernisse) bestehen.

Zu den erforderlichen tatsächlichen Grundlagen der Anklageerhebung wie der Beantragung eines Strafbefehls gehört selbstverständlich das Vorliegen **aller** Tatbestandsmerkmale eines Strafgesetzes. Auch wenn der Staatsanwalt ein bestimmtes Handeln des Täters in objektiver Hinsicht nachweisen kann, müssen also auch ausreichende Anhaltspunkte für das Vorliegen der subjektiven Absichten[200], der Rechtswidrigkeit und der Schuld[201] bestehen.

I. Die Anklageschrift

I. Inhalt, Wirkung und Form im Überblick

194 Wenn keine der genannten anderweitigen Erledigungsarten gewählt worden ist, endet das Vorverfahren mit Einreichung der Anklageschrift, deren Einzelheiten in §§ 199 Abs. 2, 200 StPO sowie in den Vorschriften der Nrn. 110 bis 114 RiStBV geregelt sind.

Gegenstand der gerichtlichen Untersuchung ist allein die **bezeichnete Tat**, bezogen auf die Person des Angeschuldigten (§ 155 Abs. 1 StPO). Aus diesem Grunde enthält die Anklageschrift als Kernstück den sogenannten **Anklagesatz**. Er legt den Prozessgegenstand in persönlicher und sachlicher Hinsicht fest, indem er eindeutig beschreibt,

---

200 Z.B. der „Zueignungsabsicht" i.S.d. § 242 StGB.
201 Letztere erfordert Schuldfähigkeit (§§ 20, 21 StGB), Schuldform (Vorsatz/Fahrlässigkeit), Fehlen von Schuldausschließungsgründen (§§ 33, 35 StGB), Ausschluss eines unvermeidbaren Verbotsirrtums (§ 17 StGB).

welche Person wegen welcher Tat verfolgt wird. Der historische Lebenssachverhalt, der dem Gericht zur Prüfung unterbreitet werden soll, ist also exakt zu schildern, wobei sich der Umfang des Verfolgungswillens der Staatsanwaltschaft maßgeblich aus den Darstellungen zum „wesentlichen Ergebnis der Ermittlungen" ergibt[202].

Diese Festlegung bindet auch das Gericht, dem bei der Entscheidung über die Eröffnung des Hauptverfahrens nur die in § 207 Abs. 2 StPO genannten eng umrissenen Modifikationsmöglichkeiten zustehen. Mit der Eröffnung des Hauptverfahrens verliert die Staatsanwaltschaft ihre Dispositionsbefugnis, § 156 StPO. Sie kann dann die angeklagte prozessuale Tat nicht mehr auswechseln – auch nicht mit Zustimmung der anderen Verfahrensbeteiligten. Ist dem Angeklagten im Rahmen der bezeichneten Tat nichts Strafbares nachzuweisen, so ist er freizusprechen.

Die Eingrenzung des angeklagten Lebenssachverhalts ist auch deshalb wichtig, weil hierdurch die Grenze der Rechtskraft einer Entscheidung und damit diejenige des **Strafklageverbrauchs** (Art. 103 Abs. 3 GG – „ne bis in idem") bestimmt wird. War eine prozessuale Tat bereits Gegenstand eines früheren Strafverfahrens, so kann sie nicht nochmals verfolgt werden. Ob dieses Verfahrenshindernis eingreift, beurteilt sich danach, ob sich aus der zugelassenen und dem Urteil zu Grunde liegenden Anklage – genauer gesagt: dem Anklagesatz – der Wille der Staatsanwaltschaft ergibt, diesen Lebenssachverhalt verfolgen zu wollen[203]. Schließlich erfährt auch der Angeschuldigte durch den Anklagesatz, was ihm als Ergebnis der Ermittlungen konkret vorgeworfen wird. Deshalb – und ggfls. zur Information der Schöffen sowie der Öffentlichkeit – wird er in der Hauptverhandlung im Anschluss an die Vernehmung des Angeklagten zur Person (Personalien) verlesen, § 243 Abs. 3 S. 1 StPO.

195

Der notwendige Inhalt der Anklageschrift – die **klar**, **übersichtlich** und für den Angeschuldigten **verständlich** sein soll – ist in **Nr. 110 Abs. 2 RiStBV** (lesen!) i.V.m. § 200 Abs. 1 S. 2 StPO im Einzelnen geregelt. Danach sind anzugeben:

196

– das Gericht der Hauptverhandlung;
– die Personaldaten des Angeschuldigten;
– der Verteidiger (soweit vorhanden);
– der **Anklagesatz**, in dem vor allen Dingen die Tat zu beschreiben ist;
– bei Antragsdelikten der Hinweis auf den Strafantrag;
– Hinweise auf Verfolgungsbeschränkungen nach § 154a StPO;
– die **Beweismittel** (bei schutzbedürftigen Zeugen ggfls. ohne Anschrift!);
– das „**wesentliche Ergebnis der Ermittlungen**".

Die Anklage schließt mit dem **Antrag** an das Gericht, **das Hauptverfahren zu eröffnen** (§ 199 Abs. 2 StPO i.V.m. Nr. 110 Abs. 3 RiStBV), mit dem – im Falle der Untersuchungshaft – ein Antrag zu deren Fortdauer verbunden ist, und der **Unterschrift** des Staatsanwalts.

---

202 BGH 4 StR 205/16 Tz. 5; 1 StR 148/11 Tz. 7; NStZ-RR 2009, 289 f. Siehe Näheres unten unter Rn. 205 ff.
203 Vgl. zur ggfls. erforderlichen Auslegung des Anklagesatzes BGH NJW 2000, 3293 f.; NJW 1997, 3035.

Kapitel 2 *Das Ermittlungsverfahren*

II. Aufbau der Anklageschrift

1. Kopf und Adressat

197 Der Kopf der Anklageschrift enthält neben der Bezeichnung der die Anklage erhebenden Staatsanwaltschaft das staatsanwaltschaftliche Aktenzeichen. Es folgt die Bezeichnung des Gerichts, an das die Anklage gerichtet ist. Bei Anklagen zum Amtsgericht ist anzugeben, ob vor dem Strafrichter oder dem Schöffengericht verhandelt werden soll.

Zugleich enthält bereits der Kopf der Anklageschrift einen kurzen – ins Auge springenden – Hinweis, falls sich der Angeschuldigte in Untersuchungshaft befindet. Dann ist auch anzugeben, wann über die Frage der Haftfortdauer nach §§ 121 Abs. 2, 122 Abs. 1 StPO ggfls. das Oberlandesgericht zu entscheiden hat, vgl. Nr. 110 Abs. 4 RiStBV.

Beispiel für den Fall eines seit dem 18.12.2017 in Untersuchungshaft befindlichen Angeschuldigten[204]:

Staatsanwaltschaft Köln 21 Js 857/17	Köln, den 02.02.2018
An das Amtsgericht – Schöffengericht – in Köln	**Haft!** Nächster Haftprüfungstermin gem. §§ 121, 122 StPO: 18.06.2018

2. Anklagesatz

198 Nach der Überschreibung als „Anklageschrift" folgt der Anklagesatz, der prozessual wichtigste Teil der Anklageschrift. Die gerichtliche Untersuchung darf sich nur auf die in der Anklage bezeichnete **Person** und die dort bezeichnete **Tat** erstrecken, § 155 Abs. 1 StPO. Auch der Urteilsfindung darf nach § 264 Abs. 1 StPO nur die angeklagte Tat – als historischer Lebenssachverhalt[205] – zu Grunde gelegt werden. Aus diesem Grunde hat der Anklagesatz – neben der Information des Angeklagten – die Funktion, den angeklagten Lebenssachverhalt gegen andere ähnliche Vorkommnisse abzugrenzen („**Umgrenzungsfunktion**")[206].

199 Eine wirksame Anklage setzt folglich vor allem eine hinreichende **Konkretisierung des Tatgeschehens** voraus. Die dem Angeschuldigten vorgeworfene Tat muss unter Nennung der individualisierenden Merkmale so genau bezeichnet werden, dass die Verwechslung mit einem anderen historischen Vorgang ausgeschlossen ist. Es darf – ggfls. unter Heranziehung der Ausführungen im wesentlichen Ergebnis der Ermittlungen – keine Unklarheit darüber verbleiben, welche Handlungen dem Angeklagten (bei mehreren Angeklagten: wem von ihnen) zur Last gelegt werden. Fehlt es hieran,

---

204 Die gesetzlichen Grundlagen zum Inhalt der Anklage sind zwar bundeseinheitlich. Hinsichtlich der Gestaltung gibt es in **Bayern, Baden-Württemberg und Niedersachsen** aber eine abweichende Handhabung. Lesen Sie dazu *Schaefer/Schroers*, S. 32 sowie die Muster 15, 16, 18 f., 23 f., 26 f.
205 Vgl. zum Begriff der „Tat" oben Rn. 61 ff.
206 BGH 5 StR 108/17 Tz. 2; 1 StR 677/16 Tz. 2; 2 StR 242/16 Tz. 3; 4 StR 69/14 Tz. 11.

Die Anklageschrift **I**

so ist die Anklage unwirksam, was wiederum ein Verfahrenshindernis begründet[207]. Der nötige Umfang der Darstellung hängt dabei von dem Verfahrensgegenstand ab und kann nicht allgemein festgelegt werden. Die Tatschilderungen müssen umso konkreter sein, je größer die Verwechslungsgefahr mit anderen Straftaten ist[208].

Wesentliche – jedoch nicht ausschließliche – Abgrenzungsmerkmale sind zunächst die Angaben zu **Tatzeit** und **Tatort**. Die Tat kann aber auch durch andere Umstände (z.B. besondere Begehungsart) ausreichend beschrieben werden[209]. Daher muss die Konkretisierung durch die möglichst genaue Darstellung des Lebenssachverhaltes erfolgen. Aus ihr muss sich auch ergeben, dass sämtliche Tatbestandsmerkmale der anzuwendenden Strafnorm – also auch die subjektiven Voraussetzungen (z.B. Bereicherungs- oder Zueignungsabsicht) – erfüllt sind.

Besondere Probleme können bei der Konkretisierung **serienartiger Delikte** auftreten. Auch hier gilt zunächst, dass bereits **im Anklagesatz** die einzelnen Handlungen nach Tatzeit, Tatort und anderen individualisierenden Umständen unterscheidbar dargestellt werden. **200**

Erleichterungen gelten aber, wenn eine Individualisierung wegen der gleichartigen Geschehensabläufe nicht möglich ist und die mangelnde Verfolgung zu gravierenden Lücken in der Strafverfolgung führen würde. Dies ist – neben Straftaten im Zusammenhang mit **Betäubungsmitteln**[210] oder sog. **Organisationsdelikten**[211] – insbesondere bei **Sexualstraftaten** (z.B. fortdauerndem Missbrauch von Kindern) gelegentlich der Fall. Hier sind der exakten Tatbeschreibung durch das begrenzte Erinnerungsvermögen des oft einzigen Tatopfers natürliche Grenzen gesetzt. Angesichts der Tatschwere ist bei solchen serienartigen Geschehnissen ein „großzügigerer" Maßstab anzulegen. Es genügt dann die Bezeichnung des Tatopfers, der Anzahl (bzw. Höchstzahl, ggfls. unter Berücksichtigung eines „Sicherheitsabschlags") der Straftaten, der Grundstruktur der Tatbegehung und – wesentlich – die Eingrenzung des Tatzeitraumes[212].

Ergeben sich später im Rahmen der Hauptverhandlung Veränderungen oder eine Erweiterung hinsichtlich des **Tatzeitraums**, so bedarf es zur Aburteilung der in der Anklageschrift nicht erwähnten Tatzeit regelmäßig einer Nachtragsanklage, um die Identität zwischen Anklagevorwurf und Verurteilung herzustellen[213]. Etwas anderes gilt nur dann, wenn die beschriebene Tat auch unabhängig von der Tatzeit hinrei-

---

207 Siehe BGH StB 15/15 Tz. 8 f.; 4 StR 69/14 Tz. 11; 2 StR 533/13 Tz. 5; 4 StR 370/13 Tz. 3; 1 StR 318/12 Tz. 31; 1 StR 412/11 Tz. 12 f.; 1 StR 194/11. In diesem Fall darf das gerichtliche Hauptverfahren bzgl. der unklaren Anklagevorwürfe nicht eröffnet werden. Ist dies gleichwohl geschehen, so ist das Verfahren insoweit einzustellen.
208 BGH in ständiger Rspr., vgl. BGH 4 StR 69/14 Tz. 11; NJW 2008, 2131; NStZ 1997, 145.
209 Siehe BGH 2 StR 459/10.
210 Siehe hierzu BGH 4 StR 234/14 Tz. 4. Hier genügen Nennung von Tatzeitraum, Tatfrequenz, Mindestzahl, Mindestmenge, Einkaufs- und Verkaufspreisen, Transportmodalitäten.
211 Vgl. BGH 5 StR 335/17 Tz. 7; 2 StR 520/15 Tz. 35.
212 Vgl. hierzu im Einzelnen BGH 2 StR 18/16 Tz. 9 f.; 4 StR 69/14 Tz. 12; 2 StR 128/14; 2 StR 316/13; 5 StR 297/13 Tz. 3; 5 StR 378/11; 4 StR 7/11; 3 StR 69/10; 5 StR 83/10. Auch bei der späteren Urteilsfindung ist in diesen Fällen zu prüfen, ob sich zumindest derartige Mindestfeststellungen treffen lassen, die dann für einen Schuldspruch genügen.
213 Vgl. hierzu BGH NJW 2000, 3293; StV 1996, 361; näheres zur Nachtragsanklage erfahren Sie unter Rn. 575 ff.

Kapitel 2 *Das Ermittlungsverfahren*

chend individualisiert ist. Werden also nur weitere Konkretisierungen der angeklagten Geschehnisse im Verlauf der Hauptverhandlung möglich, so genügen förmliche Hinweise an den Angeklagten[214].

201 Jenseits der genannten Ausnahmen, insbesondere also im Bereich der Wirtschaftskriminalität oder bei **serienartigen Vermögensdelikten**, die einem einheitlichen modus operandi folgen, gelten für die Abfassung der Anklage dagegen keine Erleichterungen. Hier sind sämtliche individualisierenden Merkmale der vorgeworfenen Taten – Bezeichnung der Geschädigten, des Tatortes, der Tatobjekte und des jeweils konkreten Einzelschadens – im Anklagesatz aufzuführen. Hinsichtlich weiterer Details darf aber durchaus auf tabellarische Listen Bezug genommen werden, welche der Anklage beigefügt sind[215]. Zudem genügt auch eine Anklage mit lückenhaftem Anklagesatz der Umgrenzungsfunktion dann noch, wenn die einzelnen Tatvorwürfe dem wesentlichen Ergebnis der Ermittlungen zu entnehmen sind[216].

202 Zum Anklagesatz gehören darüber hinaus gem. § 200 Abs. 1 S. 1 StPO die Bezeichnung der **gesetzlichen Merkmale** der Straftat – also die Wiedergabe des abstrakten Gesetzeswortlautes der anzuwendenden materiell-rechtlichen Vorschriften[217] – und die Angabe der **Strafvorschriften** selbst. Insoweit empfiehlt es sich, auch solche Normen anzugeben, die hinsichtlich der Rechtsfolgen von Bedeutung sind, z.B. §§ 177 Abs. 6, 243 oder 21 StGB.

203 **Beispiel** für den Anklagesatz (zwei Täter, ein vollendetes und ein versuchtes Delikt):

> Anklageschrift
>
> Der Postbeamte Peter Johann Munke,
> geboren am 12.07.1962 in Hamburg,
> wohnhaft: Auf der Ringburg 37a in 50267 Köln,
> verheiratet, Deutscher
>
> – vorläufig festgenommen am 17.12.2017 in Köln und in Untersuchungshaft in der JVA Köln seit dem 18.12.2017 aufgrund des Haftbefehls des Amtsgerichts Köln vom selben Tage (21 Gs 283/17) –
>
> Verteidiger: Rechtsanwalt Kratzmeiler in Köln
>
> wird angeklagt,
>
> am 15./16.12.2017 und am 17.12.2017
>
> in Köln-Rodenkirchen und Köln-Poll
> gemeinschaftlich mit dem gesondert verfolgten Hans-Josef Bolinski
> durch zwei selbstständige Handlungen
> jeweils

---

214 BGH NStZ 1999, 42 f. Siehe aber auch BGH StV 2003, 320 ff., wo eine generelle Hinweispflicht in Frage gestellt wird.
215 Vgl. BGH GSSt 1/10 m.w.N.; 2 StR 524/10.
216 BGH 1 StR 45/11 Tz. 24.
217 Hierher gehören also auch die Teilnahmeform, das Konkurrenzverhältnis i.S.d. §§ 52, 53 StGB, Versuch.

fremde bewegliche Sachen einem anderen in der Absicht weggenommen zu haben, dieselben sich rechtswidrig zuzueignen, wobei er zur Ausführung der Tat in ein Gebäude oder einen anderen umschlossenen Raum einbrach, einstieg sowie mit einem nicht zur ordnungsgemäßen Öffnung bestimmten Werkzeug eindrang[218] und es bei der Tat am 17.12.2017 beim Versuch blieb[219].

1. Der Angeschuldigte und der gesondert verfolgte – flüchtige – Bolinski schlugen in der Nacht vom 15.12. auf den 16.12.2017 mit einem Pflasterstein die Scheibe der Werkstatt „Firma Heizgut" in Köln-Rodenkirchen, Hauptstraße 32, ein. Durch die so geschaffene Öffnung gelangten sie in das Innere der Werkstatträume und von hier aus durch eine nicht verschlossene Türe in den angrenzenden Bürotrakt. Hier nahm der Angeschuldigte aus einem Schreibtisch die Fahrzeugschlüssel zu dem Firmenwagen Opel Ampera-E (K-LT 653) sowie Bargeld in Höhe von 3.500 €. Das Bargeld wurde noch am Tatort zwischen dem Angeschuldigten und Bolinski hälftig geteilt. Mit Hilfe des Fahrzeugschlüssels startete der Angeschuldigte den auf dem Firmengelände abgestellten Opel. Hiermit fuhren die Täter nach Frankfurt, wo sie den Wagen für Dritte zugriffsbereit stehen ließen. Der Fa. „Heizgut" entstand ein Gesamtschaden von 6.000 €.

2. Am 17.12.2017 gegen 3.50 Uhr durchtrennte der Angeschuldigte den Maschendrahtzaun zu dem Gelände der Brauerei „Martin-Bier" in Köln-Poll. Gemeinsam mit Bolinski begab er sich auf das Firmengelände und schlich zu dem Bürogebäude, dessen Türe er mit einem Dietrich öffnen konnte. Hierbei wurde ein stiller Alarm ausgelöst. Gemeinsam mit Bolinski packte der Angeschuldigte ein Laptop im Wert von 4.500 €, zwei Handys der Marke Motorolla im Gesamtwert von 900 € und 1.500 € Bargeld in eine mitgeführte Sporttasche. Das Geld wollte er für sich verwenden, die Elektronikgeräte verkaufen, wobei der Erlös zwischen dem Angeschuldigten und Bolinski geteilt werden sollte. Als sie das Bürogebäude verlassen wollten, wurden sie von den Zeugen Schmitz und Glommes festgenommen. Die Beute wurde sichergestellt.

Vergehen, strafbar gemäß §§ 242, 243 Abs. 1 Satz 2 Nr. 1, 22, 25 Abs. 2, 53 StGB

3. Angabe der Beweismittel

Nach Nr. 111 Abs. 1 RiStBV hat die Staatsanwaltschaft die Beweismittel aufzuführen, die von ihr zur Aufklärung des Sachverhalts und zur Beurteilung der Person des Angeschuldigten für notwendig erachtet werden. Im Hinblick auf § 160 Abs. 2 StPO sind folglich alle zur Be- und Entlastung geeigneten Beweismittel anzugeben. Dabei kommen nur die Mittel des Strengbeweises[220] in Betracht, also

204

– die **Angaben des Angeschuldigten** (bestreitende Einlassung oder Geständnis);
– **Zeugen** unter Bezeichnung des Wohn- oder Aufenthaltsortes, bei Minderjährigen derjenigen der Eltern (beachte allerdings die Besonderheiten des § 200 Abs. 1 S. 3 und 4 StPO für schutzbedürftige Zeugen);
– **Sachverständige** bzw. deren nach § 256 Abs. 1 StPO verlesbare Gutachten;
– **Urkunden**;
– **Augenscheinsobjekte** (Skizzen, Lichtbilder, Asservate wie Tatwerkzeuge).

---

218 Vgl. insoweit die Vorschrift der §§ 242, 243 Abs. 1 Nr. 1 StGB.
219 Die Passage von „gemeinschaftlich" bis „blieb" gibt die „gesetzlichen Merkmale" der Taten wieder. Es folgen unter 1. und 2. die Konkretisierung im engeren Sinn und am Schluss die Paragraphenleiste.
220 Vgl. hierzu unten auch Rn. 428.

Kapitel 2 *Das Ermittlungsverfahren*

Beispiel:

> Beweismittel:
>
> I. Der Angeschuldigte hat sich zur Sache nicht eingelassen, soweit es den Vorfall vom 15./16.12.2017 betrifft. Hinsichtlich des Geschehens vom 17.12.2017 ist er geständig (Bl. 12 d.A.).
>
> II. Zeugen:
> 1. Hans Heizgut,
>   Hauptstraße 32, 50657 Köln (Bl. 35 d.A.)
> 2. Angelika Munke
>   Am Gleis 13, 50123 Köln (Bl. 15 d.A.)
> 3. POM Schmitz
> 4. PM Glommes
>   – beide zu laden über den Polizeipräsidenten in Köln, SB IV –
>
> III. Augenscheinsobjekte:
> Lichtbildmappe vom Tatort in Köln Rodenkirchen (Bl. 3-9 d.A.)
> Tatortskizze Rodenkirchen (Bl. 10 d.A.)
>
> IV. Sachverständige:
> Daktyloskopisches Gutachten des Landeskriminalamtes Düsseldorf vom 17.01.2018 (Bl. 45-53 d.A.).

4. Wesentliches Ergebnis der Ermittlungen und Antrag

205 Nach § 200 Abs. 2 S. 1 StPO ist in der Anklageschrift auch das „wesentliche Ergebnis der Ermittlungen" darzustellen. Hiervon kann nur bei Anklagen zum Strafrichter in einfach gelagerten Fällen abgesehen werden, § 200 Abs. 2 S. 2 StPO i.V.m. Nr. 112 RiStBV.

Zwar ist dieser Teil der Anklageschrift weder Wirksamkeitsvoraussetzung noch Bedingung für den Fortgang des Verfahrens[221]. Er dient jedoch der Information des Angeschuldigten und des Gerichts über den Sachstand, die Beweislage sowie sonstige entscheidungsrelevante Umstände und ist daher ein Gebot prozessualer Sorgfalt. Zudem kann der Darstellung zum wesentlichen Ergebnis der Ermittlungen besondere Bedeutung zukommen, wenn die Anklage – etwa zwecks Bestimmung der angeklagten Tat (§ 261 StPO) – auslegungsbedürftig ist[222].

206 Da die eigentliche Tatschilderung bereits in dem Anklagesatz enthalten ist, bedarf es insoweit keiner Wiederholung. Allerdings sind nun – auch zur Vorbereitung der Rechtsfolgenentscheidung – die **Begleitumstände** zu nennen, die zur umfassenden Bewertung der Tat erforderlich sind (Lebensverhältnisse des Angeschuldigten, Tatmotivation u.ä.). Ist der Angeschuldigte nicht geständig, dann muss auch die **Beweislage** dargestellt und bewertet werden. Dies ermöglicht dem Angeschuldigten die sachgerechte Einstellung seiner Verteidigung und dem Gericht eine Prüfung der Plausibilität als Grundlage der Entscheidung über die Eröffnung des Hauptverfahrens.

---

221 BGH NJW 1996, 1222; a.A. für den Fall des völligen Fehlens OLG Düsseldorf JMBl. NW 1997, 57 f.
222 Siehe unten Rn. 700.

Der **Antrag** schließlich beschränkt sich darauf, das Hauptverfahren zu eröffnen, § 199 Abs. 2 StPO. Im Hinblick auf § 207 Abs. 4 StPO ist im Falle der Untersuchungshaft auch insoweit ein konkreter Antrag zu stellen, Nr. 110 Abs. 4 S. 2 RiStBV.

Beispiel: 207

<u>Wesentliches Ergebnis der Ermittlungen</u>

I.

Zur Person:
Der 56 Jahre alte Angeschuldigte ist seit 1989 von Beruf Postbediensteter im Zustelldienst. Er verfügt über ein monatliches Nettoeinkommen von 1.900 €. Hiervon hat er neben Unterhaltsleistungen auch Abtragungen auf seine Schulden in Höhe von 75.000 € zu leisten. Er ist verheiratet, lebt jedoch von seiner Ehefrau getrennt. Er hat zwei Kinder im Alter von 18 und 25 Jahren.

Der Angeschuldigte ist bereits einmal strafrechtlich in Erscheinung getreten. Durch Urteil des Amtsgerichts Köln vom 09.01.2015 (5 Ds 657/14) ist er wegen Diebstahls mit einer Geldstrafe von 30 Tagessätzen zu je 45 € belegt worden.

II.

Zur Sache:
Hinsichtlich des Tathergangs wird zunächst auf den Anklagesatz Bezug genommen.

Am Abend des 15.12.2017 machte die getrennt lebende Ehefrau dem Angeschuldigten Vorhaltungen wegen ausstehender Unterhaltsleistungen. Er kam daher auf die Idee, gemeinsam mit seinem Kollegen, dem gesondert verfolgten Bolinski, einen Einbruchsdiebstahl zu begehen, um die finanzielle Situation aufzubessern. Bei der Suche nach einem geeigneten Objekt kam man auf die Firma Heizgut, ein Heizungs- und Sanitärunternehmen, das dem Angeschuldigten aus seiner Tätigkeit als Postzusteller bekannt geworden war.

Nachdem der Angeschuldigte dort mit einem Pflasterstein die Scheibe zur Werkstatt eingeschlagen hatte, entriegelte er das Fenster, durch welches die beiden in das Gebäude einstiegen. Hier durchsuchten sie die Räumlichkeiten und entwendeten die im Anklagesatz bezeichneten Gegenstände. Hierbei hinterließ der Angeschuldigte sowohl am Einstiegsfenster, als auch an dem Schreibtisch des Firmeninhabers, des Zeugen Heizgut, Fingerspuren, die gesichert und daktyloskopisch ausgewertet werden konnten.

Mit dem entwendeten Fahrzeug fuhren der Angeschuldigte und Bolinski anschließend nach Frankfurt, wo sie es in Bahnhofsnähe stehen ließen. Hier wurde der Wagen zwei Wochen später aufgefunden und sichergestellt.

Nachdem die bei dieser Tat erlangten Geldmittel aufgebraucht waren, entschlossen sich beide zu der im Anklagesatz unter Ziffer 2) geschilderten weiteren Tat und führten diese – wie dargelegt – aus. Insoweit ist der Angeschuldigte geständig.

Es wird beantragt, das Hauptverfahren vor dem Amtsgericht – Schöffengericht – in Köln zu eröffnen und die Fortdauer der Untersuchungshaft anzuordnen.

(Peters)
Staatsanwältin

III. Adressat der Anklageschrift

Die Anklageschrift ist an das Gericht zu senden, welches für die Durchführung der 208 erstinstanzlichen Hauptverhandlung **örtlich und sachlich zuständig** ist. Das ist ent-

Kapitel 2 *Das Ermittlungsverfahren*

weder ein Amtsgericht (Strafrichter, Schöffengericht, Jugendrichter, Jugendschöffengericht) oder ein Landgericht (große Strafkammer, ggfls. als Schwurgericht, Staatsschutzkammer, Jugendkammer oder Wirtschaftsstrafkammer), in Ausnahmefällen auch ein Oberlandesgericht bei den Katalogtaten des § 120 GVG.

Während sich die örtliche Zuständigkeit nach den Gerichtsständen der §§ 7 bis 13 StPO richtet, ist gemäß § 1 StPO die sachliche Zuständigkeit der Gerichte in den Vorschriften des GVG geregelt. Zur Veranschaulichung der verschiedenen Anklagemöglichkeiten im Hinblick auf die sachliche Zuständigkeit soll der folgende Überblick (Übersicht Rn. 211) dienen, wobei die einschlägigen Vorschriften des JGG (§§ 33, 39, 40, 41 JGG) aus Gründen der Vereinfachung ausgeklammert sind.

Hinsichtlich der **amtsgerichtlichen** Zuständigkeiten ist zu differenzieren:

Strafrichter
(§ 25 GVG) bei

- Privatklageverfolgung;
- keiner höheren Straferwartung als zwei Jahren[223].

Schöffengericht
(§ 28 GVG) in den übrigen Fällen.

209 Die Staatsanwaltschaft muss also zunächst entscheiden, ob zum **Land- oder Amtsgericht** anzuklagen ist, was in der Praxis kaum Probleme aufwirft. Der Erwähnung bedarf daher nur die Vorschrift des § 24 Abs. 1 Nr. 3 GVG, wonach u.a. in die Zuständigkeit des Amtsgerichts fallende Sachen von „besonderer Bedeutung" beim Landgericht anzuklagen sind. Dieser unbestimmte Rechtsbegriff eröffnet angesichts des garantierten Anspruchs auf den gesetzlichen Richter (Art. 101 Abs. 1 S. 2 GG) keinen Ermessensspielraum oder ein Wahlrecht[224]. Es ist daher im Einzelfall sorgfältig zu prüfen, ob die Voraussetzungen erfüllt sind. Von „besonderer Bedeutung" ist die Sache, wenn

- sie sich aus tatsächlichen oder rechtlichen Gründen (etwa wegen des Ausmaßes der Rechtsverletzung, den Auswirkungen der Tat, der herausragenden Stellung des Beschuldigten oder Verletzten) aus der Masse der durchschnittlichen Verfahren heraushebt oder
- das Bedürfnis nach baldiger höchstrichterlicher Entscheidung einer Rechtsfrage besteht, die in einer Vielzahl gleichgelagerter Fälle bedeutsam ist[225].

210 Ebenfalls unbestimmt sind die in § 24 Abs. 1 Nr. 3 GVG enthaltenen Rechtsbegriffe der „besonderen Schutzbedürftigkeit von Verletzten der Straftat" bzw. des „besonderen Umfangs" der Strafsache. Ziel der erstgenannten Regelung ist vor allem der Schutz von Opfern einer Sexualstraftat, denen Mehrfachvernehmungen, also auch Vernehmungen in zwei Tatsacheninstanzen (Amtsgericht und Berufungskammer), generell erspart werden sollen. Macht die Staatsanwaltschaft hiervon Gebrauch, so

---

223 Aber auch der Strafrichter kann eine Strafe von bis zu vier Jahren verhängen, da er die Strafgewalt des Amtsgerichts aus § 24 Abs. 2 GVG ausschöpfen darf.
224 BVerfG NJW 1959, 871 f.
225 BGH NStZ 2001, 495 f.; NJW 1997, 2690.

sollte sie dies in der Anklage darlegen. Für die Prüfung des „besonderen Umfangs" sind in erster Linie die Anzahl der Angeklagten und/oder der anzuklagenden Taten sowie Schwierigkeiten der Beweislage entscheidend[226]. Insoweit dürften hier dieselben Voraussetzungen gelten wie bei § 76 Abs. 2 GVG[227]. Mit Eröffnung des Hauptverfahrens legt sich das Gericht insoweit endgültig fest. Eine Verweisung an das Landgericht unter Hinweis auf den Umfang oder die Bedeutung der Sache ist nach diesem Zeitpunkt nicht mehr zulässig, selbst wenn Verständigungsgespräche insoweit zunächst einen anderen Eindruck erweckt haben[228].

In Jugendschutzsachen (also insbes. bei sexuellem Missbrauch Minderjähriger) kann zudem gem. § 26 Abs. 2 GVG Anklage zum Jugendgericht erfolgen. Das macht freilich allenfalls dann Sinn, wenn – etwa wegen eines Geständnisses – Mehrfachvernehmungen nicht zu erwarten sind und die Strafgewalt ausreicht.

Mögliche Adressaten   211

Amtsgerichte (§ 24 GVG) bei Strafsachen, die	**Landgerichte** (§ 74, 74a GVG) bei Strafsachen, die	**Oberlandesgerichte** (§ 120 GVG) ausnahmsweise[229] bei einer der in
– nicht zur ausschließlichen Zuständigkeit der Landgerichte oder Oberlandesgerichte gehören;	– eine höhere Straferwartung als 4 Jahre rechtfertigen;	§ 120 GVG genannten Kalatogtaten, z.B.
– deretwegen keine höhere Strafe als 4 Jahre und keine Maßregel nach § 63 StGB zu erwarten ist[230];	– Maßregeln der §§ 63, 66 StGB zur Folge haben;	– Hochverrat;
	– besondere Bedeutung oder oder besonderen Umfang haben;	– Völkermord;
	– Schwurgerichtssachen sind;	– extremistischen Gewalttaten.
– keine besondere Bedeutung oder besonderen Umfang haben (vgl. § 24 Abs. 1 Nr. 3 GVG; Nr. 113 RiStBV).	– zur Zuständigkeit besonderer Kammern nach §§ 74a–c GVG führen;	
	– aus Gründen des Schutzes von Opferzeugen vor dem Landgericht verhandelt werden sollen, §§ 74 Abs. 1 S. 2, 24 Abs. 1 Nr. 3 GVG.	

---

226 KG NStZ-RR 2013, 56; vgl. auch BT-Drucksache 15/1976, S. 19.
227 Siehe hierzu unten Rn. 967 ff.
228 BGH 2 StR 330/16.
229 Vgl. zu den besonderen Problemen der erstinstanzlichen Zuständigkeit des OLG: BGH NJW 2001, 1359 ff.
230 Das beurteilt sich aus Sicht der Staatsanwaltschaft.

Kapitel 2 *Das Ermittlungsverfahren*

212   Daneben ist bei der Abgrenzung zwischen Amts- und Landgericht die Vorschrift des § 269 StPO zu beachten, wonach aus Gründen der Verfahrensbeschleunigung und Prozessökonomie die Verhandlung vor einem Gericht höherer Ordnung – dem Landgericht – unschädlich ist. Dieser klausurträchtigen Norm liegt der Gedanke zu Grunde, dass die weitergehende sachliche Zuständigkeit des Gerichts höherer Ordnung diejenige des Gerichts niedrigerer Ordnung einschließt. Durch die Verhandlung vor einem an sich unzuständigen höheren Gericht wird der Angeklagte folglich nicht benachteiligt, sofern sich nicht die Annahme der Zuständigkeit als **objektive Willkür** darstellt und so der Anspruch des Angeklagten auf den gesetzlichen Richter (Art. 101 Abs. 1 S. 2 GG) verletzt wird[231]. Willkür wiederum ist i.d.R anzunehmen, wenn die Entscheidung auf einer groben Missachtung oder Fehlanwendung des Rechts, also auf sachfremden Erwägungen beruht und unter keinem denkbaren Aspekt rechtlich vertretbar erscheint[232].

Hinsichtlich der sachlichen Zuständigkeit sind die Gerichte an Anträge der Staatsanwaltschaft nicht gebunden. Hält das Landgericht seine sachliche Zuständigkeit nicht für gegeben, so kann es das Hauptverfahren folglich durch zu begründenden und anfechtbaren Beschluss[233] vor dem Amtsgericht eröffnen, § 209 Abs. 1 StPO[234]. Im umgekehrten Fall kann das Amtsgericht die Akten unter Vermittlung der Staatsanwaltschaft dem Landgericht zur Entscheidung vorlegen, § 209 Abs. 2 StPO. Dieses prüft dann nicht nur seine eigene sachliche Zuständigkeit, sondern entscheidet zugleich über die Eröffnung des Hauptverfahrens, die gegebenenfalls auch vor dem vorlegenden Amtsgericht erfolgen kann[235].

All diese Komplikationen gilt es durch Anklageerhebung bei dem tatsächlich zuständigen Gericht möglichst zu vermeiden. Hierbei ist auch auf die berechtigten Belange von Tatopfern Rücksicht zu nehmen, § 24 Abs. 1 Nr. 3 GVG.

213   Als problematisch kann sich auch die Abgrenzung der Zuständigkeit zwischen **Strafrichter und Schöffengericht** erweisen. Nach § 28 GVG darf das Schöffengericht nur dann entscheiden, wenn nicht – in den Fällen der kleinen und mittleren Kriminalität – die Zuständigkeit des Strafrichters gegeben ist. Ist keine Freiheitsstrafe von mehr als 2 Jahren zu erwarten, dann ist **zwingend** der Strafrichter zuständig, § 25 Nr. 2 GVG.

Im Verhältnis zum Schöffengericht ist der Strafrichter ein Gericht niederer Ordnung i.S.d. § 269 StPO[236]. Eröffnet also das Schöffengericht das Hauptverfahren auf eine bei ihm eingereichte Anklage hin nicht vor dem Strafrichter und verhandelt selbst, so ist dies im Hinblick auf § 269 StPO nur dann zu beanstanden, wenn eine **willkürliche** Entziehung des gesetzlichen Richters – des Strafrichters – vorliegt. Es dürfte indes

---

231 Vgl. BGH 2 StR 379/14 Tz. 7; 1 StR 477/10; NStZ 2009, 579 ff.; NStZ 2001, 495 f.; NJW 2001, 1359 ff. (auch zur besonderen Problematik der erstinstanzlichen Tätigkeit des OLG).
232 Vgl. zum Begriff der Willkür: BGH 3 StR 549/16 Tz. 23; 2 StR 405/14 Tz. 10; 1 StR 6/12 Tz. 11 m.w.N.; NStZ 2009, 579 f.; BVerfG NJW 2009, 3293.
233 OLG Celle NStZ 2017, 495 f.
234 BGH 1 StR 6/12 Tz. 22. Nach Eröffnung oder bindender Verweisung gem. § 270 Abs. 1 StPO ist die einmal begründete Zuständigkeit des höherrangigen Gerichts jedoch endgültig, BGH NStZ 2002, 213.
235 Siehe OLG Frankfurt NStZ-RR 2009, 315 f.
236 BGHSt 19, 177 (178).

nur schwerlich zu beantworten sein, in welchen Fällen die Grenze zur Willkür überschritten ist. Schließlich handelt es sich bei der Einschätzung nach § 25 Nr. 2 GVG um eine Prognoseentscheidung, die während einer Hauptverhandlung Veränderungen unterworfen sein kann[237].

IV. Abschlussverfügung

Vor Übersendung der Anklageschrift hat die Staatsanwaltschaft eine Begleitverfügung zu fertigen, in der sie gemäß § 169a StPO den **Abschluss der Ermittlungen** vermerkt. Damit wird das Vorverfahren formell und aktenkundig beendet. Dem Verteidiger darf nun die Akteneinsicht nicht mehr mit der Begründung des § 147 Abs. 2 StPO verweigert werden. 214

Sofern nicht bereits zuvor geschehen, ist auf den in der Abschlussverfügung enthaltenen Antrag der Staatsanwaltschaft dem Angeschuldigten durch das Gericht ohne weitere Prüfung ein Pflichtverteidiger zu bestellen (§ 141 Abs. 3 S. 3 StPO).

Neben dem Vermerk, dass die Ermittlungen abgeschlossen sind, können in der Verfügung selbstverständlich weitere verfahrensrechtliche Maßnahmen vorgenommen werden, etwa: 215
– Teileinstellungen gemäß §§ 154, 154a und § 170 Abs. 2 StPO;
– Einstellung des Verfahrens gegen Einzelne von mehreren Beschuldigten;
– Nachricht an den Beschuldigten gem. § 170 Abs. 2 S. 2 StPO;
– Bescheidung des Antragstellers im Falle einer Teileinstellung des Verfahrens gem. § 172 Abs. 1 StPO (also im Hinblick auf das Klageerzwingungsverfahren);
– Obligatorische Mitteilungen aufgrund der MiStra an andere Behörden oder Stellen, die durch Übersendung eines Exemplars der Anklageschrift erfolgen. Diese sind z.B. vorgesehen an Dienstvorgesetzte von Richtern, Beamten und Soldaten, Aufsichtsbehörden bei Notaren und Rechtsanwälten, Ausländeramt, Straßenverkehrsamt etc.;
– Hinweise auf einen gestellten Adhäsionsantrag.

Abschlussverfügung und **Anklageschrift** aus unserem **Originalfall** sind im Folgenden abgedruckt. Für die Lektüre sollen zum besseren Verständnis vorab einige Hinweise erfolgen: 216
– „*Vfg*.": Diese Abkürzung steht für „Verfügung". Sie gehört zur Arbeitstechnik des Staatsanwalts wie des Richters. Verfügungen enthalten Aufträge, Weisungen, Ersuchen an interne oder andere Stellen. In ihr können auch „Vermerke" (das ist die schriftliche Niederlegung von Beurteilungen[238] und verfahrensrelevanten Tatsachen[239]) enthalten sein. Der Inhalt von Verfügungen sollte klar, knapp und unmissverständlich sein.

---

237 Vgl. zur „Willkürproblematik" auch OLG Düsseldorf NStZ 1996, 206 f.; *Kalf* NJW 1997, 1489 f.; *Meyer-Goßner*, § 269 Rn. 8 m.w.N.
238 Z.B. dass die Ermittlungen abgeschlossen sind, also kein weiterer Aufklärungsbedarf besteht. Dieser Vermerk ist nach § 169a StPO zwingend vorgeschrieben.
239 Z.B. Fixierung des Inhalts wichtiger Telefonate o.Ä.

Kapitel 2 *Das Ermittlungsverfahren*

- *„Anklageschrift in Reinschrift fertigen (5-fach)"*: Dies ist eine interne Anweisung an die Schreibkräfte, den Entwurf in Reinschrift zu übertragen. Es werden mehrere Exemplare benötigt, da die Anklageschrift verschiedenen Personen oder Stellen zugänglich zu machen ist (z.B. dem Angeklagten, dem Verteidiger, mehreren Mitgliedern eines Kollegialgerichts, Behörden im Rahmen der MiStra).

217
- *„BZR-Auszug ablichten und zur HA nehmen"*: Die Staatsanwaltschaft soll vor Anklageerhebung einen Auszug aus dem in Bonn ansässigen Bundeszentralregister[240] bezüglich der Vorstrafen des Angeklagten einholen. Mit der Anklageschrift werden die Hauptakten an das Gericht des ersten Rechtszuges übersandt. Hier verbleiben sie – abgesehen von Versendungen im Instanzenzug – bis zum rechtskräftigen Abschluss des Verfahrens. Soll bei der Staatsanwaltschaft kein komplettes Aktendoppel bleiben, so wird lediglich eine „Handakte" („HA") angelegt, welche dem Sitzungsvertreter der Staatsanwaltschaft in der Hauptverhandlung als Orientierungshilfe dient. In ihr befindet sich häufig nicht mehr als die Anklageschrift.
- *„KPS"*: Dies bedeutet „Keine Prüfungssache". Wird stattdessen „PS" vermerkt, so heißt dies „Prüfungssache". Die Akte wird dann nach Abschluss des Verfahrens dem jeweiligen Landesjustizprüfungsamt zugesandt, um im Rahmen juristischer Examina Verwendung zu finden. Ob eine diesbezügliche Eignung bereits bei Anklageerhebung festgestellt werden kann, sei dahingestellt.
- *„U.m.A."*: Dies heißt „Urschriftlich mit Akten" und enthält eine Anweisung an die Geschäftsstelle, die vom Staatsanwalt unterschriebene Urschrift der Verfügung zusammen mit den Originalakten an das Gericht zu senden. Die Adressierung richtet sich nach der Eröffnungszuständigkeit (§§ 199, 203 StPO).

---

240   Dieses gehört zur Behörde des Generalbundesanwalts.

Die Anklageschrift **I**

218

Staatsanwaltschaft Bonn, den 9. September 2013
17 Js 539/13

Amtsgericht Bonn (45)
11. SEP. 2013

Vfg.

1. <u>Vermerk</u>:
   Der Beschuldigte ist hinreichend verdächtig, neben den anzuklagenden Delikten auch eine Beleidigung i.S.d. § 185 StGB begangen zu haben. Insoweit dürfte die zu erwartende Strafe jedoch nicht beträchtlich ins Gewicht fallen.

2. Beschränkung der Strafverfolgung gem. § 154 a Abs. 1 StPO aus den Gründen des Vermerks zu Ziffer 1) in dem dort genannten Umfang.

3. Die Ermittlungen sind abgeschlossen.

4. Anklageschrift in Reinschrift fertigen (5-fach).

5. Entwurf und Ablichtung zur Handakte nehmen.

6. BZR- und VZR-Auszug ablichten; Ablichtungen zur HA nehmen.

7. KPS

8. <u>U.m.A.</u>
   dem Amtsgericht – Strafrichter -
   in Bonn
   unter Bezugnahme auf die nachgeheftete Anklageschrift übersandt.

9. 3 Monate

(Schatz)
Staatsanwältin

Kapitel 2 *Das Ermittlungsverfahren*

219

Staatsanwaltschaft Bonn, den 9. September 2013
- 17 Js 539/13 -

An das
Amtsgericht
- Strafrichter -

in Bonn

A n k l a g e s c h r i f t

Hans **L e l l m a n n**,
geboren am 6. Mai 1965 in Bonn,
wohnhaft: Wagnerstraße 187, 53111 Bonn,
ledig, Deutscher,

wird angeklagt,

am 01.07.2013 in Bonn

durch zwei selbständige Handlungen

220

1. im Verkehr ein Fahrzeug geführt zu haben, obwohl er infolge des Genusses alkoholischer Getränke nicht in der Lage war, das Fahrzeug sicher zu führen,

2. a) einem Amtsträger, der zur Vollstreckung von Gesetzen, Rechtsverordnungen, Urteilen, Gerichtsbeschlüssen oder Verfügungen berufen ist, bei der Vornahme einer solchen Diensthandlung mit Gewalt Widerstand geleistet und ihn dabei tätlich angegriffen zu haben, und tateinheitlich damit

    b) eine andere Person körperlich misshandelt und an der Gesundheit beschädigt zu haben sowie

    c) rechtswidrig eine fremde Sache beschädigt zu haben.

1. Am 01.07.2013 gegen 22:00 Uhr befuhr der Angeschuldigte mit einer BAK von über 1,1 Promille mit seinem Fahrzeug VW Golf, amtliches Kennzeichen BN-DX 316, die Kennedybrücke aus Beuel kommend in Richtung Stadthaus. Er fuhr in Schlangenlinien über die volle Fahrbahnbreite, teils geriet er auf die gesonderte Busspur.

2. Nachdem die Polizeibeamten PK Müller und POK Meimeier den Angeschuldigten in Höhe des Taxistandes am Bertha-von-Suttner-Platz zum Anhalten veranlasst hatten, begab er sich zu dem dort wartenden Taxi des Taxiunternehmens Buchmann (Fahrer: Zeuge Schmitz) und trat mehrfach gegen die Fahrertür, wodurch diese beschädigt wurde (Eindellung). Der Ingewahrsamnahme durch die Beamten sperrte er sich mit körperlicher Gewalt und trat auf diese ein. Der Angeschuldigte biss der PK´in Rossel, die zur Verstärkung eingetroffen war, in die Hand.

Der Angeschuldigte hat sich durch sein Verhalten als ungeeignet zum Führen von Kraftfahrzeugen erwiesen.

<u>Vergehen</u> der Trunkenheit im Verkehr, des Widerstands gegen Vollstreckungsbeamte, der Körperverletzung und der Sachbeschädigung, strafbar gem. §§ 316, 113 Abs. 1, 223, 303, 303 c, 52, 53, 69, 69 a StGB.

Der gem. § 303 c StGB erforderliche Strafantrag ist gestellt. Im Hinblick auf die Körperverletzung zu Lasten der Beamtin Rossel wird das besondere öffentliche Interesse an der Strafverfolgung bejaht.

<u>Beweismittel :</u>

    I.   <u>Einlassung des Angeschuldigten</u>

    II.   <u>Zeugen:</u>

        1. Heinz Schmitz, Tulpenweg 8, 53177 Bonn;

        2. Alfred Peters, Siegfried-Leopold-Straße 15, 53225 Bonn;

        3. Klaus Buchmann, Kölnstraße 135, 53111 Bonn;

Kapitel 2 *Das Ermittlungsverfahren*

3

    4. PK Müller,

    5. POK Meimeier,

    6. PK´in Rossel,

    7. PHK Pillmann,

die Zeugen zu 5. bis 7. zu laden über Polizeipräsidenten Bonn, PK PI Nord-Ost, PW Innenstadt, Bornheimer Straße 123, 53111 Bonn.

III.   Sachverständiger: Prof. Dr. med. Madea oder Vertreter im Amt, zu laden über das Institut für Rechtsmedizin in Bonn;

IV.   Urkunden:

    1. Attest des Dr. med. Prätorius vom 02.07.2013, Bl. 12 d.A.;

    2. Blutentnahmeprotokoll des Dr. med. Hofmann vom 01.07.2013, Bl. 8 d.A.;

    3. Blutalkoholbefund des Instituts für Rechtsmedizin der Universität Bonn vom 08.07. 2013, Bl. 18 d.A.;

<u>Wesentliches Ergebnis der Ermittlungen</u>

223

I. Zur Person:

Der jetzt 48 Jahre alte Angeschuldigte hat die Hauptschule bis zur 9. Klasse besucht. Er ist seit 1990 bei dem Abbruchunternehmen Schmitz in Bonn-Beuel beschäftigt, wo er zurzeit ein Nettoeinkommen von 1.500 € erzielt. Der Angeschuldigte ist nicht verheiratet und lebt mit seiner Lebensgefährtin in der Wohnung in der Wagnerstraße in Bonn. Er hat zwei Kinder im Alter von 14 und 19 Jahren; beide leben bei der Mutter, zu der der Angeschuldigte offenbar keinen Kontakt hat. Ob er für die Kinder Unterhalt zahlt, ist nicht bekannt.

4

Der Angeschuldigte ist erst bereits strafrechtlich einschlägig in Erscheinung getreten. Das Amtsgericht Bonn erkannte gegen ihn durch Urteil vom 14. Dezember 2009 (17 Js 118 Ds 239/09 - 258/09 -) wegen Körperverletzung auf eine Geldstrafe von 50 Tagessätzen zu je 20 €. Am 18. Oktober 2011 verhängte wiederum das Amtsgericht Bonn (17 Js 118 Ds 387/11 – 222/11 -) gegen den Angeschuldigten wegen Widerstandes gegen Vollstreckungsbeamte eine Geldstrafe von 70 Tagessätzen zu je 20 €.

II. Zur Sache:

Am Nachmittag des Tattages verließ er Angeschuldigte nach einem Streit mit seiner Lebensgefährtin die gemeinsame Wohnung. Er traf seinen Freund Alfred Peters und besuchte gemeinsam mit diesem die Gaststätte „Zum Krug" in der Friedrich-Breuer-Straße. Dort hielten sich beide von 17:00 Uhr bis ca. 21.45 Uhr auf. Der Angeschuldigte nahm dabei in erheblicher Menge alkoholische Getränke (Bier und Schnaps) zu sich. Die nach der Tat um 23.50 Uhr entnommene Blutprobe hat eine Blutalkoholkonzentration von 1,05 Promille ergeben. Gegen den Rat seines Freundes Peters benutzte er nach dem Verlassen der Gaststätte sein Fahrzeug VW Golf, amtliches Kennzeichen BN-DX 316, wobei er aufgrund des Alkoholgenusses nicht mehr in der Lage war, das Fahrzeug sicher zu führen.

Der Angeschuldigte fuhr gegen 22.00 Uhr über die Kennedybrücke in die Bonner Innenstadt. Dabei fiel er den auf Streifenfahrt befindlichen PK Müller und PHM Meimeier auf. Der Angeschuldigte fuhr in Schlangenlinien über die volle Fahrbahnbreite, teils über die gesonderte Busspur. Die Polizeibeamten überholten sein Fahrzeug und forderten den Angeschuldigten zum Anhalten auf. Dieser leistete der Anhalteaufforderung erst nach 500 m Folge, indem er das Fahrzeug unkontrolliert gegen den rechten Bordsteinrand steuerte, wo es in Höhe des Taxistandes am Bertha-von-Suttner-Platz zum Stehen kam. Der Anschuldigte zeigte sich sofort äußerst aggressiv und aufgebracht. Die beiden eingesetzten Beamten beschimpfte er als „Bullenschweine". Insoweit ist die Strafverfolgung gem. § 154 a Abs. 1 StPO beschränkt worden.

Noch bevor die Beamten eingreifen konnten, begab der Angeschuldigte sich zu dem dort wartenden Taxi des Taxiunternehmens Buchmann (Fahrer: Zeuge Schmitz) und trat mehrfach gegen die Fahrertür, wodurch diese beschädigt wurde (Eindellung). Der Schaden beläuft sich auf ca. 1.500 €. Nur mit Mühe

Kapitel 2 *Das Ermittlungsverfahren*

5

konnte der Angeschuldigte zunächst auf der Motorhaube des Streifenwagens fixiert werden, bis in Gestalt der PK´in Rossel und des PHK Pillmann die angeforderte Verstärkung eintraf. Der Angeschuldigte trat nach den Polizeibeamten und biss die Beamtin Rossel in die Hand. Die - nicht unerhebliche - Bissverletzung wird durch das Attest des Dr. med. Prätorius bescheinigt. Unter Anwendung einfacher körperlicher Gewalt konnte er schließlich in Gewahrsam genommen und dem PGD Bonn zugeführt werden.

Der Angeschuldigte hat den geschilderten Verlauf des Tattages im Wesentlichen bestätigt. Er hat auch eingeräumt, bei dem Gaststättenbesuch Bier getrunken und später das Fahrzeug geführt zu haben. Er hat sich allerdings dahingehend eingelassen, er habe lediglich bis 19:00 Uhr drei Bier getrunken und danach keinen Alkohol mehr konsumiert. Diese Behauptung ist unzutreffend und wird durch die Angaben des Zeugen Peters sowie das Ergebnis der Blutalkoholuntersuchung in der Hauptverhandlung widerlegt werden. Der Zeuge hat bekundet, dass der Angeschuldigte erheblich größere Mengen - und zwar bis zum Verlassen der Gaststätte - getrunken hat. Dabei hat er es nicht beim Bier belassen; nach den Angaben des Zeugen, dessen Rat, das Fahrzeug nicht mehr zu benutzen der Angeschuldigte in den Wind geschlagen hat, waren auch mehrere Schnäpse dabei. Soweit der Angeschuldigte bei seiner Vernehmung außerdem in Abrede gestellt hat, gegenüber den Polizeibeamten Widerstand geleistet, die Zeugin Rossel verletzt und das Taxi des Zeugen Buchmann mutwillig beschädigt zu haben, wird der Geschehensablauf, so wie er oben geschildert worden ist, durch die übereinstimmenden Bekundungen der beteiligten Polizeibeamten sowie des Zeugen Schmitz bestätigt werden.

224

Es wird beantragt, das Hauptverfahren vor dem Amtsgericht – Strafrichter – zu eröffnen.

(Schatz)
Staatsanwältin

Kapitel 3
Das gerichtliche Verfahren erster Instanz

Im gerichtlichen Verfahren erster Instanz hat der sog. **Tatrichter** auf der Grundlage einer Beweisaufnahme über die Fragen der Täterschaft, der Schuld und ggfls. der Sanktion zu befinden. Das Berufungsverfahren ist weitgehend ähnlich, weist aber – wie darzustellen sein wird – einige Besonderheiten auf. Im Revisionsverfahren schließlich geht es dann „nur" noch um eine Rechtsprüfung unter Rückgriff auf die tatsächlichen Feststellungen des Tatrichters. Dessen Tätigkeit bildet also die Basis des gesamten gerichtlichen Instanzenzuges.

A. Die Beteiligten, ihre Rechte und Pflichten

I. Der Angeklagte

Mit der Erhebung der Anklage wird der Beschuldigte terminologisch zum „Angeschuldigten" und mit der Eröffnung des Hauptverfahrens durch den gerichtlichen Eröffnungsbeschluss zum „Angeklagten", vgl. § 157 StPO. Seine Rechte als Beschuldigter während des Ermittlungsverfahrens sind bereits aufgezeigt worden. Auf seine wesentlichen Rechtspositionen im gerichtlichen Instanzenzug soll im Folgenden eingegangen werden.

225

1. Schweigerecht

Wie bereits erwähnt, können die Angaben des Angeklagten ein Beweismittel darstellen. Räumt er den Tatvorwurf ein, so kann dies zur Grundlage einer Verurteilung gemacht werden, wenn nicht bei der – stets gebotenen[1] – Überprüfung begründete Zweifel an der Richtigkeit des Geständnisses zu Tage treten[2]. Entsprechend dem „nemo-tenetur"-Grundsatz muss sich der Angeklagte aber zu keinem Zeitpunkt durch Angaben zur Sache oder sonst wie selbst belasten. Insbesondere ist es seine freie Entscheidung, ob er sich zur Sache einlässt oder nicht. Ob Schweigen immer sinnvoll ist, sei dahingestellt. Letztlich ist diese Strategie nämlich nichts anderes als der Verzicht, sich zu verteidigen. Hierdurch können wesentliche, dem Angeklagten günstige oder ihn entlastende Umstände unerwähnt bleiben.

226

Die Aussagefreiheit gehört zum Kernbereich des fairen Verfahrens i.S.d. Art. 6 EMRK[3]. Sie ergibt sich zudem:

---
1 BGH 4 StR 127/17 Tz. 21.
2 Vgl. BGH NStZ 2007, 20 f.; NJW 2000, 1962 f.
3 EGMR NJW 2002, 499; BGH 3 StR 11/15 Tz. 4 f.

Kapitel 3 *Das gerichtliche Verfahren erster Instanz*

- im Ermittlungsverfahren aus § 136 Abs. 1 S. 2 StPO,
- in der Hauptverhandlung aus § 243 Abs. 5 S. 1 StPO.

227 Macht der Angeklagte von seinem Schweigerecht in **vollem Umfang** Gebrauch, so dürfen hieraus keine ihm nachteiligen Schlüsse gezogen werden, und zwar auf allen Entscheidungsebenen, also bei der Beweiswürdigung, der Strafzumessung oder der Erwägung von Maßregeln[4]. Gleiches gilt, wenn er in verschiedenen Verfahrensstadien sein Aussageverweigerungsrecht unterschiedlich ausübt, sich also mal zur Sache einlässt und mal schweigt, oder wenn er in sonstiger Art und Weise eine Mitwirkung an der Sachaufklärung verweigert, etwa indem er einen behandelnden Arzt oder seinen Verteidiger nicht von der Schweigepflicht entbindet[5]. Auch aus dem Zeitpunkt, zu dem sich der Angeklagte erstmals einlässt, darf nichts Nachteiliges abgeleitet werden[6].

228 Schweigt der Angeklagte nur teilweise – oder positiv ausgedrückt: lässt er sich **teilweise** zur Sache ein –, so können seine Angaben und sein Aussageverhalten bei der Beweiswürdigung jedoch i.d.R. Berücksichtigung finden. Dabei ist die Abgrenzung zwischen „völligem" und „teilweisem" Schweigen zuweilen schwierig. „Völliges Schweigen" bedeutet nämlich – anders als im allgemeinen Sprachgebrauch – nicht etwa das Unterlassen jedweder Erklärung[7]. Ihm stehen das bloße Bestreiten, der Hinweis auf einen anderen Täter oder Rechtsausführungen, etwa zur Frage der Verjährung, gleich[8].

Als Ausgangspunkt der Überlegungen sollte daher der Begriff der „**Teileinlassung**" gewählt werden. Diese liegt vor, wenn der Angeklagte an der Aufklärung des Sachverhalts partiell mitwirkt, dann aber bestimmte Punkte unerwähnt lässt, auf Fragen oder Vorhalte hierzu gar nichts sagt oder nur lückenhafte Angaben macht[9]. Nachteilige Schlüsse dürfen hieraus gezogen werden, wenn nach den Umständen Angaben zu dem verschwiegenen Punkt zu erwarten gewesen wären und andere als taktische Ursachen ausgeschlossen werden können[10]. Ob eine Teileinlassung in diesem Sinne vorliegt, muss für jeden einzelnen von mehreren Tatvorwürfen gesondert geprüft werden[11].

> **Beispiele** für „Teilschweigen":
> Der Angeklagte räumt pauschal ein, dass der Anklagevorwurf zutreffe, weigert sich aber, konkrete Angaben zu machen.
> Er beruft sich auf ein bestimmtes Beweismittel, macht es aber nicht zugänglich[12].

---

4 BGH 1 StR 135/13 Tz. 14.
5 BGH NStZ 1999, 47.
6 BGH 1 StR 582/15; 3 StR 344/15; 3 StR 11/15 Tz. 4 f.
7 BGH NStZ 1997, 147 f.
8 Vgl. BGH NStZ 2000, 495 f.; StV 1993, 458; BGHSt 38, 302 (307).
9 BGH NJW 2002, 2260; NStZ 1999, 47.
10 Siehe BGH 2 StR 48/15 Tz. 8; 4 StR 508/10.
11 BGH 3 StR 370/10; NStZ 2000, 495 f.; NJW 2000, 1962 f.; siehe umfassend zur Problematik des „teilschweigenden" Angeklagten *Schneider* NStZ 2017, 73 ff., 126 ff.; *Miebach* NStZ 2000, 234 ff.
12 BGHSt 20, 298 für den Fall, dass der Angeklagte sich auf das Zeugnis eines Rechtsanwalts beruft, diesen dann aber nicht von seiner Schweigepflicht entbindet. Siehe hierzu auch BGH 3 StR 370/10.

> Er widerruft in der Hauptverhandlung eine frühere umfangreiche und geständige Einlassung[13].

Mit dem Schweigerecht des Angeklagten korrespondiert die Verpflichtung des Vorsitzenden, ihn hierüber zu belehren, § 243 Abs. 5 S. 1 StPO. Wird hiergegen verstoßen oder kann der Angeklagte die Belehrung aufgrund seiner geistigen Verhältnisse nicht verstehen, so ist die hierauf beruhende Aussage im Verfahren i.d.R. nicht verwertbar[14]. Geschieht dies gleichwohl, so liegt ein mit der Revision rügbarer Verfahrensfehler vor. Die unterlassene Belehrung durch das Gericht ist nur dann unschädlich, wenn der Angeklagte sein Recht (etwa aus vorangegangenen Strafverfahren) kannte oder wenn er sich ohnehin durch eine Einlassung zur Sache verteidigen wollte[15]. 229

Selbstverständlich darf auch das Gericht die Freiheit der Willensentschließung und der Willensbetätigung zur Frage des „Ob" und des „Wie" einer Einlassung nicht durch verbotene Methoden beeinflussen, § 136a StPO. Insoweit gelten dieselben Grundsätze wie im Ermittlungsverfahren.

2. Anwesenheitsrechte und -pflichten

Der Angeklagte darf und muss grundsätzlich in der Hauptverhandlung anwesend sein. Es darf gegen ihn nur verhandelt werden, wenn er zugleich auch verhandlungsfähig ist. Werden in seiner Abwesenheit Dinge besprochen, die den gegen ihn erhobenen Vorwurf berühren, so kann dies später die Revision nach § 338 Nr. 5 StPO begründen. 230

Im Einzelnen ergeben sich die Anwesenheitsrechte und -pflichten des Angeklagten – wie auch die gesetzlichen Ausnahmen – aus einer **Reihe von Vorschriften**, die im Folgenden kurz dargestellt werden sollen:

a) § 230 StPO

Nach dieser Vorschrift findet gegen einen ausgebliebenen Angeklagten eine Hauptverhandlung nicht statt. Die Anwesenheitspflicht soll ihm nicht nur rechtliches Gehör gewährleisten, sondern auch die Möglichkeit geben, insbesondere durch die Stellung von Anträgen auf den Verlauf der Verhandlung einzuwirken. Der Tatrichter soll im Interesse der Wahrheitsfindung und ggfls. der gerechten Strafzumessung einen unmittelbaren Eindruck von der Person des Angeklagten, seinem Auftreten und seinen Erklärungen erhalten[16]. 231

„Ausgeblieben" ist der Angeklagte, wenn er
– bei Aufruf der Sache nicht im Gerichtssaal ist bzw. nicht „alsbald"[17] erscheint,
– zwar anwesend ist, sich aber nicht zu erkennen gibt,

---

13 BGH NStZ 1998, 209.
14 BGH NStZ 1994, 95.
15 BGH NStZ 1983, 210; BGHSt 25, 325 (330).
16 BGH 1 StR 643/09 m.w.N.
17 Üblicherweise wird man vor weiteren Maßnahmen etwa 15 Minuten warten, siehe auch KG NStZ-RR 2015, 385.

Kapitel 3 *Das gerichtliche Verfahren erster Instanz*

– in einem selbstverschuldet verhandlungsunfähigem Zustand (etwa volltrunken) erscheint.

Nach § 230 Abs. 2 StPO kann die Vorführung des ausgebliebenen Angeklagten (durch die Polizei) angeordnet oder Haftbefehl erlassen werden, um die Anwesenheit zu erzwingen.

Von dem Grundsatz der Anwesenheitspflicht gibt es eine Reihe von **Ausnahmen**, die jedoch in der Praxis selten zur Anwendung gelangen. Dies liegt im Wesentlichen an den relativ hohen verfahrensmäßigen „Hürden" und den damit verbundenen Revisionsmöglichkeiten. Im Einzelnen:

b) § 231 StPO

232 Nach Abs. 2 dieser Vorschrift kann die Hauptverhandlung zu Ende geführt werden, wenn der Angeklagte

– sich **eigenmächtig** (also nach den objektiven Gegebenheiten ohne Rechtfertigungs- oder Entschuldigungsgründe und wissentlich[18]) aus der Hauptverhandlung **entfernt** oder bei einem Fortsetzungstermin eigenmächtig **ausbleibt**,

und

– er bereits abschließend zur Sache vernommen worden ist

und

– seine weitere Anwesenheit entbehrlich erscheint.

233 Damit scheidet eine Fortsetzung ohne den Angeklagten bereits aus, wenn ihm rechtliche Hinweise nach § 265 Abs. 1 oder 2 StPO erteilt werden müssen (es sei denn, ein Verteidiger wirkt mit, § 234a StPO). Das Gericht hat aber einen revisionsrechtlich nur eingeschränkt überprüfbaren Beurteilungsspielraum.

Der Angeklagte kann jederzeit wieder in die Hauptverhandlung zurückkehren. Er nimmt dann seine Stellung mit allen Rechten und Pflichten wieder ein. Allerdings wird die Wirksamkeit des Teils der Hauptverhandlung, der in seiner Abwesenheit durchgeführt wurde, hierdurch nicht berührt. Über den zwischenzeitlichen Gang des Verfahrens ist er aufgrund der prozessualen Fürsorgepflicht vom Gericht zu informieren. Hierzu gehören nicht nur die erfolgten Beweiserhebungen, sondern auch gestellte Anträge, abgegebene Prozesserklärungen und ergangene Beschlüsse[19].

c) § 231a StPO

234 Führt der Angeklagte vor seiner Vernehmung zur Sache vorsätzlich und schuldhaft (z.B. durch Trunkenheit, Betäubungsmittelkonsum oder Selbstschädigung wie Hun-

---

18   Vgl. hierzu BGH 1 StR 235/14 Tz. 25 f. (keine plausiblen Angaben zu behaupteter Erkrankung); 5 StR 630/13 (inhaftierter Angeklagter verweigert Vorführung); 1 StR 631/10 (Suizidversuch); 4 StR 276/09; 1 StR 275/07; NStZ 2003, 561; NStZ 1997, 295 sowie *Eisenberg* NStZ 2012, 63 ff. An Eigenmächtigkeit fehlt es etwa, wenn der Angeklagte nicht ordnungsgemäß geladen war. Es besteht im Übrigen keine Verpflichtung des Gerichts, den Angeklagten über die Möglichkeit des § 231 Abs. 2 StPO zu belehren, BGH NJW 2000, 2830.
19   BGH 1 StR 301/07.

gerstreik[20]) seine **Verhandlungsunfähigkeit** herbei, so kann ohne ihn verhandelt werden, wenn seine Anwesenheit (im Ausnahmefall) nicht unerlässlich ist. Allerdings muss er **nach** der Eröffnung des Hauptverfahrens Gelegenheit gehabt haben, sich vor dem Gericht oder einem beauftragten Richter zur Anklage zu äußern. Das Verfahren zur Durchführung der Verhandlung ist in den Absätzen 3 und 4 im Einzelnen geregelt. Im Falle der Wiederherstellung der Verhandlungsfähigkeit ist der Angeklagte zur Hauptverhandlung erneut zuzuziehen und über die in seiner Abwesenheit erfolgten Ereignisse umfassend zu informieren, § 231a Abs. 2 StPO.

Die §§ 231, 231a StPO greifen dagegen nicht ohne weiteres, wenn der Angeklagte sich lediglich weigert, die – nicht selbst herbeigeführte – Verhandlungsunfähigkeit durch einen ärztlichen Eingriff beheben zu lassen[21]. Allerdings kollidiert in einem solchen Fall das Freiheitsrecht des Angeklagten aus Art. 2 Abs. 2 GG – Selbstbestimmung über ärztliche Behandlung – mit der Pflicht des Staates, eine funktionstüchtige Rechtspflege zu gewährleisten und diese vor Manipulationen zu schützen. Im Einzelfall kann § 231a StPO also auch dann zur Anwendung gelangen, wenn gemessen an der Schwere des Tatvorwurfs und dem Umfang der erforderlichen Behandlung dem Angeklagten die Sicherung der Hauptverhandlung zumutbar ist[22].

d) § 231b StPO

Drohen durch **ordnungswidriges Verhalten** des Angeklagten (etwa andauernde Zwischenrufe, Beschimpfungen u.ä.) schwerwiegende Störungen der Hauptverhandlung, so kann er gem. § 177 GVG aus dem Sitzungszimmer entfernt werden. § 231b StPO schafft für diese Situation die Möglichkeit, ohne den Angeklagten weiter zu verhandeln, sofern seine Anwesenheit nicht unerlässlich ist und er Gelegenheit hatte, sich zur Anklage zu äußern.

235

Hat sich der Angeklagte wieder beruhigt, so ist er zur Hauptverhandlung wieder zuzulassen und über den Gang des in seiner Abwesenheit stattgefundenen Verfahrensabschnitts zu informieren, § 231b Abs. 2 StPO.

e) § 231c StPO

Findet die Hauptverhandlung gegen mehrere Personen statt, so kann ein einzelner Angeklagter auf seinen Antrag hin durch Beschluss des Gerichts für solche Teile der Verhandlung „**beurlaubt**" werden, die ihn nicht betreffen, etwa weil sie sich auf Taten beziehen, an denen er nicht beteiligt war. Eine Beurlaubung kommt also nur in Betracht, wenn auszuschließen ist, dass die während der Abwesenheit des Angeklagten behandelten Umstände auch nur mittelbar die gegen ihn erhobenen Vorwürfe berühren. Darin liegt eine Gefahr. Denn selbst wenn der Verhandlungsteil nur für den Ausspruch über eine Rechtsfolge für den Angeklagten von Bedeutung ist, wird dieser von ihm „betroffen". Grundsätzlich sollte von der Möglichkeit einer Beurlaubung also zurückhaltend Gebrauch gemacht werden. Denn es wird selten sicher auszu-

236

---

20 Vgl. BVerfGE 51, 324 (344).
21 BVerfG NJW 1994, 1590.
22 Vgl. OLG Nürnberg NJW 2000, 1804 ff.

Kapitel 3 *Das gerichtliche Verfahren erster Instanz*

schließen sein, dass während der Freistellung eines Angeklagten Dinge zur Sprache kommen, die ihn unmittelbar oder mittelbar betreffen[23]. Die nicht anfechtbare Entscheidung (vgl. § 305 S. 1 StPO) steht im Ermessen des Gerichts. Der Beschluss hat die Verhandlungsteile konkret zu bezeichnen, für welche die Beurlaubung gilt. Auch ein Verstoß gegen diese inhaltliche Beschränkung kann die Revision begründen (§ 338 Nr. 5 StPO).

f) § 232 StPO

237 Diese Vorschrift dient bei Strafsachen von geringer Bedeutung einer **Vereinfachung** des Verfahrens. Nach § 232 StPO kann die Hauptverhandlung auch ohne den Angeklagten durchgeführt werden, wenn er ordnungsgemäß[24] geladen und in der Ladung auf diese Möglichkeit hingewiesen wurde. Dies darf nur dann geschehen, wenn die in Abs. 1 genannten Strafen bzw. Nebenfolgen nicht überschritten werden.

Die praktische Bedeutung ist gering, weil die wesentlich einfachere Möglichkeit besteht, gegen den ausgebliebenen Angeklagten nach § 408a StPO einen Strafbefehl zu erlassen.

g) § 233 StPO

238 Hiernach kann der Angeklagte auf seinen **Antrag** von der Verpflichtung zum Erscheinen in der Hauptverhandlung entbunden werden, wenn nur Freiheitsstrafe bis zu 6 Monaten, Geldstrafe bis zu 180 Tagessätzen, Verwarnung mit Strafvorbehalt sowie bestimmte Nebenfolgen zu erwarten sind. Die **Voraussetzungen** sind:
– ein entsprechender **Antrag des Angeklagten**; wird er durch einen Verteidiger vertreten, so braucht dieser hierfür eine über die normale Mandatierung hinausgehende Vertretungsvollmacht[25]. Der Antrag kann im Übrigen auch noch in der Hauptverhandlung gestellt werden und ist frei widerruflich, solange über ihn noch nicht entschieden ist;
– eine **begrenzte Straferwartung**, siehe § 233 Abs. 1 StPO;
– ein **Gerichtsbeschluss**, der im Ermessen des Gerichtes steht, wobei die Interessen des Angeklagten sowie die Bedeutung der Sache und die Bedürfnisse einer Sachaufklärung zu berücksichtigen sind. Auch dieser Entbindungsbeschluss kann jederzeit widerrufen werden, wenn sich die Beurteilungsgrundlage verändert.

Die Entscheidung über den Antrag ist nach § 35 Abs. 2 S. 1 StPO bekannt zu machen.

239 Wird der Angeklagte von seiner Anwesenheitspflicht entbunden, so muss er nach § 233 Abs. 2 StPO durch das Gericht im Wege der Videokonferenz oder durch einen beauftragten oder ersuchten Richter über die Anklage vernommen werden. Diese Vernehmung stellt einen vorweggenommenen Teil der Hauptverhandlung dar; der Angeklagte ist über die möglichen Rechtsfolgen zu belehren.

---

23 Vgl. BGH 5 StR 309/12 Tz. 17; 3 StR 462/11; NStZ 2009, 400 f.; 3 StR 562/08.
24 Hier genügt eine öffentliche Zustellung i.S.d. § 40 StPO nicht, vgl. § 232 Abs. 2 StPO.
25 BGHSt 12, 367.

Ein Vernehmungsprotokoll kann später ohne besonderen Beschluss in der Hauptverhandlung verlesen werden. Da es sich bei der Vernehmung aber um einen vorweggenommenen Teil handelt, gelten die in ihr vorgebrachten Beweisanträge als in der Hauptverhandlung gestellt, müssen also entsprechend behandelt und beschieden werden.

Trotz der Entbindung muss der Angeklagte zur Hauptverhandlung geladen werden, da er immer noch ein Anwesenheitsrecht besitzt.

h) § 247 StPO

Nach dieser Vorschrift kann der Angeklagte **vorübergehend** von der Hauptverhandlung **ausgeschlossen** werden[26]. Da er nicht wirksam auf seine vom Gesetz vorgeschriebene Anwesenheit verzichten kann, gilt es zu beachten, dass nur **bestimmte, gewichtige Gründe** eine Entfernung rechtfertigen. Ein Ausschluss ist möglich:

- **bei Gefährdung der Wahrheitsfindung** (Satz 1).
  Dabei reicht der bloße Wunsch eines Zeugen, in Abwesenheit des Angeklagten auszusagen, für dessen vorübergehende Entfernung grundsätzlich nicht aus. Besteht aber die durch Tatsachen belegte **konkrete Gefahr**, ein Zeuge oder Mitangeklagter werde in Anwesenheit des Angeklagten nicht wahrheitsgemäß aussagen oder von seinem (tatsächlich bestehenden) Zeugnis- bzw. umfassenden Auskunftsverweigerungsrecht i.S.d. §§ 52, 55 StPO Gebrauch machen[27], so kann der Angeklagte – soweit diese Gefahr reicht – vorübergehend von der Hauptverhandlung ausgeschlossen werden. Das kann auch noch während der Vernehmung des Zeugen erfolgen, z.B. wenn dieser die Antwort in Gegenwart des Angeklagten nur auf einzelne Fragen verweigert. Rechtlicher Hintergrund ist der Umstand, dass bei solchen Zeugen eine Aussage nicht nach § 70 StPO erzwungen werden könnte. Bei i.S.d. § 19 StGB schuldunfähigen Kindern ist die Situation identisch, so dass auch hier ein Ausschluss des Angeklagten in Frage kommt[28].
  § 247 S. 1 StPO greift auch dann ein, wenn behördlicherseits dem Zeugen (etwa einem verdeckten Ermittler) eine Aussagegenehmigung nur für den Fall einer Vernehmung in Abwesenheit des Angeklagten erteilt wird und mildere Mittel als der Ausschluss des Angeklagten zum Schutz des Zeugen nicht ausreichen[29].
- **zum Schutz von Kindern und Jugendlichen** (Satz 2 Alt. 1),
  wenn also bei der Vernehmung von Kindern oder Jugendlichen (also Personen bis zum 18. Lebensjahr), deren körperliches oder seelisches Wohl konkret und „erheblich" gefährdet ist. Das Gericht entscheidet allein nach pflichtgemäßem Ermessen, so dass es auf die bloßen Wünsche des Zeugen nicht entscheidend ankommt[30].

---

26 In Verfahren gegen Jugendliche ist zudem die weiterreichende Vorschrift des § 51 Abs. 1 JGG zu beachten.
27 BGH 4 StR 171/09; NStZ 2002, 45; NStZ 2001, 46 ff.; 608 ff.
28 Vgl. BGH NStZ 2010, 53. Zudem liegt hier die Annahme eines erheblichen Nachteils für deren Wohl i.S.d. § 247 S. 2 StPO regelmäßig nahe.
29 Vgl. zu dieser schwierigen Kompetenzverteilung zwischen Justiz und Exekutive: BGH NStZ 1996, 608 f.
30 BGH NJW 2006, 1009.

Kapitel 3 *Das gerichtliche Verfahren erster Instanz*

- **zum Schutz erwachsener Zeugen** (Satz 2 Alt. 2).
  Besteht aufgrund konkreter Umstände die hohe Wahrscheinlichkeit für einen gesundheitlichen Nachteil, also die Gesundheitsgefährdung eines Zeugen, so rechtfertigt auch dies den Ausschluss des Angeklagten.

- **zum Schutz des Angeklagten selbst** (Satz 3),
  etwa wenn durch die Vernehmung eines Sachverständigen zu psychiatrisch relevanten Problemen des Angeklagten für diesen eine erhebliche Gesundheitsbeeinträchtigung zu erwarten ist.

242 In **allen Anwendungsfällen** des § 247 StPO ist ein **Gerichtsbeschluss** erforderlich, eine Anordnung des Vorsitzenden alleine genügt also nicht. Die Entscheidung ist zwingend in Anwesenheit des Angeklagten zu verkünden[31]. Aus ihr muss hervorgehen, aus welchem – zulässigen – konkreten Grund und für welchen Teil der Hauptverhandlung der Angeklagte ausgeschlossen wird. Substantiiert auszuführen ist auch, auf welche Tatsachen das Gericht seine Gefahrenprognose stützt[32].

Sobald der Entfernungsgrund entfällt, ist der Angeklagte wieder zur Hauptverhandlung zuzulassen und nach Satz 4 des § 247 StPO über den wesentlichen Inhalt der in seiner Abwesenheit erfolgten Aussage bzw. sonstige relevante Ereignisse zu unterrichten. Da die Verteidigung des Angeklagten durch den zeitweisen Ausschluss erheblich beeinträchtigt ist, muss die – unverzichtbare – **Unterrichtung sofort** nach dessen Wiedereintritt erfolgen, bevor weitere Verfahrenshandlungen vorgenommen werden[33]. Diese vom Gesetz vorgesehene nachträgliche Information kann durch eine simultan erfolgende **Videoübertragung** der Vernehmung vom Sitzungssaal zum Aufenthaltsort des Angeklagten ersetzt werden. Geschieht dies, so muss der Vorsitzende sich später nur noch vergewissern, dass dies technisch störungsfrei funktionierte und der Angeklagte die Möglichkeit hatte, die Aussage uneingeschränkt zur Kenntnis zu nehmen. Die Ablehnung eines Antrags auf Videoübertragung ist schon wegen des höheren Informationsgehalts und des eröffneten Ermessens näher zu begründen. Dabei dürften aber auch die Belange des Zeugen eine Rolle spielen, dessen Vernehmung videografiert würde[34].

Im Anschluss an die Unterrichtung muss dem Angeklagten als Ausfluss des sog. Konfrontationsrechts zudem die Möglichkeit gegeben werden, weitere Fragen an den Zeugen stellen zu lassen[35]. Dies kann dazu führen, dass der genannte Vorgang – Entfernung des Angeklagten, Zeugenvernehmung, Information – mehrfach zu wiederholen ist.

243 **Wichtig:** Während der Abwesenheit des Angeklagten sind **andere Beweiserhebungen** – selbst wenn sie sachdienlich wären – **verboten**. Gleichwohl durchgeführte Maßnahmen müssen nach Wiedereintritt des Angeklagten vollständig wiederholt werden,

---

31 BGH 4 StR 385/14.
32 BGH 3 StR 194/14 Tz. 6 m.w.N.; NStZ 2002, 44.
33 BGH 4 StR 612/09.
34 Siehe zu der neueren Rechtsprechung umfassend BGH 1 StR 216/17 Tz. 13 ff. m.w.N.; NJW 2007, 709 ff.
35 Siehe hierzu Rn. 41 und 249 sowie BVerfG NStZ 2007, 534.

Die Beteiligten, ihre Rechte und Pflichten **A**

so z.B. eine Augenscheinseinnahme oder die Verlesung von Urkunden (nicht also der formlose Vorhalt gegenüber einem Zeugen)[36].

Für „gewiefte" Verteidiger ergibt sich hier die Möglichkeit, bewusst einen Vorgang herbeizuführen, den sie später im Revisionsverfahren nach § 338 Nr. 5 StPO rügen können, indem sie beispielsweise im Rahmen einer Zeugenvernehmung das – arglose – Gericht bitten, ein Schreiben vorzulesen (Urkundsbeweis!) oder ein Lichtbild in Augenschein zu nehmen und diesen Vorgang im Protokoll zu vermerken[37]. Geschieht dies, so liegt ein Revisionsgrund i.S.d. § 338 Nr. 5 StPO vor.

Auch über die Frage, ob ein Zeuge **entlassen** und **vereidigt** werden soll, darf nicht in Abwesenheit des Angeklagten entschieden werden[38]. Denn mit der Entlassung des Zeugen endet das Fragerecht des Angeklagten nach § 240 Abs. 2 S. 1 StPO. Er wäre also nach einer – in seiner Abwesenheit – erfolgten Entlassung gezwungen, einen Beweisantrag zu stellen, wenn er sein Fragerecht noch ausüben will. Da der Zeuge in diesem Fall aber bereits vom Gericht gehört wurde, könnte der Antrag unter erleichterten Voraussetzungen zurückgewiesen werden[39]. **244**

In bestimmten Situationen bietet die dem Schutz und der Schonung von Zeugen dienende Vorschrift des **§ 247a Abs. 1 StPO** eine **Alternative** zur Entfernung des Angeklagten. Droht dem Wohl eines (auch erwachsenen) Zeugen ein über die normale Belastung hinausgehender schwerwiegender Nachteil, so ist es zulässig, den nicht im Sitzungssaal anwesenden Zeugen unter Einsatz technischer Mittel so anzuhören, dass diese Vernehmung – u.U. bei gleichzeitiger Aufzeichnung – zeitgleich in Bild und Ton in das Sitzungszimmer übertragen wird[40]. Diese Möglichkeit steht selbständig neben § 247 StPO. Das Gericht muss also im Einzelfall prüfen, wie das Spannungsverhältnis zwischen Aufklärungspflicht, Schutz des Zeugen und Verteidigungsinteressen zu lösen ist. **245**

Hierbei sind die persönlichen Belange des Zeugen zu berücksichtigen, so dass insbesondere bei der Vernehmung **kindlicher Opferzeugen** einer Entfernung des Angeklagten der Vorzug zu geben sein dürfte[41]. Denn § 247a StPO erlaubt es dem Vorsitzenden nicht, während der Vernehmung bei dem – in einem anderen Raum befindlichen – Zeugen zu sein und so eine angstfreie und persönliche Gesprächssituation aufzubauen. Ein Verstoß hiergegen würde den absoluten Revisionsgrund des § 338 Nr. 1 oder 5 StPO auslösen[42]. Zudem sind die Gerichte gehalten, bei Auslegung und

---

36 BGH 1 StR 212/14; 4 StR 529/13; 2 StR 379/13; 1 StR 264/10; NStZ 2001, 262 f.
37 Siehe z.B. BGH 4 StR 529/13; 1 StR 264/10.
38 Siehe hierzu sowie zu den revisionsrechtlichen **Heilungsmöglichkeiten** BGH GSSt 1/09; BGH 4 StR 302/14; 2 StR 387/13 Tz. 7; 1 StR 11/13 Tz. 5; 3 StR 318/11 m.w.N.
39 Siehe unten Rn. 469.
40 Bei einem im **Ausland** befindlichen Zeugen kann dies so geschehen, dass in den Räumen der dortigen deutschen konsularischen Vertretung der Konsularbeamte – unter Delegation des Fragerechts an die Verfahrensbeteiligten – formell die Vernehmung durchführt und den Zeugen ggfls. vereidigt, wobei der gesamte Vorgang per Videoleitung in den Gerichtssaal übertragen wird. Dieses Vorgehen erübrigt ein Rechtshilfeersuchen, da es sich um einen Fall innerdeutscher Rechtshilfe handelt. Näheres hierzu siehe Rn. 449 f.
41 So auch die Begründung des Gesetzesentwurfs, BT-Drucks. 15/1976, S. 12.
42 Siehe umfassend hierzu BGH 3 StR 84/16.

Kapitel 3 *Das gerichtliche Verfahren erster Instanz*

Anwendung der §§ 247, 247a StPO – wie bei anderen Vorschriften auch – die Vorgaben des Rahmenbeschlusses bzw. der Richtlinie über Mindeststandards für die Rechte von Tatopfern zu beachten, wonach Opferzeugen Anspruch auf größtmöglichen Schutz haben[43]. Im Übrigen ist zu bedenken, dass einer Videovernehmung infolge der damit verbundenen Einschränkungen der Vernehmungssituation ein nur reduzierter Beweiswert zukommen kann. Sie kann daher die Wahrheitsfindung beeinträchtigen.

246 Ob das Gericht von der Möglichkeit einer Videovernehmung Gebrauch macht, steht in seinem pflichtgemäßen Ermessen. Die durch **Beschluss**[44] zu treffende Entscheidung ist zwar gem. § 247a Abs. 1 S. 2 StPO nicht anfechtbar[45]. Allerdings kann dem Tatopfer aus Art. 2 GG ein klagbarer **verfassungsrechtlicher Anspruch** auf eine Videovernehmung (und konsequenterweise wohl alternativ auch auf die Anwendung des § 247 StPO) zustehen. Auf eine mangelnde technische Ausstattung darf sich das Gericht ohnehin nicht berufen[46].

i) § 411 StPO

247 Eine Besonderheit hinsichtlich der Anwesenheitspflicht gilt für das **Strafbefehlsverfahren** i.S.d. §§ 407 ff. StPO. Legt der Angeklagte gegen einen Strafbefehl Einspruch ein oder kommt es aus sonstigen Gründen zu einer Hauptverhandlung, so kann er sich hier durch einen schriftlich bevollmächtigten Verteidiger vertreten lassen, § 411 Abs. 2 StPO. Dies gilt dann für das gesamte weitere Verfahren, mithin auch für eine eventuelle Berufungsverhandlung, und zwar unabhängig davon, ob der Verteidiger an einer solchen Verhandlung aktiv mitwirkt oder Erklärungen abgibt[47]. Die schriftliche Vertretungsvollmacht muss dem Tatgericht allerdings in der Hauptverhandlung vom anwesenden Verteidiger vorgelegt oder nachgewiesen werden[48]. Gleichwohl kann das Gericht gem. § 236 StPO das persönliche Erscheinen des Angeklagten anordnen und dieses notfalls auch mit einem Haftbefehl nach § 230 Abs. 2 StPO durchsetzen[49].

3. Sonstige Rechte des Angeklagten

248 Bezüglich des Rechts auf **Akteneinsicht** durch den Angeklagten selbst verweisen wir auf die Ausführungen zum Ermittlungsverfahren[50]. Für das gerichtliche Verfahren gelten insoweit keine Besonderheiten. Gleiches gilt für seine Befugnis, sich der Hilfe eines **Verteidigers** zu bedienen, § 137 Abs. 1 StPO.

---

43 EuGH NJW 2012, 595 ff.; 2005, 2839 ff. Vgl. auch BGH 1 StR 465/12 Tz. 38 f. und oben Rn. 158.
44 Dieser kann wegen der nötigen technischen Vorbereitungen in der außerhalb der Hauptverhandlung geltenden Besetzung (also ohne Schöffen) gefasst werden, vgl. BGH 5 StR 315/11.
45 **Achtung**: Das BVerfG deutet die Möglichkeit an, dass § 247a Abs. 1 S. 2 StPO verfassungskonform dahingehend auszulegen sein könnte, die Unanfechtbarkeit nur für die Anordnung der Videovernehmung und nicht etwa für deren Ablehnung anzunehmen, vgl. 2 BvR 261/14.
46 Siehe zur verfassungsrechtlichen Seite BVerfG, Beschluss vom 27.02.2014, 2 BvR 261/14.
47 Vgl. OLG Celle, NStZ-RR 2009, 352 f.
48 OLG Köln NStZ-RR 2017, 256.
49 Siehe KG NStZ-RR 2014, 378 f.
50 Oben Rn. 146.

Die Beteiligten, ihre Rechte und Pflichten **A**

Darüber hinaus ist auf den Antrag des Angeklagten nach § 149 Abs. 1 und 2 StPO dessen Ehegatte oder Lebenspartner[51] bzw. sein gesetzlicher Vertreter[52] – auch neben einem Verteidiger – in der Hauptverhandlung als sog. „**Beistand**" zuzulassen und ggfls. zu hören. Dessen Funktion erschöpft sich allerdings in der Beratung des Angeklagten und der Stellungnahme zur Sache. Um diese Aufgaben wahrnehmen zu können, ist ihm – wenngleich gesetzlich nicht ausdrücklich geregelt – die Möglichkeit einzuräumen, an der gesamten Hauptverhandlung teilzunehmen. Auch steht ihm das Fragerecht aus § 240 Abs. 2 StPO zu. Anders als der Verteidiger kann er jedoch zeitweise von der Hauptverhandlung ausgeschlossen werden, etwa wenn dies zur Wahrheitsermittlung geboten ist[53].

Einer förmlichen Ladung des Beistands bedarf es zwar nicht, gem. § 149 Abs. 1 S. 2 StPO sind ihm jedoch Ort und Zeit der Hauptverhandlung rechtzeitig mitzuteilen. Weitere prozessuale Rechte, insbesondere die Befugnis Rechtsmittel einzulegen, hat er nicht. Anders als der Verteidiger (vgl. insoweit § 148 Abs. 1 StPO) hat der Beistand auch keinen Anspruch auf Akteneinsicht oder nicht überwachte Besuche des inhaftierten Angeklagten, solange diese Beschränkung gem. § 119 Abs. 3 StPO zur Sicherung des Zwecks der Untersuchungshaft geboten ist[54].

Gemäß § 243 Abs. 2 S. 2 i.V.m. Abs. 5 S. 2 StPO ist der Angeklagte **zur Person zu vernehmen**. Auf diese Weise soll sein persönlicher Werdegang zwecks Feststellung der individuellen Schuld und Findung einer dieser angemessenen Strafe für den Fall der Verurteilung aufgeklärt werden. 249

Der Angeklagte hat nach § 240 Abs. 2 StPO gegenüber Zeugen und Sachverständigen ein eigenes **Fragerecht**. Diese Befugnis ist auch durch Art. 6 Abs. 3 lit. d) EMRK als sog. **Konfrontationsgebot** garantiert. Sie ist wesentlicher Bestandteil des sog. „fair trial". Der Angeklagte kann zudem durch **Anträge**, insbesondere durch Beweisanträge, den Verlauf der Hauptverhandlung und den Umfang der Beweiserhebung mitgestalten.

Gem. § 257 Abs. 1 StPO soll er nach jedem Beweisschritt die **Möglichkeit zur Stellungnahme** erhalten. So kann er eine persönliche Würdigung der Beweisaufnahme vornehmen und damit auf die Überzeugungsbildung des Gerichts Einfluss nehmen. 250

Das „**letzte Wort**" steht dem Angeklagten nach § 258 Abs. 2 Hs. 2 StPO zu. Es geht über den garantierten Anspruch auf rechtliches Gehör i.S.d. Art. 103 Abs. 1 GG hinaus. Der letzte Eindruck des Gerichts vor der Beratung soll vom Angeklagten stammen.

---

51 „Lebenspartner" im Sinne des Gesetzes zur Beendigung der Diskriminierung gleichgeschlechtlicher Lebensgemeinschaften vom 16.02.2001, BGBl. I, 266.
52 Der gesetzliche **Betreuer** i.S.d. § 1896 BGB ist nicht gesetzlicher Vertreter. § 149 Abs. 2 StPO ist folglich nicht (auch nicht entsprechend) auf ihn anwendbar, BGH NStZ 2008, 524 f. Das gilt auch für das Adhäsionsverfahren, BGH 4 StR 354/12.
53 Vgl. BGH NStZ 2001, 552 f. m.w.N.
54 BGH NStZ 2001, 552 f.; NJW 1998, 2296 ff.

Kapitel 3 *Das gerichtliche Verfahren erster Instanz*

II. Der Verteidiger

1. Funktion und Stellung

251 Der Verteidiger ist im deutschen Rechtssystem ein **unabhängiges** und der Staatsanwaltschaft gleichgeordnetes **Organ der Rechtspflege**, welches zur Mitwirkung bei der Ermittlung der materiellen Wahrheit berechtigt und verpflichtet ist[55]. Sein Verhalten muss „zurückhaltend, ehrenhaft und würdig" sein[56]. Der Auftrag der Verteidigung liegt nicht ausschließlich in einer Wahrnehmung der Interessen des Angeklagten, sondern auch in einer am Rechtsstaatsgedanken ausgerichteten Strafrechtspflege.

Der Verteidiger darf also weder auf eine Verurteilung hinwirken, noch sich der Wahrheitserforschung in den Weg stellen. Ihn trifft damit auch die Pflicht, an einer sachdienlichen und prozessual geordneten Verfahrensführung mitzuwirken sowie den Verfahrensabschluss in einer angemessenen Zeit zu fördern[57]. Sein Vorgehen muss er auf **verfahrensrechtlich erlaubte** Mittel beschränken. Er hat sich jeder sachwidrigen Erschwerung der Strafverfolgung zu enthalten, insbesondere also der aktiven Verdunkelung und Verzerrung des Sachverhalts, der Verfälschung von Beweismitteln oder der Vorlage gefälschter Beweismittel (z.B. derartiger Urkunden). Auch darf er keine Zeugen benennen, von denen er erkennt, dass sie eine Falschaussage machen werden, geschweige denn, auf eine solche Aussage hinwirken[58].

252 Diese sog. „Organstellung" des Verteidigers steht in einem Spannungsverhältnis zu seiner Verpflichtung, als **Beistand des Angeklagten** dessen rechtliche und tatsächliche Möglichkeiten effizient zu nutzen. So ist er nach überwiegender Meinung in Rechtsprechung und Lehre nicht gehindert, sich trotz positiver Kenntnis von der Schuld seines Mandanten um einen Freispruch zu bemühen[59]. Er ist also nicht etwa zur Unparteilichkeit, sondern – in dem aufgezeigten Rahmen – zur einseitigen Interessenvertretung seines Mandanten verpflichtet[60]. Auch aus diesem Grunde ist ihm die gleichzeitige Verteidigung mehrerer Tatbeteiligter verboten, § 146 StPO.

2. Auswahl

a) Wahlverteidiger

253 Der Angeklagte darf – schon als Ausfluss des Rechtsstaatsprinzips[61] – seinen Verteidiger frei wählen, wobei er nach § 138 Abs. 1 StPO sowohl einen Rechtsanwalt, wie auch einen Rechtslehrer an einer deutschen Hochschule bevollmächtigen kann[62]. Auch andere sachkundige Personen können im Einzelfall nach pflichtgemäßem Er-

---

55 Siehe zu diesem Organbegriff *Eckertz-Höfer* sowie *Zuck* NJW 2013, 1580 ff.
56 So EGMR NJW 2004, 3317 f.
57 Siehe BGH 1 StR 544/09.
58 Vgl. BGH 2 StR 302/08 m.w.N.; NStZ 2001, 146 f.; NJW 2000, 2434; NStZ 1993, 80; BGHSt 38, 111 (115).
59 BGH NStZ 1993, 80; vgl. *Hammerstein* NStZ 1997, 12 ff.
60 Vgl. BGH NStZ 2001, 145 ff.; NJW 2000, 2219; BGHSt 38, 111 (115).
61 BVerfG NJW 2013, 1061.
62 Letzteres kann je nach dem landesspezifischen Hochschulrecht auch ein Fachhochschullehrer sein, BGH NJW 2003, 3573.

messen vom Gericht als Verteidiger zugelassen werden (§ 138 Abs. 2 StPO), soweit sichergestellt ist, dass sie die Pflichten eines Verteidigers sachgerecht wahrnehmen werden[63]. Dabei darf die Zahl der gewählten Verteidiger drei nicht übersteigen, § 137 Abs. 1 S. 2 StPO. Wird hiergegen – oder gegen das Verbot der Mehrfachverteidigung aus § 146 StPO – verstoßen, so hat das Gericht hierauf durch Zurückweisung eines oder mehrerer Verteidiger zu reagieren, § 146a StPO. Wählt sich der Angeklagte den Verteidiger selber, so spricht man vom **„Wahlverteidiger"**, auch wenn inhaltlich ein Fall der notwendigen Verteidigung vorliegt. In eigener Sache kann ein beschuldigter Rechtsanwalt weder Wahl- noch Pflichtverteidiger sein[64].

b) Pflichtverteidiger

Der sog. **„Pflichtverteidiger"** wird dem Angeklagten in den Fällen der notwendigen Verteidigung (§§ 140, 418 Abs. 4 StPO) vom Gericht beigeordnet, wenn er keinen Wahlverteidiger hat oder dieser – etwa im Fall einer Interessenkollision wegen anderer Mandate[65] – nicht die Gewähr für ein ordnungsgemäßes Verfahren bietet. Diese Regelung konkretisiert den verfassungsrechtlichen Anspruch auf ein faires rechtsstaatliches Verfahren ohne Rücksicht auf die Einkommens- und Vermögensverhältnisse des Angeklagten[66]. **254**

§ 418 Abs. 4 StPO knüpft beim beschleunigten Verfahren[67] die Bestellung eines Pflichtverteidigers allein an die Höhe der Sanktion (mindestens sechs Monate Freiheitsstrafe). Bei § 140 Abs. 1 StPO handelt es sich – für das „normale" Strafverfahren – dagegen um einen abschließenden Katalog **alternativer** Fälle, wobei von besonderer Bedeutung sind: **255**

– Die erstinstanzliche Hauptverhandlung findet vor dem **Landgericht** oder einem Oberlandesgericht statt;
– dem Angeklagten wird ein **Verbrechen** (§ 12 Abs. 1 StGB) zur Last gelegt (häufig deckungsgleich mit der vorangegangenen Alternative);
– gegen ihn wird Untersuchungshaft oder eine einstweilige Unterbringung vollzogen[68];
– er befindet sich mindestens drei Monate aufgrund richterlicher Entscheidung in einer „Anstalt" (z.B. in Strafhaft) und wird nicht mindestens zwei Wochen vor der Hauptverhandlung entlassen;
– aus Gründen der „Waffengleichheit" ist schließlich gem. § 140 Abs. 1 Nr. 9 StPO dann regelmäßig ein Verteidiger beizuordnen, wenn dem Verletzten nach §§ 397a, 406h Abs. 3 StPO ebenfalls ein Rechtsanwalt beigeordnet worden ist.

---

63 Vgl. BVerfG NJW 2006, 1503.
64 BVerfG NStZ 1998, 363 f.
65 Vgl. hierzu und insbesondere zur sog. sukzessiven Mehrfachverteidigung BGH NJW 2003, 1331 ff.
66 BVerfG NJW 2004, 1310.
67 Näheres hierzu siehe Rn. 817 ff.
68 Mit Verkündung des Haftbefehls hat also eine Beiordnung durch den Ermittlungsrichter zu erfolgen; siehe hierzu auch OLG Düsseldorf, NJW 2011, 1618 f.

Kapitel 3 *Das gerichtliche Verfahren erster Instanz*

Gleiches dürfte nach § 140 Abs. 2 StPO gelten, wenn der Verletzte sich auf eigene Kosten eines Anwalts bedient oder wenn der unverteidigte Beschuldigte von einem anwaltlich vertretenen Mitbeschuldigten belastet wird[69].

256 Nach § 140 Abs. 2 StPO ist ein Pflichtverteidiger generell dann zu bestellen, wenn „wegen der Schwere der Tat oder der Schwierigkeit der Sach- oder Rechtslage die Mitwirkung eines Verteidigers geboten erscheint" bzw. wenn der Angeklagte sich nicht selbst verteidigen kann.

Diese Regelung, die auf die vor dem Amtsgericht und der Berufungskammer verhandelten **Vergehenstatbestände** zugeschnitten ist, sorgt in der Praxis vielfach für Auseinandersetzungen zwischen Gericht und Verteidigung. Hintergrund ist der Umstand, dass der Angeklagte zuweilen nicht in der Lage ist, seinen Verteidiger aus der eigenen Tasche zu bezahlen und der Pflichtverteidiger gem. §§ 45 ff. RVG einen Erstattungsanspruch gegenüber der Staatskasse hat. Durch die Beiordnung wird zwar einerseits eine öffentlich-rechtliche Pflicht zur ordnungsgemäßen Durchführung des Verfahrens und zur sachdienlichen Verteidigung begründet (§ 49 Abs. 1 BRAO), von der er nur aus wichtigem Grund unter den engen Voraussetzungen der §§ 49 Abs. 2, 48 Abs. 2 BRAO entbunden werden kann. Der Pflichtverteidiger muss also die ihm übertragene **Verteidigung** auch unter Zurückstellung anderweitiger beruflicher Aufgaben **selbst führen**, soweit nicht – was selten der Fall ist – für ihn ein allgemeiner Vertreter bestellt ist (§ 53 Abs. 7 BRAO)[70]. Die in der Praxis bei Verhinderung des eigentlichen Verteidigers gelegentlich praktizierte Unterbevollmächtigung oder gar die Beiordnung eines anderen Anwalts für einzelne Sitzungstage ist also generell rechtswidrig[71]. Sie gefährdet bei notwendiger Verteidigung i.S.d. § 145 StPO wegen des Eingriffs in die „Kontinuität der Verteidigung" auch den Bestand des Urteils. Denn ein Verteidiger, „der lediglich formal die Verteidigung übernimmt, ist erkennbar nicht in der Lage, eine sachgerechte und angemessene Verteidigung des Angeklagten zu übernehmen"[72].

Andererseits ist der (reduzierte) Gebührenanspruch durch eine Beiordnung gesichert[73]. In besonders umfangreichen oder schwierigen Verfahren kann dem Pflichtverteidiger gem. § 51 RVG auf dessen Antrag durch das Oberlandesgericht – ausnahmsweise[74] – auch eine Pauschvergütung bewilligt werden, welche die gesetzlichen Regelgebühren übersteigt.

257 Angesichts dieses Umstands werden bei der Prüfung einer Pflichtverteidigerbestellung nach § 140 Abs. 2 StPO von den Gerichten zuweilen eher fiskalische Maßstäbe angelegt. Diese restriktive Praxis wird ihrem Ziel der Sicherung eines rechtsstaatlichen Verfahrens[75] nicht gerecht.

---

69 Hier ist allerdings eine Einzelfallprüfung angezeigt, vgl. KG und OLG Hamburg NStZ-RR 2016, 53. Siehe auch LG Itzehoe NStZ-RR 2013, 216 f.; OLG Köln NStZ-RR 2012, 351.
70 BGH 3 StR 554/16; 4 StR 473/15; 4 StR 109/14 Tz. 2; BVerfG NJW 2005, 1264.
71 Siehe hierzu BGH 2 StR 573/13 Tz. 9 f. m.w.N.; 4 StR 346/13 Tz. 2; OLG Hamm StV 2011, 660 f. m.w.N.
72 Siehe BGH 2 StR 113/13 Tz. 11 ff.
73 Siehe hierzu auch BVerfG NJW 2005, 1264 f.; 2003, 1443.
74 BGH NJW 2015, 2437.
75 Vgl. hierzu BVerfG NJW 1986, 767 (771).

Ob die „**Schwere der Tat**" die Beiordnung eines Pflichtverteidigers erforderlich macht, beurteilt sich nach den zu erwartenden Rechtsfolgen. Anknüpfungspunkt ist also zunächst die zu erwartende Strafe. Allgemein wird jedenfalls ab der Prognose einer **Freiheitsstrafe von einem Jahr** eine Beiordnung für erforderlich gehalten[76]. Berücksichtigt werden müssen daneben aber auch andere Aspekte, nämlich die Fähigkeit des Angeklagten, sich zu verteidigen und mögliche Konsequenzen außerhalb des Verfahrens. So kann eine Verurteilung in dem konkreten Verfahren insbesondere den Widerruf ausstehender Bewährungen aus Vorverurteilungen nach sich ziehen, vgl. § 56f Abs. 1 S. 1 Nr. 1 StGB. Dies sollte i.d.R. für die Beiordnung eines Pflichtverteidigers genügen[77].

Eine Beurteilung der „**Schwierigkeit der Sach- oder Rechtslage**" kann naturgemäß nur anhand des Einzelfalls vorgenommen werden, sollte sich aber auch an dem oben erwähnten Ziel des § 140 Abs. 2 StPO orientieren. Zu denken ist also etwa an folgende Situationen: **258**

– komplizierte Beweislage, z.B. bei widersprüchlichen und komplexen Zeugenaussagen;
– notwendige Auseinandersetzung mit einem nicht ohne weiteres verständlichen Sachverständigengutachten;
– Absicht des Gerichts, Erörterungen mit dem Ziel einer Verständigung i.S.d. § 257c StPO durchzuführen[78];
– körperliche oder psychische Beeinträchtigungen des Beschuldigten;
– sprachbedingte Verständigungsschwierigkeiten etwa des fremdsprachigen Angeklagten, sofern diesen nicht bereits durch die Stellung eines Dolmetschers oder einen sprachkundigen Verteidiger begegnet werden kann[79].

Zu bedenken ist schließlich, dass dem Verteidiger ein umfassendes Akteneinsichtsrecht zusteht, § 147 StPO. Ist also zu einer ordnungsgemäßen Verteidigung die Kenntnis des gesamten Akteninhalts erforderlich, so muss von der Möglichkeit des § 140 Abs. 2 StPO Gebrauch gemacht werden.

Dabei ist allgemein davon auszugehen, dass die Bestellung „nur" eines Verteidigers genügt, um die Interessen des Angeklagten zu wahren. Mehrere Pflichtverteidiger sind nur bei Vorliegen außergewöhnlicher Schwierigkeiten betreffend Umfang und Dauer des Verfahrens beizuordnen, welche die arbeitsteilige Mitwirkung zweier Anwälte erfordern[80].

Ein Pflichtverteidiger ist schließlich auch dann beizuordnen, wenn der vom Angeklagten mandatierte Wahlverteidiger – aus welchen Gründen auch immer – keine Gewähr für eine ordnungsgemäße Vertretung in der Hauptverhandlung bietet. Eine **259**

---

76 Das gilt auch für Verfahren gegen Jugendliche, vgl. KG NStZ-RR 2013, 357 f. m.w.N. Siehe zudem die Nachweise bei *Meyer-Goßner*, § 140 Rn. 23.
77 Vgl. hierzu auch BayObLG NJW 1995, 2738.
78 So zutreffend OLG Naumburg NStZ 2014, 116 ff.; **a.A.** OLG Bamberg, das auf den Einzelfall abstellen will, NStZ 2015, 184.
79 BGH NJW 2001, 309 ff.; OLG Nürnberg NStZ-RR 2014, 183 f.
80 Vgl. BGH 1 StR 364/13; KG StraFo 2016, 414 f.; OLG Düsseldorf NJW 2010, 391; OLG Karlsruhe StraFo 2009, 517 f.

Kapitel 3 *Das gerichtliche Verfahren erster Instanz*

solche Bestellung zur **Sicherung der Hauptverhandlung** ist allerdings nach deren Abschluss (also nach Verkündung des Urteils) zurückzunehmen[81].

260 Über die – im Normalfall bis zum rechtskräftigen Abschluss des Verfahrens einschließlich einer Gehörsrüge (mit Ausnahme der Revisionshauptverhandlung) wirkende[82] – **Bestellung** des Pflichtverteidigers entscheidet der **Vorsitzende** des zuständigen Gerichts, vgl. §§ 141 Abs. 4, 142 Abs. 1 StPO. Sie umfasst nicht die Vertretung des Beschuldigten im Adhäsionsverfahren; hierüber ist ggfls. gem. § 404 Abs. 5 StPO gesondert zu entscheiden[83].

Zuvor ist der Beschuldigte **anzuhören**; ihm ist Gelegenheit zu geben, innerhalb einer zu bestimmenden Frist einen Anwalt seiner Wahl zu benennen. Entbehrlich ist die vorherige Anhörung des Beschuldigten ausnahmsweise nur dann, wenn die Verfahrenslage die sofortige Beiordnung eines Verteidigers gebietet[84]. In diesem Fall ist allerdings der Pflichtverteidiger auf einen späteren (jedenfalls zeitnahen) Antrag des Beschuldigten hin ggfls. auszutauschen[85].

Zwar hat der Beschuldigte keinen Anspruch auf Beiordnung eines von ihm benannten Rechtsbeistandes[86]. Stehen keine gewichtigen Gründe entgegen, dann ist ihm jedoch der Anwalt seines Vertrauens beizuordnen, § 142 Abs. 1 S. 2 StPO[87]. Im Einzelfall kann dies auch ein auswärtiger Verteidiger sein[88]. Dieser muss jedoch – wie jeder andere Pflichtverteidiger – die **Gewähr für eine sachgerechte und ordnungsgemäße Verteidigung** des Angeklagten bieten[89] und auch an den für die Hauptverhandlung pflichtgemäß ins Auge gefassten Terminen zur Verfügung stehen[90]. Zu bedenken ist bei der Auswahl schließlich, dass auch **Interessenkonflikte** Anlass geben können, eine Beiordnung abzulehnen oder aufzuheben. Solche können bei der Bestellung von Anwälten aus derselben Kanzlei für Mitbeschuldigte (etwa wegen unterschiedlicher Verteidigungsstrategien) bzw. andere Verfahrensbeteiligte (z.B. Tatopfer) oder bei anwaltlicher Verstrickung in das Tatgeschehen vorliegen[91].

Die Bestellung des Pflichtverteidigers ist auch schon im **Vorverfahren** möglich (lesen Sie § 141 Abs. 3 StPO), allerdings hat der Beschuldigte insoweit kein eigenes Antragsrecht[92]. Sie geschieht entweder auf Antrag der Staatsanwaltschaft oder von Amts

---

81 OLG Köln NStZ-RR 2012, 287 m.w.N.
82 BGH 1 StR 559/16 Tz. 12; 2 StR 78/14 Tz. 16; 1 StR 254/10; 1 StR 687/10; NJW 2007, 165 f.
83 **Str.**, vgl. OLG Koblenz NStZ-RR 2014, 184; OLG Hamm NJW 2013, 325 ff.; OLG Rostock StV 2011, 656 f. m.w.N.; OLG Hamburg NStZ 2010, 652 f. m.w.N. Der BGH geht ersichtlich von der Notwendigkeit einer gesonderten Bestellung aus, vgl. 1 StR 187/11; 1 StR 475/11, offenlassend aber BGH 2 StR 351/13.
84 So auch BVerfG NJW 2001, 3697; BGH NJW 2001, 237 f.
85 Siehe hierzu OLG Koblenz NStZ 2014, 423; OLG Braunschweig NStZ 2013, 382 f.; KG NStZ-RR 2012, 351 f.; OLG Dresden NStZ-RR 2012, 213 m.w.N.
86 BVerfG NJW 2006, 1503.
87 BVerfG NJW 2001, 3695 ff.; vgl. auch Art. 6 Abs. 3 lit. c EMRK.
88 Vgl. BGH NStZ 1998, 531; NStZ 1998, 49; OLG Köln NStZ-RR 2011, 49. Der in diesem Fall gelegentlich zu findende Zusatz, die Bestellung erfolge „nur zu den Bedingungen eines ortsansässigen Rechtsanwaltes" ist indes unwirksam, OLG Düsseldorf NStZ-RR 2009, 348 f.
89 Siehe BGH 1 StR 341/07.
90 Vgl. BVerfG 1 BvQ 10/06; BGH NJW 2006, 712; OLG Koblenz NStZ-RR 2015, 117; OLG Stuttgart NStZ-RR 2011, 279; OLG Celle NStZ 2008, 583.
91 Siehe BGH 2 StR 319/15 Tz. 19 m.w.N.; 4 StR 270/15 Tz. 6; 2 StR 489/13 Tz. 33 ff. m.w.N.
92 BGH 3 BGs 134/15.

wegen dann, wenn eine **richterliche** Vernehmung stattfinden soll und die Rechte des (unverteidigten) Beschuldigten gewahrt werden müssen. Dabei kann es sich um eine Beschuldigtenvernehmung ebenso handeln wie um diejenige eines Belastungszeugen unter den Bedingungen des § 168c Abs. 3 StPO, also mit Einschränkungen des Konfrontationsrechts.

Mangels Beschwer hat der Angeklagte gegen die Bestellung eines Pflichtverteidigers i.d.R. kein Anfechtungsrecht[93]. Gleiches gilt für den Wahlverteidiger, der zum Pflichtverteidiger bestellt wird, obwohl das zivilrechtliche Auftrags- bzw. Geschäftsbesorgungsverhältnis (§ 675 BGB) mit dem Mandanten durch die Beiordnung automatisch erlischt[94]. Wird dagegen die beantragte Beiordnung eines Pflichtverteidigers abgelehnt oder hinsichtlich der Person des Verteidigers dem Wunsch des Angeklagten nicht entsprochen, so ist dessen Beschwerde nach § 304 Abs. 1 StPO zulässig. Für Entscheidungen während laufender Hauptverhandlung ist zwar streitig, ob diese gem. § 305 StPO der Beschwerde entzogen sind, die wohl h.M. verneint dies jedoch[95].

261

Nach § 143 StPO ist die **Bestellung** des Pflichtverteidigers **zurückzunehmen**, wenn sich ein Wahlverteidiger bestellt. Etwas anders gilt, wenn zur Sicherstellung einer ordnungsgemäßen Verteidigung die weitere Mitwirkung des Pflichtverteidigers geboten erscheint[96]. Dann kann auch trotz der Existenz eines Wahlverteidigers ein (zusätzlicher) Pflichtverteidiger bestellt werden. Eine auf § 143 StPO gestützte Rücknahme der Bestellung kommt zudem dann nicht in Betracht, wenn absehbar ist, dass der Wahlverteidiger im Anschluss sein Mandat niederlegen und – etwa wegen Mittellosigkeit des Angeklagten – seinerseits die Beiordnung beantragen würde[97]. Legt – nach Rücknahme der Bestellung eines Pflichtverteidigers – der Wahlverteidiger tatsächlich sein Mandat nieder, so ist nicht etwa dieser, sondern der frühere Pflichtverteidiger erneut zu bestellen, wenn kein sonstiger Entpflichtungsgrund vorgelegen hatte[98].

262

Ist der Angeklagte vor der Beiordnung eines Verteidigers angehört worden, so ist schließlich eine Entpflichtung in entsprechender Anwendung des § 143 StPO im Ausnahmefall nur dann möglich, wenn aus Sicht eines „verständigen" Angeklagten „wichtige Gründe" vorliegen. Solche sind etwa gegeben, wenn das Vertrauensverhältnis zwischen ihm und dem Verteidiger (berechtigterweise) endgültig und nachhaltig erschüttert ist und deshalb die Gefahr besteht, dass die Verteidigung objektiv nicht mehr sachgerecht geführt werden kann[99]. Unterschiedliche Auffassungen über die

263

---

93 OLG Braunschweig NStZ 2013, 382 f.; OLG Jena NStZ-RR 2012, 317; vgl. auch BVerfG NStZ 1998, 364 sowie *Meyer-Goßner*, § 141 Rn. 9 jeweils m.w.N. Gleichwohl können Fehler bei der Auswahl des Pflichtverteidigers im Einzelfall die Revision rechtfertigen, vgl. BGH NJW 2003, 1331 ff.; NJW 2001, 237 f.
94 Vgl. BGH 2 StR 573/13 Tz. 12; OLG Köln NStZ 2010, 653 f. m.w.N.
95 Vgl. hierzu OLG Naumburg NStZ-RR 2013, 49; *Meyer-Goßner*, § 141 Rn. 10a.
96 Denkbar sind etwa unüberbrückbare terminliche Schwierigkeiten des Wahlverteidigers, mangelnde Sachkunde o.Ä., siehe auch KG StraFo 2016, 342 ff.
97 BGH 1 StR 481/03; KG NStZ 2017, 64; OLG Koblenz NStZ 2014, 423; OLG Köln NJW 2006, 389 m.w.N.
98 BGH 1 StR 496/08.
99 BGH NStZ-RR 2005, 240 f.; NStZ 2004, 632 f.; OLG Düsseldorf NStZ-RR 2011, 48 f. Zu den Einzelheiten und weiteren (seltenen) Anwendungsfällen siehe KK-*Laufhütte*, § 143 Rn. 4 und 5, sowie unten Rn. 640.

Kapitel 3 *Das gerichtliche Verfahren erster Instanz*

Verteidigungsstrategie genügen dafür nicht, da der Verteidiger nicht Vertreter des Beschuldigten, sondern unabhängiger Beistand und folglich an dessen Weisungen nicht gebunden ist[100]. Die Voraussetzungen eines Verteidigerwechsels hat der Beschuldigte in jedem Fall substantiiert darzulegen[101]. Denkbar sind etwa Situationen, in denen der Pflichtverteidiger seinen Aufgaben nicht nachkommt, etwa indem er zur Hauptverhandlung nicht erscheint, eine sachwidrige Konfliktverteidigung betreibt oder maßgebliche Interessenkonflikte bestehen. In solchen Fällen kann es die Fürsorgepflicht des Gerichts gebieten, nach Anhörung der Beteiligten den Verteidiger zu entlassen und einen neuen, geeigneten Verteidiger zu bestellen[102].

Ein (einvernehmlicher) dauerhafter Austausch des Pflichtverteidigers kann schließlich dann erfolgen, wenn der Angeschuldigte und beide Verteidiger damit einverstanden sind, keine Verfahrensverzögerung eintritt und auch keine Mehrkosten entstehen[103].

264 Einige **Besonderheiten** gelten bei der Pflichtverteidigerbestellung wegen des Vollzugs von **Freiheitsentziehung**. Besteht oder ergeht gegen den Beschuldigten ein Haftbefehl, so ist mit dessen Verkündung durch den Ermittlungsrichter ein Pflichtverteidiger beizuordnen (§§ 126, 140 Abs. 1 Nr. 4 StPO). Da die Inhaftierung zuweilen überraschend erfolgt, kann der Beschuldigte bei dieser Gelegenheit möglicherweise noch keinen Anwalt seines Vertrauens benennen. Daher ist ihm eine Überlegungsfrist zuzugestehen. Innerhalb dieser i.d.R. mit zwei Wochen zu bemessenden Zeitspanne ist dann ggfls. auch ein begründeter Wunsch nach Auswechslung des bestellten Verteidigers zu beachten. Zudem kann hier die Pflichtverteidigerbestellung – soweit nicht sonstige Gründe i.S.d. § 140 StPO vorliegen – aufgehoben werden, wenn der Beschuldigte aus der Haft entlassen wird[104]. Dasselbe gilt im Falle des § 140 Abs. 1 Nr. 5, wenn mindestens 2 Wochen vor Beginn der Hauptverhandlung eine Entlassung aus der „Anstalt" erfolgt, vgl. § 140 Abs. 3 S. 1 StPO[105].

265 Die Beachtung der Vorschriften zur Pflichtverteidigerbestellung ist auch für die **Revision** von Bedeutung. Denn in Fällen der notwendigen Verteidigung darf die Hauptverhandlung nicht ohne Verteidiger durchgeführt werden (vgl. **§ 145 StPO** i.V.m. **§ 338 Nr. 5 StPO**). Ansonsten kann, wie sich aus **§ 228 Abs. 2 StPO** ergibt, durchaus in Abwesenheit des Verteidigers verhandelt werden.

Darüber hinaus unterliegen auch die Entscheidungen des Vorsitzenden zur **Auswahl** des Verteidigers als Vorentscheidungen i.S.d. § 336 StPO der revisionsrechtlichen Nachprüfung, wenn das Urteil hierauf beruhen kann.

---

100 OLG Köln NStZ-RR 2012, 351.
101 BGH 1 StR 443/10.
102 Vgl. BGH 2 StR 319/15 Tz. 19 ff.; 1 StR 341/07 sowie OLG Stuttgart NStZ 2016, 436 f.; KG NStZ-RR 2009, 209.
103 Siehe hierzu OLG Karlsruhe NStZ 2017, 304 f. m.w.N.
104 Vgl. OLG Dresden NStZ-RR 2012, 213 m.w.N.; OLG Düsseldorf NJW 2011, 1618 f. m.w.N.
105 Siehe hierzu OLG Düsseldorf NStZ 2011, 653 m.w.N.

3. Prozessuale Rechte

Die Befugnisse des Verteidigers entsprechen seiner vorbeschriebenen prozessualen **266**
Funktion. Die StPO legt sie nur spärlich fest (vgl. §§ 79 Abs. 1 S. 2, 147, 148, 239 Abs. 1
S. 2, 240 Abs. 2, 249 Abs. 2 S. 2, 251 Abs. 1 Nr. 4, 257 Abs. 2, 297 StPO). Im Wesentlichen sind folgende zu nennen:

a) Akteneinsicht

Nach § 147 StPO hat jeder Verteidiger als Konkretisierung des Anspruchs auf rechtliches Gehör ein Recht auf **unbeschränkte Einsicht** in die dem Gericht bezüglich der verfahrensgegenständlichen Tat und seinen Mandanten **tatsächlich vorliegenden Akten**. Er darf zudem solche Unterlagen einsehen, die zwar bei den Ermittlungsbehörden verblieben sind, gemäß § 199 Abs. 2 S. 2 StPO dem Gericht aber hätten vorgelegt werden müssen.

Der Anspruch auf Akteneinsicht erfasst also insbesondere auch:
- das gesamte vom ersten Zugriff der Polizei (§ 163 StPO) an gesammelte **Beweismaterial**, einschließlich etwaiger Bild- und Tonaufnahmen[106]. Solches darf der Verteidiger allerdings nur am Ort der amtlichen Verwahrung, i.d.R. also **bei Gericht** einsehen (vgl. auch § 58a Abs. 2 StPO mit dessen weiteren Beschränkungen[107]);
- sog. **Spurenakten**, soweit sie bedeutsam sind[108];
- von Sachverständigen angefertigten Untersuchungsunterlagen und **Untersuchungsergebnisse**, die zur Akte gelangt sind[109];
- sog. „Ausgangsdokumente", die in eine elektronische Akte überführt worden sind, § 32e Abs. 5 StPO.

Das Recht zur – zeitlich ausreichenden – Akteneinsicht erstreckt sich auch auf Unter- **267**
lagen, die – ohne eine Sperrerklärung nach § 96 StPO – dem Gericht von dritter Seite mit der Bitte um Vertraulichkeit überlassen worden sind. Denn alle Akten, die dem Gericht tatsächlich vorliegen, sind solche des Strafverfahrens i.S.d. § 147 Abs. 1 StPO[110]. Allerdings ist das Akteinsichtsrecht immer beschränkt auf das jeweils gegen den Betroffenen geführte Verfahren inklusive eventuell hinzu verbundener Sachen. Folglich hängt das Einsichtsrecht betreffend „fremde" Akten davon ab, dass insoweit ein besonderes legitimierendes Interesse besteht, etwa weil sich dort relevante Unterlagen für das aktuell betriebene Verfahren befinden. Diese Einschränkung gilt auch für Akten, welche sich auf Mitbeschuldigte beziehen, gegen die das Verfahren zuvor ordnungsgemäß ausgetrennt wurde[111].

---

106 BGH 1 StR 355/13 Tz. 23; 3 StR 89/09; siehe hierzu auch *Trück* NStZ 2004, 129 ff.
107 Siehe hierzu BGH 1 StR 355/13 Tz. 24; OLG Hamburg NStZ 2016, 695 f.; OLG Celle NStZ 2016, 305 ff.; OLG Stuttgart NStZ-RR 2013, 217; OLG Karlsruhe NJW 2012, 2742 ff. Ggfls. ist dem inhaftierten Beschuldigten aber Gelegenheit zu geben, Mitschnitte von Telefongesprächen gemeinsam mit dem Verteidiger in der JVA anzuhören, vgl. BGH 1 StR 355/13 Tz. 26 m.w.N. Die Dateien dürfen dem Angeklagten aber nicht überlassen werden, KG NStZ 2016, 693 f.
108 Vgl. BGH 3 StR 28/03; BVerfGE 63, 45 ff.
109 BGH NJW 1996, 3108.
110 BGH NJW 1996, 2171.
111 Vgl. hierzu BGH NJW 2007, 3653.

Kapitel 3 *Das gerichtliche Verfahren erster Instanz*

268 Selbstverständlich ist der Verteidiger auch berechtigt – ggfls. sogar verpflichtet –, seinen Mandanten über den Akteninhalt zu unterrichten. Eine sachgerechte Verteidigung setzt zwingend voraus, dass der Beschuldigte weiß, worauf sich der strafrechtliche Vorwurf stützt. Der Verteidiger darf ihm daher auch Ablichtungen aus der Akte überlassen. Ausnahmen kommen nur dann in Betracht, wenn durch diese Information der Untersuchungszweck gefährdet würde, Auszüge aus der Akte zu verfahrensfremden Zwecken (z.B. Veröffentlichung) genutzt würden oder wenn es sich um unter Geheimschutz stehende, sog. „Verschlusssachen" handelt[112].

269 Von der Akteneinsicht ausgeschlossen sind innerdienstliche Unterlagen, wie Handakten, Senatshefte[113] oder richterliche Mitschriften aus der Hauptverhandlung. Letztere unterliegen dem Beratungsgeheimnis und sind auch einer Beweisaufnahme nicht zugänglich[114]. § 147 StPO begründet zudem keinen Anspruch auf Beiziehung von verfahrensfremden Akten. Ob diese geboten ist, beurteilt sich allein nach der Aufklärungspflicht[115]. Ein Verteidiger hat grundsätzlich auch keinen Anspruch auf Aushändigung von Kopien der Ermittlungs- und Gerichtsakten. Er kann und muss sie sich ggfls. bei Akteneinsichtnahme selbst fertigen[116].

270 Schließlich hängt das Recht auf Akteneinsicht vom förmlichen **Abschluss der Ermittlungen** ab, § 147 Abs. 2 StPO. Danach kann sie zur Sicherung der Sachverhaltserforschung ganz oder teilweise versagt werden, wenn Anhaltspunkte dafür vorliegen, dass sie den Untersuchungszweck gefährden würde. Schließlich müssen strafrechtliche Ermittlungen effektiv geführt werden. Das kann auch bedeuten, dass ein Teil der zusammengetragenen Informationen geheim zu halten ist, um zu verhindern, dass Tatverdächtige Beweismaterial manipulieren.

Eine entsprechende Entscheidung der Staatsanwaltschaft ist nur im Rahmen des § 147 Abs. 5 StPO anfechtbar und bindet vor Anklageerhebung auch das Gericht[117].

271 Eine Besonderheit dieser verfassungsrechtlich nicht zu beanstandenden[118] Beschränkung gilt allerdings für den Fall der – vollzogenen[119] – **Untersuchungshaft**. Da hier in das Freiheitsrecht eingegriffen wird, ist das Interesse an Information höher einzustufen, als bei einem nicht inhaftierten Beschuldigten. Um ein faires und rechtsstaatliches Verfahren zu garantieren, besteht für den Verteidiger hier zur Einwirkung auf gerichtliche Haftentscheidungen ein Recht auf – notfalls teilweise – Akteneinsicht, § 147 Abs. 2 S. 2 StPO[120]. Kann selbst dies ohne Gefährdung der Ermittlungen (aus Sicht der Staatsanwaltschaft) nicht geschehen und wird Akteneinsicht deshalb unter Berufung auf § 147 Abs. 2 S. 1 StPO verweigert, so darf das Gericht einen Haftbefehl

---

112 BGHSt 29, 102 f.; KK-*Laufhütte*, § 147 Rn. 13.
113 Vgl. BGH 2 ARs 207/13 Tz. 4.
114 BGH 5 StR 493/16; 2 StR 54/09 Tz. 9.
115 Vgl. BGH 4 StR 599/09; 3 StR 485/07. Ein Antrag auf Beiziehung von Akten ist daher auch kein Beweisantrag, BGH 3 StR 250/08.
116 BGH 1 StR 500/10.
117 Vgl. BGH 4 BGs 1/11 Tz. 17 ff.; NStZ 2006, 237 f.; NJW 2005, 3507 f.; NJW 2005, 303 f.
118 Vgl. EGMR NStZ 2009, 164 f.; BVerfG NJW 1994, 3219 (3220).
119 KG NStZ 2012, 588 ff.
120 Siehe auch EGMR NStZ 2009, 164 f.; BGH NJW 1996, 734 f.; *Beulke/Witzigmann* NStZ 2011, 254 ff.

oder dessen Aufrechterhaltung auf die nicht zur Kenntnis des Angeklagten bzw. seines Verteidigers gelangten Tatsachen und Beweismittel nicht stützen[121]. Das kann im Einzelfall dazu führen, dass der Beschuldigte auf freien Fuß zu setzen ist.

Die Art und Weise der Akteneinsicht regelt § 32f StPO. Dem Verteidiger kann die Papierakte in Kopie oder ggfls. auch das Original in die Kanzleiräume überlassen werden. Liegt sie in elektronischer Form vor, so wird sie in einem noch zu errichtenden bundeseinheitlichen Akteneinsichtsportal zum Abruf bereitgestellt. Bis dahin kann auch ein Datenträger mit dem Akteninhalt zur Verfügung gestellt werden. Die Entscheidung über die Art der Akteneinsicht ist in jedem Fall unanfechtbar, § 32f Abs. 3 StPO[122].

b) Recht auf ungehinderten Umgang mit dem Mandanten

Nach § 148 Abs. 1 StPO hat der Verteidiger – als unabdingbare Voraussetzung einer **272** freien und effektiven Verteidigung – in jedem Stadium des Verfahrens einen Anspruch auf ungehinderten schriftlichen und mündlichen Umgang mit seinem Mandanten. Bedarf es für das – gem. Art. 6 EMRK einer Vertraulichkeitsgarantie unterliegende[123] – Gespräch mit dem Verteidiger der Hinzuziehung eines Dolmetschers, so sind die hierdurch entstehenden Kosten im sachgerechten Umfang von der Staatskasse zu tragen[124].

Der Anspruch auf Kommunikation gilt jedoch auch unabhängig von der praktisch wenig bedeutsamen sog. „Kontaktsperre" in Fällen terroristischer Ereignisse nach §§ 31 ff. EGGVG nicht uneingeschränkt. Er reicht zunächst nur so weit, wie er unmittelbar einer Vorbereitung der Verteidigung dient. Umfasst sind mithin nur solche Dokumente, die unmittelbar das Strafverfahren betreffen[125]. Auch die Situation des in Untersuchungshaft befindlichen Beschuldigten bringt Erschwernisse für die Kommunikation mit sich. So sind Besuche durch den Verteidiger auf die anstaltsüblichen Zeiten beschränkt, soweit diese sich im Rahmen des Zumutbaren und organisatorisch Machbaren bewegen[126]. Einschränkungen des telefonischen Kontakts bedürfen dagegen einer konkreten Begründung im Einzelfall[127].

Besonderheiten gelten hinsichtlich der Begutachtung des Beschuldigten durch einen **273** Sachverständigen. Ein Anwesenheitsrecht des Verteidigers bei der Exploration besteht nicht, da dies zu einer Einschränkung der Befunderhebung führen könnte[128]. Auch im Rahmen einer Hauptverhandlung ist den örtlichen Gegebenheiten Rechnung zu tragen. Erlauben es etwa die Vielzahl der Angeklagten oder die erforderlichen Sicherungsmaßnahmen nicht, dass der Angeklagte unmittelbar neben seinem

---

121 Vgl. EGMR NJW 2002, 2013 ff.; StV 2001, 201 ff.; BVerfG NJW 1994, 3219 (3220).
122 Siehe auch OLG Hamburg NStZ-RR 2016, 282 ff.
123 Siehe hierzu EGMR NJW 2007, 3409 ff.
124 Ein unmittelbarer Vergütungsanspruch des Dolmetschers hängt aber davon ab, ob dieser vom Gericht oder der StA beauftragt wurde, vgl. OLG Düsseldorf NStZ 2011, 719.
125 BVerfG NJW 2010, 1740 f.
126 Vgl. OLG Stuttgart NStZ 1998, 214 m.w.N.
127 Siehe hierzu BVerfG NJW 2012, 2790 ff.
128 BGH NStZ 2008, 229 f.; 2003, 101.

Kapitel 3 *Das gerichtliche Verfahren erster Instanz*

Verteidiger sitzt, so ist dies hinzunehmen. Entsteht Beratungsbedarf zwischen Anwalt und Mandant, so ist die Kommunikation jedoch zu ermöglichen.

c) Sonstige Verteidigerrechte

274 Neben seinem Anspruch auf **Teilnahme an der Hauptverhandlung** und dem Recht, **Beweisanträge** zu stellen, darf der Verteidiger als Ausfluss seiner Organstellung insbesondere in- und außerhalb der Hauptverhandlung Mitangeklagte seines Mandanten, Zeugen und Sachverständige **befragen**. Für die Hauptverhandlung ergibt sich dies im Übrigen aus § 240 Abs. 2 StPO.

III. Die Staatsanwaltschaft

1. Funktion und Stellung

275 Aufbau und Funktion der Staatsanwaltschaft sind bereits im Kapitel 2 dargestellt worden. Bei ihr als „Herrin des Ermittlungsverfahrens" liegt nach § 152 StPO das **Anklagemonopol**, welches mit der Pflicht korrespondiert, Straftaten zu verfolgen (Legalitätsprinzip)[129]. Als staatliche Institution hat die Staatsanwaltschaft den ordnungsgemäßen und gesetzmäßigen Ablauf auch des gerichtlichen Verfahrens in besonderem Maße zu fördern (lesen Sie hierzu Nrn. 123 ff. RiStBV!).

Die Staatsanwaltschaft ist zwar eine intern hierarchisch strukturierte Behörde, im Verhältnis zum Gericht und den anderen Verfahrensbeteiligten handelt es sich jedoch um ein zur **Objektivität** verpflichtetes **unabhängiges Organ der Rechtspflege** (vgl. § 150 GVG), welches als „Wächter des Gesetzes" aktiv die Gesetzmäßigkeit des gesamten Verfahrens sicherzustellen hat[130]. Der Sitzungsvertreter der Staatsanwaltschaft ist – auch gegenüber seiner Behörde – frei und nicht weisungsgebunden, welche Schlüsse er aus der Beweisaufnahme einer Hauptverhandlung zieht, wie er also den „Inbegriff der Verhandlung" i.S.d. § 261 StPO würdigt. Hinsichtlich der rechtlichen Bewertung ist die Staatsanwaltschaft jedoch schon aus Gründen der Gleichbehandlung an die höchstrichterliche Rechtsprechung gebunden[131].

276 Für die Hauptverhandlung ist die Vorschrift des **§ 226 StPO** von Bedeutung, wonach die ununterbrochene Gegenwart „der Staatsanwaltschaft" – also nicht eines bestimmten Staatsanwaltes – vorgeschrieben ist. Nach **§ 227 StPO** können mehrere Beamte der Staatsanwaltschaft an der Hauptverhandlung mitwirken und die Aufgaben unter sich aufteilen. Auch ist eine Ablösung und Ersetzung des Staatsanwaltes durch einen anderen in der Sitzung ebenso zulässig wie die Übernahme des Sitzungsdienstes durch den Leitenden Oberstaatsanwalt (Recht zur Substitution bzw. Devolution, § 145 GVG).

---

129 Die Pflicht zur Verfolgung von Straftaten ist zwar eine Amtspflicht. Diese besteht aber nicht gegenüber dem Verletzten, so dass diesem bei einem Verstoß gegen das Legalitätsprinzip keine Ersatzansprüche zustehen, vgl. BGH NJW 1996, 2373.
130 Das BVerfG misst ihr insoweit sogar eine Garantenstellung zu, vgl. BVerfG NJW 2013, 1060, 1066.
131 BGHSt 15, 155 ff.

2. Prozessuale Rechte

Angesichts ihrer eigenständigen Stellung stehen der Staatsanwaltschaft im gerichtlichen Verfahren in gleicher Weise prozessuale Befugnisse zu wie dem Angeklagten. Nach der Erhebung der öffentlichen Klage soll zwischen ihr und dem Angeklagten „Waffengleichheit" bestehen[132]. Folglich kann auch sie durch **Prozessanträge** – etwa Beweisanträge – die Gestaltung des Verfahrens beeinflussen sowie den Angeklagten, Zeugen oder Sachverständige **befragen**, § 240 Abs. 2 StPO. Vor gerichtlichen Entscheidungen ist auch ihr **rechtliches Gehör** zu gewähren, vgl. § 33 StPO.

277

IV. Zeugen

1. Funktion und Stellung

Zeugen spielen im Strafverfahren eine herausragende Rolle[133]. Das gilt insbesondere dann, wenn der Angeklagte den Tatvorwurf nicht glaubhaft einräumt oder wenn sonstige Umstände – etwa die Tatfolgen – aufzuklären sind. Zeugen zählen zu den sog. „persönlichen Beweismitteln", die durch ihre Aussage zur Wahrheitsfindung beitragen. Dabei ist Zeuge derjenige, der über **eigene sinnliche Wahrnehmungen** (insbesondere Sehen und Hören) zu einem bestimmten **tatsächlichen Geschehen** (z.B. Ablauf eines Überfalls, Äußerungen von Beteiligten) Angaben machen kann und soll. Schlussfolgerungen, Meinungen oder Bewertungen sind dagegen dem Zeugenbeweis nicht zugänglich.

278

2. Pflichten

Bevor wir uns den Details der Zeugenvernehmung zuwenden, seien die grundsätzlichen Pflichten des Zeugen erwähnt:

279

- Er muss zur Vernehmung **erscheinen**, wie sich aus §§ 48 Abs. 1, 51 StPO ergibt. Ausgenommen sind nur solche Personen, die Exterritorialität genießen (vgl. §§ 18, 19 GVG) sowie Ausländer, die sich im Ausland aufhalten.
- Er muss **wahrheitsgemäß aussagen**, soweit er nicht im Einzelfall zur Zeugnisverweigerung berechtigt ist (vgl. §§ 48 Abs. 1, 57, 69 StPO sowie §§ 153 ff. StGB). Bei unberechtigter Weigerung kann die Aussage im Wege der **Beugehaft** erzwungen werden, § 70 Abs. 2 StPO[134].
- Ggfls. muss er die Richtigkeit seiner Angaben be**schwören**, vgl. § 59 StPO.

---

132 BVerfG NJW 2004, 1308; NJW 1984, 1907; BGH NStZ 1984, 419.
133 Siehe oben Rn. 152 ff. zum Ermittlungsverfahren.
134 Im Rahmen dieser Ermessensentscheidung ist allerdings naturgemäß der Verhältnismäßigkeitsgrundsatz zu beachten. Vgl. hierzu BGH StB 20/11 (krebskranke Zeugin); BGH 2 StR 195/11 Tz. 7; NStZ 2010, 44.

Kapitel 3   *Das gerichtliche Verfahren erster Instanz*

3. Rechte

a) Überblick

280 Zeugen sind nicht bloßes Objekt bzw. Beweisinstrumente des Strafverfahrens. Auch ihre Belange müssen, insbesondere wenn sie Tatopfer sind, in jedem Verfahrensstadium angemessen gewahrt werden[135]. Den genannten staatsbürgerlichen Pflichten stehen daher folgende Rechte gegenüber:

- Der Zeuge hat zunächst Anspruch auf **Schutz** seiner Person. Daher darf er gem. § 68 Abs. 3 StPO im Falle einer tatsächlichen Gefährdung in dem dort genannten Umfang Angaben zur Person verweigern. Unter Umständen ist seine Vernehmung auch optisch und/oder akustisch abgeschirmt durchzuführen[136].
- Er hat Anspruch auf Abgabe eines vollständigen und **zusammenhängenden Berichts**, § 69 Abs. 1 StPO. Er soll und darf zunächst das Geschehen aus seiner Sicht ohne große Unterbrechungen durch das Gericht schildern. Ist der Zeuge zugleich Verletzter der Tat, so ist er auch zu den entstandenen Schäden zu befragen, § 69 Abs. 2 S. 2 StPO.
- Er hat ein Recht auf **angemessene Behandlung**, §§ 68a, 69 Abs. 3, 136a StPO; auch vor einer rechtsstaatswidrigen Verteidigung ist insbesondere das Tatopfer zu schützen[137]. Nicht zur konkreten Sachaufklärung erforderliche und/oder ehrenrührige Fragen sind folglich zurückzuweisen.
- Ihm steht eine **Entschädigung** zu, §§ 71 StPO, 19 ff. JVEG.

281 Der Zeuge kann sich zudem bei Vernehmungen der Unterstützung durch einen Rechtsanwalt als **Beistand** versichern. Unter den Voraussetzungen des § 68b StPO ist ihm ein solcher sogar von Amts wegen beizuordnen[138]. Dessen Funktion besteht allerdings nur darin, den Zeugen hinsichtlich der Wahrung von Zeugnis- und Auskunftsverweigerungsrechten zu beraten sowie Fehler und Missverständnisse bei der Aussage zu verhindern. Ein Akteneinsichtsrecht steht ihm angesichts dieses eingeschränkten Tätigkeitsfeldes nicht zu[139]. Eine Verhinderung des Zeugenbeistands gibt dem Zeugen – abgesehen von den Fällen des § 68b StPO – auch nicht das Recht, seine Aussage zu verweigern[140].

282 Die StPO räumt zudem bestimmten individuellen Interessen in relativ großzügigem Umfang Vorrang vor dem staatlichen Interesse an der Wahrheitsermittlung ein. Unter bestimmten Voraussetzungen ist der Zeuge daher von seiner Verpflichtung entbunden, eine Aussage zu machen und deren Richtigkeit vor Gericht zu beeiden. Dieses **Schweigerecht** bedarf einer näheren Betrachtung, da die Aussage- oder Zeugnisverweigerung in der Praxis häufig vorkommt. Manche Fehler des Gerichts im Umgang mit Zeugen können zudem mit der Revision gerügt werden und so zur Aufhebung eines Urteils führen.

---

135 Vgl. BGH NJW 2005, 1444; NStZ 2005, 579 f.
136 Siehe BGH NJW 2003, 74 f.
137 BGH NStZ-RR 2007, 21 f. mit einem plastischen Beispiel.
138 Vgl. hierzu auch oben Rn. 161.
139 BGH StB 46/09; vgl. zur Stellung des Zeugenbeistands umfassend BVerfG NJW 1975, 103.
140 BGH NStZ 1989, 484.

Hinsichtlich des Schweigerechts ist zu **differenzieren** zwischen:

Recht auf **Zeugnisverweigerung**	Recht auf **Auskunftsverweigerung**
– aus persönlichen Gründen für Angehörige, § 52 StPO; – aus beruflichen Gründen, §§ 53, 53a StPO; – für Beamte, Richter, öffentlichen Dienst, § 54 StPO.	– zum Schutz vor Belastung der eigenen Person, § 55 Abs. 1 Alt. 1 StPO; – zum Schutz der Angehörigen i.S.d. § 52 StPO, § 55 Abs. 1 Alt. 2 StPO.

Der Unterschied besteht darin, dass der (umfassend) Zeugnisverweigerungsberechtigte überhaupt keine Aussage zu machen braucht, während § 55 StPO nur die Verweigerung der Antwort auf **einzelne Fragen** gestattet. Die genannten Vorschriften beziehen sich zwar ausdrücklich nur auf Zeugen, über §§ 72, 76 StPO gelten sie jedoch für Sachverständige entsprechend. **283**

Aufgrund der gerichtlichen Fürsorgepflicht sind Zeugen und Sachverständige **vor jeder Vernehmung** über ihre entsprechenden Pflichten und Rechte zu **belehren**, §§ 52 Abs. 3 S. 1, 55 Abs. 2, 57, 72 StPO. Die Tatsache der Belehrung ist zu protokollieren.

Neben diesen gesetzlich geregelten Schweigerechten kann sich eine Begrenzung des Zeugniszwangs aus Art. 2 Abs. 1 i.V.m. Art. 1 Abs. 1 GG dann ergeben, wenn **284**
– die Vernehmung einen Eingriff in die **Intimsphäre** des Zeugen darstellen würde und das öffentliche Interesse nicht überwiegt[141] oder
– durch eine Vernehmung der Zeuge in Lebensgefahr gebracht bzw. eine **erhebliche Gefahr für Leib oder Freiheit** entstehen würde, die nicht anders abwendbar ist[142].

Verweigert ein Zeuge **berechtigterweise** das Zeugnis bzw. die Auskunft, so ist seine Vernehmung unzulässig (vgl. §§ 244 Abs. 3 S. 1, 245 Abs. 2 S. 2 StPO). Eine frühere Aussage darf nach § 252 StPO i.d.R. nicht mehr verwertet werden[143], Zwangsmittel nach § 70 StPO sind nicht statthaft.

b) Zeugnisverweigerung aus persönlichen Gründen

aa) Anwendungsfälle

§ 52 StPO begründet ein Zeugnisverweigerungsrecht aus **persönlichen Gründen**. Privilegiert werden: **285**
– Verlobte (also Heiratswillige, die sich ein gegenseitiges, ernstliches und wirksames Eheversprechen gegeben haben[144]);

---

141 Siehe BVerfG 2 BvR 26/07 Tz. 17 ff.; 2 BvR 2886/95 Tz. 17.
142 OLG Köln 2 Ws 87/09; BGH StV 1993, 233; vgl. auch BVerfG NJW 1981, 1719 ff. (1724).
143 Zu den Ausnahmen siehe unten Rn. 594 ff.
144 Hieran fehlt es etwa – entgegen § 116 BGB – bei Heiratsschwindlern, BGHSt 3, 215, oder wenn einer der „Verlobten" noch anderweitig gebunden ist, § 1306 BGB.

Kapitel 3 *Das gerichtliche Verfahren erster Instanz*

– in der vorgeschriebenen Form vermählte Ehegatten[145] und Lebenspartner[146] (auch – oder gerade – nach Beendigung der Verbindung);
– Verwandte und Verschwägerte in gerader Linie;
– Verwandte in Seitenlinie bis zum 3. Grad;
– Verschwägerte in Seitenlinie bis zum 2. Grad.

Dabei besteht das Zeugnisverweigerungsrecht unabhängig davon, ob dessen Voraussetzungen dem Gericht bekannt sind oder nicht. Maßgeblich ist nur die objektive Sachlage. In § 52 StPO nicht aufgeführte persönliche Beziehungen rechtfertigen eine (analoge) Anwendung der Vorschrift nicht[147].

286 Wird ein einheitliches Verfahren aufgrund einer ausdrücklichen Willensentscheidung der Staatsanwaltschaft gegen mehrere Personen geführt, so ist der Zeuge hinsichtlich aller Beschuldigten zur Zeugnisverweigerung berechtigt, sofern der Sachverhalt, zu dem er aussagen soll, auch seinen Angehörigen betrifft. Das Zeugnisverweigerungsrecht bleibt selbst dann erhalten, wenn das Verfahren gegen den Angehörigen später nach § 170 Abs. 2 StPO eingestellt oder verfahrensmäßig abgetrennt wird[148].

Dies bedeutet eine Beschränkung der effektiven Strafverfolgung in dem Verfahren gegen den Nicht-Angehörigen. Das Zeugnisverweigerungsrecht in diesem Verfahren **erlischt** daher jedenfalls dann, wenn das geschützte familiäre Verhältnis zwischen dem Zeugen und seinem Angehörigen nicht mehr durch dessen Strafverfolgung gefährdet ist. Letzteres ist der Fall bei endgültigem Abschluss des Verfahrens gegen den Angehörigen durch rechtskräftige Verurteilung (auch wenn relevante Verfahrensteile gemäß § 154 StPO ausgeschieden wurden) oder rechtskräftigen Freispruch[149]. In diesen Fällen muss auch der Angehörige eines vormals Mitbeschuldigten in dem Verfahren gegen einen Nicht-Angehörigen aussagen.

287 Die Entscheidung über ein geltend gemachtes Zeugnisverweigerungsrecht trifft der Richter, beim Kollegialgericht dessen Vorsitzender. Ihm unterliegt als Maßnahme der Verhandlungsleitung nach § 238 Abs. 1 StPO etwa die „Feststellung", ob ein behauptetes Verlöbnis tatsächlich vorliegt[150]. Die im Rahmen seines Beurteilungsspielraumes relevanten Umstände muss er – für das Revisionsgericht bindend – feststellen und kann auch nach seinem Ermessen deren Glaubhaftmachung verlangen. Die Entscheidung kann nach § 238 Abs. 2 StPO beanstandet werden. Geschieht dies nicht, können entsprechende Fehler im Rahmen der Revision nicht mehr geltend gemacht werden[151].

---

145 Zu nur nach religiösem Ritus geschlossenen Ehen siehe BGH 5 StR 379/17 sowie *Ebner/Müller* NStZ 2010, 657 ff.
146 „Lebenspartner" im Sinne des Gesetzes zur Beendigung der Diskriminierung gleichgeschlechtlicher Lebensgemeinschaften vom 16.02.2001, BGBl. I, 266.
147 Siehe EGMR NJW 2014, 39 ff.; BVerfG NJW 1999, 1622; BGH 5 StR 379/17.
148 Vgl. BGH 4 StR 500/11; NJW 1998, 3364. Dies wird allerdings in Zweifel gezogen, vgl. BGH NJW 2009, 2548 ff.
149 BGH 4 StR 500/11; NJW 2009, 2548 ff.
150 BGH 4 StR 437/13 Tz. 3.
151 Vgl. BGH 4 StR 606/09.

Die Beteiligten, ihre Rechte und Pflichten **A**

Der zuständige Richter muss den Grad der Verwandtschaft bzw. Schwägerschaft also **288** schnell und zielsicher ermitteln können. Dies ist nicht immer einfach, zumal Zeugen – verständlicherweise – in der Regel nicht in der Lage sind, sich juristisch exakt auszudrücken.

> **Beispiel:** Der Zeuge A erklärt auf die Frage nach verwandtschaftlichen Beziehungen zum Angeklagten: „Der Angeklagte ist von meiner geschiedenen Frau von deren Bruder der Sohn".
> Besteht ein Zeugnisverweigerungsrecht?
> Schon aus der Laiensphäre ist ersichtlich, dass es sich um einen Fall der Schwägerschaft handeln muss. Das Gesetz bestätigt dies in § 1590 Abs. 1 BGB: „Die Verwandten eines Ehegatten sind mit dem anderen Ehegatten verschwägert" (und umgekehrt natürlich). Das gilt auch, wenn die Ehe nicht mehr besteht, § 1590 Abs. 2 BGB. Nachdem diese juristische Hürde genommen ist, kann dem Vorstellungsvermögen durch ein Schaubild nachgeholfen werden:
>
> Vater – Mutter
> ↙ ↘
> Zeuge A — geschiedene Ehefrau   Bruder der Ehefrau
> ↓
> Angeklagter
>
> Der Grad der Schwägerschaft (Verwandtschaft) und die Seitenlinie ergeben sich aus § 1589 BGB. Ausgangspunkt ist die geschiedene Ehefrau des Zeugen, die mangels direkter Abstammung mit ihrem Neffen, dem Angeklagten, nicht in gerader Linie verwandt ist (wohl aber in Seitenlinie), § 1589 S. 1 und 2 BGB. Zur Bestimmung des Grades muss nur noch die Zahl der „vermittelnden Geburten" ermittelt werden (§ 1589 S. 3 BGB). Die Geburten der gemeinsamen Stammeltern (die Schwiegereltern des Zeugen) bleiben hierbei unberücksichtigt. Es bleiben somit drei Geburten (die der Ehefrau, die des Bruders und diejenige des Angeklagten), d.h. der Zeuge und der Angeklagte sind in der Seitenlinie im dritten Grade verschwägert.
> Ein Zeugnisverweigerungsrecht nach § 52 Abs. 1 Nr. 3 StPO besteht also nicht. Anders wäre es, wenn der Angeklagte der Sohn eines Bruders des Zeugen wäre. Prüfen Sie selbst!

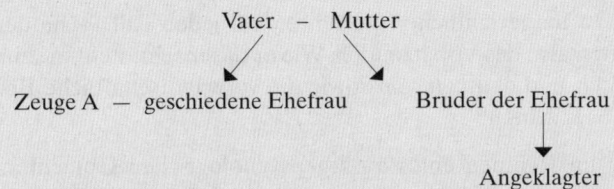

bb) Belehrungspflicht

Wie bereits erwähnt, sind Zeugen vor ihrer Vernehmung über ihre Rechte aus § 52 **289** StPO zu belehren, § 52 Abs. 3 StPO.

Diese Pflicht gilt auch gegenüber **minderjährigen Zeugen**, deren gesetzliche Vertreter unter bestimmten Voraussetzungen zu einer Aussage ebenfalls ihre Zustimmung erteilen müssen, vgl. § 52 Abs. 2 S. 1, Abs. 3 StPO. Wie sich aus § 52 Abs. 2 S. 1 StPO ergibt, obliegt die Wahrnehmung des Zeugnisverweigerungsrechts zunächst dem minderjährigen Zeugen selbst. Erklärt er, nicht aussagen zu wollen, so wird er nicht gegen seinen Willen zu einer Aussage gezwungen[152]. Ist er aussagebereit und hat er die nötige „Verstandesreife" – erkennt er also die Situation des Angeklagten und die Bedeutung seiner Aussage –, so kann er ohne weiteres vernommen werden. Dies zu be-

---

152 BGHSt 14, 159 f.

Kapitel 3 *Das gerichtliche Verfahren erster Instanz*

urteilen obliegt dem Tatrichter (bzw. im Ermittlungsverfahren dem vernehmenden Staatsanwalt), und zwar unabhängig vom Alter des Zeugen. Verbleiben insoweit Zweifel, so ist von mangelnder Verstandesreife auszugehen[153].

290 Die gesetzlichen Vertreter – i.d.R. die Eltern – müssen also der Vernehmung nur dann zustimmen, wenn der Zeuge selbst aussagebereit ist **und** die vernehmende Person (wie etwa bei einem 7 Jahre alten Kind[154]) zu der Überzeugung gelangt, diese Entscheidung sei nicht von der nötigen Verstandesreife getragen. Problematisch wird dies, wenn der gesetzliche Vertreter – oder einer von mehreren gesetzlichen Vertretern – selbst Beschuldigter ist, was etwa beim sexuellen Missbrauch innerhalb einer Familie vorkommen kann. In diesem Fall ist auch der andere Elternteil an einer Entscheidung über das Zeugnisverweigerungsrecht gehindert, § 52 Abs. 2 S. 2 StPO. Hier kann also nach § 1909 Abs. 1 BGB die Bestellung eines **Ergänzungspflegers** durch das Familiengericht (§ 151 Nr. 5 FamFG) erforderlich werden[155].

291 Die Belehrung ist im gerichtlichen Verfahren auf jeden Fall Sache des Richters, bei Kollegialgerichten also des Vorsitzenden. Wie er das macht, steht in seinem Ermessen. Sie muss aber klar und deutlich sein sowie die verwandtschaftliche Beziehung rechtlich zutreffend bezeichnen[156].

Soll der Zeuge im Rahmen eines aussagepsychologischen Gutachtens durch einen Sachverständigen exploriert werden, so darf die Belehrung nicht auf diesen abgewälzt werden[157]. Der Richter muss bei Minderjährigen in kindgerechter Form auch darauf hinweisen, dass trotz der Zustimmung des gesetzlichen Vertreters ein eigenes Recht zur Zeugnisverweigerung besteht. Wird gegen diese Verpflichtung verstoßen, so können die Angaben gegenüber dem Sachverständigen – wie auch bei sonstigen Verstößen gegen die Belehrungspflicht – einem **Verwertungsverbot** unterliegen[158].

cc) Geltendmachung des Zeugnisverweigerungsrechts

292 Das Zeugnisverweigerungsrecht wird ausgeübt, indem der Zeuge nach seiner Belehrung erklärt, keine Angaben machen zu wollen. Er kann aber auch schon vor einer Hauptverhandlung (oder polizeilichen Vernehmung) – etwa brieflich – erklären, dass er nicht aussagen wolle[159]. Ist die Zeugnisverweigerung eindeutig erklärt und erkennbar frei von Willensmängeln, so darf der Zeuge nicht geladen werden. Ein auf seine Vernehmung gerichteter Beweisantrag wäre unzulässig[160]. Ergeben sich jedoch Zweifel an der Erklärung des Zeugen, so sind diese – möglichst außerhalb der Hauptverhandlung – im Freibeweisverfahren[161] zu klären.

---

153 BGH 1 StR 146/12; BGHSt 23, 221 f.
154 Vgl. BGH NStZ 1991, 398.
155 Vgl. hierzu OLG Hamburg, FamRZ 2013, 1683 ff.; HansOLG Hamburg, Rpfl. 2013, 572 ff.; OLG Schleswig, FamRZ 2013, 571 f.; OLG Saarbrücken NJW 2011, 2306 f.; BGH NJW 1996, 206.
156 BGH NStZ 2006, 647 f.
157 BGH NJW 1996, 206.
158 Näheres hierzu erfahren Sie unten unter Rn. 1051 f.
159 Vgl. BGH 4 StR 389/13.
160 BGH NStZ 2001, 48.
161 Siehe zu den Besonderheiten dieses Verfahrens Rn. 429 f.

Selbstverständlich dürfen aus der Ausübung des Zeugnisverweigerungsrechts durch einen Angehörigen keine dem Angeklagten nachteiligen Schlüsse gezogen werden[162].

c) Zeugnisverweigerung aus beruflichen Gründen

Neben den aufgrund ihrer persönlichen Beziehung privilegierten Zeugen können nach § 53 StPO auch bestimmte **Berufsgruppen** aus **beruflichen Gründen** das Zeugnis verweigern. Der Schutz des Vertrauens in die Verschwiegenheit der enumerativ aufgezählten Berufe genießt hier den Vorrang vor dem Interesse der Allgemeinheit an vollständiger Sachaufklärung. Im Einzelnen sind dies:

293

– Geistliche, und zwar auch solche der staatlich nicht anerkannten Religionsgemeinschaften. Begriffliche Voraussetzung ist aber, dass dem Zeugen die seelsorgerische Tätigkeit von der Religionsgemeinschaft übertragen und ihm ein entsprechendes Amt – verbunden mit einer herausgehobenen Stellung innerhalb der Gemeinschaft – anvertraut ist. Zudem muss er einem von der Religionsgemeinschaft auferlegten Schweigegebot unterliegen[163];
– Verteidiger;
– Rechtsanwälte, Ärzte, Steuerberater, Notare pp.;
– Beratungsstellen im Zusammenhang mit dem Schwangerschaftsabbruch;
– Mitarbeiter von Suchtberatungsstellen[164];
– Mitglieder der parlamentarischen Vertretungen;
– Journalisten (sog. Informantenschutz).

Die genannten Personen sollen vor einem Konflikt zwischen Wahrheits- und Schweigepflicht geschützt werden[165]. Daher gilt das Zeugnisverweigerungsrecht nur dann, wenn die Tatsachen, zu denen sie befragt werden sollen, nach der objektiven Sachlage in einem inneren Zusammenhang mit der jeweiligen Berufstätigkeit stehen, ihnen also in ihrer spezifischen beruflichen Eigenschaft bekannt geworden sind. So hat etwa ein Geistlicher kein Zeugnisverweigerungsrecht, soweit es um Tatsachen geht, die ihm im Rahmen der allgemein karitativen oder verwaltenden – also nicht seelsorgerischen – Tätigkeit bekannt wurden[166]. Eingeschränkt wird das Zeugnisverweigerungsrecht ansonsten nur durch gesetzliche **Anzeigepflichten**, wie sie etwa für Steuerberater, Rechtsanwälte oder Notare durch die – rechtlich unbedenklichen[167] – §§ 2, 11 GwG bei dem Verdacht der Geldwäsche durch den Mandanten vorgesehen sind.

294

---

162 BGH 3 StR 401/17 m.w.N.; 3 StR 107/17; 3 StR 288/15 Tz. 10; 3 StR 462/1512.
163 BGH 4 StR 650/09. Geschützt sind auch Laien, die im Auftrag der Kirche hauptamtlich als Seelsorger in einer JVA selbständig unmittelbare seelsorgerische Tätigkeiten verrichten, BGH NJW 2007, 307 ff.
164 Für Mitarbeiter **anderer Beratungsstellen**, etwa diejenigen einer Anlaufstelle für sexuell missbrauchte Frauen, besteht demgegenüber kein gesetzliches Zeugnisverweigerungsrecht. Ein solches kann jedoch im Einzelfall unter ganz besonders strengen Voraussetzungen zum Schutz verfassungsrechtlich geschützter Rechtsgüter anzuerkennen sein, vgl. BVerfG NJW 1996, 1587; LG Freiburg NJW 1997, 813 f.
165 Vgl. BGH 1 StR 547/11.
166 BGH 4 StR 394/09. Zur insoweit oft schwierigen Abgrenzung siehe BGH 4 StR 650/09; NJW 2007, 307 ff. ("Anstaltsgeistlicher").
167 Vgl. EGMR NJW 2013, 3423 ff. zu ähnlichen Regelungen in Frankreich.

Kapitel 3 *Das gerichtliche Verfahren erster Instanz*

Besteht eine gesetzliche Offenbarungspflicht, so ist eine Berufung auf das Zeugnisverweigerungsrecht ausgeschlossen[168].

Kommt bei Geistlichen, Verteidigern oder Abgeordneten (bzw. deren Berufshelfern) ein Zeugnisverweigerungsrecht ernstlich in Betracht, so sind Ermittlungsmaßnahmen hinsichtlich der diesem unterliegenden Erkenntnisse durch § 160a Abs. 1 und 2 StPO im Regelfall praktisch generell verboten[169].

295   Ob der Berechtigte sein Zeugnisverweigerungsrecht in Anspruch nimmt, unterliegt ausschließlich seiner **freien Entscheidung**. Es ist dem Gericht untersagt, die Entschließung des Zeugen durch Hinweise oder Empfehlungen zu beeinflussen. Selbst derjenige, zu dessen Gunsten die Schweigepflicht besteht (bei einem Arzt ist dies beispielsweise der Patient), hat keinen Anspruch darauf, dass der Berufsträger von seinem Recht Gebrauch macht[170].

296   Für **Berufshelfer** gilt § 53a StPO: Das Zeugnisverweigerungsrecht der in § 53 StPO genannten Berufsgruppen könnte durch Vernehmung der jeweiligen Hilfspersonen (Arzthelferin, Bürovorsteher etc.) ohne weiteres umgangen werden. Daher steht diesen „mitwirkenden Personen" ebenfalls ein Zeugnisverweigerungsrecht zu, über dessen Ausübung aber nach § 53a Abs. 1 S. 2 StPO der Hauptberufsträger i.S.d. § 53 Abs. 1 Nr. 1 bis 4 StPO entscheidet.

297   Die in § 53 Abs. 1 Nrn. 1 bis 3b StPO genannten Personen sind zur Zeugnisverweigerung nicht (mehr) berechtigt, wenn sie von ihrer Verpflichtung zur Verschwiegenheit entbunden sind, § 53 Abs. 2 StPO. Zu dieser Entbindung ist derjenige berechtigt, den das Schweigerecht schützen soll. Die entsprechende Erklärung kann auch durch schlüssiges Verhalten erfolgen, etwa indem der Angeklagte einen behandelnden Arzt als Zeugen benennt. Die **Entbindung von der Schweigepflicht** ist im Übrigen jederzeit frei widerruflich, so dass ein erloschenes Zeugnisverweigerungsrecht erneut aufleben kann[171]. Die bis zum Widerruf der Entbindungserklärung erfolgte Zeugenaussage bleibt dann jedoch für das Gericht verwertbar.

Wird der Berufsträger von der Schweigepflicht entbunden, so wirkt dies auch für die sog. „mitwirkenden Personen", § 53a Abs. 2 StPO.

298   Die in den §§ 53, 53a StPO aufgeführten Personen bedürfen – anders als im Fall des § 52 StPO – **keiner Belehrung** durch das Gericht. Der Gesetzgeber setzt deren Kenntnis über Voraussetzungen und Umfang ihres Zeugnisverweigerungsrechts als selbstverständlich voraus[172]. Nur im Ausnahmefall ist der Zeuge über offensichtliche

---

168 Vgl. BGH NJW 2005, 2406 ff.
169 Eine gesetzgeberische Fehlleistung dürfte schon darin bestehen, dass nach dem Wortlaut des § 160a StPO ein Ermittlungsverbot noch nicht einmal davon abhängt, ob von dem Zeugnisverweigerungsrecht tatsächlich Gebrauch gemacht wird. Siehe zu den geschützten Berufsgruppen BGH StB 24/14 Tz. 9 und zur zeitlichen Geltung BGH StB 23/14 Tz. 4.
170 BGH 1 StR 547/11; NJW 1996, 2436. Im Konflikt mit höherrangigen Rechtsgütern – also etwa beim Verdacht der Kindesmisshandlung – kann die Schweigepflicht nach § 34 StGB ohnehin zurücktreten, vgl. KG NJW 2014, 640 ff.
171 Vgl. BGH NJW 1996, 2436.
172 BGH NStZ-RR 2010, 178 f.

Irrtümer aufzuklären. Erteilt das Gericht ihm allerdings **falsche Hinweise** – etwa zum angeblichen Bestehen einer Schweigepflichtentbindung – so kann dies ein Beweisverwertungsverbot begründen[173].

d) Zeugnisverweigerung aus dienstlichen Gründen

Schließlich können auch **dienstliche Gründe** zu einem Zeugnisverweigerungsrecht führen, **§ 54 StPO**. Angehörige des öffentlichen Dienstes sind durch Gesetz (vgl. etwa § 37 BeamtStG) oder Tarifvertrag zur Verschwiegenheit verpflichtet. Wegen des besonderen Gewichts des öffentlichen Geheimhaltungsbedürfnisses gilt diese Pflicht auch im Strafverfahren. Soweit die amtliche Verschwiegenheitspflicht reicht, normiert § 54 StPO ein **Beweiserhebungsverbot**.

299

Ob eine solche Schweigepflicht besteht, muss der Zeuge zunächst selbst beurteilen. Allerdings ist es üblich, die Beantwortung dieser Frage dem jeweiligen Dienstvorgesetzten zu überlassen, indem (durch das Gericht, die Staatsanwaltschaft oder Polizei) eine Aussagegenehmigung beantragt wird[174]. Diese darf zwar nur unter den besonderen Voraussetzungen des Beamtenrechts verweigert werden[175], Gericht oder Staatsanwaltschaft haben aber gegen einen abschlägigen Bescheid letztlich keine durchgreifende Handhabe. Nur die formlose Gegenvorstellung oder eine Dienstaufsichtsbeschwerde kommen hier im Rahmen der Erfüllung der Aufklärungspflicht (§ 244 Abs. 2 StPO) in Betracht. Ggfls. muss bezüglich einer Versagung der Aussagegenehmigung auch die Entscheidung der obersten Dienstbehörde eingeholt werden[176]. Rechtsmittel im eigentlichen Sinne (etwa Klage auf Erteilung der Genehmigung) stehen nur dem Zeugen selbst bzw. dem Angeklagten zu. Wird die Genehmigung – aus welchen Gründen auch immer – endgültig versagt, so ist der betreffende Zeuge für die Justiz „verloren". Seine Vernehmung ist unzulässig. Macht er gleichwohl Angaben, so sind diese indes uneingeschränkt verwertbar[177].

300

Einer **Belehrung** des Zeugen über sein Recht aus § 54 StPO bedarf es – mangels entsprechender gesetzlicher Anordnung – nicht.

e) Auskunftsverweigerung

§ 55 StPO gibt jedem Zeugen das Recht, die Beantwortung **einzelner Fragen**[178] zu verweigern, wenn er durch eine wahrheitsgemäße Antwort sich selbst oder einen der in § 52 StPO genannten Angehörigen in die Gefahr der Verfolgung wegen einer Straftat oder Ordnungswidrigkeit bringen würde, die er **vor** seiner Zeugenaussage begangen hat. Eine Straftat, die erst durch die Aussage selbst begangen wird (insbes.

301

---

173 BGH NJW 1996, 2436.
174 Eine Aussagegenehmigung benötigt u.U. **auch der Angeklagte**, wenn er Angehöriger des öffentlichen Dienstes ist. Dies kann sich entscheidend auf seine Verteidigungsmöglichkeiten auswirken. Vgl. hierzu BGH NJW 2007, 3010 ff.
175 Lesen Sie für den Bereich der Bundesbeamten §§ 67, 68 BBG.
176 BGH NStZ 1996, 608.
177 BGH 1 StR 34/12.
178 BGH NJW 2007, 2197.

Kapitel 3 *Das gerichtliche Verfahren erster Instanz*

Falschaussage), kann ein Auskunftsverweigerungsrecht also nicht begründen[179]. Denn diese kann ja noch während der Vernehmung korrigiert werden.

302 Der Inhalt der wahrheitsgemäßen Aussage muss zumindest einen Anfangsverdacht i.S.d. § 152 Abs. 2 StPO begründen können. Es müssen also konkrete Tatsachen dafür sprechen, dass der zu untersuchende Lebenssachverhalt eine noch verfolgbare Straftat oder Ordnungswidrigkeit des Zeugen (bzw. seines Angehörigen) enthält. Dies zu beurteilen obliegt dem Tatrichter[180]. Besteht Verfolgungsgefahr, so darf der Zeuge auch nicht zur Offenbarung von „Teilstücken in einem mosaikartig zusammengesetzten Beweisgebäude" gezwungen werden[181]. Denn für die Anwendung des § 55 StPO genügt es, wenn die wahrheitsgemäßen Angaben auch nur mittelbar Auslöser von (weiteren) Verfolgungsmaßnahmen werden könnten.

> **Beispiel:** Der Zeuge ist aufgrund seines Geständnisses wegen unerlaubten Handeltreibens mit Betäubungsmitteln in 5 Fällen rechtskräftig zu einer Gesamtfreiheitsstrafe verurteilt worden. Die Staatsanwaltschaft/das Gericht vernimmt ihn daraufhin als Zeugen und befragt ihn nach seinen Lieferanten. Der Zeuge verweigert entsprechende Auskünfte mit der Begründung, das rechtskräftige Urteil erfasse nicht sämtliche von ihm begangenen Drogendelikte.
> Würde der Zeuge seine Lieferanten preisgeben, so müsste er damit rechnen, dass diese Angaben über weitere mit ihm abgeschlossene Drogengeschäfte machen und so noch nicht abgeurteilte, also verfolgbare Delikte offenbaren. Er wäre im Falle einer wahrheitsgemäßen Aussage möglicherweise gezwungen, potentielle Beweismittel gegen sich selbst zu liefern. Folglich kann er sich auf § 55 StPO berufen. Etwas anderes gilt allerdings dann, wenn die Lieferanten den Ermittlungsbehörden bereits bekannt sind[182].
> Eine ähnliche Fallgestaltung kann im Bereich terroristischer Vereinigungen gegeben sein[183].

Bloße Vermutungen, pauschale Behauptungen des Zeugen oder die rein theoretische Möglichkeit strafrechtlicher Konsequenzen genügen demgegenüber für die Inanspruchnahme des § 55 StPO nicht[184].

303 Das Auskunftsverweigerungsrecht besteht darüber hinaus dann nicht, wenn die Gefahr einer Verfolgung **unzweifelhaft** ausgeschlossen ist[185], etwa weil
- der Zeuge oder der Angehörige sich offensichtlich auf Rechtfertigungs- oder Entschuldigungsgründe berufen kann;
- hinsichtlich des Zeugen selbst oder des Angehörigen ein nicht zu beseitigendes Verfolgungshindernis besteht (z.B. Strafunmündigkeit, § 19 StGB; rechtskräftige Verurteilung, Art. 103 Abs. 3 GG).

---

179 BGH NStZ 2013, 238 f.
180 BGH 2 StR 27/16 Tz. 23. Mit der Revision kann also allein gerügt werden, das Gericht habe den rechtlichen Maßstab verkannt.
181 Vgl. BGH 3 StR 5/17 Tz. 22; 2 StR 539/15 Tz. 13; NStZ 2013, 241 f.; 2006, 278 f.; BVerfG NJW 2002, 1411 f.; BGH NJW 2005, 2166 f.
182 BGH NStZ 2007, 278 f.; BVerfG NStZ 2003, 666.
183 Vgl. BGH NStZ-RR 2009, 178 f. (zu Straftaten der RAF); BGH NJW 2006, 509 f.
184 BGH 3 StR 5/17 Tz. 22; NStZ-RR 2011, 316; StB 37/09; NStZ 2007, 278 f.; NJW 1994, 2839 (2840) m.w.N.; vgl. auch BVerfG NJW 1999, 779 sowie KG NStZ-RR 2014, 14.
185 Vgl. BGH StB 16/12; NStZ-RR 2011, 316; StB 37/09 (auch zu den Besonderheiten bei **Organisationsdelikten** bzw. **organisierter Kriminalität**); NStZ 2006, 509; NJW 2005, 2166 f.; NStZ 2002, 607.

Die Beteiligten, ihre Rechte und Pflichten **A**

Über sein Auskunftsverweigerungsrecht ist der Zeuge zu **belehren**, § 55 Abs. 2 StPO. **304**
Die Verweigerung der Auskunft muss ausdrücklich erklärt werden; verschweigt der Zeuge Tatsachen, so macht er sich nach den §§ 153 ff. StGB strafbar, denn er hat die Pflicht, nicht nur wahrheitsgemäß, sondern auch vollständig auszusagen. Nach § 56 StPO sind zudem die geltend gemachten Gründe auf Verlangen glaubhaft zu machen. Es genügt aber die eidliche Versicherung des Zeugen, § 56 S. 2 StPO. Schon wegen dieser Pflicht zur Glaubhaftmachung kann folglich auch derjenige Zeuge zur Hauptverhandlung geladen und vernommen werden, welcher sich bereits vorab auf ein Auskunftsverweigerungsrecht berufen hat[186].

Beruft sich der Zeuge erst im Verlaufe seiner Vernehmung auf § 55 StPO, so sind die bis zu diesem Zeitpunkt gemachten Angaben – mit der dann gebotenen kritischen Würdigung – ohne Weiteres verwertbar[187]. Ohnehin droht bei der Geltendmachung des § 55 StPO in der Hauptverhandlung jedenfalls dann kein Beweisverlust, wenn der Zeuge zuvor polizeilich vernommen wurde oder in sonstiger Weise Angaben gegenüber Dritten gemacht hat. Diese können nämlich als Zeugen über die jeweiligen Gesprächsinhalte vernommen werden[188].

Über das Bestehen und ggfls. den Umfang eines Auskunftsverweigerungsrechts aus **305**
§ 55 StPO entscheidet der Vorsitzende im Rahmen seiner Verhandlungsleitung[189]. Ihm steht insoweit ein weiter Beurteilungsspielraum zur Verfügung[190]. Allerdings muss er im Hinblick auf die Aufklärungspflicht auch sicherstellen, dass der Zeuge – bei unberechtigter Weigerung – die offenen Fragen beantwortet[191]. Ggfls. ist daher die Aussage nach § 70 StPO zu erzwingen.

Aus dem Umstand einer berechtigten Auskunftsverweigerung dürfen regelmäßig – etwa wenn er selbst ebenfalls wegen der interessierenden Ereignisse in einem eigenständigen Verfahren angeklagt ist – keine dem Zeugen nachteiligen Schlüsse gezogen werden[192].

V. Sachverständige

1. Funktion und Stellung

Der Sachverständige ist ein weiteres sog. „persönliches" Beweismittel. Er wird vom **306**
Gericht von Amts wegen oder auf den entsprechenden Antrag eines Verfahrensbeteiligten hin bestellt und vernommen, wenn die Beurteilung einer Frage von **besonderer Sachkunde** abhängig ist, die dem Tatrichter fehlt. Ob das Gericht entsprechender Beratung bedarf, beurteilt es unabhängig vom Verfahrensgegenstand in eigener Verantwortung[193].

---

186 Vgl. BGH NJW 2007, 2197.
187 Vgl. BGH NJW 2002, 1508 f.; NStZ 1998, 46 f.
188 Siehe hierzu unten Rn. 597.
189 BGH NJW 2007, 386.
190 Vgl. OLG Celle NStZ-RR 2011, 377 m.w.N.
191 Siehe BGH 2 StR 195/11 Tz. 3.
192 BGH 4 StR 275/09 m.w.N.
193 Vgl. BGH NJW 2008, 1329 f.: Selbst bei Kapitaldelikten bedarf es jenseits des § 246a StPO nicht zwingend der Zuziehung eines psychiatrischen oder psychologischen Sachverständigen.

Kapitel 3 *Das gerichtliche Verfahren erster Instanz*

Bei der Gutachtenerstattung ist der Sachverständige fachlich und persönlich unabhängig. Er hat hinsichtlich der Informationsbeschaffung sowie der Auswahl der Untersuchungsmethoden weitgehend freie Hand und darf auch eigenständig Hilfskräfte hinzuziehen[194]. Er muss das Gutachten aber persönlich erstatten. Für die Kernbereiche seiner Tätigkeit (etwa die Exploration im Rahmen einer Begutachtung der Schuldfähigkeit oder der „Glaubwürdigkeit") besteht daher ein **Delegationsverbot**[195]. Zudem setzt jede Exploration die **Zustimmung des Probanden** voraus[196].

Selbstverständlich muss der Sachverständige **unparteilich** sein. Hieran sind hohe Anforderungen zu stellen[197]. Er darf also im Vorfeld nicht selbst ermittelt haben und muss sein Gutachten eigenverantwortlich sowie frei von jeder Beeinflussung erstatten. Um dies sicherzustellen, kann er unter denselben Voraussetzungen wie ein Richter wegen Besorgnis der Befangenheit abgelehnt werden, § 74 StPO, was in der Praxis nicht selten vorkommt. Denn seine Ablehnung ist in der Hauptverhandlung nicht fristgebunden ist, d.h. sie kann auch noch nach Erstattung des Gutachtens (vgl. § 83 Abs. 2 StPO) und bis zum Beginn der Urteilsverkündung erfolgen. Für das Ablehnungsverfahren gilt eine **revisionsrechtliche Besonderheit**: Anders als bei der Richterablehnung prüft das Revisionsgericht bei der Ablehnung eines Sachverständigen nicht nach Beschwerdegrundsätzen selbstständig, ob die Voraussetzungen für die Besorgnis einer Befangenheit im konkreten Fall vorgelegen haben. Es beschränkt sich vielmehr auf die Frage, ob das Ablehnungsgesuch ohne Verfahrensfehler und mit ausreichender Begründung zurückgewiesen wurde. Dabei ist es an die vom Tatgericht festgestellten Tatsachen gebunden. Das Tatgericht muss also in seinem Beschluss die Tatsachengrundlage vollständig darlegen und die Entscheidung umfassend begründen[198].

307 Da die Ergebnisse eines Gutachtens für den Angeklagten oftmals von erheblicher Bedeutung sind, wird die herausgehobene Stellung des Sachverständigen zuweilen kritisiert. Freilich ist zur umfassenden Aufklärung insbesondere bei folgenden Problemfeldern die sachverständige Beratung des Gerichts oftmals angezeigt:

- schwierige Berechnungen der Tatzeit-Alkoholisierung von Tatbeteiligten;
- Beurteilung von Fragen der Schuldfähigkeit i.S.d. §§ 20, 21 StGB;
- Bewertung kriminaltechnischer oder rechtsmedizinischer Untersuchungen (z.B. Finger- oder Faserspuren, DNA-Analyse);
- Bewertung allgemeiner technischer Fragen, etwa eines Unfallablaufs;
- Beurteilung der „Glaubwürdigkeit" eines (Opfer-)Zeugen in **besonderen Problemfällen**[199];
- Übersetzung von Urkunden, die in fremder Sprache abgefasst sind[200].

---

194 Vgl. BGH 3 StR 481/15.
195 BGH 2 StR 585/10.
196 BGH 5 StR 39/13 Tz. 8; 1 StR 602/12.
197 BGH NStZ 1997, 349 f. für den Fall, dass ein Sachverständiger die unterbliebene Belehrung kindlicher Zeugen bewusst ausgenutzt hat, um Angaben über das Tatgeschehen zu erhalten.
198 Vgl. BGH 4 StR 531/16; 3 StR 142/15 Tz. 8 ff.; 3 StR 302/14 Tz. 7.
199 Siehe hierzu unten Rn. 502 f.
200 Die Übersetzung fremdsprachiger Urkunden ist nicht etwa eine Dolmetschertätigkeit, sondern diejenige eines Sachverständigen. Selbstverständlich kann ein Dolmetscher insoweit als Sachverständiger

Die Beteiligten, ihre Rechte und Pflichten **A**

Zwingend ist die Hinzuziehung eines Sachverständigen, wenn Maßregeln i.S.d. §§ 63, 64, 66 StGB in Betracht kommen. Das gilt selbst dann, wenn der Angeklagte sich weigert, an einer Exploration teilzunehmen oder sich zur Sache einzulassen[201]. Im Bereich vornehmlich der Sexualstraftaten zum Nachteil Minderjähriger soll ein Sachverständiger auch gehört werden, bevor Weisungen – etwa im Rahmen einer Bewährungsentscheidung – erteilt werden (vgl. **§ 246a StPO**).

Der Sachverständige hat das Recht (und die Pflicht), zur Vorbereitung des Gutachtens die Akten – auch betreffend frühere Verfahren und Behandlungen[202] – einzusehen und Prozessbeteiligte zu befragen, § 80 Abs. 2 StPO. Es gehört sogar zu seinen Aufgaben, durch eine entsprechende Exploration und die Auswertung – gegebenenfalls noch herbeizuschaffenden – Aktenmaterials „Defizite des Gerichts bei der Tatsachenfeststellung auszugleichen"[203]. Kommt es zu einer Untersuchung des Angeklagten oder von Zeugen, so ist er nicht verpflichtet, die Anwesenheit Dritter – etwa des Verteidigers – zu dulden[204]. Er ist auch nicht gehalten, die zu untersuchende Person über deren Rechte zu belehren. Die im Rahmen einer Begutachtung erfolgten Angaben des Angeklagten zum Tatgeschehen können – trotz unterlassener Belehrung – später durch Vernehmung des Sachverständigen in das Verfahren eingeführt werden[205].

308

Die Verwertung von Erkenntnissen des psychiatrischen Sachverständigen aus **Krankenakten** oder entsprechenden Angaben des Angeklagten hängt – trotz §§ 203 StGB, § 53 Abs. 1 Nr. 3 StPO – ebenfalls nicht von dessen Zustimmung ab. Denn die Befragungen und Untersuchungen im Zusammenhang mit der Exploration dienen im Auftrag des Gerichts oder der Ermittlungsbehörden der Vorbereitung eines Gutachtens über den psychischen Zustand des Angeklagten. In diesem Fall wird die sonst erforderliche Zustimmung zur Preisgabe von Geheimnissen durch die – auf der Aufklärungspflicht beruhende – gesetzliche Duldungspflicht ersetzt[206].

Kommt es zu einer Hauptverhandlung, so ist das Gutachten **mündlich** zu erstatten, soweit es den **Schuld- oder Strafausspruch** betrifft. Bezüglich anderer Fragen (etwa der Verhandlungsfähigkeit) kann das Gericht die mündliche Gutachtenerstattung anordnen, ohne allerdings hierzu verpflichtet zu sein[207]. Üblicherweise wird aber schon vor einer Hauptverhandlung ein vorbereitendes schriftliches Gutachten erstattet. Das ist vielfach sinnvoll, jedoch vom Gesetz nicht vorgeschrieben. Einer entsprechenden Aufforderung durch das Gericht muss der Sachverständige zwar in der Regel nachkommen, denn es handelt sich insoweit um eine leitende (§ 78 StPO) Anordnung. Hieraus ergibt sich aber kein selbständiger verfahrens- oder verfassungsrechtlicher

309

---

fungieren, er muss dann aber entsprechend belehrt werden und es muss gem. § 79 StPO über seine Vereidigung entschieden werden, vgl. BGH NStZ 1998, 158 f.
201 In diesem Fall hat das Gericht dem Sachverständigen die Anknüpfungstatsachen ggfls. zu vermitteln. Vgl. hierzu BGH 4 StR 568/08; NStZ 2004, 263 f.
202 BGH 2 StR 255/13 Tz. 10.
203 So BGH 4 StR 434/11.
204 BGH NStZ 2008, 229 f.; 2003, 101.
205 BGH NJW 1998, 839; im Hinblick auf das „nemo-tenetur-Prinzip" ist dies allerdings problematisch. Zum Erfordernis der **Zeugen**belehrung durch den Richter siehe unten Rn. 600.
206 Siehe BGH 1 StR 536/08 m.w.N.
207 BGH NStZ 2008, 418 f.

Kapitel 3 *Das gerichtliche Verfahren erster Instanz*

Anspruch des Angeklagten bzw. anderer Verfahrensbeteiligter auf Anfertigung und Aushändigung vorbereitender schriftlicher Gutachten[208].

Unabhängig von der Form des Gutachtens muss der Sachverständige für alle Verfahrensbeteiligten nachvollziehbar und transparent darlegen, aufgrund welcher Anknüpfungstatsachen und auf welchem Weg er zu seinem Ergebnis gelangt ist[209]. Dies kann – jenseits der Fälle des § 246a StPO – bei entsprechender Anordnung neuerdings auch im Wege der Videokonferenz geschehen, § 247a Abs. 2 StPO.

Maßgeblich für die Entscheidung in der Sache ist entsprechend den Grundsätzen der Unmittelbarkeit und Mündlichkeit allein der Inhalt des in der Hauptverhandlung erstatteten Gutachtens[210]. Nur hierauf kann auch in revisionsrechtlicher Hinsicht die Entscheidung über Schuld und Strafe beruhen.

310 Die Erkenntnisse und Schlussfolgerungen des Sachverständigen darf das Gericht selbstverständlich nicht „blind" übernehmen. Es ist vielmehr verpflichtet, dessen Angaben auf ihre Plausibilität hin zu überprüfen und eine **eigenverantwortliche Bewertung** des Gutachtens vorzunehmen[211]. Das beinhaltet natürlich auch die Möglichkeit – ggfls. sogar die Notwendigkeit –, von seinen Ausführungen und Ergebnissen abzuweichen. Das Gericht muss sich also mit fachspezifischen Problemen – etwa aus dem medizinischen Bereich – auseinandersetzen und hierzu ggfls. sachkundig machen[212].

Dies gilt umso mehr, als die Begutachtung vielfach der Klärung ausschließlich vom Gericht zu beantwortender **Rechtsfragen** dient. Erinnert sei etwa an die Anwendbarkeit der §§ 21, 63, 64 oder 66 StGB, denen mit Begriffen wie „erheblich" oder „Hang" auch normative Bewertungen zu Grunde liegen. Insbesondere die Frage der Schuldfähigkeit ist rechtlicher und nicht psychiatrischer Natur[213]. Auch ein aussagepsychologisches Gutachten („Glaubwürdigkeitsgutachten"), welches die Verlässlichkeit der Angaben eines Zeugen bewerten soll, hat nur indizielle Bedeutung. Ob die Angaben des Zeugen wahr oder unwahr sind, hat abschließend allein der Tatrichter zu beurteilen[214]. Weicht er mit seiner Beurteilung von einem Sachverständigengutachten ab, muss er im Urteil seine Auffassung freilich tragfähig und nachvollziehbar begründen[215].

311 Nach § 72 StPO sind für den Sachverständigen grundsätzlich die für die Zeugen geltenden Vorschriften entsprechend anwendbar. Dies gilt insbesondere für die Mög-

---

208 BGH 2 StR 205/09.
209 St. Rspr., siehe BGH 1 StR 221/16 Tz. 13. Zu den erheblichen Anforderungen an ein **aussagepsychologisches Gutachten** siehe BGH NJW 2002, 1813; NStZ 2001, 45 f.; NJW 1999, 2746 ff. Bezüglich forensischer **Schuldfähigkeitsbegutachtung** vgl. BGH NStZ 2005, 205 ff.; NJW 2004, 1810 ff. Hinsichtlich anthropologischer bzw. morphologischer **Identitätsgutachten** anhand von Lichtbildern siehe BGH 5 StR 138/13 Tz. 6; NStZ 2005, 458 ff.; OLG Braunschweig NStZ 2008, 652 f.; NStZ-RR 2007, 180 f. sowie *Rösing et al.* NStZ 2012, 548 ff.
210 BGH 2 StR 458/15 Tz. 6; 4 StR 309/15; 5 StR 626/13 Tz. 15; 4 StR 173/11.
211 Vgl. BGH 4 StR 497/14 Tz. 12; 2 StR 442/12; 2 StR 297/12 Tz. 8; 1 StR 15/12 Tz. 24 f.; 3 StR 369/09; 5 StR 538/08.
212 Vgl. BGH 2 StR 585/10; 3 StR 369/09; 3 StR 453/08.
213 Vgl. BGH 2 StR 223/16 Tz. 6; 4 StR 498/14 Tz. 11; 1 StR 135/13 Tz. 15; 2 StR 297/12 Tz. 8.
214 BGH NStZ-RR 2004, 87 f.
215 BGH 4 StR 381/14 Tz. 10; 2 StR 48/10; 4 StR 435/09; 2 StR 601/08; 3 StR 302/08.

lichkeiten, die Erstattung des Gutachtens – trotz der grundsätzlichen Pflicht, vgl. § 75 StPO – zu verweigern, § 76 StPO. Entsprechend ist er in der Hauptverhandlung zu belehren.

2. Abgrenzung zwischen Sachverständigen und Zeugen

Während dem Sachverständigen die fachliche Bewertung von Ereignissen und Vorgängen obliegt, berichtet ein Zeuge über eigene, jedermann mögliche sinnliche Wahrnehmungen. Solche macht aber auch ein Sachverständiger, etwa wenn ihm gegenüber im Rahmen eines aussagepsychologischen Gutachtens eine Tatschilderung erfolgt. Ob die Wiedergabe einer Wahrnehmung im Gerichtssaal diejenige eines Zeugen oder Sachverständigen ist, muss zunächst danach beurteilt werden, in welcher Funktion sie gemacht wurde. Nur wenn jemand Wahrnehmungen **im Auftrag** des Gerichts, der Staatsanwaltschaft oder der Polizei aufgrund seiner besonderen Sachkunde macht, fungiert er als Sachverständiger. 312

> **Beispiele:** Ein Kfz-Sachverständiger für Unfallanalysen beobachtet zufällig und ohne behördlichen Auftrag einen Verkehrsunfall. Er ist hierfür nur Zeuge, wäre also entsprechend zu belehren und zu vernehmen. Zieht er infolge seiner Sachkunde aus dem Wahrgenommenen Schlüsse, so ist er „sachverständiger Zeuge", wird aber gleichwohl wie andere Zeugen behandelt, insbesondere wie ein Zeuge entschädigt, vgl. § 85 StPO[216].
> Der Arzt, der im Auftrag der Polizei dem Beschuldigten einer Trunkenheitsfahrt eine Blutprobe entnimmt, ist dagegen Sachverständiger.

Auch der Sachverständige kann aber in die Rolle des Zeugen wechseln. Er berichtet nämlich oftmals nicht nur über Dinge, die er – etwa bei einer Leichenschau – nur aufgrund seiner Sachkunde wahrnehmen kann (sog. „Befundtatsachen"), sondern auch über solche, die er wie jeder andere erfahren hat (sog. „Zusatztatsachen"). Mit Letzteren sind insbesondere Äußerungen des Angeklagten oder von Zeugen zum Tatgeschehen gemeint, die z.B. im Rahmen einer Exploration nahezu zwangsläufig anfallen. Will das Gericht derartige Zusatztatsachen im Rahmen seines Urteils verwerten, so muss der Sachverständige insoweit zugleich als Zeuge „vom Hörensagen" gehört werden[217]. Eine solche Befragung ist selbst dann möglich (und in der Sache angezeigt), wenn der Sachverständige erfolgreich wegen Besorgnis der Befangenheit abgelehnt wurde[218]. 313

3. Auswahl und Bestellung

Zuständig für die Auswahl und die Bestellung des Sachverständigen ist im Ermittlungsverfahren die Staatsanwaltschaft bzw. die Polizei (vgl. § 161a Abs. 1 S. 2 StPO i.V.m. Nr. 70 RiStBV), im gerichtlichen Verfahren der Richter. Es handelt sich um eine Ermessensentscheidung, wobei für das betreffende Sachgebiet öffentlich be- 314

---

216 Siehe hierzu auch OLG Düsseldorf NStZ-RR 2014, 114; OVG Lüneburg NJW 2012, 1307.
217 BGH NStZ 1982, 256 f.
218 BGH 3 StR 426/09.

Kapitel 3 *Das gerichtliche Verfahren erster Instanz*

stellte Sachverständige bevorzugt werden sollen, § 73 Abs. 2 StPO. Trotz der klaren Kompetenzzuweisung wird um die Auswahl von den Verfahrensbeteiligten oftmals gerungen, da man bei bestimmten Sachverständigen ein vom jeweiligen Standpunkt aus „günstiges" Gutachten und damit eine wesentliche Einflussnahme auf den Prozessausgang erwartet. Der Angeklagte hat jedoch keinen Anspruch auf die Wahl einer Person seines Vertrauens. Verweigert er sich dem gerichtlich bestellten Sachverständigen, so hat er kein Anrecht auf ein „weiteres" Gutachten i.S.d. § 244 Abs. 4 S. 2 StPO[219].

315 Bei der Auswahl ist zunächst das Sachgebiet zu bestimmen, aus dem ein Gutachter benötigt wird. Bei der Berechnung der Blutalkoholkonzentration (BAK) wird das Gericht – soweit die eigene Sachkunde nicht genügt – üblicherweise auf Mitarbeiter des jeweiligen Instituts für Rechtsmedizin der örtlichen Universität zurückgreifen. Geht es um die Beurteilung der Aussage eines Zeugen, so bedarf es (soweit nicht zudem psychiatrische Erkrankungen in Rede stehen) der Unterstützung durch einen besonders geschulten Psychologen[220] und in Fragen der Schuldfähigkeit regelmäßig der Zuziehung eines Psychiaters, da dieser – anders als der Psychologe – auch klinische Krankheitsbilder abzuklären vermag. Der Tatrichter ist auch nicht gehindert, eine noch nicht in größerem Umfang erprobte kriminaltechnische Methode in die Beweiserhebung mit einzubeziehen. Er muss sich dann aber im Rahmen der Beweiswürdigung mit dieser Methode kritisch auseinandersetzen[221].

Was die Person des Sachverständigen anbelangt, so ist neben der fachlichen Eignung Wert auf persönliche Unabhängigkeit, Objektivität, Verständnis für juristische Fragestellungen und Zuverlässigkeit zu legen. Wesentlich ist auch, ob der Sachverständige in der Lage ist, sich in verständlicher Form mitzuteilen. Soll er an einer Person Untersuchungen vornehmen, so sind bei der Auswahl deren berechtigten Belange zu berücksichtigen[222]. Die Auswahl des Sachverständigen ist jedoch einer Überprüfung mit der Beschwerde entzogen, § 305 S. 1 StPO[223].

316 Vor der **förmlichen Bestellung** sollten die maßgeblichen Fragen mit dem Sachverständigen (i.d.R. telefonisch) besprochen und eine Frist für die Gutachtenerstattung vereinbart werden, vgl. Nr. 72 Abs. 2 S. 2 RiStBV, § 73 Abs. 1 S. 2 StPO. Die Fristüberschreitung kann nach Androhung und Nachfrist mit einem Ordnungsgeld geahndet werden, § 77 Abs. 2 StPO. Ohnehin hat der Richter (bzw. im Ermittlungsverfahren die Staatsanwaltschaft) die Tätigkeit des Sachverständigen zu leiten, § 78 StPO.

Soweit nicht bereits die Staatsanwaltschaft einen Sachverständigen hinzugezogen hat, erfolgt die Bestellung i.d.R. durch Verfügung des Vorsitzenden im Zusammenhang mit der Terminsvorbereitung, gelegentlich auch durch Beschluss.

---

219 BGH NJW 1998, 2460.
220 BGH NJW 2002, 1813.
221 BGH NStZ 1998, 528 f.
222 Vgl. BGH NJW 1997, 70.
223 Soweit § 305 StPO nicht greift – also insbes. im Ermittlungsverfahren – ist die Beschwerde ebenfalls unzulässig, vgl. *Meyer-Goßner*, § 73 Rn. 18.

Erforderlich sind in jedem Fall:
- die Benennung des Sachverständigen;
- die Bezeichnung der zu klärenden Fragen, Nr. 72 Abs. 2 RiStBV.

VI. Das Tatopfer

Der rechtliche Rahmen des Opferschutzes wurde bereits im Zusammenhang mit dem Ermittlungsverfahren dargestellt[224]. Erinnert sei etwa an die Möglichkeiten der Hinzuziehung eines Zeugenbeistands oder einer Vertrauensperson sowie Ansprüche auf Akteneinsicht und umfassende Belehrung über prozessuale Befugnisse. Auch ist der durch die verhandelte Tat Verletzte auf Antrag über Ort und Zeit der Hauptverhandlung und den Ausgang des ihn betreffenden Verfahrens zu informieren. Bei berechtigtem Interesse gilt das auch für Weisungen, freiheitsentziehende Maßnahmen oder Vollzugslockerungen, § 406d StPO.

Im Folgenden sollen noch drei weitere Opferschutzinstrumente vorgestellt werden, die im Wesentlichen im gerichtlichen Hauptverfahren zum Tragen kommen.

1. Nebenklage

Opfer einer schwerwiegenden Straftat können ihr Interesse an einer **Genugtuung** im gewöhnlichen Strafverfahren[225] im Wege der Nebenklage verfolgen, die in den §§ 395 bis 402 StPO geregelt ist. Schließt sich der Verletzte dem Verfahren an (§ 396 Abs. 1 StPO) und wird er vom Gericht als Nebenkläger zugelassen (§ 396 Abs. 2 StPO), so tritt er als **unabhängiger** und mit besonderen Rechten ausgestatteter **Verfahrensbeteiligter** neben die Staatsanwaltschaft. Allerdings setzt die Nebenklage nach § 395 Abs. 1 S. 1 StPO eine erhobene öffentliche Klage voraus, ist also akzessorisch. Vor Anklageerhebung stehen dem nebenklageberechtigten Verletzten jedoch schon die Rechte aus § 406h StPO zur Seite.

317

a) Anschlussbefugnis und -erklärung

Anschlussbefugt sind nur

318

- die Verletzten der in § 395 Abs. 1 Nrn. 1 und 2 StPO genannten Straftaten;
- der (erfolgreiche) Antragsteller eines Klageerzwingungsverfahrens (§ 395 Abs. 2 Nr. 3 StPO);
- die in § 395 Abs. 2 StPO abschließend genannten privilegierten Personen, also insbesondere nahe Verwandte eines getöteten Tatopfers;
- unter den in § 395 Abs. 3 StPO genannten Voraussetzungen das Opfer weiterer Straftaten von sehr unterschiedlichem Gewicht (z.B. einer fahrlässigen Körperverletzung oder eines Raubes), wenn dies aus „besonderen Gründen" (insbeson-

---

[224] Oben Rn. 158 ff.
[225] Im Verfahren gegen **Jugendliche** ist die Nebenklage (leider) nur sehr eingeschränkt zulässig, § 80 Abs. 3 JGG, wohl aber unbeschränkt gegen einen Erwachsenen oder Heranwachsenden in dem gegen diesen und einen Jugendlichen gerichteten sog. verbundenen Verfahren i.S.d. § 103 JGG, vgl. BGH NJW 2003, 152. Auch im **Sicherungsverfahren** ist die Nebenklage zulässig, vgl. BGH NJW 2002, 692.

dere schwere Verletzungsfolgen) zur Interessenwahrnehmung geboten erscheint. Der genannte Katalog ist **nicht abschließend**, so dass im Falle einer (besonderen) prozessualen Schutzbedürftigkeit des Geschädigten **prinzipiell alle rechtswidrigen Taten** anschlussfähig sind[226].

319 Dabei hat es der Gesetzgeber auch an dieser Stelle unterlassen, den Begriff des „Verletzten" näher zu definieren. Im Rahmen des § 395 StPO erfasst er nur das Tatopfer[227]. Die Verurteilung des Angeklagten wegen eines Nebenklagedelikts muss demgegenüber nicht feststehen. Die Nebenklagebefugnis besteht vielmehr schon dann, wenn nach der Sachlage die Verurteilung des Angeklagten rechtlich möglich erscheint, nach dem von der Anklage umfassten Sachverhalt die Verurteilung wegen eines Delikts i.S.d. § 395 StPO materiell-rechtlich also in Betracht kommt[228].

320 Die **schriftliche** (vgl. § 396 Abs. 1 S. 1 StPO) **Anschlusserklärung** ist in jeder Lage des Verfahrens bis zur Rechtskraft der abschließenden Entscheidung möglich. Selbst nach der Verkündung des Urteils kann der Anschluss noch mit dem alleinigen Ziel der Urteilsanfechtung erfolgen, § 395 Abs. 4 StPO. Liegt die Anschlusserklärung vor, so prüft das Gericht die formelle Befugnis und entscheidet dann – nach Anhörung der in § 396 Abs. 2 StPO genannten Beteiligten – durch **Beschluss**. Die Entscheidung hat im Fall des Abs. 2 S. 1 nur deklaratorischen Charakter[229], kann aber von der Staatsanwaltschaft mit der Beschwerde angefochten werden, § 304 Abs. 1 StPO. Wird der Verletzte als Nebenkläger zugelassen, so kann dies auch der Angeklagte, im Falle einer Nichtzulassung der Antragsteller.

Anders liegen die Dinge bei der – konstitutiven – Entscheidung über das Vorliegen der besonderen Voraussetzungen des § 395 Abs. 3 StPO. Diese ist stets unanfechtbar, § 396 Abs. 2 S. 2 Hs. 2 StPO, und bindet auch die Rechtsmittelinstanz[230].

b) Rechte des Nebenklägers

321 Die prozessualen Rechte des Nebenklägers sind im Wesentlichen in § 397 StPO aufgeführt, so dass auf dessen Lektüre verwiesen werden kann. Hervorzuheben sind:
– der Anspruch auf Übersendung einer ggfls. übersetzten Anklageschrift (soweit zuvor beantragt), §§ 201 Abs. 1 S. 2 StPO, 187 GVG;
– der Anspruch, mit seinem Beistand zur Hauptverhandlung geladen und gehört zu werden (vgl. auch § 214 Abs. 1 StPO);
– die Befugnis, an der Hauptverhandlung auch dann teilzunehmen, wenn er als Zeuge vernommen werden soll[231];
– die Möglichkeit, durch Erklärungen und Fragen an der Verhandlung aktiv teilzunehmen;

---

226 BGH 5 StR 523/11.
227 Vgl. *Meyer-Goßner*, § 395 Rn. 3.
228 BGH 4 StR 126/11; NStZ-RR 2008, 352 f.
229 BGH 4 StR 423/13.
230 BGH 5 StR 523/11; OLG Düsseldorf JMBl. NW 1996, 129 f.
231 Das gilt auch für die nebenklagebefugten Verletzten, die sich nicht dem Verfahren angeschlossen haben, § 406h Abs. 1 S. 1 StPO.

Die Beteiligten, ihre Rechte und Pflichten **A**

– das Recht, Beweisanträge zu stellen[232] und einen Richter wegen Besorgnis der Befangenheit abzulehnen;
– der Anspruch auf Übersetzung schriftlicher Unterlagen, soweit dies zur Ausübung der strafprozessualen Rechte erforderlich ist, § 397 Abs. 3 StPO.

Die Beteiligungspflichten des Gerichts entsprechen generell denjenigen gegenüber der Staatsanwaltschaft, § 397 Abs. 1 S. 4 StPO. Darüber hinaus hat der nebenklagebefugte Verletzte Anspruch auf die unentgeltliche Stellung eines Dolmetschers, soweit dies zur Ausübung seiner prozessualen Befugnisse erforderlich ist, § 187 GVG.

Haben Dritte auch wegen des damit verbundenen Eingriffs in das informationelle Selbstbestimmungsrecht des Angeklagten grundsätzlich keinen Anspruch auf Einsicht in die Verfahrensakten[233], so gewährt § 406e StPO dem Nebenkläger wie jedem Verletzten – nach Anhörung des Angeklagten[234] – ein eigenes **Akteneinsichtsrecht**. Hierdurch werden auch die Möglichkeiten zur Geltendmachung zivilrechtlicher Ansprüche verbessert. Die Einsicht vollzieht sich über den anwaltlichen Vertreter nach § 32f StPO. Der anwaltlich nicht vertretene Verletzte kann auch selbst gem. § 406e Abs. 3 StPO Akteneinsicht nehmen oder Beweismittel besichtigen[235]. Sofern er – wie auch immer – Aktenkenntnis erhält, führt dies – jedenfalls im Regelfall – auch nicht dazu, dass an die Bewertung seiner Zeugenaussage bzw. deren Darstellung im Urteil besondere Anforderungen zu stellen sind. Denn die Wahrnehmung dieses gesetzlich eingeräumten Rechts wirkt sich auf die Bewertung der Glaubhaftigkeit der Bekundungen nicht ohne weiteres aus[236].

Darüber hinaus kann der Nebenkläger zu Ungunsten des Angeklagten gegen gerichtliche Entscheidungen **Rechtsmittel** einlegen, §§ 400 Abs. 2, 401 StPO. Allerdings ist dieses Recht erheblich beschränkt. Gegen – auch objektiv falsche – Einstellungsentscheidungen (z.B. §§ 153, 154 StPO) hat er keine Handhabe[237]. Er kann Rechtsmittel ansonsten auch nur im Zusammenhang mit Nebenklagedelikten einlegen, also insbesondere mit der Begründung, der Angeklagte sei zu Unrecht vom Vorwurf eines solchen Deliktes freigesprochen worden oder die Verurteilung wegen eines tateinheitlichen Nebenklagedelikts sei rechtsfehlerhaft unterblieben.

322

Nach § 400 Abs. 1 StPO kann er ein Urteil dagegen nicht mit dem Ziel anfechten, eine andere Rechtsfolge (z.B. höhere Strafe, Anordnung einer Maßregel nach §§ 63, 64, 66 StGB) oder die Verurteilung wegen eines Delikts zu erreichen, das nicht zum Katalog des § 395 StPO gehört. Seine Stellung als Verletzter ermöglicht es ihm mangels eige-

---

232 Auf diese sollen die gesetzlichen Ablehnungsgründe allerdings – was immer das konkret auch heißen mag – „weniger restriktiv" anzuwenden sein als bei Anträgen des Angeklagten, vgl. BGH 5 StR 487/09. Anderer und wohl zutreffender Meinung sind der 3. und der 4. Strafsenat, vgl. BGH 4 StR 199/15 Tz. 19; 3 StR 497/10.
233 Vgl. OLG Frankfurt NStZ 1996, 565; OLG Hamburg NJW 1995, 3399. Näheres regeln die §§ 475 ff. StPO.
234 BVerfG NJW 2017, 1164 ff.
235 Zur Durchsetzung im Wege gerichtlicher Entscheidung nach § 406e Abs. 4 S. 2 StPO siehe BGH 4 BGs 2/11 Tz. 9 sowie OLG Braunschweig NStZ 2016, 629 ff.; KG NStZ 2016, 438.
236 Ansonsten würde auch die freie Entscheidung beeinträchtigt, Akteneinsicht zu beantragen. Siehe BGH 5 StR 40/16; 1 StR 498/04.
237 Siehe BGH 3 StR 490/14 Tz. 3.

Kapitel 3 *Das gerichtliche Verfahren erster Instanz*

ner Beschwer auch nicht, ein Rechtsmittel zu Gunsten des Angeklagten einzulegen[238]. Dem Vorbringen in der Rechtsmittelschrift muss daher ein Ziel zu entnehmen sein, welches diesen Einschränkungen entspricht.

323 Dem Nebenkläger kann **Prozesskostenhilfe**[239] gewährt werden, wenn die Sach- und Rechtslage schwierig ist oder wenn er nicht in der Lage ist, seine Rechte selbst wahrzunehmen, § 397a Abs. 2 StPO. Opfern bestimmter schwerwiegender Delikte – insbesondere einer Sexualstraftat, eines Raubdelikts oder eines versuchten Mordes bzw. Totschlags –, muss zudem auf Antrag bzw. von Amts wegen ein **Rechtsanwalt als Beistand** bestellt werden, § 397a Abs. 1 StPO[240]. Unter den Voraussetzungen des § 406h Abs. 3 StPO stehen diese Ansprüche auch dem nebenklagebefugten Verletzten zu, der sich (noch) nicht dem Verfahren angeschlossen hat. Das Verfahren richtet sich nach denselben Vorschriften wie bei der Bestellung eines Pflichtverteidigers. Die Entscheidung trifft also – wie auch hinsichtlich der Bewilligung von Prozesskostenhilfe – der Vorsitzende des mit der Sache befassten Gerichts, § 397a Abs. 3 StPO.

2. Adhäsionsverfahren

324 Nach Art. 16 der Richtlinie 2012/29/EU stellen die Mitgliedstaaten sicher, dass Tatopfer im Rahmen des Strafverfahrens und innerhalb einer angemessenen Frist eine Entscheidung über die Entschädigung durch den Straftäter erwirken können. Das Adhäsionsverfahren soll infolge des OpferRRG vom 24.06.2004 den **Regelfall der materiellen Kompensation** bei Straftaten darstellen. Gleichwohl hat es sich in der gerichtlichen Praxis leider noch nicht durchgesetzt, obwohl die Staatsanwaltschaft es aktiv zu fördern hat (vgl. Nrn. 174, 174a RiStBV)[241].

Jeder Verletzte bzw. dessen (durch einen Erbschein legitimierter[242]) Erbe kann auf diesem Wege seine aus der verfahrensgegenständlichen Tat resultierenden zivilrechtlichen Ersatzforderungen geltend machen, sofern sich das Verfahren gegen einen Erwachsenen oder Heranwachsenden richtet[243]. Nach §§ 403 ff. StPO muss im Strafverfahren nämlich auf **Antrag des Verletzten** über vermögensrechtliche Ansprüche gegen den Angeklagten (insbesondere auf Schadensersatz und Schmerzensgeld)

---

238 BGHSt 37, 136.
239 Diese ist näher geregelt in den auch hier geltenden §§ 114 ff. ZPO. Ihre Bewilligung wirkt – anders als die Beiordnung eines Beistands – **nur für die jeweilige Instanz**, § 404 Abs. 5 S. 1 StPO i.V.m. § 119 Abs. 1 S. 1 ZPO. Sie muss also für jeden Rechtszug mit Darlegung der wirtschaftlichen Verhältnisse neu beantragt werden (BGH 1 StR 52/15) und umfasst nicht automatisch ein im Rahmen der Nebenklage geführtes Adhäsionsverfahren. Insoweit bedarf es folglich ggfls. eines eigenen PKH-Antrages, vgl. BGH 1 StR 533/15; 5 StR 196/14; 2 StR 495/13.
240 Anders als beim Angeklagten darf ein Anwalt mehrere Nebenkläger vertreten, was bei gleichgelagerter Interessenlage auch sinnvoll ist, vgl. OLG Hamburg NStZ-RR 2013, 153. Die Bestellung wirkt über die jeweilige Instanz hinaus bis zum rechtskräftigen Abschluss des Verfahrens, erstreckt sich also auch auf die Revisionsinstanz. In entsprechender Anwendung von § 143 StPO kann auch ein Wechsel in der Person des Beistands erfolgen. Siehe zu alldem BGH 2 StR 78/14 Tz. 15; 3 StR 255/11; 5 StR 158/11; 3 StR 156/10; 2 StR 103/09; 4 StR 354/08.
241 Siehe hierzu *Rüegger/Gysi-Haller* S. 474 f.
242 BGH 2 StR 328/15 Tz. 5; 3 StR 428/09.
243 Leider steht dem Opfer eines jugendlichen Straftäters diese Möglichkeit nicht zur Verfügung, vgl. § 81 JGG.

– ggfls. auch nur durch Grundurteil[244] – mitentschieden werden. Zur Vorbereitung hat der Geschädigte Anspruch auf Akteneinsicht, § 406e StPO[245].

a) Prozessuale Vorteile

Der Sache nach handelt es sich um eine Verbindung zwischen strafrechtlicher Verfolgung und zivilrechtlicher Klage. Dem Verletzten ist dadurch ein Weg eröffnet, möglichst einfach und schnell zumindest zu einem Vollstreckungstitel zu kommen. Die Vorteile sind augenfällig: Zwei Prozesse in einem; es bedarf weder der Einreichung einer (zivilprozessualen Anforderungen genügenden) Klageschrift noch der Zahlung eines Gerichtskostenvorschusses.

325

Das ordnungsgemäß in Gang gebrachte Adhäsionsverfahren folgt den Vorschriften der StPO. Insbesondere gilt die **Amtsermittlung** nach § 244 Abs. 2 StPO[246] und nicht der zivilrechtliche Beibringungsgrundsatz. Folglich werden Zeugen von Amts wegen geladen und der Verletzte kann in eigener Sache aussagen. Damit erspart sich das Tatopfer, dass es in einer zivilrechtlichen Auseinandersetzung als – beweisbelastete – Partei in prozessuale Schwierigkeiten gerät. Denn eine rechtskräftige strafrechtliche Verurteilung hat zivilrechtlich keine Präjudizwirkung[247]. Eine Adhäsionsentscheidung steht demgegenüber einem zivilrechtlichen Titel gleich, § 406 Abs. 3 StPO[248]. Im Einzelfall kann das Adhäsionsverfahren daher wegen der beweisrechtlichen Besonderheiten für das Tatopfer die einzige Möglichkeit darstellen, an Kompensation zu gelangen.

Klare Vorteile liegen auch darin, dass weder die zivilrechtlichen Streitwertgrenzen zwischen Amts- und Landgericht bestehen, noch für den Antragsteller ein Anwaltszwang existiert. Die Verfahren werden meist zeitnah erledigt und – besonders beim Amtsgericht – die Entscheidungen überwiegend rechtskräftig. Zudem besteht die Möglichkeit einer vergleichsweisen Regelung (§ 405 StPO) und es kann – sogar unabhängig von einer Verurteilung[249] – ein Anerkenntnisurteil ergehen, § 406 Abs. 2 StPO.

Angesichts dieser zahlreichen Vorzüge ist die geringe Akzeptanz des Adhäsionsverfahrens in der Praxis gerade unter dem Gesichtspunkt des Opferschutzes nicht nachvollziehbar, zumal die Anwendung des § 823 BGB – zumindest in Gestalt eines Grundurteils oder der Zuerkennung von Schmerzensgeld – auch das Amtsgericht nicht vor übergroße Schwierigkeiten stellen dürfte. Allerdings ist die Adhäsionsent-

---

244 Vgl. § 406 Abs. 1 S. 2 StPO sowie BGH NStZ 2003, 46 f. In diesem Fall ist in der Urteilsformel ausdrücklich zu vermerken, dass im Adhäsionsverfahren von einer Entscheidung zur Höhe des Anspruchs abgesehen wird, BGH 2 StR 311/09; 2 StR 474/03. Das Höheverfahren findet dann vor dem Zivilgericht statt, § 406 Abs. 3 S. 4 StPO.
245 BVerfG ZIP 2009, 1270 ff.
246 Vgl. BGH 4 StR 519/90 Tz. 5.
247 Siehe generell zur Bindungswirkung strafgerichtlicher Entscheidungen für andere Gerichte oder Behörden BVerwG NJW 2017, 2295 ff.
248 Ein (etwa bei Verkehrsunfällen) hinter dem Schädiger stehender **Haftpflichtversicherer** wird hierdurch jedoch weder verpflichtet, noch das in einem Deckungsprozess zur Entscheidung berufene Gericht insoweit gebunden, vgl. BGH NJW 2013, 1163 ff.
249 **Streitig**, siehe hierzu AG Berlin-Tiergarten NStZ-RR 2011, 383; offenlassend BGH 2 StR 434/13 Tz. 13 m.w.N.

Kapitel 3 *Das gerichtliche Verfahren erster Instanz*

scheidung stets an die Durchführung einer Hauptverhandlung geknüpft, da sie gem. § 406 Abs. 1 StPO nur in einem Urteil erfolgen darf. Im (einspruchslosen) Strafbefehlsverfahren ist sie also ausgeschlossen. Eine schriftliche Entscheidung, etwa wie beim Versäumnisurteil (§ 331 ZPO), kennt die StPO nicht.

b) Verfahrensgang und Entscheidung

326 Unter dem weit auszulegenden[250] Begriff des „Verletzten" ist im Rahmen der §§ 403 ff. StPO jeder zu verstehen, dem aus der abzuurteilenden Straftat – also dem historischen Lebenssachverhalt i.S.d. § 264 StPO[251] – unmittelbar vermögensrechtliche Ansprüche erwachsen sind – also nicht nur das direkte Tatopfer. Potentiell Berechtigte sind zunächst einmal – als drittbezogene Amtspflicht – über ihre Befugnisse zu belehren, § 406i Abs. 1 Nr. 3 StPO.

Der **Adhäsionsantrag** kann – schon mit der Strafanzeige – schriftlich bzw. zu Protokoll der Geschäftsstelle und sogar mündlich in der Hauptverhandlung bis zum Beginn der Schlussvorträge[252] gestellt werden (§§ 404 Abs. 1 StPO, 496 ZPO). Noch in der Berufungsverhandlung und selbst nach Zurückverweisung durch das Revisionsgericht ist er (erstmals) möglich[253]. Der Antrag muss Gegenstand und Grund des Anspruchs bezeichnen, wobei jedoch angesichts der Zielrichtung des Adhäsionsverfahrens (Opferschutz) und der Aufklärungspflicht an die Konkretisierung keine überspannten Anforderungen zu stellen sind. Daher kann etwa auf die Strafanzeige oder – jedenfalls bei einfach gelagerten Fällen – die Anklageschrift Bezug genommen werden[254].

Ein vor der Hauptverhandlung gestellter und unbedingter Antrag ist dem Angeklagten von Amts wegen zuzustellen § 404 Abs. 1 S. 3 StPO. Sinnvollerweise erfolgt dies zusammen mit der ohnehin zuzustellenden Anklageschrift. Ein entsprechender Mangel kann durch (rechtzeitige) mündliche Wiederholung des Antrags in der Hauptverhandlung geheilt werden[255]. Wird der Antrag vor der Hauptverhandlung gestellt, so ist der Antragsteller über Ort und Zeit der Verhandlung zu informieren, § 404 Abs. 3 S. 1 StPO. Besonderheiten gelten bei der Beantragung von Prozesskostenhilfe. Wurde der Adhäsionsantrag unter der Bedingung der Bewilligung von PKH gestellt, so ist nach erfolgter Bewilligung noch eine förmliche Antragstellung gemäß § 404 Abs. 1 StPO erforderlich[256]. Auf jeden Fall muss der Angeklagte zum Entschädigungsantrag in der Hauptverhandlung förmlich angehört werden.

327 Angesichts der zahlreichen Vorteile ist das Gericht generell **verpflichtet**, über einen begründeten Adhäsionsantrag zu entscheiden, und zwar zumindest in Form eines Grund- oder Teilurteils, § 406 Abs. 1 S. 2 StPO. Das ist selbst im Falle eines Freispruchs

---

250 Vgl. BVerfG 2 BvR 1043/08. Zur Antragsberechtigung des Insolvenzverwalters siehe OLG Jena NJW 2012, 547 f.
251 Es kommt also nicht auf das Schutzgut des verletzten Strafgesetzes an, vgl. BGH 4 StR 177/17 Tz. 18.
252 Im Falle eines Wiedereintritts in die Beweisaufnahme sind die letzten Schlussvorträge maßgeblich, BGH 4 StR 368/13 Tz. 6.
253 KK-*Zabeck*, § 404 Rn. 3.
254 Vgl. BGH 4 StR 22/17 Tz. 8; 4 StR 368/13 Tz. 7; 4 StR 281/13 Tz. 9.
255 BGH 2 StR 390/14 Tz. 7; 3 StR 426/07.
256 BGH 2 StR 536/16 Tz. 5.

wegen Schuldunfähigkeit möglich[257]. Abgesehen von Fällen anderweitiger Rechtshängigkeit, mangelnder Zulässigkeit oder Begründetheit darf von einer Entscheidung nur abgesehen werden, wenn sich der Adhäsionsantrag zur Erledigung im Strafverfahren nicht eignet. Das ist insbesondere der Fall, wenn die Prüfung der zivilrechtlichen Ansprüche zu einer relevanten Verzögerung des Verfahrens führen würde. Diese Beschränkung gilt allerdings nicht für die i.d.R leicht zu beurteilenden **Schmerzensgeldansprüche**, § 406 Abs. 1 StPO a.E.

Sie kann aber im Einzelfall bei
- einer besonderen Vielzahl von Geschädigten[258],
- zahlreichen und schwierig zu beurteilenden Schadenspositionen[259],
- komplizierten zivilrechtlichen Zurechnungsfragen (mehrere Täter mit unterschiedlichen Tatanteilen)[260],
- diffizilen medizinischen Problemen der Kausalität zwischen Verletzungshandlungen und deren Folgen

zum Tragen kommen. Ein Grundurteil kann dagegen im Falle eines Schuldspruchs regelmäßig nicht zur Verzögerung führen.

Sieht das Gericht vor der Urteilsverkündung – was gem. § 406 Abs. 5 StPO eines ausdrücklichen Beschlusses bedarf – von einer Entscheidung im Adhäsionsverfahren ab, so ist dies unter den in § 406a Abs. 1 StPO genannten Voraussetzungen mit der sofortigen Beschwerde anfechtbar. Wie bei laufender Hauptverhandlung ein derartiges Beschwerdeverfahren verzögerungsfrei durchgeführt werden soll, hat der Gesetzgeber offenbar nicht bedacht. Er hat daher auch nicht geregelt, ob trotz eines Beschwerdeverfahrens eine instanzbeendende Entscheidung möglich ist.

328

Weigert sich das Gericht zu Unrecht, das Adhäsionsverfahren durchzuführen, so kann dies wegen der darin zum Ausdruck kommenden Missachtung der Belange des Opferschutzes im Übrigen ein **Ablehnungsgesuch** des Verletzten rechtfertigen[261].

Erkennt das Tatgericht einen geltend gemachten Anspruch nur teilweise zu oder sieht es im Urteil ganz von einer Adhäsionsentscheidung ab, so hat der Antragsteller hiergegen im Strafverfahren kein Rechtsmittel, § 406a Abs. 1 S. 2 StPO[262]. Er muss seine (weiteren) Ansprüche – wie auch im Falle eines Grundurteils – vor dem Zivilgericht geltend machen, vgl. § 406 Abs. 3 S. 3 und 4 StPO. Dagegen kann der Angeklagte die Entscheidung im Adhäsionsverfahren isoliert, also unabhängig von dem strafrechtlichen Teil des Urteils anfechten, § 406a Abs. 2 StPO. Im normalen Revisionsverfahren kommt allerdings eine Zurückverweisung der Sache zur neuen Verhandlung allein über den Entschädigungsanspruch – bei ansonsten ordnungsgemäßem Urteil – nicht in Betracht. Ist nur der Adhäsionsausspruch fehlerhaft, so wird er vom Revisionsgericht

---

257 Siehe BGH 3 StR 341/14 Tz. 6 ff.
258 So BGH 5 StR 96/10 für den Fall von mehr als 800 Geschädigten in einem Betrugsverfahren.
259 BGH 5 StR 43/15 Tz. 5.
260 BGH 3 StR 468/12 Tz. 6 ff. für den Fall eines Mittäterexzesses. Ggfls. ist hier aber auch ein Grundurteil möglich, siehe BGH 4 StR 72/15 Tz. 46.
261 BVerfG NJW 2007, 1670 ff.
262 Das gilt selbst dann, wenn die gebotene Adhäsionsentscheidung versehentlich unterlassen wurde, BGH 2 StR 164/13.

Kapitel 3 *Das gerichtliche Verfahren erster Instanz*

aufgehoben[263]. Die zivilrechtlichen Ansprüche müssen dann gesondert geltend gemacht werden.

3. Vermögensabschöpfung

329 Mit dem zum 01.07.2017 in Kraft getretenen Gesetz zur Vermögensabschöpfung wurde für Tatopfer eine weitere Möglichkeit der zivilrechtlichen Kompensation geschaffen, wenngleich in deutlich engerem Umfang als das Adhäsionsverfahren. Geregelt ist dies unübersichtlich in den §§ 73 ff. StGB, 111b ff., 421 ff., 459h ff. StPO.

Vermögensabschöpfung bedeutet die Einziehung von Werten, die einem Begünstigten aus Anlass einer vermuteten Straftat zugeflossen sind. Dies kann nach § 73b StGB auch jemand anderes sein, als der Beschuldigte[264]. Zwar erfolgen derlei Maßnahmen regelmäßig zugunsten des Staates, sie sollen aber auch ausdrücklich Tatopfern zugutekommen. Eine vorläufige Sicherung u.a. der potentiellen Entschädigungsansprüche von Verletzten[265] kann durch Beschlagnahme (etwa eines Kraftfahrzeuges) oder Vermögensarrest (z.B. Pfändung von Kontoguthaben) erfolgen, §§ 111b, 111e, 111f StPO. Zuständig sind gem. § 111j StPO das Gericht oder bei Gefahr im Verzug auch die Staatsanwaltschaft bzw. deren Ermittlungsbeamte i.S.d. § 152 StPO[266].

Geschieht dies, so sind die Verletzten von der auch für die Verwaltung der sichergestellten Vermögenswerte zuständigen Staatsanwaltschaft zu informieren und ggfls. aufzufordern, ihre Ansprüche anzumelden, §§ 111l, 111m StPO. Einzelne Geschädigte (mit Ausnahme des Finanzamtes) können nämlich in sichergestellte Vermögenswerte nicht mehr individuell vollstrecken, § 111h Abs. 2 S. 1 StPO. Sie müssen also zwecks gleichmäßiger Befriedigung warten, bis das Strafverfahren durch Strafbefehl (§ 432 StPO) oder Urteil abgeschlossen ist.

330 Ansprüche von Tatgeschädigten werden dann im Strafvollstreckungsverfahren befriedigt. So wird etwa ein aus der Tat stammender Gegenstand (z.B. gestohlenes Kunstwerk) mit dem Urteil eingezogen und an den Geschädigten zurückübertragen, sofern dies nicht bereits zuvor nach § 111n Abs. 2 StPO geschehen ist. Ist der Gegenstand nicht mehr vorhanden, so kann bei jedweder rechtswidrigen Tat ein wertmäßig entsprechender Geldbetrag eingezogen werden. Die Berechnung richtet sich nach § 73d StGB. Nach Verwertung der sichergestellten Vermögenswerte erfolgt die Schadenswiedergutmachung aus dem Erlös, vgl. § 459h StPO. Genügt dieser nicht, um sämtliche Geschädigte zu befriedigen, so kann die Staatsanwaltschaft als Vollstreckungsbehörde einen Insolvenzantrag betreffend das Vermögen des Schuldners stellen. Aus einem verbleibenden Überschuss erfolgt dann die Regulierung der Ansprüche, §§ 111i, 459m StPO.

---

263 BGH 4 StR 22/17 Tz. 9; 5 StR 43/15; 2 StR 235/13.
264 Drittbegünstigte sind indes als sog. Einziehungsbeteiligte (§§ 424 ff. StPO) oder als sog. Nebenbetroffene (§ 438 StPO) am Strafverfahren förmlich und umfassend zu beteiligen.
265 Das ist auch hier jeder, der einen zivilrechtlichen Anspruch aus der Tat hat, ggfls. dessen Erbe, vgl. Bt-Drucksache 18/9525, S. 50 f.
266 Gegen die Entscheidung der Staatsanwaltschaft – auch im Vollstreckungsverfahren – kann gerichtliche Entscheidung beantragt werden, §§ 111o, 459o StPO. Im Übrigen bleibt das Rechtsmittel der Beschwerde.

Die Entscheidung über die Vermögenseinziehung kann auch durch Abtrennung in ein nachträgliches Verfahren verlagert werden, für welches die tatsächlichen Feststellungen aus dem Hauptverfahren bindend sind, §§ 422, 423 StPO. Denn letzteres soll möglichst nicht verzögert werden.

Wird die Einziehungsanordnung rechtskräftig, so ist dies dem Verletzten mit dem Hinweis auf das weitere Verfahren unverzüglich mitzuteilen, § 459i StPO. Dieser muss seine Ansprüche nun binnen sechs Monaten bei der Vollstreckungsbehörde anmelden und glaubhaft machen, z.B. durch Vorlage eines entsprechenden Titels, vgl. §§ 459j, 459k StPO. Dabei geht es aber immer nur um die Rückgewähr oder den Ausgleich dessen, was der Begünstigte durch die Tat erlangt hat. Weitergehende Ansprüche, insbesondere betreffend Behandlungs- oder Rechtsverfolgungskosten, Schmerzensgeld, Zinsen u.ä. bleiben bei der Vermögensabschöpfung also unberücksichtigt[267]! Sie bietet also keineswegs vollständigen Ersatz für ein Adhäsionsverfahren.

4. Psychosoziale Prozessbegleitung

Nach § 406g StPO können sich Verletzte in jeder Lage des Verfahrens der Unterstützung eines sog. psychosozialen Prozessbegleiters bedienen, der – mit den Einschränkungen des § 397a Abs. 4 StPO – insbesondere bei Vernehmungen anwesend sein darf. Ziel ist es, das Tatopfer vor sekundärer Viktimisierung durch die Belastungen des Verfahrens zu schützen, und zwar durch besonders qualifizierte, neutrale Betreuung und Unterstützung jenseits juristischer Beratung. In den Fällen des § 397a Abs. 1 Nrn. 4 und 5 StPO (also insbesondere auch bei Sexualstraftaten) ist dem Verletzten auf Antrag ein Prozessbegleiter beizuordnen. Bei den in § 397a Abs. 1 Nrn. 4 und 5 StPO genannten Straftaten kann dies bei besonderer Schutzbedürftigkeit geschehen.

331

Die Beiordnung erfolgt wie diejenige eines Pflichtverteidigers durch das zuständige Gericht, §§ 397a Abs. 3, 142 Abs. 1 StPO. Die Begleitung ist im Fall der Beiordnung für den Verletzten kostenfrei. Die psychosozialen Prozessbegleiter erhalten dann eine Vergütung aus der Staatskasse. Einzelheiten sind im PsychPbG geregelt, welches den Bundesländern eigene Ausführungsgesetze und damit eine teilweise unterschiedliche Handhabung erlaubt.

VII. Gerichtshilfe

Wie zuvor schon die Staatsanwaltschaft (§ 160 Abs. 3 S. 2 StPO), kann sich auch das Gericht der Gerichtshilfe bedienen, welche als unselbständiges Ermittlungsorgan gem. Art. 294 EGStGB zum Geschäftsbereich der jeweiligen Landesjustizverwaltung gehört und folglich unterschiedlich organisiert sein kann[268]. Dort sind Sozialarbeiter oder Sozialpädagogen tätig, mit deren Hilfe etwa die Lebensumstände des Beschuldigten, aber auch die Tatfolgen für das Opfer aufgeklärt werden können. Wenn es das Gericht – nach Maßgabe der Aufklärungspflicht (§ 244 Abs. 2 StPO) – für ge-

332

---

267 Vgl. BT-Drucksache 18/9525, S. 51.
268 So besteht etwa in NRW nach der Zusammenführung von Bewährungs- und Gerichtshilfe ein einheitlicher „ambulanter Sozialer Dienst" der Justiz.

Kapitel 3 *Das gerichtliche Verfahren erster Instanz*

boten hält, den Gerichtshilfebericht in die Hauptverhandlung einzuführen, so kann dies zunächst im Wege des Vorhalts an den Angeklagten oder an Zeugen aus seinem sozialen Umfeld geschehen. Soll der Gerichtshelfer (etwa zu Tatschilderungen des Angeklagten ihm gegenüber oder zu Tatfolgen auf Opferseite) persönlich gehört werden, dann ist er – ebenso wie ein Bewährungshelfer – regelmäßig als **Zeuge**, im Ausnahmefall auch als Sachverständiger zu vernehmen[269]. Er kann in diesem Fall auf seinen schriftlichen Bericht zurückgreifen. Dieser kann zudem nach § 251 Abs. 1 StPO als Urkunde verlesen werden.

Anders als die in § 38 JGG geregelte, bei den Jugendämtern angesiedelte **Jugendgerichtshilfe** ist die Erwachsenengerichtshilfe nicht Verfahrensbeteiligte. In Jugendsachen **muss** die Gerichtshilfe dagegen zur Hauptverhandlung hinzugezogen werden, § 50 Abs. 3 JGG. Ihr steht dort auch ein eigenes Äußerungsrecht zu, denn mit ihrer Hilfe soll ein möglichst vollständiges Bild von der Persönlichkeit des Angeklagten erstellt werden[270]. In Haftsachen hat der Vertreter der Jugendgerichtshilfe zudem dasselbe Zugangsrecht zu dem inhaftierten Beschuldigten, wie der Verteidiger (§ 72b JGG).

VIII. Dolmetscher

1. Funktion und Stellung

333 Zur Durchsetzung des Anspruchs auf rechtliches Gehör garantiert Art. 6 Abs. 3 lit. e) EMRK dem Angeklagten die **unentgeltliche** Beiziehung eines Dolmetschers für die **gesamte Dauer der Verhandlung**, wenn er die Verhandlungssprache des Gerichts nicht versteht oder sich darin nicht ausdrücken kann. Diese sich auf die mündliche Verhandlung beziehende Vorschrift wird durch **§ 185 GVG** dahingehend erweitert, dass ein Dolmetscher immer dann hinzuzuziehen ist, wenn unter der Beteiligung von Personen – z.B. Zeugen – verhandelt wird, die der deutschen Sprache nicht mächtig sind. § 186 GVG gewährt über die Dauer der Verhandlung hinaus dieselbe Unterstützung solchen Personen, die hör- oder sprachbehindert sind. Diesen müssen ggfls. alternativ auch technische Hilfsmittel angeboten werden.

Beherrscht der Angeklagte (oder Zeuge) die deutsche Sprache nur eingeschränkt, so steht es im – revisionsrechtlich überprüfbaren – pflichtgemäßen Ermessen des Gerichts, ob und ggfls. in welchem Umfang ein Dolmetscher für die Verhandlung erforderlich ist[271]. Dessen Aufgabe ist es, die **Verständigung der Verfahrensbeteiligten** zu ermöglichen. Der Angeklagte muss in die Lage versetzt werden, der Verhandlung – also auch der Vernehmung von Zeugen, Sachverständigen oder Mitangeklagten – folgen zu können und sich selbst verständlich zu machen, um auf den Gang des Verfahrens Einfluss zu nehmen. Dies erfordert jedoch nicht die simultane Übersetzung jedes gesprochenen Wortes. Vielmehr genügt die Übertragung der wesentlichen Vorgänge und Äußerungen[272].

---

269 BGH NStZ 2008, 709 f.
270 BGH 2 StR 36/12 Tz. 7.
271 BGH 1 StR 341/07; NStZ 2002, 275 f.
272 Vgl. BGH 1 StR 671/16 Tz. 8 m.w.N.; BVerfG NJW 1983, 2762 ff.

Der Dolmetscher ist als Gehilfe des Gerichts ein Beteiligter eigener Art[273]. Er ist kein **334** Sachverständiger, kann aber im Verlauf der Verhandlung in diese Rolle gelangen, wenn es etwa um die Übersetzung fremdsprachiger Urkunden geht[274]. Wegen seiner besonderen Bedeutung für den Verfahrensablauf ist er gem. § 189 GVG **vor** dem Beginn seiner Übersetzungstätigkeit zu **vereidigen**, sofern er nicht allgemein beeidet ist und sich auf diesen Eid beruft. Auch ist er auf seine Pflicht zur **Verschwiegenheit** hinzuweisen. Zudem kann er nach §§ 191 GVG, 74 StPO wegen Besorgnis der Befangenheit abgelehnt werden. Allein der Umstand, dass ein Dolmetscher – was nicht selten vorkommt – bereits im Ermittlungsverfahren für die Polizei tätig war, begründet eine solche Besorgnis jedoch nicht[275].

Auch außerhalb der mündlichen Verhandlung hat der fremdsprachige Angeklagte zur Kommunikation mit seinem Verteidiger – in dem zur Vorbereitung einer ordnungsgemäßen Verteidigung notwendigen Rahmen – Anspruch auf die Stellung eines Dolmetschers, Art. 6 Abs. 3 lit. e) EMRK.

2. Auswahl

Die Auswahl des Dolmetschers obliegt nach pflichtgemäßem Ermessen allein dem **335** Gericht und ist nicht anfechtbar[276]. In der Praxis wird jedoch insbesondere von „Konfliktverteidigern" versucht, die Hinzuziehung einer als „Vertrauensdolmetscher" bezeichneten Person zu erreichen, ohne dass hierauf ein Anspruch bestünde. Ist diese dem Gericht aus anderen Verfahren als zuverlässig bekannt, so bestehen hiergegen keine Bedenken; andernfalls sollte ein Dolmetscher des eigenen Vertrauens gewählt werden.

IX. Urkundsbeamter der Geschäftsstelle

Der Urkundsbeamte der Geschäftsstelle[277] (UdG) ist für die Fertigung des Verhand- **336** lungsprotokolls zuständig (§ 271 StPO), welches wiederum – wie noch auszuführen sein wird[278] – im Rahmen der Revision eine besondere Bedeutung gewinnt. Gem. § 226 StPO gilt für die Anwesenheitspflicht des Protokollführers das zur Staatsanwaltschaft Gesagte entsprechend. Allerdings kann nach Abs. 2 dieser Vorschrift für Verhandlungen vor dem Strafrichter beim Amtsgericht (und nur da) von der Hinzuziehung eines Urkundsbeamten abgesehen werden. Der Richter hat in diesem Fall den Verhandlungsverlauf – etwa durch Diktat auf einen Tonträger – selbst zu protokollieren.

---

273 Siehe zu seiner Rolle auch *Kranjčič* NStZ 2011, 657 ff.
274 Dann ist er allerdings für diesen Teil der Übersetzungstätigkeit als Sachverständiger zu behandeln und über seine Vereidigung nach § 79 StPO zu entscheiden. Unterbleibt dies, so kann das aufgrund einer Revision zur Aufhebung des Urteils führen, vgl. BGH NStZ 1998, 158 f.
275 BGH NStZ 2008, 50.
276 Vgl. BGH NStZ 1985, 376 f.
277 Das kann auch ein Justizangestellter oder Rechtsreferendar sein, der – was auch mündlich geschehen kann – mit dieser Funktion betraut wurde. Siehe BGH 5 StR 493/16; 5 StR 548/16; 5 StR 535/16; 3 StR 489/14 Tz. 7 ff.
278 Siehe unten Rn. 914; 1043 f.

Kapitel 3 *Das gerichtliche Verfahren erster Instanz*

Angesichts seiner erheblichen Bedeutung im Verfahren kann auch der Protokollführer wegen Besorgnis der Befangenheit abgelehnt werden, § 31 Abs. 1 StPO. Dies kommt in der Praxis aber kaum vor.

X. Rechtspfleger

337 Der Rechtspfleger ist für die Wahrung prozessualer Rechte überall da zuständig, wo Erklärungen zu Protokoll der Geschäftsstelle abgegeben werden können. Das ist insbesondere in folgenden Bereichen der Fall:
- Einlegung und/oder Begründung einer **Revision**, §§ 341 Abs. 1, 345 Abs. 2 StPO i.V.m. § 24 Abs. 1 Nr. 1b RPflG;
- Anträge auf **Wiederaufnahme des Verfahrens** (§§ 359 ff. StPO), vgl. §§ 366 Abs. 2 StPO, 24 Abs. 1 Nr. 2 RPflG;
- Einlegung und/oder Begründung einer **Rechtsbeschwerde**, § 24 Abs. 1 Nr. 1a RPflG.

338 Eine solche Rechtsbeschwerde kann aus zwei Rechtsgebieten resultieren, nämlich:

Bußgeldsachen	**Strafvollzugssachen**
nach dem OWiG oder anderen Gesetzen, die Ordnungswidrigkeiten sanktionieren.	vgl. §§ 116 StVollzG, 121 Abs. 1 Ziff. 3 GVG.

Für die Rechtsbeschwerde in Bußgeldsachen gelten gem. §§ 79 Abs. 3 S. 1, 80 Abs. 3 S. 1 OWiG die Vorschriften der StPO und des GVG über die Revision entsprechend. Zum Verfahren in Strafvollzugssachen lesen Sie bitte die §§ 116 ff. StVollzG.

Der Rechtspfleger ist schließlich umfänglich im Rahmen der Vermögensabschöpfung (§ 31 Abs. 1 RPflG) sowie im Kostenfestsetzungsverfahren nach den §§ 464b StPO, 103 ff. ZPO zuständig, § 21 Nr. 1 RPflG.

XI. Berufsrichter

1. Allgemeines

339 Das Gericht (der sog. „Tatrichter") hat inhaltlich über den Verfahrensgegenstand zu entscheiden und muss dabei ein an der Sachaufklärung orientiertes, gleichwohl aber **faires und unvoreingenommenes Verfahren** garantieren. Richter sind folglich zu „unbedingter Neutralität" gegenüber allen Verfahrensbeteiligten verpflichtet[279].

Um diese sicherzustellen, sind sie mit gewissen Privilegien ausgestattet:
- Sie sind bei Entscheidungen sowie deren Vorbereitung unabhängig und „nur" dem Gesetz unterworfen, Art. 97 Abs. 1 GG, §§ 1 GVG, 25 DRiG. Es gehört zu ihren Dienstpflichten, ihre richterliche Tätigkeit in strikter Bindung an das Gesetz und in sachlicher Unabhängigkeit auszuüben.

---

279 BVerfG NJW 2013, 1061.

- Zur Sicherung dieser persönlichen Unabhängigkeit ist die Dienstaufsicht über sie eingeschränkt, vgl. § 26 DRiG[280].
- Berufsrichter sind, um Manipulationen hinsichtlich der Besetzung eines Gerichts vorzubeugen, nicht absetzbar und nicht versetzbar, vgl. §§ 30, 31 DRiG (mit den dort genannten Ausnahmen).

Allerdings ist diese Unabhängigkeit durch einen Wermutstropfen getrübt. Auch Richter werden nämlich in bestimmten zeitlichen Abständen dienstlich „beurteilt". Diese schriftlichen Zeugnisse durch den (der Justizverwaltung zuzurechnenden) Dienstvorgesetzten sind entscheidend dafür, ob der Aufstieg in ein sog. Beförderungsamt, also besser dotierte Posten, möglich ist. Angesichts des maßgeblichen Einflusses der Justizverwaltung hängt berufliches Fortkommen daher nicht immer nur von fachlicher Qualifikation, sondern auch davon ab, dass man – etwa durch Aufnahme in die zur Beurteilung Anderer berufene Justizverwaltung – „gefördert" wird. Die zuweilen durchaus von personalpolitischen Intentionen und auch persönlichen Beziehungen geprägte, intransparente Beurteilungspraxis kann also die Gefahr angepassten Verhaltens begründen, denn „schon der Wunsch, befördert zu werden, erzwingt Anpassung"[281]. 340

Innerhalb eines Spruchkörpers hat der **Vorsitzende**, wie sich auch in **§ 238 Abs. 1 StPO** zeigt, eine herausgehobene Stellung. Ihm obliegen eine zügige Förderung des Verfahrens, im Falle der Eröffnung des Hauptverfahrens insbesondere die gründliche und straffe Durchführung der Hauptverhandlung unter Gewährleistung eines „fair trial", die allseitige Aufklärung des Sachverhalts und der Schutz des Angeklagten sowie der sog. Opferzeugen. Das erfordert ein oft umfangreiches Aktenstudium sowie die Organisation und Koordinierung von Beweismitteln (etwa Zeugen/Sachverständige) im Rahmen eines durchdachten Verhandlungsplans. Schließlich hat er bei wechselnder Zusammensetzung eines kollegialen Spruchkörpers Güte und Stetigkeit in dessen Rechtsprechung zu gewährleisten[282]. 341

2. Gerichtsaufbau/Instanzenzug

Die wesentlichen Zuständigkeiten der Strafgerichte und der Instanzenzug sind wie folgt geregelt: 342

Bundesgerichtshof Strafgewalt: unbeschränkt[283]
Nur Rechtsmittelinstanz (§ 135 GVG):
Verhandelt wird hier über
a) erstinstanzliche Urteile des LG (große Strafkammer) und des OLG,
b) Beschwerden gegen Entscheidungen des OLG

---

280 Siehe hierzu BGH NJW 2015, 1250 f.; RiZ(R) 5/09.
281 *Lamprecht* DRiZ 2004, 90. Weitere – äußerst lesenswerte – Denkanstöße zu diesem Problemfeld finden sich bei *Lamprecht* NJW 2016, 298 f. Siehe auch BGH NJW-RR 2003, 493; *Papier* NJW 2001, 1089 ff.; OVG Schleswig NJW 2001, 3210 ff.
282 Siehe hierzu BGH NJW 2009, 931 f.
283 „Unbeschränkt" ist hier natürlich immer im Rahmen der §§ 38 ff. StGB zu verstehen!

Kapitel 3   *Das gerichtliche Verfahren erster Instanz*

Oberlandesgericht   Strafgewalt: unbeschränkt

Erste Instanz: Katalogtaten des § 120 GVG
 (z.B. Staatsschutzsachen, Völkermord)

Zweite Instanz (§ 121 GVG)
a) Revisionen gegen Urteile des Amtsgerichts, gegen die Berufung nicht möglich ist;
b) Revisionen gegen Berufungsurteile des LG;
c) Beschwerden gegen Entscheidungen des LG und des AG.

Landgericht   Strafgewalt: unbeschränkt

Erste Instanz:
a) „Schwurgericht" (§ 74 Abs. 2 GVG), insbes. bei Tötungsdelikten, vgl. im Einzelnen den dort aufgeführten Katalog;
b) große Strafkammern: Soweit nicht die Zuständigkeit des OLG oder des AG gegeben ist, d.h. wenn mehr als 4 Jahre Freiheitsstrafe zu erwarten sind bzw. bei Fällen von besonderer Bedeutung; wenn Unterbringung im psych. Krankenhaus oder Sicherungsverwahrung in Betracht kommen.

oder

(vgl. § 76 Abs. 2 GVG)[284]

Zweite Instanz:
a) Berufung gegen Urteile des Strafrichters und des Schöffengerichts als kleine Strafkammer, § 76 Abs. 1 GVG. Bei Berufung gegen ein Urteil des erweiterten Schöffengerichts ist gem. § 76 Abs. 3 GVG die Besetzung:
b) Beschwerden, § 73 GVG.

Amtsgericht   Strafgewalt: bis 4 Jahre

Nur erstinstanzliche Tätigkeit in Fällen der „Durchschnittskriminalität".
a) Als Strafrichter: Soweit nicht das LG oder OLG zuständig sind, d.h. insbesondere wenn keine höhere Strafe als 2 Jahre zu erwarten ist (§ 25 GVG), aber nur **Vergehen**statbestände. 
b) Als Schöffengericht: Wie beim Strafrichter, wenn zwischen 2 und 4 Jahren Freiheitsstrafe zu erwarten sind (§§ 28, 74 Abs. 1 S. 2 GVG).

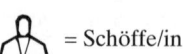

= Berufsrichter/in   = Schöffe/in

---

[284] Diese seit 1993 im Hinblick auf die Wiedervereinigung geschaffene und temporär gedachte Vorschrift wurde zunächst immer wieder verlängert. Sie ist allein fiskalpolitisch motiviert und wird wegen der damit verbundenen Qualitätseinbuße als „Missgeburt des Gesetzgebers" bezeichnet, vgl. hierzu *Meyer-Goßner* ZRP 2011, 129 ff.; *Haller/Janßen* NStZ 2004, 469 ff.; *Marsch* ZRP 1998, 340. Mit Gesetz vom 06.12.2011 (BGBl. 2011, Teil I, S. 2554) wurde sie gleichwohl erwartungsgemäß dauerhaft festgeschrieben.

Die Berechtigung des dreistufigen Instanzenzuges hinsichtlich amtsgerichtlicher Strafurteile ist umstritten[285]. In der Tat ist es wenig einsichtig, warum sich der Jugendliche oder Heranwachsende zwischen Berufung und Revision bei Ausschluss des jeweils anderen Rechtsmittels gemäß § 55 Abs. 2 JGG entscheiden muss, der Erwachsene aber nicht. Der dieser Regelung zu Grunde liegende Beschleunigungsgedanke[286] gilt schließlich auch im Erwachsenenstrafrecht. Tatsächlich würde die allgemeine Einführung dieses „Wahlrechtsmittels" zu einer spürbaren Entlastung der Justiz führen. Bei Rückkehr zu der mit drei Berufsrichtern besetzten großen Berufungskammer wären auch Qualitätseinbußen kaum zu befürchten.

343

XII. Schöffen

1. Funktion, Arten und Auswahl

Schöffen sind die im Strafverfahren tätigen Laienrichter, vgl. § 45a DRiG. Sie üben ein Ehrenamt aus und nehmen als Beisitzer in der Hauptverhandlung mit derselben richterlichen Unabhängigkeit und mit demselben Stimmrecht teil wie die Berufsrichter, § 30 Abs. 1 GVG. Dabei muss zwischen verschiedenen Arten von Schöffen unterschieden werden, nämlich:

344

Hauptschöffen   Hilfsschöffen   Ergänzungsschöffen

Eine weitere Unterscheidung lässt sich nach dem Einsatzgebiet vornehmen, nämlich zwischen Schöffen für Strafverfahren gegen Erwachsene und solchen für Jugendsachen, sog. Jugendschöffen.

Hauptschöffen werden aufgrund einer alle 5 Jahre von den Gemeinden zu erstellenden Vorschlagsliste (vgl. § 36 Abs. 1 GVG) vom sog. Schöffenwahlausschuss bei jedem Amtsgericht für die Dauer von 5 Jahren gewählt. Zu der Zusammensetzung des Ausschusses lesen Sie § 40 Abs. 2 bis 4 GVG. Die von der Gemeinde vorgelegte Liste soll einem repräsentativen Querschnitt der Bevölkerung entsprechen, § 36 Abs. 2 GVG.

345

Die Reihenfolge, in welcher die Hauptschöffen an den jeweiligen – im Vorhinein über das ganze Geschäftsjahr festgelegten – Sitzungstagen des Spruchkörpers teilnehmen, wird sodann in öffentlicher Sitzung[287] ausgelost, wobei jeder Schöffe möglichst zu 12 Sitzungstagen herangezogen werden soll, § 45 Abs. 2 S. 3 GVG. Es muss also – dies gebietet schon der Grundsatz des gesetzlichen Richters – vor der ersten Sitzung im Geschäftsjahr feststehen, welcher Schöffe an welchem Sitzungstag mitwirkt.

Für die **Hilfsschöffen** gilt das gleiche Wahl- und Verteilungsverfahren, in welchem eine sog. Hilfsschöffenliste erstellt wird. Ihre Funktion besteht aber darin, für einen Hauptschöffen einzuspringen. Dies kann sich insbesondere ergeben wegen:

346

---

285 Vgl. die Darstellung bei *Bode*, aber auch *Konrad* JZ 2001, 291 ff.; *Dahs* NStZ 1999, 321 ff.
286 BVerfG NStZ-RR 2007, 385 f.
287 Öffentlichkeit bedeutet auch hier, dass jedermann die Möglichkeit hat, an der Auslosung als Zuhörer teilzunehmen. Siehe zu den Voraussetzungen BGH NStZ 2006, 512 f.

Kapitel 3 *Das gerichtliche Verfahren erster Instanz*

- einer Streichung aus der Hauptschöffenliste (z.B. wegen Unfähigkeit), §§ 52, 49 Abs. 2 GVG;
- des Ausfalls oder der Entbindung bzgl. einer einzelnen Sitzung (z.B. im Fall der Krankheit), § 54 GVG[288].

Daneben kann aber auch eine organisatorische Umstrukturierung den Einsatz weiterer Schöffen erforderlich machen, die dann aus der Hilfsschöffenliste zu rekrutieren sind. Insoweit kommen in Betracht:

- die Bildung neuer Spruchkörper, § 46 GVG;
- die Anberaumung außerordentlicher Sitzungen, § 47 GVG[289].

347 Auch der vom Vorsitzenden angeordnete Einsatz von **Ergänzungsschöffen** (§ 192 Abs. 3 GVG) bei Verhandlungen von längerer Dauer macht die Zuweisung von Personen aus der Hilfsschöffenliste erforderlich, vgl. § 48 Abs. 1 GVG. Dieser Schöffe – welcher der gesamten Verhandlung (mit Ausnahme der Beratungen) von Anfang an beiwohnen muss[290] – hat dann einzuspringen, wenn in der Person eines Hauptschöffen im laufenden Verfahren eine Verhinderung (etwa durch Erkrankung oder erfolgreiche Ablehnung nach den §§ 31 Abs. 1, 24 ff. StPO) eintritt. Durch den Einsatz der Ergänzungsschöffen – dasselbe gilt für sog. Ergänzungsrichter (§ 192 Abs. 2 GVG) – soll verhindert werden, dass durch Erkrankungen oder sonstige Ereignisse ein umfangreiches Verfahren „platzt" und völlig neu aufgerollt werden muss.

348 **Jugendschöffen** schließlich werden als Laienrichter beim Jugendschöffengericht tätig. Wegen der Besonderheiten des Verfahrens gegen Jugendliche und Heranwachsende ist ihre Auswahl in § 35 JGG abweichend geregelt, damit möglichst Personen aus der Jugendarbeit zum Zuge kommen. Auch Jugendschöffen kommen als Haupt-, Hilfs- oder Ergänzungsschöffen zum Einsatz.

349 Vorstehende Ausführungen und Vorschriften beziehen sich zunächst nur auf die Amtsgerichte. Über § 77 Abs. 1 GVG gelten sie aber – mit unwesentlichen Abweichungen – auch für die am Landgericht tätigen Schöffen.

Zum Schöffen kann grds. jedermann berufen werden. Allerdings sind bestimmte Personen gem. § 32 GVG von vorneherein **ausgeschlossen**:

- solche, denen durch Urteil die Fähigkeit zur Bekleidung öffentlicher Ämter abgesprochen wurde oder die wegen einer vorsätzlichen Tat zu einer Freiheitsstrafe von mehr als sechs Monaten verurteilt worden sind;
- diejenigen, gegen die ein Ermittlungsverfahren wegen einer Tat schwebt, die den Verlust der Fähigkeit zur Bekleidung öffentlicher Ämter zur Folge haben kann (vgl. hierzu auch § 45 StGB);
- Personen, die infolge gerichtlicher Anordnung in der Verfügung über ihr Vermögen beschränkt sind (z.B. im Falle der Insolvenz).

---

288 Zu den inhaltlichen Anforderungen siehe BGH 2 StR 342/15 Tz. 12 ff.; 5 StR 276/15; 2 StR 76/14 Tz. 15.
289 Zu den inhaltlichen Anforderungen an den Begriff „außerordentlich" in Abgrenzung zur bloßen Verlegung eines Sitzungstages siehe BGH NJW 2005, 3153 f.
290 BGH NJW 2001, 3062 m.w.N.

Wirkt eine solche Person gleichwohl an einem Verfahren mit, so kann dies mit der Revision gerügt werden.

In den §§ 33, 34, 35 GVG ist darüber hinaus geregelt, in welchen Fällen jemand aus persönlichen Gründen – etwa Alter, beruflicher Betätigung, mangelnder deutscher Sprachkenntnisse – nicht zum Schöffen bestellt werden soll bzw. das Amt ablehnen darf. Da es sich hierbei um **Sollvorschriften** handelt, sind Verstöße im Grundsatz nicht revisibel. Mangelnde Sprachkenntnisse des Schöffen können aber eine Revision wegen fehlerhafter Besetzung des Gerichts (§ 338 Nr. 1 StPO) begründen[291]. Denn schließlich ist die Gerichtssprache deutsch (§ 184 S. 1 GVG) und die Mitglieder des Gerichts müssen dem Verlauf der Hauptverhandlung inhaltlich folgen können (vgl. § 261 StPO).

350

Mangels gesetzlicher Regelung besteht auch – anders als bei Staatsbediensteten[292] – keine Möglichkeit, eine Schöffin deshalb auszuschließen, weil sie aus religiösen Gründen ein Kopftuch trägt und sich weigert, dieses während der Hauptverhandlung abzulegen[293]. Hier kommt im Einzelfall nur eine Ablehnung wegen Besorgnis der Befangenheit durch einen Verfahrensbeteiligten in Betracht, wenn die dokumentierte religiöse Haltung in besonderer Weise für den Ausgang des Verfahrens von Belang sein kann[294].

2. Rechte und Pflichten

Schöffen sind verpflichtet, sich vereidigen zu lassen (§ 45 Abs. 2 S. 1 DRiG), zu „ihren" Verhandlungen zu erscheinen und an der abschließenden Beratung mitzuwirken, § 195 GVG. Bei Verstößen können sie mit einem Ordnungsgeld und den durch die Pflichtverletzung entstandenen Kosten – z.B. infolge einer Terminverlegung – belegt werden, § 56 GVG. Unter den Voraussetzungen des § 54 Abs. 1 GVG kann ein Schöffe jedoch – unanfechtbar[295] – für bestimmte Sitzungstage von seinen Pflichten entbunden werden. Verletzt der Schöffe seine Amtspflichten „gröblich", so kann er sogar seines Amtes enthoben werden, § 51 GVG[296].

351

Berufstätige Schöffen sind für die Teilnahme an den Sitzungen von ihrem Arbeitgeber freizustellen und gegen Kündigung im Zusammenhang mit der Amtsausübung geschützt, § 45 Abs. 1a DRiG. Neben ihrer – ggfls. steuerpflichtigen[297] – Entschädi-

352

---

291 BGH 2 StR 338/10.
292 Siehe insoweit BVerfG NJW 2017, 2333 ff.; Hessischer Verwaltungsgerichtshof 1 B 1056/17.
293 Vgl. hierzu KG NStZ-RR 2013, 156; LG Dortmund NJW 2007, 3013; LG Bielefeld NJW 2007, 3014; *Bader* NJW 2007, 2964 ff.
294 Siehe hierzu unten Rn. 981 ff.; zur Ablehnung eines Schöffen bei begründeten Zweifeln an seiner rechtlichen Gesinnung und Rechtstreue vgl. BGH 2 StR 595/09.
295 Im Revisionsverfahren findet nur eine Willkürprüfung statt, vgl. BGH 2 StR 342/15 Tz. 12 ff.; 5 StR 276/15 Tz. 5; 3 StR 162/13 Tz. 19; 2 StR 204/12; 2 StR 522/11.
296 Das betrifft etwa sog. „Reichsbürger" oder „Germaniten", welche die Existenz der Bundesrepublik leugnen (OLG Hamm NStZ-RR 2017, 354 f.; OLG Dresden NStZ-RR 2015, 121 f) , aber auch Schöffen, die im Internet Hassbotschaften verbreiten, die Todesstrafe oder Selbstjustiz fordern (KG NStZ-RR 2016, 252 f.). Auch für bestechliche Schöffen dürfte nichts anderes gelten (insoweit lesenswert: BGH 5 StR 352/15).
297 BFH NJW 2017, 1774 ff.

Kapitel 3 *Das gerichtliche Verfahren erster Instanz*

gung (§ 55 GVG) haben Schöffen Anspruch darauf, über den Verfahrensgegenstand unterrichtet zu werden. Dies geschieht i.d.R. durch einen kurzen Vortrag des Berichterstatters oder des Vorsitzenden unmittelbar vor Sitzungsbeginn. Demgegenüber haben sie mangels gesetzlicher Regelung kein Recht auf Akteneinsicht[298]. Ihnen kann aber in Einzelfällen nach dessen Verlesung der Anklagesatz ausgehändigt werden, vgl. Nr. 126 Abs. 3 RiStBV[299]. Aus einer Kenntnis der Anklageschrift können im Übrigen Bedenken gegen die Unparteilichkeit der Schöffen regelmäßig nicht abgeleitet werden[300].

353 Die wichtigste Befugnis der Schöffen liegt in ihrer Mitwirkung an den **während der Hauptverhandlung** zu treffenden Gerichtsentscheidungen, seien es Beschlüsse oder das abschließende Urteil. Ausnahmen hiervon sehen nur § 27 Abs. 2 StPO und § 31 Abs. 2 StPO (für das Ablehnungsverfahren) vor. Da gem. § 196 Abs. 1 GVG für jede Entscheidung des Gerichts eine absolute Mehrheit der Stimmen erforderlich ist und zu jeder dem Angeklagten nachteiligen Entscheidung über die Straf- und Schuldfrage nach § 263 Abs. 1 StPO sogar 2/3 der Stimmen benötigt werden, haben die Schöffen in bestimmten Konstellationen eine **Sperrmöglichkeit**, wenn ihre Stimmabgabe zu einem „Patt" führt oder wenn sie – z.B. beim Schöffengericht – den Berufsrichter überstimmen.

354 An Entscheidungen, die **außerhalb der Hauptverhandlung** ergehen, wirken Schöffen nicht mit, §§ 30 Abs. 2, 76 Abs. 1 S. 2 GVG. Dieser Ausschluss erfasst alle Entscheidungen, die:

– vor Beginn und nach dem Ende der Hauptverhandlung zu treffen sind,
– während einer Unterbrechung der Hauptverhandlung getroffen werden, wenn sie ohne mündliche Verhandlung ergehen können, also auch Beschlagnahme- oder Durchsuchungsanordnungen.

Abgesehen von der Situation der Urteilsfällung (§ 268b StPO) sind Schöffen schon aus Gründen der Verfahrensbeschleunigung auch an **Haftentscheidungen** nicht beteiligt[301].

B. Ablauf des gerichtlichen Verfahrens

I. Das Zwischenverfahren

1. Zweck und Gestaltung

355 Kommt es zur Anklageerhebung durch die Staatsanwaltschaft, so legt diese die Akten dem zuständigen Gericht mit dem Antrag vor, das Hauptverfahren zu eröffnen, §§ 170 Abs. 1, 199 Abs. 2 StPO. Hiermit beginnt das (gerichtliche) Zwischenverfahren,

---

298 BGH NStZ 1997, 506 f. Ob sich diese Auffassung in Anbetracht des § 30 Abs. 1 GVG wird halten lassen, bleibt abzuwarten. Der BGH hat dieses Problem jedenfalls erkannt, vgl. BGH NJW 1998, 1164.
299 So auch BGH GSSt 1/10.
300 Vgl. BGH 1 StR 544/09; EuGH NJW 2009, 2871 ff.
301 Vgl. BGH 1 StR 648/10; OLG München StraFo 2010, 383; OLG Köln NJW 2009, 3113 f.

welches in den §§ 199 bis 211 StPO geregelt ist. Es dient der Entscheidung, ob das Hauptverfahren zu eröffnen ist und bezweckt damit – neben prozessökonomischen Gesichtspunkten – vor allem den Schutz des Angeklagten. Er soll vor den Nachteilen einer unberechtigten Hauptverhandlung bewahrt werden. Unbegründete oder oberflächliche Anklagen der (zudem weisungsgebundenen) Staatsanwaltschaft sollen im Wege einer unabhängigen gerichtlichen Vorprüfung herausgefiltert werden.

Mit Einreichung der Anklageschrift ist das Verfahren bei Gericht **anhängig**; die Staatsanwaltschaft verliert die Verfahrensherrschaft (vgl. auch § 206 StPO). Gemäß § 162 Abs. 3 StPO wird das Tatgericht auch für Ermittlungsanträge der Staatsanwaltschaft zuständig. Der „Beschuldigte" wird terminologisch zum „Angeschuldigten" (§ 157 StPO). Die Staatsanwaltschaft kann die Anklage allerdings noch bis zur Eröffnung des Hauptverfahrens zurückzunehmen (§ 156 StPO). Geschieht dies, so wird die Sache in den Stand des Ermittlungsverfahrens zurückversetzt. Es bedarf dann einer neuen Abschlussentscheidung und ggfls. auch einer vollständig neuen Anklageschrift.

356

Als ersten Verfahrensschritt prüft das Gericht die Anklage auf formelle Mängel (§ 200 Abs. 1 StPO), die im Rahmen einer Rückgabe an die Staatsanwaltschaft behoben werden können[302]. Besteht hierzu keine Veranlassung, so ist sie gemäß § 201 Abs. 1 StPO dem Angeschuldigten – ggfls. in übersetzter Form[303] – bekannt zu machen. Dies geschieht durch förmliche Zustellung, da gleichzeitig eine angemessene Erklärungsfrist[304] zu setzen ist, innerhalb derer er die Vornahme einzelner Beweiserhebungen beantragen oder Einwendungen gegen die Eröffnung des Hauptverfahrens vorbringen kann. Außerdem ist er ggfls. über eine erforderliche Pflichtverteidigerbestellung zu belehren und entsprechend anzuhören (§§ 141 Abs. 1, 140 Abs. 1, 2 StPO).

357

Auch Nebenkläger oder Nebenklageberechtigte erhalten – sofern zuvor beantragt – eine Abschrift der Anklage.

Über die in der Praxis selten vorgebrachten Einwendungen oder Anträge entscheidet das Gericht nach Anhörung der Staatsanwaltschaft (§ 33 Abs. 2 StPO) durch unanfechtbaren Beschluss ohne mündliche Verhandlung. Ordnet es – was gemäß § 202 StPO erlaubt ist – die Erhebung weiterer Beweise (etwa eine Zeugenvernehmung) an, so hat es diese zwar grundsätzlich selbst durchzuführen, kann damit aber auch den beauftragten oder ersuchten Richter (§§ 156 ff. GVG) betrauen oder die Staatsanwaltschaft/Polizei um entsprechende Erledigung bitten. Streitig ist allerdings, ob die Ermittlungsbehörden verpflichtet sind, im Wege der Amtshilfe weitere Untersuchungen anzustellen[305].

358

---

302 Vgl. zu diesem – seltenen – Vorgang OLG Nürnberg NStZ-RR 2011, 251.
303 Die mündliche Übersetzung erst in der Hauptverhandlung genügt ausnahmsweise nur dann, wenn der Verfahrensgegenstand tatsächlich und rechtlich einfach gelagert ist, vgl. BGH 3 StR 262/14 Tz. 4.
304 In der Regel wird eine Woche gewählt, in schwierigen oder umfangreicheren Verfahren kann eine längere Frist bestimmt werden.
305 Vgl. *Meyer-Goßner*, § 202 Rn. 3.

Kapitel 3 *Das gerichtliche Verfahren erster Instanz*

Das Zwischenverfahren endet durch einen gerichtlichen Beschluss. Dieser bestimmt alternativ die:

Vorläufige Einstellung des Verfahrens	Eröffnung des Hauptverfahrens, § 207 StPO (Regelfall)	Ablehnung der Eröffnung, § 204 StPO

Sind verschiedene Taten und/oder mehrere Personen angeklagt, so sind selbstverständlich auch Kombinationen zwischen den jeweiligen Entscheidungsarten möglich.

2. Einstellung des Verfahrens

359 Ergibt sich im Laufe des Zwischenverfahrens ein behebbares Verfahrenshindernis, so hat das Gericht – wie in jedem anderen Verfahrensabschnitt auch – von § 205 StPO Gebrauch zu machen und das Verfahren vorläufig einzustellen. § 206a StPO, der die dauernden und damit nicht behebbaren Verfahrenshindernisse betrifft[306], gilt dagegen im Zwischenverfahren nicht. Stellt sich nämlich in diesem Stadium ein solches Verfahrenshindernis – etwa die Verjährung der angeklagten Tat – heraus, so ist die Eröffnung des Hauptverfahrens gemäß § 204 StPO abzulehnen. Bei Vorliegen der jeweiligen Voraussetzungen kommt natürlich auch eine Verfahrenseinstellung nach den Vorschriften der §§ 153 ff. StPO in Betracht.

3. Eröffnungsbeschluss

360 Gelangt das Gericht – was den Regelfall bildet – nach Prüfung zu dem Ergebnis, ein **hinreichender Tatverdacht** liege vor (§ 203 StPO), so hat es durch Beschluss das Hauptverfahren zu eröffnen und die Anklage zur Hauptverhandlung zuzulassen (§ 207 Abs. 1 StPO). Voraussetzung ist die aufgrund einer vorläufigen Bewertung des gesamten Ermittlungsergebnisses nach praktischer Erfahrung gegebene **Wahrscheinlichkeit**, dass es wegen der angeklagten Tat(en) auf der Grundlage uneingeschränkt verwertbarer Beweismittel zu einer Verurteilung kommt. Bei dieser Prognoseentscheidung hat das Gericht einen erheblichen Beurteilungsspielraum[307]. Der Grad der Wahrscheinlichkeit ist geringer als beim dringenden Tatverdacht im Sinne des § 112 Abs. 1 S. 1 oder § 126a StPO. Schon gar nicht bedarf es für die Eröffnung des Hauptverfahrens der für eine Verurteilung erforderlichen uneingeschränkten richterlichen Überzeugung von einer Täterschaft und Schuld des Angeschuldigten[308]. Auch gilt der Zweifelssatz „in dubio pro reo" im Rahmen der Eröffnungsentscheidung nicht. Tatfragen – etwa bei der Konstellation „Aussage gegen Aussage" – sind ggfls. in der Hauptverhandlung durch unmittelbaren Eindruck von Zeugen, der Einlassung des Angeklagten und Sachverständigengutachten zu klären[309]. Schließlich hat die ab-

---

306 Beispiele bei *Meyer-Goßner*, § 206a Rn. 3 (z.B. dauernde Verhandlungsunfähigkeit oder Tod des Angeschuldigten).
307 Siehe OLG Nürnberg NJW 2010, 3793 f. m.w.N.
308 Vgl. BGH 3 StB 20/08.
309 Siehe OLG Koblenz NJW 2013, 98 f.

schließende Überzeugungsbildung ausschließlich aufgrund einer Hauptverhandlung stattzufinden, § 264 StPO.

Zudem hat das Gericht zu prüfen, ob es **sachlich und örtlich zuständig** ist. Hält etwa ein Gericht höherer Ordnung – unter Beachtung auch der besonderen funktionellen Zuständigkeiten i.S.d. § 209a StPO (etwa der Jugendgerichte) – die Zuständigkeit eines Gerichts niederer Ordnung in seinem Bezirk für gegeben, so kann es das Hauptverfahren vor diesem Gericht eröffnen, § 209 Abs. 1 StPO[310].

Im umgekehrten Fall legt das Gericht die Akten dem Gericht höherer Ordnung durch Vermittlung der Staatsanwaltschaft vor. Dieses fasst in der für Entscheidungen außerhalb der Hauptverhandlung vorgeschriebenen Besetzung einen Beschluss, ob es die Sache übernimmt, § 225a Abs. 1 StPO. Dieser schriftliche **Übernahmebeschluss** ist als Voraussetzung der Rechtshängigkeit bei dem Gericht höherer Ordnung anzusehen. Fehlt er, so begründet dies ein Verfahrenshindernis[311]. Die Übernahme nach § 225a StPO ist – abgesehen von Fällen der Willkür – unanfechtbar (§§ 225a Abs. 3 S. 3, 210 Abs. 1 StPO) und nach § 336 S. 2 StPO regelmäßig auch der Revision entzogen[312]. Ist über die Eröffnung des Hauptverfahrens noch nicht entschieden, so hat dies durch das übernehmende Gericht zu geschehen.

361

Sollte sich eine Zuständigkeitsverschiebung erst nach der Eröffnungsentscheidung im Laufe der Hauptverhandlung herausstellen, so kann – und muss – dem nach § 270 StPO durch einen **Verweisungsbeschluss** Rechnung getragen werden[313]. Dieser ist wirksam und bindend, auch wenn er unvollständig, formell fehlerhaft oder sachlich falsch ist. Die Bindungswirkung entfällt nur, wenn die Verweisung eine dem Art. 101 Abs. 1 S. 2 GG widersprechende **willkürliche** Entziehung des gesetzlichen Richters bedeutet[314].

Nach § 207 Abs. 2 StPO kann die Anklage auch mit Modifikationen zugelassen werden, wobei allenfalls die Ziffern 1 und 3 eine nennenswerte praktische Bedeutung haben. Ehe die Eröffnung des Hauptverfahrens wegen einzelner Taten aber formell abgelehnt wird, kann mit der Staatsanwaltschaft auch über die Rücknahme der Anklage (§ 156 StPO) insoweit „verhandelt" werden. Befindet sich der Angeschuldigte in Untersuchungshaft oder ist er einstweilig untergebracht (§ 126a StPO), so hat das Gericht im Eröffnungsbeschluss auch über die Fortdauer dieser Maßnahmen zu befinden, § 207 Abs. 4 StPO.

362

Bei Verfahren vor der großen Strafkammer erfolgt die Eröffnungsentscheidung ausnahmslos in der Besetzung mit drei Berufsrichtern unter Ausschluss der Schöffen[315]. Hier ist **zugleich** darüber zu befinden, ob sie die Hauptverhandlung mit zwei oder drei Berufsrichtern durchführt, § 76 Abs. 2 GVG. Eine beschlossene Zweierbesetzung

---

310 Zur (eingeschränkten) Bindungswirkung für das Gericht niederer Ordnung siehe BGH NStZ 2003, 47 f.
311 BGH 2 StR 514/15 Tz. 4 f.; 4 StR 603/14; 2 StR 106/11; 3 StR 164/11; NJW 1999, 157 f.
312 BGH 3 StR 439/08.
313 Zu den inhaltlichen Voraussetzungen des § 270 StPO siehe BGH 3 StR 549/16 Tz. 30 f.
314 BGH 3 StR 549/16 Tz. 20 ff.; 2 StR 330/16 Tz. 9 m.w.N.; 4 StR 515/15 Tz. 8; OLG Nürnberg NStZ-RR 2014, 116.
315 BGH 2 StR 327/17 Tz. 6; 2 StR 45/14 Tz. 8.

Kapitel 3 *Das gerichtliche Verfahren erster Instanz*

kann bei Auftreten neuer Umstände nachträglich bis zum Beginn der Hauptverhandlung geändert werden (§ 76 Abs. 4 GVG)[316]. Unterbleibt die Entscheidung versehentlich, so muss die Hauptverhandlung mit drei Berufsrichtern durchgeführt werden[317].

363 Der Eröffnungsbeschluss ist eine **zwingende Verfahrensvoraussetzung**. Erforderlich ist inhaltlich die schlüssige und eindeutige – mithin regelmäßig schriftliche – Willenserklärung des Gerichts, die Anklage nach Prüfung und Bejahung der Eröffnungsvoraussetzungen zur Hauptverhandlung zuzulassen[318]. Er hat die Wirkung, dass die Sache nunmehr **rechtshängig** geworden ist. Die Staatsanwaltschaft kann jetzt die Anklage weder zurücknehmen (§ 156 StPO), noch bei einem anderen Gericht anhängig machen, da nunmehr das Prozesshindernis der „anderweitigen Rechtshängigkeit" zu beachten ist. Mit dem Eröffnungsbeschluss wird das Gericht zum „erkennenden Gericht". Dies hat zur Folge, dass beispielsweise die Beschwerdemöglichkeit im Hinblick auf Entscheidungen, welche der Urteilsfindung vorausgehen, erheblich eingeschränkt wird (§ 305 StPO). Ferner kann die Ablehnung eines Richters wegen der Besorgnis der Befangenheit nicht mehr in einem selbstständigen Beschwerdeverfahren überprüft werden (§ 28 Abs. 2 S. 2 StPO).

Durch den das Hauptverfahren eröffnenden Beschluss wird der Angeschuldigte zum „Angeklagten" (§ 157 StPO). Der Beschluss muss ihm zugestellt werden (§ 215 StPO) und ist für ihn nicht – auch nicht wegen angeblich „greifbarer Gesetzesverletzung"[319] – anfechtbar.

4. Ablehnung der Eröffnung

364 Die Eröffnung des Hauptverfahrens ist (ganz oder teilweise) abzulehnen, soweit es an einem hinreichenden Tatverdacht oder einer Prozessvoraussetzung (etwa einem erforderlichen Strafantrag) fehlt bzw. ein Prozesshindernis (z.B. Verjährung) besteht. Gemäß § 204 StPO ist in dem Beschluss auszuführen, ob die Ablehnung aus tatsächlichen oder rechtlichen Gründen erfolgt. Ggfls. ist hier also auch eine Würdigung der Beweislage erforderlich.

Gegen die ablehnende Entscheidung steht der Staatsanwaltschaft die sofortige Beschwerde offen, § 210 Abs. 2 StPO[320]. Macht sie hiervon keinen Gebrauch, so entfaltet der Nichteröffnungsbeschluss gemäß § 211 StPO eine **beschränkte Rechtskraft** in dem Sinne, dass die Wiederaufnahme der Klage nur aufgrund neuer Tatsachen oder Beweismittel zulässig ist. Maßgeblich insoweit ist der aktenmäßige Kenntnisstand des Gerichts zum Zeitpunkt der Entscheidung über die Nichteröffnung[321]. Zwischenverfahren und Eröffnungsbeschluss sahen im **Originalfall** so aus:

---

316 Jedenfalls bei Verfahren, die ab dem 01.01.2012 beim Landgericht anhängig wurden, § 41 EGGVG. Siehe hierzu im Übrigen Rn. 969.
317 BGH NStZ 2009, 53.
318 BGH 2 StR 199/17 Tz. 6; 4 StR 230/16 Tz. 8.
319 Siehe BGH StB 19/12.
320 Zum Umfang der – auch die Frage der sachlichen Zuständigkeit umfassenden – Prüfungs- und Entscheidungskompetenz des Beschwerdegerichts siehe BGH 3 StR 335/16; 1 StR 6/12 Tz. 24 ff.
321 Siehe hierzu umfassend BGH 3 StR 230/16.

118 Ds 357/13

Vfg.

1. Anklageschrift gem. § 201 StPO an Angeschuldigten zustellen, und zwar mit folgendem Anschreiben:

   „Anrede/Schlussformel
   Hiermit wird Ihnen in der Strafsache gegen Sie die Anklageschrift vom 09.09.2013 zugestellt. Fall Sie die Vornahme einzelner Beweiserhebungen vor der Entscheidung über die Eröffnung des Hauptverfahrens beantragen oder Einwendungen gegen die Eröffnung des Hauptverfahrens vorbringen wollen, werden Sie aufgefordert, dies binnen einer Frist von

   einer Woche

   nach Zustellung dieses Schreibens zu erklären.
   Wenn Sie die Vernehmung von Zeugen beantragen, sind die Tatsachen anzugeben, über die jeder einzelne Zeuge vernommen werden soll.
   Alle Anträge können Sie schriftlich oder zu Protokoll der Geschäftsstelle des Gerichts stellen.

2. 10 Tage nach Zustellung (Eröffnungsbeschluss)

Bonn, den 16.09.2013

(Schneider)
Richterin am Amtsgericht

Kapitel 3 Das gerichtliche Verfahren erster Instanz

Amtsgericht	Ort und Tag Bonn, den 01.10.2013
Geschäfts-Nr.: (Bitte bei allen Schreiben angeben) 118 Ds 357/13	Anschrift/Fernruf Wilhelmstraße 23, 53111 Bonn Telefon: 0228/702-0 Fax: (0228) 702-135

Beschluss

In der Strafsache

Gegen

Hans **Lellmann**,

geb. am 06.05.1965 in Bonn,

wohnhaft: Wagnerstr. 187,

53119 Bonn

Wegen

Trunkenheit im Verkehr pp.

wird die Anklage

der Staatsanwaltschaft	vom	Aktenzeichen
Bonn	09.09.2013	17 Js 539/13

zur Hauptverhandlung zugelassen.

Auf Antrag der Staatsanwaltschaft wird das Hauptverfahren hier

☐ gegen sie ☒ gegen ihn

☒ vor der/dem Strafrichterin/Strafrichter ☐ vor dem Schöffengericht

☐ vor der/dem Jugendrichterin/Jugendrichter ☐ vor dem Jugendschöffengericht

eröffnet.

Schneider
Schneider
(Richterin am Amtsgericht)

StP 19 Abschrift des Eröffnungsbeschlusses (§ 215 StPO)
gen. 01.2000 ADV

II. Vorbereitung der Hauptverhandlung

1. Terminbestimmung

Die Vorbereitung der Hauptverhandlung ist in den §§ 213 ff. StPO geregelt. Sie umfasst zunächst die Terminierung der Hauptverhandlung innerhalb der für das laufende Geschäftsjahr festgelegten Sitzungstage des Spruchkörpers. Diese steht im **Ermessen des Vorsitzenden**. Den Bedürfnissen des Angeklagten auf eine sachgerechte Vorbereitung und anwaltlichen Beistand ist jedoch in angemessenem Umfang Rechnung zu tragen. Insbesondere in Großverfahren sollte der Vorsitzende daher mit den Verfahrensbeteiligten die Hauptverhandlungstermine abstimmen oder dies jedenfalls versuchen[322].

366

Auch über Verlegungsanträge muss der Vorsitzende nach pflichtgemäßem Ermessen befinden. Er hat hierbei die eigene Terminplanung (etwa infolge der Koordination verschiedener Verfahren), die Belastung des Spruchkörpers, die Verfügbarkeit eines geeigneten Sitzungssaales, das Beschleunigungsgebot und die berechtigten Interessen der Verfahrensbeteiligten – insbesondere das Recht des Angeklagten auf Beistand durch einen Anwalt seines Vertrauens – zu berücksichtigen[323]. In Haftsachen und speziell in solchen, die sich gegen mehrere Angeklagte richten, darf und muss er das Beschleunigungsgebot in den Vordergrund stellen. Eine Verhinderung des Wahlverteidigers oder ein Wechsel des Verteidigers zwingen also nicht ohne weiteres zu einer Terminverlegung[324]. Die entsprechenden Entscheidungen sind nicht anfechtbar, § 305 StPO[325].

Zur Vorbereitung der Hauptverhandlung gehört auch die Auswahl der benötigten sachlichen und persönlichen Beweismittel. Als solche kommen in Betracht:

367

– Zeugen, §§ 48 ff. StPO;
– Sachverständige, §§ 72 ff. StPO;
– die Einnahme von Augenschein (z.B. Ortstermin), §§ 86, 168d, 225, 244 Abs. 5, 249 Abs. 1 StPO;
– Urkunden, §§ 249 ff. StPO;
– die Einlassung des Angeklagten und hier insbesondere ein schlüssiges Geständnis.

In **umfangreichen** erstinstanzlichen Sachen, die sich über mehrere Verhandlungstage erstrecken, erstellt der Vorsitzende einen **Ladungsplan**, der die Reihenfolge der Beweiserhebungen festlegt (§ 214 Abs. 2 StPO) und veränderten Gegebenheiten jederzeit angepasst werden kann. In diesen Fällen soll der Vorsitzende nach dem im Jahre 2017 neu geschaffenen § 213 Abs. 2 StPO zuvor „den äußeren Ablauf der Hauptverhandlung" mit Verteidiger, Staatsanwaltschaft und Nebenklagevertreter „abstimmen", was gem. §§ 202a, 212 StPO ohnehin schon möglich war[326].

---

322 BGH 1 StR 123/10.
323 Vgl. BGH NStZ 2007, 164; 1998, 312.
324 BGH NJW 2008, 2454; NStZ-RR 2007, 81 f.; 2006, 271 ff.; BVerfG 2 BvQ 10/06; OLG Koblenz NStZ-RR 2015, 117.
325 Siehe hierzu OLG Hamm NStZ-RR 2010, 283 sowie unten Rn. 857.
326 Nach dem Willen des Gesetzgebers soll dies in besonderer Weise eine „frühzeitige Kommunikation" (BT-Drucksache 18/11277, S. 32 f.), mutmaßlich also Urteilsabsprachen fördern. Immerhin handelt es sich ausdrücklich nur um eine nicht revisible Ordnungsvorschrift.

Kapitel 3 *Das gerichtliche Verfahren erster Instanz*

2. Ladungen

a) Allgemeine Regelungen

368 Die ausgewählten Beweismittel sind – soweit es sich nicht um Gegenstände (Asservate, z.B. Tatwerkzeuge) handelt, § 214 Abs. 4 StPO – vom Gericht herbeizuschaffen. Folglich sind auch die Beteiligten zur Hauptverhandlung ordnungsgemäß zu **laden**. Da die Gerichtssprache deutsch ist (§ 184 GVG), erfolgen die Ladungen grundsätzlich in deutscher Sprache[327].

Die vom Vorsitzenden angeordneten Ladungen werden von der Geschäftsstelle ausgeführt (§ 214 Abs. 1 S. 2 StPO). Mit der Ladung sollte bei einem Verfahren vor dem Landgericht oder Oberlandesgericht dem Angeklagten bzw. dem Verteidiger die Besetzung des Gerichts mitgeteilt werden, § 222a Abs. 1 S. 2 StPO.

369 Die Form der Ladung ist gesetzlich nicht vorgeschrieben. Um deren Zugang ggfls. nachweisen zu können, soll jedoch regelmäßig die **Zustellung** gewählt werden (vgl. Nr. 117 RiStBV), die sich nach den Regeln der ZPO vollzieht (§ 37 Abs. 1 StPO). Als Nachweis der Ladung dient die Zustellungsurkunde.

Sind Ladungen im **Ausland** zu bewirken, so kann dies – zur Vermeidung eines aufwendigen und zeitraubenden Rechtshilfeersuchens – bei Vorliegen völkerrechtlicher Vereinbarungen per Einschreiben und Rückschein geschehen (§ 183 Abs. 1 Nr. 1 ZPO). Eine derartige Vereinbarung besteht für die meisten europäischen Nachbarstaaten in Gestalt des Art. 52 SDÜ[328] sowie gemäß Art. 14 EuZustVO.

b) Besonderheiten der Ladung bei einzelnen Beteiligten

aa) Die Ladung des Angeklagten

370 Der **Angeklagte** ist stets zu laden (vgl. § 216 StPO), und zwar selbst dann, wenn er von der Pflicht zu erscheinen nach § 233 Abs. 1 StPO entbunden wurde. Das gilt auch für Fortsetzungstermine, also weitere Verhandlungstage, wenn die Hauptverhandlung nicht an einem Tag zu Ende gebracht werden kann[329]. Mit der Ladung sind dem Angeklagten die geladenen Zeugen und Sachverständigen namhaft zu machen (§ 222 Abs. 1 StPO). Auch ist ihm spätestens bei dieser Gelegenheit der Eröffnungsbeschluss zuzustellen.

371 Für die **Art** der Ladung ist zu unterscheiden, ob der Angeklagte sich auf freiem Fuß befindet oder nicht.

Nach § 216 Abs. 1 StPO i.V.m. § 35 Abs. 2 S. 1 StPO wird die Ladung dem **auf freiem Fuß** befindlichen Angeklagten **förmlich zugestellt**. Unter den Voraussetzungen des § 145a Abs. 2 StPO kann er auch über seinen Verteidiger geladen werden. Wie bei anderen Zustellungen ist notfalls eine öffentliche Zustellung nach § 40 StPO in Erwägung zu ziehen. Erscheint der Angeklagte trotz öffentlicher Zustellung nicht, so darf

---

327 BGH NJW 1984, 2050; BayObLG NStZ 1996, 248. Ob daran festgehalten werden kann, ist indes zweifelhaft. „Wesentliche Dokumente" müssen nämlich übersetzt werden, vgl. EuGH NStZ 2017, 38; BGH 5 StR 455/17 Tz. 5.
328 Siehe zu den Partnerstaaten oben Rn. 50.
329 Die Notwendigkeit zusätzlicher Termine stellt sich oftmals erst im Laufe der Hauptverhandlung heraus. In einem solchen Fall können die Verfahrensbeteiligten unter Hinweis auf die Folgen unentschuldigten Ausbleibens mündlich geladen werden, was protokolliert werden sollte.

jedoch nicht gegen ihn verhandelt werden, § 232 Abs. 2 StPO. In einem solchen Fall stehen die Instrumentarien des § 230 Abs. 2 StPO zur Verfügung.

Die an den Angeklagten gerichtete Ladung ist mit dem Hinweis auf die möglichen Sanktionen im Falle des Nichterscheinens zu versehen[330] und muss Datum, Ort, Terminstunde sowie den Sitzungssaal angeben, in dem die Hauptverhandlung stattfindet. Der Hinweis auf § 230 Abs. 2 StPO ist im Fall des § 232 StPO (vgl. § 216 Abs. 1 S. 2 StPO) sowie dann entbehrlich, wenn der Angeklagte nach § 233 Abs. 1 StPO vom Erscheinen entbunden wurde. Für die Ladung zur Berufungsverhandlung und zur Hauptverhandlung nach einem Einspruch im Strafbefehlsverfahren ist der Hinweis auf die möglichen Zwangsmittel ebenfalls nicht erforderlich. In diesen Fällen ist allerdings darauf hinzuweisen, dass bei unentschuldigtem Fernbleiben das Rechtsmittel ggfls. verworfen werden kann (vgl. §§ 329 Abs. 4 S. 3, 412 StPO)[331]. **372**

Auch der **nicht in Freiheit** befindliche Angeklagte ist nach § 216 Abs. 2 S. 1 i.V.m. § 35 Abs. 2 S. 1 StPO förmlich – gegen **Empfangsbekenntnis** – zu laden. Gemäß § 216 Abs. 2 S. 2 StPO ist er anlässlich der Zustellung der Ladung durch einen Beamten (in der Regel denjenigen, der ihm die Ladung in der JVA überbringt) zu befragen, welche Anträge er zu seiner Verteidigung in der Hauptverhandlung stellen will. Seine diesbezüglichen Angaben sind zu beurkunden[332]. Gleichzeitig mit der Ladungsanordnung ist vom Vorsitzenden ein **Vorführersuchen** an die JVA zu richten. **373**

In beiden Fällen des § 216 StPO kann vom Angeklagten allerdings auf eine förmliche Ladung verzichtet werden, insbesondere kann er sich nach Mitteilung der nötigen Termindaten mündlich „für geladen" erklären. Die Verzichtsmöglichkeit besteht auch für die nach § 217 Abs. 1 StPO einzuhaltende **Ladungsfrist** von mindestens einer Woche zwischen Zustellung und erstem[333] Verhandlungstag, vgl. § 217 Abs. 3 StPO. **374**

Mängel der Ladung bewirken bei einem Verstoß gegen die Belehrungspflichten, dass die gesetzlich an sich möglichen Säumnisfolgen (z.B. Verwerfung von Rechtsmitteln nach §§ 329, 412 StPO oder zwangsweise Vorführung bzw. Verhaftung nach § 230 Abs. 2 StPO) nicht eintreten dürfen. Wird „nur" die Ladungsfrist nicht eingehalten, so hat der Angeklagte zu erscheinen, ist aber gem. § 217 Abs. 2 StPO berechtigt, die Aussetzung der Verhandlung zu verlangen. **375**

bb) Die Ladung des Verteidigers

Auch der **Verteidiger** ist – i.d.R. gegen **Empfangsbekenntnis**, im Einzelfall sicherheitshalber gegen Zustellungsurkunde – zum Hauptverhandlungstermin zu laden, und **376**

---

330 Anderes gilt nur bei einer Ladung im Ausland. Hier ist darauf hinzuweisen, dass die angedrohten Zwangsmaßnahmen im fremden Hoheitsgebiet nicht vollstreckt werden können, vgl. OLG Brandenburg NStZ 2015, 235.
331 Legt nur die **Staatsanwaltschaft** Berufung ein, so kann auch bei Ausbleiben des Angeklagten verhandelt werden, § 329 Abs. 2 StPO. Haben beide das Rechtsmittel eingelegt, so kann bei Ausbleiben des Angeklagten dessen Berufung verworfen und über diejenige der StA – die ja auch zugunsten des Beschuldigten wirken kann, § 301 StPO – entschieden werden. Im Falle einer Berufung der Staatsanwaltschaft sollte also auf die Möglichkeit des § 230 Abs. 2 StPO hingewiesen werden.
332 Ein Verstoß gegen § 216 Abs. 2 S. 2 StPO berührt jedoch weder die Wirksamkeit der Ladung, noch begründet er einen Anspruch auf Aussetzung der Hauptverhandlung, vgl. BGH NJW 2008, 1604 f.
333 Für Folgeverhandlungen in derselben Sache gilt § 217 Abs. 1 StPO nicht, vgl. BGHSt 24, 143 (145 ff.).

zwar der Pflichtverteidiger immer, der gewählte Verteidiger dann, wenn die Wahl dem Gericht angezeigt wurde, § 218 StPO. Haben sich mehrere Verteidiger bestellt, so sind alle zu laden[334].

Der Verteidiger kann aber auf eine förmliche Ladung und die Einhaltung der Frist des § 217 Abs. 1 StPO (auch konkludent) verzichten. Ferner bedarf es einer förmlichen Ladung dann nicht, wenn er auf andere Art (etwa aus den ihm übersandten Akten) mindestens eine Woche vor dem Termin sichere Kenntnis vom Datum der Hauptverhandlung erlangt hat. Die bloße Möglichkeit einer solchen Kenntnisnahme genügt indes nicht[335]. Aus Sicherheitsgründen sollte der Verteidiger also **stets förmlich** geladen werden, denn ein Verstoß gegen § 218 S. 1 StPO begründet die Revision[336].

377 Wird die Ladungsfrist nicht eingehalten, so kann der Verteidiger – sofern er gleichwohl zum Termin erscheint – die Aussetzung der Hauptverhandlung verlangen, §§ 218 S. 2, 217 Abs. 2 StPO. Erscheint er nicht, so kann den Antrag auch der Angeklagte stellen, da dieses Recht des Verteidigers auf ihn übergeht[337]. Hierüber ist er zu belehren, § 228 Abs. 3 StPO.

cc) Die Ladung von Zeugen

378 **Zeugen** sind nach § 48 Abs. 2 StPO unter Hinweis auf die möglichen Folgen eines unentschuldigten Fernbleibens (vgl. hierzu § 51 StPO) zu laden, ohne dass gesetzlich die Einhaltung einer bestimmten Ladungsfrist vorgesehen wäre. Im Hinblick auf § 51 StPO sollte ihnen aber – soweit möglich – eine angemessene Vorbereitungszeit zugestanden werden[338]. Die Ladung soll nach Nr. 117 Abs. 1 RiStBV durch förmliche Zustellung geschehen. Denn nur wenn die ordnungsgemäße Ladung feststeht, können die Zwangsmittel des § 51 StPO zur Anwendung gelangen.

Spätestens mit der Ladung sind Zeugen zudem auf verfahrensrechtliche Bestimmungen hinzuweisen, die ihrem Interesse dienen, § 48 StPO. Dies gilt naturgemäß in erster Linie für das Tatopfer, welches gem. **§§ 406i bis 406k StPO** – frühzeitig, i.d.R. schriftlich und in verständlicher Form – **umfassend** etwa über die Möglichkeiten der Nebenklage und des Adhäsionsverfahrens zu unterrichten ist. Bei der Ladung des Tatopfers sollte sich das Gericht zudem darüber Gedanken machen, wie dessen Belastung reduziert werden kann. Zumindest auf die Möglichkeit der Nutzung separater Aufenthaltsbereiche im Gerichtsgebäude ist bereits mit der Ladung hinzuweisen (vgl. § 48 StPO sowie Nrn. 117 Abs. 3, 135 Abs. 1 RiStBV). Ggfls. ist auch der umfassende Schutz gefährdeter Zeugen für die Zeitdauer des Aufenthaltes bei Gericht zu organisieren. Ohnehin haben Opferzeugen Anspruch auf größtmögliche Schonung. Daher ist schon im Vorfeld der Hauptverhandlung zu erwägen, ob etwa ein

---

334 BGH StV 1985, 133; BGHSt 36, 259 f.
335 Vgl. BGH NStZ 2009, 49; 1995, 298 f.
336 BGH NStZ 2009, 49.
337 OLG Celle NJW 1974, 1258 f.
338 Bei Fortsetzungsverhandlungen, bei denen ja die Fristen des § 229 StPO einzuhalten sind, können insoweit Schwierigkeiten auftreten, wenn ein Zeuge erst kurzfristig benannt oder die Vernehmung eines bereits bekannten aber nicht geladenen Zeugen aufgrund veränderter Umstände für erforderlich gehalten wird.

Ausschluss der Öffentlichkeit stattfinden kann, § 48 Abs. 3 StPO. Hierdurch können dem Zeugen unbegründete Ängste genommen werden.

Im Übrigen sind folgende Besonderheiten zu beachten: **379**

Kinder sind immer zu Händen ihres gesetzlichen Vertreters – also i.d.R. der Eltern – zu laden. Diese haben auf die Erfüllung der Zeugenpflichten hinzuwirken. Demgegenüber können Jugendliche ab 14 Jahren persönlich geladen werden[339].

Seeleute werden nach „Seemannsart" geladen, d.h. die Zustellung geschieht durch Vermittlung der Wasserschutzpolizei, welche den Seemann oder Binnenschiffer auffordert, sich während der nächsten Schiffsliegezeit bei der Geschäftsstelle des örtlich zuständigen Amtsgerichts zu melden[340].

Bei im **Ausland** wohnhaften Zeugen ist zunächst die Möglichkeit des § 183 Abs. 1 **380** Nr. 1 ZPO zu beachten. Da unter Umständen bei der förmlichen Ladung ein kompliziertes und langwieriges Verfahren nach den Nrn. 115, 116 der RiVASt durchzuführen ist, empfiehlt es sich, solche Zeugen telefonisch (ggfls. unter Zuhilfenahme eines Dolmetschers) zum Erscheinen zu veranlassen oder – jedenfalls im Bereich der Partnerstaaten des SDÜ – durch Einschreiben mit Rückschein zu laden[341]. Ein Hinweis auf mögliche Zwangsmittel darf nicht erfolgen, Art. 52 Abs. 3 S. 2 SDÜ. Die Erfahrung lehrt, dass auf eine solche formlose Ladung die Zeugen meist erscheinen.

dd) Ladung und Information sonstiger Beteiligter

Sachverständige werden nach § 72 StPO wie Zeugen, d.h. durch förmliches Schreiben **381** geladen; Gleiches gilt für **Dolmetscher**.

Auch **Schöffen** haben Konsequenzen zu gewärtigen, wenn sie unentschuldigt der Hauptverhandlung fernbleiben, vgl. § 56 GVG. Sie sind rechtzeitig vom Termin in Kenntnis zu setzen, wofür eine formlose Mitteilung genügt[342].

Schließlich ist auch die **Staatsanwaltschaft** von dem Termin zu informieren. Ohne die Anwesenheit eines Sitzungsvertreters kann nicht verhandelt werden (vgl. § 226 StPO). Soweit bestimmte Gegenstände als Beweisstücke benötigt werden (sog. Asservate), sind diese zudem durch die Staatsanwaltschaft herbeizuschaffen, § 214 Abs. 4 StPO. Nach Nr. 117 Abs. 2 S. 2 RiStBV erfolgt die Terminnachricht an die Staatsanwaltschaft formlos, aber rechtzeitig, um eine ordnungsgemäße Vorbereitung zu ermöglichen. Ihr ist eine Aufstellung der geladenen Personen beizufügen, § 222 Abs. 1 StPO.

Schließlich sind auch die **Tatopfer**, die nicht zur Hauptverhandlung geladen werden, über den Termin zu informieren, wenn sie diesen Wunsch zuvor artikuliert haben, §§ 214 Abs. 1, 406d Abs. 1 Nr. 2, 406h Abs. 1 S. 2 StPO.

In unserem **Originalfall** sah die Vorbereitung (auszugsweise) folgendermaßen aus:

---

[339] Siehe OLG Frankfurt NStZ-RR 2005, 268.
[340] Vgl. OLG Bremen, Rpfleger 1965, 48; AG Bremerhaven (StK) NJW 1967, 1721 f.
[341] Siehe oben Rn. 369.
[342] KK-*Barthe*, § 56 GVG Rn. 2.

Kapitel 3 *Das gerichtliche Verfahren erster Instanz*

118 Ds 357/13

Vfg.

1. Termin zur Hauptverhandlung wird bestimmt auf:
   Dienstag, den 22.10.2013, 10:30 Uhr, Saal S 1.10

2. Zu diesem Termin **laden**:
   den Angeklagten mit Ausfertigung des Eröffnungsbeschlusses sowie mit Zeugen- und Sachverständigenliste gegen ZU

   folgende Zeugen:
   a) PK Müller, PW Innenstadt, Bornheimer Straße 19, gegen EB
   b) PK´in Rossel, PW Innenstadt, Bornheimer Straße 19, gegen EB
      beide auf 10:45 Uhr,
   c) Hans Schmitz, Bl. 23 d.A., gegen ZU
      auf 11:15 Uhr,
   d) Klaus Buchmann, Bl. 29 d.A., gegen ZU
      auf 11:30 Uhr,
   e) Alfred Peters, Bl. 25 d.A., gegen ZU
      auf 11:45 Uhr.

3. Als **Sachverständigen** laden: Prof. Dr. Madea oder Vertreter im Amt, Institut für Rechtsmedizin Bonn, auf 9:00 Uhr mit Zusatz: Es handelt sich um Ihre Tagebuch-Nr.: 623/13.

4. Terminsnachricht mit Eröffnungsbeschluss sowie mit Zeugen- und Sachverständigenliste an StA Bonn.

5. Vorstrafenakten (Ziffer 1 und 2 BZR-Auszug) anfordern.

6. Zum Termin

Bonn, den 01.10.2013

(Schneider)
Richterin am Amtsgericht

III. Gang der Hauptverhandlung

Die Hauptverhandlung bildet den zentralen Abschnitt des gerichtlichen Strafverfahrens. Eine nähere Betrachtung soll mit ihrem klar gegliederten äußeren Ablauf beginnen, der in § 243 StPO (lesen!) geregelt ist.

383

1. Aufruf der Sache

Mit dem förmlichen Aufruf **beginnt die Hauptverhandlung**. Unterbleibt er aus Versehen, so gilt die erste sachbezogene Handlung des Gerichts oder des Vorsitzenden als Beginn der Verhandlung.

Ob die Hauptverhandlung bereits begonnen hat, ist insbesondere bedeutsam, wenn der Angeklagte nicht erscheint oder sonstige Hindernisse eintreten. Dann ist nämlich zu entscheiden, ob eine Unterbrechung nach § 229 StPO bzw. eine Aussetzung der Verhandlung in Betracht kommt oder neuer Termin bestimmt werden kann. Dies hat ggfls. Auswirkungen auf die Besetzung des Spruchkörpers in dem neuen Verhandlungstermin[343].

2. Feststellung der Präsenz

Die Feststellung der Anwesenheit der Verfahrensbeteiligten stellt – wie der Aufruf – keine wesentliche Förmlichkeit der Hauptverhandlung dar[344], sie ist nur Voraussetzung für die Entscheidung, ob mit der Verhandlung begonnen werden kann. Folglich ist auch nur zu prüfen, ob der Angeklagte, der Verteidiger und die geladenen Beweismittel präsent sind. Selbstverständlich wird das Gericht nicht ohne den Sitzungsvertreter der Staatsanwaltschaft beginnen.

384

An die Präsenzfeststellung schließen sich – bei einem Verfahren vor dem LG oder OLG – die Mitteilung der Gerichtsbesetzung (§ 222a StPO)[345] und eventuell die Vereidigung eines Dolmetschers an (§ 189 GVG).

In der Regel werden auch die bereits erschienenen Zeugen über ihre Rechte belehrt (§§ 57, 55 Abs. 2, 52 Abs. 3 StPO), aber auch auf ihre Wahrheitspflicht und die möglichen Folgen einer falschen eidlichen oder uneidlichen Aussage hingewiesen. Sie verlassen anschließend den Sitzungssaal, § 243 Abs. 2 S. 1 StPO, damit sie ihre spätere Aussage unvoreingenommen und ohne Einfluss durch die Erörterungen in der Verhandlung machen können (vgl. auch § 58 Abs. 1 StPO). Nach § 406h Abs. 1 und Abs. 2 StPO dürfen allerdings der zur Nebenklage befugte Opferzeuge und dessen anwaltlicher Beistand der Hauptverhandlung durchgehend beiwohnen.

---

343 Näheres hierzu siehe unten Rn. 405 f.
344 Vgl. KK-*Schneider*, § 243 Rn. 10.
345 Soweit dies nicht vorab mit der Terminladung schriftlich geschehen ist.

Kapitel 3 *Das gerichtliche Verfahren erster Instanz*

3. Vernehmung des Angeklagten zur Person

385 Zweck dieser – ersten – Vernehmung des Angeklagten nach § 243 Abs. 2 S. 2 StPO ist allein die Feststellung der **Identität** und soweit möglich auch der Verhandlungsfähigkeit. Aufgrund des ersten Eindrucks kann auch grob beurteilt werden, ob der Angeklagte in der Lage ist, sich selbst zu verteidigen, d.h. Prozesserklärungen abzugeben und entgegenzunehmen.

Obwohl dem Gesetz so nicht zu entnehmen, wird die eigentliche Vernehmung des Angeklagten zu seiner Person (nämlich zu seinem persönlichen Werdegang, Vorstrafen etc.) der Vernehmung zur Sache i.S.d. § 243 Abs. 5 S. 2 StPO zugeordnet und erfolgt daher an späterer Stelle.

4. Verlesung des Anklagesatzes

386 Der Staatsanwalt muss den „Anklagesatz" verlesen, was gemäß der Legaldefinition des § 200 Abs. 1 S. 1 StPO folgende Teile der Anklage umfasst:
– Person des Angeklagten;
– Ort, Zeit und Datum der angeblichen Tatbegehung;
– welche „Tat" im strafprozessualen Sinn ihm vorgeworfen wird;
– welche gesetzlichen Merkmale verwirklicht wurden;
– welche Strafvorschriften nach Ansicht der Staatsanwaltschaft Anwendung finden, wobei eine abweichende rechtliche Bewertung im Eröffnungsbeschluss und sonstige Modifikationen zu beachten sind, § 243 Abs. 3 S. 2 und 4 StPO.

Zweck dieser Verlesung ist vornehmlich die Gewährung rechtlichen Gehörs (Art. 103 Abs. 1 GG). Dem Angeklagten soll – bevor er ggfls. Erklärungen abgibt – nochmals vor Augen geführt werden, was Gegenstand der nun beginnenden eigentlichen Verhandlung sein wird. Daneben dient die Verlesung der Information der sonstigen Beteiligten und der Öffentlichkeit. Letztere kann allerdings zum Schutz insbesondere des Tatopfers nach § 171b GVG auch schon für die Zeitspanne der Anklageverlesung ausgeschlossen werden[346].

387 Die Verlesung des Anklagesatzes muss im Ganzen geschehen. Sollten sich hierbei Unklarheiten herausstellen, so müssen diese durch zusätzliche Erklärungen des Staatsanwaltes – die protokolliert werden sollten – ausgeräumt werden. Da die Verlesung kein Teil der Beweisaufnahme ist, darf sein Inhalt nicht im Wege des Urkundsbeweises – etwa im Selbstleseverfahren – in die Hauptverhandlung eingeführt werden. Ist der Anklagesatz – wie z.B. bei **serienartigen Vermögensdelikten** – besonders umfang- und detailreich, so wäre eine vollständige Verlesung allerdings eher verwirrend als informativ. In diesen Fällen genügt es daher, wenn der Anklagesatz nur insoweit wörtlich wiedergegeben wird, als er Ausführungen zur gleichartigen Tatbegehung, zu den Merkmalen des jeweiligen Straftatbestandes, der Gesamtzahl der Taten, dem Tatzeitraum sowie ggfls. zum Gesamtschaden enthält (sog. „modus operandi"). Den weiteren Inhalt kann der Staatsanwalt mit eigenen Worten zusammenfassen. Den

---

346 BGH 4 StR 623/11 Tz. 9.

Ablauf des gerichtlichen Verfahrens **B**

Schöffen kann zudem ergänzend eine Kopie des Anklagesatzes zwecks Lektüre überlassen werden[347].

Da die Verlesung des Anklagesatzes zu den wesentlichen Förmlichkeiten der Hauptverhandlung gehört, muss sie gem. § 273 Abs. 1 StPO im Sitzungsprotokoll vermerkt werden. Obwohl dies im Gesetz nicht ausdrücklich genannt ist, können neben dem Anklagesatz auch der Eröffnungsbeschluss, ein Verweisungsbeschluss nach § 270 Abs. 1 StPO, ein Übernahmebeschluss nach § 225a StPO oder ein Vorlagebeschluss i.S.d. § 209 Abs. 2 StPO verlesen werden, da diese der Bestimmtheit und Knappheit des Anklagesatzes entsprechen und damit eine unzulässige Beeinflussung des Gerichts (insbesondere der Schöffen) im Regelfall auszuschließen ist[348].

388

5. Information über Absprachen

Nachdem der Gesetzgeber sich zwecks Ökonomisierung des Strafverfahrens mit Gesetz vom 29.07.2009 zur Förderung verfahrensbeendender Absprachen (sog. „Deals") entschlossen hat, muss der Vorsitzende nach Verlesung der Anklage bekannt geben, ob entsprechende Vorgespräche stattgefunden haben, § 243 Abs. 4 StPO. Die Verpflichtung erfasst alle Gespräche, bei denen eine Verständigung auch nur im Raume stand[349]. Ggfls. ist auch eine sog. Negativmitteilung erforderlich, dass es keine derartigen Gespräche gegeben hat[350].

389

6. Belehrung des Angeklagten

In jeder Lage des Verfahrens, natürlich insbesondere in der Hauptverhandlung, hat der Beschuldigte ein umfassendes Schweigerecht. Dies unterscheidet ihn von Zeugen oder Sachverständigen. Der entsprechende Hinweis an den Angeklagten stellt eine wesentliche Förmlichkeit i.S.d. § 273 Abs. 1 StPO dar, weshalb er in dem Sitzungsprotokoll zu vermerken ist.

390

7. „Opening Statement"

Mit der Neuregelung des § 243 Abs. 5 S. 3 f. StPO im Jahre 2017 hat der Gesetzgeber für umfangreiche Verfahren mit einer voraussichtlichen Verhandlungsdauer von mehr als 10 Tagen die zuvor schon nach § 238 Abs. 1 StPO bestehende Möglichkeit zum Anspruch des Angeklagten erhoben, dass der Verteidiger vor seiner Vernehmung „eine Erklärung zur Anklage" abgibt. Hierdurch soll einem „Bedürfnis nach einer kommunikativen Verhandlungsführung" entsprochen und die Möglichkeit geschaffen werden, die anschließende Vernehmung auf solche Fragen zu beschränken, die der Verteidiger nicht bereits angesprochen hat[351]. Dabei verkennt der Gesetzgeber, dass die Verteidigererklärung der Einlassung des Angeklagten nicht ohne weiteres gleichgestellt werden kann und auch die Aufklärungspflicht nicht schmälert. Selbstverständlich darf die Staatsanwaltschaft auf das „Opening statement" erwidern.

---

347 Vgl. hierzu BGH 1 StR 45/11 Tz. 24; GSSt 1/10.
348 BGH NStZ 1998, 264.
349 BVerfG NJW 2013, 1065; siehe hierzu auch unten Rn. 653.
350 BVerfG NStZ 2014, 592 ff.; BGH 3 StR 310/15 Tz. 13; 5 StR 9/15 Tz. 4.
351 So die Gesetzesbegründung, BT-Drucksache 18/11277, S. 33 f.

Kapitel 3 *Das gerichtliche Verfahren erster Instanz*

Da der Schlussvortrag nicht vorweggenommen werden darf, ist dem Verteidiger bei ausufernden Erklärungen das Wort zu entziehen. Er darf dann auch auf die Einreichung schriftlicher Erklärungen verwiesen werden, die – obgleich keine Beweismittel im eigentlichen Sinn – im Selbstleseverfahren in die Verhandlung eingeführt werden können.

8. Vernehmung des Angeklagten zur Sache

391 Diese Vernehmung nach § 243 Abs. 5 S. 2 StPO gliedert sich in **zwei Teile**, nämlich:
– Erörterung des persönlichen Werdegangs (sozusagen als erweiterte Vorgeschichte der Tat);
– Angaben zum eigentlichen Tatgeschehen.

Dabei hat der Angeklagte sich – sofern er zu Angaben bereit ist – **mündlich** zu äußern und kann sich insoweit auch nicht von seinem Verteidiger vertreten lassen. Die mündlichen Erklärungen dürfen zwar – insbesondere bei komplexen Sachverhalten – unter Verwendung von Notizen oder eines Manuskripts erfolgen[352]. Die bloße Verlesung einer von ihm selbst oder vom Verteidiger abgefassten Schrift (sog. **Verteidigererklärung**) ist in dieser Phase der Hauptverhandlung **nicht zulässig**[353]. Dies ergibt sich bereits aus dem Begriff „Vernehmung", der eine mündliche Erörterung voraussetzt[354]. Die bloße Verlesung einer Urkunde kann keine authentische Tatschilderung des Angeklagten sein. Das gilt ebenso für Erklärungen des Verteidigers, die ohnehin nicht mit der Einlassung des Angeklagten gleichzusetzen sind. Etwas anders gilt nur dann, wenn er insoweit ausdrücklich bevollmächtigt ist und der Angeklagte dessen Schilderungen anschließend ausdrücklich genehmigt[355]. In diesem Fall liegt eine – wenngleich wenig aussagekräftige – mündliche Erklärung des Angeklagten vor. Begnügt sich das Gericht dagegen mit einer Verteidigererklärung und legt es diese seiner Entscheidung zu Grunde, so kann dies in der Revision über § 261 StPO gerügt werden[356].

392 Es entspricht der gerichtlichen Fürsorgepflicht und dem Grundsatz des fairen Verfahrens, den Angeklagten in seinen Schilderungen möglichst wenig zu unterbrechen oder sonst wie aus dem Konzept zu bringen[357], was bei umfangreichen Tatvorwürfen zu praktischen Schwierigkeiten führen kann. In einem solchen Fall empfiehlt sich eine Vernehmung nach Tatkomplexen.

Der Umfang der Vernehmung zur Person, also zum Lebensweg, richtet sich nach Umfang und Bedeutung des Anklagevorwurfs. Weist der Werdegang Auffälligkeiten

---
352 BGH 2 StR 29/14 Tz. 12.
353 BGH NStZ 2000, 439; BGHSt 3, 368; vgl. auch die Nachweise bei BGH 2 StR 84/07. Zulässig ist eine derartige Verlesung durch den Angeklagten allerdings im weiteren Verlauf der Beweisaufnahme und beim letzten Wort, § 258 Abs. 2 Hs. 2 StPO. Ein Antrag an das Gericht, die schriftliche Einlassungserklärung des Angeklagten als Urkunde zu verlesen, ist i.d.R. auch nicht als Beweisantrag zu qualifizieren; vgl. hierzu BGH NJW 2008, 2356 ff. Hierauf besteht kein Anspruch, BGH 3 StR 9/11.
354 BGH NJW 2008, 2356 ff.; 3 StR 481/03.
355 BGH NStZ 2005, 703 f.; OLG Saarbrücken, NStZ 2006, 182 f.
356 BGH 3 StR 241/12.
357 BGH NStZ 2000, 549; BGHSt 13, 358 (360).

auf – etwa pädophile Neigungen, psychiatrische oder psychotherapeutische Behandlungen –, so gebietet es die Aufklärungspflicht, diesen Umständen nachzugehen.

9. Beweisaufnahme

Die Beweisaufnahme ist das Kernstück der Hauptverhandlung. Maßgebliche Person ist auch hier der Vorsitzende, welchem gem. **§ 238 Abs. 1 StPO** die Leitung der Verhandlung obliegt. Daneben haben aber auch die anderen Verfahrensbeteiligten die Möglichkeit, in die Verhandlung einzugreifen (vgl. § 240 StPO), wobei die Schranken – für andere Beteiligte als die beisitzenden Richter – wieder vom Vorsitzenden gezogen werden, § 241 StPO. 393

Nach **§ 238 Abs. 2 StPO** kann allerdings zu einer Anordnung des Vorsitzenden die Entscheidung des gesamten Spruchkörpers – d.h. bei Kollegialgerichten unter Mitwirkung der Beisitzer und Schöffen – herbeigeführt werden. Das Gericht trägt dann die Gesamtverantwortung für die Rechtsförmigkeit der Verhandlung. So sollen mögliche Fehler des Vorsitzenden noch im Rahmen der Instanz korrigiert und damit Revisionen vermieden werden. In vielen Fällen ist die Beanstandung nach § 238 Abs. 2 StPO folglich Voraussetzung für eine spätere Rüge im Revisionsverfahren. Das gilt jedenfalls für solche Entscheidungen des Vorsitzenden, bei denen ihm das Gesetz einen Beurteilungsspielraum eröffnet oder ein Ermessen einräumt[358]. 394

Der entsprechende Beschluss ist nach § 273 Abs. 1 StPO zu protokollieren und in der Hauptverhandlung unverzüglich bekannt zu machen.

Nach jedem Schritt im Rahmen der Beweisaufnahme ist den Verfahrensbeteiligten Gelegenheit zur Stellungnahme zu geben, § 257 Abs. 1 und 2 StPO. Hierdurch wird ihnen ermöglicht, schon während der Beweisaufnahme Einfluss darauf zu nehmen, wie das Gericht einzelne erhobene Beweise würdigt. Da die gerichtliche Bewertung der Schlussberatung vorbehalten ist, haben die Beteiligten jedoch keinen Anspruch auf einen Hinweis, wie das Gericht die Beweiserhebung – z.B. eine Zeugenaussage – verstanden hat und welche Schlüsse es daraus möglicherweise ziehen wird[359]. 395

Stellt der Angeklagte die **Verwertbarkeit** eines Beweismittels in Abrede, so sollte er diesen Einwand aus Gründen der Rechtsklarheit spätestens im Zeitpunkt des § 257 StPO vorbringen, um damit weder in der Revision, noch in einer nach Zurückverweisung der Sache stattfindenden neuen Hauptverhandlung ausgeschlossen zu sein[360]. 396

> **Beispiel:** Das Gericht hört einen Polizeibeamten als Zeugen über die Angaben, die der Angeklagte im Rahmen einer Beschuldigtenvernehmung im Ermittlungsverfahren gemacht hat. Will der Angeklagte geltend machen, er sei entgegen § 136 Abs. 1 S. 2 StPO vor dieser Vernehmung nicht ordnungsgemäß belehrt oder es sei gegen sein Recht auf

---

358 Siehe BGH 4 StR 606/09 zur Entscheidung über die Frage eines Verlöbnisses und damit eines Zeugnisverweigerungsrechts. Vgl. zum Hintergrund dieser Regelung *Mosbacher* NStZ 2011, 606 ff. sowie *Widmaier* NStZ 2011, 305 ff.
359 Vgl. BGH NJW 1997, 3182.
360 Siehe zu den Einzelheiten unten Rn. 592.

Kapitel 3 *Das gerichtliche Verfahren erster Instanz*

> Konsultation eines Verteidigers verstoßen worden, so hat er diesen Einwand spätestens im Anschluss an die Zeugenvernehmung vorzubringen.

Die **Reihenfolge** der Beweismittel wird allein nach Zweckmäßigkeitserwägungen durch das Gericht bestimmt. Wenn alle in Betracht kommenden Beweismittel ausgeschöpft sind und die Verfahrensbeteiligten keine weiteren Beweisanträge gestellt haben, wird die Beweisaufnahme geschlossen und es kommt zu den Schlussvorträgen.

10. Schlussvorträge

397 Die in § 258 StPO geregelten Schlussvorträge sollen Gelegenheit geben, zum gesamten Prozessstoff abschließend Stellung zu nehmen, dienen also wiederum der Gewährung rechtlichen Gehörs und der Erforschung der Wahrheit.

Bei erstinstanzlichen Verhandlungen gilt folgende **Reihenfolge**:
– Plädoyer der Staatsanwaltschaft, welches einen konkreten Strafantrag enthalten muss[361]. Angebracht ist auch eine angemessene Darstellung des Beweisergebnisses und Würdigung der Beweismittel (vgl. auch Nr. 138 RiStBV).
– Ggfls. Plädoyer des Nebenklägers bzw. seines Vertreters (vgl. § 397 Abs. 1 StPO).
– Ausführungen und Anträge des Angeklagten bzw. des Verteidigers mit anschließender Möglichkeit der Erwiderung durch die Staatsanwaltschaft und den Nebenkläger, § 258 Abs. 2 Hs. 1 StPO[362]. In Verfahren gegen Jugendliche steht das letzte Wort auch den gesetzlichen Vertretern und den (in der Regel personenidentischen) Erziehungsberechtigten zu, § 67 Abs. 1 JGG[363]. Deren Abfolge liegt im pflichtgemäßen Ermessen des Vorsitzenden[364].

In der Rechtsmittelinstanz beginnt der jeweilige Rechtsmittelführer mit dem Schlussvortrag.

Unter den Voraussetzungen des § 171b Abs. 3 S. 2 GVG ist für die Dauer der Schlussvorträge die Öffentlichkeit von Amts wegen auszuschließen. Hierzu gehört auch das letzte Wort des Angeklagten[365].

11. Letztes Wort des Angeklagten

398 Dem Angeklagten gebührt das letzte Wort, **§ 258 Abs. 2 StPO**. Er soll sich nochmals äußern können, bevor das Gericht sich zur Beratung über das Urteil zurückzieht und kann damit noch einmal „Eindruck machen" oder auf bestimmte Dinge hinweisen, die ihm bedeutsam erscheinen. Gleichwohl wird dieses wichtige Recht, teils aufgrund des Eindrucks der Hauptverhandlung, zuweilen aber auch auf Anraten der Verteidiger, oftmals nicht genutzt. So hört man zuweilen nur den Satz „Ich schließe mich den Ausführungen meines Verteidigers an".

---
361 BGH NStZ 1984, 468.
362 Bezüglich des Nebenklägers siehe BGH NJW 2001, 3137.
363 Dazu zählt auch der bestellte Vormund i.S.d. § 1793 Abs. 1 S. 1 BGB, vgl. BGH 4 StR 645/16.
364 BGH 3 StR 510/16.
365 BGH 1 StR 487/16 Tz. 12.

12. Beratung des Gerichts und Abstimmung

Die Urteilsberatung gehört streng genommen nicht zur Hauptverhandlung, da sie sich nicht in der Öffentlichkeit abspielt. Sie gehört daher auch nicht zu den protokollpflichtigen Förmlichkeiten[366].

399

An der Urteilsfindung dürfen gem. § 192 Abs. 1 GVG nur die entscheidenden Richter und Schöffen mitwirken. Zur Beratung zieht sich das Gericht in einen separaten Raum zurück. Das dient der Sicherung einer offenen und unbeeinflussten Diskussion, deren Inhalt dem **Beratungsgeheimnis** unterliegt, § 43 DRiG. Mit Gestattung des Vorsitzenden dürfen nach der restriktiv auszulegenden Vorschrift des § 193 GVG nur solche Personen der Beratung (passiv) beiwohnen, für deren Ausbildung die Teilnahme unerlässlich ist. Dies kann für dem Spruchkörper zugeteilte Rechtsreferendare gelten, wenn sie nicht anderweitig mit der Sache befasst waren, nicht jedoch für im Praktikum befindliche Studenten[367].

Lesen Sie zu den weiteren Einzelheiten die §§ 192 bis 197 GVG.

Für das weitere Schicksal des Angeklagten ist von besonderer Bedeutung, mit welchen Mehrheitsverhältnissen die Abstimmung im Falle von Meinungsverschiedenheiten unter den Richtern zu erfolgen hat. Nach § 196 Abs. 1 GVG ist mit absoluter Mehrheit zu entscheiden. **§ 263 Abs. 1 StPO** präzisiert dies für die Strafgerichtsbarkeit dahingehend, dass für jede dem Angeklagten nachteilige Entscheidung über die Schuldfrage und die Rechtsfolgen eine Mehrheit von **zwei Dritteln** erforderlich ist. Beim Schöffengericht kann der Berufsrichter folglich von den beiden Schöffen überstimmt werden; bei einer Strafkammer können die Schöffen eine von den Berufsrichtern vorgesehene (härtere) Sanktion „sperren".

400

Schließlich muss die Urteilsformel, also der Tenor der Entscheidung, schriftlich fixiert werden, da diese nach Abschluss der Beratung und Wiedereintritt in die öffentliche Verhandlung zu verlesen ist.

Sollte sich im Rahmen der Beratung die Notwendigkeit erweisen, erneut in die Beweisaufnahme einzutreten – etwa um Hinweise zu erteilen, einen „vergessenen" Antrag zu bescheiden oder weiteren Beweis zu erheben –, so ist dies ohne weiteres möglich. Im Anschluss an eine solche neuerliche Verhandlung sind jedoch stets nochmals die Schlussanträge – ggfls. durch Bezugnahme auf die vorangegangenen Ausführungen – zu stellen und das letzte Wort zu erteilen. Auch muss das Gericht erneut in die Beratung eintreten, selbst wenn sich kein neuer Prozessstoff ergeben hat[368]. In einem solchen Fall kann die Beratung allerdings auch durch kurze Verständigung im Sitzungssaal erfolgen[369].

401

---

366 BGH 4 StR 111/11.
367 Vgl. BGH NJW 1995, 2645 f.
368 BGH 1 StR 187/10; NStZ 2001, 106.
369 BGH 4 StR 111/11.

Kapitel 3 *Das gerichtliche Verfahren erster Instanz*

13. Urteilsverkündung

402 Das Urteil wird üblicherweise entsprechend § 268 Abs. 3 S. 1 StPO im unmittelbaren Anschluss an die Beratung verkündet. Allerdings kann auch ein gesonderter – aber immer noch zur Hauptverhandlung gehörender – Verkündungstermin bestimmt werden. In diesem Fall darf die Verkündung aber nicht später als am elften Tage nach dem Schluss der Verhandlung stattfinden, ansonsten muss – sofern nicht die Besonderheiten des § 229 Abs. 3 StPO greifen – die Hauptverhandlung wiederholt werden, vgl. § 268 Abs. 3 StPO[370].

Die Urteilsverkündung ist gem. § 268 Abs. 2 StPO untergliedert in die:
- Verlesung der Urteilsformel, also des Entscheidungstenors inkl. des Ausspruchs über die Verfahrenskosten und die notwendigen Auslagen des Angeklagten sowie ggfls. diejenigen des Nebenklägers;
- mündliche Begründung des Urteils.

Letztere erfolgt in der Regel in freier Rede, ist jedoch kein wesentlicher Teil der Hauptverhandlung[371]. Stirbt also der Vorsitzende bei der Urteilsbegründung, verlässt der Verteidiger den Saal oder macht sich der Angeklagte nach Verlesung der Urteilsformel aus dem Staub, so liegt gleichwohl eine wirksame Entscheidung vor.

14. Rechtsmittelbelehrung

403 Dem Fairnessgebot entspricht es, den Angeklagten mit hinreichender Klarheit, vollständig und richtig über die Anfechtungsmöglichkeiten zu unterrichten. Insbesondere der anwaltlich nicht vertretene Angeklagte weiß in aller Regel nicht, welche Formen und Fristen ggfls. einzuhalten sind. Endet das Verfahren mit einer Verurteilung, so bezieht sich die Belehrung stets auf
- die Rechtsmittel gegen die Sachentscheidung, also auf die Art und Weise der Einlegung von Berufung oder Revision;
- die uneingeschränkte Entschließungsfreiheit, soweit das Verfahren durch eine Urteilsabsprache beendet worden ist;
- die isolierte Anfechtung der Kostenentscheidung nach § 464 Abs. 3 StPO (sofortige Beschwerde);

sowie im Einzelfall auf
- die Bedeutung einer Strafaussetzung zur Bewährung und die Möglichkeiten des Widerrufs der Strafaussetzung, sofern der Angeklagte zu einer Bewährungsstrafe verurteilt wurde (§ 268a Abs. 3 StPO);
- den Beginn eines Fahrverbots nach § 44 Abs. 2 StGB, vgl. § 268c StPO.

Fehler bei der dem Gericht obliegenden Belehrung geben dem Angeklagten einen Anspruch auf Wiedereinsetzung in den vorigen Stand (§§ 44 ff. StPO) hinsichtlich der versäumten Rechtsmittelfrist[372].

---

370 BGH 3 StR 130/14, NJW 2007, 448 f. Im Einzelfall kann allerdings auszuschließen sein, dass ein Urteil auf der Fristüberschreitung beruht, BGH 1 StR 605/13.
371 BGHSt 8, 41 f.
372 BVerfG NJW 1996, 1811 f.

Ablauf des gerichtlichen Verfahrens **B**

Allerdings kann der Angeklagte auf die Belehrung auch verzichten[373]. Das wird insbesondere dann in Betracht kommen, wenn er die Entscheidung akzeptieren will. In diesem Fall kann er zudem – abgesehen von den Fällen einer Urteilsabsprache i.S.d. § 257c StPO – auf die Einlegung von Rechtsmitteln verzichten, vgl. § 302 Abs. 1 StPO[374]. Dies trägt im Falle des Verzichts auch durch die übrigen Anfechtungsberechtigten (Staatsanwaltschaft/Nebenkläger) zu einer wesentlichen Entlastung der Justiz bei, da nur ein abgekürztes Urteil zu verfassen ist, § 267 Abs. 4 und Abs. 5 S. 2 StPO.

404

Ist das Urteil nach Ablauf einer Woche von keinem der Verfahrensbeteiligten angefochten worden, so tritt die gleiche Wirkung ein, nämlich die sog. formelle Rechtskraft. Die gerichtliche Entscheidung kann von keinem Beteiligten mehr mit Rechtsmitteln angegriffen werden.

15. Unterbrechung und Aussetzung der Hauptverhandlung

Bestimmte Verfahrenssituation zwingen dazu, die mit dem Aufruf der Sache begonnene Hauptverhandlung über einen längeren Zeitraum zu unterbrechen. Dies wird etwa erforderlich, wenn der Angeklagte oder (in Fällen des § 145 StPO) sein Verteidiger[375] am Terminstag nicht erscheint, eine zwangsweise Vorführung des Angeklagten nach § 230 Abs. 2 StPO scheitert oder wenn unvorhergesehenen Beweisanträgen nachzugehen ist, das Beweismittel aber nicht sogleich zur Verfügung steht. Umfangreiche Verfahren werden ohnehin von vornherein auf mehrere Tage terminiert. Die – rechtlich relevante – Unterscheidung zwischen „Unterbrechung" und „Aussetzung" richtet sich zunächst nach der tatsächlichen Dauer. „Unterbrechungen" sind solche i.S.d. § 229 StPO, bei denen also **derselbe Spruchkörper** in einem weiteren Termin innerhalb der gesetzlichen Fristen die Verhandlung fortsetzt. In diesem Zusammenhang bedeutet „verhandeln" die sachliche Förderung des Verfahrens, also den Fortgang der zur Urteilsfindung führenden Sachverhaltsaufklärung. Hierfür genügen jedenfalls eine auch nur geringfügige Beweisaufnahme (z.B. Verlesung des BZR-Auszuges) oder die Erörterung von Verfahrensfragen betreffend die Aufklärung des Sachverhalts. Das gilt zumindest dann, wenn der Sitzungstag nicht von vornherein als sog. „**Schiebetermin**" konzipiert war[376].

405

Bei der – ebenfalls vom Gericht zu beschließenden – „Aussetzung" handelt es sich hingegen um einen Abbruch der Verhandlung. Sie ist dann zu einem späteren Zeitpunkt **vollständig neu** durchzuführen[377]. Die bereits erfolgte Erhebung von Beweisen muss ggfls. wiederholt werden. Die erneute Hauptverhandlung ist in bestimmten Fällen (etwa §§ 265 Abs. 3, 266 Abs. 3 StPO) gesetzlich vorgesehen und kommt ansonsten dann in Betracht, wenn einer Fortsetzung der Verhandlung Hindernisse entgegenstehen, welche innerhalb der Fristen des § 229 StPO nicht zu beseitigen sind. Auch die zu

406

---

373 BGH 5 StR 129/10; NStZ 1997, 611.
374 Näheres zu den Wirksamkeitsvoraussetzungen eines solchen Rechtsmittelverzichts erfahren Sie unter Rn. 850 ff.
375 Siehe hierzu BGH 2 StR 113/13 Tz. 11 ff.
376 Vgl. hierzu BGH 3 StR 202/15; 4 StR 370/13 Tz. 15; 5 StR 412/12 Tz. 8 ff.; 3 StR 401/11 Tz. 18; 5 StR 190/11; 3 StR 61/11; 3 StR 98/10; NStZ 2009, 225 f.
377 BGH 1 StR 201/13 Tz. 9.

Kapitel 3 *Das gerichtliche Verfahren erster Instanz*

erwartende (unter Aufklärungsaspekten günstige) Veränderung der Prozesslage kann eine Aussetzung rechtfertigen[378].

407 Im Rahmen des § 229 Abs. 1 StPO entscheidet allein der Vorsitzende aufgrund seiner Verhandlungsleitung, bei längeren Unterbrechungen das Gericht, vgl. § 228 Abs. 1 StPO. Bezüglich der Entscheidung, ob die Hauptverhandlung unterbrochen oder ausgesetzt wird, besteht jenseits zwingender Vorschriften ein **Beurteilungsspielraum**. Dabei ist neben Aspekten des Opferschutzes sowie der Konzentrations- und der Beschleunigungsmaxime auch der Anspruch des Angeklagten aus Art. 101 GG auf den gesetzlichen Richter zu berücksichtigen. Denn bei einer neuerlichen Hauptverhandlung tritt die Richterbank im Zweifel – zumindest was die Schöffen anbelangt – in anderer Besetzung zusammen, als bei der abgebrochenen Verhandlung. Die Entscheidung muss also (nur) frei von Willkür sein[379].

IV. Protokoll über die Hauptverhandlung

1. Funktion

408 Über die Hauptverhandlung ist ein in den **§§ 271 bis 274 StPO** näher geregeltes Protokoll aufzunehmen, welches den Gang und die Ergebnisse der Verhandlung im Wesentlichen wiedergibt. Es bildet im Rahmen der Revision die wesentliche Grundlage, um Verfahrensverstöße zu belegen.

Angesichts dieser Funktion kann – und muss[380] – es auch nach Fertigstellung von den Urkundspersonen (Vorsitzender und Protokollführer) gemeinsam berichtigt werden, soweit es den Verlauf der Hauptverhandlung unzutreffend wiedergibt. Derartige Korrekturen sind selbst dann möglich, wenn sie einer mit der Revision bereits erhobenen Verfahrensrüge den Boden entziehen, also zur sog. „**Rügeverkümmerung**" führen. Voraussetzungen einer Berichtigung sind:

– sichere Erinnerung der Urkundspersonen, ggfls. unter Rückgriff auf interne Aufzeichnungen[381];
– Gewährung rechtlichen Gehörs vor einer Abänderung.

Die Entscheidung über eine Protokollberichtigung ergeht durch **Beschluss**, der von beiden Urkundspersonen zu unterzeichnen und mit Gründen zu versehen ist[382].

Wird das Protokoll berichtigt, so bedarf es keiner neuerlichen Zustellung des Urteils[383]. Ob die Berichtigung zu Recht erfolgt ist, kann das Revisionsgericht im Freibe-

---

378 BGH 2 StR 539/15 Tz. 11 ff.
379 Vgl. BGH 2 StR 539/15 Tz. 15; 1 StR 544/09; NJW 2007, 3364 f.
380 Siehe BGH 5 StR 173/14 Tz. 9.
381 Vgl. BGH 1 StR 75/14 Tz. 102.
382 BGH 4 StR 595/14 Tz. 8.
383 Das Protokoll war ja bereits i.S.d. § 273 Abs. 4 StPO „fertiggestellt".

weisverfahren³⁸⁴ überprüfen; § 274 StPO gilt für den berichtigten Teil des Protokolls nicht³⁸⁵.

2. Umfang und Wirkungen der Beweiskraft

Nach **§ 274 StPO** kann die Beachtung der für die Hauptverhandlung vorgeschriebenen Förmlichkeiten nur durch das Protokoll bewiesen werden. Diese Vorschrift dient der **Vereinfachung des Revisionsverfahrens**, da dem Rechtsmittelgericht die Prüfung von Verfahrensrügen durch einen Blick in das Verhandlungsprotokoll erleichtert werden soll. § 274 StPO normiert insoweit die **ausschließliche Beweiskraft des Sitzungsprotokolls**, die nur durch den Nachweis der Fälschung erschüttert werden kann. Dabei ist von einer „Fälschung" auszugehen, wenn eine unechte oder verfälschte Urkunde vorliegt bzw. das Sitzungsprotokoll **bewusst** mit falschem Inhalt versehen wurde³⁸⁶. Ein solcher Nachweis muss von dem Prozessbeteiligten geführt werden, der sich auf die Fälschung beruft. Allerdings stellt das Rechtsmittelgericht ggfls. auch hier Ermittlungen im Freibeweisverfahren an, indem es etwa dienstliche Erklärungen des Richters und des Protokollführers einholt.

409

Die absolute Beweiskraft gilt allerdings nur in dem anhängigen Verfahren für das Revisionsgericht, nicht also etwa in einem sich an ein Strafverfahren anschließenden Zivilprozess, in welchem das Opfer vom Angeklagten Schadensersatz begehrt. Sie gilt zudem nur hinsichtlich der für das Hauptverfahren vorgeschriebenen Förmlichkeiten; für andere Verfahrensvorgänge gilt der Freibeweis.

410

Hinsichtlich der **Wirkungen der Beweiskraft** sind zwei Folgen zu unterscheiden, nämlich:

411

positive Wirkung:	**negative** Wirkung:
Sie bedeutet, dass beurkundete wesentliche Förmlichkeiten als geschehen gelten, und zwar selbst dann, wenn sie tatsächlich nicht stattgefunden haben (Beispiel: Es ist ein Rechtsmittelverzicht im Protokoll enthalten, der nicht erklärt worden ist).	Dies besagt, dass dasjenige, was nicht beurkundet wurde, auch als nicht geschehen gilt, soweit eine entsprechende Protokollierung vorzunehmen gewesen wäre (Beispiel: Der Angeklagte hat einen Beweisantrag gestellt, der nicht in das Protokoll aufgenommen wurde)³⁸⁸.

---

384 Das Freibeweisverfahren wird unten näher erläutert, vgl. Rn. 429 ff. Kurz gesagt ist das Gericht bei dieser Verfahrensart in der Auswahl der Beweismittel frei, kann sich also auch schriftlicher oder telefonischer Erklärungen bedienen.
385 Vgl. zu alledem die lesenswerte Entscheidung des Großen Senats für Strafsachen BGH NJW 2007, 2419 ff. sowie BGH 3 StR 485/10 Tz. 19 ff.; 2 StR 386/10; 2 StR 158/10. Verfassungsrechtlich ist die „Rügeverkümmerung" unbedenklich, BVerfG NJW 2009, 1469 ff.; kritische Anmerkungen hierzu aus anwaltlicher Sicht: *Bertheau* NJW 2010, 973 ff. Zu den Besonderheiten einer Protokollberichtigung betreffend den Urkundsbeweis im sog. „Selbstleseverfahren" siehe BGH 2 StR 386/10; 2 StR 54/09.
386 OLG Düsseldorf NJW 1997, 1718.
387 Siehe BGH 3 StR 149/16.

Kapitel 3 *Das gerichtliche Verfahren erster Instanz*

3. Voraussetzungen der Beweiskraft

412 Die genannten Wirkungen des Protokolls über die Hauptverhandlung sind jedoch an **Voraussetzungen** geknüpft, sodass bei Vorliegen bestimmter Mängel die Beweiskraft entfallen kann. Insoweit ist zu beachten:

Das Protokoll muss **ordnungsgemäß errichtet** und von beiden Urkundspersonen (gem. § 271 Abs. 1 S. 1 StPO sind dies der Vorsitzende sowie der Protokollführer) unterzeichnet sein. Ein diesbezüglicher Mangel kann jedoch durch Nachholung der Unterschriften auch noch geheilt werden.

413 Darüber hinaus entfällt die Beweiskraft bei **Meinungsverschiedenheiten** zwischen Vorsitzendem und Protokollführer über **tatsächliche Vorgänge**. Können sie nicht durch ein klärendes Gespräch beseitigt werden, so ist dies im Protokoll zu vermerken. Handelt es sich jedoch lediglich um einen Streit über die rechtliche Frage, ob ein entsprechender Vorgang nach § 273 StPO überhaupt protokollpflichtig ist, so hat der Vorsitzende gegenüber dem Urkundsbeamten ein Weisungsrecht.

Die Beweiskraft entfällt darüber hinaus, wenn sich eine der Urkundspersonen – etwa im Rahmen einer dienstlichen Erklärung – nachträglich zu Gunsten des Angeklagten vom Protokollinhalt distanziert[388], sowie bei **offensichtlichen Lücken**, aus sich selbst nicht lösbaren **Widersprüchen** und **Unklarheiten** im Protokoll[389]. Zu Letzteren gehört auch die Beurkundung von Vorgängen, die sich nach „allgemeiner Erfahrung so nicht zugetragen haben können"[390]. In diesen Fällen hat das Revisionsgericht den tatsächlichen Verfahrensablauf im Wege des Freibeweises zu ermitteln[391]. Dasselbe gilt, wenn ein protokollierter Vorgang darauf hindeutet, dass ein anderes protokollpflichtiges, jedoch nicht protokolliertes Geschehen, tatsächlich stattgefunden hat[392].

Schließlich entfällt die Beweiskraft gem. § 274 S. 2 StPO beim Nachweis der **Fälschung** des Sitzungsprotokolls.

4. Begriff der (zu protokollierenden) „Förmlichkeit"

414 Die Beweiskraft des Protokolls erstreckt sich (nur) auf die „**wesentlichen Förmlichkeiten**". Hierunter versteht man alle Vorgänge, die für die Gesetzmäßigkeit des Verfahrens von Bedeutung sein können. Insbesondere sind dies:
– die Anwesenheit der in § 226 StPO genannten Prozessbeteiligten sowie – im Falle der notwendigen Verteidigung (§§ 140, 145 Abs. 1 StPO) – die Anwesenheit des Verteidigers[393];

---

388 Vgl. BGH 3 StR 57/14 Tz. 9 m.w.N.
389 BGH 2 StR 280/00; NStZ 2006, 117, 711; NStZ 2005, 160.
390 BGH NStZ 2003, 320 f. sowie NStZ 2002, 270 ff. mit Beispielen.
391 Vgl. BGH NJW 2001, 3796; NStZ 2000, 546.
392 Vgl. BGH NStZ 2004, 451; siehe zur Beweiskraft des Protokolls umfassend auch *Detter* StraFo 2004, 329 ff.
393 BGH NStZ 2005, 46; 2002, 271. Wegen des Grundsatzes der Einheitlichkeit des Hauptverhandlungsprotokolls muss der zu Anfang der Sitzung aufgenommene Vermerk über die Anwesenheit der in § 226 StPO genannten Personen bei einer über mehrere Tage stattfindenden Hauptverhandlung aber nicht in jedem einen be-stimmten Tag betreffenden Teil des Protokolls wiederholt werden, vgl. BGH 3 StR 210/13 Tz. 13; 1 StR 33/11 m.w.N.

- die Vereidigung des Dolmetschers, § 189 GVG[394];
- die Verlesung des Anklagesatzes;
- die gesetzlich vorgeschriebenen Belehrungen (z.B. §§ 35a, 52 Abs. 3, 57, 61, 243 Abs. 5 S. 1, 268a Abs. 3, 268c StPO);
- die Tatsache, ob und wie Verfahrensbeteiligte von ihren prozessualen Befugnissen Gebrauch gemacht haben, insbesondere also, ob sich der Angeklagte zu seiner Person und/oder zur Sache eingelassen hat bzw. dass insoweit durch seinen Verteidiger eine Erklärung abgegeben wurde[395];
- die Angabe, dass öffentlich verhandelt, die Öffentlichkeit ausgeschlossen oder wiederhergestellt wurde (§ 272 Nr. 5 StPO);
- ggfls. die Abwesenheit des Angeklagten nach den §§ 231 Abs. 2, 231a, 231b, 231c, 232 und 233 StPO;
- das (Nicht-)Zustandekommen, der Inhalt von Absprachen sowie in diesem Zusammenhang erteilte Hinweise und Belehrungen, § 273 Abs. 1 S. 2, Abs. 1a StPO[396];
- die Tatsache der jeweiligen Zeugen- oder Sachverständigenvernehmung bzw. der Augenscheinseinnahme;
- die Durchführung einer Videovernehmung nach § 247a StPO;
- die Vereidigung oder Nichtvereidigung von Zeugen und Sachverständigen[397];
- die förmliche Erhebung des Urkundsbeweises, sei es durch Verlesung oder im Wege des sog. „Selbstleseverfahrens"[398];
- gerichtliche Fristsetzung für die Stellung von Beweisanträgen[399];
- prozessuale Einverständnis- oder Verzichtserklärungen;
- rechtliche Hinweise des Gerichts;
- Entscheidungen des Gerichts, etwa nach §§ 154, 154a, 244 Abs. 6 StPO;
- Erhebung der Nachtragsanklage, § 266 StPO;
- der wesentliche Inhalt eines mündlichen Strafbefehlsantrags, § 408a Abs. 1 StPO;
- Erteilung des letzten Wortes, § 258 Abs. 2 Hs. 2 StPO[400];
- die Rechtsmittelbelehrung[401];
- der Rechtsmittelverzicht, der nach § 273 Abs. 3 S. 3 StPO mit dem Vermerk „vorgelesen und genehmigt"[402] zu protokollieren ist, um an der Beweiskraft des Protokolls teilzunehmen[403].

415

---

394 BGH 1 StR 579/11.
395 Vgl. BGH NStZ 2000, 217; NStZ 1995, 560. Dass überhaupt die Gelegenheit bestand, sich zur Sache zu äußern, ist dagegen nicht protokollpflichtig, BGH 3 StR 149/16.
396 Siehe hierzu unten Rn. 655.
397 Dies ist allerdings nach der Neufassung des § 59 Abs. 1 StPO zwischen den Senaten des BGH streitig, vgl. den Anfragebeschluss BGH 5 StR 460/08 sowie (zur Gegenmeinung) BGH 3 ARs 7/09; BGH NStZ 2006, 114, 234; NJW 2006, 388. Bis zur immer noch nicht erfolgten endgültigen Klärung empfiehlt sich daher in jedem Fall eine Protokollierung.
398 Siehe zum Umfang der Beweiskraft des Protokollvermerks beim Selbstleseverfahren umfassend BGH 1 StR 554/16; 1 StR 587/11; 3 StR 131/10; 3 StR 76/10.
399 Siehe hierzu unten Rn. 471, 491 f.
400 BGH 1 StR 193/13 Tz. 4.
401 BGH NJW 2005, 1446.
402 Im Protokoll erscheint dabei nur die Abkürzung „**v.u.g.**".
403 BGH 2 StR 441/09; 1 StR 252/09; 416/07.

Kapitel 3 *Das gerichtliche Verfahren erster Instanz*

416 Keine wesentlichen Förmlichkeiten sind Vorgänge vor und nach der Verhandlung bzw. in Sitzungspausen. Auch der **Inhalt von Aussagen**, insbesondere der Zeugen und Sachverständigen, wird nicht von der Beweiskraft des Protokolls erfasst. Insoweit wird das Revisionsgericht jedoch durch deren Wiedergabe in den Gründen des Urteils gebunden[404].

Betreffend die – förmliche – Einführung einer **Urkunde** ist im Protokoll auch anzugeben, auf welche Art und Weise sie zum Gegenstand der Hauptverhandlung gemacht wurde[405]. Bei der nur ausschnittsweisen Verlesung ist wie bei der nur teilweisen Anhörung eines aufgenommenen Gesprächs genau zu bezeichnen, welcher Teil verlesen bzw. angehört wurde. Die bloße Dokumentation einer „teilweisen" Verlesung oder Anhörung genügt nicht[406].

Demgegenüber handelt es sich bei einem **Vorhalt** oder sonstigen Vernehmungsbehelf[407] um keine protokollpflichtige Förmlichkeit. Schon aus Gründen der Klarheit sollten derartige Vorgänge nicht in das Hauptverhandlungsprotokoll aufgenommen werden[408].

417 Auch **Beratungen** des Gerichts (einschließlich der Urteilsberatung) sind nicht Gegenstand der formellen Beweiskraft. Sie sind geheim und schon deshalb nicht Bestandteil der Hauptverhandlung. Der Urkundsbeamte der Geschäftsstelle nimmt an ihnen nicht teil. Dem folgend ist auch eine Unterbrechung der Hauptverhandlung zum Zwecke der Beratung keine „für die Hauptverhandlung vorgeschriebene Förmlichkeit" i.S.d. § 274 StPO. Eine Beratung kann jederzeit vor, während und nach einer Sitzung erfolgen, ohne dass dies jeweils explizit im Protokoll zu vermerken wäre[409].

In unserem **Originalfall** sah das **Protokoll über die Hauptverhandlung** folgendermaßen aus:

---

404 Zu den Ausnahmen siehe BGH NJW 1997, 3182.
405 Vgl. BGHSt 11, 29 (Grundsatz: Verlesen) sowie OLG Düsseldorf NJW 1988, 217.
406 BGH 1 StR 181/10.
407 Näheres hierzu siehe unten Rn. 530, 560.
408 Vgl. BGH 1 StR 212/14 Tz. 13; 4 StR 529/13 Tz. 12; 2 StR 652/10; 2 StR 280/09; 2 StR 492/03.
409 Siehe BGH 4 StR 111/11; NStZ 2009, 105 f. m.w.N.

Ablauf des gerichtlichen Verfahrens **B**

**Öffentliche Sitzung
des Amtsgerichts**

Geschäfts-Nr.:
118 Ds 357/13
17 Js 539/13

Ort und Tag

Bonn, den 22.10.2013

418

Gegenwärtig:

Richterin am AG
Schneider

als Richterin,

Strafsache

gegen

Staatsanwältin Schatz

als Beamtin der Staatsanwaltschaft,

Justizangestellte Groß

als Urkundsbeamtin der Geschäftsstelle.

Hans **Lellmann**,
geb. am 06.05.1965 in Bonn
wohnhaft: Wagnerstr. 187
53111 Bonn
ledig, Deutscher

wegen Widerstands gegen Vollstreckungsbeamte u.a.

Die Hauptverhandlung begann mit dem Aufruf der Sache.

Die Richterin stellte fest, dass erschienen waren:

Der Angeklagte.

Dauer der Hauptverhandlung
von   bis
10:30 Uhr   12:15 Uhr
(Uhrzeit)   (Uhrzeit)

22.10.2013, Groß, JA
Datum, Name, Amtsbezeichnung

als Verteidiger/in:
niemand

Als Sachverständiger: Dr. Dr. Frank Becher, Institut für
Rechtsmedizin, Universität Bonn

Die Zeugen sind auf einen späteren Zeitpunkt geladen.

Die Zeugen und der Sachverständige wurden mit dem Gegenstand der Untersuchung und der Person bekannt gemacht.

StP 36 a Hauptverhandlung vor dem Amtsgericht (§ 271 ff. StPO). Hierzu erforderlichenfalls StP 38 - Zeugenvernehmung - als Einlagebogen - gen .12.1991 -ADV-

Kapitel 3 *Das gerichtliche Verfahren erster Instanz*

2

Die Zeugen wurden zur Wahrheit ermahnt und auf die Möglichkeit einer Vereidigung hingewiesen. Sie wurden ferner darüber belehrt, dass sie berechtigt seien, falls sie zu den in § 52 Absatz 1 Strafprozessordnung bezeichneten Angehörigen oder eines derzeit oder früher Mitbeschuldigten gehören, das Zeugnis und die Beeidigung des Zeugnisses zu verweigern.

Die Zeugen wurden schließlich darüber belehrt, dass sie berechtigt seien, die Aussage auf solche Fragen zu verweigern, deren Beantwortung ihnen selbst oder einem der in § 52 Absatz 1 Strafprozessordnung bezeichneten Angehörigen die Gefahr zuziehen würde, wegen einer Straftat oder einer Ordnungswidrigkeit verfolgt zu werden.

Der Sachverständige wurde im Sinne des § 76 Absatz 1 Strafprozessordnung belehrt.

Der Angeklagte machte Angaben zu seiner Identität.

Der Vertreter der Staatsanwaltschaft verlas den Anklagesatz aus der Anklageschrift vom 09.09.2013 (Blatt 45 der Akten).

419

Die Vorsitzende teilt mit, dass keine Erörterungen im Sinne der §§ 202 a, 212 StPO mit dem Ziel einer Verständigung (§ 257 c StPO) stattgefunden haben.

420

Der Angeklagte wurde darauf hingewiesen, dass es ihm freistehe, sich zu der Beschuldigung zu äußern oder nicht zur Sache auszusagen.

Er erklärte:

Ich bin zur Äußerung bereit.

Der Angeklagte äußerte sich zur Person:

421

Drittes Kind; Vater bei der städtischen Müllabfuhr, Mutter Hausfrau, beide 1999 bei Verkehrsunfall ums Leben gekommen. Hauptschule bis zur 9. Klasse, dann Gelegenheitsarbeiten. Seit 1990 Arbeiter bei dem Abbruchunternehmen Schmitz, netto 1.500,- € mtl. Ledig, zwei Kinder (14/19), leben bei ihrer Mutter. Meine Lebensgefährtin hat mich vorgestern endgültig rausgeschmissen. Ich lebe nun in einem Bauwagen auf dem Gelände der Fa. Schmitz.

Der Angeklagte ließ sich zur Sache ein:

Die Anklage ist nur zum Teil richtig. Es stimmt, dass ich mit dem Auto gefahren bin. Nachmittags habe ich zusammen mit dem Alfred im „Krug" Dart gespielt. Ich war pleite. Daher habe ich auch nur zwei oder drei Gläser Bier getrunken und auch etwas gegessen. So etwa 22.45 Uhr sind wir gegangen. Ich habe dann mein Auto geholt. Ich dachte aber nicht, dass ich betrunken wäre. Das mit den Promille kann auch nicht stimmen. Ich habe auch nicht bemerkt, dass die Polizei was von mir wollte. Die haben mich ganz jeck gemacht. Deshalb bin ich gegen den Bordstein gefahren. Ich war sauer und habe gegen die Taxitüre getreten. Kaputt machen wollte ich die nicht. Mehr war da nicht. Dann hat mich die Polizei mitgenommen.

Es wurden verlesen:

422

Der Blutentnahmebericht, der Arztbericht Bl. 8, 8R d.A. sowie der Blutalkoholbefund des Instituts für Rechtsmedizin vom 08.07.2013, Bl. 18 d.A.

Der Angeklagte erklärt dazu: Ich habe ja schon gesagt, dass das mit den Promille nicht stimmen kann.

StP 36 a Hauptverhandlung vor dem Amtsgericht (§ 271 ff. StPO). Hierzu erforderlichenfalls StP 38 - Zeugenvernehmung - als Einlagebogen - gen .12.1991 -ADV-

3

Die Zeugen wurden vorgerufen und belehrt wie Bl. 2 des Protokolls und sodann in Abwesenheit der anderen Zeugen jeweils wie folgt vernommen:

1. Zeuge:
Ich heiße: Peter Müller,
bin 48 Jahre alt,
von Beruf: Polizeibeamter
dienstansässig: PP Bonn
mit dem Angeklagten nicht verwandt und nicht verschwägert.
Der Zeuge bekundete zur Sache:
Wir bemerkten gegen 22:00 Uhr den Wagen auf der Kennedybrücke Richtung Stadthaus. Er fuhr in Schlangenlinien. Wir wollten ihn anhalten und schalteten Blaulicht und Martinshorn an. Er reagierte nicht. Am Bertha-von-Suttner-Platz kam er am Bordstein zum Stehen. Er trat gegen das Taxi des Zeugen Schmitz. Er war äußerst aggressiv und beschimpfte uns als Bullenschweine. Wir haben Verstärkung angefordert und ihn solange auf der Motorhaube des Streifenwagens festgehalten. Er trat nach uns und hat später die Kollegin gebissen. Wir haben ihn dann zum PGD gebracht.

Der Zeuge blieb auf Anordnung der Vorsitzenden gem. § 59 Abs. 1 StPO unvereidigt und wurde entlassen.

2. Zeuge:
Ich heiße: Inge Rossel,
bin 33 Jahre alt,
von Beruf: Polizeibeamtin
dienstansässig: PP Bonn
mit dem Angeklagten nicht verwandt und nicht verschwägert.
Die Zeugin bekundete zur Sache:
Ich kam zusammen mit einem Kollegen als Verstärkung. Wir bekamen den Einsatz von der Leitstelle. Der Angeklagte trat wild um sich. Die beiden Kollegen hielten ihn auf der Motorhaube fest. Als ich ihnen half, hat er mir in die Hand gebissen. Ich musste zum Arzt deswegen. Ich hatte eine Woche lang Schmerzen. Jetzt ist es wieder gut. Er schimpfte auch herum, rief „Schweine" und andere Sachen.

Es wurde verlesen:
Das ärztliche Attest des Dr. Prätorius, Bl. 6 d.A.

Die Zeugin blieb auf Anordnung der Vorsitzenden gem. § 59 Abs. 1 StPO unvereidigt und wurde entlassen.

3. Zeuge:
Ich heiße: Heinz Schmitz,
bin 56 Jahre alt,

StP 36 a Hauptverhandlung vor dem Amtsgericht (§ 271 ff. StPO). Hierzu erforderlichenfalls StP 38 - Zeugenvernehmung - als Einlagebogen - gen .12.1991 -ADV-

Kapitel 3   Das gerichtliche Verfahren erster Instanz

4

von Beruf: Taxifahrer
wohnhaft in: Bonn
mit dem Angeklagten nicht verwandt und nicht verschwägert.
Der Zeuge bekundete zur Sache:
So was habe ich noch nicht erlebt. Ich stand neben dem Taxi. Die Polizei hatte ich schon gehört. Er kam wie ein Verrückter in Schlangenlinien angefahren und knallte auf den Bordstein. Er kam aus dem Auto raus, lief auf mein Taxi zu und trat dagegen. Die Polizisten zogen ihn zum Streifenwagen und hielten ihn fest. Dann kam noch ein zweiter Streifenwagen. Der Angeklagte schlug wild um sich und schimpfte. „Schweine" habe ich gehört. Die Polizei nahm ihn dann mit. Die Türe vom Taxi war zerbeult. Das hat 1.500 € gekostet.
Der Zeuge blieb auf Anordnung der Vorsitzenden gem. § 59 Abs. 1 StPO unvereidigt und wurde entlassen.

4. Zeuge:
Ich heiße: Klaus Buchmann,
bin   64 Jahre alt,
von Beruf: Taxiunternehmer
wohnhaft in: Bonn
mit dem Angeklagten nicht verwandt und nicht verschwägert.
Der Zeuge bekundete zur Sache:
Zu der Sache selbst kann ich nichts sagen. Mein Mitarbeiter hat mir später davon erzählt. Ich wusste auch, dass er deshalb zur Polizei musste. Ich war damit einverstanden, dass er Strafantrag gestellt hat. Die Reparatur der Beule hat mich 1.500 € gekostet. Auf dem Schaden bin ich sitzen geblieben. Der Angeklagte hat ja nichts.

Der Zeuge blieb auf Anordnung der Vorsitzenden gem. § 59 Abs. 1 StPO unvereidigt und wurde entlassen.

5. Zeuge:
Ich heiße: Alfred Peters,
bin   49 Jahre alt,
von Beruf: Schreinermeister
wohnhaft in: Bonn
mit dem Angeklagten nicht verwandt und nicht verschwägert.
Der Zeuge bekundete zur Sache:
Zu der Sache kann ich nur das bestätigen, was ich schon bei der Polizei gesagt habe. Ich war an dem Tag mit meinem Freund Lellmann zusammen in der Gaststätte. Wir haben fast die ganze Zeit Dart gespielt und dabei auch Alkohol getrunken. Ich bin mir ziemlich sicher, dass Lellmann nicht nur Bier, sondern auch ein paar, jedenfalls zwei bis drei, Schnäpse getrunken hat. Als wir so gegen viertel vor zehn den „Krug" verließen, erschien er mir nicht mehr fahrtüchtig zu sein. Ich habe ihm gesagt, es sei besser, wenn er sein Auto stehen ließe. Wir haben uns dann allerdings getrennt.

StP 36 a Hauptverhandlung vor dem Amtsgericht (§ 271 ff. StPO). Hierzu erforderlichenfalls StP 38 - Zeugenvernehmung - als Einlagebogen - gen .12.1991 -ADV-

5

Der Zeuge blieb auf Anordnung der Vorsitzenden gem. § 59 Abs. 1 StPO unvereidigt und wurde entlassen.

Der Sachverständige wurde wie folgt vernommen: **423**
Sachverständiger:
Ich heiße: Dr. Dr. Frank Becher
bin 54 Jahre alt,
von Beruf: Arzt für Rechtsmedizin, Uni Bonn
wohnhaft in: Bonn
mit dem Angeklagten nicht verwandt und nicht verschwägert.
Der Sachverständige erstattete sein Gutachten: Es ist für 20 Minuten zurückzurechnen. Ich komme auf eine Tatzeit-BAK von 1,08 Promille. Er war fahruntüchtig, das zeigt ja auch die Fahrt in Schlangenlinien. Schuldfähig war er schon.
Der Sachverständige blieb gem. § 79 StPO unvereidigt und wurde um 11:50 Uhr entlassen.

Die Vertreterin der Staatsanwaltschaft beantragte, das Verfahren hinsichtlich des Vorwurfs der Sachbeschädigung gem. § 154 Abs. 2 StPO vorläufig einzustellen. Der Angeklagte hatte Gelegenheit zur Stellungnahme. **424**

b.u.v.

Das Verfahren wird in dem von der Staatsanwaltschaft beantragten Umfang gem. § 154 Abs. 2 StPO beschränkt.
Aus den beigezogenen Akten 17 Js 258/09 StA Bonn und 17 Js 222/11 StA Bonn wurden die Urteile des Amtsgerichts Bonn vom 14.12.2009 (118 Ds 239/09), Bl. 75 ff., und vom 18.10.2011 (118 Ds 387/11), Bl. 113 d.A., soweit geklammert, verlesen.
Nach jeder einzelnen Beweiserhebung wurde der Angeklagte befragt, ob er dazu etwas zu erklären habe.
Eine Verständigung im Sinne des § 257 c StPO fand nicht statt. Die Beweisaufnahme wurde geschlossen.

Die Staatsanwaltschaft und sodann der Angeklagte erhielten zu ihren Ausführungen und Anträgen das Wort:

Die Vertreterin der Staatsanwaltschaft beantragte:

Trunkenheitsfahrt: 30 Tagessätze
Widerstand/Beleidigung: Freiheitsstrafe von 4 Monaten
Gesamtfreiheitsstrafe von: 4 Monaten und zwei Wochen zur Bewährung

Entzug der Fahrerlaubnis; 9 Monate Sperrfrist

Der Angeklagte beantragte:

Milde Strafe

Der Angeklagte hatte das letzte Wort. Er erklärte: Es tut mir leid und wird nicht wieder vorkommen.

StP 36 a Hauptverhandlung vor dem Amtsgericht (§ 271 ff. StPO). Hierzu erforderlichenfalls StP 38 - Zeugenvernehmung - als Einlagebogen - gen .12.1991 -ADV-

Kapitel 3 Das gerichtliche Verfahren erster Instanz

6

Die Verhandlung wurde für 15 Minuten unterbrochen.

Das **Urteil** wurde sodann durch Verlesung der Urteilsformel und durch mündliche Mitteilung des wesentlichen Inhalts der Urteilsgründe dahin verkündet:

425

Im Namen des Volkes

Urteil

Der Angeklagte wird wegen fahrlässiger Trunkenheit im Verkehr sowie wegen Widerstandes gegen Vollstreckungsbeamte in Tateinheit mit vorsätzlicher Körperverletzung zu einer Gesamtfreiheitsstrafe von drei Monaten und zwei Wochen verurteilt, deren Vollstreckung zur Bewährung ausgesetzt wird. Dem Angeklagten wird die Fahrerlaubnis entzogen, sein Führerschein wird eingezogen. Vor Ablauf einer Sperrfrist von 9 Monaten darf ihm keine neue Fahrerlaubnis erteilt werden.

Der Angeklagte trägt die Kosten des Verfahrens.

- §§ 113 Abs. 1, 223 Abs. 1, 316 Abs. 1 und 2, 52, 53, 56, 69, 69 a StGB -

Rechtsmittelbelehrung wurde erteilt.

Das Protokoll wurde fertiggestellt am 22.10.2013

(Schneider)   (Groß)

StP 36 a Hauptverhandlung vor dem Amtsgericht (§ 271 ff. StPO). Hierzu erforderlichenfalls StP 38 - Zeugenvernehmung - als Einlagebogen - gen .12.1991 -ADV-

Rechtsanwalt
Hermann Löffelholz
Fachanwalt Für Strafrecht

Amtsgericht Bonn (45) 30. OKT. 2013

Amtsgericht
Wilhelmstraße 23
53111 Bonn

Mein Zeichen
458/13/Lel
Bitte stets angeben

28.10.2013

Aktenzeichen: 118 Ds 357/13
17 Js 539/13 StA Bonn

In der Strafsache gegen

gegen

Herrn **Hans Lellmann**

versichere ich ordnungsgemäße Bevollmächtigung und lege gegen das Urteil des Amtsgerichts Bonn vom 22.10.2013

Berufung

ein

Hermann Löffelholz
Rechtsanwalt
Fachanwalt für Strafrecht

Baumschulallee 455 – 53547 Bonn – Gerichtsfach 1235
Telefon: 0228 / 9456813 – Fax: 0228 / 9456814
24-STD-Notruf in dringenden Fällen
Merke: 0178 / Anwalt W – Wähle: 0178 / 356937 3
Sparkasse KölnBonn IBAN: DE39 3705 0198 333 444 555
Steuernummer 567/8362/3591

Kapitel 4

Die gerichtliche Beweisaufnahme

Nach dem bereits erörterten Legalitätsprinzip sind zur Überprüfung der Tat- und Schuldfrage alle nach der Sachlage bedeutsamen Beweismittel von Amts wegen auszuschöpfen. Denn Ziel des Strafverfahrens ist die Erforschung des wahren Sachverhalts zur Findung eines richtigen Urteils. Die Beweisaufnahme vor dem erkennenden Richter ist also das „Herzstück" des gerichtlichen Erkenntnisverfahrens.

A. Unterscheidung Strengbeweis – Freibeweis

427 Bevor wir uns den Details zuwenden, soll zunächst generell dargestellt werden, auf welchem Weg das Gericht in einer Tatsacheninstanz den Sachverhalt zu erforschen hat.

Zur Einführung in die Problematik stellen Sie sich bitte Folgendes vor:

> Der Angeklagte hat vor der Polizei ein Geständnis abgelegt und das Gericht mit Rücksicht hierauf keine Zeugen geladen. Nun lässt er sich aber in der Hauptverhandlung wie folgt ein:
>
> „Mein polizeiliches Geständnis war falsch. Die vernehmenden Polizeibeamten hatten mir nämlich mit Prügel gedroht, falls ich nicht gestehen würde. Aus Angst habe ich dann das – falsche – Geständnis unterschrieben."
>
> Welche Maßnahmen muss das Gericht ergreifen, um diese Behauptung zu überprüfen?

Wie der Zeuge oder Sachverständige, so ist auch der Angeklagte ein Beweismittel, d.h. seine Einlassung ist im Rahmen der Beweiswürdigung zu verwerten. Ist ein Geständnis glaubhaft und schlüssig, so kann die Verurteilung allein hierauf gestützt werden.

Der Widerruf oder die Relativierung eines Geständnisses stellen in der Praxis indes keine Seltenheit dar. Das Gericht steht dann vor der Frage, welche Reaktionen erforderlich und ausreichend sind. Muss es etwa – abgesehen vom unten näher dargestellten Grundsatz der Amtsaufklärung – die Vernehmungsbeamten als Zeugen hören oder genügt eine telefonische Nachfrage?

Dem Tatgericht stehen grundsätzlich für die Erforschung der Wahrheit **zwei Wege** offen, nämlich:

Strengbeweis:
Dies bedeutet, dass nur bestimmte **festgelegte Beweismittel** zugelassen sind.

Freibeweis:
Das Gericht ist grundsätzlich in der Wahl der Beweismittel frei. Auch hier gibt es aber Einschränkungen, wie unten näher dargestellt wird.

I. Strengbeweis

Der „Strengbeweis" gilt für die Beurteilung der **Schuld- und Straffrage**, d.h. ob der Angeklagte überhaupt und ggfls. wie er zu bestrafen ist. Nur in diesem Bereich gelten auch die §§ 244 ff. StPO hinsichtlich der Durchführung der Beweisaufnahme sowie die Grundsätze der Mündlichkeit und Öffentlichkeit. **428**

Die ausschließlich zugelassenen Beweismittel sind:
- Zeugen, §§ 48 bis 71 StPO;
- Sachverständige, §§ 72 bis 85 StPO;
- Augenschein, §§ 86 bis 93 StPO;
- Urkunden, §§ 249 bis 256 StPO;
- Angaben des Angeklagten, also Einlassung und Geständnis.

II. Freibeweis

„Freibeweis" bedeutet, dass die Wahl und die Art der Beweismittel freigestellt sind, also alle zugänglichen Erkenntnisquellen (z.B. Telefonat, schriftliche Auskunft u.ä.) genutzt werden können. Als Konsequenz finden die §§ 244 ff. StPO, die als Kernvorschriften des strafprozessualen Beweisrechts bezeichnet werden können, keine Anwendung. Auch die Verlesung von Urkunden ist uneingeschränkt möglich, § 251 Abs. 3 StPO. Freibeweis ist nur hinsichtlich der Beurteilung von **Verfahrensfragen** zulässig[1]. Das sind insbesondere: **429**

- Vorliegen von **Prozessvoraussetzungen** (z.B. die Rechtzeitigkeit der Stellung eines Strafantrages, § 77b Abs. 1 S. 1 StGB);
- Bestehen von **Verfahrenshindernissen** (z.B. Verhandlungsunfähigkeit des Angeklagten)[2];
- Vorliegen der tatsächlichen Voraussetzungen eines **Verwertungsverbotes** (etwa mangelnde Belehrung des Beschuldigten über sein Aussageverweigerungsrecht)[3];
- Feststellung von **Zeugnisverweigerungsrechten** (z.B. Verwandtschaftsverhältnisse/ Verlöbnis) und deren Geltendmachung;
- Eidesmündigkeit eines Zeugen, § 60 StPO.

---

1 BGH 4 StR 98/10.
2 BGH 3 StR 103/17 Tz. 10; 3 StR 531/12 Tz. 22; 2 StR 124/10; Näheres zu Prozessvoraussetzungen und Verfahrenshindernissen finden Sie unter Rn. 936 ff.
3 Vgl. BGH 3 StR 277/10; NStZ-RR 2007, 80 f.

Kapitel 4 *Die gerichtliche Beweisaufnahme*

Das **Alter** des Angeklagten ist eine sog. **doppelrelevante Tatsache, wenn** die Beweisaufnahme darüber zu dem Ergebnis führen kann, dass statt Erwachsenen- das Jugendstrafrecht anzuwenden bzw. statt der allgemeinen Strafkammer das Jugendgericht zuständig ist. In einem solchen Fall muss die Feststellung des Alters im Strengbeweisverfahren erfolgen[4]. Ein Beweisantrag darf dann also nur aus den in § 244 Abs. 3, 4 StPO genannten Gründen abgelehnt werden.

430 Auch im Rahmen des Freibeweises gelten jedoch maßgebliche **Einschränkungen**, namentlich:

– die Aufklärungspflicht[5];
– die Gewährung rechtlichen Gehörs[6], d.h. auch die im Freibeweis gewonnenen Erkenntnisse müssen zum Gegenstand der Hauptverhandlung gemacht werden, damit die Verfahrensbeteiligten hierzu Stellung nehmen können;
– Beweisverbote (z.B. §§ 97, 252 StPO);
– Zeugnisverweigerungsrechte, §§ 52 ff. StPO;
– Vereidigungsverbote, § 60 StPO.

> Zurück zu unserem **Beispiel:** Entsprechend den dargestellten Grundsätzen gilt der Strengbeweis – mit der Folge, dass Zeugen gehört werden müssen –, wenn es um die Schuld- oder Straffrage geht. Der **Inhalt** des Geständnisses betrifft die Straffrage, da die Einlassung zur Grundlage einer Verurteilung gemacht werden kann. Wie das Geständnis **zustande gekommen** ist, ist dagegen ein anderer Aspekt. Da es hier „nur" darum geht, ob das Geständnis durch Drohungen erzwungen wurde und damit der Gesichtspunkt eines Verwertungsverbots nach § 136a Abs. 3 S. 2 StPO angesprochen ist, hält der BGH[7] den vorgebrachten Einwand für lediglich das Verfahren betreffend, also den Freibeweis für zulässig.
>
> Dies besagt aber noch nicht, dass ein Verzicht auf die Zeugenbefragung zu diesem Punkt der sich aus § 244 Abs. 2 StPO ergebenden Pflicht zur umfassenden Sachverhaltsaufklärung genügt. Kommt es im Rahmen der Beweiswürdigung auf das Geständnis an, so ist dem erhobenen Vorwurf mit den zur Verfügung stehenden Beweismitteln nachzugehen.

431 Hinsichtlich der **Wertung** der im Frei- oder Strengbeweisverfahren gewonnenen Erkenntnisse ist das Gericht frei, d.h. es entscheidet nach der eigenen freien Überzeugung, § 261 StPO. Das Gesetz kennt – im Gegensatz zu verschiedenen Vorgänger-Rechtsordnungen – keine festen Beweisregeln, etwa dass zwei Zeugen besser seien als einer[8]. Es muss also für eine Verurteilung nicht etwa eine mathematische 100-prozentige Sicherheit bestehen. Es genügt vielmehr eine „nach der Lebenserfahrung" ausreichende Sicherheit, die „vernünftige Zweifel" ausschließt[9].

---

4 BGH 4 StR 380/12. Zu den Möglichkeiten der Altersbestimmung siehe *Jung* StV 2013, 51.
5 BVerfG NJW 1986, 767 f.
6 BGHSt 21, 85 (87).
7 Vgl. BGHSt 16, 164 (166), aber auch KK-*Krehl*, § 244 Rn. 9.
8 Dagegen (ironisch) *Goethe*: „Durch zweier Zeugen Mund wird allerwegs die Wahrheit kund." Faust I, Vers 3013 f.
9 BGH 4 StR 45/17 Tz. 14; 1 StR 535/16 Tz. 7; 4 StR 577/14 Tz. 16; näheres hierzu erfahren Sie bei den Ausführungen zum Urteil, Rn. 710 ff.

B. Aufklärungspflicht – Beweisantrag – Beweisermittlungsantrag

I. Überblick

Für die Ordnungsgemäßheit des Verfahrens ist u.a. von Bedeutung, wie das Gericht mit Äußerungen und Wünschen der Beteiligten hinsichtlich der Sachverhaltsaufklärung umgeht. Begehrt ein Verfahrensbeteiligter eine bestimmte Beweiserhebung – z.B. die Vernehmung eines Zeugen –, so stellt sich für das Gericht stets die Frage, ob einem solchen Antrag entsprochen werden muss. Hierzu zunächst folgender Überblick:

432

§ 244 Abs. 2 StPO normiert die **gerichtliche Aufklärungspflicht**. Diese besteht – anders als im Zivilprozess – unabhängig von etwaigen Anträgen der Verfahrensbeteiligten. Denn die Ermittlung des wahren Sachverhaltes stellt das zentrale Anliegen des Strafprozesses dar. Da es hier um die verfassungsrechtlich garantierten Freiheitsrechte des Angeklagten geht, gehört die ordnungsgemäße richterliche Sachaufklärung zu den unverzichtbaren Voraussetzungen eines rechtsstaatlichen Verfahrens[10]. Das Gericht muss „allen erkennbaren und sinnvollen Möglichkeiten zur Aufklärung des Sachverhalts nachgehen"[11], also den angeklagten Lebenssachverhalt entsprechend dem verfassungsrechtlichen „Gebot der bestmöglichen Sachaufklärung"[12] **umfassend aufklären und rechtlich würdigen**. Die Untersuchung ist auch auf Teile der Tat zu erstrecken, die erst in der Hauptverhandlung bekannt werden[13].

433

Stellt ein dazu Berechtigter einen **förmlichen Beweisantrag**, der bestimmten inhaltlichen Anforderungen genügt, so darf dieser nur mit den in § 244 Abs. 3 bis 5 bzw. § 245 StPO genannten Gründen abgelehnt werden, wobei ein entsprechender (in der Regel zu begründender) Gerichtsbeschluss ergehen muss, vgl. § 244 Abs. 6 S. 1 StPO.

434

Von einem Beweisantrag zu unterscheiden ist der sog. **Beweisermittlungsantrag**. Dieser ist nur als **Anregung** an das Gericht zu verstehen, in einer bestimmten Art und Weise tätig zu werden.

II. Inhalt und Grenzen der Aufklärungspflicht

Wie bereits erwähnt, stellt die Aufklärung des wahren Geschehens das zentrale Anliegen des Strafverfahrens dar. Die Beweisaufnahme muss folglich alle Tatsachen und (zulässigen) Beweismittel umfassen, die für die Entscheidung von Bedeutung sind. Diese Pflicht reicht soweit, wie sich dem Gericht

435

– nach Aktenlage,
– durch Anträge bzw. Anregungen (auch außerhalb der Hauptverhandlung)
– oder aus dem Verfahrensverlauf

die Ausnutzung bestimmter Beweismittel als „naheliegend" darstellt, wobei die entfernte Möglichkeit der Auswirkung auf die Entscheidung genügt[14]. Damit erstreckt

---

10 BGH 3 StR 35/13 Tz. 6; 3 StR 335/11 Tz. 5; BVerfG NJW 2010, 592 ff.; 2004, 211; BGH 4 StR 359/10; NJW 2004, 1261.
11 BGH 5 StR 79/13 Tz. 5.
12 Vgl. BVerfG NStZ-RR 2013, 115.
13 BGH NStZ-RR 2009, 146 f.
14 Vgl. BGH 4 StR 208/14 Tz. 7; NStZ 1991, 399.

Kapitel 4 *Die gerichtliche Beweisaufnahme*

sich die Aufklärungspflicht nur auf **für die Entscheidung erhebliche Tatsachen**. Liegt in diesem Sinne die Benutzung eines bestimmten Beweismittels nahe, so **muss** dieses von Amts wegen genutzt werden. Es ist Beweis über alle entscheidungserheblichen Tatsachen zu erheben, die der Angeklagte nicht (was zu überprüfen ist!) glaubhaft eingesteht. Verstöße gegen diese Aufklärungspflicht können im Rahmen der Revision (§ 337 Abs. 1 i.V.m. § 244 Abs. 2 StPO) gerügt werden und zur Aufhebung des Urteils führen.

436 Der Umfang der Aufklärungspflicht lässt sich folglich nicht allgemeingültig definieren. Er hängt ab vom Gewicht der Strafsache, der Bedeutung und dem zu erwartenden Beweiswert der in Frage kommenden Beweismittel, dem Gebot der Verfahrensbeschleunigung und dem prozesswirtschaftlich vertretbaren Aufwand[15]. Dies zu beurteilen hat das Gericht einen gewissen Ermessensspielraum, innerhalb dessen es die Wichtigkeit der Beweiserhebung für die Wahrheitsfindung und die Belange eines reibungslosen Verfahrens gegeneinander abwägen darf. Folglich ist nicht jedes Detail der Vorgeschichte oder das Randgeschehen der Tat zu ermitteln. Bei den zu treffenden Entscheidungen sind zudem generell die Interessen des Angeklagten ebenso zu berücksichtigen, wie diejenigen des Tatopfers[16]. Im Rahmen der Aufklärungspflicht sind alle bekannten Beweismittel zu verwenden, die

– zulässig **und**
– von Bedeutung **und**
– geeignet **und**
– erreichbar

sind.

1. Zulässigkeit der Beweiserhebung

437 Der Beweiserhebung dürfen keine **rechtlichen Hinderungsgründe** entgegenstehen. Als solche kommen z.B. Zeugnisverweigerungsrechte nach den §§ 52 ff. StPO bzw. die Nichterteilung einer Aussagegenehmigung (§ 54 StPO) in Betracht.

Unzulässig ist auch die Benutzung gesetzlich nicht zugelassener Beweismittel (z.B. Vernehmung des Mitangeklagten als Zeuge[17]), die Nutzung von Beweismitteln, die einem Verwertungsverbot unterliegen oder die Durchführung einer Beweisaufnahme hinsichtlich ihr entzogener Gesichtspunkte, wie zu der Frage der schuldangemessenen Höhe einer Strafe[18]. Näheres zur Unzulässigkeit bestimmter Beweiserhebungen werden Sie auch bei der Erörterung der Beweiserhebungs- und Verwertungsverbote erfahren[19].

---

15 BGH NJW 2003, 151; NJW 2001, 695 f.
16 BGH NStZ 2005, 579 f.
17 BGH 1 StR 145/10.
18 BGHSt 25, 207 (Das Instanzgericht hatte zur Findung einer schuldangemessenen Strafe Urteile in „Vergleichsfällen" verlesen). Der Beweisaufnahme sind auch solche Gesichtspunkte entzogen, die aufgrund eines Rechtsmittelverfahrens bereits in **Teilrechtskraft** erwachsen sind, siehe unten Rn. 1096 und BGH NJW 1998, 3212.
19 Unten Rn. 581 ff.

2. Bedeutung der Beweistatsache

Hinsichtlich der Bedeutung tatsächlicher Umstände ist eine gewisse Beweisantizipation (= Vorwegnahme), also die Beurteilung erlaubt, ob sie – als erwiesen unterstellt – eine Auswirkung auf das Verfahren haben können. Negativ formuliert ist eine Tatsache für die Entscheidung nur dann „bedeutungslos", wenn ein Zusammenhang zwischen ihr und der angeklagten Tat nicht besteht oder wenn eine irgendwie geartete Beeinflussung der Entscheidung durch die behauptete Beweistatsache ausgeschlossen ist[20].

438

Ob die Notwendigkeit einer bestimmten Sachaufklärung gegeben ist, überprüft ggfls. später das Revisionsgericht aus eigener Sicht[21].

3. Geeignetheit des Beweismittels

Das Gericht ist schon aus Gründen der Prozessökonomie nicht gezwungen, Beweismittel zu nutzen, deren Erkenntniswert von vornherein ausgeschlossen ist. Daher braucht es einem Beweisantrag oder einem Beweisermittlungsantrag nicht nachzugehen, wenn sich ohne Rückgriff auf das bisherige Beweisergebnis feststellen lässt, dass sich mit dem benannten Beweismittel die unter Beweis gestellte Tatsache nach der „sicheren Lebenserfahrung" nicht belegen lässt[22]. Da es sich insoweit immer um eine Prognose handelt, gilt für die Annahme mangelnder Eignung natürlich ein **strenger Maßstab**. Dem entsprechend gelten folgende Grundsätze:

439

a) Zeugen

Ein Zeuge ist **ungeeignet**, wenn

440

– er infolge **körperlicher oder geistiger Gebrechen** (auch einer vorübergehenden geistigen Störung, wie z.B. Trunkenheit) die in sein Wissen gestellte Wahrnehmung mit Gewissheit nicht machen konnte;

– fest steht, dass er **nicht** zu verwertbaren sachdienlichen Angaben **bereit** ist und auch die Vollstreckung von Erzwingungsmaßregeln eine Aussage nicht herbeizuführen vermag[23]. Gleiches gilt, wenn sich ein im Ausland befindlicher Zeuge trotz Reisefähigkeit nur zu einer kommissarischen oder audiovisuellen Vernehmung bereitfindet, um die Sanktionierbarkeit einer Falschaussage zu vermeiden[24];

– er über sog. „**innere Tatsachen**" Dritter bekunden soll, die sich nach außen hin nicht dokumentiert haben[25]. Hiermit sind z.B. Motive, Gefühle, Einstellungen oder Absichten gemeint, sofern diese nicht für einen Zeugen wahrnehmbar artikuliert wurden. Gleiches gilt für Schlussfolgerungen oder Bewertungen, da tauglicher Gegenstand des Zeugenbeweises nur eigene Wahrnehmungen des Zeugen sein können;

441

---

20 BGH 1 StR 13/14 Tz. 19 m.w.N.; 3 StR 154/13 Tz. 9; 3 StR 250/10.
21 BGH NStZ 1992, 450 f.
22 Ständige Rspr., vgl. BGH 2 StR 46/14 Tz. 24; 1 StR 13/14 Tz. 15 m.w.N.; 2 StR 468/12; 4 StR 465/11 Tz. 5.
23 Vgl. BGH NStZ 1999, 46.
24 BGH NStZ 2004, 347 f.
25 Siehe BGH 3 StR 237/11; NStZ 2008, 580, 707; 2004, 690 f.; 1998, 1727.

Kapitel 4 *Die gerichtliche Beweisaufnahme*

– Vorgänge in Rede stehen, die er nach feststehender allgemeiner Lebenserfahrung unmöglich mit einiger Zuverlässigkeit erinnern kann. Das gilt namentlich, wenn die unter Beweis gestellte Wahrnehmung so **lange zurückliegt**, dass eine zuverlässige Erinnerung nach den Umständen des Einzelfalles (Bedeutung für den Zeugen, Häufigkeit ähnlicher Vorfälle, Vorhandensein früherer Vernehmungen etc.) **ausgeschlossen** ist. Dies wird indes nur selten wirklich der Fall sein[26].

b) Sachverständige

442 Ein Sachverständiger ist **ungeeignet**, wenn
– ihm für die geforderte Untersuchung die besondere Sachkunde fehlt[27];
– **keine sicheren Anknüpfungstatsachen** vorhanden sind, auf die er sein Gutachten stützen könnte (z.B. Fehlen von Unfallspuren)[28];
– für die zu beurteilende Frage **keine ausgereiften Untersuchungsmethoden** vorhanden sind (z.B. Antrag auf Einholung eines parapsychologischen Gutachtens). Allerdings ist der Tatrichter nicht gehindert, eine noch nicht in größerem Umfang erprobte kriminaltechnische Methode in die Beweiserhebung einzubeziehen. Er muss sich dann aber mit den hieraus folgenden Problemen bei der Beweiswürdigung kritisch auseinandersetzen[29];
– **nicht wiederholbarer Vorgänge** in Rede stehen (z.B. individueller Blutalkohol-Abbau oder die Funktionstüchtigkeit eines Radargerätes zur Tatzeit).

Demgegenüber ist der Sachverständige schon dann ein geeignetes Beweismittel, wenn die vorhandenen (sicheren) Anknüpfungstatsachen ihm Darlegungen erlauben, welche die unter Beweis gestellte Behauptung (nur) **wahrscheinlicher** machen. Im Ergebnis darf die Einholung eines Sachverständigengutachtens folglich nur abgelehnt werden, wenn auszuschließen ist, dass es sich zu der vorgelegten Beweisfrage sachlich überhaupt äußern kann[30].

c) Augenschein/Urkunden

443 Die Einnahme des Augenscheins ist **ungeeignet**, wenn sich daraus nichts Tatrelevantes herleiten lässt. So scheidet etwa eine Ortsbesichtigung aus, wenn sich die örtlichen Verhältnisse seit der Tatzeit maßgeblich verändert haben und nicht rekonstruierbar sind. Dies muss mit hinreichender Sicherheit feststehen. Auch Urkunden sind ungeeignete Beweismittel, wenn sie zur Sachaufklärung nichts beitragen können. Dies gilt etwa für Geschäftsbücher, die derart unordentlich geführt wurden, dass sie keinen Aufschluss über die relevanten Geschäftsvorgänge erlauben.

---

26 Vgl. BGH 5 StR 3/12 Tz. 6; 4 StR 465/11 Tz. 5; NStZ 2010, 52 f.; NStZ-RR 2005, 78; NStZ 2004, 508.
27 So bedarf es für die Schuldfähigkeitsprüfung etwa eines Psychiaters und für ein aussagepsychologisches Gutachten regelmäßig eines entsprechend geschulten Psychologen.
28 Vgl. BGH NStZ 2003, 611 f.
29 Vgl. BGH NStZ 2000, 106 f.; NStZ 1998, 528 f.
30 Siehe BGH 3 StR 358/12; 2 StR 124/11; NStZ 2009, 346 f.; NStZ 2008, 116.

4. Erreichbarkeit des Beweismittels

Unerreichbar ist ein Beweismittel, wenn die – der Bedeutung der Beweistatsache und dem Beweismittel angemessenen – Aktivitäten des Gerichts zur Herbeischaffung erfolglos geblieben sind und die Bemühungen auch in absehbarer Zeit keinen Erfolg versprechen[31].

Da im Interesse der Sachaufklärung **strenge Anforderungen** zu stellen sind, ist ein **Zeuge nicht bereits dann unerreichbar**, wenn er
- **unbekannt verzogen** ist. In einem solchen Fall müssen zunächst das Einwohnermeldeamt („EMA") oder ggfls. die Ausländerbehörde abgefragt werden. Auch muss versucht werden, den Aufenthalt durch die Polizei, z.B. im Wege einer Befragung der Nachbarschaft, zu ermitteln;
- **von der Polizei zuhause nicht angetroffen wurde**. Auch in diesem Fall müssen zunächst weitere Ermittlungsmöglichkeiten (z.B. am Arbeitsplatz) ausgeschöpft werden[32];
- **auf eine Ladung hin nicht erscheint**. Zunächst muss (ggfls. mehrfach) die zwangsweise Vorführung durch die Polizei nach § 51 Abs. 1 S. 3 StPO versucht werden;
- **am Terminstag nicht verfügbar ist**. Für die Erreichbarkeit genügt nämlich, wenn der Zeuge in „absehbarer Zeit" vernommen werden kann;
- **sich im Ausland aufhält**.

Beim sog. **Auslandszeugen** ist neben den Fragen der Erreichbarkeit und Geeignetheit auch die – verfassungsrechtlich unbedenkliche[33] und sachlich vorrangige[34] – Vorschrift des **§ 244 Abs. 5 S. 2 StPO** zu beachten. Danach kann das Gericht einen Beweisantrag auf Vernehmung eines sich im Ausland befindlichen Zeugen nach pflichtgemäßem Ermessen ablehnen, wenn es diese zur Erforschung der Wahrheit für nicht erforderlich hält.

Hier darf das Gericht – ausnahmsweise und anders als bei § 244 Abs. 3 StPO – eine Beweisantizipation vornehmen und die Beweiserhebung von deren möglichen Ergebnissen für die Urteilsfindung abhängig machen. Es darf sogar zu Grunde legen, die Aussage eines benannten Zeugen würde mutmaßlich unwahr sein[35]. Zur prognostischen Bewertung des Beweismittels darf das Gericht auch Erhebungen im Freibeweis anstellen, etwa einen benannten Zeugen telefonisch zu seinen tatsächlichen Erkenntnissen befragen und das Ergebnis in seine Überlegungen einbeziehen.

Kommt das Gericht nach pflichtgemäßem Ermessen unter Berücksichtigung sowohl des Vorbringens zur Begründung des Beweisantrags als auch der in der bisherigen Beweisaufnahme angefallenen Erkenntnisse zu dem Ergebnis, ein Einfluss auf die Überzeugungsbildung sei sicher ausgeschlossen, so darf der Beweisantrag mit dieser

---

31 Vgl. BGH 4 StR 593/16; 2 StR 556/15 Tz. 11; NStZ 2005, 44 f.
32 BGH StV 1984, 5.
33 BVerfG NJW 1997, 999 f.
34 BGH 3 StR 274/09.
35 Vgl. BGH 2 StR 383/15 Tz. 24; 1 StR 235/14 Tz. 30; 1 StR 336/13 Tz. 19; 4 StR 445/13 Tz. 10; 5 StR 401/13 Tz. 6; 1 StR 644/09.

Kapitel 4 *Die gerichtliche Beweisaufnahme*

Begründung zurückgewiesen werden[36]. Maßstab aller Überlegungen ist insoweit die **Aufklärungspflicht**, die wiederum der revisionsrechtlichen Überprüfung unterliegt. In dem ablehnenden Gerichtsbeschluss sind daher die wesentlichen Gesichtspunkte konkret mitzuteilen[37]. Insbesondere muss dem Beschluss die Abwägung folgender Aspekte zu entnehmen sein:

– Gewicht der Strafsache, also mögliche Sanktion für den Angeklagten;
– Bedeutung und Beweiswert des Beweismittels vor dem Hintergrund des bisherigen Beweisergebnisses;
– Zeitpunkt der Antragstellung[38];
– zeitlicher und organisatorischer Aufwand und die damit zu erwartende Verzögerung des Verfahrens unter Beachtung des Grundsatzes der Verhältnismäßigkeit[39].

Ein „Nachschieben" von Gründen zur Ablehnung des Beweisantrags im Rahmen der Urteilsgründe ist unzulässig[40].

Liegen die Voraussetzungen des § 244 Abs. 5 S. 2 StPO vor, so ist die Frage der Erreichbarkeit ebenso wenig zu prüfen wie die sonstigen Ablehnungsmöglichkeiten des § 244 Abs. 3 StPO[41].

447 Erweist sich die Vernehmung des Auslandszeugen als erforderlich, so werden dem Gericht **erhebliche Anstrengungen** zur Herbeischaffung abverlangt. Denn nach der Revisionsrechtsprechung darf Unerreichbarkeit auch eines im Ausland befindlichen Zeugen nur dann angenommen werden, wenn entsprechende Bemühungen, ihn herbeizuschaffen, erfolglos geblieben sind und ein Erfolg auch in Zukunft nicht erwartet werden kann.

Ggfls. sind Ermittlungen über die deutschen Botschaften im Ausland oder Interpol hinsichtlich des Aufenthaltsortes des Zeugen anzustellen. Sodann muss im Wege der förmlichen Ladung versucht werden, den Zeugen zum Erscheinen zu veranlassen. Insoweit sieht das Gesetz in §§ 37 Abs. 1 StPO, 183 Abs. 1 Nr. 1 ZPO allerdings eine gewisse Erleichterung vor, da bei vielen Staaten eine Zustellung durch Einschreiben (in neutralem Umschlag) mit Rückschein bewirkt werden kann[42]. Hinsichtlich einer beschränkten Anzahl von Ländern[43] kann auch eine Ladung über die deutsche Konsularvertretung versucht werden. Notfalls muss jedoch im Wege des Rechtshilfeverkehrs die Zustellung einer Ladung erfolgen, was ausgesprochen zeitraubend ist. Die damit verbundene Verfahrensverzögerung begründet die Unerreichbarkeit aber noch nicht[44].

---

36 BGH 3 StR 49/11; 3 StR 401/10; 5 StR 119/10; 3 StR 451/09; NJW 2001, 695 f.
37 BGH 4 StR 445/13 Tz. 14; 3 StR 401/10; 3 StR 451/09; NStZ 1998, 158.
38 BGH 1 StR 544/09.
39 Vgl. BGH 5 StR 119/10; NStZ 2007, 349 ff.; NJW 2005, 2323; NJW 2004, 3053.
40 BGH 1 StR 644/09.
41 BGH 4 StR 445/13 Tz. 17; NJW 2001, 695 f.
42 Siehe hierzu oben Rn. 369.
43 Vgl. hierzu *Julius* StV 1990, 484.
44 BGH StV 1986, 418 f.

Bei sämtlichen Ladungsversuchen muss ggfls. erwogen werden, ob dem Zeugen „sicheres Geleit" nach Art. 12 EuRHÜbk zugesagt werden muss, wenn ihm im Inland (z.B. wegen Beteiligung an der verhandelten Tat) Strafverfolgung droht. Eine solche Maßnahme begründet indes für den Zeugen nur einen relativen Schutz, da er wegen Straftaten im Zusammenhang mit seiner Aussage, z.B. wegen Meineides in der Hauptverhandlung, durchaus auf der Stelle festgenommen und strafrechtlich belangt werden kann. **448**

Das Gericht muss ggfls. auch die Möglichkeit einer **kommissarischen Vernehmung** des Zeugen erwägen (§ 223 StPO). Sie dient zunächst ausschließlich der Beweissicherung und darf der Urteilsfindung nur dann zu Grunde gelegt werden, wenn sie ordnungsgemäß – regelmäßig im Wege einer Verlesung des Vernehmungsprotokolls gem. § 251 Abs. 2 StPO – in die Hauptverhandlung eingeführt worden ist. Bei der Entscheidung über eine kommissarische Vernehmung ist zu berücksichtigen, dass ihr regelmäßig nur ein geringerer Beweiswert zukommt, da der persönliche Eindruck von dem Zeugen und damit ein wichtiges Kriterium für die Beurteilung der „Glaubwürdigkeit" fehlt. Allerdings können auch Eindrücke des vernehmenden Richters (und deren Anknüpfungstatsachen) in das Protokoll aufgenommen werden[45]. **449**

Schließlich wird – von Amts wegen – zu prüfen sein, ob der Zeuge möglicherweise im Rahmen einer **Videovernehmung** nach § 247a Abs. 1 StPO gehört werden kann[46]. Denn erreichbar ist nach § 247a StPO auch derjenige Zeuge, der aus der Hauptverhandlung heraus mittels einer zeitgleichen Bild-Ton-Übertragung an einem anderen Ort vernommen werden kann. Liegt der Vernehmungsort im Ausland, so hindert dies die Erreichbarkeit des Zeugen nicht, sofern eine derartige Vernehmung im Wege der Rechtshilfe möglich ist und die Art der Durchführung derjenigen nach § 247a StPO im Inland entspricht. Erklärt sich der im Ausland befindliche Zeuge damit einverstanden, so ist eine Videovernehmung in der dortigen konsularischen Vertretung der Bundesrepublik Deutschland denkbar. **450**

Die Durchführung einer solchen Videovernehmung entspricht derjenigen im Inland, wenn die Einhaltung der für eine Hauptverhandlung geltenden wesentlichen Verfahrensgarantien – unbeeinflusste Vernehmung; Verhandlungsführung durch den Vorsitzenden; Fragerecht der sonstigen Beteiligten – sichergestellt ist. Ob die Videovernehmung – im Sinne der nach § 244 Abs. 5 StPO zu treffenden Entscheidung – angesichts der eingeschränkten Unmittelbarkeit ein taugliches und notwendiges Mittel zur Erforschung der Wahrheit darstellt, hängt von den Gegebenheiten des Einzelfalles ab[47].

---

45 Vgl. BGH NJW 2000, 1206.
46 Der auf Ladung eines Zeugen im Ausland gerichtete Beweisantrag umfasst auch ohne besondere Erwähnung die Vernehmung nach § 247a StPO, BGH NStZ 2000, 385. Tendenziell anderer Ansicht: BGH NStZ 2008, 232 f.
47 Vgl. BGH NStZ 2008, 232 f.; 2004, 347 f.; NJW 2000, 1206; 2518 f.; vgl. im Einzelnen und zur Videovernehmung in den USA: BGH NJW 1999, 3788 ff. sowie die Anmerkungen von *Duttge* NStZ 2000, 158 ff.

Kapitel 4 *Die gerichtliche Beweisaufnahme*

451 Als **unerreichbar** im vorstehenden Sinne sind im Wesentlichen **V-Leute, verdeckte Ermittler**[48] oder **Informanten** anerkannt, deren Namen und Anschriften durch die zuständige Behörde aufgrund eines sog. „**Sperrvermerks**" unter analoger Anwendung des § 96 StPO nicht bekannt gegeben werden[49]. Insoweit hat das Gericht jedoch zumindest eine Plausibilitätskontrolle dahingehend vorzunehmen, ob die Sperrerklärung nicht willkürlich und offensichtlich fehlerhaft ist. Ggfls. hat es sich um eine substantiierte Darlegung der Sicherheitsbedenken zu bemühen[50]. Notfalls hat es bei der obersten Dienstbehörde – i.d.R. dem zuständigen Innenminister[51] – auf die Benennung des Zeugen zu drängen, ggfls. gegen die Zusage eines Ausschlusses der Öffentlichkeit oder des Angeklagten für die Dauer der Vernehmung[52]. Auch ein Hinweis auf die Möglichkeit des § 247a Abs. 1 StPO, bei welcher durch optische und akustische Verzerrung sichergestellt ist, dass der Zeuge weder am Aussehen, noch an der Stimme erkannt wird, kommt in Betracht.

452 Die Zulässigkeit einer solchen akustischen und optischen Abschirmung, also einer **technischen Veränderung** der Übertragung zum Schutz besonders gefährdeter Zeugen, ist in der Rechtsprechung zwar noch nicht abschließend geklärt. Da sie – als Alternative zu einem gänzlichen Verzicht auf den Zeugen – letztlich die Erkenntnismöglichkeiten verbessert, ist eine solche Möglichkeit jedoch anzuerkennen[53]. Eine andere Frage ist, ob derartige Maßnahmen im Einzelfall genügen, um den erforderlichen Schutz zu gewährleisten. Auch wenn Stimme bzw. Aussehen nur verzerrt wiedergegeben werden und Angaben zur Person gem. § 68 Abs. 3 StPO verweigert werden dürfen, so bleibt doch die Gefahr, dass der Zeuge – insbesondere wenn es sich um eine Privatperson handelt – im Rahmen der inhaltlichen Befragung angeben muss, in welcher Eigenschaft und in welchem Zusammenhang er seine Wahrnehmungen gemacht hat. Dies wiederum könnte mittelbar zur Aufdeckung seiner Identität führen, zumal eine Einschränkung des Fragerechts aus § 240 Abs. 2 StPO nicht existiert und dem Zeugen hinsichtlich entsprechender Fragen auch kein Auskunftsverweigerungsrecht zustünde. Allerdings darf der Angeklagte zur Verhinderung eines Wiedererkennens – bei besonderer Gefährdungslage im Einzelfall – für die Dauer der Vernehmung aus dem Sitzungssaal entfernt werden[54].

---

48 Vgl. zum Begriff des V-Mannes die lesenswerte Definition in BGHSt 32, 115 (121). Der Unterschied zum verdeckten Ermittler besteht in Folgendem: V-Leute sind Privatpersonen, insbesondere solche, die sich im kriminellen Milieu bewegen. Verdeckte Ermittler sind demgegenüber immer Polizeibeamte, die unter einer sog. „Legende", also für eine gewisse Dauer unter falscher Identität leben, § 110a Abs. 2 StPO. Die materiellen Voraussetzungen eines Einsatzes sind in § 110a Abs. 1 StPO geregelt. Tritt ein Polizeibeamter lediglich in einigen wenigen Ermittlungshandlungen – etwa als Scheinaufkäufer von Rauschgift – in Erscheinung, so gelten die Auflagen der §§ 110a ff. StPO allerdings selbst dann nicht, wenn er unter einer Legende handelt, vgl. BGH NJW 1995, 2337 f. Siehe zur Problematik auch EGMR NStZ 2013, 175 ff.; BVerfG NJW 2012, 840; BGH NStZ 1997, 294, 448; NJW 1995, 2236; *Beulke*, Rn. 481a ff.; *Schneider* NStZ 2004, 359 ff.
49 Zu Auskunftspflichten im parlamentarischen Betrieb siehe BVerfG, Beschluss vom 13.06.2017, 2 BvE 1/15.
50 Vgl. BGH NStZ 2000, 266.
51 Vgl. BGH NStZ 2001, 333; NJW 1995, 2569 f.
52 BGH 1 StR 329/17 Tz. 16; NStZ 1996, 608.
53 Vgl. BGH NStZ 2007, 477 f.; 2006, 648 f. Siehe hierzu auch OLG Nürnberg NStZ-RR 2015, 251 ff.
54 BGH NStZ 2006, 648 f.

Aufklärungspflicht – Beweisantrag – Beweisermittlungsantrag **B**

Vor diesem Hintergrund kann sich eine Gegenvorstellung des Gerichts gegen die **453**
Sperrerklärung erübrigen, wenn sie von vorneherein aussichtslos ist. Letztlich hat das
Gericht bei einer endgültigen Weigerung der Behörde ohnehin keine Handhabe[55].
Rechtsbehelfe i.e.S. (etwa die Klage auf Erteilung der Genehmigung bzw. auf Mitteilung der Personaldaten) stehen nur dem Zeugen selbst bzw. dem Angeklagten zu,
denen der Verwaltungsrechtsweg eröffnet ist[56].

Auch wenn die Sperrerklärung letztlich hingenommen werden muss, so bewirkt sie jedoch **kein Beweisverbot**. Erlangt das Gericht trotz behördlicher Weigerung Kenntnis
von dessen Identität, so kann (und muss im Rahmen der Aufklärungspflicht) der
Zeuge geladen und vernommen werden. Eine Ausnahme gilt – wie auch sonst – nur
für den Fall, dass durch die Vernehmung Gefahr für Leib oder Leben des Zeugen
droht[57]. Schließlich darf die Sperrerklärung auch nicht mit einer **Zusicherung der Geheimhaltung** seitens der Staatsanwaltschaft oder der Polizei gleichgesetzt werden.
Diese bindet ein Gericht in keiner Weise und macht einen Zeugen nicht per se unerreichbar[58].

Bleibt die Identität des Zeugen dem Gericht letztlich trotz aller Bemühungen verborgen, so kann die Aufklärungspflicht nach § 244 Abs. 2 StPO die Vernehmung der sog. **454**
Verhörsperson, also in der Regel des Kriminalbeamten, der den V-Mann „geführt"
bzw. vernommen hat, erfordern, sofern diesem eine Aussagegenehmigung erteilt wird.
Gleiches gilt für verdeckte Ermittler.

Es liegt auf der Hand, dass der mit Geheimhaltungsinteressen begründete Rückgriff
der Exekutive auf die Vorschriften der §§ 54, 96 StPO stets auch eine Beschränkung
der gerichtlichen Sachaufklärung darstellt. So können bedeutsame Beweismittel,
insbesondere Zeugen und Urkunden, der Beweisaufnahme völlig entzogen werden.
Selbst im Falle einer mittelbaren Einführung von Erkenntnissen wird nicht nur das
Fragerecht der Verfahrensbeteiligten beeinträchtigt, sondern es steht auch nur ein
Surrogat mit eingeschränktem Beweiswert zur Verfügung. Diese staatlich verantworteten Umstände dürfen sich nicht zum Nachteil des Angeklagten auswirken. Im
Rahmen der **Beweiswürdigung** hat das Gericht daher unter Beachtung des Zweifelssatzes besondere Vorsicht walten zu lassen. Eine Verurteilung ist nur dann möglich,
wenn neben den mittelbaren Erkenntnissen weitere gewichtige Aspekte den Tatvorwurf stützen[59].

---

55 BGH NStZ 1996, 608.
56 BGH NJW 1998, 3577 ff. Siehe hierzu auch OVG Münster NJW 2015, 1977 f.; VGH Kassel, NJW 2014, 240 ff.; HessVGH StV 2013, 685 ff.; VGH Mannheim NJW 2013, 102 f.; OVG Lüneburg NJW 2012, 2372 ff.
57 BGH NStZ 2003, 610.
58 Siehe hierzu BGH 1 StR 297/11.
59 Vgl. hierzu die schon aus Gründen der Rechtshygiene nur zu begrüßende Entscheidung BGH NJW 2004, 1259 ff. zum Fall *El Motassadeq* (lesenswert!). Siehe auch EGMR 2007, 103 ff.; BVerfG NJW 2007, 204 ff.; BGH 1 StR 329/17 Tz. 8; NJW 2007, 237 ff.; 2005, 1132 sowie unten Rn. 510 f.

Kapitel 4 *Die gerichtliche Beweisaufnahme*

5. Schätzungen

455 Eine jedenfalls geringfügige Abschwächung der Aufklärungspflicht hat der Gesetzgeber durch sog. Schätzklauseln geschaffen. Insoweit sind zu nennen:

- § 40 Abs. 3 StGB hinsichtlich der Einkünfte und des Vermögens des Angeklagten, sobald eine Geldstrafe in Betracht kommt und der Angeklagte keine oder unrichtige Angaben zu seinen wirtschaftlichen Verhältnissen macht, deren Ermittlung zu einer unangemessenen Verzögerung des Verfahrens führen würde oder der erforderliche Aufwand nicht im Verhältnis zur Höhe der Geldstrafe stünde[60];
- § 73d StGB bzgl. der Bestimmung des durch eine Straftat Erlangten im Rahmen der Einziehung (Vermögensabschöpfung);
- § 403 StPO i.V.m. § 287 ZPO hinsichtlich des Schadensersatzanspruchs im Adhäsionsverfahren.

Auch jenseits der genannten gesetzlichen Regelungen ist es zulässig, tatgerichtliche Feststellungen (etwa zu dem aus der Tat erwachsenen Schaden, zu Besteuerungsgrundlagen u.ä.) auf eine Schätzung zu stützen. Hierfür können auch Gründe der Verfahrensökonomie sprechen, etwa wenn die exakte Aufklärung unmöglich ist oder einen unangemessenen Aufwand erfordert und für den Schuldumfang nur vernachlässigbare Abweichungen zu erwarten sind[61].

Eine solche Schätzung hat folgende Voraussetzungen[62]:

- für eine annähernd genaue Berechnung fehlen aussagekräftige Beweismittel;
- die Parameter der Schätzgrundlage müssen tragfähig sein, d.h. es bedarf **konkreter Anhaltspunkte**;
- im Rahmen der Gesamtwürdigung des Schätzergebnisses ist der Zweifelssatz zu beachten und
- die Grundlagen der Schätzung müssen im tatrichterlichen Urteil für das Revisionsgericht nachvollziehbar dargestellt werden.

Nach diesen Grundsätzen können – und müssen häufig – bei **Betäubungsmitteldelikten** die Wirkstoffkonzentration (z.B. anhand repräsentativer Stichproben; Angaben von Konsumenten über die Qualität, Preis, Handelsstufe) oder die für eine Weiterveräußerung bestimmte Menge geschätzt werden, sofern konkrete Feststellungen nicht möglich sind. Denn wegen der Bedeutung der Wirkstoffmenge für eine schuldangemessene Strafe ist insoweit eine möglichst genaue Feststellung erforderlich[63].

456 Eine Schätzung ist auch bei **Serientaten** möglich, wenn zwar der strafbare Gesamtschaden feststeht, die Verteilung auf Einzelakte mit vertretbarem Aufwand aber nicht möglich ist. Steht bei Vermögensdelikten nach der Überzeugung des Tatrichters ein strafbares Verhalten des Täters fest, dann kann auch hier die Bestimmung des Schuldumfangs im Wege der Schätzung erfolgen, wenn sich Feststellungen auf andere

---

60 BGH 1 StR 147/17 Tz. 10; 1 StR 536/16 Tz. 37.
61 Siehe etwa BGH 1 StR 505/16 Tz. 23 f.; 1 StR 523/15 Tz. 15 f., 20.
62 BVerfG NStZ-RR 2015, 335 f.
63 Vgl. BGH 1 StR 213/17 Tz. 5; 1 StR 227/17 Tz. 4; 2 StR 300/16 Tz. 7; 3 StR 138/16 Tz. 3 m.w.N.; 1 StR 43/16 Tz. 4; 3 StR 212/13 Tz. 4; betreffend Cannabis findet sich eine Übersicht zu den durchschnittlichen Wirkstoffgehalten bei *Patzak/Goldhausen* NStZ 2011, 76 f.

Aufklärungspflicht – Beweisantrag – Beweisermittlungsantrag **B**

Weise nicht treffen lassen. In solchen Fällen muss der Tatrichter – letztlich anhand von **Indizien** – einen als erwiesen angesehenen Mindestschuldumfang feststellen[64].

In diesem Zusammenhang sind auch die besonderen Probleme bei umfangreichen **Betrugsverfahren mit zahlreichen Geschädigten** und einer Vielzahl von geringen Einzelschäden zu erwähnen. Hier stellt sich die Frage, ob zwecks Aufklärung der Einzeltaten schon im Hinblick auf § 261 StPO sämtliche (möglicherweise also tausende) Geschädigte als Zeugen vernommen werden müssen, um etwa die Frage der irrtumsbedingten Vermögensverfügung zu klären. Auch hier gewinnt die Möglichkeit des Indizienbeweises Bedeutung. So ist es jedenfalls bei standardisiertem und massenhaftem Tatverhalten zulässig, nur einige – repräsentative – Zeugen zu vernehmen und ausgehend von deren Angaben auf die gleichgelagerte Motivationslage bei den übrigen Geschädigten zu schließen. Beim Anlagebetrug kann indes anderes gelten[65].

III. Voraussetzungen und Wirkungen des Beweisantrags

Der durch Art. 103 Abs. 1 GG garantierte Anspruch auf rechtliches Gehör beinhaltet zwar nicht den Anspruch auf ein bestimmtes Beweismittel[66], gibt jedoch die Möglichkeit, durch Anträge auf die konkrete Ausgestaltung der Beweisaufnahme Einfluss zu nehmen. Wird von einem Verfahrensbeteiligten ein förmlicher Antrag auf eine konkrete Beweiserhebung gestellt, so hat das Gericht zu prüfen, ob dieser prozessual zulässig ist und ob ihm – möglicherweise schon aufgrund der Aufklärungspflicht – nachzugehen ist. **457**

1. Zulässigkeit des Beweisantrags

Von einem – ggfls. förmlich zu bescheidenden – „echten" Beweisantrag ist nur dann auszugehen, wenn er bestimmte **formale und inhaltliche Voraussetzungen** erfüllt: **458**

a) Antragsrecht

Da der Beweisantrag eine konkrete Ausgestaltung des Anspruchs auf rechtliches Gehör darstellt, steht das **Antragsrecht** nur den Verfahrensbeteiligten zu, denen vom Gericht rechtliches Gehör zu gewähren ist. Dies sind:
– die Staatsanwaltschaft (zur Be- und Entlastung des Angeklagten);
– der Angeklagte (auch bei Geschäftsunfähigkeit);
– der Verteidiger (dieser hat ein selbstständiges und vom Willen des Angeklagten unabhängiges Antragsrecht[67]);
– die Erziehungsberechtigten bzw. die gesetzlichen Vertreter, § 67 Abs. 1 JGG;

---

64 Siehe zu alldem BGH 1 StR 519/16 Tz. 19 m.w.N.; 1 StR 122/16 (Besteuerungsgrundlagen); 1 StR 561/13 Tz. 18 f. (Berechnung verkürzter Steuern); 1 StR 103/12 Tz. 24; 4 StR 125/12 Tz. 57; 1 StR 643/09; 1 StR 283/09 m.w.N. sowie *Fischer* StraFo 2012, 429 ff.
65 Siehe hierzu BGH 5 StR 268/17 Tz. 8 ff.; 1 StR 314/14 Tz. 17 ff. m.w.N.; 4 StR 430/13 Tz. 17; 5 StR 510/13 Tz. 24; 3 StR 154/13 Tz. 13; 1 StR 263/12 Tz. 14 ff.
66 BVerfG NJW 1998, 524.
67 Siehe BGH 3 StR 11/15 Tz. 6; 4 StR 148/09.

Kapitel 4 *Die gerichtliche Beweisaufnahme*

- der Nebenkläger im Rahmen seiner Anschlussberechtigung, vgl. § 397 Abs. 1 S. 3 StPO;
- der Privatkläger (bei dessen Anträgen es sich jedoch stets nur um Beweisanregungen handelt, vgl. § 384 Abs. 3 StPO);
- der Adhäsionskläger, soweit seine vermögensrechtlichen Ansprüche betroffen sind;
- sog. „Einziehungsbeteiligte" i.S.d. §§ 424, 430 StPO, soweit es nicht um die Schuldfrage geht, § 430 Abs. 2 StPO.

459 Das Antragsrecht des Angeklagten erlischt selbst dann nicht, wenn er zur Verhinderung des ordnungsgemäßen Abschlusses der Hauptverhandlung hiervon in missbräuchlicher Art und Weise und in exzessiver Form Gebrauch macht. In einem solchen Fall darf (nur) angeordnet werden, dass er in Zukunft Beweisanträge nur noch über seinen Verteidiger stellen darf[68]. Geht eine solche Art der Antragstellung von dem Verteidiger selbst aus, so gelten die Darstellungen zur „Konfliktverteidigung"[69].

b) Notwendiger Inhalt

460 Unter einem Beweisantrag versteht man das in der Hauptverhandlung gestellte – ernsthafte – Verlangen eines Verfahrensbeteiligten, über eine die Schuld- oder Straffrage betreffende Behauptung durch bestimmte, nach der StPO zulässige Mittel Beweis zu erheben. Daraus ergeben sich folgende **inhaltliche Erfordernisse**:

- Benennung einer bestimmten Beweistatsache zur Schuld- oder Straffrage;
- Bezeichnung eines konkreten Beweismittels;
- Ausführungen zur sog. Konnexität.

Im Einzelnen: Ein „echter" Beweisantrag verlangt die Bezeichnung einer **bestimmten Beweistatsache**[70] (sog. „Beweisthema" oder „Beweisbehauptung"), vgl. auch § 219 Abs. 1 StPO. Diese muss sich auf die **Schuld- oder Straffrage** beziehen, so dass von vornherein alle Behauptungen ausscheiden, die dem Freibeweisverfahren zugänglich sind (also insbesondere Verfahrensfragen, etwa die Ordnungsgemäßheit einer Belehrung oder das Bestehen eines Zeugnisverweigerungsrechts). Auch der Antrag, Beweis darüber zu erheben, *ob* sich eine bestimmte Tatsache ereignet hat, erfüllt die Anforderungen nicht. Vielmehr ist **konkret zu behaupten**, *dass* ein die Tat- bzw. Schuldfrage betreffendes Ereignis stattgefunden habe. Natürlich darf ein Beweisantrag auch mehrere solcher Behauptungen enthalten. Diese dürfen sich aber nicht gegenseitig ausschließen[71]. Vorsicht: Beweisbehauptungen stellen **keine Einlassung** dar. Anders ist es nur dann, wenn der Angeklagte dies (z.B. auf Befragen) ausdrücklich erklärt[72].

---

68 BGHSt 38, 111 ff. für den Fall, dass bereits ein Jahr lang an 77 Tagen verhandelt worden war und sich das Gericht ein weiteres halbes Jahr an 30 weiteren Tagen nur mit der Entgegennahme und Ablehnung von Beweisanträgen zu befassen hatte. Zudem hatte der Angeklagte weitere „hunderte oder gar tausende" Beweisanträge angekündigt, die er auch noch zu Protokoll diktieren wollte. Auf Letzteres hat er freilich keinen Anspruch.
69 Siehe unten Rn. 626 ff.
70 BGH NJW 1999, 800 f.; NStZ 1998, 1725.
71 Vgl. BGH 1 StR 45/11 Tz. 36.
72 BGH 2 StR 383/15 Tz. 29; 3 StR 11/15 Tz. 6.

Nicht als Beweistatsachen dürfen vor allem bloße **Wertungen** oder **Schlussfolgerungen** 461
behandelt werden, denen lediglich das Ziel der Beweiserhebung zu entnehmen ist[73]. Tatsächliche oder rechtliche Folgerungen können sich ja erst aus konkreten Umständen ergeben, auf die sich ein förmlicher Beweisantrag beziehen muss. Dabei kann die Abgrenzung zwischen Tatsachenbehauptung und Wertung bzw. Schlussfolgerung im Einzelfall durchaus schwierig sein. Keine konkreten Tatsachen enthalten etwa folgende Beweisbehauptungen:

- Ein Belastungszeuge sei *„unglaubwürdig, seine Aussage nicht glaubhaft"*.
  Es liegt auf der Hand, dass mit einer solchen – wertenden – Behauptung nur das Ziel umschrieben wird, das Gericht möge seine Entscheidung nicht auf diesen Zeugen stützen[74].

- Der Angeklagte habe *„ein Alkoholproblem"* bzw. sei bei Tatbegehung *„hochgradig alkoholisiert"* gewesen.
  Auch hier handelt es sich lediglich um Wertungen, denen natürlich das Beweisziel zu entnehmen ist, dem Angeklagten die Vergünstigungen der §§ 20, 21 StGB zu erschließen[75]. Hierfür bedarf es aber etwa der konkreten Darlegung, in welchem Zeitraum welche berauschenden Mittel in welcher Menge konsumiert worden sein sollen.

- Der Angeklagte sei *„bei Tatbegehung jünger als 21 Jahre alt"* gewesen.
  Erkennbar soll im Ergebnis als Rechtsfolge Jugendrecht zur Anwendung gelangen, konkrete Behauptungen zum tatsächlichen Alter (etwa Geburtsdatum) enthält ein solcher Antrag indes nicht[76].

- Dem Tatopfer seien *„keine schweren seelischen oder körperlichen Schäden"* zuge- 462
  fügt worden.
  Das mag für die Strafzumessung und ggfls. auch für die Frage des § 66 StGB von Bedeutung sein, ist letztlich aber nicht mehr als eine zusammenfassende Bewertung, welcher die maßgeblichen Umstände nicht zu entnehmen sind[77]. Die Qualität der Wertung wird auch daran deutlich, dass sich der Adressat eines solchen Antrages nahezu automatisch die Frage nach der Tatsachengrundlage stellt, nämlich *warum* dies so sein soll.

- Bei dem Angeklagten lägen *„die Voraussetzungen des § 21 StGB vor"*, er sei *„zur Tatzeit aufgrund seiner Betäubungsmittelabhängigkeit und des hieraus erwachsenen Beschaffungsdrucks in seiner Fähigkeit zu einem einsichtsgemäßen Verhalten erheblich eingeschränkt gewesen"* bzw. er habe *„keinen Hang zur Begehung von Straftaten"* i.S.d. § 66 StGB.
  Auch hier handelt es sich jeweils lediglich um Wertungen bzw. die Benennung eines Beweiszieles, nämlich die Anwendung (§ 21 StGB) bzw. Nichtanwendung (§ 66 StGB) gesetzlicher Regelungen. Insoweit ist zudem zu berücksichtigen dass die

---

73 BGH 1 StR 379/13 Tz. 13 m.w.N.
74 BGH 5 StR 325/07.
75 Vgl. BGH 3 StR 69/08; NStZ 2006, 712 f.; 3 StR 71/97.
76 BGH 3 StR 331/97.
77 BGH 3 StR 568/09.

Kapitel 4 *Die gerichtliche Beweisaufnahme*

vom Gericht ggfls. auf der Grundlage unbestimmter Rechtsbegriffe (z.B. „Hang") zu beantwortenden **Rechtsfragen** einer Beweiserhebung generell entzogen sind[78].

463 Die Anforderungen an den Tatsachenbezug sind also vergleichsweise streng. Andererseits darf eine – ggfls. auszulegende – Beweisbehauptung durchaus schlagwortartig verkürzt werden. Insbesondere bei der Geltendmachung einer verminderten oder aufgehobenen **Schuldfähigkeit** genügt daher die entsprechende Behauptung, sofern die nötigen tatsächlichen Anknüpfungstatsachen (etwa Unfall mit Schädel-Hirn-Trauma, anschließende Wesensveränderung) konkret mitgeteilt werden[79]. Beim Zeugenbeweis bedarf es dagegen einer Darlegung exakt der Tatsachen, die Gegenstand der eigenen Wahrnehmung des Zeugen gewesen sein sollen[80].

464 Auch hinreichend konkreten Beweisbehauptungen, die aber ohne jeden tatsächlichen Anhaltspunkt und ohne begründete Vermutung für ihre Richtigkeit „**ins Blaue hinein**" aufgestellt werden, muss das Gericht nicht nachgehen. Sie genügen daher nicht den Anforderungen an den Sachvortrag. Das ist aber nur dann der Fall, wenn bei einer Gesamtschau des bisherigen Beweisergebnisses, der Aktenlage und den Ausführungen in dem Antrag kein Anhaltspunkt dafür besteht, dass die geforderte Beweiserhebung etwas zur Klärung des Sachverhaltes beitragen könnte[81]. Es muss sich also um einen in Wahrheit nicht ernst gemeinten, zum Schein gestellten Antrag handeln. Dies ist aus der Sicht eines „verständigen" Antragstellers auf der Grundlage der von ihm selbst nicht in Frage gestellten Tatsachen zu beurteilen[82]. Es liegt dann kein den Regeln des § 244 Abs. 3, 4 StPO unterfallender Beweisantrag, sondern nur ein sog. Beweisermittlungsantrag vor. Dem Angeklagten ist aber auf entsprechende Hinweise hin Gelegenheit zu geben, seinen Antrag durch weiteres Vorbringen in tatsächlicher Hinsicht „nachzubessern"[83].

465 Ohnehin kann der Beweisantrag durchaus Dinge betreffen, die der Angeklagte nur für (ernsthaft) möglich hält oder vermutet[84]. Unschädlich ist es auch, wenn die unter Beweis gestellte Tatsache objektiv ungewöhnlich oder unwahrscheinlich erscheint oder andere Möglichkeiten näher gelegen hätten[85]. Die Annahme, eine Beweisbehauptung sei „ins Blaue hinein" aufgestellt, kommt folglich nur im Ausnahmefall in Betracht. Denn schließlich kann der Angeklagte zu Unrecht mit einem Tatvorwurf belastet sein, so dass es ihm unmöglich ist, aus eigener Erkenntnis zum Tathergang Angaben zu machen.

Andererseits verdienen **bewusst wahrheitswidrige Behauptungen** nicht den Schutz des förmlichen Beweisantragsrechts. Wird ein Antrag nicht zum Zwecke der Wahrheitsermittlung, sondern **wider besseres Wissen** in Verfolgung einer sachwidrigen Prozesstaktik gestellt, so fehlt ihm die Qualität eines Beweisantrages[86].

---

78 Siehe BGH 3 StR 273/10; 3 StR 436/09; 1 StR 186/99.
79 Siehe BGH 3 StR 365/11; 4 StR 545/05; 5 StR 523/00.
80 BGH 3 StR 291/17; 3 StR 240/14 Tz. 6; 4 StR 372/12 Tz. 10; NStZ 2009, 171 f.
81 BGH 4 StR 372/12 Tz. 12; NStZ 2009, 226 f.; 2008, 53; 2003, 497.
82 BGH 1 StR 497/10.
83 Vgl. BGH 3 StR 335/16 Tz. 21; StV 1985, 311; OLG Köln NStZ 2008, 584 ff.
84 Vgl. BGH 4 StR 128/14 Tz. 5 m.w.N.
85 BGH 4 StR 372/12 Tz. 12; 1 StR 497/10; NStZ 2008, 474.
86 Vgl. BGH 2 StR 211/14 Tz. 12; 5 StR 444/11 Tz. 10 ff.

466 Hierzu bedarf es auch der Nennung eines **bestimmten Beweismittels**. Augenscheinsobjekte oder Urkunden sind also genau zu bezeichnen[87]. Bei einem Zeugen sind regelmäßig der volle Name und die genaue („ladungsfähige") Anschrift[88], zumindest aber mitzuteilen, auf welchem Wege er erreicht werden kann[89]. Im Einzelfall kann es aber genügen, wenn die benannte Person so individualisiert ist, dass eine Verwechslung nicht in Betracht kommt. Die Nennung eines konkreten Namens ist also etwa entbehrlich, wenn der Zeuge unter Berücksichtigung des Beweisthemas über seine Tätigkeit (insbesondere bei Mitarbeitern einer Behörde) zu ermitteln ist[90].

467 Schließlich hat der Antragsteller – sofern sich dieser Zusammenhang nicht von selbst versteht – auch darzulegen, warum das von ihm benannte Beweismittel Aufschluss über die behauptete Beweistatsache geben können soll (sog. **Konnexität**). So soll das Gericht in die Lage versetzt werden, die Plausibilität des Antrags und die Möglichkeiten eines Erkenntnisgewinns – also insbesondere die Geeignetheit des Beweismittels – zu prüfen. Ist der Antrag auf die Vernehmung eines Zeugen gerichtet, so muss ihm zu entnehmen sein, weshalb der Zeuge **aus eigener Wahrnehmung** etwas zu dem Beweisthema bekunden können soll (z.B. weil er am Tatort war oder den Angeklagten an einem anderen Ort gesehen haben soll)[91]. Wird ein solcher Antrag bei fortgeschrittener Beweisaufnahme gestellt, so richtet sich die Darlegungslast nach der bereits erreichten Beweislage[92]. Fehlen entsprechend konkrete Ausführungen, dann liegt kein Beweisantrag vor, so dass sich die Verpflichtungen des Gerichts allein nach der Aufklärungspflicht (§ 244 Abs. 2 StPO) bemessen[93].

468 Die Darlegung der Konnexität ist vor allem dann schwierig, wenn lediglich eine sog. „**Negativtatsache**" unter Beweis gestellt wird, etwa mit der Behauptung, zur Tatzeit nicht am Tatort gewesen zu sein. Bei näherem Hinsehen benennt ein solcher Antrag nur das gewünschte Ergebnis einer Bewertung von Tatsachen, also ein Beweisziel. Das genügt so nicht. Wird nicht mitgeteilt, aufgrund welcher konkreten Umstände das genannte Beweismittel zu dem gewünschten Schluss zwingt, liegt kein ordnungsgemäßer Beweisantrag vor. Die bloße Behauptung einer „Negativtatsache" wird daher nur in Ausnahmefällen den Anforderungen an einen Beweisantrag gerecht, etwa wenn dem Antrag im Wege der Auslegung dem Beweis zugängliche Tatsachenbehauptungen entnommen werden können[94].

---

87 BGH NStZ 2008, 109. Der Antrag auf **Beiziehung von Akten** ist daher i.d.R. kein Beweisantrag. Über einen solchen Antrag befindet allein der Vorsitzende im Rahmen seiner Sachleitungsbefugnis aus § 238 Abs. 1 StPO. Damit entfällt – jenseits der Aufklärungspflicht – auch die Rügemöglichkeit des § 338 Nr. 8 StPO, vgl. BGH NStZ 2009, 51 f.
88 BGH 4 StR 78/14 Tz. 11; 5 StR 119/10; NStZ 2009, 649 f.
89 BGH 2 StR 556/15 Tz. 9; 1 StR 314/14 Tz. 15; 1 StR 620/09; NStZ 1999, 152; NJW 1994, 1294 f.
90 BGH 1 StR 644/09.
91 Vgl. BGH 5 StR 2/14 Tz. 25; 1 StR 379/13 Tz. 15 ff.; 4 StR 372/12 Tz. 10; 1 StR 497/10; 4 StR 375/09.
92 Vgl. BGH 3 StR 240/14 Tz. 6; NJW 2008, 3446 f.; 5 StR 238/08.
93 BGH 1 StR 506/12 m.w.N.; 1 StR 336/11 Tz. 28; 1 StR 497/10. Zur Kritik daran siehe *Rose* NStZ 2014, 128 ff.
94 BGH NStZ-RR 2005, 78 f.; NStZ 2000, 267 f.; allgemein zu Negativbehauptungen siehe auch *Niemöller* StV 2003, 687 ff.

Kapitel 4 *Die gerichtliche Beweisaufnahme*

469 Keine gem. § 244 Abs. 6 S. 1 StPO zu bescheidende Anträge sind auch solche, die lediglich auf die **Wiederholung** einer bereits erfolgten Beweiserhebung hinauslaufen[95]. So besteht etwa kein Anspruch darauf, einen Zeugen zu demselben Beweisthema erneut zu vernehmen. Ein solches Verlangen ist allein nach der Aufklärungspflicht zu beurteilen. Etwas anders gilt nur, wenn der Zeuge zu einer neuen Behauptung benannt wird, zu der er noch nicht gehört worden war[96].

c) Notwendige Form

470 Der Beweisantrag muss **in der Hauptverhandlung mündlich** gestellt werden. Vor Beginn der Verhandlung eingegangene Anträge können zwar die Aufklärungspflicht auslösen, sind aber keine „echten" Beweisanträge. Sie werden nach § 219 StPO vom Vorsitzenden beschieden und müssen ggfls. in der Hauptverhandlung wiederholt werden. Dort muss auch ein zuvor schriftlich abgefasster Beweisantrag vorgetragen werden[97]. Dabei ist die schriftliche Fixierung zwar nicht generell erforderlich, jedoch im Hinblick auf eine mögliche Revision sachdienlich. Das Diktat ins Protokoll kann zwar nicht verlangt werden[98], wird aber leider gleichwohl praktiziert.

Aus der Fürsorgepflicht des Gerichts sowie aus der Aufklärungspflicht des § 244 Abs. 2 StPO resultiert im Übrigen die Verpflichtung, auf sachdienliche Anträge hinzuwirken. Auf förmliche oder inhaltliche Mängel des Beweisantrages ist der Antragsteller also durch das Gericht hinzuweisen. Umgekehrt ist der Antragsteller gehalten, Missverständnisse noch in der Hauptverhandlung auszuräumen, wenn das Gericht aufgrund unklarer Formulierungen zu der (aus seiner Sicht) unzutreffenden Auslegung eines Antrags gelangt und ihn deshalb ablehnt. Unterlässt er dies, so ist es ihm verwehrt, das Verhalten des Gerichts mit der Revision zu beanstanden[99].

d) Frist

471 Angesichts der Verpflichtung zur Ermittlung der materiellen Wahrheit kennt die StPO **keine Präklusion** von Beweisvorbringen infolge Zeitablaufs. Nach § 246 Abs. 1 StPO ist das Gericht vielmehr verpflichtet, Beweisanträge bis zum **Beginn der Urteilsverkündung** (Verlesung des Urteilstenors) entgegen zu nehmen und darüber zu befinden, auch wenn die Urteilsberatung bereits abgeschlossen ist. Aus dem Zeitpunkt der Antragstellung darf jedenfalls beim schweigenden Angeklagten auch regelmäßig kein nachteiliger Schluss gezogen werden[100].

Mit Gesetz vom 17.08.2017 zur (angeblich) „praxistauglicheren Ausgestaltung des Strafverfahrens" wurde allerdings die Möglichkeit geschaffen, nach Abschluss des

---

95 BGH 4 StR 254/12; 1 StR 104/08; NJW 2003, 2763. Hierbei muss allerdings wirkliche **Identität** zwischen dem beantragten und dem bereits ausgeschöpften Beweismittel bestehen. Vgl. zu der feinsinnigen Unterscheidung zwischen der Augenscheinseinnahme eines Films und derjenigen entsprechender Standbilder BGH NStZ 2006, 406 f.
96 BGH NJW 2003, 2763; StV 1995, 566.
97 Vgl. BGH 2 StR 383/15 Tz. 11; 3 StR 462/10.
98 Vgl. *Meyer-Goßner*, § 244 Rn. 32 m.w.N.
99 BGH 2 StR 211/14 Tz. 9; 4 StR 423/11 Tz. 5; NStZ 2009, 171 f. m.w.N.; NStZ-RR 2008, 382.
100 BGH 3 StR 11/15 Tz. 6.

gerichtlichen Beweisprogramms eine angemessene Frist für die Stellung von Beweisanträgen zu bestimmen. Nach Fristablauf angebrachte Anträge können – wie Hilfsbeweisanträge – im Urteil beschieden werden, es sei denn, eine frühere Antragstellung war nicht möglich, was glaubhaft zu machen ist, vgl. § 244 Abs. 6 StPO. Wie das in der Praxis funktionieren soll, hat der Gesetzgeber leider nicht bedacht[101]. Erfolgt in der Hauptverhandlung ein Beweisantrag, verbunden mit der Erklärung, man habe ihn nicht früher stellen können, so wird das Gericht wohl spätestens auf Antrag durch Beschluss entscheiden müssen, ob inhaltlich noch in der laufenden Verhandlung oder erst im Urteil entschieden wird. Sinnvollerweise kann dann auch sogleich in der Sache selbst entschieden werden.

Die bisherige Rechtsprechung zur Problematik der Antragsfrist bleibt daher mutmaßlich relevant. Diese erlaubt u.a. eine Fristsetzung im Zusammenhang mit absehbarer Prozessverschleppung[102].

Die zeitliche Grenze der Urteilsverkündung wird aber auch in Fällen bedeutsam, in denen das Revisionsgericht ein Urteil nur im Strafausspruch (z.B. 5 Jahre Freiheitsstrafe), nicht aber im Schuldspruch (z.B. wegen Raubes) aufhebt. In einem solchen Fall tritt hinsichtlich des Schuldspruchs **Teilrechtskraft** ein, so dass der (neue) Tatrichter an die Urteilsfeststellungen gebunden ist, die ausschließlich die Schuldfrage betreffen oder die als sog. „doppelrelevante" Tatsachen gleichermaßen für die Straf- und die Schuldfrage bedeutsam sind. Stellt also der Angeklagte (erst) in einer solchen Situation einen Beweisantrag, mit dem er seine mangelnde Schuldfähigkeit zur Tatzeit beweisen will, so ist dieser Antrag – infolge der Teilrechtskraft des Schuldspruchs – unzulässig[103].

e) Mögliche Bedingungen/Hilfsbeweisantrag

Beweisanträge können auch an eine **Bedingung** geknüpft werden, etwa **472**
– einen unerwünschten **Prozessausgang** (z.B. Verurteilung statt Freispruch);
– den Eintritt einer bestimmten **Prozesslage** (z.B. dass einem bestimmten Zeugen vom Gericht Glauben geschenkt wird) oder
– die gerichtliche **Feststellung bestimmter Tatsachen** in der Entscheidung (z.B. bestimmte Motive des Angeklagten, Verneinung einer verminderten Schuldfähigkeit i.S.d. § 21 StGB).

Solchermaßen bedingte Beweisanträge kommen in der Praxis in der Regel als sog. **Hilfsbeweisanträge** vor[104], die im Rahmen des Schlussplädoyers (§ 258 StPO) gestellt werden. Hierdurch bringt der Antragsteller zum Ausdruck, dass er auf eine Bescheidung in der Hauptverhandlung nach § 244 Abs. 6 StPO (also weiteres rechtliches Gehör) verzichtet und damit einverstanden ist, wenn sein Antrag erst in den Urteilsgründen beschieden wird. Die gelegentlich anzutreffende Unsitte, einen Hilfsbe-

---

101 Siehe den Gesetzesentwurf BT-Drucksache 18/11277, S. 35; sowie *Mosbacher* NStZ 2018, 9 ff.
102 Siehe hierzu unten Rn. 491 f.
103 Vgl. BGH NJW 1998, 3212; näheres zur Teilrechtskraft siehe unten Rn. 1096.
104 In den anderen Fällen spricht man vom „prozessual bedingten" bzw. vom „Eventualbeweisantrag". Diese Klassifizierung ist allerdings streitig, vgl. *Meyer-Goßner*, § 244 Rn. 22 bis 22b.

Kapitel 4 *Die gerichtliche Beweisaufnahme*

weisantrag zu stellen, zugleich aber ausdrücklich nicht auf eine Bescheidung in der Hauptverhandlung zu verzichten, ist folglich rechtlich irrelevant.

Über den Hilfsbeweisantrag darf (und muss) erst zusammen **mit dem Urteil** entschieden werden[105]. Dies hat auch Folgen für die Revision. Lehnt nämlich der Tatrichter den Hilfsbeweisantrag mit unzutreffender Begründung ab oder übergeht er ihn versehentlich ganz, so ist dies unschädlich, wenn eine Ablehnung rechtsfehlerfrei möglich gewesen wäre und die (zutreffenden) Ablehnungsgründe vom Revisionsgericht aufgrund des Urteilsinhalts nachgereicht oder ergänzt werden können[106].

473 Kann der Eintritt der Bedingung nicht vermieden werden (z.B. wenn der von der Verteidigung beantragte Freispruch nicht in Frage kommt) und liegt kein gesetzlicher Ablehnungsgrund (§ 244 Abs. 3 bis 5, § 245 Abs. 2 S. 2 StPO) vor, so ist die Beweisaufnahme wiederzueröffnen und der gewünschte Beweis zu erheben. Angesichts der damit verbundenen Komplikationen für das Verfahren verfolgen Hilfsbeweisanträge oft den (legitimen) Zweck, das Gericht unter Druck zu setzen. Sie sind nämlich „lästig", zwingen sie doch im Einzelfall zu möglicherweise umfangreichen weiteren Beweiserhebungen. Dadurch mag – zumindest unterbewusst – beim Gericht eine Tendenz entstehen, die gestellte Bedingung im Zweifelsfall eintreten zu lassen, weshalb der Hilfsbeweisantrag auch als „Geheimwaffe"[107] bezeichnet wird.

474 Der BGH hat allerdings Hilfsbeweisanträge für unzulässig erklärt, „die sich nach der zu beweisenden Behauptung gegen den Schuldspruch richten, aber nur für den Fall einer bestimmten Rechtsfolgenentscheidung als gestellt gelten sollen"[108].

> **Beispiel:** A. ist wegen Bestechlichkeit (§ 332 StGB) angeklagt. Im Schlussplädoyer stellt sein Verteidiger den Antrag, den Zeugen Z. dazu zu vernehmen, dass der Angeklagte, falls er Vorteile irgendwelcher Art von dem Zeugen entgegengenommen haben sollte, diese jedenfalls nicht als Gegenleistung für Diensthandlungen empfangen hat (Sinn: Damit würde der Vorwurf der Bestechlichkeit mangels der erforderlichen „Unrechtsvereinbarung"[109] entfallen).
>
> Die Beweiserhebung soll nach dem Willen der Verteidigung nur erfolgen, falls das Gericht eine Freiheitsstrafe verhängen will, die entweder
> – nicht zur Bewährung ausgesetzt wird oder
> – zwar zur Bewährung ausgesetzt, dem Angeklagten aber als Bewährungsauflage (§ 56b Abs. 2 Nr. 2 StGB) eine Geldbuße auferlegt wird.
>
> Im Klartext ist hier der Angeklagte bereit, weitere Aufklärung hinsichtlich der Schuldfrage zurückzustellen, wenn er „nur" zu einer Bewährungsstrafe ohne Auflagen verurteilt wird. Eine solche Verknüpfung zwischen Bedingung und Aufklärungsbegehren verstößt schon gegen die sachlogische Prüfungsreihenfolge. Denn das Gericht wäre gezwungen, sich zunächst mit dem Bewährungsbeschluss und dessen Inhalt (Rechtsfolgen) auseinander zu setzen, bevor es über eine weitere Sachaufklärung hinsichtlich der Schuldfrage entscheidet. Ein solches Verhalten des Angeklagten bzw. des Verteidigers ist auch in sich wider-

---

105 BGH 5 StR 95/12 Tz. 8; NStZ 1998, 98.
106 Vgl. BGH 3 StR 300/13; 1 StR 162/09; NStZ-RR 2006, 382; NStZ 2006, 406 f.
107 *Schlothauer* StV 1988, 542.
108 Vgl. BGH 3 StR 325/17; 4 StR 52/17 sowie grundlegend BGH NStZ 1995, 144 f., NStZ 1998, 209.
109 Vgl. hierzu *Fischer*, § 332 Rn. 11, § 331 Rn. 21 ff.

sprüchlich, da dem Gericht – bei Bedingungseintritt – eine Beweiserhebung zu einem Gesichtspunkt (Schuldfrage) zugemutet wird, gegen den man sich erkennbar gar nicht wendet. Diesem Vorgehen haftet der „Mangel der Ernstlichkeit" an, es läuft im Ergebnis auf das Angebot einer Absprache über den Ausgang des Verfahrens hinaus[110].

Das Gericht kann in einem solchen Fall – also auch in unserem Beispiel – den Antrag als unzulässig ablehnen.

Zusammenfassend ist daher festzustellen: **475**

Hilfsbeweisanträge sind grundsätzlich zulässig. Sie sind **nur dann unzulässig**, wenn
- sich die (bedingt) begehrte Sachaufklärung auf die Schuldfrage bezieht (also die Frage nach der Täterschaft des Angeklagten, seine Schuldfähigkeit etc.) **und**
- die gestellte Bedingung allein den Eintritt bestimmter Rechtsfolgen betrifft, wobei die Verhängung einer Bewährungsstrafe als solche (§ 56 StGB), die Bestimmung von Bewährungsauflagen (§ 56b Abs. 2 StGB) und die Erteilung von Weisungen (§ 56c Abs. 2 StGB) in Betracht kommen.

2. Protokollpflicht

Das Gericht muss nach § 273 Abs. 1 StPO für die **Protokollierung** eines Beweisantrages – auch eines Hilfsantrages – Sorge tragen. Allerdings ist eine vom Antragsteller mündlich abgegebene Begründung nicht protokollpflichtig. Wird der Antrag – wie üblich – schriftlich abgefasst und nach Verlesung überreicht, so kann das Sitzungsprotokoll auf die Urkunde Bezug nehmen. **476**

3. Ablehnungsmöglichkeiten

Liegt ein zulässiger, also „echter" Beweisantrag vor, so bestehen zwei Möglichkeiten, nämlich: **477**

Das Gericht geht dem Antrag nach und   Der Antrag wird abgelehnt.
erhebt den Beweis.

Will das Gericht den Beweis erheben, so darf es das angebotene Beweismittel gegen ein anderes austauschen, wenn dieses im Einzelfall eine gleich sichere oder bessere Erkenntnisquelle darstellt[111].

Will das Gericht dem Beweisantrag nicht nachgehen, so ist er auf jeden Fall durch – in der Regel mit Gründen zu versehenden – **Gerichtsbeschluss** (vgl. § 244 Abs. 6 StPO) zu bescheiden, damit die Entscheidung durch den Antragsteller und ggfls. später durch das Revisionsgericht überprüft werden kann. Zur Gewährung rechtli-

---

110 So BGH NStZ 1995, 143 f.; vgl. auch BGH NStZ 2005, 45.
111 Vgl. BGH 1 StR 531/12; NStZ 2008, 529 für die Verlesung eines polizeilichen Vermerks über Datum und Uhrzeit einer Anzeigenerstattung statt der begehrten Vernehmung des aufnehmenden Polizeibeamten.

Kapitel 4 *Die gerichtliche Beweisaufnahme*

chen Gehörs sollte dem Antragsteller jedenfalls bei umfangreichen Beschlüssen eine Abschrift ausgehändigt werden[112]. Auf die Beachtung des § 244 Abs. 6 StPO kann durch die Verfahrensbeteiligten zwar nicht wirksam verzichtet werden. Allerdings kann derjenige, der den Beweisantrag gestellt hat – auch schlüssig – erklären, dass er ihn nicht mehr aufrechterhält. In diesem Fall bedarf es auch keiner gerichtlichen Entscheidung mehr[113].

478   Auch das Revisionsgericht muss die konkreten Ablehnungsgründe kennen, um die Rechtmäßigkeit des Vorgehens beurteilen zu können. Daraus folgt zwingend, dass der Beschluss sich mit dem – ggfls. durch Auslegung zu ermittelnden[114] – tatsächlichen Inhalt und Sinn des Beweisantrages unter **jedem** in Betracht kommenden rechtlichen Gesichtspunkt auseinandersetzen muss. Das ist auch deshalb wichtig, weil es – jedenfalls im Regelfall[115] – in der Revision nicht darauf ankommt, ob ein Beweisantrag überhaupt hätte abgelehnt werden dürfen, sondern ob dies mit der zutreffenden Begründung geschehen ist. Kommen mehrere sich nicht gegenseitig ausschließende[116] Ablehnungsgründe in Betracht, so sollten diese auch umfassend dargestellt werden.

479   Inhaltlich darf ein Beweisantrag nur unter den in §§ 244 Abs. 3 bis 5, 245 Abs. 2 S. 2 und 3 StPO genannten Voraussetzungen abgelehnt werden. Deren Vorliegen kann zur Entscheidungsfindung im Wege des **Freibeweises** geprüft werden[117]. So kann das Gericht etwa telefonischen Kontakt mit einem Zeugen aufnehmen, um zu klären, ob er etwas zur Sachaufklärung beisteuern kann (Geeignetheit) oder ob er überhaupt erreichbar ist.

Ausnahmen von den strengen Beweisregeln gelten allerdings im beschleunigten Verfahren und im **Strafbefehlsverfahren** nach Einspruch, sofern diese vor dem Strafrichter stattfinden (vgl. §§ 420 Abs. 4, 411 Abs. 2 S. 2 StPO)[118], sowie im Privatklageverfahren (vgl. § 384 Abs. 3 StPO).

Im „Normalverfahren" bestehen jedoch nur die folgenden Ablehnungsmöglichkeiten:

a) Ablehnung einer Zeugenvernehmung

480   Die Ablehnungsmöglichkeiten betreffend eine beantragte Zeugenvernehmung sind in **§ 244 Abs. 3 StPO** und § 244 Abs. 5 S. 2 StPO **abschließend** geregelt.

§ 245 Abs. 2 StPO engt für sog. präsente Beweismittel den Katalog der Ablehnungsgründe noch einmal ein. Auf diese besondere Konstellation wird unten[119] noch näher eingegangen.

---

112 BGH NStZ 2008, 110.
113 Vgl. BGH NStZ 2005, 463 f.
114 BGH 1 StR 408/16 Tz. 27.
115 Vgl. BGH 3 StR 167/14 Tz. 16; 1 StR 336/11 Tz. 29 m.w.N.
116 BGH 1 StR 520/09. Widersprüchlich ist etwa die Wahrunterstellung einer ins Blaue hinein aufgestellten oder einer zugleich als bedeutungslos qualifizierten Behauptung, vgl. BGH 3 StR 366/12; NStZ 2004, 51.
117 BGH NStZ 1998, 366.
118 Siehe hierzu unten Rn. 817 ff., 831.
119 Siehe Rn. 507 f.

Aufklärungspflicht – Beweisantrag – Beweisermittlungsantrag **B**

Nach § 244 Abs. 3 StPO kommen als Ablehnungsgründe in Betracht:

Unzulässigkeit der Beweiserhebung (Satz 1): Wie bereits erwähnt[120], fallen hierunter insbesondere Anträge von nichtberechtigten Antragstellern oder solche, die auf ein nicht zugelassenes Beweismittel abzielen (z.B. Mitangeklagter als Zeuge). Zu erwähnen sind auch

– Anträge, die sich auf tatsächlich Unmögliches richten, etwa mehrere tausend Zeugen zu vernehmen[121],
– oder solche, die darauf abzielen, ein Mitglied des erkennenden Gerichts in die Rolle eines Zeugen zu bringen und so gem. § 22 Nr. 5 StPO „rauszuschießen"[122].

Offenkundigkeit der Beweistatsache oder ihres Gegenteils (Satz 2, Alt. 1): Hier ist **481** zu differenzieren zwischen Tatsachen und Erfahrungssätzen, die

– der „erfahrene" Mensch als *„allgemeinkundig"* üblicherweise kennt (z.B. historische Tatsachen, etwa die Existenz des Holocaust) und
– solchen, die der Richter als *„gerichtskundig"* im Zusammenhang mit seiner amtlichen Tätigkeit zuverlässig in Erfahrung gebracht hat (z.B. Erkenntnisse aus anderen Verfahren). Hierunter fallen jedoch **nicht** die Inhalte von Aussagen der in einer früheren Hauptverhandlung vernommenen Prozessbeteiligten[123]. Auch andere auf den Einzelfall bezogene Wahrnehmungen über Tatsachen, die für die Überführung des Angeklagten von wesentlicher Bedeutung sind, dürfen nicht als gerichtskundig behandelt werden[124].

Allgemeinkundige oder gerichtskundige Tatsachen bedürfen keines Beweises. Das Gericht muss jedoch in der Hauptverhandlung deutlich machen, dass – und ggfls. warum – es eine Tatsache für offen- oder gerichtskundig erachtet[125]. Einen entsprechenden Hinweis sollte es protokollieren.

Bedeutungslosigkeit der Beweistatsache (Satz 2, Alt. 2): Auch hier wird unterschie- **482** den, nämlich zwischen der Bedeutungslosigkeit

– aus Rechtsgründen, z.B. wenn eine Verurteilung schon mangels Strafantrages nicht möglich ist, sowie
– aus tatsächlichen Gründen. Diese ist dann gegeben, wenn zwischen der – als voll bewiesen zu unterstellenden – Beweistatsache und der angeklagten Tat kein Zusammenhang besteht oder (etwa bei Indiztatsachen) trotz eines solchen Zusammenhanges ein Einfluss auf die Entscheidung ausgeschlossen erscheint, weil das Gericht aus der Beweistatsache auch dann keine relevanten Schlüsse ziehen würde, wenn sie erwiesen wäre. Das gilt auch, wenn das Gericht einen denkbaren

---

120 Vgl. oben Rn. 437.
121 BGH 1 StR 544/09 für Anträge auf Vernehmung „von rund 2.000 und 5.401 Zeugen".
122 Vgl. BGH 1 StR 544/09 m.w.N.
123 BGH NStZ-RR 2007, 116 ff.; NJW 2002, 2403.
124 BGH 2 StR 126/15 (zum Wirkstoffgehalt von Betäubungsmitteln).
125 Vgl. BGH 2 StR 126/15; 2 StR 556/12 Tz. 7; 1 StR 68/12 Tz. 9; NStZ 1998, 98 f.

Kapitel 4 *Die gerichtliche Beweisaufnahme*

Schluss nicht ziehen **will**. Kurz gesagt ist zu prüfen, ob die Beweislage bei erwiesener Beweisbehauptung in einer für die Entscheidung relevanten Weise beeinflusst würde[126].

Diese Überlegungen sind freilich eine Gratwanderung, da das Gericht zwar einerseits das bisherige Beweisergebnis verwerten und auch eine Beweisantizipation vornehmen darf, aber andererseits eine vorweggenommene echte Beweiswürdigung nicht statthaft ist[127]. So ist beispielsweise – eigentlich selbstverständlich – die Antizipation der „Glaubwürdigkeit" eines noch nicht vernommenen Zeugen unzulässig[128]. Andererseits ist es jedenfalls bei sog. **Massenverfahren** zulässig, durch die Vernehmung einer hinreichenden Anzahl von Zeugen die tragfähige Grundlage für eine antizipierende Würdigung der zu erwartenden Aussagen weiterer Zeugen zu schaffen. Auf dieser Basis darf dann auch ein auf Vernehmung (zahlreicher) weiterer Zeugen gerichteter Beweisantrag wegen Bedeutungslosigkeit zurückgewiesen werden[129].

483 Bei Prüfung der Bedeutung einer Beweistatsache ist das Gericht verpflichtet, auch **Opferschutzinteressen** in seine Erwägungen einzubeziehen[130]. Erörterungen und Beweiserhebungen zum Privat- und Intimleben eines Zeugen sind nur nach sorgfältiger Prüfung ihrer **Unerlässlichkeit** statthaft[131]. Denn auch im Rahmen seiner vorrangigen Verpflichtung zur Wahrheitsermittlung hat das Gericht die Achtung der menschlichen Würde eines Zeugen, wie sie sich letztlich aus dem Rechtsstaatsprinzip ergibt, sicherzustellen. Das folgt zudem aus dem Rahmenbeschluss der Europäischen Union bzw. der Richtlinie über Mindeststandards für die Rechte von Tatopfern[132]. Solche europarechtlichen Vorschriften sind bei der Auslegung des nationalen Rechts zu beachten[133]. Auf den entsprechenden Schutz von Zeugen hat die Staatsanwaltschaft – auch in der Hauptverhandlung – hinzuwirken (vgl. Nrn. 19a Abs. 2, 127 Abs. 2, 130a Abs. 3 RiStBV).

484 Der Maßstab der „Unerlässlichkeit" gewinnt Bedeutung für die Frage, in welchem Umfang Behauptungen zu Lebensumständen oder – nicht unmittelbar tatbezogenen – Verhaltensweisen eines Zeugen (insbesondere des mutmaßlichen Tatopfers) nachzugehen ist. So wird insbesondere in der Konstellation „Aussage gegen Aussage" – wenn also der bestreitende Angeklagte nur durch die Aussage eines einzelnen Zeugen belastet wird und objektive Beweismittel fehlen[134] – oftmals unter Beweis gestellt, der Belastungszeuge habe sich in anderen Zusammenhängen als Lügner oder unzuverlässig erwiesen. Dieser sog. „**Leumund**" ist jedoch mangels einer allgemeinen,

---

126 Siehe BGH 3 StR 549/16 Tz. 39; 3 StR 322/15 Tz. 7; 1 StR 141/15 Tz. 6; 1 StR 300/15 Tz. 3; 4 StR 199/15 Tz. 13; 2 StR 462/14 Tz. 5; 4 StR 293/14 Tz. 10; 4 StR 433/14 Tz. 22; 3 StR 544/14 Tz. 8; 3 StR 105/14 Tz. 17; 1 StR 13/14 Tz. 19 m w N
127 BGH 1 StR 379/13 Tz. 23; zur Ausnahme bei im Ausland befindlichen Zeugen siehe BGH NJW 1994, 1484 sowie oben Rn. 445.
128 BGH 1 StR 379/13 Tz. 23; NJW 1997, 2763.
129 Vgl. BGH 3 StR 154/13 Tz. 13 sowie oben Rn. 456.
130 BGH NStZ-RR 2007, 21 f.
131 BGH 1 StR 209/09; NJW 2005, 1519 ff.
132 Siehe hierzu oben Rn. 158.
133 Vgl. EuGH NJW 2012, 595 ff.; 2005, 2839 ff. sowie BGH 1 StR 465/12 Tz. 38 f.; NStZ 2010, 697.
134 So die Definition des BGH, 4 StR 1/17 Tz. 5; 2 StR 14/15 Tz. 12 m.w.N.

personalen Glaubwürdigkeit für das Strafverfahren nicht von Belang[135]. Entscheidend ist allein, ob sich bei einer **methodischen Bewertung** des Aussageverhaltens die Verlässlichkeit der Angaben **zu der Tat** erweisen lässt[136]. Nicht tatbezogene Beweisbehauptungen sind folglich i.d.R. für die Entscheidung bedeutungslos und entsprechende Anträge abzulehnen. Das ergibt sich auch aus § 68a Abs. 2 StPO, wonach einem Zeugen neben den unmittelbar tatbezogenen nur die Fragen zu stellen sind, die sich auf die „Glaubwürdigkeit in vorliegender Sache" beziehen (etwa persönliche Beziehungen zu den Beteiligten).

Will das Gericht einen Beweisantrag wegen Bedeutungslosigkeit zurückweisen, so ist in dem ablehnenden Beschluss darzustellen, ob dies aus tatsächlichen oder rechtlichen Gründen geschieht. Die Wertung ist in jedem Fall näher zu begründen, soweit sie nicht für alle Beteiligten auf der Hand liegt. Bezieht sich die Beweistatsache etwa auf die „Glaubwürdigkeit" eines Zeugen, so ist darzulegen, warum sie sich auch im Falle ihres Nachweises auf die Entscheidung nicht auswirken würde. Bei komplexen Sachverhalten und insbesondere der Einordnung von indiziellen Umständen kann das umfangreiche Darlegungen erfordern[137]. Andererseits kann das Beruhen des Urteils i.S.d. § 337 StPO auf der unzulänglichen Ablehnung eines Beweisantrags ausgeschlossen werden, wenn die Gründe der Bedeutungslosigkeit auf der Hand lagen, so dass der Antragsteller in seiner Prozessführung nicht beeinträchtigt wurde[138]. **485**

Weist der Tatrichter einen Beweisantrag wegen Bedeutungslosigkeit der Beweisbehauptungen zurück, so liegt darin zugleich die konkludente Zusage, den unter Beweis gestellten Tatsachen nicht nachträglich entgegen den Gründen des Ablehnungsbeschlusses doch Bedeutung zuzumessen[139]. Wird das Gericht – etwa im Rahmen der Urteilsberatung – anderen Sinnes, hat es also wieder in die Beweisaufnahme einzutreten.

Erwiesensein der Beweistatsache (Satz 2, Alt. 3): Ist eine Beweistatsache bereits erwiesen, so bedarf es keiner weiteren Beweiserhebung hierzu. Dabei ist es gleichgültig, ob die erwiesene Tatsache zugunsten oder zuungunsten des Angeklagten wirkt. Es ist aber darauf zu achten, dass genau die unter Beweis gestellte Tatsache (und nicht etwa deren Gegenteil) als bereits erwiesen behandelt wird. In den Urteilsfeststellungen darf sich später auch kein entsprechender Widerspruch finden. **486**

Völlige Ungeeignetheit des Beweismittels (Satz 2, Alt. 4): Insoweit kann zunächst auf obige Ausführungen verwiesen werden[140]. „Völlig ungeeignet" ist ein Beweismittel, welches von vornherein gänzlich nutzlos wäre, so dass sich die Beweiserhebung in einer reinen Förmelei erschöpfen würde[141]. Dies muss sich aus dem Beweismittel selbst **487**

---

135 Vgl. etwa BGH 1 StR 231/08 (zur Aufhebung eines Freispruchs vom Vorwurf der Vergewaltigung, der maßgeblich mit mangelnder Glaubwürdigkeit des Tatopfers wegen dessen „Persönlichkeit" und seines Lebenswandels begründet wurde) sowie BGHSt 45, 164, 167 f.
136 Siehe hierzu unten Rn. 519 ff.
137 Vgl. hierzu BGH 3 StR 308/17; 3 StR 193/16; 3 StR 322/15 Tz. 8; 1 StR 300/15 Tz. 3; 4 StR 199/15 Tz. 17; 4 StR 293/14 Tz. 11; 3 StR 105/14 Tz. 17; 2 StR 17/14.
138 BGH 4 StR 293/14 Tz. 16; 2 StR 363/09.
139 Vgl. BGH 3 StR 27/14 Tz. 9; 1 StR 379/13 Tz. 24; 5 StR 426/12 Tz. 5; 3 StR 302/12 Tz. 5.
140 Siehe hierzu oben Rn. 439 ff.
141 BGH 2 StR 468/12 Tz. 7; 3 StR 519/09.

Kapitel 4 *Die gerichtliche Beweisaufnahme*

im Zusammenhang mit der Beweisbehauptung ergeben, und zwar ohne Rückgriff auf das sonstige Ergebnis der Beweisaufnahme[142]. Das Gericht hat also – ggfls. im Wege des Freibeweises[143] – festzustellen und in dem ablehnenden Gerichtsbeschluss nachvollziehbar darzulegen, dass sich mit dem angebotenen Beweismittel die unter Beweis gestellte Tatsache nach der „sicheren Lebenserfahrung" nicht belegen ließe. Es liegt auf der Hand, dass diese Ablehnungsmöglichkeit auf Ausnahmefälle begrenzt ist, in denen jeglicher Erkenntniswert für die Sachaufklärung sicher ausgeschlossen werden kann[144].

488 **Unerreichbarkeit** des Beweismittels (Satz 2, Alt. 5): Auch insoweit kann auf die Darstellung der Aufklärungspflicht Bezug genommen werden[145]. Erwähnt sei an dieser Stelle aber noch einmal der sog. **Auslandszeuge**. Die Ablehnung des auf Vernehmung eines solchen Zeugen gerichteten Beweisantrages kann – neben § 244 Abs. 5 StPO – auch auf § 244 Abs. 3 StPO gestützt werden. Ein im Ausland lebender und für eine Vernehmung in der Hauptverhandlung unerreichbarer Zeuge kann etwa ungeeignet sein, wenn er zwar für eine grundsätzlich mögliche kommissarische oder audiovisuelle Vernehmung zur Verfügung steht, das Gericht nach seinem pflichtgemäßen Ermessen aber davon überzeugt ist, dass wegen der Besonderheiten des Falles eine solche Vernehmung völlig untauglich ist, zur Sachaufklärung beizutragen und die Beweiswürdigung zu beeinflussen. In einem solchen Fall bleibt der Zeuge für die persönliche Vernehmung in der Hauptverhandlung unerreichbar, als nur kommissarisch oder audiovisuell vernehmbarer Zeuge ist er zudem ein völlig ungeeignetes Beweismittel im Sinne des § 244 Abs. 3 S. 2 StPO[146]. Dies ist in dem ablehnenden Beschluss nachvollziehbar darzulegen.

489 **Verschleppungsabsicht** (Satz 2, Alt. 6): Hierunter fallen Beweisanträge, die nicht von sachdienlichen Erwägungen getragen werden. Erfasst werden also „Scheinbeweisanträge", die nicht einer Förderung des Verfahrens (insbesondere der Wahrheitsfindung), sondern anderen „verfahrensfremden" Zwecken dienen sollen, z.B. der Bloßstellung von Zeugen, der Propaganda oder insbesondere einer Verfahrensverzögerung.

§ 244 Abs. 3 S. 2 StPO erlaubt die Ablehnung solcher sachfremder Anträge, wenn **kumulativ** folgende Voraussetzungen vorliegen[147]:

– die begehrte Beweiserhebung ist geeignet, den Abschluss des Verfahrens wesentlich hinauszuzögern[148];

---

142 Vgl. BGH 4 StR 372/12 Tz. 10; NStZ 2009, 48 f.; 2007, 476 f.; 2004, 508.
143 BGH 3 StR 516/14 Tz. 17 m. w. N.; 4 StR 380/12 Tz. 6.
144 BGH 2 StR 124/11; 3 StR 274/09.
145 Oben Rn. 444 ff.
146 BGH 3 StR 49/11; 3 StR 418/10; 3 StR 274/09 m.w.N.
147 Vgl. BGH 3 StR 49/11; NJW 2001, 1956.
148 Ob an der – jedenfalls im Falle einer notwendigen Aussetzung der Hauptverhandlung überschrittenen und im Gegensatz zum Beschleunigungsgebot stehenden – Wesentlichkeitsgrenze festzuhalten ist, muss zwischen den Senaten des BGH noch geklärt werden. Der 1. Strafsenat tendiert zu einer Aufhebung dieser Voraussetzung, vgl. mit überzeugenden Gründen BGH NJW 2009, 605 ff.; NJW 2007, 2501 ff. In diese Richtung gehen auch der 3. und der 4. Senat, siehe 3 StR 354/07; 4 StR 353/08.

- sie kann nach der Überzeugung des Gerichts objektiv unter keinem Gesichtspunkt etwas zu Gunsten des Angeklagten erbringen, sodass die beantragte Beweiserhebung aussichtslos wäre (und damit auch nicht die Aufklärungspflicht ausgelöst sein kann)[149];
- der Antragsteller ist sich dessen bewusst
- und verfolgt mit dem Antrag ausschließlich die Verzögerung des Verfahrensabschlusses.

Eine Ablehnung aus diesen Gründen ist bereits im Hinblick auf den Nachweis einer unlauteren **Absicht** des Antragstellers – in Abgrenzung zum Vorwurf fahrlässigen Verhaltens – ausgesprochen schwierig. Zudem müssen die genannten Voraussetzungen, vor allem also die (negative) Vorwegwürdigung des beantragten Beweises und die subjektiven Voraussetzungen in dem ablehnenden Beschluss revisionssicher dargelegt werden. Aus diesem Grund wird auch kaum ein Beweisantrag mit der Begründung einer Verschleppungsabsicht abgelehnt.

490

In Betracht zu ziehen ist dies aber etwa dann, wenn ein Prozessbeteiligter es unterlassen hat, einem Zeugen vorhandene Erkenntnisse über die Unrichtigkeit der Aussage vorzuhalten und erst nach der Entlassung des Zeugen einen Antrag stellt, der auf die Unrichtigkeit der Zeugenaussage abzielt und eine erneute Vernehmung desselben Zeugen erforderlich machen würde[150]. Verschleppungsabsicht liegt auch nahe, wenn Mitglieder des erkennenden Gerichts als Zeugen benannt werden[151]. Sie ist anzunehmen, wenn der Beweisantrag ausschließlich dazu dienen soll, das Gericht zu einer bestimmten Strafe zu drängen[152].

Bestehen Zweifel an dem mit einem Beweisantrag verfolgten Zweck, so ist die Befragung des Antragstellers zu Inhalt und Ziel sinnvoll. Bleibt eine nachvollziehbare Antwort aus, so kann dies als Indiz für eine Verschleppungsabsicht gewertet werden[153]. Ohnehin kann der Vorsitzende aufgrund seiner Sachleitungsbefugnis (§ 238 Abs. 1 StPO) im Anschluss an die gerichtlich angeordnete Beweisaufnahme gem. § 244 Abs. 6 S. 2 StPO die Verfahrensbeteiligten auffordern, eventuell beabsichtigte Beweisanträge nunmehr innerhalb einer von ihm bestimmten **Frist** zu stellen. Diese stellt allerdings keine echte Ausschlussfrist dar und lässt – selbstverständlich – die Pflicht des Gerichts zur Ermittlung des wahren Sachverhalts unberührt. Ein Beweisantrag darf also nicht allein auf Grund eines zeitlich verzögerten Vorbringens abgelehnt werden. Die Fristsetzung dient „nur" der Sicherstellung eines effektiven und beschleunigten Verfahrens. Sie soll eine Verzögerung durch sukzessive Beweisantragstellung verhindern.

491

Werden Anträge erst nach Fristablauf gestellt, so hat der Antragsteller die Unvermeidlichkeit der Verzögerung substantiiert zu begründen. Geschieht dies nicht, so kann die Bescheidung des Antrags – wie beim Hilfsbeweisantrag – im Urteil vorge-

492

---

149 BGH 3 StR 46/16; 4 StR 359/10. Folglich könnte man die meisten solcher Anträge auch wegen „**Bedeutungslosigkeit**" der Beweistatsache ablehnen.
150 Vgl. BGH NJW 1997, 2764.
151 Vgl. hierzu BGH NStZ 2003, 558.
152 BGH NStZ 2005, 45.
153 BGH StV 1989, 234 f.; vgl. auch BGH NJW 2002, 2402.

Kapitel 4   *Die gerichtliche Beweisaufnahme*

nommen werden, § 244 Abs. 6 S. 2 StPO. Allerdings indiziert dies i.d.R. auch die subjektive Seite der Verschleppungsabsicht und rechtfertigt (vorbehaltlich der Aufklärungspflicht) eine – selbstverständlich förmlich vorzunehmende[154] – Ablehnung des Antrags noch in der Hauptverhandlung[155]. Bei der (protokollpflichtigen) Fristsetzung sollte der Angeklagte auf diese Möglichkeit ausdrücklich hingewiesen werden. Angesichts der möglichen Beeinträchtigung von Verteidigungsrechten bedarf diese – verfassungsrechtlich unbedenkliche[156] – Verfahrensweise indes vorsichtiger Handhabung. Sie kommt regelmäßig erst nach zehn Hauptverhandlungstagen und nicht vor Erledigung des gerichtlichen Beweisprogramms in Betracht. Zudem müssen dem vorangegangenen Verteidigungsverhalten (oder entsprechenden Ankündigungen) Anzeichen für eine Verschleppungsabsicht zu entnehmen sein, die im Zusammenhang mit der Fristsetzung auch ausdrücklich zu bezeichnen sind[157].

493   **Hilfsbeweisanträge** dürfen i.d.R. nicht wegen Verschleppungsabsicht abgelehnt werden, weil dem Antragsteller die Möglichkeit gegeben werden muss, diesen Vorwurf zu entkräften[158]. Eine Ausnahme gilt allerdings dann, wenn im Rahmen der beschriebenen Fristsetzung durch entsprechenden Hinweis des Gerichts klargestellt wurde, dass die Fristüberschreitung als Indiz für eine Verschleppungsabsicht gewertet werden kann[159].

494   **Wahrunterstellung** (Satz 2, Alt. 7):   Ein Beweisantrag kann auch dann abgelehnt werden, wenn ein für die Entscheidungsfindung **bedeutsamer**[160] Umstand, welcher der **Entlastung des Angeklagten** dienen soll, so behandelt werden kann, als sei er wahr. Wahrunterstellung und Bedeutungslosigkeit schließen sich folglich denknotwendig aus[161]. Als Folge ist die Beweisbehauptung – etwa ein Zeuge habe eine bestimmte Beobachtung gemacht – in ihrer aus dem Sinn und Zweck des Antrages sich ergebenden Bedeutung ohne Einengung, Umdeutung oder sonstige inhaltliche Änderung bei der Entscheidungsfindung und im schriftlichen Urteil als zutreffend anzunehmen[162]. Allerdings setzt die Wahrunterstellung voraus, dass die Behauptung ausreichend konkretisiert, klar und widerspruchsfrei ist[163]. Auch darf das Gericht nicht den Fehler begehen, z.B. als wahr zu unterstellen, der gewünschte Zeuge werde dieses und jenes aussagen. Als wahr muss vielmehr die **Beweistatsache** selbst unterstellt werden.

Das Gericht muss indes aus dem als wahr unterstellten und natürlich im Urteil auch so zu behandelnden Umstand nicht den von dem Antragsteller gewünschten Schluss ziehen. Wie jede andere Tatsache, unterliegt auch die als wahr unterstellte der freien

---

154   BGH 3 StR 44/11.
155   Vgl. BGH NStZ-RR 2014, 251 f.; 1 StR 162/09; NJW 2009, 605 ff.; NJW 2007, 2504.
156   BVerfG NJW 2010, 592 ff., 2036 ff.
157   Vgl. BGH 5 StR 263/08
158   BGH NStZ 1998, 207.
159   BGH NJW 2009, 605 ff.
160   BGH NStZ 2004, 51; NStZ-RR 2003, 268 f.; 2 StR 431/05. Es ist also widersprüchlich und rechtsfehlerhaft, die Ablehnung eines Beweisantrages zugleich auf Bedeutungslosigkeit und Wahrunterstellung zu stützen oder von der Annahme der Bedeutungslosigkeit auf die Wahrunterstellung auszuweichen, vgl. BGH 4 StR 111/15 Tz. 7; 3 StR 366/12.
161   BGH 4 StR 111/15 Tz. 7.
162   BGH 5 StR 414/10; NStZ 2008, 300; 2003, 101 f.
163   BGH 3 StR 48/17 Tz. 5.

Beweiswürdigung[164]. Das Gericht kann daher die als wahr unterstellte Tatsache im Urteil sogar als aus tatsächlichen Gründen bedeutungslos behandeln[165]. In solchen Fällen bedarf es nur dann eines **Hinweises** – und folglich eines Wiedereintritts in die Beweisaufnahme – wenn es naheliegt, dass der Angeklagte im Hinblick auf die Wahrunterstellung davon abgesehen hat, Beweisanträge zu stellen[166].

Allerdings liegt in der Wahrunterstellung die verbindliche **Zusicherung** des Gerichts, dass 495
– keine im Widerspruch zu der Beweistatsache stehenden Tatsachen festgestellt und
– aus der als wahr unterstellten Tatsache keine dem Angeklagten negativen Schlussfolgerungen gezogen werden.

Eine solche Bindung für die Urteilsberatung sollte das Gericht nicht ohne Not eingehen. Denn selbstverständlich können auch Verstöße gegen das sich hieraus ergebende Fairnessgebot mit der Revision gerügt werden[167].

Die Zurückweisung eines Beweisantrages wegen Wahrunterstellung bedarf – mangels 496 Beschwer – keiner Begründung. Diese Erleichterung darf indes nicht zu einem leichtfertigen Vorgehen verführen. Sie entbindet nämlich keineswegs von der umfassenden und stets **vorrangigen Aufklärungspflicht**. Eine Wahrunterstellung ist also unzulässig, wenn konkrete Anhaltspunkte es als möglich erscheinen lassen, dass die zugunsten des Angeklagten wirkende Beweisbehauptung widerlegt werden kann[168].

b) Ablehnung des Sachverständigenbeweises

Wie bei den Zeugen, sind zunächst die Voraussetzungen des § 244 Abs. 3 StPO zu prü- 497 fen, da diese Vorschrift auch für den Sachverständigen gilt[169]. Es ist also insbesondere zunächst zu fragen, ob der Sachverständigenbeweis zur Beurteilung der Beweisfrage überhaupt **geeignet** ist. Hieran fehlt es, wenn keine Anknüpfungstatsachen vorhanden sind, auf die der Sachverständige sein Gutachten stützen könnte, für das zu beurteilende Beweisthema keine ausgereiften Untersuchungsmethoden vorhanden sind oder wenn nicht wiederholbarer Vorgänge zur Diskussion stehen[170]. Für eine Ablehnung nicht ausreichend ist es allerdings, wenn die beantragte Gutachtenerstattung hinsichtlich der unter Beweis gestellten (und erheblichen) Behauptung nur Wahrscheinlichkeitswerte liefern würde. Denn auch damit kann ja Einfluss auf die Überzeugungsbildung des Gerichts genommen werden.

Für die „Ungeeignetheit" muss folglich auszuschließen sein, dass der Sachverständige sich zu der vorgelegten Beweisfrage sachlich überhaupt äußern kann[171]. Ob das der

---

164 BGH 1 StR 352/13; NJW 2000, 446 f.; 1994, 1015 f.
165 Vgl. BGH 5 StR 605/08.
166 BGH 1 StR 490/14 Tz. 22; 4 StR 357/12 Tz. 12; 3 StR 31/12 Tz. 7; 3 StR 106/11.
167 BGH NJW 2007, 2566.
168 BGH 3 StR 106/11; 3 StR 273/10; NStZ 2007, 282 f.; 3 StR 71/04.
169 Dies ergibt sich bereits aus der Gesetzesformulierung in § 244 Abs. 4 S. 1 StPO „Ein Beweisantrag auf Vernehmung eines Sachverständigen kann **auch** abgelehnt werden, wenn ...".
170 Siehe oben Rn. 442.
171 BGH 3 StR 351/14; 4 StR 308/13 Tz. 4; 2 StR 124/11; NStZ 2009, 346 f.

Kapitel 4 *Die gerichtliche Beweisaufnahme*

Fall ist, muss der Tatrichter in Zweifelsfällen im Wege des Freibeweises – etwa durch eine Befragung des Sachverständigen zu den von ihm für eine Begutachtung benötigten Anknüpfungstatsachen – klären[172].

498 Im Zusammenhang mit der Geeignetheit ist auch die polygraphische Untersuchung mittels eines „**Lügendetektors**" zu nennen. Der BGH hat dessen Verwendung zunächst – unabhängig von dem Einverständnis des Probanden – als unzulässig eingestuft, weil er darin eine Verletzung der Menschenwürde und einen Verstoß gegen § 136a StPO sah[173]. Inzwischen ist er von dieser Einschätzung jedenfalls für den Fall abgerückt, dass der Test auf einer freiwilligen Mitarbeit beruht. Allerdings ist der BGH zu dem Schluss gelangt, dass der Polygraphentest als ein **völlig ungeeignetes Beweismittel** i.S.d. § 244 Abs. 3 S. 2 Alt. 4 StPO anzusehen sei. Das Verfahren sei konzeptionell nicht abgesichert und in der Funktionsweise nicht belegt. Eine objektive Überprüfung des Untersuchungsablaufs sei dem Gericht nicht möglich, so dass es die ihm zugewiesene Aufgabe einer eigenverantwortlichen Entscheidung auch nicht erfüllen könne[174]. Trotz der Versuche neuerer Studien, dem Polygraphentest doch noch Leben einzuhauchen[175], hat sich an dieser Einschätzung nichts geändert[176].

499 Folgerichtig ist auch ein vom Angeklagten selbst eingeholtes „Glaubwürdigkeitsgutachten" auf der Basis des Polygraphentests nicht zu berücksichtigen[177]. Diese – verfassungsrechtlich nicht zu beanstandende[178] – Behandlung des Beweisantrages auf Einholung eines entsprechenden Gutachtens ist in jeder Hinsicht zu begrüßen, da sie die zum Kernbestand der richterlichen Tätigkeit gehörende Bewertung der Beweismittel in der Hand des Gerichts belässt. Möglicherweise steht jedoch eine ähnliche Diskussion im Zusammenhang mit computergestützten Methoden der angeblichen „Lügenerkennung" bevor[179].

500 Neben § 244 Abs. 3 StPO sind in **§ 244 Abs. 4 StPO** weitere, speziell auf den Sachverständigen zugeschnittene Möglichkeiten genannt, die eine Ablehnung der Beweiserhebung rechtfertigen, namentlich:

Eigene Sachkunde des Gerichts, § 244 Abs. 4 S. 1 StPO: Verfügt das Gericht selbst über das zur Beurteilung der konkreten Sachfrage nötige Wissen, so benötigt es keinen Sachverständigen. Insoweit ist unbeachtlich, ob der Richter das entsprechende Spezialwissen beruflich oder außerberuflich erworben hat. Es ist sogar anerkannt, dass er es sich während des laufenden Prozesses – etwa im Rahmen einer Gutachten-

---

172 BGH 3 StR 516/14 Tz. 17 m.w.N.; 3 StR 284/11.
173 BGH NJW 1954, 649 f.
174 BGH NJW 1999, 657 ff.; siehe zum Problem auch *Rill/Vossel* NStZ 1998, 481 ff.
175 Vgl. *Seiterle* StraFo 2014, 58 ff.; *Putzke/Scheinfeld* StraFo 2010, 58 ff.
176 Vgl. BGH 1 StR 509/10. Für das Zivilrecht gilt nichts anderes, siehe KG FamRZ 2011, 839. Allerdings haben das AG Bautzen und das OLG Dresden (unter Hinweis auf ältere Rechtsprechung) für Umgangsverfahren im Polygraphentest ein geeignetes Mittel gesehen, um „einen Unschuldigen zu entlasten", BeckRS 2013, 16541; 16540. So sieht das auch das Schöffengericht in Bautzen, BeckRS 2013, 08655. Möglicherweise wird sich also der BGH erneut mit dem „Lügendetektor" befassen müssen.
177 BGH NJW 1999, 662 f.
178 BVerfG NStZ 1998, 523 f.
179 Siehe zur „Mikroexpression der Furcht" im Gesichtsausdruck von Zeugen *Geipel/Pavlicek* DRiZ 2007, 235 f.

erstattung – aneignen kann[180]. Bei Kollegialgerichten genügt es, wenn einer der mitwirkenden Richter seine Kenntnisse den anderen vermittelt.

In der Tatsacheninstanz entscheidet der Richter unabhängig vom Verfahrensgegenstand im Einzelfall selbst, ob er sachverständiger Beratung bedarf. Dies gilt auch hinsichtlich der Frage, ob Anhaltspunkte und Anknüpfungstatsachen für §§ **20, 21 StGB** vorliegen und insoweit ein Sachverständiger beizuziehen ist[181]. Versteht sich die Sachkunde nicht von selbst, so ist sie in dem ablehnenden Gerichtsbeschluss – spätestens im Urteil – näher darzulegen (z.B. aus einem im selben Verfahren erstatteten Gutachten)[182]. Die Einschätzung kann zwar vom Revisionsgericht überprüft werden; eine Beweisaufnahme über die Sachkunde des Gerichts findet jedoch nicht statt[183]. Selbst bei Kapitaldelikten bedarf es jenseits des § 246a StPO folglich nicht zwingend der Zuziehung eines psychiatrischen Gutachters.

Dies ändert freilich nichts daran, dass insbesondere in **Schwurgerichtssachen**, bei **Brandstiftungsdelikten** oder bei **sexueller Devianz im Alter** oftmals besondere Tatbilder und Täterpersönlichkeiten zu beurteilen sind, die **frühzeitig** Anlass geben, einen psychiatrischen Sachverständigen heranzuziehen – schon aus Gründen der Aufklärungspflicht[184]. Hierdurch wird auch vermieden, dass das Tatgericht erst in der Hauptverhandlung – mehr oder weniger vorhersehbar – mit Aspekten konfrontiert wird, die dann doch eine terminlich schwierige Einschaltung eines Sachverständigen gebieten. Ohnehin ist die Berufung auf eigene Sachkunde zweifelhaft, wenn die zu beantwortenden Fragen ein spezifisches (z.B. psychiatrisches) Fachwissen erfordern. In diesen Fällen ist die Sachkunde des Gerichts folglich in der einen Beweisantrag ablehnenden Entscheidung oder in den Urteilsgründen näher zu belegen[185].

501

Insbesondere hinsichtlich der Einschätzung der „**Glaubwürdigkeit**" von Zeugen (genauer gesagt: der Belastbarkeit ihrer Aussage) hat das Gericht – dies gehört ja schließlich zum Gerichtsalltag – in der Regel aber die notwendige Sachkunde, so dass es eines entsprechenden Sachverständigengutachtens nicht bedarf. Es ist davon auszugehen, dass Berufsrichter bei der Anwendung aussagepsychologischer Glaubwürdigkeitskriterien über die Sachkunde verfügen, welche für die Beurteilung von Aussagen auch bei schwieriger Beweislage erforderlich ist[186].

502

Etwas anderes muss naturgemäß gelten, wenn **besondere** Umstände in der Person des Zeugen hinzutreten. Hierbei kann es sich z.B. um psychische Erkrankungen oder kognitive Einschränkungen handeln[187]. Auch bei kindlichen oder jugendlichen Zeugen kann die Einschaltung eines Sachverständigen angezeigt sein, etwa um die

---

180 BGH 3 StR 142/15 Tz. 11; NStZ 2006, 511; 2000, 157; siehe auch *Niemöller* NStZ 2015, 16 ff.
181 Vgl. BGH NJW 2008, 1329 f.; 5 StR 44/08; NStZ 2005, 149 f.
182 BGH 2 StR 509/16; 3 StR 142/15 Tz. 11 f.; NStZ 2008, 645 f.
183 BGH NStZ 2000, 157.
184 Siehe BGH 4 StR 190/17 Tz. 3; 5 StR 7/14; NStZ 2008, 644 f.
185 BGH 5 StR 174/12.
186 Vgl. BGH 1 StR 408/16 Tz. 15; 4 StR 437/13 Tz. 6; 1 StR 602/12; 1 StR 509/10; 1 StR 155/09; BVerfG NJW 2004, 209, 211.
187 Siehe BGH 2 StR 503/13 Tz. 9; 5 StR 39/13 Tz. 9; 5 StR 428/12 Tz. 14 (partielle Amnesie); 5 StR 174/12; 2 StR 185/10; 5 StR 419/09.

Kapitel 4 *Die gerichtliche Beweisaufnahme*

individuelle Aussagetüchtigkeit zu überprüfen. Allerdings benötigt das Gericht allein wegen des Alters in der Regel einen Sachverständigen nicht[188].

Nichts anderes gilt, wenn beantragt wird, die „Glaubwürdigkeit" des Angeklagten, also den Wahrheitsgehalt seiner Einlassung, sachverständig untersuchen zu lassen. Auch das ist nur nötig, wenn es ausnahmsweise einer außergewöhnlichen Sachkunde bedarf[189].

503 Muss sich das Gericht hinsichtlich der Verlässlichkeit einer Aussage sachverständig beraten lassen, so wird im Regelfall die Hinzuziehung eines geschulten und forensisch erfahrenen Psychologen genügen. Der – ggfls. ergänzenden – Einschaltung eines Psychiaters bedarf es nur dann, wenn die Zeugentüchtigkeit etwa infolge psychischer Erkrankungen eingeschränkt sein könnte, also auch besondere medizinische Fachkenntnisse erforderlich sind[190]. Selbstverständlich entbindet auch ein Sachverständigengutachten das Gericht nicht von einer eigenen und umfassenden Beweiswürdigung. Diese bleibt Sache des Tatrichters.

504 **Weiterer Sachverständiger:** Ist in der Hauptverhandlung bereits ein Gutachten erstattet worden, so kann nach § 244 Abs. 4 S. 2 StPO die Beauftragung und Einvernahme eines **weiteren** Sachverständigen abgelehnt werden, wenn das **Gegenteil** der unter Beweis gestellten Tatsache durch das frühere Gutachten – auch ein solches i.S.d. § 256 Abs. 1 Nr. 2 StPO[191] – bereits erwiesen ist. Im Rahmen dieser Ermessensentscheidung ist ausnahmsweise eine vorweggenommene Beweiswürdigung zulässig[192]. Die Ablehnung des Antrags scheidet allerdings aus, wenn

– die Sachkunde des früheren Gutachters zweifelhaft ist;
– sein Gutachten von unzutreffenden tatsächlichen Voraussetzungen ausgeht;
– das frühere Gutachten Widersprüche enthält oder
– der neue Sachverständige über bessere „Forschungsmittel" als der Erstgutachter verfügt. Dies sind wissenschaftliche Untersuchungen, die auch den Erstgutachter zu einem zuverlässigeren und überzeugenderen Ergebnis hätten gelangen lassen[193].

Der auf Einholung eines weiteren Sachverständigengutachtens gerichtete Beweisantrag kann zudem mit der Begründung abgelehnt werden, das Gericht verfüge über die erforderliche Sachkunde, selbst wenn es diese erst aufgrund des in der Hauptverhandlung erstatteten Gutachtens erlangt hat[194]. Zu denken ist aber auch an die Situation, dass bereits im Ermittlungsverfahren, also ohne Zutun des Tatrichters, ein Sachverständiger – etwa im Bereich der Aussagepsychologie – beauftragt wurde.

---

188 BGH 1 StR 408/16 Tz. 16; NStZ 2005, 391 m.w.N.
189 BGH 4 StR 344/12.
190 Vgl. hierzu BGH NJW 2005, 1521; NStZ 2002, 490.
191 BGH NJW 2008, 3232.
192 BGH 3 StR 132/13.
193 Die Explorationsbereitschaft des Angeklagten fällt nicht hierunter. Verweigert er dem gerichtlich bestellten Sachverständigen die Untersuchung, so verfügt ein weiterer Sachverständiger nicht deswegen über überlegene Forschungsmittel, weil sich der Angeklagte (nur) von diesem untersuchen lassen würde. Siehe hierzu ausführlich BGH NJW 1998, 2458 ff. (2460).
194 Vgl. BGH 3 StR 142/15 Tz. 11; 3 StR 436/09.

Aufklärungspflicht – Beweisantrag – Beweisermittlungsantrag **B**

Werden dessen Ausführungen in der Hauptverhandlung beanstandet, so kann sich das Gericht (wenn dem so ist) auf die **eigene Sachkunde** berufen und einen entsprechenden Beweisantrag ablehnen. Es muss sich dann aber selbstverständlich (im Ablehnungsbeschluss oder – besser – im Urteil) mit den vorgebrachten Einwendungen inhaltlich auseinandersetzen[195].

Stets ist zu beachten, dass sich bereits aus der **Aufklärungspflicht** die Einvernahme eines weiteren Sachverständigen aufdrängen kann, selbst wenn ein entsprechender Antrag nach § 244 Abs. 4 S. 2 StPO abgelehnt werden könnte[196].

c) Ablehnung sonstiger Beweiserhebungen

An weiteren Beweismitteln kommen zunächst Urkunden in Betracht, welche betreffend den Inhalt verlesen oder bezüglich der äußeren Gestaltung in Augenschein genommen werden können. Hinsichtlich eines Antrags auf Verlesung gelten keine Besonderheiten, so dass auf die Ausführungen zu § 244 Abs. 3 StPO verwiesen werden kann. Die **Augenscheinseinnahme** regelt indes § 244 Abs. 5 dahingehend, dass die gerichtliche Entscheidung sich allein an der Aufklärungspflicht auszurichten hat. Das gilt für jedes Objekt, also auch für Asservate (z.B. Tatwerkzeuge) oder eine begehrte Tatortbesichtigung. Hier kann das Gericht sich also auch mit der Einführung von Lichtbildern oder den Schilderungen von Zeugen begnügen. **505**

§ 244 Abs. 5 S. 3 StPO regelt zudem die Situation, wenn Streit um ein sog. „**Ausgangsdokument**" entsteht. Bei Führung einer elektronischen Akte wird es erforderlich, bestimmte Dokumente (z.B. analoge Schriftstücke, anders formatierte elektronische Dateien) in das Format der Akte zu überführen, also zu konvertieren. Geregelt ist dies in § 32e StPO. Das Ausgangsdokument ist aufzubewahren und unterliegt der Akteneinsicht, vgl. § 32e Abs. 4 und 5 StPO. Entsteht in der Hauptverhandlung Streit über die Authentizität der elektronischen Akte im Hinblick auf ein konvertiertes Dokument, so kann ein Antrag auf Verlesung des Ausgangsdokuments nach pflichtgemäßem Ermessen des Gerichts abgelehnt werden, wenn kein Anlass für Zweifel an der inhaltlichen Übereinstimmung besteht.

IV. Der Beweisermittlungsantrag

Hierunter versteht man die bloße **Anregung** einer Beweiserhebung, die von jedem Verfahrensbeteiligten jederzeit erfolgen kann und die auch in einem „Beweisantrag" zu sehen ist, welcher die oben angeführten formalen oder inhaltlichen Kriterien nicht erfüllt. Eine solche Anregung muss zwar in das Protokoll aufgenommen werden, kann – und muss ggfls. – jedoch ohne Beschluss des erkennenden Gerichts allein durch den Vorsitzenden beschieden werden[197]. Gegen dessen Entscheidung, die eine sitzungsleitende Maßnahme darstellt, kann nach § 238 Abs. 2 StPO das Gericht – also der ganze **506**

---

195 Siehe hierzu BGH 3 StR 142/15 Tz. 11; 2 StR 535/09.
196 BGH NJW 1998, 2458 ff. (2461).
197 BGH NStZ 2009, 401; 2008, 109 f.

Spruchkörper – angerufen werden[198], der dann durch Beschluss zu befinden hat. Ob das Gericht einer entsprechenden Anregung nachgehen muss, bestimmt sich allein nach § 244 Abs. 2 StPO. Die Entscheidung kann also nur mit einer zulässigen Aufklärungsrüge beanstandet werden[199].

C. Präsente Beweismittel

507 Der Umfang der Beweisaufnahme bestimmt sich in erster Linie nach dem Aufklärungsbedarf (§ 244 Abs. 2 StPO) und nach den ggfls. gestellten Beweisanträgen, soweit ihnen nachzugehen ist. Eine Beweiserhebungspflicht besteht im Übrigen nach **§ 245 Abs. 1 StPO** bezüglich aller **vom Gericht** vorgeladenen und erschienenen Zeugen/Sachverständigen sowie der nach § 214 Abs. 4 StPO herbeigeschafften, also **präsenten Beweismittel**, soweit die Beweiserhebung zulässig ist. Deren Ausschöpfung ist selbst dann zwingend, wenn das Gericht aus rechtlichen oder tatsächlichen Gründen der Beweiserhebung für die Entscheidung keine Bedeutung mehr beimisst[200]. Eine Ausnahme besteht nur, wenn die Staatsanwaltschaft, der Verteidiger und der Angeklagte auf die Beweiserhebung (ausdrücklich oder konkludent) verzichten.

508 Sonstige präsente Beweismittel müssen vom Gericht nur auf einen entsprechenden **Beweisantrag** hin ausgeschöpft werden. Das betrifft insbesondere die von dem Angeklagten, dem Verteidiger oder der Staatsanwaltschaft „vorgeladenen" und erschienen Zeugen. Der Angeklagte kann eine solche Ladung gemäß §§ 220, 38 StPO nur mit Hilfe eines Gerichtsvollziehers bewirken und muss dem Gericht die förmliche Ladung nachweisen, wenn sie nicht aktenkundig ist[201].

Die Ablehnung eines solchen Beweisantrages ist nur aus den in § 245 Abs. 2 StPO genannten – alternativ greifenden – Gründen zulässig, also wenn:
– die Beweiserhebung unzulässig oder
– die zu beweisende Tatsache schon bewiesen bzw. offenkundig ist oder
– **jeder** Sachbezug zwischen Beweistatsache und Urteilsfindung fehlt (was höhere Anforderungen bedeutet als die „Bedeutungslosigkeit" i.S.d. § 244 Abs. 3 StPO![202]),
– das Beweismittel völlig ungeeignet ist oder
– der Beweisantrag allein der Prozessverschleppung dient.

Der Prüfungsmaßstab ist also angesichts der Präsenz des Beweismittels wesentlich enger als der des § 244 Abs. 3 StPO. Auch fehlen die Ablehnungsmöglichkeiten des § 244 Abs. 4 StPO für den Sachverständigenbeweis. Das Ablehnungsverfahren entspricht jedoch dem des § 244 Abs. 6 StPO. Auch die unberechtigte Unterlassung einer nach § 245 StPO gebotenen Beweisaufnahme kann die Revision rechtfertigen.

---

198 Dies ist auch im Hinblick auf eine mit Verletzung der Aufklärungspflicht begründete Revision erforderlich.
199 Vgl. BGH 1 StR 99/16 Tz. 7; 1 StR 633/10 Tz. 33; 1 StR 275/10.
200 BGH NStZ 1997, 610 f.
201 BGH 4 StR 430/11 m.w.N.
202 Siehe BGH 5 StR 2/14 Tz. 15.

D. Der Unmittelbarkeitsgrundsatz

I. Regelungsgehalt

Schon nach § 261 StPO müssen die für die Entscheidung maßgeblichen Feststellungen vom Tatrichter aus dem **Inbegriff der Hauptverhandlung** geschöpft werden. Mit dieser Verpflichtung korrespondiert der aus § 250 StPO abgeleitete „Unmittelbarkeitsgrundsatz".

509

Dieser beinhaltet **zweierlei Gesichtspunkte**, nämlich:

Beweise sind **durch das erkennende Gericht** zu erheben.	Es sind möglichst die „**tatnächsten**" **Beweismittel** zu nutzen (was i.d.R. ohnehin aus § 244 Abs. 2 StPO folgt[203]).

Konkret bedeutet dies:

Vorrang des Personalbeweises vor dem Urkundenbeweis: Der Vernehmung einer Auskunftsperson über deren Wahrnehmungen gebührt gegenüber der Verlesung von Urkunden – etwa Protokollen früherer Vernehmungen – Vorrang, soweit es um den Beweis entscheidungserheblicher Tatsachen geht. So ist es beispielsweise nicht statthaft, die zur Beurteilung der Schuldfrage bedeutsamen Angaben eines Zeugen in Form einer eidesstattlichen Versicherung – statt einer Zeugenvernehmung – zu verwerten. Ausnahmen von diesem Grundsatz werden später noch erörtert werden[204].

Vorrang des Personalbeweises vor dem Beweis durch Augenschein: Auch Skizzen oder Zeichnungen, die ein Zeuge gefertigt hat, dürfen nicht zur Ersetzung einer entsprechenden Zeugenaussage herangezogen werden. Dieses Verbot bezieht sich jedoch nicht auf Fotografien vom Tatort, da es sich hierbei nicht um eine subjektive Wiedergabe des Zeugen handelt. Sie können daher unabhängig von der Zeugenaussage in Augenschein genommen werden[205].

II. Ausnahmen

Es existiert jenseits der Aufklärungspflicht **kein allgemeiner Grundsatz**, dass immer das sachnächste Beweismittel auszunutzen ist[206]. Hieraus ergeben sich für die Praxis wichtige **Einschränkungen** des Unmittelbarkeitsgrundsatzes.

510

1. Der Zeuge vom Hörensagen

Der sog. **Zeuge vom Hörensagen** – das ist eine Person, die ihre Wahrnehmungen zum Tatgeschehen nicht unmittelbar, sondern über eine dritte Person erlangt hat – kann ohne weiteres vernommen werden[207]. So kann z.B. ein Polizeibeamter als Zeuge dazu

---

[203] Weshalb es für die Revision hier ggfls. einer Aufklärungsrüge bedarf, BGH 4 StR 16/15 Tz. 4.
[204] Unten Rn. 537 ff.
[205] *Meyer-Goßner*, § 250 Rn. 2 m.w.N.
[206] BGH 1 StR 655/13 Tz. 18; KK-*Diemer*, § 250 Rn. 1.
[207] BGH NStZ 1999, 578; BGHSt 17, 382 (384).

befragt werden, was der Angeklagte ihm gegenüber im Ermittlungsverfahren ausgesagt hat. Ob diese Vernehmung zur Wahrheitsfindung genügt, ist allein nach der Aufklärungspflicht zu beurteilen.

Natürlich ist der Zeuge vom Hörensagen im Regelfall ein weniger verlässliches Beweismittel als der unmittelbare Tatzeuge. An die Beweiswürdigung im Urteil sind daher besondere Anforderungen zu stellen, wenn es sich im Wesentlichen auf ein solches nur mittelbares Instrument der Überzeugungsbildung stützt. Eine Verurteilung wird nur in Betracht kommen, wenn die belastenden Angaben des nur mittelbaren Zeugen durch andere gewichtige Beweismittel bestätigt werden, was naturgemäß in den Urteilsgründen darzulegen ist[208].

511 Die Vernehmung des Zeugen vom Hörensagen ist auch zur Einführung der Erkenntnisse eines **V-Mannes** der Polizei bzw. eines **verdeckten Ermittlers** (lesen Sie zu deren Einsatz §§ 110a bis e StPO!) zulässig. Hinsichtlich solcher Personen existieren oftmals Sperrvermerke der führenden Dienststelle, so dass ihre Identität nicht aufgedeckt wird[209]. Verdeckte Ermittler sagen grds. unter ihrer „Legende" – also der falschen Identität – aus, auch sie können aber in analoger Anwendung des § 96 StPO für eine gerichtliche Vernehmung vollständig gesperrt werden. In einem solchen Fall kann – und muss wegen § 244 Abs. 2 StPO – der V-Mann/verdeckte Ermittler von einem Kriminalbeamten vernommen werden. Dieser ist dann in der Hauptverhandlung als „mittelbarer" Zeuge zu hören.

2. Vorführung einer Videoaufzeichnung

512 § 255a StPO regelt die mit § 58a StPO korrespondierenden Möglichkeiten, eine Zeugenvernehmung durch Vorspielen einer aus dem Ermittlungsverfahren stammenden sog. Bild-Ton-Aufzeichnung zu **ersetzen**[210]. Der systematische Standort der dem **Opferschutz** dienenden Vorschrift ist allein damit zu erklären, dass sie in Abs. 1 u.a. auf § 251 StPO Bezug nimmt. § 255a Abs. 1 StPO beinhaltet zunächst eine weitgehende Gleichstellung der genannten Aufzeichnungen mit Vernehmungsprotokollen. Ein Vorspielen der Aufzeichnung unter **Verzicht** auf eine persönliche Anhörung des Zeugen setzt also – abgesehen von den sonstigen Anwendungsfällen der §§ 251, 253 StPO – i.d.R. die Zustimmung der Verfahrensbeteiligten voraus. Wurde der Zeuge dagegen in der Hauptverhandlung vernommen, so dürfen ihn betreffende Vernehmungsprotokolle und Bild-Ton-Aufzeichnungen verlesen bzw. vorgeführt werden. In diesem Fall wird seine Vernehmung ja nicht durch ein Surrogat ersetzt, sondern ergänzt[211].

---

208 Vgl. BGH 2 StR 7/15 Tz. 7; 5 StR 191/13 Tz. 5; 5 StR 138/13 Tz. 4; 2 StR 263/11 Tz. 7; siehe auch *Detter* NStZ 2003, 1 ff.
209 Für V-Leute – die ja normalerweise nicht dem öffentlichen Dienst angehören – gilt § 54 StPO nur dann, wenn sie hauptberuflich und mit festen Bezügen angestellt sind, vgl. *Meyer-Goßner*, § 54 Rn. 11 m.w.N. Angaben zur Person des V-Manns bzw. verdeckten Ermittlers können bei fehlender Aussagegenehmigung von dem polizeilichen Führungsbeamten nicht verlangt werden, BGHSt 31, 148. Siehe zur V-Mann-Problematik auch *Conen* StraFo 2013, 140 ff.
210 Siehe auch oben Rn. 159 ff.
211 BGH 1 StR 350/07 m.w.N.

513 Keiner Zustimmung bedarf die Vorführung der Aufzeichnung auch in den Fällen des § 255a Abs. 2 StPO. So sollen insbesondere minderjährigen Zeugen oder Opferzeugen, die zum Zeitpunkt der Tat minderjährig waren, Mehrfachvernehmungen erspart werden. Den Grund für die Vorführung hat das Gericht bekannt zu geben. Allerdings ist die **vernehmungsersetzende** Vorführung der Videoaufnahme nur statthaft, wenn der Angeklagte und sein Verteidiger Gelegenheit hatten, an der aufgezeichneten Vernehmung mitzuwirken. Die Einschränkung des § 168c StPO gilt hier nicht.

Liegt eine entsprechende Videoaufzeichnung vor, so ist folglich zu prüfen, ob es einer neuerlichen persönlichen Vernehmung des Zeugen bedarf. Die nach pflichtgemäßem Ermessen zu treffende Entscheidung obliegt – anders als im Rahmen des Absatzes 1 – dem Vorsitzenden[212]. Die Einführung in das Verfahren erfolgt im Wege der Augenscheinseinnahme. Der Inhalt der früheren Vernehmung ist dann so zu behandeln, als sei sie in der Hauptverhandlung erfolgt.

514 Nur wenn das Vorspielen der Aufzeichnung zur Sachverhaltsaufklärung nicht genügt, ist der Zeuge durch das Gericht zu vernehmen. Da auch in diesem Fall seine Aussage nicht durch ein Surrogat ersetzt wird, kann das Gericht dann – ohne die Beschränkungen des § 255a StPO – die Aufzeichnung in Augenschein nehmen, etwa um die Konstanz der Bekundungen zu überprüfen[213].

Umgekehrt ist auch im Falle einer die Aussage ersetzenden Beweiserhebung nach § 255a StPO die ergänzende Vernehmung des Zeugen im Rahmen der Hauptverhandlung nicht nur zulässig, sie kann sich im Rahmen der gerichtlichen Aufklärungspflicht (§ 244 Abs. 2 StPO) sogar als zwingend darstellen. Das kommt insbesondere in Betracht, wenn – was keinen Bedenken unterliegt[214] – dem Verteidiger vor der aufgezeichneten Vernehmung keine Akteneinsicht gewährt wurde und daher maßgebliche Fragen und Vorhalte unterblieben sind. Auch können nach der Aufzeichnung weitere Beweisergebnisse angefallen sein, mit denen der Zeuge zu konfrontieren ist. Eine erneute Befragung des Zeugen beschränkt sich dann auf die ergänzend klärungsbedürftigen Gesichtspunkte[215]. Ohnehin sollte aus Gründen des Opferschutzes von der Möglichkeit ergänzender Befragung nur im Ausnahmefall Gebrauch gemacht werden[216].

515 Beinhaltet die Aufzeichnung die frühere Vernehmung eines zeugnisverweigerungsberechtigten Zeugen und macht dieser in der Hauptverhandlung von diesem Recht Gebrauch, so unterliegt angesichts des ausdrücklichen Hinweises auf **§ 252 StPO** (vgl. § 255a Abs. 1 StPO) auch die Aufzeichnung einem Verwertungsverbot. Das gilt selbst dann, wenn eine richterliche Vernehmung i.S.d. § 255a Abs. 2 StPO aufgezeichnet wurde. Das oben erwähnte, § 252 StPO einschränkende „Richterprivileg" greift für die Aufzeichnung – schwerlich nachvollziehbar – nicht[217]. Allerdings kann der Ermittlungsrichter selbst als Zeuge vom Hörensagen vernommen werden.

---

212 Vgl. BGH 1 StR 327/11.
213 Vgl. BGH NJW 2004, 1468 f.
214 BGH NJW 2003, 2761 ff.
215 BGH 1 StR 327/11; NJW 2003, 2763.
216 BGH NStZ-RR 2005, 45.
217 Siehe hierzu BGH NJW 2004, 1605 ff.

Kapitel 4 *Die gerichtliche Beweisaufnahme*

E. Die Zeugenvernehmung

I. Ablauf

516 Jeder Zeuge ist zunächst über seine Zeugnis- und Auskunftsverweigerungsrechte zu belehren. Bestehen solche nicht, so muss der Zeuge aussagen, vgl. § 70 StPO. Er ist also zur Person und zur Sache zu vernehmen, wie es in den §§ 68, 68a, 69 StPO im Einzelnen geregelt ist. Gleiches gilt für den Zeugen, der trotz des Bestehens eines Verweigerungsrechtes seine Aussagebereitschaft erklärt. Der Verzicht auf ein Zeugnis- bzw. Auskunftsverweigerungsrecht kann im Übrigen jederzeit – also auch während der Vernehmung – widerrufen werden. Kommt der Wille des Zeugen nicht eindeutig zum Ausdruck, so ist das Gericht gehalten, diesen durch Nachfragen zu ergründen.

517 Auf die bereits erwähnte Möglichkeit des § 247a Abs. 1 StPO, den Zeugen aufgrund eines zu begründenden – gem. § 247a S. 2 StPO unanfechtbaren – Gerichtsbeschlusses über Videoleitung an einem anderen Ort als dem Gerichtssaal zu vernehmen und die Übertragung zur Gefahrenabwehr ggfls. technisch zu verändern, sei an dieser Stelle noch einmal hingewiesen[218]. Gleiches gilt hinsichtlich der Möglichkeiten, den Angeklagten (§ 247 StPO) und/oder die Öffentlichkeit (§§ 171b ff. GVG) zum Schutz des Zeugen vorübergehend von der Verhandlung auszuschließen.

Bei der Vernehmung des Tatopfers ist – soweit vorhanden – dessen anwaltlichem Beistand gem. § 406f Abs. 1 StPO die Anwesenheit gestattet. Auf Antrag gilt dies auch für eine sonstige Person des Vertrauens, soweit nicht der Untersuchungszweck gefährdet wird, § 406f Abs. 2 StPO.

518 Im Rahmen der Vernehmung – die bei Personen unter 18 Jahren gem. § 241a Abs. 1 StPO ausschließlich vom Vorsitzenden durchgeführt wird – ist dem Zeugen Gelegenheit zu geben, seine Beobachtungen zunächst **zusammenhängend** zu schildern (§ 69 Abs. 1 S. 1 StPO). Offen gebliebene Fragen können anschließend im Gespräch geklärt werden. Dabei müssen die Inhalte den intellektuellen Verhältnissen des Zeugen Rechnung tragen. Hat auch die erforderliche Wahrheitsermittlung generell Vorrang vor seinen Belangen, so ist doch sicherzustellen, dass die Befragung seinem Anspruch auf angemessene Behandlung und Ehrschutz entspricht. Fragen oder sonstige Beweiserhebungen zu seinem Privat- und/oder Intimleben sind nur statthaft, soweit sie für die Entscheidungsfindung unerlässlich sind[219]. Unzulässige, ungeeignete oder nicht zur Sache gehörende Fragen Dritter sind daher zurückzuweisen[220].

Im Anschluss an seine Vernehmung ist der Zeuge zu vereidigen, wenn es wegen der ausschlaggebenden Bedeutung der Aussage oder zur Herbeiführung einer wahrheitsgemäßen Aussage erforderlich ist, § 59 Abs. 1 StPO. Hierüber und über die Entlassung des Zeugen entscheidet zunächst allein der Vorsitzende aufgrund seiner Prozessleitungsbefugnis[221].

---

218 Siehe oben Rn. 245, 452.
219 Siehe oben Rn. 483 f. sowie. BGH 1 StR 209/09 m.w.N.; NStZ 2007, 21 f.; NJW 2005, 1519 ff.
220 Näheres hierzu siehe unten Rn. 634, 639.
221 BGH 1 StR 268/09; StV 2005, 200.

II. Probleme der Bewertung einer Zeugenaussage

Zeugen sind das häufigste, wegen der dem Menschen eigenen Subjektivität zugleich aber auch das am schwierigsten einzuschätzende Beweismittel. Alle professionellen Verfahrensbeteiligten müssen sich daher bei ihrer Bewertung von Zeugenaussagen der besonderen Problematik bewusst sein. Denn selbst der um Wahrheit bemühte Zeuge muss nicht zwingend zutreffend bekunden und eine allein an die Person anknüpfende allgemeine „Glaubwürdigkeit" gibt es nicht. Folglich ist auch der sog. „Leumund" nicht von Belang[222]. Selbst Vorstrafen machen einen Zeugen nicht schlechthin „unglaubwürdig". Sie nötigen allenfalls zu einer ausführlichen Würdigung seiner Aussage im Urteil[223]. Erforderlich ist also eine **methodische Beurteilung** des Inhalts und – insbesondere bei Sexualstraftaten im familiären bzw. persönlichen Umfeld – der Entstehungsgeschichte einer Aussage[224].

519

Probleme existieren bereits auf der Ebene der **Wahrnehmung**. Abgesehen von möglichen physischen oder psychischen Einschränkungen der Wahrnehmungsfähigkeit wird Vieles nur beiläufig aufgenommen. Die Möglichkeit der Wahrnehmung ist häufig nur kurz, wie bei einem Unfall oder Überfall. Komplexe Geschehen mit vielen Beteiligten und Handlungsabläufen wirken verwirrend. Die Wahrnehmungsfähigkeit kann durch Alkoholeinfluss oder Ermüdungszustände beeinträchtigt sein.

520

Zudem filtert das Gehirn in bedrohlichen Situationen (Unfälle, Überfälle, Gewaltszenen) aus dem sinnlich Wahrgenommenen jene Informationen heraus, die zum eigenen Überleben nicht benötigt werden. Stress, Aufmerksamkeit und Angst sind also begrenzende Faktoren der Wahrnehmung[225]. Diese setzt weiter voraus, dass im Zwischenhirn eine bestimmte Vorstellung von dem Beobachteten gespeichert ist, die eine Deutung erlaubt[226]. Das Beobachtungsvermögen ist daher in entscheidendem Maße vom individuellen Interesse und dem Erfahrungshorizont bestimmt.

Die **Erinnerungsfähigkeit** ist naturgemäß – wie die Gabe der Beobachtung – von Mensch zu Mensch unterschiedlich. Begrenzender Faktor ist hier die Zeitspanne zwischen Erleben und Wiedergabe, die angesichts der Länge vieler Strafverfahren nicht zu vernachlässigen ist. Problematisch ist aber insbesondere das Durchwirken der Wahrnehmungen mit eigenen Rückschlüssen, Phantasien, Vermutungen, Gefühlen, Wünschen, den Darstellungen anderer Beteiligter, Sympathien oder Antipathien. Auch das persönliche Interesse an der Sache kann – unbewusst – das Bild der Erinnerung trüben und subjektiv einfärben. „Wahrheit" wird eben durch den Blickwinkel des Betrachters bestimmt. Im Rahmen therapeutischer Maßnahmen kann es zudem zu sog. „Schein-" oder „Pseudoerinnerungen" kommen[227].

521

---

222 Siehe auch BGH 1 StR 231/08; NJW 2005, 1521; NStZ 2004, 635.
223 BGH 5 StR 524/09.
224 Sog. Aussagegenese, vgl. BGH 5 StR 316/12 Tz. 13; 5 StR 394/12; 2 StR 565/11; 2 StR 194/10. Siehe auch *Miebach* NStZ-RR 2014, 233 ff.
225 *Bender/Nack/Treuer*, Rn. 40 ff.; 82 ff.
226 *Trankell*, S. 16.
227 Siehe hierzu BGH 2 StR 455/14 Tz. 19.

Kapitel 4 *Die gerichtliche Beweisaufnahme*

Unwichtige – z.B. routinemäßige – oder nur mit geringer psychischer Anteilnahme verfolgte Handlungsabläufe werden schon nach kurzer Zeit vergessen. Diese Einschränkung ist für die Brauchbarkeit von Zeugenaussagen von großem Gewicht, da oftmals bestimmten Vorgängen erst im Nachhinein eine besondere (eventuell nur juristische) Bedeutung beigemessen wird. Der Zeuge kann in einer solchen Situation nur berichten, wie er sich üblicherweise verhält; auf eine echte Erinnerung kann er sich hierbei nicht stützen.

522 Aber auch bei Erlebnissen, die einen stärkeren Eindruck hinterließen, sortiert das Gehirn nebensächliches „Randgeschehen" aus und es bleibt nur ein „**Kerngeschehen**" in Erinnerung. Konkrete Daten, die chronologische Abfolge von Ereignissen, Positionen und Stellungen, Kleidung, Wetterverhältnisse, Entfernungen oder Zeitspannen, Farben, Größen und Mengen können generell schlecht erinnert werden[228].

Zudem kommt es zu Verfälschungen der Aussage insbesondere durch mehrfache **Wiederholung**. Je häufiger der Zeuge bezüglich desselben Gegenstandes vernommen wird, umso mehr verblasst die wirkliche Erinnerung, wird sie ersetzt durch den Inhalt früherer Vernehmungen, so dass mit jeder neuen Befragung die Aussageleistung sinkt. Nicht die fehlerfreie, sondern die mehr oder minder fehlerbehaftete Zeugenaussage ist also die Regel.

523 Schließlich gilt es, die Besonderheiten (potentiell) traumatisierter Opferzeugen zu beachten, bei denen eine sog. **posttraumatische Belastungsstörung** zu vermuten ist[229]. Traumatische Erlebnisse werden anders gespeichert, als „normale". Das menschliche Gedächtnis assoziiert neue Inhalte mit bereits abgespeicherten, wodurch sog. „Assoziationsketten" entstehen. Mit einem Baustein wird sogleich die gesamte Kette aktiviert, und es kommt zu vielen zusammenhängenden Erinnerungen. Bei traumatischen Erlebnissen kann diese Möglichkeit der Assoziierung mit bekannten Erinnerungsinhalten fehlen. In diesen – willentlich nicht beeinflussbaren – Fällen kann ein Zeuge außer Stande sein, ein zusammenhängendes Geschehen mit raum-zeitlicher Struktur zu berichten. Seine Schilderungen können auch partiell widersprüchlich sein und so den Eindruck mangelnder Verlässlichkeit erwecken. Besteht hinreichender Anlass für die Annahme einer (klinisch belegbaren) Belastungsstörung, so sollte folglich ein **Sachverständiger** zur Frage der Aussagebewertung hinzugezogen werden.

524 Bei der **Wiedergabe** tauchen nicht nur die bewusste Falschaussage, sondern häufig die Gefahren des Missverständnisses sowie der mangelnden Vernehmungstechnik des Gerichts (und der übrigen Verfahrensbeteiligten) auf. Schließlich werden Juristen an keiner Stelle ihrer Ausbildung in der Aussage- und Vernehmungspsychologie professionell geschult. Die Ursachen von Missverständnissen oder Fehleinschätzungen liegen sowohl auf Seiten des Vernehmenden, wie auf Seiten des Befragten, denn bei der Zeugenvernehmung handelt es sich um einen interaktiven Kommunikationsprozess.

---

228 *Arntzen*, S. 55 ff.
229 Auch bezeichnet als PTSD, „posttraumatic stress disorder". Sie geht einher mit Intrusionen, also etwa wiederkehrenden Albträumen, Vermeidungsverhalten hinsichtlich einer Erinnerung an die traumatisierenden Erlebnisse und einer sog. Hypervigilanz im Sinne von Schreckhaftigkeit, Schlaf- und/oder Konzentrationsstörungen.

Bei der Zeugenbefragung ist daher auf den Verständnishorizont des Zeugen abzustellen. Suggestivfragen, die eine bestimmte Antwort nahelegen, sog. Doppelfragen („Was für ein Fahrzeug war es und welche Farbe hatte es?"), geschlossene Fragen („War das Hemd rot oder blau?") und eine zu komplizierte Sprache sind der Wahrheitsfindung abträglich.

Zu erwähnen sind auf Seiten des Vernehmenden auch die psychologischen Phänomene der sog. **kognitiven Dissonanz** bzw. des Inertia-Effekts. Kurz gesagt werden solche Informationen stärker wahrgenommen und gewertet, die im Einklang mit einer Vorentscheidung oder Hypothese stehen, als solche, die dieser widersprechen. Letztere werden möglicherweise sogar unbewusst ausgeblendet. Vorprägungen geschehen halbwegs automatisch etwa durch die Lektüre der Akten oder einen Eröffnungsbeschluss. „Gefährdet" sind daher natürlich auch Staatsanwälte und Verteidiger.

Bei der neben selbstkritischer Herangehensweise folglich gebotenen[230] **methodisch-wissenschaftlichen** Prüfung, ob die Schilderungen eines Zeugen auf tatsächlich Erlebtem beruhen, ist neben einer Überprüfung der generellen **Aussagetüchtigkeit**[231] und möglicher **Motive**[232] für eine Falschbelastung immer eine **Inhaltsanalyse** vorzunehmen[233]. Für wahrheitsgemäße Angaben sprechen insbesondere folgende Qualitätsmerkmale (sog. Realkennzeichen)[234]: **525**

– logische Konsistenz;
– quantitativer Detailreichtum;
– Verknüpfungen der Ebenen von Raum und Zeit;
– Schilderung ausgefallener Einzelheiten;
– Beschreibung von Empfindungen, die aus psychologischer Sicht im Einklang mit dem geschilderten Vorfall stehen;
– (Teil-)Entlastung des Beschuldigten;
– Vorhandensein deliktspezifischer Aussageelemente.

Darüber hinaus bedarf es einer **Konstanzanalyse** der Aussage insgesamt. Sie bezieht sich auf aussageübergreifende Qualitätsmerkmale aus dem Vergleich von Angaben zu demselben Sachverhalt zu unterschiedlichen Zeitpunkten – sog. **Aussagegenese**. Dabei gibt angesichts der beschriebenen Probleme der Erinnerungsfähigkeit und der Wiedergabe nicht jede Inkonstanz zugleich einen Hinweis auf mangelnde Verlässlichkeit. Das ist erst der Fall, wenn sie nicht mit natürlichen Gedächtnisphänomenen erklärt werden kann[235]. Maßgeblich ist ohnehin allein die konstante Wiedergabe des „**Kerngeschehens**"[236]. Was hierzu zählt, kann naturgemäß nur im Einzelfall unter maß- **526**

---

230 BGH 2 StR 206/12 Tz. 18; 2 StR 194/10; NStZ 2003, 164 ff.; 276 ff.
231 Das ist die intellektuelle Fähigkeit, Vorgänge wahrzunehmen, abzuspeichern und wiederzugeben. Vgl. hierzu BGH 4 StR 360/12 Tz. 19.
232 Zur berechtigten bzw. unberechtigten Rache siehe z.B. BGH 5 StR 166/15 Tz. 7; 5 StR 433/11 Tz. 19 ff.
233 Vgl. BGH 3 StR 510/14 Tz. 7; NJW 2005, 1521.
234 Vgl. zur sachverständigen Bewertung der Glaubhaftigkeit BGH NJW 1999, 2746 ff.; zur Situation „**Aussage gegen Aussage**" siehe auch BGH 4 StR 305/12; 2 StR 219/12 Tz. 5; 1 StR 501/11; 5 StR 194/10; 5 StR 12/09; NStZ-RR 2008, 254, 349 f.
235 BGH 5 StR 179/16 Tz. 15; 2 StR 314/13 Tz. 22; 4 StR 305/12 Tz. 16; 1 StR 114/11.
236 BGH 2 StR 275/17 Tz. 5; 1 StR 305/17 Tz. 11; 2 StR 101/15 Tz. 10.

Kapitel 4 *Die gerichtliche Beweisaufnahme*

geblicher Berücksichtigung der **Opferperspektive** beurteilt werden. In Fällen serienartiger Tatbegehung – wie sie insbesondere bei sexuellem Missbrauch zu beobachten sind – ist zudem zu berücksichtigen, dass nicht für jeden einzelnen Vorgang eine zeitlich exakte und detailreiche Schilderung erwartet werden kann[237].

527 Prozessual kann die Aussageentwicklung – nach Vernehmung des unmittelbaren Tatzeugen – dadurch in die Hauptverhandlung eingeführt werden, dass etwa Angehörige oder Freunde, denen Relevantes mitgeteilt wurde, als „Zeugen vom Hörensagen" gehört werden. Frühere Vernehmungsprotokolle oder Erklärungen des Tatzeugen können diesem vorgehalten oder nach § 249 StPO verlesen, etwa aus Vernehmungen stammende Videoaufzeichnungen in Augenschein genommen werden. Ob daneben bzw. stattdessen auch die Anhörung der Vernehmungsbeamten erforderlich ist, richtet sich allein nach der Aufklärungspflicht[238].

III. Lichtbildvorlage und Wahlgegenüberstellung

528 Den Besonderheiten der menschlichen Erinnerungsfähigkeit ist auch dann Rechnung zu tragen, wenn es um das **Wiedererkennen** des Täters geht. Steht eine derartige Beweiserhebung an, so gilt Folgendes:

Zur Identifizierung eines Tatverdächtigen durch einen Zeugen ist grundsätzlich eine Wahlgegenüberstellung mit mehreren – mindestens acht[239] – Personen oder eine entsprechende Wahlbildvorlage in Papierform bzw. Videotechnik durchzuführen. Dem Zeugen dürfen dabei nicht nur der Tatverdächtige allein präsentiert werden. Um eine Beeinflussung zu vermeiden, dürfen sich die Auswahlpersonen (bzw. Lichtbilder) in ihrer äußeren Erscheinung zudem nicht wesentlich voneinander unterscheiden. Die Präsentation ist so vorzunehmen, dass nicht zu erkennen ist, wer der Beschuldigte oder Angeklagte ist (vgl. auch Nr. 18 RiStBV). Für den Beweiswert ist schließlich entscheidend, ob die Präsentation von Personen gleichzeitig oder – was die Regel sein sollte – aufeinanderfolgend („sequenziell") erfolgte. Auch sollte die Gegenüberstellung/Bildvorlage selbst dann zu Ende geführt werden, wenn der Zeuge in deren Verlauf eine Person erkannt hat[240].

529 Zu bedenken ist weiter, dass mehrfache Lichtbildvorlagen oder Gegenüberstellungen keineswegs den Beweiswert eines Wiedererkennens erhöhen. Im Gegenteil darf das Gericht einer erneuten Identifizierung angesichts der Möglichkeit einer unbewussten Beeinflussung des Erinnerungsvermögens durch das vorangegangene Betrachten nur einen eingeschränkten Beweiswert beimessen[241]. Abzustellen ist dann ggfls. auf das Ergebnis der Identifikation im Ermittlungsverfahren, sofern diese ordnungsgemäß erfolgte. Erkennt der Zeuge im Rahmen der Wiederholung erstmals eine Person als Täter, so gelten diese Bedenken natürlich erst Recht.

---

237 Siehe auch BGH 1 StR 182/03.
238 Vgl. hierzu BGH 2 StR 475/13 Tz. 6; 4 StR 30/13; 1 StR 231/08; 1 StR 350/07; 1 StR 566/03.
239 So BGH 5 StR 79/13 Tz. 6; 1 StR 524/11.
240 Siehe hierzu BGH 5 StR 79/13 Tz. 6; 1 StR 524/11; 4 StR 501/10 m.w.N.; *Odenthal* StV 2012, 683 ff.
241 BGH 4 StR 102/16 Tz. 10; 5 StR 372/12 Tz. 13 ff.

Mit den Einzelheiten der entsprechenden Vorgänge und dem Beweiswert des Wiedererkennens hat sich das schriftliche Urteil im Abgleich mit den sonstigen Ergebnissen der Hauptverhandlung jedenfalls intensiv auseinanderzusetzen[242].

F. Der Urkundenbeweis

Angesichts der beschriebenen Probleme im Zusammenhang mit der Vernehmung von Zeugen greifen Gerichte gerne auf sog. „objektive Beweismittel" zurück, also insbesondere die Ergebnisse technischer Untersuchungen (Blutalkoholwerte, Finger- und Faserspuren, DNA-Analysen, Stimmen- oder Schriftvergleiche etc.). Diese werden regelmäßig in schriftlichen Gutachten und damit in Urkundenform niedergelegt. Da Schriftstücke jedweder Art zunehmend auch in digitalisierter Form erstellt und kommuniziert werden, erklärt § 249 Abs. 1 S. 2 StPO auch verlesbare **elektronische Dokumente** ausdrücklich zu Urkunden im Sinne des Beweisrechts.

530

Urkunden in diesem umfassenden Sinne werden generell den „objektiven" Beweismitteln zugerechnet. Sie stellen im Prozess i.d.R. zuverlässige Beweismittel dar, da ihr Inhalt meist klar und eine Fälschung nur in Ausnahmefällen zu befürchten ist. Ihr Inhalt kann auf zwei Wegen in das Verfahren eingeführt werden, nämlich durch

Vorhalt **förmlichen Urkundenbeweis.**

Der **Vorhalt** kann im Zusammenhang mit der Befragung des Angeklagten, Zeugen oder Sachverständigen erfolgen. Hierbei wird der Inhalt der Urkunde im Vernehmungsgespräch formlos vorgehalten[243]. So wird – juristisch spitzfindig – nicht etwa die Urkunde zum Beweismittel, sondern nur das, was der Befragte auf den Vorhalt hin erklärt. Es bleibt formal bei der Einlassung des Angeklagten, dem Zeugen- oder Sachverständigenbeweis. Schwierigkeiten mit dem Unmittelbarkeitsgrundsatz entstehen nicht. Der Vorhalt ist also kein eigenständiges Beweismittel, sondern nur ein (nahezu) stets zulässiger „Vernehmungsbehelf"[244]. Er verbietet sich im Ausnahmefall nur dann, wenn der Inhalt der betroffenen Urkunde erheblichen Umfang hat, eine besondere Komplexität aufweist oder wenn es auf den genauen Wortlaut ankommt[245]. In solchen Fällen bedarf es also im Hinblick auf § 261 StPO des förmlichen Urkundenbeweises.

---

242 Vgl. BGH 5 StR 149/17 Tz. 12; 2 StR 472/16 Tz. 4 ff.; 5 StR 79/13 Tz. 13; 4 StR 501/10; NStZ 2009, 283 f. Zum Beweiswert der Personenidentifizierung generell siehe auch BVerfG NJW 2003, 2445.
243 Z.B. indem der Vorsitzende dem Zeugen einfach entgegnet: „Sie haben aber doch in Ihrer polizeilichen Vernehmung angegeben ... Wie erklären Sie diesen Widerspruch?".
244 BGH 2 StR 435/15 Tz. 13; NStZ 2000, 429; vgl. zur Kritik an dieser gefestigten Rechtsprechung KK-*Diemer*, § 249 Rn. 45 m.w.N.
245 Vgl. BGH 1 StR 377/12; NStZ 2001, 161.

Kapitel 4 *Die gerichtliche Beweisaufnahme*

I. Förmliche Einführung von Urkunden in das Verfahren

531 Muss die **Urkunde selbst** als Beweismittel genutzt werden, so kann sie **auf drei Wegen** in das Verfahren eingeführt werden, nämlich:

Regelfall der **Verlesung**, § 249 Abs. 1 S. 1 StPO.	**Bericht des Vorsitzenden.** Steht die Aufklärungspflicht dem nicht entgegen, so kann nach der Rechtsprechung im allseitigen Einverständnis der Vorsitzende über den Inhalt der Urkunde berichten[246].	**Selbstlektüre** der Verfahrensbeteiligten, § 249 Abs. 2 S. 1 StPO mit den dort genannten Beschränkungen.

Ob Urkunden im **Selbstleseverfahren** in die Hauptverhandlung eingeführt werden, bestimmt der Vorsitzende nach pflichtgemäßem Ermessen. Es kommt selbst dann in Betracht, wenn der (verteidigte!) Angeklagte Analphabet ist oder nur über mangelhafte Sprachkenntnisse verfügt[247]. Gelangt es nach § 249 Abs. 2 StPO zur Anwendung, so müssen sowohl die Berufsrichter als auch die Schöffen vom Wortlaut der Urkunden Kenntnis nehmen, diese also – ggfls. parallel zur Hauptverhandlung oder auch schon davor – **tatsächlich lesen**. Die übrigen Beteiligten müssen (nur) Gelegenheit zur Kenntnisnahme vom Wortlaut haben. Sie können auf die Kenntnisnahme vom Inhalt der Urkunden sogar ganz verzichten[248].

Zudem muss gemäß § 249 Abs. 2 S. 3 StPO die Feststellung des Vorsitzenden betreffend das Vorliegen dieser Umstände möglichst eindeutig **protokolliert** werden[249].

Auf Fehler bei der Anordnung oder Durchführung des Selbstleseverfahrens kann eine Revision jedoch nur gestützt werden, wenn zuvor über § 238 Abs. 2 StPO ein Gerichtsbeschluss herbeigeführt wurde[250]. Dieser ist bei einem erhobenen Widerspruch unverzichtbar. Sein Fehlen begründet die Revision jedenfalls dann, wenn angenommen werden kann, dass der Spruchkörper vom Selbstleseverfahren Abstand genommen hätte und bei der alternativen Verlesung der betroffenen Urkunden nach § 249 Abs. 1 StPO ein abweichendes Beweisergebnis denkbar wäre[251].

II. Zulässigkeit des Urkundenbeweises

532 Der Urkundenbeweis ist zulässig, soweit er nicht ausdrücklich untersagt ist. So dürfen beispielsweise hinsichtlich der Vorstrafen des Angeklagten die Feststellungen rechtskräftiger Urteile zum früheren Tatgeschehen oder zur Strafzumessung gemäß § 249

---

246 **Streitig**; vgl. *Meyer-Goßner*; § 249 Rn. 26 m.w.N.
247 BGH 1 StR 422/10.
248 Vgl. BGH 1 StR 587/11.
249 BGH 5 StR 306/13; 5 StR 461/12; 1 StR 587/11; 2 StR 280/09; siehe im Übrigen zum Umfang der Beweiskraft des entsprechenden Protokollvermerks BGH 3 StR 76/10.
250 Vgl. BGH 1 StR 554/16, auch zu der Rüge, der zur Verfügung gestellte Zeitraum sei zu kurz gewesen.
251 Siehe hierzu BGH 5 StR 251/12.

Abs. 1 StPO in die Hauptverhandlung eingeführt und verwertet werden[252]. Allerdings ist der Tatrichter an diese früheren Ausführungen nicht gebunden. Beanstandet ein Verfahrensbeteiligter die Richtigkeit der Feststellungen in einem rechtskräftigen Urteil, so muss das Gericht hierüber erneut Beweis erheben, wenn die bestrittenen Umstände für seine Entscheidung von Bedeutung sind[253]. Hinsichtlich der Warnwirkung einer Vorstrafe wird es einer erneuten Beweiserhebung allerdings regelmäßig nicht bedürfen[254].

Auch die schriftlichen Angaben des Angeklagten gegenüber Dritten können durch Verlesung zum Gegenstand der Beweisaufnahme gemacht werden. Gleiches gilt für frühere, schriftlich fixierte Erklärungen des Tatopfers gegenüber Dritten zwecks Bewertung der sog. Aussagegenese[255]. Die Grenzen des Urkundenbeweises ergeben sich nur aus den allgemeinen Verwertungsverboten und aus dem bereits erwähnten **Unmittelbarkeitsgrundsatz.**

1. Grundsatz der Unmittelbarkeit, § 250 StPO

Nach § 250 S. 2 StPO darf die Vernehmung einer Beweisperson (also eines **Zeugen** oder Sachverständigen) nicht durch die Verlesung einer Urkunde **ersetzt** werden. Diese Vorschrift nennt insoweit **zwei mögliche Formen der Urkunde**, nämlich:

533

„**Protokolle**"
Dabei handelt es sich um Urkunden eines Gerichts, der Staatsanwaltschaft, Polizei oder einer anderen Behörde. Insoweit ist gleichgültig, wann und in welchem konkreten Verfahren sie entstanden sind.

„**erstellte Erklärung**"
Dies sind solche schriftliche oder elektronische Erklärungen, die **von vornherein Beweiszwecken dienten**[256]. Insbesondere kommen hier in Betracht: Strafanzeigen oder Stellungnahmen, Angaben z.B. gegenüber einer Versicherung o.ä.
Da sie von vornherein nicht zu Beweiszwecken dienen, scheiden Tagebücher oder persönliche Briefe als „Erklärungen" i.S.d. § 250 StPO aus.

Diese Unterscheidung ist wichtig, da die §§ 251 ff. StPO **Ausnahmen** von dem grundsätzlichen Verbot des § 250 S. 2 StPO normieren und unter bestimmten Voraussetzungen die Verlesung von „Protokollen" und anderen „Erklärungen" gestatten.

Die Problematik des Unmittelbarkeitsgrundsatzes soll an folgenden Beispielen verdeutlicht werden:

---

252 BGH 4 StR 640/09.
253 BGH NStZ 2010, 529.
254 BGH 4 StR 640/09; NJW 1997, 2828.
255 Vgl. BGH 1 StR 350/07.
256 BGH NStZ 1982, 79.

Kapitel 4 *Die gerichtliche Beweisaufnahme*

534 **Beispiel 1:** Nehmen wir einmal (natürlich realitätsfern) an, das Gericht wollte sich die Sache ein wenig einfacher machen und hätte – statt der Vernehmung eines Zeugen – dessen polizeiliches Vernehmungsprotokoll in der Hauptverhandlung verlesen.

Dies wäre aus Rechtsgründen unzulässig (Verstoß gegen § 250 StPO), da der Zeuge als nicht „glaubwürdig" hätte erscheinen oder sich in Widersprüche hätte verstricken können. Die Verlässlichkeit einer Aussage kann regelmäßig nur bei persönlicher Vernehmung des Zeugen durch das Prozessgericht beurteilt werden.

Beispiel 2: Der Angeklagte hat zwar im Ermittlungsverfahren durch anwaltlichen Schriftsatz eine Einlassung abgeben lassen, macht aber in der Hauptverhandlung von seinem Schweigerecht Gebrauch. Kann der Schriftsatz im Wege des Urkundenbeweises in die Hauptverhandlung eingeführt werden?

Grundsätzlich können alle schriftlichen Erklärungen des Angeklagten auch dann nach § 249 Abs. 1 StPO verlesen werden, wenn er in der Hauptverhandlung Angaben verweigert. Das gilt aber nur für solche Äußerungen, die er selbst abgegeben hat. Ausführungen in einem anwaltlichen Schriftsatz sind jedoch Erklärungen des Anwalts (auch wenn sie – hoffentlich – auf den Angaben des Mandanten beruhen und ausdrücklich in dessen Namen abgegeben werden). Eine Verlesung verstieße also in unserem Beispiel gegen § 250 Abs. 2 StPO[257].

535 **Beispiel 3:** Wie wäre es, wenn das Gericht statt des in der Hauptverhandlung nicht erschienenen Tatzeugen den Polizeibeamten als Zeugen gehört hätte, der ihn im Ermittlungsverfahren vernommen hatte?

Insoweit käme ein Verstoß gegen § 250 S. 1 StPO in Betracht, wonach (nur) die Personen als Zeugen zu vernehmen sind, die Wahrnehmungen bezüglich zu beweisender Tatsachen gemacht haben.

Der Polizeibeamte gibt in seinem Protokoll wieder (jedenfalls soll er das), was der Zeuge ihm berichtet hat. Demzufolge kann er zumindest Angaben dazu machen, was dieser im Rahmen der polizeilichen Vernehmung ausgesagt hat, d.h. er kann sog. „Beweisanzeichen" liefern. Aus diesem Grunde ist auch er „unmittelbarer" Zeuge, nämlich bezüglich des Inhalts der polizeilichen Vernehmung. Es bestehen gegen eine gerichtliche Vernehmung des Polizeibeamten als „Zeuge vom Hörensagen" also grds. keine Bedenken[258].

Es könnte jedoch gegen § 244 Abs. 2 StPO verstoßen worden sein. Danach sind alle erreichbaren Beweismittel auszuschöpfen, soweit sie relevant sind. Naturgemäß ist der unmittelbare Tatzeuge ein besseres Beweismittel als der Zeuge vom Hörensagen oder nur die Urkunde (Vernehmungsprotokoll). Aus diesem Grunde gebietet die Aufklärungspflicht regelmäßig dessen Vernehmung. § 244 Abs. 2 StPO ist also vorliegend verletzt, da kein Anhalt für eine „Unerreichbarkeit" des Zeugen oder sonstige Einschränkungen der Aufklärungspflicht besteht[259].

536 Zwar verbietet § 250 StPO die **Ersetzung** – nicht aber die **Ergänzung**[260] – des Personalbeweises durch den Urkundenbeweis. Für Polizeibeamte hat die Rechtsprechung

---
257 Vgl. BGH NStZ 2002, 555.
258 Auch nicht aus verfassungsrechtlicher Sicht, da der Angeklagte weder ein Recht auf ein bestimmtes Beweismittel, noch auf bestimmte Arten von Beweismitteln hat, vgl. BVerfG NJW 1981, 1719 (1722).
259 Vgl. hierzu BGH NStZ 2004, 50; StV 2003, 485.
260 Vgl. BGH 2 StR 475/13 Tz. 6; NStZ 2008, 50 ff.; NJW 2007, 2196.

aber – aus Gründen der Praktikabilität – eine Ausnahme dahingehend gemacht, dass jedenfalls bei den massenweise anfallenden Ordnungswidrigkeiten eine Berufung auf die vom Beamten niedergelegte Anzeige dann möglich ist, wenn dieser sich an den Vorgang nicht mehr erinnert[261].

2. Durchbrechungen

Die Ausnahmen von dem in § 250 StPO normierten Unmittelbarkeitsgrundsatz finden sich in §§ 251, 253, 254, 256 StPO (die Sie vorab lesen sollten!). Die Vorschriften erlauben folgende **grobe Einteilung** der Fälle, in denen eine Verlesung statthaft ist:

537

§ 251 Abs. 1 Nrn. 1, 2	Verlesung von Protokollen über **nichtrichterliche** Vernehmungen bzw. von erstellten Erklärungen bei Einverständnis der Verfahrensbeteiligten
§ 251 Abs. 1 Nrn. 3, 4	Einführung von Protokollen über **nichtrichterliche** Vernehmungen bzw. von erstellten Erklärungen auch ohne Einverständnis der Verfahrensbeteiligten
§ 251 Abs. 2 Nr. 3	Verlesung der Protokolle über **richterliche** Vernehmungen bei Einverständnis der Verfahrensbeteiligten
§ 251 Abs. 2 Nrn. 1, 2	Einführung von Protokollen über **richterliche** Vernehmungen auch ohne Einverständnis der Beteiligten
§ 251 Abs. 3	Verlesung im Freibeweisverfahren
§ 253	Kombination von Zeugen- und Urkundenbeweis (Protokollverlesung zur Gedächtnisunterstützung)
§ 254	Verlesung von Urkunden bei Geständnissen oder Widersprüchen
§ 256	Verlesung von Behörden- und Ärzteerklärungen oder von Gutachten

Die Vorschrift des **§ 252 StPO** ist hier nicht aufgeführt. Sie enthält nämlich keine Durchbrechung des Unmittelbarkeitsgrundsatzes, sondern verbietet als Ergänzung zu den §§ 52 ff. StPO – wie auch § 255a StPO systematisch schlecht platziert – den Urkundenbeweis im Falle einer nachträglichen Zeugnisverweigerung. § 252 StPO normiert folglich ein **Verwertungsverbot** und wird daher im Zusammenhang mit weiteren solchen Regelungen erörtert werden[262].

538

a) Verlesung von Protokollen oder Erklärungen

> **Problemstellung:** Stellen Sie sich vor, ein Zeuge sei noch vor der Hauptverhandlung verstorben, ein anderer bei einer Urlaubsreise gekidnappt und an einen unbekannten Ort verschleppt worden. Dürfte das Gericht deren polizeiliche Vernehmungsprotokolle verlesen und die dort niedergelegten Angaben zur Grundlage eines Urteils machen?

539

---

261 BGH NJW 1970, 1558 f.
262 Siehe unten Rn. 594 ff.

Kapitel 4 *Die gerichtliche Beweisaufnahme*

Hier würde die persönliche Vernehmung der Zeugen durch die Verlesung der Protokolle **ersetzt**. Dieses Vorgehen ist nur unter den Voraussetzungen des **§ 251 StPO** zulässig, dann allerdings ohne Rücksicht auf die Schwere des Tatvorwurfs[263]. Denn § 251 StPO dient allein der Wahrheitsfindung sowie der Erleichterung und Beschleunigung des Verfahrens in Fällen, in denen eine Zeugenvernehmung nicht (mehr) möglich ist. Eine Urkundenverlesung nach § 251 StPO kommt daher auch in Betracht, wenn ein Zeuge im laufenden Verfahren zwar vernommen wurde, eine erforderliche weitere Befragung aber ausscheidet, etwa weil er verstirbt oder vernehmungsunfähig wird. In den Anwendungsfällen des § 251 StPO ist mithin nicht zwischen einer „ersetzenden" und einer „ergänzenden" Verlesung zu unterscheiden[264].

540 Dabei **differenziert** § 251 StPO zwischen Protokollen zweierlei Ursprungs, nämlich:

nichtrichterlichen Protokollen und anderen Urkunden **(Abs. 1)** **richterlichen** Protokollen **(Abs. 2)**

aa) Die richterlichen Vernehmungsprotokolle, § 251 Abs. 2 StPO

Über die Vernehmung von Zeugen, Sachverständigen oder Angeklagten können **richterliche Protokolle** schon während des Ermittlungs- und Zwischenverfahrens entstehen. Dabei ergeben sich die Mitwirkungen eines Richters aus folgenden Vorschriften:
- Vernehmung anlässlich der Vorführung vor den Haftrichter, § 115 Abs. 2 StPO;
- allgemein im Ermittlungsverfahren aus § 162 StPO;
- im Zwischenverfahren aus § 202 StPO;
- für kommissarische Vernehmungen durch den Richter aus § 223 StPO.

Schließlich können solche Vernehmungsprotokolle
- aus früheren Hauptverhandlungen (in anderen Strafverfahren) oder
- aus Vernehmungen durch einen Richter im Ausland[265]

herrühren.

541 Ist das Protokoll **ordnungsgemäß errichtet** – hierzu gehört bei Zeugenvernehmungen auch die Beachtung der Anwesenheits- und Benachrichtigungspflicht aus § 168c StPO[266] – und wurden die vernommenen Personen **ordnungsgemäß belehrt**[267] (d.h. bestehen keine Verwertungsverbote), so kennt § 251 StPO für die ersatzweise Verlesung eines richterlichen Protokolls folgende Anwendungsfälle:

Abs. 2 Nr. 1: Dem Erscheinen der Beweisperson steht für längere oder ungewisse Zeit erwiesenermaßen ein nicht zu beseitigendes Hindernis entgegen (etwa Krankheit, Gebrechlichkeit oder Tod). Zu denken ist auch an die Fälle, in denen der Aufenthalt eines Zeugen nicht zu ermitteln ist, wenn also vergeblich nach ihm gesucht

---

263 BGH NStZ 1985, 230.
264 Vgl. BGH NStZ 2008, 50 ff.
265 Vgl. hierzu BGH NJW 1994, 3364 ff.
266 BGH NStZ 1998, 312 f.; siehe hierzu oben Rn. 148 ff.
267 Für Vernehmungen im Ausland kann hinsichtlich der Benachrichtigungs- und Belehrungspflichten sowie der Folgen eines Verstoßes etwas Anderes gelten, vgl. BGH NJW 1994, 3365; NStZ 1996, 595 f.

wurde und weitere Bemühungen, seiner habhaft zu werden, keinen Erfolg versprechen. Insoweit entspricht dieses Merkmal dem der Unerreichbarkeit i.S.d. § 244 Abs. 3 S. 2 StPO.

Abs. 2 Nr. 2: Ein Erscheinen des Zeugen oder Sachverständigen ist diesem wegen großer Entfernung **unter Berücksichtigung der Bedeutung seiner Aussage** nicht zumutbar. Hier muss das Gericht unter Beachtung folgender Gesichtspunkte eine Abwägung treffen: 542

– Entfernung zwischen Gericht und Abreiseort;
– sonstige persönliche Verhältnisse des Zeugen, wie Alter, Gesundheitszustand etc.;
– Bedeutung der Sache und Wichtigkeit der Aussage.

Je nach der Schwere des Tatvorwurfes kann so auch eine Anreise von Übersee geboten sein[268].

Abs. 2 Nr. 3: Staatsanwaltschaft, Verteidigung und Angeklagter sind **mit der Verlesung einverstanden**. Diese Ausnahme von § 250 StPO spielt in der amtsgerichtlichen Praxis eine bedeutendere Rolle als in den Hauptverhandlungen vor der Strafkammer. Denn wo mehr auf dem Spiel steht, wird auch eher Wert auf die persönliche Vernehmung gelegt. Das Einverständnis ist gemäß § 273 Abs. 1 StPO zu protokollieren. Es kann von den Beteiligten bereits vor der Hauptverhandlung erklärt werden und ist auch stillschweigend möglich, z.B. indem einer Verlesung nicht ausdrücklich widersprochen wird[269]. Ein Widerruf der Zustimmungserklärung ist – wie bei jeder Prozesshandlung – ausgeschlossen[270]. 543

Eine Verlesung setzt neben der Zustimmung weiter voraus, dass

– eine persönliche Anhörung des Zeugen im Rahmen der Aufklärungspflicht nicht erforderlich ist und
– keine Beweisverwertungsverbote bestehen, wie z.B. bei unterlassener Belehrung des Zeugen im Rahmen der früheren Vernehmung. Stammt das Protokoll aus der Vernehmung eines zeugnisverweigerungsberechtigten Zeugen, so muss im Hinblick auf das Verwertungsverbot des § 252 StPO also Gewissheit darüber besteht, dass der Zeuge zur Aussage bereit ist. Die Prüfung erfolgt im Freibeweis (z.B. Telefonat mit dem Zeugen), wobei es genügt, dass sich aufgrund der Umstände des Einzelfalles eine Aussagebereitschaft sicher feststellen lässt[271].

In den Fällen des § 251 Abs. 2 StPO ist **neben** der Urkundenverlesung auch die Möglichkeit einer **Videovernehmung** nach § 247a Abs. 1 StPO in Erwägung zu ziehen, die wegen des – im Vergleich zur Urkunde relativ besseren – persönlichen Eindrucks vom Zeugen zwar einen höheren Beweiswert haben, im Einzelfall aber auch für die Wahrheitsfindung wertlos sein kann[272]. Es bedarf in der nach § 251 Abs. 4 StPO zu treffenden **Entscheidung** jedoch keiner ausdrücklichen Auseinandersetzung mit der Alternative einer Videovernehmung, da die Verfahrensbeteiligten ggfls. insoweit Be- 544

---

268 BGHSt 9, 230 ff. (für eine Zeugin aus Toronto/Kanada).
269 KK-*Diemer*, § 251 Rn. 11 m.w.N.
270 BGH NStZ 1997, 611.
271 Siehe BGH 4 StR 330/16 Tz. 3.
272 Siehe hierzu auch Rn. 245, 449 f.; BGH NJW 1999, 3790; 2000, 2517 f.

Kapitel 4 *Die gerichtliche Beweisaufnahme*

weisanträge stellen können[273]. Schaden kann die Darlegung der maßgeblichen Erwägungen freilich nicht.

bb) Andere Protokolle und Urkunden, § 251 Abs. 1 StPO

545 Hier kommen für eine Verlesung insbesondere die **staatsanwaltlichen oder polizeilichen** Ermittlungsprotokolle in Betracht. Auch diese können Angaben von Zeugen, Sachverständigen oder Mitbeschuldigten enthalten.

Hinsichtlich dieser nichtrichterlichen Protokolle ist gleichgültig, vor welcher Behörde und in welchem Verfahren sie aufgenommen wurden. Sie können sogar verlesen werden, wenn sie formfehlerhaft zustande gekommen sind oder die Identität eines Zeugen gänzlich unbekannt bleibt[274], was indes im Rahmen der Beweiswürdigung besonderer Beachtung bedarf. Dies alles gilt jedoch nur, soweit die Beweisperson (insbes. nach §§ 52 Abs. 3 S. 1, 161a Abs. 1 S. 2, 163a Abs. 5 StPO) ordnungsgemäß **belehrt** wurde. Darüber hinaus können unter den Voraussetzungen des § 251 Abs. 1 StPO auch fehlerhaft zustande gekommene richterliche Protokolle und schließlich Urkunden und schriftlich bzw. elektronisch erstellte Äußerungen verlesen werden.

546 § 251 Abs. 1 StPO differenziert hinsichtlich der Verlesbarkeit zwischen einvernehmlichem (Nrn. 1 und 2) und nicht einvernehmlichem Vorgehen (Nrn. 3 und 4). Hat der Angeklagte einen Verteidiger, so müssen dieser und die sonstigen Beteiligten – Staatsanwaltschaft und Angeklagter (in besonderen Fällen auch Nebenbeteiligte) – der Verlesung zustimmen. Zudem darf die persönliche Vernehmung desjenigen, von dem die zu verlesende Erklärung stammt, nicht unter dem Aspekt der Aufklärungspflicht geboten sein[275]. Für unverteidigte Angeklagte, also bei amtsgerichtlichen Verfahren, erlaubt § 251 Abs. 1 Nr. 2 StPO die Verlesung, wenn sie lediglich der Bestätigung eines Geständnisses dient und der Angeklagte sowie die Staatsanwaltschaft zustimmen.

Erfolgt keine Zustimmung, so ist eine Verlesung gem. § 251 Abs. 1 Nr. 3 StPO nur dann zulässig, wenn:

– der Zeuge/Sachverständige/Mitbeschuldigte verstorben ist oder
– aus anderem Grund in absehbarer Zeit **gerichtlich** nicht vernommen werden kann.

547 Letzteres ist nur dann der Fall, wenn sich das Vernehmungshindernis aus **äußeren**, von dem Zeugen nicht beherrschbaren Umständen ergibt, also nicht – wie etwa bei der Ausübung eines Auskunfts- oder Zeugnisverweigerungsrechts – ausschließlich von seinem freien Willen abhängt[276]. Abgesehen von schwerwiegenden Erkrankungen ist dies etwa anerkannt, wenn dem Zeugen bei wahrheitsgemäßer Aussage eine rechtsstaatswidrige Verfolgung im Ausland bzw. Gefahr für Leib oder Leben droht. Ob diese Voraussetzungen vorliegen, darf im Wege des Freibeweises ermittelt werden, wobei das Gericht allerdings auch die Möglichkeit der kommissarischen Vernehmung (§ 223 StPO) prüfen muss.

---

273 Vgl. BGH NJW 2000, 2517 f.
274 BGHSt 33, 83 (85 ff.).
275 BGH NJW 2002, 309.
276 Vgl. BGH NJW 2008, 1010; 2007, 2195 f.; zur Ausnahme siehe BGH 4 StR 619/09.

Der Urkundenbeweis **F**

Schließlich können nach **§ 251 Abs. 1 Nr. 4 StPO** solche Urkunden verlesen werden, die sich auf das Vorliegen oder die Höhe eines Vermögensschadens beziehen (Reparaturrechnungen, Verdienstausfallbescheinigungen etc.).

cc) Das Verfahren der Verlesung

Will das Gericht statt der Zeugenvernehmung eine Verlesung durchführen, so ist nach § 251 Abs. 4 StPO zunächst ein mit Gründen versehener **Gerichtsbeschluss** erforderlich, dessen Verkündung zu protokollieren ist. Dies soll angesichts der potentiellen Bedeutung für die Zuverlässigkeit der Beweisgewinnung und Rekonstruktion des Tatgeschehens sicherstellen, dass das Gericht auf Basis einer gemeinsamen Meinungsbildung in seiner Gesamtheit die Verantwortung für die Einschränkung der Unmittelbarkeit durch den Verzicht auf den Zeugen trägt. Entscheidet alleine der Vorsitzende oder fehlt dieser Beschluss aus anderen Gründen, so kann bereits eine Rüge dieses Mangels zur Aufhebung des Urteils in der Revision führen, ohne dass es einer vorangegangenen Beanstandung nach § 238 Abs. 2 StPO bedarf. Das gleiche gilt bei fehlender oder unrichtiger Begründung, für welche die bloße Angabe der einschlägigen Gesetzesbestimmung nicht genügt[277].

548

> **Zurück zu unserer Ausgangsfrage:** Das Gericht dürfte auch ohne Zustimmung der Verfahrensbeteiligten die entsprechenden Protokolle verlesen und verwerten, da der eine Zeuge verstorben und der Aufenthalt des anderen Zeugen nicht zu ermitteln ist. Hinsichtlich dieses Zeugen kann in absehbarer Zeit eine gerichtliche Vernehmung nicht durchgeführt werden.

dd) Verlesung im Freibeweisverfahren

Eine weitere Ausnahme vom Unmittelbarkeitsgrundsatz enthält § 251 Abs. 3 StPO. Danach ist die Verlesung von Vernehmungsprotokollen oder Urkunden hinsichtlich solcher Umstände zulässig, die im **Freibeweis** ermittelt werden können. Folglich bezieht sich die oben dargestellte Einschränkung der Verlesbarkeit nur auf die Gesichtspunkte, die dem Strengbeweis unterliegen (also die Tat- und Schuldfrage).

549

b) Protokollverlesung zur Gedächtnisunterstützung

§ 253 StPO regelt die Zulässigkeit des Urkundenbeweises, wenn ein Zeuge oder Sachverständiger sich in der Hauptverhandlung an bestimmte Tatsachen nicht mehr erinnert (Abs. 1) oder wenn Widersprüche zu einer vorangegangenen Aussage auftreten (Abs. 2). Die Vorschrift erlaubt in diesen Fällen die Verlesung des Protokolls über eine frühere Vernehmung zum Zwecke der **Verwertung als Urkunde**. Ziel der Regelung ist es, die Befragung des Vernehmungsbeamten zu ersetzen. Wird dieser selbst gerichtlich vernommen, ist § 253 StPO folglich nicht anwendbar[278].

550

---

277 Vgl. BGH 1 StR 334/16 Tz. 7; 3 StR 113/15 Tz. 9 ff.; 3 StR 315/11; BGH 1 StR 620/09.
278 BGH 3 StR 26/13. Freilich können auch dem Vernehmungsbeamten Vorhalte aus dem entsprechenden Protokoll gemacht werden.

Kapitel 4 *Die gerichtliche Beweisaufnahme*

Die **Voraussetzungen** einer Protokollverlesung zur Gedächtnisunterstützung sind:
– der Zeuge/Sachverständige ist in der Hauptverhandlung anwesend;
– er ist vollständig vernommen worden inkl. einer (vorrangigen) **Hilfestellung durch Vorhalt** oder eine andere (zulässige) Art der Gedächtnisauffrischung[279];
– er „erklärt" (also gibt irgendwie zu erkennen), sich nicht erinnern zu können (§ 253 Abs. 1 StPO).

Verbleibt ein Widerspruch zwischen der aktuellen und der früheren Aussage, so bedarf es keiner Verlesung des Vernehmungsprotokolls, wenn der Zeuge bestätigt, dass er seinerzeit so wie protokolliert ausgesagt hat. § 253 Abs. 2 StPO greift folglich nur dann, wenn der Zeuge bestreitet, sich so wie protokolliert erklärt zu haben[280]. Verlesen werden kann in beiden Fällen des § 253 StPO das unter Einhaltung der Formvorschriften zustande gekommene Protokoll einer richterlichen wie auch einer nichtrichterlichen Vernehmung.

c) Richterliches Protokoll bei Geständnis oder Widersprüchen

551 § 254 StPO befasst sich mit der Einführung von Protokollen bzw. Videoaufzeichnungen über ein Geständnis und im Fall von Widersprüchen im Aussageverhalten **des Angeklagten** in die Beweisaufnahme.

> **Beispiel:** Der Angeklagte hat bei der Polizei in einer detaillierten Einlassung die Tat gestanden. In der Hauptverhandlung widerruft er sein Geständnis und erklärt, es sei alles nur frei erfunden gewesen.
>
> Darf das Gericht
> – das polizeiliche Protokoll verlesen bzw. die Videoaufzeichnung vorführen?
> – die vernehmenden Polizeibeamten als Zeugen hören?

Nach § 254 Abs. 1 StPO können Erklärungen des Angeklagten aus einer richterlichen Vernehmung zum Zwecke der Beweisaufnahme über ein Geständnis in die Hauptverhandlung eingeführt werden. Dies geschieht durch Verlesung des entsprechenden Protokolls oder Vorführung der Aufzeichnung (Augenscheinseinnahme). Erfasst werden auch ausländische Dokumentationen, sofern sie nach der Verfahrensordnung des Vernehmungsortes eine vergleichbare Beweisfunktion besitzen und die Anhörung im Ausland grundlegenden rechtsstaatlichen Anforderungen genügte[281].

552 § 254 Abs. 1 StPO regelt also den **Urkundenbeweis** bei Vorliegen folgender **Voraussetzungen**: Es handelt sich um
– Erklärungen des **Angeklagten**
– in einem **richterlichen** Protokoll,

---

[279] Die Vernehmung und anschließende Verlesung kann dabei durchaus nach Tatkomplexen oder Beweisthemen strukturiert werden. Die Fortsetzung der Vernehmung nach Erhebung des Urkundenbeweises stellt in diesen Fällen keinen Verstoß gegen § 253 StPO dar, vgl. BGH 5 StR 501/10.
[280] BGH NStZ 2006, 652.
[281] BGH NJW 1994, 3364 ff. für den Fall der Vernehmung durch einen Amtstatthalter in der Schweiz.

– das ordnungsgemäß (Belehrungen![282]) zustande gekommen und gem. § 168a Abs. 4 S. 1 StPO neben dem Richter auch vom Protokollführer unterschrieben worden ist[283],
– zum Zwecke der Vernehmung über ein früheres Geständnis.

Schriftliche „Erklärungen" **des Angeklagten selbst** (etwa in einem Brief oder in der Schadensmeldung an eine Versicherung) können – mit Ausnahme des Schriftverkehrs mit dem Verteidiger – demgegenüber schon nach § 249 StPO verlesen werden, sofern nicht ausnahmsweise ein Verwertungsverbot entgegensteht[284].

Ist die Verlesung statthaft, so dürfen alle Angaben zur Tat, der Vorgeschichte (inkl. Mittätern), zur Person des Angeklagten und auch zu einem möglicherweise später erfolgten Geständniswiderruf eingeführt werden. Denn der Begriff „Geständnis" i.S.d. § 254 StPO ist in einem umfassenden Sinn zu verstehen. Er erfasst auch die Konstellation, dass ein Angeklagter beim Richter in einer Vernehmung ein Geständnis abgelegt, es in einer anderen richterlichen Vernehmung widerrufen und in einer dritten ein Geständnis mit abweichenden Angaben abgelegt hat. **553**

Dabei ist es für die Zulässigkeit einer Verlesung gleichgültig, ob der Angeklagte in seiner früheren Vernehmung als Zeuge oder Beschuldigter vernommen wurde bzw. in welchem Verfahren die Vernehmung stattgefunden hat. Schließlich ist die Verlesung nach § 254 Abs. 2 StPO auch generell zur Behebung von Widersprüchen im Aussageverhalten des Angeklagten möglich. Ob neben dem Urkundenbeweis auch der seinerzeit die Vernehmung durchführende Richter gehört wird, bestimmt sich allein nach § 244 Abs. 2 StPO.

Nichtrichterliche Protokolle (also insbesondere polizeiliche Vernehmungsprotokolle) dürfen demgegenüber zum Zwecke der Beweisaufnahme **nicht verlesen** werden. Insoweit begründet § 254 StPO ein Verwertungsverbot. **554**

Allerdings können auch solche polizeilichen Protokolle wie alle anderen Erklärungen des Angeklagten zum Zwecke des **Vorhalts** benutzt werden. Beweismittel ist dann aber nur die Erklärung des Angeklagten auf diesen Vorhalt hin, nicht etwa die Urkunde selbst.

Bestreitet der Angeklagte die Richtigkeit eines polizeilichen Protokolls, dann muss und kann der Vernehmungsbeamte als Zeuge gehört werden[285]. Diesem darf dann wiederum das Protokoll vorgehalten werden. Verwertbar sind aber stets nur die Angaben des Zeugen zu diesem Vorhalt.

> Zurück zum **Beispiel:** Das polizeiliche Protokoll darf nicht verlesen, die vernehmenden Polizeibeamten dürfen aber als Zeugen (vom Hörensagen) gehört werden.

---

282 Bei Vernehmungen im Ausland führt ein Verstoß gegen die Belehrungspflicht aus § 136 Abs. 1 S. 2 StPO allerdings nicht zwingend zu einem Verwertungsverbot; insbesondere dann nicht, wenn der Beschuldigte sein Schweigerecht kannte, vgl. BGH NJW 1994, 3365 m.w.N.
283 BGH NJW 1994, 596 (600).
284 Vgl. BGH NJW 1995, 269 zur Verwertbarkeit des Geständnisses in einem Abschiedsbrief, welchen der Angeklagte vor einem Suizidversuch an eine Zeugin geschrieben hatte.
285 BGHSt 22, 171.

Kapitel 4 *Die gerichtliche Beweisaufnahme*

d) Erklärungen von Behörden und Sachverständigen

555 Werfen Sie noch einmal einen Blick in den oben abgedruckten Originalfall. Dort befinden sich ein Protokoll über die Entnahme einer Blutprobe sowie ein Blutalkohol (BAK)-Befund des Instituts für Rechtsmedizin, welche ausweislich des Sitzungsprotokolls (siehe Rn. 422) in der Hauptverhandlung verlesen worden sind. Geregelt ist dies in **§ 256 Abs. 1 StPO**, der sich insbesondere mit der Verlesbarkeit von Behörden- und Ärzteerklärungen sowie Sachverständigengutachten befasst. Ohne Belang ist insoweit, ob sie sich die Urkunde explizit auf das anhängige Verfahren bezieht[286].

Danach ist auch die Verlesung eines ärztlichen Attestes zulässig, soweit dies – ausschließlich – dem Nachweis von Körperverletzungen dient. Damit ist die Verlesung **ausgeschlossen**, wenn mittels des Attestes nicht nur eine Körperverletzung, sondern deren Ursachen oder Folgen festgestellt werden sollen[287].

556 § 256 StPO bezieht sich im Übrigen nur auf solche Atteste, die von approbierten Ärzten stammen und Auskunft über deren eigene Wahrnehmungen bei der Untersuchung oder Behandlung geben. Erfasst werden auch gutachterliche Äußerungen, etwa zur Schwere bzw. den Folgen der Verletzung oder zu einer Minderung der Erwerbsfähigkeit. Hintergrund dieser erleichterten Beweisführung ist der Umstand, dass Ärzte aufgrund ihrer Tätigkeit praktisch schwer abkömmlich sind und es ihnen daher in der Regel schwerfällt, einen Zeugentermin wahrzunehmen.

Über Umstände, die außerhalb der ärztlichen Beobachtung liegen (die also auch ohne besondere Sachkunde feststellbar waren), darf eine Verlesung demgegenüber nicht erfolgen (z.B. Zustand der Kleidung des Opfers, Angaben zum Geschehensablauf)[288]. Hierzu muss der Arzt also ggfls. als **Zeuge** vernommen werden. Die ergänzende Anhörung als **Sachverständiger** ist geboten, soweit es nicht um die bloße Existenz einer Verletzung, sondern um ihre Art und vor allem die Herkunft geht.

557 Die Zulässigkeit der Verlesung hängt also letztlich davon ab, ob sich das Attest auf die Feststellung von Verletzungen beschränkt. Dies kann dann problematisch sein, wenn die Verletzung ihrerseits Bestandteil eines anderen Delikts (z.B. einer Vergewaltigung) ist, zu dessen Nachweis das Attest verlesen werden soll. Die Zulässigkeit einer Verlesung – und damit einer Durchbrechung des Unmittelbarkeitsgrundsatzes – hängt in diesen Fällen davon ab, ob bei einer Vernehmung des Arztes weitergehende Erkenntnisse zu erwarten wären als bei einer Verlesung des Attestes. Fordert die **Aufklärungspflicht** eine Zeugenvernehmung, so scheidet die Verlesung aus[289].

558 Gutachten öffentlicher Behörden (z.B. aus der Untersuchung von Fingerspuren, DNA oder Waffen durch das Landeskriminalamt) sowie der Ärzte eines gerichtsärztlichen Dienstes (z.B. Obduktionsbericht) können ohne weiteres verlesen werden, wenn die Aufklärungspflicht nicht eine Anhörung des Sachverständigen zur Erläuterung

---

286 BGH 5 StR 110/15.
287 BGH 1 StR 367/11.
288 Vgl. BGH 3 StR 402/10.
289 Siehe BGH 1 StR 367/11 m.w.N.

des Gutachtens gebietet. Zu den „öffentlichen Behörden" zählen auch öffentliche Kliniken und Krankenhäuser oder Universitätsinstitute, nicht aber in der Rechtsform einer GmbH betriebene Einrichtungen[290].

Die Verlesung eines **BAK-Gutachtens** ist ebenfalls nach § 256 Abs. 1 Nr. 4 StPO möglich und in der Regel ohne Verstoß gegen § 244 Abs. 2 StPO für die Überzeugungsbildung des Gerichts ausreichend[291]. Der Bericht über die Entnahme der Blutprobe (in dem z.B. Ausfallerscheinungen dokumentiert sind) kann jedenfalls dann verlesen werden, wenn der Aussteller der Urkunde erkennbar ist[292]. Geht es dagegen um die Feststellung einer verminderten oder infolge des Alkoholgenusses gänzlich ausgeschlossenen Schuldfähigkeit des Angeklagten (§§ 20, 21 StGB), so genügt allein die Verlesung einer Urkunde nicht. Hier ist ggfls. ein Sachverständiger hinzuzuziehen.

Nach § 256 Abs. 1 Nr. 5 StPO dürfen zudem – wiederum in den Grenzen der Aufklärungspflicht – Protokolle und Vermerke der Strafverfolgungsbehörden (z.B. der Polizei) über alle Ermittlungshandlungen verlesen werden, die nicht als Vernehmung zu qualifizieren sind[293]. In der Praxis betrifft dies etwa Durchsuchungs-, Beschlagnahme- oder Festnahmeprotokolle, aber auch polizeiliche Observationsberichte[294]. Schließlich darf auch der Nachweis betreffend die elektronische Übertragung von Dokumenten verlesen werden, § 256 Abs. 6 StPO.

Ist eine Verlesung nach § 256 StPO möglich, so trifft der Vorsitzende im Rahmen der Sachleitung die erforderliche Anordnung. Das Gericht entscheidet nur im Falle einer Beanstandung nach § 238 Abs. 2 StPO, welche allerdings keine Voraussetzung ist, um die Unzulässigkeit einer Verlesung später mit der Revision zu rügen[295].

G. Die Augenscheinseinnahme

Die richterliche Augenscheinseinnahme ist in § 86 StPO geregelt. Hierunter versteht man die **sinnliche** Wahrnehmung von „Augenscheinsobjekten", so dass über den Begriff hinaus auch Hören, Riechen, Schmecken oder Fühlen erfasst werden.

559

Als Gegenstände des Augenscheins kommen in Betracht:
– Fotos, Filme, Zeichnungen, Skizzen, Abbildungen jeder Art;
– Tonbandmitschnitte (z.B. im Fall der Telefonüberwachung);
– Urkunden, wenn es nicht auf ihren Inhalt, sondern auf ihre äußere Erscheinungsform ankommt (ansonsten sind sie zu verlesen, § 249 Abs. 1 StPO)[296];
– Personen (z.B. hinsichtlich Verletzungsfolgen);

---

290 Siehe BGH NStZ-RR 2015, 146.
291 Vgl. BGH NJW 1999, 3058; BGHSt 28, 235 f.
292 KK-*Diemer*, § 256 Rn. 9 für den Fall, dass ein Medizinalassistent anstelle des Arztes tätig geworden war, der Polizeibeamte ihn aber fälschlicherweise für einen Arzt gehalten hatte – so sind eben die Geschichten, die das Leben schreibt.
293 Siehe hierzu BGH 2 StR 132/08; OLG Celle StV 2013, 742 m.w.N.
294 Siehe BGH 3 StR 484/15.
295 Vgl. BGH 3 StR 315/11 Tz. 12 ff.
296 Siehe hierzu BGH 1 StR 316/16 Tz. 3 ff.

Kapitel 4 *Die gerichtliche Beweisaufnahme*

- Tatwerkzeuge;
- Örtlichkeiten (z.B. der Tatort im Rahmen einer Ortsbesichtigung[297]).

560 Für den Augenscheinsbeweis gilt der Grundsatz der Unmittelbarkeit der Beweisaufnahme nicht. Im Rahmen der Aufklärungspflicht des § 244 Abs. 2 StPO darf der richterliche Augenschein also durch andere Beweismittel ersetzt werden[298]. So kann z.B. über die Frage, wie der Tatort ausgesehen hat, auch ein Zeuge oder Sachverständiger vernommen werden.

Ansonsten verhält sich die Beweiserhebung ähnlich derjenigen von Urkunden. Auch Videoaufzeichnungen von Zeugenvernehmungen[299], Lichtbilder, Skizzen oder sonstige körperliche Beweisgegenstände können förmlich (also protokollpflichtig) im Wege der Augenscheinseinnahme zum Gegenstand der Beweisaufnahme und damit zur Urteilsgrundlage gemacht werden. Sie können aber auch per Vorhalt Verwendung finden.

H. Hinweispflicht und Nachtragsanklage

561 Häufig ergeben sich erst im Rahmen der Beweisaufnahme Gesichtspunkte, die eine rechtliche oder tatsächliche Neubewertung des Sachverhalts erforderlich machen. Hier stellt sich dann die Frage, ob – ggfls. unter welchen Voraussetzungen – solche Veränderungen bei der **Urteilsfindung** berücksichtigt werden dürfen bzw. müssen. Das Gesetz stellt zwei formale Reaktionsmöglichkeiten zur Verfügung:

Rechtlicher **Hinweis**, § 265 StPO.   **Nachtragsanklage**, § 266 StPO.

Bei der Frage, ob ein Hinweis genügt oder (sehr viel schwieriger) nach § 266 StPO Nachtragsanklage zu erheben ist, begegnet uns wieder der prozessuale Begriff der Tat. Im Sinne des § 264 StPO ist dies der – angeklagte – einheitliche geschichtliche Vorgang, der sich von anderen ähnlichen oder gleichartigen unterscheidet und innerhalb dessen der Angeklagte einen Straftatbestand verwirklicht haben soll[300]. Handelt es sich lediglich um veränderte **rechtliche** Bewertungen dieses Geschehens, so genügen stets entsprechende Hinweise. Bei Veränderungen im Bereich der **Tatsachenfeststellung** (etwa Verschiebungen bzgl. Tatzeit oder Tatort) kommt es darauf an, ob gleichwohl die angeklagte Tat als historisches Geschehen noch den Gegenstand des Verfahrens bildet. Entscheidend ist also, ob die neuen Umstände

- sich auf eine nicht angeklagte, **andere Straftat** des Angeklagten i.S.d. § 264 StPO beziehen oder
- trotz der veränderten Aspekte die sog. „**Nämlichkeit der Tat**" noch gewahrt ist, bei deren Berücksichtigung der **Anklagegrundsatz** also nicht verletzt wird. Dies ist

---

297 Lesen Sie hierzu bitte ergänzend Rn. 31 ff. sowie 1015 ff.
298 Vgl. BGHSt 27, 135 ff. (Zeugenbeweis statt Abhören mitgeschnittener Telefongespräche).
299 Vgl. BGH NStZ 2004, 348 f.; zu der **vernehmungsersetzenden** Augenscheinseinnahme siehe oben Rn. 512 ff.
300 Zu den Einzelheiten siehe Rn. 54 ff.

dann der Fall, wenn bestimmte individuelle Merkmale (z.B. Ausführungsart, Tatopfer) die Tat weiterhin als einmaliges, unverwechselbares Geschehen kennzeichnen[301].

Weitere bzw. andere prozessuale Taten sind gesondert anzuklagen (§ 266 StPO). Den Anklagegrundsatz nicht berührende Änderungen in den Details des angeklagten Geschehens können durch Hinweise für die Urteilsfindung erschlossen werden. Dabei kann die Abgrenzung im Einzelfall – etwa bei Serientaten – durchaus schwierig sein.

I. Der Hinweis, § 265 StPO

Die Hinweispflicht dient der Sicherung einer effektiven und umfassenden Verteidigung, die nicht etwa durch eine überraschende Entscheidung ausgehebelt werden darf. § 265 StPO ist damit letztlich die konkrete Ausgestaltung dreier Verfahrensprinzipien, nämlich

– des „fair trial"-Grundsatzes,
– der Aufklärungspflicht und
– der Gewährung rechtlichen Gehörs, Art. 103 Abs. 1 GG.

Da es sich bei § 265 StPO um eine Schutzvorschrift zugunsten des Angeklagten handelt, ist ein Hinweis dann entbehrlich, wenn in dessen Rechte nicht eingegriffen wird, wie z.B. bei einem infolge der neuen Erkenntnisse zwingenden Freispruch. Demgegenüber ist auch bei einer beabsichtigten Verfahrenseinstellung ein Hinweis erforderlich.

1. Voraussetzungen der Hinweispflicht

Die nähere Betrachtung des § 265 StPO muss von der Ausgangssituation her zunächst in zwei Fallgruppen (§ 265 **Abs. 1** und **Abs. 2**) unterteilt werden.

a) Veränderungen hinsichtlich des angeklagten Strafgesetzes

Nach **§ 265 Abs. 1 StPO** bedarf es eines förmlichen Hinweises, wenn
– eine **Verurteilung** im Raum steht und diese
– **aufgrund** eines „**anderen Strafgesetzes**" als des in der Anklageschrift benannten erfolgen kann.

Dabei erfasst der Begriff „Strafgesetz" sowohl den allgemeinen wie auch den besonderen Teil des StGB, aber auch Vorschriften strafrechtlicher Nebengesetze (z.B. BtMG/WaffG). Insbesondere erfordern also folgende für die Entscheidung wesentliche Veränderungen einen rechtlichen Hinweis:
– Annahme eines anderen Straftatbestandes als des angeklagten[302] (z.B. § 211 statt § 212 StGB);
– Vollendung statt Versuch und umgekehrt;

---

301 BGH 4 StR 545/16 Tz. 20; 4 StR 381/14 Tz. 6; 2 StR 311/13 Tz. 4; NStZ 2010, 346 f.; 3 StR 559/09; NStZ-RR 2006, 316 f.
302 BGH 3 StR 310/17 Tz. 7 f.; 2 StR 242/15.

Kapitel 4 *Die gerichtliche Beweisaufnahme*

- Fahrlässigkeit statt Vorsatz und umgekehrt;
- eine Verurteilung wegen mehr Straftatbeständen als angeklagt (bei derselben Tat i.S.d. § 264 StPO!) kommt in Betracht;
- Wahlfeststellung ist möglich;
- wesentlich andere Begehungsform desselben Delikts, also z.B. Begehung durch Unterlassen statt (nach Anklage) positives Tun und umgekehrt[303];
- andere Formen der Teilnahme, z.B. Mittäterschaft statt angeklagter Beihilfe, Alleintäterschaft statt Mittäterschaft und jeweils umgekehrt[304];
- andere Konkurrenzverhältnisse als angeklagt.

Wie Sie sehen, sind auch Fallkonstellationen erfasst, bei denen sich die neue Prozesslage für den Angeklagten günstiger darstellt. Sinn der Hinweispflicht ist es in diesen Fällen, dass er seine Verteidigung auch auf diese Umstände einstellen kann. Kommt beispielsweise eine mildere Schuldform (Fahrlässigkeit statt Vorsatz) in Betracht, so kann sich die Verteidigung mit den Voraussetzungen der Fahrlässigkeit auseinandersetzen oder auf eine mildere Strafe plädieren.

565 Liegen die genannten Voraussetzungen vor, so ist der Hinweis durch den Vorsitzenden selbst dann förmlich zu erteilen, wenn der veränderte Gesichtspunkt in der Hauptverhandlung von allen Verfahrensbeteiligten erkannt und erörtert worden ist[305]. Jedenfalls bei schwerwiegenden Tatvorwürfen muss Gegenstand des Hinweises nicht nur das – konkret zu benennende – nunmehr in Betracht gezogene gesetzliche Merkmal der Tat sein, sondern auch die Angabe, auf welche **Tatsachen** sich die von der Anklage abweichende Beurteilung stützt[306].

b) Hervortreten sonstiger relevanter Umstände

566 In **§ 265 Abs. 2 StPO** sind weitere Konstellationen geregelt, bei denen aus Gründen des „fair Trial" Hinweise erteilt werden müssen. Dies gilt zunächst nach § 265 Abs. 2 Nr. 1 StPO dann, wenn
- eine **Verurteilung** zu erwarten ist und
- infolge von erst in der Hauptverhandlung hervorgetretenen **gesetzlich vorgesehenen** Umständen eine Erhöhung der Strafbarkeit oder die Anordnung einer Maßregel der Sicherung und Besserung (§§ 61 ff. StGB)[307] bzw. Nebenstrafen in Betracht kommen.

„Neu" in diesem Sinne sind nur solche Umstände, die nicht bereits aufgrund der Anklageschrift, des Eröffnungsbeschlusses, eines Beweisantrages, eines Verweisungsbeschlusses, eines Revisionsurteils oder – bei Berufungsverhandlungen – auf sonstige Weise aus der ersten Instanz bekannt sind.

---

303 Siehe auch BGH 1 StR 582/10 für den Fall eines Austausches der Bezugstat beim Verdeckungsmord sowie BGH 2 StR 584/10 zum Austausch von Mordmerkmalen.
304 BGH 3 StR 196/16; 2 StR 49/15 Tz. 5; 2 StR 150/13.
305 BGH NStZ 1998, 529 f.
306 Vgl. BGH 2 StR 84/16 Tz. 12; 3 StR 99/11; 2 StR 584/10.
307 Solche reichen von der Sicherungsverwahrung des § 66 StGB bis zur Entziehung der Fahrerlaubnis nach § 69 StGB; vgl. den Katalog des § 61 StGB.

Unter anderem die folgenden Bestimmungen des StGB enthalten im Verhältnis zum **567** jeweiligen Grundtatbestand die Möglichkeit einer Strafschärfung i.S.d. § 265 Abs. 2 Nr. 1 StPO:

§ 177 Abs. 6 ff.	besondere Begehungsformen der sexuellen Nötigung
§ 221 Abs. 2 und 3	Aussetzung durch die Eltern oder mit der Folge einer schweren Gesundheitsbeschädigung bzw. des Todes
§ 224	gefährliche Körperverletzung
§ 226	Körperverletzung mit besonders schweren Folgen
§ 239 Abs. 3 und 4	Freiheitsberaubung über eine Woche oder mit besonderen Folgen
§ 239a Abs. 3	erpresserischer Menschenraub mit Todesfolge
§ 250 Abs. 1 und 2	schwerer Raub, z.B. mit Werkzeugen, Waffen oder bei besonderen Tatfolgen
§§ 255, 253, 250	schwere räuberische Erpressung
§ 263 Abs. 5	gewerbsmäßige Betrugsbegehung als Mitglied einer Bande.

Gemeinsam ist diesen Vorschriften, dass die Straferhöhung aufgrund gesetzlich **konkret benannter Umstände** erfolgt. Voraussetzung für § 265 Abs. 2 Nr. 1 StPO ist also, dass die strafschärfenden Gesichtspunkte genau bezeichnet sind. Dies wird allerdings auch in Fällen wie den §§ 177 Abs. 6, 240 Abs. 4, 243 Abs. 1, 263 Abs. 3, 267 Abs. 3 StGB als gegeben angesehen, die lediglich einen nicht geschlossenen Katalog sog. „Regelbeispiele" für „besonders schwere" Fälle enthalten[308].

Demgegenüber fällt das Hervortreten sog. **unbenannter Strafschärfungsgründe**, wie **568** z.B. § 106 Abs. 3 StGB (Nötigung des Bundespräsidenten im „besonders schweren Fall"), nicht unter § 265 Abs. 2 Nr. 1 StPO. Gleiches gilt für die Annahme einer besonderen Schwere der Schuld i.S.d. § 57a Abs. 1 Nr. 2 StGB, da diese Feststellung nur die spätere Vollstreckungsentscheidung vorbereiten soll[309]. Hier kann indes ein Hinweis nach § 265 Abs. 2 Nrn. 2 oder 3 StPO geboten sein.

Neben den genannten Fällen können Hinweise im Einzelfall auch dann erforderlich **569** sein, wenn **relevante Veränderungen** hinsichtlich des zu beurteilenden **Sachverhalts**, der **Verfahrenslage** oder der **gerichtlichen Sacheinschätzung** eintreten, die das Verteidigungsverhalten des Angeklagten beeinflussen können. Denn der Angeklagte darf nicht mit Tatsachenfeststellungen überrascht werden, auf die er durch den Inhalt der Anklageschrift, den Eröffnungsbeschluss oder den Gang der Hauptverhandlung nicht ausreichend vorbereitet wurde. Solche Situationen sind in § 265 Abs. 2 Nrn. 2 und 3 StPO geregelt.

Namentlich zu nennen sind hier insbesondere folgende Konstellationen: **570**
– das Gericht will von einer mitgeteilten vorläufigen Einschätzung, Zusage oder – in der Hauptverhandlung öffentlich erörterten und protokollierten – Absprache abweichen (siehe auch § 257c Abs. 5 StPO)[310];
– es will bestimmte Tatsachen als gerichtskundig der Entscheidung zu Grunde legen[311];

---
308 Vgl. BGH NJW 1988, 501 allgemein für die gesetzlich näher umschriebenen „Regelbeispiele".
309 BGH 2 StR 468/04 m.w.N.; NJW 1996, 3285.
310 Näheres hierzu siehe Rn. 660.
311 Siehe oben Rn. 481.

Kapitel 4 *Die gerichtliche Beweisaufnahme*

- es ergeben sich rechtlich **relevante**[312] Veränderungen beim Tathergang bzw. der Tatbeteiligung, die Möglichkeit der Konkretisierung von in der Anklage nur umschriebenen Einzeltaten mit Seriencharakter oder eine andere Datierung der (ansonsten ordnungsgemäß angeklagten) Tat[313];
- bei gleichbleibendem Sachverhalt will das Gericht das Tatgeschehen innerhalb derselben Gesetzesnorm rechtlich anders bewerten, als dies in der zugelassenen Anklage geschehen ist[314];
- das Gericht will aus nach §§ 154, 154a StPO eingestellten Tatkomplexen (insbesondere bei der Strafzumessung) nachteilige Folgen für die Entscheidung herleiten[315];
- die Aussage eines zu Unrecht vereidigten Zeugen soll nur als nicht beeidete verwertet werden[316].

571 War der Angeklagte – verfahrensrechtlich zulässig – in der Hauptverhandlung nicht anwesend, so muss ihm der Hinweis stets ggfls. schriftlich (z.B. mit der Ladung zu einem neuen Hauptverhandlungstermin) erteilt werden. Allerdings genügt in der Regel ein Hinweis an den Verteidiger, vgl. § 234a StPO. Stets ist der erfolgte Hinweis jedoch **protokollpflichtig**, § 273 Abs. 1 StPO. Die gebotenen Hinweise müssen für den Angeklagten zudem generell **klar und eindeutig** sein[317].

572 Demgegenüber besteht – auch bei einem entsprechenden Antrag – keinerlei Verpflichtung des Gerichts, die Verfahrensbeteiligten über eine vorläufige Bewertung der Beweisaufnahme (etwa wie man eine Zeugenaussage verstanden habe und sie bewertet) oder des Akteninhalts zu informieren bzw. in diesbezügliche Gespräche einzutreten. Erst in der Urteilsberatung hat der Tatrichter darüber zu befinden, wie er die erhobenen Beweise einschätzt. Ein Zwischenverfahren, in dem sich das Gericht zu Inhalt und Ergebnis einzelner Beweiserhebungen erklären müsste, ist nicht vorgesehen[318].

2. Rechte des Angeklagten bei erteiltem Hinweis

573 Ist nach den oben dargestellten Grundsätzen ein Hinweis zu erteilen, so kann der Angeklagte nach § 265 Abs. 3 StPO die Aussetzung der Hauptverhandlung i.S.d. §§ 228 Abs. 1, 229 StPO beantragen. Die Vorschrift nennt folgende Voraussetzungen:
- neue Umstände sind hervorgetreten, welche die Anwendung eines schwereren Strafgesetzes zulassen oder zu den in § 265 Abs. 2 StPO genannten gehören;
- der Angeklagte bestreitet deren Vorliegen[319];
- er behauptet, auf die Verteidigung nicht genügend vorbereitet zu sein und
- stellt einen entsprechenden Antrag auf Aussetzung der Verhandlung.

---

312 Vgl. BGH 4 StR 234/14 Tz. 13; NStZ 2003, 559; NStZ 2000, 48.
313 BGH 4 StR 234/14 Tz. 13; 1 StR 167/09; NJW 1999, 42 f.; 802 f. In diesen Fällen kann es auch genügen, wenn der Angeklagte aus dem Gang der Hauptverhandlung erfährt, dass neue tatsächliche Gesichtspunkte in die Überlegungen des Gerichts einbezogen werden und er die Möglichkeit erhält, sich hierzu zu äußern sowie durch Beweisanträge oder Beweisanregungen auf die Meinungsbildung einzuwirken. Aus Sicherheitsgründen sollte jedoch stets ein förmlicher und damit protokollierter Hinweis erfolgen.
314 BGH 1 StR 509/10; 1 StR 587/09.
315 Vgl. BGH 5 StR 526/08; NStZ 2004, 162 f., 277 f.
316 BGH StV 1986, 89.
317 Vgl. BGH 4 StR 27/14 Tz. 5; 1 StR 558/12; 5 StR 311/09; NStZ-RR 2009, 213.
318 Vgl. BGH 2 StR 48/10; 5 StR 412/08; NStZ-RR 2008, 180 f.; NStZ 2007, 163; KG NStZ-RR 2013, 350 f.
319 BGH 1 StR 216/17 Tz. 9; 3 StR 183/15.

Ist all dies der Fall, so muss die Hauptverhandlung ausgesetzt werden, da § 265 Abs. 3 StPO – anders als Abs. 4 – dem Gericht kein Ermessen einräumt[320]. Für die Fallkonstellation, dass sich ein als Versuch angeklagtes Delikt in der Hauptverhandlung als vollendet darstellt, ist allerdings zu bedenken, dass hier nicht die Anwendung eines „schwereren Strafgesetzes" im Raume steht. Denn die Strafandrohung ist dieselbe, es greift allenfalls die fakultative Strafmilderung der §§ 23 Abs. 2, 49 Abs. 1 StGB. Mit dem aus dem Übergang vom versuchten zum vollendeten Delikt folgenden Wegfall dieser Milderungsmöglichkeit kann ein Aussetzungsantrag nach § 265 Abs. 2 und 3 StPO folglich nicht begründet werden[321].

Daneben hat das Gericht nach § 265 Abs. 4 StPO (unter dem Gesichtspunkt der Fürsorgepflicht) die Hauptverhandlung auszusetzen, wenn dies nach pflichtgemäßem Ermessen aufgrund rechtlicher und/oder tatsächlicher Umstände erforderlich erscheint, um der Staatsanwaltschaft eine bessere Vorbereitung der Anklage oder dem Angeklagten eine sachdienliche Verteidigung zu ermöglichen. Dies gilt z.B. dann, wenn ein Verteidiger nicht rechtzeitig beauftragt werden und sich damit auch nicht im erforderlichen Umfang einarbeiten konnte oder wenn ein Wechsel des Verteidigers nötig wird. Anstelle der Aussetzung können aber auch wichtige Verfahrensabschnitte wiederholt werden[322]. **574**

II. Die Nachtragsanklage, § 266 StPO

Nach § 266 Abs. 1 StPO kann die Staatsanwaltschaft **in der Hauptverhandlung** die Anklage auf **weitere Straftaten** des Angeklagten i.S.d. § 264 StPO erstrecken, etwa wenn sich solche im Verlaufe der Beweisaufnahme erweisen. Einer Nachtragsanklage bedarf es also nicht, wenn die bereits angeklagte Tat nur rechtlich oder tatsächlich anders beurteilt werden muss. In diesem Fall genügt ein Hinweis des Gerichts nach § 265 StPO. **575**

Jenseits der Nachtragsanklage gibt es keine Möglichkeit, andere als die bereits angeklagten Taten zum (urteilsfähigen) Verfahrensgegenstand der laufenden Hauptverhandlung zu machen. Selbstverständlich können aber auch nicht angeklagte Ereignisse aufgeklärt und für die anstehende Entscheidung – z.B. betreffend Maßregeln – verwertet werden. Sie dürfen aber nicht Gegenstand des Schuldspruchs werden. Dies gilt auch für den Fall, dass eine weitere Anklage gegen denselben Angeklagten außerhalb der Hauptverhandlung mit einem bereits anhängigen Verfahren während laufender Hauptverhandlung verbunden wird. Soll der weitere Vorwurf Gegenstand des Urteils werden, ist mit der Hauptverhandlung neu zu beginnen[323].

1. Wirksamkeitsvoraussetzungen

Die wirksame Einbeziehung einer neuen Tat in das Verfahren ist an folgende Voraussetzungen geknüpft: **576**

---

320 Vgl. BGH NJW 2003, 1748 ff.
321 BGH 2 StR 517/12.
322 Siehe hierzu BGH 4 StR 108/12 Tz. 15; NStZ 2009, 650 f.
323 BGH 2 ARs 196/10; BGH NJW 2009, 1429.

Kapitel 4 *Die gerichtliche Beweisaufnahme*

- Eine **weitere Straftat** i.S.d. § 264 StPO wird von der Staatsanwaltschaft (bis zum Beginn der Urteilsverkündung[324]) mündlich angeklagt. Diese Anklage hat inhaltlich den Erfordernissen des § 200 Abs. 1 StPO zu entsprechen.
- Die **Zuständigkeit des verhandelnden Gerichts** muss auch für diese neue Tat gegeben sein. Hier ist allerdings § 269 StPO zu beachten, wonach eine Tat, die nach dem GVG eigentlich vor ein Gericht niederer Ordnung gehört hätte, mit dieser Begründung nicht von der Verhandlung ausgenommen werden darf. Die örtliche Zuständigkeit des erkennenden Gerichts ist über § 13 Abs. 1 StPO regelmäßig anzunehmen.
  Im Rechtsmittelzug ist die Nachtragsanklage nicht zulässig, da andernfalls dem Angeklagten eine Instanz genommen würde.

577 – Weiteres Erfordernis ist die ausdrückliche und eindeutige **Zustimmung des Angeklagten**. Insoweit genügt es jedoch, wenn der Verteidiger – vom Angeklagten unwidersprochen – der Erhebung einer Nachtragsanklage zustimmt.

578 – Schließlich ist ein **Einbeziehungsbeschluss** des erkennenden Gerichts nötig, und zwar in der Besetzung der Hauptverhandlung (also mit Schöffen)[325].

Es steht dabei in seinem Ermessen, ob es die Nachtragsanklage ablehnt oder in das laufende Verfahren einbezieht. Maßgeblich sind hier Zweckmäßigkeitserwägungen, insbesondere ob die neu angeklagte Tat ohne besonderen Aufwand und ohne Neubeginn der gesamten Verhandlung aufgeklärt werden kann. Ergeht der Einbeziehungsbeschluss, so hat dieser die Wirkungen des Eröffnungsbeschlusses (§ 207 StPO). Er setzt also auch hinreichenden Tatverdacht voraus (vgl. § 203 StPO). Nach § 273 Abs. 1 StPO ist die **Protokollierung** des Einbeziehungsbeschlusses notwendig.

Wird die im Wege der Nachtragsanklage eingeführte Tat einbezogen, so wird diese hierdurch rechtshängig. Nach § 243 Abs. 5 StPO bedarf es insoweit einer erneuten Belehrung und Vernehmung des Angeklagten.

2. Rechte des Angeklagten

579 Der Angeklagte hat nicht nur die Möglichkeit, seine Zustimmung zur Nachtragsanklage zu verweigern. Nach § 266 Abs. 3 StPO kann er darüber hinaus eine Unterbrechung der Verhandlung beantragen. Ist dieser Antrag nicht als „offenbar mutwillig" oder als nur zur Verzögerung des Verfahrens gestellt anzusehen, so muss die Hauptverhandlung unterbrochen werden. Da dies das Verfahren erheblich verzögert und die einzubeziehenden neuen Taten selten bereits wirklich anklagereif sind, spielt die Nachtragsanklage in der Praxis nur eine untergeordnete Rolle.

I. Beweisverbote

580 Wie bereits mehrfach erwähnt, dient das Strafverfahren der Erforschung der materiellen Wahrheit. Angesichts der – verfassungsrechtlich abgesicherten – Individual-

---

324 BGHSt 27, 115.
325 BGH 4 StR 306/17 Tz. 3; 5 StR 327/11.

rechte des Beschuldigten darf diese Suche jedoch nicht um jeden Preis betrieben werden. Vielmehr muss in besonderen Situationen das Interesse des Staates an einer Sachverhaltsaufklärung zurücktreten[326].

Den Schutz des Individuums und damit des Rechtsstaatsprinzips sollen die Beweisverbote sicherstellen, die zu untergliedern sind in:

Beweis**erhebungs**verbote   Beweis**verwertungs**verbote

I. Beweiserhebungsverbote

Sie untersagen Gerichten und Ermittlungsbehörden, über bestimmte **Themen** Beweis zu erheben, bestimmte Beweis**mittel** auszuschöpfen oder eine bestimmte **Art** der Beweiserhebung. Hierzu dienen insbesondere folgende gesetzliche Regelungen:

581

§ 43 DRiG	Beratungsgeheimnis[327]
§ 174 Abs. 3 GVG	Geheimhaltungspflicht bei Gefährdung der Staatssicherheit
§ 51 BZRG	Verwertungsverbot hinsichtlich getilgter oder löschungsreifer Eintragungen – Vorstrafen – im Bundeszentralregister[328]
Hier darf über bestimmte **Themen** nicht Beweis erhoben werden.	

§§ 52 bis 55 StPO	Zeugnis- bzw. Auskunftsverweigerungsrechte
§ 81c Abs. 3 StPO	Verweigerungsrechte bezgl. einer körperlichen Untersuchung
§ 160a Abs. 1 S. 2 StPO	Verwertungsverbot betreffend Ermittlungsmaßnahmen gegen bestimmte Berufsgeheimnisträger[329]
§ 252 StPO	Verwertungsverbot für frühere Aussagen bei Zeugnisverweigerung erst in der Hauptverhandlung
§ 257c Abs. 4 S. 3 StPO	Verwertungsverbot betreffend ein Geständnis bei gescheiterter Urteilsabsprache

Art. 15 UN-Antifolterübereinkommen	Danach dürfen Aussagen, die nachweislich durch Folter herbeigeführt wurden, nicht verwertet werden[330]
§ 97 Abs. 1 S. 3 InsO	Verbot der Verwertung einer im Insolvenzverfahren abgegebenen Selbstauskunft des Schuldners[331]
§ 7 Abs. 2 S. 3 BFStrMG	Verwertungsverbot betr. Verkehrsdaten aus der Mauterhebung nach dem Bundesfernstraßenmautgesetz.
Hier werden Beweis**mittel** ausgeschlossen.	

---

326 Vgl. BGH NJW 1994, 2904 f. und BGHSt 14, 359 (364 f.) – lesenswert! Für den Bereich des Zivilrechts siehe OLG Karlsruhe NJW 2000, 1577 f.
327 Das Beratungsgeheimnis gilt allerdings nicht absolut. Zum Spannungsverhältnis bei Ermittlungen wegen Rechtsbeugung siehe OLG Naumburg NStZ 2009, 214 f. sowie *Erb* NStZ 2009, 189 ff.
328 Näheres hierzu finden Sie bei den Ausführungen zum Urteil unter Rn. 747.
329 Die Beschränkung auf den dort genannten Personenkreis ist verfassungskonform, BVerfG NJW 2012, 842.
330 Siehe hierzu *Heine* NStZ 2013, 680 ff.
331 Zum Umfang des Verwertungsverbots und einer möglichen Fernwirkung siehe BGH 3 StR 52/17; OLG Jena NJW 2010, 3673.

Kapitel 4 *Die gerichtliche Beweisaufnahme*

582

§ 136a StPO	Verbot unlauterer Vernehmungsmethoden, z.B. von Drohungen oder „Täuschung"
Art. 25 GG	Völkerrechtswidrige Ermittlungshandlungen[332]
Bestimmte **Methoden** der Beweiserhebung sind unzulässig.	

§ 81a StPO	Körperliche Untersuchung des Beschuldigten
§§ 81e bis 81h StPO	Molekulargenetische Untersuchungen
§§ 98, 100 StPO	Beschlagnahme
§§ 100a, 100e StPO	Überwachung der Telekommunikation
§ 100b StPO	Online-Durchsuchung
§§ 100c, 100h, 100i StPO	Technische Observation/Abhören jenseits der Telekommunikation
§§ 102 f., 105 StPO	Durchsuchung
§§ 110a, 110b StPO	Einsatz des verdeckten Ermittlers[333]
Die Zulässigkeit dieser Maßnahmen ist an die **Anordnung** durch eine bestimmte Person (in der Regel den **Richter**) geknüpft.	

II. Beweisverwertungsverbote

1. Allgemeine Voraussetzungen

583 Zur Problemlage der folgende (reale) Fall aus der Fülle des Lebens:

> Der Beschuldigte wurde wegen des Verdachts festgenommen, die Tötung seiner Ehefrau versucht zu haben. Nach der Entnahme einer Blutprobe will der anwesende Polizeibeamte ihm den Grund der Festnahme nochmals erläutern und ihn über seine Rechte belehren. Bevor er hierzu kommt, fängt der Beschuldigte an zu weinen und erklärt, ihm tue „das leid". Der Polizeibeamte wertet diese Äußerung als von Reue getragenes Geständnis. Auf Nachfrage erklärt der Beschuldigte jedoch, er sei falsch verstanden worden, er bedaure, dass seine Frau noch lebe; er habe sie umbringen wollen.
>
> Können diese – ohne Belehrung zustande gekommen – Angaben des Beschuldigten im Prozess verwertet werden?

Das Verbot, gesetzwidrig zustande gekommene Beweisergebnisse zu „verwerten" – also einer Entscheidung zu Grunde zu legen – ist bereits an verschiedenen Stellen angesprochen worden. Erinnert sei hier an die Verstöße gegen den Anspruch auf rechtliches Gehör sowie gegen Anwesenheitsrechte bzw. Belehrungs- oder Benachrichtigungspflichten[334]. Werden in der Hauptverhandlung Beweisverbote – welcher Art auch immer – geltend gemacht, so besteht allerdings kein Anspruch des Angeklagten auf einen Bescheid des Gerichts, ob es ein solches Verbot annimmt oder nicht[335]. Diese Beurteilung bleibt der abschließenden Urteilsberatung vorbehal-

---

332 Z.B. eigenmächtige polizeiliche Maßnahmen im Ausland; siehe hierzu OLG Koblenz NStZ 2017, 108 ff. m.w.N.
333 Auf den Einsatz eines V-Mannes ist der Genehmigungsvorbehalt des § 110b StPO nicht – auch nicht analog – anzuwenden, vgl. BGH NJW 1995, 2236.
334 Siehe etwa Rn. 47, 136 ff., 150 f., 155 f., 298, 396, 598 ff.
335 BGH 1 StR 462/10.

ten. Auch gilt für die Frage von Verwertungsverboten die Regel „in dubio pro reo" nicht[336].

Das zentrale in der StPO ausdrücklich genannte Verwertungsverbot enthält § 136a Abs. 3 S. 2 StPO für den Fall, dass gegenüber dem Beschuldigten oder einem Zeugen (vgl. § 69 Abs. 3 StPO) verbotene Vernehmungsmethoden (Zwang, Drohung, Ausnutzung eines Erschöpfungszustandes o.Ä.[337]) angewandt wurden. Daneben gibt es die bereits erwähnten Vorschriften der §§ 257c Abs. 4 S. 3 StPO (Verwertungsverbot betreffend ein Geständnis bei gescheiterter Urteilsabsprache), 51 BZRG sowie die Regelungen in § 393 Abs. 2 AO und in den §§ 100a ff. StPO. In Letzteren ist die Verwertbarkeit der insbesondere mittels einer Telefonüberwachung bzw. eines „Lauschangriffs" gewonnenen Erkenntnisse geregelt[338]. Auch § 252 StPO bedarf der Hervorhebung.

584

Beweisverwertungsverbote sollen verhindern, dass bestimmte Beweisergebnisse – insbesondere solche, die in unzulässiger Weise, z.B. unter Verstoß gegen ein Beweiserhebungsverbot, gewonnen wurden – zum Gegenstand der Urteilsfindung gemacht werden. Verstöße gegen ein Beweisverwertungsverbot können daher im Rahmen der Revision mit der Verfahrensrüge (§ 337 StPO) geltend gemacht werden.

585

Allerdings führt nicht jede – ggfls. im Freibeweisverfahren aufzuklärende[339] – Gesetzesverletzung im Rahmen der Beweiserhebung oder der sog. Verwendungsregelungen (vgl. etwa § 100d Abs. 5 StPO) zwingend zu einem Verwertungsverbot. Ein allgemeiner Grundsatz, dass jeder Verstoß gegen Beweiserhebungsvorschriften ein prozessuales Verwertungsverbot hinsichtlich der so gewonnenen Erkenntnisse nach sich ziehe, existiert nicht. Vielmehr ist ein Beweisverwertungsverbot die begründungspflichtige **Ausnahme im Einzelfall**[340]. Die Erforschung des Sachverhalts darf zwar nicht um jeden Preis geschehen, sie gehört aber zu den wesentlichen Prinzipien des Strafverfahrens.

Auch aus Art. 6 EMRK folgt nichts anderes. Danach ist zwar ein insgesamt faires Verfahren zu garantieren, die Regelung enthält aber keine Vorschriften über die Zulässigkeit von Beweismitteln. Das zu regeln ist allein Sache des nationalen Rechts[341]. Folglich richtet sich auch die Verwertbarkeit von Erkenntnissen, die mittels Rechtshilfe eines ausländischen Staates erlangt wurden, allein nach inländischem Recht[342].

586

Ob ein Verwertungsverbot greift, ist also zunächst aufgrund einer **Abwägung** der im Rechtsstaatsprinzip angelegten gegenläufigen Ziele und Gebote zu entscheiden. Nur **gravierende** Verfahrensverstöße können ein Verwertungsverbot auslösen, da auch dem Bedürfnis einer wirksamen Strafverfolgung sowie einer umfassenden Tataufklärung – gerade in Fällen gewichtiger Vorwürfe – Verfassungsrang zukommt. Wesentliche Kriterien sind folglich die Schwere der Gesetzesverletzung und das Maß der

587

---

336 Vgl. BGH 1 StR 604/15; 3 StR 284/11 Tz. 15.
337 Vgl. BGH 5 StR 296/14.
338 Siehe hierzu unten Rn. 1266 ff.
339 Siehe BGH NStZ 2007, 80 f. und oben Rn. 429 f.
340 BVerfG NJW 2012, 907 ff.; NStZ 2011, 103 ff.; NJW 2010, 287; BVerfG 2 BvR 1046/08; BGH 4 StR 555/14 Tz. 17; 3 StR 117/12 Tz. 31; 3 StR 552/08.
341 EGMR NJW 2010, 213 ff.
342 Vgl. zu dieser eher seltenen Konstellation BGH 1 StR 39/14; 1 StR 310/12.

Kapitel 4 *Die gerichtliche Beweisaufnahme*

Schutzbedürftigkeit des Angeklagten[343]. Gemessen daran liegt ein Verwertungsverbot dann nahe, wenn die verletzte Verfahrensvorschrift dazu bestimmt ist, die Grundlagen der prozessualen Stellung des Angeklagten zu sichern[344].

Die Frage eines Verwertungsverbots muss folglich – abgesehen von ausdrücklichen gesetzlichen Regelungen wie §§ 136a Abs. 3, 257c Abs. 4 S. 3 StPO – im Einzelfall geprüft werden. Der Umstand, dass es insoweit an ausreichend klaren inhaltlichen Bewertungsmaßstäben fehlt, wird zwar kritisiert[345], dürfte jedoch angesichts der Komplexität des Problems nicht zu beheben sein. Maßgebliche Überlegung ist, ob das Beweismittel hypothetisch rechtmäßig hätte erlangt werden können. Das gilt jedenfalls soweit nicht „schwerwiegende, bewusste oder willkürliche Verfahrensverstöße" in Rede stehen, „bei denen die grundrechtlichen Sicherungen planmäßig oder systematisch außer Acht gelassen" wurden[346].

> So hat der BGH die Angaben im Ausgangsfall als „Spontanäußerung" für verwertbar gehalten, weil selbst ein in dem Nachfragen (ohne vorangegangene Belehrung) liegender Verfahrensverstoß „nicht von einem solchen Gewicht" sei, dass er zu einem Verwertungsverbot für die Erläuterung des Beschuldigten führen müsse[347].

588 Hinsichtlich solcher „**Spontanäußerungen**" gilt folgendes: Führt der Polizeibeamte keine gezielte Befragung durch, sondern nimmt er lediglich passiv spontane Äußerungen eines Dritten entgegen, mit denen sich dieser selbst oder Angehörige belastet, so sind diese Angaben trotz fehlender Belehrung in der Regel verwertbar. Das gilt jedenfalls dann, wenn keine Anhaltspunkte dafür bestehen, dass die Belehrungspflichten nach §§ 136 Abs. 1 S. 2, 163a Abs. 4 S. 2 StPO gezielt umgangen wurden, um den Betroffenen zu einer Selbstbelastung zu verleiten[348]. Selbstverständlich hat die Belehrung über das Schweigerecht aber nach der Spontanäußerung unverzüglich zu erfolgen. Hat der Beschuldigte nach Belehrung die Konsultation mit einem Verteidiger begehrt und erklärt, von seinem Schweigerecht Gebrauch machen zu wollen, so stellen aufklärende Nachfragen einen Eingriff in die Selbstbelastungsfreiheit dar, welcher ein Verwertungsverbot zur Folge haben kann[349].

589 Damit bleiben also prinzipiell verwertbar:
– spontane Äußerungen gegenüber Behörden oder einer Amtsperson;
– spontane Angaben eines Kindes gegenüber einer Klinikpsychologin (z.B. im Falle sexuellen Missbrauchs)[350];

---

343 Vgl. BGH 4 StR 555/14 Tz. 17; 3 StR 552/08; NJW 2003, 2035. In der Praxis werden Verwertungsverbote insbesondere in Fällen grob rechtswidriger und daher willkürlicher Abhörmaßnahmen angenommen, siehe BVerfG NJW 2012, 907 ff.; BGH NStZ 2007, 602.
344 Vgl. BGH NStZ 1996, 293, 453
345 Vgl. *Gössel* NStZ 1998, 126 ff.
346 Siehe BGH 2 StR 394/15 Tz. 15 f.; 2 StR 25/15 Tz. 21.
347 BGH NJW 1990, 461; für den Fall eines Verstoßes gegen den Richtervorbehalt des § 110b Abs. 2 Nr. 2 StPO beim Einsatz eines verdeckten Ermittlers hat er die Frage dagegen als „weitgehend ungeklärt" offengelassen, vgl. BGH NJW 1997, 1518.
348 Siehe hierzu BGH 1 StR 137/12 Tz. 12; NJW 2009, 3589 ff. m.w.N.; NStZ 2007, 652; NJW 1998, 2229; OLG Hamm NStZ 2012, 53 f. m.w.N.; OLG Saarbrücken NJW 2008, 1396 f. m.w.N.
349 BGH 3 StR 435/12 Tz. 10 ff.
350 BGH NStZ 1992, 247.

- Äußerungen anlässlich eines Notrufs bei der Polizei[351];
- sonstige (etwa körperliche) spontane Reaktionen auf die Eröffnung des Tatvorwurfs[352].

Auch Fehler im Zusammenhang mit der Anordnung oder Durchführung einer **Durchsuchung** führen in der Regel nicht zur Unverwertbarkeit der hierbei erlangten Beweismittel. Ein Verwertungsverbot kommt allerdings in Betracht, wenn etwa bei der Annahme von „Gefahr im Verzug" so schwerwiegende Fehler begangen wurden, dass es bei der erforderlichen Abwägung der widerstreitenden Interessen, insbesondere dem Gewicht der begangenen Nachlässigkeiten und der Verpflichtung zur Erforschung der Wahrheit, aus rechtsstaatlichen Gründen geboten ist[353]. Die Verwertbarkeit der Erkenntnisse bleibt also erhalten, solange der bestehende Richtervorbehalt hinsichtlich der Anordnung **nicht willkürlich** bzw. bewusst umgangen wurde[354].

590

Gleiches gilt für einen Verstoß gegen den jenseits der maßgeblichen Verkehrsdelikte verbliebenen Richtervorbehalt in § 81a Abs. 2 StPO betreffend die Entnahme von **Blutproben**. Für die Feststellung der Alkoholisierung bzw. sonstigen drogenbedingten Beeinträchtigung kommt es nämlich i.d.R. entscheidend darauf an, dass sie möglichst tatzeitnah genommen werden. Oftmals dürfte also Gefahr im Verzug vorliegen, so dass es keiner richterlichen Entscheidung bedarf[355]. Der Verstoß gegen den Richtervorbehalt führt daher – abgesehen von einer generellen „Aushebelung", Willkür oder bewusster Umgehung – nicht zu einem Verwertungsverbot[356]. Jedenfalls während des täglichen richterlichen Eildienstes ist aber zumindest der Versuch zu unternehmen, eine (ggfls. telefonische) richterliche Anordnung zu erwirken.

591

Darüber hinaus hängt ein Verwertungsverbot regelmäßig davon ab, dass der Angeklagte spätestens im Rahmen der Äußerung nach § 257 StPO einer Verwertung des gesetzwidrig zustande gekommenen Beweismittels ausdrücklich **widerspricht**[357]. Geschieht dies nicht oder nicht mit derselben Stoßrichtung wie in der Revision, so kann dies zu einem endgültigen Rechtsverlust auch in der Rechtsmittelinstanz führen[358].

592

Ausnahmen hat die Rechtsprechung allerdings für §§ 51 BZRG, 136a[359], 252 StPO[360] sowie für Fehler im Zusammenhang mit Durchsuchung oder Beschlagnahme[361] angenommen. In diesen Fällen bedarf es folglich auch keiner vorgreiflichen Anrufung

---

351 BGH NStZ 1986, 232.
352 BGH 4 StR 121/13 Tz. 8.
353 BGH 3 StR 530/09.
354 Vgl. BGH 2 StR 394/15 Tz. 16; 2 StR 25/15 Tz. 21; 3 StR 210/11 Tz. 12; 3 StR 277/10; NStZ 2007, 602; BVerfG NJW 2009, 3225 f.; 2006, 2684 ff.; NStZ 2004, 216.
355 Siehe hierzu OLG Frankfurt NStZ-RR 2011, 46 ff.
356 Vgl. BVerfG NJW 2015, 1005 f.; StraFO 2011, 145; NJW 2010, 2864; NJW 2008, 3053; KG NStZ-RR 2015, 25 f.; OLG Bamberg NStZ-RR 2011, 378; OLG Düsseldorf NStZ-RR 2011, 186. Dies gilt auch im Verwaltungsverfahren betreffend den Entzug der Fahrerlaubnis, vgl. VG Berlin NJW 2009, 245 ff. Zur Gesamtproblematik siehe auch *Brocke/Herb* NStZ 2009, 671 ff.
357 Der Widerspruch kann allerdings auch schon vorab erklärt werden. Siehe BGH 4 StR 223/15 Tz. 19; 5 StR 176/14 Tz. 6; 5 StR 373/09; 1 StR 273/07; NStZ 2007, 655; 2004, 389 sowie oben Rn. 396.
358 Vgl. BGH 4 StR 263/16; 5 StR 176/14 Tz. 6; NStZ 2006, 348 f.; OLG Celle NStZ 2014, 118 f. m.w.N.
359 BGH 4 StR 561/15.
360 Siehe BGH NStZ 2007, 353 f.
361 BGH 2 StR 46/15.

Kapitel 4 *Die gerichtliche Beweisaufnahme*

des Gerichts nach § 238 Abs. 2 StPO. Im Ergebnis dürfte sich damit die Notwendigkeit eines Verwertungswiderspruchs auf persönliche Beweismittel (jenseits von § 252 StPO) beschränken, also insbesondere auf den Einwand, es habe an nötigen Belehrungen gemangelt.

593 Neben den genannten ausdrücklichen Regelungen sowie Verstößen gegen **Belehrungs- oder Benachrichtigungspflichten**[362] kommen als Grundlage eines Verwertungsverbotes vor allem die Wertentscheidungen der Verfassung zum Tragen. Insbesondere aufgrund der Art. 1 Abs. 1 und Art. 2 Abs. 1 GG bewegen sich folgende Situationen bzw. Beweismöglichkeiten in der „Gefahrenzone":

– Zeugnisverweigerung erst in der Hauptverhandlung;
– Tagebuchaufzeichnungen;
– heimliche Tonbandmitschnitte;
– verdeckter Einsatz von Ermittlern oder Privatpersonen;
– heimliche Film- und Fotoaufnahmen.

2. Verwertungsverbot des § 252 StPO

594 Zur Einführung in die Problematik dieser Vorschrift sollen folgende Beispiele dienen:

> **Beispiel 1:** Der Angeklagte wird einer Vergewaltigung seiner Verlobten beschuldigt, die ihn vor der Polizei in einer protokollierten Vernehmung schwer belastet hat. In der Hauptverhandlung macht sie von ihrem Zeugnisverweigerungsrecht aus § 52 Abs. 1 Nr. 1 StPO Gebrauch und schweigt. Daraufhin lädt das Gericht den Polizeibeamten, der seinerzeit die Vernehmung durchgeführt hatte, und hört diesen an.
>
> Ist dieses Vorgehen verfahrensrechtlich in Ordnung? Dürfte das Vernehmungsprotokoll verlesen werden?

> **Beispiel 2:** Die Verlobte des Angeklagten ist im Rahmen des Ermittlungsverfahrens zunächst von der Polizei vernommen und anschließend dem Ermittlungsrichter des zuständigen Amtsgerichts vorgeführt worden. Dieser hat den Beschuldigten nach § 168c Abs. 3 StPO von der Anwesenheit bei der Vernehmung ausgeschlossen. Vor dem Richter hat die Verlobte nach entsprechender Belehrung über ihre Rechte die polizeiliche Aussage wiederholt. Nun macht sie in der Hauptverhandlung von ihrem Zeugnisverweigerungsrecht Gebrauch und schweigt.
>
> Kann der Ermittlungsrichter als Zeuge vernommen und eine Verurteilung auf seine Aussage gestützt werden?

Beide Situationen zeigen ein Problem, vor das erstinstanzliche Gerichte hin und wieder gestellt werden: Nach § 52 StPO kann u.a. eine mit dem Angeklagten verlobte Zeugin nicht mit den Mitteln des § 70 StPO zu einer Aussage gezwungen werden, da das Zeugnis nicht „ohne gesetzlichen Grund" verweigert wurde.

---

[362] Etwa §§ 52, 136 Abs. 1 S. 2 StPO; Art. 36 Abs. 1 lit. b S. 3 WÜK; siehe hierzu Rn. 127 ff., 139 ff., 144 ff. (Beschuldigter), 1051 f. (Zeuge).

Diesen Schutz des § 52 StPO erweitert § 252 StPO, wonach generell die Aussage eines vor der Hauptverhandlung vernommenen Zeugen, der erst in der Hauptverhandlung von seinem Zeugnisverweigerungsrecht Gebrauch macht, nicht verlesen werden darf. Angehörige sollen so umfassend vor den Konflikten bewahrt werden, die sich aus dem Spannungsverhältnis zwischen Wahrheitspflicht und familiärer Bindung ergeben können.

Ob die Voraussetzungen des § 252 StPO vorliegen, kann im Freibeweisverfahren geprüft werden. Wie bei der Geltendmachung des § 52 StPO trifft (sinnvollerweise aufgrund einer förmlichen Beweiserhebung) zunächst der Vorsitzende die maßgeblichen Entscheidungen, ob – etwa wegen eines Verlöbnisses – überhaupt ein Zeugnisverweigerungsrecht besteht[363].

a) Anwendungsbereich

Dem Gesetzeswortlaut nach enthält § 252 StPO nur ein **Verlesungsverbot** für Aussagen, die ein **Zeuge** – der nun von seinem Zeugnisverweigerungsrecht Gebrauch macht – vor der Hauptverhandlung gemacht hat. Voraussetzung ist also, dass ein Zeuge in der Hauptverhandlung berechtigterweise das Zeugnis verweigert. Hinsichtlich der als Grundlage für eine Zeugnisverweigerung in Betracht kommenden Vorschriften ist allerdings zu differenzieren: 595

§ 52 StPO: Hier greift § 252 StPO stets ein, und zwar gleichgültig, in welchem Zeitpunkt das Angehörigenverhältnis entstanden ist. Auch die erst nach der protokollierten Vernehmung erfolgte Verlobung zwischen der Zeugin und dem Angeklagten hindert daher nach § 252 StPO eine Protokollverlesung.

§§ 53, 53a StPO: Bei Geheimnisträgern bzw. ihren Berufshelfern greift § 252 StPO nur dann, wenn schon bei der früheren Vernehmung ein Zeugnisverweigerungsrecht bestanden hat. War demgegenüber der Zeuge zu diesem Zeitpunkt von seiner Schweigepflicht entbunden, so darf die Aussage nunmehr verwertet werden. Denn §§ 53, 53a StPO schützen ausschließlich den Berufsgeheimnisträger, der sich im Falle einer Entbindung von der Schweigepflicht aber nicht in einem Konflikt zwischen Wahrheitspflicht und Verschwiegenheit befand[364].   596

§ 54 StPO: § 252 StPO ist nur dann anwendbar, wenn der im öffentlichen Dienst stehende Zeuge in dem – irrigen – Glauben ausgesagt hat, er sei nicht zum Schweigen verpflichtet. Bestand also eine Aussagegenehmigung, die lediglich später widerrufen wurde, so hindert dies eine Verlesung des Protokolls nicht.

§ 55 StPO: Für den Bereich des Auskunftsverweigerungsrechts hat § 252 StPO nach der Rechtsprechung[365] und wohl h.M. keine Bedeutung. Dies ist – wie so Vieles – streitig[366]. Die Rechtsprechung verweist zunächst auf den Wortlaut des § 252 StPO, der vom „Recht, das **Zeugnis** zu verweigern" und damit nicht vom **Auskunft**sverweige-   597

---
363 BGH 4 StR 437/13 Tz. 3.
364 Vgl. hierzu BGH 1 StR 547/11.
365 BGH NJW 2007, 2197; NJW 2002, 309.
366 Vgl. die Nachweise bei *Meyer-Goßner*, § 252 Rn. 5.

Kapitel 4 *Die gerichtliche Beweisaufnahme*

rungsrecht spricht. Eine analoge Anwendung des § 252 StPO auf die Fälle des § 55 StPO würde im Übrigen zu einer unvertretbaren Einschränkung der Wahrheitsfindung führen. Auch kann ein Verstoß gegen § 55 StPO (unterlassene Belehrung insoweit) mit der Revision nicht gerügt werden[367]. Eine analoge Anwendung des § 252 StPO würde aber durch die Hintertür bei Fehlern im Umgang mit (nur) auskunftsverweigerungsberechtigten Zeugen die Revision eröffnen. Gerade dieses Ergebnis ist im Interesse der Sachaufklärung auch vom Gesetzgeber nicht gewollt. Wurde ein die Auskunft (berechtigt) verweigernder Zeuge polizeilich vernommen oder hat er in sonstiger Weise Angaben gegenüber Dritten gemacht, so können diese folglich als Zeugen über die jeweiligen Gesprächsinhalte vernommen werden[368].

§ 76 StPO: Auf das Recht eines Sachverständigen, die Gutachtenerstattung zu verweigern, ist § 252 StPO entsprechend anwendbar.

b) Inhaltliche Voraussetzungen

598 Neben der wirksamen Berufung auf ein Zeugnisverweigerungsrecht setzt das Beweisverbot des § 252 StPO eine **vor der Hauptverhandlung** stattgefundene „**Vernehmung**" des Zeugen voraus. Die ist nur dann gegeben, wenn der Vernehmende, z.B. ein Polizeibeamter, dem Zeugen in **amtlicher Eigenschaft** gegenübertritt und von ihm Auskunft verlangt, die sich auf eine „Beschuldigung" (§ 136 Abs. 1 S. 2 StPO) oder den „Gegenstand einer Untersuchung" (§§ 69 Abs. 1 S. 2, 72 StPO) im Rahmen eines Strafverfahrens bezieht[369]. Erfasst werden vom Vernehmungsbegriff also insbesondere offiziell protokollierte, aber auch „informatorische" Befragungen, Erklärungen in einem übersandten Fragebogen, bei einer telefonischen Erörterung des Tatgeschehens und selbst die Befragung durch einen Vertreter der Gerichtshilfe[370].

599 Keiner „Vernehmung" entstammen **Äußerungen aus freien Stücken**, sei es gegenüber einer Privatperson oder einem Beamten[371]. Da die Beschränkungen des § 252 StPO in einem solchen Fall nicht gelten, sind also neben den bereits erwähnten Spontanäußerungen[372] uneingeschränkt **verwertbar**:
– Angaben in einer Strafanzeige (soweit sich keine „Vernehmung" anschließt)[373];
– Erklärungen gegenüber einer Sozialarbeiterin[374];
– Angaben gegenüber einem V-Mann, der (neben anderen Zielpersonen auch) auf den Zeugen angesetzt wurde[375].

---

367 Mehr hierzu unter Rn. 1055 f.
368 Vgl. BGH 1 StR 638/13 Tz. 26 ff.; 4 StR 606/09.
369 Vgl. BGH 3 StR 400/10; 3 StR 573/09; NJW 2000, 1277 f. (zur „anwaltlichen Vernehmung"); NJW 1996, 2941.
370 BGH NJW 2005, 765 ff. Die Befragung durch einen konsularischen Beistand genügt indes nicht, BGH 3 StR 573/09.
371 BGH NJW 2000, 1278; zum Problem der „Hörfalle" lesen Sie bitte unten Rn. 617 ff.
372 Siehe hierzu oben Rn. 588.
373 BGH NStZ 1989, 15.
374 BGH MDR 1960, 198; vgl. auch BGH NJW 1995, 1501 (1503).
375 Vgl. BGH NJW 1994, 2904 ff. Das BVerfG hat den gezielten Einsatz einer V-Person im Umfeld des Beschuldigten allerdings – als Verstoß gegen den Anspruch auf ein faires Verfahren – für den Fall beanstandet, dass er zur Umgehung von Zeugnisverweigerungsrechten führt. Ob sich daraus ein Verwertungsverbot ableiten ließe, hat es jedoch offengelassen, vgl. BVerfG NStZ 2000, 489 f.

Eine Abgrenzung zwischen der „Vernehmung" und einer „spontanen" Äußerung dürfte im Einzelfall aber durchaus schwierig sein, zumal anfänglich spontane Erklärungen nahtlos in eine förmliche Vernehmung übergehen können. Die dargestellte Rechtsprechung sieht sich daher der Kritik von Teilen der Literatur ausgesetzt[376].

Hinsichtlich der Angaben, die der Zeuge gegenüber einem **Sachverständigen** (z.B. im Rahmen eines aussagepsychologischen Gutachtens) gemacht hat, ist zu differenzieren zwischen solchen, die das Tatgeschehen betreffen (sog. „Zusatztatsachen") und denjenigen, die zur eigentlichen Untersuchung gehören (sog. „Befundtatsachen", z.B. die Krankengeschichte oder der Lebenslauf).

600

Zusatztatsachen sind der Vernehmung gleichgestellt, dürfen also im Falle der Zeugnisverweigerung auch nicht durch die Verlesung des Sachverständigengutachtens oder Vernehmung des Sachverständigen als Zeuge vom Hörensagen eingeführt werden[377].

Die **Befundtatsachen** sind nur dann verwertbar, wenn der Zeuge im Laufe des Verfahrens vor seinen Äußerungen gegenüber dem Sachverständigen **richterlich** – bei Gutachtenauftrag im Ermittlungsverfahren vom Staatsanwalt – über sein Recht **belehrt** worden ist, die Mitwirkung an dem Gutachten zu verweigern[378]. Denn der Sachverständige selbst ist zur Belehrung des zu Begutachtenden über dessen Rechte nicht verpflichtet. Eine fehlende Belehrung ist nur dann unschädlich, wenn
– der Zeuge nach ordnungsgemäßer Belehrung nachträglich in die Verwertung einwilligt oder
– die Gewissheit besteht, dass der Betroffene auch im Falle einer Belehrung an der Untersuchung mitgewirkt hätte[379].

c) Umfang des Verbotes

Entgegen dem Wortlaut des § 252 StPO ist nicht nur die Verlesung der Aussage oder entsprechender, die Aussage dokumentierender Urkunden verboten, sondern auch **jede andere Art der Verwertung**[380]. Der Inhalt der früheren Vernehmung darf also auch nicht auf Umwegen in das Verfahren eingeführt werden. Dieses Verbot bezieht sich nicht nur auf Angaben des Zeugen innerhalb des Strafverfahrens, sondern auch auf solche Vernehmungen, die etwa in einem früheren, gegen den Zeugen selbst gerichteten Verfahren, in einem Zivilrechtsstreit oder in einem Verfahren der freiwilligen Gerichtsbarkeit stattgefunden haben[381]. § 252 StPO erfasst zudem Urkunden sowie sonstige **Beweismittel** (insbes. Ton- oder Videoaufzeichnungen), die der Zeuge bei seiner Vernehmung übergeben hat und auf die er sich bezieht. Auch solche Unterlagen werden Bestandteil der Aussage[382]. Schließlich kommt es auch nicht darauf an, ob die gesperrte Aussage dem Angeklagten günstig oder ungünstig wäre[383].

601

---

376 Vgl. hierzu *Joachim* NStZ 1990, 95.
377 BGH NStZ 2007, 353 f.
378 BGH NJW 1998, 839; NJW 1996, 206; NStZ 1989, 485.
379 Vgl. BGH NStZ 1997, 78.
380 BGH NJW 2001, 528 ff. (selbst für das Wiederaufnahmeverfahren); BGH NJW 2000, 1274 f.; 2000, 596; 1994, 2904.
381 BGH NStZ 2007, 353 f.; 2003, 217; NJW 1998, 2229.
382 Vgl. BGH 1 StR 137/12 Tz. 11.
383 BVerfG NStZ-RR 2004, 18 f.

Kapitel 4 *Die gerichtliche Beweisaufnahme*

Untersagt sind daher generell insbesondere:

- die Verlesung der Aussage aus einem früheren Urteil;
- der Vorhalt aus der früheren Vernehmung gegenüber dem Angeklagten oder Zeugen;
- die Vernehmung früherer Verhörspersonen (oder eines Sachverständigen) hinsichtlich der nach § 252 StPO gesperrten Aussage;
- das Abhören früherer Tonbandmitschnitte in der Verhandlung.

602 Kommt § 252 StPO zum Tragen, so kann das dem **Zeugenschutz** dienende Beweisverbot auch nicht dadurch umgangen werden, dass sich die Verfahrensbeteiligten mit einer Verwertung der „gesperrten" Aussage einverstanden erklären[384]. Mangels solcher Dispositionsbefugnis des Angeklagten ist es für eine spätere Revision (ausnahmsweise) unbeachtlich, ob er bzw. sein Verteidiger einer Verwertung der unter Verstoß gegen § 252 StPO erfolgten Beweiserhebung im Rahmen des § 257 StPO oder des § 238 Abs. 2 StPO ausdrücklich widersprochen haben[385].

Allerdings kann der Zeuge selbst – trotz Ausübung des Zeugnisverweigerungsrechtes – einer gerichtlichen Verwertung seiner vorangegangenen Erklärungen zustimmen und damit wirksam auf den Schutz des § 252 StPO verzichten. Er ist insoweit jedoch **qualifiziert zu belehren**, also auf die Konsequenzen der Gestattung einer Verwertung seiner früheren Angaben hinzuweisen[386]. Dies muss natürlich ebenso protokolliert werden wie die Zustimmungserklärung selbst[387], sofern letztere nicht – was möglich ist[388] – außerhalb der Hauptverhandlung, also etwa schriftlich erklärt wird. Die früheren Angaben des Zeugen können dann unter Beachtung des Unmittelbarkeitsgrundsatzes (§ 250 StPO) in die Hauptverhandlung eingeführt werden[389]. Im Einverständnis der Beteiligten dürfen Vernehmungsprotokolle nun auch nach § 251 Abs. 2 Nr. 3 StPO verlesen werden[390].

603 Sagt ein Zeuge in der Hauptverhandlung nach Belehrung zur Sache aus, so bleiben seine Angaben schließlich auch dann verwertbar, wenn er erst anschließend von seinem Zeugnisverweigerungsrecht Gebrauch macht[391]. Die bei solchen Konstellationen nur eingeschränkt gegebenen Möglichkeiten zu einer Überprüfung der Verlässlichkeit der Aussage sind jedoch bei der Beweiswürdigung zu berücksichtigen.

Im Übrigen greift das Verwertungsverbot dann nicht, wenn es in unlauterer Art und Weise zur Manipulation des Verfahrens eingesetzt wird, etwa indem eine Ehe gezielt

---

384 Vgl. BGH 2 StR 112/12 Tz. 10; NStZ 1997, 95 f.
385 BGH 4 StR 606/09; NStZ 2007, 353 f.
386 BGH 1 StR 20/15.
387 BGH 2 StR 112/12; NStZ 2007, 652. Allerdings ist das Tatgericht auch unter Beachtung der Aufklärungspflicht nicht gehalten, den Zeugen insoweit zu befragen, sofern nicht im Einzelfall besondere Hinweise auf eine solche Bereitschaft bestehen, vgl. BGH NStZ 2003, 498.
388 Siehe BGH 4 StR 389/13.
389 Vgl. BGH NJW 2008, 1010 ff. Videoaufzeichnungen oder Tonbandmitschnitte dürfen nur unter den jeweiligen gesetzlichen Voraussetzungen als eigenständige Beweismittel eingeführt und verwertet werden. Ohne Zustimmung der Verfahrensbeteiligten betreffend die Einführung solcher Aufzeichnungen bedarf es folglich vorrangig einer Vernehmung der Verhörsperson.
390 BGH 2 StR 112/12.
391 BGH 1 StR 429/14; 2 StR 452/03 m.w.N.

d) Durchbrechung des § 252 StPO durch das „Richterprivileg"

Zudem lässt die Rechtsprechung eine Ausnahme von dem Verwertungsverbot des **604**
§ 252 StPO zu, wenn der nunmehr das Zeugnis verweigernde Zeuge zuvor von einem
Richter vernommen worden ist. Dieser darf als „Zeuge vom Hörensagen" über
den Inhalt der Aussage vernommen werden[393]. Ihm dürfen auch Vorhalte aus dem
Protokoll zum Zwecke der Auffrischung des Gedächtnisses (§ 253 StPO) gemacht
werden[394]. Ob die so gewonnenen Erkenntnisse für eine Verurteilung genügen, beurteilt sich allein nach den Maßstäben der Aufklärungspflicht, § 244 Abs. 2 StPO, bzw.
nach den Grundsätzen der freien Beweiswürdigung, § 261 StPO.

Erinnert sich der Richter aber trotz eines Vorhaltes nicht an die Aussage des Zeugen,
die er wiedergeben soll, und macht er nur allgemeine Angaben, etwa alles richtig
protokolliert zu haben, dann darf der Inhalt der (für den Urkundenbeweis gesperrten) Aussage nicht verwertet werden[395]. Zu den Pflichten des Ermittlungsrichters gehört es daher, vor seiner Vernehmung die eigenen Unterlagen einzusehen, um sein
Gedächtnis aufzufrischen[396].

Der Grund für die Privilegierung liegt darin, dass einem Richter angesichts der neutralen Stellung generell ein größeres Vertrauen entgegengebracht wird und der Zeuge
nach Belehrung in der verfahrensrechtlich hervorgehobenen Situation einer richterlichen Vernehmung bewusst auf die Ausübung seines Zeugnisverweigerungsrechts verzichtet hat[397].

Das Richterprivileg gilt aber nur unter folgenden **Voraussetzungen**: **605**
- der nunmehr sich verweigernde Zeuge ist durch den Richter **als Zeuge** (also nicht etwa als Beschuldigter oder Angeklagter) vernommen worden[398];
- das Zeugnisverweigerungsrecht bestand auch schon bei der früheren Vernehmung, ist also nicht erst später entstanden[399];
- der Zeuge wurde bei der früheren Vernehmung ordnungsgemäß nach § 52 Abs. 3 S. 1 StPO **belehrt**[400]. Einer weitergehenden Belehrung hinsichtlich der Besonderheiten des Richterprivilegs bedarf es nicht[401];

---

392 Vgl. BGH NJW 2000, 1275 f. Zum wahrheitswidrigen Verschweigen eines Verlöbnisses bei der früheren Vernehmung siehe BGH NJW 2003, 2619 ff.
393 BGH in ständiger Rspr., z.B. 1 StR 43/12 Tz. 9; 4 StR 660/09; NStZ 2007, 652; NJW 2000, 1275.
394 BGH NJW 2000, 1580.
395 BGH 3 StR 108/12; 1 StR 43/12 Tz. 9 m.w.N.; 4 StR 660/09; BGHSt 21, 149 f.
396 BGH 1 StR 43/12 Tz. 15.
397 Vgl. BGH NJW 2007, 2197; 2000, 1275; 1998, 2230.
398 BGH 5 StR 454/17 Tz. 4; NStZ 1997, 353.
399 BGH NJW 2003, 2620.
400 BGH 2 StR 112/12 Tz. 7.
401 BGH GSSt 1/16.

Kapitel 4 *Die gerichtliche Beweisaufnahme*

- er hat in der früheren Vernehmung wirksam auf sein Zeugnisverweigerungsrecht verzichtet, was z.B. bei Minderjährigen oder verstandesschwachen Personen problematisch sein kann[402];
- die **Anwesenheitsrechte** des Beschuldigten und seines Verteidigers bzw. die Benachrichtigungspflichten aus § 168c StPO wurden beachtet[403].

> Gemessen an diesen Kriterien ergibt sich für die obigen Fallbeispiele folgende Lösung: In der ersten Alternative ist ein Verstoß gegen § 252 StPO nach der Rechtsprechung des BGH anzunehmen, da die in einer polizeilichen Vernehmung gemachte Aussage der zeugnisverweigerungsberechtigten Verlobten in das Verfahren eingeführt wurde.
>
> In der Fallabwandlung ist eine Vernehmung des Richters dagegen nicht zu beanstanden (sog. Richterprivileg), sofern die richterliche Vernehmung den oben genannten Voraussetzungen entspricht.

3. Tagebuchaufzeichnungen

606 Die Beschränkung der strafprozessualen Verwertung von Tagebuchaufzeichnungen ist Ausfluss des dem jeweiligen Verfasser in Art. 2 Abs. 1 i.V.m. Art. 1 Abs. 1 GG garantierten allgemeinen Persönlichkeitsrechts. Hier werden regelmäßig Gedanken niedergelegt, die angesichts ihres persönlichen und intimen Charakters einem besonderen Geheimhaltungsinteresse unterliegen. Für die Frage eines Verwertungsverbots ist jedoch zu differenzieren zwischen Tagebüchern

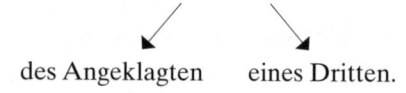

des Angeklagten   eines Dritten.

Verwertet das Gericht Tagebuchaufzeichnungen **eines Dritten** (etwa eines Zeugen), so kann jedenfalls im Regelfall nur **dessen** verfassungsrechtlich geschütztes Geheimhaltungsinteresse tangiert sein. Da der Angeklagte hierüber nicht verfügen kann, ist sein Rechtskreis durch eine Verwertung nicht berührt[404].

607 Auch die Verwertung von Tagebuchaufzeichnungen **des Angeklagten** ist nicht schlechthin unzulässig. Das BVerfG stellt vielmehr darauf ab, welche Intensität eine Beeinträchtigung der grundgesetzlich geschützten Werte erreicht und wie hoch das Interesse des Staates an einer Sachaufklärung einzustufen ist[405]. Letztlich läuft also die Prüfung auf eine Abwägung der **Verhältnismäßigkeit** hinaus. Als Maßstab hierfür hat das BVerfG die „**Kernbereichstheorie**" entwickelt.

608 Danach gibt es einen „Kern" der Persönlichkeit, einen „letzten unantastbaren Bereich" der privaten Lebensgestaltung, welcher „der öffentlichen Gewalt schlechthin

---

402 KK-*Diemer*, § 252 Rn. 29.
403 BGH 3 StR 34/11. Dabei hat das Tatgericht ggfls. in eigener Verantwortung zu prüfen, ob die Voraussetzungen des § 168c Abs. 3 StPO bzw. des § 168c Abs. 5 S. 2 StPO zum Zeitpunkt der richterlichen Vernehmung objektiv vorgelegen haben, vgl. BGH NJW 2003, 3144 und oben Rn. 148 ff.
404 So wohl auch BGH NStZ 1998, 635.
405 **Lesen Sie hierzu** die sehr instruktive Entscheidung des BVerfG NJW 1990, 563, die Ausgangsentscheidung des BGH NJW 1988, 1037 ff. und BGH NStZ 1998, 635.

entzogen" ist[406]. Eingriffe sind hier stets verboten, da der Schutz der Menschenwürde dies verlangt. Zu diesem absolut geschützten Kernbereich zählen etwa nichtöffentlich geführte Selbstgespräche, und zwar unabhängig von deren Inhalt[407]. Ob eine Tagebuchaufzeichnung diesem Persönlichkeitskern zuzuordnen – und damit im Strafverfahren nicht verwertbar – ist, muss anhand folgender Kriterien beurteilt werden:

- Wollte der Betroffene den niedergelegten Vorgang geheim halten? Ist dies nicht der Fall, so kann die entsprechende Eintragung verwertet werden.
- Hat die Eintragung höchstpersönlichen Charakter oder werden Belange der Allgemeinheit tangiert?

Intime Tagebuchaufzeichnungen, z.B. über eine sexuelle Beziehung, die Auseinandersetzung mit persönlichen Konflikten und Neigungen, sind daher immer dem staatlichen Zugriff entzogen. Anders verhält es sich dagegen etwa bei Angaben über die Planung oder Durchführung von Straftaten[408].

Führt die im Einzelfall durchaus schwierig zu beurteilende Frage zu dem Ergebnis, der Kernbereich sei nicht betroffen, so muss zwischen dem Anspruch auf Schutz des allgemeinen Persönlichkeitsrechts und dem Bedürfnis des Staates an einer wirksamen Strafverfolgung und Verbrechensbekämpfung abgewogen werden. Grundsätzlich kann hier nur gesagt werden, dass ein Eingriff um so eher zulässig ist, je schwerer das vorgeworfene Delikt wiegt[409]. Eine angemessene Lösung kann letztlich aber nur im Einzelfall gefunden werden. **609**

4. Akustische Überwachung

Die Anfertigung heimlicher Tonbandmitschnitte, insbesondere im Rahmen der Telefonüberwachung, ist schon deshalb problematisch, weil das gesprochene Wort durch § 201 Abs. 1 und 2 StGB besonders geschützt ist. **610**

Stimmt der Angeklagte einer Verwertung zu, so darf diese stattfinden. Denn das Rechtsgut „Vertraulichkeit" ist disponibel. Wird die Einwilligung versagt, so hängt die Verwertbarkeit entscheidend vom Zustandekommen des Beweismittels ab.

a) Tätigkeit staatlicher Organe

Für Strafverfolgungsorgane gelten die oben beschriebenen Beweiserhebungsverbote. Konkret bezogen auf Tonbandmitschnitte bedeutet dies, dass die Voraussetzungen der §§ 100a ff. StPO vorliegen müssen. Diese Vorschriften stellen Rechtfertigungsgründe für einen Verstoß gegen § 201 StGB dar, der wiederum das allgemeine Persönlichkeitsrecht schützt. **611**

---

406 BVerfG NJW 2012, 907 ff.; 2003, 1728; 1990, 563.
407 BGH 2 StR 509/10 Tz. 13 ff. (abgehörtes Selbstgespräch in einem Auto); NJW 2005, 3295 ff. (Selbstgespräch im Krankenzimmer). Mehr hierzu unter Rn. 1246 f.; 1265 f.
408 BVerfG NJW 2012, 907 ff.
409 Vgl. BGH NStZ 2000, 383, die Zulässigkeit der Verwertung bejahend beim Verdacht der Mitgliedschaft in einer terroristischen Vereinigung, sowie BGHSt 19, 325 (333), sie verneinend für den Fall des Meineides.

Kapitel 4 *Die gerichtliche Beweisaufnahme*

Für die Ermittlungsbehörden kommen neben den genannten Vorschriften die §§ 81b und 168a Abs. 2 StPO überhaupt nicht, § 34 StGB nur in besonderen Ausnahmefällen als Rechtfertigungsgründe in Betracht[410]. Allerdings soll ein Verstoß gegen völkerrechtliche Grundsätze (z.B. bei Überwachung eines Telefons des türkischen Generalkonsulats) sich generell nicht auswirken[411].

Greifen diese Vorschriften nicht und liegt auch sonst kein Rechtfertigungsgrund vor – wie z.B. § 32 StGB für das Abhören im Falle einer noch nicht abgeschlossenen Entführung oder Geiselnahme –, so gebietet es das Rechtsstaatsprinzip, an die Rechtswidrigkeit der Erlangung des Beweismittels auch dessen Unverwertbarkeit zu knüpfen[412].

612 Erkenntnisse aus einer **rechtswidrig angeordnet oder durchgeführten Telefonüberwachung** – für sonstige Abhörmaßnahmen nach §§ 100c ff. StPO gilt im Kern nichts anderes[413] – dürfen also nicht als Beweismittel verwertet werden. Angesichts des für den anordnenden Ermittlungsrichter oder Staatsanwalt bestehenden Beurteilungsspielraums hinsichtlich des Vorliegens eines Tatverdachts im Sinne einer Katalogtat des § 100a StPO kann von einer rechtswidrigen Anordnung aber nur dann ausgegangen werden, wenn die Entscheidung nicht mehr vertretbar ist[414]. Ob dies der Fall ist, hat das in der Sache erkennende Gericht jedenfalls auf einen entsprechenden Einwand hin zu prüfen und daher – insbesondere bei unzulänglichen Ausführungen in der anordnenden Entscheidung – ggfls. die Verdachtslage zum Zeitpunkt der Anordnung einer Telefonüberwachung näher aufzuklären[415]. Dies geschieht im Wege des Freibeweises. Anträge, die darauf abzielen, die Rechtmäßigkeit der Anordnung zu überprüfen, müssen folglich nicht nach § 244 Abs. 3 StPO beschieden werden[416].

Grundsätzlich darf das Tatgericht zudem darauf vertrauen, dass ein Ermittlungsverfahren entsprechend den gesetzlichen Vorgaben geführt wurde[417]. Im Übrigen bleibt die Verwertung der Ergebnisse einer Telefonüberwachung gegen den überwachten Beschuldigten auch dann möglich, wenn deren Anordnung auf eine andere Katalogtat i.S.d. § 100a StPO hätte gestützt werden können[418].

613 Oftmals kommt es vor, dass aufgrund der Erkenntnisse aus einer Überwachungsmaßnahme eine Telefonüberwachung bezüglich weiterer Anschlüsse angeordnet und durchgeführt wird. Bei einer solchen **Kette** von Abhörmaßnahmen beurteilt sich die Frage der Verwertbarkeit allein danach, ob diejenige Maßnahme rechtmäßig angeordnet war, welcher die für das Tatgericht relevanten Erkenntnisse entstammen. Das

---

410 Vgl. BGHSt 34, 39 ff. zum Mitschneiden mittels einer verborgen gehaltenen Abhöranlage im Entführungsfall *Schleyer*.
411 BGH NJW 1990, 1801 f.
412 BGH NJW 1994, 2904; 1983, 1570 ff.
413 Siehe hierzu unten Rn. 1265 ff.
414 BGH NJW 2003, 1882.
415 BGH NJW 2003, 368 ff. Zur Telefonüberwachung siehe umfassend unten Rn. 1235 ff.
416 Vgl. BGH 1 StR 441/08 m.w.N.
417 BGH NStZ 2006, 402 ff.
418 BGH NJW 2003, 1883.

Gericht ist also nicht gehalten, die Rechtmäßigkeit auch der vorgelagerten Abhörmaßnahmen zu überprüfen[419].

Auch im Fall der rechtmäßigen Telefonüberwachung ist aber zwischen den Erkenntnissen bezüglich des überwachten **Beschuldigten** und in Bezug auf **andere Personen** zu unterscheiden. Insbesondere im Bereich des Drogenhandels erbringt die Telefonüberwachung oftmals Hinweise auf tatbeteiligte Dritte, da etwa der Händler (Beschuldigte) in der Regel auch Gespräche mit seinen Lieferanten und Abnehmern führt. Diese Informationen sind in Bezug auf Verfahren gegen die Gesprächsteilnehmer der überwachten Person rechtlich als „Zufallserkenntnisse" i.S.d. § 477 Abs. 2 S. 2 StPO zu qualifizieren. Sie können zwar die Aufnahme von Ermittlungen gegen diese Personen rechtfertigen. Eine Verwertung als eigenständiges Beweismittel kommt in diesen weiteren Verfahren aber nur in Betracht, wenn auch gegen den Gesprächsteilnehmer (z.B. Abnehmer) die Voraussetzungen der Anordnung einer Telefonüberwachung nach § 100a StPO vorgelegen hätten[420]. Ist dies der Fall, können alle Erkenntnisse aus diesem Zufallsfund selbst dann verwertet werden, wenn zwischen dem Beschuldigten des Ausgangsverfahrens und dem nunmehr in das Visier der Ermittler geratenen Dritten verwandtschaftliche Verbindungen i.S.d. § 52 StPO bestehen[421].

614 War die Telefonüberwachung rechtmäßig und dürfen die gewonnenen Erkenntnisse verwertet werden, so erfolgt ihre **Einführung in die Hauptverhandlung** alternativ

– durch Abspielen der Aufzeichnung, also durch Einnahme des „Augenscheins". Bei Gesprächen in fremder Sprache erfolgt dann die Übersetzung durch einen Dolmetscher (hier in der Funktion des Sachverständigen), sofern nicht schriftliche Übersetzungen verlesen werden;
– durch Vernehmung der im Ermittlungsverfahren bei der Übertragung aufgezeichneter Telefongespräche eingesetzten Übersetzer als Zeugen[422];
– im Wege des Urkundenbeweises, indem die von den Gesprächen – ggfls. durch einen Übersetzer – gefertigten Protokolle verlesen werden;
– durch Verlesen des TÜ-Auswertungsvermerks[423];
– oder (als schwächstes Beweismittel) durch die Aussage eines mit der Auswertung der Protokolle befassten Polizeibeamten[424].

b) Tätigkeiten von Privatpersonen

615 Generell unterliegen Beweismittel, die von Privatpersonen beschafft oder hergestellt werden, selbst dann keinem allgemeinen Verwertungsverbot, wenn sie in rechtswidriger oder gar strafbewehrter Weise erlangt worden sind[425]. Denn die Vorschriften der

---

419 Vgl. BGH NStZ 2006, 404. Zu der insoweit relevanten Frage einer „Fernwirkung" von Verwertungsverboten siehe Rn. 623 f.
420 BGH StV 1991, 208 f.
421 BVerfG NJW 2010, 287 ff.
422 BGH 4 StR 376/15 Tz. 3 m.w.N.
423 BGH 3 StR 438/11.
424 Vgl. zu den verschiedenen prozessualen Möglichkeiten der Einführung von Erkenntnissen aus der Telefonüberwachung auch BGH NStZ 2002, 493 f.
425 So VerfGH Rheinland-Pfalz NJW 2014, 1434; BVerfG NStZ 2011, 103 ff. zum Ankauf von Steuer-CDs.

Kapitel 4 *Die gerichtliche Beweisaufnahme*

StPO über die Erhebung und Verwertung von Beweisen richten sich ausschließlich an die Strafverfolgungsbehörden. Dies gilt z.B. für Ton-, Foto- oder Filmaufnahmen (etwa mit dem Handy aufgenommene Audio- oder Videodateien), aber auch für ein durch Täuschung erlangtes Geständnis des Beschuldigten gegenüber der Privatperson[426]. Ggfls. ist zu prüfen, ob der Verstoß gegen § 201 StGB gerechtfertigt ist (z.B. über §§ 32, 34 StGB). Ist dies nicht der Fall, so ist das allgemeine Persönlichkeitsrecht des Angeklagten widerrechtlich verletzt. Dies führt aber nicht schlechthin zur Unverwertbarkeit der gewonnenen Erkenntnisse. Vielmehr muss – soweit nicht der Kernbereich betroffen ist – auch hier eine **Abwägung** stattfinden zwischen dem Interesse des Angeklagten an der Nichtverwertung einerseits und dem öffentlichen Interesse an einer vollständigen Wahrheitsermittlung andererseits[427], wobei die Schwere des Tatvorwurfs ein bedeutendes Kriterium darstellt.

5. Verdeckter Einsatz von Ermittlern oder Privatpersonen

616 Wie bereits oben dargelegt[428], kann unter den Voraussetzungen der §§ 110a, 110b StPO ein **verdeckter Ermittler** – also ein unter einer Legende handelnder Polizeibeamter – zur Aufklärung von Straftaten eingesetzt werden, wenn ansonsten eine Tataufklärung aussichtslos oder wesentlich erschwert wäre. Wurden die gesetzlichen Vorgaben für einen solchen Einsatz – insbesondere die Beschränkungen des Einsatzbereiches nach § 110a StPO und die nach § 110b StPO erforderliche richterliche Zustimmung – beachtet, so bestehen gegen die Verwertung der erlangten Erkenntnisse im Grundsatz keine Bedenken[429]. Dies gilt auch für Äußerungen, welche der Beschuldigte – in solchen Situationen naturgemäß ohne vorherige Belehrung über sein Schweigerecht – gegenüber dem Ermittler gemacht hat[430]. In Anbetracht des bereits beschriebenen „nemo-tenetur-Prinzips"[431] muss dies jedoch im Einzelfall seine Grenze dann finden, wenn der Ermittler den Beschuldigten – ggfls. unter Ausnutzung einer besonderen Vertrauenssituation – zu selbstbelastenden Aussagen drängt[432].

Als im Hinblick auf den Grundsatz des fairen Verfahrens und damit rechtsstaatlich fragwürdig kann sich auch die Tatprovokation durch den verdeckten Ermittler erweisen, wenn also der Täter zur Begehung einer Straftat verleitet wurde, die er ohne die Einwirkung nicht begangen hätte. Das ist zulässig, wenn die Zielperson verdächtig ist, an einer Straftat beteiligt gewesen oder zu einer zukünftigen Straftat bereit zu sein. Eine unverdächtige oder nicht tatgeneigte Person darf dagegen staatlicherseits nicht zu einer Straftat verleitet werden. Ob die Grenzen der Rechtsstaatlichkeit überschritten werden, ist im Rahmen einer Gesamtabwägung (Verdacht, Art, Intensität und

---

426 BGH 3 StR 230/16; 2 StR 202/15 Tz. 43 ff.; NJW 1975, 2075 f. – eine auch gesellschaftspolitisch lesenswerte Entscheidung.
427 Vgl. BVerfG NStZ 2011, 103 ff.; BGH 2 StR 202/15 Tz. 43 ff.; 2 StR 242/10; OLG Hamburg NStZ 2017, 726 ff. (Videoüberwachung im Kaufhaus). Gleiches gilt im Bereich des Zivilrechts und der Ordnungswidrigkeiten, vgl. BVerfG NJW 2003, 1727 ff.; BGH NJW 1988, 1016 ff.; OLG Nürnberg NJW 2017, 3597 ff.; OLG Stuttgart NJW 2016, 2280 (zur sog. Dashcam).
428 Rn. 426.
429 So auch EGMR NJW 2012, 3502 f.
430 BGH 4 StR 296/08; NJW 2007, 3139.
431 Siehe oben Rn. 127 f.
432 BGH NStZ 2010, 527 ff. Vgl. auch BGH 4 StR 296/08; NJW 2007, 3138 ff.

Ziel der Einflussnahme, Eigeninitiative des Betroffenen) zu entscheiden[433]. Die Tatprovokation als solche ist stets im Rahmen der Beweiswürdigung und der Strafzumessung zu berücksichtigen[434]. Erweist sie sich als **rechtsstaatswidrig**, so begründet sie sogar ein Verfahrenshindernis[435].

Weitergehende Rechtsprobleme wirft der – gesetzlich nicht geregelte – gezielte Einsatz von **Privatpersonen** durch die Ermittlungsbehörden auf. 617

Zur Einführung in die Problemstellung zunächst folgende Fälle:

> **Fall 1:** Der Beschuldigte wird eines schweren Raubes verdächtigt. Gegenüber der Polizei erklärt ein Zeuge, der Beschuldigte habe diesem gegenüber anlässlich eines Telefonats die Tat eingeräumt. Daraufhin veranlasst der Vernehmungsbeamte den Zeugen, den Beschuldigten erneut anzurufen und – ohne Aufdeckung des Anlasses für dieses Gespräch – zu der Tat zu befragen. Der Zeuge kommt dieser Aufforderung nach. Das entsprechende Telefonat, in welchem der Beschuldigte den Tatvorwurf wiederum bestätigt, wird von dem Polizeibeamten über eine telefoneigene Einrichtung mitgehört.
>
> Darf das Gericht den Polizeibeamten zum Inhalt des Telefonats befragen und dessen Bekundungen (also das dort abgelegte Geständnis) seiner Entscheidung zu Grunde legen?

> **Fall 2:** Die Beschuldigte sitzt wegen des Verdachts des Mordes in Untersuchungshaft. In der JVA befindet sich eine Mitgefangene, die sich dort als „Wahrsagerin" betätigt und ihre Erkenntnisse aus den Unterredungen mit anderen Gefangenen regelmäßig an die Ermittlungsbehörden weitergibt. Diese „Wahrsagerin" wird nun auf die Beschuldigte angesetzt. Anlässlich einer spiritistischen Sitzung erklärt sie der Beschuldigten, sie könne den Verfahrensablauf positiv beeinflussen, wenn die Beschuldigte ihr – der „Wahrsagerin" – gegenüber den Tatverlauf wahrheitsgemäß schildere. Andernfalls drohe die Rache höherer Mächte. Daraufhin legt die Beschuldigte gegenüber ihrer Mitgefangenen ein Geständnis ab.
>
> Darf dieses Geständnis durch Vernehmung der „Wahrsagerin" als Zeugin in die Hauptverhandlung eingeführt und für das Urteil verwertet werden?

Fall 1, welcher auch als „**Hörfalle**" bezeichnet wird, weist zunächst die Besonderheit auf, dass es sich um ein Telefongespräch gehandelt hat. Dies allein bietet jedoch im Hinblick auf die Verwertbarkeit der Erkenntnisse noch keine Angriffsfläche. 618

Zum Schutz der „Telekommunikation" – also auch eines Telefonats – setzt dessen Überwachung nach §§ 100a, 100b StPO zwar grundsätzlich eine entsprechende richterliche Anordnung voraus. Das Fernmeldegeheimnis ist allerdings ein Abwehrrecht des Einzelnen gegenüber dem Staat, zwischen den Gesprächsteilnehmern besteht es nicht, da sie im Verhältnis zueinander keinen Anspruch auf Vertraulichkeit des Wortes haben[436]. Lässt also ein Gesprächsteilnehmer einen Dritten mithören, so steht das Fehlen einer richterlichen Anordnung einer Verwertung nicht im Wege.

---
433 Zum Maßstab siehe auch BGH 4 StR 252/15 Tz. 3.
434 Siehe hierzu EGMR NStZ 2015, 412 ff.; BVerfG 2 BvR 209/14 Tz. 34 m.w.N.; BGH 1 StR 7/15 Tz. 26; 1 StR 128/15; 5 StR 240/13 m.w.N.
435 BGH 2 StR 97/14.
436 BVerfG NJW 1992, 1875 f.

Kapitel 4 *Die gerichtliche Beweisaufnahme*

Auch ein Verstoß gegen § 201 Abs. 2 Nr. 1 StGB liegt nicht vor, da die im Handel zugelassenen Mithöreinrichtungen nicht als „Abhörgeräte" im Sinne dieser Vorschrift angesehen werden[437]. Da schließlich heute allgemein damit gerechnet werden muss, dass aufgrund technischer Vorrichtungen ein Gespräch von Dritten mitgehört wird, ist eine Verletzung des allgemeinen Persönlichkeitsrechts zu verneinen, und zwar selbst dann, wenn das Gespräch gezielt von einem Polizeibeamten mitgehört wird[438].

619 Beiden Fällen ist jedoch gemeinsam, dass den Beschuldigten im Rahmen einer **unverfänglichen Situation** Äußerungen „entlockt" wurden, die sie im Rahmen einer förmlichen Vernehmung vermutlich nicht gemacht hätten. Neben der Frage, ob sich Ermittlungsbehörden überhaupt des Einsatzes von Privatpersonen bei der Aufklärung von Straftaten bedienen dürfen, verdienen daher folgende rechtliche Gesichtspunkte Beachtung:
- der Beschuldigte ist vor den Gesprächen nicht über sein Schweigerecht belehrt worden;
- diese Art der Ermittlungstätigkeit könnte gegen den „nemo-tenetur-Grundsatz" verstoßen;
- es könnte sich um eine auf Täuschung angelegte (also verbotene) Vernehmungsmethode i.S.d. § 136a StPO handeln;
- der allgemeine Anspruch des Beschuldigten auf ein faires Verfahren könnte verletzt sein.

620 Der BGH hat zu den aufgeworfenen – rechtspolitisch ebenso interessanten wie umstrittenen – Rechtsfragen Stellung bezogen, ohne aber allgemeingültige Regelungen vorzugeben[439]. Der 5. Strafsenat wollte für die Erkenntnisse aus „Hörfallen" ein Verwertungsverbot annehmen. Er sah darin die Umgehung einer mit der Pflicht zur Belehrung nach den §§ 163a, 136 StPO verbundenen förmlichen Vernehmung, deren Heimlichkeit einen Verstoß gegen das Gebot eines fairen Verfahrens darstelle. Der deshalb angerufene Große Senat für Strafsachen ist dieser Einschätzung mit folgender Argumentation nicht gefolgt:
- Die §§ 163a, 136 Abs. 1 StPO sind auf die Situation einer Hörfalle weder unmittelbar noch analog anwendbar. Zum einen handelt es sich nicht um eine „Vernehmung", da dem Betroffenen niemand in amtlicher Eigenschaft gegenübertritt. Zum anderen scheidet eine entsprechende Anwendung aus, weil die „Hörfalle" keine „vernehmungsähnliche Situation" darstellt. Denn der „Aussagende" weiß ja, dass er gegenüber einer Privatperson keine Angaben machen muss. Sinn einer Beleh-

---
437 BGH NJW 1982, 1397 f.
438 BGH NJW 1994, 596 ff. sowie NJW 1994, 2004 f. Das BVerfG sieht das allgemeine Persönlichkeitsrecht beim Mithören eines Telefonats zwar grundsätzlich tangiert, will aber im Einzelfall die Interessen einer „funktionstüchtigen Rechtspflege" gegen diejenigen des Individuums abwägen, vgl. BVerfG NJW 2003, 1727 f. für den Bereich des Zivilrechts.
439 Vgl. BGH NStZ 1995, 410 ff. (Vorlagebeschluss zur „Hörfalle"); NStZ 1996, 502 ff. (Entscheidung des Großen Senats für Strafsachen hierzu mit kritischen Anmerkungen von *Rieß*) sowie NStZ 1999, 147 ff. („wahrsagende Mitgefangene"); 3 StR 400/10, jeweils m.w.N. auch aus der Literatur. Siehe zum Problem auch *Fezer* NStZ 1996, 289 f., *Roxin* NStZ 1995, 467 ff. und NStZ 1997, 18 ff. sowie *Popp* NStZ 1998, 95 f. Das BVerfG hat die Vorgaben des Großen Senats für Strafsachen unbeanstandet gelassen, BVerfG NStZ 2000, 488 f.

rung ist es, einen Irrtum über die Aussagepflicht zu vermeiden, der bei einem Privatgespräch gar nicht bestehen kann.

- Das nemo-tenetur-Prinzip ist nicht tangiert, da der Betroffene über die Freiwilligkeit seiner Erklärungen nicht im Zweifel ist und ein Irrtum über die Hintergründe des Gespräches vom Schutzzweck dieses Grundsatzes nicht erfasst wird. Schließlich ist auch der Einsatz eines „agent provocateur" anerkannt.

621

- Auch eine Täuschung i.S.d. § 136a StPO liegt nicht vor. Die Ermittlungsbehörden sind – abgesehen von ausdrücklichen Gesetzesvorbehalten (etwa §§ 100a ff. StPO) – in der Wahl ihrer Mittel grundsätzlich frei und die Heimlichkeit polizeilichen Vorgehens ist für sich gesehen kein Argument gegen die Zulässigkeit einer „Hörfalle". Auch der Einsatz von Kontaktpersonen oder Lockspitzeln ist von jeher durch die StPO gedeckt.

- Ein Verstoß gegen den aus dem Rechtsstaatsprinzip abgeleiteten Anspruch auf ein faires Verfahren kann schließlich nur im Einzelfall durch Abwägung zwischen der Pflicht zur effektiven Strafverfolgung und dem Schutz des Persönlichkeitsrechts des Betroffenen nach dem Grundsatz der Verhältnismäßigkeit festgestellt werden. Der Einsatz der „Hörfalle" ist daher jedenfalls dann zulässig – was ein Verwertungsverbot ausschließt –, wenn ihr der Verdacht einer erheblichen Straftat zu Grunde liegt und andere Ermittlungsmethoden erheblich weniger erfolgversprechend wären.

Mit seiner Entscheidung zum Fall 2 hat der BGH diese Auffassung bestätigt, zugleich aber den Weg der Restriktion beschritten. Für Erkenntnisse aus einer Ausforschung der in Untersuchungshaft befindlichen Beschuldigten hat er unter Berufung auf § 136a StPO ein Verwertungsverbot angenommen, weil diese sich der Einflussnahme durch den Spitzel nicht entziehen könne. Dies komme der Ausübung eines verbotenen Zwanges gleich[440].

622

Zusammenfassend lässt sich also feststellen, dass der Einsatz von Privatpersonen (zu denen auch die sog. V-Leute gehören) durch Ermittlungsbehörden **keinem generellen Verbot** unterfällt. Vielmehr ist von Fall zu Fall abzuwägen, ob ein solches Vorgehen rechtsstaatliche Grenzen überschreitet. In jedem Fall ist ihr Einsatz durch die Ermittlungsbehörden genau zu überwachen und in den Akten detailliert zu dokumentieren[441].

III. „Fernwirkung" und „Fortwirkung" von Verwertungsverboten

Zur Erläuterung des Begriffs der „**Fernwirkung**" und zur Darstellung des Problems folgendes **Beispiel:**

623

> Der Beschuldigte ist nach einem Tötungsdelikt als Tatverdächtiger festgenommen worden. Die vernehmenden Kriminalbeamten erklären ihm wahrheitswidrig, er sei bei der Tat von

---

440 So auch BGH 3 StR 400/10. Vgl. allgemein zu verdeckten Ermittlungen in Haftanstalten: *Schneider* NStZ 2001, 8 ff. und zur technischen Überwachung von Gesprächen im Besuchsraum einer JVA BGH NJW 2009, 2463 ff.; 1 StR 701/08. Siehe zum Einsatz von „Informanten" auch EGMR StV 2003, 257.
441 Siehe hierzu BGH 5 StR 240/13 Tz. 45 f.

Kapitel 4 *Die gerichtliche Beweisaufnahme*

> einem Zeugen beobachtet und wiedererkannt worden. Angesichts dieser Erklärung findet sich der Beschuldigte bereit, das Versteck der Tatwaffe – eines Revolvers – zu verraten. An der Waffe werden seine Fingerabdrücke festgestellt, auch kann das im Körper des Opfers aufgefundene Projektil eindeutig dem Revolver zugeordnet werden.
>
> Dürfen diese Beweismittel (Fingerabdrücke bzw. vergleichende Untersuchung zwischen Projektil und Waffe) zum Nachteil des Beschuldigten verwertet werden?

Die Aussage des Beschuldigten ist auf eine verbotene Vernehmungsmethode i.S.d. § 136a Abs. 1 StPO zurückzuführen, da er bewusst „getäuscht"[442] wurde. Dies hat ein Verwertungsverbot hinsichtlich der auf der Täuschung beruhenden Aussage zur Folge, § 136a Abs. 3 S. 2 StPO.

Problematisch ist, ob eine „Fernwirkung" in dem Sinne angenommen werden kann, dass auch die Verwertung der erst aufgrund der gesetzwidrigen Vernehmung aufgefundenen – also **mittelbar erlangten** – Beweismittel untersagt ist.

624 Teilweise wird in Anlehnung an die aus dem nordamerikanischen Rechtssystem stammende „fruit of the poisonous tree doctrine" (es ist verboten, die Früchte vom verbotenen Baum zu kosten) vertreten, eine Verwertung derart erlangter Beweismittel sei schlechthin unzulässig. Hierfür sprechen neben dem Grundsatz der Rechtsstaatlichkeit auch rechtsethische Gesichtspunkte. Die Gegner dieser Ansicht stellen die kriminal- und rechtspolitischen Belange der Gesellschaft in den Vordergrund und verneinen eine Fernwirkung. Dazwischen gibt es – wie fast immer – die vermittelnde Lösung, welche auf die Schwere des Tatvorwurfs abstellt[443].

Der BGH verneint – mit dem Segen des Europäischen Gerichtshofs für Menschenrechte[444] und des BVerfG[445] – eine generelle Fernwirkung von Beweisverwertungsverboten und stellt darauf ab, ob das Beweismittel ohne den Gesetzesverstoß in zulässiger Weise hätte beschafft werden können[446].

> In unserem Beispielsfall dürften die genannten Beweismittel also gegen den Angeklagten verwertet werden, denn es handelt sich um einen schwerwiegenden Tatvorwurf. Die erlangten objektiven Beweismittel hätten zumindest theoretisch durch andere Ermittlungen auch auf zulässige Weise zutage gefördert werden können.

625 Von der „Fernwirkung" ist die **„Fortwirkung"** eines Verwertungsverbotes zu unterscheiden. Hierzu folgendes **Beispiel:**

---

442 Dabei ist der Begriff der „Täuschung" nach der Rechtsprechung eng auszulegen, so dass „unbeabsichtigte" Irreführungen und „kriminalistische List" – was immer das im Einzelfall auch sei – erlaubt sind, vgl. oben Rn. 136 ff.
443 Zu den einzelnen Literaturhinweisen vgl. BGH NJW 1980, 1700, LR-*Hauck* § 100a Rn. 166; *Roxin/ Schünemann*, § 24 Rn. 59 f.
444 Siehe EGMR NJW 2017, 2811 ff.; NStZ 2008, 699 ff.
445 NJW 2011, 2417 ff. zu illegal erlangten Steuerdaten aus Liechtenstein.
446 Vgl. BGH 4 StR 52/16; 3 StR 573/09; NStZ 2006, 402 ff.; NStZ 1989, 375 f. für den Fall einer Durchsuchung ohne entsprechende richterliche Anordnung. Teilweise anders insoweit OLG Düsseldorf NStZ 2017, 177 ff. Eine Fernwirkung wird etwa bei Verstößen gegen § 97 Abs. 1 S. 3 InsO diskutiert, vgl. BGH 3 StR 52/17.

> Der Beschuldigte wird polizeilich vernommen. Hierbei legt er unter massiven körperlichen Bedrohungen seitens der Vernehmungsbeamten ein umfassendes Geständnis ab. Bei einer im unmittelbaren zeitlichen Anschluss in Anwesenheit der Polizeibeamten stattfindenden richterlichen Vernehmung erklärt er, die diesen gegenüber gemachten Angaben entsprächen der Wahrheit.

Aufgrund des Verstoßes gegen § 136a Abs. 1 S. 3 StPO besteht hinsichtlich der polizeilichen Vernehmung ein Verwertungsverbot. Problematisch ist, ob dieses „fortwirkt" und sich auch auf die nachfolgende richterliche Vernehmung erstreckt.

Auch dies kann nur für den Einzelfall beantwortet werden. Generell gilt, dass spätere Angaben des Beschuldigten, bei denen er in seiner Willensfreiheit nicht mehr beeinträchtigt war, regelmäßig verwertbar sind[447]. Wirkt **im Ausnahmefall** der Verfahrensverstoß aber noch auf das spätere Aussageverhalten ein, so unterfällt auch die für sich gesehen ordnungsgemäße spätere Vernehmung dem Verwertungsverbot[448]. Dem zeitlichen Abstand und der Art und Weise der späteren Vernehmung kommt für diese Beurteilung naturgemäß besondere Bedeutung zu[449]. Der vernehmende Richter sollte also für eine möglichst stressfreie Atmosphäre sorgen und die Anwesenheit von Polizeibeamten – soweit möglich – ausschließen.

> In unserem Beispiel ist von einer „Fortwirkung" auszugehen. Auch die richterliche Vernehmung dürfte nicht verwertet werden.

J. Konfliktverteidigung

I. Problemstellung

Strafverteidigung kann – und muss dies sicher gelegentlich – zweifellos auch streitige Auseinandersetzung bedeuten. Daher versteht man unter „Konfliktverteidigung" nur die **missbräuchliche** Inanspruchnahme prozessualer Rechte mit dem Ziel, von dem sachlichen Inhalt des Verfahrens abzulenken oder zumindest die Ermittlung des wahren Sachverhalts zu verhindern bzw. zu erschweren[450].

626

Aufmerksamkeit erlangte dieses Phänomen erstmals durch zwei Gerichtsentscheidungen. Der BGH hatte sich im Jahre 1991 mit einem Verfahren zu befassen, in dem (allerdings von dem Angeklagten selbst) 8500 Beweisanträge gestellt worden waren[451].

---

447 Vgl. BGH 4 StR 296/08.
448 Vgl. zu einem solchen (zweifelhaften) Ausnahmefall OLG Düsseldorf StV 2017, 12 und insbesondere BGH NJW 2007, 3142. Hier war der Beschuldigte im Zuge der Vernehmung – unzutreffend – dahingehend informiert worden, seine (tatsächlich einem Verwertungsverbot unterliegenden) geständigen Erklärungen gegenüber einem verdeckten Ermittler seien „gerichtsfest".
449 Vgl. BGH StV 2003, 324; NStZ 2001, 551; NJW 1995, 2047 und NStZ 1995, 462.
450 Von anwaltlicher Seite wird „Konfliktverteidigung" allerdings – ohne das Phänomen als solches zu leugnen – gelegentlich als sachorientierte Verteidigungsstrategie verstanden, um dem Gericht zu „besserer" Einsicht zu verhelfen, vgl. *Schlothauer*, Rn. 18 m.w.N. Die Exzesse bezeichnet man verniedlichend als „Klamaukverteidigung".
451 BGH NJW 1992, 1245 f.

Kapitel 4 *Die gerichtliche Beweisaufnahme*

Das Landgericht Wiesbaden hatte im Jahre 1994 die Berufung der Staatsanwaltschaft gegen einen Teilfreispruch verworfen, weil das Gericht einer auf Konflikt ausgelegten Verteidigung „machtlos ausgeliefert" sei[452]. Auch in der Anwaltschaft wird der breit angelegte Versuch beobachtet, die Verfahrensherrschaft des Gerichts über die ordnungsgemäße Sachaufklärung zu unterlaufen und eine „Subherrschaft" der Verteidigung zu installieren[453].

627 Wählt ein Verteidiger diesen Weg, was in „leider nicht geringer Zahl"[454] vorkommt, so erweist sich das ihm zur Verfügung stehende Instrumentarium als reichhaltig. Im Wesentlichen handelt es sich in der Praxis um folgende Erscheinungen[455]:

- Am ersten Verhandlungstag wird die Rüge einer Fehlbesetzung des Gerichts erhoben oder dessen Unzuständigkeit gerügt und eine Unterbrechung der Hauptverhandlung beantragt, um diesen Vorwurf in Ruhe prüfen zu können;
- es werden, schon um eine Verlesung der Anklage zu verhindern, zu Beginn der Verhandlung neben Ablehnungsgesuchen die unsinnigsten Anträge verlesen, die z.B. auf eine Verfahrenseinstellung nach § 260 Abs. 3 StPO abzielen;
- auf Sachentscheidungen oder prozessleitende Anordnungen folgt eine Ablehnung von Gerichtspersonen wegen angeblicher Besorgnis der Befangenheit (§§ 24 ff. StPO);
- verfahrensleitende Maßnahmen oder Fragen des Vorsitzenden im Rahmen der Vernehmung von Zeugen bzw. Sachverständigen werden ständig mit dem Ziel der Herbeiführung von Gerichtsbeschlüssen beanstandet (§ 238 Abs. 2 StPO);

628 – im Verlauf der Verhandlung wird eine (bis in die Hunderte gehende[456]) Unzahl von Anträgen mit phantasievoll erfundenen Beweisthemen und Beweismitteln gestellt, wobei mit den „wesentlichen" Anträgen bis zum Schluss der Beweisaufnahme gewartet wird. Zu verzeichnen sind auch Anträge, die auf eine zeugenschaftliche Vernehmung von Mitgliedern des erkennenden Gerichts abzielen, was zu deren Ausschluss gem. § 22 Nr. 5 StPO und damit – wenn (wie im Regelfall) keine Ergänzungsrichter zur Verfügung stehen – zum Abbruch der Hauptverhandlung führen würde;
- permanent wird (gestützt auf § 273 Abs. 3 StPO) die Protokollierung irrelevanter Vorgänge beantragt;
- das Fragerecht aus § 240 Abs. 2 StPO wird exzessiv genutzt;
- es kommt zu ständigen und lautstarken Unterbrechungen der Verhandlungsleitung des Vorsitzenden.

629 Diese Vorgehensweise dient mehreren Zwecken. Zunächst wird die Hauptverhandlung in die Länge gezogen, was das Gericht unter Druck setzt, weil es noch andere Verfahren zu erledigen hat. So kann möglicherweise eine von der Verteidigung gehegte Vorstellung hinsichtlich der Strafhöhe – eventuell gegen ein Geständnis –

---

452 LG Wiesbaden NJW 1995, 409 f.
453 So *Dahs* NStZ 2007, 241.
454 *Dahs* Handbuch des Strafverteidigers, Rn. 450.
455 Vgl. insoweit auch *Senge* NStZ 2002, 225 ff.; *Malmendier* NJW 1997, 227 ff.
456 Vgl. *Nehm/Senge* NStZ 1998, 377 ff. oder BGH NJW 1998, 1723 ff. zu einem Verfahren, in dem alleine 84 Hilfsbeweisanträge gestellt wurden.

„nähergebracht" werden. Schließlich sollen möglichst viele verfahrensrechtliche Fußangeln in die Hauptverhandlung eingebaut werden, dass eine Revision aussichtsreich erscheint. Das Urteil wird ggfls. aus diesen Gründen aufgehoben und das sich erneut mit der Sache befassende Gericht – beim sog. „zweiten Aufguss" – mehr im Sinne des Angeklagten gestimmt sein. Jedenfalls ist seit der Tatbegehung so viel Zeit ins Land gegangen, dass dieser Umstand strafmildernd[457] oder sogar als Verfahrenshindernis[458] zu berücksichtigen ist.

II. Lösungsansätze

Eine auf sachwidrige Konfrontation bzw. Verfahrenserschwerung gerichtete Verteidigungsstrategie dient weder den Interessen des jeweiligen Beschuldigten noch dem Allgemeininteresse an einem fairen, zügigen und offenen rechtsstaatlichen Strafverfahren. Einigkeit besteht daher in Rechtsprechung und Lehre, dass rechtsmissbräuchliches Verhalten, welches die effektive Förderung des Strafverfahrens ernsthaft gefährden kann, nicht hingenommen werden darf[459]. Die StPO selbst stellt jedoch zur Abwehr nur wenige Instrumente zur Verfügung (vgl. §§ 26a Abs. 1 Nr. 3, 29 Abs. 2 S. 1, 244 Abs. 3 S. 2 „Prozessverschleppung", 245 Abs. 2 S. 3, 257a, 266 Abs. 3 S. 1 StPO).

630

Die Palette der Vorschläge zur Problemlösung der nicht geregelten Konstellationen reicht von der Anwendung des allgemeinen Verbots missbräuchlichen Verhaltens[460] über die gesetzliche Normierung einer „Missbrauchsklausel"[461] bis zur Einschränkung des Frage- und Antragsrechts durch den Gesetzgeber, die dann auch die sachorientiert handelnden Verteidiger nachhaltig treffen würde[462]. Interessant ist auch der Vorschlag, die Gesamthöhe der Pflichtverteidigergebühren (wie in Österreich) zu pauschalisieren, um den ökonomischen Reiz einer ausufernden Hauptverhandlung zu beseitigen[463].

An dieser Stelle kann auf die erhebliche rechtspolitische Bedeutung der – oft auch gegen das Sachlichkeitsgebot des § 43a BRAO verstoßenden[464] – Konfliktverteidigung nur hingewiesen werden. Fest steht allerdings, dass die Strafjustiz sich dem Druck einer solchen Verteidigungsstrategie nicht beugen darf. Dies verbieten schon der staatliche Rechtsgewährungsanspruch, das in den §§ 155 Abs. 2, 244 Abs. 2 StPO zum Ausdruck kommende Legalitätsprinzip und das verfassungsrechtliche Gebot der Gleichbehandlung aller Angeklagten. Es sei daher auf folgende Möglichkeiten hingewiesen:

631

---

457 Vgl. BGH NStZ 2002, 589; NJW 1999, 1198.
458 So *Schönke/Schröder-Stree*, § 46 Rn. 57.
459 Vgl. BGH NStZ-RR 2009, 207; NStZ 2007, 49; NJW 1992, 1246, *Pfister* StV 2009, 550 ff.; *Beulke* StV 2009, 554 ff.; *Fischer* NStZ 1997, 212 ff.
460 BGH NJW 1992, 1245 f.
461 Diese soll lauten: „Anträge der Beteiligten, die ersichtlich oder gar offenkundig nichts zur Wahrheitsfindung beitragen sollen und können, können ohne Weiteres mit dieser Begründung zurückgewiesen werden".
462 Vgl. zu den verschiedenen Vorschlägen *Jahn* ZRP 1998, 103 ff.; *Fischer* NStZ 1997, 212 ff.; *Kröpil* ZRP 1997, 9 ff.
463 Siehe *de Vries* ZRP 2011, 209 ff.
464 Zu dessen Regelungsinhalt siehe BGH 2 StR 302/08; BVerfG NJW 2008, 2424 ff.

Kapitel 4 *Die gerichtliche Beweisaufnahme*

Der **Unterbrechung einer Hauptverhandlung** bedarf es (neben den normalen Pausen) nur zur Vornahme solcher Handlungen, die zu einem anderen Zeitpunkt nicht (mehr) möglich sind. Hinsichtlich der Zuständigkeit und der Besetzung des Gerichts hat der Angeklagte durch die rechtzeitige Erhebung der Rüge seine Rechte gewahrt (§§ 6a, 16, 338 Nr. 1b StPO), so dass es einer sofortigen Unterbrechung i.d.R. nicht bedarf.

632 Die Stellung von **Prozessanträgen** ist nur in Ausnahmefällen an einen bestimmten Zeitpunkt gebunden (beachte allerdings §§ 25, 26 Abs. 1 S. 2 StPO für das Ablehnungsgesuch). Der Vorsitzende bestimmt also im Rahmen seiner Verhandlungsleitung nach **§ 238 Abs. 1 StPO** den Zeitpunkt, zu dem Anträge angebracht werden können. Insbesondere bei umfangreicheren Verfahren hat er im Hinblick auf den Beschleunigungsgrundsatz eine „straffe Verhandlungsführung"[465] sicherzustellen. Er kann mithin den Verteidiger für Antragstellungen auf einen späteren Zeitpunkt verweisen, wenn andernfalls eine zügige und sachgerechte Durchführung der Hauptverhandlung gefährdet wäre[466]. Auch kann bei einer drohenden erheblichen Verfahrensverzögerung gem. § 257a StPO auf die schriftliche Antragstellung verwiesen werden.

633 **Befangenheitsgesuche** im Verlaufe der Hauptverhandlung müssen nicht notwendig zu einer Verzögerung führen. Entgegen weit verbreiteter Auffassung besteht kein Anspruch des Verteidigers oder des Angeklagten, jederzeit das Wort zu ergreifen und ein solches Gesuch anzubringen. Gemäß § 238 Abs. 1 StPO kann der Vorsitzende hierfür auf einen späteren Zeitpunkt verweisen, wenn dies für den ordnungsgemäßen Ablauf der Hauptverhandlung sachdienlich ist. Freilich dürfen dem Angeklagten aus der eintretenden zeitlichen Verzögerung keine prozessualen Nachteile erwachsen.

Im Übrigen kann der Vorsitzende gem. **§ 29 Abs. 2 StPO** – nach Anbringung eines Ablehnungsgesuches – die Fortsetzung der Verhandlung anordnen, bis eine Entscheidung hierüber ohne Verzögerung möglich ist. Geschieht dies, so ist allerdings die zeitliche Grenze des § 29 Abs. 2 S. 1 Hs. 2 StPO zu beachten. Befangenheitsgesuche, die auf eine Sachentscheidung hin ergehen, sind in der Regel unzulässig[467]. Sie können damit – wie jedes mit einer (aus rechtlichen Gründen) völlig ungeeigneten Begründung versehene Ablehnungsgesuch – von dem Gericht selbst durch Beschluss, der auch außerhalb der Hauptverhandlung ergehen kann, abgelehnt werden, § 26a StPO. Da diese Vorschrift eng auszulegen und der Anspruch auf den gesetzlichen Richter tangiert ist, sollte man hiervon indes nur zurückhaltend Gebrauch machen[468].

634 Werden **verfahrensleitende Maßnahmen oder Fragen des Vorsitzenden** im Rahmen der Beweisaufnahme in exzessiver Weise beanstandet und Entscheidungen der Kammer beantragt (§ 238 Abs. 2 StPO), so ist zunächst zu überlegen, ob die prozessuale Situation eine sofortige Entscheidung erfordert. Das ist selten der Fall. Der Vorsitzende muss derartige Anträge also nicht sofort entgegennehmen und bescheiden. Er kann vielmehr die jeweilige Vernehmung ungestört zu Ende führen und den Ver-

---

465 Vgl. BGH NJW 2009, 607.
466 BGH 4 StR 192/10; NStZ 2006, 463.
467 Näheres hierzu siehe unten Rn. 986.
468 Zu den Einzelheiten siehe unten Rn. 990 ff.

teidiger darauf verweisen, etwaige Beanstandungen nach Abschluss seiner Befragung zusammengefasst vorzubringen[469]. Zur Beratung und Beschlussfassung kann dann eine Verhandlungspause genutzt werden. Im Übrigen ist es durchaus zulässig, unter Wahrung des Beratungsgeheimnisses in einfachen Fällen durch kurze Abstimmung am Richtertisch eine Entscheidung herbeizuführen[470].

Zu bedenken ist schließlich, dass nur die rechtliche **Unzulässigkeit** und nicht etwa die Zweckmäßigkeit der Maßnahme oder Frage beanstandet werden kann[471]. Zur Zulässigkeit der Beanstandung bedarf es daher entsprechender Darlegungen. Ist der Verteidiger hierzu nicht in der Lage, bedarf es auch keiner Gerichtsentscheidung.

Die exzessive Ausübung des **Beweisantragsrechts** muss ebenfalls nicht notwendig zu einer Verfahrensverzögerung führen. Hier ist zunächst unter Beachtung der BGH-Rechtsprechung zu prüfen, ob ein als „Beweisantrag" bezeichnetes Gesuch sich überhaupt als ein solcher im Rechtssinne darstellt[472]. Ist dies nicht der Fall und gebietet es auch die Aufklärungspflicht nicht, dem Antrag nachzugehen, so bedarf es i.d.R. auch keiner (ablehnenden) Gerichtsentscheidung.

635

Aber auch „echte" Beweisanträge bedürfen keiner sofortigen Entscheidung. Angeklagter und Verteidigung haben hierauf keinen Anspruch. Das Gericht kann folglich im Rahmen der dem Vorsitzenden gemäß § 238 Abs. 1 StPO obliegenden Verfahrensleitung die Bescheidung bis zum Schluss der Beweisaufnahme zurückstellen, wenn nicht – im Einzelfall und ausnahmsweise – im Hinblick auf das Fairnessgebot eine zeitnahe Entscheidung angezeigt ist[473].

Eine Verzögerung der Hauptverhandlung kann also dadurch vermieden werden, dass die notwendige Beratung und Beschlussfassung (vgl. § 244 Abs. 6 StPO) in Verhandlungspausen oder zwischen mehreren Sitzungstagen stattfindet. Ihre inhaltliche Behandlung ist allein an den Maßstäben der §§ 244 Abs. 3 bis 5, 245 StPO zu messen. Bestehen Zweifel an der Zulässigkeit des Antrags, so kann das Gericht von dem Beweisführer Auskunft über die Beweiseignung verlangen und die Antwort für seine Entscheidung berücksichtigen. Die vorweggenommene Ablehnung (weiterer) Beweisanträge ist allerdings unzulässig. Geht der Rechtsmissbrauch von dem Angeklagten selbst aus, so kann dieser darauf verwiesen werden, seine Anträge nur noch über den Verteidiger zu stellen[474].

636

Auch missbräuchlichen Anträgen auf Vernehmung von **Mitgliedern des Gerichts** muss i.d.R. nicht nachgegangen werden. Hier können hinsichtlich des angegebenen Beweisthemas dienstliche Erklärungen eingeholt und diese in der Hauptverhandlung verlesen werden. Ergibt sich daraus, dass der Richter zu dem Beweisthema gar nichts sagen oder es nicht bestätigen kann, so kann ein gleichwohl aufrecht erhaltener Beweisantrag wegen Verschleppungsabsicht abgelehnt werden[475].

---
469 BGH NJW 2004, 239 f.
470 BGH 4 StR 111/11; NJW 1992, 3181 f.; NJW 1987, 3210 f.
471 Vgl. die Nachweise bei KK-*Schneider*, § 238 Rn. 19.
472 Siehe hierzu oben Rn. 460 ff.
473 BGH 1 StR 145/10.
474 BGH 4 StR 192/10; NStZ 2005, 648; NJW 1992, 1245 f.
475 Vgl. hierzu BGH NStZ 2003, 558.

Kapitel 4 *Die gerichtliche Beweisaufnahme*

637 Ohnehin kann der Vorsitzende im Anschluss an die gerichtlich angeordnete Beweisaufnahme den Verfahrensbeteiligten zur Stellung weiterer Beweisanträge eine **Frist** setzen. Werden Anträge erst nach Fristablauf gestellt und kann der Antragsteller die Verzögerung nicht substantiiert und nachvollziehbar begründen, so indiziert dies i.d.R. die Verschleppungsabsicht und rechtfertigt folglich (vorbehaltlich der Aufklärungspflicht) eine Ablehnung des Antrags mit dieser Begründung[476]. Schließlich kann dem Angeklagten eine Frist zur Stellung von Beweisanträgen mit der Maßgabe gesetzt werden, dass danach eingehende Anträge nur noch wie Hilfsbeweisanträge behandelt, also im Urteil beschieden werden[477].

An dieser Stelle sei darauf hingewiesen, dass der BGH eine „weitere Zunahme" prozessverschleppender Beweisanträge beobachtet, „die allenfalls nach ihrer äußeren Gestalt, nicht aber nach ihrem tatsächlichen inhaltlichen Anliegen der Aufklärung des wahren Sachverhalts dienen". Bei Fortschreiten dieser Entwicklung fordert er ein Einschreiten des Gesetzgebers[478].

638 Über **Protokollierungsanträge** muss ebenfalls nicht unverzüglich entschieden werden. Eine Entscheidung des Vorsitzenden oder des Gerichts (vgl. § 273 Abs. 3 StPO) kann auch außerhalb der Hauptverhandlung abgefasst und in einem Folgetermin verlesen werden.

639 Wird das **Fragerecht** aus § 240 Abs. 2 StPO missbraucht, so gilt Folgendes: Im Rahmen der Verhandlungsführung hat der Vorsitzende gem. § 238 Abs. 1 StPO die sachgerechte Vernehmung von Zeugen und Sachverständigen durch die Verfahrensbeteiligten sicherzustellen. Dies umfasst den Anspruch des Zeugen auf einen zusammenhängenden Vortrag (§ 69 Abs. 1 S. 1 StPO) und auf angemessene Behandlung. Letzterer ergibt sich insbesondere aus den §§ 68a, 241 Abs. 2 StPO. Vor einer rechtsstaatswidrigen Verteidigung ist insbesondere das Tatopfer zu schützen[479]. Nicht zur konkreten Sachaufklärung erforderliche und/oder ehrenrührige Fragen sind folglich generell zurückzuweisen. Ohnehin sind Opferschutzinteressen bei Entscheidungen zum Umfang der Beweisaufnahme stets zu berücksichtigen[480]. Dabei können auch ganze Themenkomplexe von der Befragung ausgeschlossen werden, ohne dass es zu jeder Einzelfrage jeweils einer neuen Gerichtsentscheidung bedarf[481]. Zudem sind Zeugen im Alter von unter 18 Jahren ausschließlich vom Vorsitzenden zu befragen, **§ 241a Abs. 1 StPO**.

640 Nehmen **störende Unterbrechungen** der Verhandlungsleitung des Vorsitzenden oder andere Maßnahmen ein nicht mehr hinnehmbares Ausmaß an, so kann die Bestellung des **Pflichtverteidigers** gestützt auf § 143 StPO im Ausnahmefall als ultima ratio „aus wichtigem Grund" aufgehoben werden[482]. Als wichtiger Grund kommt nämlich jeder Umstand in Betracht, der den Zweck der Bestellung, dem Angeklagten einen geeig-

---

476 Siehe oben Rn. 491 f.
477 Siehe hierzu oben Rn. 492.
478 So BGH NStZ 2009, 168 f.
479 BGH NStZ-RR 2007, 21 f. mit einem plastischen Beispiel.
480 BGH NStZ-RR 2007, 21 f.
481 BGH NJW 2004, 239 f.
482 BGH NStZ 1997, 46 f.; NStZ 1988, 510; BVerfG NJW 1975, 1015 ff.

neten Beistand **und** den ordnungsgemäßen Ablauf des Verfahrens zu sichern, ernsthaft gefährdet[483]. Grobe Pflichtverletzungen – etwa die fehlende Bereitschaft zur sachgerechten Verteidigung, pflichtwidriges Ausbleiben oder die unzeitige Entfernung eines Pflichtverteidigers aus dem Sitzungssaal – können daher die Aufhebung einer Beiordnung mit der (verfassungsrechtlich unbedenklichen[484]) Kostenfolge des § 145 Abs. 4 StPO rechtfertigen[485]. Zuvor sollte dem Angeklagten hierzu rechtliches Gehör gegeben werden. Die Hauptverhandlung wird dann mit einem anderen zu bestellenden Verteidiger fortgesetzt oder – wenn dieser sich zunächst in die Sache einarbeiten muss – ausgesetzt. Das insoweit bestehende Ermessen des Gerichts muss freilich schon im Hinblick auf § 338 Nr. 8 StPO im Sinne der Interessen des Angeklagten verantwortungsvoll ausgeübt werden[486].

Die ebenfalls gegebene Möglichkeit eines Ausschlusses des Verteidigers nach §§ 138a ff. StPO (etwa wegen des Verdachts der Tatbeteiligung, der Begünstigung oder Strafvereitelung) spielt in der Praxis kaum eine Rolle[487].

Bei einem **Wahlverteidiger** kommt im Extremfall indes nur ein Ausschluss nach diesen Vorschriften bzw. nach den sitzungspolizeilichen Grundsätzen der §§ 176, 177 GVG in Betracht[488]. In jedem Fall bedarf es vor einer solchen Maßnahme der eindringlichen Abmahnung des Verteidigers[489].

641

In ebenfalls seltenen Fällen kann Konfliktverteidigung auch in den Bereich der Strafbarkeit wegen Strafvereitelung durch Verfahrenssabotage (§ 258 StGB) oder Beleidigung (§ 185 StGB) führen[490].

K. Urteilsabsprachen

I. Hintergrund der aktuellen Gesetzeslage

Gespräche zwischen den Verfahrensbeteiligten – insbesondere mit dem Gericht – werden seit jeher im gesamten Strafverfahren als unerlässlich angesehen. So war es einem Richter immer möglich, etwa zu Verteidigern auch außerhalb der Hauptverhandlung – mit der gebotenen Zurückhaltung – Kontakt aufzunehmen, um etwa die Terminierung oder sonstige prozessuale Fragen zu erörtern[491]. Selbst auf einen einvernehmlichen Verfahrensabschluss gerichtete Gespräche waren insbesondere in sog.

642

---

483 BGH NJW 2001, 625; BVerfG NJW 1998, 444.
484 BVerfG NJW 2009, 1582 ff.
485 Vgl. auch KG NStZ-RR 2009, 209; OLG Stuttgart NStZ-RR 2009, 243 ff.; OLG Köln NJW 2005, 3588 f. m.w.N.
486 Siehe hierzu BGH 2 StR 113/13 Tz. 11 ff.
487 Lesen Sie zu hierzu BGH NJW 2006, 2421 sowie KG NStZ-RR 2016, 18 f.
488 Die Anwendbarkeit der §§ 176, 177 GVG ist allerdings umstritten. Vgl. zu diesem sicherlich selten relevanten Fragenkreis OLG Hamm wistra 2003, 359 f.; OLG Hamburg NJW 1998, 621 ff.; *Jahn* NStZ 1998, 389 ff.; *Malmendier* NJW 1997, 231 ff.
489 OLG Hamburg NJW 1998, 621 ff. sowie NJW 1998, 1328.
490 Vgl. zu diesen Problemen BGH NStZ 2009, 692 f.; 2001, 145 ff.; NJW 2000, 2434; NStZ 1999, 188 f.; NStZ 1993, 79 ff.; *Jahn* ZRP 1998, 103 ff.
491 BGH 1 StR 449/10; 1 StR 27/09; NStZ 2008, 172 f., 229. So auch BVerfG NJW 2013, 1068.

Kapitel 4 *Die gerichtliche Beweisaufnahme*

Umfangssachen weitgehend anerkannt[492]. Dem geschriebenen deutschen Strafprozessrecht, das seit Inkrafttreten der StPO im Jahre 1877 kein „konsensuales", also auf Einvernehmen abzielendes Urteilsverfahren kannte, waren dagegen bindende Absprachen über 132 Jahre (mit guten Gründen) fremd. Erst mit Gesetz vom 29.07.2009 sind „Verständigungen" ausdrücklich in der StPO geregelt worden, maßgeblich in Gestalt des § 257c StPO. Diese Vorschrift verfolgt eine „mit dem überkommenen Prozessmodell unvereinbare Konsensidee"[493]. Denn das Strafverfahren ist seiner Natur und Funktion nach nicht darauf angelegt, dass der Angeklagte seinem Ablauf und Ergebnis die Zustimmung erteilt.

Vor der gesetzlichen Regelung war es beim BGH zu unterschiedlichen Ansichten bezüglich der Voraussetzungen und Grenzen von Absprachen gekommen. Die Differenzen mündeten in der Entscheidung vom 03.03.2005[494]. Darin forderte der BGH eine gesetzliche Regelung zur Zulässigkeit sowie (bejahendenfalls) zu den Voraussetzungen und Grenzen von Urteilsabsprachen. Die prozessrechtliche Wissenschaft stellte sich – wie Teile der Rechtspraxis – mehrheitlich gegen eine Legalisierung von Absprachen[495]. Gleichwohl ging dem mit Einfügung u.a. des § 257c StPO verbundenen Paradigmenwechsel angesichts der vornehmlich ökonomisch orientierten Intention des Gesetzgebers (sog. „Ressourcenschonung") ein breiter und ergebnisoffener politischer Diskurs nicht voraus.

II. Realität verfahrensbeendender Absprachen

643 Die noch darzulegenden gesetzlichen Vorgaben wurden bislang – wie zuvor auch schon diejenigen der BGH-Rechtsprechung – in der Praxis in einem Maße missachtet[496], dass der BGH resigniert feststellte: „Die Legitimität staatlichen Strafens droht

---

492 Vgl. BGH NJW 2004, 1396 ff.
493 So *Theile* NStZ 2012, 671.
494 NJW 2005, 1440 ff.
495 Vgl. die Nachweise bei *Jahn* StV 2011, 497 ff.; *Altenhain/Haimerl* JZ 2010, 337; *Fischer* StraFo 2009, 177.
496 Siehe beispielhaft BGH 5 StR 176/17 Tz. 8 m.w.N. (unzutreffende Annahme einer Bindung durch Vorgespräche); 5 StR 351/14 Tz. 12 (keine Protokollierung); 3 StR 511/16; 3 StR 216/16; 1 StR 622/1; 2 StR 367/16; 1 StR 136/16; 3 StR 153/16; 1 StR 315/15; 2 StR 121/15; 1 StR 630/15; 3 StR 163/15 Tz. 5 ff.; 3 StR 310/15; 4 StR 54/15 Tz. 10; 1 StR 149/15; 5 StR 364/15; 5 StR 20/15; 3 StR 470/14; 2 StR 139/14; 4 StR 470/14; 5 StR 601/14; 1 StR 315/14; 4 StR 126/14 Tz. 9; 2 StR 381/13; 1 StR 612/13 (fehlende oder unzulängliche Information nach § 243 StPO); OLG Hamburg NStZ 2017, 307 ff.; BGH 2 StR 465/13 (keine Regelung eingehalten); BGH 5 StR 73/17; 5 StR 15/17; 2 StR 367/16; 1 StR 71/16; 3 StR 386/15; 5 StR 82/15; 2 StR 75/14 Tz. 22 ff.; 4 StR 595/14 Tz. 11 f.; 3 StR 497/14 Tz. 3; 1 StR 706/13 m.w.N. (unzulängliche Belehrungen); BGH NStZ 2013, 540 (Zusage der Annahme eines minder schweren Falles bei klarer Beweislage); BGH 5 StR 226/11 (Urteilsaufhebung nach einer „vom Gericht initiierten grob sachwidrigen Verständigung" unter Verstoß gegen § 244 Abs. 2 StPO); BGH 3 StR 455/11 (verweigerte Sachaufklärung); BGH 2 StR 367/16; 1 StR 52/11; 3 StR 359/10 (verbotene Absprachen zum Schuldspruch, unzulässige Vereinbarung einer Punktstrafe); BGH 2 StR 322/15; 5 StR 440/15; 3 StR 229/15; 2 StR 75/14; 1 StR 562/13 Tz. 9 f.; 2 StR 163/13; 2 StR 59/13; 4 StR 170/12; 3 StR 380/12; 3 StR 285/11; 3 StR 335/11 Tz. 5 f.; 1 StR 17/12; 5 StR 465/11; 2 StR 383/11; 1 StR 154/11; 2 StR 428/10 (Aufhebungen wegen schlampiger Urteilsgründe); BGH 1 StR 347/10; 2 StR 354/10 („rechtswidrige", „erkennbar fern liegende" und dann auch noch mehrfach verbesserte Angebote des Gerichts für den Fall eines Geständnisses); KG StV 2012, 654 f. (klar rechtswidrige, also willkürliche Gesamtstrafenbildung). Vgl. zur Rechtspraxis auch *Schneider* NStZ 2014, 192 ff.; *Wohlers* NJW 2010, 2470 ff.

Schaden zu nehmen"[497] und es bestehe „Anlass zu ernster Sorge über den Zustand der Strafjustiz"[498]. Die zutreffende Medienschelte lautete: „Der Deal wuchert wie ein bösartiger Tumor, wohin man schaut"[499]. Der Wildwuchs geht so weit, dass selbst das „Wegdealen" einer Sicherungsverwahrung, deren gesetzliche Voraussetzungen vorliegen, in der Rechtspraxis von Gerichtsseite angeboten[500], gelegentlich aber auch völlige Unterwerfung unter die Vorstellungen des Gerichts gefordert wird[501]. Selbst die tatsächlichen Feststellungen bezüglich einzelner gesetzlicher Tatbestandsmerkmale werden „vereinbart"[502]. Natürlich kann die Anwendung der „Sanktionsschere" auch zu unzutreffenden Geständnissen führen, weil der Angeklagte die angebotene Strafe trotz seiner Unschuld für das kleinere Übel hält[503]. Hierbei handelt sich durchaus um zahlenmäßig relevante Phänomene. „Bei vorsichtiger Schätzung" der Anwaltschaft sollen bereits im Jahre 2002 mindestens 50 % aller Strafverfahren mit abgesprochenem Ergebnis beendet worden sein[504]; derzeit werden in der Praxis 80 % als Durchschnittswert gehandelt.

Hierzu sei ein Beispiel aus der BGH-Rechtsprechung[505] genannt und der Leser aufgefordert, sich für kurze Zeit einmal in die Perspektive des – hinsichtlich des Strafausspruchs gem. § 400 Abs. 1 StPO weitgehend rechtlosen – Tatopfers zu versetzen:

> „Die Annahme eines minder schweren Falles ist nicht mit einer Begründung versehen und erscheint angesichts der kriminellen Intensität der Tat (nächtlicher Überfall maskierter Täter auf eine Frau in deren Wohnung, unter Verwendung einer ungeladenen Gaspistole, mit körperlicher Misshandlung, Fesselung und Knebelung des Tatopfers) auch unter Berücksichtigung aller strafmildernden Umstände im Ergebnis unvertretbar. Die gegen den Angeklagten verhängte Freiheitsstrafe von zwei Jahren und sechs Monaten, die der vom Landgericht im Rahmen einer verfahrensbeendenden Verständigung zugesagten Strafobergrenze entspricht, wird ihrer Bestimmung, gerechter Schuldausgleich zu sein, nicht mehr gerecht."
>
> Da nur der Angeklagte Revision eingelegt hatte (die Staatsanwaltschaft war offenbar an der Absprache beteiligt und mit dem Verfahrensausgang zufrieden), war der BGH angesichts des Verschlechterungsverbots an die rechtswidrig verhängte Sanktion gebunden.

---

497 BGH NStZ 2008, 54.
498 BGH NStZ 2008, 170 f.
499 *Friedrichsen* StV 2012, 635.
500 Vgl. BGH NStZ 2008, 620 f.; NStZ-RR 2007, 116 ff. Siehe zum Problemkreis auch BGH NStZ 2006, 464 f.
501 Siehe beispielhaft BGH NStZ 2006, 586.
502 Sog. „fact bargaining". Vgl. hierzu BGH NStZ-RR 2009, 147 f. (hier wurde der Vorwurf des Mordes zu demjenigen eines Raubes mit Todesfolge „weggedealt"); *Strate* NStZ 2010, 362 ff.; *Jahn* StV 2011, 505.
503 BGH 5 StR 174/12 Tz. 14 ff.
504 Vgl. zur traurigen Verfahrenswirklichkeit *Schünemann/Hauer* AnwBl. 2006, 439 ff., und *Fezer* NStZ 2010, 177 ff., der zur Problemlösung allerdings sogar eine Aufgabe des Grundsatzes der Amtsaufklärung verlangt.
505 BGH 3 StR 172/04; siehe zudem als weitere Beispiele BGH NStZ-RR 2009, 147 f.; 5 StR 38/10; NStZ 2008, 54; 2006, 464 f.

Kapitel 4 *Die gerichtliche Beweisaufnahme*

644 Absprachen machen ein Verfahren zwar nicht per se im Hinblick auf Art. 6 EMRK (faires Verfahren) konventionswidrig[506]. Sie können aber generell mit tragenden Prinzipien des Strafverfahrens kollidieren, nämlich:

- der umfassenden Aufklärungspflicht, §§ 244 Abs. 2, 257c Abs. 1 S. 2 StPO. Jede denkbare Arbeitserleichterung ist zunächst verlockend und verführt u.U. zu mangelnder Sorgfalt. Absprachen machen für das Gericht ja nur dann Sinn, wenn der Arbeitsumfang (im Rahmen der Hauptverhandlung oder bei der Urteilsabsetzung) reduziert wird. Auf Seiten des Angeklagten besteht angesichts der „Anreiz- und Verlockungssituation"[507] die Gefahr inhaltlich unzutreffender Geständnisse;
- dem Prinzip der freien richterlichen Beweiswürdigung, die sich allein auf in einer Hauptverhandlung gewonnene Erkenntnisse stützen darf, § 261 StPO. Es schließt bindende Vereinbarungen betreffend die der Urteilsberatung vorbehaltenen Bewertung von Beweismitteln aus. Zudem werden in der Praxis – oftmals ohne Einbindung der Schöffen – tatsächliche Erkenntnisse durch einseitige Darstellungen und taktische Überlegungen ersetzt;
- dem Erfordernis einer schuldangemessenen Strafe, § 46 StGB;
- dem Grundsatz der öffentlichen Verhandlung, § 169 GVG (Stichwort: „sondierende Vorgespräche");
- der Gewährleistung eines gegenüber allen Beteiligten (also auch dem Tatopfer) fairen Verfahrens;
- dem allgemeinen Gleichbehandlungsgrundsatz. Politisch erkennbar gewollt[508] begünstigen Absprachen vor allem die Täter von Wirtschafts- und Steuerstraftaten sowie solche aus dem Bereich der organisierten Kriminalität, die vereinbarungsgemäß – vorsichtig formuliert – sehr milde sanktioniert werden[509]. Der „normale" Angeklagte hat dem Gericht dagegen wenig „Entgegenkommen" anzubieten.

Im Kern geht es bei der Diskussion um die Sinnhaftigkeit von Urteilsabsprachen also um nicht weniger, als die Qualität der Strafjustiz und das Selbstverständnis von Strafverteidigern, Richtern und Staatsanwälten.

645 Entscheidungen des BVerfG zu Urteilsabsprachen sind trotz der rechtspolitischen und verfassungsrechtlichen Problemlage vereinzelt geblieben[510]. Auf dem Hintergrund mehrerer Verfassungsbeschwerden hat sich das BVerfG im Jahre 2013 jedoch grundlegend mit der Problematik befasst und festgestellt, dass die gesetzlichen Reglungen trotz der „das Verständigungsgesetz in nicht unerheblichem Umfang vernachlässigenden" Praxis, welche „in einer hohen Zahl von Fällen die gesetzlichen Vorgaben" missachte, „zum gegenwärtigen Zeitpunkt" verfassungskonform seien. Sollte sich das

---

506 EGMR NJW 2015, 1745.
507 So BVerfG NJW 2013, 1063.
508 Nach einem Gesetzesantrag des Landes Niedersachsen (BR-Ds 235/06) und einem Referentenentwurfs des BMJ vom 19.05.2006 sollte insbesondere in „umfangreichen und schwierigen Verfahren" gedealt werden, also wenn der Aufklärungsbedarf und im Zweifel auch die Strafdrohung besonders hoch sind.
509 So zutreffend *Fischer* StraFo 2009, 177 ff. Als generelle Beispiele für vertragsgemäße Milde des Gerichts siehe BGH 5 StR 115/12; 3 StR 455/11 Tz. 11; 1 StR 618/11. Siehe zu den vielfältigen Bedenken auch *Altenhain/Haimerl* JZ 2010, 327 ff.
510 Vgl. etwa BVerfG NJW 2012, 1136 f. zu den Folgen unzureichender Dokumentation.

Vollzugsdefizit nicht ändern, habe der Gesetzgeber allerdings „seine Entscheidung für die Zulässigkeit strafprozessualer Absprachen zu revidieren"[511]. Zugleich hat das BVerfG den rechtlichen Rahmen für Urteilsabsprachen – worauf im Folgenden näher einzugehen sein wird – näher konturiert. Die weitere Entwicklung in der Rechtspraxis bleibt also abzuwarten. Ggfls. wird der Gesetzgeber, was der Rechtshygiene ohnehin dienlich wäre, Urteilsabsprachen gesetzlich verbieten müssen.

III. Begriff der Absprache

§ 257c StPO erklärt die Verständigung „in geeigneten Fällen" für zulässig, und zwar bezüglich einer **646**

– Strafober- und Untergrenze (Abs. 3)[512];
– zu Fragen der Bewährung (Abs. 2);
– betreffend das Prozessverhalten der Akteure (Abs. 2), also etwa der Verzicht des Angeklagten auf Beweis-, Befangenheits-, Unterbrechungs- oder Aussetzungsanträge[513]. Im Instanzenzug kann z.B. eine Rechtsmittelbeschränkung vereinbart werden[514];
– zur Frage einer Fortdauer der Untersuchungshaft[515];
– zum Umfang der Kompensation für eine überlange Verfahrensdauer[516].

Entsprechende **Vorgespräche** dürfen – auch zunächst nur mit einzelnen Beteiligten[517] – in jeder Lage des Verfahrens geführt werden, §§ 160b, 202a, 212, 257b StPO. So sieht § 202a StPO vor, dass das Gericht – nach seinem Ermessen – den Stand des Verfahrens mit den Verfahrensbeteiligten erörtern und hierbei auch schon eine Strafober- und -untergrenze für den Fall eines Geständnisses angeben kann. Eine Verpflichtung zu solchen Gesprächen, aus denen (unbeschadet einer Hinweispflicht aus § 265 StPO) auch keine Bindungswirkung erwächst, besteht indes nicht[518]. Denn es gibt **kein subjektives Recht eines Angeklagten auf Verständigung**[519]. Diesbezügliche Erörterungen sind allerdings seitens des Staatsanwalts bzw. des „Gerichts" (wohl des Vorsitzenden) stets **aktenkundig** zu machen[520]. Hieraus kann freilich rasch – etwa mit dem Verteidiger – Streit darüber erwachsen, ob entsprechende Vermerke die Gesprächsinhalte zutreffend wiedergeben.

Mangels gesetzlicher Definition bedeutet „Verständigung" zunächst dass ein Einvernehmen stattfindet. Ein Rechtsbindungswille ist dagegen nicht erforderlich. Zudem ergibt sich aus §§ 257c Abs. 2 S. 2, Abs. 3 S. 4 StPO lebensnah, dass jedenfalls

---

511 BVerfG NJW 2013, 1061, 1068 ff.
512 Gemeint ist damit in Abgrenzung zur „Sanktionsschere" die Nennung des Strafrahmens bei einem Geständnis. Ein Anspruch auf Mitteilung der ohne Geständnis möglichen Strafe besteht nicht, BGH 4 StR 595/14 Tz. 13; 3 StR 497/14 Tz. 4. Vgl. zu der feinsinnigen Unterscheidung BGH 5 StR 318/13.
513 BGH 2 StR 123/14.
514 Vgl. OLG Karlsruhe NStZ 2014, 536; *Wenske* NStZ 2015, 137 ff.
515 BGH 2 StR 123/14; 2 StR 410/13 Tz. 14.
516 BGH 1 StR 79/15.
517 BGH 1 StR 386/13.
518 Vgl. BGH 1 StR 391/12.
519 BGH 5 StR 20/15 Tz. 21.
520 BGH 3 StR 310/15 Tz. 10.

Kapitel 4 *Die gerichtliche Beweisaufnahme*

– die Vereinbarung eines **Geständnisses** (so auch § 257c Abs. 2 S. 2 StPO)
– gegen die Zusage eines vergleichsweise **konkreten Verfahrensergebnisses**
– zwischen Angeklagtem, Staatsanwaltschaft und Gericht

als „Absprache" zu qualifizieren ist[521]. Schon hier fällt auf, dass nach dem Willen des Gesetzgebers dem Tatopfer bzw. dessen anwaltlichen Beistand keine maßgebliche Rolle zugedacht ist.

IV. Grenzen der Zulässigkeit

1. Geeignetheit des Falles

647 Der Gesetzgeber hat offen gelassen, nach welchen Kriterien sich die Frage der Geeignetheit beurteilen soll. Für den Tatrichter ist damit kaum kalkulierbar, wann ein – der Absprache zugänglicher – „geeigneter Fall" vorliegt und wann nicht. Das ist nicht gänzlich unbedeutend, da in „ungeeigneten" Fällen Absprachen (im Umkehrschluss aus § 257c StPO) verboten sind und damit natürlich auch der Vorwurf der Rechtsbeugung (§ 339 StGB) im Raume stehen kann. Die gesetzliche Regelung zielt zwar gerade auf die Erledigung umfangreicher und/oder schwieriger Strafsachen, da hier die Ressourcenschonung in besonderer Weise erreicht werden kann. Andererseits scheiden gerade in solchen Verfahren Absprachen schon wegen des Aufklärungsbedarfs regelmäßig aus[522]. Gänzlich ungeklärt ist zudem die Frage, ob „Deals" in dem vornehmlich am Erziehungsgedanken orientierten Jugendstrafverfahren zulässig sind. Hier dürften sie jedenfalls regelmäßig „ungeeignet" sein[523].

2. Aufklärungspflicht

648 Steht dies auch im kaum lösbaren Widerspruch zur Intention einer Verfahrensverkürzung, so gilt doch nach dem Wortlaut des Gesetzes die Aufklärungspflicht auch bei Urteilsabsprachen uneingeschränkt, § 257c Abs. 1 S. 2 StPO. Andererseits ist nach § 257c Abs. 2 S. 1 a.E. selbst das Prozessverhalten „der Verfahrensbeteiligten" verhandelbar. Der BGH definiert daher die **„Sicherung bestmöglicher Wahrheitsfindung"** als Ziel seiner Rechtsprechung zu Verfahrensabsprachen[524]. Denn die verfassungsrechtlich verankerte Aufklärungspflicht ist nicht disponibel[525].

Das Gericht hat sich folglich von der Richtigkeit des Schuldspruchs zu überzeugen. Hierzu kann ein aufgrund freier Willensentschließung des Angeklagten – also ohne jedwede Einflussnahme des Gerichts – abgelegtes, **hinreichend konkretes** und **glaubwürdiges Geständnis** genügen, welches keinen Anlass zu Zweifeln bietet. Der Umstand, dass es erst nach einer Absprache abgelegt wird, rechtfertigt im Regelfall derartige Bedenken nicht. In jedem Fall muss die Belastbarkeit eines solchen Geständ-

---

521 Siehe auch BGH 1 StR 52/11; NJW 2005, 1441 ff.
522 Siehe BGH 5 StR 482/11 Tz. 17 (Kapitalsache mit Problemen der Schuldfähigkeit); 5 StR 226/11 (generell bei zweifelhafter Schuldfähigkeit).
523 BVerfG NJW 2013, 1063. Siehe auch *Fahl* NStZ 2009, 613 ff.
524 Vgl. BGH 1 StR 438/11 Tz. 11; siehe auch BGH 3 StR 335/11 Tz. 5; 2 StR 383/11; 5 StR 226/11; 1 StR 449/10.
525 BVerfG NStZ-RR 2013, 115; NJW 2013, 1062 f, 1067; BGH 3 StR 35/13 Tz. 6.

nisses aber – **zwingend** – unter „**vollständiger Ausschöpfung des Beweismaterials**"[526] besonders sorgfältig überprüft und in einer für das Revisionsgericht nachprüfbaren Weise im Urteil belegt werden. Allein ein Abgleich mit der Aktenlage genügt also nicht[527]. Das gilt natürlich erst recht, wenn die Verurteilung eines bestreitenden oder schweigenden Angeklagten auf der Aussage eines Mitangeklagten basiert, mit dem eine Absprache getroffen wurde[528]. Die Verständigung als solche oder ein – in der Praxis weit verbreitetes – sog. „Formalgeständnis", bei dem der Angeklagte (möglicherweise im Zusammenhang mit einer sog. Verteidigererklärung[529]) die Anklage ohne die Beantwortung weiterer Fragen „abnickt", können also nie alleinige Urteilsgrundlage sein[530]. Es ist daher stets unzulässig, dem Urteil einen Sachverhalt zu Grunde zu legen, der nicht auf einer Überzeugungsbildung unter Ausschöpfung des Beweismaterials beruht[531].

3. Schuldspruch

Der Gesetzgeber hat – wie zuvor der BGH – Absprachen über den Schuldspruch für **generell unzulässig** erklärt, § 257c Abs. 2 S. 2 StPO[532]. Denn Ziel des Strafverfahrens ist die objektive Ermittlung des „wahren" Sachverhaltes sowie im Fall der Verurteilung die Verhängung einer tat- und schuldangemessenen Strafe. Aus diesen Gründen darf das Gericht keinen „Vergleich im Gewande des Urteils" schließen[533]. Die tatsächlichen Feststellungen und die rechtliche Würdigung einschließlich der Bestimmung des gesetzlichen Strafrahmens sind nicht verhandelbar[534]. Allerdings bezeichnet selbst der BGH die gerichtliche Zusage einer Strafobergrenze mittlerweile als „Vertragsgrundlage" eines Geständnisses[535].

649

4. Rechtsfolgen

Auch eine vereinbarte Sanktion muss **schuldangemessen** sein. Vor der Urteilsberatung darf das Gericht gem. § 257c Abs. 3 StPO zudem keine bestimmte Strafe (sog. „Punktstrafe"), sondern nur – bei möglicher Gesamtstrafenbildung für jede Einzelstrafe gesondert[536] – eine untere und obere Strafgrenze anbieten und im Rahmen einer Verständigung zusagen[537]. Selbstverständlich sind auch gesetzlich vorgesehene Rechtsfolgen (etwa die Anwendung von Jugendrecht oder die Anordnung der Siche-

---

526 BGH 3 StR 212/13 Tz. 4; 3 StR 35/13 Tz. 7. **A.A.** BGH 5 StR 338/16 Tz. 9, der ein „schlankes" Geständnis, das sich in der Bestätigung des Anklagesatzes erschöpft, genügen lassen will.
527 Vgl. BVerfG NJW 2013, 1063, 1069; BGH 4 StR 127/17 Tz. 21; 1 StR 459/12 Tz. 49; 3 StR 285/11 Tz. 7.
528 Siehe BGH 1 StR 562/13 Tz. 9 f.; NStZ 2008, 54, 173 ff.; 3 StR 21/08 m.w.N.; NStZ 2008, 54; 2007, 20.
529 Siehe hierzu Rn. 391.
530 BVerfG NJW 2013, 1061 ff.; BGH 5 StR 570/15 Tz. 7 und 9; 2 StR 267/13; 2 StR 265/13.
531 BGH 2 StR 360/15 Tz. 3 m.w.N.
532 Woran sich Gerichte nicht immer halten, vgl. BGH 1 StR 60/11; 1 StR 52/11; 3 StR 359/10.
533 So schon BGH NJW 2001, 2642 f.; BVerfG NJW 1987, 2662.
534 BVerfG NJW 2013, 1063. Befürworter der Absprachen sehen dagegen die Aufklärungspflicht zumindest eingeschränkt und halten auch das „fact bargaining", also die Vereinbarung der Tatsachengrundlage des Urteils, für zulässig, vgl. *Jahn* StV 2011, 497 ff. (505).
535 BGH 5 StR 38/10.
536 BGH 4 StR 272/13 Tz. 14.
537 BGH 1 StR 590/14; 1 StR 52/11; 1 StR 347/10; 1 StR 345/10.

Kapitel 4 *Die gerichtliche Beweisaufnahme*

rungsverwahrung) einer Vereinbarung nicht zugänglich[538]. Schließlich steht der Strafanspruch des Staates nicht zur freien Verfügung des Gerichts oder der Verfahrensbeteiligten.

Zudem darf sich die Absprache stets nur auf das **konkrete Verfahren** beziehen. Ein sog. „**Gesamtpaket**", bei dem etwa die Staatsanwaltschaft zusagt, bei ihr anhängige weitere Ermittlungsverfahren einzustellen, ist als Vertragsbestandteil unzulässig und begründet daher auch keinerlei schutzwürdiges Vertrauen[539]. Allerdings soll die Staatsanwaltschaft derartige Zusagen machen dürfen, wenn das Gericht den Angeklagten auf die mangelnde Bindungswirkung hinweist[540]. Rechtlich spannend ist auch die verfahrensübergreifende Berufungsrücknahme anlässlich einer Verhandlung vor dem Landgericht[541]. Das BVerfG wird sich sicherlich weiterhin mit rechtsstaatlich äußerst bedenklichen Vorgängen im Zusammenhang mit verfahrensbeendenden Absprachen befassen müssen.

V. Besonderheiten in der Hauptverhandlung

650   Gemäß § 243 Abs. 4 S. 1 StPO sind hier zunächst nach Verlesung des Anklagesatzes sämtliche auf eine Verständigung abzielenden Erörterungen zu offenbaren, die vor Beginn der Hauptverhandlung – egal in welcher Gerichtsbesetzung oder ob vom Vorsitzenden allein – stattgefunden haben[542]. Wurden in einem **Parallelverfahren** Absprachen getroffen, so ist deren Inhalt (zwecks Beweiswürdigung) in die Beweisaufnahme einzuführen[543]. Eine Mitteilungspflicht existiert gem. § 243 Abs. 4 S. 2 StPO zudem für Verständigungsgespräche, die es im konkreten Verfahren erst im weiteren Verlauf der Verhandlung gab[544]. Auch über diese sind natürlich – in aller Regel umgehend – die Verfahrensbeteiligten und die Öffentlichkeit zu informieren[545].

Gemeint sind alle Gespräche, bei denen eine Verständigung ausdrücklich oder konkludent auch nur im Raume stand[546], was im Einzelfall schwer zu beurteilen sein kann. Erfasst werden sämtliche Situationen, in denen – **ausdrücklich oder konkludent**[547] – eine „Verknüpfung von Handlungsbeiträgen der Verfahrensbeteiligten unter Einschluss des Angeklagten" erfolgt[548], „Fragen des prozessualen Verhaltens in einen Konnex zum Verfahrensergebnis gebracht werden und damit die **Frage nach oder die Äußerung zu einer Straferwartung** naheliegt"[549] und insbesondere Erörterungen

---

538 Vgl. BVerfG NJW 2013, 1062 f., 1068 f.; BGH NStZ 2008, 620 f.; 2005, 526.
539 BVerfG NJW 2013, 1064 m.w.N.
540 Siehe BGH 1 StR 136/16 Tz. 5 f.; KG NStZ 2015, 236 ff. zu vereinbarter Berufungsrücknahme in anderem Verfahren. Vgl. zu dem Problemkreis auch *Eckstein* NStZ 2017, 609 ff.
541 Siehe hierzu OLG Hamburg NStZ 2017, 307 ff.
542 BGH 1 StR 622/16; 3 StR 470/14 Tz. 13 f.; 4 StR 126/14 Tz. 11; 2 StR 123/14.
543 Vgl. hierzu BGH 2 StR 389/13 Tz. 13; 1 StR 562/13 Tz. 10; 1 StR 438/11 Tz. 13 f.
544 BGH 2 StR 121/15 Tz. 10; 4 StR 470/14; 4 StR 272/13; NJW 2013, 3046 f.
545 BGH 3 StR 163/15 Tz. 5; 1 StR 590/14; 1 StR 393/14 Tz. 7.
546 BVerfG NJW 2013, 1065; BGH 5 StR 9/15 Tz. 14.
547 BGH 5 StR 493/16.
548 BGH 4 StR 343/16 Tz. 3.
549 BGH 1 StR 79/15; 3 StR 470/14 Tz. 12; 1 StR 235/14 Tz. 18; 3 StR 24/14; 1 StR 423/13 Tz. 8 m.w.N.

zu einem Zusammenhang zwischen dem Einlassungsverhalten des Angeklagten und einer Strafzumessung[550].

Gespräche über eine **vollständige Verfahrenseinstellung** nach §§ 153, 153a, 154 StPO sind ebenfalls mitteilungsbedürftig nach § 243 Abs. 4 StPO[551]. Schließlich fordert das BVerfG „umfassende Transparenz". Dieses sieht bereits in einer **Teileinstellung** nach § **154a StPO** eine unzulässige Absprache über den Schuldspruch jedenfalls dann, wenn die Verfahrensbeschränkung im Einzelfall einer Umgehung dieses Verbots dienen soll, etwa bei einer Überschreitung des gerichtlichen Beurteilungsspielraums[552]. Die üblichen Gespräche von Richtern mit Verfahrensbeteiligten (z.B. der Staatsanwaltschaft) über eine Teileinstellung des Verfahrens unterliegen dagegen solange keinen Transparenz- und Dokumentationspflichten, wie sie nicht in einen Zusammenhang mit dem Prozessverhalten des Angeklagten gebracht werden[553]. Im Zweifel sollte in der Hauptverhandlung aber auf solche Erörterungen hingewiesen und dies protokolliert werden[554].

Nach **Aufhebung und Zurückverweisung** der Sache durch das Revisionsgericht besteht nach obergerichtlicher Rechtsprechung dagegen keine Informationspflicht betreffend die im ersten Durchgang geführten Erörterungen[555].

Ist letztlich bei offenbarungspflichtigen Gesprächen keine Verständigung zustande gekommen, so sind jedenfalls der Initiator, der Verständigungsvorschlag und die Standpunkte der übrigen Verfahrensbeteiligten bekannt zu geben[556]. Selbst Erörterungen, die (nach Anklageerhebung[557]) nur zwischen Staatsanwaltschaft und Verteidigung stattgefunden haben, sind in der Verhandlung offenzulegen[558].

Ggfls. ist auch eine (wahrheitsgemäße!) sog. **Negativmitteilung** erforderlich, dass es keine derartigen Gespräche gegeben hat[559]. Dabei kann die Abgrenzung zwischen verständigungsbezogenen und unbefangenen Erörterungen im Einzelfall durchaus schwierig sein. Anerkannt ist jedenfalls, dass reine Hinweise

– auf die vorläufige Beurteilung der Beweislage,
– die strafmildernde Wirkung eines Geständnisses,
– eine Ober- und Untergrenze der vorläufig zu erwartenden Strafe,
– die Mitteilung des Vorsitzenden über dessen Einschätzung der Sach- und Rechtslage anlässlich einer Terminabsprache,
– Gespräche über die Organisation und Durchführung des Verfahrens

noch nicht per se als „Vorgespräch" einzustufen sind[560].

651

---

550 BGH 3 StR 153/16 Tz. 19 f.; 4 StR 126/14 Tz. 9.
551 BGH 1 StR 571/15 m.w.N.; a.A. noch KG NStZ 2014, 293 f. sowie OLG Hamburg NStZ 2015, 661 f. Siehe zu dem Spannungsfeld zwischen §§ 153a/257c StPO auch *Kudlich* ZRP 2015, 10 ff.
552 BVerfG NStZ 2016, 422 ff.
553 BGH 2 StR 576/15 Tz. 13 f.; offenlassend BGH 4 StR 343/16 Tz. 3.
554 BGH 2 StR 121/15 Tz. 12 m.w.N.
555 So OLG Hamburg NStZ-RR 2016, 86 f.
556 BGH 1 StR 315/15 Tz. 15; 1 StR 149/15 Tz. 10; 1 StR 315/14 Tz. 14; 1 StR 242/14 Tz. 13; 2 StR 381/13 Tz. 8; 1 StR 612/13 Tz. 9.
557 BGH 1 StR 20/16 Tz. 27; 5 StR 310/13.
558 BGH 1 StR 349/11 Tz. 49 ff.; 1 StR 287/11 Tz. 13 f.
559 BVerfG NJW 2014, 3504 ff.; BGH 3 StR 310/15 Tz. 13; 5 StR 9/15 Tz. 4.
560 BGH 5 StR 9/15 Tz. 15 m.w.N.; 1 StR 386/13; 1 StR 237/13 Tz. 8.

Kapitel 4 *Die gerichtliche Beweisaufnahme*

Verstöße gegen § 243 Abs. 4 StPO stellen zwar keinen absoluten Revisionsgrund i.S.d. § 338 Nr. 6 StPO dar, begründen aber eine Revision, wenn das Urteil auf der mangelnden Transparenz beruht, der Angeklagte also etwa in seinem Verteidigungsverhalten nachteilig beeinflusst oder die Kontrolle durch die Öffentlichkeit vereitelt wurde[561]. Auch die im Unklaren gelassene Staatsanwaltschaft kann sich auf einen Verstoß gegen die Informationspflicht berufen[562]. Für einen von den Verständigungsgesprächen nicht betroffenen Mitangeklagten gilt dies dagegen nicht[563].

652 Kausalität zwischen Verstoß und Urteil ist regelmäßig anzunehmen, und zwar unabhängig davon, ob das Verhalten des Vorsitzenden schon in der Hauptverhandlung nach § 238 Abs. 2 StPO beanstandet worden ist[564]. Ausnahmen sind nur in besonders gelagerten Einzelfällen denkbar, etwa wenn Verständigungsgespräche allein Mitangeklagte betroffen haben[565]. An negativen Auswirkungen fehlt es auch dann, wenn es mit Sicherheit tatsächlich keine Verständigungsgespräche gab oder das Verfahren trotz solcher Gespräche nicht beeinflusst wurde. Allein der Umstand, dass der Angeklagte durch seinen Verteidiger über Vorgespräche unterrichtet wurde, begründet eine solche Ausnahme indes nicht ohne weiteres[566].

Der Revisionsführer muss gleichwohl konkret darlegen, in welchem Verfahrensstadium, in welcher Form und mit welchem Inhalt Gespräche stattgefunden haben, die auf eine Verständigung abzielten[567]. Unabhängig davon kann das Revisionsgericht dieser Frage im Freibeweisverfahren nachgehen, was in der Praxis durchaus geschieht[568].

653 Die eigentliche Absprache muss unter Einbindung aller Verfahrensbeteiligten (§ 257c Abs. 3 S. 3 StPO) – also insbesondere der Schöffen – ebenfalls in öffentlicher Hauptverhandlung stattfinden (§ 169 GVG)[569]. Sie kommt durch einen **konkreten Vorschlag des Gerichts** (ggfls. einschließlich Bewährungsauflagen[570]) und die anschließenden ausdrücklichen[571] Zustimmungserklärungen des Angeklagten sowie der Staatsanwaltschaft zustande. Das Gericht muss dabei das erwartete Prozessverhalten des Angeklagten – i.d.R. ein Geständnis – exakt bezeichnen und eine strafzumessungs-

---

561 BVerfG NJW 2015, 1235 f.; 2 BvR 2055/14; BGH 1 StR 237/13; 3 StR 426/11; 3 StR 39/11; 1 StR 400/10; OLG Celle NStZ 2012, 285 f.
562 BGH 3 StR 153/16 Tz. 22.
563 BGH 4 StR 174/16 Tz. 6 m.w.N.
564 St. Rspr., vgl. BGH 1 StR 622/16 Tz. 16; 1 StR 630/15; 1 StR 149/15 Tz. 14; 2 StR 139/14 Tz. 15; 4 StR 470/14; 4 StR 126/14 Tz. 14; 3 StR 89/14 Tz. 11 (zum Ausnahmefall); 2 StR 381/13 Tz. 12, 19; 1 StR 612/13; 1 StR 423/13 Tz. 13; 2 StR 410/13 Tz. 17; 5 StR 502/13; NJW 2013, 3046 f. Kritisch hierzu: BGH 3 StR 470/14.
565 BGH 1 StR 169/15 Tz. 26; 1 StR 579/14 Tz. 16; 1 StR 235/14 Tz. 17 m.w.N.
566 Vgl. BVerfG NJW 2015, 1235 f.; BGH 1 StR 172/16 Tz. 51; 3 StR 163/15 Tz. 7 ff.; 3 StR 310/15; 4 StR 91/15; 5 StR 9/15 Tz. 4; 5 StR 20/15; 1 StR 315/14 Tz. 18 ff.
567 BGH 3 StR 310/15 Tz. 14 f.; 1 StR 579/14 Tz. 21; 3 StR 210/13 Tz. 7; 1 StR 237/13; 2 StR 47/13
568 Siehe BGH 1 StR 335/14; 2 StR 410/13 Tz. 7; 1 StR 523/13 Tz. 6.
569 BVerfG NJW 2013, 1065; BGH NJW 2004, 1396 ff. Das ergibt sich im Übrigen aus der systematischen Stellung des § 257c StPO in den Vorschriften über die Hauptverhandlung.
570 Vgl. BGH 1 StR 346/16 Tz. 10; 4 StR 148/14; 4 StR 254/13; OLG Frankfurt NJW 2015, 1974 ff.; OLG Saarbrücken NJW 2014, 238 ff. m.w.N. (a.A. BGH 1 StR 426/14 für die Auflage, einen Wohnsitzwechsel anzuzeigen). Generell offenlassend BGH 1 StR 182/14 Tz. 18. Bei Verstößen kann der Angeklagte neben der Revision mit der isolierten Beschwerde nach § 305a Abs. 1 StPO geltend machen, die Erteilung von Bewährungsauflagen sei „absprachewidrig" (so OLG Rostock NStZ 2015, 663 f).
571 Vgl. BGH 5 StR 39/16.

rechtliche Bewertung des Anklagevorwurfs vornehmen. Ein Verstoß gegen diese zu dokumentierende Vorgehensweise begründet die Revision[572].

Das Einverständnis der Staatsanwaltschaft darf bei Verfahren gegen mehrere Personen durchaus davon abhängig gemacht werden, dass eine Verständigung mit allen Angeklagten zustande kommt[573]. Die Zustimmungserklärung ist als Prozesserklärung aber unanfechtbar und unwiderruflich. Ein späterer Widerruf – z.B. wegen „vertragswidrigen" Verhaltens des Angeklagten oder neuer relevanter Umstände – führt also nicht etwa dazu, dass die Bindungswirkung der Verfahrensabsprache entfällt oder das Gericht von seinen Zusagen abrücken müsste[574].

Kommt es in der Hauptverhandlung zu einem Verständigungsangebot des Gerichts, so ergeben sich zudem **unverzichtbare Belehrungspflichten** zunächst aus **§ 257c Abs. 4 und 5 StPO**. Dem Angeklagten müssen **mit der Bekanntgabe des gerichtlichen Verständigungsvorschlags** (§ 257c Abs. 3 S. 1 StPO) die Möglichkeiten eines Abrückens von der Strafrahmenzusage ebenso erläutert werden wie dessen Voraussetzungen und prozessuale Folgen. Er soll in die Lage versetzt werden, eine autonome Einschätzung des mit seiner Mitwirkung an der Verständigung verbundenen Risikos vorzunehmen.

654

Wird gegen diese zeitlich fixierte Belehrungspflicht verstoßen, so führt das zwar nicht zu einem Verwertungsverbot für ein anschließendes Geständnis, kann aber die Revision rechtfertigen, wenn das Urteil auf diesem Mangel beruht. Dies ist schon dann der Fall, wenn sich nicht sicher feststellen lässt, dass der Angeklagte das Geständnis auch bei ordnungsgemäßer Belehrung abgegeben hätte[575]. Verstöße gegen die Belehrungspflicht haben also regelmäßig eine **Urteilsaufhebung** zur Folge, und zwar selbst dann, wenn sich das Gericht an die Zusage hält[576]. Im Berufungsverfahren führt die unterlassene Belehrung zudem zur Unwirksamkeit einer – und sei dies auch nur konkludent[577] – abgesprochenen und sodann erklärten Rechtsmittelbeschränkung[578].

Selbstverständlich dürfen all die genannten Regularien nicht dadurch umgangen werden, dass informelle – also konkludente – Abstimmungen erfolgen. Es hilft also etwa nichts, wenn Verteidigung und Staatsanwaltschaft sich im Beisein des Gerichts abstimmen und das Gericht zwar schweigt, diese Abstimmung dann aber einfach umsetzt[579].

Da die Verständigung eine wesentliche Förmlichkeit darstellt, sind **sämtliche** mit ihr zusammenhängenden Vorgänge im **Hauptverhandlungsprotokoll** zu vermerken, § 273 Abs. 1 S. 2 StPO[580]. Hier ist also anzugeben:

655

---

572 BGH 2 StR 465/13 Tz. 8.
573 BGH 5 StR 20/15 Tz. 20 ff.
574 BGH 3 StR 331/16 Tz. 19 ff.; 4 StR 623/11 Tz. 13 m.w.N.
575 BVerfG NJW 2014, 3506 f.; 2013, 1067; BGH 2 StR 367/16; 5 StR 253/13; 1 StR 449/10.
576 Siehe BVerfG 2 BvR 85/13; BGH 5 StR 73/17; 5 StR 15/17; 2 StR 367/16; 3 StR 386/15; 5 StR 82/15; 4 StR 595/14 Tz. 11 f.; 3 StR 497/14 Tz. 3; 1 StR 302/13; 1 StR 706/13. Eine Ausnahme ist etwa denkbar, wenn der Angeklagte gar kein Geständnis abgelegt hat, siehe BGH 4 StR 40/15.
577 OLG Hamm NStZ 2016, 565 ff.
578 Siehe OLG Braunschweig NStZ 2016, 563 ff.
579 Vgl. BGH 2 StR 267/13.
580 BGH 2 StR 465/13; 4 StR 272/13; 2 StR 31/10; 2 StR 371/10.

Kapitel 4 *Die gerichtliche Beweisaufnahme*

– ob Vorgespräche mit dem Gericht stattgefunden haben. Zu protokollieren sind auch offenbarte Vorgespräche nur zwischen StA und Verteidigung[581]. Denn Gespräche außerhalb der Hauptverhandlung „dürfen kein informelles und unkontrollierbares Verfahren eröffnen"[582]. Ggfls. ist also auch ein sog. „Negativattest" zu erteilen[583];
– ob in der Hauptverhandlung Verständigungsgespräche geführt wurden.

Sobald eine Verständigung ausdrücklich oder konkludent im Raume stand, muss weiter angegeben werden,

– welchen Inhalt Vorgespräche oder weitere Verhandlungen ggfls. hatten. Insbesondere ist mitzuteilen, welcher Gesprächsteilnehmer welchen Standpunkt vertreten hat, von welcher Seite eine Verständigung angeregt wurde, bei wem sie auf Zustimmung oder Ablehnung gestoßen ist. Der Hinweis, die „Sach- und Rechtslage" sei erörtert worden, genügt also nicht[584].

Zwar werden in der Praxis gerade anrüchige Vereinbarungen im Zweifel gar nicht erst protokolliert[585], dies ist jedoch rechtswidrig. Denn **auch gesetzeswidrige** Vereinbarungen **sowie** letztendlich **gescheiterte** Verständigungsgespräche sind protokollpflichtig[586]. Ein unzutreffendes Negativattest (es habe keine Verständigungsgespräche gegeben) ist zudem als Falschbeurkundung im Amt (§ 348 StGB) strafbewehrt.

Ein Verstoß gegen dieses Transparenz- und Dokumentationsgebot begründet zwar nicht den absoluten Revisionsgrund des § 338 Nr. 6 StPO[587], muss jedoch nach § 337 StPO – von besonderen Ausnahmefällen abgesehen – in der Revision regelmäßig zu einer **Urteilsaufhebung** führen[588]. Denn jeder Verstoß gegen die formalisierenden gesetzlichen Vorschriften „bemakelt" die Verständigung insgesamt und führt damit zu deren Rechtswidrigkeit[589].

VI. Allgemeines Fairnessgebot

656 Angesichts der zahlreichen rechtlichen Schwierigkeiten ist zunächst dem unverteidigten Angeklagten ein **Pflichtverteidiger** beizuordnen, falls das Gericht beabsichtigt, Erörterungen mit dem Ziel einer Verständigung durchzuführen[590]. Zudem sind in die entsprechenden Erörterungen alle Verfahrensbeteiligten einzubinden bzw. unverzüg-

---

581 BGH 1 StR 349/11 Tz. 51.
582 BGH 1 StR 172/16 Tz. 44 m.w.N.; 2 StR 195/12 Tz. 10.
583 BGH 5 StR 493/16.
584 Siehe BVerfG NStZ 2015, 170 ff.; NJW 2013, 1065 m.w.N.; BGH 1 StR 630/15; 5 StR 255/15 Tz. 11 m.w.N.; 2 StR 139/14 Tz. 23; 4 StR 470/14; 3 StR 89/14 Tz. 11. A.A. betreffend Mitteilung des Initiators BGH 1 StR 172/16 Tz. 44; 1 StR 169/15 Tz. 33.
585 Beispiele finden sich bei BVerfG NJW 2012, 1136 f.; BGH 2 StR 267/13; OLG München NJW 2013, 2371 ff. oder BGH NStZ-RR 2007, 245.
586 BVerfG NJW 2013, 1064; BGH 1 StR 200/13 Tz. 11.
587 BGH NJW 2005, 519 f.
588 BVerfG NJW 2013, 1066 f.; BGH 5 StR 255/15 Tz. 13 m.w.N.; 5 StR 411/13; 4 StR 272/13; NJW 2013, 3046 f.; OLG München NJW 2013, 2371 ff., das ein fehlerhaft zustande gekommenes Urteil ggfls. sogar als „gänzlich nichtig und unwirksam" ansieht. **A.A.** für die allein fehlende Protokollierung BGH 3 StR 89/14 Tz. 10; 3 StR 210/13, weil das Urteil auf einem solchen Mangel nicht beruhen könne.
589 So ausdrücklich BGH 1 StR 423/13 Tz. 13.
590 So zutreffend OLG Naumburg NStZ 2014, 116 ff.; **a.A.** OLG Bamberg NStZ 2015, 184, das auf den Einzelfall abstellen will.

lich nach solchen Gesprächen umfassend zu **informieren**. Das Gericht ist, sofern es diesen Beteiligungspflichten genügt, (mit den genannten Einschränkungen) inhaltlich frei. Dass ein Urteil dem regelmäßig milden Verständigungsvorschlag des Gerichts entspricht, dem die Staatsanwaltschaft nicht zugestimmt hat, begründet für sich keinen Rechtsfehler[591]. Dem Nebenkläger (Tatopfer) ist die Urteilsanfechtung bezüglich der Rechtsfolgen ohnehin kaum möglich, § 400 Abs. 1 StPO.

Im Zusammenhang mit dem Fairnessgebot spielen auch Probleme der Besorgnis einer **Befangenheit** des Gerichts – und daran geknüpfter Ablehnungsgesuche (§ 24 StPO) – eine bedeutende Rolle. 657

Der Eindruck der Voreingenommenheit kann schon dann entstehen, wenn das Gericht sich einer angedienten Verständigung verweigert, obwohl aus Sicht des Betroffenen ein „geeigneter Fall" vorliegt. Bedenklich ist es erst recht, wenn das Gericht selbst anstößige Angebote unterbreitet, die Grenzen der Sachlichkeit überschreitet oder zu den Gesprächen nicht alle Beteiligten des konkreten Verfahrens hinzuzieht[592]. Denn im Einzelfall kann ein nicht einbezogener Verfahrensbeteiligter durchaus Grund zu der Annahme haben, ein solches Gespräch könne sich zu seinen Ungunsten auswirken. Besonders groß ist diese Gefahr bei Erörterungen mit dem Vertreter nur eines von mehreren Angeklagten. Hier drängt es sich auf, Besprechungen zur Sache sogleich in Anwesenheit sämtlicher Verfahrensbeteiligter zu führen oder die Abwesenden zumindest unverzüglich aus eigener Initiative umfassend zu informieren.

Schließlich können geständige Einlassungen des Angeklagten dem **Verwertungsverbot** des **§ 136a Abs. 3 StPO** unterliegen, wenn die für den Fall eines Geständnisses „angebotene" Strafe von der ansonsten als möglich erklärten Sanktion derart abweicht, dass Erklärungen des Gerichts (oder des Staatsanwalts) als unzulässiges Druckmittel zu qualifizieren sind (sog „**Sanktionsschere**")[593]. In einem solchen Fall liegt naturgemäß auch die Besorgnis der Befangenheit des beteiligten Richters nahe[594]. 658

VII. Bindungswirkung von Absprachen

Für die Bindungswirkung von Urteilsabsprachen ist zwischen gesetzeskonformen und verfahrenswidrigen zu unterscheiden. 659

Ist eine Verständigung in gesetzlicher Weise zustande gekommen, so ist das Gericht – wegen des Verschlechterungsverbotes ggfls. auch das neue Tatgericht nach einer Urteilsaufhebung![595] – nach dem Grundsatz des fairen Verfahrens an sie zwar **prinzipiell gebunden**. Abweichungen von der Zusage können daher mit der Revision gerügt werden[596]. Sie sind allerdings nach § 257c Abs. 4 StPO dann möglich, wenn

---

591 BGH 5 StR 424/10.
592 Siehe BGH 3 StR 208/12; 1 StR 438/11 Tz. 12; 3 StR 287/10; 1 StR 27/09; StraFo 2005, 197; StV 2003, 481; lesenswert insoweit auch: BGH NJW 2000, 965 ff.; BGHSt 37, 298 (304) und BGH NStZ 1996, 448 f.
593 Vgl. BGH 5 StR 174/12 Tz. 16; NStZ-RR 2010, 181; NStZ 2005, 393.
594 Siehe etwa BGH NStZ 2008, 170 f.
595 BGH 5 StR 38/10.
596 BGH 1 StR 166/13.

Kapitel 4 *Die gerichtliche Beweisaufnahme*

- schon bei der Absprache vorhandene relevante tatsächliche oder rechtliche Aspekte übersehen wurden (selbst wenn dies auf vermeidbare Nachlässigkeiten des Gerichts zurückzuführen ist[597]),
- sich in der Hauptverhandlung neue und schwerwiegende Umstände zu Lasten des Angeklagten erweisen, so dass der zugesagte Strafrahmen dem Tatgericht nunmehr als „unvertretbar" erscheint[598] oder
- das Prozessverhalten des Angeklagten nach der Absprache nicht den Vorstellungen des Gerichts von deren Wirkungen entspricht.

Die rechtsstaatliche Bedenklichkeit der letztgenannten (zudem konturlosen) Alternative liegt auf der Hand, kann sie doch den Angeklagten etwa daran hindern, von seinem Recht auf Stellung von Beweis- oder sonstigen Anträgen Gebrauch zu machen.

660 Selbstverständlich muss das Gericht, will (oder muss) es von seiner Zusage abweichen, unter Darlegung der Umstände auf diese Möglichkeit **hinweisen** und entsprechend belehren. Denn die sich aus § 265 StPO ergebenden Hinweispflichten gelten auch bei Verfahrensabsprachen uneingeschränkt[599]. **Daneben** gilt § 257c Abs. 4 S. 4, Abs. 5 StPO jedenfalls für solche Taten, die zum Zeitpunkt der Absprache Gegenstand der Hauptverhandlung waren. Denn insoweit wurde für den Angeklagten ein schutzwürdiger Vertrauenstatbestand geschaffen. Ein absprachebezogener Hinweis ist dagegen entbehrlich, wenn in der Hauptverhandlung neu angeklagte Tatvorwürfe hinzutreten und diese der Zusage für alle erkennbar die Basis entziehen[600].

661 Rückt das Gericht – was durch **ausdrückliche Entscheidung** zu geschehen hat[601] – von einer Verständigung ab, so ist ein zuvor abgelegtes **Geständnis nicht mehr verwertbar**, § 257c Abs. 4 S. 3 StPO. Das Verwertungsverbot umfasst jede die Schuldfrage betreffende Angabe, die der Angeklagte nach dem Zustandekommen der Verständigung gemacht hat[602]. Gleichwohl begründet das Verwertungsverbot nur einen eingeschränkten Schutz. Denn es ist ungeklärt und angesichts der klaren gesetzlichen Beschränkung des Verwertungsverbotes auf das Geständnis zweifelhaft, ob auch die Verwertung von nur mittelbar auf der Einlassung beruhenden Erkenntnissen ausscheidet (etwa Erklärungen eines „sperrigen" Zeugen oder Mitangeklagten, die dieser erst unter Hinweis auf das Geständnis des Angeklagten gemacht hat).

662 Bei – hinsichtlich der Wirkung gesetzlich nicht geregelten – **fehlerhaften Absprachen** ist zwischen inhaltlichen und formalen Aspekten zu unterscheiden:

Verstoßen Absprachen gegen die genannten **inhaltlichen Voraussetzungen**, so sind sie – da unzulässig – für das Gericht nicht bindend, denn einen „Handel mit der

---

597 BGH 1 StR 449/10
598 Der Tatrichter hat insoweit einen weiten Beurteilungsspielraum, der nur eingeschränkt revisionsrechtlich überprüft werden kann. Vgl. hierzu BGH 3 StR 331/16 Tz. 23; 1 StR 633/12 Tz. 23; 1 StR 421/12 sowie NJW 2008, 1752 ff. Letztgenannte Entscheidung behandelt auch die Situation, dass sich die **Staatsanwaltschaft** an ihren Teil der – insoweit unzulässigen – Absprache (zugesagte Verfahrenseinstellungen) nicht hält.
599 BGH 2 StR 590/10 für einen abgesprochenen Wechsel der Beteiligungsform.
600 BGH 1 StR 470/08.
601 BGH NStZ 2013, 51.
602 BGH 3 StR 226/10.

Gerechtigkeit" darf es nicht geben. Inhaltliche Mängel allein führen auch nicht zu einem Verwertungsverbot bezüglich des Geständnisses, solange das Gericht bei seinen Zusagen bleibt[603]. Allerdings muss es den Angeklagten aufgrund des Fairnessgebotes auch bei fehlerhaften Absprachen ausdrücklich darauf hinweisen, wenn es von einer Zusage **abrücken** will oder muss[604]. Welche Konsequenzen diese Distanzierung für die Verwertbarkeit eines im Hinblick auf die Verständigung abgelegten Geständnisses hat, ist nach wie vor ungeklärt. Denn § 257c Abs. 4 StPO bezieht sich ausdrücklich nur auf bindende Vereinbarungen. Der BGH will die Frage der Verwertbarkeit offenbar – was sinnvoll erscheint – im Einzelfall davon abhängig machen, ob der Angeklagte auf die Zusage vertrauen durfte[605].

Keinen Vertrauensschutz und damit auch keine Hinweispflicht im Falle von Abweichungen begründen dagegen **formal fehlerhafte** Absprachen oder Angebote[606]. Denn nur wenn solche – gesetzlich ausdrücklich verbotenen – „informellen" Verständigungen mit dem Makel der rechtlichen Bedeutungslosigkeit behaftet sind, werden die Beteiligten zur Einhaltung des Transparenzgebotes gezwungen (so die Theorie). 663

Außerhalb einer Verständigung gemäß § 257c StPO besteht gar keine Bindung des Tatgerichts an den für den Fall einer Absprache in Aussicht gestellten Strafrahmen[607]. Allgemeine Hinweise auf die Wirkungen eines Geständnisses sind also gefahrlos! Auch „**sondierende**" **Gespräche** entfalten naturgemäß keine Bindung. Sie können aber Hinweispflichten auslösen, wenn Äußerungen des Gerichts geeignet sind oder gar darauf abzielen, die Verfahrensführung oder das Verteidigungsverhalten des Angeklagten zu beeinflussen, also ein Vertrauenstatbestand begründet wird[608].

VIII. Urteilsabfassung

Wenn eine Verständigung stattgefunden hat, ist dies im schriftlichen Urteil anzugeben, § 267 Abs. 3 S. 5 StPO. Die Wiedergabe des Inhalts ist dabei nicht erforderlich, da dieser dem Verhandlungsprotokoll zu entnehmen ist. Eine fehlende Erklärung im Urteil kann die Revision begründen[609]. Auf nicht zustande gekommene oder „informelle" Absprachen ist die Vorschrift indes nicht anzuwenden[610]. 664

Eine Absprache führt im Übrigen zu **keinerlei Erleichterungen** für die Ausführungen im Urteil, insbesondere im Rahmen der Beweiswürdigung. Im Gegenteil muss dargelegt werden, warum das auf einer Absprache basierende Geständnis richtig sein soll. Eine kritische Prüfung ist insbesondere angebracht, wenn ein Mitbeschuldigter aufgrund einer verfahrensbeendenden Absprache ein Geständnis abgelegt hat und

---

603 So BGH 1 StR 349/11 Tz. 41; 1 StR 60/11; 1 StR 52/11 für die unzulässige Verständigung über den Schuldspruch.
604 Vgl. BGH NJW 2005, 1442; NStZ 2005, 87, 115 f.; StV 2003, 268; NJW 1998, 86 ff., 3654 f.; 1994, 1293.
605 BGH 1 StR 52/11; StV 2003, 481.
606 Vgl. BGH 2 StR 354/10, 2 StR 205/10; NJW 2005, 446.
607 BGH 5 StR 176/17 Tz. 8 m.w.N.
608 BGH 3 StR 426/11; 3 StR 39/11.
609 Vgl. BGH 3 StR 226/10; a.A. BGH 5 StR 423/12 Tz. 12.
610 BGH 5 StR 423/12 Tz. 10 f.

Kapitel 4 *Die gerichtliche Beweisaufnahme*

später als Zeuge seine ehemaligen Mitangeklagten belastet[611]. Hier kommt es entscheidend auf die **Genese** dieser Aussage an, die neben dem durchgeführten Verständigungsverfahren im Urteil darzulegen ist[612]. Ein Mangel kann mit der Revision angegriffen werden[613].

Das Gericht kann sich folglich keineswegs sicher sein, dass sich die Erwartungen an den Umfang der Arbeitserleichterung – etwa infolge eines abgekürzten Urteils gem. § 267 Abs. 4 StPO – tatsächlich erfüllen.

IX. Rechtsmittelbefugnis

665 Gemäß § 302 Abs. 1 S. 2 StPO ist ein **Rechtsmittelverzicht** nach vorangegangener Verständigung kraft Gesetzes **unwirksam**. Das gilt auch für Absprachen, die unter Verstoß gegen die gesetzlichen Regelungen zustande gekommen sind[614]. Eine analoge Anwendung auf den zwecks Umgehung praktizierten Fall der (unwiderruflichen) Rechtsmittelrücknahme lehnt der BGH ab[615].

Nun könnte man auf die Idee kommen, der Angeklagte verwirke durch seine Zustimmung zu einer bestimmten Verfahrensweise des Gerichts seine Möglichkeiten, diese vertragsgemäße Prozessgestaltung später zu rügen. Damit würde man allerdings ausblenden, dass die Gerichte von Amts wegen ein gesetzeskonformes Verfahren sicherzustellen haben. Die Befugnis der Verfahrensbeteiligten, nach einer vorausgegangenen Verständigung Revision einzulegen, unterliegt daher **keinerlei Einschränkungen**, und zwar auch nicht hinsichtlich der Erhebung von Verfahrensrügen[616].

Diese umfassende Freiheit gilt für alle Verfahrensbeteiligten, also auch für die an einer Absprache beteiligte **Staatsanwaltschaft**. Deren Rolle ist durchaus zwiespältig. So ist der Staatsanwalt zwar in besonderem Maße dem Legalitätsprinzip verpflichtet, soll aber zugleich darauf hinwirken, „dass die gesetzlichen Möglichkeiten zur Vereinfachung der Hauptverhandlung genutzt werden" (so Nr. 127 Abs. 3 RiStBV). Salopp formuliert gehört Dealen folglich zu seinen Dienstpflichten. Andererseits ist die Staatsanwaltschaft als „Garantin" eines gesetzmäßigen Verfahrens sogar **verpflichtet**, gegen auf rechtwidrigen Absprachen basierende Urteile Rechtsmittel einzulegen[617].

666 Probleme können sich dabei im Rahmen einer zum Nachteil des Angeklagten eingelegten **Berufung** ergeben. Fraglich ist nämlich, ob bei einer solchen Prozesslage ein beim Amtsgericht absprachegemäß abgelegtes Geständnis in der Berufungsinstanz noch verwertet werden darf. Zwar greift das gesetzliche Verbot des § 257c Abs. 4 S. 3 StPO nicht ein, wenn das Amtsgericht sich an die Absprache gehalten hat. Diskutiert wird aber ein aus dem fair-trial-Grundsatz des Art. 6 EMRK abgeleitetes Verwer-

---

611 Vgl. BGH 5 StR 423/12 Tz. 14 ff.; 1 StR 349/11 Tz. 29; 3 StR 400/11 Tz. 23; 2 StR 263/11 Tz. 7.
612 BGH 2 StR 389/13 Tz. 13.
613 BGH 1 StR 349/11 Tz. 30.
614 BVerfG NJW 2013, 1064.
615 BGH 3 StR 312/15.
616 BGH 3 StR 196/11; NStZ-RR 2010, 383 f.
617 BVerfG NJW 2013, 1066.

tungsverbot⁶¹⁸. Abschließend geklärt ist dies freilich nicht. Das Rechtsmittelgericht hat unabhängig davon ggfls. von Amts wegen aufzuklären, ob einem erklärten Rechtsmittelverzicht tatsächlich eine Absprache vorausgegangen war. Mängel der Dokumentation dürfen sich dabei nicht zu Lasten des Rechtsmittelführers auswirken[619].

L. Fragen der Schuldfähigkeit

Wegen der großen praktischen Bedeutung sollen im Folgenden einige (etwa im Rahmen der Aufklärungspflicht oder des Beweisantragsrechts) auch prozessual äußerst bedeutsame Fragen im Zusammenhang mit der Schuldfähigkeit i.S.d. §§ 20, 21 StGB erörtert werden. Da es sich hierbei in erster Linie um materiell-rechtliche Gesichtspunkte handelt, muss sich dies allerdings auf das Wesentlichste beschränken. Prozessual bedarf die Schuldfähigkeit eines Täters keiner näheren Prüfung und Erörterung, wenn Anhaltspunkte für ihre Beeinträchtigung völlig fehlen[620].

I. Allgemeine Voraussetzungen der §§ 20, 21 StGB

Zunächst einmal gilt der Grundsatz, dass gesunde Erwachsene in vollem Umfang schuldfähig sind[621]. Nach § 20 StGB handelt dagegen ohne Schuld, wer bei Begehung der Tat (alternativ) wegen

– einer krankhaften seelischen Störung,
– einer tiefgreifenden Bewusstseinsstörung,
– „Schwachsinns" oder
– einer „schweren anderen seelischen Abartigkeit"

unfähig ist, das Unrecht der Tat einzusehen oder nach dieser Einsicht zu handeln. In diesen Fällen ist ein Angeklagter also vom Strafvorwurf freizusprechen. Die vier tatbestandlichen Voraussetzungen des § 20 StGB werden auch als „psychopathologische Eingangsmerkmale" bezeichnet. § 21 StGB erlaubt zudem eine Strafmilderung, wenn die sog. Steuerungsfähigkeit des Täters, also seine Möglichkeit, entsprechend seiner Einsicht in das Tatunrecht zu handeln, aus einem der in § 20 StGB bezeichneten Gründe bei Begehung der Tat „erheblich vermindert" war.

Ob die Voraussetzungen der §§ 20, 21 StGB vorliegen, ist eine im Rahmen einer Gesamtwürdigung **allein vom Gericht zu beantwortende Rechtsfrage** und nicht etwa psychiatrischer Natur[622]. Sie ist von normativen Voraussetzungen abhängig (vgl. z.B. den Begriff der „Erheblichkeit" bei § 21 StGB) und daher **dem Zweifelssatz nicht zugänglich**. Dieser gilt allenfalls in Bezug auf die tatsächlichen Grundlagen und An-

---

618 So OLG Karlsruhe NStZ 2014, 294 f.; OLG Düsseldorf StV 2011, 80 ff.; einschränkend für den Fall einer Lösung des Amtsgerichts von der Absprache OLG Nürnberg NStZ-RR 2012, 255 f. Siehe zum Problem auch *Moldenhauer* NStZ 2014, 493 ff.
619 BVerfG NJW 2012, 1136 f.; OLG Zweibrücken NJW 2012, 3193 f.
620 BGH 3 StR 363/15 Tz. 6.
621 BGH 2 StR 395/11 Tz. 23.
622 St. Rspr. vgl. BGH 2 StR 223/16 Tz. 6; 1 StR 285/16 Tz. 7; 4 StR 498/14 Tz. 11; 4 StR 497/14 Tz. 12; 1 StR 15/12; 2 StR 172/11. Siehe hierzu auch oben Rn. 310.

Kapitel 4 *Die gerichtliche Beweisaufnahme*

knüpfungspunkte der rechtlichen Erwägungen[623]. Folglich hat das Tatgericht alle zur Prüfung der jeweiligen Voraussetzungen erforderlichen Umstände von Amts wegen zu ermitteln und **eigenständig zu bewerten**. Der Sachverständige liefert hierbei nur die medizinisch-psychiatrischen Anknüpfungstatsachen[624]. Die „Übernahme" seiner „Feststellungen" zu §§ 20, 21 StGB ist unzulässig.

Dabei prüft das Gericht i.d.R. zunächst in eigener Sachkunde, ob Anhaltspunkte und Anknüpfungstatsachen für §§ 20, 21 StGB vorliegen und ein Sachverständiger beizuziehen ist[625]. Vorsicht ist hier allerdings jedenfalls in Kapitalsachen, bei dem Vorwurf der Brandstiftung und bei sexueller Devianz im Alter geboten, da hier oftmals psychiatrisch relevante Defekte zu Grunde liegen[626].

669 Die inhaltliche Prüfung erfolgt mehrstufig. Liegt eine psychische Störung vom Schweregrad eines Eingangsmerkmal vor, so ist stets weiter zu prüfen und im Urteil auszuführen, wie sich die Erkrankung auf die soziale Anpassungsfähigkeit und damit **in der konkreten Tatsituation** auf die Einsichts- oder Steuerungsfähigkeit ausgewirkt hat[627]. Selbst die gesicherte Diagnose einer Psychose führt also nicht zwingend zur Bejahung einer generellen bzw. andauernden Beeinträchtigung oder Aufhebung der Schuldfähigkeit[628]. Auch eine generell verminderte Einsichtsfähigkeit ist strafrechtlich erst von Bedeutung, wenn sie das Fehlen der Einsicht bei der Tat und bezüglich des konkreten Delikts zur Folge hat[629]. Bei längerem Tatzeitraum mit mehreren Tathandlungen sind also in Bezug auf jede einzelne Handlung die Voraussetzungen gesondert zu prüfen und im Urteil darzulegen[630].

670 Die Anwendung des § 21 StGB darf zudem weder zugleich auf seine beiden Alternativen gestützt werden, noch darf der Tatrichter offen lassen, ob der maßgebliche Defekt sich auf die Einsichts- oder auf die Steuerungsfähigkeit des Täters im Sinne einer erheblichen Verminderung ausgewirkt hat[631]. Die erste Alternative des § 21 StGB scheidet aus, wenn der Täter trotz erheblich verminderter **Einsichtsfähigkeit** das Unerlaubte seiner Handlung erkennt. Denn der Täter, der sich im konkreten Fall des Unrechts bewusst ist, ist voll schuldfähig. Fehlt ihm dagegen bei Begehung der Tat diese Einsicht aus einem der in § 20 StGB bezeichneten Gründe, ohne dass ihm dies zum Vorwurf gemacht werden kann, so ist auch bei nur verminderter Einsichtsfähigkeit nicht § 21 StGB, sondern § 20 StGB anwendbar. Die Einsichtsfähigkeit ist regelmäßig also entweder vorhanden, dann ist der Täter voll schuldfähig, oder sie fehlt, dann liegt Schuldunfähigkeit i.S.d. § 20 StGB vor. § 21 StGB bleibt in den Fällen der

---

623 BGH 3 StR 273/10; 1 StR 359/08 m.w.N. Maßstab der Prüfung sind dabei die Anforderungen, welche die Rechtsordnung an jedermann stellt, BGH 2 StR 383/09.
624 Vgl. BGH 2 StR 409/14 Tz. 12; 2 StR 297/12 Tz. 8; 2 StR 170/11; 3 StR 369/09.
625 BGH NJW 2008, 1329 f.; 5 StR 44/08; NStZ 2005, 149 f.
626 Vgl. BGH 5 StR 230/11; NStZ 2008, 644.
627 BGH 2 StR 57/17 Tz. 4, 8; 1 StR 55/17 Tz. 9.
628 Siehe BGH 4 StR 78/16 Tz. 11; 2 StR 409/14 Tz. 12; 2 StR 534/13 Tz. 4; 1 StR 71/13 Tz. 6; 4 StR 348/12 Tz. 7; 2 StR 82/12; 2 StR 399/10.
629 BGH 5 StR 78/17 Tz. 6. Siehe zur sog. „Teilbarkeit" der Schuldfähigkeit BGH 3 StR 199/11.
630 St. Rspr.; vgl. BGH 1 StR 287/15 Tz. 11; 4 StR 417/12 Tz. 28; 2 StR 82/12; 1 StR 627/08; 2 StR 509/08 m.w.N.
631 Siehe BGH 4 StR 595/16 Tz. 18; 5 StR 214/16 Tz. 7; 5 StR 163/13 Tz. 8; 4 StR 333/10; 2 StR 22/08.

verminderten Einsichtsfähigkeit nur anwendbar, wenn die fehlende Einsicht dem Angeklagten anzulasten ist[632].

Im Gegensatz dazu führt eine durch konkrete Tatumstände belegte erheblich verminderte **Steuerungsfähigkeit** zur Anwendung des § 21 StGB. Wegen der unterschiedlichen Rechtsfolgen hat der Tatrichter sich Klarheit darüber zu verschaffen (und im Urteil darzulegen), welche Alternative des § 21 StGB vorliegt.

II. Einzelprobleme

Da auf die praktisch in herausragender Weise bedeutsamen Probleme des alkoholisierten Täters in dem folgenden Abschnitt ausführlicher eingegangen werden soll, seien an dieser Stelle in der gebotenen Kürze zwei ebenfalls relevante Problemfelder erwähnt:

1. BtM-Hintergrund

Psychische oder körperliche Abhängigkeit erlaubt nicht die Annahme dauerhaft erheblich verminderter Steuerungsfähigkeit, selbst wenn zur unmittelbaren Befriedigung oder zur Finanzierung der Abhängigkeit Betäubungsmittel erworben werden oder Handel mit ihnen getrieben wird[633]. Im Zusammenhang mit einer Betäubungsmittelabhängigkeit ist eine Aufhebung der Schuldfähigkeit vielmehr i.d.R. ausgeschlossen und begründet auch für sich allein noch nicht einmal die erhebliche Verminderung der Schuldfähigkeit im Sinne von § 21 StGB.

§ 21 StGB kommt nach ständiger Rechtsprechung des BGH[634] nur in Betracht bei
– schweren Persönlichkeitsveränderungen aufgrund langjährigen Rauschmittelkonsums (sog. „Depravation"),
– Beschaffungstaten unter erheblichen, akuten Entzugserscheinungen oder (jedenfalls bei Abhängigkeit von Heroin oder Kokain[635]) unter akuter Furcht vor nahem Entzug, wenn der Angeklagte solche schon einmal als äußerst unangenehm erlitten hat,
– Handlungen im akuten Rausch.

Diese Voraussetzungen werden in der Praxis selten vorliegen.

2. Die „Persönlichkeitsstörung"

Das Eingangsmerkmal der „anderen seelischen Abartigkeit" ist in der Rechtspraxis u.a. deshalb von Bedeutung, weil unter besonderen Voraussetzungen hierunter auch die „Persönlichkeitsstörung" (etwa Pädophilie[636] oder sonstige sexuelle Devianz) fallen kann. Es handelt sich also um eine Art „Sammelbecken", zu welchem auch die sog.

---

632 Vgl. BGH 2 StR 359/17 Tz. 13 f.; 3 StR 249/17 Tz. 14; 4 StR 215/16 Tz. 6; 3 StR 143/15.
633 BGH 1 StR 90/14 Tz. 10; 5 StR 36/13 Tz. 10.
634 Vgl. BGH 2 StR 436/16 Tz. 5; 1 StR 90/14 Tz. 11; 3 StR 387/13 Tz. 3.
635 Siehe BGH 5 StR 36/13 Tz. 9.
636 Siehe hierzu BGH 1 StR 395/17 Tz. 10 f.; 1 StR 362/16 Tz. 30.

Kapitel 4 *Die gerichtliche Beweisaufnahme*

„dissoziale Persönlichkeitsstörung", die „Borderline-Störung" oder „Anpassungsstörungen" gehören. Diese Befunde spielen neben der Beurteilung der Schuldfähigkeit auch eine herausragende Rolle bei der Prüfung von Maßregeln der Besserung und Sicherung i.S.d. §§ **63, 64, 66 StGB**. Der Tatrichter hat sich mit diesen Krankheitsbildern und den damit zusammenhängenden Rechtsfragen also im Einzelnen vertraut zu machen und auch daran zu denken, dass er in den letztgenannten Fällen gemäß § **246a StPO** einen Sachverständigen hinzuziehen muss.

673 Vorliegend kann nur übergreifend auf einige allgemeingültige Aspekte hingewiesen werden:

Die Diagnose bzw. Umschreibung „Persönlichkeitsstörung" ermöglicht für sich genommen **keine** Aussage über die Frage der Schuldfähigkeit. Wichtig ist also stets zunächst die Prüfung, ob überhaupt eine „Störung" vorliegt und worin diese ggfls. im Lebensalltag tatsächlich besteht. Unerheblich ist, ob es sich um eine anerkannte „Krankheit", etwa i.S.d. ICD-10[637] handelt. Andererseits rechtfertigt angesichts der oben dargestellten Voraussetzungen der §§ 20, 21 StGB allein die Diagnose einer wahnhaften Störung oder psychischen Krankheit nicht automatisch die Annahme einer verminderten Schuldfähigkeit, geschweige denn der Schuldunfähigkeit[638]. Erforderlich ist vielmehr eine **Gesamtschau** der Persönlichkeit des Angeklagten, seiner Entwicklung, der Taten und des Nachtatgeschehens[639]. Zu prüfen ist dabei, ob die jeweilige Störung in ihrer Gesamtheit das Leben des Täters vergleichbar schwer und mit ähnlichen Folgen belastet wie eine krankhafte seelische Störung[640]. Das ist nur der Fall, wenn sie den Täter in seiner Persönlichkeit bereits so nachhaltig verändert hat, dass sein Hemmungsvermögen **bei der Tat** in Bezug auf strafrechtlich relevantes Verhalten erheblich herabgesetzt war, er also „selbst bei Aufbietung aller ihm eigenen Willenskräfte dem Anreiz nicht ausreichend zu widerstehen vermochte"[641]. Bei **Sexualstraftaten** ist für die Annahme verminderter Schuldfähigkeit folglich ein „mehr oder weniger unwiderstehlicher Zwang" erforderlich[642].

674 Pathologische **Spielsucht** führt – ähnlich wie bei BtM-Delikten – nur bei „schwersten Persönlichkeitsveränderungen" oder „starken Entzugserscheinungen" zur Annahme der §§ 20, 21 StGB[643]. Lege artis ist also die Annahme verminderter Schuldfähigkeit – entgegen verbreiteter Rechtspraxis – nur im Ausnahmefall tatsächlich möglich.

---

637 BGH 4 StR 494/12 Tz. 9 m.w.N. Das Kürzel bedeutet „**I**nternational Statistical **C**lassification of **D**iseases and Related Health Problems", also „internationale statistische Klassifikation der Krankheiten und verwandter Gesundheitsprobleme". Die Ziffer 10 steht für die zehnte Fassung. Sie wurde von der Weltgesundheitsorganisation (WHO) erstellt und enthält verschlüsselte Diagnosen. Die elfte Fassung ist derzeit in Arbeit.
638 Vgl. BGH 4 StR 65/17 Tz. 12 (Borderline); 1 StR 395/17 Tz. 10 f., 1 StR 302/16 Tz. 30 (Pädophilie); 2 StR 459/16 Tz. 20 f. (dissoziale Persönlichkeitsstörung); 1 StR 239/16 Tz. 12 (bipolare Störung); 4 StR 11/17 Tz. 11; 1 StR 445/16 Tz. 11; 2 StR 37/15 Tz. 6; 3 StR 171/14 Tz. 7 (Schizophrenie jenseits akuter Schübe).
639 BGH 4 StR 498/14 Tz. 11; 2 StR 219/12 Tz. 6.
640 BGH 4 StR 161/16 Tz. 18 ff.; 1 StR 526/15 Tz. 13 f.; 3 StR 407/15 Tz. 9 f.; 2 StR 321/13 Tz. 6 (Pädophilie); 3 StR 370/11 Tz. 7; NStZ-RR 2010, 7 f.; 4 StR 227/09.
641 Vgl. BGH 1 StR 221/16 Tz. 17; 4 StR 283/10; NStZ 2006, 154 f.; NStZ-RR 2004, 201.
642 BGH 3 StR 407/15 Tz. 9; 4 StR 498/14 Tz. 11; NStZ-RR 2010, 304 f.; NStZ-RR 2007, 337 f.
643 BGH 3 StR 351/14; 5 StR 377/13 Tz. 6; 3 StR 209/13 Tz. 5; 5 StR 597/12 Tz. 10; 2 StR 297/12 Tz. 7.

M. Der alkoholisierte Täter

I. Verfahrensmäßige Bedeutung des Alkohols

Der Genuss von Drogen jeglicher Art, zu denen neben den durch das Betäubungsmittelgesetz (BtMG) erfassten Substanzen – wie Cannabis, Heroin oder Kokain – sowie Psychopharmaka vor allem der Alkohol zu zählen ist, stellt bekanntermaßen ein großes gesellschaftliches Problem dar, das sich auch im Strafverfahren widerspiegelt. Die **materiell-rechtliche Bedeutung** des Alkohols ergibt sich für eine große Fülle von Verfahren insbesondere vor den Amtsgerichten zunächst aus den §§ 316 und 315c StGB, dem im Zusammenhang mit diesen Delikten häufig anzutreffenden unerlaubten Entfernen vom Unfallort (§ 142 StGB) sowie den bei solchen Vergehen anfallenden Führerscheinmaßnahmen nach den §§ 69 ff. StGB, 111a StPO bzw. den möglichen Fahrverboten nach § 44 StGB. Auch die Ordnungswidrigkeit nach § 24a StVG wegen Überschreitung der 0,5 ‰ oder 0,8 ‰-Grenze bedarf der Erwähnung.

675

Alkoholkonsum ist aber auch – ggfls. im Zusammenwirken mit einer Persönlichkeitsstörung[644] – für die Frage der Strafbarkeit bzw. Strafzumessung von Bedeutung, da im Rahmen der **§§ 20, 21 StGB** jedenfalls die massive Alkoholisierung als sog. „Intoxikationspsychose" unter den Begriff der „krankhaften seelischen Störung" fällt bzw. als „tiefgreifende Bewusstseinsstörung" anerkannt ist. Sie kann damit zur Schuldunfähigkeit oder zumindest zu einer Milderung der Strafe nach § 49 Abs. 1 StGB führen. Auch ansonsten ist eine alkoholbedingte „Enthemmung" als Kriterium der Strafzumessung i.S.d. § 46 StGB zu berücksichtigen[645]. Allerdings gibt es keinen Rechts- oder Erfahrungssatz dahingehend, dass ab einer bestimmten Blutalkoholkonzentration regelmäßig von einer zumindest erheblich verminderten Schuldfähigkeit auszugehen wäre[646].

Selbst die Annahme einer relevanten Alkoholisierung bedeutet zudem nicht automatisch eine mildere Bestrafung. Umstände, die die Schuld erhöhen, können generell zur Versagung der Strafrahmenverschiebung nach §§ 21, 49 Abs. 1 StGB führen, wenn sie die infolge der Herabsetzung der Steuerungsfähigkeit verminderte Tatschuld aufwiegen. Auch in Fällen selbstverschuldeter und dem Täter **uneingeschränkt vorwerfbarer** (also etwa nicht auf einer Alkoholkrankheit beruhender) Trunkenheit ist eine Strafrahmenverschiebung nach den §§ 21, 49 Abs. 1 StGB i.d.R. abzulehnen[647]. Gleiches gilt, wenn der Täter seine Neigung zur Begehung von Straftaten unter Alkoholeinfluss – auch unabhängig von einschlägigen Vorstrafen – kennt und angesichts der persönlichen und situativen Verhältnisse durch die Alkoholisierung das Risiko der Begehung von Straftaten **vorhersehbar** signifikant erhöht hat. Eine Strafmilderung scheidet also regelmäßig dann aus, wenn das bisherige Bild der Delinquenz im Einklang mit der

676

---

644 Siehe BGH NStZ-RR 2010, 7 f.
645 Vgl. BGH 3 StR 479/07; NStZ 1995, 282 zum „Mutantrinken" sowie BGHSt 37, 231 (239).
646 BGH 2 StR 444/14 Tz. 6; 4 StR 397/14 Tz. 9; 1 StR 59/12 Tz. 19.
647 BGH 4 ARs 16/15; 5 StR 194/16 Tz. 3; 2 StR 350/15 Tz. 4; 3 StR 63/15; 5 StR 341/15 Tz. 3; 5 StR 146/13; 1 StR 105/13 Tz. 9; 3 StR 216/12 Tz. 5; 5 StR 87/12 Tz. 6.

Kapitel 4 *Die gerichtliche Beweisaufnahme*

nun zur Beurteilung anstehenden Tat steht und der Täter deshalb mit einer weiteren solchen Tat rechnen konnte[648].

Aus Vorgesagtem ergibt sich zwingend, dass die am Strafverfahren Beteiligten mit der Ermittlung von Blutalkoholwerten vertraut sein müssen, schon um den Ausführungen eines Sachverständigen folgen und sie bewerten zu können.

II. Ermittlung der Tatzeit-Blutalkoholkonzentration

677 Die Blutalkoholkonzentration (BAK) des Angeklagten zur Tatzeit ist immer dann festzustellen, wenn ein objektiver Anhalt für relevanten Alkoholkonsum besteht oder der Angeklagte sich hierauf beruft. Dabei sind für die Ermittlung der Tatzeit-BAK **zwei Situationen** zu unterscheiden:

Es liegt eine BAK-Bestimmung aufgrund einer Blutprobe vor.   Es stehen allein die Angaben des Angeklagten oder von Zeugen zur Verfügung.

1. Vorliegen einer Blutprobe

Wurde dem Angeklagten nach der Tat (etwa als Folge einer Verkehrskontrolle) durch einen Arzt eine Blutprobe entnommen[649] – was gem. § 81a StPO auch gegen seinen Willen möglich ist –, so kann hieraus der Anteil des im Blut befindlichen Alkohols (Ethanol) ermittelt werden[650]. Für diese Untersuchung stehen drei Verfahren zur Verfügung, nämlich die „ADH-Methode"[651], das gaschromatografische (GC-)Verfahren oder die Untersuchung nach Widmark. In der Praxis erfolgt die Untersuchung mittels jeweils zwei Analysen im GC- und im ADH-Verfahren[652].

Aus den ermittelten Werten wird dann – soweit die zwischen ihnen bestehenden Abweichungen nicht bestimmte Grenzen überschreiten[653] – ein Mittelwert gebildet, der

---

648 Vgl. BGH 2 StR 504/15 Tz. 24 m.w.N.; 5 ARs 50/15; 2 StR 350/15 Tz. 4; 1 StR 65/14 Tz. 8; 5 StR 360/11 Tz. 26; 5 StR 510/09; NStZ 2009, 496 f.; 2008, 619 f.; 2006, 98 ff.
649 Nach Nr. 243 Abs. 2 RiStBV ist generell bei dem Verdacht einer Tatbegehung unter Alkoholeinwirkung die unverzügliche Blutentnahme zu veranlassen.
650 Demgegenüber können nach h.M. beim bisherigen Stand der Technik aus der Anzeige eines **Atemalkohol (AA)-Testgerätes** jedenfalls im Strafverfahren keine sicheren Schlüsse auf den Grad einer Alkoholisierung gezogen werden. Eine direkte Umrechnung in Blutalkoholkonzentrationen ist ausgeschlossen. Da jedem AA-Wert eine gewisse Bandbreite von Blutalkohol-Werten entspricht, kann aber auch die AA-Konzentration bei einer Beweiswürdigung relevant werden, vgl. BGH 5 StR 113/13 Tz. 4; 5 StR 520/09. Siehe hierzu auch *Iffland* NJW 1999, 1379 ff.; OLG Hamm NJW 1995, 2425 f. sowie *Fischer* § 316 Rn. 23 m.w.N. Zu der Problematik des § 24a StVG, der ausdrücklich an den Alkoholgehalt der Atemluft anknüpft, siehe die grundlegende Entscheidung BGH NJW 2001, 1952; *Krumm* NJW 2012, 1860; *Hentschel* NJW 2005, 645 und – zur standardisierten Messmethode – OLG Karlsruhe NStZ 2016, 160 f.; NJW 2006, 1988.
651 ADH steht hier für Alkoholdehydrogenase.
652 Vgl. zum Beweiswert eines fehlerhaft zustande gekommenen Analyseergebnisses BGH NJW-RR 2003, 17 f.
653 Die Differenz zwischen dem höchsten und dem niedrigsten Einzelwert darf – wenn das untersuchende Institut erfolgreich an den Ringversuchen teilnimmt – bei einem Mittelwert ab 1,1 ‰ nicht mehr als 10 % des Mittelwertes betragen, BGH NJW 1999, 3058 ff.; NJW 1990, 2394 f.

in dem sog. BAK-Befund[654] angegeben wird. Von diesem Mittelwert aus erfolgt die
Berechnung der Tatzeit-BAK im Wege der **Rückrechnung**, da die Blutprobe ja erst
nach der Tat entnommen wurde, der Analysewert also i.d.R. nicht die Tatzeit-BAK
wiedergibt.

Für die Art und Weise der Rückrechnung ist wiederum zwischen zwei verschiedenen
Situationen zu unterscheiden:

Der Alkoholkonsum ist für den Angeklagten **nachteilig**.

Der Grad der Alkoholisierung wirkt sich **zugunsten** des Angeklagten aus.

a) Dem Angeklagten nachteiliger Alkoholgenuss

Der Genuss von Alkohol gereicht dem Angeklagten dann zum (rechtlichen) Nachteil, **678**
wenn die durch ihn bedingten Ausfallerscheinungen Gegenstand eines Deliktes sind.
Dies gilt insbesondere für den Vorwurf der Trunkenheit im Verkehr (§ 316 StGB), welcher daran anknüpft, dass der Täter nicht mehr in der Lage war, sein Fahrzeug „sicher
zu führen". Die gleiche Überlegung greift für die Gefährdung des Straßenverkehrs,
vgl. § 315c Abs. 1 Ziff. 1a StGB. Da in diesen Fällen der Grad der Alkoholisierung
von ausschlaggebender Bedeutung ist – ab 1,1 ‰ BAK wird die Fahruntauglichkeit
unwiderlegbar vermutet[655] – ist das erkennende Gericht gehalten, ausgehend von der
später festgestellten BAK (zum Zeitpunkt der Entnahme einer Blutprobe) auf die
BAK zur Tatzeit zurückzurechnen.

Bevor dies als mathematische Operation geschehen kann, sind einige medizinische **679**
Gesichtspunkte zu bedenken. Wird Alkohol konsumiert, so gelangt dieser nicht unmittelbar vollständig in die Blutbahn. Vielmehr muss er zunächst vom Körper resorbiert werden, was eine gewisse Zeit braucht. Die hierfür benötigte Zeitspanne wird
als „**Resorptionsphase**" bezeichnet.

Für die Berechnung der Tatzeit-BAK ist dieser Umstand von wesentlicher Bedeutung. Lag die Entnahme der Blutprobe innerhalb der Resorptionsphase, so lässt der
durch die Analyse des Blutes ermittelte Wert keinen sicheren Rückschluss auf die
Gesamtmenge des Alkohols zu. Eine zu einem noch späteren Zeitpunkt entnommene
Blutprobe hätte – es wäre eventuell noch mehr Alkohol im Wege der Resorption ins
Blut gelangt – möglicherweise einen höheren Wert ergeben, da während der Resorptionsphase der Blutalkoholgehalt ansteigt, sofern nicht eine Kompensation durch den
Alkoholabbau stattfindet. Würde man ausgehend von einer während der Resorptionsphase entnommenen Blutprobe durch einfache Addition der in dem Zeitraum zwischen Tat und Blutprobe abgebauten Alkoholmenge die Tatzeit-BAK ermitteln, so
würde der Angeklagte unberechtigt benachteiligt, da der Alkoholgehalt im Blut bei

---
654 Ein Beispiel finden Sie unter Rn. 86.
655 BGH NJW-RR 2003, 17; NJW 1990, 2393 (2395); eine Aufrundung geringfügig unterhalb dieses
Wertes liegender Analyseergebnisse ist nicht zulässig, vgl. BGHSt 28, 1 für die 0,8 ‰-Grenze des
§ 24a StVG. Für **sonstige Drogen** gibt es keine gesicherten Grenzwerte; vgl. hierzu BGH NJW 2017,
1403 ff.; 4 StR 477/11.

Kapitel 4 *Die gerichtliche Beweisaufnahme*

der Tatbegehung unter dem Wert der Analyse gelegen haben kann. Die „Hochrechnung" ist also nur zulässig, wenn der konsumierte Alkohol vollständig in das Blut gelangt war, als die Blutprobe entnommen wurde. Um dies sicherzustellen, ist normalerweise eine Resorptionsphase von **zwei Stunden** zu berücksichtigen[656]. Etwas anderes gilt nur bei „abnormem" Trinkverlauf, wenn also eine stündliche Menge von 0,5 bis 0,8 Gramm Alkohol pro Kilogramm Körpergewicht überschritten wurde[657].

680 Für die ersten zwei Stunden nach dem festzustellenden **Trinkende** darf also im Regelfall eine Hochrechnung – als Zuschlag zu dem Analysewert – nicht zu Lasten des Angeklagten vorgenommen werden, obwohl bei gleichbleibender Trinkgeschwindigkeit und Alkoholaufnahme über einen längeren Zeitraum (mehr als 3 bis 4 Stunden) das Trinkende und das Ende der Resorptionsphase in der Regel zusammenfallen.

681 Gelangt das Gericht zu der Feststellung, dass zwischen Trinkende und Entnahme der Blutprobe mehr als zwei Stunden vergangen sind – die Resorptionsphase also abgeschlossen war –, so kann für diesen Zeitraum im Wege der Hochrechnung die Tatzeit-BAK ermittelt werden. Da dem Angeklagten, der sich dem Vorwurf z.B. einer Trunkenheitsfahrt ausgesetzt sieht, naturgemäß daran gelegen sein dürfte, dass ein möglichst geringer Alkoholgehalt bei Tatbegehung festgestellt wird, ist entsprechend dem Grundsatz „in dubio pro reo" von dem medizinisch denkbar niedrigsten Abbauwert auszugehen. Geht es also um die Feststellung der Fahrtüchtigkeit, so ist generell von einem **stündlichen Abbauwert in Höhe von 0,1 ‰** auszugehen[658].

> **Beispiel:** Der Angeklagte wird im Rahmen einer allgemeinen Verkehrskontrolle um 1.00 Uhr morgens angehalten. Da die Polizeibeamten einen deutlichen Alkoholgeruch feststellen, wird eine Blutprobe angeordnet, die um 2.00 Uhr morgens durchgeführt wird. Die Analyse ergibt einen BAK-Wert von 1,35 ‰. Später kann festgestellt werden, dass der Angeklagte am Vorabend an einer Feier teilgenommen und bis 23.00 Uhr Alkohol zu sich genommen hatte.
>
> Für die (pauschale) Berechnung der BAK zur Tatzeit wäre also von einem Trinkende gegen 23.00 Uhr auszugehen. Mangels entgegenstehender Anhaltspunkte kann auch ein „normaler" Trinkverlauf angenommen werden. Es ist daher eine Resorptionsphase von 23.00 Uhr bis 1.00 Uhr am darauffolgenden Morgen in Ansatz zu bringen. Für die zeitliche Differenz zwischen dem Ende der Resorptionsphase und der Entnahme einer Blutprobe von vorliegend einer Stunde kann also eine Rückrechnung mit 0,1 ‰ Abbau pro Stunde stattfinden. Das ergäbe eine Tatzeit-BAK von 1,45 ‰.

682 Wurde die Blutprobe innerhalb der Resorptionsphase entnommen, so darf keine Rückrechnung stattfinden. Was den Vorwurf der Teilnahme am Straßenverkehr im Zustand der Fahruntauglichkeit anbelangt, ist diese aber auch entbehrlich, sofern die durch das Analyseergebnis ausgewiesene BAK zumindest 1,1 ‰ beträgt oder die

---

[656] Vgl. die Nachweise bei *Fischer*, § 316 Rn. 19.
[657] Vgl. BGHSt 25, 246 (250).
[658] BGH NJW 1991, 852 f.; BGHSt 25, 246 (250); BGH NStZ 1986, 114. Mangels nachträglicher Feststellbarkeit darf der Wert von 0,1 ‰ pro Stunde nicht durch einen „individuellen" Abbauwert (z.B. mit der Begründung einer Alkoholgewöhnung) ersetzt werden, vgl. BGHSt 34, 29 (32), BGHSt 36, 286 (289). Auch auf einen „wahrscheinlichen" Wert darf nicht zurückgegriffen werden, BGH NStZ 1989, 119.

ser Grenzwert später erreicht wird. Denn für die Frage der Fahruntüchtigkeit i.S.d. §§ 316, 315c Abs. 1 Nr. 1a StGB kommt es angesichts der erheblichen Wirkungen in der sog. Anflutungsphase allein darauf an, wie viel Alkohol der Täter insgesamt im Körper hatte[659].

Vorstehenden Ausführungen ist unschwer zu entnehmen, dass sich im Einzelfall die Ermittlung der Tatzeit-BAK ausgesprochen schwierig gestaltet. Aus diesem Grunde wird das Gericht i.d.R. seiner Aufklärungspflicht in der Hauptverhandlung nicht genügen können, ohne einen **Sachverständigen** (üblicherweise des jeweiligen rechtsmedizinischen Institutes) hinzuzuziehen[660]. Dessen Beurteilung zum Grad einer Alkoholisierung kann sich das Gericht ohne weiteres anschließen. Die daran anknüpfenden und dem Zweifelssatz nicht zugänglichen[661] **Rechtsfragen**, etwa die Anwendbarkeit des § 21 StGB infolge „erheblicher" Verminderung der Steuerungsfähigkeit, hat das Gericht freilich eigenverantwortlich und ohne Bindung an die Ausführungen des Sachverständigen zu beantworten. Im Urteil sind daher stets die Grundlagen wiederzugeben, auf denen die Schlussfolgerungen des Sachverständigen beruhen und auf die das Gericht die Annahme bzw. Verneinung der Voraussetzungen der §§ 316, 315c StGB (bzw. der §§ 20, 21 StGB) stützt.

683

Sachverständiger Hilfe bedarf das Gericht auch zur Überprüfung eines im Zusammenhang mit den angesprochenen Straßenverkehrsdelikten oftmals behaupteten **Nachtrunks**. Hier gibt der Angeklagte an, im Rahmen der Blutuntersuchung festgestellter Alkohol sei erst nach dem Tatzeitpunkt konsumiert worden. In einem solchen Fall empfiehlt sich die Anordnung einer **Begleitstoffanalyse**, durch welche insbesondere festgestellt werden kann, welche Art von Getränken (z.B. Bier oder Cognac) der Angeklagte konsumiert hat. Auf diesem Wege kann die oftmals als Schutzbehauptung anzusehende Angabe eines konkreten Nachtrunkes möglicherweise widerlegt werden, da viele alkoholische Getränke typische „Begleitalkohole" enthalten.

684

b) Dem Angeklagten „vorteilhafter" Alkoholgenuss

Eine Alkoholisierung kann dem Angeklagten zum – angesichts des § 64 StGB ggfls. zweifelhaftem – Vorteil gereichen, wenn die Anwendbarkeit der §§ 20, 21 StGB im Raume steht. Ab einer Tatzeit-BAK von **2 ‰** muss sich das Gericht mit der Frage einer **verminderten Schuldfähigkeit** i.S.d. § 21 StGB auseinandersetzen[662]. Eine erhebliche Herabsetzung der Hemmungsfähigkeit ist dann regelmäßig wahrscheinlich und lässt sich nur ausschließen, wenn gewichtige Anzeichen für deren Erhalt sprechen[663]. Ab **3 ‰** ist die Möglichkeit einer – bei dieser Alkoholisierung regelmäßig nicht auszuschließenden[664] – **Schuldunfähigkeit** i.S.d. § 20 StGB erörtern[665], soweit nicht aufgrund

685

---

659 BGHSt 25, 246 (251).
660 Vgl. auch BGHSt 25, 246 (250).
661 Siehe BGH 1 StR 359/08 m.w.N.
662 BGH 2 StR 146/15 Tz. 5; 2 StR 444/14 Tz. 6; 4 StR 397/14 Tz. 9. Zu den Besonderheiten bei Tötungsdelikten siehe BGH 5 StR 545/11; BGHSt 37, 231 (234 f.) sowie BGH NStZ 1991, 126 f.
663 Vgl. BGH 5 StR 352/13; 5 StR 517/11.
664 BGHSt 34, 29 (31); BGH NStZ 1989, 119.
665 BGH VRS 70, 15; StV 1987, 385.

Kapitel 4 *Die gerichtliche Beweisaufnahme*

der konkreten Einzelfallsituation auch unabhängig von der BAK jeweils Anlass zu einer entsprechenden Prüfung besteht. Besonderes Augenmerk ist daher in jedem Fall den im Entnahmeprotokoll[666] geschilderten Ausfallerscheinungen zu schenken[667].

686 Geht es in diesem Sinne um eine dem Angeklagten günstige (weil hohe) Tatzeit-BAK, so ist bei der Prüfung der Schuldfähigkeit zu seinen Gunsten der maximale **stündliche Abbauwert von 0,2 ‰** zu Grunde zu legen. Um sämtliche Risiken (insbesondere Messungenauigkeiten) auszugleichen, ist zu dem so ermittelten Wert noch ein **Sicherheitszuschlag von 0,2 ‰** hinzuzurechnen[668]. Anders als bei der für den Angeklagten nachteiligen Auswirkung des Alkoholkonsums sind im Rahmen der Prüfung der Schuldfähigkeit auch die ersten beiden Stunden nach Trinkende in die Rückrechnung einzubeziehen, d.h. auf den Abschluss der Resorptionsphase kommt es hier nicht an.

> **Beispiel:** Der Angeklagte ist um 23.00 Uhr bei einem Einbruchsdiebstahl auf frischer Tat festgenommen worden. Bis 22.30 Uhr hatte er Alkohol konsumiert. Eine ihm am darauffolgenden Morgen gegen 2.00 Uhr entnommene Blutprobe ergibt eine BAK von 1,8 ‰.
>
> Obwohl hier die Resorptionsphase spätestens um 0.30 Uhr abgeschlossen war, ist im Sinne des Angeklagten für die gesamte Zeitspanne zwischen Tatbegehung und Entnahme der Blutprobe eine Rückrechnung vorzunehmen. Da diese einen Zeitraum von drei Stunden erfasst, sind zu dem Analyseergebnis von 1,8 ‰ zunächst 0,6 ‰ für den in dieser Zeit stattgefundenen Abbau in Ansatz zu bringen. Das ergibt bereits einen Wert von 2,4 ‰. Durch den Sicherheitszuschlag von weiteren 0,2 ‰ hätte das Gericht also von einer Tatzeit-BAK von 2,6 ‰ auszugehen und sich folglich zumindest mit den Voraussetzungen des § 21 StGB ernsthaft – und sachverständig beraten – auseinanderzusetzen.

2. Fehlen einer Blutprobe

687 Oftmals fehlen jedoch Analyseergebnisse als sicherste Grundlage für eine Berechnung der Tatzeit-BAK. Dies beruht auch darauf, dass – zuweilen als Schutzbehauptung – erst im weiteren Verfahren eine alkoholbedingte Enthemmung geltend gemacht wird, um auf diesem Wege zumindest in den Genuss des § 21 StGB und damit einer Strafmilderung zu gelangen. Das Gericht hat sich dann von Amts wegen aufgrund aller ihm zur Verfügung stehender Erkenntnismöglichkeiten im Rahmen der freien Beweiswürdigung eine Überzeugung von der aufgenommenen Alkoholmenge zu verschaffen. Die Angaben des Angeklagten dürfen dabei nicht kritiklos übernommen werden. Unterstellungen zu dessen Gunsten sind – wie immer – nur dann zulässig, wenn hierfür reale Anknüpfungspunkte bestehen[669]. Im Übrigen müssen die Angaben so **konkret** sein, dass sie zumindest eine ungefähre zeitliche und mengenmä-

---

666 Ein Beispiel finden Sie unter Rn. 78 ff.
667 BGH NStZ 1990, 384.
668 Vgl. BGH 5 StR 85/16 Tz. 9; 4 StR 557/12 Tz. 7 m.w.N.
669 BGH 2 StR 135/16 Tz. 8; 4 StR 442/14; 4 StR 360/12 Tz. 22; 1 StR 38/11 Tz. 25; 1 StR 153/11 Tz. 24; 4 StR 147/10; NStZ-RR 2009, 22.

ßige Abschätzung des Alkoholkonsums erlauben. Sind sie hierfür zu vage, bedarf es ausnahmsweise einer BAK-Berechnung nicht[670].

Steht der Alkoholkonsum in diesem Sinne fest, so muss die Tatzeit-BAK nach der sog. „Widmark-Formel" berechnet werden. Gleiches gilt unter Berücksichtigung des Zweifelsatzes, wenn wegen ungenauer Angaben zwar keine sichere Berechnungsgrundlage existiert, jedoch durch Schätzung eine ungefähre zeitliche und mengenmäßige Eingrenzung des Alkoholkonsums möglich ist[671]. In all diesen Fällen ist zunächst zu berechnen, wie hoch die **theoretisch maximale BAK** gewesen wäre, wenn der Angeklagte bei Trinkbeginn sämtlichen Alkohol aufgenommen und resorbiert hätte. Das geschieht nach der Formel

688

$$\frac{\text{Gramm des aufgenommenen Alkohols}}{\text{Körpergewicht in kg} \times 0{,}7 \text{ (Reduktionsfaktor}^{672})}$$

Die Ermittlung des „genossenen" Ethanols kann über die Art und Menge des Getränks stattfinden. Zu bedenken ist allerdings, dass die (z.B. auf Flaschen etikettierten) Prozentangaben zum Alkoholgehalt sich nicht auf die Gewichtsanteile, sondern das **Volumen** beziehen. Ein Milliliter (ml) Alkohol wiegt aber nicht ein Gramm, sondern hat ein spezifisches **Gewicht** von 0,8 Gramm. Dies ist bei dem Rückschluss von der Trinkmenge auf die Gramm-Menge des konsumierten Alkohols unbedingt zu berücksichtigen.

> **Beispiel:** Der Angeklagte hatte von 14.00 bis 17.00 Uhr alkoholische Getränke konsumiert und ist um 18.00 Uhr bei einem Verkehrsdelikt gestellt worden. Insgesamt hatte er 3 Liter handelsübliches Pils zu sich genommen, das einen Alkoholgehalt von 5 Volumenprozent aufweist, und so (150 ml Alkohol × 0,8 =) 120 Gramm Ethanol aufgenommen. Er wiegt 80 kg. Damit ergäbe sich nach obiger Formel eine theoretische BAK von 2,14 ‰.

Zu berücksichtigen ist allerdings, dass der getrunkene Alkohol nicht vollständig resorbiert wird. Je nach den konkreten Umständen des Einzelfalls (Getränkeart, Aufnahme von Nahrung u.ä.) muss von einem sog. **Resorptionsdefizit** im Bereich von 10 % bis 30 % ausgegangen werden. Ist eine möglichst hohe Tatzeit-BAK dem Angeklagten günstig (i.S.d. §§ 20, 21 StGB), so ist also ein Resorptionsdefizit von nur 10 % zu Grunde zu legen[673], andernfalls ein solches von 30 % (wenn es z.B. um die §§ 316, 315c StGB geht). Des Weiteren ist der theoretische Abbau pro Stunde zu berücksichtigen, so dass sich die Berechnung folgendermaßen vollzieht:

689

---

670 Vgl. hierzu BGH NStZ-RR 2006, 72 f.; NStZ 2000, 24 f.; 1994, 334 f.; 1992, 32; 1991, 126 f.; BGHSt 37, 231 (238 f.).
671 BGH 5 StR 135/10.
672 Dieser Reduktionsfaktor von 0,7 (bei Männern) bzw. 0,6 (bei Frauen) ist erforderlich, weil nicht die gesamte Körpermasse als Lösungsraum für den aufgenommenen Alkohol zur Verfügung steht, sondern nur das im Körper enthaltene Wasser (bei Männern im Durchschnitt 70 %). Je nach körperlicher Konstitution kann aus sachverständiger Sicht die Anwendung eines dem Angeklagten günstigeren Reduktionsfaktors angezeigt sein, vgl. auch BGH NJW 2002, 3264.
673 BGHSt 36, 286 (288).

Kapitel 4 *Die gerichtliche Beweisaufnahme*

a) Dem Angeklagten nachteiliger Alkoholgenuss

690 Ist dem Angeklagten eine möglichst niedrige Tatzeit-BAK günstig, so ist also wie folgt zu rechnen:

                Theoretische maximale BAK
abzüglich   30 % Resorptionsdefizit
abzüglich   0,2 ‰ maximaler Abbau pro Stunde für die Zeit zwischen Trinkbeginn und Tatzeit
abzüglich   0,2 ‰ Sicherheitszuschlag.

> Bezogen auf obiges Beispiel ergäbe sich also folgende Berechnung:
>
>   2,14 ‰ theoretische BAK
> abzüglich   0,64 ‰ Resorptionsdefizit (30 % von 2,14 ‰)
> abzüglich   0,80 ‰ (0,2 ‰ Abbau × 4 Std. zwischen Trinkbeginn und Tatzeit)
> abzüglich   0,20 ‰ Sicherheitszuschlag
> Tatzeit-BAK: 0,50 ‰

b) Dem Angeklagten „vorteilhafter" Alkoholgenuss

691 Ist dem Angeklagten ein möglichst hoher Alkoholspiegel zur Tatzeit von Vorteil (§§ 20, 21 StGB), so ist folgendermaßen vorzugehen:

                Theoretische maximale BAK
abzüglich   10 % Resorptionsdefizit
abzüglich   0,1 ‰ Abbau pro Stunde für die Zeit zwischen Trinkbeginn und Tatzeit[674].

Der weitere Abzug eines Sicherheitszuschlags verbietet sich hier, da dies dem Angeklagten nachteilig wäre.

> In unserem Beispielsfall käme man so folgendermaßen zu einer Tatzeit-BAK von 1,53 ‰:
>
>   2,14 ‰ theoretische BAK
> abzüglich   0,21 ‰ Resorptionsdefizit (10 % von 2,14 ‰)
> abzüglich   0,40 ‰ (0,1 ‰ Abbau × 4 Std. zwischen Trinkbeginn und Tatzeit)
> Tatzeit-BAK: 1,53 ‰

692 Diese beispielhafte Bandbreite von 0,5 ‰ bis 1,53 ‰ zeigt, dass die unter Zuhilfenahme der generalisierenden Abbauwerte von 0,1 ‰ oder 0,2 ‰ pro Stunde ermittelten Ergebnisse – insbesondere bei Fehlen einer Blutprobe – oftmals nicht der wirklichen Alkoholisierung des Angeklagten zur Tatzeit entsprechen dürften. Daher kommt dem rechnerischen BAK-Wert bei zunehmender Rückrechnungsdauer – jedenfalls bei Berechnungszeiträumen von mehr als 10 Stunden[675] – im Verhältnis zu anderen

---

[674] Dieser minimale Rückrechnungswert von 0,1 ‰ pro Stunde ist selbst bei einem alkoholgewöhnten Angeklagten und gleichmäßigem Trinken über einen längeren Zeitraum zu Grunde zu legen, vgl. BGHSt 34, 29 (32), BGHSt 37, 231 (238) sowie *Detter* NStZ 1999, 121.
[675] Vgl. BGHSt 37, 231 (236 ff.). Diese Entscheidung ist wegen der Darstellung der Diskussion um die Relativierung des rechnerischen BAK-Wertes besonders lesenswert!

objektivierbaren Umständen (Erscheinungsbild des Täters/Ausfallerscheinungen vor, während oder nach der Tat) ohne Verstoß gegen den Grundsatz „in dubio pro reo" unter Umständen nur ein **indizieller Beweiswert** zu[676].

Das Spannungsverhältnis zwischen rechnerischem BAK-Wert und einer Beurteilung der Schuldfähigkeit anhand **„psychopathologischer" Kriterien** (Leistungsverhalten wie Motorik etc.) ist nicht abschließend geklärt. Auch die Rechtsprechung des BGH ist uneinheitlich. Einerseits verneint er die Existenz entsprechend gesicherter Erfahrungssätze, welche einen Rückschluss vom „Leistungsverhalten" auf das Ausmaß und die Folgen einer Alkoholisierung zuließen[677]. Vielmehr stellt er sich auf den nicht von der Hand zu weisenden Standpunkt, dass „unauffälliges Verhalten, zielstrebiges und planvolles Vorgehen, Alkoholgewöhnung und ungetrübtes Erinnerungsvermögen" einer erheblichen Verminderung der Schuldfähigkeit i.S.d. § 21 StGB (unter dem Aspekt einer Beeinträchtigung des Hemmungsvermögens) nicht entgegenstehen müssen[678]. Andererseits existiert aber auch kein „gesicherter medizinisch-statistischer Erfahrungssatz", dass allein wegen einer bestimmten BAK vom Vorliegen einer alkoholbedingt erheblich verminderten Schuldfähigkeit auszugehen wäre[679]. So räumt der BGH auch ein, dass zielstrebiges und umsichtiges Verhalten eines Täters mit **motorischen Kombinationsleistungen** gegen eine tiefgreifende Bewusstseinsstörung spricht[680]. Allerdings wird in der jüngeren Rechtsprechung des BGH dem sog. „Leistungsverhalten" des Täters eine zunehmende Bedeutung beigemessen, weshalb man sich ggfls. auch mit Problemen der Trinkgewöhnung und den daraus folgenden Kopensationsmöglichkeiten auseinandersetzen muss[681].

693

Für den Tatrichter empfiehlt sich also eine mit sachverständiger Hilfe vorzunehmende **Gesamtschau** aller wesentlichen objektiven und subjektiven Umstände, die sich auf das Verhalten des Täters vor, während und nach der Tat beziehen[682]. Bei Zeiträumen bis zu 10 Stunden sollte er jedenfalls beim Vorliegen einer Blutprobe dem rechnerischen BAK-Wert einen besonderen Stellenwert einräumen. Das gilt insbesondere dann, wenn sich dieser Wert dem Bereich von 3 ‰ nähert oder darüber liegt[683].

---

676 BGH 2 StR 444/14 Tz. 8; BGHSt 36, 286 (289 ff.); vgl. auch BGHSt 35, 308 ff. für eine 9 Stunden nach der Tat entnommene Blutprobe.
677 Vgl. BGH 1 StR 59/12 Tz. 19; BGHSt 37, 231 (242) mit vielfältigen Literaturhinweisen.
678 BGH 2 StR 226/15 Tz. 7; NStZ-RR 2006, 73; BGHSt 35, 308 (311); BGH NStZ 1984, 408 f.; zur Bedeutung des Erinnerungsvermögens siehe auch *Maatz* NStZ 2001, 1 ff.
679 BGH 1 StR 128/16 Tz. 14; 2 StR 115/15 Tz. 13; 2 StR 146/15 Tz. 5; NStZ 2005, 329 ff.; 2002, 532.
680 Vgl. BGH NStZ-RR 2009, 70; NJW 1998, 3427; NStZ 1998, 458.
681 Vgl. BGH 2 StR 146/15 Tz. 7; 5 StR 358/10; NStZ 2005, 329 ff.; 2002, 476.
682 BGH 2 StR 115/15 Tz. 18; 4 StR 557/12 Tz. 9; 1 StR 59/12 Tz. 22.
683 BGH 2 StR 115/15 Tz. 13; 2 StR 146/15; 4 StR 542/07; NStZ 2005, 683 f.

Kapitel 5

Das Urteil in der Tatsacheninstanz

A. Begriff, Voraussetzungen und Verkündung

694 Erfolgt zuvor keine Verfahrenseinstellung, so endet die Hauptverhandlung in der Tatsacheninstanz – also auch im Berufungsrechtszug – mit der Verkündung eines Urteils, §§ 260, 328 StPO. Angesichts der Bindung an eine Hauptverhandlung sind Urteile im schriftlichen Verfahren, wie sie die ZPO (beispielsweise in § 331 Abs. 3 oder § 128 Abs. 2, 3 ZPO) kennt, unzulässig. Ein Urteil beendet das Verfahren in der jeweiligen Instanz, im Falle seiner formellen Rechtskraft auch insgesamt. Es kann daher als instanzbeendende Entscheidung über den Prozessstoff aufgrund notwendiger mündlicher Verhandlung (Hauptverhandlung) definiert werden. Das gilt selbst für das Revisionsverfahren, sofern dort nicht im Beschlusswege (§ 349 StPO) entschieden wird, vgl. §§ 351, 353 StPO.

695 Die Verkündung des Urteils obliegt dem Vorsitzenden (§§ 260 Abs. 1, 268 Abs. 1 bis 3 StPO). Der Tenor (d.h. die Urteilsformel) muss verlesen, die Entscheidungsgründe können in freier Rede eröffnet werden. Die mündliche Erläuterung dient der vorläufigen Unterrichtung der Verfahrensbeteiligten über das Beratungsergebnis, also über dasjenige, was in der schriftlichen Urteilsbegründung zu erwarten ist[1]. Dabei sollen die schutzwürdigen Interessen insbesondere von Opferzeugen berücksichtigt werden, § 268 Abs. 2 S. 3 StPO. Insbesondere bei Sexualstrafsachen ist daher – jedenfalls bei einer Anwesenheit von Zuschauern – eine detaillierte Tatschilderung oder Namensnennung betreffend der Opfer nicht angezeigt.

696 Selbstverständlich kann das Urteil (als Urkunde) bereits vollständig in schriftlicher Form vorliegen. Dies ist indes nicht die Regel, insbesondere wenn das Urteil, wie ganz überwiegend in Verfahren vor dem Amtsgericht, unmittelbar nach der Beratung verkündet wird. In größeren Strafsachen vor den Strafkammern wird dagegen häufig die Möglichkeit eines separaten Verkündungstermins gewählt. In diesem Fall sollten die Urteilsgründe „tunlichst" vorher schriftlich abgefasst sein (§ 268 Abs. 4 StPO). Vor der Urteilsverkündung ist jedoch zumindest die **Urteilsformel** als der wichtigste Teil der Entscheidung schriftlich niederzulegen (§§ 268 Abs. 2 S. 1, 260 Abs. 4 StPO). Häufig geschieht dies in der Form, dass der Tenor auf die Innenseite des Aktendeckels geschrieben wird[2].

---

1 BGH 1 StR 534/11 Tz. 3.
2 Eine nicht selten anzutreffende Unsitte ist es, wenn der Richter dies bereits während der Schlussvorträge tut.

Der vom Vorsitzenden verkündete Tenor wird als Ergebnis der Hauptverhandlung (§ 273 Abs. 1 StPO) im Sitzungsprotokoll aufgenommen. Bestehen Widersprüche zwischen der schriftlich niedergelegten Urteilsformel und dem Protokoll, die sich (ausnahmsweise[3]) auch im Wege einer Auslegung nicht klären lassen, ist für den **authentischen** Wortlaut der Urteilsformel wegen § 274 StPO allein das Sitzungsprotokoll maßgebend[4]. Auf den protokollierten Inhalt des Tenors ist ferner in Fällen der Divergenz zwischen der verkündeten Urteilsformel und derjenigen in der **Urteilsurkunde** abzustellen.

697

Eine **Berichtigung der Urteilsformel** ist solange zulässig, wie die mündliche Urteilsverkündung noch nicht abgeschlossen ist. Letzteres ist mit der Bekanntgabe von Formel und Gründen geschehen. Danach ist die Entscheidung für das Tatgericht nicht mehr abänderbar oder ergänzbar. Werden erst jetzt prozessuale oder inhaltliche Fehler – etwa die mangelnde Gewährung des letzten Wortes oder eine falsche Strafbemessung – bemerkt, so darf folglich nicht erneut in die Hauptverhandlung eingetreten werden[5]. Allerdings darf der Urteilstenor (durch einen entsprechenden Berichtigungsbeschluss) noch bei **offensichtlichen**, d.h. für alle Verfahrensbeteiligten klar zutage getretenen, Fassungsversehen sowie bei Schreib- oder Zählfehlern berichtigt werden. Eine solche Korrektur darf auch noch durch das Rechtsmittelgericht vorgenommen werden[6]. Die „Berichtigung" ist aber auf keinen Fall zulässig zur inhaltlichen Abänderung oder Nachholung unterlassener Teile der Entscheidung (etwa bezüglich der Kosten oder eines Teilfreispruchs). Jegliche sachlich-inhaltliche Abänderung ist nicht statthaft[7].

698

Das Urteil ist im Anschluss an die Hauptverhandlung innerhalb der Fristen des § 275 StPO „abzusetzen" (d.h. zu schreiben) und zu den Akten zu bringen. Beim Amtsgericht ist dies Aufgabe des Vorsitzenden, im Kollegialgericht die des Berichterstatters, der üblicherweise von den Unterschriften der Berufsrichter (§ 275 Abs. 2 StPO) die rechts befindliche leistet. Schöffen unterzeichnen das Urteil nicht.

699

Da die Urteilsurkunde insbesondere bei einer Überprüfung im Rahmen der Revision von herausragender Bedeutung ist, muss die Abfassung mit Sorgfalt erfolgen. Änderungen oder Ergänzungen sind solange möglich, wie das Urteil den Bereich des Gerichts noch nicht verlassen hat. Danach sind sie nur noch unter den gleichen Voraussetzungen wie beim Urteilstenor statthaft. Es darf nicht der geringste Verdacht entstehen, dass sich hinter einer Berichtigung in Wahrheit die sachliche Änderung der Entscheidung verbirgt[8].

---

3 Vgl. BGH NStZ-RR 2006, 112.
4 BGH 2 StR 364/16 Tz. 4; 1 StR 529/12; NStZ-RR 2002, 100.
5 BGH 2 StR 285/12.
6 BGH 4 StR 232/17; 1 StR 471/16; 4 StR 263/12 Tz. 3; 1 StR 515/09.
7 Vgl. BGH 1 StR 113/17 Tz. 6; 1 StR 590/16 Tz. 2; 3 StR 3/15; 2 StR 290/14 Tz. 8; 4 StR 77/13 Tz. 3; 3 StR 276/10 m.w.N.
8 BGH 2 StR 290/14 Tz. 8 ff.; NJW 1991, 1900; KK-*Kuckein*, § 267 Rn. 46 m.w.N.

Kapitel 5   *Das Urteil in der Tatsacheninstanz*

B. Gegenstand des Urteils

700 Gegenstand des Urteils ist die **in der Anklage bezeichnete Tat**, wie sie sich nach dem Ergebnis der Hauptverhandlung darstellt (§ 264 StPO), also der Prozessstoff, der zuvor durch die im Eröffnungsbeschluss zugelassene – und gegebenenfalls unter Heranziehung der Ausführungen im wesentlichen Ergebnis der Ermittlungen auszulegende[9] – Anklage festgelegt und vom erkennenden Gericht von Amts wegen (§ 244 Abs. 2 StPO) untersucht worden ist[10]. Das Gericht darf also den Schuld- oder den Freispruch nicht auf solche Taten erstrecken, die nicht angeklagt sind. Das hindert freilich generell nicht daran, auch andere als die angeklagten Vorgänge zu ermitteln und im Urteil abzuhandeln, soweit dies für die Entscheidung sachdienlich erscheint (etwa hinsichtlich der Delinquenzprognose bei § 66 StGB). Der Verfahrensgegenstand im engeren prozessualen Sinne kann während der laufenden Hauptverhandlung nur durch eine ordnungsgemäß erhobene Nachtragsanklage[11] erweitert werden. Anklagebehörde ist und bleibt in jeder Lage des Verfahrens die Staatsanwaltschaft.

701 Das Gericht hat die angeklagte Tat **erschöpfend** abzuurteilen; hierzu gehört das gesamte Verhalten des Angeklagten im Rahmen des durch die Anklage bezeichneten und vom erkennbaren Verfolgungswillen der Staatsanwaltschaft erfassten geschichtlichen Vorgangs. Wie weit dieser Wille reicht, kann ggfls. auch dem wesentlichen Ergebnis der Ermittlungen entnommen werden[12]. Der Tatrichter muss in diesem Umfang alle tatsächlichen und denkbaren rechtlichen Gesichtspunkte restlos aufklären und aburteilen, und zwar ohne Rücksicht auf die der Anklage oder dem Eröffnungsbeschluss zu Grunde gelegte rechtliche Bewertung. Die Untersuchung und Entscheidung ist also auch auf solche Teile der Tat zu erstrecken, die erst in der Hauptverhandlung bekannt werden. Diese sog. „**Kognitionspflicht**"[13] erstreckt sich auch auf die Frage, ob ein Freispruch zu erfolgen hat. Das ist nur dann der Fall, wenn der festgestellte Sachverhalt unter keinem rechtlichen Gesichtspunkt eine Verurteilung tragen könnte[14]. Verstöße gegen die Kognitionspflicht können auch dazu führen, dass trotz einer Revision Teile des Verfahrens beim Ausgangsgericht anhängig bleiben[15].

Eine inhaltliche Beschränkung ist allerdings unter mehreren Voraussetzungen sowohl nach Eröffnung des Hauptverfahrens, als auch noch in der Hauptverhandlung möglich, etwa durch Teileinstellungen nach §§ 153 Abs. 2, 153a Abs. 2, 154 Abs. 2 oder 206a StPO.

702 Im Urteil ist der Prozessstoff, soweit er im vorgenannten Sinne nicht wirksam ausgeschieden worden ist, unter allen in Betracht kommenden rechtlichen Gesichtspunkten (gegebenenfalls nachdem in der Hauptverhandlung die erforderlichen rechtlichen

---

9   Siehe BGH AK 56/17 Tz. 11; 4 StR 205/16 Tz. 5.
10 Zum Tatbegriff siehe oben Rn. 56 ff.
11 Siehe oben Rn. 575 ff.
12 Vgl. BGH 2 StR 89/16 Tz. 8; 4 StR 205/16 Tz. 5; 5 StR 462/12 Tz. 7; 1 StR 412/11 Tz. 12 f.; NStZ-RR 2009, 289 f.
13 Siehe hierzu BGH 4 StR 127/17 Tz. 11 f.; 3 StR 482/16 Tz. 10; 3 StR 186/16 Tz. 8; 1 StR 492/15 Tz. 53; 1 StR 595/15 Tz. 18 f.; 2 StR 63/15.
14 BGH 1 StR 31/14 Tz. 55.
15 Siehe BGH 1 StR 26/17; 1 StR 108/15 Tz. 5.

Hinweise gemäß § 265 StPO erteilt worden sind) abzuhandeln. Die Entscheidung des Gerichts ist daher **abschließend**. Die Zivilprozessordnung sieht die Möglichkeit von Teil-, Vorbehalts-, Zwischen- und Grundurteilen vor (§§ 301–304 ZPO). Solche gegenständlich beschränkten Aussprüche sind im Strafverfahren unzulässig.

Ausnahmen bilden nur
- § 406 Abs. 1 S. 2 StPO im Rahmen des in der Praxis leider noch immer seltenen sog. Adhäsionsverfahrens[16], welches über den Strafausspruch hinaus die Bescheidung zivilrechtlicher Schadensersatzansprüche des Verletzten zum Gegenstand hat und (nur) insoweit eine Teilentscheidung zulässt, sowie
- § 27 JGG, der die Möglichkeit eines isolierten Schuldspruchs und die Aussetzung der Verhängung der Jugendstrafe zur Bewährung eröffnet.

C. Urteilsarten

Je nach Inhalt der Entscheidung ist zwischen **Sachurteilen** und **Prozessurteilen** zu unterscheiden. In aller Regel wird das Gericht am Ende der Hauptverhandlung eine Entscheidung in der Sache treffen, also über die verfahrensgegenständlichen Vorwürfe entscheiden. Sachurteile können in der Verhängung von Geld-, Freiheits- oder Nebenstrafen, der Anordnung von Maßregeln oder in Freisprüchen bestehen. Bei mehreren angeklagten Taten ist auch eine Kombination aus den vorgenannten Alternativen möglich.

703

Ist das Gericht aufgrund bestimmter Umstände ausnahmsweise an einer Entscheidung in der Sache gehindert, so ergeht ein Prozessurteil. Zu dieser Gattung gehören in erster Linie die praktisch wichtigen Fälle des **§ 260 Abs. 3 StPO**, wenn also im Laufe der Hauptverhandlung – ansonsten gilt § 206a StPO – ein nicht behebbares **Verfahrenshindernis** (etwa Verfolgungsverjährung) zu Tage tritt[17].

Hat die Hauptverhandlung bis zum Bekanntwerden des Verfahrenshindernisses zu dem Ergebnis geführt, dass kein Tatnachweis zu führen ist, kann dem Angeklagten allerdings (schon) ein Anspruch auf einen **Freispruch** zustehen[18]. Kommt dies nicht in Betracht, hat das Gericht im Tenor des Urteils die endgültige Einstellung des Verfahrens anzuordnen[19] und diese Entscheidung entsprechend zu begründen. Auch ein solches Prozessurteil muss natürlich dem Revisionsgericht aus sich selbst heraus eine Kontrolle ermöglichen. Es muss folglich darlegen, aus welchen Gründen die Durchführung des Strafverfahrens unzulässig ist, worin die tatsächlichen und rechtlichen Voraussetzungen des Verfahrenshindernisses bestehen[20]. Betrifft es nicht

704

---

16 Siehe hierzu Rn. 324 ff., 727; 789 sowie *Haller* NJW 2011, 970 ff.
17 Näheres hierzu finden Sie unten unter Rn. 936 ff. Zur Anfechtbarkeit der Verfahrenseinstellung durch den Angeklagten siehe BGH 3 StR 323/16 Tz. 16 m.w.N.; 2 StR 524/10.
18 BGH 4 StR 157/12.
19 Praktisch wenig bedeutsam sind die Fälle des § 389 StPO, in denen sich im Rahmen des Privatklageverfahrens „nach verhandelter Sache" das Vorliegen eines Offizialdelikts herausstellt. Lesen sie dazu die Anmerkungen bei *Meyer-Goßner* zu § 389.
20 Siehe hierzu BGH 1 StR 633/10 Tz. 89 ff. (zur Verjährung); 1 StR 266/10.

Kapitel 5 *Das Urteil in der Tatsacheninstanz*

das gesamte angeklagte Geschehen, ist auch insoweit eine Kombination mit einer Sachentscheidung bezüglich der übrigen Tat(en) möglich.

Prozessurteile sind im Übrigen neben den in der Praxis seltenen Verweisungsurteilen (§§ 328 Abs. 2, 355 StPO) auch diejenigen Entscheidungen, welche die **Verwerfung von Rechtsmitteln** zum Gegenstand haben:
- im ersten Rechtszug: § 412 StPO (im Strafbefehlsverfahren);
- im Berufungsrechtszug: §§ 322 Abs. 1 S. 2, 329 StPO;
- im Revisionsverfahren: § 349 Abs. 1, 5 StPO.

D. Inhaltliche Grundlagen des Urteils

I. Freie richterliche Beweiswürdigung

705 Gemäß § 261 StPO entscheidet das Gericht über das Ergebnis der Beweisaufnahme nach seiner freien, aus dem Inbegriff der Verhandlung geschöpften Überzeugung. Letztere erfordert eine **persönliche Gewissheit** des Richters, die sich nicht nur auf Vermutungen, sondern objektive Grundlagen stützt. Insoweit gibt es allerdings (mit den unten genannten Ausnahmen) **keine bindenden Beweisregeln**. Entscheidungen haben sich allein an den Gesetzen der Logik und den wissenschaftlichen Erkenntnissen zu orientieren. Folglich kann eine Verurteilung auch allein auf gesicherte **Indizien** gestützt werden[21].

Dabei dürfen aber stets **nur** die **Erkenntnisse aus der Hauptverhandlung** – d.h. vom Aufruf der Sache bis zum letzten Wort des Angeklagten[22] – berücksichtigt werden, welche mittels der gesetzlichen Beweismittel **im Strengbeweis** erlangt wurden. Sind auf diesem Wege alle objektiven und subjektiven Merkmale des angeklagten Straftatbestandes in der Person des Angeklagten erwiesen, muss er verurteilt werden. Kann sich das Gericht dagegen nach Ausschöpfung aller im Rahmen der Aufklärungspflicht gebotenen Beweismittel nicht die nach der Lebenserfahrung ausreichende Sicherheit von der Täterschaft verschaffen, hat Freispruch zu erfolgen.

706 Abgesehen von der Regelung des § 274 StPO, welcher die formelle Beweiskraft des Protokolls hinsichtlich der für die Hauptverhandlung vorgeschriebenen Förmlichkeiten normiert[23], sowie der Vorschrift des § 190 StGB (Wahrheitsbeweis durch Strafurteil im Rahmen der Beleidigungsdelikte) ist der Richter in der Bewertung der Beweise frei. Das Gericht kann etwa einem – konkreten und prozessual ordnungsgemäßen (!)[24] – Geständnis Glauben schenken und wird es in der Regel auch tun, wenn es im Rahmen der stets notwendigen Überprüfung[25] durch objektivierte Umstände

---

21 BGH 5 StR 621/14; 3 StR 247/12 Tz. 6.
22 BGH 3 StR 195/10.
23 Dabei handelt es sich um eine praktisch sehr wichtige Vorschrift im Rahmen des Revisionsverfahrens; vgl. hierzu Rn. 409 ff.
24 **Vorsicht**: Die in der Praxis bedauerlicherweise weit verbreitete „**Verteidigererklärung**" kann nicht ohne Weiteres als Einlassung des Angeklagten verwertet werden. Siehe hierzu BGH 2 StR 383/11 sowie oben Rn. 391.
25 BGH 3 StR 174/13 Tz. 7.

untermauert wird. Das Gericht ist andererseits aber nicht an die Schilderungen des Angeklagten gebunden, wenn diese einer Überprüfung nicht standhalten. Es kann einem unvereidigten Zeugen Glauben schenken, einem vereidigten dagegen nicht. Es ist ferner nicht gehindert, trotz belastender Bekundungen von Zeugen die Einlassung des Angeklagten als nicht widerlegt anzusehen. Eine für die Entscheidungsfindung bedeutsame Tatsache ist dann (und nur dann) bewiesen, wenn sich das Gericht **die Überzeugung** davon verschafft hat. Das ist dann der Fall, wenn keine **vernünftigen** Zweifel an ihrem Vorliegen bestehen[26]. Solche können insbesondere auftreten, wenn ein Angeklagter allein oder überwiegend durch Angaben eines Mitangeklagten belastet wird und es nahe liegt, dass dieser sich selbst Vorteile verschaffen will. Hier müssen die Umstände der Entstehung und der nähere Inhalt der belastenden Angaben kritisch gewürdigt und im Urteil auch entsprechend dargelegt werden[27].

Die vom Tatrichter aus den erhobenen Beweisen gezogenen Schlussfolgerungen müssen dabei nicht unbedingt zwingend sein. Es genügt, wenn das erkennende Gericht an sich mögliche Zweifel überwunden hat und die Schlussfolgerungen möglich sind[28]. Umgekehrt erlaubt der Grundsatz „in dubio pro reo" das Absehen von einer Verurteilung nur dann, wenn aufgrund der **gesamten** Beweissituation tatsächlich begründete, d.h. auch nachvollziehbare Zweifel an der Schuld verbleiben. Denn es handelt sich bei dem Zweifelssatz nicht um eine Beweis-, sondern eine Entscheidungsregel[29]. Die bloß allgemeine theoretische Möglichkeit, dass sich das Geschehen auch anders abgespielt haben könnte, rechtfertigt solche Zweifel nicht. Denn die richterliche Überzeugung von der Schuld des Angeklagten erfordert keine jede abstrakte Alternative ausschließende, letztlich mathematische und daher von niemandem anzuzweifelbare Gewissheit. Für eine Verurteilung genügt vielmehr ein nach der Lebenserfahrung ausreichendes Maß an Sicherheit, welches „vernünftige und nicht bloß auf denktheoretische Möglichkeiten gegründete Zweifel nicht aufkommen lässt"[30]. **707**

Die maßgeblichen Erkenntnisse müssen **innerhalb der Hauptverhandlung** gewonnen worden sein, also unter – zulässiger – Verwertung der im **Strengbeweis** vom Gesetz vorgesehenen Beweismittel. Diese müssen zuvor **ordnungsgemäß und vollständig**[31] in den Prozess eingeführt und zum Gegenstand der Verhandlung[32] gemacht worden sein. Dazu können auch prozessordnungsgemäß erwiesene (!) Vorgänge gehören, die einen in der Hauptverhandlung gemäß § 154 Abs. 2 StPO eingestellten Tatkomplex betreffen oder aus sonstigen Gründen wegen ihrer engen Beziehung zur abzuurtei- **708**

---

26 BGH 4 StR 45/17 Tz. 14; vgl. zu den unterschiedlichen Beweiswürdigungstheorien *Herdegen* NStZ 1999, 177.
27 Vgl. BGH 2 StR 115/17; 4 StR 171/13 Tz. 4; 5 StR 196/13 Tz. 7; 5 StR 402/12 Tz. 5; 5 StR 308/11; 5 StR 32/11; 5 StR 156/10.
28 St. Rspr., vgl. BGH 1 StR 456/15 Tz. 22; 2 StR 14/15 Tz. 10; 1 StR 327/14 Tz. 44; 4 StR 340/13 Tz. 8 f. m.w.N. Verfassungsrechtlich ist dieser Maßstab trotz der Unschuldsvermutung unbedenklich, BVerfG NJW 2008, 3347 f.
29 BGH 3 StR 384/15 Tz. 4; 2 StR 202/11 Tz. 10; NStZ-RR 2008, 350 f.; 1 StR 383/08; NStZ 2002, 656 f.
30 Vgl. BGH 1 StR 261/17 Tz. 20 m.w.N.; 4 StR 320/16 Tz. 12; 1 StR 201/13 Tz. 27; BVerfG NJW 2002, 3015.
31 Das bedeutet beispielsweise vollständige Verlesung von Dokumenten, die bei der Beweiswürdigung verwertet werden, vgl. BGH NStZ 2004, 179.
32 Einschließlich des Schlusswortes des Angeklagten gemäß § 258 StPO, vgl. BGH StV 1983, 402.

Kapitel 5 *Das Urteil in der Tatsacheninstanz*

lenden Tat für die Entscheidung (etwa die Strafzumessung) relevant sind[33]. Außerprozessual erlangtes Wissen oder Akteninhalte müssen zumindest mündlich erörtert worden sein. Wegen des mit § 261 StPO korrespondierenden Gebotes der umfassenden Beweiserhebung aus § 244 Abs. 2 StPO muss das Gericht alle im Rahmen der Aufklärungspflicht gebotenen Beweise erheben und bei der Entscheidungsfindung auch würdigen.

709 Auch bei **Urteilsabsprachen** gilt nichts anderes. Sie befreien nicht von dem Grundsatz der Aufklärungspflicht, § 244 Abs. 2 StPO. Diese bildet – schon wegen der Gesetzesbindung des Richters aus Art. 20 Abs. 3 GG – auch die Grundlage des Schuldspruchs und der entsprechenden Rechtsfolgen. Es ist daher auch im Falle eines abgesprochenen Geständnisses unzulässig, dem Urteil einen Sachverhalt zu Grunde zu legen, der nicht auf einer Überzeugungsbildung unter vollständiger Ausschöpfung des Beweismaterials beruht. Im Urteil ist also stets darzulegen, warum das Geständnis mit dem Ermittlungsergebnis zu vereinbaren ist, ob es in sich stimmig ist und die getroffenen Feststellungen trägt. Aus einer Urteilsabsprache folgen für die Abfassung des schriftlichen Urteils also **keinerlei Erleichterungen**[34].

II. Schranken der freien Beweiswürdigung

710 Der Grundsatz der freien Beweiswürdigung eröffnet dem erkennenden Gericht einen verhältnismäßig großen Spielraum bei der Bewertung der Tatsachengrundlagen. Die Überzeugungsbildung ist die „ureigene Aufgabe" des Tatrichters; seine Bewertung der Beweisergebnisse unterliegt nur in beschränktem Umfang der Überprüfung durch das Revisionsgericht. Dieses ist – gleich ob bei Verurteilung oder Freispruch – grundsätzlich an die in der Tatsacheninstanz getroffenen Feststellungen gebunden. Es kommt insbesondere nicht darauf an, ob es angefallene Erkenntnisse anders gewürdigt oder Zweifel überwunden hätte. Allerdings erfordert die richterliche Überzeugungsbildung **objektive Umstände**, die den rationalen und belegbaren Schluss erlauben, dass das festgestellte Geschehen sich mit **hoher Wahrscheinlichkeit** tatsächlich (so) ereignet hat[35]. Im Rahmen der Sachrüge revisible Rechtsfehler liegen in Bezug auf die Beweiswürdigung folglich vor, wenn die Ausführungen im Urteil (alternativ)

– widersprüchlich, unklar oder lückenhaft sind, weil sie etwa die Gründe für die Überzeugungsbildung gar nicht oder nur unzureichend schildern oder „naheliegende" Möglichkeiten eines anderen Geschehensablaufes nicht erörtert werden,
– gegen Denkgesetze oder gesicherte Erfahrungssätze verstoßen,
– mit den Erkenntnissen der Wissenschaft nicht übereinstimmen
– oder wenn sie erkennen lassen, dass an die Überzeugungsbildung zu geringe bzw. überspannte Anforderungen gestellt wurden.

---

33 BGH 2 StR 54/15 Tz. 4; 4 StR 448/13 Tz. 7; 3 StR 234/13 Tz. 4. In der Regel ist in diesen Fällen auch ein rechtlicher Hinweis gemäß **§ 265 StPO** erforderlich, vgl. BGH 1 StR 126/13 Tz. 15; 5 StR 526/08; NJW 1996, 2585 f.
34 Siehe BGH 2 StR 322/15; 3 StR 169/15 Tz. 4; 5 StR 354/13; 3 StR 212/13 Tz. 4; 3 StR 35/13 Tz. 6 f.; 1 StR 459/12 Tz. 49; 4 StR 170/12 Tz. 15; 1 StR 17/12; 3 StR 285/11 Tz. 7; 3 StR 203/11 Tz. 21; BGH 2 StR 383/11; 5 StR 594/10; NStZ-RR 2010, 54 f. Hiergegen wird bei Absprachen indes im Interesse an einer einfachen und schnellstmöglichen Verfahrenserledigung gerne verstoßen.
35 BGH 2 StR 488/12 Tz. 8.

Näheres finden Sie im Abschnitt über die Revision.

§ 261 StPO eröffnet also weder den Weg für Willkür, noch bietet er die Grundlage für **711** nicht nachvollziehbare und/oder objektiv nicht haltbare Gedankengänge bzw. Argumentationen bei der Entscheidungsbegründung. Solchen Fehlleistungen vorzubeugen bzw. die darauf beruhenden Entscheidungen im Nachhinein „kassieren" zu können, dient u.a. der Begründungszwang in den schriftlichen Urteilsgründen[36]. Darin müssen sich die maßgeblichen Überlegungen des Tatrichters wiederfinden. Diese müssen aus sich heraus **verständlich und vollständig** sein.

Das Gericht muss sich erschöpfend mit den erhobenen Beweisen auseinandersetzen und diese einer **Gesamtwürdigung**[37] unterziehen. Es darf sich also nicht allein auf ein pauschales Geständnis stützen[38]. Andererseits ist der „nemo-tenetur"-Grundsatz streng zu beachten, wonach das Schweigen des Angeklagten zum Tatvorwurf ebenso wie dessen berechtigte Verweigerung von Mitwirkungshandlungen während des Ermittlungsverfahrens (etwa Nichtabgabe einer Speichelprobe) nicht zu dessen Lasten gewertet werden darf[39].

Auch das berechtigte Schweigen eines Zeugen im Rahmen des § 52 StPO erlaubt keine nachteiligen Schlüsse zu Lasten des Angeklagten, wohl aber die Nichtbeantwortung einzelner Fragen. Umgekehrt darf die mangelnde „Glaubwürdigkeit" eines Zeugen nicht damit begründet werden, dieser habe entlastende Angaben erst in der Hauptverhandlung gemacht, während er im Ermittlungsverfahren unter Berufung auf § 52 StPO geschwiegen habe[40].

Im Rahmen der Abwägung der Beweisergebnisse hat das Gericht die Gründe für **712** oder gegen die Glaubhaftigkeit einer Aussage bzw. Einlassung anzugeben und sich gegebenenfalls mit den Kriterien für die Beurteilung einer Zeugenaussage auseinander zu setzen[41]. Das gilt in besonderem Maße, wenn „Aussage gegen Aussage" steht, wenn ein Belastungszeuge von seinen früheren Angaben abweicht, partiell die Unwahrheit gesagt hat oder selbst tatbeteiligt war[42]. Es gibt zwar keinen allgemeinen Erfahrungssatz, dass eine Zeugenaussage nur entweder insgesamt wahr oder unwahr sein könne[43]. In solchen Zweifelsfällen muss der Tatrichter sein Augenmerk aber besonders auf die außerhalb der Aussage liegenden Indiztatsachen richten, welche die Richtigkeit der Angaben gegebenenfalls stützen können[44]. Das Gericht muss sich erforderlichenfalls mit der objektiven Wahrnehmungsfähigkeit und -möglichkeit persönlicher Beweismittel befassen. Von Bedeutung ist in diesem Zusammenhang

---

36 Der Begründungszwang lässt sich neben dem einfachen Verfahrensrecht auch dem Verfassungsgebot der Widerlegung der Unschuldsvermutung gemäß Art. 20 Abs. 3 GG entnehmen.
37 BGH 2 StR 110/17 Tz. 6; 1 StR 535/16 Tz. 7; 1 StR 349/15 Tz. 9.
38 Vgl. BGH 3 StR 174/13 Tz. 7; 1 StR 317/12 Tz. 19 f.
39 Zum sog. „**Teilschweigen**" siehe BGH 3 StR 462/15; 3 StR 370/10; NStZ 2003, 45 f. sowie oben Rn. 228.
40 BGH NStZ 2010, 101 f.
41 Mehr hierzu oben Rn. 519 ff.
42 BGH 2 StR 275/17 Tz. 5; 5 StR 231/16; 2 StR 101/15 Tz. 7; 4 StR 132/15; 4 StR 427/14 Tz. 7; 1 StR 700/13; 5 StR 246/13 Tz. 3 f.
43 BGH 4 StR 363/13 Tz. 7.
44 St. Rspr., vgl. BGH 5 StR 166/15 Tz. 6 ff.; 4 StR 360/12 Tz. 21; 5 StR 401/12 Tz. 8; 1 StR 369/10; 5 StR 194/10.

Kapitel 5 *Das Urteil in der Tatsacheninstanz*

auch, ob es sich um einen unmittelbaren oder mittelbaren Zeugen (vom Hörensagen) handelt, der über das Tatgeschehen nicht aus seiner eigenen, direkten Wahrnehmung berichten kann. Bei Sexualdelikten werden – insbesondere bei familiärem Zusammenhang – regelmäßig zudem die **Entstehung und die Entwicklung der Aussage** aufzuklären und im Urteil darzustellen sein (sog. Aussagegenese)[45]. Für die Beurteilung der Aussagen kindlicher Zeugen hat die Rechtsprechung bestimmte, im Einzelfall zu beachtende Grundsätze entwickelt[46].

713 Das Gericht darf im Rahmen seiner Pflicht zur freien Beweiswürdigung auch nicht die Ausführungen eines **Sachverständigen** ungeprüft und ohne eigenständige Erörterung übernehmen. Das gilt insbesondere dann, wenn es sich bei diesen um nach den maßgeblichen Erfahrungssätzen keineswegs zwingende Schlussfolgerungen handelt. Welche Schlüsse aus den sachverständig ermittelten Umständen zu ziehen sind, entscheidet nur das Gericht[47].

Schließt das Gericht aufgrund von **Indiztatsachen** auf die Täterschaft des Angeklagten, so müssen diese zweifelsfrei feststehen und der daraus gezogene nachteilige Schluss denkgesetzlich möglich sein[48]. Stützt das Gericht seine Überzeugung auf Erfahrungssätze, so müssen diese natürlich die für sie in Anspruch genommene Allgemeingültigkeit besitzen[49].

714 Zu beachten ist schließlich, dass die Möglichkeiten der Wahrheitsfindung durch äußere, vom Gericht nicht beeinflussbare Umstände eingeschränkt sein können. Kann etwa ein wichtiger Zeuge infolge von behördlichen Sperrerklärungen oder der Verweigerung von Aussagegenehmigungen nicht gehört werden und bleibt daher offen, ob die Beweiserhebung für den Angeklagten Be- oder Entlastendes erbracht hätte bzw. unergiebig geblieben wäre, so muss dieser Verkürzung der Beweisgrundlage durch „vorsichtige" Beweiswürdigung und gegebenenfalls durch Anwendung des Grundsatzes „in dubio pro reo" angemessen Rechnung getragen werden[50].

E. Inhalt und Aufbau des schriftlichen Urteils

715 Der Inhalt des Strafurteils ist in §§ 260, 267, 275 Abs. 2, 3 StPO, wenn auch unvollständig und wenig systematisch, genannt. Es müssen danach neben dem eigentlichen Ausspruch (Tenor) in den Urteilsgründen insbesondere die „für erwiesen erachteten" äußeren (Tatgeschehen) und inneren Tatsachen (z.B. Vorsatz) angegeben werden. Zudem bedarf es einer Beweiswürdigung und Ausführungen zu den Rechtsfolgen.

716 Urteilsgründe sollen den Verfahrensbeteiligten in der gebotenen Klarheit mitteilen, welchen Sachverhalt das Gericht für erwiesen bzw. (beim Freispruch) nicht für erwiesen gehalten hat, wie und warum es zu den Feststellungen gelangt ist und wie

---

45 BGH 4 StR 1/17 Tz. 5; 2 StR 101/15 Tz. 15; 5 StR 381/14 Tz. 7, 11; 1 StR 135/13 Tz. 9.
46 Vgl. BGHSt 45, 164 ff.; BGH NStZ 2008, 116 f.
47 Siehe oben Rn. 310 sowie BGH 2 StR 297/12 Tz. 8 (Schuldfähigkeit); NStZ 2009, 284 f. (polizeiliche „Täteranalyse").
48 BGH 2 StR 379/16 Tz. 7.
49 Vgl. die Beispiele aus der Rechtsprechung bei HK-*Julius*, § 261 Rn. 40.
50 BGH NJW 2004, 1259 ff. im Fall *El Motassadeq* (lesenswert!); siehe dazu auch oben Rn. 454.

die Rechtsfolge begründet wird. Das ist eigentlich eine Selbstverständlichkeit. § 267 StPO, welcher die Einzelheiten regelt, stellt insoweit nur die einfach-rechtliche Ausprägung des verfassungsmäßigen Anspruchs auf rechtliches Gehör dar[51]. Urteilsgründe bilden schließlich die maßgebliche Grundlage der Überprüfung durch das Rechtsmittelgericht.

Sie müssen also generell aus sich heraus **verständlich und vollständig** sein[52]. Es ist dabei geboten, Wichtiges von Unwichtigem zu unterscheiden und die Begründung der Entscheidung so zu fassen, dass der Leser die **wesentlichen** tatsächlichen Feststellungen und rechtlichen Erwägungen ohne aufwändige eigene Bemühungen erkennen kann. Unangemessen ausufernde Urteilsgründe sind weder durch § 267 StPO noch sachlich-rechtlich geboten. Sie können im Gegenteil den Bestand des Urteils in der Revision gefährden, weil sie nahelegen, das Tatgericht habe den Blick auf das Wesentliche verloren. Anderseits dürfen die Urteilsfeststellungen oder Würdigungen – mit Ausnahme des in § 267 Abs. 1 S. 3 StPO geregelten Falles (möglichst konkret bezeichnete Abbildungen, insbesondere Lichtbilder[53]) – nicht durch Bezugnahme auf den Akteninhalt ersetzt werden, weil sonst eine revisionsgerichtliche Kontrolle allein auf der Grundlage der Urteilsurkunde nicht möglich ist[54]. Ein „gutes" Urteil ist also (auch) Zeugnis eines gewissen schriftstellerischen Geschicks und der einem Richter abverlangten[55] Fähigkeit, Sachverhalte in prägnanter Form zusammenzufassen.

Die schriftlichen Urteilsgründe vermitteln schließlich der Vollstreckungsbehörde das notwendige Wissen für die Behandlung des Verurteilten im **Vollzug**. Auch sind sie von großer Bedeutung für die später von der zuständigen Strafvollstreckungskammer (§§ 462a, 462, 454 StPO) zu treffenden Entscheidungen, also insbesondere ob der Rest einer verhängten Freiheitsstrafe unter den Voraussetzungen des § 57 Abs. 1, 2 StGB (also nach Verbüßung von 2/3 oder gar schon nach der Hälfte) bzw. ob eine verhängte Maßregel der Besserung und Sicherung (§§ 463 StPO, 67c, 67d StGB) zur Bewährung ausgesetzt werden kann. In einem eventuellen späteren Strafverfahren gegen den Verurteilten werden die Entscheidungsgründe zudem regelmäßig im Wege des Urkundsbeweises über die strafrechtlichen Vorbelastungen in die Hauptverhandlung eingeführt.

717

Die Abfassung der Urteilsgründe erfordert daher Sorgfalt, eine gewisse Erfahrung und nicht zuletzt auch „ein Händchen" des Strafrichters, um mögliche „Revisionsfallen" aus dem Weg zu gehen. Nicht zu Unrecht wird die schriftliche Absetzung der Gründe als der schwierigste Teil der Entscheidung bezeichnet[56].

---

51 BVerfG NJW 2004, 209 f.
52 Das schließt den Gebrauch medizinischer oder sonstiger Fachausdrücke in dem erforderlichen Rahmen jedoch nicht aus, vgl. OLG Hamm NStZ-RR 2010, 348.
53 Siehe hierzu BGH 3 StR 425/15 Tz. 15. **Achtung**: Ob Abbildungen (mangels Verlesbarkeit) überhaupt in ein Urteil aufgenommen werden dürfen, ist unklar. Bei Fotos sind zudem die Belange des Abgebildeten zu beachten. So haben insbesondere Fotos des Tatopfers oder solche mit pornographischem Inhalt aus Gründen des Persönlichkeitsschutzes in den Urteilsgründen nichts zu suchen, BGH 3 StR 50/13; 4 StR 328/09 m.w.N.
54 BGH 4 StR 101/09.
55 So zu Recht BGH 3 StR 111/17; 5 StR 70/10.
56 *Meyer-Goßner/Appl*, Rn. 197.

Kapitel 5 *Das Urteil in der Tatsacheninstanz*

I. Rubrum

718 Die Urteilsurkunde beginnt mit dem „Rubrum", d.h. mit der Bezeichnung des Gerichts und dessen Besetzung, dem Datum der Verhandlung, den Personalien des Angeklagten sowie der Benennung des Staatsanwalts, Nebenklagevertreters, Verteidigers und des Urkundsbeamten (§ 275 Abs. 3 StPO). Ggfls. ist auch der Adhäsionskläger aufzuführen. Der notwendige Inhalt des ursprünglich in rot geschriebenen (daher „rubrum") Urteilskopfes, der seinen Platz immer vor dem Urteilsausspruch hat, ergibt sich aus § 275 Abs. 3 StPO[57]. Hier gibt es zusätzlich nichts Wesentliches zu erläutern; wir verweisen daher auf die abgedruckten Beispielsfälle[58].

II. Urteilstenor

719 Sind die Urteilsgründe der schwierigste Teil des Urteils, so ist der Tenor der wichtigste. Im Falle einer Verurteilung beinhaltet die Urteilsformel nicht nur die „Kennzeichnung des begangenen Unrechts"[59], sondern bildet auch die Grundlage für die nachfolgende Strafvollstreckung. In allen Fällen der Sachentscheidung – also auch beim Freispruch – bestimmt der Tenor den Umfang der Rechtskraft.

Der notwendige Inhalt ist in § 260 StPO – allerdings ebenfalls nur partiell – geregelt. Die dort normierten Mindestanforderungen an Schuld- und Rechtsfolgenausspruch beziehen sich allein auf eine Verurteilung (§ 260 Abs. 2, 4 und 5 StPO), der Freispruch ist gar nicht geregelt. Soweit es an einer Regelung fehlt, steht die Fassung der Urteilsformel im pflichtgemäßen Ermessen des Gerichts (§ 260 Abs. 4 S. 5 StPO). Dabei ist stets auf eine klare, verständliche und knappe Formulierung zu achten sowie Überflüssiges zu vermeiden[60].

1. Abfassung des Schuldspruchs

720 Im Falle der Verurteilung muss der Tenor die zu Grunde liegende Straftat rechtlich bezeichnen. Dabei sind die **gesetzlichen Überschriften** der Tatbestände (§ 260 Abs. 4 S. 2 StPO) und ferner die (echten) qualifizierten Begehungsweisen (etwa §§ 177 Abs. 7 und 8, 250 Abs. 1 und Abs. 2, 251, 255 StGB) zu benennen. Enthält die Strafvorschrift keine Überschrift, so ist die Bezeichnung – ggfls. in der jeweiligen Begehungsvariante – maßgeblich, die sich aus dem Tatbestand ergibt (beispielsweise im Fall des § 29 Abs. 1 BtMG: „wegen unerlaubten Handeltreibens mit Betäubungsmitteln")[61].

Teilnahmeformen (Beihilfe/Anstiftung) und der Versuch sind – anders als die Mittäterschaft[62] – im Tenor zu erwähnen, denn sie gehören zur rechtlichen Bezeichnung der Tat. Auch die Angabe der **Schuldform** ist erforderlich, wenn das Delikt vorsätzlich

---

57 Was die Bezeichnung des Angeklagten betrifft, gilt zusätzlich Nr. 141 Abs. 1 RiStBV.
58 Siehe unten Rn. 803, 894.
59 BGH NStZ 1983, 524.
60 BGH 1 StR 220/09; 5 StR 127/07.
61 Siehe auch BGH 4 StR 116/16 für Verstöße gegen das WaffG sowie BGH 3 StR 62/14 Tz. 33 für solche gegen das Außenwirtschaftsgesetz.
62 Vgl. BGH 3 StR 102/17 Tz. 7; 3 StR 154/15 Tz. 4.

oder fahrlässig begangen werden kann. Für den Tatbestand der vorsätzlichen Körperverletzung (§ 223 StGB) genügt allerdings die Formulierung „wegen Körperverletzung", denn dies entspricht der gesetzlichen Überschrift. § 229 StGB ist demgegenüber ein eigener Tatbestand.

Sieht das Gesetz **schwere oder minder schwere Fälle** (sog. unbenannte Strafschärfungs- und Strafmilderungsvorschriften) vor, so gehört die Entscheidung darüber regelmäßig **nicht** in den Tenor, sondern – wie die Anwendung der §§ **21, 49 StGB**[63] – in die Ausführungen zur Strafzumessung[64]. Auch verwirklichte **Regelbeispiele** haben als reine Strafrahmenbestimmungen im Tenor nichts zu suchen[65]. Hat daher jemand im Sinne von § 243 Abs. 1 Nr. 3 StGB gewerbsmäßig gestohlen oder als Mitglied einer Bande gem. § 263 Abs. 3 Nr. 1 StGB betrogen, ist dies allein in den Urteilsgründen bei der Ermittlung des Strafrahmens abzuhandeln.

721

Anders ist es nur dann, wenn die besondere Begehungsform Voraussetzung für die Erfüllung eines **Qualifikationstatbestands** ist, etwa im Falle der §§ 244 Abs. 1 Nr. 2, 250 Abs. 2, 260 Abs. 1 StGB. Diese sind im Tenor genau zu bezeichnen[66]. Das **Konkurrenzverhältnis** der einzelnen Verurteilungen muss dem Urteilstenor ebenfalls eindeutig zu entnehmen sein. Tatmehrheit und Tateinheit sind sprachlich gegeneinander abzugrenzen. Bei gleichartiger Tateinheit sollte der Schuldspruch zudem die einzelnen Fälle nennen[67].

2. Abfassung des Rechtsfolgenausspruchs

Der materiell an § 46 StGB zu orientierende Rechtsfolgenausspruch gibt die verhängte Sanktion sowie ggfls. die Nebenfolgen (Nebenstrafen, Maßregelanordnungen etc.) wieder.

722

a) Verhängung einer Geldstrafe

Im Falle der Verurteilung zu einer Geldstrafe werden nur die Anzahl der Tagessätze und deren Höhe, nicht dagegen die Gesamtsumme angegeben. Die Grundsätze der

---

63 Die in der Praxis nicht selten anzutreffende Tenorierung „begangen im Zustand verminderter Schuldfähigkeit" ist also zumindest überflüssig.
64 BGH 3 StR 164/17 Tz. 2; 4 StR 620/10. Da das **begangene Unrecht** andererseits **möglichst genau zu bezeichnen** ist, wird eine **Ausnahme für § 177 StGB** zugelassen. Danach wird die Verwirklichung des § 177 Abs. 6 StGB weiterhin als „Vergewaltigung", des Abs. 7 als „schwere Vergewaltigung" und des Abs. 8 als „besonders schwere Vergewaltigung" tenoriert, vgl. BGH 3 StR 134/11; 3 StR 151/10; 2 StR 132/08. Ähnlich ist es beim Raub bzw. der räuberischen Erpressung. Unter den Voraussetzungen des **§ 250 Abs. 2 StGB** ist die Tat im Schuldspruch als „besonders schwerer Raub" bzw. „besonders schwere räuberische Erpressung" zu bezeichnen, vgl. BGH 2 StR 467/16 Tz. 5; 2 StR 144/14 Tz. 4 m.w.N. Beim Zusammentreffen von §§ 176a Abs. 2 und 3 StGB ist zu tenorieren: „wegen schweren sexuellen Missbrauchs von Kindern in kinderpornographischer Absicht", vgl. BGH 2 StR 191/15.
65 BGH 3 StR 104/12 Tz. 2; 3 StR 131/12 Tz. 16 m.w.N.
66 Siehe BGH 3 StR 162/10; 3 StR 349/09; 295/09; 2 StR 340/08.
67 Etwa bei §§ 211, 306c StGB, wenn sechs Personen durch eine in Mordabsicht durchgeführte Brandstiftung getötet worden sind: „wegen Mordes in Tateinheit mit Brandstiftung mit Todesfolge in sechs Fällen", vgl. BGH NStZ 1996, 610 f.

Kapitel 5   *Das Urteil in der Tatsacheninstanz*

Berechnung einer Geldstrafe, die nach § 40 Abs. 1 S. 1 StGB in Tagessätzen zu verhängen ist[68], sind folgende[69]:

Ausgehend vom sog. **Nettoeinkommensprinzip** (§ 40 Abs. 2 S. 2 StGB), d.h. unter Abzug der laufenden Steuern, ist zu ermitteln, welche monatlichen Einkünfte – gleich welcher Art – dem Angeklagten zur Verfügung stehen. Einzurechnen sind Naturalbezüge, wie privat nutzbarer Dienstwagen, freie Kost und Logis[70]. Sollte der Angeklagte zu alldem keine Angaben machen, kann bei Vorliegen konkreter Anhaltspunkte (etwa der Art seiner beruflichen Tätigkeit) sein Einkommen geschätzt werden, § 40 Abs. 3 StGB. Wie sich aus § 40 Abs. 2 S. 2 StGB ergibt, kommt es im Übrigen nicht entscheidend darauf an, ob ein bestimmtes Einkommen tatsächlich erzielt wird. Maßgeblich ist vielmehr, welche Einkünfte der Angeklagte bei zumutbarem Aufwand haben könnte. Abzuziehen sind auf der anderen Seite Verbindlichkeiten, soweit sie als berechtigte Aufwendungen anerkannt werden können[71]. Steuerliche Gesichtspunkte, wie Abschreibungen oder selbstverschuldete Steuerrückstände, bleiben außer Betracht[72].

723 Das ermittelte monatliche Nettoeinkommen ist durch einfache Division in Tagessätze umzurechnen. Deren Höhe beträgt mindestens 1 € und höchstens 30 000 €. Die gemäß § 40 Abs. 3 StGB mögliche Einbeziehung des Vermögens des Angeklagten (genauer: der Substanz des Vermögens, denn die Einkünfte daraus unterfallen schon dem Absatz 1) spielt in der Praxis kaum eine Rolle. Einerseits besteht Einigkeit, dass die Geldstrafe keinen konfiskatorischen Charakter haben soll, andererseits gibt die Vorschrift auch keine brauchbaren Maßstäbe an die Hand, wie und in welchem Umfang der Zugriff erfolgen kann[73].

Insgesamt hat der Tatrichter einen großen Ermessensspielraum, da das Revisionsgericht dessen Bewertungen bis zur Grenze des Vertretbaren hinnehmen muss. Zahlungserleichterungen gemäß § 42 StGB sind ebenfalls im Tenor auszusprechen.

b) Verhängung einer Freiheitsstrafe

724 Wird eine Freiheitsstrafe verhängt, so ist bei deren Bemessung nicht nur § 46 StGB, sondern auch § 39 StGB zu beachten. Danach wird eine Freiheitsstrafe von unter einem Jahr nach vollen Wochen und Monaten, eine solche von längerer Dauer nach Monaten und Jahren bemessen[74]. Die Tenorierung einer „Freiheitsstrafe von sechs Wochen" wäre also unzulässig. Nahe käme „ein Monat und zwei Wochen". Das sind aber mehr als „sechs Wochen". Ein solch fehlerhafter Ausspruch kann nur in der

---

68 Dies geschieht, um eine Ersatzfreiheitsstrafe im Falle der fehlenden Beitreibbarkeit der Geldstrafe berechnen zu können, vgl. § 43 StGB.
69 Bei der Berechnung des Tagessatzes handelt es sich um eine komplexe Entscheidung. Da hier nur die Grundzüge dargestellt werden können, empfiehlt sich im Einzelfall ein Blick in den Kommentar, z.B. *Fischer* § 40 Rn. 6 ff.
70 Siehe BGH 1 StR 147/17 Tz. 7 ff.
71 Vgl. dazu: *Fischer* § 40 Rn. 13 m.w.N.
72 Vgl. BGHSt 27, 228 (231); OLG Stuttgart NJW 1995, 67 f.
73 Lesen Sie dazu: Sch/Sch-*Stree/Kinzig,* § 40 Rn. 12; vgl. auch: OLG Köln StV 2001, 347.
74 Anderes kann gelten, wenn ansonsten die Regeln über die Bildung einer Gesamtstrafe oder den Härteausgleich nicht umgesetzt werden könnten. Siehe hierzu BGH 2 StR 572/15 Tz. 3.

Inhalt und Aufbau des schriftlichen Urteils **E**

Rechtsmittelinstanz „repariert" werden. Das ist kein Problem, wenn Berufung eingelegt wird. Aber auch in der Revisionsinstanz kann ggfls. auf die Sachrüge hin der Strafausspruch auf die nächst niedrigere, gesetzlich zulässige Strafhöhe reduziert werden; in dem Beispiel wären dies „ein Monat und eine Woche" (§ 39 StGB).

Handelt es sich bei der verhängten Freiheitsstrafe um eine **Gesamtstrafe** (§§ 54, 39 StGB beachten!), so gehört nur der Ausspruch darüber in den Tenor. Die Einzelstrafen – seien sie ebenfalls Freiheitsstrafen oder Geldstrafen – tauchen nur in den Gründen des Urteils auf, und zwar im Rahmen der Strafzumessung.

Selbstverständlich ist im Urteilstenor auch auszusprechen, ob eine Freiheitsstrafe zur Bewährung ausgesetzt wird. Die Dauer einer Bewährung sowie Auflagen und Weisungen (§§ 56 a ff. StGB) werden dagegen in einem gesonderten Beschluss festgelegt.

c) Verstöße gegen das Beschleunigungsgebot

Auch eine erhebliche rechtstaatswidrige Verfahrensverzögerung kann als Verstoß gegen **Art. 5 Abs. 3 S. 1 und Art. 6 Abs. 1 S. 1 EMRK** Auswirkungen auf den Urteilstenor haben[75], da in bestimmten Fällen ein Teil der verhängten Strafe für bereits verbüßt zu erklären ist. Eine solche Kompensation ist Ausgleich für eine „Opferstellung" des Betroffenen (Art. 34 EMRK) und soll den jeweiligen Vertragsstaat vor einer möglichen Verurteilung durch den EGMR auf Grund einer Individualbeschwerde schützen[76]. Verzögerungen in anderen Staaten, etwa bei der Auslieferung, müssen also von deutschen Gerichten nicht zwingend berücksichtigt werden[77].

725

Maßgeblich ist insoweit die Angemessenheit der **Gesamtdauer** des innerstaatlichen Verfahrens. Kommt ein Konventionsverstoß in Betracht, so sind zunächst Art und Ausmaß der Verzögerung sowie ihre Ursachen zu ermitteln und im Urteil konkret festzustellen[78]. Im Rahmen der Strafzumessung ist dann in wertender Betrachtung zu entscheiden (und darzulegen), ob und in welchem Umfang der zeitliche Abstand zwischen Tat und Urteil sowie die besonderen Belastungen, denen der Angeklagte wegen der überlangen Verfahrens- oder Haftdauer gegebenenfalls ausgesetzt war, bei der Straffestsetzung mildernd zu berücksichtigen sind[79]. Der Bezifferung eines „Strafabschlags" bedarf es dabei allerdings nicht[80]. Bei nicht gravierenden Verfahrensverzögerungen kann unter Umständen bereits die ausdrückliche Feststellung des Vorliegens eines Konventionsverstoßes eine ausreichende Kompensation darstellen[81]. Maßgeb-

---

75 Lesen Sie zum Inhalt des Beschleunigungsgebotes zunächst oben Rn. 21 ff.
76 Siehe EGMR, Entscheidung vom 22.05.2012, Nr. 17603/07.
77 Vgl. BGH 1 StR 153/11 Tz. 37.
78 BGH 1 StR 389/15 Tz. 8; 2 StR 364/15; 4 StR 21/15 Tz. 15; 2 StR 523/14 Tz. 4; 2 StR 308/13 Tz. 30.
79 BGH 1 StR 45/17 Tz. 8; 1 StR 103/12 Tz. 42. Da sich die Jugendstrafe maßgeblich an erzieherischen Aspekten orientiert, kann bei Anwendung von **Jugendrecht** etwas anderes gelten, vgl. BGH 4 StR 73/17; NStZ 2010, 94 f.; NJW 2008, 860 ff.; NStZ 2003, 364. Auch hier ist die Anwendung des Vollstreckungsmodells aber zulässig, wenn die Strafe auf das Vorliegen besonders schwerer Schuld gem. § 17 Abs. 2 JGG gestützt ist, BGH 1 StR 153/11 Tz. 43; 5 StR 330/10. Das zur Erziehung notwendige Maß darf aber nicht unterschritten werden, OLG Hamm NStZ 2012, 576; OLG Düsseldorf NStZ 2011, 525 ff.
80 BGH 3 StR 173/09.
81 So etwa bei einer Verzögerung um 7 Monate – BGH 3 StR 48/17; 14 Monate (im Revisionsverfahren) 5 StR 186/16; 6 Monate – BGH 1 StR 218/12 – oder um 8 Monate bei einem nicht inhaftierten Angeklagten, BGH 2 StR 297/10. Siehe auch BGH 1 StR 551/11; 1 StR 153/11 Tz. 40.

Kapitel 5   *Das Urteil in der Tatsacheninstanz*

lich ist insoweit immer, wie sich die eingetretene Verzögerung bei dem jeweiligen Angeklagten konkret ausgewirkt hat[82].

726   Genügen die Feststellung der rechtsstaatswidrigen Verfahrensverzögerung und die Berücksichtigung als Strafzumessungsgrund zur Kompensation nicht, so hat das Gericht festzulegen und **im Tenor auszuwerfen**, welcher bezifferte Teil der Strafe (bzw. Gesamtstrafe) zum Ausgleich der Verzögerung nach den Umständen des Einzelfalls als vollstreckt gilt (sog. „Vollstreckungslösung"). Dabei muss im Auge behalten werden, dass die Verfahrensdauer als solche sowie die damit verbundenen Belastungen des Angeklagten bereits mildernd in die Strafbemessung eingeflossen sind und es daher nur noch um einen Ausgleich für die rechtsstaatswidrige **Verursachung** dieser Umstände geht. Die Anrechnung hat sich daher i.d.R. auf einen „eher geringen Bruchteil" der Strafe zu beschränken[83]. Auf andere Umstände als die Verfahrensverzögerung – etwa eine angebliche „Vorverurteilung" im Rahmen medialer Berichterstattung – ist die Vollstreckungslösung nicht anwendbar[84].

d)   Sonstiger Inhalt des Rechtsfolgenausspruchs

727   Neben dem eigentlichen Strafausspruch sind verhängte **Maßregeln** der Besserung und Sicherung ausdrücklich aufzuführen (§§ 63, 64, 66, 69 StGB).

Wird inhaltlich – was den Regelfall der zivilrechtlichen Kompensation für das Tatopfer bilden soll[85] – über einen **Adhäsionsantrag** entschieden, so gehört der den Regeln des BGB (§§ 823, 253 Abs. 2) und der ZPO folgende Ausspruch, ggfls. mit der Entscheidung über Verzugszinsen (§§ 286, 288 BGB)[86], ebenfalls in den Tenor der Entscheidung[87].

Das Urteil muss sich ggfls. auch zur Frage der **Einziehung** von Vermögenswerten gem. §§ 73 ff. StGB, 111b ff. StPO verhalten, welche im Zusammenhang mit den Opferrechten bereits dargestellt wurde[88], jedoch nicht auf Forderungen von Verletzten beschränkt ist. Ist der Anspruch des Verletzten bis zur tatgerichtlichen Entscheidung ausgeglichen worden, so scheidet insoweit eine Einziehung aus, § 73d Abs. 1 S. 2 StGB.

Selbstverständlich können auch – exakt zu bezeichnende – Tatmittel, Tatprodukte oder gefährliche Gegenstände eingezogen werden, §§ 74 ff. StGB. Mit Zustimmung

---

82   Vgl. BGH 2 StR 128/15 Tz. 3; 3 StR 50/11; 5 StR 537/10 (Meldeauflagen); 4 StR 295/10; NStZ 2009, 287.
83   BGH 1 StR 359/17 (4 Monate bei 2 Jahren und 2 Monaten Verzögerung); 2 StR 23/16 Tz. 12 (1 Monat bei 13 Monaten Verzögerung); 1 StR 121/16 Tz. 29 (2 Monate Abschlag bei Verzögerung von 3 Jahren und 10 Monaten bei nicht inhaftiertem Angeklagten); 5 StR 10/16 (1 Monat Abschlag bei Verzögerung von 6 Monaten und Untersuchungshaft); 4 StR 34/15 (2 Monate Abschlag bei Verzögerung von einem Jahr); 2 StR 364/15; 2 StR 48/15 Tz. 15; 4 StR 391/14 (3 Monate Kompensation bei Verzögerung von 1 ½ Jahren); 1 StR 392/13 (zwei Monate Abschlag bei zweijähriger Verfahrensverzögerung); 2 StR 392/13 (10 Monate Reduktion für eine psychisch sehr labile Mutter zweier Kinder bei einer Verzögerung von zwei Jahren und neun Monaten).
84   Siehe hierzu BGH 1 StR 154/16 sowie EGMR NJW 2016, 3147 ff.
85   BVerfG NJW 2007, 1670.
86   Siehe hierzu BGH NStZ 2009, 109.
87   Ein Beispiel finden Sie unten unter Rn. 740.
88   Siehe oben Rn. 329 f.

der Staatsanwaltschaft ist es nach § 421 StPO insbesondere bei geringem Wert oder Unverhältnismäßigkeit generell möglich, von einer Einziehung abzusehen.

3. Kostenentscheidung

Nach § 464 Abs. 1 und 2 StPO hat das Gericht in einer das Verfahren abschließenden Entscheidung auch anzugeben, wer die Kosten des Verfahrens bzw. die notwendigen Auslagen zu tragen hat. Wird keine Entscheidung getroffen, so sind sie von demjenigen zu tragen, bei dem sie angefallen sind. **728**

Als bei der Kostenentscheidung zu beachtende Faktoren sind zu bedenken[89]:

Kosten des Verfahrens, also bei der Justiz angefallene Gebühren und Auslagen, z.B. für Zeugen und Sachverständige, vgl. § 464a Abs. 1 StPO.

Notwendige Auslagen (= außergerichtliche Kosten), die zu differenzieren sind in solche

des Angeklagten, z.B. für seinen Verteidiger, § 464a Abs. 2 StPO.

des Nebenklägers, z.B. für den diesen vertretenden Rechtsanwalt, vgl. §§ 464a Abs. 2, 472 StPO.

Die vom Richter zu treffende Entscheidung ist nur eine **Kostengrundentscheidung**. Darin werden der oder die Schuldner bestimmt. Die konkrete Festsetzung der Kosten (Gebühren und Auslagen), die an die Staatskasse zu leisten sind, erfolgt sodann von Amts wegen im sog. Kostenansatzverfahren nach §§ 464a StPO, 8 GKG. Hier gibt es nach § 21 GKG die Möglichkeit, solche Kosten „niederzuschlagen" (also nicht zu erheben), die wegen einer unrichtigen Sachbehandlung entstanden sind[90].

Soweit es sich um Kosten bzw. Auslagen handelt, die ein Beteiligter einem anderen Beteiligten zu erstatten hat (beispielsweise die Ansprüche des freigesprochenen Angeklagten gegen die Staatskasse oder des Nebenklägers gegen den verurteilten Angeklagten), erfolgt wie im Zivilprozess auf Antrag das Kostenfestsetzungsverfahren nach den §§ 464b StPO, 103 ff. ZPO. Zuständig hierfür ist der Rechtspfleger (§ 21 Nr. 1 RPflG) des Gerichts des ersten Rechtszuges (§ 104 Abs. 1 S. 2 ZPO).

Nach **§ 465 Abs. 1 StPO** hat der Angeklagte die Kosten des Verfahrens insoweit zu tragen, als er wegen einer im Verfahren abgehandelten Tat **verurteilt** wurde. Erfolgt die Verurteilung also im Sinne der Anklage, so hat der Angeklagte in der Regel die gesamten Kosten des Verfahrens[91], seine eigenen Auslagen und – soweit dies nicht **729**

---

89 Zur weiteren Vertiefung sei empfohlen: KK-*Gieg*, § 464a Rn. 1, 2, 6 ff.
90 Z.B. bei gesetzwidriger Zulassung einer Berufung, falscher Besetzung des Gerichts, Verursachung unverhältnismäßiger Kosten (etwa durch Gutachten); vgl. im Einzelnen *Hartmann*, § 21 GKG Rn. 14 ff.
91 Zu Ausnahmen, etwa im Falle eines zugunsten des Angeklagten ausgegangenen Sachverständigenbeweises, lesen Sie § 465 Abs. 2 StPO.

Kapitel 5 *Das Urteil in der Tatsacheninstanz*

unbillig wäre – die **notwendigen** Auslagen des **Nebenklägers** zu tragen (§ 472 Abs. 1 StPO)[92].

Wichtig ist, dass im Falle einer Verurteilung die Kostenentscheidung zugunsten des Nebenklägers vom Gericht nicht – was zuweilen geschieht – vergessen wird. Denn eine Nachholung dieser Entscheidung ist (sofern nicht nach § 464 Abs. 3 StPO sofortige Beschwerde eingelegt wird) nicht zulässig[93].

730   Wird der Angeklagte **freigesprochen**, so trägt in der Regel die Staatskasse die Kosten und notwendigen Auslagen, **§ 467 Abs. 1 StPO**. Zwingende – aber selten vorkommende – Ausnahmen von diesem Grundsatz sind in Abs. 2 (schuldhafte Säumnis des Angeklagten[94]) und Abs. 3 S. 1 (falsche Selbstanzeige) geregelt. § 467 Abs. 3 S. 2 und Abs. 4 StPO enthalten darüber hinaus in das Ermessen des Gerichts gestellte Möglichkeiten, die notwendigen Auslagen trotz des Freispruchs oder der Einstellung dem Angeklagten aufzubürden, etwa wenn er die Erhebung der öffentlichen Klage durch das Verschweigen entlastender Umstände veranlasst hat[95]. Im Fall eines Freispruchs hat der Nebenkläger, wie sich im Umkehrschluss aus § 472 Abs. 1 StPO ergibt, seine Auslagen selbst zu tragen. Auf keinen Fall dürfen diese der Staatskasse auferlegt werden!

Hinsichtlich der Kostenentscheidungen bei **Rechtsmittelurteilen** lesen Sie bitte § 473 StPO, der je nach dem Erfolg des Rechtsmittels auch eine Quotelung zulässt (Abs. 4).

4. Exkurs: Kostenentscheidung in anderen Fällen als des Urteils

731   Nach **§ 464 Abs. 1 StPO** muss jede **nach der Anklageerhebung** erfolgte „eine Untersuchung einstellende Entscheidung" einen Kostenausspruch enthalten. Als solche kommen neben dem Urteil insbesondere in Betracht:

§ 153 Abs. 2 StPO	Verfahrenseinstellung durch das Gericht wegen Geringfügigkeit
§ 153a Abs. 2 StPO	Endgültige Verfahrenseinstellung nach der Erfüllung von Auflagen
§ 153b Abs. 2 StPO	Gerichtliche Einstellung bei Absehen von Strafe
§ 154 Abs. 2 StPO	Teileinstellung bei mehreren Taten
§ 206a StPO	Verfahrenseinstellung wegen eines Verfahrenshindernisses
§ 206b StPO	Einstellung wegen einer Gesetzesänderung
§ 319 Abs. 1 StPO	Verwerfung der Berufung als unzulässig durch Beschluss
§ 349 Abs. 1, 2 StPO	Verwerfung der Revision durch Beschluss als unzulässig bzw. einstimmig als unbegründet

Wer die Kosten und Auslagen im Falle der Verfahrenseinstellung zu tragen hat, regeln die §§ 467 Abs. 3 bis 5 sowie 472 Abs. 2 StPO, die Sie bitte lesen wollen.

---

92 Zu den Abwägungskriterien im Rahmen der Billigkeitsentscheidung siehe BGH NStZ 1999, 261.
93 Vgl. *Meyer-Goßner*, § 472 Rn. 10 m.w.N.
94 Zur schuldhaften Säumnis ist bei Bestellung eines Dolmetschers auch § 464c StPO zu beachten.
95 Siehe zur Ermessensausübung BVerfG NJW 2017, 2459; OLG Frankfurt a.M. NStZ-RR 2015, 294 f.

Gegen die Entscheidung über die Kosten kann gem. § 464 Abs. 3 StPO isoliert **sofortige Beschwerde** (§ 311 StPO) eingelegt werden, sofern auch die Hauptentscheidung angefochten werden kann. Die Kosten- und Auslagenentscheidung ist also in den Fällen unanfechtbar, in welchen dies auch für die Hauptentscheidung gilt (beispielsweise nach §§ 153 Abs. 2 S. 4, 153a Abs. 2 S. 4 und 5, 304 Abs. 4 StPO)[96].

732

5. Paragraphenleiste

Den Abschluss des Tenors bildet schließlich gem. § 260 Abs. 5 S. 1 StPO i.V.m. § 5 Abs. 1 Nr. 6 BZRG die sog. Paragraphenleiste. Sie dient einer Entlastung der Urteilsformel[97] sowie der Erfassung der Tat im Bundeszentralregister und anderen Registern. Es sind – ggfls. für jeden Angeklagten gesondert – zunächst die Vorschriften des Besonderen Teils des StGB bzw. der strafrechtlichen Nebengesetze und dann diejenigen des Allgemeinen Teils anzugeben[98]. Liegt der Verurteilung ein Betäubungsmitteldelikt zu Grunde und überschreitet die Strafe nicht die Grenze von zwei Jahren (Gesamt-)Freiheitstrafe, so ist zudem die Vorschrift des § 17 Abs. 2 BZRG zu zitieren. Dies bezweckt die formalisierte Aufnahme des Zusammenhangs zwischen Betäubungsmittelabhängigkeit und Straftat in das Bundeszentralregister. Die Paragraphenliste ersetzt freilich nicht die Angabe der maßgeblichen Vorschriften in den Urteilsgründen.

733

6. Tenorierungsbeispiele

Statt einer Aufzählung der gesetzlichen Kriterien sollen nachfolgend einige praktisch wichtige Beispiele für die Abfassung von Urteilsformeln dargestellt werden, freilich ohne Anspruch auf Vollständigkeit.

734

a) Verurteilung zu einer Geldstrafe

> Der Angeklagte wird wegen fahrlässiger Tötung zu einer Geldstrafe von 90 Tagessätzen zu je 50 € verurteilt.
> Er trägt die Kosten des Verfahrens.
> – § 222 StGB –

b) Gesamtfreiheitsstrafe mit Strafaussetzung zur Bewährung

> Der Angeklagte wird wegen Diebstahls in zwei Fällen, wegen Nötigung sowie wegen Hausfriedensbruchs zu einer Gesamtfreiheitsstrafe von einem Jahr und zwei Monaten verurteilt.
> Die Vollstreckung der Strafe wird zur Bewährung ausgesetzt.
> Der Angeklagte trägt die Kosten des Verfahrens.
> – §§ 123 Abs. 1, 240 Abs. 1, 2, 242 Abs. 1, 53, 54, 56 StGB –

735

---

96 Vgl. zu weiteren Beispielen KK-*Gieg*, § 464 Rn. 8; *Meyer-Goßner*, § 464 Rn. 17.
97 Das gilt insbesondere bei Verstößen gegen das Waffengesetz, BGH 4 StR 251/15 Tz. 7.
98 Zu den Ausnahmen: *Meyer-Goßner*, § 260 Rn. 54 ff.

Kapitel 5 *Das Urteil in der Tatsacheninstanz*

Die Abhandlung der Einzelstrafen und der zugehörigen Strafzumessungserwägungen gehört in die Urteilsgründe. Im Tenor taucht nur die gemäß § 54 StGB gebildete Gesamtstrafe auf. Die Dauer der Bewährungszeit und deren konkrete Ausgestaltung (Auflagen, Weisungen, Beiordnung eines Bewährungshelfers, §§ 56b-d StGB) gehören nicht in den Urteilstenor, sondern in den gemäß § 268a StPO gesondert zu verkündenden Beschluss.

c) Einfacher Fall des Freispruchs mit Entschädigungsanordnung

736 Der Angeklagte wird freigesprochen.

Die Kosten des Verfahrens und die notwendigen Auslagen des Angeklagten trägt die Staatskasse.

Der Angeklagte ist für die in der Zeit vom 15.11.2017 bis zum 03.03.2018 erlittene Untersuchungshaft zu entschädigen.

– §§ 20 StGB, 2, 8 StrEG –

Wegen welchen Vorwurfes und aus welchem Grund freigesprochen wird, ist im Urteilstenor nicht zu erwähnen. In die Paragraphenleiste sind solche Vorschriften aufzunehmen, die den Freispruch begründen (etwa § 20 StGB, der unter den Voraussetzungen des § 11 Abs. 1 BZRG auch in das Bundeszentralregister aufzunehmen ist). Gibt es solche Vorschriften nicht, insbesondere weil die angeklagte Tat nicht nachgewiesen werden konnte, kann auch keine Vorschrift genannt werden.

War der Angeklagte Strafverfolgungsmaßnahmen – insbesondere der Untersuchungshaft – ausgesetzt, so ist er für die entstandenen Schäden nach Maßgabe der §§ 2 ff. StrEG zu entschädigen. Die entsprechende Entscheidung ist (soweit möglich) in das freisprechende Urteil aufzunehmen, § 8 Abs. 1 S. 1 StrEG.

d) Kombination von Verurteilung und Freispruch, Anordnung einer Maßregel nach §§ 69, 69a StGB

737 Der Angeklagte wird wegen fahrlässiger Trunkenheit im Verkehr sowie wegen fahrlässiger Gefährdung des Straßenverkehrs zu einer Gesamtgeldstrafe von 90 Tagessätzen zu je 30 € verurteilt.

Im Übrigen wird er freigesprochen.

Dem Angeklagten wird die Fahrerlaubnis entzogen, sein Führerschein eingezogen. Vor Ablauf einer Sperrfrist von 2 Jahren darf ihm keine neue Fahrerlaubnis erteilt werden.

Er trägt die Kosten des Verfahrens, soweit er verurteilt worden ist; im Übrigen trägt die Staatskasse die Kosten des Verfahrens sowie die notwendigen Auslagen des Angeklagten.

– §§ 316 Abs. 1 und 2; 315c Abs. 1 Nr. 1a, Abs. 3 Nr. 2; 53, 54, 69, 69a StGB –

Erfolgt bei mehreren angeklagten Taten teilweise Freispruch, so muss der Tenor aus den §§ 465, 467 StPO kombiniert werden. Bei Straßenverkehrsdelikten ist immer die Maßregel der §§ 69, 69a StGB zu prüfen und i.d.R. auch zu verhängen. Üblicherweise beträgt für den Ersttäter z.B. einer Trunkenheitsfahrt (§ 316 StGB) die Sperre für die

Inhalt und Aufbau des schriftlichen Urteils **E**

Erteilung einer neuen Fahrerlaubnis mindestens 9 Monate. Erscheinen Führerscheinmaßnahmen nicht erforderlich, so ist über ein Fahrverbot zu entscheiden, vgl. § 44 Abs. 1 S. 2 StGB.

Eine genaue Aufteilung der Kosten und Auslagen erfolgt erst (siehe oben) im Rahmen der Kostenfestsetzung. Sie können – in der Praxis allerdings leider selten gehandhabt – auch bereits im Tenor des Urteils nach Bruchteilen verteilt werden, § 464d StPO.

e) Kombination Tatmehrheit, Tateinheit und Teilfreispruch

> Der Angeklagte wird wegen gefährlicher Körperverletzung sowie wegen Urkundenfälschung in Tateinheit mit Untreue zu einer Gesamtgeldstrafe von 120 Tagessätzen zu je 80 € verurteilt.
> Im Übrigen wird er freigesprochen.
> Er trägt die Kosten des Verfahrens, soweit er verurteilt worden ist; im Übrigen trägt die Staatskasse die Kosten des Verfahrens sowie die notwendigen Auslagen des Angeklagten.
> – §§ 223, 224 Abs. 1 Nr. 2, 266 Abs. 1, 267 Abs. 1, 52, 53 StGB –

738

f) Versuch im Zustand erheblich verminderter Schuldfähigkeit; Maßregel i.S.d. § 63 StGB

> Der Angeklagte wird wegen versuchter sexueller Nötigung in Tateinheit mit schwerem sexuellem Missbrauch von Kindern zu einer Freiheitsstrafe von sechs Jahren und sechs Monaten verurteilt.
> Seine Unterbringung in einem psychiatrischen Krankenhaus wird angeordnet. Die Freiheitsstrafe ist vor der Maßregel zu vollziehen.
> Der Angeklagte trägt die Kosten des Verfahrens sowie die notwendigen Auslagen des Nebenklägers.
> – §§ 176 Abs. 1, 176a Abs. 2 Nr. 1, 177 Abs. 3, Abs. 5 Nr. 1, 21, 22, 23, 52, 63, 67 Abs. 2 StGB –

739

Der Umstand der erheblich verminderten Schuldfähigkeit findet im Tenor keine Erwähnung; § 21 StGB ist lediglich in der Paragraphenleiste aufzuführen. Der gesetzliche Regelfall der zeitlichen Abfolge der Vollstreckungen von Freiheitsstrafe und Maßregel ist wegen § 67 Abs. 1 StGB zwar umgekehrt; dennoch hat sich das Gericht im Urteil mit der Ausnahmevorschrift des § 67 Abs. 2 S. 1 StGB auseinander zu setzen und bei Vorliegen der Voraussetzungen den Vorwegvollzug der Freiheitsstrafe anzuordnen. Für die Unterbringung des Verurteilten in einer Entziehungsanstalt gem. **§ 64 StGB** gilt die spezielle Regelung des § 67 Abs. 2 S. 2, 3 StGB[99].

---

99 **Achtung:** Liegen die Voraussetzungen dieser Norm vor, so hat das Gericht den Teil des Vorwegvollzugs so zu beziffern, dass nach seiner Vollstreckung und einer anschließenden Unterbringung in einer Entziehungsanstalt eine Bewährungsentscheidung zum **Halbstrafenzeitpunkt** möglich ist, und zwar selbst dann, wenn zu diesem Zeitpunkt eine Entlassung nicht zu erwarten ist. Vgl. hierzu BGH 2 StR 17/17; 1 StR 494/15; 4 StR 60/13 Tz. 3; 4 StR 498/12; 4 StR 448/10.

Kapitel 5 *Das Urteil in der Tatsacheninstanz*

g) Ausspruch über einen Adhäsionsantrag

740 Im Falle einer Vergewaltigung könnte die Entscheidung zu den zivilrechtlichen Ansprüchen etwa lauten:

> Die Angeklagten werden als Gesamtschuldner verurteilt, an die Nebenklägerin 20.000 € nebst Zinsen in Höhe von 5 % über dem Basiszinssatz ab dem 14.02.2017 zu zahlen. Es wird festgestellt, dass die Angeklagten gesamtschuldnerisch verpflichtet sind, der Nebenklägerin jeden weiteren materiellen und immateriellen Schaden zu ersetzen, der dieser aus der vorliegend abgeurteilten Tat erwächst, soweit diese Ansprüche nicht auf Sozialversicherungsträger oder andere Versicherer übergegangen sind[100].
>
> Die Kosten des Adhäsionsverfahrens und die der Nebenklägerin darin entstandenen notwendigen Auslagen werden den Angeklagten als Gesamtschuldner auferlegt.
>
> Das Urteil ist hinsichtlich des Zahlungsanspruchs gegen Sicherheitsleistung in Höhe von 110 % des jeweils zu vollstreckenden Betrages vorläufig vollstreckbar.

Im Adhäsionsverfahren kommt eine „Klageabweisung" nicht in Betracht. Wird einem Adhäsionsantrag teilweise nicht entsprochen, so ist im Hinblick auf § 406 Abs. 3 S. 3 StPO zur Verdeutlichung ausdrücklich zu tenorieren, dass „im Übrigen von einer Entscheidung abgesehen" wird[101]. Es wird also nichts „abgewiesen" oder „zurückgewiesen". Über den entscheidungsfreien Teil ist bei der Kosten- und Auslagenentscheidung gemäß § 472a StPO nach billigem Ermessen zu entscheiden. Die Kostenüberbürdung auf den Adhäsionskläger sollte auf (eher seltene) Fälle des Missbrauchs beschränkt werden[102].

Ähnlich ist die Situation im Falle des Freispruchs. Hier ergeht gar keine inhaltliche Adhäsionsentscheidung; es bleibt vollständig der Zivilrechtsweg offen. Der Tenor lautet dann:

> Von einer Entscheidung über den Adhäsionsantrag wird abgesehen.

741 Soweit das Strafgericht bezüglich des entstanden Schadens ein **Mitverschulden** annehmen will, muss es dies entweder – ggfls. als Quote – tenorieren oder zumindest in den Entscheidungsgründen zum Ausdruck bringen[103]. Enthält die Entscheidung keine entsprechende Einschränkung, so ist der Angeklagte im Zivilverfahren mit dem Einwand des Mitverschuldens ausgeschlossen. Entbehrlich ist eine solche ausdrückliche Quote allerdings beim Grundurteil zum Schmerzensgeldanspruch, da bei dessen Bemessung ein Mitverschulden ohnehin berücksichtigt wird[104].

---

100 Der Feststellungstitel setzt – neben einem Feststellungsinteresse i.S.d. § 256 ZPO und mangelnder Bezifferbarkeit der Ansprüche – natürlich voraus, dass im Urteil Umstände beschrieben werden, die einen Dauer- oder Zukunftsschaden – wie etwa bei schweren Verletzungen – wahrscheinlich machen, vgl. BGH 4 StR 169/15; 2 StR 13/15; 2 StR 2/14 Tz. 3; 4 StR 471/13 Tz. 5; 2 StR 306/13 Tz. 12. Die Einschränkung basiert auf dem gesetzlichen Forderungsübergang gem. § 116 SGB X bzw. § 86 VVG.
101 Siehe BGH 4 StR 56/16; 1 StR 432/14; 4 StR 281/13 Tz. 10; 2 StR 311/09.
102 Siehe LG Lübeck SchlHA 2012, 154 f.; *Meyer-Goßner*, § 472a Rn. 2.
103 Vgl. BGH 4 StR 343/17.
104 Vgl. hierzu BGH 4 StR 572/13 Tz. 10; OLG Karlsruhe MDR 2011, 979 f. m.w.N.

Die Adhäsionsentscheidung steht einem zivilrechtlichen Titel gleich, § 406 Abs. 3 StPO. Aus ihr kann also mit den Erleichterungen des § 850f Abs. 2 ZPO unmittelbar vollstreckt werden. Andererseits wird etwa über einen unbezifferten Schmerzensgeldanspruch ggfls. auch abschließend entschieden[105].

Ergeht entsprechend einem Anerkenntnis des Angeklagten ein Anerkenntnisurteil (§ 406 Abs. 2 StPO), so muss dieses nicht zwingend mit dem Strafurteil verbunden werden. Jedenfalls in den Fällen, in denen es (wie regelmäßig) auch zu einem Schuldspruch und/oder einer Maßregelanordnung kommt, ist eine isolierte Entscheidung möglich[106].

h) Einstellung des Verfahrens

> Das Verfahren wird eingestellt.
> Die Kosten des Verfahrens trägt die Staatskasse; seine Auslagen trägt der Angeklagte selbst.
> – § 78 Abs. 1, 3 Nr. 4 StGB –

742

Wird das Verfahren wegen eines Verfahrenshindernisses (z.B. Verjährung) eingestellt, so richtet sich die Kostenentscheidung nach § 467 Abs. 3 S. 2 Nr. 2 StPO. Danach kann das Gericht in Abweichung von der Regel des § 467 Abs. 1 StPO davon absehen, die notwendigen Auslagen des Angeklagten der Staatskasse aufzuerlegen. Welches die maßgeblichen Kriterien der zu treffenden Ermessensentscheidung sind, ist gesetzlich nicht geregelt. Angesichts der Unschuldsvermutung wird als entscheidend angesehen, ob bis zu der Einstellungsentscheidung eine positive Schuldfeststellung aufgrund einer Hauptverhandlung erfolgt ist[107]. Verfassungsrechtlich ist es allerdings auch zulässig, eine dem Angeklagten nachteilige Kostenentscheidung allein auf Verdachtsmomente zu stützen[108].

Zur Paragraphenleiste gilt das oben zum Freispruch Gesagte sinngemäß. Gibt es keine konkrete Vorschrift, auf welche die Verfahrenseinstellung gestützt wird, so kann auch keine genannt werden.

III. Urteilsgründe im Fall der Verurteilung

1. Darstellung und Aufbau

Eine nähere Begründung des Urteils ist nicht nur aufgrund der Vorschrift des § 267 StPO nötig. Ihr völliges – nicht nur teilweises – Fehlen stellt gemäß § 338 Nr. 7 StPO einen absoluten Revisionsgrund dar. Dies ist bereits der Fall, wenn zu einem bestimmten, abgrenzbaren Tatkomplex überhaupt keine Ausführungen vorhanden sind[109].

743

---

105 BGH NJW 2015, 1252 f.
106 Siehe BGH 2 StR 434/13 Tz. 11 ff. m.w.N.
107 Vgl. die Nachweise bei KK-*Gieg*, § 467 Rn. 10a f.
108 Siehe BVerfG NJW 1992, 1613 sowie OLG Celle NStZ-RR 2015, 30 f.
109 Vgl. KK-*Gericke*, § 338 Rn. 94 sowie *Meyer-Goßner*, § 338 Rn. 52.

Kapitel 5 *Das Urteil in der Tatsacheninstanz*

Die Kunst des Strafrichters besteht darin, einerseits die Tatsachengrundlagen für die Entscheidung und die rechtlichen Erwägungen vollständig mitzuteilen, andererseits aber die Gründe nicht mit überflüssigen Darstellungen zu überfrachten. Der BGH formuliert die Anforderungen so: „Es ist Aufgabe des Tatrichters, die Urteilsgründe so zu fassen, dass der Leser die wesentlichen, die Entscheidung **tragenden** tatsächlichen Feststellungen und rechtlichen Erwägungen ohne aufwändige eigene Bemühungen erkennen kann. Die schriftlichen Urteilsgründe dienen daher weder der Darstellung eines bis in die Verästelungen aufzuarbeitenden Gesamtgeschehens noch der Nacherzählung des Ablaufs der Ermittlungen oder des Gangs der Hauptverhandlung"[110]. Allgemein ist daher darauf zu achten, dass die Ausführungen möglichst knapp, klar gegliedert, stilistisch wie sprachlich sorgfältig und im Hinblick auf die Gedankenführung nachvollziehbar und widerspruchsfrei sind[111].

744 Das Urteil muss aus sich heraus verständlich sein. Eigene Feststellungen und Würdigungen dürfen – außer im Fall der bei den Akten befindlichen Abbildungen (§ 267 Abs. 1 S. 3 StPO)[112] – nicht durch Bezugnahmen ersetzt werden[113]. Ein nicht übersichtlich aufgebautes Urteil, bei dem die Feststellungen zum Tatgeschehen nicht von der Beweiswürdigung und der rechtlichen Würdigung abgegrenzt werden können, leidet schon aus diesem Grund an einem erheblichen Mangel.

Formelhafte Ausführungen, die eine nähere Auseinandersetzung mit dem Sachverhalt vermissen lassen, Schlagwörter wie „unzweifelhaft", „mit Sicherheit" etc., Formulierungen, die sich lediglich auf eine Vermutung des Gerichts stützen („Vermutlich handelte der Angeklagte in dem Bewusstsein,...") oder die auf eine Unsicherheit des Verfassers schließen lassen („dürfte", „könnte" etc.), sind zu unterlassen. Die Begründung soll die Verfahrensbeteiligten und das Rechtsmittelgericht von der Richtigkeit des Urteilsspruchs überzeugen. Vorgenannte Wendungen sind verständlicherweise nicht geeignet, dies zu bewirken.

745 Für den Aufbau der Urteilsgründe gibt § 267 StPO keine verbindlichen Vorgaben. Die Vorschrift wird allgemein als misslungen angesehen, da sie verhältnismäßig Unwichtiges (§ 267 Abs. 1 S. 3 StPO) ausdrücklich erwähnt, Unerlässliches (z.B. Beweiswürdigung) aber nur rudimentär regelt (§ 267 Abs. 1 S. 2 StPO). Was das Urteil im Falle des Freispruches zu enthalten hat, ist ebenfalls nur sehr knapp geregelt (§ 267 Abs. 5 StPO).

Den Urteilsgründen erster Instanz ist zunächst eine entsprechende Erklärung voranzustellen, wenn der Entscheidung eine tatsächlich zustande gekommene Urteils-

---

110 Vgl. BGH 3 StR 288/17 Tz. 22; 3 StR 179/15; 3 StR 261/11; 1 StR 122/11. Achtung: bei **Rechtsmittelurteilen** ist auch der (gerichtliche) Verfahrensgang in groben Zügen darzustellen.
111 Siehe BGH 1 StR 94/16 Tz. 10; 2 StR 398/14 Tz. 13.
112 Siehe hierzu BGH 3 StR 425/15 Tz. 15.
113 BGH 4 StR 101/09; NStZ 2007, 478 f. Auch die Bezugnahme auf elektronische Speichermedien (etwa Bilddateien) ist unzulässig. Siehe hierzu und zum Begriff der „Abbildung" BGH 2 StR 332/11 Tz. 14 ff.

absprache zu Grunde liegt, § 267 Abs. 3 S. 5 StPO[114]. Sie werden im Übrigen im Falle der Verurteilung in der Praxis wie folgt gegliedert:
- persönlicher Werdegang des Angeklagten;
- festgestelltes Tatgeschehen (§ 267 Abs. 1 S. 1 StPO);
- Einlassung des Angeklagten und umfassende Würdigung der Beweismittel;
- rechtliche Beurteilung des festgestellten Sachverhaltes;
- Ausführungen zur Strafzumessung (§ 267 Abs. 3 S. 1 StPO);
- Ausführungen zu Maßregeln (§§ 63, 64, 66, 69 StGB);
- Begründung der Adhäsionsentscheidung (§ 406 Abs. 1 StPO);
- Begründung der Kostenentscheidung (§§ 464 ff. StPO);
- Unterschriften der Berufsrichter (§ 275 Abs. 2 StPO).

2. Darstellung der persönlichen Verhältnisse des Angeklagten

Die Urteilsgründe beginnen mit einer Darstellung des Lebenslaufes sowie der familiären und wirtschaftlichen Lebensverhältnisse des Angeklagten, da diese Umstände für die Beurteilung der Tat und für die Festsetzung einer angemessenen Strafe von Bedeutung sind (§§ 267 Abs. 3 S. 1 StPO, 46 StGB). Gelegentlich sind sie auch im Rahmen der Beweiswürdigung wichtig[115]. Freilich ohne auszuufern, sind das Vorleben, die persönlichen (Krankheiten, Familienstand etc.) und beruflichen Verhältnisse (Ausbildung, Art und Dauer der Tätigkeiten etc.), die finanzielle Situation vor und bei Tatbegehung und gegebenenfalls auch die strafrechtlichen Vorbelastungen nach Zeitpunkt, Art und Höhe sowie Vollstreckungsstand der verhängten Sanktionen zu erörtern; Letztere jedoch nur insoweit, als sie für die Entscheidung – etwa im Rahmen des § 55 StGB – von Bedeutung sind[116]. 746

Selbstverständlich dürfen nur **verwertbare Vorstrafen** berücksichtigt werden. Hier ist **§ 51 Abs. 1 BZRG** zu beachten. Danach dürfen getilgte oder tilgungsreife Eintragungen und die den entsprechenden Verurteilungen zu Grunde liegenden Taten dem Angeklagten „nicht mehr vorgehalten und nicht zu seinem Nachteil verwertet werden". Dieses umfassende Verwertungsverbot betrifft auch – grundsätzlich berücksichtigungsfähige – ausländische Vorstrafen[117]. Schon die vorbehaltlose Erwähnung einer unverwertbaren Vorbelastung in der Hauptverhandlung oder im Urteil ist unzulässig[118]. Aus der Tat, die Gegenstand einer getilgten Verurteilung war, dürfen auch im Rahmen von Maßregelentscheidungen (etwa i.S.d. § 66 StGB) oder der Strafzumessung keinerlei nachteilige Schlüsse auf die Persönlichkeit des Angeklagten gezogen 747

---

114 BGH 5 StR 423/12 Tz. 11. Der **Inhalt** einer Verständigung und die Art und Weise des Zustandekommens müssen dagegen im Urteil nicht wiedergegeben werden. Dies wird gem. § 273 Abs. 1a StPO ausschließlich im Sitzungsprotokoll dokumentiert, BGH 5 StR 318/13 Tz. 8; 1 StR 359/10; NStZ-RR 2010, 151.
115 So können frühere, bereits abgeurteilte Straftaten des Angeklagten etwa Aufschluss darüber geben, ob ihm die Begehung von Straftaten der angeklagten Art wesensfremd ist oder nicht, vgl. BGH 4 StR 287/09.
116 Siehe BGH 4 StR 87/17 Tz. 3; 4 StR 552/16 Tz. 2; 2 StR 501/15 Tz. 3; 4 StR 548/14 Tz. 11; 3 StR 337/13 Tz. 2.
117 Vgl. BGH 3 StR 588/14; 4 StR 425/11 m.w.N.
118 BGH 3 StR 382/15; 3 StR 148/13 Tz. 12; 1 StR 317/11.

Kapitel 5 *Das Urteil in der Tatsacheninstanz*

werden[119]. § 51 Abs. 1 BZRG greift selbst dann, wenn der Angeklagte eine getilgte oder tilgungsreife Vorstrafe von sich aus mitgeteilt hat. Eine Ausnahme gilt nur, wenn er einer Verwertung ausdrücklich zustimmt[120].

§ 52 Abs. 1 Nr. 2 BZRG erlaubt zwar abweichend von § 51 Abs. 1 BZRG die Berücksichtigung der Vorbelastung, wenn ein Gutachten über den „Geisteszustand" des Angeklagten zu erstatten ist und die Umstände der früheren Tat von Bedeutung sind. So soll vermieden werden, dass ein Sachverständiger zu unzutreffenden Aussagen gelangt, nur weil er bei der Befundung auf relevante Erkenntnisse verzichten musste. Diese Ausnahme erfasst jedoch lediglich Gutachten zur Schuldfähigkeit oder betreffend die Anordnung von Maßregeln[121].

748 Eine zuweilen anzutreffende formale Unsitte ist es, die in der Hauptverhandlung verlesenen tatsächlichen Feststellungen aus den früheren Entscheidungen in den Gründen in eingerückter Form wörtlich wiederzugeben. Überzeugender ist es, den Hergang der Vortat mit eigenen Worten in „gestraffter" Form darzustellen[122]. Ohnehin beeinträchtigt die umfangreiche wörtliche Wiedergabe früherer Feststellungen die Lesbarkeit des Urteils. Stützt das Gericht sich nur auf den im Wege des Urkundsbeweises in die Hauptverhandlung eingeführten Auszug aus dem Bundeszentralregister (BZR), so genügt auch hier eine gestraffte und auf das Wesentliche beschränkte Darlegung[123]. „Verfehlt" – aber oft praktiziert – ist es, den BZR-Auszug einfach in das Urteil hinein zu kopieren[124]. Eine Wiedergabe **früherer Strafzumessungserwägungen** ist nur bei der Bildung einer neuen Einheitsjugendstrafe, einer nachträglichen Gesamtstrafe oder dann nötig, wenn die früheren Ausführungen – ausnahmsweise – für die aktuelle Entscheidung erheblich sind[125].

749 Um sich ein verlässliches Bild von den Vorbelastungen des Angeklagten zu verschaffen, sollten diese in jedem Fall mit ihm erörtert worden sein. Ohnehin ist der Tatrichter an die früheren Feststellungen eines Urteils nicht gebunden. Wird die Richtigkeit der Feststellungen in einem rechtskräftigen Urteil bestritten, so ist – soweit für die Entscheidung bedeutsam – hierüber erneut Beweis zu erheben. Hinsichtlich der sog. Warnfunktion einer Vorstrafe bedarf es einer solchen Beweiserhebung indes regelmäßig nicht[126].

Die Ausführungen zu den persönlichen Verhältnissen dienen nicht etwa als allgemeine Einleitung in die Urteilsgründe, um dem Leser den „Einstieg in den Fall" zu erleichtern. Vielmehr sind sie Grundlage für die Rechtsfolgenentscheidung und gehören daher zu den **festgestellten Tatsachen**, quasi als erweitertes Vorgeschehen der Tat. Auf ihre Feststellung und Schilderung ist daher die gleiche Sorgfalt zu verwenden, wie auf die Darstellung des Tatgeschehens[127].

---

119 BGH 3 StR 309/12; 3 StR 8/10; NStZ 2006, 587.
120 Siehe BGH 3 StR 309/12; 4 StR 428/11 Tz. 12; BGHSt 27, 108 ff.
121 BGH 2 StR 454/16 Tz. 10 f.; 2 StR 207/15; 3 StR 148/13 Tz. 12; 3 StR 309/12.
122 BGH 5 StR 280/14; 4 StR 70/13 Tz. 3.
123 Vgl. BGH 3 StR 171/14 Tz. 15; 3 StR 121/13; 3 StR 96/09.
124 BGH 3 StR 121/13; 3 StR 101/13.
125 BGH 4 StR 70/13 Tz. 3 m.w.N.
126 Siehe BGH 4 StR 640/09; NJW 1997, 2828.
127 Denn Mängel können mit der Revision gerügt werden. Siehe hierzu unten Rn. 1070 ff.

3. Schilderung des Tatgeschehens

Es schließt sich die Darstellung des eigentlichen Tatgeschehens an, welches das Gericht als Ergebnis der Beweisaufnahme (§ 261 StPO) feststellt. Die Schilderung erfolgt regelmäßig in der Zeitform des **Imperfekts** aus der Sicht eines unsichtbaren Begleiters des Angeklagten, also eines fiktiven Augenzeugen, „der weiß worauf es ankommt". Die Feststellungen müssen den Schuldspruch „tragen", also die für erwiesen erachteten inneren und äußeren Tatsachen angeben, in denen die gesetzlichen Tatbestandsmerkmale der Straftat gefunden werden, § 267 Abs. 1 S. 1 StPO. Darüber hinaus sollen sie das enthalten, was zum Verständnis und zur Beurteilung der Tat notwendig ist. Keinesfalls darf sich das Gericht damit begnügen, einfach nur die Ausführungen in der Anklageschrift abzuschreiben[128].

750

Dabei haben die Schilderungen **sachlich und objektiv** zu erfolgen. Romanhafte Formulierungen, gefühlsbetonte oder moralisch wertende Beschreibungen sind fehl am Platze[129]. Sie gefährden sogar den Bestand eines Urteils in der Revision, da sie den Anschein erwecken können, das Gericht habe sich von Emotionen oder Empörung leiten lassen. Auch die Darstellung von Vermutungen oder Spekulationen hat im Urteil nichts zu suchen[130]. Festgestellt wird nämlich nur dasjenige, was die Beweisaufnahme **erwiesen** hat, wovon der Tatrichter also **überzeugt** ist (vgl. § 261 StPO).

Bei umfangreichen Sachverhalten mit mehreren Angeklagten und/oder Straftaten kann es sich empfehlen, die Schilderung nach Tatkomplexen zu gliedern. Aus Gründen der Übersichtlichkeit empfiehlt es sich ohnehin generell, einzelne prozessuale Taten im schriftlichen Urteil durchgängig (Tatgeschehen-Beweiswürdigung-Strafzumessung) und einheitlich mit Ordnungsziffern zu versehen sowie eine gegebenenfalls abweichende Nummerierung in der Anklageschrift in Klammern hinzu zu setzen[131]. Mangelnde Übersichtlichkeit kann nämlich bereits für sich gesehen zur Urteilsaufhebung in der Revisionsinstanz führen[132].

751

Je nach den Umständen des Falles kann zunächst auch eine nähere **Vorgeschichte** der Tat als eigener Abschnitt dargestellt werden, wenn etwa hieraus die Entwicklung bis hin zum Kern des Geschehens verständlicher wird. Der Umfang der Ausführungen richtet sich auch insoweit immer danach, inwieweit die Feststellungen für die Beurteilung der Straf- und Schuldfrage von Bedeutung sind. Bei Betäubungsmitteldelikten gehört hierzu beispielsweise die Angabe des jeweiligen Wirkstoffgehaltes, der notfalls anhand bestimmter Kriterien – Preis, Herkunft, Stichprobe, Bewertung der Tatbeteiligten – durch Schätzung zu bestimmen ist[133].

Bei **Serientaten** mit im wesentlich gleichgelagerten Begehungsweisen (etwa Betrug) können die konkreten Sachverhalte der Einzeltaten in einer Liste zusammengefasst werden, in der die jeweiligen Taten nach Tatzeit, Tatort, Geschädigten und Schaden

752

---

128 Vgl. BGH 3 StR 226/10; 3 StR 227/10.
129 BGH 1 StR 122/11.
130 Siehe BGH NStZ-RR 2009, 103 f.
131 So die verständliche Aufforderung des BGH 3 StR 124/12 Tz. 9; 3 StR 33/12 Tz. 22; 1 StR 510/09; 5 StR 171/09.
132 BGH 1 StR 247/09; 162/09 m.w.N.
133 BGH 2 StR 253/15; 3 StR 223/15 Tz. 2; 5 StR 340/13; 3 StR 212/13 Tz. 4; 4 StR 517/11 m.w.N.

Kapitel 5 *Das Urteil in der Tatsacheninstanz*

individualisiert werden. Dabei ist aber darauf zu achten, dass der festgestellte Sachverhalt die Erfüllung aller objektiven und subjektiven Tatbestandmerkmale bezüglich jeder einzelnen Tat erkennen lässt. Auch muss das Konkurrenzverhältnis der einzelnen Handlungen eindeutig beurteilt werden können. Hierzu empfiehlt es sich, im Rahmen einer Darlegung der generellen Handlungsstruktur (sog. „modus operandi") die einzelnen Tatbestandmerkmale (etwa Irrtumserregung, Täuschungsabsicht etc.) der tabellarischen Darstellung voranzustellen (der Mathematiker würde sagen „vor die Klammer zu ziehen")[134]. Erinnert sei in diesem Zusammenhang an die Besonderheiten serienartig begangener **Sexualstraftaten**. Hier ist zur Vermeidung von Strafbarkeitslücken – wie bei der Anklage – auch im Rahmen der Urteilsfindung zu prüfen, ob sich zumindest Mindestfeststellungen treffen lassen, die dann für einen Schuldspruch und für die Schilderungen zum Tatgeschehen genügen. Hierzu gehören die Bezeichnung des Tatopfers, der Anzahl (bzw. Mindestzahl) der Straftaten, der Grundstruktur der Tatbegehung und die Eingrenzung des Tatzeitraumes[135].

753 Die Feststellungen bilden die Grundlage für die spätere **Subsumtion** unter die Strafnorm. Es ist daher unbedingt erforderlich, dass **sämtliche Merkmale des Tatbestandes**[136] (objektive wie subjektive, also auch **Vorsatz, Absichten und Motive**[137]) mitgeteilt werden. Dabei genügt es den Anforderungen nicht, wenn sich die „Feststellungen" lediglich in der Wiedergabe des Wortlautes des Gesetzes erschöpfen oder durch gleichbedeutende Begriffe ersetzt werden. Rechtsbegriffe müssen, sofern sie nicht allgemein geläufig sind, grundsätzlich durch die entsprechenden **tatsächlichen Vorgänge** dargestellt („aufgelöst") werden[138]. Zu den Merkmalen des Tatbestandes gehören auch die Umstände, welche für die Schuldfähigkeit (§§ 20, 21 StGB) des Angeklagten von Bedeutung sind. Sie gehören nicht erst in den Abschnitt über die Beweiswürdigung. Sind nämlich in der Hauptverhandlung vom Strafgesetz besonders vorgesehene Gründe behauptet worden, welche die Strafbarkeit ausschließen, vermindern oder erhöhen, so müssen sich die Urteilsgründe darüber aussprechen, ob diese Umstände für festgestellt erachtet werden oder nicht (§ 267 Abs. 2 StPO).

754 Gemäß § 267 Abs. 1 S. 2 StPO sollen im Falle des **Indizienbeweises** die zur Begründung notwendigen Tatsachen, die einen Rückschluss auf die Täterschaft zulassen, ebenfalls bereits im Rahmen der Feststellungen geschildert werden.

> **Beispiel:** Der Angeklagte ist in der Zeit vor dem Raub häufig in der Nähe des Tatortes beobachtet worden. Die sichergestellte Tatwaffe befand sich in seinem Besitz. Der Angeklagte verfügte im Anschluss an die Tat über auffällig viel Bargeld, ein bei ihm gefundener Geldschein stammte aus der Beute.

---

134 Vgl. BGH NStZ-RR 2010, 54 sowie NStZ 2000, 369 zu Serienbetrugstaten.
135 Vgl. BGH 5 StR 297/13 Tz. 3; 5 StR 378/11; 4 StR 7/11; 3 StR 69/10; 5 StR 83/10; NStZ 2006, 649; NStZ 2005, 113, 282 f. Siehe hierzu auch oben Rn. 200.
136 Das gilt auch für sog. Serienstraftaten, also eine Vielzahl von Verstößen bei gleichartiger Tatbegehung, vgl. BGH NStZ 1996, 349 f. Zu den Besonderheiten bei einer Verurteilung wegen Steuerhinterziehung siehe BGH 1 StR 619/15 Tz. 6; 1 StR 465/14 Tz. 45; 1 StR 116/11; 1 StR 229/09. Hier sind auch alle steuerlich erheblichen Tatsachen festzustellen, welche die maßgebliche Grundlage für die Steuerberechnung bilden (sog. Besteuerungsgrundlagen).
137 Siehe BGH 4 StR 364/13 Tz. 9.
138 Vgl. BGH 5 StR 461/11 Tz. 9 f.; NStZ 2000, 607 f.

Das ist jedoch – anders als bei den gesetzlichen Tatbestandsmerkmalen – keineswegs zwingend. Indiztatsachen können insbesondere bei deren Vielzahl im Interesse der Verständlichkeit des Urteils auch im Rahmen der Beweiswürdigung abhandelt werden, um die Feststellungen nicht mit zahlreichen zunächst unbedeutend erscheinenden Einzelheiten zu überfrachten[139].

Wurde das Verfahren aus der **Revisionsinstanz** unter Aufhebung der Feststellungen an den Tatrichter **zurückverwiesen**, so ergeben sich im Grundsatz keine Besonderheiten. Das Einrücken umfangreicher Feststellungen eines aufgehobenen Urteils ist unzulässig. Wurde es im Ganzen aufgehoben, so ist für die Übernahme bisheriger Feststellungen ohnehin kein Raum. Der neue Tatrichter muss also – soweit die Aufhebung reicht – umfassend neue eigene Feststellungen treffen und in den Urteilsgründen mitteilen. Nur wenn die neue Hauptverhandlung die Richtigkeit der Feststellungen des aufgehobenen Urteils ergeben hat, dürfen sich die neuen Feststellungen an diese „anlehnen"[140]. Dasselbe gilt natürlich für die Erwägungen zur Strafzumessung, zu denen neben Fragen des § 21 StGB auch die Ausführungen zum Lebensweg des Angeklagten gehören[141]. Eine wörtliche Übernahme von Passagen der aufgehobenen Entscheidung kommt nur dann in Betracht, wenn kein Zweifel daran verbleibt, dass es sich um neue und eigenständig getroffene Feststellungen handelt[142] (weshalb eigenständige Ausführungen vorzuziehen sind). Bezog sich die Aufhebung auf ein **freisprechendes Urteil**, so muss der neue Tatrichter ohne Bindung an die Erkenntnisse aus dem ersten Durchgang gänzlich neue Feststellungen zum Tatgeschehen und zur Frage der Strafzumessung treffen[143].

755

Besonderheiten gelten nach einer Urteilsaufhebung auch für die **nachträgliche Gesamtstrafenbildung** i.S.d. § 55 StGB. Für diese ist nämlich die Vollstreckungssituation zum Zeitpunkt der ersten (!) Entscheidung maßgeblich[144].

4. Beweiswürdigung

Muss die richterliche Überzeugungsbildung auf einer rational tragfähigen Tatsachengrundlage unter vollständiger Ausschöpfung des verfügbaren Beweismaterials basieren, so ist dies im Rahmen der Beweiswürdigung nachvollziehbar darzulegen. In vielen strafrechtlichen Urteilen beginnt dieser Abschnitt allerdings mit der inhaltsleeren sog. „Beruhensformel", in der es etwa heißt: „Die vorgenannten Feststellungen beruhen auf der Einlassung des Angeklagten, soweit ihr gefolgt werden konnte, den Bekundungen der Zeugen ..., den Ausführungen des Sachverständigen ... sowie den ausweislich des Hauptverhandlungsprotokolls verlesenen Urkunden und in Augenschein genommenen Lichtbildern". Ein solcher **Obersatz** ist „rechtlich nicht geboten, bestenfalls überflüssig" und stellt eine „vermeidbare Fehlerquelle" dar[145]. Die bloße

756

---

139 Vgl. BGH 3 StR 111/17; 3 StR 490/08.
140 Vgl. BGH 1 StR 212/12 Tz. 12; 5 StR 540/10; NStZ-RR 2009, 148 f.
141 BGH 3 StR 224/17; 5 StR 50/14; 2 StR 335/13; 4 StR 337/12 Tz. 9; 2 StR 481/12.
142 BGH 2 StR 136/15 Tz. 5 m.w.N.; 2 StR 592/11 Tz. 7 m.w.N.
143 BGH 4 StR 485/12.
144 BGH 3 StR 423/17 Tz. 16; 2 StR 449/16; 4 StR 548/14 Tz. 13.
145 So BGH 4 StR 7/16 Tz. 9; 4 StR 39/15 Tz. 3; 1 StR 587/11 Tz. 9.

Kapitel 5 *Das Urteil in der Tatsacheninstanz*

Auflistung der Beweismittel ersetzt nämlich keine Beweiswürdigung. Es kann daher bereits eine Lücke des Urteils begründen, wenn bezüglich einzelner der aufgezählten Beweismittel – was bei umfangreichen Sachen schnell passiert – keine weiteren Ausführungen mehr folgen (z.B. weil sie tatsächlich gar nicht wichtig waren). Denn auch auf dem zwar genannten, jedoch nicht weiter abgehandelten Beweismittel soll das Urteil ja ausdrücklich „beruhen". Die Aufzählung birgt im Übrigen die Gefahr von Widersprüchen mit dem Sitzungsprotokoll. Ein guter Verteidiger findet das und stützt dann die Verfahrensrüge auf eine Verletzung des § 261 StPO[146].

757 Die eigentliche Beweiswürdigung[147] sollte folglich mit einer Darstellung der **Einlassung** des Angeklagten beginnen. Das gilt auch dann, wenn diese – was nicht sein sollte[148] – in der bloßen ausdrücklichen Billigung einer schriftlich vorbereiteten Verteidigererklärung erfolgte und die Urkunde – unnötigerweise[149] – vom Gericht entgegengenommen sowie als Anlage zum Protokoll genommen wurde. Denn der Inhalt der – mündlichen (!) – Äußerungen des Angeklagten ist zumindest in den wesentlichen Grundzügen stets in den Urteilsgründen festzustellen[150]. Zu bedenken ist insoweit, dass Behauptungen in einem Beweisantrag ohne entsprechende mündliche Erklärung des Angeklagten keineswegs in eine Einlassung umgedeutet werden dürfen[151]. Hat er zur Sache keine Angaben gemacht (was auch der Fall ist, wenn nur eine Verteidigererklärung vorliegt oder die Anklage lediglich „abgenickt" wurde[152]), so ist dies ebenfalls kurz mitzuteilen.

> **Formulierungsbeispiele:**
>
> „Die Feststellungen zu seinem Lebensweg beruhen auf den Angaben des Angeklagten und den insoweit ergänzend verlesenen Urkunden[153]. Widersprüche haben sich hier nicht ergeben. Das Tatgeschehen hat der Angeklagte im Sinne der Feststellungen eingeräumt."
>
> „Der Angeklagte hat die Tat bestritten. Abweichend von den Feststellungen hat er sich wie folgt eingelassen …"
>
> „Der Angeklagte hat in der Hauptverhandlung von seinem Schweigerecht Gebrauch gemacht."
>
> „Der Angeklagte hat lediglich eine zuvor verlesene Verteidigererklärung mit den Worten bestätigt: „So war es". Weitere Erklärungen hat er nicht abgegeben. Der Verteidiger hatte vorgetragen …"

758 Natürlich ist auch ein Geständnis eine Einlassung zum Tatvorwurf. Allerdings ist zu bedenken, dass das – in der Praxis weit verbreitete – sog. „**Formalgeständnis**", bei dem der Angeklagte (etwa im Zusammenhang mit einer sog. Verteidigererklärung)

---

146 Vgl. etwa BGH 4 StR 355/09.
147 Ein praktisches Beispiel finden sie in dem Urteil Rn. 803 ff
148 Siehe oben Rn. 391.
149 BGH 1 StR 128/15 Tz. 38.
150 Vgl. BGH 4 StR 142/17 Tz. 5; 2 StR 483/14 Tz. 12; 2 StR 403/14 Tz. 3; 1 StR 79/13; 3 StR 9/11; NStZ 2009, 282 f. m.w.N. Hat das Gericht – wozu es nicht verpflichtet ist und was es tunlichst unterlassen sollte – die schriftliche Verteidigererklärung im Urkundsbeweis in die Verhandlung eingeführt, so ist auch ihr Inhalt in den Urteilsgründen wiederzugeben, BGH 3 StR 9/11.
151 BGH 3 StR 105/14 Tz. 11.
152 Wozu dies führt, lesen Sie bei BGH 2 StR 383/11.
153 Gemeint sind damit vor allem die auszugsweise verlesenen Vorstrafenakten.

die Anklage oftmals ohne die Beantwortung weiterer Fragen oder mit nur rudimentären Angaben „abnickt", nie alleinige Urteilsgrundlage sein kann[154]. Bei einem Geständnis deckt sich also die Beweiswürdigung mit einer **zwingenden Überprüfung** der Richtigkeit anhand der hierzu erhobenen Beweise. Ein Abgleich mit der Aktenlage genügt insoweit nicht[155]. Einer solchen substantiellen Überprüfung des Geständnisses bedarf es selbstverständlich und gerade auch dann, wenn dieses auf einer Absprache basiert[156].

Zu beachten ist weiter, dass der Angeklagte nichts gestehen kann, was sich seiner unmittelbaren Kenntnis entzieht. Die eingeräumten Tatsachen müssen also „**geständnisfähig**" sein. So kann er beispielsweise den Irrtum eines betrogenen Zeugen aus eigenem Wissen nicht bestätigen, da es sich hierbei um einen inneren Vorgang handelt. Die Verwertbarkeit eines Geständnisses hängt daher auch von den jeweiligen Wahrnehmungsmöglichkeiten ab.

Hat der Angeklagte die Tat ganz oder teilweise geleugnet, so muss seine abweichende Einlassung geschildert werden[157]. Es folgt dann die eigentliche Beweiswürdigung. **759**

In diesem Zusammenhang ist es erforderlich, sich zunächst mit der **Glaubhaftigkeit** der Einlassung auseinander zu setzen. Diese darf keinesfalls ungeprüft hingenommen werden. Sie ist vielmehr nach denselben Kriterien zu bewerten wie eine Zeugenaussage[158]. Die Einlassung ist also auf ihre **Plausibilität** zu überprüfen und in die Gesamtschau der ansonsten festgestellten Tatumstände einzustellen[159]. Das **Gericht darf nicht alles glauben und als „unwiderlegt" hinnehmen**, insbesondere wenn es für die Richtigkeit der Angaben an sonstigen Anhaltspunkten fehlt und der Wahrheitsgehalt fraglich erscheint. Es begründet einen revisiblen Rechtsfehler, wenn der Tatrichter einer Einlassung kritiklos folgt oder entlastende Angaben eines Angeklagten, für die keine zureichenden Anhaltspunkte bestehen und deren Wahrheitsgehalt fraglich ist, übernimmt und ausgehend hiervon andere Beweismittel unzutreffend würdigt[160]. Hat sich der Angeklagte nur (etwa über seinen Verteidiger) durch Verlesen einer schriftlichen Erklärung zur Sache geäußert und Nachfragen nicht zugelassen, so kann auch diese Einschränkung der Glaubhaftigkeitsprüfung zu seinem Nachteil gewertet werden[161].

Andererseits müssen für eine Verurteilung die – plausible – bestreitende Einlassung **760** im Rahmen einer **Gesamtwürdigung** sicher widerlegt und entsprechende Feststellungen zum Tatgeschehen getroffen werden können. Denn allein die Widerlegung der Einlassung – beispielsweise eines Alibis – bedeutet ja noch keinen positiven Tat-

---

154 BVerfG NJW 2013, 1061 f.; 1063; BGH 5 StR 570/15 Tz. 7 und 9; 2 StR 265/13.
155 Vgl. BVerfG NJW 2013, 1063; BGH 2 StR 265/13; 1 StR 459/12 Tz. 49; 3 StR 285/11 Tz. 7.
156 Vgl. BVerfG NJW 2013, 1063; BGH 2 StR 383/11; 3 StR 285/11 Tz. 7.
157 Hierzu gehören ggfls. auch die verschiedenen vom Angeklagten gelieferten Versionen des Geschehens, sofern das Gericht aufgrund dieses Aussageverhaltens nachteilige Schlüsse ziehen will, vgl. BGH NStZ 2000, 269.
158 BGH 1 StR 436/17 Tz. 10; 2 StR 110/17 Tz. 9; 2 StR 78/16 Tz. 23.
159 BGH 5 StR 75/10.
160 BGH in st. Rspr., vgl. 2 StR 146/17 Tz. 9; 2 StR 110/17 Tz. 6; 2 StR 132/17 Tz. 16; 2 StR 135/16 Tz. 8; 4 StR 320/16 Tz. 12; 3 StR 45/15 Tz. 11 m.w.N.
161 BGH NStZ-RR 2009, 145 f.; NStZ 2008, 476 f.

Kapitel 5 *Das Urteil in der Tatsacheninstanz*

nachweis. Auch ein Unschuldiger kann – zumindest theoretisch – den Weg der Lüge wählen, um der drohenden Verurteilung zu entgehen[162]. Selbst die vorübergehende Flucht des Angeklagten ist jedenfalls dann kein Indiz für eine Täterschaft, wenn er bereits mit dem Tatvorwurf konfrontiert war oder wenn er auf Grund besonderer Umstände – beispielsweise seiner Anwesenheit am Tatort – mit polizeilichen Ermittlungsmaßnahmen rechnen musste[163]. **Innere Tatsachen** (Vorsatz, Absichten, Motive) werden regelmäßig durch Rückschlüsse aus dem äußeren Tatgeschehen festgestellt[164]. Verbleiben auch nur geringe – allerdings „vernünftige"[165] – Zweifel an der Schuld des Angeklagten, so hat nach dem Grundsatz „in dubio pro reo" Freispruch zu erfolgen. Die bloß theoretische Möglichkeit, dass sich das Geschehen auch anders als festgestellt abgespielt haben könnte, genügt hierfür indes nicht.

761 Bei der Beweiswürdigung sind alle vom Gericht erhobenen Beweise, die im vorgeschriebenen Verfahren des **Strengbeweises** gewonnen worden sind, erschöpfend und in einer Gesamtschau zu würdigen[166]. Das bedeutet nicht, dass jeder irgendwie entfernt beweiserhebliche Umstand abzuhandeln wäre[167]. Das Tatgericht ist nämlich nicht zur umfassenden Dokumentation der Beweisaufnahme im Urteil verpflichtet, sondern „nur" zur Darlegung seiner rational zu begründenden und tatsachengestützten Beweisführung. Erforderlich ist also eine Darstellung und Würdigung der Umstände, welche für die Überzeugungsbildung nach dem Ergebnis der Beratung **wesentlich** waren[168]. Auch Ausführungen zur Verwertbarkeit von Beweismitteln haben im Urteil daher nichts zu suchen[169].

762 Das Gericht hat also – möglichst aus einem Guss und mit nachvollziehbarem gedanklichem Aufbau – darzustellen, wie es zu der Überzeugung von der Täterschaft des Angeklagten gelangt ist. Es versteht sich von selbst, dass es sich dabei nicht nur mit dessen Einlassung, sondern gegebenenfalls auch mit widersprüchlichen Beweisergebnissen (wechselnden Einlassungen des Angeklagten[170], sich widersprechenden Zeugenaussagen oder dem unterschiedlichen Aussageverhalten desselben Zeugen[171]) zu befassen hat. Dafür genügt es nicht, die einzelnen Aussagen nacheinander „herunterzubeten". Urteilsgründe haben nämlich nicht die Funktion, den Gang der Ermittlungen oder der Hauptverhandlung in allen Einzelheiten wiederzugeben. Unterschiedliche Angaben von Zeugen oder Beschuldigten im Laufe des Verfahrens sind also nur insoweit darzustellen, als sie sich auf die entscheidungserheblichen Gesichtspunkte beziehen oder aus anderen Gründen erheblich sind[172]. Eine detaillierte Wiedergabe

---

162 Vgl. BGH 1 StR 503/15 Tz. 8; 1 StR 445/15 Tz. 15; 2 StR 375/14 Tz. 6; NStZ 2000, 549.
163 Siehe BGH 4 StR 232/09 (wo Flucht als Indiz angesehen wurde) sowie BGH NStZ-RR 2008, 147.
164 BGH 5 StR 222/17 Tz. 17.
165 BGH 4 StR 577/14 Tz. 16. Sog. „denktheoretische Zweifel" reichen insoweit nicht, BGH NStZ-RR 2007, 86 f.
166 Ständige Rechtsprechung, vgl. BGH 3 StR 172/17 Tz. 14; 4 StR 434/16 Tz. 8; 1 StR 503/15 Tz. 6 ff.; 1 StR 292/15 Tz. 9.
167 Vgl. BGH 3 StR 120/11; 2 StR 375/05.
168 Siehe BGH 3 StR 145/17 m.w.N.; 3 StR 111/17; 2 StR 425/15; 4 StR 183/15 Tz. 11; 3 StR 179/15; 3 StR 121/13; 1 StR 120/11 Tz. 14.
169 BGH 1 StR 153/11 Tz. 14; NJW 2009, 2613.
170 BGH NStZ 2004, 88 f.
171 BGH NStZ 2002, 555 f.
172 BGH 1 StR 305/17 Tz. 14; 4 StR 39/15 Tz. 3; 3 StR 121/13; 1 StR 311/12.

Inhalt und Aufbau des schriftlichen Urteils **E**

sämtlicher Aussageinhalte ist regelmäßig revisionsrechtlich sogar „gefährlich", da unangemessen „breite" oder unstrukturierte Ausführungen den Bestand eines Urteils gefährden. Sie lassen nämlich besorgen, dass der Tatrichter Wesentliches von Unwesentlichem nicht zu trennen vermochte[173]. In der Situation „Aussage gegen Aussage" ist allerdings die Wiedergabe der „wesentlichen" Aussageinhalte geboten[174].

Es ist sodann darzulegen, aus welchen inhaltlichen Gründen aufgrund **systematischer Aussageanalyse**[175] einem Zeugen Glauben geschenkt wird oder warum dies nicht der Fall ist. Will das Gericht den Schilderungen eines Zeugen folgen, obwohl dessen Angaben widersprüchlich oder aus anderen Gründen nur teilweise glaubhaft sind, so muss es dies nachvollziehbar begründen. Regelmäßig ist dann neben den Aussageinhalten darzulegen, welche gewichtigen Gründe dies rechtfertigen[176]. Das gleiche gilt (erst Recht), wenn ein Zeuge, etwa weil er unerreichbar war oder im Hinblick auf das von ihm in Anspruch genommene Recht aus § 55 StPO, in der Hauptverhandlung zur Sache nicht vernommen worden ist und seine im Ermittlungsverfahren gemachten Angaben lediglich über eine Verhörsperson oder durch Urkunden eingeführt worden sind[177].

763

Eine kritische Prüfung ist auch angebracht, wenn ein Mitangeklagter aufgrund einer verfahrensbeendenden Absprache, entsprechenden Vorgesprächen oder zur Erlangung von anderweitigen eigenen Vorteilen (etwa im Zusammenhang mit § 31 BtMG oder § 46b StGB) ein Geständnis abgelegt hat oder ein Zeuge seine ehemaligen Mitbeschuldigten belastet. Hier kommt es entscheidend auf die Genese dieser Aussage an.

Schlussfolgerungen müssen – aus revisionsrechtlicher Sicht betrachtet – nicht zwingend, sondern nur möglich sein[178]. Andererseits genügen reine Vermutungen oder die bloße Möglichkeit einer Täterschaft selbstverständlich nicht. Daher ist es bei der Würdigung **indizieller Beweisergebnisse** grundsätzlich erforderlich, in den Urteilsgründen die tatsächlichen Anknüpfungspunkte der Würdigung so mitzuteilen, dass dem Revisionsgericht eine Überprüfung möglich ist[179].

764

Stützt sich das Gericht auf die Feststellungen eines **Sachverständigen**, so bedarf es regelmäßig einer (gedrängten) Darstellung seiner Ausführungen, der **Anknüpfungs- und Befundtatsachen** sowie der gezogenen Schlussfolgerungen[180]. Das gilt natürlich besonders bei Divergenzen zwischen den schriftlichen und den mündlichen Ausführungen des Sachverständigen[181]. Hierbei sind auch die jeweiligen Untersuchungsme-

765

---

173 Vgl. BGH 3 StR 227/15; 4 StR 39/15 Tz. 3; 2 StR 92/14 Tz. 10; 3 StR 224/14 Tz. 5; 3 StR 144/13; 4 StR 170/12 Tz. 12; 5 StR 357/11; 3 StR 261/11; 2 StR 75/11.
174 BGH 5 StR 231/16; 5 StR 113/14; 4 StR 15/14 Tz. 11.
175 Siehe hierzu oben Rn. 525 ff.
176 BGH 5 StR 541/16 Tz. 6; 1 StR 206/13 Tz. 19; NStZ-RR 2010, 152 f.; NStZ 2008, 180 f.; NJW 1998, 3788 ff.
177 Zu dem sog. **Konfrontationsrecht** siehe oben Rn. 41.
178 BGH 4 StR 45/17 Tz. 7; 1 StR 94/16 Tz. 9; 1 StR 235/15 Tz. 36; 4 StR 340/13 Tz. 8 f. m.w.N.
179 BGH 2 StR 4/15 Tz. 8 (Mord ohne Leiche); 1 StR 378/13 Tz. 7; 3 StR 247/12 Tz. 12; 4 StR 517/11; NStZ-RR 2009, 351 f.
180 Vgl. BGH 1 StR 164/17 Tz. 15; 1 StR 221/16 Tz. 13; 5 StR 231/16; 4 StR 397/15 Tz. 4; 1 StR 394/14 Tz. 16 m.w.N.; NStZ 2000, 106 f. (sog. „Jeansfaltenvergleichsgutachten").
181 BGH 5 StR 55/15 Tz. 20.

Kapitel 5 *Das Urteil in der Tatsacheninstanz*

thoden und deren Zuverlässigkeit darzulegen, soweit es sich nicht um ständig wiederkehrende Fragen handelt, die wegen ihrer Häufigkeit in der gerichtlichen Praxis allen Beteiligten geläufig sind. Letzteres ist etwa bei der Daktyloskopie, der Blutalkoholanalyse oder bei der Bestimmung von Blutgruppen der Fall, bei denen allesamt standardisierte Untersuchungsmethoden verwendet werden[182].

Auch die **DNA-Analyse** ist zwar standardisiert. Es ist auch möglich, eine Verurteilung allein auf den DNA-Befund zu stützen[183]. Hier bedarf es zwar regelmäßig keiner Angaben zur unabhängigen Vererblichkeit der untersuchten Merkmalssysteme (sog. „STR", also short tandem repeats)[184], aber näherer Ausführungen dazu, wie viele Systeme untersucht wurden, ob und inwieweit sich hier Übereinstimmungen ergeben haben, mit welcher **statistischen Wahrscheinlichkeit** die festgestellte Merkmalskombination zu erwarten ist und, sofern der Angeklagte einer fremden Ethnie angehört, inwieweit dieser Umstand bei der Auswahl der Vergleichspopulation von Bedeutung war[185]. Allein die Zugehörigkeit zu einer anderen Ethnie als der am Tatort mehrheitlich lebenden führt indes noch nicht dazu, dass die mitteleuropäische Vergleichspopulation zur Beurteilung der „Trefferwahrscheinlichkeit" ausscheidet[186]. Besondere Ausführungen sind auch bei der Bewertung sog. Mischspuren angezeigt[187].

766 An die Einschätzung des Sachverständigen ist das Gericht freilich nicht gebunden. Bei Gutachten ist vielmehr zu bedenken, dass sie oftmals als Grundlage der Beantwortung von – ausschließlich in der gerichtlichen Verantwortung liegenden und **dem Zweifelssatz nicht zugänglichen – Rechtsfragen** dienen. Das gilt etwa bei Prüfung der §§ 21, 63, 64, 66 StGB. In dubio pro reo gilt hier allenfalls in Bezug auf die tatsächlichen Grundlagen und Anknüpfungspunkte der rechtlichen Erwägungen[188]. Auch ein sog. „Glaubwürdigkeitsgutachten" hat nur indizielle Bedeutung.

Weicht der Tatrichter von einem Sachverständigengutachten aufgrund eigener Bewertung der Beweislage ab, muss er dies im Urteil in Auseinandersetzung mit der Ansicht des Sachverständigen in nachprüfbarer Weise darlegen[189]. Die mit dieser Selbstverständlichkeit verbundene Mühe mag gelegentlich dazu führen, dass die Auffassung des Sachverständigen vergleichsweise unkritisch übernommen wird.

767 **Beispiel:** „Ausgehend von dem verlesenen Blutalkoholbefund des Instituts für Rechtsmedizin der Universität Bonn vom 18.04.2017 hat bei dem Angeklagten zum Zeitpunkt der Blutentnahme am 08.04.2017 gegen 12:21 Uhr eine Blutalkoholkonzentration (BAK) von 1,02 ‰ vorgelegen. Unter Zugrundelegung eines stündlichen Abbaus von 0,2 ‰ sowie eines Sicherheitszuschlages von ebenfalls 0,2 ‰ ergibt sich damit nach den Ausführungen

---
182 BGH 5 StR 345/10; NJW 2009, 2834 ff.; 1 StR 597/08.
183 BGH 3 StR 31/17 Tz. 5; 3 StR 298/15 Tz. 5; 3 StR 67/12 Tz. 4.
184 Vgl. – auch zu den Ausnahmen – BGH 4 StR 439/13, wo die praktizierte Untersuchungsmethode lesbar dargestellt ist. A.A. BGH 1 StR 364/14 Tz. 7.
185 Vgl. BGH 5 StR 149/17 Tz. 10; 4 StR 102/16 Tz. 12; 4 StR 484/15 Tz. 5; 4 StR 397/15 Tz. 4; 4 StR 555/14 Tz. 20; 1 StR 364/14 Tz. 7.
186 Siehe zu diesen Fragen umfassend BGH 2 StR 112/14.
187 BGH 2 StR 572/16 Tz. 11 ff.
188 BGH 3 StR 273/10; 2 StR 601/08 sowie 1 StR 359/08 m.w.N.
189 Vgl. BGH 4 StR 45/17 Tz. 10; 1 StR 408/16 Tz. 17; 4 StR 320/16 Tz. 17 m.w.N.; 1 StR 287/15 Tz. 17; 4 StR 86/15 Tz. 8.

> des Sachverständigen für den Zeitpunkt seines Antreffens durch den Polizeibeamten gegen 10:00 Uhr am 08.04.2017 eine theoretisch-maximale BAK von 1,7 ‰ und für den Zeitpunkt des Tatbeginns gegen 03:00 Uhr eine solche von 3,1 ‰. Ausgehend von dem letztgenannten Wert hat der Sachverständige eine erheblich verminderte Steuerungsfähigkeit für gegeben erachtet.
>
> Diesem rein rechnerischen Ergebnis liegt jedoch – so auch der Sachverständige – die Annahme zu Grunde, dass der Angeklagte nach der ersten Tathandlung bis zur Festnahme keinerlei Alkohol mehr zu sich genommen hätte. Diese – auch lebensfremde – Bedingung ist indes nicht erfüllt. (wird näher ausgeführt)
>
> Unabhängig davon ist bezüglich des Angeklagten zu bedenken, dass die Anflutungsphase zum Zeitpunkt des Tatbeginns bereits abgeschlossen war, sein Körper also bereits Gelegenheit gehabt hatte, sich an die Wirkungen des Alkohols zu gewöhnen. Kurz vor Beginn der Tathandlungen war nach Angaben der Zeugen x, y und z keiner der Täter so alkoholisiert, dass irgendwelche Ausfallerscheinungen zu bemerken gewesen wären. Bei Entnahme der Blutprobe hat der Angeklagte – bei einer BAK von 1,02 ‰ – ausweislich des verlesenen Entnahmeprotokolls keinerlei Ausfallerscheinungen gezeigt. Bei der gebotenen Gesamtschau hat die Kammer daher die Voraussetzungen der §§ 20, 21 StGB verneint."

Falls das Gericht in der Hauptverhandlung die in einem Beweisantrag der Verteidigung enthaltene Tatsache als wahr unterstellt und den Antrag aus diesem Grunde abgelehnt hat (§ 244 Abs. 3 S. 2 StPO), müssen die unter Beweis gestellten entlastenden Umstände auch der Beweiswürdigung zu Grunde gelegt werden. Es empfiehlt sich dann der Zusatz „Dies unterstellt das Gericht als wahr".

768

Soweit **Hilfsbeweisanträge** gestellt worden sind, muss sich das Gericht damit befassen und darlegen, warum es ihnen nicht nachgegangen ist. Dies geschieht sinnvollerweise am Ende der eigentlichen Beweiswürdigung.

5. Rechtliche Beurteilung des festgestellten Sachverhaltes

Die „Hauptarbeit" ist bereits im Rahmen der Feststellungen geleistet worden, denn dort sind alle tatsächlichen Grundlagen für die Strafbarkeit des Angeklagten niedergelegt. Die Darstellung in diesem Urteilsabschnitt bedeutet daher keine ausführliche rechtliche Begutachtung, sondern kann sich – entsprechend den gesetzlichen Anforderungen in § 267 Abs. 3 S. 1 StPO – zumeist auf die Angabe des verletzten Strafgesetzes (je nach Tatbestand durch Nennung des Absatzes, des Satzes und der Nummer) beschränken[190]. In rechtlich nicht ganz einfach gelagerten Fällen sind jedoch Rechtsausführungen zum Schuldspruch erforderlich[191]. Auf echte, die Strafbarkeit begründende Qualifikationstatbestände ist also gegebenenfalls ebenso einzugehen, wie auf die Bestimmungen des Versuchs, der Teilnahme etc. Darzustellen sind an dieser Stelle auch die Konkurrenzen bzw. die Verdrängung einzelner Straftatbestände im Wege der Gesetzeskonkurrenz.

769

---

190 Dabei handelt es sich gleichzeitig um eine Mindestanforderung, denn die Liste der angewendeten Vorschriften nach § 260 Abs. 5 StPO im Tenor (siehe oben Rn. 733) vermag die Bezeichnung der zur Anwendung gebrachten Strafgesetze in den Gründen des Urteils nicht zu ersetzen, vgl. BGH NStZ-RR 2001, 19.
191 BGH NJW 1999, 801.

Kapitel 5 *Das Urteil in der Tatsacheninstanz*

Achtung: Für die Anfertigung eines Urteilsentwurfes im Rahmen der **Examensklausur** sind an die rechtlichen Ausführungen höhere Anforderungen zu stellen. Der Kandidat hat nach der Aufgabenstellung i.d.R. zwar kein materiell-rechtliches Gutachten hinsichtlich der Strafbarkeit des Angeklagten, aber einen ausführlichen Entscheidungsentwurf anzufertigen. Darin müssen sich die wesentlichen rechtlichen Erwägungen wiederfinden. Ein verbindlicher Maßstab lässt sich hierfür nicht aufstellen. Inhalt und Umfang der Ausführungen richten sich vielmehr nach den konkreten Problemen der Aufgabenstellung. Von Bedeutung können beispielsweise Einzelheiten der Subsumtion (Tatbestandsmerkmale, Abgrenzungsfragen), der Teilnahmeform oder der Konkurrenzen sein.

6. Ausführungen zur Strafzumessung

770 Dieser nach § 267 Abs. 3 StPO vorgeschriebene Teil der Urteilsgründe ist besonders wichtig. Der Tatrichter hat bezüglich der Strafzumessung inhaltlich zwar einen Beurteilungsspielraum, muss seine Überlegungen aber natürlich nachvollziehbar darlegen. Gerade weil die Verhängung der angemessenen Strafe seine ureigenste Aufgabe ist, soll ihm die schriftliche Auseinandersetzung mit den gesetzlichen Strafzumessungsgründen und deren Abwägung als Selbstkontrolle dienen. Zudem ist auch die Strafzumessung keinesfalls der Überprüfung insgesamt entzogen, sondern kann schon bei ihrer „Fehlerhaftigkeit"[192] dem Revisionsgericht Veranlassung bieten, die Entscheidung aufzuheben. Materiell muss sich die Darstellung an **§ 46 StGB**, also vornehmlich an der auch in den (schuldhaft zurechenbaren) Tatfolgen sichtbaren Schuld des Täters orientieren. Besonderes Gewicht hat ein glaubhaftes und nicht nur prozesstaktisches Geständnis[193].

Bei der Darstellung der Strafzumessungsgründe sind aber auch verschiedene formale Aspekte zu beachten. Es empfiehlt sich – nach der selbst im Falle des Rechtsmittelverzichts gem. § 267 Abs. 3 S. 5, Abs. 4 S. 2 StPO zwingenden und spätestens an dieser Stelle anzubringenden Mitteilung, ob dem Urteil eine Verfahrensabsprache i.S.d. § 257c StPO vorausgegangen ist – nach folgendem Schema zu verfahren:

a) Ermittlung des anzuwendenden (abstrakten) Strafrahmens

771 Legt das Tatgericht einen unzutreffenden Strafrahmen zu Grunde, so kann dies die Revision begründen. Seine – im Urteil darzulegende[194] – Bestimmung folgt in der Regel aus dem angewendeten Strafgesetz i.V.m. §§ 38 bis 40 StGB, kann im Einzelfall aber durchaus schwierig sein. Liegen etwa sog. **vertypte Strafmilderungsgründe** vor, z.B.
– verminderte Schuldfähigkeit, § 21 StGB;
– Versuch, §§ **22, 23 Abs. 2 StGB**;
– Beihilfe, § **27 Abs. 2 StGB**;

---

192 Lesen Sie zu den möglichen Aufhebungsgründen *Meyer-Goßner/Appl*, Rn. 418 sowie unten Rn. 1081 f.
193 Vgl. BGH 4 StR 502/13 Tz. 3 f. m.w.N.
194 BGH 3 StR 1/13 Tz. 9.

– Fehlen besonderer persönliche Merkmale, § 28 Abs. 1 StGB;
– Versuch der Beteiligung, § 30 Abs. 1 S. 2 StGB;
– Täter-Opfer-Ausgleich, § 46a StGB, zu dessen Voraussetzungen im Kern ein Geständnis als Übernahme der Verantwortung sowie ein (vom Willen des Tatopfers abhängiger) auf Friedensstiftung gerichteter sog. kommunikativer Prozess bzw. auf materieller Ebene die vollständige oder wenigstens teilweise Entschädigung des Opfers durch die persönliche Leistung oder den persönlichen Verzicht des Täters gehören. Allein die Leistung von Schadensersatz genügt also nicht[195];
– Kronzeugenregelung, § 46b StGB[196];
– Aufklärungshilfe bei BtM-Delikten, § 31 BtMG[197],

so ist eine Strafmilderung entweder vorgeschrieben oder fakultativ vorzunehmen. Dies geschieht in der Form, dass der Strafrahmen je nach der abstrakt angedrohten Strafhöhe unter Beachtung des § 49 StGB reduziert wird. Eine mehrfache Herabsetzung des Strafrahmens ist danach möglich und in der Praxis auch nicht selten; das Gericht hat sich hiermit auseinanderzusetzen.

Sieht die angewendete Strafvorschrift **besonders schwere** oder **minder schwere Fälle** 772 vor (Beispiele: §§ 177 Abs. 6–9, 226 Abs. 3, 243 Abs. 1, 250 Abs. 3, 263 Abs. 3, 267 Abs. 3, 4 StGB), so ist im Rahmen einer Gesamtbetrachtung **vorrangig** zu erörtern, ob der erhöhte oder verminderte Strafrahmen aus der konkreten Norm zur Anwendung gelangt. Die Indizwirkung eines **Regelbeispiels** (z.B. §§ 177 Abs. 6, 267 Abs. 3 StGB) kann im Einzelfall etwa durch ganz außergewöhnliche strafmildernde Umstände entkräftet werden, die für sich allein oder in ihrer Gesamtheit so schwer wiegen, dass die Anwendung des Strafrahmens für besonders schwere Fälle unangemessen erscheint[198]. Hier ist also zunächst zu prüfen, ob – etwa wegen „normaler" oder gesetzlich vertypter Milderungsgründe – auf den Regelstrafrahmen oder sogar denjenigen für minder schwere Fälle zurückzugreifen ist[199]. Allerdings ist alternativ auch zu erwägen, ob nicht eine rechnerische Strafrahmenverschiebung in Betracht kommt, wie sie etwa §§ 49 Abs. 1, 21 StGB im Falle des Versuchs vorsehen. Es ist bei mehreren Berechnungsalternativen dabei so vorzugehen, dass es zu einem dem Angeklagten konkret günstigeren Ergebnis führt. All dies ist im Urteil näher auszuführen.

Solche Verschiebungen des Strafrahmens sieht das Gesetz nur bei der Verhängung 773 von Freiheitsstrafen vor. Eine Erweiterung oder Reduzierung des zur Verfügung stehenden Spielraumes ist angezeigt, wenn das gesamte Tatbild einschließlich aller subjektiven Momente und der Täterpersönlichkeit vom Durchschnitt der erfahrungsgemäß gewöhnlich vorkommenden Fälle in einem so erheblichen Maße abweicht, dass

---

195 Siehe BGH 5 StR 174/17; 1 StR 121/16 Tz. 17 ff.; 2 StR 307/15 Tz. 15 ff.; 1 StR 555/15 Tz. 6; 3 StR 89/15 Tz. 11; 2 StR 405/14 Tz. 21; 4 StR 433/14 Tz. 28; 4 StR 213/14 Tz. 9 m.w.N.; 1 StR 327/14 Tz. 55.
196 Siehe hierzu BGH 3 StR 301/17 Tz. 6; 5 StR 26/16 Tz. 10; 5 StR 18/15; 3 StR 209/13 Tz. 11; 3 StR 8/13; 4 StR 553/12 sowie *Maier* NStZ-RR 2016, 37 ff.; *Peglau* NJW 2013, 1910 ff.
197 Zu den inhaltlichen Voraussetzungen dieser Norm, der ein **eigenständiger Tatbegriff** zu Grunde liegt, siehe BGH 4 StR 212/16; 2 StR 305/15 Tz. 4; 3 StR 61/15; 3 StR 21/15; 2 StR 3/14 Tz. 6; 2 StR 66/12.
198 BGH 2 StR 185/17 Tz. 4 f.; 5 StR 37/16 Tz. 7; 4 StR 100/11; 5 StR 403/10.
199 Das Vorliegen eines vertypten Milderungsgrundes legt die Prüfung eines minder schweren Falles regelmäßig nahe. Vgl. zu alldem BGH 3 StR 292/12; 4 StR 581/11 Tz. 6; 2 StR 218/11; 5 StR 117/10; 3 StR 187/09. Zur Strafrahmenbestimmung beim Versuch siehe BGH 3 StR 261/10.

Kapitel 5 *Das Urteil in der Tatsacheninstanz*

die Anwendung des Ausnahmestrafrahmens gerechtfertigt erscheint. Das Gericht hat daher zunächst eine Strafzumessung „im weiteren Sinne" vorzunehmen. Bereits im Rahmen dieser Ausführungen sind die strafschärfenden und strafmildernden Aspekte in ihrer Gesamtheit gegeneinander abzuwägen[200]. Die sog. konkrete Strafzumessung erfolgt später innerhalb des ermittelten Strafrahmens.

774 Im Rahmen der Erörterung, ob ein **minder schwerer** Fall zu bejahen ist, sind (nachrangig!) ebenfalls die vertypten Strafmilderungsgründe heranzuziehen, wenn sich die Anwendung des reduzierten Strafrahmens allein aufgrund der allgemeinen Milderungsgründe (noch) nicht rechtfertigen lässt[201]. Schon das Vorliegen eines einzigen Milderungsgrundes (insbesondere, wenn die Voraussetzungen der verminderten Schuldfähigkeit gemäß § 21 StGB bejaht werden) kann ausreichen, um von einem minder schweren Fall und damit von einem milderen Strafrahmen auszugehen. Zu beachten ist allerdings, dass dieser Grund (und nur dieser) im Falle seiner Berücksichtigung gemäß § 50 StGB „verbraucht" ist und daher nicht ein zweites Mal herangezogen werden darf. Alle nicht bei der Strafrahmenermittlung „verbrauchten" vertypten Strafmilderungsgründe führen dagegen dazu, dass der reduzierte Strafrahmen aus der konkreten Strafnorm ein weiteres Mal, nämlich über § 49 StGB, gemildert werden kann[202]. Letztlich handelt es sich bei der Strafrahmenwahl aber um eine pflichtgemäße Entscheidung, für die auch der Zweifelssatz nicht gilt[203].

b) Konkrete Strafzumessung

775 Steht der Strafrahmen fest, so ist die Strafzumessung im engeren Sinne vorzunehmen. Bestand keine Veranlassung, das Vorliegen eines besonders oder minder schweren Falles zu erörtern, so hat nunmehr die Abwägung **sämtlicher** nach den Umständen des Falles **maßgeblicher** Strafschärfungs- und Strafmilderungsgründe stattzufinden[204]. Herauszuarbeiten sind dabei die konkreten Tatsachen, die das Geschehen, orientiert am regelmäßigen Erscheinungsbild des Delikts, milder oder schwerer erscheinen lassen[205]. Das Ergebnis dieser Überlegungen muss die ausgeworfene Sanktion tragen. Es dürfen keine unzulässigen Strafzwecke verfolgt werden; im Einzelfall kann aber einem Aspekt der Strafzumessung (etwa generalpräventiven Erwägungen[206]) ein besonderes Gewicht beigemessen werden. Maßgeblich sind naturgemäß auch – insbesondere einschlägige – strafrechtliche **Vorbelastungen**. Selbst verjährte Taten dürfen zu Lasten eines Angeklagten – wenn auch mit geringerer Schwere – berücksichtigt

---

200 BGH 3 StR 412/14 Tz. 18; 4 StR 77/12 Tz. 3; 2 StR 218/11; 3 StR 139/11; 1 StR 579/09 Tz. 53.
201 Vgl. zur Prüfungsreihenfolge BGH 3 StR 423/17 Tz. f.; 1 StR 590/16 Tz. 5, 1 StR 4/16 12. 6; 5 StR 61/16 Tz. 4; 2 StR 292/15 Tz. 4; 2 StR 24/15 Tz. 2; 4 StR 215/15 Tz. 4; *Detter* NStZ 2012, 136; 2010, 560 ff. m.w.N. aus der Rechtsprechung des BGH.
202 Zu einem solchen Fall siehe etwa BGH NStZ-RR 2008, 105.
203 BGH 5 StR 201/15.
204 BGH 4 StR 414/16 Tz. 4; 3 StR 638/14 Tz. 4: „eine erschöpfende Aufzählung aller Strafzumessungserwägungen ist weder vorgeschrieben noch möglich".
205 Vgl. BGH NStZ-RR 2009, 72 f.; NStZ 2006, 96.
206 Solche sind allerdings nur statthaft, wenn eine „gemeinschaftsgefährdende Zunahme der abgeurteilten Tat vergleichbarer Straftaten" vorliegt, vgl. BGH 3 StR 393/10.

werden[207]. Dabei ist keine in alle Einzelheiten gehende Darstellung erforderlich. Die Anforderungen steigen aber naturgemäß mit der Höhe der erkannten Strafe[208].

Bei Verfahren **desselben Gerichts** gegen **mehrere Angeklagte** muss zwar für jeden von ihnen die Strafe unter Abwägung aller in Betracht kommenden Umstände aus der Sache selbst gefunden werden. Allerdings ist auch darauf zu achten, dass die jeweiligen Strafen – etwa gemessen an den individuellen Tatbeiträgen – in einem angemessenen Verhältnis zueinander stehen. Verstehen sich derartige Unterscheidungen nicht von selbst, so müssen sie im Urteil erläutert werden[209]. 776

Hingewiesen sei hier auf einige „beliebte"[210], allerdings vermeidbare **Fehler**: 777

Der Verstoß gegen das **Verbot der Doppelverwertung** (§ 46 Abs. 3 StGB) hat schon manches ansonsten sorgfältig formulierte Urteil in der Revision „gekippt". So ist es unzulässig, ein Merkmal, welches bereits zum gesetzlichen Tatbestand gehört und dessen Vorliegen die Strafbarkeit (mit-)begründet, im Rahmen der Strafzumessung strafschärfend heranzuziehen.

> **Negativbeispiel:** Der Angeklagte wurde wegen schweren Raubes gemäß § 250 Abs. 2 Nr. 1 StGB verurteilt. Das Gericht führt aus: „Zu Lasten des Angeklagten fiel ins Gewicht, dass er bei Begehung der Tat eine Waffe verwendete".
>
> Das Verwenden einer Waffe ist hier Bestandteil des gesetzlichen Tatbestandes, darf also nicht nochmals berücksichtigt werden. Zulässig wäre indes die strafschärfende Erwägung, dass der Täter eine **scharfe Schusswaffe** gegen **mehrere Personen** eingesetzt hat, denn zum gesetzlichen Tatbestand des § 250 Abs. 2 Nr. 1 StGB gehört nur das Verwenden einer Waffe als solches. Dass es sich um eine einsatzbereite, scharfe Schusswaffe und nicht „nur" um eine Gaspistole handelte, die zudem gegen mehrere Opfer eingesetzt wurde, erhöht die objektive Gefährlichkeit der Tatbegehung und ist Ausdruck einer höheren kriminellen Energie des Täters[211].

Ein ebenfalls häufiger Fehler ist es, das **Fehlen strafmildernder Faktoren** im Ergebnis strafschärfend zu berücksichtigen oder dem Angeklagten sein – erlaubtes – Verteidigungsverhalten anzulasten. 778

> **Negativbeispiele:** „Bei der Strafzumessung fiel auch ins Gewicht, dass der Angeklagte eine Tatbeteiligung bis zum Schluss der Beweisaufnahme geleugnet hat. Er hat damit keinerlei Unrechtseinsicht gezeigt."
> oder
> „bei Begehung des Diebstahls handelte der Angeklagte ohne wirtschaftliche Not"
> oder
> „der Angeklagte hatte offenbar von Anfang an beabsichtigt, die Ermittlungsmaßnahmen der Polizei in eine falsche Richtung zu lenken".

---

207 BGH 3 StR 170/09.
208 BGH 5 StR 269/12 Tz. 5.
209 Vgl. BGH 2 StR 363/16 Tz. 3 ff.; 1 StR 315/15; 5 StR 237/11; 1 StR 282/11.
210 Siehe die von *Detter* NStZ 2012, 135 ff.; 2010, 560 ff.; 2009, 74 ff., 487 ff.; 2008, 554 ff. aufgeführten zahlreichen Beispiele aus der Rechtsprechung des BGH.
211 Lesen Sie dazu auch BGH 2 StR 110/12; 3 StR 294/09; NJW 2003, 76 f.

Kapitel 5 *Das Urteil in der Tatsacheninstanz*

> Derartige Erwägungen sind unzulässig. Der Angeklagte darf sanktionslos schweigen oder lügen; er ist auch nicht verpflichtet, aktiv an der Aufklärung des Geschehens mitzuwirken[212]. Dies schließt es natürlich nicht aus, ein Geständnis strafmildernd zu berücksichtigen. Auch das Handeln aus einer Notlage heraus wirkt regelmäßig zugunsten des Angeklagten, ihr Fehlen darf also nicht strafschärfend wirken[213].

779 Schließlich sollte sich das Gericht auch jeglicher – ebenfalls gelegentlich anzutreffender – **moralisierender Erwägungen** und solcher Formulierungen enthalten, die auf eine persönliche Empörung schließen lassen könnten[214]. Insgesamt dürfen nur solche Aspekte Berücksichtigung finden, welche einen Bezug zum gesetzlichen Tatbestand und den geschützten Rechtsgütern aufweisen.

> **Negativbeispiele:**
>
> a) Der Angeklagte ist des sexuellen Missbrauchs an seiner Stieftochter schuldig gesprochen worden (§ 176 StGB). In der Strafzumessung heißt es:
> „Der Angeklagte hat das ihm von seiner Ehefrau entgegengebrachte Vertrauen grob missbraucht. Er hat seine Stieftochter als bloßes Objekt seiner sexuellen Bedürfnisse betrachtet, das ihm zu Willen zu sein hatte, wann immer er es verlangte"[215].
>
> b) Der Angeklagte ist wegen gefährlicher Körperverletzung verurteilt worden. Die Strafkammer stellt bei der Bemessung der 6-jährigen Freiheitsstrafe u.a. folgende Erwägungen an:
> „Gegen den Angeklagten sprach weiter die massive Tatausführung. Es handelte sich um eine brutale, sinnlose und erschreckende Aggressionstat ... handelte der Angeklagte beängstigend planvoll und kaltschnäuzig ... Er versetzte ihm einen gezielten Stich genau zwischen die Rippen ... Von Reue war auch in der Hauptverhandlung kaum etwas zu spüren"[216].

Solche – jedenfalls zu einem erheblichen Teil – gefühlsmäßigen Ausführungen haben im Rahmen der Strafzumessung nichts zu suchen. Sie könnten den (wohl zutreffenden) Eindruck erwecken, als sei das Gericht nicht unbefangen gewesen. Im ersten Beispiel gehört es im Übrigen bereits zum Tatbestand, dass der Angeklagte seine sexuellen Bedürfnisse über diejenigen der Stieftochter gestellt hat.

c) Begründung der Sanktionsart

780 War nach dem Strafrahmen auch eine Geldstrafe möglich und hat das Gericht gleichwohl eine Freiheitsstrafe verhängt, so hat es darzulegen, warum dies erforderlich war. Beträgt die Freiheitsstrafe ausnahmsweise weniger als sechs Monate, so sind zudem

---

212 Vgl. BGH 4 StR 151/13 Tz. 5; NStZ 2006, 96; das gilt grundsätzlich auch dann, wenn der Angeklagte die Schuld Anderen „in die Schuhe schiebt", vgl. BGH NStZ 2007, 463.
213 BGH 2 StR 73/12; 4 StR 610/10.
214 Vgl. BGH 2 StR 386/16 (Asylbewerber); 4 StR 178/16; 2 StR 496/14 („Verharmlosung des Konsums von Cannabis"); NStZ-RR 2010, 25 (strafschärfende Bewertung allgemeiner Charaktereigenschaften des Angeklagten); NStZ-RR 2009, 272; NStZ-RR 2007, 195 („Lebensführungsschuld"); NStZ 2006, 96; 2002, 646.
215 BGH NStZ 2002, 646.
216 BGH NStZ 2006, 96.

die Gründe für eine Abweichung von der Regel des § 47 Abs. 1 StGB darzulegen. Bei Verhängung einer Geldstrafe sind die Anzahl der Tagessätze (mindestens 5, höchstens 360, § 40 Abs. 1 StGB[217]) und deren jeweilige Höhe getrennt auszuwerfen. Bei der Begründung der Tagessatzhöhe ist § 40 Abs. 2 StGB zu beachten.

d) Besonderheiten bei der Verhängung einer Gesamtstrafe

Der Tatrichter (auch das Berufungsgericht) ist grundsätzlich verpflichtet, auf eine Gesamtstrafe zu erkennen, wenn bei Urteilsfällung die Voraussetzungen der §§ 53 ff. StGB gegeben sind. Er darf die Festsetzung der – im Rahmen des § 55 StGB auch nachträglich möglichen – Gesamtstrafe nicht dem Verfahren nach §§ 460 ff. StPO überlassen[218]. Bei Gesamtstrafenfähigkeit haben also die Strafrahmenbestimmung und die Strafzumessungserwägungen zunächst für jede einzelne abgeurteilte Tat zu erfolgen. Anschließend ist eine selbstständige Abwägung bezüglich der Gesamtstrafe vorzunehmen. Das erfordert eine zusammenfassende Würdigung der Person des Täters und der einzelnen Straftaten (§ 54 Abs. 1 S. 2 StGB), also des Unrechtsgehalts und des Schuldumfangs. Namentlich sind das Verhältnis der einzelnen Straftaten zueinander (zeitlicher, sachlicher oder situativer Zusammenhang), die Tatfrequenz, Art und ggfls. Vielzahl der verletzten Rechtsgüter, die jeweilige Begehungsweise sowie das Gesamtgewicht des abzuurteilenden Sachverhalts zu berücksichtigen[219].

781

Dabei ist der Gesamtstrafenbildung jeder Schematismus fremd. Der Tatrichter darf sich den Blick für die maßgeblichen Gesichtspunkte nicht durch die Summe der verwirkten Einzelstrafen verstellen[220]. Es ist insbesondere – wie auch bei der Einzelstrafe – unzulässig, die Gesamtstrafe auf Grund einer **Rechenformel** oder **mathematisierend** zu bilden[221]. Das schließt eine – in geeigneten Fällen auch kräftige[222] – Erhöhung der Einsatzstrafe indes nicht aus.

782

Liegen die Voraussetzungen des „überkomplizierten"[223] aber zwingenden[224] **§ 55 StGB** vor, so ist unter Beachtung der Grundsätze der §§ 53, 54 StGB regelmäßig eine nachträgliche Gesamtstrafe – ggfls. unter Auflösung einer in der früheren Entscheidung bereits gebildeten Gesamtstrafe – auszuwerfen[225]. Einbezogen wird dabei nicht das frühere Urteil, sondern die darin verhängte Strafe.

783

---

217 **Achtung**: Als Gesamtstrafe dürfen bis zu 720 Tagessätze verhängt werden, § 54 Abs. 2 StGB.
218 BGH 5 StR 127/14; 4 StR 22/12.
219 BGH 4 StR 261/13 Tz. 3; NStZ 2001, 365 f.
220 Siehe BGH 2 StR 340/10; 5 StR 394/09; NStZ-RR 2003, 9 f.
221 Vgl. BGH 1 StR 417/16; 5 StR 256/13 Tz. 3; 1 StR 410/10; 2 StR 483/09 („rechnerisches Mittel des Strafrahmens"); 2 StR 377/09 („rechnerisch mittlere Gesamtstrafe"); 2 StR 283/08 (prozentualer Strafabschlag) und 1 StR 503/08; 4 StR 522/07 (Orientierung am „arithmetischen Mittel").
222 Vgl. BGH 1 StR 417/16; NJW 2010, 3176.
223 BGH 5 StR 325/10.
224 BGH 1 StR 370/13.
225 Eine Ausnahme ist nur zulässig, wenn auf Grund der zur Verfügung stehenden Unterlagen trotz sorgfältiger Vorbereitung keine Entscheidung nach § 55 StGB getroffen werden kann, BGH 5 StR 456/10; 1 StR 212/10. Im Tenor muss ggfls. exakt angegeben werden, welche Einzelstrafen für welche Einzeltaten einer früheren Verurteilung in die nachträgliche Gesamtstrafe einbezogen werden; vgl. hierzu BGH 2 StR 426/14. Siehe zu § 55 StGB materiell-rechtlich umfassend BGH 4 StR 22/12; 2 StR 386/08.

Kapitel 5   *Das Urteil in der Tatsacheninstanz*

> **Beispiel:** Der Angeklagte wird wegen Diebstahls unter Auflösung der im Urteil des Amtsgerichts Bonn vom 27.02.2018 gebildeten Gesamtfreiheitsstrafe sowie unter Einbeziehung der dortigen Einzelstrafen zu einer Gesamtfreiheitsstrafe von einem Jahr verurteilt.

Das Urteil muss die tragenden Gründe dieser Gesamtstrafenbildung erkennen lassen. Dies erfordert eine Darstellung
- der den einbezogenen Strafen zu Grunde liegenden Sachverhalte,
- der Einzelstrafen,
- ggfls. der maßgeblichen Strafzumessungserwägungen,
- des Vollstreckungsstandes[226].

Bei der Bildung einer Gesamtstrafe unter Einbeziehung einer zur Bewährung ausgesetzten Strafe ist schließlich daran zu denken, dass gegebenenfalls die im Rahmen der Bewährung erbrachten Leistungen anzurechnen sind (§ 58 Abs. 2 S. 2 i.V.m. § 56f Abs. 3 S. 2 StGB). Dies geschieht durch eine die Vollstreckung ausdrücklich verkürzende Erklärung in der Urteilsformel[227]. Bereits erbrachte Zahlungen auf eine einbezogene Geldstrafe werden dagegen von Gesetzes wegen angerechnet. Hier verbietet sich eine entsprechende Entscheidung des Tatgerichts[228].

Ist eine Gesamtstrafenbildung aus formalen Gründen nicht mehr möglich, so muss der Tatrichter schließlich erkennen lassen, dass er sich der Möglichkeit des „**Härteausgleichs**" bewusst war und wie er diesen vorgenommen hat[229].

784   **Ausländische Vorstrafen**, die nach deutschem Recht gesamtstrafenfähig wären, unterfallen zwar nicht der Regelung des § 55 StGB, sind jedoch ebenfalls über den „Härteausgleich" bei der Strafzumessung zu beachten und folglich im Urteil zu erörtern[230]. Sie dürfen generell berücksichtigt werden, wenn die zu Grunde liegende Tat nach deutschem Recht strafbar wäre und noch keine Tilgungsreife i.S.d. BZRG eingetreten ist[231]. Bei vollstreckten ausländischen Vorbelastungen ist zudem § 51 Abs. 3 StGB zu beachten. Danach wird die ausländische Strafe auf eine inländische angerechnet, soweit sie vollstreckt ist und Tatidentität besteht. Dabei müssen das ausländische und das inländische Urteil allerdings nicht zwingend dieselbe Tat i.S.d. § 264 StPO betreffen. Vielmehr genügt es, wenn die ausländische Strafvollstreckung eine Tat betrifft,

---

226   Vgl. hierzu insgesamt BGH 4 StR 87/17; 2 StR 31/16 Tz. 3 f.; 4 StR 503/14 Tz. 4; 2 StR 258/13 Tz. 4; 3 StR 134/11; 4 StR 450/10; 3 StR 496/09; 2 StR 498/09.
227   Etwa: „Die Erfüllung der Bewährungsauflagen aus dem Urteil … wird mit einem Monat auf die Strafe angerechnet". Vgl. BGH 4 StR 303/17 Tz. 2; 2 StR 01/15 Tz. 9.
228   BGH 4 StR 378/15.
229   Ziel ist es, den Angeklagten so zu stellen, wie er bei einer Gesamtstrafenbildung gestanden hätte, vgl. BGH 2 StR 31/16 Tz. 4; 4 StR 176/15; 1 StR 299/14 Tz. 17 f.; 1 StR 370/13; 5 StR 266/13. Die Berücksichtigung erfolgt über die Strafzumessung, also unmittelbar bei der Festsetzung der Strafhöhe, oder durch Bildung einer fiktiven Gesamtstrafe, von welcher die schon vollstreckte Strafe abgezogen wird, vgl. BGH 2 StR 31/17 Tz. 8; 4 StR 176/15; 1 StR 299/14 Tz. 21; 1 StR 145/14 Tz. 37; 2 StR 590/13; 4 StR 441/10.
230   BGH 5 StR 151/13 Tz. 4; 5 StR 569/10 Tz. 8; 5 StR 432/09.
231   Siehe hierzu BGH 3 StR 588/14; 1 StR 299/14 Tz. 17 ff.; 4 StR 425/11 m.w.N.

die (ohne förmliche Aburteilung) Gegenstand des inländischen Strafverfahrens gewesen ist[232].

Die hohen Anforderungen an die Darlegung gelten in besonderem Maße auch bei der Verhängung einer **Einheitsjugendstrafe** unter Einbeziehung von Vorbelastungen nach § 31 Abs. 2 JGG. Hier muss sich die Sachverhaltsdarstellung auf das einbezogene Urteil erstrecken, da nur so die Sanktionsbegründung nachvollziehbar ist. Das bedeutet, dass die früheren Taten und die damaligen Strafzumessungserwägungen kurz mitgeteilt werden. Zudem ist aufgrund einer Gesamtbewertung der bereits abgeurteilten und der neuen Taten neu zu entscheiden, ob aufgrund aktueller Erkenntnisse eine Jugendstrafe überhaupt (noch) in Betracht kommt[233].

785

e) Begründung der Strafaussetzung zur Bewährung

Der Tatrichter muss zunächst eine schuldangemessene Strafe bestimmen. Nur wenn diese bewährungsfähig ist, darf er in die Prüfung eintreten, ob die inhaltlichen Voraussetzungen des § 56 Abs. 1 oder Abs. 2 StGB vorliegen. Die Höhe der Strafe von der Bewährungsmöglichkeit abhängig zu machen – was in der Praxis nicht nur gelegentlich geschieht – ist also rechtsfehlerhaft[234]. Andererseits **muss** sich das Urteil mit § 56 StGB auseinandersetzen, wenn eine (Gesamt-)Freiheitsstrafe von nicht mehr als zwei Jahren verhängt wird. Eine (seltene) Ausnahme gilt nur dann, wenn eine Strafaussetzung „völlig fern liegt"[235].

786

Soweit das Gericht in dem gesondert zu verkündenden Beschluss gemäß § 268a StPO dem Angeklagten Auflagen und/oder Weisungen erteilt hat, können diese zur Begründung der Aussetzungsentscheidung – insbesondere der günstigen Sozialprognose als unabdingbare Voraussetzung jeder Bewährung – mit herangezogen werden.

f) Beispiel für Strafzumessungserwägungen

Nach den vorstehenden theoretischen Erörterungen soll die sprachliche Darstellung anhand eines Beispiels für den Fall der Vergewaltigung erläutert werden. Dabei versteht es sich von selbst, dass die bei der Strafzumessung erwähnten Umstände (z.B. Folgen der Tat für das Opfer, Anwendbarkeit des § 21 StGB) zuvor im Urteil dargestellt wurden.

787

> Bei der Frage der Strafzumessung war zunächst der anzuwendende Strafrahmen zu ermitteln. Bei sexueller Nötigung im besonders schweren Fall im Sinne des § 177 Abs. 6 StGB liegt dieser zwischen 2 und 15 Jahren (§ 38 Abs. 2 StGB). Dieser Strafrahmen war zunächst zu Grunde zu legen, da sich die Tat bei der gebotenen Gesamtbetrachtung – wie sich aus den im Folgenden dargestellten Strafzumessungserwägungen ergibt – als besonders schwerer Fall im Sinne der Vorschrift darstellt und damit die Anwendung des Regelstrafrahmens

---

232 Siehe hierzu BGH 1 StR 299/14 Tz. 24.
233 Vgl. BGH 2 StR 316/16 Tz. 4; 2 StR 558/12 Tz. 10; 4 StR 49/11; NStZ 2009, 43 m.w.N.
234 Vgl. BGH 4 StR 133/15 Tz. 10; 2 StR 355/13 Tz. 6; 5 StR 375/13 Tz. 7; 1 StR 428/12 Tz. 11; 1 StR 525/11 Tz. 41 ff.
235 BGH 1 StR 100/12.

Kapitel 5   Das Urteil in der Tatsacheninstanz

aus § 177 Abs. 5 StGB bzw. die Annahme eines minder schweren Falles i.S.d. § 177 Abs. 9 StGB nicht in Betracht kam.

Für den Angeklagten sprach dessen unter ungünstigen Voraussetzungen verlaufene Sozialisation. Diese führte zu einer Persönlichkeitsstruktur, die einerseits von einem starken Bedürfnis nach persönlicher Zuneigung und andererseits von der Unfähigkeit geprägt ist, die Bedürfnisse anderer Menschen, insbesondere von Frauen, angemessen wahrzunehmen. Verstärkt werden diese persönlichen Defizite durch eine intellektuelle Schlichtheit. Zu Gunsten des Angeklagten musste sich auch auswirken, dass die Geschädigte im Verlaufe des Abends Zärtlichkeiten mit ihm ausgetauscht hatte, was bei diesem zu einer Erwartungshaltung im Hinblick auf sexuelle Erlebnisse geführt hat. In diesem Zusammenhang verdient auch der Umstand Erwähnung, dass sie mit dem ihr nahezu unbekannten Angeklagten in dessen Wohnung gefahren ist, wenngleich insoweit auch zu berücksichtigen ist, dass sie sich hierdurch zugleich dem Schutz des Angeklagten vor Übergriffen unterstellt hat.

Strafmildernd war ferner zu berücksichtigen, dass der Angeklagte im Verlauf der Hauptverhandlung den Anklagevorwurf eingeräumt hat, um der Geschädigten eine Vernehmung zu Details der Vorgänge im Schlafzimmer seiner Wohnung zu ersparen. Auch befindet er sich seit etwa acht Monaten in Untersuchungshaft, die ihn aufgrund der Trennung von seiner im Ausland lebenden Familie und der daher ausbleibenden Besuche in besonderer Weise belastet. Er hat zudem den Widerruf der Strafaussetzung zur Bewährung (280 Tage Restfreiheitsstrafe aus der Verurteilung vom 21.03.2016) zu gewärtigen.

Strafschärfend fiel ins Gewicht, dass die Tat sich über einen langen Zeitraum von etwa 2½ Stunden hingezogen hat, in dessen Verlauf die Zeugin mehrfach vaginal und oral, mithin auf verschiedene Weise vergewaltigt wurde. Straferschwerend musste sich auch auswirken, dass der Angeklagte bereits in erheblichem Umfang strafrechtlich belangt werden musste. Allein wegen Körperverletzungsdelikten hat er bislang etwa vier Jahre Haft verbüßt. Zudem stand er aus der Verurteilung vom 21.03.2016 noch unter Bewährung.

Bezieht man zudem die festgestellten schwerwiegenden Folgen der Tat für die Geschädigte in die Überlegungen ein, so führt auch die Tatsache, dass in der Person des Angeklagten die Voraussetzungen des § 21 StGB vorliegen, nicht zu einer Abweichung vom Strafrahmen dieser Vorschrift zugunsten desjenigen des § 177 Abs. 5 oder 9 StGB. Die Kammer hat jedoch die fakultative Strafrahmenverschiebung gemäß §§ 21, 49 Abs. 1 StGB gesehen, geprüft und bejaht. Hierdurch reduzierte sich der Strafrahmen des § 177 Abs. 6 StGB auf Freiheitsstrafe zwischen 6 Monaten und 11 Jahren 3 Monaten.

Innerhalb dieses Strafrahmens hat die Kammer nochmals sämtliche erörterten schulderschwerenden und schuldmindernden Umstände gegeneinander abgewogen. Danach kam eine Strafe im unteren Bereich des zur Verfügung stehenden Strafrahmens nicht mehr in Betracht. Vielmehr musste gegen den Angeklagten eine empfindliche Freiheitsstrafe verhängt werden, um ihm das Unrecht seiner neuerlichen Tat eindringlich vor Augen zu führen. Insgesamt hielt die Kammer unter Abwägung sämtlicher Umstände die Verhängung einer Freiheitsstrafe von

sieben Jahren und sechs Monaten

für tat- und schuldangemessen.

7. Sonstiger Inhalt des Urteils

788 Für den Fall ihrer Anordnung sind Nebenstrafen oder **Maßregeln** der Besserung und Sicherung gemäß § 267 Abs. 6 StPO im Anschluss an die eigentlichen Strafzumessungserwägungen und die Ausführungen zur „Hauptstrafe" zu begründen. Insbesondere die erheblich belastenden Maßregeln i.S.d. §§ 63, 64 und 66 StGB bedürfen sorgfältiger Ausführungen[236]. Erfasst werden aber auch die wesentlich häufiger vorkommende Entziehung der Fahrerlaubnis und die Anordnung einer Sperrfrist nach §§ 69, 69a StGB. Die Anordnung einer Maßregel unterliegt zwar oft dem pflichtgemäßen Ermessen des Tatrichters (vgl. etwa § 66 Abs. 2 und 3 StGB), welches nur eingeschränkt revisionsrechtlich überprüft wird. Die Urteilsgründe müssen aber immer erkennen lassen, dass er sich seiner Entscheidungsbefugnis bewusst war und aus welchen Gründen er von ihr in einer bestimmten Weise Gebrauch gemacht hat[237]. Denn nur dann kann das Revisionsgericht prüfen, ob das Tatgericht von zutreffenden rechtlichen und tatsächlichen Voraussetzungen ausgegangen ist.

Auch die **Adhäsionsentscheidung** ist näher zu begründen. Hierfür gelten zwar nicht unmittelbar die zivilprozessualen Vorschriften. Mit relevantem Vorbringen (etwa dem Einwand der Verjährung) muss sich das Urteil aber auseinandersetzen[238]. Ansonsten genügt eine weitgehende Bezugnahme auf die sonstigen Urteilsausführungen, insbesondere zum Tatgeschehen, zu den Tatfolgen und zur Strafzumessung. Die Verurteilung zu **Schmerzensgeld** scheidet bei sog. Bagatellverletzungen aus[239]. Sie erfordert im Rahmen einer Gesamtbetrachtung der Billigkeitsaspekte die Erörterung der wirtschaftlichen Verhältnisse von Schädiger und Geschädigtem, wenn sie dem Einzelfall ein besonderes Gepräge geben[240]. Bei mittäterschaftlicher Begehung sind zudem die möglicherweise unterschiedlichen Tatbeiträge in ihrer Intensität und Wirkung für das Tatopfer zu gewichten[241].

789

Ein **Feststellungstitel** setzt schließlich wie bei § 256 ZPO voraus, dass ein Schaden (noch) nicht beziffert werden kann bzw. im Urteil Schäden beschrieben werden, die einen Dauer- oder Zukunftsschaden wahrscheinlich machen[242].

Die entsprechende Passage könnte im Falle einer abgeurteilten Vergewaltigung etwa wie folgt lauten:

> Darüber hinaus war über die u.a. auf Zuerkennung von Schmerzensgeld gerichteten Adhäsionsanträge der Nebenklägerin zu befinden. Den sich aus §§ 823 Abs. 1, 253 Abs. 2 BGB ergebenden zivilrechtlichen Zahlungsanspruch der Zeugin G. bemisst die Kammer auf 20.000 €. Neben den bereits im Zusammenhang mit der Strafzumessung erörterten Umständen – insbesondere Dauer und hohe Intensität der Handlungen – war zu berücksichtigen, dass dem Kompensationsbedürfnis durch die strafrechtliche Verfolgung allenfalls eingeschränkt Rechnung getragen wird.

---

236 BGH 3 StR 67/16 Tz. 4, 6 m.w.N.; 3 StR 243/14 Tz. 8.
237 Vgl. BGH NStZ 2010, 270 ff.
238 BGH 2 StR 62/15 Tz. 5.
239 Bei **Beleidigungen** kommt Schmerzensgeld daher nur für schwere Eingriffe in das Persönlichkeitsrecht in Betracht, BGH 2 StR 525/12; OLG Stuttgart NStZ-RR 2014, 285 f. (zur Beleidigung von Polizeibeamten, die i.d.R. einen Schmerzensgeldanspruch nicht begründen soll).
240 Vgl. umfassend BGH VGS 1/16. Das kann etwa bei einem außergewöhnlichen wirtschaftlichen Gefälle zwischen Schädiger und Geschädigtem der Fall sein. Jenseits dieser Fälle soll die Erörterung der wirtschaftlichen Verhältnisse nach Auffassung des 2. Strafsenats einen Rechtsfehler darstellen, vgl. BGH 2 StR 135/17; 2 StR 239/17; dagegen (zutreffend) BGH 5 StR 438/17 Tz. 8; 4 StR 255/17 Tz. 10; 3 StR 231/17.
241 Siehe BGH 3 StR 52/15; 3 StR 372/13 Tz. 3 f.
242 BGH 2 StR 332/15 Tz. 3; 2 StR 13/15.

Kapitel 5 *Das Urteil in der Tatsacheninstanz*

> Bei Bemessung des Schmerzensgeldbetrages hat die Kammer die wirtschaftlichen Verhältnisse der Angeklagten und der Nebenklägerin – die als Schülerin derzeit über kein eigenes Einkommen verfügt – berücksichtigt. Die Höhe des zuerkannten Schmerzensgeldes wird für die Angeklagten, die von ihrem Alter und der körperlichen Verfassung her durchaus zu geregelter Erwerbsarbeit in der Lage sind, keine unbillige Härte bedeuten und ihre finanziellen Möglichkeiten nicht auf Dauer unzumutbar einschränken.
>
> Aus § 823 Abs. 1 BGB hat die Geschädigte auch einen Anspruch auf Ersatz der zu erwartenden Folgeschäden. Ein entsprechendes Feststellungsinteresse i.S.d. § 256 ZPO folgt bereits daraus, dass weitere therapeutische Maßnahmen sich schon jetzt als erforderlich erwiesen haben. Die zivilrechtlichen Nebenentscheidungen basieren auf den §§ 288, 291 BGB, 708 Nr. 1, 709 S. 1 und 2 ZPO.

790 Schließlich sind die der **Kostenentscheidung** zu Grunde liegenden Vorschriften anzugeben. In amtsgerichtlichen Verfahren betreffend Verkehrsstraftaten ist es auch üblich, die für Eintragungen im sog. Fahreignungsregister notwendigen „Tatkennziffern" („TKZ") i.S.d. Anlage 13 zu § 40 FeV anzugeben.

Die Urteilsgründe schließen ab mit den **Unterschriften** der Berufsrichter, welche an der Entscheidung mitgewirkt haben.

IV. Urteilsgründe im Fall des Freispruchs

791 Auch (und gerade) ein freisprechendes Urteil ist der Rechtskraft fähig. Der Angeklagte darf wegen der verfahrensgegenständlichen Tat nicht ein weiteres Mal strafrechtlich verfolgt werden. Notwendig ist daher zunächst (in zusammengefasster Form) die Darstellung des Anklagevorwurfes. Angaben zur Person des Angeklagten sind hingegen in aller Regel nicht erforderlich. Sie sind in erster Linie für die Strafzumessung wichtig, die beim Freispruch ja nicht stattfindet. Anders ist es aber, wenn der persönliche Hintergrund wegen der Besonderheiten des angeklagten Tathergangs (etwa bei Straftaten gegen die sexuelle Selbstbestimmung oder Gewalttaten im familiären Kontext) relevant ist. Dann muss er zur Überprüfung des Freispruchs durch das Revisionsgericht auch festgestellt und mitgeteilt werden[243].

792 Beim Freispruch aus **tatsächlichen Gründen** muss das Gericht im Anschluss an die Schilderung des Anklagevorwurfs diejenigen Tatsachen darstellen, die es aufgrund der Beweisaufnahme für erwiesen erachtet. Denn ein Freispruch aus tatsächlichen Gründen ist nur dann gerechtfertigt, wenn der in Bezug auf die angeklagte Tat festgestellte Sachverhalt unter **keinem** – ggfls. nach § 154a StPO vorläufig ausgeschiedenen[244] – rechtlichen Gesichtspunkt einen Schuldspruch trägt[245]. Reichen die Feststellungen aus tatsächlichen Gründen (§ 267 Abs. 5 S. 1 StPO) für eine Verurteilung nicht aus, ist sodann die Einlassung des Angeklagten zumindest in ihren wesentlichen Grundzügen geschlossen und zusammenhängend mitzuteilen. Im Rahmen der weiteren Beweiswürdigung bedarf es dann der Begründung, warum die sichere Über-

---

243 Vgl. BGH 4 StR 239/16 Tz. 83 m.w.N.; 3 StR 514/14 Tz. 9; 4 StR 15/14 Tz. 8.
244 Vgl. BGH 2 StR 189/12 Tz. 11.
245 BGH 1 StR 31/14 Tz. 55; 4 StR 518/09.

zeugung für eine Verurteilung des Angeklagten nicht gewonnen werden konnte oder sich gar die positive Feststellung seiner Unschuld ergeben hat. Die Ausführungen müssen erkennen lassen, dass die maßgeblichen Umstände, welche die Entscheidung zu Gunsten oder zu Ungunsten des Angeklagten beeinflussen konnten, gegeneinander abgewogen wurden[246].

Es gelten also im Prinzip die gleichen Sorgfaltsanforderungen wie im Fall einer Verurteilung. Zwar hat das Revisionsgericht das Ergebnis der Tatsacheninstanz in der Regel hinzunehmen. Voraussetzung dafür ist aber, dass sich der Tatrichter mit den von ihm festgestellten Tatsachen unter allen für die Entscheidung wesentlichen Gesichtspunkten auseinandergesetzt hat, sofern sie geeignet waren, das Beweisergebnis zu beeinflussen[247]. Wenn mehrere Beweisanzeichen vorliegen, genügt es folglich nicht, diese nach dem Grundsatz „in dubio pro reo" isoliert abzuhandeln, sondern es ist eine **Gesamtwürdigung des Beweisstoffes** vorzunehmen. Denn der Zweifelssatz ist keine Beweis-, sondern eine Entscheidungsregel. Er kommt erst dann zum Tragen, wenn das Gericht **nach** abgeschlossener Beweiswürdigung nicht die volle Überzeugung vom Vorliegen einer maßgeblichen Tatsache gewinnen kann[248]. **793**

Eine Beweiswürdigung, die über schwerwiegende Verdachtsmomente einfach hinweggeht, ist also fehlerhaft[249]. Auch gebietet es der Zweifelssatz nicht etwa, zugunsten des Angeklagten Tatvarianten zu unterstellen, für deren Vorliegen die Beweisaufnahme keine konkreten Anhaltspunkte erbracht hat[250].

Wird der Angeklagte aus **rechtlichen Gründen** freigesprochen – etwa weil ein Merkmal des gesetzlichen Tatbestandes nicht erfüllt ist oder Rechtfertigungsgründe eingreifen[251] – so ist das Tatgeschehen zumindest insoweit zu schildern, als die rechtlichen Erwägungen darauf gestützt werden. **794**

V. Teilfreispruch

Bei der Frage nach der Notwendigkeit eines Teilfreispruchs begegnet uns zunächst wieder der Begriff der Tat im prozessualen Sinne, wie er oben erläutert worden ist[252]. Der Gegenstand des Urteils ist identisch mit der angeklagten „Tat". So steht es in § 264 StPO. Sind Gegenstand des Verfahrens **mehrere selbstständige Taten** im **prozessualen Sinn**, von denen nicht alle nachgewiesen werden können, so ist der Angeklagte wegen der erwiesenen Tat(en) zu verurteilen und im Übrigen freizusprechen. **795**

---

246 Ständige Rspr. Siehe zur Darlegungslast beim Freispruch insbesondere BGH 4 StR 45/17 Tz. 6; 2 StR 132/17 Tz. 19; 2 StR 219/16 Tz. 10; 1 StR 50/16 Tz. 9; 2 StR 7/16 Tz. 10; 3 StR 334/14 Tz. 4; 1 StR 485/13 Tz. 27 f. m.w.N.; 4 StR 413/09 (zum Tod eines Asylbewerbers im Polizeigewahrsam).
247 BGH 4 StR 499/11 Tz. 5; 1 StR 134/11; 4 StR 501/10; 4 StR 147/10; NStZ-RR 2010, 85 ff.
248 Siehe etwa BGH 1 StR 327/14 Tz. 44; 2 StR 333/13 Tz. 14; 1 StR 88/12 Tz. 11 ff.; 2 StR 229/09.
249 St. Rspr., vgl. BGH 4 StR 150/10; 2 StR 427/09; 1 StR 247/09; 2 StR 300/09; 2 StR 229/09; 2 StR 516/08; NStZ-RR 2008, 350 f.
250 St. Rspr., vgl. BGH 1 StR 327/14 Tz. 37; 4 StR 159/13 Tz. 15; 1 StR 424/10; 2 StR 226/09 (besonders lesenswert).
251 Vgl. hierzu *Meyer-Goßner/Appl*, Rn. 625.
252 Rn. 61 ff.

Kapitel 5 *Das Urteil in der Tatsacheninstanz*

> **Beispiel:** Das Hauptverfahren gegen den Angeklagten wurde eröffnet wegen des Vorwurfs einer Vergewaltigung am 03.04.2017 und wegen des Vorwurfes des Raubes am 10.04. 2017. Kann der Angeklagte nur wegen der ersten Tat überführt werden, so ist insoweit auf Verurteilung wegen Vergewaltigung zu erkennen und der Angeklagte im Übrigen freizusprechen.

796 Bei zeitlich und sachlich klar abgrenzbaren prozessualen Taten wie in dem Beispiel ist die Sachentscheidung vergleichsweise eindeutig vorgegeben. Ein Teilfreispruch hat aber auch dann zu erfolgen, wenn nach Anklage und Eröffnungsbeschluss innerhalb derselben prozessualen Tat mehrere selbständige **materiell-rechtliche Handlungen** im Sinne von § 53 StGB geschehen sein sollen, die aber nicht alle nachgewiesen wurden. Das gilt unabhängig davon, ob ein einheitliches Geschehen im Sinne von § 264 StPO vorliegt[253]. Denn das Gericht ist gehalten, Anklage und Eröffnungsbeschluss vollständig „auszuschöpfen". Es darf nicht einzelne Handlungen, welche Gegenstand der Untersuchung gewesen sind, zum Nachteil des Angeklagten „schlabbern". Dem Urteilsausspruch kommt nämlich im Hinblick auf den Prozessgegenstand auch eine klarstellende Funktion zu. Würde nicht über jede angeklagte Handlung im Sinne von § 53 StGB entschieden, könnte dies dazu führen, dass Teile des Verfahrensgegenstandes beim erkennenden Gericht anhängig bleiben.

> **Beispiel:** Dem Angeklagten wird in der zugelassenen Anklage eine fahrlässige Straßenverkehrsgefährdung gem. § 315c Abs. 1 Nr. 1a), Abs. 3 StGB und tatmehrheitlich ein unerlaubtes Entfernen vom Unfallort vorgeworfen. In der Hauptverhandlung wird der Verstoß gegen § 315c StGB nachgewiesen. Das Gericht kann sich aber nicht die für eine Verurteilung notwendige Gewissheit verschaffen, dass der stark alkoholisierte Angeklagte das Unfallgeschehen bemerkt hatte.

Bei dieser Fallgestaltung ist, obwohl bei prozessualer Betrachtungsweise insgesamt nur eine einheitliche Tat vorgelegen hat, der Angeklagte mangels Vorsatzes vom Vorwurf des § 142 Abs. 1 StGB freizusprechen.

797 Natürlich kann es auch geschehen, dass sich (erst) in der Hauptverhandlung die im Eröffnungsbeschluss vorgenommene **materiell-rechtliche Würdigung** des Geschehens als unzutreffend herausstellt. So können statt der dort angenommenen Tatmehrheit tatsächlich tateinheitlich begangene Delikte vorliegen (z.B. infolge der Annahme einer Bewertungseinheit). Wird der Angeklagte der Tathandlungen für schuldig befunden, so kommt natürlich ein Teilfreispruch nicht in Betracht. Hierfür ist nämlich immer dann kein Raum, wenn der gesamte angeklagte Sachverhalt durch die Hauptverhandlung erwiesen ist[254]. Ein Teilfreispruch scheidet hier selbst dann aus, wenn die Verurteilung sich nicht auf alle tateinheitlichen Delikte erstreckt[255].

---

253 Vgl. BGH 5 StR 135/17; 5 StR 68/17; 3 StR 48/16 Tz. 2; 3 StR 3/16; 3 StR 321/14 Tz. 2; 3 StR 210/13 Tz. 22; 4 StR 559/11.
254 Vgl. BGH 3 StR 17/14 Tz. 17 m.w.N.; 3 StR 61/14; 3 StR 220/12 Tz. 7.
255 BGH 3 StR 264/14.

Inhalt und Aufbau des schriftlichen Urteils **E**

Bei (was selten vorkommt) **alternativ angeklagten** Straftaten, die eine Verurteilung aufgrund Wahlfeststellung[256] ermöglichen sollen, kommt es dagegen auf die Unterscheidung zwischen verfahrensrechtlicher und materiell-rechtlicher Sichtweise nicht an. Hierbei handelt es sich nämlich immer um **selbstständige Taten im Sinne von § 264 StPO**. Wird der Angeklagte einer der Alternativtaten schuldig gesprochen, so muss er vom Vorwurf der anderen freigesprochen werden. Nur so wird sichergestellt, dass die Anklage hinsichtlich des anderen Vorwurfs verbraucht ist[257]. **798**

> **Beispiel:** Die Anklage und der Eröffnungsbeschluss lauten auf entweder schweren Bandendiebstahl oder gewerbsmäßige Bandenhehlerei. Erweist sich in der Hauptverhandlung lediglich der Vorwurf der Bandenhehlerei (oder umgekehrt), so ist insoweit zu verurteilen und der Angeklagte im Übrigen freizusprechen.

Unproblematisch sind in der Regel auch die Fälle der **Tateinheit**. Wurde der Lebenssachverhalt bereits im Eröffnungsbeschluss – nicht offensichtlich fehlerhaft – als tateinheitliche Verletzung mehrerer Strafgesetze gewürdigt, so stellt er notwendigerweise auch nur eine prozessuale Tat dar. Ein **Teilfreispruch** wegen einer einzelnen nicht nachgewiesen Gesetzesverletzung **scheidet** damit **aus**[258]. Es kann nur einheitlich entweder auf Verurteilung oder Freispruch erkannt werden. In den Gründen des Urteils ist allerdings gegebenenfalls darzulegen, warum ein Schuldspruch wegen des tateinheitlich angeklagten Straftatbestandes unterbleibt[259]. **799**

> In unserem Originalfall wäre es dem Gericht daher verwehrt gewesen, den Angeklagten wegen des Widerstandes gegen Vollstreckungsbeamte zu verurteilen, wegen der tateinheitlich damit begangenen Körperverletzung dagegen freizusprechen (oder umgekehrt).

Das gilt auch in den Fällen der **Dauerdelikte**[260]. Teilfreisprüche wegen nicht erwiesener, begrenzter Tatzeiträume sind hier unzulässig. **800**

> **Beispiel:** Dem Angeklagten wird Unterhaltspflichtverletzung (§ 170 StGB) im Zeitraum von Juli 2016 bis März 2017 zur Last gelegt. Kann ihm nur nachgewiesen werden, dass er von Januar bis März 2017 seine Zahlungspflichten schuldhaft verletzt hat, so darf kein Teilfreispruch für die Zeit von Juli bis Dezember 2016 erfolgen.

Ein Teilfreispruch scheidet auch aus, wenn nach dem Ergebnis der Hauptverhandlung einzelne in Rede stehende Handlungen – obgleich erwiesen – aus Rechtsgründen

---

256 Zur Problematik der sog. „Ungleichartigen Wahlfeststellung" siehe BGH 5 StR 182/16 Tz. 7; 3 ARs 13/14; 4 ARs 12/14; 1 ARs 14/14; 5 ARs 39/14; 2 StR 495/12. Zur „echten" Wahlfeststellung siehe BGH (GSSt) NJW 2017, 2842 ff.
257 Siehe BGH 1 StR 81/16.
258 BGH 4 StR 302/17 Tz. 3; 3 StR 537/14 Tz. 10.
259 Etwas anderes kann gelten, wenn bezüglich des einen Delikts der Tatnachweis nicht zu führen ist, während bezüglich des anderen ein nicht behebbares Verfahrenshindernis vorliegt, welches zur Einstellung gem. § 260 Abs. 3 StPO führen müsste. Wegen ein und derselben prozessualen Tat kann nämlich nur eine einheitliche Rechtsfolge angeordnet werden. Es ist daher in einem solchen (sicher seltenen) Fall jedenfalls dann auf Freispruch zu erkennen, wenn die nicht erwiesene Tat (etwa als Verbrechen) gegenüber derjenigen, derentwegen einzustellen wäre, erheblich schwerer wiegt. In den anderen Fällen ist das Verfahren insgesamt einzustellen.
260 Siehe hierzu Rn. 60.

Kapitel 5   *Das Urteil in der Tatsacheninstanz*

nicht Gegenstand eines selbständigen Schuld- und Strafausspruches sein können. Letzteres ist der Fall, wenn
– tatmehrheitlich angeklagte Betäubungsmittelstraftaten vom Gericht zu einer sog. **Bewertungseinheit** zusammengefasst werden,
– ein ursprünglich materiell-rechtlich selbständiger Vorwurf lediglich als **mitbestrafte Nachtat** einzustufen ist oder
– eine als selbständige Handlung angeklagte Unterlassungstat bei zutreffender rechtlicher Bewertung als Bestandteil eines ebenfalls angeklagten Deliktes durch aktives Tun anzusehen ist.

VI. Abgekürztes Urteil im Fall der Rechtskraft

801 Sowohl im Fall der Verurteilung (§ 267 Abs. 4 StPO), als auch beim Freispruch (§ 267 Abs. 5 S. 2 StPO) sieht das Gesetz nach Eintreten der (formellen) Rechtskraft Vereinfachungen bei der Urteilsabfassung vor. Das Urteil wird in diesem Sinne rechtskräftig, wenn entweder alle Berechtigten (vgl. §§ 296 ff., 401 StPO) noch in der Hauptverhandlung oder innerhalb der Rechtsmittelfrist von einer Woche auf die Anfechtung des Urteils wirksam verzichten oder die Frist verstrichen ist, ohne dass Berufung oder Revision eingelegt wurde[261].

802 In diesem Fall kann insbesondere auf die zuweilen schwierige Darstellung der Beweiswürdigung verzichtet werden. Die Urteilsgründe sind dann mit dem Vermerk „abgekürzt gemäß § 267 Abs. 4 (bzw. 5) StPO" zu überschreiben. Welche Mindestanforderungen an die Darstellung bestehen, regelt das Gesetz für die Verurteilung in § 267 Abs. 4 StPO. Die Vorschrift gilt allerdings nicht, wenn ein Rechtsmittel gegen die Entscheidung nicht oder nicht mehr statthaft ist (etwa in den Fällen des § 55 Abs. 2 S. 1 JGG), denn von einem Verzicht der zur Anfechtung Berechtigten kann dann keine Rede sein. Das völlige Weglassen einer eigenen Beweiswürdigung durch eine Jugendkammer mit der Begründung, es könne „zwecks Vermeidung von Wiederholungen" auf die Feststellungen des Erstgerichts Bezug genommen werden, kann unter dem Aspekt des Willkürverbotes sogar als Verstoß gegen das Grundrecht des Art. 3 Abs. 1 GG gewertet werden[262]. Über diesen notwendigen Inhalt hinaus ist das Gericht nach h.M. gehalten, die Rechtsfolgen und die dafür maßgeblichen Bestimmungen anzugeben[263].

Im Falle des rechtskräftigen Freispruches entfällt gemäß § 267 Abs. 5 S. 2 StPO zudem die Notwendigkeit einer Darstellung der Feststellungen.

Wird – etwa wegen einer Wiedereinsetzung in den vorigen Stand – im Nachhinein doch die Durchführung eines Rechtsmittelverfahrens erforderlich, so dürfen und müssen die Urteilsgründe um die fehlenden Ausführungen **ergänzt** werden, § 267 Abs. 4 S. 4 StPO. Die hierfür geltende Frist des § 275 StPO beginnt im Falle der Wiedereinsetzung mit dem Erlass der diese gewährenden Entscheidung[264].

In unserem **Originalfall** sah das Urteil wie folgt aus:

---

261   Rechtskraft tritt natürlich auch ein, wenn eingelegte Rechtsmittel zurückgenommen oder zurückgewiesen werden.
262   So zu Recht BVerfG NJW 2004, 209, 210 f.
263   Vgl. HK-*Julius*, § 267 Rn. 29 m.w.N.
264   Siehe hierzu BGH 3 StR 397/17; 5 StR 512/12 Tz. 5; 3 StR 295/11; 2 StR 405/11.

118 Ds 357/13 AG Bonn
17 Js 539/13 StA Bonn

AMTSGERICHT BONN

IM NAMEN DES VOLKES

URTEIL

In der Strafsache

gegen   Hans **Lellmann**,
geboren am 6. Mai 1965 in Bonn,
wohnhaft: Wagnerstr. 187, 53111 Bonn,

wegen   Trunkenheit im Verkehr pp.

hat das Amtsgericht Bonn - Strafrichter - aufgrund der Hauptverhandlung vom 22.10.2013, an der teilgenommen haben:

Richterin am Amtsgericht Schneider
als Vorsitzende,

Staatsanwältin Schatz
als Beamtin der Staatsanwaltschaft,

Justizangestellte Groß
als Urkundsbeamtin der Geschäftsstelle

für Recht erkannt:

Der Angeklagte wird wegen fahrlässiger Trunkenheit im Verkehr sowie wegen Widerstands gegen Vollstreckungsbeamte in Tateinheit mit vorsätzlicher Körperverletzung zu einer Gesamtfreiheitstrafe von drei Mona-

Kapitel 5 *Das Urteil in der Tatsacheninstanz*

2

ten und zwei Wochen verurteilt, deren Vollstreckung zur Bewährung ausgesetzt wird.

Dem Angeklagten wird die Fahrerlaubnis entzogen, sein Führerschein wird eingezogen. Vor Ablauf einer Sperrfrist von 9 Monaten darf ihm keine neue Fahrerlaubnis erteilt werden.

Der Angeklagte trägt die Kosten des Verfahrens.

- §§ 113 Abs. 1, 223 Abs. 1, 316 Abs. 1 und 2, 52, 53, 54, 56, 69, 69 a StGB -

Gründe:

I.

Der jetzt 48 alte Angeklagte verfügt über den Hauptschulabschluss, jedoch nicht über eine abgeschlossene Berufsausbildung. Er ist seit 1990 ununterbrochen als Arbeiter bei dem Abbruchunternehmen Schmitz tätig. Sein derzeitiger Nettoverdienst beläuft sich auf 1.500,- € monatlich. Der Angeklagte, der nicht verheiratet ist, hat zwei jetzt 14 und 19 Jahre alte Kinder, die bei ihrer Mutter leben. Angesichts seiner Einkommensverhältnisse zahlt er nur sporadisch geringe Unterhaltsbeiträge. Er lebt seit der Trennung von seiner Freundin in einem Bauwagen auf dem Gelände seines Arbeitgebers.

Der Angeklagte ist bereits strafrechtlich in Erscheinung getreten:

> *Das Amtsgericht Bonn erkannte gegen ihn mit Urteil vom 14. Dezember 2009 (118 Ds 239/09) wegen Körperverletzung auf eine Geldstrafe von 50 Tagessätzen zu je 20 €. Der Angeklagte hatte am 16. Juni 2009 eine heftige, zunächst verbal geführte Auseinandersetzung mit seiner damaligen Lebensgefährtin, mit der er zusammen wohnte. Dem Angeklagten passte es unter Anderem nicht, dass seine Freundin sich mehrfach mit einem ihr seit der gemeinsamen Schulzeit bekannten Mann getroffen hatte. Er war deshalb eifersüchtig. Nachdem seine Lebensgefährtin die Aufforderung des Angeklagten zurückgewiesen hatte, den Kontakt zu ihrem Bekannten abzubrechen, verlor der Angeklagte die Beherrschung und schlug ihr mehrfach mit der flachen Hand ins Gesicht, wodurch sie Prellungen erlitt. Die Beziehung ist u.a. wegen dieses Vorfalls in die Brüche gegangen.*

3

Am 18. Oktober 2011 verhängte das Amtsgericht Bonn (118 Ds 387/11) gegen den Angeklagten wegen Widerstandes gegen Vollstreckungsbeamte eine Geldstrafe von 70 Tagessätzen zu je 20 €. Nach den Feststellungen des Urteils hatte der Angeklagte am Abend des 14. Mai 2011 nach erheblichem Alkoholgenuss auf einer Gartenfeier Streit angefangen, so dass die Gastgeber die Polizei herbeiholen mussten. Er beschimpfte die Beamten und widersetzte sich seiner vorläufigen Ingewahrsamnahme durch Schläge.

II.

Am Nachmittag des 01. Juli 2013 begab sich der Angeklagte nach einem Streit mit seiner Freundin nach Bonn-Beuel. Er traf dort den Zeugen Peters und ging gemeinsam mit diesem in die Gaststätte „Zum Krug" in der Friedrich-Breuer-Straße, in der man in der Folgezeit zusammen Dart spielte. Dabei konsumierte der Angeklagte Bier und Schnaps in nicht näher feststellbaren Einzelmengen.

Nachdem er in Begleitung des Zeugen gegen 21.45 Uhr das Lokal verlassen hatte, begab er sich zu seinem in einem Parkhaus abgestellten PKW VW Golf II. Gegen 22:00 Uhr fuhr er über die Kennedybrücke in Richtung der Bonner Innenstadt. Dabei war er infolge des zuvor genossenen Alkohols nicht mehr in der Lage, sein Fahrzeug sicher zu führen. Seine Blutalkoholkonzentration betrug zu diesem Zeitpunkt mindestens 1,08 ‰.

Bei seiner Fahrt über die Brücke fiel der Angeklagte den Zeugen Müller und Meimeier auf, die als Polizeibeamte Streife fuhren. Da er seine Fahrt in Schlangenlinien über die volle Fahrbahnbreite fortsetzte, nahmen die beiden Beamten die Verfolgung auf und versuchten unter Einsatz des Martinshornes und des Blaulichts, ihn zum Anhalten zu bewegen. Gleichwohl fuhr der Angeklagte weiter, bis er am Bertha-von-Suttner-Platz in Höhe des dortigen Taxistandes mit seinem Wagen gegen den rechten Bordsteinrand prallte.

Der Angeklagte entstieg seinem Fahrzeug und zeigte sich - durch den konsumierten Alkohol zwar deutlich enthemmt, jedoch uneingeschränkt schuldfähig - aggressiv und aufgebracht. Die beiden zwischenzeitlich ebenfalls ausgestiegenen Polizeibeamten beschimpfte er u.a. als „Bullenschweine". Noch bevor sie eingreifen konnten, begab er sich zu einem an dem Taxistand befindlichen Fahrzeug des Zeugen Buchmann und trat mehrfach gegen die Fahrertüre, wodurch diese beschädigt wurde. Es entstand ein Sachschaden von 1.500 €. Insoweit ist das Verfahren in der Hauptverhandlung gem. § 154 Abs. 2 StPO vorläufig eingestellt worden.

806

4

Die Zeugen Müller und Meimeier konnten den Angeklagten anschließend nur mit Mühe auf der Motorhaube ihres vor dem Fahrzeug des Angeklagten abgestellten Streifenwagens fixieren. Obwohl in Gestalt der Beamten Rossel und Pillmann Verstärkung eingetroffen war, setzte der Angeklagte seine Gegenwehr fort. Er trat nach den Polizeibeamten und biss die Zeugin Rossel in die linke Hand. Hierdurch erlitt diese ein schmerzhaftes Hämatom mit Bissmarken. Schließlich konnte der Angeklagte dem Polizeigewahrsam in Bonn zugeführt werden. Sein Führerschein ist am Tattag sichergestellt worden. Mit Beschluss vom 9. Juli 2010 ist ihm die Fahrerlaubnis vorläufig entzogen worden.

III.

807

1. Die Feststellungen zum Lebensweg des Angeklagten sowie seinen Vorbelastungen beruhen auf seinen Angaben sowie den ergänzend verlesenen Urkunden, wie sie sich im Einzelnen aus der Sitzungsniederschrift ergeben.

2. Der Angeklagte hat den äußeren Geschehensablauf weitgehend eingeräumt. Er hat allerdings angegeben, er habe lediglich zwei oder drei Gläser Bier getrunken. Bei Fahrtantritt habe er sich daher noch uneingeschränkt fahrtauglich gefühlt. Im Übrigen habe er bei seiner Rückfahrt in die Bonner Innenstadt nicht bemerkt, dass ihm seitens der Polizei Anhaltezeichen gegeben wurden. Es sei zwar zutreffend, dass er gegen die Fahrertüre des Taxis getreten habe. Dies sei allerdings nur aus Verärgerung darüber geschehen, dass er mit seinem Fahrzeug gegen den Bordstein geprallt war. Er habe keineswegs beabsichtigt, das Taxi zu beschädigen. Es sei ebenfalls unzutreffend, dass er gegenüber den Polizeibeamten ausfallend oder gewalttätig geworden sei.

3. Diese Einlassung ist - soweit sie den getroffenen Feststellungen widerspricht - nach dem Ergebnis der Beweisaufnahme widerlegt.

Der Zeuge Peters hat bekundet, dass der Angeklagte im „Krug" außer einigen Bieren auch etwa zwei bis drei „Kurze" getrunken habe. Nach dem Eindruck des Zeugen war der Angeklagte beim Verlassen der Gaststätte nicht mehr fahrtüchtig. Er habe ihm daher dringend abgeraten, das Auto zu benutzen. Der Zeuge Müller hat sodann das Tatgeschehen so geschildert, wie festgestellt. Insbesondere hat er angegeben, dass der Angeklagte in Schlangenlinien über die Kennedybrücke gefahren sei und sich anschließend in der festgestellten Art und Weise den polizeilichen Maßnahmen widersetzt habe. Dies hat auch die Beamtin Rossel bestätigt, die als Verstärkung zum Ort des Geschehens geeilt war. Sie hat darüber hinaus auch bekundet, der Angeklagte habe sie in die linke Hand gebissen. Die hierdurch entstandenen Verletzungen sind durch das in der Hauptverhandlung verlesene Attest des Dr. Prätorius belegt. Im Übrigen hat auch der Zeuge Schmitz das festgestellte Tatgeschehen bestätigt, soweit es die Ereignisse am Bertha-von-Suttner-Platz betrifft. Nach seinen Bekundungen war er für den Taxiunternehmer Buchmann, dessen Fahrzeug beschädigt wurde, als Fahrer tätig. Der Zeuge hat erklärt, er habe gesehen, wie der Angeklagte gegen das Fahrzeug getreten habe. Später habe der Angeklagte dann auch nach den Polizeibeamten getreten und diese u.a. als „Bullenschweine" tituliert.

Die Feststellungen zur Höhe des an dem Fahrzeug entstandenen Schadens beruhen auf den entsprechenden Bekundungen des Zeugen Buchmann, der sein Fahrzeug zwischenzeitlich hat reparieren lassen.

Es ist nicht erkennbar, aus welchen Gründen die genannten Zeugen, deren Angaben sich zu einem stimmigen Gesamtbild zusammenfügen, den Angeklagten zu Unrecht belasten sollten. Ihre Angaben sind als verlässlich einzustufen, zumal der Angeklagte bereits einschlägig strafrechtlich in Erscheinung getreten ist. Das von den Zeugen geschilderte Verhalten ist ihm also nicht persönlichkeitsfremd.

4. Die Feststellungen zur Alkoholisierung des Angeklagten beruhen auf dem in der Hauptverhandlung verlesenen Blutalkoholbefund des Instituts für Rechtsmedizin der Universität Bonn vom 8. Juli 2013 sowie dem ebenfalls verlesenen Blutentnahmeprotokoll und dem entsprechenden Arztbericht vom 01. Juli 2013. Danach lag bei dem Angeklagten zum Entnahmezeitpunkt (23:50 Uhr am 01. Juli 2013) eine Blutalkoholkonzentration von 1,05 ‰ vor. Bedenken gegen die Verwertung des Blutalkoholbefunds, die sich vorliegend daraus ergeben könnten, dass PK Müller die Blutentnahme angeordnet hat, bestehen nicht. Im Hinblick auf den Zeitpunkt der Anordnung kurz vor Mitternacht und den fortschreitenden Abbau des Alkohols im Körper lagen die Voraussetzungen für die Annahme von Gefahr im Verzug gem. § 81 a Abs. 2 StPO vor. Von dem Versuch, vor der Anordnung einen Richter (auch telefonisch) zu erreichen, durfte der Polizeibeamte absehen, da ein richterlicher Eildienst für den Bezirk des Landgerichts Bonn nicht existiert.

Wie der Sachverständige Dr. Dr. Becher nachvollziehbar ausgeführt hat, war der festgestellte Wert von 1,05 ‰ auf den Tatzeitpunkt (22:00 Uhr am 01.07.2013) zurück zu rechnen. Der Angeklagte hatte bis 21:30 Uhr alkoholische Getränke zu sich genommen, so dass die Resorptionsphase um 23:30 Uhr beendet war. Für den Zeitraum zwischen 23:30 Uhr und der Blutentnahme hatte also für die Zeitspanne von 20 Minuten mit einem Abbauwert von 0,1 ‰ je Stunde eine Rückrechnung stattzufinden. Nach den überzeugenden Ausführungen des Sachverständigen war mithin von einer Tatzeit-BAK von

Kapitel 5 *Das Urteil in der Tatsacheninstanz*

6

1,08 ‰ auszugehen. Dieser Wert begründet zwar noch nicht die unwiderlegliche Vermutung absoluter Fahruntüchtigkeit. Aus der Fahrweise des Angeklagten (Schlangenlinien, Aufprall gegen den Bordstein) folgt jedoch zur sicheren Überzeugung des Gerichts eine jedenfalls relative Fahruntüchtigkeit. Diese Einschätzung hat auch der Sachverständige Dr. Dr. Becher bestätigt.

IV.

809

Angesichts der getroffenen Feststellungen hat der Angeklagte sich wie erkannt schuldig gemacht. Bezüglich der Trunkenheitsfahrt i.S.d. § 316 StGB ist von fahrlässiger Begehung auszugehen. Dem Angeklagten ist seine Einlassung nicht zu widerlegen, er habe sich subjektiv noch fahrtauglich gefühlt.

Des Weiteren ist hinsichtlich der Trunkenheitsfahrt einerseits und dem weiteren Tatgeschehen andererseits von Tatmehrheit auszugehen (§ 53 StGB). Zwar kann auch die einheitliche Dauerstraftat im Sinne des § 316 StGB mit dem Tatbestand des § 113 StGB in Tateinheit stehen (vgl. BGH VRS 49, Nr. 78). Dies ist jedoch nur dann der Fall, wenn die Widerstandshandlung zugleich Teil der Trunkenheitsfahrt ist. So liegen die Dinge hier nicht. Die Fahrt war bereits beendet, als es zu den weiteren Tathandlungen kam. Allerdings stehen die Körperverletzung und die Widerstandsleistung zueinander in Tateinheit, § 52 StGB.

V.

810

1. Im Rahmen der Strafzumessung ist zunächst zugunsten des Angeklagten zu berücksichtigen, dass er das Geschehen zumindest teilweise eingeräumt hat. Nachhaltige Verletzungsfolgen sind bei der Zeugin Rossel nicht eingetreten. Wenngleich die Voraussetzungen einer erheblich verminderten Schuldfähigkeit gem. § 21 StGB bei dem Angeklagten nicht vorlagen, fällt ferner strafmildernd eine gewisse Enthemmung infolge des genossenen Alkohols ins Gewicht.

Andererseits ist strafschärfend zu berücksichtigen, dass der Angeklagte - jedenfalls hinsichtlich der Widerstandsleistung - bereits einschlägig strafrechtlich in Erscheinung getreten ist. Die Verurteilungen aus 2009 und 2011 hat er sich erkennbar nicht als Warnung dienen lassen.

Das Gericht ist daher der Überzeugung, dass der Angeklagte, jedenfalls was die Delikte der Körperverletzung und des Widerstands gegen Vollstreckungsbeamte anbetrifft, allein mit einer Geldstrafe nicht mehr erreicht werden kann. Vielmehr muss ihm insoweit durch die Verhängung einer Freiheitsstrafe eindringlich vor Augen geführt werden, dass er die körperliche Integrität Anderer

7

zu achten hat. Dabei ist sich das Gericht des Umstandes bewusst, dass nach der Intention des Gesetzgebers in § 47 StGB die Verhängung kurzer Freiheitsstrafen weitestgehend zurückgedrängt werden soll und nur noch ausnahmsweise unter besonderen Umständen in Betracht kommt. Die Ahndung der Tat mit einer Freiheitsstrafe unter sechs Monaten ist aber dann angezeigt, wenn sie sich aufgrund einer Gesamtwürdigung aller die Tat und den Täter kennzeichnenden Umstände als unverzichtbar erweist (BGH NStZ 1996, 429). Das ist vorliegend der Fall. Der Angeklagte ist in verhältnismäßig kurzen Abständen sowohl wegen (vorsätzlicher) Körperverletzung als auch wegen Widerstands gegen Vollstreckungsbeamte auffällig geworden. Dabei ist ihm bereits im Urteil des Amtsgerichts Bonn vom 18. Oktober 2011 eindringlich aufgezeigt worden, dass bei einer weiteren vergleichbaren Straftat die Verhängung einer Freiheitsstrafe angezeigt ist. Gleichwohl hat sich der Angeklagte davon nicht beeindrucken lassen, sondern ist durch eine nicht unerhebliche Gewaltanwendung gegenüber den Polizeibeamten in Erscheinung getreten.

Im Bereich der Verkehrsdelikte ist der Angeklagte hingegen bislang noch nicht aufgefallen, so dass insoweit zur Einwirkung auf ihn die Verhängung einer Geldstrafe noch ausreichend erscheint.

Das Gericht sieht für die vorsätzliche Körperverletzung in Tateinheit mit Widerstand gegen Vollstreckungsbeamte eine Einzelfreiheitsstrafe von

drei Monaten

und für die Tat im Sinne des § 316 StGB eine Einzelgeldstrafe von

30 Tagessätzen zu je 40 €

als tat- und schuldangemessen an. Die Höhe der Tagessätze bemisst sich an den Einkommensverhältnissen des Angeklagten.

2. Gemäß §§ 53, 54 StGB ist aus beiden Einzelstrafen eine Gesamtfreiheitsstrafe zu bilden. Von der Möglichkeit, die Einzelgeldstrafe selbstständig neben der Freiheitsstrafe bestehen zu lassen (§ 53 Abs. 2 S. 2 Alt. 1 StGB) macht das Gericht keinen Gebrauch. Unter zusammenfassender Würdigung der oben aufgeführten, für und gegen den Angeklagten sprechenden Umstände, insbesondere unter Berücksichtigung des engen zeitlichen und räumlichen Zusammenhangs der Straftaten, ist die Einsatzstrafe von drei Monaten hier nur maßvoll zu erhöhen. Insgesamt erscheint die Verhängung einer Gesamtfreiheitsstrafe von

811

8

drei Monaten und zwei Wochen

erforderlich, aber auch ausreichend, um dem Angeklagten das Unrecht seiner Taten vor Augen zu führen und ihn in Zukunft von weiteren Straftaten abzuhalten.

3. Die Vollstreckung der Gesamtfreiheitsstrafe ist unter den Voraussetzungen des § 56 Abs. 1 StGB zur Bewährung auszusetzen. Der Angeklagte ist erstmalig mit einer Freiheitsstrafe belegt worden. Es ist daher die Erwartung gerechtfertigt, dass er sich allein die Verurteilung zur Warnung dienen lassen und künftig auch ohne die Einwirkung des Strafvollzugs keine Straftaten mehr begehen wird.

VI.

Schließlich ist dem Angeklagten gemäß §§ 69, 69a StGB die Fahrerlaubnis zu entziehen und sein Führerschein einzuziehen. Angesichts der offensichtlichen Alkoholprobleme des Angeklagten war darüber hinaus eine Sperrfrist von 9 Monaten für die Neuerteilung der Fahrerlaubnis anzuordnen. Dabei hat das Gericht berücksichtigt, dass der Angeklagte seinen Führerschein bereits seit dem Tattag entbehrt.

VII.

Die Entscheidung über die Kosten folgt aus §§ 464, 465 StPO.

Dem Urteil ist keine Verständigung im Sinne des § 257 c StPO vorausgegangen.

Schneider
Richterin am Amtsgericht

F. Zu beachtende Fristen und Zustellung des Urteils

I. Frist zur Abfassung des Urteils

Die Frist, innerhalb derer das schriftlich abgefasste und von den Berufsrichtern unterschriebene Urteil zu den Akten gebracht werden muss, beträgt gem. § 275 Abs. 1 StPO i.d.R. **5 Wochen** nach der Verkündung. Zu den möglichen Fristverlängerungen je nach Dauer der Hauptverhandlung lesen Sie bitte die Vorschrift. Die Frist wird auf der Grundlage des § 43 StPO berechnet. Sie darf in Haftsachen wegen der besonderen Bedeutung des Beschleunigungsgrundsatzes allerdings nicht planmäßig ausgeschöpft werden[265].

812

Innerhalb der genannten Zeitspanne muss das Urteil vollständig zu den Akten gelangen. Das ist erst der Fall, wenn das Rubrum, die Urteilsformel und die schriftlichen Gründe abgesetzt sind, es von sämtlichen Berufsrichtern unterzeichnet ist und zumindest im Dienstzimmer des Richters zum Abgang bereitliegt. Aus Sicherheitsgründen sollte das Urteil mit der Verfahrensakte innerhalb der Frist auf der Geschäftsstelle des Gerichts eingehen, wo es mit einem Eingangsstempel versehen wird. Wird das Urteil als elektronisches Dokument erstellt, so ist § 32b Abs. 1 und 2 zu beachten, wonach es für die Fristwahrung u.a. auf den Vorgang der bewussten und gewollten Speicherung in der elektronischen Akte ankommt.

II. Zustellung des Urteils an den Angeklagten oder Verteidiger

Eine Abschrift des Urteils ist dem Angeklagten bzw. dessen Verteidiger **zuzustellen**, soweit es nicht bereits rechtskräftig geworden ist. Haben die Verfahrensbeteiligten z.B. im Anschluss an die Verkündung des Urteils auf Rechtsmittel verzichtet, so genügt die formlose Übersendung. Vor der Zustellung muss das Hauptverhandlungsprotokoll i.S.d. § 273 Abs. 4 StPO fertiggestellt, also vom Vorsitzenden und vom Protokollführer unterzeichnet sein. Fehlt es hieran, so ist die Zustellung des Urteils unwirksam[266].

813

Nach § 36 Abs. 1 S. 1 StPO wird die Zustellung und deren Einzelheiten von dem Vorsitzenden, bei vollstreckbaren Entscheidungen (Haftbefehle, Durchsuchungsbeschlüsse u.a.) von der Staatsanwaltschaft veranlasst, § 36 Abs. 2 StPO. Die von der Geschäftsstelle ohne konkrete, **eindeutige und dokumentierte** Anordnung des Vorsitzenden verfügte Zustellung ist folglich unwirksam[267]. Ist die Entscheidung gem. § 187 GVG in die Sprache des Angeklagten zu übersetzen, so muss der Vorsitzende vor der Zustellung die Übersetzung veranlassen. Die Zustellung des Urteils in der originalen und der übersetzten Fassung hat dann zusammen mit den Zustellungen an die übrigen Beteiligten zu erfolgen, § 37 Abs. 3 StPO. Die tatsächliche Durchführung der Zustellung obliegt der Geschäftsstelle (§ 36 Abs. 1 S. 2 StPO), die sich für die eigentliche Ausführung jedenfalls bis zur Existenz eines funktionstüchtigen elektronischen

---

265 So jedenfalls die 3. Kammer des 2. Senats des BVerfG, 2 BvR 2057/05.
266 BGH 4 StR 246/12 Tz. 6; 2 StR 600/10 Tz. 12.
267 Die Anordnung kann aber auch mündlich erteilt werden. Siehe hierzu BGH 4 StR 253/16 Tz. 6; 1 StR 207/15; 4 StR 553/13 Tz. 6; 1 StR 420/10; OLG München NStZ-RR 2010, 15.

Kapitel 5 *Das Urteil in der Tatsacheninstanz*

Rechtsverkehrs eines Justizbediensteten oder – in aller Regel – der Post bedient (§§ 37 Abs. 1 StPO, 166 ff. ZPO).

814 Eine wichtige Besonderheit enthält § 145a StPO, der eine gesetzliche **Zustellungsvollmacht** auch gegen den Willen des Angeklagten für den Fall begründet, dass ein wirksames Verteidigungsverhältnis besteht. Der Pflichtverteidiger, dessen Bestellung aktenkundig ist, gilt insoweit stets als ermächtigt. Bei einem gewählten Verteidiger hängt die Zustellungsvollmacht davon ab, ob sich seine Vollmacht bei den Akten befindet, wobei es genügt, wenn sie mündlich erteilt und im Sitzungsprotokoll beurkundet wurde[268]. Sie gilt, bis ihr Erlöschen dem Gericht mitgeteilt wird[269]. Nach Nr. 154 Abs. 1 RiStBV ist sogar generell an den Verteidiger zuzustellen, wenn der Angeklagte Rechtsmittel eingelegt hat.

Allerdings setzt auch eine Zustellung an den Angeklagten die Rechtsmittelfrist in Gang, selbst wenn dabei gegen Nr. 154 RiStBV verstoßen wird[270]. Wird sowohl an den Verteidiger, als auch an den Angeklagten zugestellt – was allerdings wegen § **145a Abs. 3 StPO** unzulässig ist –, so berechnet sich eine Frist gem. § 37 Abs. 2 StPO nach der zuletzt bewirkten Zustellung[271]. Die Anwendbarkeit dieser Vorschrift setzt aber voraus, dass die durch die erste Zustellung in Gang gesetzte Frist noch nicht abgelaufen war, als die zweite Zustellung erfolgte. Denn eine einmal verstrichene Frist kann durch erneute Zustellung nicht wieder eröffnet werden[272]. Bei mehreren Verteidigern genügt die Zustellung an einen von ihnen[273], weshalb auch nur eine Zustellung erfolgen soll, vgl. Nr. 154 Abs. 1 S. 2 RiStBV.

815 Der Zustellungsvorgang wird je nach gewählter Form (vgl. §§ 173, 174, 175 ZPO) zumeist durch eine vom Postbediensteten ausgefüllte Urkunde (§ 182 ZPO) nachgewiesen. Die – dem Gegenbeweis zugängliche – Beweiswirkung ergibt sich hier aus §§ 37 Abs. 1 StPO, 418, 419 ZPO[274]. Bei Rechtsanwälten erfolgt die Zustellung gegen Empfangsbekenntnis („EB"), zu dessen Ausstellung sie standesrechtlich verpflichtet sind. Der Rechtsanwalt hat das Datum des Empfangs selbst einzutragen, die Angabe eines falschen Datums lässt jedoch die Wirksamkeit des EB unberührt[275]. Demgegenüber ist die persönliche Unterzeichnung durch den Anwalt mit seinem vollen bürgerlichen Namen Wirksamkeitsvoraussetzung[276]. Auch das EB ist dem Gegenbeweis zugänglich, wenn die darin enthaltenen Angaben unmöglich richtig sein können[277].

---

268 BGH NJW 1996, 406. Befindet sich keine Vollmacht bei den Akten, so ist eine dennoch erfolgte Zustellung unwirksam, BGH NStZ-RR 2009, 144.
269 OLG Köln NStZ-RR 2016, 175 f.
270 BGH 4 StR 556/13. In diesem Fall muss der Verteidiger aber über die förmliche Zustellung an den Angeklagten informiert werden. Ansonsten kann Veranlassung zu einer Wiedereinsetzung in den vorigen Stand bestehen, vgl. OLG München NJW 2008, 3797 f.
271 Dies gilt immer, wenn an mehrere Empfangsberechtigte die Zustellung bewirkt wird, also auch dann, wenn – überflüssigerweise – an mehrere Verteidiger desselben Angeklagten eine Zustellung erfolgte, vgl. BGH 4 StR 21/15; 1 StR 544/09.
272 Vgl. BGH 4 StR 233/17 Tz. 4; 2 StR 129/17 Tz. 7.
273 BGH 4 StR 233/17 Tz. 4; 4 StR 21/15; 2 StR 288/12; BVerfG 2 BvR 2058/00.
274 Siehe hierzu OLG Köln NStZ 2012, 284 f.
275 In einem solchen Fall kann der Anwalt das Datum berichtigen mit der Folge, dass sich der Fristbeginn für Rechtsmittel nach dem berichtigten Datum richtet, BGH NJW 1991, 709.
276 Vgl. *Meyer-Goßner*, § 37 Rn. 19 m.w.N.
277 Siehe hierzu BGH NJW 2012, 2117.

Da die ordnungsgemäße Zustellung insbesondere für den Beginn von **Rechtsmittelfristen** von Bedeutung ist (vgl. z.B. §§ 314 Abs. 2, 341 Abs. 1, 345 Abs. 1 S. 2 StPO), werden die näheren Einzelheiten unten im Rahmen der Revision unter dem Stichwort „Fristberechnung" dargestellt[278].

III. Zustellung des Urteils an die Staatsanwaltschaft

Zustellungen des Gerichts an die Staatsanwaltschaft erfolgen nicht nach § 37 Abs. 1 StPO i.V.m. den einschlägigen Vorschriften der ZPO (was zulässig wäre), sondern in der vereinfachten Form des **§ 41 StPO**. Danach ist die zuzustellenden Urkunde (Urteil, Beschluss pp.) elektronisch zu übermitteln oder in Urschrift vorzulegen. Letzteres geschieht üblicherweise durch Übersendung der Akten. Der Eingang bei der Staatsanwaltschaft ist auf jeden Fall aktenkundig zu machen (vgl. auch § 32a Abs. 5 StPO).

816

Nach Kenntnisnahme sendet die Ermittlungsbehörde die Akten an das Gericht zurück, sofern diese nicht zum dortigen Verbleib (z.B. bei rechtskräftigen Entscheidungen) oder zur Weiterleitung an das Rechtsmittelgericht bestimmt sind.

---

[278] Siehe unten Rn. 923 ff.

Kapitel 6
Besondere erstinstanzliche Verfahrensarten

817 Die StPO sieht bei bestimmten Sachverhalten (meist aus prozessökonomischen Gründen) Alternativen zur Anklage und dem sich ihr anschließenden „Normalverfahren" vor, wie es oben im Einzelnen dargestellt wurde.

A. Beschleunigtes Verfahren

Mit dem in §§ 417 ff. StPO geregelten – trotz rechtsstaatlicher Bedenken verfassungskonformen[1] – beschleunigten Verfahren stellt der Gesetzgeber für Verhandlungen vor dem Amtsgericht ein gegenüber dem normalen Erkenntnisverfahren abgekürztes und vereinfachtes Prozedere zur Verfügung. Konzipiert ist es für einfach gelagerte Sachverhalte und trägt dem erzieherischen Gedanken Rechnung, dass die Strafe der Tat möglichst auf dem Fuß folgen sollte. Dieses Ziel gilt besonders im Verfahren gegen Jugendliche. Dort stehen jedoch nicht die Regelungen der §§ 417 ff. StPO, sondern ausschließlich diejenigen des „vereinfachten Jugendverfahrens" (§§ 76 ff. JGG) zur Verfügung.

Das beschleunigte Verfahren sollte zudem zu einer Entlastung der Justiz beitragen. Diese mit der Novellierung der Vorschriften im Jahre 1994 verbundene Erwartung des Gesetzgebers hat sich indes nicht erfüllt. So werden von den Amtsgerichten bundesweit nur gut 2 % der anhängigen Strafsachen in dieser Verfahrensart erledigt[2].

818 Die Abweichungen vom normalen Verfahrensablauf sind folgende:
- Es bedarf keiner schriftlichen **Anklageerhebung**. Diese kann (nach Abschluss der Ermittlungen, § 169a StPO) auch **mündlich** in der Hauptverhandlung erfolgen, § 418 Abs. 3 StPO. In jedem Fall muss sie aber den Anforderungen des § 200 Abs. 1 StPO genügen. Der Anklagesatz ist – als Wirksamkeitsvoraussetzung der Anklage – in das Sitzungsprotokoll aufzunehmen[3].
- Ein **Eröffnungsbeschluss** ist **entbehrlich** (§ 418 Abs. 1 StPO), so dass ein Zwischenverfahren entfällt.
- Der Beschuldigte muss nur dann geladen werden, wenn er sich nicht freiwillig zur Hauptverhandlung stellt oder – z.B. infolge der **Hauptverhandlungshaft** nach § 127b StPO[4] – dem Gericht vorgeführt wird, § 418 Abs. 2 S. 1 StPO.

---
1 Vgl. BVerfG NJW 2013, 1068.
2 Quelle: Statistisches Bundesamt 2016, Fachserie 10, Reihe 2.3.
3 OLG Hamburg NJW 2012, 631.
4 Siehe zu den Einzelheiten dieses Haftgrundes Rn. 1173.

- Für den Fall einer Ladung ist die **Ladungsfrist** auf **24 Stunden** verkürzt (§ 418 Abs. 2 S. 3 StPO).
- Bei einer Straferwartung von mindestens 6 Monaten ist dem Beschuldigten, soweit er noch nicht anwaltlich vertreten ist, ein **Pflichtverteidiger** zu bestellen[5], während im Normalfall die engeren Voraussetzungen des § 140 StPO gelten. **819**
- Im Verfahren vor dem Strafrichter (und nur dort!) ist das **Beweisantragsrecht eingeschränkt**, § 420 Abs. 4 StPO. Anträge können hier also ohne die in §§ 244 Abs. 3 bis 5, 245 StPO normierten Einschränkungen durch – zu begründenden – Beschluss abgelehnt werden, wenn das Gericht die beantragte Beweiserhebung zur Sachaufklärung für nicht erforderlich hält.
- Der **Unmittelbarkeitsgrundsatz gilt nicht in vollem Umfang**. Es können also – vorbehaltlich der Zustimmung der Verfahrensbeteiligten – insbesondere Zeugen- und Sachverständigenvernehmungen durch die Verlesung von Protokollen ersetzt werden (§ 420 Abs. 1 bis 3 StPO). Diese Einschränkung gilt auch für ein sich eventuell anschließendes Berufungsverfahren[6]. **820**
- Die **Rechtsfolgenkompetenz** des Gerichts ist **eingeschränkt**: Freiheitsstrafen von mehr als einem Jahr oder Maßregeln der Sicherung und Besserung – mit Ausnahme einer Entziehung der Fahrerlaubnis – dürfen nicht ausgesprochen werden (§ 419 Abs. 1 StPO). Problematisch und noch nicht geklärt ist, ob diese Grenze auch für die Bildung einer Gesamtstrafe gilt, etwa wenn das Gericht eine Freiheitsstrafe von einem Jahr für tat- und schuldangemessen hält, mit der Strafe aus einer rechtskräftigen Vorverurteilung gem. §§ 53, 55 StGB aber eine solche von mehr als einem Jahr bilden müsste[7].

Insbesondere die Regelungen in § 420 StPO zeigen bei einem Vergleich mit §§ 244 Abs. 2 bis 5, 251, 256 StPO die rechtsstaatliche Problematik des beschleunigten Verfahrens. Bedenken werden zudem gegen die mögliche Sanktionshöhe von bis zu einem Jahr Freiheitsstrafe und wegen der kurzen Ladungsfrist von 24 Stunden erhoben, die dem Beschuldigten eine Vorbereitung erschweren kann[8]. Diese Einwände sind insbesondere angesichts der Anforderungen des Art. 6 Abs. 3 lit. b EMRK prinzipiell berechtigt, wonach dem Beschuldigten ausreichend Zeit und Gelegenheit zur Vorbereitung der Verteidigung gegeben werden muss[9]. Es darf aber nicht übersehen werden, dass – in wirklich einfach gelagerten Fällen – das beschleunigte Verfahren zur Vermeidung oder Abkürzung der Untersuchungshaft beitragen kann. Wegen der Kürze zwischen Tat und Sanktion wird zudem von einer „idealtypisch spezialpräventiven" Wirkung gesprochen[10]. **821**

---

5 Das gilt selbst dann, wenn diese Prognose sich erst bei der Urteilsberatung ergibt, vgl. KG, Beschl. v. 30.04.2007 – 4 Ws 39/07; OLG Koblenz NJW 1999, 3061 f.; BayObLG NStZ 1998, 372 f.
6 Das ist freilich **umstritten**. Vgl. zum Meinungsstand *Meyer-Goßner*, § 420 Rn. 12 m.w.N.; OLG Stuttgart NJW 1999, 512.
7 Vgl. zum Meinungsstand *Meyer-Goßner*, § 419 Rn. 1.
8 Vgl. zur Kritik insgesamt KMR-*Metzger*, Vor § 417 Rn. 17 ff.
9 A.A. KG, Beschl. v. 30.04.2007 – 4 Ws 39/07, welches auch bei Verhängung einer Freiheitsstrafe von 5 Monaten keine Probleme sieht.
10 So *Lemke/Rothstein-Schubert* ZRP 1997, 490.

Kapitel 6 *Besondere erstinstantzliche Verfahrensarten*

822 Der Gesetzgeber will den Bedenken dadurch begegnen, dass er das beschleunigte Verfahren von **besonderen Voraussetzungen** abhängig macht:

– Die Sache muss sich aufgrund eines einfachen Sachverhalts **oder** einer klaren Beweislage zur **sofortigen Verhandlung** eignen (§ 417 StPO). Ein schwieriger Sachverhalt ist also – jedenfalls nach dem Wortlaut des Gesetzes – kein Hinderungsgrund, wenn nur die Beweislage (z.B. infolge eines glaubhaften Geständnisses) klar ist. Sinn dürfte die Durchführung des beschleunigten Verfahrens i.d.R. gleichwohl nur dann machen, wenn beide Voraussetzungen kumulativ vorliegen. Natürlich müssen auch die organisatorischen Rahmenbedingungen für eine kurzfristige Hauptverhandlung gegeben sein. War ursprünglich eine Frist von ein bis zwei Wochen maßgeblich[11], so sollen nunmehr zwischen dem Eingang des Antrags bei Gericht und dem Beginn der Hauptverhandlung nicht mehr als 6 Wochen liegen. Ein Verstoß gegen dieses besondere Beschleunigungsgebot kann mit der Revision gerügt werden[12].

823 – Die Durchführung ist zudem an die besondere Prozessvoraussetzung eines (mündlichen oder schriftlichen) **Antrags der Staatsanwaltschaft** geknüpft (§ 417 StPO), dessen Fehlen zu einer Einstellung des Verfahrens zwingt (§§ 206a, 260 Abs. 3 StPO). Allerdings ist die Staatsanwaltschaft verpflichtet, den entsprechenden Antrag zu stellen, wenn sie die materiellen Voraussetzungen des § 417 StPO und einen hinreichenden Tatverdacht bejaht, vgl. Nr. 146 RiStBV. Den Antrag kann die Staatsanwaltschaft bei einer Veränderung ihrer Einschätzung auch zurücknehmen, wobei allerdings umstritten ist, ob dies auch noch nach der Einlassung des Angeklagten zur Sache möglich ist[13].

824 Das Vorliegen der genannten Voraussetzungen hat das Gericht selbstständig zu prüfen. Durch unanfechtbaren – gem. § 34 StPO gleichwohl zu begründenden – Beschluss kann es eine Entscheidung im beschleunigten Verfahren ablehnen und über eine Eröffnung des Hauptverfahrens frei entscheiden (§ 419 Abs. 2 und 3 StPO). Hierbei ergeben sich zwei Möglichkeiten. Das Gericht kann

    einen hinreichenden Tatverdacht   einen hinreichenden Tatverdacht
    bejahen.   verneinen.

825 Nimmt das Gericht an, dass der Beschuldigte zwar hinreichend verdächtig sei, die Sache sich jedoch nicht für das beschleunigte Verfahren eigne, so muss es – nach der Gewährung rechtlichen Gehörs (vgl. § 201 StPO) – das Hauptverfahren eröffnen (§ 419 Abs. 3 Hs. 1 StPO) und das „Normalverfahren" durchführen. Dabei stellt sich die Frage, vor welchem Gericht (Strafrichter/Schöffengericht) eröffnet wird und ob vor einem anderen als dem entscheidenden Richter eröffnet werden darf. Dies kann im Einzelfall problematisch sein[14].

---

11 Vgl. Bundestags-Drucksache 12/6853, S. 36; OLG Düsseldorf StV 2003, 492 f.
12 BayObLG NStZ 2003, 51 f.; OLG Stuttgart NJW 1998, 3134 f.
13 Siehe hierzu KK-*Graf*, § 417 Rn. 6; BayObLG NJW 1998, 2152.
14 Vgl. hierzu *Sprenger* NStZ 1997, 574 ff.

Verneint das Gericht dagegen einen hinreichenden Tatverdacht, so ist nur die Eröffnung des beschleunigten Verfahrens abzulehnen. Die Akten werden dann an die Staatsanwaltschaft zurückgeleitet. Sie kann nun das Verfahren einstellen (§ 170 Abs. 2 StPO, §§ 153 ff. StPO) oder – soweit noch nicht geschehen, vgl. § 419 Abs. 3 Hs. 2 StPO – eine Anklageschrift vorlegen und den Antrag auf Eröffnung des (normalen) Hauptverfahrens stellen. Es ist dann vom Gericht über die Eröffnung nach § 203 StPO zu entscheiden, was der Staatsanwaltschaft im Falle einer Ablehnung die Möglichkeit der sofortigen Beschwerde eröffnet, § 210 Abs. 2 StPO.

B. Strafbefehlsverfahren

Das – ebenfalls verfassungskonforme[15] – Strafbefehlsverfahren ist in den §§ 407 ff. StPO (sowie in Nrn. 175 bis 179 RiStBV) geregelt. Es spielt – anders als das soeben dargestellte beschleunigte Verfahren – in der Praxis bei **Vergehenstatbeständen** neben der Anwendung von § 153a StPO eine herausragende Rolle. Es ermöglicht bei den Massendelikten insbesondere im Straßenverkehr durch eine summarische Prüfung der Vorwürfe eine Erledigung des Verfahrens ohne Durchführung einer Hauptverhandlung. Gerade die Vermeidung der Öffentlichkeit liegt oftmals auch im Interesse des Beschuldigten, der freilich durch fristgemäße Einlegung des Einspruchs innerhalb von zwei Wochen (§ 410 StPO) eine Hauptverhandlung herbeiführen kann.

826

Bei der Abschlussentscheidung der Staatsanwaltschaft ist aber zu bedenken, dass im einspruchslosen Strafbefehlsverfahren ein etwa gestellter **Adhäsionsantrag** nicht beschieden wird, da dies nur im Wege eines Urteils geschehen kann (§ 406 Abs. 1 S. 1 StPO). Liegt ein solcher vor, so sollte aus Gründen des Opferschutzes der Anklageerhebung Vorrang eingeräumt werden.

827

Kommt ein Strafbefehl in Betracht, so stellt die Staatsanwaltschaft beim Amtsgericht (Strafrichter oder Schöffengericht) einen schriftlichen Antrag auf Erlass (§ 407 Abs. 1 StPO). Dies soll nur geschehen, wenn sie eine Verhandlung nicht für erforderlich hält, insbesondere weil zu erwarten ist, dass der Angeschuldigte die schriftlich verhängte Strafe akzeptieren wird. Voraussetzung ist zudem das Vorliegen eines **hinreichenden Tatverdachts**, wie ihn auch die Anklageerhebung erfordert[16]. Schließlich steht der Strafbefehl, gegen den kein Einspruch eingelegt wurde, einem Urteil gleich (§ 410 Abs. 3 StPO). Eine gewisse Absicherung besteht für den Beschuldigten darin, dass der Strafbefehl nur dann erlassen werden darf, wenn auch das Gericht ihn für hinreichend verdächtig hält, vgl. § 408 Abs. 2 S. 1 StPO. Staatsanwaltschaft und Gericht müssen also die Frage der Schuld und der Rechtsfolge übereinstimmend beurteilen.

Im Übrigen dürfen auch nur die in § 407 Abs. 2 StPO genannten Sanktionen verhängt werden. Darunter fällt die Verhängung einer Freiheitsstrafe von bis zu einem Jahr, sofern deren Vollstreckung zur Bewährung ausgesetzt wird und der Angeschuldigte anwaltlich vertreten ist. Beantragt die Staatsanwaltschaft eine solche Freiheitsstrafe

828

---
15 Vgl. BVerfG NJW 2013, 1068.
16 *Meyer-Goßner*, § 407 Rn. 8.

Kapitel 6 *Besondere erstinstantzliche Verfahrensarten*

und erwägt das Gericht diesem Antrag zu folgen, so hat es dem unverteidigten Angeschuldigten einen Pflichtverteidiger zu bestellen, § 408b StPO. Ob diese Bestellung nur bis zum Erlass des Strafbefehls oder – wofür einiges spricht – auch für das weitere Verfahren nach einem Einspruch (insbesondere also für die Hauptverhandlung) wirkt, ist umstritten[17].

Das Gericht kann den Erlass des Strafbefehls auch ablehnen oder bei Bedenken – z.B. gegen die beantragte Rechtsfolge – nach Anhörung der Staatsanwaltschaft (vgl. Nr. 178 Abs. 1 RiStBV) einen Hauptverhandlungstermin anberaumen (§ 408 Abs. 3 StPO). In diesem Fall ersetzt der Strafbefehl die Anklageschrift. Hält das Amtsgericht seine **sachliche Zuständigkeit** nicht für gegeben, so **muss** es den Antrag ablehnen oder sich durch Beschluss für unzuständig erklären. Eine Verweisung der Sache an das Landgericht in entsprechender Anwendung des § 209 Abs. 2 StPO scheidet aus, da es bei einer Übernahme durch das höherrangige Gericht an einer ordnungsgemäßen Anklageerhebung fehlen würde[18].

829 Eine in der Praxis relevante Besonderheit stellt § **408a StPO** dar, wonach – selbst im beschleunigten Verfahren, § 418 Abs. 3 S. 3 StPO – gegen einen ordnungsgemäß geladenen aber nicht erschienenen Angeklagten vom Gericht ein Strafbefehl erlassen werden kann. Erscheint der Angeklagte auf seinen Einspruch hin wiederum nicht, so kann der Einspruch nach § 412 StPO i.V.m. den dort genannten Vorschriften verworfen werden.

830 Der Strafbefehl wird im Falle seines Erlasses dem Angeklagten zugestellt. Legt dieser keinen Einspruch ein, so steht er einem rechtskräftigen Urteil gleich.

Bei rechtzeitig eingelegtem Einspruch sind zunächst dessen formale Zulässigkeitsvoraussetzungen (§ 410 StPO) zu prüfen. Fehlt es daran, so wird der Einspruch ohne Hauptverhandlung als unzulässig verworfen, § 411 Abs. 1 StPO. Einer Hauptverhandlung bedarf es auch dann nicht zwingend, wenn der – zulässige – Einspruch auf die Höhe der Tagessätze beschränkt ist. In diesem Fall kann nach § 411 Abs. 1 StPO mit Zustimmung der Verfahrensbeteiligten unter Geltung des Verschlechterungsverbots im Beschlusswege entschieden werden.

Scheiden diese Möglichkeiten aus, so wird vom Gericht ein Termin zur Hauptverhandlung anberaumt. Erscheint der Angeklagte hierzu trotz ordnungsgemäßer Ladung nicht, so kann sein Rechtsmittel gem. §§ 412, 329 StPO verworfen werden[19].

831 Kommt es zur Durchführung einer Hauptverhandlung, so ist der Strafbefehl als Ersatz für die Anklageschrift zu verlesen. Für eine Beweisaufnahme gelten gem. §§ 411 Abs. 2 S. 2, 420 StPO die **Vereinfachungen des beschleunigten Verfahrens**. Vorbehaltlich der Zustimmung der Verfahrensbeteiligten kann also vor allem die Vernehmung von Zeugen oder Sachverständigen durch Urkundenverlesung ersetzt werden. Hat nicht – ausnahmsweise – das Schöffengericht den Strafbefehl erlassen, so bestimmt

---

17 Siehe zum Meinungsstand OLG Celle, StraFo 2011, 291 f.
18 OLG Rostock I Ws 193/10; vgl. auch *Meyer-Goßner*, § 408 Rn. 2 m.w.N.
19 Näheres hierzu siehe unten Rn. 875 f.

das Gericht (wie bei einem Bußgeldverfahren, § 77 Abs. 2 OWiG) den Umfang der Beweisaufnahme im Rahmen der Aufklärungspflicht nach pflichtgemäßem Ermessen. Der Strafrichter ist im Strafbefehlsverfahren bei der Bescheidung von Beweisanträgen folglich nicht durch die Kataloggründe der §§ 244 Abs. 3 bis 5, 245 Abs. 2 StPO gebunden.

Auch das Verschlechterungsverbot gilt dann nicht. Nimmt der Angeklagte trotz ungünstiger Beweislage seinen Einspruch nicht zurück – was ihm gemäß § 411 Abs. 3 StPO möglich ist – so kann er mit einer härteren Sanktion belegt werden, als sie im Strafbefehl vorgesehen war, § 411 Abs. 4 StPO.

Ein Strafbefehl, dessen Entwurf von der Staatsanwaltschaft zu erstellen ist, sieht beispielhaft folgendermaßen aus:

Kapitel 6 *Besondere erstinstantzliche Verfahrensarten*

832

Amtsgericht Bonn

Geschäfts-Nr.: **88 Cs 9/18 – 10 Js 415/17**
(Bitte bei allen Schreiben an das Amtsgericht
- insbesondere bei Einlegung eines Rechtsmittels - angeben!)

Ort und Tag
Bonn, den 18.01.2018
Anschrift und Fernruf
Wilhelmstr. 21, 53111 Bonn
Telefon: 0228-702-0

Rechtskräftig seit ....

Siegburg, den ....

....
als Urkundsbeamtin/Urkundsbeamter der Geschäftsstelle

Strafbefehl

gegen	Herrn August **Kalenborn**, ledig
geboren	am 11.11.1958 in Bonn, Staatsangehörigkeit: deutsch,
wohnhaft	Eschenweg 117 b, 53137 Bonn,
Verteidiger:	Rechtsanwalt Schlau in Bonn

Auf Antrag der Staatsanwaltschaft Bonn wird gegen Sie

wegen Diebstahls

- Vergehen nach § 242 StGB -

eine Geldstrafe von 30 Tagessätzen zu je 40 € (= 1.200,00 €) festgesetzt.
Gemäß § 465 StPO werden Ihnen die Kosten des Verfahrens auferlegt.

Die Staatsanwaltschaft beschuldigt Sie,

am 25.09.2017 in Bonn

eine fremde bewegliche Sache einem anderen in der Absicht weggenommen zu haben, sich diese rechtswidrig zuzueignen.

Ihnen wird folgendes zur Last gelegt:

Am Morgen des Tattages nahmen Sie gegen 11:30 Uhr in der Fotoabteilung des Kaufhauses „Galeria Kaufhof" eine Digitalkamera der Marke Rollei Actioncam im Verkaufswert von 105,99 € aus dem Regal und versteckten diesen unter Ihrer Jacke. Ohne bezahlt zu haben verließen Sie mit dem Gerät das Kaufhaus in der Absicht, die Kamera an Ihre Freundin zu verschenken.

StP 66 DV- Strafbefehl (§ 409 StPO) 06.2004 -   **Bitte letzte Seite beachten**

Strafbefehlsverfahren **B**

2

Der erforderliche Strafantrag wurde gestellt.

Als Beweismittel hat die Staatsanwaltschaft bezeichnet:

I. Ihre Einlassung

II. Zeugen: Kaufhausdetektiv Erwin Müller, Hoholzer Allee 217, 53213 Bonn.

Rechtsbehelfsbelehrung

Dieser Strafbefehl wird rechtskräftig und vollstreckbar, wenn Sie nicht **innerhalb von zwei Wochen nach der Zustellung** bei dem umstehend bezeichneten Amtsgericht schriftlich oder zu Protokoll der Geschäftsstelle **Einspruch** einlegen. Bei schriftlicher Einlegung ist die Frist nur gewahrt, wenn die Einspruchsschrift vor Ablauf von zwei Wochen bei dem Gericht eingegangen ist. Sie können den Einspruch auf bestimmte Beschwerdepunkte beschränken. In der Einspruchsschrift können Sie auch weitere Beweismittel (Zeuginnen, Zeugen, Sachverständige, Urkunden) angeben. Ist der Einspruch verspätet eingelegt oder sonst unzulässig, so wird er ohne Hauptverhandlung durch Beschluss verworfen. Andernfalls findet eine Hauptverhandlung statt. In dieser entscheidet das Gericht nach neuer Prüfung der Sach- und Rechtslage. Dabei ist es an den in dem Strafbefehl enthaltenen Ausspruch nicht gebunden, soweit sich der Einspruch auf ihn bezieht.
Soweit in diesem Strafbefehl eine Geldstrafe gegen Sie festgesetzt wurde und Sie **den Einspruch auf die Höhe der Tagessätze beschränken**, kann das Gericht – sofern Sie, ggfls. Ihre Verteidigerin / Ihr Verteidiger und die Staatsanwaltschaft hierzu Ihre **Zustimmung** erteilen – ohne Hauptverhandlung durch Beschluss entscheiden.
Bei einem solchen beschränkten Einspruch empfiehlt es sich, zugleich zu der Frage Stellung zu nehmen, ob Sie (und ggfls. Ihre Verteidigerin / Ihr Verteidiger) zustimmen, dass das Gericht durch Beschluss entscheidet.
In diesem Beschluss darf von den Feststellungen des Strafbefehls nicht zu Ihrem Nachteil abgewichen werden.
Gegen diesen Beschluss ist sodann noch die sofortige Beschwerde möglich.
Gegen die Entscheidung über die Verpflichtung, Kosten oder notwendige Auslagen zu tragen, können Sie, wenn der Wert des Beschwerdegegenstandes 200,- Euro übersteigt, bei dem umstehend bezeichneten Amtsgericht **binnen einer Woche nach Zustellung** allein oder neben dem Einspruch schriftlich oder zu Protokoll der Geschäftsstelle das Rechtsmittel der **sofortigen Beschwerde** einlegen.
Die Wochenfristen beginnen mit dem Tage der Zustellung, der auf dem Briefumschlag vermerkt ist, und enden mit dem Ablauf des entsprechenden Tages der zweiten Woche (im Falle des Einspruchs) bzw. der folgenden Woche (im Falle der sofortigen Beschwerde).
Fällt das Ende der Frist auf einen Sonntag, einen allgemeinen Feiertag oder einen Sonnabend, so endet die Frist mit Ablauf des nächsten Werktages.

Die schriftliche Rechtsmitteleinlegung muss in deutscher Sprache erfolgen.
Tatbestandsnummer:

Kolvenbach   Ausgefertigt: _Klein, JHS'in_
Richter/in am Amtsgericht   (Name, Amtsbezeichnung)
~~Direktor/in des Amtsgerichts~~   als Urkundsbeamtin/Urkundsbeamter der Geschäftsstelle

Zahlen Sie bitte nur nach schriftlicher Aufforderung.
Die Staatsanwaltschaft wird Ihnen nach Rechtskraft eine Zahlungsaufforderung übersenden, in der auch die Verfahrenskosten berechnet sein werden. Mit der Zahlungsaufforderung erhalten Sie auch weitere Hinweise zu ggf. möglichen Zahlungserleichterung (Ratenzahlung).

Hinweis zu den Verfahrenskosten (Stand 01.08.2013):
Für das Strafbefehlsverfahren werden Kosten nach dem Gerichtskostengesetz erhoben, und zwar

1. eine Gebühr   in Höhe von
   a) für die Festsetzung von Freiheitsstrafe / Geldstrafe
      bis zu 6 Monaten / bis zu 180 Tagessätzen   70,00 EUR,
      bis zu 1 Jahr / von mehr als 180 Tagessätzen   140,00 EUR,
   b) für die Verwarnung mit dem Vorbehalt einer Verurteilung   dieselbe Gebühr wie zu a)
      zu einer Geldstrafe   bei Festsetzung einer Geldstrafe
2. Auslagen, die in dem bisherigen Verfahren entstanden sind. Dazu zählen unter anderem die Beträge (Vergütung nach dem JVEG, Ersatz von Aufwendungen), die an Zeuginnen/Zeugen und – zum Beispiel für eine Blutuntersuchung – an Sachverständige gezahlt worden sind, und die Pauschale für Zustellungen mit Zustellungsurkunde, Einschreiben gegen Rückschein oder durch Justizbedienstete nach § 168 Abs. 1 Zivilprozessordnung.

Kapitel 6 *Besondere erstinstantzliche Verfahrensarten*

C. Sonstige besondere Verfahrensarten

833 Das **Sicherungsverfahren** (§§ 413 bis 416 StPO) findet gegen schuldunfähige oder dauernd verhandlungsunfähige Beschuldigte mit dem Ziel statt, Maßregeln der Besserung und Sicherung (lesen Sie §§ 61 ff. StGB!) selbstständig – d.h. ohne Verhängung einer Strafe – anzuordnen. Die zwingende Antragsschrift entspricht in ihrem Aufbau zwar der Anklageschrift, kann durch diese aber nicht ersetzt werden. Ein Übergang vom Strafverfahren zum Sicherungsverfahren ist ausgeschlossen[20]. Die Vorschriften über das Strafverfahren sind jedoch sinngemäß anzuwenden mit der wesentlichen Besonderheit, dass auch in Abwesenheit des Beschuldigten verhandelt werden kann, § 415 StPO.

Angesichts der relativ geringen praktischen Relevanz und der weitgehenden Parallele zum Normalverfahren soll hier nicht näher darauf eingegangen werden[21].

834 Mit Neuregelung der **Vermögensabschöpfung** im Jahre 2017 hat der Gesetzgeber die Möglichkeit eröffnet, beim Verdacht bestimmter Katalogtaten Vermögensgegenstände unklarer Herkunft unabhängig vom Tatnachweis (also in einem sog. **objektiven Verfahren**) selbständig einzuziehen, insbesondere wenn zwischen deren Wert und dem Lebenszuschnitt des Betroffenen ein grobes Missverhältnis besteht, §§ 76a Abs. 4 StGB, 435 ff. StPO. Letztlich läuft das auf eine nicht ganz systemkonforme Umkehr der Beweislast betreffend die Herkunft von Vermögensgegenständen heraus, die man aber teilweise damit rechtfertigen kann, dass die Einziehung nicht dem Sanktionsrecht im engeren Sinne zugeordnet wird und daher auch nicht dem Schuldprinzip unterliegt[22].

Unter den Voraussetzungen der §§ 74b und 74d StGB können auch gefährliche Gegenstände oder Schriften selbständig eingezogen bzw. die Unbrauchbarmachung angeordnet werden, § 76a Abs. 2 S. 2 StGB.

Abschließend sei noch das praktisch kaum relevante **Verfahren gegen Abwesende** nach §§ 276 ff. StPO erwähnt. Da gegen abwesende, etwa im Ausland befindliche Angeklagte, keine Hauptverhandlung stattfindet, dient es allein einer Sicherung der Beweise.

---

20 BGH 5 StR 266/16.
21 Siehe zu den inhaltlichen Voraussetzungen auch BGH 3 StR 410/17; 4 StR 635/10; 5 StR 503/09.
22 Siehe BVerfG 2 BvR 564/95 Tz. 62 ff.

Kapitel 7
Die Rechtsmittel im Strafverfahren

Auch der gewissenhafte Mensch bleibt Irrtümern unterworfen, und so kommt es natürlich auch im Zuge von Strafverfahren zu fehlerhaften Entscheidungen. Tatsachen können unzulänglich festgestellt oder gewertet, Rechtsprobleme verkannt oder unzutreffend gelöst worden sein. Um in solchen Fällen eine Korrektur zu ermöglichen, bietet die StPO ein differenziertes System von Rechtsmitteln und sonstigen Rechtsbehelfen. Meist werden aber sachlich richtige Entscheidungen angegriffen. Das mag daran liegen, dass der Betroffene sich subjektiv „ungerecht" behandelt fühlt. Motiv kann es aber auch sein, die Rechtskraft einer Entscheidung (und damit z.B. den Haftantritt) hinauszuzögern.

835

A. Übersicht über die Rechtsmittel der StPO

Bevor wir uns den Rechtsmitteln – insbesondere der Revision – im Einzelnen zuwenden, eine kurze Übersicht:

Die StPO kennt **drei „klassische" Rechtsmittel**, nämlich:

Beschwerde, §§ 304 ff.
– einfache, § 304;
– sofortige, § 311;
– weitere, § 310.

Berufung, §§ 312 ff.

Revision, §§ 333 ff.

Beschwerde

836

> **Gegenstand:**
> Beschlüsse und Verfügungen des Gerichts des ersten Rechtszuges oder der Berufungsinstanz etc. (§ 304 StPO).
> Einschränkung durch § 305 StPO beachten!
>
> **Form:**
> a) Einlegung beim judex a quo (also dem Gericht, von dem die angefochtene Entscheidung stammt), § 306 Abs. 1 StPO,
> b) schriftlich oder zu Protokoll der Geschäftsstelle, § 306 Abs. 1 StPO.
>
> **Frist:**
> a) einfache Beschwerde: keine
> b) sofortige Beschwerde (§ 311 StPO): Eine Woche ab Bekanntmachung der Entscheidung.
>
> **Umfang der Prüfung:**
> Tatsächliches Geschehen und rechtliche Einordnung (vgl. § 308 Abs. 2 StPO); eine Schlechterstellung des Beschwerdeführers durch die Entscheidung ist möglich.

Kapitel 7 *Die Rechtsmittel im Strafverfahren*

837 **Berufung**

> **Gegenstand:**
> Urteile des Strafrichters und des Schöffengerichts, § 312 StPO.
>
> **Form:**
> a) Einlegung beim judex a quo, § 314 Abs. 1 StPO,
> b) schriftlich oder zu Protokoll der Geschäftsstelle, § 314 Abs. 1 StPO.
>
> **Frist:**
> Eine Woche ab Verkündung (im Falle des § 314 Abs. 2 StPO i.d.R. ab Zustellung), § 314 Abs. 1 StPO.
>
> **Umfang der Prüfung:**
> Tatsächliches Geschehen, rechtliche Prüfung und Rechtsfolgen (= komplett neue Hauptverhandlung, soweit das Rechtsmittel nicht – was möglich ist – auf bestimmte Punkte beschränkt wurde).
>
> **Verschlechterungsverbot,** § 331 StPO!

838 **Revision**

> **Gegenstand:**
> a) Urteile der Strafkammern des LG, § 333 StPO,
> b) erstinstanzliche Urteile des OLG, § 333 StPO,
> c) Urteile des Amtsgerichts im Wege der „Sprungrevision", § 335 StPO.
>
> **Form:**
> a) Einlegung beim judex a quo,
> b) schriftlich oder zu Protokoll der Geschäftsstelle, § 341 StPO.
>
> **Frist:**
> Eine Woche ab Verkündung, § 341 Abs. 1 StPO (im Fall des § 341 Abs. 2 StPO i.d.R. ab Zustellung).
>
> **Wichtig:** Nach fristgerechter Einlegung muss dieses Rechtsmittel **begründet** werden, §§ 344, 345 StPO.
>
> **Umfang der Prüfung:**
> Rechtsfragen betreffend:
> a) Verfahrensvoraussetzungen bzw. Verfahrenshindernisse (z.B. Strafantrag, Verjährung),
> b) Verfahrensrecht (= Weg der Urteilsfindung),
> c) Sachliches Recht (= wurde materielles Recht auf den festgestellten Sachverhalt richtig angewendet?).
>
> **Verschlechterungsverbot,** § 358 Abs. 2 StPO!

B. Allgemeingültiges für alle Rechtsmittel

I. Gemeinsame Vorschriften

839 Gemeinsam sind diesen drei Rechtsmitteln die Vorschriften der §§ 296 bis 303 StPO, die als allgemeine Regelungen gleichermaßen für den Beschuldigten, Angeschuldigten oder Angeklagten gelten. Aus Gründen der Vereinfachung wird im Folgenden daher der Begriff des „Beschuldigten" in diesem umfassenden Sinn verwandt.

Von den genannten Vorschriften bedürfen insbesondere der Erwähnung:
- **§ 299 StPO:** Danach kann ein verhafteter Beschuldigter Rechtsmittel auch zu Protokoll der Geschäftsstelle des Amtsgerichts erklären, in dessen Bezirk die Anstalt liegt, in der er „verwahrt" (so der Wortlaut des Gesetzes) wird.
Unabhängig vom tatsächlichen Eingang der Rechtsmittelschrift beim Gericht gilt die Protokollierung – soweit sie innerhalb der vorgeschriebenen Frist stattgefunden hat – als fristwahrend, vgl. § 299 Abs. 2 StPO.
- **§ 300 StPO:** Die falsche Bezeichnung eines Rechtsmittels schadet hinsichtlich seiner Zulässigkeit nicht („falsa demonstratio non nocet"). Auch das verfolgte Rechtsschutzziel ist stets der **Auslegung** zugänglich[1].
- **§ 301 StPO:** Ein Rechtsmittel der Staatsanwaltschaft gilt stets auch als zugunsten des Beschuldigten eingelegt.

Es kommt auch nicht darauf an, ob die angegriffene Entscheidung zutreffend bezeichnet worden ist. Überschreibt etwa das Gericht ein Urteil fälschlicherweise mit „Beschluss", so ist gleichwohl nicht die Beschwerde nach §§ 304 ff. StPO statthaft. Vielmehr ist allein die verfahrensrechtliche Sicht maßgebend. Durfte eine Entscheidung gesetzmäßig nur aufgrund mündlicher Verhandlung im Wege öffentlicher Verkündung ergehen, so handelt es sich – auch wenn dagegen verstoßen wurde – inhaltlich um ein (freilich fehlerhaft zustande gekommenes) Urteil. Berufung oder Revision sind dann die statthaften Rechtsmittel. Konnte die Entscheidung ohne mündliche Verhandlung ergehen, handelt es sich um einen Beschluss, der mit der Beschwerde angegriffen werden kann[2].

840

II. Wirkungen der Rechtsmittel

Zum Wesensgehalt eines Rechtsmittels gehören seine beiden Wirkungen:

841

Devolutiveffekt,	**Suspensiveffekt**,
d.h. die Nachprüfung durch ein Gericht der höheren Ordnung im Instanzenzug.	also die Hemmung der Wirksamkeit der Entscheidung, bei einem Urteil mithin der Rechtskraft. Diesen Suspensiveffekt haben die Berufung, vgl. § 316 Abs. 1 StPO und die Revision, vgl. § 343 Abs. 1 StPO. Demgegenüber kommt der Beschwerde – soweit nichts anderes bestimmt ist[3] – ein Suspensiveffekt nicht zu, § 307 Abs. 1 StPO[4].

---

1 Siehe BGH 3 StR 69/17 Tz. 6; 3 StR 153/16 Tz. 14; 2 StR 88/16 Tz. 7.
2 Vgl. hierzu BGH 2 StR 59/17; NJW 2005, 3080.
3 Anderes ist z.B. bestimmt in §§ 454 Abs. 3, 462 Abs. 3 S. 2 StPO.
4 Gleichwohl wird die Beschwerde wegen ihres Devolutiveffekts (vgl. § 306 Abs. 2 Hs. 2 StPO) auch in den übrigen Fällen den „Rechtsmitteln" zugerechnet.

Kapitel 7 *Die Rechtsmittel im Strafverfahren*

III. Anfechtungsberechtigte

842 Nur bestimmte Verfahrensbeteiligte sind berechtigt, Rechtsmittel einzulegen. Dies sind:
- die Staatsanwaltschaft, und zwar zugunsten wie zu Ungunsten des Beschuldigten, § 296 Abs. 1 und 2 StPO;
- der Beschuldigte, § 296 Abs. 1 StPO;
- der Verteidiger, der jedoch nicht gegen den ausdrücklichen Willen des Beschuldigten handeln darf, § 297 StPO;
- der gesetzliche Vertreter des Beschuldigten, § 298 StPO;
- eingeschränkt auch der Nebenkläger, vgl. § 400 Abs. 1 StPO. Dessen Rechtsmittel erstrecken sich im Übrigen nur auf die richtige Anwendung der Vorschriften über das Nebenklagedelikt. Er kann ein Urteil nicht mit dem Begehren anfechten, dass eine andere Rechtsfolge verhängt wird[5]. Deshalb muss er bei einer Revision das Ziel deutlich machen, die Verurteilung des Angeklagten wegen eines zur Nebenklage berechtigenden Straftatbestandes zu erreichen, für den bisher kein Schuldspruch vorliegt[6].

IV. Gemeinsame Zulässigkeitsvoraussetzungen

843 Nach der Rechtsprechung gibt es – neben der Beachtung von Formen und Fristen – weitere allgemeine Zulässigkeitsvoraussetzungen für Rechtsmittel, und zwar:
- Sie können zwar vor Zustellung, aber erst **nach Erlass** der angefochtenen Entscheidung eingelegt werden[7].
- Die Einlegung muss jedenfalls bei verteidigten Angeklagten in deutscher Sprache erfolgen[8] und darf **nicht an eine Bedingung** geknüpft werden[9].
- Schließlich ist ein Gericht auch nicht gehalten, über solche Eingaben zu entscheiden, die sich ihrem Inhalt nach als reine **Schmähschriften** bzw. Beleidigungen darstellen und ein sachliches Begehren nicht erkennen lassen. Wegen der in Art. 19 Abs. 4 GG verankerten Rechtsweggarantie sind an die Unzulässigkeit solcher „Rechtsmittel" jedoch strenge Anforderungen zu stellen[10].

844 – Der Rechtsmittelführer muss zudem „beschwert" sein. Hierunter versteht man die unmittelbare Beeinträchtigung seiner Rechte oder schutzwürdigen Interessen durch den Entscheidungsausspruch (bei Urteilen oder Beschlüssen also durch den Tenor).
Die eine Anfechtung rechtfertigende **Beschwer** kann sich folglich nicht aus den Gründen einer Entscheidung allein ergeben. Es ist vielmehr darauf abzustellen, ob eine dem Rechtsmittelführer **nachteilige Entscheidung** getroffen wurde. Dementsprechend ist ein freisprechendes Urteil für den Angeklagten selbst dann regelmä

---

[5] Siehe hierzu BGH 4 StR 561/14 Tz. 18; 4 StR 241/11.
[6] BGH in st. Rspr., vgl. 3 StR 417/16; 2 StR 311/12; 3 StR 393/12 Tz. 3; 3 StR 360/12.
[7] BGHSt 25, 187 (189).
[8] Siehe BGH NStZ-RR 2017, 122.
[9] Etwa, dass andere Beteiligte Rechtsmittel einlegen, vgl. BGH 1 StR 487/13; BGHSt 25, 187 f.
[10] BVerfG NJW 2001, 3615.

ßig nicht anfechtbar, wenn die Gründe ihn belastende Ausführungen enthalten. Etwas anders gilt, wenn gegen die Unschuldsvermutung verstoßen wird, weil trotz des Freispruchs eine Schuldfeststellung in den Urteilsgründen erfolgt[11]. Auch die Nichtanordnung einer Maßregel der Sicherung und Besserung (§§ 63, 64 StGB) beschwert den Angeklagten nicht[12].

Aus dem Blickwinkel der **Staatsanwaltschaft** stellt sich die Frage der Beschwer allerdings anders, da sie aufgrund ihrer neutralen Stellung ein gesetzmäßiges Verfahren sicherzustellen hat, vgl. auch § 296 Abs. 2 StPO. Sie ist folglich durch jede gesetzwidrige Entscheidung beschwert und kann sie nach ihrem pflichtgemäßen Ermessen anfechten. Bei Rechtsmitteln zugunsten des Angeklagten ist sie dabei an Nr. 147 Abs. 3 RiStBV gebunden.

Die Beschwer muss zum Zeitpunkt der Entscheidung über das Rechtsmittel noch bestehen. Daran kann es fehlen, wenn nach dessen Einlegung eine sog. **prozessuale Überholung** eingetreten ist. Hiervon spricht man insbesondere dann, wenn die beeinträchtigende Maßnahme aus tatsächlichen Gründen nicht mehr rückgängig gemacht werden kann oder wenn die angegriffene Entscheidung aus anderen Gründen gegenstandslos geworden ist. In diesen Fällen ist das Rechtsmittel nicht mehr zulässig[13]; eine Entscheidung in der Sache darf also nicht mehr ergehen.

845

Da sich Fragen der Beschwer insbesondere im Zusammenhang mit dem Beschwerdeverfahren stellen, sollen die näheren Einzelheiten dort[14] erörtert werden.

V. Disposition über eingelegte Rechtsmittel

In bestimmten Grenzen kann der Rechtsmittelführer über sein Rechtsmittel disponieren, und zwar durch Beschränkung, Verzicht oder Rücknahme.

846

1. Rechtsmittelbeschränkung

Möglich ist zunächst eine **Teilanfechtung**. Dies folgt für die Berufung aus § 316 Abs. 1 StPO („soweit es angefochten ist") sowie aus §§ 318 und 327 StPO; für die Revision folgt es aus §§ 343 Abs. 1, 344 Abs. 1 und 352 Abs. 1 StPO. Im Rahmen der Beschwerde ist die Möglichkeit einer Beschränkung ebenfalls anerkannt, da die §§ 318, 344 Abs. 1 StPO allgemeine Grundsätze enthalten. Mit seiner Beschränkungserklärung nimmt der Beschwerdeführer bestimmte Teile der angefochtenen Entscheidung vom Rechtsmittelangriff aus, so dass bei Urteilen hinsichtlich der nicht angegriffenen Inhalte **Teilrechtskraft** eintreten kann. Dieser Wille ist nach Möglichkeit zu respektieren[15]. Neue Feststellungen darf das Rechtsmittelgericht dann nur insoweit treffen, als diese hierzu nicht in Widerspruch zu den unanfechtbar gewordenen Entscheidungsteilen führen[16].

---

11 Siehe EGMR NJW 2016, 3225 ff.; BVerfG NJW 2016, 229 ff.; BGH 1 StR 316/17 Tz. 2; 1 StR 56/15 Tz. 11 ff. m.w.N.
12 BGH 4 StR 533/17 Tz. 9 m.w.N.; 3 StR 112/17.
13 Vgl. BVerfG NStZ 2009, 166 f.; BGH NStZ 2000, 154.
14 Unten Rn. 859 f.
15 BGH NJW 2010, 3589; KK-*Paul*, § 318 Rn. 2.
16 BGH 4 StR 547/16 Tz. 18 m.w.N.

Kapitel 7 *Die Rechtsmittel im Strafverfahren*

Eine Rechtsmittelbeschränkung ist selbst bei sog. Dauerdelikten möglich, bei denen zahlreiche unterschiedliche Verhaltensweisen (Delikte) zu einer rechtlichen Einheit verbunden werden (z.B. Zuhälterei)[17]. So kann bei einer aus mehreren Einzelakten bestehenden – rechtlich verknüpften – Handlung das Rechtsmittel auf bestimmte Tatkomplexe beschränkt werden. Auch die Nichtanordnung einer Maßregel i.S.d. § 64 StPO kann vom Rechtsmittel ausgenommen werden[18].

847 **Voraussetzungen** einer wirksamen Rechtsmittelbeschränkung sind jedoch:
- Nach der sog. „**Trennbarkeitsformel**" müssen die isoliert angegriffenen Beschwerdepunkte in tatsächlicher und rechtlicher Hinsicht losgelöst von dem nicht angegriffenen Teil geprüft und beurteilt werden können, ohne dass eine Prüfung des übrigen Urteilsinhaltes notwendig ist.
- Weiteres Erfordernis ist die **Widerspruchsfreiheit**, d.h. es dürfen keine inhaltlichen Widersprüche zwischen dem angegriffenen und dem akzeptierten Teil der Entscheidung vorhanden sein[19].

848 Eine Rechtsmittelbeschränkung ist also dann unwirksam, wenn die angestrebte Korrektur durch das Rechtsmittelgericht zu Widersprüchen mit den nicht angegriffenen Teilen der Ausgangsentscheidung führen würde. Das ist etwa der Fall, wenn unklar ist, ob sich der Angeklagte überhaupt strafbar gemacht hat[20]. Ob diese Voraussetzung erfüllt ist, hat das Rechtsmittelgericht **aus der Sicht seines Beratungsergebnisses** von Amts wegen zu prüfen. Natürlich muss die angefochtene Entscheidung für eine solche Prüfung die inhaltlichen Mindestanforderungen an ein Urteil erfüllen[21].

Zur Verdeutlichung der Problematik folgende Beispiele:

> **Beispiel 1:** Der Angeklagte wurde wegen Diebstahls zu einer Geldstrafe von 50 Tagessätzen zu je 35 € verurteilt. Mit seinem Rechtsmittel wendet er sich gegen Anzahl und Höhe der Tagessätze.

Eine – ggfls. durch Auslegung bzw. Nachfrage zu ermittelnde – Beschränkung auf den Strafausspruch (Rechtsfolgen) ist möglich[22]. Voraussetzung ist – wie auch sonst – allein, dass die zum Schuldspruch vorhandenen Darlegungen im Urteil[23] den Rechtsfolgenausspruch „tragen". Zu knappe, unvollständige oder widersprüchliche Ausführungen zum äußeren und/oder inneren Tatgeschehen lassen selbstverständlich eine isolierte Überprüfung der auf die konkrete Tat zu beziehenden Strafzumessungserwägungen nicht zu[24]. Eine tragfähige Basis bietet der Schuldspruch auch dann nicht, wenn es an einer Prozessvoraussetzung (z.B. Strafantrag) fehlt. In derartigen Fällen ist eine

---

17 BGH NJW 1994, 1015.
18 Nicht allerdings im Bereich der Jugendstrafe, BGH 1 StR 10/17.
19 Siehe BGH 4 StR 547/16; 4 StR 223/15 Tz. 7; 4 StR 334/15 Tz. 3; 1 StR 531/13 Tz. 3 m.w.N.; 2 StR 397/13 Tz. 5.
20 Vgl. BGH 2 StR 258/15 Tz. 12; NJW 2001, 1436, 3134; NJW 1995, 2365 f.
21 So zutreffend OLG Frankfurt NStZ-RR 2015, 150.
22 Vgl. BGH 2 StR 170/13 Tz. 28; 3 StR 122/09; BGHSt 27, 70 ff.
23 Das wären hier die Feststellungen, dass die Voraussetzungen des § 242 StGB sowie Rechtswidrigkeit und Schuld als Bedingungen einer Strafbarkeit vorlagen.
24 Siehe BGH 4 StR 547/16 Tz. 20 f. zu den (geringen) Anforderungen beim Fahren ohne Fahrerlaubnis sowie BGH 2 StR 258/15 Tz. 12.

Beschränkung auf den Rechtsfolgenausspruch also unbeachtlich und das Urteil insgesamt zu überprüfen.

> **Beispiel 2:** Der Angeklagte ist wegen vorsätzlicher Körperverletzung und tatmehrheitlich begangenen Betruges zu einer Gesamtfreiheitsstrafe verurteilt worden. Mit seinem Rechtsmittel greift er nur die Strafzumessung der Verurteilung wegen Körperverletzung mit der Begründung an, er sei zur Tatzeit mit 2,5‰ BAK alkoholisiert gewesen.

849

Der Wirksamkeit einer Rechtsmittelbeschränkung steht hier zunächst nicht entgegen, dass auf eine Gesamtfreiheitsstrafe erkannt wurde. Denn nach § 53 StGB sachlich-rechtlich selbständige Straftaten können selbst dann isoliert überprüft werden, wenn sie (ausnahmsweise) eine prozessuale Tat i.S.d. § 264 StPO bilden[25].

Problematisch ist allerdings der Umstand, dass der gegen die Strafzumessung vorgebrachte Einwand der Alkoholisierung auch den Schuldspruch insoweit erfasst, als die Schuldfähigkeit als Voraussetzung einer Verurteilung in Frage gestellt sein könnte. Kommt also – wie in dem Beispielsfall – eine Schuldunfähigkeit i.S.d. § 20 StGB ernsthaft in Betracht, so ist die Beschränkung auf das Strafmaß unbeachtlich. Steht demgegenüber allenfalls eine Strafmilderung über die §§ 21, 49 Abs. 1 StGB zur Diskussion, so kann die Rechtsmittelbeschränkung als wirksam angesehen werden[26].

Wie Sie bereits an diesen einfachen Beispielsfällen erkennen, kann die Frage der Trennbarkeit von Schuld- und Strafausspruch im Einzelfall ausgesprochen schwierig sein. Sie muss daher immer sorgfältig geprüft werden.

2. Rechtsmittelverzicht

Nach § 302 Abs. 1 StPO kann auf die Einlegung eines Rechtsmittels auch ganz verzichtet werden. Das kann schon vor Ablauf der Rechtsmittelfrist geschehen, bei einem Urteil also bereits im unmittelbaren Anschluss an die Verkündung. Hierbei muss die für die jeweilige Rechtsmitteleinlegung vorgesehene **Form** eingehalten werden[27]. Wird ein Rechtsmittelverzicht noch in der Hauptverhandlung erklärt, so sollte er im Interesse der Verfahrensklarheit im Protokoll beurkundet werden[28]. Liegt dem Urteil eine (erwiesene) **Verfahrensabsprache** i.S.d. § 257c StPO zu Grunde, so ist ein Rechtsmittelverzicht kraft Gesetzes ausgeschlossen, § 302 Abs. 1 S. 2 StPO. Allerdings bleibt auch hier die Rücknahme eines Rechtsmittels – selbst innerhalb der Einlegungsfrist – mit der Folge des Rechtsmittelverlustes möglich[29].

850

---

25 BGH 1 StR 416/17 Tz. 10 m.w.N.
26 BGH 1 StR 416/17, Tz. 12; 1 StR 574/14 Tz. 13; NStZ 2001, 493; vgl. auch KK-*Gericke*, § 344 Rn. 10 m.w.N.
27 Vgl. BGH 4 StR 580/15 Tz. 3; 4 StR 48/11; NJW 1984, 1974. Die erforderliche Zustimmung des Angeklagten zu einem von seinem Verteidiger erklärten Rechtsmittelverzicht (§ 302 Abs. 2 StPO) kann allerdings mündlich und auch konkludent, z.B. durch Kopfnicken erklärt werden. Die anwaltliche Versicherung der Zustimmung genügt i.d.R., siehe BGH 4 StR 580/15 Tz. 6.
28 Vgl. BGH 1 StR 40/14 Tz. 11; NStZ 1986, 277. Wenngleich für die Wirksamkeit des Verzichts nicht erforderlich, sollte in jedem Fall die Verlesung und Genehmigung der Erklärung durch den Angeklagten (§ 273 Abs. 3 S. 3 StPO) erfolgen.
29 BGH 1 StR 64/10 – was man durchaus als Umgehung eines gesetzlichen Verbots ansehen kann.

Kapitel 7 *Die Rechtsmittel im Strafverfahren*

851 Wird von allen Anfechtungsberechtigten wirksam auf die Einlegung eines Rechtsmittels verzichtet, so tritt unmittelbar die Rechtskraft der Entscheidung ein[30]. In diesem Fall kann das Gericht – wie auch ansonsten beim Ausbleiben eines Rechtsmittels – die schriftlichen Urteilsgründe abkürzen, vgl. § 267 Abs. 4 und 5 StPO. Diese nicht zu unterschätzende Arbeitserleichterung sollte aber keinen Anlass bieten, den Angeklagten zu einem Rechtsmittelverzicht zu drängen. Im Zustand der – auch durch emotionale Aufgewühltheit nicht in Frage gestellten[31] – **prozessualen Handlungsfähigkeit** abgegebene Prozesserklärungen können zwar grundsätzlich nicht widerrufen, wegen Irrtums angefochten oder sonst zurückgenommen werden[32]. Das gilt aber nicht, wenn
– schwerwiegende Willensmängel (etwa infolge einer Beeinträchtigung der **Entscheidungsfreiheit**) oder schwere Erkrankungen des Angeklagten vorliegen oder
– die Art und Weise des Zustandekommens aus anderen Gründen nicht hinnehmbar ist[33].

Letzteres ist etwa der Fall, wenn der nicht verteidigte Angeklagte auf Rechtsmittel verzichtet, obwohl ein Fall der notwendigen Verteidigung i.S.d. § 140 StPO vorlag[34]. Auch die fehlende Sprachkenntnis des Angeklagten[35] sowie objektiv unrichtige Erklärungen oder Auskünfte des Gerichts zu den Folgen der Verurteilung können eine Unwirksamkeit des Verzichts bewirken[36]. Allein eine Geschäfts- oder Schuldunfähigkeit soll dagegen unbeachtlich sein[37].

852 Das Gericht hat den Angeklagten vor übereilten und vorschnellen Erklärungen zu schützen und muss ihm Gelegenheit geben, das Für und Wider eines Rechtsmittelverzichts abzuwägen. Selbstverständlich ist ihm auch die Möglichkeit einzuräumen, sich bei Bedarf insoweit mit seinem Verteidiger zu beraten[38]. Erst recht hat das Gericht sich jedweder (ohnehin unzulässiger) Zusagen über die Folgen eines Verzichts für die Strafvollstreckung sowie verdeckter oder offener Drohungen – etwa einer Verknüpfung zwischen Haftentscheidungen und Rechtsmittelverzicht – zu enthalten[39]. Wird der Angeklagte von dritter Seite, etwa der Staatsanwaltschaft, in diesem Sinne bedrängt, so muss das Gericht dem entgegentreten[40]. Andernfalls kann sich der Verzicht als unwirksam erweisen und der Angeklagte hat hinsichtlich etwa versäumter Rechtsmittelfristen einen Anspruch auf Wiedereinsetzung in den vorigen Stand[41].

Legt ein Verfahrensbeteiligter nach einem – wirksamen – allseitigen Rechtsmittelverzicht gegen ein Urteil gleichwohl das ohne den Verzicht zulässige Rechtsmittel ein,

---

30 BGH 1 StR 376/09.
31 BGH 3 StR 33/17; 3 StR 545/16; 1 StR 301/16 Tz. 10 f.; 1 StR 40/14 Tz. 7.
32 BGH 2 StR 410/17 Tz. 11; 1 StR 380/16.
33 Siehe BGH 1 StR 301/16 Tz. 10 ff.; 2 StR 103/15 Tz. 7; 4 StR 272/15 Tz. 4; 1 StR 520/15; 1 StR 40/14; 1 StR 170/12; 2 StR 97/11.
34 Vgl. BGH NJW 2002, 1436; KG NStZ-RR 2012, 352.
35 BGH NStZ-RR 2005, 271 f.
36 BGH NJW 2001, 1435 f.
37 Siehe BGH 2 StR 410/17 Tz. 7; NStZ-RR 2016, 180 f.
38 BGH 1 StR 40/14 Tz. 9; NStZ 2005, 114.
39 Diese Selbstverständlichkeit wird offenbar nicht immer beachtet, vgl. BGH NStZ 2005, 279 f.; NJW 1995, 2568 f.; besonders lesenswert auch BGH NJW 1999, 2450 ff.
40 Siehe BGH NJW 2004, 1885 f.
41 BGH NStZ 2001, 220; NStZ 2000, 96 ff.; NStZ 1995, 556.

so wird hierdurch die – bereits eingetretene – Rechtskraft nicht gehemmt[42]. Das Urteil bleibt also vollstreckbar.

3. Rücknahme des Rechtsmittels

§ 302 StPO erlaubt auch die Rücknahme eines Rechtsmittels. Der Angeklagte kann diese selbst dann erklären, wenn das Rechtsmittel vom Verteidiger eingelegt wurde[43]. Allerdings muss die Erklärung in der Form der Einlegung des jeweiligen Rechtsmittels erfolgen[44]. Gem. § 303 StPO ist zudem nach Beginn der Hauptverhandlung im Rechtsmittelverfahren die Zustimmung des Rechtsmittelgegners erforderlich.

853

Eine weitere Einschränkung enthält § 302 Abs. 2 StPO für den Verteidiger. Er bedarf zur Rücknahme (soweit nicht ausschließlich eine Adhäsionsentscheidung betroffen ist[45]) einer ausdrücklichen und auf das konkrete Rechtsmittel bezogenen Ermächtigung durch den Beschuldigten selbst[46]. Diese kann jedoch formfrei – also auch mündlich – erteilt werden und ist unanfechtbar; sie kann jedoch jederzeit ebenso formfrei widerrufen werden. Der Widerruf ist indes nur wirksam, wenn er vor oder spätestens mit der Rechtsmittelrücknahme bei Gericht eingeht[47]. Zum Nachweis der Ermächtigung genügt die anwaltliche Versicherung[48]. Hat der Angeklagte mehrere Verteidiger und erklärt einer von ihnen in Absprache mit seinem Mandanten die Rücknahme, so führt dies zur Zurücknahme des Rechtsmittels insgesamt. Denn der erklärte Wille des Angeklagten hat stets Vorrang[49].

Wird die Wirksamkeit einer Rechtsmittelrücknahme von einem Verfahrensbeteiligten in Zweifel gezogen, so ist es die Sache des jeweiligen Rechtsmittelgerichts, hierüber zu entscheiden[50].

C. Die Beschwerde

Die Beschwerde richtet sich gem. § 304 Abs. 1 StPO im Wesentlichen gegen **Beschlüsse und Verfügungen**, die vom Gericht des ersten Rechtszuges oder im Berufungsverfahren erlassen wurden, also auch gegen Entscheidungen des Vorsitzenden, soweit das Gesetz sie nicht ausdrücklich für unanfechtbar erklärt. Im Übrigen kann sie – mit noch darzustellenden Einschränkungen – gegen **alle richterlichen Maßnahmen** einge-

854

---

42 Vgl. OLG Düsseldorf NStZ 1997, 301.
43 BGH 4 StR 491/15 Tz. 4.
44 BGH NStZ 2005, 113 f.
45 KG NStZ 2010, 115 f.
46 Die bei Mandatserteilung unterzeichnete allgemeine Ermächtigung zur Rücknahme von Rechtsmitteln genügt hierfür nicht, BGH NStZ 2000, 665 (offen lassend BGH 1 StR 168/13). Das gilt auch für die **Teilrücknahme** eines Rechtsmittels, wenn also ein eingelegtes Rechtsmittel später beschränkt wird. In der Praxis kommt dies häufig vor, etwa bei einer Strafmaßbeschränkung in der Berufungsverhandlung. Der gesetzliche Vertreter (z.B. ein Betreuer) kann die Ermächtigung nicht wirksam erteilen, BGH 4 StR 149/16.
47 BGH 2 StR 103/15 Tz. 6; 1 StR 112/15 Tz. 10; 1 StR 168/13.
48 Siehe BGH 4 StR 558/16; 3 StR 557/15; 1 StR 112/15 Tz. 10; 1 StR 527/13 Tz. 28.
49 BGH 5 StR 531/13; 2 StR 595/12; 2 StR 353/11; NStZ 2007, 210; NStZ 1996, 202.
50 BGH 2 StR 410/17; 2 StR 103/15; 1 StR 527/13 Tz. 23; 2 StR 353/11.

legt werden, welche nicht mit der Berufung oder der Revision angegriffen werden können. Beschwerdegegenstände sind also etwa:

- Haftbefehle gem. §§ 112 ff. StPO;
- vorläufige Entziehung der Fahrerlaubnis nach § 111a StPO;
- Beschlagnahme gem. §§ 94, 98 StPO;
- Anordnung der Durchsuchung, §§ 102 ff. StPO;
- Kostenbeschlüsse, wobei insoweit jedoch die Wertgrenze des § 304 Abs. 3 StPO (200 €) zu beachten ist;
- Nichtgewährung der Wiedereinsetzung in den vorigen Stand (sofortige Beschwerde, § 46 Abs. 3 StPO), häufig in Verbindung mit § 329 Abs. 7 StPO;
- Widerruf der Strafaussetzung zur Bewährung nach § 56f StGB (sofortige Beschwerde, § 453 Abs. 2 S. 3 StPO);
- Verweigerung der Aussetzung eines Strafrestes zur Bewährung nach Teilverbüßung einer Freiheitsstrafe (sofortige Beschwerde, § 454 Abs. 3 StPO);
- verweigerte Akteneinsicht[51].

855 Eine „**Untätigkeitsbeschwerde**" wegen Ausbleibens einer zu treffenden Entscheidung war bislang dagegen allenfalls für extreme Sonderfälle anerkannt, wenngleich der EGMR von Deutschland die kurzfristige Schaffung eines „Rechtsbehelfs gegen überlange Gerichtsverfahren" verlangt[52]. Möglicherweise wird also eine formelle Untätigkeitsbeschwerde irgendwann doch geschaffen, denn auch § 198 GVG ermöglicht auf der Grundlage einer „Verzögerungsrüge" nur die spätere materielle Kompensation und eröffnet keine formale Beschwerdemöglichkeit[53]. Gleichwohl soll hieraus ein genereller Ausschluss der Untätigkeitsbeschwerde abzuleiten sein[54]. Die Bundesrepublik verstößt mithin weiter gegen Art. 13 EMRK, der einen effizienten nationalen Rechtsbehelf zur Verfahrensbeschleunigung verlangt[55].

856 Die **Einlegung** der Beschwerde hat gem. § 306 Abs. 1 StPO bei dem sog. „judex a quo" zu erfolgen, also bei dem Gericht, welches die angefochtene Entscheidung erlassen hat. Sie kann schriftlich oder zu Protokoll der Geschäftsstelle eingelegt werden. In Abweichung von § 126 BGB bedeutet „Schriftlichkeit" – wie auch ansonsten in der StPO –, dass der Urkunde der Inhalt der Erklärung sowie die Person des Erklärenden hinreichend sicher entnommen werden können. Die handschriftliche Unterzeichnung ist dagegen nicht zwingend erforderlich[56]. Nach Maßgabe des § 32a StPO können Dokumente und mithin auch eine Beschwerdeschrift zudem – regelmäßig mit einer qualifizierten Signatur – elektronisch bei Gericht oder den Strafverfolgungsbehörden eingereicht werden[57]. Ab Januar 2022 ist dies für Berufung und Revision sogar verpflichtend.

---

51 Das Beschwerderecht ist hier eingeschränkt, § 32f Abs. 3 StPO. Zur Akteneinsicht durch Dritte gem. § 478 StPO siehe BVerfG NJW 2015, 3503.
52 EGMR FamRZ 2011, 1557 f.; NJW 2010, 3355 ff.
53 Siehe hierzu *Gerke/Heinisch* NStZ 2012, 300 ff.
54 Vgl. BVerfG 1 BvR 3164/13 Tz. 33; BGH NJW 2013, 385; OLG Hamburg NStZ 2012, 656.
55 Siehe EGMR NJW 2015, 1433 ff. und KG NStZ-RR 2015, 291 f.
56 Vgl. BVerfG NJW 2002, 3534 f.; BGH NJW 1984, 1974 f.
57 Landesrechtlich kann die Anwendbarkeit des § 32a StPO bis Januar 2020 hinausgeschoben werden, vgl. § 15 EGStPO.

Die einfache Beschwerde nach § 304 Abs. 1 StPO unterliegt keiner **Frist**. Demgegenüber muss in den gesetzlich besonders vorgesehenen Fällen einer **sofortigen Beschwerde** (§ 311 StPO) das Rechtsmittel binnen einer Woche ab Bekanntmachung der Entscheidung (§ 35 StPO) eingelegt werden. Über die Frage der Zulässigkeit entscheidet mangels ausdrücklicher gesetzlicher Verwerfungskompetenz des Erstgerichts allein die Beschwerdeinstanz[58].

Eine wesentliche **Einschränkung** der Beschwerdemöglichkeit enthält – neben §§ 304 Abs. 4 S. 1 und 2, 453 Abs. 2 S. 1 StPO – **§ 305 StPO**.

857

Danach sind **der Urteilsfällung vorausgehende** Entscheidungen des „erkennenden" Gerichts – also nach förmlicher Eröffnung des Hauptverfahrens – nicht isoliert anfechtbar. Ziel dieser Vorschrift ist es, Verfahrensverzögerungen aufgrund einer unkontrollierten Flut von Beschwerden zu verhindern. § 305 StPO erfasst insbesondere die sog. **prozessleitenden Verfügungen** des Gerichts bzw. des Vorsitzenden, wie
- Terminbestimmungen[59];
- die Vorbereitung der Beweisaufnahme, also insbesondere die Ladung von Zeugen oder die Bestellung eines Sachverständigen;
- Abtrennung oder Verbindung von Verfahren bzw. die Ablehnung einer solchen Maßnahme[60];
- die Ablehnung der Entbindung von der Pflicht des Angeklagten, vor Gericht zu erscheinen, § 233 StPO[61];
- Unterbrechung und Aussetzung der Hauptverhandlung[62];
- Entscheidungen über Akteneinsicht oder die Einsicht in Beweismittel[63];
- sitzungspolizeiliche Maßnahmen i.S.d. § 176 GVG (z.B. Einlasskontrollen; Entscheidungen über Bildaufnahmen)[64].

Ist die Beschwerde gesetzlich ausgeschlossen, so besteht auch keine Möglichkeit, Entscheidungen mit einer – mangels hinreichender Konturierung verfassungsrechtlich ohnehin problematischen[65] – „außerordentlichen" Beschwerde, wie sie der Zivilprozess bei „greifbarer Gesetzeswidrigkeit" kennt, anzufechten[66]. Abgesehen von der Verfassungsbeschwerde bleiben gegen unanfechtbare Entscheidungen allein die Rechtsbehelfe der Gegenvorstellung oder der sog. Anhörungsrüge[67].

---

58 Siehe BGH 2 ARs 289/10.
59 So zutreffend OLG Hamm, NStZ 2010, 231 f. m.w.N.; a.A. für Ausnahmefälle „offensichtlicher Rechtswidrigkeit" bzw. „objektiver Willkür" OLG Koblenz NStZ-RR 2012, 21; OLG Celle NStZ 2012, 176; KG NStZ-RR 2009, 317 f.
60 Zur revisionsrechtlichen Kontrolle siehe BGH 1 StR 201/13 Tz. 18.
61 Vgl. *Meyer-Goßner*, § 233 Rn. 27 m.w.N.
62 OLG Brandenburg NStZ 2014, 176 m.w.N.
63 KG NStZ-RR 2016, 143 f.
64 Vgl. BGH StB 11/15 m.w.N.; OLG Hamm NStZ-RR 2012, 118 f. m.w.N. Das ist indes streitig. Nach Auffassung des BVerfG kommt etwa für Entscheidungen betreffend Filmaufnahmen von Prozessbeteiligten wegen der Grundrechtsrelevanz die Beschwerde in Betracht. Abschließend geklärt ist dies indes nicht, BVerfG NJW 2015, 2175 f. Siehe auch OLG Stuttgart NStZ-RR 2016, 383 ff.; OLG Celle NStZ-RR 2016, 26 f.; *Habetha* NJW 2015, 3627 ff.
65 BVerfG NJW 2003, 1928.
66 Vgl. BGH 2 ARs 28/15 Tz. 4; NJW 2002, 765 f.
67 Siehe hierzu unten Rn. 1124 ff.

Kapitel 7 *Die Rechtsmittel im Strafverfahren*

858 Der Ausschluss einer Beschwerde nach § 305 StPO verleiht dem Gericht keinen Freibrief für rechtswidriges oder willkürliches Handeln. Denn nach **§ 336 StPO** unterliegen der Beurteilung durch das **Revisionsgericht** auch die Entscheidungen, die dem Urteil vorausgehen, sofern es hierauf beruht. Gerichtliche Vorentscheidungen einschließlich der Anordnungen des Vorsitzenden können also zwar nicht die Beschwerde, wohl aber – auf eine entsprechende Verfahrensrüge i.S.d. § 344 Abs. 2 StPO hin – die Revision begründen. Ausgeschlossen sind gem. § 336 StPO nur solche Entscheidungen, die der Gesetzgeber ausdrücklich für unanfechtbar erklärt hat oder die nur mit der sofortigen Beschwerde anfechtbar sind[68].

859 Wie bereits erwähnt, ist insbesondere im Beschwerdeverfahren auch die Möglichkeit der **prozessualen Überholung** zu beachten. Es ist also stets zu prüfen, ob zum Zeitpunkt der Beschwerdeentscheidung eine aktuelle Beeinträchtigung des Rechtsguts noch vorliegt. Denn das Rechtsmittelverfahren dient – von Ausnahmen abgesehen – nicht der Feststellung der Rechtswidrigkeit bereits vollzogener oder anderweitig erledigter Maßnahmen. War die Beschwerde also bereits zum Zeitpunkt ihrer Einlegung in diesem Sinne gegenstandslos, so wird sie als unzulässig verworfen. Tritt erst während des Beschwerdeverfahrens die prozessuale Überholung ein, so wird das Rechtsmittel – ohne Kostenentscheidung – für erledigt erklärt[69].

> **Beispiel:** Es wurde in zulässiger Weise Beschwerde gegen einen Haftbefehl eingelegt. Bevor hierüber entschieden wurde, ist der Angeklagte jedoch wegen der im Haftbefehl bezeichneten Tat rechtskräftig verurteilt worden und in Strafhaft gegangen.
> Die Beschwerdeentscheidung würde sich auf die Erledigterklärung beschränken.

860 Allerdings kann das Rechtsschutzbedürfnis in Ausnahmefällen trotz inhaltlicher Erledigung fortbestehen. Abgeleitet aus Art. 19 Abs. 4 GG besteht auch in Fällen beendeter **tiefgreifender Grundrechtseingriffe** i.d.R. ein schutzwürdiges Interesse an einer nachträglichen Klärung der Rechtmäßigkeit jedenfalls dann, wenn eine Überprüfung ansonsten nach dem typischen Verfahrensablauf nicht möglich wäre[70]. In Betracht kommen hier insbesondere:

– richterlich angeordnete Durchsuchungen (von denen der Betroffene i.d.R. vorab nichts erfährt)[71];

---

68 Dies sind insbesondere: Beschlüsse über die Bestätigung eines Ablehnungsgesuchs, § 28 Abs. 1 StPO; die Selbstablehnung nach § 30 StPO (vgl. hierzu BGH 3 StR 90/17; BGHSt 3, 68 f.); die Gewährung der Wiedereinsetzung, § 46 Abs. 2 StPO; die Unterbringung zum Zwecke der Beobachtung nach § 81 StPO, vgl. § 81 Abs. 4 StPO; der Eröffnungsbeschluss, § 210 StPO; die Verhandlung in Abwesenheit des Angeklagten im Fall des § 231a StPO, vgl. § 231a Abs. 3 S. 3 StPO; die Entbindung von Schöffen für einzelne Sitzungstage, § 54 Abs. 3 GVG; Entscheidungen über den Ausschluss der Öffentlichkeit zum Schutz der Privatsphäre, § 171b Abs. 3 GVG.
69 Vgl. die Nachweise bei *Meyer-Goßner*, Vor § 296 Rn. 17.
70 BVerfG NJW 2017, 1939 ff.; NJW 2003, 1514 f.; NJW 1999, 273; NJW 1997, 2163.
71 Mehr hierzu unten, Rn. 1215 ff.

- Abhörmaßnahmen[72] und solche der Telefonüberwachung[73], wie alle heimlichen Ermittlungsmaßnahmen, deren nachträgliche Überprüfung in § 101 Abs. 7 StPO ausdrücklich geregelt ist[74];
- Eingriffe in die Freiheitsrechte, also Vorführungen, Festnahmen und Verhaftungen[75];
- ungeprüfte Akteneinsicht an Dritte[76].

Ein Fortbestehen des Rechtsschutzbedürfnisses wird auch in Fällen der Wiederholungsgefahr oder eines willkürlichen Vorgehens angenommen[77].

Selbst bei tiefgreifenden Grundrechtseingriffen kann allerdings das (nachträgliche) Beschwerderecht **verwirkt** werden, etwa wenn der Betroffene sich verspätetet auf sein Recht beruft (Zeitmoment) und untätig geblieben ist, obwohl er vernünftigerweise etwas zur Wahrung seiner Rechte hätte unternehmen können (sog. Umstandsmoment). Auch eine an sich unbefristete Beschwerde kann deshalb im Interesse des Rechtsfriedens nicht nach Belieben hinausgezögert oder verspätet erhoben werden, ohne unzulässig zu werden[78]. 861

Umfang der Prüfung: Das Beschwerdegericht hat die sich ergebenden Rechtsfragen und die tatsächlichen Entscheidungsgrundlagen selbstständig neu zu bewerten. Dies ergibt sich aus § 308 Abs. 2 StPO. Vor einer Schlechterstellung ist der Beschwerdeführer allerdings nicht geschützt. 862

Vor Erlass der Beschwerdeentscheidung, die gem. § 309 Abs. 1 StPO ohne mündliche Verhandlung ergeht, ist dem Rechtsmittelgegner rechtliches Gehör zu gewähren, es sei denn, das Rechtsmittel hat keinerlei Erfolgsaussichten und ist zu verwerfen. Zu den Ausnahmefällen vgl. auch § 308 Abs. 1 S. 2 i.V.m. § 33 Abs. 4 S. 1 StPO.

Wirkung der Beschwerdeentscheidung: Mit der Beschwerdeentscheidung ist der Instanzenzug regelmäßig ausgeschöpft, § 310 Abs. 2 StPO. Die auf die Beschwerde hin ergangene Entscheidung ist nur in den Fällen des § 310 Abs. 1 StPO (Verhaftung, einstweilige Unterbringung, Vermögensarrest über 20.000 €) mit der weiteren Beschwerde angreifbar. 863

Was die Frage der **Verwertbarkeit** von Ermittlungsergebnissen (etwa aus Vernehmungen, Durchsuchungen etc.), also auch die Rechtmäßigkeit entsprechender Anordnungen anbelangt, so ist das **erkennende Gericht** allerdings in keiner Weise gebunden. Denn das Beschwerdegericht hat – anders als der Tatrichter und ggfls. das Revisionsgericht – hierüber nicht zu entscheiden. Dies ist vielmehr Gegenstand des strafrechtlichen Hauptverfahrens zur Klärung der Schuldfrage (sog. Trennungsprinzip)[79].

---

72 Vgl. BVerfG NStZ 2003, 441 ff.
73 BVerfG NJW 2005, 1855 ff.
74 Siehe hierzu unten Rn. 1239 ff.
75 Vgl. BVerfG NStZ 2017, 379 ff.; BGH StB 7/17 Tz. 8; OLG Celle NStZ-RR 2012, 253; BVerfG StV 1999, 295. Zur Ausnahme für den Fall des unmittelbaren Übergangs von Untersuchungshaft in Strafhaft siehe OLG Hamm, NStZ 2008, 582 f.
76 BVerfG NJW 2017, 1164 ff.
77 Vgl. OLG Celle NJW 1997, 2964 f. für den Fall der angeordneten Durchsuchung der Räumlichkeiten eines Sozialamts.
78 Vgl. BVerfG NStZ 2009, 166 f.
79 Siehe hierzu BVerfG NJW 2005, 1855 ff. sowie *Schmidt* NStZ 2009, 243 ff. m.w.N.

Kapitel 7 *Die Rechtsmittel im Strafverfahren*

D. Die Berufung

I. Allgemeines

864 Die Berufung eröffnet eine **weitere Tatsacheninstanz**, in welcher der gesamte Prozessstoff, der Gegenstand des Eröffnungsbeschlusses und der erstinstanzlichen Hauptverhandlung war, erneut in vollem Umfang verhandelt wird, soweit nicht eine zulässige Beschränkung gemäß § 318 StPO durch den Rechtsmittelführer erfolgt. Der wesentliche Unterschied zur Revision besteht darin, dass die zuvor ergangene Entscheidung nicht nur auf Rechtsfehler überprüft, sondern das Tatgeschehen insgesamt in tatsächlicher und rechtlicher Sicht untersucht wird.

Das Berufungsgericht hat dabei aber nicht die Aufgabe, Fehler des erstinstanzlichen Verfahrens zu finden und zu beanstanden. Es führt vielmehr selbstständig eine neue Hauptverhandlung durch und entscheidet dann nach seiner eigenen Überzeugung.

Dabei gelten dieselben Verfahrensgrundsätze wie im vorangegangenen Rechtszug; lediglich der Grundsatz der Unmittelbarkeit der Beweisaufnahme ist durch § 325 StPO in der Weise eingeschränkt, dass in dem dort genannten Umfang die Verlesung von Urkunden erlaubt ist. Vorbereitung und Ablauf der Hauptverhandlung folgen bis auf wenige Unterschiede denselben Regeln wie in erster Instanz (vgl. §§ 323, 324 bis 328 StPO).

II. Statthaftigkeit der Berufung

865 Die Berufung richtet sich gem. § 312 StPO gegen **Urteile des Strafrichters und des Schöffengerichts**. Dabei genügt es, wenn das amtsgerichtliche Strafverfahren im Ergebnis nur zur Verurteilung wegen einer Ordnungswidrigkeit geführt hat, vgl. im Einzelnen § 313 Abs. 3 StPO.

Gegen erstinstanzliche Urteile der (großen) Strafkammern des Landgerichts kann dagegen nur Revision eingelegt werden, § 333 StPO. Dies hat zur Konsequenz, dass beispielsweise dem Täter eines Kapitalverbrechens nur die eingeschränkte Möglichkeit der Überprüfung auf Verfahrens- und Rechtsfehler verbleibt, dem vom Amtsgericht Verurteilten, der sich im unteren bis mittleren Bereich der Kriminalität bewegt, dagegen die „zweite Chance" einer Tatsacheninstanz eröffnet wird. Überdies bleibt Letzterem die Möglichkeit der Revision, die er entweder sofort als Sprungrevision (§ 335 StPO) oder aber erst nach Abschluss des zweitinstanzlichen Verfahrens einlegen kann[80].

866 Ist der Angeklagte zu einer Geldstrafe von nicht mehr als 15 Tagessätzen verurteilt worden, beträgt im Falle einer Verwarnung (§ 59 StGB) die vorbehaltene Strafe nicht mehr als 15 Tagessätze oder beinhaltet die Verurteilung nur eine Geldbuße, so ist für die Zulässigkeit des Rechtsmittels die **Annahme durch das Berufungsgericht** Voraussetzung, § 313 Abs. 1 StPO. Diese erfolgt, wenn die Berufung „nicht offensicht-

---

80 Lesen Sie zu den Erwägungen, die diese Regelung rechtfertigen sollen, *Roxin/Schünemann*, § 55 Rn. 3, aber auch oben Rn. 343.

lich unbegründet" ist, § 313 Abs. 2 StPO. Die insoweit durch Beschluss getroffene Entscheidung ist unanfechtbar, § 322a StPO[81]. Allerdings kann die Annahme auch konkludent, etwa durch Terminbestimmung erfolgen[82].

Offensichtlich unbegründet ist die Berufung, wenn anhand der Urteilsgründe, einer eventuell vorliegenden Rechtsmittelbegründung und dem Hauptverhandlungsprotokoll aus der ersten Instanz ohne größere Prüfung erkennbar ist, dass weder eine Revision begründende Verfahrensmängel, noch materiell-rechtliche Fehler vorliegen. Werden also neue Beweisanträge angekündigt, die nicht nach § 244 StPO abgelehnt werden könnten, so darf nicht nach § 313 Abs. 2 S. 2 StPO verfahren werden[83]. Wird die Annahme der Berufung wegen offensichtlicher Unbegründetheit abgelehnt, so ist diese Entscheidung zu begründen (Umkehrschluss aus § 322a S. 3 StPO).

Mit der Berufung – nach § 55 Abs. 1 JGG allerdings erheblich eingeschränkt[84] – anfechtbar sind auch die Urteile des Jugendrichters (§ 39 JGG) und des Jugendschöffengerichts (§ 40 JGG), vgl. § 41 Abs. 2 JGG. In diesen Fällen schließt zudem die Berufung des Angeklagten dessen spätere Revision aus, § 55 Abs. 2 JGG[85].

867

Für den Bereich des Jugendrechts gibt es neben § 55 Abs. 2 JGG eine weitere Besonderheit, nämlich den Übergang vom Berufungs- in das erstinstanzliche Verfahren. Es kommt in Betracht, wenn der Angeklagte vom Jugendschöffengericht freigesprochen wird und die Staatsanwaltschaft oder ein Nebenkläger hiergegen Berufung einlegt. Gelangt die große (für Berufungen zuständige Jugend-)Strafkammer nun zu einem Schuldspruch, so entscheidet sie erstinstanzlich[86]. Dem entsprechend ist dann für eine Revision auch nicht das Oberlandesgericht, sondern der BGH zuständig.

III. Einlegung der Berufung

Die Berufung muss beim **judex a quo**, also beim Gericht des ersten Rechtszuges eingelegt werden, vgl. § 314 Abs. 1 StPO, und zwar schriftlich oder zu Protokoll der Geschäftsstelle. Der durch einen Verteidiger vertretene Angeklagte kann daher selbst das Rechtsmittel einlegen. Die Form ist auch gewahrt, wenn die entsprechende Erklärung bereits im Sitzungsprotokoll des Amtsgerichts aufgenommen wurde.

868

Die **Einlegungsfrist** beträgt **eine Woche**. Wurde das Urteil nicht in Anwesenheit des Angeklagten verkündet, so beginnt die Frist – von den dort genannten Sonderfällen abgesehen – mit der Zustellung des Urteils an den Angeklagten (§ 314 Abs. 2 StPO). Das Rechtsmittel kann, muss aber nicht begründet werden (§ 317 StPO). Für die Staatsanwaltschaft ergibt sich allerdings aus Nr. 156 RiStBV ein Begründungszwang.

---

81 Allerdings wird die Ablehnung der Annahme durch die Berufungskammer im Ausnahmefall dann für anfechtbar gehalten, wenn Streit darüber besteht, ob überhaupt ein Fall des § 313 Abs. 1 StPO vorliegt, vgl. OLG Dresden NStZ-RR 2011, 152 m.w.N.
82 Siehe OLG Bamberg NStZ-RR 2016, 20 f. m.w.N.
83 BVerfG NJW 1996, 2786.
84 Siehe hierzu BGH 1 StR 278/13.
85 Anders ist es, wenn sonstige Beteiligte Berufung eingelegt haben, vgl. OLG Koblenz NStZ-RR 2015, 58.
86 Siehe hierzu im Einzelnen BGH 4 StR 647/08; 1 StR 100/05; BGH NStZ-RR 1997, 22 f.

Kapitel 7 *Die Rechtsmittel im Strafverfahren*

Die Berufung kann zudem unter Beachtung der dargestellten Wirksamkeitsvoraussetzungen[87] auf bestimmte Beschwerdepunkte beschränkt werden, also insbesondere:
- auf die Neuverhandlung einzelner selbstständiger Taten im prozessualen oder materiell-rechtlichen Sinne;
- auf den Rechtsfolgenausspruch insgesamt (praktisch häufigster Fall);
- innerhalb des Rechtsfolgenausspruchs auf einzelne Aspekte, etwa die Bildung der Gesamtstrafe, die Strafaussetzung zur Bewährung[88], die Tagessatzhöhe bei der Geldstrafe oder die Frage der Unterbringung in einer Entziehungsanstalt gem. § 64 StGB bzw. die Verhängung anderer Maßregeln.

869 Allerdings muss sich der Rechtsmittelführer hinsichtlich amtsgerichtlicher Urteile nicht sogleich festlegen, ob er Berufung oder (Sprung-)Revision einlegen will. In der Praxis wird daher häufig von der Möglichkeit Gebrauch gemacht, zunächst lediglich „Rechtsmittel" einzulegen. Ein solches **unbestimmtes Rechtsmittel** ist hier ebenso zulässig wie der **Übergang** von einer ausdrücklich erklärten Berufung zur Revision[89]. Die entsprechende Erklärung und die dann erforderliche Begründung der Revision sind bei dem Amtsgericht anzubringen, welches die angefochtene Entscheidung erlassen hat.

Zu beachten ist allerdings die Revisionsbegründungsfrist des § 345 Abs. 1 StPO, nach deren Ablauf ein Übergang zur Revision nicht mehr möglich ist. Wird ein unbestimmtes Rechtsmittel innerhalb dieser Frist nicht näher bezeichnet, so ist es als – vom Prüfungsumfang her umfassendere – Berufung zu behandeln.

870 Ist die Berufung verspätet eingelegt, so hat das Gericht des **ersten Rechtszuges** das Rechtsmittel mit der Kostenfolge des § 473 Abs. 1 StPO durch zu begründenden Beschluss als unzulässig zu verwerfen, § 319 Abs. 1 StPO. Nur in diesem Umfang steht dem Amtsgericht die Prüfungskompetenz zu; es darf die Berufung nicht aus anderen Gründen verwerfen.

Der Beschlusstenor könnte in diesem Fall lauten:

> Die Berufung des Angeklagten gegen das Urteil des Amtsgerichts Bonn vom 10.01.2018 (3 Ds 353/17) wird gemäß § 319 Abs. 1 StPO auf seine Kosten als unzulässig verworfen.

Gemäß § 319 Abs. 2 S. 1 StPO kann der Rechtsmittelführer binnen einer Woche nach Zustellung eines solchen Beschlusses „auf die Entscheidung des Berufungsgerichts antragen". Dabei handelt es sich um einen Rechtsbehelf eigener Art. Das Berufungsgericht überprüft die Entscheidung des Erstrichters nicht nur im Hinblick auf die

---

87 Siehe oben Rn. 846 ff.
88 Auch bei einer wirksamen Beschränkung der Berufung auf die Frage einer Strafaussetzung zur Bewährung ist allerdings zwingend eine Gesamtstrafenbildung nach **§ 55 StGB** vorzunehmen, wenn der erstinstanzliche Richter hierzu keine Entscheidung getroffen hat, BGH NJW 2010, 3589 ff.
89 Vgl. BGHSt 40, 398; BGH NJW 1995, 2367 f. Umgekehrt – wenn auch selten – ist auch ein Übergang von der Revision zur Berufung möglich. Problematisch wird es allerdings, wenn die Revisionsbegründungsfrist versäumt worden ist, vgl. OLG Brandenburg StraFo 2009, 388; OLG München NStZ-RR 2010, 245.

Die Berufung **D**

rechtzeitige Einlegung des Rechtsmittels, sondern unter allen rechtlichen Gesichtspunkten der Zulässigkeit.

> Im **Fall Lellmann** hatte das Amtsgericht keine Veranlassung, die Berufung als verspätet zu verwerfen. Der Verteidiger hatte das Rechtsmittel innerhalb der laufenden Berufungseinlegungsfrist eingelegt (siehe oben Rn. 426).

871

IV. Verfahren vor dem Berufungsgericht

1. Zuständigkeiten

Wird die Berufung vom Amtsgericht nicht als unzulässig verworfen, so erfolgt gem. § 321 StPO die Übersendung der Akten über die Staatsanwaltschaft an das Landgericht. Dort bestehen folgende Zuständigkeiten:

872

- Die (allgemeine) **kleine Strafkammer** ist gemäß §§ 74 Abs. 3, 76 Abs. 1 S. 1 GVG zuständig für Berufungen gegen Urteile des Strafrichters und des Schöffengerichts. Ist in erster Instanz unter den Voraussetzungen des § 29 Abs. 2 GVG ein zweiter Berufsrichter hinzugezogen worden (sog. erweitertes Schöffengericht), so verhandelt auch die kleine Strafkammer neben den Schöffen mit einem Vorsitzenden und einem weiteren Berufsrichter, § 76 Abs. 3 GVG.
- Die **kleine Wirtschaftsstrafkammer** ist gemäß §§ 74 Abs. 3, 74c Abs. 1, 76 Abs. 1 GVG zuständig für Berufungen gegen die Entscheidungen des Schöffengerichts, soweit eine Tat aus dem Katalog des § 74c Abs. 1 GVG zu verhandeln ist.
- Die **kleine Jugendkammer** entscheidet gemäß §§ 41 Abs. 2, 33b Abs. 1 JGG über Berufungen gegen Urteile des Jugendstrafrichters.
- Die **große Jugendkammer** befindet gemäß §§ 41 Abs. 2, 33b Abs. 1 JGG über Berufungen gegen Urteile des Jugendschöffengerichts. Sie hat hier gemäß § 33b Abs. 2 JGG zu beschließen, ob sie in der Hauptverhandlung – neben den Schöffen – mit 2 oder 3 Berufsrichtern einschließlich des Vorsitzenden besetzt ist. Ergeht der Beschluss außerhalb der Hauptverhandlung, so ist er schriftlich zu fassen und von allen beteiligten Berufsrichtern zu unterzeichnen. Eine bloße Verfügung des Vorsitzenden genügt nicht[90].

2. Zulässigkeitsprüfung

Im Berufungsrechtszug werden sämtliche Zulässigkeitsvoraussetzungen (also nicht nur die Fristwahrung) geprüft und die Berufung, falls unzulässig, gemäß § 322 Abs. 1 S. 1 StPO durch Beschluss verworfen. Stellt sich die Unzulässigkeit erst in der Hauptverhandlung heraus, so ist diese Entscheidung durch Urteil zu treffen, § 322 Abs. 1 S. 2 StPO.

873

Liegt ein Fall des § 313 StPO vor, so entscheidet die Kammer auch über die Annahme der Berufung gemäß § 322a StPO durch Beschluss, und zwar – ebenso wie im Fall der Unzulässigkeit – allein durch den Vorsitzenden, §§ 74 Abs. 3, 76 Abs. 1, 3 S. 2 GVG.

---

90 Vgl. OLG Brandenburg NStZ 2009, 44 m.w.N.

Kapitel 7 *Die Rechtsmittel im Strafverfahren*

Ist die Berufung zulässig, so erfolgt die Vorbereitung der Hauptverhandlung nach Maßgabe des § 323 StPO, welcher im Wesentlichen auf die für die erste Instanz geltenden Ladungsvorschriften verweist.

874 Im **Fall Lellmann** sind die Akten durch die Staatsanwaltschaft der zuständigen kleinen Berufungsstrafkammer beim Landgericht Bonn mit dem Antrag auf Bestimmung eines Hauptverhandlungstermins vorgelegt worden. Der Vorsitzende hat die (gegenüber dem Amtsgericht erweiterte) Zulässigkeitsprüfung vorgenommen.

Achtung: Der Umstand, dass der Verteidiger dem Berufungsschriftsatz die ihm von Lellmann erteilte Vollmacht nicht beigefügt hat, hindert die Wirksamkeit der Einlegung des Rechtsmittels nicht. Mit der Beauftragung des Anwalts ist nämlich ein wirksamer Anwaltsvertrag zustande gekommen. Der Einhaltung einer Form bedarf es insoweit nicht. Für den **Nachweis** des Verteidigungsverhältnisses genügt grundsätzlich die – hier mit der Einlegung der Berufung erfolgte – Anzeige der Bevollmächtigung an das Gericht. Lediglich bei Zweifeln an der Wirksamkeit der Vollmacht ist das Gericht berechtigt, die Übersendung der Vollmachtsurkunde zu fordern[91]. Viele Verteidiger ziehen es sogar vor, die schriftliche Vollmacht nicht zu den Akten zu reichen, um das Entstehen der gesetzlichen Zustellungsvollmacht des Anwalts gem. § 145a StPO zu verhindern[92]. So kann er etwa vermeiden, dass er Fristen in Gang setzende Zustellungen erhält, obwohl er keinen Kontakt mehr zu seinem Mandanten hat.

Da die Berufung nicht gem. § 322 Abs. 1 S. 1 StPO als unzulässig zu verwerfen war, hat der Vorsitzende der 5. kleinen Berufungsstrafkammer den Hauptverhandlungstermin bestimmt. Mangels ausdrücklicher Beschränkung des Rechtsmittels war davon auszugehen, dass der Angeklagte das Urteil des Amtsgerichts insgesamt anfechten wollte. Wegen der zu erwartenden erneuten Beweisaufnahme hat der Vorsitzende somit dieselben Zeugen wie das Amtsgericht geladen.

3. Hauptverhandlung

875 Die Hauptverhandlung beginnt auch im Berufungsrechtszug mit dem Aufruf der Sache und der Feststellung, wer erschienen ist, §§ 324 Abs. 1 S. 1, 243 Abs. 1 StPO.

a) Verwerfung der Berufung bei unentschuldigtem Ausbleiben

Nach § 329 Abs. 1 StPO ist eine **Berufung des Angeklagten** ohne Verhandlung zur Sache durch Urteil zu verwerfen, wenn dieser trotz ordnungsgemäßer Ladung[93] **unentschuldigt** bei Beginn der Hauptverhandlung (also beim Aufruf der Sache) nicht erscheint und auch nicht durch einen Verteidiger mit schriftlicher Vollmacht vertreten wird. „Nicht erschienen" in diesem Sinne ist auch der zwar körperlich anwesende, sich aber im Zustand der Verhandlungsunfähigkeit befindliche Angeklagte, wenn er diese in vorwerfbarer Weise herbeigeführt hat (z. B. Trunkenheit).

Die Verwerfung kommt allerdings dann nicht in Betracht, wenn ohnehin aus anderen Gründen – etwa wegen der krankheitsbedingten Verhinderung des Pflichtverteidigers

---

91 OLG München StV 2008, 127 f.
92 Lesen Sie dazu oben Rn. 813.
93 Zur Ordnungsgemäßheit gehört auch der Hinweis auf die möglichen Folgen eines Ausbleibens, vgl. § 323 Abs. 1 S. 2 StPO.

– die Hauptverhandlung nicht durchgeführt werden kann[94]. Sie ist auch ausgeschlossen, wenn das Berufungsgericht ein Verfahrenshindernis[95] feststellt, das auch schon in erster Instanz vorgelegen hat. In einem solchen Fall ist das Verfahren nach § 260 Abs. 3 StPO einzustellen[96].

Zudem setzt § 329 Abs. 1 StPO neben einer ordnungsgemäßen Ladung voraus, dass der Richter zu der sicheren Überzeugung gelangt, das Ausbleiben des Angeklagten sei nicht genügend entschuldigt. Um „normale" Verspätungen nicht zu sanktionieren, ist zunächst eine angemessene Frist (15 bis 20 Minuten[97]) zuzuwarten. Maßgeblich ist im Übrigen der Kenntnisstand, den das Gericht bei Beginn der Hauptverhandlung – etwa aufgrund von Mitteilungen des Angeklagten oder des Verteidigers – hat.

876

Für die Entscheidung kommt es nicht darauf an, ob der Angeklagte sich entschuldigt **hat**, sondern ob er entschuldigt **ist**. Dieser feine Unterschied wird von den Berufungsgerichten gerne übersehen. Das bedeutet: Wird eine schlüssige, also nicht erkennbar aus der Luft gegriffene Begründung für das Fernbleiben (etwa unter Vorlage eines ärztlichen Attestes) vorgebracht, so sind Zweifel an der Richtigkeit durch Ermittlungen im Freibeweisverfahren zu überprüfen[98]. Bleiben Unklarheiten, so scheidet eine Verwerfung der Berufung aus. Allerdings ist bei der Vorlage ärztlicher Atteste zu bedenken, dass die dort oftmals bescheinigte „Arbeitsunfähigkeit" nicht zwingend mit der Unfähigkeit einhergeht, vor Gericht zu erscheinen. Eine Arbeitsunfähigkeitsbescheinigung genügt folglich zur Glaubhaftmachung einer unverschuldeten Verhinderung regelmäßig nicht[99]. Allerdings gebietet es die Aufklärungspflicht, bei dem ausstellenden Arzt (auch telefonisch) Erkundigungen über die näheren Umstände einzuholen. Mit der Vorlage des Attests bei Gericht hat der Angeklagte den Arzt konkludent von dessen Schweigepflicht entbunden[100]. Das Zeugnisverweigerungsrecht des Arztes ist damit erloschen, § 53 Abs. 2 S. 1 StPO.

877

Gegen das **mit Gründen zu versehende** Verwerfungsurteil ist (mit Ausnahme der Verfahren gegen Jugendliche und Heranwachsende im Fall des § 109 Abs. 2 JGG) die Revision möglich[101]. Daneben kann der Angeklagte nach § 329 Abs. 3 StPO binnen einer Woche nach Zustellung des Verwerfungsurteils Wiedereinsetzung in den vorigen Stand nach den §§ 44, 45 StPO beantragen. Dieser Rechtsbehelf, über den vorrangig zu befinden ist, gibt ihm die Möglichkeit, sein Ausbleiben nachträglich zu entschuldigen und so eine erneute Hauptverhandlung herbeizuführen. Die Revision, die im Fall einer positiven Entscheidung über das Wiedereinsetzungsgesuch gegenstandslos wird, dient dagegen der Überprüfung, ob die Strafkammer die Voraussetzungen des § 329 Abs. 1 StPO zu Recht angenommen hat. Zum Verhältnis der beiden Rechtsmittel lesen Sie bitte § 342 StPO.

878

---

94 OLG Köln NStZ-RR 2016, 288.
95. Näheres hierzu siehe Rn. 936 ff.
96 Vgl. BGH NStZ 2001, 440 f.
97 OLG Hamm NStZ-RR 2009, 251.
98 OLG Braunschweig NStZ-RR 2010, 352; BayObLG NJW 1998, 172.
99 Siehe auch OLG Braunschweig NStZ 2014, 289 f.; OLG Köln NStZ-RR 2009, 112.
100 OLG Nürnberg NJW 2009, 1761 f. m.w.N.
101 Zur Prüfungskompetenz des Revisionsgerichts siehe BGH NStZ 2001, 440 ff.

Kapitel 7 *Die Rechtsmittel im Strafverfahren*

879 Eine Entscheidung gemäß § 329 Abs. 1 StPO könnte etwa lauten:

> Die Berufung des Angeklagten gegen das Urteil des Amtsgerichts Bonn vom 11.01.2018 wird auf seine Kosten verworfen.
>
> **Gründe:**
>
> Der Angeklagte hat gegen das Urteil vom 11.01.2018 rechtzeitig Berufung eingelegt, ist aber in dem heutigen Termin zur Hauptverhandlung ungeachtet der durch die Zustellungsurkunde vom 10.03.2018 nachgewiesenen Ladung ohne genügende Entschuldigung ausgeblieben und auch nicht in zulässiger Weise vertreten worden.
>
> Zwar hat er vor der Sitzung ein ärztliches Attest übersandt, wonach er am gestrigen Tage „akut erkrankt" und voraussichtlich für drei Tage nicht in der Lage sei, einen Gerichtstermin wahrzunehmen. Die Bescheinigung verhält sich jedoch nicht zu der Art der Erkrankung und erlaubt damit keine Beurteilung, ob der Angeklagte tatsächlich nicht in der Lage war, den Termin einzuhalten. Der Kammervorsitzende hat deswegen telefonisch Rücksprache mit dem Aussteller des Attestes, Herrn Dr. XY, gehalten. Dieser hat – obgleich in der Vorlage eines Attestes zugleich die konkludente Entbindungserklärung liegt – unter Berufung auf die ärztliche Schweigepflicht die Mitteilung einer Diagnose verweigert. Er hat jedoch ausdrücklich erklärt, dass der Angeklagte durchaus in der Lage sei, vor der Kammer zu erscheinen und einer Gerichtsverhandlung zu folgen. Das anderslautende Attest sei von ihm ohne Kenntnis der Hintergründe auf Wunsch des Angeklagten ausgestellt worden. Die eingelegte Berufung war daher nach § 329 StPO zu verwerfen.
>
> Die Entscheidung über die Kosten beruht auf § 473 Abs. 1 StPO.

880 Die Verwerfung ist bei Vorliegen der Voraussetzungen angesichts des eindeutigen Gesetzeswortlauts **zwingend**. Von ihr darf nur abgesehen werden, wenn die Sache zuvor durch das Revisionsgericht zurückverwiesen war[102] (§ 329 Abs. 1 S. 4 StPO) oder wenn der Angeklagte **ordnungsgemäß vertreten** wird[103]. Im ersten Fall hat die Kammer nach § 329 Abs. 3 StPO zu verfahren, also – soweit geboten – die Vorführung bzw. die Verhaftung des Angeklagten zu verfügen oder aber die Hauptverhandlung ohne diese Zwangsmittel zu vertagen.

Wird der Angeklagte anwaltlich ordnungsgemäß vertreten, so bedeutet dies indes keineswegs, dass nun auch ohne ihn verhandelt werden könnte. § 329 Abs. 2 StPO knüpft dies vielmehr daran, dass seine Anwesenheit „nicht erforderlich" ist. Hiervon kann im Ausnahmefall nur dann ausgegangen werden, wenn keine relevanten Umstände der Tat- oder Schuldfrage bzw. der Rechtsfolgenentscheidung mehr in Rede stehen[104]. Ist in diesem Sinne die Anwesenheit erforderlich, so kann das unentschuldigte Ausbleiben des Angeklagten letztlich trotz anwaltlicher Vertretung doch zu einer Verwerfung des Rechtsmittels führen, nämlich wenn der Angeklagte dem anzusetzenden Fortsetzungstermin wiederum ohne genügende Entschuldigung fernbleibt. Lesen Sie hierzu § 329 Abs. 4 StPO. **Achtung:** Auf eine Berufung der Staatsanwaltschaft kann bei unentschuldigtem Ausbleiben des Angeklagten regelmäßig auch ohne diesen verhandelt werden, § 329 Abs. 2 StPO.

---

102 Dieses Verwerfungsverbot gilt allerdings dann nicht, wenn der Revisionsentscheidung bereits ein Verwerfungsurteil i.S.d. § 329 StPO zu Grunde lag, vgl. OLG Stuttgart NStZ-RR 2005, 241 f.
103 Das Vertretungsrecht folgt aus **Art. 6 EMRK**. Siehe hierzu EGMR, Urteil vom 08.11.2012, Individualbeschwerde Nr. 30804/07 (auszugsweise: NStZ 2013, 350 f.) sowie *Frisch* NStZ 2015, 69 ff.
104 Siehe hierzu OLG Hamburg NStZ 2017, 607 f.

b) Gang der Berufungsverhandlung

881 Erscheint der Angeklagte, so wird er zunächst **zur Person** befragt, § 243 Abs. 2 S. 2 StPO. Dann beginnt die eigentliche Verhandlung mit dem Vortrag des sog. Berichterstatters gemäß § 324 Abs. 1 StPO. In der gebotenen Kürze erfolgt eine Einführung in das Verfahren, um die Beteiligten über dessen Stand in Kenntnis zu setzen. Hierzu gehört auch die Information über absprachrelevante Umstände[105]. Bei der kleinen Strafkammer, welche in der Hauptverhandlung nur mit einem Berufsrichter und zwei Schöffen besetzt ist, übernimmt der Vorsitzende diese Aufgabe. Es schließt sich gemäß § 324 Abs. 1 S. 2 StPO die (Teil-)**Verlesung des erstinstanzlichen Urteils** an, soweit es für die Berufungsverhandlung von Bedeutung ist.

882 Im Anschluss ist der Angeklagte (nach Belehrung) gem. § 324 Abs. 2 StPO **zur Sache** zu hören; es folgt die Beweisaufnahme, welche – wie bereits dargestellt – im Wesentlichen den im ersten Rechtszug geltenden Regeln folgt. Abweichendes ergibt sich insoweit nur aus § 325 StPO, der aus Gründen der Verfahrenserleichterung die Verlesung von Urkunden zu Beweiszwecken gestattet. Dazu gehören insbesondere die in der ersten Instanz gefertigten Protokolle über Zeugenvernehmungen und die Befragung von Sachverständigen. Einschränkend sind § 325 Hs. 2 StPO sowie die allgemeine Aufklärungspflicht des Gerichts aus §§ 332, 244 Abs. 2 StPO zu beachten.

Der Umfang der Beweisaufnahme richtet sich danach, inwieweit das Urteil angefochten bzw. die Berufung beschränkt worden ist, § 327 StPO. Nach geschlossener Beweisaufnahme erfolgen wie in erster Instanz die Schlussvorträge. In Abänderung der in § 258 Abs. 1 StPO vorgegebenen Reihenfolge gebührt dem „Beschwerdeführer" das Recht, mit seinen Ausführungen zu beginnen. Hat nur der Angeklagte Berufung eingelegt, so ist daher ihm bzw. seinem Verteidiger als erstem das Wort zu erteilen. Das letzte Wort gebührt in jedem Fall dem Angeklagten, § 326 S. 2 StPO.

Beim **Protokoll** über die Berufungsverhandlung entfällt – anders als bei dem Sitzungsprotokoll des Amtsgerichts (vgl. § 273 Abs. 2 S. 1 StPO) – die Wiedergabe der wesentlichen Inhalte von Zeugen- oder Sachverständigenvernehmungen. Dadurch ist es kürzer und übersichtlicher.

Im **Fall Lellmann** sah das Hauptverhandlungsprotokoll folgendermaßen aus:

---

105 Siehe hierzu die Zusammenstellung bei *Wenske* NStZ 2015, 137 ff.

Kapitel 7 *Die Rechtsmittel im Strafverfahren*

883

**Öffentliche Sitzung
des Landgerichts**

Geschäfts-Nr.:
5 Ns 234/13
17 Js 539/13 StA Bonn

Ort und Tag

Bonn, den 27.01.2014

Gegenwärtig:

Vorsitzender Richter am LG
Schmücker

als Vorsitzender,

Verwaltungsrat Peter Steinacker aus
Königswinter,
Beamter Hans Kasper aus Bonn

als Schöffen,

Staatsanwältin Schatz

als Beamtin der Staatsanwaltschaft,

Justizsekretärin Mächler

als Urkundsbeamtin der Geschäftsstelle.

Strafsache

Gegen

Hans **Lellmann**,
geb. am 06.05.1965 in Bonn
wohnhaft: Wagnerstr. 187
53111 Bonn
ledig, Deutscher

wegen Widerstands gegen Vollstreckungsbeamte u.a.

Die Hauptverhandlung über die Berufung des Angeklagten gegen das Urteil des Amtsgerichts Bonn vom 22.10.2013 begann mit dem
Aufruf der Sache.

Der Vorsitzende stellte fest, dass erschienen waren:

Der Angeklagte.

Dauer der Hauptverhandlung
von   bis
10:00 Uhr   10:45 Uhr
(Uhrzeit)   (Uhrzeit)

27.01.2014 *Mächler*
Datum, Name, Amtsbezeichnung

als Verteidiger:
Rechtsanwalt Löffelholz

Als Sachverständiger: Dr. Dr. Frank Becher, Institut für
Rechtsmedizin, Universität Bonn

StP 36 a Hauptverhandlung vor dem Amtsgericht (§ 271 ff. StPO). Hierzu erforderlichenfalls StP 38 - Zeugenvernehmung - als Einlagebogen - gen .12.1991 -ADV-

Die Berufung **D**

2

Als Zeugen Peter Müller und Heinz Schmitz. Die übrigen Zeugen sind auf einen späteren Zeitpunkt geladen.

Der Angeklagte machte Angaben über seine Identität.

Die Zeugen und der Sachverständige wurden mit dem Gegenstand der Untersuchung und der Person bekannt gemacht.

Die Zeugen wurden zur Wahrheit ermahnt und auf die Möglichkeit einer Vereidigung hingewiesen.

Sie wurden ferner darüber belehrt, dass sie berechtigt seien, falls sie zu den in § 52 Absatz 1 Strafprozessordnung bezeichneten Angehörigen oder eines derzeit oder früher Mitbeschuldigten gehören, das Zeugnis und die Beeidigung des Zeugnisses zu verweigern.

Die Zeugen wurden schließlich darüber belehrt, dass sie berechtigt seien, die Aussage auf solche Fragen zu verweigern, deren Beantwortung ihnen selbst oder einem der in § 52 Absatz 1 Strafprozeßordnung bezeichneten Angehörigen die Gefahr zuziehen würde, wegen einer Straftat oder einer Ordnungswidrigkeit verfolgt zu werden.

Der Sachverständige wurde im Sinne des § 76 Absatz 1 Strafprozessordnung belehrt.

Der Vorsitzende hielt Vortrag über die Ergebnisse des bisherigen Verfahrens. Das Urteil der ersten Instanz vom 22.10.2013 wurde verlesen.

Es wurde festgestellt, dass die Berufung rechtzeitig eingelegt worden ist. Gespräche zur Vorbereitung einer Verständigung gem. § 257 c StPO haben nicht stattgefunden.

Der Angeklagte wurde darauf hingewiesen, dass es ihm freistehe, sich zur Person und der Beschuldigung zu äußern oder nicht zur Sache auszusagen.
Er erklärte: Ich bin zur Äußerung bereit.

Der Angeklagte machte Angaben zu seiner Person und ließ sich zur Sache ein.

Nunmehr wurde der Zeuge Peter Müller hereingerufen und wie folgt vernommen:

1. Zeuge:

Ich heiße: Peter Müller,
bin 48 Jahre alt,
von Beruf: Polizeibeamter
dienstansässig: PP Bonn
mit dem Angeklagten nicht verwandt und nicht verschwägert.

Der Zeuge bekundete zur Sache.

Der Zeuge blieb auf Anordnung des Vorsitzenden gem. § 59 Abs. 1 StPO unvereidigt und wurde entlassen.

Der Zeuge Heinz Schmitz wurde hereingerufen und wie folgt vernommen:

2. Zeuge:

Ich heiße: Heinz Schmitz,

StP 36 a Hauptverhandlung vor dem Amtsgericht (§ 271 ff. StPO). Hierzu erforderlichenfalls StP 38 - Zeugenvernehmung - als Einlagebogen - gen .12.1991 -ADV-

Kapitel 7   *Die Rechtsmittel im Strafverfahren*

3

bin	56 Jahre alt,
von Beruf:	Taxifahrer
wohnhaft in:	Bonn

mit dem Angeklagten nicht verwandt und nicht verschwägert.

Der Zeuge bekundete zur Sache.

Der Zeuge blieb auf Anordnung des Vorsitzenden gem. § 59 Abs. 1 StPO unvereidigt und wurde entlassen. Nach jeder einzelnen Beweiserhebung wurde der Angeklagte befragt, ob er etwas dazu zu erklären habe.

Nunmehr erklärten der Angeklagte und sein Verteidiger:
Wir beschränken die Berufung auf den Rechtsfolgenausspruch.
v.u.g.

Die Vertreterin der Staatsanwaltschaft erklärte:
Ich stimme der Beschränkung der Berufung zu.

Der Sachverständige Dr. Dr. Becher wurde daraufhin entlassen.

Der Bundeszentralregisterauszug vom 07.01.2014 wurde verlesen.

Aus der Beiakte 17 Js 258/09 StA Bonn wurde das Urteil des Amtsgerichts Bonn vom 14.12.2009 (118 Ds 239/09), Bl. 75 ff., soweit geklammert, verlesen.

Aus der Beiakte 17 Js 222/11 StA Bonn wurde das Urteil des Amtsgerichts Bonn vom 18.10.2011 (118 Ds 387/11), Bl. 132 d.A., verlesen

Die Beweisaufnahme wurde im allseitigen Einverständnis geschlossen. Eine Verständigung im Sinne des § 257 c StPO hat nicht stattgefunden.

Es erhielten die Staatsanwaltschaft und sowie der Angeklagte und sein Verteidiger zu ihren Ausführungen das Wort, und zwar der Berufungsführer zuerst.

Der Verteidiger machte Ausführungen und beantragte, gegen den Angeklagten eine maßvolle Gesamtgeldstrafe zu verhängen.

Die Vertreterin der Staatsanwaltschaft machte Ausführungen und beantragte, die Berufung des Angeklagten zu verwerfen.
Der Angeklagte hatte das letzte Wort.

Er erklärte: So schlimm war die ganze Angelegenheit nicht. Mit der Verhängung einer Freiheitsstrafe bin ich nicht einverstanden.

Die Verhandlung wurde für 20 Minuten unterbrochen.

4

Das **Urteil** wurde sodann durch Verlesung der Urteilsformel und durch mündliche Mitteilung des wesentlichen Inhalts der Urteilsgründe dahin verkündet:

Im Namen des Volkes

Urteil

Unter Verwerfung der weitergehenden Berufung wird das angefochtene Urteil dahingehend abgeändert, dass die Gesamtfreiheitsstrafe auf drei Monate und die Sperrfrist für die Erteilung einer neuen Fahrerlaubnis auf drei Monate reduziert werden.

Die Kosten des Berufungsverfahrens und die dem Angeklagten darin entstandenen notwendigen Auslagen tragen dieser zu 3/4 und zu 1/4 die Landeskasse.

Die Berufungsgebühr wird um 1/4 ermäßigt.

Rechtsmittelbelehrung wurde erteilt.

Das Protokoll wurde fertiggestellt am 27.01.2014.

(Schmücker)   (Mächler)

884 Wie Sie dem Sitzungsprotokoll entnehmen können, hat der Angeklagte nach Erörterung der Sache und nach Rücksprache mit seinem Verteidiger die Berufung gem. § 318 StPO auf den Rechtsfolgenausspruch beschränkt. Die Staatsanwaltschaft hat dem gem. § 303 StPO zugestimmt.

Achtung: Die nachträgliche Beschränkung der Berufung stellt prozessual eine **Teilrücknahme** des Rechtsmittels dar, so dass der Verteidiger einer ausdrücklichen Ermächtigung des Angeklagten bedarf (§ 302 Abs. 2 StPO). Vorliegend ist dies nur deshalb anders, weil auch der Angeklagte die Erklärung abgegeben hat.

Die materiell-rechtlichen Voraussetzungen einer Rechtsmittelbeschränkung (siehe hierzu oben Rn. 846 ff.) waren unproblematisch gegeben.

V. Berufungsurteil

885 Das Berufungsgericht hat abgesehen von dem bereits erwähnten Verwerfungsurteil i.S.d. § 329 StPO mehrere Möglichkeiten der Entscheidung, von denen nur ein Teil in § 328 StPO geregelt ist. Es ist zu unterscheiden zwischen Prozess- und Sachurteilen.

1. Prozessurteile

a) Verwerfung der Berufung als unzulässig

Stellt sich erst zu Beginn der Hauptverhandlung heraus, dass die Berufung – etwa infolge verspäteter Einlegung – unzulässig ist, so ist sie durch Urteil auf Kosten des Beschwerdeführers als unzulässig zu verwerfen (§ 322 Abs. 1 S. 2 StPO).

b) Aufhebung und Verweisung

886 Hat das Amtsgericht zu Unrecht seine Zuständigkeit angenommen, so hat das Berufungsgericht – soweit nicht bereits zuvor nach § 225a StPO analog verfahren wurde[106] – unter Aufhebung des Urteils die Sache an das zuständige Gericht zu verweisen, § 328 Abs. 2 StPO. Dabei handelt es sich um ein Prozessurteil, mit dem ein Verstoß gegen die sachliche und – wenn der Rechtsmittelführer dies in erster Instanz rechtzeitig gerügt hat – auch gegen die örtliche Zuständigkeit korrigiert werden kann[107]. Nicht zu beanstanden sind dagegen rein funktionelle, d.h. geschäftsplanmäßige Fehler.

Die fälschliche Annahme der sachlichen Zuständigkeit durch das Amtsgericht liegt beispielsweise dann vor, wenn das Gericht unter Verstoß gegen § 24 Abs. 1 Nr. 2 GVG eine Maßregel nach § 63 StGB (Unterbringung in einem psychiatrischen Krankenhaus) angeordnet hat.

---

106 Diese Vorschrift findet auch auf das Berufungsverfahren Anwendung, siehe BGH NStZ 2017, 240 f.; 2 StR 159/15 Tz. 23; NStZ 2003, 320.
107 Mit dem Verweisungsurteil gerät das mit der Berufung angefochtene Urteil automatisch in Fortfall, vgl. – auch zu den möglichen Verwirrnissen im Instanzenzug – BGH 3 StR 141/09. Zur Abfassung und sonstigen revisionsrechtlichen Problematik solcher – sehr seltenen – Verweisungsurteile siehe OLG Hamm NStZ-RR 2009, 379 ff.

Der Tenor des Berufungsurteils könnte in einem solchen Fall folgende Fassung haben:

> Auf die Berufung des Angeklagten wird das Urteil des Amtsgerichts Bonn vom 10.01.2018 (2 Ls 325/17) aufgehoben und die Sache an das Landgericht Bonn – große Strafkammer – verwiesen[108].

c) Einstellung des Verfahrens

Das Berufungsgericht hat ebenso wie das Amtsgericht von Amts wegen das Vorliegen der Prozessvoraussetzungen zu überprüfen. Stellt sich heraus, dass ein nicht behebbares Verfahrenshindernis – beispielsweise Verjährung – gegeben ist, so hat die Einstellung (bei mehreren Taten ggfls. Teileinstellung) des Verfahrens gemäß § 260 Abs. 3 StPO durch Urteil zu erfolgen. **887**

2. Sachurteile
a) Verwerfung der Berufung als unbegründet

Ergibt die Verhandlung die Richtigkeit des erstinstanzlichen Urteils hinsichtlich des Schuld- und Rechtsfolgenausspruchs, so darf das Berufungsgericht keine davon abweichende Sachentscheidung treffen. Es hat die Berufung als unbegründet zu verwerfen. Der Tenor des Berufungsurteils würde in diesem Fall lauten: **888**

> Die Berufung des Angeklagten gegen das Urteil des Amtsgerichts Bonn vom 10.01.2018 (2 Ls 325/17) wird auf seine Kosten verworfen[109].

Ist der Angeklagte im ersten Rechtszug verurteilt worden, so darf das Berufungsurteil in Art und Höhe der Rechtsfolgen nicht zu seinem Nachteil geändert werden, sog. **Verbot der „reformatio in peius"** oder Verschlechterungsverbot, § 331 Abs. 1 StPO. Dies betrifft indes nur die Fälle, in denen **allein er** (und nicht etwa auch die Staatsanwaltschaft) das Rechtsmittel eingelegt hat und auch dann nur die ausgesprochenen Rechtsfolgen; der Schuldspruch kann – und muss ggfls. – durchaus zu Ungunsten des Angeklagten abgeändert werden[110]. Zudem sind auch die Einschränkungen des Verschlechterungsverbotes bezüglich der §§ 63, 64 StGB zu beachten, § 331 Abs. 2 StPO. Es gilt schließlich nicht für den Adhäsionsausspruch[111]. **889**

> **Beispiel:** Der Angeklagte ist wegen einer Trunkenheitsfahrt gem. § 316 StGB zu einer Geldstrafe verurteilt worden. In der Berufungsverhandlung ergibt sich nun, dass es zu einer konkreten Gefährdung von Menschenleben kam und eine Verurteilung wegen Straßenverkehrsgefährdung (§ 315c Abs. 1 Nr. 1a StGB) gerechtfertigt ist.

---

108 Einer Kostenentscheidung bedarf es nicht, da es sich bei diesem Urteil nicht um eine verfahrensbeendende Entscheidung handelt.
109 Der Angabe, dass das Rechtsmittel „als unbegründet" verworfen wird, bedarf es nicht. Die Notwendigkeit der Kostenentscheidung folgt aus § 473 Abs. 1 StPO.
110 BGH 1 StR 629/14 Tz. 7; 4 StR 130/11; 4 StR 164/10; 4 StR 408/09.
111 So jedenfalls OLG Celle NStZ-RR 2016, 288 f.

Kapitel 7 *Die Rechtsmittel im Strafverfahren*

> Dies kann ohne eine Erhöhung der Geldstrafe bzw. der nach §§ 69, 69a StGB verhängten Maßregel – nach entsprechendem rechtlichen Hinweis gem. § 265 StPO – geschehen[112].

890 An erstinstanzlich in gesetzlicher Weise zustande gekommene **Absprachen** zur Strafhöhe ist das Rechtsmittelgericht wegen des Verschlechterungsverbotes jedenfalls bei einer Berufung des Angeklagten gebunden[113]. Hat (auch) die Staatsanwaltschaft Berufung eingelegt, so gilt dieses Verbot zwar nicht[114], es stellt sich dann aber die Frage nach einer Verwertbarkeit des erstinstanzlich abspracheemäß abgelegten Geständnisses. Auch wenn das gesetzliche Verbot des § 257c Abs. 4 S. 3 StPO nicht eingreift, solange sich das Amtsgericht an die Absprache gehalten hat, kann sich ein Verwertungsverbot doch aus dem fair-trial-Grundsatz ergeben[115].

b) Aufhebung des erstinstanzlichen Urteils bei begründeter Berufung

891 Hat das Rechtsmittel ganz oder teilweise Erfolg (was sich nach dem Umfang der Anfechtung bemisst), so ist gemäß § 328 Abs. 1 StPO das erstinstanzliche Urteil in diesem Umfang aufzuheben und in der Sache zu entscheiden. Soweit das Rechtsmittel keinen Erfolg hat, ist es ausdrücklich zu verwerfen.

Ist der Angeklagte beispielsweise wegen einer einzigen Tat verfolgt und von diesem Vorwurf zu Unrecht freigesprochen worden, so ist auf die Berufung der Staatsanwaltschaft wie folgt zu erkennen:

> Auf die Berufung der Staatsanwaltschaft wird das Urteil des Amtsgerichts Bonn vom 10.01.2018 (2 Ls 325/17) aufgehoben.
>
> Der Angeklagte wird wegen fahrlässiger Tötung zu einer Geldstrafe von 120 Tagessätzen zu je 60 € verurteilt.
>
> Er trägt die Kosten des Verfahrens.
>
> – § 222 StGB –

892 Hat die in zulässiger Weise beschränkte Berufung in vollem Umfang Erfolg, so kann es genügen, das erstinstanzliche Urteil nur bezüglich dieses Punktes abzuändern. So könnte der Tenor lauten:

> Das Urteil des Amtsgerichts Bonn vom 10.01.2018 (2 Ls 325/17) wird – unter Aufrechterhaltung im Übrigen – dahingehend abgeändert, dass die Vollstreckung der Freiheitsstrafe zur Bewährung ausgesetzt wird.
>
> Die Kosten des Berufungsverfahrens und die notwendigen Auslagen des Angeklagten werden der Staatskasse auferlegt.

---

112 Eine solche Veränderung des Schuldspruchs kann natürlich faktische Konsequenzen haben. So kann z.B. die Straßenverkehrsbehörde eine spätere Wiedererteilung der Fahrerlaubnis an strengere Voraussetzungen knüpfen.
113 Vgl. BGH 5 StR 38/10.
114 Siehe BGH 4 StR 537/12 Tz. 12.
115 So OLG Düsseldorf StV 2011, 80 ff.; einschränkend für den Fall einer Lösung des Amtsgerichts von der Absprache OLG Nürnberg NStZ-RR 2012, 255 f.

Die Kostenentscheidung für die zweite Instanz folgt hier aus § 473 Abs. 3 StPO, wenn der Angeklagte das Rechtsmittel **von vornherein** auf die Frage der Strafaussetzung zur Bewährung beschränkt hatte, denn nur dann hatte seine Berufung in vollem Umfang Erfolg[116].

Wird die Berufung des Angeklagten mit dem Ziel eines Freispruchs uneingeschränkt durchgeführt und hat sie nur teilweise Erfolg, so könnte der Tenor bei ursprünglich zwei angeklagten Taten und erstinstanzlicher Verurteilung in beiden Fällen wie folgt lauten:

893

> Das Urteil des Amtsgerichts Bonn vom 10.01.2018 (2 Ls 325/17) wird unter Verwerfung der weitergehenden Berufung wie folgt abgeändert und neu gefasst:
>
> Der Angeklagte wird wegen vorsätzlicher Körperverletzung in Tateinheit mit Beleidigung zu einer Geldstrafe von 60 Tagessätzen zu je 35 € verurteilt.
>
> Im Übrigen wird er freigesprochen.
>
> Die Kosten des Verfahrens und die darin entstandenen notwendigen Auslagen des Angeklagten beider Instanzen trägt dieser selbst, soweit er verurteilt wurde und im Übrigen die Landeskasse. Die Gebühr für das Berufungsverfahren wird um die Hälfte ermäßigt.
>
> – §§ 185, 223, 52 StGB –

Die Kostenentscheidung stellt sich in diesem Beispiel als eine Kombination aus den §§ 465 Abs. 1, 467 Abs. 1, 473 Abs. 4 StPO dar. Die Kosten können jedoch auch durchgängig oder nach Instanzen gequotelt werden, § 464d StPO. Von dieser Möglichkeit wird in der Praxis allerdings – leider – nur selten Gebrauch gemacht.

c) Berufungsurteil im Fall Lellmann

Die Berufung des Angeklagten Lellmann hatte nur teilweise Erfolg. Das Urteil des Landgerichts hatte daher folgenden Inhalt:

---

116 Vgl. OLG Düsseldorf StV 1988, 71.

5 Ns 234/13 LG Bonn
17 Js 539/13 StA Bonn

Landgericht Bonn Strafkammer
-3. FEB. 2014
Bd. .... Heft .... Anl. ....
Doppel

LANDGERICHT BONN

IM NAMEN DES VOLKES

URTEIL

In der Strafsache

gegen   Hans **Lellmann**
             geboren am 6. Mai 1965 in Bonn,
             wohnhaft: Wagnerstr. 187, 53111 Bonn,

wegen   Körperverletzung u.a.

hat die 5. kleine Strafkammer des Landgerichts Bonn auf die Berufung des Angeklagten gegen das Urteil des Amtsgerichts Bonn - Strafrichter - vom 22. Oktober 2013 (118 Ds 357/13) in der Hauptverhandlung vom 27. Januar 2014, an der teilgenommen haben:

     Vorsitzender Richter am Landgericht Schmücker
     als Vorsitzender,

     Dachdeckermeister Peter Steinacker aus Königswinter,
     Beamter Hans Kasper aus Bonn
     als Schöffen,

Staatsanwältin Schatz
als Beamtin der Staatsanwaltschaft,

Rechtsanwalt Löffelholz in Bonn
als Verteidiger,

Justizsekretärin Mächler
als Urkundsbeamtin der Geschäftsstelle,

für Recht erkannt:

Unter Verwerfung der weitergehenden Berufung wird das Urteil des Amtsgerichts Bonn – Strafrichter – vom 22. Oktober 2013 (118 Ds 357/13) dahingehend abgeändert, dass die Gesamtfreiheitsstrafe auf drei Monate und die Sperrfrist für die Erteilung einer neuen Fahrerlaubnis auf drei Monate reduziert werden.

Die Kosten des Berufungsverfahrens und die dem Angeklagten darin entstandenen notwendigen Auslagen tragen dieser zu 3/4 und zu 1/4 die Landeskasse.

Die Berufungsgebühr wird um 1/4 ermäßigt.

Gründe:

I.

Der Angeklagte ist durch Urteil des Amtsgerichts Bonn - Strafrichter - vom 22. Oktober 2013 (118 Ds 357/13) wegen fahrlässiger Trunkenheit im Verkehr sowie wegen Widerstandes gegen Vollstreckungsbeamte in Tateinheit mit vorsätzlicher Körperverletzung zu einer Gesamtfreiheitstrafe von drei Monaten und zwei Wochen verurteilt worden, deren Vollstreckung zur Bewährung ausgesetzt worden ist.

Gegen diese Entscheidung hat er form- und fristgerecht Berufung eingelegt, die er in der Berufungshauptverhandlung auf den Strafausspruch beschränkt hat. Das Rechtsmittel hat nur teilweise Erfolg.

Kapitel 7 *Die Rechtsmittel im Strafverfahren*

3

II.

Der heute 48 Jahre alte Angeklagte wuchs als drittes Kind im elterlichen Haushalt auf. Sein Vater war bei der städtischen Müllabfuhr beschäftigt, die Mutter Hausfrau. Beide Eltern sind im Jahre 1999 bei einem Verkehrsunfall ums Leben gekommen. Der Angeklagte besuchte nach dem Kindergarten die Grundschule in Bonn-Mehlem. Nachdem er diese problemlos durchlaufen hatte, wechselte er auf die Hauptschule, die er bis zur 9. Klasse besuchte. Nachdem er von zu Hause ausgezogen war und sich mit verschiedenen Gelegenheitsarbeiten wirtschaftlich über Wasser gehalten hatte, fand er im Jahre 1990 eine Anstellung bei dem Abbruchunternehmen Schmitz, wo er seitdem als angelernter Arbeiter tätig ist. Sein derzeitiger Nettoverdienst beläuft sich auf 1.500,- € monatlich.

Der Angeklagte ist ledig, hat allerdings aus einer früheren Verbindung zwei 14 und 19 Jahre alte Kinder, die bei ihrer Mutter leben. Angesichts seiner eigenen Einkommensverhältnisse zahlt er nur sporadisch geringe Unterhaltsbeiträge. Er lebt nach der Trennung von seiner Freundin in einem Bauwagen auf dem Gelände seines Arbeitgebers.

Der Angeklagte ist bereits wiederholt strafrechtlich in Erscheinung getreten:

Das Amtsgericht Bonn erkannte gegen ihn mit Urteil vom 14. Dezember 2009 (118 Ds 239/09) – rechtskräftig seit demselben Tag - wegen Körperverletzung auf eine Geldstrafe von 50 Tagessätzen zu je 20 €. Zum Schuldspruch heißt es in diesem Urteil:

> *„Der Angeklagte wohnte im Jahr 2006 mit seiner Lebensgefährtin, der Zeugin Herta Meier, zusammen. Die Beziehung war von häufigen, meistens durch die Eifersucht des Angeklagten bestimmten Streitereien geprägt. Dem Angeklagten war es nicht recht, dass seine Freundin sich mehrfach mit einem ihr seit der gemeinsamen Schulzeit bekannten Mann getroffen hatte. Am Abend des 16. Juni 2009 kam es daher wiederum zu einer heftigen, zunächst verbal geführte Auseinandersetzung. Nachdem seine Lebensgefährtin die Aufforderung des Angeklagten zurückgewiesen hatte, den Kontakt zu ihrem Bekannten abzubrechen, verlor der Angeklagte die Beherrschung und schlug ihr mehrfach mit der flachen Hand ins Gesicht, wodurch sie Prellungen erlitt. Die Beziehung ist u.a. wegen dieses Vorfalls in die Brüche gegangen."*

4

Am 18. Oktober 2011 verhängte wiederum das Amtsgericht Bonn (118 Ds 387/11) gegen ihn wegen Widerstandes gegen Vollstreckungsbeamte eine Geldstrafe von 70 Tagessätzen zu je 20 €. Dem seit dem 25. Oktober 2011 rechtskräftigen Urteil lagen folgende Feststellungen zugrunde:

> „Der Angeklagte geriet nach erheblichem Alkoholgenuss anlässlich einer Gartenfeier am 14. Mai 2011 mit seinen Gastgebern, den Zeugen Erwin und Monika Bruchhagen, und anderen Gästen in Streit geraten. Eine später bei ihm entnommene Blutprobe hatte einen Blutalkoholgehalt von 1,4 Promille ergeben. Nachdem die Polizei hinzugerufen worden war, beschimpfte er die eingesetzten Beamten u.a. als „Schweine" und „Wichser". Seiner Ingewahrsamnahme versuchte er sich dadurch zu widersetzen, dass er nach den Polizeibeamten schlug."

III.

Aufgrund der wirksamen Beschränkung des Rechtsmittels auf die Überprüfung des Rechtsfolgenausspruchs sind die vom Amtsgericht zum Tatgeschehen getroffenen Feststellungen in Rechtskraft erwachsen. Insoweit wird zur Vermeidung von Wiederholungen auf die Gründe des angefochtenen Urteils Bezug genommen.

IV.

1. Bei der Strafzumessung hat die Kammer sich von folgenden Überlegungen leiten lassen:

Gemäß § 223 Abs. 1 StGB wird die vorsätzliche Körperverletzung mit Freiheitsstrafe bis zu fünf Jahren oder Geldstrafe bestraft. Die Vorschrift droht gegenüber § 113 Abs. 1 StGB, der lediglich Freiheitsstrafe bis zu zwei Jahren oder Geldstrafe vorsieht, die schwerere Strafe an und ist somit gem. § 52 Abs. 2 StGB bezüglich des Geschehens zum Nachteil der Polizeibeamten zugrundezulegen. Die fahrlässige Trunkenheit im Verkehr ist gem. § 316 Abs. 1, 2 StGB mit Freiheitsstrafe bis zu einem Jahr oder mit Geldstrafe zu ahnden.

Die Kammer sieht – wie auch das Amtsgericht - keine Veranlassung, die genannten Strafrahmen gem. §§ 21, 49 StGB zu Gunsten des Angeklagten zu mildern. Die am Tattag gegen 23.50 Uhr entnommene Blutprobe hat eine Blutalkoholkonzentration von 1,05 Promille ergeben. Bei der - im Rahmen einer Schuldfähigkeitsprüfung - gebotenen Rückrechnung mit einem stündlichen Abbauwert von 0,2 Promille ergibt sich bei Berücksichtigung eines einmaligen Sicherheitszuschlages von 0,2 Promille für den Tatzeitpunkt (22.00 Uhr) eine maximale Blutalkoholkonzentration von 1,65 Promille. Dieser Wert liegt deutlich unterhalb der Grenze, bei deren Überschreiten nach gefestigter Rechtsprechung die Voraussetzungen des § 21 StGB zu prüfen sind.

Dem Angeklagten ist allerdings allgemein zugutezuhalten, dass er durch die Beschränkung des Rechtsmittels den Schuldspruch des Amtsgerichts akzeptiert und das Tatunrecht offenbar eingesehen hat. Dieser Umstand ist bei Strafzumessung wie ein - nunmehr umfassendes - Geständnis zu behandeln.

a) Im Hinblick auf die Widerstandsleistung gegenüber den Polizeibeamten und die Körperverletzung zum Nachteil der Zeugin Rossel ist zu Gunsten des Angeklagten eine gewisse Frustration zu berücksichtigen, denn er hatte durch das Anhaltemanöver sein eigenes Fahrzeug nicht unerheblich beschädigt. Diesem Ärger hat er offenbar spontan Luft machen wollen. Auch ist die Verletzung der Beamtin nicht als besonders schwerwiegend anzusehen und mittlerweile vollständig verheilt.

Auf der anderen Seite fällt aber erheblich ins Gewicht, dass der Angeklagte tateinheitlich zwei Straftatbestände verwirklicht hat, wobei er bereits durch ein ähnlich gelagertes Delikt in Erscheinung getreten war. Das Geschehen, das der Vorverurteilung zugrunde lag, belegt, dass der Angeklagte - insbesondere nach Alkoholgenuss - zu erheblichen Aggressionen neigt und dabei vor der körperlichen Integrität anderer Personen keinen Respekt zeigt. Wie das Amtsgericht ist die Kammer daher zu der Überzeugung gelangt, dass ein solches Verhalten nunmehr mit einer Freiheitsstrafe zu ahnden ist, denn die zuvor verhängte Geldstrafe hat offensichtlich nicht gefruchtet.

Da der Angeklagte das Unrecht seines Verhaltens akzeptiert hat, erscheint die Verhängung einer Freiheitsstrafe von

zwei Monaten und zwei Wochen

erforderlich und ausreichend, um ihn von der Begehung weiterer Straftaten abzuhalten.

b) Bezüglich der Trunkenheitsfahrt ist zugunsten des Angeklagten zu berücksichtigen, dass diese nicht von langer Dauer war und er sich bislang in verkehrsrechtlicher Hinsicht – soweit ersichtlich – nichts hat zuschulden kommen lassen. Allerdings erscheint im Hinblick auf das offenbar bei dem Angeklagten vorhandene Alkoholproblem eine Reduzierung der Strafe nicht angezeigt. Die Kammer verhängt daher insoweit eine Geldstrafe von

30 Tagessätzen zu je 40 Euro.

Die Höhe des einzelnen Tagessatzes bemisst sich gem. § 40 StGB auf 40 Euro, da der Angeklagte über ein monatliches Nettoeinkommen von 1.500 Euro verfügt, die ihm annähernd in voller Höhe verbleiben. Seinen Unterhaltspflichten kommt er nach eigenem Bekunden allenfalls sporadisch nach.

2. Gemäß §§ 53, 54 StGB ist aus beiden Strafen eine Gesamtfreiheitsstrafe zu bilden. Von der Möglichkeit, die Einzelgeldstrafe selbstständig neben der Freiheitsstrafe bestehen zu lassen (§ 53 Abs. 2 S. 2 Alt. 1 StGB) macht die Kammer keinen Gebrauch. Unter zusammenfassender Würdigung der oben aufgeführten, für und gegen den Angeklagten sprechenden Umstände, insbesondere unter Berücksichtigung des engen zeitlichen und räumlichen Zusammenhangs der Straftaten, ist die Einsatzstrafe von zwei Monaten und zwei Wochen maßvoll zu erhöhen. Insgesamt erscheint die Verhängung einer Gesamtfreiheitsstrafe von

drei Monaten

erforderlich, aber auch ausreichend, um dem Angeklagten das Unrecht seiner Taten vor Augen zu führen und ihn in Zukunft von weiteren Straftaten abzuhalten. Die Vollstreckung der Freiheitsstrafe ist zur Bewährung auszusetzen.

4. Unter den Voraussetzungen der §§ 69, 69 a StGB hat es bei den vom Amtsgericht angeordneten Führerscheinmaßregeln zu bleiben. Angesichts der seit der erstinstanzlichen Hauptverhandlung verstrichenen Zeit hält die Kammer allerdings die Mindestfrist des § 69 a Abs. 4 S. 2 StGB von drei Monaten für die Erteilung einer neuen Fahrerlaubnis für ausreichend.

V.

Die Entscheidung über die Kosten folgt aus § 473 Abs. 4 StPO. Das Urteil beruht nicht auf einer Verständigung im Sinne von § 257 c StPO.

Schmücker
Vorsitzender Richter am Landgericht

Kapitel 7 *Die Rechtsmittel im Strafverfahren*

E. Die Revision

895 Die Revision unterscheidet sich von der Berufung grundlegend durch den **eingeschränkten Prüfungsumfang**. Gem. § 337 StPO kann sie nur auf eine **Verletzung des Gesetzes** gestützt werden. Das Revisionsgericht hat also zu überprüfen, ob
- die Prozessvoraussetzungen gegeben sind (also z.B. ein erforderlicher Strafantrag, eine wirksame Anklage und ein Eröffnungsbeschluss vorliegen),
- die angefochtene Entscheidung in verfahrensrechtlich einwandfreier Weise zustande gekommen ist,
- das schriftliche Urteil den formalen Anforderungen genügt und
- mit den maßgeblichen materiellen Rechtsnormen im Einklang steht, also etwa die Vorschriften des StGB auf den Sachverhalt richtig angewandt wurden.

Ziele des Revisionsverfahrens sind die Sicherung der Rechtseinheit, die Fortbildung des Rechts und die Wahrung der Gerechtigkeit im Einzelfall[117]. Dem erstgenannten Zweck dienen etwa die Vorlegungspflichten aus den §§ 122 Abs. 2, 132 Abs. 2 GVG. Die Fortbildung des Rechts erfolgt durch die Aufstellung von Grundsätzen bei der Auslegung und Anwendung von Rechtssätzen (vgl. § 132 Abs. 4 GVG).

896 Mit der Ausgestaltung der Revision als **reine Rechtsprüfung** scheiden eigene Feststellungen des Revisionsgerichts zur Schuld- und Rechtsfolgenfrage aus. Eine weitere Beweisaufnahme findet nicht statt. Das Revisionsgericht hat vielmehr die vom Tatrichter getroffenen Feststellungen mitsamt der Beweiswürdigung regelmäßig hinzunehmen. Der in zahllosen Revisionsentscheidungen zitierte Satz, die Tatsachenfeststellung und die Beweiswürdigung seien „die ureigenste Aufgabe des Tatrichters" und damit der revisionsrechtlichen Überprüfung entzogen, beinhaltet gleichwohl nur die halbe Wahrheit. Denn maßgebliche **Rechtsfehler** können sich auf allen Ebenen eines tatrichterlichen Urteils einschleichen. Die Überprüfung der angefochtenen Entscheidung auf Lücken und Unvollständigkeiten bietet daher faktisch sehr wohl die Möglichkeit eines umfassenden revisionsgerichtlichen Eingriffs.

897 Die Revision ist in der Praxis also deshalb von besonderem Interesse, weil mit ihr die Ordnungsgemäßheit des Verfahrens vor dem erkennenden Gericht, insbesondere der Hauptverhandlung und der Urteilsfindung, auf den Prüfstand gestellt wird. Alle Beteiligten müssen ihre **Verhandlungsstrategie** folglich auch aus revisionsrechtlicher Sicht betrachten. Immerhin werden im bundesweiten Durchschnitt etwa 20 % der angefochtenen Urteile vom BGH aufgehoben oder abgeändert. Noch nicht erfasst sind dabei die Fälle, in denen vorhandene Rechtsfehler den Rechtsmittelführer nicht beschweren, was dann trotz Fehlern des Tatrichters zur Verwerfung der Revision führt.

Wohl weil das Revisionsrecht angesichts seiner Besonderheiten gewissermaßen eine „eigene Welt" darstellt, begegnen ihm Studenten, Referendare und Praktiker – zu Unrecht (wie Sie sehen werden) – mit großer Ehrfurcht. Wir wollen uns der Revision aber auch deshalb intensiver zuwenden, weil sie regelmäßig Gegenstand strafprozessualer Klausuren in der zweiten juristischen Staatsprüfung ist.

---

117 Lesen Sie etwa grundlegend: *Rieß,* Festschrift für *Hanack,* 397 ff., 419.

Die Revision E

I. Zulässigkeitsvoraussetzungen der Revision

Hierzu folgender **Beispielsfall:** 898

> Der Angeklagte ist am 22.12.2017 in seiner Anwesenheit vom Amtsgericht Bonn wegen vorsätzlicher Körperverletzung zu einer Geldstrafe von 30 Tagessätzen zu je 50 € verurteilt worden. Am 29.12.2017 ist beim Amtsgericht Bonn ein Schreiben des Angeklagten eingegangen, in welchem es heißt:
> „Dieses Schandurteil werde ich nicht hinnehmen; ich lege hiermit Revision ein und gehe notfalls bis zum Bundesverfassungsgericht!"
> Am 29.01.2018 ist er bei seinem Verteidiger erschienen, um von diesem sein Rechtsmittel gegen das ihm am 24.01.2018 zugestellte Urteil begründen zu lassen.

Der Verteidiger wird die Prüfung des Rechtsmittels entsprechend den Zulässigkeitsvoraussetzungen in folgenden Schritten vornehmen[118]: 899
– Statthaftigkeit des Rechtsmittels, §§ 333, 335 StPO;
– Einlegungsberechtigung des Rechtsmittelführers, §§ 296, 401, 390 StPO;
– Beschwer;
– Ordnungsgemäßheit der Einlegung, § 341 StPO;
– formgerechte Begründung, §§ 344, 345 StPO.

1. Statthaftigkeit

Gemäß **§ 333 StPO** muss die Revision sich beziehen auf ein
– Urteil der Strafkammer,
– Urteil des „Schwurgerichts" oder
– ein erstinstanzliches Urteil des OLG.

> Diese Voraussetzungen sind in dem Beispielsfall nicht erfüllt.

Nach **§ 335 Abs. 1 StPO** kann aber auch ein Urteil, gegen das die Berufung zulässig 900
ist, an deren Stelle mit der sog. „**Sprungrevision**" angefochten werden. Hier wird eine Instanz, nämlich das Berufungsgericht, „übersprungen". Sinn ist eine Vereinfachung des Rechtsmittelverfahrens in den Fällen, in denen es nur auf die Klärung von Rechtsfragen ankommen soll.

Allerdings ist nach § 335 **Abs. 3** StPO die Sprungrevision nicht statthaft, wenn ein anderer Beteiligter Berufung eingelegt hat und diese nicht zurückgenommen oder als unzulässig verworfen wurde. Das Rechtsmittel ist dann insgesamt als Berufung durchzuführen. So soll die parallele Durchführung von Rechtsmittelverfahren hinsichtlich desselben Urteils vor verschiedenen Gerichten vermieden werden[119]. Das

---

118 Ein detaillierteres Prüfungsschema, das wir auch im Rahmen der Anfertigung strafprozessualer Klausuren empfehlen, finden Sie unter Rn. 920.
119 Wird die neben einer Sprungrevision eingelegte Berufung zurückgenommen oder als unzulässig verworfen, so lebt die Revision wieder auf; über sie hat dann (bei form- und fristgerechter Einlegung) das Revisionsgericht zu befinden, vgl. OLG Bamberg NStZ 2006, 591.

Kapitel 7 *Die Rechtsmittel im Strafverfahren*

beschwert den Revisionsführer letztlich nicht, da ihm nach dem Berufungsurteil das Rechtsmittel der Revision noch offensteht, vgl. § 335 Abs. 3 S. 3 StPO.

901 Hinsichtlich der Statthaftigkeit einer Sprungrevision ist also Folgendes zu prüfen:
- Ist grundsätzlich eine Berufung zulässig, handelt es sich also um ein Urteil des Strafrichters oder des Schöffengerichts, 312 StPO?
- Hat ein anderer Verfahrensbeteiligter Berufung eingelegt und ist diese weder zurückgenommen noch als unzulässig verworfen worden?

Als problematisch kann sich bei der Frage nach einer Zulässigkeit der Berufung die Vorschrift des § 313 Abs. 1 und 2 StPO erweisen. Danach setzt sie in Bagatellsachen (vgl. insoweit den Katalog des § 313 Abs. 1 StPO) die **Annahme** des Rechtsmittels durch das Berufungsgericht voraus. Ob auch das Revisionsgericht bei einer Sprungrevision die „offensichtliche Unbegründetheit" i.S.d. § 313 Abs. 2 StPO zu prüfen hat, ist vom Gesetzgeber offenbar nicht bedacht worden und wird von der Rechtsprechung verneint[120].

902 Auch bei der Prüfung des § 335 Abs. 3 StPO kann sich die Regelung des § 313 StPO als tückisch erweisen. So kann die Situation eintreten, dass mehrere Verfahrensbeteiligte – z.B. Staatsanwaltschaft und Nebenkläger – ein Urteil mit gleicher Zielrichtung anfechten wollen, der eine aber die (Annahme-)Berufung und der andere die Sprungrevision wählt. Wird die Berufung angenommen, so ergeben sich keine Probleme, da § 335 Abs. 3 StPO seine Sperrwirkung hinsichtlich der Revision entfaltet. Gesetzlich nicht geklärt ist aber, was geschehen soll, wenn das Berufungsgericht die Annahme der Berufung nach §§ 313 Abs. 2, 322a StPO verweigert. Auch hier wird zwar die Berufung „als unzulässig verworfen", die gleichlautende Formulierung in § 335 Abs. 3 StPO bezieht sich jedoch nur auf die Verwerfung nach § 322 Abs. 1 StPO[121]. Bei gleichgerichteten Rechtsmitteln ist daher auch die Sprungrevision als (Annahme-)Berufung zu behandeln, wenn man nicht die Ablehnung der Berufungsannahme in den Begriff der „Verwerfung" i.S.d. § 335 Abs. 3 StPO einbeziehen will. Diese Rechtsfragen sind ebenso streitig wie die Frage, wie bei Rechtsmittelgegnern zu verfahren wäre[122]. Dieses Beispiel zeigt sehr schön, wie unbedachte gesetzgeberische Umtriebigkeit statt der angestrebten Entlastung der Justiz das Gegenteil erreichen kann.

> Eine Überprüfung in diesem Sinne ergibt für unseren Fall jedenfalls, dass die Einlegung einer Sprungrevision statthaft ist.

---

120 Vgl. OLG Celle 31 Ss 20/08; KG (3) 1 Ss 90/09 (39/09); OLG Düsseldorf JMBl. NW 1998, 294 m.w.N.; OLG Karlsruhe NStZ 1995, 562 m.w.N.; BayObLG NJW 1995, 2646; OLG Zweibrücken MDR 1994, 502; so wohl auch BGHSt 40, 397.
121 **Streitig**, vgl. *Meyer-Goßner*, § 335 Rn. 21 f.
122 Siehe die Lösungsversuche bei OLG Karlsruhe NStZ 1995, 562 f. m.w.N.; *Hartwig* NStZ 1997, 111 ff.; *Meyer-Goßner* NJW 2003, 1369 f. und NStZ 1998, 19 ff.

2. Allgemeine Zulässigkeitsvoraussetzungen

Der Rechtsmittelführer muss zur Einlegung der Revision berechtigt und durch die 903
angefochtene Entscheidung beschwert sein. Er darf über das Rechtsmittel nicht bereits im Wege eines Verzichts oder der Rücknahme disponiert haben. Insoweit verweisen wir auf die Ausführungen unter Rn. 846 ff.

3. Ordnungsgemäßheit der Einlegung

Die Überprüfung der Rechtsmitteleinlegung ist wie bei allen Rechtsmitteln zu untergliedern:

a) Adressat

Auch die Revision ist gem. § 341 Abs. 1 StPO beim Ausgangsgericht, dem judex a quo, einzulegen. Eine wichtige Ausnahme enthält § 299 StPO für den inhaftierten Angeklagten. Dieser kann das Rechtsmittel zu Protokoll der Geschäftsstelle des Amtsgerichts erklären, in dessen Bezirk sich sein Aufenthaltsort befindet. Nach § 299 Abs. 2 StPO wirkt die rechtzeitige Protokollierung sogar unabhängig vom tatsächlichen Eingang bei dem zuständigen Gericht fristwahrend.

b) Form

Die Revision kann nur schriftlich oder – innerhalb der normalen Dienststunden und 904
im Rahmen des normalen Geschäftsbetriebes[123] – zu Protokoll der Geschäftsstelle eingelegt werden, § 341 Abs. 1 StPO. Im letzteren Fall ist gem. § 24 Abs. 1 Nr. 1b RPflG der Rechtspfleger funktionell zuständig.

Die Einhaltung der Schriftform setzt nicht zwingend die Unterzeichnung durch den Rechtsmittelführer voraus, wenn zweifelsfrei feststeht, dass die Einlegung der Revision seinem Willen entspricht[124]. Bleibt zweifelhaft, ob eine Rechtsmittelschrift **überhaupt** bei Gericht eingegangen ist, wirkt sich dies indes zu Lasten des Rechtsmittelführers aus[125].

c) Frist

Die Einlegung der Revision hat innerhalb **einer Woche ab Verkündung**[126] des Urteils 905
(§ 341 Abs. 1 StPO) oder – falls diese ausnahmsweise in Abwesenheit des Angeklagten stattgefunden hat – innerhalb einer Woche ab Zustellung zu erfolgen, § 341 Abs. 2

---

[123] Siehe BGH NStZ 2009, 585 f.
[124] Vgl. OLG Nürnberg NStZ-RR 2008, 316 f. für den gleich zu beurteilenden Fall der Berufungseinlegung.
[125] BGH NStZ 1999, 372 f.
[126] Vgl. zum Begriff der „Verkündung" § 268 Abs. 2 S. 1 StPO.

Kapitel 7 *Die Rechtsmittel im Strafverfahren*

StPO[127]. Die Berechnung der Frist erfolgt ausschließlich nach § 43 StPO[128]. Das genaue Fristende ist 24.00 Uhr des jeweiligen Tages, die Rechtsmittelschrift kann also auch noch fristwahrend um 23.59 Uhr in den Nachtbriefkasten des Gerichts geworfen werden[129].

4. Ordnungsgemäße Begründung der Revision

906 Während die Durchführung der Berufung keine Begründung des Rechtsmittels erfordert (vgl. § 317 StPO), enthalten die §§ 344 und 345 StPO für die Revision im Rahmen der Zulässigkeitsprüfung zu beachtende Begründungsvorschriften. Danach sind erforderlich:

– Ein **Antrag**, dem zu entnehmen ist, inwieweit das Urteil angefochten und eine Aufhebung gewollt ist, § 344 Abs. 1 StPO. Allerdings ist dessen Fehlen in der Regel unschädlich. Entweder kann das Ziel des Rechtsmittels im Wege einer **Auslegung** der Revisionsschrift entnommen werden[130] oder es ist aus Gründen des effizienten Rechtsschutzes (Argument aus § 300 StPO) – jedenfalls bei einer Revision des Angeklagten – im Zweifel von einer Anfechtung des Urteils im gesamten Umfang auszugehen (sog. „Meistbegünstigung")[131].

907 – Die **eigentliche Begründung**, vgl. § 344 Abs. 1 a.E. StPO („und die Anträge zu begründen") sowie § 344 Abs. 2 StPO.

Hier ist anzugeben, ob die Revisionsrügen sich beziehen auf eine **Verletzung**

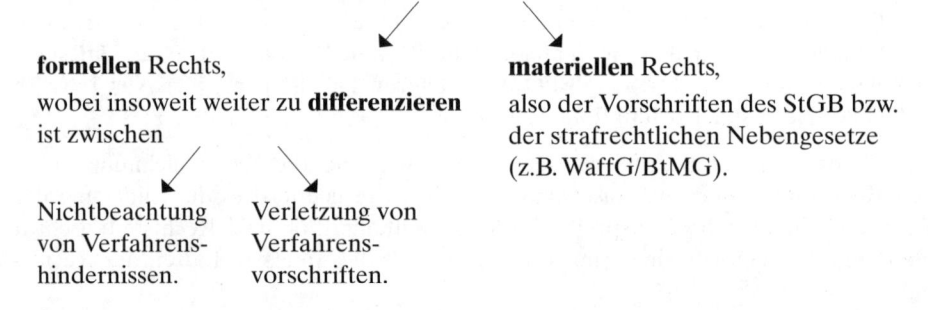

formellen Rechts,
wobei insoweit weiter zu **differenzieren** ist zwischen

Nichtbeachtung von Verfahrenshindernissen.

Verletzung von Verfahrensvorschriften.

materiellen Rechts,
also der Vorschriften des StGB bzw. der strafrechtlichen Nebengesetze (z.B. WaffG/BtMG).

Ist die Revision nicht ordnungsgemäß begründet worden, fehlt es also bereits an einer formgerechten Verfahrens- und an der Sachrüge, so ist das Rechtsmittel ohne jedwede inhaltliche Überprüfung als unzulässig zu verwerfen[132]. In diesem Fall ist dann

---

127 Soweit der Angeklagte in den in § 341 Abs. 2 StPO genannten Sonderfällen durch einen bevollmächtigten Verteidiger in zulässiger Weise vertreten wurde, beginnt die Frist allerdings trotz Abwesenheit des Angeklagten mit der Verkündung des Urteils.
128 Vgl. BGH 2 StR 310/10, zur Fristberechnung siehe auch BGHSt 26, 241.
129 Vgl. BVerfGE 42, 128. Bei einer Rechtsmitteleinlegung per **Fax** müssen bis 24:00 Uhr des letzten Tages der Frist die gesendeten Signale vollständig beim Empfangsgerät eingegangen sein, vgl. BGH NJW 2007, 2045.
130 Vgl. BGH 2 StR 47/17 Tz. 6; 4 StR 481/16 Tz. 9; 2 StR 478/15 Tz. 5 sowie BGH NStZ-RR 2009, 182; 3 StR 370/08, wonach für die Revision des **Nebenklägers** allerdings höhere Anforderungen gelten sollen.
131 Vgl. BGH NStZ 1990, 96. Für Rechtsmittel der Staatsanwaltschaft kann etwas Anderes gelten, vgl. Nr. 156 RiStBV, BGH 2 StR 47/17 Tz. 6; 1 StR 420/08; 383/08 sowie BGH NJW 2003, 838.
132 BGH 1 StR 527/13 Tz. 9; NJW 2007, 3011 m.w.N.

– mangels Ausschöpfung des Rechtswegs – auch eine Verfassungsbeschwerde gegen das Urteil ausgeschlossen[133].

a) Anforderungen an die Verfahrensrüge

Ist das Rechtsmittel ordnungsgemäß begründet worden, so werden Prozessvoraussetzungen und Verfahrenshindernisse von Amts wegen geprüft, einer Rüge bedarf es insoweit nicht. Dies betrifft z.B. die Frage, ob ein Strafantrag vorliegt oder ob ein Delikt verjährt ist[134]. 908

Wird das Rechtsmittel auf die Verletzung von **Verfahrensvorschriften** gestützt (also solche Bestimmungen, die den Weg zum Urteil vorschreiben, z.B. § 244 Abs. 3 StPO), so gelten für die Begründung **strenge Formerfordernisse**. Die allgemeine Behauptung eines Mangels genügt nicht. Aus **§ 344 Abs. 2 S. 2 StPO** wird vielmehr (verfassungsrechtlich unbedenklich[135]) gefolgert, dass eine hinreichende **Substantiierung** vorzunehmen ist. Das bedeutet:

– Der Revisionsführer muss einen **bestimmten Verfahrensmangel** behaupten und präzise bezeichnen. Kommen nach seinem Vorbringen mehrere Verfahrensmängel in Betracht, so muss er innerhalb der Revisionsbegründungsfrist deutlich machen, welcher konkrete Verstoß geltend gemacht wird. Bleibt dies unklar, so ist die Revision mangels hinreichender Ausführungen insoweit unzulässig[136].

– Eine **Bezugnahme** oder Verweisung auf Anlagen/Akten/Sitzungsprotokolle oder die Ausführungen anderer Verfahrensbeteiligter ist **nicht zulässig**. Fundstellen müssen vielmehr dem Wortlaut oder Inhalt nach wiedergegeben werden[137]. 909

– Die bemängelten Tatsachen müssen **bestimmt behauptet**, d.h. ein Verfahrensverstoß darf nicht nur als möglich bezeichnet werden. Ebenso wenig genügt die Äußerung von Vermutungen oder bloßen Zweifeln an der Ordnungsgemäßheit des Verfahrens[138].

> **Beispiel:** Die Rüge „Das Gericht war möglicherweise nicht ordnungsgemäß besetzt" wäre unzulässig.

– Die den Mangel begründenden **Tatsachen** müssen **konkret** angegeben werden (soweit sie dem Beschwerdeführer zugänglich sind).

> **Beispiel:** Der Angeklagte will rügen, dass sein als Zeuge vernommener Sohn nicht ordnungsgemäß nach § 52 Abs. 3 S. 1 StPO belehrt und so zu einer belastenden Aussage verleitet worden sei. 910
>
> Dafür genügt nicht die allgemeine Behauptung „Ein Zeuge wurde nicht richtig belehrt". Vielmehr müsste es z.B. heißen: „Der Zeuge XY ist nicht ordnungsgemäß belehrt wor-

---

133 Vgl. BVerfG NJW 1987, 1874 f.
134 Siehe BGH 2 StR 469/10. Mehr zu den Verfahrenshindernissen erfahren Sie unten unter Rn. 936 ff.
135 BVerfG NJW 2005, 1999 ff.
136 BGH 4 StR 421/15; 3 StR 516/14 Tz. 12 m.w.N.; 3 StR 210/13 Tz. 10; 2 StR 34/13; NStZ 1999, 94.
137 Vgl. BGH 3 StR 167/14 Tz. 12.
138 BGH 1 StR 75/14 Tz. 65; 4 StR 135/13 Tz. 10; 4 StR 190/13; NJW 2001, 2558.

Kapitel 7 *Die Rechtsmittel im Strafverfahren*

> den. Das Sitzungsprotokoll vom ..., Bl. ... d.A., weist keinerlei Belehrung aus. Der Zeuge ist also auf seine Rechte aus § 52 StPO nicht hingewiesen worden. Wäre dies geschehen, so hätte er, da er mit dem Angeklagten in gerader Linie verwandt ist, das Zeugnis verweigert. Er hat jedoch in Unkenntnis seiner Rechte den Angeklagten belastet und so zu der Verurteilung beigetragen. Er hat nämlich erklärt... Unter anderem auf diese Aussage hat das Gericht die Verurteilung gestützt. Im Urteil, Bl. ... d.A., heißt es hierzu nämlich ..."

Der Umfang der Darlegungslast richtet sich nach der Art des gerügten Verfahrensverstoßes[139], so dass es beispielsweise bei der Rüge der fehlerhaften Ablehnung eines Beweisantrages genügt, den Antrag und den Ablehnungsbeschluss wiederzugeben sowie die Tatsachen zu benennen, aus denen sich die Fehlerhaftigkeit des Beschlusses ergeben soll[140]. Wird dagegen die sog. Aufklärungsrüge erhoben – also ein Verstoß gegen § 244 Abs. 2 StPO geltend gemacht –, so ist darzulegen, welche Ermittlung das Gericht unterlassen hat, welches konkrete Beweismittel sich zur Sachverhaltsaufklärung hätte aufdrängen müssen und welches für die Entscheidungsfindung relevante Beweisergebnis zu erwarten gewesen wäre[141].

911 – Der Tatsachenvortrag muss in sich **schlüssig und widerspruchsfrei** sein. Nur dann hat das Revisionsgericht zu prüfen, ob die behaupteten Tatsachen auch erwiesen sind[142].

– Der Revisionsführer muss zudem **vollständig und wahrheitsgemäß** vortragen. Er darf keine zur Beurteilung der Begründetheit wesentlichen Umstände – selbst wenn sie dem Erfolg der Rüge möglicherweise entgegenstehen („rügevernichtende" Tatsachen)[143] – verschweigen, denn auch ein irreführender Sachvortrag macht die diesbezügliche Verfahrensrüge unzulässig[144]. Bei der Rüge einer Verletzung des Beweisantragsrechts muss der Rechtsmittelführer also nicht nur den Beweisantrag und den Ablehnungsbeschluss, sondern auch alle sonstigen damit zusammenhängenden Verfahrenstatsachen mitteilen (z.B. dass der Antrag mehrfach gestellt und abgelehnt wurde)[145]. Auch jenseits des Revisionsverfahrens können – dies sei am Rande erwähnt – bewusst unwahre Behauptungen dazu führen, dass Rechtsbehelfe wegen missbräuchlicher Inanspruchnahme für unzulässig erklärt werden[146].

912 – Im Einzelfall kann sich eine Revisionsrüge auch wegen **Verwirkung** als unstatthaft erweisen, weil ihr **widersprüchliches Prozessverhalten** zu Grunde liegt. Solches verdient keinen Rechtsschutz. Daher scheidet etwa eine Besetzungsrüge nach § 338 Nr. 1 StPO aus, wenn der Rechtsmittelführer in der Revision gerade die Gerichtsbesetzung beanstanden will, die er im Rahmen des Besetzungseinwands nach

---

139 Siehe hierzu etwa *Cirener* NStZ-RR 2016, 97 ff.
140 Vgl. BGH 5 StR 300/10; NStZ 1999, 145 f.
141 St. Rspr., vgl. BGH 4 StR 202/17 Tz. 5 ff.; 5 StR 46/17 Tz. 31; 4 StR 614/16 Tz. 3; 4 StR 234/14 Tz. 18. Siehe auch unten Rn. 1049 f.
142 BGH 3 StR 308/14; 1 StR 75/14 Tz. 67; 1 StR 157/10; 1 StR 607/07.
143 BGH 1 StR 234/13 Tz. 11; 4 StR 234/13.
144 BGH 4 StR 332/15; 5 StR 388/15; 1 StR 12/15 Tz. 3; 5 StR 312/10; NStZ-RR 2008, 85.
145 Vgl. BGH 1 StR 647/11.
146 Siehe EGMR NJW 2016, 143 ff.

§§ 222a, 222b StPO in der Hauptverhandlung ausdrücklich gewünscht hat. Auch ist der Verteidiger gehalten, erkennbaren Missverständnissen des Gerichts über den Inhalt eines unklaren Beweisantrages entgegen zu treten, wenn er dessen Ablehnung später mit der Revision rügen will[147].

– Unzulässig sind schließlich auch sog. „**Protokollrügen**", also die bloße Behauptung, das Sitzungsprotokoll sei unvollständig oder unzutreffend[148]. Denn es kommt nicht darauf an, was im Protokoll niedergelegt ist, sondern welche Verfahrensschritte als gesetzwidrig gerügt werden sollen. Eine Ausnahme gilt nur für die Rüge, der Inhalt tatsächlich geführter Verständigungsgespräche i.S.d. § 243 Abs. 4 StPO sei nicht protokolliert worden. Denn dies führt i.d.R. zu einem eigenständigen Revisionsgrund[149].

Diese **strengen formalen Anforderungen** dienen der Entlastung des Revisionsgerichts, da so nicht von Amts wegen das gesamte Verfahren auf mögliche Verstöße gegen prozessuale Vorschriften überprüft werden muss[150]. Das Revisionsgericht muss allein aufgrund der Revisionsbegründung – deren Richtigkeit unterstellt – in die Lage versetzt werden, Verfahrensfehler ohne Rückgriff auf die Akten zu überprüfen. Das löst je nach gerügtem Verstoß unterschiedliche Darlegungspflichten aus[151].

913

Genügt der Revisionsvortrag nicht den genannten Anforderungen, so rechtfertigt dies regelmäßig auch nicht eine spätere Wiedereinsetzung in den vorigen Stand. Diese dient nämlich nicht der Beseitigung von Zulässigkeitsmängeln bei fristgemäß erhobenen Verfahrensrügen oder überhaupt einer Ergänzung des Vorbringens[152].

b) Beweis von Verfahrensmängeln

Da auch die Revisionsgerichte der materiellen Wahrheit verpflichtet sind, müssen geltend gemachte Verfahrensverstöße bewiesen sein, wenn sie zur Aufhebung eines Urteils führen sollen. Andererseits ist es nicht Aufgabe des Revisionsgerichts, das tatgerichtliche Verfahren zu rekonstruieren. § 274 S. 1 StPO bestimmt daher, dass die (Nicht-)Beachtung der für die Hauptverhandlung vorgeschriebenen Förmlichkeiten nur durch das Sitzungsprotokoll bewiesen werden kann. Unklare Formulierungen sind dabei der Auslegung zugänglich[153]. Voraussetzungen und Umfang der Beweiskraft sowie die Möglichkeiten einer Protokollberichtigung durch den Tatrichter einschließlich des Problems der sog. „Rügeverkümmerung" wurden bereits dargestellt[154].

914

---

147 Vgl. BGH 3 StR 335/16 Tz. 21; 1 StR 264/13 Tz. 11 (Antrag auf Vorspielen eines abgehörten Gespräches); 5 StR 612/12 Tz. 16 (Antrag auf Ausschluss der Öffentlichkeit); NStZ 2008, 475 f. (Besetzungseinwand); 5 StR 404/08 (Absprachen mit nach dem Rügevorbringen unzuständigen Tatrichter) sowie NStZ 2008, 300, 382 (missverstandene Anträge).
148 BGH 1 StR 12/15 Tz. 6; 3 StR 210/13 Tz. 10 ff.; 1 StR 688/13; 4 StR 111/11; 1 StR 359/10.
149 **Streitig**, vgl. BGH 4 StR 272/13; 2 StR 195/12 (bejahend); 3 StR 210/13 Tz. 17 (verneinend).
150 So auch schon Goethe: „Allein der Vortrag macht des Redners Glück"; Faust I, Vers 546.
151 St. Rspr., vgl. BGH 3 StR 145/17; 1 StR 236/15 Tz. 16; 1 StR 182/14 Tz. 14; 3 StR 167/14 Tz. 12 f.; 3 StR 140/14 Tz. 13. Siehe auch *Cirener* NStZ-RR 2016, 33 ff.
152 Vgl. BGH 1 StR 196/14 Tz. 12; 4 StR 121/13; 1 StR 301/12.
153 BGH 1 StR 213/10 Tz. 30.
154 Siehe oben Rn. 408 ff.

Kapitel 7 *Die Rechtsmittel im Strafverfahren*

915 Die förmliche Beweiskraft des Hauptverhandlungsprotokolls darf allerdings nicht dazu führen, dass sich der Rechtsmittelführer auf einen dokumentierten – fehlerhaften – Verfahrensablauf beruft, obwohl dieser sich tatsächlich anders ereignet hat. Erfolgt eine solche sog. „unwahre Protokollrüge" – was offenbar nicht selten vorkommt[155] – in Kenntnis des wahren Sachverhalts, so stellt sich naturgemäß die Frage, ob die positive Beweiskraft des Protokolls das Revisionsgericht dazu zwingen kann, der materiellen Wahrheit zuwider ein tatrichterliches Urteil aufzuheben. Schon im Hinblick auf den Beschleunigungsgrundsatz und Opferschutzinteressen wäre dies fatal. Der BGH hält daher ein solches Vorgehen zutreffend für rechtsmissbräuchlich und eine entsprechende Verfahrensrüge für unzulässig. Dies gilt selbst dann, wenn der Rechtsmittelführer von der Unwahrheit seines Vortrags erst später Kenntnis erlangt, seine Rüge aber gleichwohl aufrechterhält[156].

916 Handelt es sich bei den gerügten Vorgängen nicht um protokollpflichtige Förmlichkeiten, so kann das Vorbringen durch den sonstigen Akteninhalt belegt sein. Wird der Tatsachenvortrag vom Akteninhalt weder bestätigt noch widerlegt, so kann es für die Prüfung im **Freibeweisverfahren** darauf ankommen, ob er unwidersprochen geblieben ist oder ob ihm – etwa durch dienstliche Erklärungen – entgegen getreten wurde. Keinesfalls können geltend gemachte verfahrensrechtliche Verstöße nach dem Grundsatz „im Zweifel für den Angeklagten" unterstellt werden[157].

c) Anforderungen an die Sachrüge

917 Die genannten Formvorschriften gelten für die Sachrüge nicht. Hier genügt jedenfalls bei einer Revision des Angeklagten die allgemeine Formulierung: „Gerügt wird die Verletzung materiellen Rechts". Fehlt selbst das, so lässt es die Rechtsprechung sogar genügen, wenn sich aus dem Revisionsvorbringen ergibt, dass die Nachprüfung des Urteils in sachlich-rechtlicher Hinsicht begehrt wird[158].

Für ein Rechtsmittel der Staatsanwaltschaft kann es demgegenüber in besonderen Fällen zur Zulässigkeit auch der Sachrüge gehören, diese näher auszuführen. Dies gilt namentlich, wenn sich das Urteil gegen mehrere Angeklagte richtet und verschiedene selbstständige Taten zum Gegenstand hat[159].

Angesichts der erheblich unterschiedlichen Anforderungen an die Begründung ist es für den Erfolg des Rechtsmittels nicht selten von entscheidender Bedeutung, ob der gerügte Mangel dem Verfahrensrecht oder dem sachlichen Recht zuzuordnen ist. Die Einordnung ist nicht immer unumstritten, wie etwa die Geltendmachung einer rechtsstaatswidrigen Verfahrensverzögerung durch den Angeklagten belegt. Diese entspringt zwar materiellem Recht, der Beschwerdeführer muss aber neben Angaben zur Verfahrensdauer auch darlegen, aus welchen Gründen diese nach den konkreten

---

155 BGH NJW 2007, 2419 ff.
156 Vgl. BGH NStZ 2007, 49 f.
157 Vgl. BGH 1 StR 607/07.
158 BGH 3 StR 476/16 Tz. 3.
159 Vgl. BGH 2 StR 324/09; NJW 2003, 839 und Nr. 156 Abs. 2 RiStBV.

Umständen des Verfahrens als unverhältnismäßig lang anzusehen sein soll[160]. Das letzte Wort sprechen insoweit also die Revisionsgerichte. Die Unterscheidung zwischen der Verfahrens- und der Sachrüge lässt sich gleichwohl damit rechtfertigen, dass sich die Berechtigung des Schuldspruchs, also die richtige Anwendung der materiellen Strafvorschriften, bereits unmittelbar aus den Urteilsgründen ergeben muss.

d) Weitere formale Voraussetzungen

Zur ordnungsgemäßen **Begründung** der Revision gehört auch die Auswahl des richtigen **Adressaten**. Gemäß § 345 Abs. 1 StPO muss sie gegenüber dem judex a quo abgegeben werden. Auf die Besonderheit des § 299 StPO darf an dieser Stelle nochmals hingewiesen werden. **918**

Die **Form** der Revisionsbegründung ist in § 345 Abs. 2 StPO geregelt. Während die Einlegung des Rechtsmittels gem. § 341 Abs. 1 StPO auch durch den Angeklagten schriftlich erfolgen kann, gilt für die **Begründung** eine wesentliche Einschränkung. Diese muss

– durch eine vom **Verteidiger** oder einem Rechtsanwalt unterzeichnete und verantwortete Schrift erfolgen[161] (wobei ein unterzeichnetes Fax genügt) **oder**
– innerhalb der üblichen Dienststunden[162] zu **Protokoll der Geschäftsstelle** erklärt werden, wobei hier gem. § 24 Abs. 1 Nr. 1b RPflG der Rechtspfleger funktionell zuständig ist. Dieser darf nicht einfach die Beanstandungen des Rechtsmittelführers protokollieren. Er muss vielmehr die Revisionsbegründung eigenständig gestalten und die Verantwortung für deren Inhalt übernehmen. Durch seine Einschaltung soll nämlich gewährleistet werden, dass dem Revisionsgericht die Prüfung grundloser oder unverständlicher Anträge erspart wird. Unsinnige Anträge und Rügen darf er daher nicht aufnehmen. Der Rechtspfleger darf sich auch nicht mit der Entgegennahme einer Schrift des Verurteilten begnügen. Er ist weder „Schreibkraft" noch „Briefannahmestelle"[163]. Übergibt der Angeklagte lediglich eine von ihm selbst verfasste Revisionsbegründung, so liegt ein selbstverschuldeter Formmangel vor, der regelmäßig auch eine Wiedereinsetzung in den vorigen Stand ausschließt[164].

Die in § 345 Abs. 2 StPO enthaltene Unterscheidung zwischen Verteidiger und Rechtsanwalt resultiert aus § 138 StPO, wonach auch andere sachkundige Personen, insbe-

---

160 Siehe hierzu BGH 1 StR 75/14; 2 StR 392/13 Tz. 8; 2 StR 563/10 und BVerfG NJW 2011, 207 ff. Lesen Sie im Übrigen zur Abgrenzung Verfahrensrüge/Sachrüge: KK-*Gericke*, § 337 Rn. 26 ff.
161 Diese Schrift muss der Verteidiger grundsätzlich selbst verfassen oder an ihr zumindest gestaltend mitwirken. Wird erkennbar, dass er nicht die volle Verantwortung für den Inhalt der Schrift übernimmt – etwa bei Einkopieren fremder Passagen oder Bezugnahme auf die Ansichten des Angeklagten – so ist die Revision unzulässig, BGH 4 StR 215/14; 4 StR 104/13; 2 StR 83/12. Unzulässig ist auch die Revisionsbegründung des Pflichtverteidigers, die nicht von diesem selbst unterzeichnet ist, BGH 3 StR 554/16; 3 StR 268/16; 4 StR 473/15. Die Anforderungen dürfen aber nicht überspannt werden, vgl. BVerfG NJW 2016, 1570 ff. zu einer „i.V." unterzeichneten Revisionsbegründung.
162 BGH NStZ 1996, 353.
163 BGH 4 StR 483/15; 1 StR 593/12.
164 BGH NStZ-RR 1999, 110 (zugleich zu den Ausnahmen von der Regel). Generell kommt allerdings bei der Justiz zuzurechnenden Fehlern durchaus eine Wiedereinsetzung in Betracht, vgl. BVerfG NJW 2013, 446 f.

Kapitel 7 *Die Rechtsmittel im Strafverfahren*

sondere Rechtsgelehrte an deutschen Hochschulen, als Verteidiger zugelassen werden können.

919 Schließlich bedarf es für die Zulässigkeit der Revision der Wahrung der **Begründungsfrist** von einem Monat (§ 345 Abs. 1 StPO). Diese beginnt:
- wenn das Urteil vor Ablauf der einwöchigen Einlegungsfrist des § 341 StPO zugestellt wird – was äußerst selten vorkommt – nach Ablauf dieser Frist, § 345 Abs. 1 S. 1 StPO, **oder**
- mit der Zustellung des Urteils, sofern (was der Regelfall ist) diese nach Ablauf der Frist des § 341 StPO erfolgte, vgl. § 345 Abs. 1 S. 2 StPO.

In beiden Fällen ist der Fristberechnung die Vorschrift des § 43 StPO zu Grunde zu legen.

Verfahrensrügen müssen innerhalb der Revisionsbegründungsfrist angebracht und vollständig begründet werden. Eine Wiedereinsetzung in den vorigen Stand zur Nachholung einer Verfahrensrüge ist nur in besonderen Prozesssituationen und auch nur ausnahmsweise möglich[165]. Die ordnungsgemäß erhobene Sachrüge kann dagegen auch nach Fristende noch näher ausgeführt werden.

5. Prüfungsschema zur Zulässigkeit der Revision

920 Im nachfolgenden Schema sind nochmals die einzelnen Prüfungsschritte zusammengefasst:

1. Statthaftigkeit (§§ 333, 335 Abs. 1 und 3 StPO)
2. a) Einlegungsberechtigung
   - StA und Angeklagter, § 296 Abs. 1 StPO
   - gesetzlicher Vertreter
   - wirksam bevollmächtigter Verteidiger, § 297 StPO
   - Nebenkläger, § 401 StPO (§ 400 StPO beachten)
   - Privatkläger (§ 390 StPO)
   - Adhäsionskläger (soweit seine Ansprüche betroffen sind)
   - „Einziehungsbeteiligte" (§§ 424 ff. StPO) oder sog. Nebenbetroffene (§ 438 StPO) in beschränktem Umfang, § 431 StPO
   b) Beschwer
   c) kein Rechtsmittelverzicht
3. Ordnungsgemäßheit der Einlegung (§ 341 StPO)
   a) richtiger Adressat (§ 341 Abs. 1 StPO, judex a quo)
   b) Schriftform (§ 341 Abs. 1 StPO)
   c) unbestimmte Anfechtung („Rechtsmittel") ist zulässig, wenn Berufung und Revision statthaft; Übergang von Berufung zur Revision innerhalb der Revisionsbegründungsfrist ebenfalls möglich
   d) Frist des § 341 StPO (eine Woche nach Verkündung oder Zustellung, ggfls. Wiedereinsetzung in den vorigen Stand, §§ 44, 45 StPO, prüfen)
4. Ordnungsgemäßheit der Begründung (§§ 344, 345 StPO)
   a) richtiger Adressat, nämlich judex a quo (§ 345 Abs. 1 StPO)

---

165 BGH 4 StR 233/17 Tz. 6; 2 StR 361/16; 4 StR 63/16 Tz. 26 m.w.N.

> b) Form (Verteidiger, Rechtsanwalt oder zu Protokoll der Geschäftsstelle, § 345 Abs. 2 StPO)
> c) Fristwahrung (§ 345 Abs. 1 StPO)

Danach wird in unserem Ausgangsfall (Rn. 898) der Verteidiger, der den Fall des Angeklagten am 29.01.2018 begutachtet, hinsichtlich der Zulässigkeit der Revision zu folgendem Ergebnis gelangen: **921**

> Die Statthaftigkeit des Rechtsmittels ist gem. § 335 Abs. 1 und 3 StPO gegeben, da es sich um ein Urteil des Amtsgerichts handelt und kein anderer Verfahrensbeteiligter (etwa die StA) Berufung eingelegt hat.
> Das Rechtsmittel ist vom Angeklagten ausdrücklich als Revision bezeichnet und gegenüber dem richtigen **Adressaten**, nämlich dem judex a quo, eingelegt worden.
> Die Schrift**form** wurde eingehalten.
> Die **Einlegungsfrist** des § 341 StPO von einer Woche berechnet sich wie folgt: Da der Angeklagte bei Verkündung des Urteils anwesend war, begann die Frist am Freitag, dem 22.12.2017. Gemäß § 43 Abs. 1 StPO bestimmt sich das Fristende auf den Ablauf des Tages der darauffolgenden Woche, der mit seiner Benennung dem Tag des Fristbeginns entspricht; Fristende war also Mittwoch, der 29.12.2017, 24.00 Uhr. Die Frist zur Einlegung der Revision wurde demgemäß gewahrt.
> Was die Begründung des Rechtsmittels anbetrifft, obliegt dem Verteidiger eine umfassende Beratungspflicht. Er muss durch Nachfragen die erforderlichen Fakten abklären. Außerdem hat er die Erfolgsaussichten der Revision zu begutachten, also neben der Zulässigkeit auch die Begründetheit des Rechtsmittels aufgrund der ihm vom Angeklagten genannten Umstände zu überprüfen. Das beinhaltet selbstverständlich auch die Frage, ob der Angeklagte tatsächlich gut damit beraten ist, das amtsgerichtliche Urteil im Wege der Sprungrevision allein einer rechtlichen Überprüfung zu unterziehen, statt – mittels Berufung – eine weitere Tatsacheninstanz in Anspruch zu nehmen. Schon zur Klärung von Verfahrensrügen wird zunächst Akteneinsicht zu nehmen sein. Der Übergang zur Berufung wäre problemlos im Wege einer ausdrücklichen Erklärung an das Gericht oder durch schlichtes Verstreichenlassen der Revisionsbegründungsfrist möglich (dann gilt das Rechtsmittel als Berufung). Im Folgenden gehen wir davon aus, dass der Anwalt die Durchführung des Rechtsmittels als Sprungrevision favorisiert.
> Daher muss er für einen **ordnungsgemäßen Antrag** und dessen **Begründung innerhalb der Frist des § 345 Abs. 1 StPO** gegenüber dem judex a quo Sorge tragen.
>
> Für die **Frist**wahrung kommt es gem. § 345 Abs. 1 StPO darauf an, ob die Zustellung des Urteils noch während der Einlegungsfrist des § 341 StPO erfolgte, oder erst nach deren Ablauf. Vorliegend erfolgte die Zustellung am 24.01.2018, also nach Ablauf der Einlegungsfrist. Die Monatsfrist für die Begründung des Rechtsmittels begann also mit der Zustellung und endete nach § 43 Abs. 1 StPO theoretisch am 24.02.2018. Da dieses Datum auf einen Samstag fiel, endete die Frist gem. § 43 Abs. 2 StPO am 26.02.2018 und noch genauer – da eine Frist grundsätzlich bis 24.00 Uhr des entsprechenden Tages läuft – um 24.00 Uhr[166].

922

---

166 „Allgemeine Feiertage" i.S.d. § 43 Abs. 2 StPO sind nur bundes- oder landesrechtlich festgelegte Tage. Ein Nachweis über die einschlägigen Vorschriften befindet sich bei KK-*Maul*, § 43 Rn. 26. So ist beispielsweise der „Rosenmontag" entgegen landläufiger Meinung im Rheinland kein „allgemeiner" Feiertag. Maßgebend ist im Übrigen die Rechtslage an dem Ort, an dem die Frist zu wahren ist.

Kapitel 7 *Die Rechtsmittel im Strafverfahren*

> Der Verteidiger, der die Sache am 29.01.2018, also innerhalb der Revisionsbegründungsfrist, begutachtet hat, wird das Fristende im Kalender notieren und bis zum Ablauf des 26.02.2018 beim Amtsgericht mit einem jedenfalls die allgemeine Sachrüge beinhaltenden Schriftsatz begründen.

6. Exkurs: Fristberechnung und Einzelfragen der Zustellung

923 Da es für den **Fristbeginn** im Zusammenhang mit § 341 Abs. 2 bzw. § 345 Abs. 1 S. 2 StPO entscheidend auf den Zeitpunkt der Zustellung ankommt, sollen im Folgenden diesbezügliche Einzelfragen nochmals kurz aufgegriffen werden[167].

> **Beispiel:** Der Angeklagte ist durch Urteil des Amtsgerichts vom 10.01.2018 wegen Trunkenheit im Straßenverkehr zu einer Freiheitsstrafe von 6 Monaten verurteilt worden. Bereits am nächsten Tag hat er ordnungsgemäß zu Protokoll der Geschäftsstelle Revision eingelegt. Das Urteil wurde ihm daraufhin am 18.01.2018 wie folgt zugestellt: Der Postbeamte begab sich zu der Wohnung des Verurteilten, traf dort jedoch niemanden an. Daraufhin händigte er die Sendung (Urteil) dem 9-jährigen Sohn des Angeklagten aus. Bei diesem geriet die Angelegenheit zunächst in Vergessenheit. Erst am 04.02.2018 (einem Sonntag) reichte er die Sendung an den Angeklagten weiter. Am 07.03.2018 geht beim AG die Revisionsbegründung eines Rechtsanwalts ein.
>
> Ist dies noch rechtzeitig?

Hinsichtlich der hier allein interessierenden Frage der **Fristwahrung** ist zu unterscheiden, ob die Zustellung des Urteils innerhalb oder außerhalb der Revisionseinlegungswoche erfolgt ist, vgl. § 345 Abs. 1 S. 1 und 2 StPO.

> Da eine Zustellung – wenn überhaupt – am 18.01.2018 in Betracht kommt, lag der maßgebliche Zeitpunkt erkennbar außerhalb der Revisionseinlegungsfrist.

924 Fraglich ist jedoch, ob überhaupt eine ordnungsgemäße Zustellung vorliegt. Da ihr Zweck neben dem Nachweis des Zugangs in der Gewährung rechtlichen Gehörs liegt, kann nämlich nur eine **wirksame** Zustellung den Lauf einer Frist in Gang setzen.

Nach § 37 Abs. 1 StPO finden für die Zustellungen im Rahmen der StPO die Vorschriften der ZPO (§§ 166 ff. ZPO) entsprechende Anwendung, soweit sie sich für die Anwendung im Strafverfahren eignen. Aus dieser Verweisung ist zu folgern, dass – wie auch sonst – die Zustellung zunächst einmal an den **Zustellungsadressaten** vorzunehmen ist, also an denjenigen, für den die Sendung bestimmt ist. Sie erfolgt im Regelfall durch die förmliche Bekanntgabe der betreffenden Urkunde (vgl. § 166 Abs. 1 ZPO), und zwar an jedem Ort, an dem der Adressat angetroffen wird (§ 177 ZPO). Das muss nicht etwa sein Wohnort sein. Der Postbedienstete hätte auch auf der Straße zustellen können, wenn er den Angeklagten dort angetroffen hätte.

> Eine solche **persönliche** Zustellung an den Angeklagten ist nicht erfolgt.

---

167 Siehe zur Zustellung des Urteils auch oben Rn. 813 ff.

Über § 37 Abs. 1 StPO sind jedoch auch die Vorschriften der ZPO betreffend die – in der Praxis häufig vorkommende – **Ersatzzustellung** anwendbar, wobei insbesondere die §§ 175, 178, 180, 181 ZPO zu nennen sind. Hier kommt eine solche nach § 178 Abs. 1 Nr. 1 ZPO in Betracht. Danach kann das Dokument in der Wohnung auch einem „erwachsenen Familienmitglied", einer „in der Familie beschäftigten Person" oder einem „erwachsenen ständigen Mitbewohner" ausgehändigt und so wirksam zugestellt werden. **925**

Der Begriff „erwachsen" ist in diesem Zusammenhang allerdings nicht mit „volljährig" gleichzusetzen. Vielmehr genügt es angesichts des Zwecks einer Zustellung, wenn die Person vom Auftreten und der äußeren Erscheinung her einem Erwachsenen ähnlich ist und erwarten lässt, sie werde die Sendung ordnungsgemäß weitergeben[168]. Das kann auch bei Jugendlichen jedenfalls ab einem Alter von 14 Jahren angenommen werden[169].

Weitere Probleme im Zusammenhang mit der Ersatzzustellung können aus § 178 Abs. 1 ZPO resultieren. Es muss zuvor misslungen sein, den Zustellungsadressaten in seiner „**Wohnung**" (bzw. den anderen dort genannten Räumlichkeiten, sofern er solche nutzt) anzutreffen. Auch Ersatzzustellungen nach den §§ 180, 181 ZPO erfordern i.d.R. also ein Tätigwerden des Postbediensteten an der „Wohnung" des Adressaten[170]. Diese definiert sich nicht etwa über die Meldeadresse oder den Wohnsitz i.S.d. § 7 BGB. Vielmehr kommt es allein darauf an, ob der Adressat unter der Zustellungsadresse tatsächlich lebt und insbesondere, ob er dort schläft[171]. **926**

Eine Ersatzzustellung ist damit ausgeschlossen, wenn er seine Wohnung – nicht nur vorübergehend – aufgegeben hat, d.h. wenn er sie zumindest für längere Zeit nicht mehr als den räumlichen Mittelpunkt seines Lebens betrachtet und einen anderen Aufenthaltsort begründet hat. Eine derartige Wohnungsaufgabe muss auch in dem Antritt einer längeren Strafhaft – ab einem Monat – gesehen werden, was zur Folge hat, dass eine Ersatzzustellung unter der bisherigen Wohnanschrift unzulässig ist[172]. Dies gilt selbst dann, wenn der Zustellungsadressat noch guten Kontakt zu seinem unter der Adresse lebenden Ehepartner oder Lebensgefährten unterhält, welchem die Sendung ausgehändigt wurde[173]. **927**

> Im Beispiel war die vorgenommene Zustellung an den 9-jährigen Sohn des Angeklagten nicht wirksam. Der Postbedienstete hätte entweder erneut eine persönliche Zustellung versuchen oder eine Ersatzzustellung durch Einlegung in den Briefkasten nach § 180 ZPO vornehmen müssen.

---

168 BGH NJW-RR 2002, 137.
169 Vgl. die Nachweise bei *Zöller*, § 178 Rn. 9, 13.
170 Allerdings erlaubt § 180 ZPO auch die Zustellung über ein **Postfach**, wenn eine Wohnanschrift des Adressaten unbekannt oder nicht vorhanden ist, vgl. BGH V ZB 182/11.
171 BGH MDR 1992, 809 f.; NJW 1988, 713 f.; NJW 1985, 2197.
172 Vgl. OLG Stuttgart NStZ-RR 2015, 144 f.; OLG Karlsruhe NJW 1997, 3183 sowie die Nachweise bei B/L/A/H, § 178 Rn. 5 ff. und MK-ZPO-*Häublein*, § 178 Rn. 5 ff.
173 OLG Düsseldorf FamRZ 1980, 718 f.

Kapitel 7 *Die Rechtsmittel im Strafverfahren*

928 Allerdings können Zustellungsmängel durch den **tatsächlichen Zugang** beim Adressaten **geheilt** werden, § 37 Abs. 1 StPO i.V.m. § 189 ZPO[174]. Das gilt auch, wenn Rechtsmittelfristen in Gang gesetzt werden sollen.

> Dies hatte im Beispielsfall zur Folge, dass mit der Übergabe des Urteils am 04.02.2018 die Begründungsfrist zu laufen begann (dass dies ein Sonntag war, ist für den **Beginn** einer Frist ohne Bedeutung, vgl. den Wortlaut des § 43 Abs. 2 StPO[175]). Sie endete folglich rechnerisch mit Ablauf des 04.03.2018 und da dies ein Sonntag war am 05.03.2017, § 43 Abs. 2 StPO. Die Revisionsbegründung ging aber erst zwei Tage später bei Gericht ein.
> Das Rechtsmittel ist also verspätet eingelegt und damit unzulässig.

Für Zustellungen, die im **Ausland** zu bewirken sind, sei auf die Ausführungen zur Ladung (oben Rn. 369) verwiesen.

II. Entscheidung über die Zulässigkeit der Revision

929 Nach Einlegung einer Revision hat zunächst der Tatrichter, also der judex a quo, zu prüfen, ob das Rechtsmittel form- und fristgerecht eingelegt und begründet wurde. Eine weitergehende Prüfungskompetenz hat er nicht. Er hat daher nur zu entscheiden, wenn sich die Unzulässigkeit **allein** aus der Nichteinhaltung von Frist- oder Formvorschriften ergibt. Kann die Unzulässigkeit dagegen auch auf anderen Gründen beruhen (etwa einem Rechtsmittelverzicht), so hat über die Zulässigkeit des Rechtsmittels insgesamt das Revisionsgericht zu entscheiden[176]. Dasselbe gilt hinsichtlich der Frage einer Wiedereinsetzung in den vorigen Stand.

Kann die Zulässigkeit nicht festgestellt werden, so ist – ggfls. nach Anhörung der Staatsanwaltschaft, § 33 StPO – die Revision vom judex a quo durch zu begründenden Beschluss als unzulässig zu verwerfen, § 346 Abs. 1 StPO. Hiergegen kann innerhalb einer Woche ab Zustellung eine Entscheidung des Revisionsgerichts beantragt werden. Der Tatrichter hat dann in jedem Fall – also selbst bei Versäumung dieser Frist – die Akten dem Revisionsgericht vorzulegen, § 346 Abs. 2 StPO.

930 Hält der Tatrichter die Revision für zulässig, so veranlasst er die Zustellung der Rechtsmittelschrift an den Gegner, im Falle der Revision des Angeklagten also an die Staatsanwaltschaft, § 347 Abs. 1 S. 1 StPO. Der Rechtsmittelgegner hat nun Gelegenheit, binnen einer Woche die sog. „**Gegenerklärung**" abzugeben, § 347 Abs. 1 S. 2 StPO. Die Beteiligten können aber auch noch nach Fristablauf Erklärungen abgeben. Dann ist allerdings ggfls. nicht auszuschließen, dass inzwischen eine Entscheidung in der Sache ergangen ist.

Für die Staatsanwaltschaft ist das Verfahren in § 347 Abs. 1 S. 3 StPO sowie in Nr. 162 RiStBV geregelt[177]. Danach ist eine Gegenerklärung verzichtbar, wenn nur die Ver-

---

174 Diese Vorschrift gilt auch bei Auslandszustellungen, vgl. BGH XII ZR 168/09.
175 So auch BGH 2 StR 310/10.
176 BGH 1 StR 116/15 Tz. 5 m.w.N.; 1 StR 369/13.
177 Zu deren inhaltlicher Gestaltung siehe zudem *Kalf* NStZ 2005, 190 ff.

letzung materiellen Rechts gerügt wurde. Bei Verfahrensrügen ist sie dagegen fristgemäß abzugeben, wenn dadurch die Prüfung der Revisionsbeschwerden erleichtert wird. Unterbleibt dies, so sieht das Revisionsgericht vorgebrachte Rügen möglicherweise ohne weitere Prüfung als zutreffend an[178]. Die Erklärung der Staatsanwaltschaft ist dem Angeklagten bzw. seinem Verteidiger zur Kenntnis zu bringen.

Nach Eingang der Gegenerklärung bzw. nach Ablauf der Frist des § 347 Abs. 1 S. 2 StPO ordnet der Vorsitzende die Vorlage der Akten – über die beteiligten Staatsanwaltschaften (StA sowie GStA bzw. GBA) – an das Revisionsgericht an, Nrn. 163 Abs. 1 S. 1, 162 Abs. 4 RiStBV. Im Falle unzutreffender Verfahrensrügen ist zugleich die Abgabe dienstlicher Erklärungen zum tatsächlichen Verlauf sinnvoll. **931**

Mit Eingang der Akten ist das Verfahren beim Revisionsgericht **anhängig**. Es hat nun über Anträge – z.B. auf Wiedereinsetzung in den vorigen Stand – und über die Zulässigkeit des Rechtsmittels zu entscheiden, § 349 Abs. 1 StPO. Dazu gehört auch die Prüfung, ob die Revision ordnungsgemäß, d.h. wenigstens mit der allgemeinen Sachrüge, begründet worden ist. Denn die Prüfung durch den Tatrichter war nur eine „Vorprüfung" zur Entlastung der Revisionsgerichte. Stellt sich erst jetzt die Unzulässigkeit heraus, so wird die Revision durch unanfechtbaren (vgl. § 304 Abs. 4 S. 1 StPO) Beschluss verworfen. Andernfalls ist über die Begründetheit des Rechtsmittels zu befinden.

III. Voraussetzungen der Begründetheit

Wird die Revision in zulässiger Weise eingelegt und begründet, so hat dies gleichwohl nicht zwangsläufig eine Überprüfung des angegriffenen Urteils im vollen Umfange zur Folge. Gemäß **§ 352 Abs. 1 StPO** erfolgt sie vielmehr nur im Rahmen der gestellten Revisionsanträge und nur hinsichtlich der Tatsachen, welche konkret bezeichnet worden sind. Hieraus folgt, dass der nicht ordnungsgemäß gerügte Teil der Entscheidung – soweit keine Kontrolle von Amts wegen zu erfolgen hat – einer Prüfung entzogen ist. **932**

Wie bereits erwähnt, kann der Rechtsmittelführer im Rahmen der Revision die Verletzung von **Gesetzesvorschriften** rügen, die aus **drei Bereichen** kommen können, nämlich **933**

Verfahrenshindernisse   **Verfahrensvorschriften**   **materielles Recht**.

Das Vorliegen von Verfahrenshindernissen und die richtige Anwendung des materiellen Rechts hat das Revisionsgericht – die formgerechte Begründung des Rechtsmittels vorausgesetzt – von Amts wegen zu beachten[179]. Demgegenüber müssen Mängel hinsichtlich des vor der Tatsacheninstanz durchgeführten Verfahrens im Einzelnen detailliert gerügt werden, vgl. § 344 Abs. 2 S. 2 StPO.

---
178 Vgl. BGH 1 StR 379/13 Tz. 17; 1 StR 476/13; 1 StR 471/01.
179 Vgl. BGH 3 StR 546/16 Tz. 3 (Adhäsionsantrag); 4 StR 247/13 Tz. 5 (Strafantrag); BGHSt 29, 94 (Eröffnungsbeschluss).

Kapitel 7 *Die Rechtsmittel im Strafverfahren*

An die vom Tatgericht **rechtsfehlerfrei** getroffenen tatsächlichen Feststellungen ist das Revisionsgericht dabei gebunden[180].

934 Der Angeklagte ist wie bei der Berufung vor einer Schlechterstellung geschützt, da § 358 Abs. 2 StPO – mit den dort genannten Einschränkungen – eine Abweichung in Art und Höhe der Rechtsfolgen zu seinem Nachteil verbietet[181]. Dies gilt jedenfalls, wenn lediglich er, sein gesetzlicher Vertreter oder die Staatsanwaltschaft zu seinen Gunsten das Rechtsmittel eingelegt haben. Hat (auch) die Staatsanwaltschaft mit dem Ziel einer härteren Bestrafung Revision eingelegt, so kann die angefochtene Entscheidung selbstverständlich auch zu Ungunsten des Angeklagten abgeändert werden.

935 Das Revisionsgericht geht bei seiner Prüfung der Begründetheit vom Grundsatz des weitestreichenden Revisionsgrundes aus, d.h. es greift ggfls. denjenigen Mangel heraus, der den schwersten Verstoß darstellt und so evtl. zur Aufhebung des Urteils insgesamt zwingt[182]. Verfahrensrügen werden also nicht geprüft, wenn die angefochtene Entscheidung bereits wegen eines schweren sachlich-rechtlicher Mangels keinen Bestand haben kann. Das Revisionsgericht prüft also:
– Liegen Verfahrenshindernisse vor?
– Greifen formelle Rügen, d.h. absolute (§ 338 Nrn. 1 bis 7 StPO) oder relative Revisionsgründe (§ 337 StPO bzw. § 338 Nr. 8 StPO)?
– Ist materielles Recht verletzt?
– Beruht das Urteil gegebenenfalls auf einer Rechtsverletzung?

1. Missachtung von Verfahrenshindernissen

936 Der in der StPO durchgängig verwendete Begriff des Verfahrenshindernisses (vgl. §§ 206a Abs. 1, 260 Abs. 3, 467 Abs. 3 Nr. 2 StPO) erfasst:

Prozessvoraussetzungen, also verfahrensrechtliche Vorbedingungen eines Sachurteils (wie z.B. der Strafantrag).

Eigentliche Verfahrenshindernisse, die eine Sachentscheidung ausschließen.

Als letztere kommen nur solche Umstände in Betracht, die nach dem ausdrücklich erklärten oder aus dem Zusammenhang ersichtlichen Willen des Gesetzgebers so schwer wiegen, dass von ihnen die **Zulässigkeit** des Strafverfahrens **im Ganzen** abhängig sein soll[183]. Hier kommen nur „schwerste"[184] Verfahrensmängel bzw. „Extremfälle"[185] oder „seltene Ausnahmen"[186] in Betracht, wie etwa ansonsten nicht mehr kompensierbare Verstöße gegen das Beschleunigungsgebot oder den Grundsatz des

---
180 Siehe hierzu unten Rn. 1071 ff.
181 Damit ist auch die Ersetzung eines Ahndungsmittels durch ein anderes nur dann zulässig, wenn Letzteres „milder" ist als die Ursprungssanktion. Siehe hierzu und zur Abstufung der Sanktionsarten BGH NJW 1997, 2335. Die Kosten- und Auslagenentscheidung ist vom Verschlechterungsverbot nicht erfasst, vgl. BGH 1 StR 471/14 Tz. 3 m.w.N.
182 Vgl. BGHSt 14, 249; *Dahs*, Die Revision im Strafprozess, Rn. 607 m.w.N.
183 BVerfG NJW 2003, 1577 ff.; BGH 1 StR 196/16 Tz. 6; 1 StR 104/15 Tz. 30 m.w.N.; NJW 2001, 1148.
184 So BVerfG NJW 2005, 656 f.
185 BVerfG NJW 2015, 1083 ff.
186 BGH 3 StR 52/17.

fairen Verfahrens. Wie hoch die Messlatte liegt, zeigt sich daran, dass selbst die Androhung von Folter im Ermittlungsverfahren kein solches Verfahrenshindernis, sondern „nur" (und selbstverständlich) ein Beweisverwertungsverbot hinsichtlich der abgepressten Aussage begründet[187].

Liegt ein solches Hindernis vor, so ist das **Verfahren einzustellen**: **937**
- Gem. **§ 170 Abs. 2 StPO** hat bereits die **Staatsanwaltschaft** das Verfahren einzustellen und von einer Anklageerhebung abzusehen, wenn der Verfahrensmangel nicht mehr behoben werden kann.
- Nach § 206a StPO muss das Tat-, aber auch das Rechtsmittelgericht außerhalb der Hauptverhandlung das Verfahren durch **Beschluss** einstellen, sobald sich das Verfahrenshindernis herausgestellt hat. Erfolgt die Einstellung erst im Rechtsmittelzug, so wird das angefochtene Urteil gegenstandslos, ohne dass es einer förmlichen Aufhebung bedarf[188].
- Stellt sich das Hindernis in der Hauptverhandlung heraus, so muss das Verfahren gem. **§ 260 Abs. 3 StPO** durch **Urteil** eingestellt werden[189].

Zunächst die wesentlichen Verfahrenshindernisse im **Überblick**: **938**
- Fehlen der deutschen Gerichtsbarkeit (§§ 18 bis 20 GVG, Art. VII Nato-Truppenstatut) bzw. konsularische Immunität (Art. 43 Abs. 1 WÜK[190]);
- Immunität eines Abgeordneten (Art. 46 GG);
- Strafunmündigkeit des Angeklagten (§ 19 StGB);
- Eintritt der Verfolgungsverjährung (§§ 78 ff. StGB);
- Fehlen des Strafantrages (§§ 77 ff. StGB);
- Verletzung des Anklagegrundsatzes (§§ 151, 170 Abs. 1 StPO);
- Mängel des Eröffnungsbeschlusses (§ 207 StPO); **939**
- endgültige, also dauernde Verhandlungsunfähigkeit des Angeklagten;
- Tod des Angeklagten[191];
- Amnestie;
- anderweitige Rechtshängigkeit;
- Strafklageverbrauch (Art. 103 Abs. 3 GG);
- sachliche Unzuständigkeit des erkennenden Gerichts (§ 6 StPO).

Steht ein Verfahrenshindernis im Raum, so ist dessen Vorliegen im Wege des sog. **940** **Freibeweisverfahrens** zu klären[192]. Die Prüfung hat sorgfältig zu erfolgen, da die Einstellung nach §§ 206a, 260 Abs. 3 StPO formeller und materieller **Rechtskraft** fähig ist. Allerdings kann das eingestellte Verfahren dann fortgesetzt werden, wenn ein be-

---

187 Vgl. § 136a Abs. 3 StPO, BGH 1 StR 104/15 Tz. 30 m.w.N.; BVerfG NJW 2005, 656 f.
188 BGH 1 StR 276/11; 4 StR 333/09; 1 StR 388/08 m.w.N.
189 Zur Anfechtbarkeit der Verfahrenseinstellung durch den Angeklagten siehe BGH 3 StR 323/16 Tz. 16; 2 StR 524/10. Freispruch kommt als Alternative zur Einstellung nur in Betracht, wenn feststeht, dass dem Angeklagten keine Straftat nachzuweisen ist.
190 Siehe hierzu BGH StB 7/13; OLG Zweibrücken NStZ 2013, 601 f.
191 Auch in diesem Fall bedarf es also einer das Verfahren förmlich beendenden Entscheidung des mit der Sache befassten Gerichts, insbes. hinsichtlich der Kosten; vgl. BGH 1 StR 421/16; 5 StR 525/15; 2 StR 509/15.
192 BGH 3 StR 103/17 Tz. 10; NJW 2001, 1734. Etwas anderes kann – in seltenen Einzelfällen – hinsichtlich der anderweitigen Rechtshängigkeit oder des Strafklageverbrauchs gelten.

Kapitel 7 *Die Rechtsmittel im Strafverfahren*

hebbarer Verfahrensmangel in zulässiger Weise behoben wird oder eine irrtümliche Einstellung auf dem Beschuldigten zuzurechnendem Täuschungsverhalten beruht[193].

941 Problematisch ist die Situation, wenn die Voraussetzungen eines Verfahrenshindernisses letztlich nicht sicher festzustellen sind. Die Vorschriften der §§ 206a, 260 Abs. 3 StPO regeln dies nicht ausdrücklich. Allerdings darf ein Strafverfahren nur durchgeführt werden, wenn die erforderlichen Prozessvoraussetzungen vorliegen und Prozesshindernisse nicht entgegenstehen. Folglich besteht im Sinne der genannten Vorschriften ein Verfahrenshindernis immer schon dann, wenn es angesichts konkreter tatsächlicher Umstände **möglicherweise** vorliegt und vorhandene Zweifel nach **Ausschöpfung aller Erkenntnismöglichkeiten** nicht überwunden werden können. Verbleiben also etwa Zweifel daran, ob die den Gegenstand des Verfahrens bildende prozessuale Tat bereits anderweitig rechtskräftig abgeurteilt worden ist, so bildet der (möglicherweise) hierdurch eingetretene Strafklageverbrauch ein von Amts wegen zu berücksichtigendes und zur Verfahrenseinstellung führendes Verfahrenshindernis. Dogmatisch kann dieses Ergebnis mit dem allgemeinen Zweifelssatz oder der besonderen Funktion der Prozessvoraussetzungen begründet werden[194].

Im Folgenden sollen fünf praktisch besonders relevante Verfahrenshindernisse näher dargestellt werden.

a) Verfolgungsverjährung

942 Die Ahndung einer Tat ist ausgeschlossen, wenn Verjährung eingetreten ist, § 78 Abs. 1 StGB. Zum einen ist mit immer größer werdenden Beweisschwierigkeiten zu rechnen, je länger die Tat zurückliegt, zum anderen sinkt mit der Zeit das staatliche Sühnebedürfnis. So macht es z.B. keinen Sinn, einen Ladendieb noch nach 20 Jahren zur Rechenschaft zu ziehen.

Die maßgeblichen Vorschriften finden sich in §§ 78 ff. StGB. Zunächst ist für das in Frage stehende Delikt anhand der gesetzlich angedrohten Höchststrafe die **abstrakte** Verjährungsfrist zu ermitteln. Dabei ist § 78 Abs. 4 StGB zu beachten, wonach Schärfungen und Milderungen, die nach den Vorschriften des Allgemeinen Teils bzw. für besonders schwere oder minder schwere Fälle vorgesehen sind, unberücksichtigt bleiben müssen[195].

> **Beispiel:** Dem Angeklagten wird eine einfache Unterschlagung i.S.d. § 246 Abs. 1 StGB zur Last gelegt. Die Höchststrafe liegt bei drei Jahren Freiheitsstrafe. Nach § 78 Abs. 3 Ziff. 4 StGB beträgt die abstrakte Verjährungsfrist somit fünf Jahre.

943 Sodann ist der Beginn für die **konkrete** Verjährungsfrist festzustellen. Nach § 78a StGB beginnt die Verjährung, sobald die Tat „beendet" ist. Entscheidend ist insoweit

---

[193] Vgl. hierzu BGH NJW 2008, 1008 ff. Hier war dem BGH im Rahmen des Revisionsverfahrens eine gefälschte Sterbeurkunde betreffend den Angeklagten vorgelegt und das Verfahren daraufhin eingestellt worden.
[194] Vgl. die Nachweise bei BGH 3 StR 273/09.
[195] Beispiele hierfür sind die §§ 21, 23 Abs. 2, 27 Abs. 2, 177 Abs. 5, 263 Abs. 3 StGB; vgl. hierzu insgesamt die Übersicht bei *Fischer*, § 12 Rn. 9 ff.

nicht der Zeitpunkt der Vollendung der tatbestandlichen Merkmale; maßgeblich ist vielmehr die tatsächliche Beendigung des gesamten Handlungsgeschehens, mit welchem das Tatunrecht den Abschluss findet[196]. Folglich beginnt z.B. bei einer Erpressung die Verjährung erst mit der Zahlung des Geldes, bei den erfolgsqualifizierten Delikten mit dem Erfolgseintritt (im Falle des § 251 StGB also dem Tod des Opfers).

Nachdem der Zeitpunkt des Verjährungsbeginns ermittelt ist, muss ggfls. überprüft werden, ob **verjährungsunterbrechende Maßnahmen** getroffen wurden. Diese sind in dem eng auszulegenden § 78c Abs. 1 StGB im Einzelnen aufgeführt. Insbesondere sind hier zu nennen: **944**

– die erste Vernehmung des Beschuldigten im Rahmen des Ermittlungsverfahrens, dessen Bekanntgabe bzw. entsprechende Anordnungen[197];
– jede richterliche Vernehmung des Beschuldigten oder deren Anordnung;
– die Beauftragung eines Sachverständigen[198];
– richterliche Aufklärungsmaßnahmen wie Beschlagnahme oder Durchsuchungsanordnungen, auch wenn sie gegen Dritte ergehen[199];
– die Erhebung der Anklage, die Eröffnung des Hauptverfahrens oder die Anberaumung eines Hauptverhandlungstermins.

Folge einer **jeden** unterbrechenden Maßnahme ist gem. § 78c Abs. 3 S. 1 StGB, dass die Verjährungsfrist von neuem zu laufen beginnt. Das gilt einerseits zwar für alle verfahrensgegenständlichen prozessualen Taten[200], andererseits aber nur gegenüber demjenigen, auf den sich die Unterbrechungshandlung konkret bezieht, § 78c Abs. 4 StGB[201]. Nach § 78c Abs. 3 S. 2 StGB begründet der Ablauf der doppelten Verjährungsfrist eine **absolute** Verfolgungsverjährung.

Neben einer Unterbrechung der Verjährung kennt das Gesetz auch deren „**Ruhen**", § 78b StGB. Der Unterschied zur Unterbrechung besteht darin, dass nach Wegfall des Hindernisses die Frist nicht neu beginnt, sondern weiterläuft. **945**

Bedeutsam ist dies insbesondere in den Fällen sexuellen Missbrauchs i.S.d. §§ 174 ff., 176 bis 179 StGB oder der Misshandlung von Schutzbefohlenen, § 225 StGB. Hier ruht die Verjährung, bis das Opfer sein 30. Lebensjahr vollendet hat, § 78b Abs. 1 Ziffer 1 StGB. Auch die vorläufige Verfahrenseinstellung gegen Auflagen oder das Urteil im ersten Rechtszug[202] hemmen den Eintritt der Verjährung, §§ 153a Abs. 3 StPO, 78b Abs. 3 StGB.

---

196 BGH 3 StR 103/17 Tz. 15; 1 StR 337/15 Tz. 13; BGH 1 StR 172/16 Tz. 17 (Steuerhinterziehung). Bei Dauerdelikten liegt Beendigung erst vor, wenn die strafrechtlich relevante Tätigkeit endgültig abgebrochen wird, vgl. BGH NJW 1998, 1723 f.; NStZ 1997, 487. Zum Verjährungsbeginn bei der Übertragung von HIV siehe BGH NStZ 2009, 34 f.
197 Siehe hierzu BGH 1 StR 218/17.
198 Siehe hierzu BGH 3 StR 227/17 Tz. 4.
199 Eine verjährungsunterbrechende Wirkung – für alle verfahrensgegenständlichen Taten – haben solche Maßnahmen aber nur dann, wenn sie den verfassungsrechtlichen Mindestanforderungen entsprechen. Siehe zu alldem BGH 4 StR 86/16 Tz. 13, 20 m.w.N. Zu den Wirkungen der Durchsuchung oder Beschlagnahme bei mehreren Beschuldigten siehe auch BGH 3 StR 33/11.
200 BGH 1 StR 218/17 Tz. 12; 1 StR 579/14 Tz. 3; 1 StR 587/14 Tz. 9; NStZ 2009, 205 ff.; zum Problem noch nicht konkretisierter Serientaten siehe auch BGH NJW 2000, 2829.
201 Siehe hierzu BGH 1 StR 279/17 Tz. 13; 2 StR 510/12.
202 Vgl. hierzu eingehend BGH NJW 2001, 1146 ff.

Kapitel 7 *Die Rechtsmittel im Strafverfahren*

Von der Verfolgungsverjährung muss die sog. **Vollstreckungsverjährung** (§§ 79 ff. StGB) unterschieden werden, die eine rechtskräftige Verurteilung voraussetzt.

b) Fehlender Strafantrag

946 Zu den Voraussetzungen des Strafantrages haben Sie oben[203] schon Einiges erfahren. Fehlt ein wirksamer Strafantrag, so hat eine auf diesen Mangel gestützte Revision Erfolg, es sei denn, die Staatsanwaltschaft hat durch Erhebung der öffentlichen Klage – bei den relativen Antragsdelikten – ein öffentliches Interesse an der Strafverfolgung bejaht. Dies kann auch in der Erhebung der Anklage gesehen werden[204], selbst wenn zu diesem Zeitpunkt die Antragsfrist bereits verstrichen war. Noch im Revisionsverfahren ist die Bejahung öffentlichen Interesses durch die GStA oder den GBA möglich.

947 Zur Verdeutlichung der Problematik kommen wir nochmals auf unseren **Fall Lellmann** zurück.

> Bitte erinnern Sie sich: Herr Lellmann war u.a. wegen Beschädigung des Taxis i.S.d. § 303 StGB (Sachbeschädigung) angeklagt und ist schließlich u.a. auch wegen (einfacher) Körperverletzung nach § 223 StGB verurteilt worden. Beide Straftaten sind sog. Antragsdelikte, vgl. § 303c bzw. § 230 StGB.
>
> Prüfen Sie einmal selbst, ob – gemessen an den oben dargestellten Kriterien – ein wirksamer Strafantrag im Hinblick auf die **Sachbeschädigung** an dem Taxi vorgelegen hat. Sie werden erkennen, wie kompliziert ein scheinbar klarer Sachverhalt sich bei eingehender Prüfung darstellen kann:
>
> Ein den Anforderungen des § 158 Abs. 2 StPO genügender Strafantrag war ausweislich der Ermittlungsakte im Rahmen der Vernehmung des Zeugen Schmitz, welcher allerdings nicht der Geschädigte war (!), gestellt worden (siehe oben Rn. 91).
>
> Wie aus der Anklageschrift zu ersehen, ist dieser Antrag von der Staatsanwaltschaft als wirksam angesehen worden (dort heißt es nämlich „Der erforderliche Strafantrag ist gestellt."). Eine Erörterung des besonderen öffentlichen Interesses an der Strafverfolgung ist dementsprechend erst gar nicht erfolgt.
>
> Problematisch hinsichtlich der Wirksamkeit des Strafantrags ist allerdings die Frage einer Stellvertretung für den Geschädigten Buchmann. Handeln im fremden Namen – so wie geschehen – ist bei Prozesshandlungen, also auch bei einem Strafantrag, zwar grundsätzlich zulässig[205], Voraussetzung ist aber das Bestehen einer entsprechenden Vollmacht. Dass dem Zeugen Schmitz eine solche für den hier vorliegenden Einzelfall oder allgemein für Beschädigungen an Taxen ausdrücklich erteilt worden wäre, lässt sich dem Akteninhalt nicht entnehmen. Die Staatsanwaltschaft hätte nach ihrem Kenntnisstand zur Zeit der Anklageerhebung also ohne weitere Nachfrage beim Geschädigten nicht von einem wirksamen Strafantrag ausgehen dürfen.
>
> Es erscheint aber vertretbar, die Bekundung des Geschädigten Buchmann in der Hauptverhandlung, die Stellung des Strafantrages sei in seinem „Einverständnis" erfolgt, in der Weise auszulegen, dass der Zeuge Schmitz diesbezüglich tatsächlich eine generelle Voll-

---

203 Vgl. oben Rn. 97 ff.
204 BGH 2 StR 79/17; 4 StR 247/13 Tz. 4 unter der Voraussetzung, dass sich die Ermittlungsbehörde bei Anklageerhebung ihres Ermessens bewusst war; vgl. auch *Fischer*, § 230 Rn. 4 m.w.N.
205 Vgl. *Meyer-Goßner*, § 158 Rn. 15.

macht besaß. Die Prozessvoraussetzung hat bei dieser Interpretation also von Anfang an vorgelegen[206].

Kann in der Äußerung des Taxiunternehmers demgegenüber nur eine **(nachträgliche) Genehmigung** gesehen werden, so würde dies zu dem Ergebnis führen, dass kein wirksamer Strafantrag vorlag. Zwar ist eine Genehmigung als solche möglich, sie muss aber innerhalb der Antragsfrist des § 77b Abs. 1 S. 1 StGB, d.h. innerhalb von drei Monaten ab Kenntniserlangung von der Tat und der Person des Täters, erfolgen[207]. Diese Frist dürfte hier zum Zeitpunkt der Hauptverhandlung verstrichen gewesen sein.

c) Verstoß gegen den Anklagegrundsatz

Zur Einführung in die Problemstellung zunächst folgender Beispielsfall: **948**

Stellen Sie sich vor, Sie seien Strafverteidiger. Bei Ihnen erscheint ein Mandant und erklärt Folgendes:
„Gestern bin ich vom Amtsgericht verurteilt worden wegen zweier Delikte: Einer Unterschlagung, die ich Mitte 2017 begangen habe, und eines Diebstahls, den ich im Oktober 2017 ausgeführt habe. Die Staatsanwaltschaft hat in ihrer Anklageschrift aber nur die Unterschlagung erwähnt, den Diebstahl habe ich von mir aus in der Hauptverhandlung angesprochen, um reinen Tisch zu machen. Der Richter hat dann nur gesagt: „Prima, dann können wir ja heute alles auf einmal erledigen, Sie brauchen dann nicht mehr wegen des Diebstahls wiederzukommen" und hat mich auch deswegen verurteilt. Das kommt mir jetzt komisch vor, zumal ich zu einer ziemlich hohen Gesamtstrafe verurteilt wurde. Kann ich etwas dagegen unternehmen?"
Wie werden Sie Ihren Mandanten beraten?

Das Vorliegen einer Anklage ist zwingende Verfahrensvoraussetzung, sog. Anklagegrundsatz, der in **§ 151 StPO** ausdrücklich geregelt ist. Danach darf es keine gerichtliche Untersuchung ohne entsprechende Anklage geben, wobei gem. § 170 Abs. 1 StPO deren Erhebung der Staatsanwaltschaft zusteht. Eine Ausnahme vom Anklagemonopol des Staates ist nur in den Fällen des Privatklageverfahrens (§§ 374 ff. StPO) vorgesehen.

Revisionsrechtlich beachtlich ist die bereits beschriebene **Umgrenzungsfunktion** der **949** Anklage[208]. Die gerichtliche Untersuchung darf sich nur auf die dort bezeichnete „Tat" und die dort beschuldigte Person erstrecken, vgl. § 155 Abs. 1 StPO. Nach **§ 264 Abs. 1 StPO** ist auch Gegenstand der Urteilsfindung nur die in der Anklage bezeichnete Tat (als historischer Lebenssachverhalt[209]), wie sie sich nach dem Ergebnis der Verhandlung darstellt. Der Tatbegriff erfasst allerdings das gesamte Verhalten des Täters, welches nach „natürlicher Auffassung" mit dem angeklagten geschichtlichen Geschehen einen einheitlichen Lebensvorgang darstellt.

---

206 Dass die Vollmacht erst nach Verstreichen der Antragsfrist des § 77b Abs. 1 S. 2 StGB nachgewiesen wurde, hat keinen Einfluss auf die Wirksamkeit des Strafantrages, vgl. BGH NStZ 1982, 508.
207 *Schönke/Schröder-Stree*, § 77 Rn. 30.
208 Siehe oben Rn. 194 ff.
209 Siehe ausführlich zum Begriff der Tat oben Rn. 61 ff.

Kapitel 7 *Die Rechtsmittel im Strafverfahren*

950 Der Anklagegrundsatz ist also verletzt, wenn der Angeklagte wegen einer nicht förmlich angeklagten Tat verurteilt wird. Hieraus folgt, dass die Anklage – um wirksam zu sein – den Täter und die ihm vorgeworfene Tat so hinreichend konkret bestimmen muss, dass sie sich von anderen gleichartigen Straftaten desselben Täters unterscheiden lässt[210]. Die Konkretisierung ist notwendig, weil hierdurch die Grenzen der Rechtskraft des Urteils und damit auch des Strafklageverbrauchs (Art. 103 Abs. 3 GG) bestimmt werden. Diesem Bedürfnis trägt auch die Vorschrift des § 200 StPO Rechnung, welche den Inhalt der Anklage verbindlich festlegt. Der Umfang der Individualisierung hängt dabei naturgemäß vom Verfahrensgegenstand ab[211].

951 Maßgebliche – jedoch nicht alleinige[212] – Bedeutung für die Abgrenzung von anderen Delikten haben die Angaben zu **Tatort und Tatzeit**. Wesentliche Abweichungen vom angeklagten Tatzeitraum heben die erforderliche Identität von angeklagter und abgeurteilter Tat nur dann nicht auf, wenn sie nach anderen Merkmalen (z.B. bestimmte Tatmodalitäten) hinreichend individualisiert bleibt[213].

Ist ein abgeurteiltes Delikt in der Anklageschrift gar nicht erwähnt, so stellt sich die Frage, ob es – **als historischer Vorgang** i.S.d. § 264 StPO – nach dem aus der zugelassenen Anklage erkennbaren Willen der Staatsanwaltschaft Gegenstand der Strafverfolgung sein sollte. Maßgeblich ist insoweit zunächst die Aufnahme des tatsächlichen Geschehens in den **Anklagesatz**. Im Einzelfall ist aber eine Auslegung der Anklage erforderlich, wobei auch auf die Darlegungen zum **wesentlichen Ergebnis der Ermittlungen** zurückgegriffen werden darf[214]. Voraussetzung hierfür ist, dass sich aus dem Anklagesatz zumindest die Grundlagen einer Tatbeteiligung ergeben. Fehlende Angaben können dann aus dem wesentlichen Ergebnis der Ermittlungen entnommen werden, wenn sie dort eindeutig benannt sind und deutlich wird, dass sich der Verfolgungswille der Staatsanwaltschaft hierauf erstreckt. Ist ein entsprechender Wille nicht mit Sicherheit feststellbar, so begründet dies einen Verstoß gegen den Anklagegrundsatz und damit die Revision, wenn nicht eine ordnungsgemäße Nachtragsanklage erfolgt ist[215].

> In unserem Beispiel ist der Anklagegrundsatz verletzt, da der Diebstahl als historischer Geschehensablauf in der Anklageschrift nicht erwähnt war und eine ordnungsgemäße Nachtragsanklage i.S.d. § 266 StPO nicht erhoben wurde.
>
> Sie würden als Verteidiger also zum Rechtsmittel der Revision raten.

952 Wegen der praktischen Bedeutung des Anklagegrundsatzes hier noch folgender **Übungsfall**:

---

210 BGH in st. Rspr., vgl. z.B. BGH 5 StR 108/17 Tz. 2; 1 StR 677/16 Tz. 2; 2 StR 242/16 Tz. 3; 4 StR 69/14 Tz. 11; 4 StR 370/13 Tz. 3.
211 Vgl. BGH 2 StR 242/16 sowie oben Rn. 198 ff.
212 BGH 2 StR 409/16 Tz. 9; 2 StR 459/10.
213 BGH 4 StR 153/14 Tz. 5; NJW 1994, 2966.
214 Vgl. BGH 4 StR 205/16 Tz. 5; 2 StR 520/15 Tz. 35 (zu Besonderheiten bei sog. Organisationsdelikten); 1 StR 45/11 Tz. 24; 1 StR 148/11 Tz. 7; 1 StR 412/11 Tz. 12 f.; 1 StR 194/11; 2 StR 524/10.
215 Siehe BGH 2 StR 89/16 Tz. 8; 2 StR 311/13 Tz. 4; 3 StR 314/11 Tz. 7; 1 StR 205/09.

Dem Angeklagten wurde mit der Anklage zur Last gelegt, gemeinsam mit einigen Mittätern das spätere Tatopfer abends in einer Gaststätte kennengelernt und – unter dem Vorwand, es nach Hause zu fahren – in einen Wald verbracht zu haben. Hier habe man das Opfer zusammengeschlagen, ihm Bargeld im Wert von 11 000 € weggenommen und es anschließend bei strengem Frost im Wald liegen gelassen. Der Angeklagte sei – so die Anklage – möglicherweise davon ausgegangen, das Tatopfer werde irgendwie zu einer nahegelegenen Straße gelangen und dort Hilfe finden. Tatsächlich war es laut Anklage halb erfroren in einem Graben liegend am nächsten Vormittag von einem Jogger zufällig gefunden und so gerettet worden.

Der Angeklagte ist wegen dieses Geschehens vom Landgericht wegen schweren Raubes in Tateinheit mit gefährlicher Körperverletzung zu einer langjährigen Freiheitsstrafe verurteilt worden.

Allerdings war in der Hauptverhandlung auch zu Tage getreten, dass der Angeklagte sich am Morgen nach dem Überfall mit seinen Mittätern über das Schicksal ihres Opfers unterhalten hatte. Hierbei hatte er erklärt, der weitere Verlauf der Ereignisse sei ihm „scheißegal", von der Tat werde ohnehin niemand erfahren. Dieses weitere – ggfls. als materiell-rechtlich selbständiges versuchtes Tötungsdelikt durch Unterlassen zu qualifizierende – Geschehen hat das Gericht allerdings nicht abgeurteilt.

Hiergegen wendet sich die Revision der Staatsanwaltschaft.

Das Landgericht hätte alles richtig gemacht, wenn eine Einbeziehung des weiteren Geschehens als Verstoß gegen den Anklagegrundsatz des § 151 StPO zu werten wäre, es sich hierbei also um eine andere „Tat" als die in der Anklage bezeichnete gehandelt hätte. Umgekehrt hätte die Revision der Staatsanwaltschaft Erfolg, wenn das Gericht die Ereignisse am Morgen nach dem (angeklagten) eigentlichen Überfall zu Unrecht als eigenständigen Lebenssachverhalt im Sinne des § 264 StPO eingestuft hätte. Da das Tatgericht den angeklagten Lebenssachverhalt ohne „unnatürliche Aufspaltung" umfassend rechtlich zu würdigen hat, hätte es dann den Angeklagten – nach entsprechendem Hinweis gem. § 265 StPO – auch wegen dieses Geschehens verurteilen müssen.

Wie bereits erwähnt, erfasst der verfahrensrechtliche Tatbegriff den von der Anklage geschilderten geschichtlichen Vorgang, innerhalb dessen der Angeklagte einen Straftatbestand verwirklicht haben soll. Maßgeblich für die Beurteilung ist also zunächst das im Anklagesatz geschilderte Tatgeschehen, welches dem Gericht zur Prüfung unterbreitet wurde. Alles was mit dem dort konkretisierten Vorkommnis „nach der Auffassung des Lebens" einen einheitlichen Vorgang bildet, ist von der Anklage gedeckt. Dort nicht erwähnte Vorgänge – hier die späteren Gespräche und Vereinbarungen zum weiteren Schicksal des Opfers – werden nur dann vom Tatbegriff erfasst, wenn sie mit dem in der Anklage konkretisierten Geschehen eine „Einheit" bilden. Dies erscheint vorliegend problematisch, da der Überfall und das Geschehen am nächsten Morgen zwei jedenfalls zeitlich und räumlich getrennte Vorgänge darstellen.

Allerdings besteht zwischen beiden Ereignissen ein enger situativer und deliktsimmanenter Zusammenhang, der sich rechtlich in der Annahme einer Garantenstellung i.S.d. § 13 StGB aufgrund Herbeiführung einer Gefahrenlage (sog. Ingerenz) widerspiegelt. Dies genügt auch für die Annahme einer prozessualen Tat i.S.d. § 264 StPO. Die Revision der Staatsanwaltschaft wird also Erfolg haben[216].

Maßgeblich ist im Rahmen des § 264 StPO also immer **der innere Beziehungs- und Bedingungszusammenhang** zwischen verschiedenen Ereignissen. Im Einzelfall kann die Bestim-

---

216 Siehe BGH NStZ-RR 2009, 289 f.

Kapitel 7 *Die Rechtsmittel im Strafverfahren*

mung des „von der Anklage erfassten Lebenssachverhaltes" durch das Tatgericht durchaus schwierig sein. So soll etwa bei einem Verkehrsdelikt (z.B. Trunkenheitsfahrt) und gleichzeitigem Drogenbesitz trotz der zeitlichen und situativen Überdeckung ein innerer Zusammenhang jedenfalls dann fehlen, wenn es sich nicht gerade um eine Fahrt zum Transport der Drogen handelt[217].

d) Fehlender oder mangelhafter Eröffnungsbeschluss

955 Auch das Vorliegen eines ordnungsgemäßen Eröffnungsbeschlusses ist Prozessvoraussetzung[218]. Er enthält gem. § 207 Abs. 1 StPO:
– die Zulassung der Anklage zur Hauptverhandlung und
– die Bezeichnung des Gerichts, vor welchem die Hauptverhandlung stattfinden soll.

Darüber hinaus ist gem. § 207 Abs. 2 und 4 StPO insbesondere mitzuteilen, mit welchen Änderungen ggfls. die Anklage zugelassen wird und welche weiteren Entscheidungen getroffen werden, z.B. über eine Fortdauer der Untersuchungshaft oder eine einstweilige Unterbringung.

956 Nach § 203 StPO setzt der – regelmäßig zwingend schriftlich zu fixierende[219] – Eröffnungsbeschluss **hinreichenden Tatverdacht** voraus, d.h. eine Verurteilung muss aufgrund der vorliegenden Ermittlungsergebnisse als wahrscheinlich angesehen werden können.

Fehlt der Eröffnungsbeschluss, so stellt dies nicht zwingend ein Prozesshindernis dar. Ist er lediglich verlorengegangen, so darf sein Inhalt rekonstruiert und ein neuer Beschluss erlassen werden. Darüber hinaus ist aber auch im Rahmen der **ersten Instanz** ein fehlender Eröffnungsbeschluss bis zur Vernehmung des Angeklagten zur Sache nachholbar[220], was dann entsprechend zu protokollieren ist. Stimmen der Angeklagte und der Verteidiger zu, so kann in diesem Fall die Hauptverhandlung ohne Unterbrechung fortgesetzt werden.

In der Berufungs- und in der Revisionsinstanz kann der Eröffnungsbeschluss jedoch nicht mehr nachgeholt werden. In beiden Fällen ist das Verfahren gemäß § 206a Abs. 1 StPO bzw. § 260 Abs. 3 StPO einzustellen, da es an einem nicht mehr heilbaren Mangel leidet[221].

957 Beachtlich sind neben dem völligen Fehlen nur schwerwiegende Mängel des Eröffnungsbeschlusses, die zu seiner Unwirksamkeit führen. Das gilt etwa, wenn an seinem Erlass nicht die vorgeschriebene Anzahl von Richtern mitgewirkt hat. Auf die richtige Besetzung bei der Beschlussfassung oder die Anzahl der Unterschriften

---

217 BGH 3 StR 109/12; 3 StR 566/08.
218 BGH 4 StR 230/16 Tz. 9.
219 BGH 2 StR 199/17 Tz. 6; 4 StR 230/16 Tz. 8; 2 StR 29/15 Tz. 23; 3 StR 167/13 Tz. 5; 2 StR 46/12; 3 StR 484/10.
220 Dies hat allerdings immer in der **Besetzung** zu geschehen, wie sie für Entscheidungen **ausserhalb** der Hauptverhandlung vorgeschrieben ist, also mit drei Berufsrichtern und ohne Schöffen, vgl. BGH 4 StR 598/14 Tz. 3, 2 StR 45/14 Tz. 8; 1 StR 388/11 m.w.N.
221 Vgl. BGH 2 StR 199/17 Tz. 10; NStZ 1987, 239 f.

kommt es also nicht an, solange nachgewiesen ist, dass tatsächlich von allen hierzu berufenen Richtern eine entsprechende Entscheidung getroffen wurde[222]. Auch inhaltliche Fehler genügen nicht, solange der Wille zur Eröffnung des Hauptverfahrens sicher zu entnehmen ist[223]. Zur Unwirksamkeit führen aber ein in wesentlichen Teilen unausgefülltes Beschlussformular oder die willkürliche Annahme der sachlichen Zuständigkeit[224].

e) Dauernde Verhandlungsunfähigkeit des Angeklagten

In jedem Stadium des Verfahrens ist von Amts wegen darauf zu achten, ob der Angeklagte verhandlungsfähig ist. Er muss in der Lage sein, seine Interessen vernünftig wahrzunehmen, seine Verteidigung in verständlicher und verständiger Form zu betreiben sowie Prozesserklärungen entgegenzunehmen und abzugeben[225]. Bei erwachsenen Angeklagten wird diese Fähigkeit vermutet. Selbst bei Angeklagten, deren geistige, psychische oder körperliche Fähigkeiten eingeschränkt sind, ist von Verhandlungsfähigkeit auszugehen, wenn die Auswirkungen derartiger Defizite durch verfahrensrechtliche Hilfen – etwa die Hinzuziehung eines Verteidigers – kompensiert werden können[226]. Sie fehlt erst dann, wenn trotz derartiger Unterstützungsmaßnahmen eine selbstverantwortliche Entscheidung über die Grundfragen der Verteidigung und eine sachgerechte Wahrnehmung der persönlich auszuübenden Verfahrensrechte (z.B. die Entscheidung über einen Rechtsmittelverzicht) nicht mehr möglich ist.

958

Verhandlungsunfähigkeit kann aber auch dann vorliegen, wenn die Durchführung einer Hauptverhandlung das Leben oder die körperliche Unversehrtheit des Angeklagten gefährden würde und ihm eine Teilnahme daher nicht zuzumuten ist[227].

Allerdings sind die Anforderungen an die Verhandlungsfähigkeit je nach Stadium des Verfahrens unterschiedlich. So ist in der Tatsacheninstanz zu beachten, dass die Einlassung des Angeklagten ein wesentliches Beweismittel darstellt. Auch darf er Zeugen befragen und selbst Anträge stellen. Hierdurch soll er unabhängig von seinem Verteidiger Einfluss auf den Verfahrensablauf nehmen können. Für das Revisionsverfahren genügt es demgegenüber, wenn der Angeklagte über das Rechtsmittel eigenverantwortlich entscheiden kann, die Bedeutung dieses Verfahrens kennt und sich mit seinem Verteidiger über das Prozessverhalten in der Revision verständigen kann[228].

959

Steht die Verhandlungsfähigkeit des Angeklagten im Zweifel, so ist sie im **Freibeweisverfahren** zu klären[229]. Hierzu kann auch die Einholung eines Sachverständigengutachtens geboten sein. Wie bei allen Verfahrensfragen gilt allerdings der Zweifelssatz nicht.

---

222 BGH 2 StR 516/13; 3 StR 167/13 Tz. 3 ff.; 4 StR 267/13; 4 StR 553/11.
223 BGH 1 StR 113/17 Tz. 2 f.
224 Vgl. BGH 2 StR 45/14 Tz. 8; 3 StR 280/11; NStZ 2000, 442 f.; OLG Stuttgart NStZ-RR 2010, 343; OLG Koblenz NStZ-RR 2009, 288; zu weiteren Fällen schwerwiegender Fehler siehe KK-*Schneider*, § 207 Rn. 27 f. m.w.N.
225 Vgl. BGH 4 StR 194/16 Tz. 10; 4 StR 251/16; 4 StR 405/12 Tz. 5 m.w.N.; 1 StR 14/04.
226 BVerfG NStZ 1995, 391 f.
227 Zum Beurteilungsmaßstab: BVerfG NJW 2005, 2382 f.; 2002, 51 ff.
228 Vgl. BGH 4 StR 527/16 Tz. 2; 1 StR 430/14; 5 StR 567/12; BVerfG NJW 1995, 1951 ff.
229 BGH 2 StR 124/10.

Kapitel 7 *Die Rechtsmittel im Strafverfahren*

2. „Absolute" Revisionsgründe

960 Wie bereits erwähnt, unterscheidet man bei dem möglichen Revisionsvorbringen zwischen der Verfahrensrüge und der Rüge einer Verletzung sachlichen Rechts. Hinsichtlich der Verletzung von **Verfahrensvorschriften**, also solcher Normen, die den Weg zum Urteil vorgeben, ist wiederum eine **Unterscheidung in zwei Gruppen** vorzunehmen:

Die **relativen Revisionsgründe**, § 337 sowie § 338 Nr. 8 StPO, bei welchen eine Gesetzesverletzung nicht zwingend den Erfolg der Revision begründet[230].	Die **absoluten Revisionsgründe**, § 338 Nrn. 1–7 StPO, deren Verletzung i.d.R. zwingend zur (zumindest teilweisen) Aufhebung des angegriffenen Urteils führt.

Bei den „relativen" Revisionsgründen ist für einen Erfolg der Revision erforderlich, dass das Urteil im Einzelfall auf dem Verfahrensverstoß „beruht", § 337 Abs. 1 StPO. In den Fällen des § 338 Nrn. 1 bis 7 StPO wird diese **Kausalität** (nahezu) **unwiderleglich vermutet**. Die „absoluten" Revisionsgründe stellen daher i.d.R. zwingende Aufhebungsgründe dar. Anders ist es nur dann, wenn – in besonderen Ausnahmefällen – ein Einfluss des Verfahrensfehlers auf das gesamte Urteil (oder abtrennbare Teile) und damit eine Kausalität denkgesetzlich ausgeschlossen ist[231].

961 Bei allen Verfahrensmängeln kann allerdings die Aufhebung stets auch auf einen abtrennbaren Verfahrensteil beschränkt werden, in dem der Gesetzesverstoß sich ausgewirkt hat. Im Übrigen – beispielsweise hinsichtlich des Schuldspruchs – kann das Urteil dann durchaus Bestand behalten[232]. Stellt der Tatrichter einen die Revision begründenden Mangel fest, so kann er diesen oftmals noch **heilen**, z.B. durch Wiederholung des Teils der Hauptverhandlung, der davon betroffen ist.

Wir wollen uns im Folgenden zunächst mit den **absoluten** Revisionsgründen befassen.

a) Vorschriftswidrige Besetzung des Gerichts

962 Zur Einführung zunächst folgendes **Beispiel:**

> Der Angeklagte erklärt:
> Ich bin vom Schöffengericht unter anderem wegen Körperverletzung verurteilt worden. Gegen dieses Urteil will ich jetzt Revision einlegen. Das Verfahren erscheint mir nämlich im Nachhinein etwas merkwürdig. Im Einzelnen geht es mir um Folgendes:
> a) An dem Verfahren war ein Schöffe beteiligt, der allerdings erst vor der Urteilsberatung vereidigt worden ist.
> b) Der andere Schöffe ist während der Beweisaufnahme eingeschlafen, sein Schnarchen war im gesamten Sitzungssaal deutlich zu vernehmen.

---

230 Die Vorschrift des § 338 Nr. 8 StPO wird allerdings von Teilen der Literatur den absoluten Revisionsgründen zugerechnet, vgl. die Nachweise bei *Meyer-Goßner*, § 338 Rn. 58. Warum diese Ansicht unzutreffend ist, werden Sie weiter unten erfahren.
231 Vgl. BGH 1 StR 11/13 Tz. 5; 5 StR 612/12 Tz. 17; NJW 1996, 138; MDR 1995, 1160.
232 BGH NJW 2003, 597; NStZ 1983, 375.

c) Der zwischen den Schöffen sitzende Richter – also der Vorsitzende – hat das allerdings nicht bemerkt, weil er offensichtlich während der Beweisaufnahme mit der Korrektur eines schriftlich abgefassten Urteils hinreichend beschäftigt war.
Kann eine Revision Erfolg haben?

Nach § 338 Nr. 1 StPO ist ein Urteil stets als auf einer Verletzung des Gesetzes beruhend anzusehen – und damit aufzuheben –, wenn das erkennende Gericht nicht vorschriftsmäßig besetzt war.

Sinn dieser Vorschrift ist eine Sicherung des **Anspruchs auf den gesetzlichen Richter** (Art. 101 Abs. 1 S. 2 GG, § 16 S. 2 GVG). Diese verfassungsrechtliche Garantie soll verhindern, dass im Einzelfall durch die Auswahl der zur Entscheidung berufenen Richter das Ergebnis eines Verfahrens manipuliert wird. Art. 101 Abs. 1 S. 2 GG sichert also die Unabhängigkeit der Rechtsprechung und schützt den Angeklagten vor willkürlichen Zuständigkeitsverschiebungen.

Die Besetzung des Gerichts richtet sich zunächst nach den dies ausdrücklich regelnden Vorschriften, insbesondere den §§ 22, 29, 76, 122 GVG sowie §§ 18, 19, 28, 29, 37 DRiG. Revisionsrechtlich bedeutsame Fehler können folglich **verschiedene Ursachen** haben:

aa) Fehler im Bereich der gerichtlichen Geschäftsverteilung

Im Wege des jährlich neu aufzustellenden **Geschäftsverteilungsplanes** werden vom jeweiligen Präsidium eines Gerichts die Besetzung und der Aufgabenbereich der einzelnen Spruchkörper geregelt (§ 21e Abs. 1 GVG).

Innerhalb des Spruchkörpers muss die Aufgabenverteilung jedenfalls dann weiter differenziert werden, wenn dieser mit mehr Richtern ausgestattet ist, als im Einzelfall zur Entscheidung berufen sind. Diese **interne Geschäftsverteilung** – etwa einer mit drei Berufsrichtern besetzten großen Strafkammer, die nach § 76 Abs. 2 GVG auch in „Zweierbesetzung" tätig werden kann – erfüllt der vor Beginn eines jeden Geschäftsjahres für dessen Dauer zu fassende **Beschluss** („Mitwirkungsplan") des Spruchkörpers, der generell-abstrakt und schriftlich festlegen muss, welches Mitglied an welchen Entscheidungen (z.B. Beschwerden) oder Verhandlungen mitwirken darf (§ 21g GVG). Sowohl der allgemeine Geschäftsverteilungsplan, als auch der Mitwirkungsplan müssen geeignet sein, willkürliche Einzelfallentscheidungen auszuschließen (sog. „Abstraktionsprinzip")[233].

Unter den Voraussetzungen des § 21g Abs. 2 GVG kann die Geschäftsverteilung aus zwingenden Gründen im laufenden Jahr geändert werden. Ob dies geschieht, unterliegt dem pflichtgemäßen Ermessen des Spruchkörpers. Allerdings muss der ent-

---

[233] BVerfG NJW 2017, 1233 ff.; 2005, 2540 f.; BGH 1 StR 493/16 Tz. 12; 3 StR 569/14 Tz. 7; NStZ 2000, 50 f.; vgl. zu diesem Problemkreis auch den instruktiven Vorlagebeschluss des 1. Senats des BVerfG NJW 1995, 2703 ff. und den Beschluss des BVerfG (Plenum) NJW 1997, 1497 ff.

Kapitel 7 *Die Rechtsmittel im Strafverfahren*

sprechende Beschluss so detailliert begründet sein, dass eine Prüfung seiner Rechtmäßigkeit in Bezug auf den gesetzlichen Richter möglich ist[234].

964 Diese Korrekturmöglichkeit gilt gem. § 21e Abs. 3 S. 1 GVG auch für den Geschäftsverteilungsplan des gesamten Gerichts, etwa wenn wegen akuter Überlastung eine Hilfsstrafkammer eingerichtet werden muss. Bestehen sachliche Gründe, so darf die Änderung bei Wahrung des Abstraktionsprinzips im Ausnahmefall auch bereits anhängige Verfahren erfassen. Die Begründung ist im Protokoll der Präsidiumssitzung oder dem entsprechenden Beschluss umfassend und detailliert zu dokumentieren. Ggfls. ist dies auf einen Besetzungseinwand hin nachzuholen[235]. Die Entscheidung des Präsidiums unterliegt aber – wie generell die Regelungen des Geschäftsverteilungsplans – der uneingeschränkten revisionsgerichtlichen Kontrolle auch dahingehend, ob die getroffenen Maßnahmen erforderlich waren[236]. Die spezielle Zuweisung bestimmter einzelner Verfahren bleibt stets unzulässig[237]. Nach Ablauf des Geschäftsjahres treten die Verteilungspläne automatisch außer Kraft; sie müssen also jährlich neu gefasst werden[238].

In Ausnahmefällen ist es auch möglich, einer Kammer einen außerordentlichen zeitweiligen Vertreter als Einzelperson zuzuweisen, sofern die Notlage nicht bereits bei Aufstellung des Geschäftsverteilungsplans voraussehbar war[239].

Fehlt ein Geschäftsverteilungs- oder Mitwirkungsplan, so begründet dies über § 338 Nr. 1 StPO die Revision[240]. Tritt das Gericht in anderer Besetzung zusammen, als dies im Geschäftsverteilungsplan (inkl. der Vertretungsregelungen) festgelegt ist, so kann auch dieser Mangel gerügt werden[241]. Voraussetzung ist hier aber, dass dem gerichtlichen Vorgehen **Willkür oder Rechtsmissbrauch** zu Grunde liegt. Ein Verstoß gegen den Geschäftsverteilungs- oder Mitwirkungsplan muss also zumindest offensichtlich und damit grob fehlerhaft gewesen sein und in den Verantwortungsbereich des Spruchkörpers fallen[242].

bb) Fälschliche Annahme der Verhinderung eines Richters

965 Die fälschliche Annahme einer z.B. durch Urlaub oder Krankheit grundsätzlich möglichen Verhinderung (und damit eines Vertretungsfalles, der eine Abweichung von der Geschäftsverteilung zulässt) kann die Revision begründen. Allerdings wird von dem Revisionsgericht insoweit lediglich überprüft, ob – das Vorliegen der tatsächlichen Gründe unterstellt – **rechtlich** ein Verhinderungsfall vorgelegen hat[243].

---

234 Siehe hierzu BGH 1 StR 13/13 Tz. 18; NStZ 2009, 651 ff.; NJW 2006, 2686; 1999, 156 f.
235 BGH 3 StR 516/15 Tz. 16; 5 StR 70/15 Tz. 8 ff.; 5 StR 613/13.
236 BGH 3 StR 490/15 Tz. 17; 5 StR 70/15 Tz. 8 ff.; 3 StR 569/14; 4 StR 577/14 Tz. 33 f.; 1 StR 13/13 Tz. 18.
237 Vgl. BGH 3 StR 100/15 Tz. 19; 5 StR 70/15 Tz. 9; 1 StR 544/09; 3 StR 307/09; 3 StR 174/09; NStZ 2007, 537; NJW 2004, 865.
238 BGH 1 StR 493/16 Tz. 12; NJW 2004, 2992 ff.
239 Siehe hierzu BGH 5 StR 91/15.
240 BGH 1 StR 493/16.
241 An eine solche „Besetzungsrüge" sind aber inhaltlich besondere Anforderungen zu stellen, vgl. BGH NJW 1999, 154 sowie NJW 1994, 2703 (2707). Zum Ermessensspielraum des Präsidiums bei der Gestaltung des Geschäftsverteilungsplans siehe BGH NJW 2000, 1580 f.
242 BGH 1 StR 13/13 Tz. 18; 4 StR 66/12; 1 StR 544/09.
243 BGHSt 25, 54.

In diesem Zusammenhang sei auch der Einsatz von **Ergänzungsrichtern** (bzw. Ergänzungsschöffen) i.S.d. § 192 GVG erwähnt, welcher die Annahme eines Verhinderungsfalles impliziert. Insoweit entscheidet der Vorsitzende nach freiem und pflichtgemäßem, allein einer Willkürprüfung unterworfenem Ermessen, dessen Ausübung freilich zu dokumentieren ist[244]. Angesichts des Anspruchs auf den gesetzlichen Richter ist im Falle einer vorübergehenden Erkrankung einerseits zu prüfen, ob die Hauptverhandlung zunächst unterbrochen und die Fortsetzung in der Ursprungsbesetzung abgewartet werden kann. Andererseits kann das Beschleunigungsgebot es gebieten, die Verhinderung rasch festzustellen und die Hauptverhandlung mit dem Ergänzungsrichter fortzusetzen. In Umfangsverfahren ist dabei auch **§ 229 Abs. 3 StPO** in den Blick zu nehmen, wonach die Unterbrechungsfrist in den dort genannten Fällen bis zu 6 Wochen gehemmt ist. Der Eintritt des Ergänzungsrichters kommt hier regelmäßig erst in Betracht, wenn klar ist, dass der erkrankte Richter nach Ablauf der maximalen Fristenhemmung zu dem ersten notwendigen Fortsetzungstermin nicht erscheinen kann[245].

cc) Nichtbeachtung der vorgeschriebenen Richterzahl

Gerügt werden kann auch, das Gericht sei nicht mit der genügenden Zahl von Richtern (zu denen auch die Schöffen gehören) besetzt gewesen. Insoweit kommen zwei Konstellationen in Betracht, nämlich:

966

- **Unterbesetzung**, d.h. Verhandlung und Entscheidung mit weniger als der gesetzlich vorgesehenen Zahl von Richtern;
- **Überbesetzung**, so dass z.B. eine Kammer in zwei personell unterschiedlichen Gruppen Recht sprechen kann.

> Hierzu folgendes hypothetisches **Beispiel:**
> Eine Kammer beim Landgericht ist nach der Geschäftsverteilung mit 6 Berufsrichtern besetzt. Nach § 76 Abs. 1, 2 GVG entscheidet es in einer Besetzung von 2 bzw. 3 Berufsrichtern. Bei der gegebenen Zuweisung mit Richtern wäre es also dem Vorsitzenden möglich, die jeweilige konkrete Besetzung nach seinem Belieben zu regeln, zwei komplett unterschiedliche Spruchkörper zu bilden und damit – jedenfalls theoretisch – Einfluss auf den Ausgang eines Verfahrens zu nehmen.

Eine solche Überbesetzung verstieße i.d.R. gegen das Recht auf den gesetzlichen Richter[246]. Demgegenüber soll die „einfache" Überbesetzung – die nicht zwei komplett verschiedene Besetzungen erlaubt und im Übrigen in § 76 Abs. 1 und 2 GVG für die große Strafkammer sogar gesetzlich vorgesehen ist – immer unbedenklich sein[247]. Dem ist angesichts der Regelung in § 21g GVG zuzustimmen. Ausgangspunkt der Überlegungen ist die gesetzliche Regelbesetzung, für erstinstanzliche Strafkammern also diejenige mit drei Berufsrichtern, § 76 Abs. 1 GVG. Folglich kann eine Straf-

---

244 Siehe BGH 5 StR 71/16; 2 StR 76/14 Tz. 15 f. (zum Hilfsschöffen); 1 StR 544/09.
245 Siehe hierzu umfassend BGH 3 StR 544/15.
246 BGHSt 33, 234 f.
247 Vgl. KK-*Gericke*, § 338 Rn. 31 m.w.N.

Kapitel 7 *Die Rechtsmittel im Strafverfahren*

kammer durchaus mit vier Berufsrichtern (einschließlich des Vorsitzenden) besetzt sein, sofern sie über einen hinreichenden internen Mitwirkungsplan verfügt[248].

967 Die Vorschrift des **§ 76 Abs. 2 GVG** bietet allerdings andere revisionsrechtliche Probleme. Nach ihr beschließt die große Strafkammer anlässlich der Eröffnung des Hauptverfahrens, dass sie in der Hauptverhandlung mit zwei Richtern (einschließlich des Vorsitzenden) und zwei Schöffen besetzt ist, **wenn** sie **nicht** als Schwurgericht tätig wird, Maßregeln i.S.d. §§ 63, 66 StGB in Betracht kommen oder nach dem **Umfang oder der Schwierigkeit** der Sache die Mitwirkung eines dritten Richters notwendig erscheint. Danach ist die Besetzung mit zwei Berufsrichtern die Regel, diejenige mit dreien die Ausnahme[249]. Für Jugendsachen findet sich eine entsprechende Regelung in § 33b JGG[250], für Verfahren vor den Oberlandesgerichten in § 122 Abs. 2 GVG.

968 Bei der Entscheidung nach § 76 Abs. 2 GVG steht der Kammer kein Ermessen zu; sie hat die Dreierbesetzung zu beschließen, wenn diese notwendig erscheint. Das Gericht verfügt allerdings über einen weiten Spielraum hinsichtlich der Beurteilung, ob die Sache nach „Umfang oder Schwierigkeit" – etwa wegen der Zahl der Angeklagten, des Umfangs oder der Dauer der Hauptverhandlung (vgl. auch § 76 Abs. 3 GVG) – die Mitwirkung eines dritten Berufsrichters erfordert. Überschreitet die Kammer diesen Beurteilungsspielraum in unvertretbarer Weise, also **objektiv willkürlich**, so kann dies als Verstoß gegen § 76 Abs. 2 GVG die Revision ebenso rechtfertigen, wie wenn es an einer Entscheidung i.S.d. § 76 Abs. 2 GVG überhaupt fehlt[251]. Da sie „bei der Eröffnung des Hauptverfahrens" zu treffen ist, kann sie nämlich nicht nachgeholt werden. Bleibt im Einzelfall zweifelhaft, welche Gerichtsbesetzung für die sachgerechte Verfahrensbehandlung geboten ist, so gebührt der Dreierbesetzung wegen ihrer gegenüber der reduzierten Besetzung „strukturellen Überlegenheit" der Vorrang[252].

Unterbleibt versehentlich ein Beschluss zur Besetzung, so muss die Hauptverhandlung nach § 76 Abs. 1 GVG mit drei Berufsrichtern durchgeführt werden[253].

969 Eine beschlossene Dreierbesetzung ist in der Instanz nicht mehr abänderbar. Ist dagegen die Besetzungsreduktion beschlossen, so kann dies gem. § 76 Abs. 4 GVG durch Entscheidung ausserhalb der Hauptverhandlung noch geändert werden, wenn sich **vor deren Beginn** neue Umstände ergeben[254].Die Bindung entfällt ansonsten neben dem Fall eines begründeten Besetzungseinwands nach § 222b StPO – kraft Gesetzes

---

248 Siehe BVerfG NJW 2004, 3482 f.; BGH NJW 2004, 1118.
249 In der Praxis der großen Strafkammern (ohne Schwurgericht) werden im Bundesdurchschnitt etwa 70% der Verfahren in der Besetzung mit nur zwei Berufsrichtern erledigt (vgl. die Publikationen des Statistischen Bundesamtes, Fachserie 10 Reihe 2.3, www.destatis.de). Im Jahre 1993 waren es noch knapp 50 %, vgl. *Haller/Janßen* NStZ 2004, 470, auch umfassend zum Problem der sog. Besetzungsreduktion.
250 Danach ist eine Besetzungsentscheidung in Jugendsachen **auch in den Berufungsverfahren** gegen Urteile des Jugendschöffengerichts zu treffen, vgl. OLG Brandenburg NStZ 2009, 44 m.w.N.
251 BGH 3 StR 419/16; 3 StR 407/12 Tz. 54; 5 StR 555/09; 5 StR 487/09; NStZ 2004, 56.
252 Vgl. BGH 5 StR 189/11; 5 StR 555/09.
253 Vgl. BGH 5 StR 317/08.
254 Jedenfalls bei Verfahren, die ab dem 01.01.2012 beim Landgericht anhängig wurden, § 41 EGGVG. Zu Altfällen siehe BGH 5 StR 189/11; 5 StR 159/10.

– nur im Falle der Zurückweisung der Sache durch das Revisionsgericht oder einer Aussetzung der Verhandlung, §§ 33b Abs. 6 JGG, 76 Abs. 5, 122 Abs. 2 S. 4 GVG. In diesen Situationen darf das nunmehr für die Verhandlung und Entscheidung zuständige Gericht erneut über seine Besetzung beschließen. Entschieden wird stets in der Kammerbesetzung außerhalb der Hauptverhandlung, also mit drei Berufsrichtern und ohne Schöffen[255]. Liegt keine der genannten Ausnahmesituationen vor, so ist die begonnene Hauptverhandlung in der ursprünglich beschlossenen Besetzung zu Ende zu führen, selbst wenn sich neue Umstände zeigen, die eine Dreierbesetzung rechtfertigen würden[256].

dd) Unrichtige Besetzung des Spruchkörpers mit Schöffen

Das Auswahlverfahren bezüglich der Schöffen ist bereits dargestellt worden[257]. Das vom Schöffenwahlausschuss auf der Grundlage der – ggfls. infolge von Einsprüchen korrigierten – Vorschlagsliste durchzuführende eigentliche Wahlverfahren ist gesetzlich nicht geregelt. Diese Wahl betreffende Mängel können nur dann mit der Revision gerügt werden, wenn sie auf einem **Fehler des Gerichts** beruhen. Damit scheiden alle Verstöße aus, die außerhalb des Gerichtsbereichs liegen (z.B. bei der Erstellung der Vorschlagsliste)[258].

970

Aber auch gerichtliche Fehler bei der Schöffenwahl können nur in besonders schwerwiegenden Fällen oder bei offensichtlichen Mängeln, die zur Nichtigkeit der Wahl führen, mit der Revision gerügt werden[259]. Solche sind z.B.:

971

– ein nur scheinbar existierender Schöffenwahlausschuss hat entschieden[260];
– ein Schöffe wurde von der falschen Liste gewählt (z.B. Jugendschöffe von derjenigen für Verfahren gegen Erwachsene)[261];
– es fand gar keine „Wahl" statt, sondern z.B. eine bloße Auslosung[262];
– es wurde ein „unfähiger"[263] Schöffe i.S.d. § 32 GVG gewählt[264].

Ein Revisionsgrund i.S.d. § 338 Nr. 1 StPO liegt auch dann vor, wenn
– die (an sich ordnungsgemäß gewählten) Schöffen entgegen §§ 45, 47, 48, 77 GVG für die jeweiligen Sitzungstage falsch ausgelost bzw. verteilt wurden[265];
– ein für den Sitzungstag gar nicht ausgeloster Schöffe mitgewirkt hat (bei mehreren Verhandlungstagen ist insoweit der erste Sitzungstag maßgebend)[266];

---

255 BGH 1 StR 596/16 m.w.N.; 2 StR 45/14 Tz. 8; 1 StR 50/14.
256 BGH 3 StR 335/12.
257 Siehe oben Rn. 345 ff.
258 BGHSt 26, 206 ff.; 33, 261 ff.; BGH NStZ 1986, 565.
259 Auch für Hilfsschöffen gilt nichts anderes. Bloße Verfahrensfehler genügen für eine erfolgreiche Besetzungsrüge nicht, vgl. BGH 5 StR 273/15 Tz. 18 m.w.N.
260 BVerfGE 31, 181 (184).
261 BGHSt 26, 393.
262 BGHSt 35, 190.
263 Hiervon abzugrenzen ist der „ungeeignete" Schöffe i.S.d. §§ 33, 34 GVG! Ein Verstoß gegen diese Vorschriften kann mit der Revision i.d.R. nicht gerügt werden.
264 Vgl. hierzu BGHSt 35, 28 ff.
265 Zur Schöffenbesetzung bei einer Hilfsstrafkammer vgl. BGH NStZ 2007, 537. Hier sind die für die entlastete Kammer ausgelosten Hauptschöffen heranzuziehen.
266 Vgl. hierzu auch BGH NJW 2002, 2963.

Kapitel 7 *Die Rechtsmittel im Strafverfahren*

- ein Schöffe mitgewirkt hat, der entgegen § 45 Abs. 2 bis 4 DRiG vor der **ersten** Dienstleistung in der laufenden Schöffenperiode nicht vereidigt worden ist[267];
- er willkürlich vom Vorsitzenden von seinen Pflichten entbunden wurde[268] oder
- wenn durch willkürliche Terminierung ein unzulässiger Einfluss auf den Einsatz der Schöffen ausgeübt wurde[269].

ee) Besonderheiten in der Person des Richters bzw. Schöffen

972 Bei Rügen betreffend die Person eines Richters oder Schöffen kommen als **mögliche Fehlerquellen** in Betracht:
- Die Mitwirkung eines **blinden, stummen oder tauben Richters**. Dies folgt schon aus den Prinzipien der Unmittelbarkeit und Mündlichkeit der Hauptverhandlung[270];
- **mangelnde deutsche Sprachkenntnisse** eines Schöffen, so dass er der Hauptverhandlung nicht eigenständig folgen konnte[271];
- die Mitwirkung eines **unaufmerksamen Richters**. Sie stellt einen Revisionsgrund dar, wenn die Unaufmerksamkeit eine nicht unerhebliche Zeitspanne in Anspruch nahm. Das wird jedenfalls bei Übermüdung des Richters angenommen oder wenn er durch Aktenstudium o.Ä. abgelenkt wurde. Erst recht gilt dies natürlich für den schlafenden Richter[272];
- die Missachtung eines gesetzlichen Dienstleistungsverbotes[273];
- die **Geschäftsunfähigkeit** eines Mitglieds des Spruchkörpers.

973 Zurück zum **Beispiel:** Die Besetzung als solche war – gemessen an § 29 Abs. 1 GVG – grundsätzlich nicht zu beanstanden[274].

Demgegenüber ist die Vereidigung des Schöffen zu einem falschen Zeitpunkt erfolgt. Entsprechend § 45 Abs. 2 DRiG ist der Schöffe vor der ersten Diensthandlung zu vereidigen. Ohne diese Vereidigung darf er seine Tätigkeit als Richter nicht aufnehmen, das Gericht war folglich nicht mit der hinreichenden Anzahl von Richtern besetzt. Dieser Mangel kann auch nicht etwa durch eine spätere Vereidigung des Schöffen geheilt werden.

Folglich ist in der Fallalternative a) das Gericht nicht ordnungsgemäß besetzt gewesen, so dass eine Revision erfolgversprechend ist.

Hinsichtlich der Rügen zu b) und c) ist das Gericht aufgrund von Mängeln in der Person der betreffenden Richter nicht ordnungsgemäß besetzt gewesen, so dass auch hier eine Revision, gestützt auf § 338 Nr. 1 StPO, Erfolg haben kann.

---

267 BGH NStZ 2004, 30 f.
268 Siehe hierzu BGH 2 StR 342/15 Tz. 12 ff.
269 Vgl. BGH NJW 1998, 390.
270 BGH NStZ 1987, 335; BGHSt 4, 191 (193).
271 BGH 2 StR 338/10.
272 BGHSt 11, 74 (77); BGH NStZ 1982, 41; BVerwG NJW 1986, 2721 f.
273 So jedenfalls BGH 2 StR 9/15 für den Mutterschutz einer Richterin nach § 6 Abs. 1 S. 1 MuSchG.
274 Allerdings kann bei einem erweiterten Schöffengericht – jedenfalls theoretisch – gerügt werden, es sei ohne entsprechenden Antrag der Staatsanwaltschaft zusammengetreten bzw. die inhaltlichen Voraussetzungen des § 29 Abs. 2 GVG (besonderer Umfang der Sache) seien nicht gegeben gewesen.

ff) Die Rügepräklusion

§ 338 Nr. 1 StPO setzt zunächst immer voraus, dass eine vorschriftswidrige Besetzung **974** tatsächlich vorgelegen hat[275]. Selbst dann hängt aber der Erfolg einer Revision von weiteren Umständen ab. Denn bei Verfahren, die vor dem Landgericht oder Oberlandesgericht stattgefunden haben (vgl. den Verweis auf § 222a StPO in § 338 Nr. 1 StPO), kann die vorschriftswidrige Besetzung nur gerügt werden, soweit **weitere Voraussetzungen** erfüllt sind, namentlich die in § 338 Nr. 1 Ziff. 1a bis d StPO genannten. Diese Einschränkung wird als „**Rügepräklusion**" bezeichnet. Eine Revision kann daher in diesen Fällen nur Erfolg haben, wenn alternativ

- die Verletzung von Vorschriften über die Mitteilung hinzutritt (§ 222a StPO);
- ein **rechtzeitiger und formgerechter Einwand** hinsichtlich der Besetzung übergangen oder zurückgewiesen wurde (vgl. § 222b StPO);
- eine Unterbrechung der Hauptverhandlung zur Überprüfung der Besetzung (§ 222a Abs. 2 StPO) nicht stattgefunden hat;
- das Gericht in einer Besetzung entschieden hat, deren Vorschrifts**widrigkeit** es zuvor nach § 222b Abs. 2 S. 2 StPO festgestellt hatte.

Der Grund hierfür liegt darin, dass für den Rechtsmittelführer schon eine verfahrens- **975** mäßige Möglichkeit bestand, der von ihm erkannten oder jedenfalls – etwa durch Einblick in die ihm gem. § 222a Abs. 3 StPO auf Verlangen zugänglich zu machenden Besetzungsunterlagen – **objektiv erkennbaren**[276] fehlerhaften Besetzung mit dem „**Besetzungseinwand**" zu begegnen. Dieser dient im Sinne der Ressourcenschonung gerade dazu, Besetzungsfehler bereits in einem frühen Verfahrensstadium zu erkennen und zu heilen. Die Rügepräklusion soll also insbesondere in Großverfahren die Revision bezüglich der Mängel erschweren, die bis zu dem in § 222b Abs. 1 S. 1 StPO genannten Zeitpunkt entstanden und erkennbar waren. Daher müssen selbst bei evidenten Besetzungsmängeln **substantiiert alle Beanstandungen gleichzeitig** vorgebracht werden, § 222b Abs. 1 S. 2 und 3 StPO, so dass ein Nachschieben von Einwänden oder Tatsachen unzulässig ist[277].

Der Besetzungsrüge bedarf es nur dann nicht, wenn Mängel in der Person des Richters gerügt werden, da hier die §§ 222a, 222b StPO nicht gelten[278].

b) Mitwirkung eines ausgeschlossenen oder abgelehnten Richters

Die Gründe für die Ausschließung oder Ablehnung einer Gerichtsperson sind ab- **976** schließend in §§ 22 ff. StPO geregelt. Nach § 31 Abs. 1 StPO gelten diese Vorschriften nicht nur für Richter, sondern auch für Schöffen und Urkundsbeamte der Geschäftsstelle bzw. als Protokollführer zugezogene Personen. **§ 338 Nrn. 2 und 3 StPO** beschränken die revisionsrechtliche Überprüfung jedoch auf Berufsrichter und Schöffen, da nur diese an der Urteilsfindung mitgewirkt haben. Zweck der genannten

---

275 BGH 1 StR 373/11 Tz. 26.
276 Vgl. BGH NJW 2003, 2545 f.; NStZ 1999, 365 f.; NJW 1997, 403 f.
277 Siehe BGH 1 StR 422/15 Tz. 27 ff.; 3 StR 490/15 Tz. 11.
278 BGH StV 1997, 59 f.

Kapitel 7   *Die Rechtsmittel im Strafverfahren*

Vorschriften ist es, das erkennende Gericht von Richtern freizuhalten, die dem Verfahrensgegenstand und/oder den Beteiligten nicht mit der erforderlichen Distanz gegenüberstehen. Bei den gesetzlichen Ausschließungsgründen wird unwiderleglich vermutet, dass diese Unbefangenheit nicht gewährleistet ist.

Der Unterschied zwischen Ausschließung und Ablehnung ist Folgender: Die in der Praxis seltene **Ausschließung** einer Gerichtsperson wirkt unmittelbar kraft Gesetzes, während für die **Ablehnung** nach § 26 Abs. 1 StPO stets ein entsprechendes Gesuch, also ein Antrag, erforderlich ist, über den das Gericht zu entscheiden hat.

aa) Die Ausschließungsgründe der §§ 22, 23 StPO

977   Die gesetzlichen Ausschließungsgründe knüpfen an Situationen der besonderen persönlichen oder beruflichen Nähe zu einem Verfahrensbeteiligten oder der Sache an, die zu einer entsprechenden Konfliktlage führen kann. Dies ist in folgenden objektivierbaren Konstellationen anzunehmen:

- Der Richter ist durch die Tat **selbst „verletzt"** worden, § 22 Nr. 1 StPO.
  Bei der gebotenen engen Auslegung ist dies nur dann der Fall, wenn er durch die Straftat, welche den **Gegenstand des Verfahrens** bildet, persönlich und **unmittelbar** in seinen Rechten betroffen wurde[279]. Die Rechtsverletzung zum Nachteil des Richters darf sich also nicht erst während der Hauptverhandlung ereignet haben. Beleidigungen oder sonstige Angriffe gegen den Richter im Rahmen der Hauptverhandlung führen also keinen Ausschluss herbei.
- Der Richter steht in einer **engen familiären Beziehung** zu dem durch die Tat Verletzten, dem Beschuldigten oder Angeklagten, § 22 Nrn. 2 und 3 StPO.

978   – Der Richter war schon **früher „in der Sache" beteiligt**.
  Für diese Beurteilung kommt es maßgeblich auf die Identität des früheren Geschehens mit dem Gegenstand der aktuell anstehenden Entscheidung an. Da die Regelung des § 22 Nr. 4 StPO schon dem Verdacht der Parteilichkeit vorbeugen will, ist hier eine weite Auslegung geboten. Es genügt jedes amtliche Handeln in der Sache, das geeignet ist, den Sachverhalt zu erforschen oder den Gang des Verfahrens zu beeinflussen, z.B. die Gewährung von Akteneinsicht oder die Entscheidung über ein Ablehnungsgesuch[280]. Selbst wenn der konkrete Gegenstand des früheren und des aktuellen Verfahrens sich nicht unmittelbar decken, kann die Vorschrift greifen, wenn zwischen ihnen ein enger und für die zu treffende Entscheidung bedeutsamer Zusammenhang besteht[281].

979   Erforderlich ist zudem eine frühere Beteiligung des Richters als
- Staatsanwalt, Polizeibeamter, Anwalt oder Verteidiger, § 22 Nr. 4 StPO;
- Zeuge oder Sachverständiger, wobei der Ausschluss voraussetzt, dass er in dieser Eigenschaft in der Sache „vernommen" worden ist (§ 22 Nr. 5 StPO). Erforderlich ist also die persönliche oder schriftliche Anhörung durch ein Organ der

---

[279] Siehe BGH 1 StR 544/09; NStZ 2009, 342 f.; NJW 2007, 1762 f.
[280] BGH 1 StR 581/12; 4 StR 378/10.
[281] Vgl. (ablehnend) BGH NJW 2004, 865 f. für den Fall der Mitwirkung einer Richterin in ihrer früheren Eigenschaft als Staatsanwältin im Rahmen von Todesermittlungen i.S.d. § 87 StPO.

Rechtspflege zu eigenen Wahrnehmungen, welche die Schuld- und Straffrage betreffen; die Abgabe einer dienstlichen Erklärung genügt nicht[282];
- Richter bei einer angefochtenen Entscheidung, sofern es sich um seine jetzige Mitwirkung in einem höheren Rechtszug handelt, § 23 Abs. 1 StPO. Dabei ist der Begriff der früheren Mitwirkung in der „Sache" zum Schutz des Angeklagten weit auszulegen. Er erfasst das gesamte Verfahren, beginnend mit den Ermittlungen über die Hauptverhandlung bis selbst zu einem Wiederaufnahmeverfahren[283].

Merkwürdigerweise erfasst § 22 StPO nicht den Richter, der in einer vom Revisionsgericht zurückverwiesenen Sache mitwirkt, obwohl er bereits an der aufgehobenen Entscheidung beteiligt war. Dies gilt es allerdings durch einen entsprechenden Geschäftsverteilungsplan zu verhindern[284].

bb) Ablehnung einer Gerichtsperson wegen Besorgnis der Befangenheit

Ist eine Gerichtsperson nicht bereits von Gesetzes wegen ausgeschlossen, so kann sie wegen der **Besorgnis der Befangenheit** abgelehnt werden. Von dieser Möglichkeit wird insbesondere im Rahmen der sog. „Konfliktverteidigung" häufig Gebrauch gemacht[285].

980

Das Ablehnungsrecht steht gem. **§ 24 Abs. 3 StPO** dem Beschuldigten, der Staatsanwaltschaft und dem Privatkläger zu. Erweitert wird es durch **§ 397 Abs. 1 S. 3 StPO** auf den Nebenkläger. Darüber hinaus hat das BVerfG auch dem Verletzten der Straftat unabhängig von der Stellung eines Nebenklägers ein Ablehnungsrecht im Zusammenhang mit dem Adhäsionsverfahren zuerkannt[286].

Inhaltlich erfordert **§ 24 Abs. 2 StPO** Umstände, die **aus Sicht des Ablehnenden** Misstrauen gegen die Unparteilichkeit der betreffenden Person rechtfertigen. Einer tatsächlichen Befangenheit bedarf es also nicht. Andererseits kann es aber auch nicht maßgeblich auf die subjektiven Empfindungen des Betroffenen ankommen. Ein erfolgreiches Ablehnungsgesuch setzt daher voraus, dass bei „verständiger Würdigung" des Sachverhaltes für einen **„vernünftigen"** Angeklagten Grund zu der Annahme besteht, der Richter begegne ihm nicht unvoreingenommen, sondern habe sich in der Schuld- und Straffrage bereits festgelegt. Entscheidend ist stets die nach außen deutlich gewordene innere Haltung des Richters. Insoweit gilt also ein individuell-objektiver Maßstab, der belegbare objektive Anhaltspunkte voraussetzt[287]. Dies gilt auch bei der Ablehnung von Schöffen[288].

981

Selbstverständlich kann eine Besorgnis der Befangenheit nicht aus dem Verhalten des Angeklagten selbst resultieren, z.B. indem er während des laufenden Verfahrens

---
282 Vgl. BGH NStZ-RR 2009, 85; NStZ 2006, 113 f.; NJW 2002, 2401 ff.
283 BGHSt 28, 262 (264): nicht erfasst wird allerdings die frühere Mitwirkung bei einer einzubeziehenden Entscheidung im Falle der nachträglichen Gesamtstrafenbildung.
284 Vgl. BGH 5 StR 273/15 Tz. 23 f.; 5 StR 416/12.
285 Siehe hierzu oben Rn. 626 ff.
286 BVerfG NJW 2007, 1670 ff.
287 So auch EGMR NJW 2016, 1563 ff. Siehe zudem BGH 1 StR 169/15 Tz. 14; 3 StR 243/13 Tz. 5; 1 StR 212/12 Tz. 4; 3 StR 455/11 Tz. 12; 4 StR 404/11 Tz. 22.
288 BGH 1 StR 201/13 Tz. 12.

Kapitel 7 *Die Rechtsmittel im Strafverfahren*

gegen den Richter Strafanzeige erstattet und ihn damit möglicherweise gegen sich aufbringt[289]. Zudem erlaubt § 24 StPO nur die Ablehnung einzelner Richter[290]. Bei einem Kollegialgericht müssen folglich alle Richter eines Spruchkörpers einzeln abgelehnt werden.

982 Eine Besorgnis der Befangenheit kann ihre Ursache in **verschiedenen Sphären** haben. Insoweit kommen in Betracht:

Die **persönlichen Verhältnisse** des Richters (z.B. Religion, Weltanschauung, Geschlecht).

Sie stellen in der Regel keinen Ablehnungsgrund dar. So kann etwa die Äußerung von persönlichen Ansichten – z.B. im Rahmen von Veröffentlichungen oder Vorträgen – regelmäßig die Besorgnis der Befangenheit nicht begründen. Etwas anderes muss aber gelten, wenn der Richter sich in der für das konkrete Strafverfahren maßgeblichen Frage bereits endgültig festgelegt zu haben scheint[291] oder etwa in „sozialen" Netzwerken so auftritt, als habe er allgemein Spaß an der Verhängung hoher Strafen[292]. Auch aus dienstlichen oder persönlichen Beziehungen zu einem Verfahrensbeteiligten können Ablehnungsgründe resultieren, wenn diese eine bestimmte Intensität erreichen[293]. Schließlich kann ein Richter auch bei begründeten Zweifeln an seiner rechtlichen Gesinnung und Rechtstreue abgelehnt werden[294].

983 **Mitwirkung an einer Vorentscheidung** (z.B. vorangegangene Verurteilung des Angeklagten oder anderer Verfahrensbeteiligter).

Die Mitwirkung an Vorentscheidungen stellt für sich alleine i.d.R. keinen Ablehnungsgrund dar[295]. Denn andernfalls würde die „Vorbefassung" de facto zu einem Ausschließungsgrund erhoben, was der Konzeption der §§ 22, 24 StPO nicht entspricht. Zudem kann von einem Richter grundsätzlich erwartet werden, dass er seine Überzeugung von der Schuld nur aus dem Inbegriff der Hauptverhandlung aufgrund des dort gefundenen Beweisergebnisses schöpft. Ein „verständiger" Angeklagter wird daher nicht an der Objektivität des mit demselben Sachverhalt oder mit seiner Person vorbefassten Richters zweifeln. Hat also eine Gerichtsperson an früheren Zivil- oder Strafverfahren gegen den Angeklagten mitgewirkt, so rechtfertigt dies für sich allein nicht deren Ablehnung. Ein Ablehnungsgesuch mit ausschließlich dieser Begründung ist gem. § 26a Abs. 1 S. 2 StPO als unzulässig zu verwerfen[296].

---

289 Vgl. BVerfG NJW 1996, 2022.
290 BGH 2 ARs 363/09; KK-*Scheuten*, § 24 Rn. 23.
291 Vgl. BGH 3 StR 243/13 Tz. 5; BVerfG NJW 2014, 1227 ff.; 2013, 3360; NJW 2011, 3637 ff. sowie NJW 1993, 2230 zum „Fall Böckenförde", einem früheren Richter am BVerfG, der einige Jahre der Juristen-Vereinigung „Lebensrecht" angehörte und dann über die Verfassungsmäßigkeit des Abtreibungsrechts mitzuentscheiden hatte.
292 Lesenswert: BGH 3 StR 482/15.
293 So OLG Düsseldorf NStZ-RR 2010, 114: intensives kollegiales Verhältnis zwischen dem erkennenden Vorsitzenden und der verletzten Hauptbelastungszeugin. Siehe auch BVerfG NJW 2000, 2808; 1999, 413 und 1996, 3333.
294 Etwa wenn er sich jenseits des eigentlichen Verfahrens für Selbstjustiz ausspricht, vgl. BGH 2 StR 595/09. Zur Beruhigung: Es handelte sich um einen Schöffen.
295 EGMR NJW 2011, 3633 ff.; BGH 5 StR 583/16 Tz. 2; 1 StR 169/15 Tz. 15; 3 StR 283/14 Tz. 7; 5 StR 416/12; 1 StR 212/12 Tz. 6.
296 BGH 2 ARs 61/16 Tz. 1; 3 StR 262/14 Tz. 10; NStZ-RR 2009, 85 f.

Anders kann die Situation zu beurteilen sein, wenn in dem früheren Verfahren bereits eine Festlegung erfolgte – etwa indem derselbe Richter einen Zeugen zuvor als unglaubwürdig eingestuft hat und dieser Zeuge nunmehr vor demselben Gericht wegen Falschaussage angeklagt ist[297] –, wenn die vorangegangene Entscheidung unnötige und sachlich nicht begründete Werturteile über den Angeklagten enthält oder sich als „völlig abwegig" bzw. willkürlich erweist[298].

Verhalten und Zwischenentscheidungen vor oder während der Hauptverhandlung (z.B. der Erlass des Eröffnungsbeschlusses oder eines Haftbefehls, die Terminierung, Auswahl eines Sachverständigen, Ablehnung eines Antrags oder Äußerungen jedweder Art). **984**

Zahlreiche Ablehnungsgesuche beruhen auf (angeblichen) **Äußerungen** im Zusammenhang mit der Hauptverhandlung. Die Besorgnis der Befangenheit kann hier begründet sein, wenn der Richter in grober und unsachlicher Weise seinen Unmut zum Ausdruck bringt, wenn er den Angeklagten bedrängt, zur Sache auszusagen oder ein Geständnis abzulegen, wenn er ihn ansonsten unter Missachtung seiner Rechte in unangemessener oder ehrverletzender Weise behandelt. Andererseits sind auch nachdrückliche Vorhalte, Hinweise auf ein zu erwartendes Verfahrensergebnis oder die Folgen eines Geständnisses für die Strafzumessung zulässig und u.U. aufgrund der Fürsorgepflicht sogar geboten[299]. Auch im Verfahren entstandene Spannungen zwischen Richtern und Verteidigern können die Besorgnis der Befangenheit i.d.R. ebenso wenig begründen[300] wie der Umgang eines erkennenden Richters mit Vertretern der Presse[301].

Folglich kann nur im Einzelfall beurteilt werden, ob das Verhalten des Richters sich noch als situationsangepasst darstellt oder ob er den Eindruck erweckt, er habe sich in der Tat- und Schuldfrage bereits festgelegt. Letzteres ist etwa bei den folgenden aktenkundig gewordenen Äußerungen des Vorsitzenden der Fall: **985**

Die inhaftierten Angeklagten „gehören dahin, wo sie sind, und zwar ganz lange und ganz tief. Solche Leute haben in Freiheit nichts zu suchen"[302], „Sie sind für das Gericht der Typus des Gewohnheitsverbrechers"[303], „Sie hätten sich besser bei dem Verletzten entschuldigt, als hier ihre Berufung durchzuziehen"[304], „Woanders bekämen Sie dafür die Todesstrafe"[305] oder die Erklärung gegenüber einem Zeugen „Sie sagen hier die Wahrheit oder halten die Klappe"[306]. Es muss jedoch nicht gleich so krass sein. Es ist (aus Sicht der Staatsanwaltschaft) auch untunlich, wenn sich der Vorsitzende von einem prominenten Angeklagten ein Autogramm erbittet und dies nach außen

---

297 Vgl. BGH 2 StR 455/09; OLG Celle NJW 1990, 1308.
298 BGH 1 StR 169/15 Tz. 15; 3 StR 283/14 Tz. 8; 1 StR 726/13 Tz. 12 m.w.N.; 3 StR 400/11 Tz. 20.
299 Vgl. BGH 4 StR 571/10 m.w.N.; NStZ-RR 2004, 208 ff.
300 BGH 3 StR 208/12 Tz. 16; NStZ 2005, 218 f.
301 BGH NJW 2006, 3295.
302 BGH 3 StR 283/14 (kurzer privater SMS-Austausch).
303 BGH MDR 1961, 432.
304 OLG Köln StV 1988, 287. Zum terminvorbereitenden – drastischen – Hinweis auf mangelnde Erfolgsaussicht der Berufung siehe auch OLG Nürnberg NStZ-RR 2008, 114 f.
305 BGH NStZ 1991, 226.
306 BGH NJW 1984, 1907 f.

Kapitel 7 *Die Rechtsmittel im Strafverfahren*

verschleiert[307] oder (aus Sicht des Angeklagten) wenn sich Richter während der Beweisaufnahme mit ihrem Handy beschäftigen[308].

986 Auch **Absprachen** unter Ausschluss von Verfahrensbeteiligten über die Art und Weise der Verfahrenserledigung können im Einzelfall ebenso wie unlautere Angebote – etwa zum „Wegdealen" einer anzuordnenden Maßregel[309] – oder wie das Bedrängen von Verfahrensbeteiligten[310] die Besorgnis einer Befangenheit rechtfertigen[311].

Sachentscheidungen (Terminierung, Ablehnung von Anträgen etc.) oder die äußere Gestaltung der Beweisaufnahme bieten dagegen regelmäßig keinen Ablehnungsgrund[312]. Selbst auf einem Irrtum oder unzutreffender Rechtsauffassung beruhende Verstöße gegen die Verfahrensvorschriften können eine Besorgnis der Befangenheit nicht begründen. Dies ist erst dann der Fall, wenn die maßgebliche Entscheidung sich als willkürlich – also von sachfremden Erwägungen getragen und daher offensichtlich unhaltbar[313] – erweist oder der Richter zu erkennen gibt, dass er unabhängig von einer Beweisaufnahme bereits endgültig von der Schuld des Angeklagten überzeugt ist[314].

987 Das **Ablehnungsrecht** wird durch § 25 StPO zudem **zeitlich** dahingehend **eingeschränkt**, dass ein Gesuch nur bis zum Beginn der Vernehmung des ersten Angeklagten über seine persönlichen Verhältnisse angebracht werden kann (in der Rechtsmittelinstanz bis zum Beginn des Vortrags über die Ergebnisse des bisherigen Verfahrens). Tritt der Ablehnungsgrund erst später ein, so muss er „**unverzüglich**" – d.h. ohne eine durch die Sachlage begründete Verzögerung – geltend gemacht werden, § 25 Abs. 2 StPO.

Maßgeblich ist hier zunächst der Zeitpunkt, in welchem der Betroffene von den ein Ablehnungsgesuch rechtfertigenden Tatsachen erfahren hat. Der Kenntnisstand seines Verteidigers wird dem Angeklagten insoweit nicht zugerechnet[315]. Dem zur Ablehnung Berechtigten ist zudem eine – nach den Umständen des Einzelfalles bemessene – Zeitspanne zuzugestehen, um sein Vorgehen überdenken und ggfls. ein entsprechendes Gesuch abfassen zu können. Im Interesse der zügigen Durchführung des Verfahrens ist hier allerdings ein strenger Maßstab anzulegen[316]. Insbesondere sind längere Verhandlungsunterbrechungen zu nutzen, um das Gesuch außerhalb der Verhandlung anzubringen[317]. Absolute zeitliche Grenze ist das letzte Wort des Angeklagten.

---

307 So geschehen in der (auch sonst pannengeplagten) Hauptverhandlung gegen Erich Honecker.
308 BGH 2 StR 282/14.
309 Vgl. hierzu aus der Realität der Strafjustiz: BGH NStZ-RR 2007, 119.
310 Lesenswert: BGH 3 StR 455/11.
311 Siehe oben Rn. 656 f.
312 BGH 5 StR 263/08; BVerfG NJW 2006, 3132; BGH NJW 2002, 3484; NStZ 1999, 311; vgl. auch BGH NStZ 2007, 163 ff. zur Terminierung der Verfahrens sowie BGH NJW 1996, 3010 für die Präsentation von Beweisergebnissen, die sich später als unverwertbar herausgestellt haben.
313 BGH 2 StR 434/14 Tz. 21; 1 StR 13/13 Tz. 38; 4 StR 275/09; Zum Begriff der Willkür siehe oben Rn. 212.
314 BGH 5 StR 263/08; NStZ 2006, 707; NJW 2005, 3425 f.; 2002, 3484.
315 BGH 3 StR 367/09.
316 Vgl. hierzu BGH 5 StR 48/16 Tz. 8; 5 StR 303/15 Tz. 3; 3 StR 66/15 Tz. 15; 3 StR 455/11 Tz. 11; NStZ 2008, 578; 2006, 644 f. Zur – erforderlichen – erneuten Anbringung eines Ablehnungsgesuchs nach ausgesetzter Hauptverhandlung siehe BGH NStZ 2006, 234.
317 BVerfG NStZ-RR 2006, 380; BGH NStZ 1996, 47 f.

Treten Ablehnungsgründe außerhalb einer Hauptverhandlung zutage, so besteht das **988** Ablehnungsrecht nur bis zum Erlass der Entscheidung, regelmäßig also des Urteils[318]. Eine weitere Grenze stellt die Möglichkeit der **Verwirkung** infolge rechtsmissbräuchlichen Verhaltens dar. Dies kann etwa der Fall sein, wenn der Angeklagte das Gericht vor einer – dann mit dem Ablehnungsgesuch beanstandeten – Entscheidung oder Maßnahme absichtlich in die Irre geleitet hat[319].

Zum **Verfahren der Ablehnung** gilt Folgendes: Das Gesuch ist gem. § 26 Abs. 1 StPO **989** bei dem Gericht anzubringen, dem die betreffende Gerichtsperson angehört. Dies kann im Rahmen der Hauptverhandlung – den Zeitpunkt bestimmt der Vorsitzende ggfls. nach pflichtgemäßem Ermessen – oder zu Protokoll der Geschäftsstelle geschehen. Dem Antragsteller kann aufgegeben werden, ein in der Verhandlung angebrachtes Gesuch in angemessener Frist schriftlich (also außerhalb der Hauptverhandlung) zu begründen. Dann muss bis zum Beginn des übernächsten Verhandlungstages entschieden werden, vgl. § 29 Abs. 3 StPO. Immer ist der Ablehnungsgrund nach § 26 Abs. 2 StPO **glaubhaft** zu machen, soweit die geltend gemachten Tatsachen nicht gerichtsbekannt sind oder sich bereits aus den Akten ergeben. Es muss also die Wahrscheinlichkeit des behaupteten Vorgangs bewiesen werden; der Zweifelssatz „in dubio pro reo" gilt hier nicht[320].

Das weitere Ablehnungsverfahren ist kein Teil der vom Öffentlichkeitsprinzip bestimmten Hauptverhandlung, sondern ein eigenständiges und eigenen Regeln unterliegendes Verfahren[321]. Dienstliche Erklärungen und die Entscheidung über das Gesuch können daher formlos mitgeteilt werden.

Geht das Ablehnungsgesuch – was bei Konfliktverteidigung gelegentlich geschieht – kurz vor Beginn der Hauptverhandlung bei Gericht ein, so kann mit der Verhandlung auf Anordnung des Vorsitzenden gleichwohl nach **§ 29 Abs. 1 S. 2 StPO** begonnen und auch der Anklagesatz verlesen werden. Aus unerfindlichen Gründen hat es der Gesetzgeber für richtig befunden, dass dann die Hauptverhandlung bis zu einer Entscheidung über das Gesuch nicht weiter fortgesetzt werden darf.

Bei Ablehnungsgesuchen innerhalb der Hauptverhandlung eröffnet **§ 29 Abs. 2 StPO** dem Vorsitzenden die Möglichkeit, die Verhandlung bis zur Entscheidung über das Ablehnungsgesuch fortzusetzen. Hierbei ist zwar die zeitliche Grenze des § 29 Abs. 2 S. 1 Hs. 2 StPO zu beachten. Ein Verstoß gegen das dort normierte Gebot der beschleunigten Entscheidung über ein Ablehnungsgesuch ist – wie eine Verletzung des § 29 Abs. 1 StPO – revisionsrechtlich jedoch nur dann beachtlich, wenn ein Ablehnungsgrund auch tatsächlich vorgelegen hat[322].

---

318 BGH 1 StR 602/14 Tz. 48. Dazu gehört auch noch die Entscheidung über einen eventuellen Antrag auf Nachholung des rechtlichen Gehörs gem. § 33a StPO, nicht hingegen die Bescheidung einer Gegenvorstellung.
319 Vgl. BGH NJW 2006, 709 zu absichtlich unzutreffenden Angaben des Angeklagten über seinen Gesundheitszustand.
320 BGH 5 StR 48/16 Tz. 9; 5 StR 99/14 Tz. 6. Bei einem anwaltlichen Ablehnungsgesuch genügt es insoweit allerdings, wenn der Verteidiger eigene Wahrnehmungen behauptet, BGH NStZ 2007, 161 f.
321 Vgl. BGH NJW 1996, 2382.
322 BGH NJW 2003, 2396; NStZ 1996, 398.

Kapitel 7 *Die Rechtsmittel im Strafverfahren*

990 Der weitere Gang des Verfahrens hängt davon ab, ob das Ablehnungsgesuch für zulässig erachtet wird oder nicht. Fehlt es an einer Zulässigkeitsvoraussetzung, so wird es von dem erkennenden Gericht durch zu begründenden Beschluss als **unzulässig** verworfen. Nach § 26a Abs. 1, Abs. 2 S. 1 StPO wirkt der abgelehnte Richter in einem solchen Fall bei der Entscheidung mit.

Unzulässig ist das Gesuch nach **§ 26a Abs. 1 StPO**, wenn alternativ
– die Ablehnung verspätet ist,
– ein Ablehnungsgrund oder ein Mittel der Glaubhaftmachung nicht oder nicht innerhalb einer nach § 26 Abs. 1 S. 2 StPO gesetzten Frist angegeben wird;
– durch die Ablehnung das Verfahren nur verschleppt werden soll oder mit ihm nur verfahrensfremde Ziele verfolgt werden. Dies gilt etwa für exzessive und rechtsmissbräuchliche Anträge, die auf völlig haltlose und unzutreffende Vorwürfe gestützt werden[323].

991 Der gänzlich fehlenden Angabe eines Ablehnungsgrundes steht es gleich, wenn die Begründung aus **zwingenden** Gründen zur Rechtfertigung eines Ablehnungsgesuches ausscheidet, wenn sie also ohne weitere Prüfung und losgelöst von den konkreten Umständen des Einzelfalles zur Begründung der Besorgnis der Befangenheit generell ungeeignet ist[324]. So liegen die Dinge beispielsweise, wenn ausschließlich moniert wird, der Richter
– sei in einem anderen Verfahren mit der Tat vorbefasst gewesen[325];
– habe an vermeintlich oder tatsächlich rechtsfehlerhaften, mit einer sachlichen Begründung versehenen Entscheidungen – etwa der Ablehnung eines Beweisantrages – mitgewirkt[326].

Gleiches gilt, wenn ein Streit über das bisherige Ergebnis der Beweisaufnahme zum Gegenstand eines Ablehnungsgesuches gemacht wird[327].

992 Schwierigkeiten kann hier im Einzelfall die Abgrenzung zur **offensichtlichen Unbegründetheit** eines Ablehnungsantrags bereiten, welche **nicht** mit der Unzulässigkeit gleichzusetzen ist. § 26a StPO kommt als **Ausnahmevorschrift** nur zur Anwendung, wenn eine echte Formalentscheidung oder offensichtlicher Missbrauch des Ablehnungsrechts in Rede stehen. Sobald eine nähere inhaltliche Prüfung des Gesuchs erforderlich ist, scheidet das Verfahren nach § 26a StPO aus. Denn es ist sicherzustellen, dass der abgelehnte Richter nicht „Richter in eigener Sache" wird[328].

993 Für das Tatgericht bedeutet dies eine revisionsrechtliche Gratwanderung. Einerseits muss es nach § 26a StPO verfahren, wenn dessen Voraussetzungen vorliegen[329]. Andererseits wird der Angeklagte seinem „gesetzlichen Richter" i.S.d. Art. 101 GG ent-

---

323 BGH 1 StR 300/17 Tz. 9; OLG Bremen NStZ-RR 2012, 285.
324 BVerfG NJW 2013, 1665; 2006, 3129 ff.; BGH 5 StR 99/14 Tz. 8; 3 StR 367/09; NStZ 2007, 644 f.; 2006, 705.
325 Vgl. BGH 3 StR 367/09, auch zu den Ausnahmen von dieser Regel.
326 BGH in st. Rspr, vgl. NStZ-RR 2009, 85 f.; NStZ 2006, 707; 2006, 703; BVerfG NJW 2005, 3412 f.
327 BGH NJW 2005, 3437.
328 Vgl. BVerfG NJW 2013, 1665; BGH 1 StR 300/17 Tz. 9 f.; 3 StR 66/15 Tz. 12; 5 StR 99/14 Tz. 8.
329 BGH 3 StR 262/14 Tz. 9; NJW 2005, 3435 f.

zogen, wenn das Ablehnungsgesuch rechtsfehlerhaft als unzulässig verworfen wird. Denn in diesem Fall wirkt der abgelehnte Richter (anstelle des nach § 27 StPO zuständigen Kollegen) zu Unrecht an der Entscheidung mit. Daher sollte von § 26a StPO nur zurückhaltend Gebrauch gemacht werden.

Eine später als nicht nur schlicht fehlerhaft, sondern als „willkürlich" beurteilte Anwendung des § 26a StPO zwingt nämlich nach Auffassung des BVerfG das Revisionsgericht (auf die entsprechende Verfahrensrüge hin) unabhängig von der inhaltlichen Berechtigung des Ablehnungsgesuches zur Aufhebung des Urteils[330]. Einleuchtend ist dies nicht. War das Ablehnungsgesuch in der Sache unberechtigt, so kann sich die fehlerhafte Anwendung des § 26a StPO denkgesetzlich nicht auf das Urteil ausgewirkt haben. Nicht umsonst setzt § 338 Nr. 3 StPO voraus, dass ein Ablehnungsgesuch „mit Unrecht" – also **inhaltlich unzutreffend** – verworfen worden ist. Mit dieser über Jahrzehnte vorherrschenden allgemeinen Ansicht in Rechtsprechung und Literatur hat sich das BVerfG (genauer gesagt: eine rechtspolitisch motivierte Kammer des 2. Senats) gar nicht erst auseinander gesetzt[331].

Gleichwohl sind die Revisionsgerichte gem. § 31 Abs. 1 BVerfGG an die Vorgaben des BVerfG gebunden. Jedenfalls (und nur) bei im Nachhinein als willkürlich – also offensichtlich unhaltbar – erachtetem Vorgehen führt eine fehlerhafte Anwendung des § 26a StPO nunmehr auch dann zur Urteilsaufhebung, wenn inhaltlich eine Besorgnis der Befangenheit gar nicht gerechtfertigt war[332] – ein unsinniges Ergebnis.

Für die **Entscheidungszuständigkeit** gilt Folgendes: Eine Verwerfung des Ablehnungsgesuchs nach § 26a StPO erfolgt durch das erkennende Gericht. Handelt es sich um eine Strafkammer, so müssen also die in der Hauptverhandlung tätigen Berufsrichter und Schöffen entscheiden[333]. Ist – wie im Zweifelsfall stets[334] – dagegen inhaltlich über den Ablehnungsantrag zu befinden, so muss von der abgelehnten Person gem. §§ 26 Abs. 3, 31 Abs. 3 StPO zunächst eine **dienstliche Erklärung** abgegeben werden, sofern nicht der zu beurteilende Sachverhalt eindeutig feststeht[335]. Diese ist dem Antragsteller mitzuteilen. Hintergrund ist der Gedanke, dass selbst ein zunächst berechtigt erscheinendes Misstrauen nach umfassender Information über den beanstandeten Vorgang gegenstandslos, die Besorgnis einer Befangenheit durch die dienstliche Äußerung des abgelehnten Richters folglich ausgeräumt werden kann[336].

994

---

330 BVerfG NJW 2008, 3348; NStZ–RR 2006, 379 f.; NJW 2006, 3129 ff.; 2005, 3410 ff.
331 Siehe BVerfG NJW 2005, 3413 f. Zu der zuweilen fragwürdigen Argumentation der angesprochenen Kammer lesenswert: *Schmidt* NStZ 2006, 313 ff.; *Kuckein* NStZ 2005, 697 f.
332 Vgl. BGH 3 StR 66/15 Tz. 14; 5 StR 99/14 Tz. 9; NStZ 2008, 46 ff.; 2007, 162. Bei nicht willkürlichem Verstoß gegen § 26a StPO bleibt es dagegen bei der alten Rechtslage, vgl. BGH 1 StR 13/13 Tz. 34; 1 StR 544/09; NStZ 2009, 223 f.; NStZ-RR 2009, 142; 2007, 162.
333 BGH 5 StR 53/14 Tz. 6.
334 BGH 3 StR 367/09.
335 BGH NStZ 2008, 117.
336 Vgl. BGH 1 StR 726/13 Tz. 21; 1 StR 386/13; 3 StR 208/12 Tz. 19; 1 StR 449/10; 1 StR 27/09; NJW 2009, 690 ff. Danach kann auch die nach einem Ablehnungsgesuch erfolgte **Absprache** ein vorheriges Befangenheitsgesuch gegenstandslos machen. Rechtspolitisch erscheint dies gefährlich, da sich Gerichte so zu einer Absprache gedrängt sehen könnten, um eine Entscheidung über das (vielleicht berechtigte) Ablehnungsgesuch zu vermeiden.

Kapitel 7 *Die Rechtsmittel im Strafverfahren*

Es findet jedoch **keine förmliche Beweisaufnahme** über das Ablehnungsgesuch statt. Vielmehr steht es im pflichtgemäßen Ermessen der zur Entscheidung berufenen Richter, auf welchem Wege sie sich Kenntnis von den entscheidungserheblichen Umständen verschaffen. Sie können dabei auch auf Umstände zurückgreifen, die ihnen aufgrund eigener Wahrnehmung (etwa aus dem beanstandeten Verlauf der Hauptverhandlung) bekannt sind[337]. Maßgeblich ist – auch revisionsrechtlich – die Sachlage zum Zeitpunkt der Entscheidung nach § 27 StPO.

995 Wird ein Mitglied einer **Strafkammer** abgelehnt, so entscheidet diese – soweit nicht § 26a StPO zur Anwendung gelangt – in ihrer für Entscheidungen außerhalb der Hauptverhandlung vorgeschriebenen Besetzung, also ohne Schöffen (§§ 27 Abs. 2, 76 Abs. 1 S. 2 StPO). Der abgelehnte Richter muss hierbei durch seinen geschäftsplanmäßigen Vertreter ersetzt werden. Werden sämtliche Richter einer Kammer abgelehnt, so ist im Regelfall durch die Vertreterkammer in einem einheitlichen Beschluss über die Berechtigung des Ablehnungsgesuchs zu entscheiden[338]. Demgegenüber bedarf es in Fällen nacheinander eingehender und unterschiedlich begründeter Ablehnungsgesuche einer sukzessiven Entscheidung in der Reihenfolge der Ablehnungsgesuche[339], was das Verfahren wegen der dann unterschiedlichen Besetzung bei den Entscheidungen ausgesprochen verkomplizieren kann. Wird ein Richter beim **Amtsgericht** (in zulässiger Weise) abgelehnt, so entscheidet ein anderer Richter dieses Gerichts (unter Beachtung der Vertretungsregelungen im Geschäftsverteilungsplan).

Einer Entscheidung bedarf es dann nicht, wenn der Abgelehnte das Gesuch selbst für begründet hält, § 27 Abs. 3 S. 2 StPO.

cc) Rechtsmittel gegen die Entscheidung über ein Ablehnungsgesuch

996 Nach § 28 Abs. 2 S. 1 StPO ist die **sofortige Beschwerde** das statthafte Rechtsmittel gegen eine ablehnende Entscheidung. Allerdings bestimmt § 28 Abs. 2 S. 2 StPO, dass bei einer Entscheidung des **erkennenden Richters** eine Anfechtung **nur zusammen mit dem Urteil** erfolgen kann. Gemeint ist der Personenkreis, der beginnend mit dem Eröffnungsbeschluss zur Mitwirkung an der Hauptverhandlung – einschließlich der Entscheidung über Befangenheitsgesuche – berufen ist[340].

Das Gesetz ändert hier aus Zweckmäßigkeitserwägungen den Rechtsmittelzug. Die Beschwerde wird zum **Bestandteil der Revision**, ohne dass ein gesonderter Rechtsbehelf eingelegt werden muss. Gleichwohl bleibt das Rechtsmittel seiner Natur nach eine sofortige Beschwerde. Die angefochtene Entscheidung wird ausnahmsweise also in rechtlicher und tatsächlicher Hinsicht überprüft[341]. Das Revisionsgericht ist dabei nicht gehindert, die fehlerhafte Begründung der Zurückweisung eines Ablehnungsgesuches durch eine zutreffende zu ersetzen[342].

---

337 BGH 1 StR 500/10; NStZ 2007, 51.
338 BGH NStZ 1998, 422 ff.
339 Siehe BGH 1 StR 13/13 Tz. 36 zur Reihenfolge, wenn auch die zur Entscheidung über das erste Ablehnungsgesuch berufenen Richter abgelehnt werden sowie BGH NStZ 1996, 144 f.
340 KG NStZ 2013, 614 m.w.N.
341 BGH 1 StR 169/15 Tz. 13; 1 StR 602/14 Tz. 30; 3 StR 208/12 Tz. 10; 1 StR 544/09.
342 BGH 4 StR 276/15 Tz. 7; NStZ 2008, 578.

Die Revision **E**

Hinsichtlich des erforderlichen **Revisionsvorbringens** ist jedoch § 344 Abs. 2 S. 2 StPO **997**
zu beachten. Der Beschwerdeführer muss den Inhalt des Ablehnungsgesuches und
denjenigen des ablehnenden Gerichtsbeschlusses darstellen. Dies gilt auch für den
Inhalt einer nach § 26 Abs. 3 StPO abgegebenen dienstlichen Äußerung des abgelehnten Richters. Nur wenn diese Formalien erfüllt sind, erfolgt die Prüfung, ob die
Voraussetzungen einer Besorgnis i.S.d. §§ 24, 338 Nr. 3 StPO gegeben waren[343]. Im
Übrigen müssen für eine Anfechtung die Formen und Fristen der Revisionseinlegung
beachtet werden.

dd) Anwendung der §§ 22 ff. StPO auf den Staatsanwalt

Der von den Ausschluss- bzw. Befangenheitsgründen betroffene Personenkreis ist in **998**
der StPO – ohne die Nennung des Staatsanwalts – abschließend geregelt. Weder für
dessen Ausschließung, noch für ein gegen ihn gerichtetes Befangenheitsgesuch gibt es
also eine gesetzliche Grundlage.

Es bestehen daher keine Bedenken gegen die – sinnvolle – Teilnahme des ermittelnden Staatsanwalts als Sitzungsvertreter in der Hauptverhandlung. Allerdings kann
zur Gewährleistung des Anspruchs auf ein faires Verfahren – in Ausnahmefällen – in
Anlehnung an die Regelung des § 22 StPO auch ein Staatsanwalt von seiner Mitwirkung ausgeschlossen sein, etwa wenn er mit einem Verfahrensbeteiligten in einem
Verhältnis steht, wie es in § 22 Nrn. 1 bis 3 StPO beschrieben ist. Auch seine Vernehmung als Zeuge (§ 22 Nr. 5 StPO) kann im Einzelfall dann zum Ausschluss führen,
wenn diese seine Unbefangenheit entfallen lässt, etwa weil seine Bekundungen die
Tat- und Schuldfrage betreffen[344].

Da es keinen gesetzlichen Ausschlusstatbestand gibt und auch ein Ablehnungsrecht
insoweit nicht besteht[345], haben die anderen Verfahrensbeteiligten bei gravierenden
Bedenken gegen die Unparteilichkeit des Staatsanwalts nur die Möglichkeit, bei
diesem selbst oder bei dessen Dienstvorgesetzten auf eine Ablösung hinzuwirken.
Im Übrigen kann die Mitwirkung eines „ausgeschlossenen" Staatsanwalts unter den
Voraussetzungen des § 337 StPO (§ 338 Nrn. 2 und 3 StPO gelten weder unmittelbar
noch analog) mit der Revision gerügt werden.

ee) Beispielsfall zu Ausschließungs- und Ablehnungsgründen

Der Angeklagte ist vom Amtsgericht Bonn – Schöffengericht – wegen gefährlicher Körperverletzung (§§ 223, 224 StGB) zu einer Geldstrafe verurteilt worden. Mit seiner form- und **999**
fristgerecht eingelegten Revision rügt er folgende Punkte:
1. Einer der Schöffen sei erst vor etwa einem halben Jahr von der Schwester des Verletzten (also des Opfers der Körperverletzung) geschieden worden.
2. Er – der Angeklagte – habe vor Beginn der Verhandlung in der Kantine ein Gespräch zwischen dem Vorsitzenden und dem Staatsanwalt mitbekommen. Im Rahmen dieser Unterhaltung habe der Vorsitzende gegenüber dem Staatsanwalt erklärt, die nun zu ver-

---
343 Vgl. BGH 2 StR 639/10; NStZ 2000, 325; BGHSt 27, 96 (98).
344 Vgl. BGH NStZ 1990, 24 f.; NStZ 1983, 135.
345 Vgl. zur Diskussion in der Literatur KK-*Scheuten*, Vor § 22 Rn. 1, § 24 Rn. 28.

Kapitel 7 *Die Rechtsmittel im Strafverfahren*

handelnde Körperverletzung stelle eine „Schweinerei" dar, er – der Vorsitzende – werde „da mal ordentlich mit dem Schwert der Gerechtigkeit dreinschlagen".
Kann die Revision mit Aussicht auf Erfolg begründet werden?

Hinsichtlich des Schöffen könnte der absolute Revisionsgrund des **§ 338 Nr. 2 StPO** gegeben sein. Danach darf an einem Urteil kein Richter oder Schöffe mitwirken, der von der Ausübung des Richteramtes (auch ein Schöffe ist „Richter") kraft Gesetzes ausgeschlossen ist.
Da § 31 Abs. 1 StPO die für Berufsrichter geltenden Vorschriften für entsprechend anwendbar erklärt, richten sich die Ausschließungsgründe auch für den Schöffen nach den §§ 22, 23 StPO. Nach Ziff. 3 des § 22 StPO ist als Richter ausgeschlossen, wer mit dem Verletzten verwandt oder verschwägert ist. Dabei endet der gesetzliche Ausschluss jedoch bei der Schwägerschaft 2. Grades. Zur Beurteilung dieser Frage ist § 1590 BGB heranzuziehen, wonach sich der Grad der Schwägerschaft nach der Linie und dem Grade der sie vermittelnden Verwandtschaft bestimmt. Demnach ist der Schöffe in Seitenlinie im 2. Grade mit dem Verletzten verschwägert, wie folgende Skizze zeigt:

<pre>
                Eltern
                /   \
Schöffe — Ehefrau   Verletzter (= Tatopfer)
</pre>

Auf die Scheidung der Ehe kommt es insoweit nicht an, vgl. § 22 Ziff. 3 StPO („oder war") bzw. § 1590 Abs. 2 BGB, wonach die Schwägerschaft auch bei aufgelöster Ehe fortdauert.
Folglich liegt in der Mitwirkung des Schöffen ein absoluter Revisionsgrund i.S.d. § 338 Nr. 2 StPO.

Bezüglich der möglichen **Befangenheit des Vorsitzenden** kommt § 338 Nr. 3 StPO in Betracht. Zwar sind angesichts der Äußerung Zweifel an dessen Unparteilichkeit auch aus Sicht des „vernünftigen Dritten" gegeben. Das allein begründet die Revision aber nicht, da nach § 338 Ziff. 3 StPO weiter erforderlich ist, dass

– eine Ablehnung wegen Besorgnis der Befangenheit entsprechend den Regelungen der §§ 24 ff. StPO tatsächlich stattgefunden hat;
– das Ablehnungsgesuch für begründet erachtet wurde und der abgelehnte Richter gleichwohl weiterhin am Verfahren mitgewirkt hat **oder**
– das Ablehnungsgesuch zu Unrecht verworfen worden ist.

Da in jedem Fall ein Ablehnungsgesuch angebracht worden sein muss, kann trotz der hier wohl objektiv sogar gegebenen Befangenheit des Vorsitzenden eine auf diesen Grund gestützte Revision keinen Erfolg haben.

c) Unzuständigkeit des Gerichts

1000 Nach **§ 338 Nr. 4 StPO** besteht ein absoluter Revisionsgrund, wenn das Gericht seine Zuständigkeit zu Unrecht angenommen hat.

Diese Vorschrift betrifft **drei Arten der Zuständigkeit**, nämlich:
– die örtliche,
– die sachliche und
– die besondere Zuständigkeit gleichrangiger Gerichte (§§ 74 Abs. 2, 74a, 74c GVG).

§ 338 Nr. 4 StPO betrifft dagegen nicht die Verteilung der Geschäfte zwischen den Spruchkörpern desselben Gerichts entsprechend dem Geschäftsverteilungsplan[346]. Ein diesbezüglicher Mangel kann aber nach § 338 Nr. 1 StPO gerügt werden.

Im Einzelnen:

aa) Örtliche Zuständigkeit

Insoweit ist zunächst auf **§ 16 StPO** hinzuweisen. Danach prüft das Gericht seine örtliche Zuständigkeit bis zur Eröffnung des Hauptverfahrens von Amts wegen. Es muss sich ggfls. durch Beschluss für unzuständig erklären[347]. Ist das Hauptverfahren bereits eröffnet, so ist das Verfahren entweder nach § 206a StPO ebenfalls durch Beschluss oder aber – in der Hauptverhandlung – durch Urteil nach § 260 Abs. 3 StPO einzustellen. Da aber die Frage der örtlichen Zuständigkeit weniger gewichtig ist als diejenige der sachlichen (die ja den weiteren Instanzenzug bestimmt), ist die Prüfung von Amts wegen **zeitlich beschränkt** bis zum Erlass des Eröffnungsbeschlusses. Danach erfolgt sie nur noch auf **Einwand** des Angeklagten, der wiederum nach § 16 S. 3 StPO nur bis zum Beginn seiner Vernehmung zur Sache in der Hauptverhandlung erhoben werden kann. Ein Erfolg der Rüge setzt also – neben dem nötigen Tatsachenvortrag – voraus, dass dieser Einwand rechtzeitig erhoben wurde. Inhaltlich unterliegt die Prüfung des Revisionsgerichts keinerlei Einschränkungen[348]. Allerdings scheidet ein Verstoß gegen Zuständigkeitsregeln bereits aus, wenn das Tatgericht im Zeitpunkt der Eröffnungsentscheidung hinreichende Anhaltspunkte für seine Zuständigkeit hatte[349].

1001

bb) Sachliche Zuständigkeit

Nach **§ 6 StPO** ist die sachliche Zuständigkeit des erkennenden Gerichts in jeder Lage des Verfahrens – also auch vom Tatgericht – von Amts wegen zu prüfen. Es handelt sich um eine **unverzichtbare Prozessvoraussetzung**[350].

1002

Für die Revision ist zwischen zwei möglichen Fehlerquellen zu unterscheiden:

War an Stelle des erkennenden Gerichts ein Gericht **höherer** Ordnung zuständig oder hat das Oberlandesgericht seine (sehr eingeschränkte) Zuständigkeit zu Unrecht angenommen, so ist dieser Mangel vom Revisionsgericht zu beachten, ohne dass es einer Rüge bedarf.

Wird hingegen gerügt, an Stelle des erkennenden Gerichts sei ein Gericht **niederer** Ordnung sachlich zuständig gewesen, so folgt aus **§ 269 StPO**, dass der Angeklagte durch die Verhandlung vor einem Gericht höherer Ordnung (etwa wenn die Verhandlung vor der Strafkammer statt dem Schöffengericht stattgefunden hat) nicht benachteiligt wird[351]. In diesen Fällen kann mit der Revision nur geltend gemacht

1003

---

346 BGHSt 31, 389 f.
347 Zur (fehlenden) Bindungswirkung einer Beschwerdeentscheidung betreffend die örtliche Zuständigkeit für die Eröffnungsentscheidung oder die Rüge nach § 16 StPO siehe BGH 5 StR 593/16 Tz. 10.
348 Siehe BGH 3 StR 335/16; 3 StR 196/11 Tz. 10 ff.
349 BGH 1 StR 485/12 Tz. 12.
350 BGH 4 StR 562/13 Tz. 3; 1 StR 539/10.
351 Vgl. BGH NStZ 2009, 579 ff.; BGHSt 43, 53 ff.

werden, das Gericht habe seine Zuständigkeit **willkürlich**, also aus sachfremden oder anderen offensichtlich nicht haltbaren Erwägungen angenommen und dadurch den Anspruch des Angeklagten auf seinen gesetzlichen Richter (Art. 101 Abs. 1 S. 2 GG) verletzt[352].

Dies gilt auch dann, wenn das höherrangige Gericht – was grundsätzlich unanfechtbar (§§ 225a Abs. 3 S. 3, 210 Abs. 1 StPO) und nach § 336 S. 2 StPO der Revision entzogen ist – aufgrund einer Übernahmeentscheidung nach § 225a Abs. 1 S. 2 StPO mit der Sache befasst war.

Noch nicht abschließend geklärt (und vielleicht deshalb beliebtes Thema in revisionsrechtlichen Examensklausuren) ist, ob ein entsprechender Verstoß vom Revisionsgericht von Amts wegen – so die wohl herrschende Meinung[353] – oder nur auf eine Verfahrensrüge hin zu beachten ist[354]. Vorsichtshalber sollte also der Rechtsmittelführer eine solche Rüge in der Form des § 344 Abs. 2 StPO begründen.

Stellt das Revisionsgericht die sachliche Unzuständigkeit des erkennenden Gerichts fest, so verweist es die Sache nach § 355 StPO unter Aufhebung des angefochtenen Urteils an das zuständige Gericht.

cc) Besondere Zuständigkeit gleichrangiger Spruchkörper

1004 Ein Mangel der funktionellen Zuständigkeit kann sich aus der Missachtung der besonderen Zuständigkeit gleichrangiger Spruchkörper ergeben. So gebührt dem Schwurgericht, der Staatsschutzkammer[355] bzw. der Wirtschaftsstrafkammer jeweils der Vorrang vor der allgemeinen Strafkammer, vgl. §§ 74 ff., insbes. § 74e GVG. Hinsichtlich der Prüfung dieser besonderen Zuständigkeiten findet sich eine der örtlichen Zuständigkeit entsprechende Vorschrift in **§ 6a StPO**. Es ist also auch hier nach Eröffnung des Hauptverfahrens der entsprechende **Einwand** des Angeklagten für eine erfolgreiche Revisionsrüge erforderlich. Dieser ist nur entbehrlich, wenn das Gericht eine **Jugendsache** verhandelt hat, obwohl ihm solche geschäftsplanmäßig nicht zugewiesen waren[356].

Das Revisionsgericht kann auch die Frage der Zuständigkeit nach § 6a StPO in vollem Umfang überprüfen, ist also – anders als im Rahmen des § 269 StPO – nicht auf eine Willkürprüfung beschränkt[357].

d) Vorschriftswidrige Abwesenheit von Verfahrensbeteiligten

1005 Nach **§ 338 Nr. 5 StPO** kann die Revision darauf gestützt werden, dass die Hauptverhandlung in Abwesenheit der Staatsanwaltschaft oder einer anderen Person, deren Anwesenheit das Gesetz vorschreibt, stattgefunden hat. Das ist nicht allein in einem körperlichen Sinne zu verstehen. „Abwesend" ist auch, wer der Hauptverhandlung

---

352 BGH NStZ 2017, 240 f.; 2 StR 159/15 Tz. 16 ff.; 2 StR 405/14 Tz. 9 f.; 3 StR 511/14; 3 StR 196/11 Tz. 14.
353 BGH 1 StR 539/10; 2 StR 285/01 m.w.N.; vgl. auch die Nachweise bei KK-*Gericke*, § 338 Rn. 66.
354 So BGHSt 43, 53 ff.
355 Zu deren Zuständigkeit siehe insbesondere BGH 3 StR 196/11 Tz. 17 ff.
356 BGH 4 StR 347/10; NStZ 2003, 47 f.; StV 1981, 77; vgl. hierzu auch KK-*Gericke*, § 338 Rn. 69.
357 BGH 3 StR 196/11 Tz. 10 ff.

geistig nicht zu folgen vermag. Insbesondere der schlafende Schöffe, Richter oder Staatsanwalt verhilft daher einem Verfahren gelegentlich – neben revisionsrechtlichen Problemen – zu unfreiwilliger Komik[358].

Die Anwesenheitsrechte und -pflichten der einzelnen Verfahrensbeteiligten haben wir bereits dargestellt[359]. Für die Revision gilt Folgendes:

aa) Abwesenheit des Angeklagten

Praktisch bedeutsam ist die Verhandlung in Abwesenheit des Angeklagten. Dies kann die Revision nach § 338 Nr. 5 StPO begründen, wenn nicht ausnahmsweise aufgrund der bereits erörterten Vorschriften seine Anwesenheit entbehrlich war. **1006**

Hinsichtlich der gesetzlichen Ausnahmetatbestände für die Anwesenheitspflicht gilt im Rahmen der Revision Folgendes:

- **§ 231 Abs. 2 StPO:** Wird die Hauptverhandlung unter Verstoß gegen die Voraussetzungen dieser Vorschrift fortgesetzt, so stellt dies einen absoluten Revisionsgrund i.S.d. § 338 Nr. 5 StPO dar[360].
- **§ 231a StPO:** Da die Entscheidung, in Abwesenheit des Angeklagten zu verhandeln, mit der sofortigen Beschwerde anfechtbar ist (§ 231a Abs. 3 S. 3 StPO), ist eine Revisionsrüge gem. § 336 S. 2 StPO ausgeschlossen. Unterbleibt die erneute Hinzuziehung des Angeklagten nach Wiederherstellung der Verhandlungsfähigkeit, so kann dies jedoch mit der Revision gerügt werden, es sei denn, der Angeklagte hat diesen Umstand dem Gericht nicht mitgeteilt. Haben in seiner Abwesenheit maßgebliche Beweiserhebungen stattgefunden, so wird auch ein Verstoß gegen die Belehrungspflicht aus § 231a Abs. 2 StPO regelmäßig eine Revision rechtfertigen[361].
- **§ 231b StPO:** Mit der Revision kann hier zunächst gerügt werden, dass die Voraussetzungen der Vorschrift nicht vorgelegen hätten. Auch Verstöße gegen die Pflicht zur nachträglichen Unterrichtung über den zwischenzeitlichen Gang des Verfahrens sind wie bei § 231a StPO revisibel. **1007**
- **§ 231c StPO:** Zwar ist der Beschluss als solcher nicht anfechtbar. Mit der Revision kann aber insbesondere geltend gemacht werden, dass während der Abwesenheit des Angeklagten ihn betreffende Umstände verhandelt worden seien[362].
- **§ 232 StPO:** Mit der Revision kann gerügt werden, die Voraussetzungen dieser Vorschrift hätten nicht vorgelegen.

---

358 Vgl. hierzu OLG Hamm NJW 2006, 1449. Nicht minder komisch muten Rettungsversuche der Obergerichte an. Das Bundessozialgericht hat hierzu etwa ausgeführt (NJW 2017, 3183 f.): „Zeichen einer großen Ermüdung, Neigung zum Schlaf, das Kämpfen mit der Müdigkeit, das Schließen der Augen und das – nicht nur auf wenige Minuten beschränkte – Senken des Kopfes auf die Brust sind noch kein sicherer Beweis dafür, dass der Richter die Vorgänge in der Verhandlung nicht mehr wahrnehmen konnte". Das BVerwG (5 B 84/06) ergänzt: „Diese Haltung kann vielmehr auch zur geistigen Entspannung oder zu besonderer Konzentration eingenommen werden".
359 Angeklagter: Rn. 230 ff.; Verteidiger: Rn. 272 ff.; Staatsanwaltschaft: Rn. 276; UdG: Rn. 336; Dolmetscher: Rn. 333 ff.
360 BGH 5 StR 160/14; 4 StR 276/09; NStZ 1997, 295.
361 Siehe BGH 3 StR 403/09.
362 Vgl. BGH 5 StR 309/12 Tz. 17; 3 StR 462/11; NStZ 2009, 400 f.; 3 StR 562/08.

Kapitel 7 *Die Rechtsmittel im Strafverfahren*

– **§ 233 StPO:** Revisibel ist es, wenn die Abwesenheitsverhandlung rechtlich nicht zulässig war, insbesondere weil kein wirksamer Entbindungsantrag gestellt wurde. Auch kann gerügt werden, die in § 233 Abs. 1 StPO genannten Rechtsfolgen seien überschritten worden. Denn in diesem Falle wäre ja eine Anwesenheit des Angeklagten erforderlich gewesen.

1008 – **§ 247 StPO:** Der richtige Umgang mit der praktisch bedeutsamen und **revisionsanfälligen** Vorschrift des § 247 StPO ist oben bereits dargestellt worden[363]. Das Rechtsmittel hat über § 338 Nr. 5 StPO Erfolg, wenn es an einem den Angeklagten ausschließenden Gerichtsbeschluss fehlt, der sich auf zulässige Erwägungen stützt[364]. Eine lediglich unzulänglich begründete Entscheidung bleibt indes folgenlos, wenn tatsächlich unzweifelhaft die sachlichen Voraussetzungen des § 247 StPO vorlagen und vom Gericht auch nicht verkannt wurden[365]. Im Hinblick auf § 247a Abs. 1 StPO muss das Gericht zudem im Einzelfall prüfen und darlegen, wie dem Spannungsverhältnis zwischen Aufklärungspflicht, Schutz des Zeugen und Verteidigungsinteressen zu genügen ist.

1009 Gerügt werden kann in Bezug auf § 247 StPO zudem, andere Vorgänge als diejenigen, welche den Ausschluss gerechtfertigt haben (etwa die Erhebung des Urkundenbeweises oder eine Augenscheinseinnahme), seien in Abwesenheit des Angeklagten durchgeführt worden[366]. Wegen der hierdurch begründeten Gefahr verzichten die Gerichte häufig auf die Möglichkeiten, die ihnen § 247 StPO zum Schutz der dort genannten Personen bieten.

Auch die Entscheidung über die Entlassung und Vereidigung eines Zeugen in Abwesenheit des Angeklagten begründet die Rüge des § 338 Nr. 5 StPO[367]. Allerdings kann ein solcher Verstoß geheilt werden. Dies gilt etwa, wenn der Angeklagte bei seiner Unterrichtung nach § 247 S. 4 StPO oder auf ausdrückliches Befragen erklärt, keine Fragen mehr an den Zeugen stellen zu wollen. Heilung tritt auch ein, wenn der Zeuge auf Wunsch des Angeklagten zwecks ergänzender Befragung nochmals geladen und dann ordnungsgemäß entlassen wird[368].

Schließlich stellt auch ein Verstoß gegen die Unterrichtungspflicht aus § 247 S. 4 StPO einen – relativen – Revisionsgrund dar[369].

1010 – **§ 247a StPO:** Gemäß § 247a Abs. 1 S. 2, Abs. 2 S. 3 StPO ist die Anordnung einer Videovernehmung nicht anfechtbar. Nach § 336 S. 2 StPO scheidet damit grundsätzlich auch eine Überprüfung in der Revisionsinstanz aus. Allerdings kann mit der Revision gerügt werden, dass es an dem erforderlichen Gerichtsbeschluss fehlte[370].

---

363 Rn. 240 ff.
364 BGH NStZ 2002, 44 f.
365 BGH NJW 2000, 3795 f.; NStZ 2001, 48 f.
366 Vgl. hierzu BGH 4 StR 529/13; GSSt 1/09. Die Verhandlung über ein Ablehnungsgesuch während des auf § 247 StPO gestützten Ausschlusses genügt demgegenüber nicht, BGH NJW 1996, 2382 f. Zum erforderlichen Revisionsvorbringen siehe BGH NStZ 2000, 328 f.
367 BGH 4 StR 302/14; 2 StR 387/13 Tz. 7; 1 StR 11/13 Tz. 5; 3 StR 318/11 m.w.N.
368 Vgl. BGH 1 StR 711/13 Tz. 17; 1 StR 11/13 Tz. 5; 3 StR 318/11 m.w.N.; 5 StR 387/10; GSSt 1/09.
369 BGH 4 StR 612/09.
370 Vgl. BGH NStZ 2008, 421. Siehe auch oben Rn. 245, 450 f.

bb) Abwesenheit des Verteidigers

Hinsichtlich der Person des Verteidigers ist eine **Unterscheidung** vorzunehmen, und zwar zwischen

    fakultativer Verteidigung.   Fällen der notwendigen Verteidigung (§§ 140, 418 Abs. 4 StPO), in denen natürlich auch ein „Wahlverteidiger" auftreten kann.

1011

In Fällen der notwendigen Verteidigung darf die Hauptverhandlung nicht ohne Verteidiger durchgeführt werden, § 145 StPO. Allerdings kann der Verteidiger die Möglichkeit einer Verfahrensrüge – jedenfalls für den Zeitraum der Urteilsverkündung – verwirken, wenn er sich eigenmächtig entfernt[371]. Auf andere Abschnitte der Hauptverhandlung dürfte dies aber nicht übertragbar sein, da hier die Möglichkeiten der Entpflichtung und Bestellung eines neuen Verteidigers bzw. der Aussetzung der Verhandlung bestehen, § 145 Abs. 1 StPO.

Jenseits der notwendigen Verteidigung darf ohne weiteres in Abwesenheit des Verteidigers verhandelt werden, § 228 Abs. 2 StPO.

cc) Abwesenheit sonstiger Verfahrensbeteiligter

Nach § 226 StPO ist nur die Anwesenheit der „**Staatsanwaltschaft**", also nicht einer bestimmten Person, erforderlich. Allein aus dem Wechsel des Sitzungsvertreters kann also für die Revision nichts hergeleitet werden. Gleiches gilt für den Urkundsbeamten der Geschäftsstelle als **Protokollführer**.

1012

Der **Dolmetscher** muss nach § 185 Abs. 1 GVG grundsätzlich der gesamten Verhandlung beiwohnen. Wird hiergegen verstoßen, so kann dies die Revision nach § 338 Nr. 5 StPO rechtfertigen[372]. Allerdings darf das Gericht den Dolmetscher per Videokonferenzschaltung auch aus einem anderen Raum zuschalten, § 185 Abs. 1a GVG, und selbstverständlich auch die Personen austauschen.

Andere Prozessbeteiligte, wie Nebenkläger oder Sachverständige, müssen an der Hauptverhandlung nicht ununterbrochen teilnehmen[373].

dd) Weitere Voraussetzungen der Revision bei § 338 Nr. 5 StPO

Allen genannten Anwesenheitspflichten ist gemeinsam, dass ein Verstoß die Revision nur dann begründen kann, wenn die Abwesenheit während eines **wesentlichen Teils der Hauptverhandlung** stattgefunden hat. Denn § 338 StPO ist nicht anwendbar, wenn das Beruhen des Urteils auf einem Mangel denkgesetzlich ausgeschlossen ist, also der Anspruch des Angeklagten auf rechtliches Gehör sowie seine prozessualen

1013

---

371 BGH NStZ 1998, 209, 267.
372 BGH NStZ 2002, 275.
373 Siehe BGH 4 StR 473/13 Tz. 24.

Kapitel 7 *Die Rechtsmittel im Strafverfahren*

Gestaltungsrechte nicht beeinträchtigt wurden und der betreffende Verfahrensteil auch ansonsten das Verfahrensergebnis nicht bestimmt haben kann[374].

In diesem Sinne „wesentlich" sind vor allem:

– Vernehmung des Angeklagten zur Person und Sache;
– Verlesung des Anklagesatzes;
– Beweisaufnahme, also insbesondere die Vernehmung von Mitangeklagten, Sachverständigen oder Zeugen zur Schuld- und Tatfrage[375] bzw. der Verzicht auf eine vom Gericht zunächst für erforderlich gehaltene Zeugenvernehmung[376];
– Verhandlung über die Entlassung und Vereidigung eines Zeugen;
– Bescheidung von Anträgen über die Ausschließung der Öffentlichkeit;
– Durchführung einer Ortsbesichtigung[377];
– Verhandlung und Entscheidung über eine Verfahrenstrennung i.S.d. §§ 2, 3 StPO[378]
– Schlussvorträge;
– Verkündung der Urteilsformel.

1014 **Nicht wesentlich** und revisionsrechtlich mithin unbeachtlich sind demgegenüber insbesondere:

– Erörterungen über die Verhandlungsfähigkeit des Angeklagten;
– Überprüfung der Vernehmungsfähigkeit eines Zeugen[379];
– Aufruf des Zeugen oder eines Sachverständigen;
– Belehrung nach § 57 StPO;
– Festsetzung von Ordnungsmitteln nach § 51 StPO;
– Entgegennahme von Beweisanträgen[380];
– mündliche Eröffnung der Urteilsgründe.

e) Verstoß gegen den Grundsatz der Öffentlichkeit

1015 Der Grundsatz der Öffentlichkeit, seine herausgehobene Bedeutung sowie die gesetzlich vorgesehenen Einschränkungen sind bereits dargestellt worden[381]. Nach § 338 Nr. 6 StPO kann die Revision darauf gestützt werden, dass die Öffentlichkeit des Verfahrens verletzt wurde. Da § 169 GVG der Sicherung eines rechtsstaatlichen Verfahrens dient, kann diese Rüge sogar dann erhoben werden, wenn der Angeklagte selbst die Ausschließung der Öffentlichkeit verlangt hat. Unanfechtbar ist jedoch der (formal korrekte!) Ausschluss der Öffentlichkeit zum Schutz der Privatsphäre nach **§ 171b GVG**, wie sich aus dessen Abs. 5 i.V.m. § 336 S. 2 StPO ergibt[382].

1016 § 169 GVG ist nicht nur verletzt, wenn die Öffentlichkeit insgesamt ausgeschlossen wird, sondern schon dann, wenn auch nur ein einziger Zuhörer in einer nicht dem

---

374 Vgl. BGH 4 StR 529/13 Tz. 16; 1 StR 11/13 Tz. 5; 5 StR 612/12 Tz. 17; 1 StR 643/09 m.w.N.
375 BGH 2 StR 19/13 Tz. 16; NStZ 1998, 476 f.
376 BGH NStZ 1996, 351.
377 BGH NStZ 1998, 476 f.
378 BGH 1 StR 251/13; 3 StR 24/10.
379 BGH 2 StR 281/10.
380 Anderes kann für die **Verhandlung** über solche Anträge gelten, BGH 1 StR 643/09.
381 Siehe Rn. 29 ff.
382 Siehe hierzu BGH 1 StR 487/16; 4 StR 623/11 Tz. 7.

Gesetz entsprechenden Weise aus dem Sitzungssaal entfernt wird[383]. Als Grundlage für den Ausschluss **einzelner Zuhörer** ist neben den §§ 171a ff. GVG aber noch an weitere Vorschriften zu denken, nämlich:
- § 58 Abs. 1 StPO, wenn (ernsthaft) mit der Möglichkeit zu rechnen ist, dass die Person als Zeuge in Betracht kommt. Das gilt unabhängig davon, ob sie später tatsächlich als Zeuge gehört wurde[384];
- § 176 GVG, wenn die Entfernung des Zuhörers erforderlich ist, um etwa die Beeinflussung eines Zeugen in seinem Aussageverhalten zu unterbinden.

Da es sich hierbei um eine Maßnahme der Verhandlungsführung (§ 58 StPO) bzw. der sog. Sitzungspolizei (§ 176 GVG) handelt, ist für die Entscheidungen zunächst der Vorsitzende des Spruchkörpers zuständig. Ein Erfolg der Rüge i.S.d. § 338 Nr. 6 StPO setzt folglich die Beanstandung nach § 238 Abs. 2 StPO voraus[385].

Sollen die Öffentlichkeit oder Teile davon ausgeschlossen werden, so hat das **Gericht** nach § 174 Abs. 1 S. 2 GVG durch **Beschluss** zu entscheiden, wobei der Angeklagte zuvor anzuhören ist, § 33 Abs. 1 StPO. Über die Frage der Ausschließung ist vorab in nichtöffentlicher Sitzung zu verhandeln, sofern dies ein Beteiligter (etwa ein Zeuge[386]) beantragt oder vom Gericht für angemessen gehalten wird.

1017

Die Entscheidung muss jedoch wieder unter Einbeziehung der Öffentlichkeit verkündet werden (zu den Ausnahmen vgl. § 174 Abs. 1 S. 2 GVG). In den Fällen der §§ 171b, 172 und 173 GVG ist zudem der Grund für den Ausschluss anzugeben, vgl. § 174 Abs. 1 S. 3 GVG. Diese **Begründung** dient – neben einer Selbstkontrolle des Gerichts und einer Unterrichtung der Öffentlichkeit – in erster Linie der revisionsrechtlichen Nachprüfung. Eine detaillierte Information der Zuschauer ist also nicht erforderlich. Vielmehr genügt die Wiedergabe des maßgeblichen Gesetzestextes oder der Hinweis auf die Gesetzesbestimmungen, soweit diese – wie z.B. § 172 Nr. 1a oder § 172 Nr. 4 GVG – zweifelsfrei erkennen lassen, worauf sich das Gericht stützt[387]. Enthält die betreffende Vorschrift mehrere Alternativen, so sollte die zum Tragen kommende genau zitiert werden.

Nur in Einzelfällen kann die fehlende Begründung revisionsrechtlich unschädlich sein, nämlich wenn
- die Zuhörer im Gerichtssaal erkennen konnten, bezüglich welcher Prozesshandlung und warum der Ausschluss erfolgte;
- aus diesem Grunde auch das Revisionsgericht es auszuschließen vermag, dass aus rechtlichen Gründen eine andere Entscheidung des Tatrichters in Betracht gekommen wäre, die Richtigkeit der Entscheidung also nicht in Frage steht[388].

1018

---

383 Vgl. BGH NStZ 2004, 453 f. für den Ausschluss einzelner Zuhörer aufgrund ihrer ethnischen Herkunft.
384 BGH NStZ 2001, 163.
385 BGH 1 StR 122/13 Tz. 3.
386 BGH 3 StR 437/14. Für die Ausschließung der Öffentlichkeit zwecks Verhandlung über das Gesuch genügt im Übrigen – anders als für die darauf folgende Entscheidung (!) – die Anordnung des Vorsitzenden.
387 Vgl. BGH NJW 1995, 3195 f.
388 Vgl. BGH NStZ 2000, 329; NJW 1999, 3060 f.

Kapitel 7 *Die Rechtsmittel im Strafverfahren*

1019 Der entsprechende Beschluss rechtfertigt die Ausschließung der Öffentlichkeit **nur für die umschriebene Dauer**. Soll also etwa derselbe Zeuge nach vorangegangener Entlassung in der laufenden Hauptverhandlung nochmals unter Ausschluss der Öffentlichkeit vernommen werden, so ist gemäß § 174 Abs. 1 S. 2 GVG auch ein neuer Gerichtsbeschluss erforderlich[389]. Eine Ausnahme gilt nur, wenn die nachfolgende Vernehmung mit der vorangegangenen ein einheitliches Verfahrensgeschehen bildet[390].

1020 Weil die Zulassung der Öffentlichkeit eine Schutzfunktion für den Angeklagten hat, kann § 338 Nr. 6 StPO im Falle der unzulässigen **Erweiterung der Öffentlichkeit** – wenn also trotz Vorliegens eines Ausschlussgrundes öffentlich verhandelt wurde – regelmäßig keine Anwendung finden[391]. Dagegen kann eine Revision darauf gestützt werden, dass die Öffentlichkeit unzulässig **eingeschränkt** worden sei. Aus diesem Grunde stellt die – nach § 169 S. 2 GVG unzulässige – Fernsehaufnahme eines Teils der Hauptverhandlung nur einen relativen Revisionsgrund dar, der sich nicht zwingend auf das Urteil auswirkt[392].

Eine Erweiterung der Öffentlichkeit kann allenfalls im Jugendgerichtsverfahren nach § 337 StPO wegen Verletzung des § 48 Abs. 1 JGG gerügt werden.

1021 Mögliche Ansatzpunkte für eine erfolgreiche Rüge sind daher, dass
- es rein faktisch und ohne jede gesetzliche Grundlage (z.B. durch nicht veranlasste umfangreiche Einlasskontrollen) zu einer Behinderung kam[393];
- die Ausschließung nicht auf einem Gerichtsbeschluss, sondern nur auf einer Anordnung des Vorsitzenden beruhte;
- der Beschluss entgegen § 174 Abs. 1 S. 2 Hs. 1 GVG nicht öffentlich verkündet worden ist[394];
- er entgegen § 174 Abs. 1 S. 3 GVG nicht begründet wurde oder die Begründung unverständlich war;
- ein sachlicher Ausschließungsgrund nicht gegeben war;
- die Öffentlichkeit nach der im Ausschließungsbeschluss definierten Verfahrenshandlung nicht wieder hergestellt wurde[395].

Demgegenüber kann die Unterlassung der nach § 33 Abs. 1 StPO vorgeschriebenen und auch nach § 174 Abs. 1 S. 1 GVG vorgesehenen[396] Anhörung der Verfahrensbeteiligten nur über § 337 StPO gerügt werden.

---

389 BGH 5 StR 612/12 Tz. 13; 5 StR 263/11; 3 StR 443/08 m.w.N.
390 Etwa weil die Entlassung des Zeugen sofort zurückgenommen wird und die für den Ausschließungsbeschluss maßgebliche Interessenlage fortbesteht, vgl. BGH 5 StR 612/12 Tz. 15; 5 StR 263/11; NStZ 2009, 286 f.
391 BGH 5 StR 586/16; 2 StR 311/15 Tz. 8; 1 StR 212/14 Tz. 22; BGHSt 23, 82 (85) Grund: Durch eine neue Verhandlung unter Ausschluss der Öffentlichkeit könnte dieser Mangel – bereits geschehene Verletzung der jeweils geschützten Sphäre – ohnehin nicht revidiert werden. Allerdings kann das Unterlassen eines gebotenen Ausschlusses der Öffentlichkeit im Einzelfall im Wege der Aufklärungsrüge geltend gemacht werden. Dies stellt aber besondere Anforderungen an das Revisionsvorbringen, vgl. BGH NStZ 1998, 586.
392 BGH NStZ 1989, 375.
393 Vgl. BGH NJW 1995, 3196 f.
394 Vgl. BGH StV 1985, 223.
395 Siehe BGH 4 StR 543/15.
396 Siehe dort die Formulierung „zu verhandeln".

1022 Anders als im Rahmen des § 338 Nr. 5 StPO kann i.d.R. auch nicht geltend gemacht werden, bei einer unter Ausschluss der Öffentlichkeit vorgenommenen Zeugenvernehmung sei es zu weiteren Beweiserhebungen gekommen. Soweit diese – etwa die Verlesung einer Urkunde oder die Augenscheinseinnahme – in inhaltlichem Zusammenhang mit der Zeugenvernehmung standen, ist das nicht zu beanstanden. Denn der jeweilige Ausschluss erfasst alle Verfahrensvorgänge, die mit der Vernehmung in enger Verbindung stehen oder sich aus ihr entwickeln. Die Öffentlichkeit muss daher auch nicht für Verständigungsgespräche oder die Entscheidung über die Vereidigung und Entlassung des Zeugen wieder hergestellt werden[397].

1023 Schließlich ist **weitere Voraussetzung** für eine erfolgreiche Revision im Hinblick auf § 338 Nr. 6 StPO, dass der Verfahrensverstoß auf einem **Verschulden des Gerichts** beruht[398]. Solches ist anzunehmen, wenn das Gericht eine die Öffentlichkeit unzulässig beschränkende Anordnung getroffen oder eine ihm bekannte Beschränkung nicht beseitigt hat. Besonderheiten gelten zudem bezüglich durchgeführter **Ortstermine**. Hier können sich insbesondere aus den räumlichen Gegebenheiten faktische Begrenzungen ergeben. In einem solchen Fall ist es die Aufgabe des Vorsitzenden, nach seinem pflichtgemäßen Ermessen den notwendigen Ausgleich zwischen dem Öffentlichkeitsgrundsatz und den Erfordernissen einer geordneten Verhandlung zu gewährleisten. Die revisionsrechtliche Kontrolle ist mithin auf Rechtsfehler bei dieser Ermessensausübung begrenzt[399].

f) Fehlende oder verspätete schriftliche Urteilsbegründung

1024 **§ 338 Nr. 7 StPO** wird in der Praxis nur selten relevant. Enthält das schriftliche Urteil gar keine Gründe, so zwingt dies (abgesehen von Prozessurteilen, etwa nach § 329 StPO) schon auf die Sachrüge[400] hin zur Aufhebung des Urteils, da es keinen überprüfbaren Inhalt hat. Auch unvollständige oder in sonstiger Weise mangelhafte Entscheidungsgründe können über § 338 Nr. 7 StPO nicht gerügt werden[401]. Selbst fehlende Unterschriften der Berufsrichter sind nur auf eine entsprechende Verfahrensrüge hin revisionsrechtlich bedeutsam[402].

Praktische Anwendungsfälle des § 338 Nr. 7 StPO sind
– die verspätete Abfassung des Urteils unter Überschreitung der in § 275 Abs. 1 StPO genannten Fristen und
– die fehlerhafte Annahme der Verhinderung eines Richters an der Unterschriftsleistung.

---

397 Vgl. BGH 2 StR 428/16 Tz. 6; 5 StR 467/15 Tz. 6; 1 StR 78/14 Tz. 12; 1 StR 132/08; NStZ 2006, 117; NJW 2003, 597.
398 Vgl. BGH 1 StR 579/15; 1 StR 122/13 Tz. 4; 5 StR 245/11 (Baumaßnahmen); BGHSt 22, 297; BGH NStZ 1995, 143 f. (versehentlich verschlossene Tür zum Zuschauerraum); OLG Celle NStZ 2012, 654 (fehlerhafte Angabe „nicht öffentlich"); OLG Zweibrücken NJW 1995, 3333 (falsche Angabe von Öffnungszeiten am Gerichtseingang).
399 BGH NJW 2006, 1220 f. zum Ortstermin in einem Treppenhaus; siehe auch oben Rn. 31.
400 Siehe hierzu unten Rn. 1070 ff.
401 BGH MDR 1971, 548.
402 BGH NJW 2001, 838 f.

Kapitel 7 *Die Rechtsmittel im Strafverfahren*

1025 Die **Frist** zur Absetzung des Urteils darf nur bei Eintritt eines nicht voraussehbaren unabänderlichen Umstands[403] überschritten werden, § 275 Abs. 1 S. 4 StPO. Maßgebend für die Fristwahrung ist regelmäßig der durch den Vermerk dokumentierte Eingang des unterzeichneten Urteils bei der Geschäftsstelle. Ein vollständiges schriftliches Urteil liegt dann vor, wenn sämtliche an ihm beteiligten Berufsrichter seinen Inhalt gebilligt und mit ihrer Unterschrift bestätigt haben[404]. Ausreichend ist es, wenn der zuletzt unterschreibende Richter das Urteil vor Fristablauf in seinem Dienstzimmer auf den Weg zur Geschäftsstelle gebracht hat[405]. Nach Fristablauf dürfen selbstverständlich keinerlei Änderungen mehr vorgenommen werden, § 275 Abs. 1 S. 3 StPO.

Die Rüge der Fristüberschreitung stellt im Übrigen besondere Anforderungen an das Revisionsvorbringen[406].

1026 Die **Verhinderung** eines (Kollegial-)Richters kann rechtlicher oder tatsächlicher Natur sein. Bezüglich der tatsächlichen Verhinderung (etwa durch Urlaub, Krankheit, Versetzung an eine andere Behörde) steht dem Vorsitzenden ein Beurteilungsspielraum zur Verfügung. Er hat zu entscheiden und in der Akte zu dokumentieren, ob trotz organisatorischer Maßnahmen zur Sicherstellung der Unterschrift im Einzelfall von einer Verhinderung auszugehen ist. Die Tätigkeit des Revisionsgerichts beschränkt sich hier auf eine Willkürprüfung[407].

3. Relative Revisionsgründe

1027 Die sog. relativen Revisionsgründe sind in den §§ 337 und 338 Nr. 8 StPO geregelt. Obwohl sie nicht zwangsläufig zu einer Aufhebung des Urteils führen, spielen sie in der Praxis die Hauptrolle.

Neben den im Folgenden aufgeführten gesetzlichen Voraussetzungen der genannten Vorschriften hat die Rechtsprechung eine „Rügepräklusion" bzw. „**Widerspruchslösung**" dergestalt entwickelt, dass vom Vorsitzenden zu verantwortende Verfahrensfehler regelmäßig dann nicht mehr gerügt werden können, wenn in der Hauptverhandlung eine Beanstandung nach § **238 Abs. 2 StPO** unterblieben ist. Hieraus hat sich eine umfangreiche Kasuistik entwickelt, bezüglich derer wir auf die Kommentierung der Einzelvorschriften verweisen müssen[408].

---

[403] Etwa überreschendes Versterben des Berichterstatters eines Kollegialgerichts. Eine falsche Berechnung der Frist oder Belastungen durch andere Hauptverhandlungen genügen selbstverständlich nicht, vgl. BGH 4 StR 114/14; 2 StR 88/11; 5 StR 485/10; 4 StR 133/09.
[404] BGH 2 StR 271/13; 5 StR 333/13; 3 StR 30/10.
[405] Vgl. BGH 1 StR 296/16 Tz. 72; NStZ-RR 2007, 53 f.
[406] Vgl. hierzu BGH NStZ-RR 2007, 53 f.; 88 sowie KK-*Gericke*, § 338 Rn. 98 m.w.N.
[407] BGH 3 StR 95/11. Zu den inhaltlichen Voraussetzungen einer Verhinderung siehe auch BGH 1 StR 352/15 Tz. 7; 4 StR 390/13; 2 StR 271/13; 2 StR 331/10.
[408] Siehe hierzu auch BGH 3 StR 47/12 Tz. 11; *Mosbacher* NStZ 2011, 606 ff. sowie *Widmaier* NStZ 2011, 305 ff. Beispielhaft siehe etwa Rn. 531, 558, 602; 1056.

a) Voraussetzungen des § 337 StPO

Nach § 337 Abs. 1 StPO setzt eine erfolgreiche Revision zweierlei voraus, nämlich 1028
- die **Verletzung eines Gesetzes** und
- das **Beruhen** des Urteils auf dieser Gesetzesverletzung (**Kausalität**).

Im Ausnahmefall ist ergänzend zu prüfen, ob – jenseits von § 238 Abs. 2 StPO – die Geltendmachung des gerügten Gesetzesverstoßes nicht infolge eigenen absichtsvollen Fehlverhaltens **verwirkt** ist[409].

Der Unterschied zu den absoluten Revisionsgründen (§ 338 Nrn. 1 bis 7 StPO) liegt darin, dass dort die Kausalität des Verfahrensverstoßes für die Entscheidung (nahezu) unwiderlegbar vermutet wird.

aa) Begriff des Gesetzes i.S.d. § 337 StPO

„Gesetz" i.S.d. § 337 StPO ist nach § 7 EGStPO „**jede Rechtsnorm**", deren Wesen 1029 wiederum in ihrer Allgemeinverbindlichkeit liegt. Innerbehördliche Dienstvorschriften oder Verwaltungsanordnungen erfüllen diese Anforderung also nicht.

Dieser allgemeine Begriff des „Gesetzes" wird von der Rechtsprechung allerdings durch die sog. „**Rechtskreistheorie**" weiter eingeschränkt[410], welche (wie könnte es unter Juristen anders sein) im Schrifttum immer wieder angegriffen wird[411].

Sie besagt, dass der Rechtsmittelführer nur die Verletzung solcher Normen mit Erfolg rügen kann, die zumindest auch seinen eigenen „Rechtskreis" betreffen. Vorschriften, die nur dem Schutz des Staates bzw. dem Funktionieren seiner Organe (z.B. §§ 54, 96 StPO) oder dritter Personen dienen (z.B. §§ 55, 81c StPO), können daher einer Revision des Angeklagten nicht zum Erfolg verhelfen. Ob eine Norm den Rechtskreis des Angeklagten schützen soll, kann im Einzelfall umstritten und problematisch sein. Aus diesem Grunde muss hinsichtlich der Frage der Revisibilität eines Verfahrensverstoßes stets die Frage nach dem jeweiligen **Schutzzweck der verletzten Norm** gestellt werden.

---

409 Siehe hierzu oben Rn. 912.
410 Vgl. grundlegend (zu § 55 StPO) BGHSt 11, 213 ff. sowie BGHSt 17, 245 (247). Für die Rechtsprechung kann angeführt werden, dass es eine Abstufung der Verfahrensvorschriften gibt. Einige berühren die Interessen des Angeklagten, andere nicht. Diese unterschiedlichen Wertigkeiten haben ja auch in § 273 StPO sowie der Unterscheidung zwischen den §§ 337 und 338 Nr. 1 bis 7 StPO Niederschlag gefunden. Im Übrigen fürchtet der BGH nicht zu Unrecht eine Ausuferung der Revision, sollten die Rügemöglichkeiten ausgeweitet werden.
411 Vgl. z.B. *Grüner* JuS 1994, 193 ff. und *Roxin/Schünemann*, § 55 Rn. 36. Ein gegen diese Theorie angeführter Grund ist insbesondere die Forderung nach einem durchgängig „justizförmigen" Verfahren. Im Übrigen liegen Rechtsprechung und Literatur gar nicht so weit auseinander. Denn auch Letztere möchte nicht eine uneingeschränkte Revisibilität, sondern grenzt die Möglichkeiten des Rechtsmittelführers durch die „Schutzzwecklehre" bzw. die konsequentere Prüfung der Kausalität ein. Auch tröstet man sich mit dem Argument, dass angesichts der eingeschränkten Protokollpflicht (§ 273 StPO) ohnehin viele Verstöße gar nicht zu belegen sind.

Kapitel 7 *Die Rechtsmittel im Strafverfahren*

bb) Kausalität i.S.d. § 337 StPO

1030   Da das Urteil auf dem Verfahrensverstoß bzw. dem Rechtsfehler „**beruhen**" muss, kann die Revision nur dann Erfolg haben, wenn bei richtiger Anwendung des Gesetzes das Urteil anders ausgefallen wäre (daher auch der Begriff „relative" Revisionsgründe). Das ist seitens des Revisionsgerichts von Amts wegen zu prüfen[412].

Die Frage des Beruhens ist jedoch nicht im Sinne der strengen naturwissenschaftlichen Kausalität zu beurteilen. Vielmehr genügt es, wenn im Falle eines ordnungsgemäßen Verfahrensablaufs die bloße Möglichkeit einer anderen Entscheidung bestanden hätte (sog. „**Möglichkeitstheorie**")[413]. An einem ursächlichen Zusammenhang i.S.d. § 337 Abs. 1 StPO fehlt es demnach nur dann, wenn eine andere Entscheidung praktisch ausgeschlossen oder nur rein theoretisch wäre[414]. Dies ist im Rahmen einer Gesamtbetrachtung aller im Einzelfall relevanten Umstände zu beurteilen[415].

Bei **Verfahrensfehlern** kommt es darauf an, ob ein rechtsfehlerfreies Verfahren zu demselben oder möglicherweise zu einem anderen Ergebnis geführt hätte. Dabei ist zu berücksichtigen, dass sie unterschiedliche Bedeutung für den Verfahrensablauf gehabt haben oder auch geheilt worden sein können.

1031   **Sachlich-rechtliche Mängel** (z.B. in der formalen Darstellung oder der Subsumtion) ergeben sich – soweit vorhanden – aus der Urteilsurkunde. Das heißt aber noch nicht, dass in jedem Fall Kausalität anzunehmen ist. Sie kann etwa dann ausgeschlossen werden, wenn der Fehler sich ersichtlich nur auf nicht tragende Hilfserwägungen (zumeist im Rahmen der Beweiswürdigung) bezieht. Auch unzulässige oder unvollständige Erwägungen im Rahmen der Strafzumessung müssen nicht zwingend zur Aufhebung des Urteils (im Strafausspruch) führen, etwa wenn die Strafe so niedrig ausgefallen ist, dass eine weitere Reduktion ausgeschlossen werden kann.

cc) Begriff und Bedeutung von „Ordnungsvorschriften"

1032   Eine weitere Einschränkung der Revisibilität folgt daraus, dass sog. verfahrensrechtliche „**Soll- oder Ordnungsvorschriften**" nicht zum Kreis der zwingenden Rechtsnormen gezählt werden bzw. eine Kausalität zwischen Verfahrensverstoß und Urteil in diesem Bereich für i.d.R. ausgeschlossen erachtet wird[416].

Ein Verstoß gegen Ordnungsvorschriften stellt zwar ebenfalls eine Gesetzesverletzung i.S.d. § 337 StPO dar. Derartige Vorschriften sollen aber oftmals nur einen reibungslosen Ablauf des Verfahrens sicherstellen und können folglich – nach Auffassung des BGH[417] – in der Regel keinen Einfluss auf den Ausgang des Verfahrens haben. Ihre Verletzung kann nur dann mit der Revision gerügt werden, wenn sie

---

412 BGH 1 StR 587/09.
413 BGH in st. Rspr., z.B. BGH 2 StR 590/10; BGHSt 22, 278 (280).
414 Vgl. BGH 2 StR 49/15 Tz. 6; 4 StR 254/13 Tz. 17; 3 StR 519/09; 3 StR 403/09.
415 BGH NStZ 1996, 400 f. für die Nichtvernehmung eines Zeugen.
416 Vgl. KK-*Gericke*, § 337 Rn. 13.
417 Vgl. BGHSt 11, 213 f.

ausnahmsweise über die formale Regelung des Verfahrens hinaus auch den Schutz des Angeklagten bezwecken und es sich um einen **bedeutenden Verstoß** handelt[418].

Es muss also hinsichtlich jeder einzelnen Rechtsnorm, deren Verletzung festgestellt wird, geprüft werden, ob es sich lediglich um eine Ordnungsvorschrift handelt, die nur den formalen Ablauf regelt und daher von ihrem Schutzzweck nicht auch den Rechtskreis des Angeklagten betrifft.

Dabei besteht das weitere Problem, dass die Ordnungsvorschriften nicht immer durch tatbestandliche Formulierungen (wie „soll") erkennbar sind. Vielmehr muss im Einzelfall die Zielrichtung einer Vorschrift herausgearbeitet werden.

dd) Beispielsfall zur Zweckbestimmung verfahrensrechtlicher Normen

Die vorbeschriebene Abgrenzungsproblematik soll anhand des § 243 StPO verdeutlicht werden:

1033

> Der Angeklagte ist vom Amtsgericht verurteilt worden, und zwar wegen Beleidigung zu einer Geldstrafe von 30 Tagessätzen zu je 30 €.
> Er erklärt:
> „Also, ich saß da vor dem Sitzungssaal und es passierte nichts. Schließlich – meine Sache musste schon seit einer halben Stunde dran sein – bin ich einfach reingegangen. Ohne mich nach meinem Namen etc. zu fragen, hat der Richter mich aufgefordert, ich solle mich hinsetzen. Das habe ich getan. Die in Betracht kommenden Zeugen waren auch schon da. Komischerweise blieben die alle im Saal, bis das Verfahren zu Ende war. Aber das Unangenehmste war, dass der Richter alle meine Vorstrafen vorgelesen hat, die bis in das Jahr 1982 zurückreichen und nicht vergleichbare Delikte betreffen, mit Beleidigung also nichts zu tun haben. Der Richter hat mich dann auch zu der angeblichen Beleidigung vernommen, bis ihm plötzlich einfiel, der Staatsanwalt solle sich auch mal nützlich machen und die Anklageschrift verlesen. Das hat er dann auch getan. Nach meiner Vernehmung hat der Richter gesagt, eigentlich hätte ich ja gar nichts zu sagen brauchen, aufgrund meines Geständnisses müsse er mich nun aber verurteilen.
> War das denn alles so richtig? Kann ich da was gegen machen?"

Stets muss systematisch damit begonnen werden, aus dem Geschehen mögliche Verfahrensfehler herauszuarbeiten.

> In chronologischer Reihenfolge wurde im Beispielsfall gegen § 243 StPO wie folgt verstoßen:
> – Die Sache wurde entgegen § 243 Abs. 1 S. 1 StPO nicht aufgerufen;
> – es fand entgegen § 243 Abs. 1 S. 2 StPO keine Präsenzfeststellung statt;
> – die Zeugen wurden nicht aus dem Sitzungssaal gewiesen (§ 243 Abs. 2 S. 1 StPO);
> – Feststellungen zur Person des Angeklagten (§ 243 Abs. 2 S. 2 StPO) fehlten;
> – die Verlesung des Anklagesatzes erfolgte zum falschen Zeitpunkt (§ 243 Abs. 3 S. 1 StPO);
> – die Belehrung des Angeklagten wurde unterlassen (§ 243 Abs. 5 S. 1 StPO);
> – die Verlesung der Vorstrafen war entgegen § 243 Abs. 5 S. 3 StPO zu umfangreich.

---

418 Vgl. BGHSt 23, 244 f. für den Fall, dass die – für die Beurteilung bzw. Überprüfung der Glaubwürdigkeit relevanten – Personalien eines Zeugen entgegen § 68 Abs. 1 StPO (an sich Ordnungsvorschrift) nicht abgefragt und hierdurch vor dem Angeklagten und dessen Verteidiger geheim gehalten wurden.

Kapitel 7 *Die Rechtsmittel im Strafverfahren*

1034 **Aufruf der Sache:** Obwohl nach dem Wortlaut des § 243 Abs. 1 S. 1 StPO der Aufruf der Sache zwingend ist (die Vorschrift enthält nicht die Formulierung „soll"), handelt es sich lediglich um eine Ordnungsvorschrift, da sie nur den äußeren Verfahrensablauf regelt. Rechte des Angeklagten können allein durch den unterlassenen Aufruf der Sache nicht tangiert werden. Eine Verletzung dieser Vorschrift ist mithin nicht revisibel. Der Angeklagte wird letztlich ausreichend über § 338 Nr. 5 StPO geschützt.

1035 **Fehlende Präsenzfeststellung:** Ob es sich bei § 243 Abs. 1 S. 2 StPO um eine bloße Ordnungsvorschrift handelt, ist streitig[419]. Für eine solche Einordnung spricht, dass die Präsenzfeststellung nur die Überprüfung ermöglichen soll, ob mit der Hauptverhandlung begonnen werden kann. Die Rechtssphäre des Angeklagten wird hierdurch nicht nachhaltig berührt, da er im Verlauf der weiteren Beweisaufnahme selbst feststellen kann, wer anwesend ist und am Verfahren teilnimmt. Durch die Stellung von Beweisanträgen kann er seine Rechte wahren. Obwohl es sich nach herrschender Meinung bei der Präsenzfeststellung um keine wesentliche (und damit revisible) Förmlichkeit handelt, drängt sich die Protokollierung, wer im Einzelnen erschienen ist, schon im Hinblick auf § 338 Nr. 5 StPO auf.

1036 **Nicht-Entfernen der Zeugen aus dem Sitzungssaal:** Auch § 243 Abs. 2 S. 1 StPO ist dem Wortlaut nach zwingend. Er wird jedoch lediglich als Ordnungsvorschrift eingestuft[420]. Dies erscheint überraschend, da der Zweck der Norm darin liegt, dass die Zeugen möglichst unbefangen und unbeeinflusst von den Äußerungen anderer Verfahrensbeteiligter und Beweismittel zur Sache bekunden sollen. Nur die getrennte Vernehmung kann ggfls. auch Widersprüche aufdecken.

Die Einordnung als Ordnungsvorschrift wird aber von Zweckmäßigkeitserwägungen getragen. Denn es kann von Seiten des Gerichts nicht immer festgestellt werden, ob sich unter den Zuschauern ein Zeuge befindet. Würde dieser nicht mehr vernommen werden dürfen, weil er sich unbemerkt im Sitzungssaal aufgehalten hat, so würde dies in der Praxis zu einer nicht gerechtfertigten Einschränkung der Aufklärungsmöglichkeiten und damit zu unhaltbaren Ergebnissen führen können.

Dementsprechend stellt auch § 58 Abs. 1 StPO eine reine Ordnungsvorschrift dar, wonach die Zeugen einzeln und in Abwesenheit der später zu hörenden Zeugen zu vernehmen sind[421]. Eine Verletzung dieser Vorschrift kann allenfalls im Rahmen des § 244 Abs. 2 StPO (Aufklärungsrüge) mit der Begründung geltend gemacht werden, der Zeuge hätte bei Beachtung der Vorschrift anders ausgesagt.

1037 **Fehlende Feststellungen zur Person:** § 243 Abs. 2 S. 2 StPO erfasst in erster Linie die Feststellung der **Identität** des Angeklagten – dabei ist er nur verpflichtet, die in § 111 Abs. 1 OWiG aufgeführten Angaben zu machen – und nicht die Erörterung des persönlichen Werdegangs. Bei § 243 Abs. 2 S. 2 StPO handelt es sich zwar nicht nur um eine bloße Ordnungsvorschrift, im Allgemeinen wird aber das Urteil auf einem Verstoß nicht beruhen[422].

---

419 Vgl. KK-*Schneider*, § 243 Rn. 10 m.w.N.
420 Vgl. *Meyer-Goßner*, § 243 Rn. 9, 36.
421 St. Rspr., z.B. BGH NStZ 1981, 93.
422 Vgl. OLG Köln NStZ 1989, 44 sowie KK-*Schneider*, § 243 Rn. 18, 69.

Die Revision **E**

Die fehlende Rügemöglichkeit gilt auch für die zur Vernehmung zur Sache (§ 243 Abs. 5 S. 2 StPO) gehörende und im Rahmen der Schuldfrage erhebliche eigentliche Befragung zur Person (Werdegang/individuelle Entwicklung/familiäre Situation etc.) sowie darüber hinaus in den Fällen, in denen der Angeklagte zum eigentlichen Tatgeschehen nur unzulänglich angehört wurde[423]. Diese Einordnung dürfte auf der Erwägung basieren, dass andernfalls das Revisionsgericht den Ablauf der Vernehmung im Detail – und nicht die Einhaltung der grundlegenden Formalien – nachvollziehen müsste. Damit würde aber der gesetzlich gewollte Rahmen der Revision gesprengt.

Verlesung des Anklagesatzes zum falschen Zeitpunkt: Hierin ist ein Verstoß gegen §243 Abs. 3 S. 1 StPO zu sehen, wonach der Angeklagte erst nach Verlesung des Anklagesatzes und dem gem. § 243 Abs. 5 S. 1 StPO vorgeschriebenen Hinweis auf sein Schweigerecht vernommen werden darf. Erst dann soll die Beweisaufnahme folgen. Sinn dieser Chronologie ist es, dem Angeklagten nochmals die gegen ihn erhobenen Vorwürfe bewusst zu machen, bevor er sich äußert. Nur in genauer und aktueller Kenntnis der Anklage kann er seine Verteidigung auf den Tatvorwurf einstellen. Die Zustellung der Anklageschrift liegt zu diesem Zeitpunkt i.d.R. ja bereits länger zurück.

1038

Die vor der Vernehmung des Angeklagten stattfindende Verlesung der Anklage ist also auch Erfordernis eines fairen Verfahrens. Im Übrigen werden hierdurch auch die Schöffen über den Gegenstand der Verhandlung unterrichtet.

Dementsprechend begründet ein Verstoß gegen die in § 243 Abs. 3 S. 1 StPO geregelte Reihenfolge – erst recht natürlich ein gänzliches Unterlassen der Verlesung – regelmäßig die Revision, da das Urteil auf einem derartigen Mangel beruhen kann[424]. Eine andere Beurteilung ist nur dann angezeigt, wenn es sich um einen ganz einfach gelagerten Sachverhalt handelt[425], wenn der Fehler den Gang der Hauptverhandlung bzw. den Inhalt des Urteils in keiner Weise berührt hat oder wenn die Prozessbeteiligten auf andere Art und Weise (z.B. durch die Verlesung eines Revisionsurteils nach Zurückverweisung der Sache) vom Gegenstand des Verfahrens hinreichend unterrichtet waren.

Unterlassener Hinweis auf das Schweigerecht: Ein Verstoß gegen § 243 Abs. 5 S. 1 StPO betrifft die Grundvoraussetzungen eines fairen Verfahrens und kann daher mit der Revision gerügt werden. Allerdings beruht das Urteil dann nicht auf der Gesetzesverletzung, wenn der Angeklagte seine Aussagefreiheit auch ohne die Belehrung kannte oder aber in jedem Fall ausgesagt hätte[426]. Die Revision erfordert also ein entsprechendes Rügevorbringen.

1039

---

423 Vgl. *Meyer-Goßner*; § 243 Rn. 40.
424 BGH NStZ 2000, 214. Gleiches gilt beim Strafbefehlsverfahren für die Verlesung des Strafbefehls, der insoweit der Anklageschrift gleichsteht.
425 Als solchen akzeptiert der BGH selbst den Vorwurf des sexuellen Missbrauchs von Schutzbefohlenen in vier Fällen, aufgrund dessen der Angeklagte zu einer Freiheitsstrafe von vier Jahren und sechs Monaten verurteilt wurde, vgl. BGH NStZ 1995, 200 f. sowie die kritischen Anmerkungen von *Krekeler* NStZ 1995, 299 f.
426 BGH 1 StR 691/08; NJW 1974, 1570 ff.

Kapitel 7 *Die Rechtsmittel im Strafverfahren*

Erörterung der Vorstrafen: Nach § 243 Abs. 5 S. 3 StPO sollen Vorstrafen nur insoweit in das Verfahren eingeführt werden, als sie für die Entscheidung von Bedeutung sind. Diese Vorschrift wird als bloße Ordnungsvorschrift angesehen, ein Verstoß ist also nicht revisibel. Das gilt selbst dann, wenn die Verteidigung nach § 238 Abs. 2 StPO einen Gerichtsbeschluss über die Frage der Verlesung herbeigeführt hat[427]. Allerdings kann die unzulässige **Verwertung** einer im Bundeszentralregister gelöschten oder löschungsreifen Vorstrafe die Revision rechtfertigen[428].

1040 **Zusammenfassend** kann also hinsichtlich § 243 StPO Folgendes festgestellt werden:

Als Revisionsgründe kommen **nicht** in Betracht:
– Verstöße gegen Abs. 1 und Abs. 2 S. 1, da es sich nur um Ordnungsvorschriften handelt;
– die Befragung des Angeklagten zur Person als reine Identitätsfeststellung;
– eine unzulängliche Vernehmung des Angeklagten zur Sache (und damit auch zu seinem persönlichen Werdegang) was angesichts des § 46 StGB (Beurteilung der „Schuld") problematisch erscheint.

> Revisionsgründe sind in unserem Beispielsfall dagegen:
> – Die unterlassene Verlesung des Anklagesatzes bzw. dessen Verlesen zum falschen Zeitpunkt;
> – der unterlassene Hinweis auf das Schweigerecht des Angeklagten.

b) Voraussetzungen des § 338 Nr. 8 StPO

1041 Nach § 338 Nr. 8 StPO kann die Revision darauf gestützt werden, dass die Verteidigung in einem für die Entscheidung wesentlichen Punkt durch einen Beschluss des Gerichts unzulässig beschränkt worden sei. Diese Vorschrift beinhaltet als **Auffangtatbestand**[429] („letzter Rettungsanker") folgende Voraussetzungen:
– **Unzulässige Beschränkung** der Verteidigung;
– in einem **für die Entscheidung wesentlichen Punkt**, was nichts anderes als **Kausalität** i.S.d. § 337 Abs. 1 StPO bedeutet. § 338 Nr. 8 StPO ist also nur dann gegeben, wenn die Möglichkeit eines kausalen Zusammenhangs zwischen dem Verfahrensverstoß und dem Urteil konkret besteht, was im Rahmen der Revisionsbegründung näher auszuführen ist[430].
– Die Beschränkung muss zudem durch einen in der Hauptverhandlung ergangenen **Gerichtsbeschluss** erfolgt sein. Allerdings genügt es, wenn ein entsprechender Beschluss zwar nicht vorliegt, nach Lage des Verfahrens aber hätte ergehen müssen[431].

1042 § 338 Nr. 8 StPO gelangt nur selten zur Anwendung, denn angesichts seiner Auffangfunktion ist die einfache Verfahrensrüge des § 337 StPO vorrangig.

---
427 Vgl. *Meyer-Goßner*, § 243 Rn. 41.
428 Siehe hierzu Rn. 747.
429 BGH NJW 1970, 1197; BGHSt 23, 244; vgl. allgemein zur Bedeutung des § 338 Nr. 8 StPO *Weiler* NStZ 1999, 105 ff.
430 BGH 5 StR 289/16; 4 StR 423/15 Tz. 5; 1 StR 355/13 Tz. 18 m.w.N.
431 BGH NStZ 2009, 51 f.; OLG Bamberg NStZ 2016, 375.

Unzulässig i.S.d. § 338 Nr. 8 StPO ist eine Beschränkung der Verteidigung, wenn **besondere** Verfahrensvorschriften verletzt wurden, also ermessensfehlerhaft oder willkürlich der Grundsatz der Gewährung einer wirksamen Verteidigung missachtet wurde[432]. Revisionsträchtig ist es demnach, wenn:
- die Beiordnung eines auswärtigen Verteidigers ermessensfehlerhaft abgelehnt wird[433];
- ein Beweisantrag ohne jede inhaltliche Prüfung zurückgewiesen wird[434];
- das Gericht sich grundlos weigert, Anträge der Verteidigung entgegenzunehmen[435];
- dem Verteidiger kein angemessener Sitzplatz zugestanden wird und dies zu einer unzumutbaren Beeinträchtigung der Kontaktaufnahme mit seinem Mandanten während der Hauptverhandlung führt;
- vom Vorsitzenden einzelne Fragen nach § 241 StPO zu Unrecht nicht zugelassen werden[436];
- nicht im erforderlichen Umfang Akteneinsicht gewährt wird[437];
- das Gericht ermessensfehlerhaft oder willkürlich terminiert und so dem Verteidiger die Möglichkeit zur Teilnahme an der Hauptverhandlung nimmt[438];
- ein Antrag auf Unterbrechung oder Aussetzung der Hauptverhandlung (etwa zur ordnungsgemäßen Vorbereitung des erst kurzfristig beauftragten oder verspätet geladenen Verteidigers) zu Unrecht abgelehnt wird[439];
- die Hauptverhandlung bei einem Verteidigerwechsel pflichtwidrig nicht unterbrochen oder ausgesetzt wird[440].

Letztlich handelt es sich also immer (auch) um Verstöße gegen den **Grundsatz des fairen Verfahrens**. Eine Rüge ist daher i.d.R. ausgeschlossen, wenn das Fehlverhalten des Gerichts auch schon in der Tatsacheninstanz – etwa durch ein Ablehnungsgesuch – hätte geltend gemacht werden können[441].

c) Einwände gegen das Protokoll über die Hauptverhandlung

Der Rechtsmittelführer muss im Rahmen der Revision Verfahrensverstöße substantiiert darlegen (vgl. § 344 Abs. 2 S. 2 StPO) und auch **belegen**. Dabei kann er sich auf das alle wesentlichen Förmlichkeiten dokumentierende Protokoll über die Hauptverhandlung (§§ 271 bis 274 StPO) stützen. Was dort alles aufzunehmen ist, wurde bereits behandelt[442]. Zur revisionsrechtlichen Bedeutung des Protokolls folgender

1043

---

432 BGH NJW 1997, 3385 f.; NStZ 1992, 247.
433 BGH NStZ 1998, 49 f.
434 BGHSt 29, 149.
435 BGH JR 1980, 218.
436 BGHSt 21, 334 (359 f.).
437 BGH 1 StR 145/17; 1 StR 355/13 Tz. 23 ff.; NJW 1996, 2171; BGHSt 30, 131 (137 f.), lesenswerte Entscheidung zur Vorlagepflicht von „Spurenakten" im Entführungsfall *Oetker*. Zum erforderlichen Revisionsvorbringen siehe BGH NStZ 2010, 530.
438 BGH NStZ 1998, 311 f.; OLG Hamm StV 1990, 56. Zum (großen) Umfang des Ermessens bei der Terminierung siehe oben Rn. 366.
439 Vgl. BGH NStZ 2009, 650 f.; 2004, 632 f.; NJW 2000, 1350.
440 BGH 2 StR 113/13 Tz. 11 ff.
441 BGH NStZ 2009, 168.
442 Siehe oben Rn. 408 ff.

Kapitel 7 *Die Rechtsmittel im Strafverfahren*

> **Beispielsfall:**
> Der Angeklagte trägt vor:
> – In der Hauptverhandlung sei der Anklagesatz nicht verlesen worden, obwohl aus nicht erfindlichen Gründen das Sitzungsprotokoll eine Verlesung ausweise.
> – Aus dem Protokoll ergebe sich nicht, ob der Anklagesatz (wie in Wirklichkeit aber geschehen) verlesen worden sei. Das Protokoll enthält tatsächlich keine entsprechende Angabe. Im Übrigen sei das Protokoll fehlerhaft, da die Unterschrift des Urkundsbeamten der Geschäftsstelle fehle.
> Sind diese Einwände revisionsrechtlich beachtlich?

Der Anklagesatz muss in der Hauptverhandlung verlesen werden. Unterbleibt dies, so stellt das einen Verstoß gegen § 243 Abs. 3 S. 1 StPO dar und begründet in der Regel die Revision, da das Urteil auf einem derartigen Mangel beruhen kann, § 337 Abs. 1 StPO. Ob eine entsprechende Rüge Erfolg verspricht, hängt entscheidend vom Inhalt des Hauptverhandlungsprotokolls ab, vgl. **§ 274 StPO**.

1044 Selbst wenn das Protokoll inhaltlich falsch ist und der entsprechende Nachweis gelingt, verhilft dies allein der Revision noch nicht zum Erfolg. Denn im Falle des Wegfalls der Beweiskraft wird nicht etwa der Vortrag des Rechtsmittelführers als wahr unterstellt. Vielmehr muss nunmehr das Rechtsmittelgericht im Wege des Freibeweises die erhobene Rüge aufklären.

> Für unseren Beispielsfall gilt also Folgendes:
> – Da das Sitzungsprotokoll eine Verlesung des Anklagesatzes ausweist, tritt die sog. positive Beweiskraft i.S.d. § 274 StPO ein. Eine Fälschung wird vom Angeklagten weder behauptet noch dargelegt. Die Revision ist insoweit also ohne Aussicht auf Erfolg.
> – Mit der Behauptung, das Protokoll sei nicht vollständig, erhebt der Angeklagte die sog. „Protokollrüge". Davon spricht man, wenn geltend gemacht wird, das Protokoll sei inhaltlich unzutreffend. Eine derartige Rüge ist unbeachtlich, denn auf dem (formalen) Fehler des Protokolls kann ein Urteil nicht beruhen[443].
> – Auch die – im Übrigen nachholbare – Unterschrift des Urkundsbeamten kann sich allenfalls auf die Beweiskraft des Protokolls auswirken.

d) Falsch behandelter Beweisantrag

1045 Die Rüge der gesetzwidrigen Zurückweisung von Beweisanträgen ist in der Praxis eine der häufigsten; viele solcher Anträge werden ja allein mit Blick auf eine spätere Revision gestellt.

> Stellen Sie sich vor, in unserem **Originalfall** hätte Herr Lellmann in der Hauptverhandlung formgerecht den Antrag gestellt, einen Zechkumpanen aus der Gaststätte als Entlastungszeugen zu der Tatsache zu vernehmen, dass es nicht zu den angeklagten Gewalttätigkeiten gekommen sei. Dieser Antrag sei vom Gericht mit der Begründung zurückgewiesen wor-

---
443 Siehe oben Rn. 912.

> den, der Zeuge sei – angesichts dessen eigener, derjenigen des Angeklagten vergleichbarer Trunkenheit – „ungeeignet".
> Hätte eine Revision Aussicht auf Erfolg?

Wird ein ordnungsgemäß gestellter („echter") Beweisantrag zurückgewiesen, so können im Rahmen der Revision Rügen unter **mehreren Gesichtspunkten** erhoben werden, nämlich

die **allgemeine Verfahrensrüge**, d.h. § 337 StPO i.V.m.

die Rüge der **unzulässigen Beschränkung der Verteidigung, § 338 Nr. 8 StPO**.

§§ 244 Abs. 3–5, 245 Abs. 2 StPO.

§ 244 Abs. 2 StPO (Aufklärungsrüge).

Wird eine mangelhafte Beweiserhebung gerügt, so muss der Revisionsführer sich schon wegen der **unterschiedlichen formalen Anforderungen** an das Revisionsvorbringen entscheiden, ob er die Verletzung des Beweisantragsrechts oder der Aufklärungspflicht geltend machen will[444]. Die inhaltliche Prüfung hängt sodann davon ab, welche Maßnahmen das Gericht evtl. verfahrensfehlerhaft unterlassen hat. Vorliegend ist dies die abgelehnte Vernehmung eines Zeugen. **1046**

Stützt sich der Vortrag auf eine Verletzung des Beweisantragsrechts, so ist anhand der oben dargestellten[445] gesetzlichen Möglichkeiten (§§ 244 Abs. 3 bis 5, 245 Abs. 2 S. 2 und 3 StPO) zu beurteilen, ob die eine Beweiserhebung ablehnende Entscheidung gesetzmäßig war. Ist dies der Fall, so muss in einem weiteren Schritt geprüft werden, ob trotz der Nichterhebung des beantragten Beweises dem Aufklärungsgrundsatz des § 244 Abs. 2 StPO Genüge getan wurde.

Weist das Gericht einen Beweisantrag mit inhaltlich unzutreffender Begründung zurück, so ist § 337 StPO als Revisionsgrund aus den oben genannten Gründen dem § 338 Nr. 8 StPO vorrangig.

> Zurück zum abgewandelten **Fall Lellmann:** Eine völlige Ungeeignetheit des vom Angeklagten benannten Zeugen, wie sie § 244 Abs. 3 S. 2, Alt. 4 StPO verlangt, kann nicht festgestellt werden. Selbst wenn der Zeuge dem Alkohol zugesprochen hat, so steht nicht fest, in welchem Zustand er sich (vielleicht aufgrund einer Alkoholgewöhnung) konkret befand und ob seine Wahrnehmungsfähigkeit oder sein Erinnerungsvermögen tatsächlich beeinträchtigt waren. Die Ablehnung, diesen Zeugen zu vernehmen, würde also einen Verstoß gegen § 244 Abs. 3 StPO darstellen und somit – von einer Kausalität dieses Verstoßes für die Entscheidung kann ausgegangen werden – eine Revision begründen, § 337 StPO. Im Übrigen wäre auch der Aufklärungsgrundsatz des § 244 Abs. 2 StPO verletzt, was einen selbstständigen Revisionsgrund darstellt. **1047**

---

444 Vgl. BGH 3 StR 337/10.
445 Siehe oben Rn. 477 ff.

Kapitel 7 *Die Rechtsmittel im Strafverfahren*

Wird ein Beweisantrag mit fehlerhafter Begründung abgelehnt, so beruht hierauf regelmäßig die Entscheidung selbst dann, wenn der Tatrichter dem Antrag unter Berufung auf einen anderen Ablehnungsgrund nicht hätte nachgehen müssen. Dem Revisionsgericht ist nämlich i.d.R. die Ersetzung des in Bezug genommenen Ablehnungsgrundes nicht gestattet[446]. Denn der Antragsteller musste (und konnte) sich in der Hauptverhandlung nur auf den ihm mitgeteilten Ablehnungsgrund einstellen. Etwas anders gilt nur dann, wenn im Einzelfall – ausnahmsweise – davon auszugehen ist, dass auch bei richtiger Bescheidung des Beweisantrages von dem Antragsteller keine anderen sachdienlichen Anträge mehr hätten gestellt werden können[447].

1048 Besonderheiten gelten allerdings für das **Strafbefehlsverfahren** und das beschleunigte Verfahren, soweit diese vor dem Strafrichter stattgefunden haben. Hier ist das Gericht bei der Bescheidung von Beweisanträgen nicht an den Katalog der §§ 244 Abs. 3 bis 5, 245 Abs. 2 StPO gebunden (vgl. §§ 411 Abs. 2 S. 2, 420 Abs. 4 StPO). Wird gegen das Urteil des Strafrichters in diesen Fällen Sprungrevision eingelegt und beanstandet, das Gericht habe einen beantragten Beweis zu Unrecht nicht erhoben, so kann dies nur mit der im Folgenden dargestellten Aufklärungsrüge geschehen[448].

e) Verstöße gegen die Aufklärungspflicht

1049 Verstöße gegen die Aufklärungspflicht verhelfen (entsprechendes Vorbringen und Kausalität vorausgesetzt) der Revision immer zum Erfolg. Das Gericht hat also stets zu prüfen, ob die Ausschöpfung eines bestimmten Beweismittels
– zulässig,
– die zu beweisende Tatsache von Bedeutung,
– das Beweismittel geeignet und
– erreichbar ist.

Hat der Tatrichter es unterlassen, eine relevante Beweistatsache aufzuklären, obwohl sich ihm bei verständiger Würdigung der Sachlage die Beweiserhebung aufdrängen musste und möglich war, so liegt ein Revisionsgrund vor (§§ 337 Abs. 1, 244 Abs. 2 StPO). Dies ist insbesondere der Fall, wenn die Verwendung des Beweismittels den Schuldvorwurf möglicherweise widerlegt, in Frage gestellt oder als begründet erwiesen hätte. Allerdings muss der Rechtsmittelführer im Rahmen dieser sog. „**Aufklärungsrüge**" auch darlegen, aus welchen tatsächlichen Gründen sich dem Gericht die vermisste Beweiserhebung aufdrängen musste und welches Beweisergebnis zu erwarten gewesen wäre[449].

1050 Wird der Beweis erhoben, so kann sich der Angeklagte gleichwohl beschwert fühlen, wenn er mit der Ausschöpfung des Beweismittels – z.B. dem Umfang der Befragung eines Zeugen durch das Gericht – inhaltlich nicht zufrieden ist.

---

446 BGH 3 StR 167/14 Tz. 16; NStZ 2003, 102.
447 Vgl. BGH 3 StR 519/09; NStZ 2000, 437 f.; 1997, 286.
448 Vgl. OLG Köln StraFo 2003, 380 f.; KK-*Graf*, § 420 Rn. 9 m.w.N.
449 Vgl. BGH 4 StR 202/17 Tz. 5 ff.; 5 StR 46/17 Tz. 31; 4 StR 614/16 Tz. 3; 3 StR 504/14 Tz. 6.

Die Revision **E**

> **Beispielsfall:** Der Angeklagte ist wegen Ladendiebstahls verurteilt worden. Er rügt: „Die Zeugen Schmitz und Müller haben in der Hauptverhandlung ausgesagt, sie hätten mich bei Begehung des Diebstahls eindeutig erkannt. Bei der polizeilichen Vernehmung hatten sie aber noch angegeben, wegen der Vielzahl der im Geschäft anwesenden Kunden hätten sie den Täter nicht genau beobachten können, eine Personenbeschreibung sei ihnen daher nicht möglich. Diese – für mich ja günstige – polizeiliche Vernehmung ist den Zeugen vom Gericht nicht vorgehalten worden. Vielmehr hat sich die Verurteilung im Wesentlichen auf diese Zeugen gestützt."

Vorliegend wird nicht die fehlende Heranziehung, sondern die sog. „**Nichtausschöpfung**" des Beweismittels bzw. die „**Aktenwidrigkeit**"[450] des Beweisergebnisses gerügt. Beides ist jedoch im Rahmen der Revision unbeachtlich. Denn mit der Aufklärungsrüge kann nicht geltend werden, der Beweisgehalt eines Beweismittels sei nicht ausgeschöpft worden, etwa weil bestimmte Fragen nicht gestellt oder Vorhalte nicht gemacht worden seien[451]. Andernfalls müsste sich das Revisionsgericht unter Verstoß gegen das Rekonstruktionsverbot mit Einzelheiten der Beweisaufnahme auseinandersetzen, die nicht zu den wesentlichen Förmlichkeiten gehören.

Hierdurch wird der Angeklagte auch nicht unzulässig belastet. Denn ihm steht es ja frei, seinerseits den Zeugen entsprechende Vorhalte zu machen.

> Im **Beispielsfall** begründet das gerügte Verhalten also eine Revision nicht.

f) Fehlerhafte Belehrung von Zeugen

Wie bereits erörtert, müssen Zeugen vor der Vernehmung über ihre Rechte belehrt werden, vgl. §§ 57, 55 Abs. 2, 52 Abs. 3 StPO. Auch der Umfang der Belehrungspflichten und die Folgen von Verstößen hiergegen wurden bereits dargestellt[452].

1051

Zur revisionsrechtlichen Seite des Problems zunächst folgender **Beispielsfall:**

> Sie sind Rechtsanwalt. Der Angeklagte erscheint bei Ihnen und erklärt Folgendes:
> „Ich bin wegen Körperverletzung verurteilt worden. Irgendwie kam der Richter mit den Zeugen nicht zurecht:
> – Meine Ehefrau hat er in keiner Weise belehrt, dass sie etwa nicht aussagen müsse. Sie hat mich daher belastet.
> – Mein Freund, der bei der Körperverletzung tatkräftig mitgewirkt hatte, aber von der Polizei nicht als Täter ermittelt werden konnte, hat im Rahmen seiner Vernehmung als Zeuge mich – und sich – belastet, und zwar nicht ahnend, dass er hierzu nicht verpflichtet war; denn auch er war nicht belehrt worden."
> Hätte eine angestrebte Revision Aussicht auf Erfolg?

---

450 Siehe BGH 5 StR 75/17; 1 StR 389/12 Tz. 9; 1 StR 153/11 Tz. 27.
451 BGH 4 StR 571/10; 3 StR 403/08; 5 StR 412/08. Etwas anderes kann gelten, wenn sich aus den schriftlichen Urteilsgründen eindeutig ergibt, dass ein Zeuge zu einem relevanten Thema **gar nicht** befragt wurde.
452 Siehe oben Rn. 154 f.; 280 ff.; 516.

Kapitel 7 *Die Rechtsmittel im Strafverfahren*

Fehlende Belehrung der Ehefrau: Insoweit könnte ein Revisionsgrund in § 337 Abs. 1 i.V.m. **§ 57 S. 1 StPO** (unterlassene Ermahnung zur Wahrheit) vorliegen. Bei dieser Norm handelt es sich jedoch lediglich um eine **Ordnungsvorschrift**, welche allein die Interessen des Zeugen wahren soll, sich nicht der Strafverfolgung wegen eines Aussagedelikts auszusetzen[453]. Die Revision kann also auf eine Verletzung dieser Vorschrift nicht gestützt werden, und zwar auch nicht unter dem Aspekt der Aufklärungspflicht.

1052 Eine Rüge ergibt sich jedoch möglicherweise aus § 337 Abs. 1 i.V.m. **§ 52 Abs. 3 S. 1 StPO**. Danach ist der Zeuge vor jeder Vernehmung (oder Exploration durch einen Sachverständigen) durch den Vorsitzenden zu belehren[454]. Fehlt die Belehrung, so darf die Aussage nicht verwertet werden. Geschieht dies dennoch und beruht das Urteil auf der Aussage, so können der Angeklagte – wie auch Mitangeklagte, zu deren Ungunsten die Aussage verwertet wurde – die Revision auf diesen Mangel stützen[455]. Denn § 52 StPO schützt zumindest auch den Rechtskreis des Angeklagten, da seine persönliche Beziehung zu dem Zeugen geschützt werden soll, der sich in einem Interessenkonflikt zwischen emotionaler Bindung und Wahrheitspflicht befindet.

1053 Das Verwertungsverbot besteht allerdings dann nicht, wenn im Wege einer Gesamtschau mit Sicherheit festgestellt werden kann, dass der nicht belehrte Zeuge sein Zeugnisverweigerungsrecht kannte und/oder auch bei ordnungsgemäßer Belehrung hiervon keinen Gebrauch gemacht hätte[456]. Der Mangel kann also nach der Vernehmung des Zeugen noch durch die Einholung einer Erklärung **geheilt** werden, dass er auch nach einer ordnungsgemäßen Belehrung über sein Zeugnisverweigerungsrecht ausgesagt hätte.

1054 Hinsichtlich der nach §§ 53, 53a StPO aus beruflichen Gründen zur Zeugnisverweigerung Berechtigten bedarf es dagegen keiner Belehrung durch das Gericht[457]. Allerdings kann hier eine gleichwohl durchgeführte, aber unrichtige Belehrung oder die fehlerhafte Angabe, der Zeuge sei gem. § 53 Abs. 2 StPO von seiner Verschwiegenheitspflicht befreit worden, die Revision begründen[458].

> Da im **Beispielsfall** die Ehefrau des Angeklagten nicht ordnungsgemäß belehrt wurde und eine Heilung dieses Mangels ausscheidet, durfte ihre Aussage nicht verwertet werden. Wenn das Gericht seine Entscheidung auch auf die Angaben der Ehefrau gestützt hat, wäre die Revision wegen eines Verstoßes gegen § 52 Abs. 3 S. 1 StPO begründet, § 337 Abs. 1 StPO.

1055 **Fehlende Belehrung des Freundes (Mittäters):** Einen weiteren Revisionsgrund könnte § 337 Abs. 1 StPO i.V.m. **§ 55 StPO** darstellen. Nach dieser Vorschrift ist jeder Zeuge über ein eventuelles Auskunftsverweigerungsrecht zu belehren.

---

453 KK-*Senge*, § 57 Rn. 8 m.w.N.
454 Siehe hierzu oben Rn. 289 f.
455 Siehe BGH NStZ 2006, 647 f.; BGHSt 33, 148 (154).
456 Vgl. BGH 4 StR 100/16 Tz. 4; 5 StR 434/11 Tz. 6; 1 StR 672/10; NStZ-RR 2004, 18, 212 f.; NJW 1995, 1501 f.
457 BGH NJW 1991, 2844 (2846).
458 BGH NJW 1996, 2436.

Nach dem Wortlaut des § 55 StPO ist dies zwingend. Es handelt sich jedoch auch hier nur um eine reine **Ordnungsvorschrift**, die lediglich den Schutz des Zeugen bezweckt[459]. Etwas anderes kann aber dann gelten, wenn sich der Angeklagte in einem anderen Verfahren als Zeuge auf § 55 StPO berufen hat und ihm dies im anhängigen Verfahren nach dem Motto „der hat also was zu verbergen" angelastet wird[460].

Die Einordnung des § 55 StPO in den Kreis der Ordnungsvorschriften ist freilich umstritten. Überwiegende Teile der Literatur nehmen insoweit ein Beweisverwertungsverbot mit der Begründung an, die Vorschrift solle auch den Angeklagten vor der Belastung durch Aussagen schützen, deren Beweiswert wegen der nicht auszuschließenden Tendenz des Zeugen, sich selbst zu begünstigen (und damit ggfls. den Angeklagten zu Unrecht zu belasten) zweifelhaft ist[461].

Hinsichtlich der Auskunfts- und Zeugnisverweigerungsrechte ist weiterhin anzumerken, dass die Aufklärungsrüge (bzw. die Rüge eines Verstoßes gegen § 245 Abs. 1 StPO) begründet sein kann, wenn das Gericht aus einem Irrtum heraus (etwa hinsichtlich der Angehörigeneigenschaft oder des Begriffs der Verfolgungsgefahr) die auf §§ 52, 55 StPO gestützte, aber **unberechtigte Weigerung** eines Zeugen hinnimmt und auf eine Vernehmung bzw. die Erzwingung des Zeugnisses nach § 70 StPO verzichtet[462]. Die entsprechende Entscheidung des Vorsitzenden kann indes nur dann im Rahmen der Revision überprüft werden, wenn sie in der Hauptverhandlung nach § 238 Abs. 2 StPO beanstandet wurde[463].

1056

> Die unterlassene Belehrung des Zeugen bleibt im Beispielsfall nach der Rechtsprechung also revisionsrechtlich ohne Folgen.

g) Fehler bei der Vereidigung von Zeugen

§ 59 StPO eröffnet dem Tatrichter hinsichtlich der Vereidigung einen **Beurteilungsspielraum** („wegen der ausschlaggebenden Bedeutung der Aussage oder zur Herbeiführung einer wahren Aussage") und kombiniert diesen mit einer Ermessensentscheidung („nach seinem Ermessen für notwendig hält"). §§ 60, 61 StPO regeln jeweils Ausnahmen von der Vereidigung. Dabei enthält § 60 StPO zwingende Vereidigungsverbote.

1057

Mit der im Jahre 2004 reformierten Regelung hat der Eid seine Relevanz für die Praxis weitgehend verloren. Der Gesetzgeber hält aber ersichtlich noch immer an der nicht belegten These fest, die Vereidigung sei ein taugliches Mittel zur Herbeiführung wahrheitsgemäßer Angaben[464].

---

[459] BGH 4 StR 441/15; NStZ 1998, 313; NStZ 1985, 493.
[460] BGH NStZ 1992, 448.
[461] Vgl. die Nachweise bei *Meyer-Goßner*, § 55 Rn. 17 und insbesondere *Roxin/Schünemann*, § 24 Rn. 48 m.w.N.
[462] BGH 5 StR 554/12; 2 StR 195/11 Tz. 3; NStZ 2007, 278 f.
[463] BGH 4 StR 606/09; NJW 2007, 386.
[464] Siehe hierzu *Haller*, S. 85 f. sowie *Dahs*, Festschrift für Rebmann, 1989, S. 161 ff.

Kapitel 7 *Die Rechtsmittel im Strafverfahren*

1058 Im Rahmen der Hauptverhandlung ergeben sich bei der Vereidigung im Wesentlichen folgende **mögliche Fehlerquellen**:

Verstöße gegen § 59 StPO: Mit der Revision kann zunächst die **Nichtvereidigung** geltend gemacht werden, weil der Tatrichter den ihm gem. § 59 StPO zustehenden Beurteilungsspielraum überschritten oder sein Ermessen rechtsfehlerhaft ausgeübt habe. Damit konzentriert sich die revisionsrechtliche Prüfung auf die Frage, ob das Gericht **willkürlich** gehandelt hat, was selten vorkommen dürfte. Zudem entscheidet zunächst allein der Vorsitzende im Rahmen seiner Prozessleitungsbefugnis darüber, ob ein Zeuge (im Ausnahmefall) vereidigt oder unvereidigt entlassen wird. Eine auf die Verletzung des § 59 StPO gestützte Revision setzt daher voraus, dass die entsprechende Anordnung des Vorsitzenden – die keiner Begründung bedarf und auch konkludent erfolgen kann[465] – nach § 238 Abs. 2 StPO beanstandet wurde[466]. Ohnehin wird ein Urteil – selbst wenn eine Entscheidung über die Vereidigung unterlassen wurde – auf einem Verstoß gegen § 59 StPO i.d.R. nicht beruhen[467].

1059 Entscheidungen über eine Vereidigung können bezüglich desselben Zeugen **mehrfach** erforderlich werden. Gemäß § 59 Abs. 2 StPO ist der Eid ggfls. nach der Vernehmung des Zeugen – wozu auch schon die „informatorische Befragung" gehört[468] – zu leisten (sog. „Nacheid"). Denn es soll die Möglichkeit der Berichtigung einer unzutreffenden Aussage bis zuletzt offengehalten werden. Wird ein Zeuge in einem späteren Abschnitt der Hauptverhandlung nochmals vernommen, so bedarf es einer neuen Entscheidung über die Vereidigung, die sich dann auf die gesamte bis dahin erfolgte Aussage bezieht. Ein Eid kann also weder auf einzelne Bekundungen noch auf Abschnitte eines Tatsachenkomplexes beschränkt werden (sog. „Teilvereidigung")[469].

1060 **Vereidigung trotz des Verbotes aus § 60 StPO:** Nach § 60 StPO ist in bestimmten Fällen eine Vereidigung des Zeugen untersagt, nämlich wenn er

– das 18. Lebensjahr noch nicht vollendet hat bzw. aufgrund seiner Verstandesreife oder psychischen Situation die Bedeutung des Eides nicht erfasst;
– in einem weiten Sinne[470] der Tatbeteiligung bzw. der Begünstigung, Hehlerei oder Strafvereitelung bzgl. der verhandelten Tat zumindest verdächtig ist[471].

Wird ein solcher Zeuge verbotswidrig vereidigt, so ist Kausalität im Sinne des § 337 StPO regelmäßig jedenfalls dann anzunehmen, wenn das Gericht die Aussage als beeidete verwertet hat, da der eidlichen Aussage ein größerer Beweiswert zuerkannt worden sein kann[472].

---

465 BGH NStZ 1988, 18.
466 BGH 1 StR 268/09; NStZ 2005, 340 f. Zum (seltenen) Ausnahmefall siehe BGH NStZ 2009, 343. Ungeklärt ist, ob der Kammerbeschluss mit einer Begründung zu versehen ist. Wohl verneinend BGH NStZ 2006, 463.
467 Siehe BGH 4 StR 276/13.
468 BGH StV 1988, 289.
469 Vgl. hierzu BGH 3 StR 193/10.
470 BGH 4 StR 316/11.
471 Vgl. hierzu BGH NJW 1998, 1727.
472 BGH NStZ 2000, 267; NStZ 1996, 609 f.

Für die Frage, ob ein Zeuge nach § 60 Nr. 2 StPO unvereidigt zu bleiben hat (§ 60 **1061** Nr. 1 StPO spielt in der Praxis nur eine untergeordnete Rolle), ist der Zeitpunkt der Urteilsfindung maßgebend[473]. Notfalls ist also erneut in die Beweisaufnahme einzutreten und ein entsprechender Hinweis zu geben. Hiervon darf nur abgesehen werden, wenn aufgrund des Verfahrensverlaufs die Beteiligten auf eine durch den Eid erhöhte Glaubwürdigkeit des Zeugen nicht vertrauen durften[474].

Wenn es den Fehler noch rechtzeitig bemerkt, kann das Gericht den an sich gegebenen Revisionsgrund dadurch ausräumen, dass es die Aussage lediglich als uneidliche verwertet. Allerdings müssen die Verfahrensbeteiligten über diese andere Bewertung informiert werden. Unterbleibt ein entsprechender Hinweis, so kann auch dies eine Revision begründen[475].

Irrtümliche Annahme eines Verbotsgrundes: Das Gericht kann auch irrtümlich ei- **1062** nen Verbotsgrund annehmen und z.B. infolge fehlerhafter Interpretation der Begriffe „Beteiligung" oder „Tatverdacht" (vgl. § 60 Nr. 2 StPO) von einer eigentlich gewollten Vereidigung absehen. Kommt das Gericht bei der Urteilsberatung zu dem Ergebnis, dass entgegen der vorherigen Annahme doch kein Tat- oder Teilnahmeverdacht besteht und die Voraussetzungen des § 59 Abs. 1 StPO vorliegen, so ist unter Wiedereröffnung der Beweisaufnahme die Vereidigung des Zeugen nachzuholen, sofern kein anderer Grund für eine Nichtvereidigung besteht[476]. Allerdings besteht in derartigen Fällen für den Rechtsmittelführer das Problem, einen solchen Verfahrensablauf zu belegen. Nach § 59 Abs. 1 S. 2 StPO wird der Grund für eine Vereidigung nicht im Hauptverhandlungsprotokoll vermerkt. Es wird nur festgestellt, dass der Zeuge nach § 59 Abs. 1 StPO unvereidigt entlassen wurde. Damit fehlt es an einer dokumentierten Begründung für das Vorgehen des Gerichts.

Unterlassene Belehrung nach § 61 StPO: Wer nach § 52 StPO zur Verweigerung **1063** des Zeugnisses berechtigt ist, darf nach § 61 Hs. 1 StPO auch die Eidesleistung ablehnen. Hierüber ist er gem. § 61 Hs. 2 StPO gesondert zu belehren, was natürlich nur dann relevant werden kann, wenn eine Vereidigung überhaupt beabsichtigt ist. Die Vereidigung ohne vorherige Belehrung führt regelmäßig zum Erfolg der Revision[477].

Das Urteil beruht auf diesem Fehler, wenn sich eine andere Bewertung der Glaubwürdigkeit des Zeugen – im Falle der Eidesverweigerung – nicht ausschließen lässt. Daraus ergibt sich, dass es an der Kausalität fehlt, wenn
– die Aussage nicht (bzw. im Falle der Revision des Angeklagten nicht zu dessen Ungunsten) verwertet;
– wenn sie nur als uneidliche verwertet wurde
– oder wenn festgestellt werden kann, dass der Zeuge auch im Falle seiner ordnungsgemäßen Belehrung den Eid geleistet hätte[478].

---

473 BGHSt 4, 130; BGH NStZ 1993, 341.
474 BGH NJW 1999, 154 (157); StV 1986, 89 f.
475 BGH NJW 2000, 2519.
476 BGH NStZ 1995, 244.
477 BGH NStZ 2001, 604; NStZ 1992, 224; NStZ 1989, 84.
478 BGH NStZ 2008, 171 f.

Kapitel 7 *Die Rechtsmittel im Strafverfahren*

h) Fehler bei der Vereidigung sonstiger Beteiligter

1064 Der **Dolmetscher** ist, sofern er sich nicht auf einen allgemein geleisteten Eid beruft, gemäß § 189 GVG – **vor** seiner Übersetzungstätigkeit – dahingehend zu vereidigen, dass er „treu und gewissenhaft übertragen werde". So soll ihm seine besondere Verantwortung als wichtige Hilfsperson des Gerichts in Erinnerung gerufen werden.

Wird gegen die zwingende Vorschrift des § 189 GVG verstoßen, so liegt darin ein relativer Revisionsgrund i.S.d. § 337 StPO[479]. An der erforderlichen Kausalität wird es aber regelmäßig jedenfalls bei einem allgemein vereidigten und über mehrere Jahre gerichtserfahrenen Dolmetscher fehlen[480]. Dasselbe gilt generell, wenn keinerlei Anzeichen dafür sprechen, dass dem Dolmetscher im konkreten Fall trotz der unterlassenen Vereidigung seine besondere Verantwortung nicht bewusst war oder wenn die Ordnungsgemäßheit der Übertragung durch die Kontrolle von weiteren Dolmetschern bzw. eines sprachkundigen Mitangeklagten sichergestellt war und Beanstandungen nicht erhoben wurden[481].

Neben einem Verstoß gegen § 189 GVG kann mit einer Revision auch ein Verstoß gegen § 185 Abs. 1 GVG mit der Begründung gerügt werden, der Dolmetscher sei für seine Aufgabe fachlich ungeeignet gewesen. Dies erfordert indes konkreten und substantiierten Vortrag[482].

Schließlich ist hinsichtlich der **Sachverständigen** die Eidesvorschrift des § 79 StPO zu beachten. Die Vereidigung liegt ausschließlich im Ermessen des Gerichts. Auch hier steht die Berufung auf einen allgemein geleisteten Eid der Vereidigung gleich, § 79 Abs. 3 StPO. Die Ermessensausübung des Tatrichters ist der Überprüfung durch das Revisionsgericht entzogen[483].

i) Verstöße gegen den Unmittelbarkeitsgrundsatz

1065 § 250 StPO verbietet es, den Personal- und den Augenscheinsbeweis durch den Urkundenbeweis zu ersetzen[484]. Ein Verstoß gegen diesen Grundsatz kann die Revision nach § 337 StPO rechtfertigen. Dies soll anhand der beiden folgenden **Beispielsfälle** verdeutlicht werden:

> Nehmen wir an, das Gericht hätte zur Arbeitserleichterung auf die Vernehmung von Zeugen verzichtet, stattdessen deren polizeiliche Aussagen verlesen und dann die Verurteilung hierauf gestützt.
>
> Dies könnte eine Revision aufgrund einer Verletzung von § 250 S. 2 StPO rechtfertigen. Ein Verstoß gegen ein Gesetz i.S.d. § 337 StPO liegt vor. Kausalität ist entsprechend der Möglichkeitstheorie auch gegeben, da die Zeugen bei persönlicher Vernehmung als nicht glaubwürdig hätten erscheinen oder sich in Widersprüche hätten verstricken können. Da es

---

[479] BGH 4 StR 273/13.
[480] BGH 5 StR 412/13; NJW 2012, 1015.
[481] Vgl. BGH 4 StR 441/13; 1 StR 579/11; NStZ 2005, 705 f.; 1998, 204.
[482] BGH 1 StR 671/16 Tz. 7 f. m.w.N.
[483] BGHSt 21, 227 f.
[484] Siehe hierzu und zu den Ausnahmen oben Rn. 509 ff., 533 ff.

sich bei § 250 StPO zudem um eine Vorschrift handelt, die den Angeklagten schützen soll und damit seinen Rechtskreis betrifft, wird eine Revision Erfolg haben.

Wie wäre es, wenn das Gericht nur auf die Vernehmung eines Zeugen verzichtet und stattdessen den polizeilichen Vernehmungsbeamten (aus dem Ermittlungsverfahren) gehört hätte?
Nach § 250 S. 1 StPO darf die Vernehmung eines Zeugen nicht durch den **Urkundenbeweis** ersetzt werden. Der Polizeibeamte als Vernehmungsperson („Zeuge vom Hörensagen") darf demgegenüber gehört werden.
Ein Verstoß könnte jedoch gegen **§ 244 Abs. 2 StPO** gegeben sein. Danach sind alle erreichbaren (und bedeutsamen) Beweismittel auszuschöpfen. Naturgemäß ist der unmittelbare Tatzeuge ein besseres Beweismittel als der Zeuge vom Hörensagen oder nur die Urkunde. Aus diesem Grunde kann die Revision, gestützt auf eine Verletzung der Aufklärungspflicht, zumindest dann Erfolg haben, wenn – wie hier – kein sachlicher Grund bestanden hat, auf die Einvernahme des Zeugen zu verzichten[485].

j) Verstöße gegen die Hinweispflicht

Voraussetzungen und Umfang der Hinweispflicht sind bereits dargestellt worden[486]. **1066**
Auf einen Verstoß gegen § 265 Abs. 1 bis 4 StPO kann die Revision gestützt werden, betreffend § 265 Abs. 4 StPO jedoch nur mit der Rüge, das Gericht habe dessen Voraussetzungen verkannt oder sein Ermessen fehlerhaft ausgeübt[487].

Allerdings ist hinsichtlich der erforderlichen **Kausalität** bei einem Verstoß gegen § 265 Abs. 1 und 2 StPO in der Revisionsbegründung auszuführen, welche **andere Verteidigung** auf einen Hinweis hin erfolgt wäre und warum das Urteil anders hätte ausfallen können, jedenfalls eine andere Entscheidung nicht mit Sicherheit auszuschließen sei. Ob dies der Fall war, entscheidet das Revisionsgericht in eigener Zuständigkeit[488].

k) Verstöße gegen sonstige Rechte des Angeklagten

Wie ausgeführt, kann die Revision auf die Verletzung jeder Vorschrift gestützt werden, **1067**
die zumindest auch den Schutz des Rechtsmittelführers bezweckt. Zur Abrundung daher ein letztes **Beispiel:**

Der Angeklagte rügt hinsichtlich des Ablaufs der Hauptverhandlung:
– Er sei nicht nach der Vernehmung eines jeden Zeugen gefragt worden, ob er zu dessen Bekundungen etwas zu erklären habe;
– er habe eine schriftlich fixierte Erklärung als „letztes Wort" verlesen wollen, was ihm mit der Begründung verweigert worden sei, das dauere zu lange.
Würde eine Revision Erfolg versprechen?

---
485 Siehe auch BGH 4 StR 16/15 Tz. 4.
486 Siehe oben Rn. 561 ff.
487 Vgl. BGH 5 StR 181/09 Tz. 14 ff.; NJW 1998, 1802.
488 Siehe BGH 4 StR 473/16 Tz. 4; 3 StR 196/16; 2 StR 145/13 Tz. 4; 3 StR 105/10.

Kapitel 7 *Die Rechtsmittel im Strafverfahren*

Die Lösung ergibt sich aus folgenden Vorschriften:

Zeugenvernehmung: Es könnte § 257 Abs. 1 StPO verletzt sein. Danach soll der Angeklagte nach jedem Beweisschritt die Möglichkeit zur Stellungnahme haben. Zwar handelt es sich nicht nur um eine bloße Ordnungsvorschrift, das Urteil beruht aber nicht auf einem Verstoß, wenn dem Angeklagten insgesamt rechtliches Gehör gewährt wurde[489].

1068 **Letztes Wort:** Das „letzte Wort" gebührt dem **Angeklagten**, § 258 Abs. 2 Hs. 2 StPO. In Verfahren gegen Jugendliche ist gem. § 67 Abs. 1 JGG i.V.m. § 258 Abs. 2 und 3 StPO auch dessen **gesetzlichen Vertreter** oder Erziehungsberechtigten stets **von Amts wegen**[490] das letzte Wort zu erteilen. Deren Abfolge liegt im pflichtgemäßen Ermessen des Vorsitzenden, sodass die Erziehungsberechtigten also auch das „allerletzte" Wort erhalten können[491]. Diese Vorschriften sind zwingend i.S.d. § 337 Abs. 1 StPO.

Das Recht auf ein „letztes Wort" geht nämlich über den Anspruch auf rechtliches Gehör i.S.d. Art. 103 Abs. 1 GG hinaus. Der Angeklagte soll sich unmittelbar vor der Beratung und Verkündung des Urteils nochmals abschließend zum gesamten Prozessstoff äußern können. Mit diesem letzten Eindruck soll das Gericht in die Beratung gehen. Dieses Recht darf weder genommen noch darf es so beschnitten werden, dass es einer Nichterteilung gleichkommt[492].

Unter Umständen muss dem Angeklagten sogar mehrfach die Gelegenheit zum letzten Wort gegeben werden. Das gilt insbesondere dann, wenn zwischen dessen Erteilung und der Urteilsverkündung nochmals in die Verhandlung eingetreten wurde. Hierfür genügt schon konkludentes Verhalten, etwa die Verkündung einer Entscheidung (z.B. betreffend Haft oder Prozesskostenhilfe), erst recht natürlich die Entgegennahme und Erörterung von Beweisanträgen oder eine ergänzende Beweisaufnahme und sogar die Zahlung eines Schmerzensgeldes in der Sitzung. Auch eine Replik der Staatsanwalt oder des Nebenklagevertreters auf die Ausführungen des Angeklagten und selbst ergänzende Ausführungen des eigenen Verteidigers (bzw. desjenigen eines Mitangeklagten) führen dazu, dass das letzte Wort erneut zu gewähren ist. Etwas anderes gilt nur, wenn nach dem letzten Wort ausschließlich Dinge erörtert werden, die auf das Urteil keinen Einfluss haben können (z.B. Vereinbarung eines Verkündungstermins)[493].

1069 Wird gegen vorstehende Anforderungen verstoßen, so kann die Kausalität i.S.d. § 337 StPO nur in Ausnahmefällen ausgeschlossen werden[494].

Im Übrigen ist die Vorschrift des § 258 StPO (selten) dann relevant, wenn dem Verteidiger oder dem Staatsanwalt gar keine Gelegenheit für Schlussvorträge oder nur

---
[489] BGH 3 StR 166/167 Tz. 4 m.w.N.; SK-*Velten* § 257 Rn. 11.
[490] BGH 4 StR 645/16; 5 StR 503/12 Tz. 4; 2 StR 164/08.
[491] BGH 3 StR 510/16
[492] KK-*Ott*, § 258 Rn. 33; siehe auch BGH NStZ 2003, 382.
[493] Vgl. BGH 1 StR 35/17 Tz. 12; 1 StR 391/16; 4 StR 63/16 Tz. 22 m.w.N.; 1 StR 198/15; 3 StR 185/14; 5 StR 70/14; 1 StR 380/13 Tz. 6; 1 StR 193/13 Tz. 3.
[494] Etwa wenn der Angeklagte in der Hauptverhandlung über Monate geschwiegen und auch bei erstmalig erteiltem letzten Wort keine Erklärung abgegeben hat, BGH NJW 2005, 304. Siehe auch BGH 4 StR 645/16; 5 StR 70/14; 2 StR 395/13; 1 StR 193/13 Tz. 5; 4 StR 267/12; 5 StR 253/12.

eine unangemessen kurze Vorbereitungszeit gegeben wurde[495]. Allerdings begründet ein Verzicht der Verfahrensbeteiligten auf die Rechte aus § 258 StPO nicht die Revision.

> Eine Revision wäre in dem Beispielsfall also nur wegen der Verweigerung des letzten Wortes erfolgversprechend.

4. Rüge der Verletzung materiellen Rechts

Die Rüge der Verletzung materiellen Rechts wird auch als „**Sachrüge**" bezeichnet. **1070** Mit ihr kann geltend gemacht werden, der Tatrichter habe das materielle Recht bei der
- **Entscheidungsfindung** (tatsächliche Feststellungen, Beweiswürdigung, Überzeugungsbildung);
- **Subsumtion** unter strafrechtliche Normen;
- **Rechtsfolgenentscheidung** (Strafzumessung, Gesamtstrafenbildung, Anordnung von Maßregeln, Kompensation wegen rechtsstaatswidriger Verfahrensverzögerung);
- **Abfassung** bzw. **Gestaltung** des Urteils

nicht richtig angewendet.

Grundlage der Prüfung durch das Revisionsgericht ist insoweit die **Urteilsurkunde**, **1071** ggfls. ergänzt durch solche Abbildungen in den Akten, auf die nach § 267 Abs. 1 S. 3 StPO in zulässiger Weise (d.h. möglichst ausdrücklich[496]) verwiesen worden ist. Alle anderen Erkenntnisquellen sind dem Revisionsgericht prinzipiell verschlossen. Insbesondere den Akteninhalt darf es bei der Prüfung der Sachrüge nicht berücksichtigen, es sei denn, dass bestimmte Aktenteile durch eine zulässige Verfahrensrüge zum Gegenstand des Revisionsvortrags gemacht wurden[497]. Berücksichtigungsfähig sind ferner offenkundige und beim Revisionsgericht gerichtskundige Tatsachen.

In der Urteilsurkunde sind das festgestellte Tatgeschehen und der entscheidungsrelevante Inhalt der Beweisaufnahme (z.B. Einlassung des Angeklagten, Zeugenaussagen) verbindlich dokumentiert. Sie enthält die maßgeblichen Ausführungen zur Beweiswürdigung und zur Strafzumessung. Damit sind sämtliche Rügen ausgeschlossen, die eine Rekonstruktion der Beweisaufnahme voraussetzen würden, sog. **Rekonstruktionsverbot**. Alle anderen entscheidungserheblichen Verfahrensvorgänge in der Hauptverhandlung sind dagegen durch das Revisionsgericht im Freibeweis aufzuklären, soweit sie sich nicht aus dem Sitzungsprotokoll ergeben[498].

> **Beispiel:** Unzulässig ist etwa die Rüge, im Urteil seien die Bekundungen des Tatopfers, auf welche sich die Verurteilung stützt, unzutreffend wiedergegeben.

---

495 Zum erforderlichen Rügevorbringen in diesem Fall siehe BGH NStZ 2005, 650.
496 Siehe hierzu BGH 3 StR 425/15 Tz. 15.
497 BGH 1 StR 167/09; NJW 2003, 2037.
498 Vgl. hierzu BGH 4 StR 154/16 Tz. 2; 3 StR 489/14 Tz. 5; 4 StR 135/13 Tz. 11; 4 StR 316/13; 4 StR 167/13; 1 StR 389/12 Tz. 9; 4 StR 211/12; 5 StR 238/12 Tz. 9; 1 StR 208/12 Tz. 6; 3 StR 281/11; NStZ-RR 2009, 180.

Kapitel 7 *Die Rechtsmittel im Strafverfahren*

1072 Wird die Sachrüge ordnungsgemäß erhoben, so führt dies zu einer **von Amts wegen** durchzuführenden Prüfung des Urteils. Revisionen speisen sich dabei insbesondere aus folgenden (sich teilweise überschneidenden) Bereichen:

Allgemeine Darstellungsmängel: Das Revisionsgericht prüft zunächst, ob die Ausführungen im angefochtenen Urteil für die sachlich-rechtliche Prüfung überhaupt eine tragfähige Grundlage bieten. Es muss in sich geschlossen, klar strukturiert und vollständig sein, insbesondere frei von Lücken, Widersprüchen und von Verstößen gegen Denkgesetze oder Erfahrungssätze[499].

Genügen die Urteilsgründe den **inhaltlichen Anforderungen** nicht, so ist das sachliche Recht verletzt und die angefochtene Entscheidung – ggfls. teilweise – aufzuheben, und zwar unabhängig davon, ob die Mängel den Bereich der Feststellungen, der Beweiswürdigung oder der Strafzumessung betreffen. Für diesen Prüfungsansatz wird auch der Begriff „**Darstellungsrüge**" verwendet, den das Gesetz freilich nicht kennt. Der Übergang zu anderen möglichen Mängeln (etwa unzulässigen Erwägungen und Subsumtionsfehlern) ist fließend und die Abgrenzung daher schwierig. Im Ergebnis ist diese Kategorisierung also eher theoretischer Natur.

1073 **Fehler in den Feststellungen:** Die Feststellungen zum Tatgeschehen müssen **den Schuldspruch „tragen"**. Aus ihnen muss sich also ergeben, dass der Angeklagte sämtliche objektiven und subjektiven Tatbestandsmerkmale der Normen erfüllt hat, wegen deren Verletzung er verurteilt wurde. Sie müssen ferner (in Verbindung mit den Feststellungen zur Person des Angeklagten) eine hinreichende Grundlage für die Bemessung einer tat- und schuldangemessenen Strafe bilden. Es genügt daher nicht, den Sachverhalt nur in Umrissen wiederzugeben. Vielmehr ist das Tatgeschehen zusammenhängend und mit allen Einzelheiten darzustellen, die für den gesetzlichen Tatbestand und die Rechtsfolgen bedeutsam sind. Zur Schuldfrage gehört auch der Schuldumfang der Tat. Der Tatrichter muss daher auch Feststellungen zu den Umständen treffen, die geeignet sind, diesen näher zu bestimmen[500].

1074 **Fehler bei der Beweiswürdigung:** Muss der Schuldspruch sich aus den tatsächlichen Feststellungen herleiten lassen, so müssen Letztere wiederum auf einer tragfähigen und rechtsfehlerfreien Beweiswürdigung basieren. Diese muss eine Darstellung der **wesentlichen** Gesichtspunkte enthalten, warum eine objektiv hohe Wahrscheinlichkeit für die Richtigkeit der getroffenen Feststellungen und damit des Schuldspruchs besteht. Das Gericht hat sich daher nicht mit allen denkbaren hypothetischen Geschehensverläufen, sondern nur mit den „realistischen" Alternativmöglichkeiten auseinanderzusetzen[501].

1075 Die Bewertung der Beweismittel ist dabei grundsätzlich allein Sache des Tatrichters (§ 261 StPO). Es obliegt allein ihm, sich unter dem umfassenden Eindruck der Hauptverhandlung ein Urteil über die Schuld oder Unschuld des Angeklagten zu bilden.

---

499 Siehe hierzu oben Rn. 743 ff. Zum Begriff des „Verstoßes gegen Denkgesetze" vgl. BGH NJW 2005, 1877 (sog. „Kannibalenfall").
500 BGH NJW 2007, 1540 f.
501 BGH 3 StR 120/11; NStZ 2008, 116 f.

Das Revisionsgericht darf die Beweiswürdigung nicht durch eine eigene ersetzen. Es hat daher die Schlussfolgerungen des Tatrichters grundsätzlich hinzunehmen, soweit diese sich nicht in bloßen abstrakt-theoretischen Vermutungen erschöpfen, die nicht durch entsprechende Tatsachen belegt sind[502]. Die Schlüsse, die das Tatgericht aus dem (rechtsfehlerfrei) festgestellten Sachverhalt zieht, müssen nämlich nicht unbedingt zwingend sein; es genügt im Rahmen der Rechtsprüfung vielmehr, dass sie möglich und nachvollziehbar sind sowie dem Gebot rational begründeter und tatsachengestützter Beweisführung noch entsprechen[503]. Ist dies der Fall, so hat das Revisionsgericht die tatrichterliche Würdigung selbst dann hinzunehmen, wenn ein anderes Ergebnis näher gelegen hätte oder überzeugender gewesen wäre[504].

Auch ist es nicht Aufgabe des Revisionsgerichts, die Urteilsfeststellungen auf eine sog. „Rüge der **Aktenwidrigkeit**" dahingehend zu überprüfen, ob sie mit dem Akteninhalt übereinstimmen. Denn dies würde letztlich auf eine ihm entzogene Rekonstruktion der tatrichterlichen Beweisaufnahme hinauslaufen[505].

Der revisionsrechtlichen Beurteilung unterliegt auch bezüglich der Beweiswürdigung also nur, ob dem Tatrichter **Rechtsfehler** unterlaufen sind. Dies ist generell der Fall, wenn sie widersprüchlich, unklar oder lückenhaft ist, gegen Denkgesetze oder gesicherte Erfahrungssätze verstößt[506].

1076

„Lücken" liegen etwa vor, wenn sich das Tatgericht nur unvollständig mit nicht nur theoretisch denkbaren alternativen Geschehensabläufen auseinandergesetzt oder wesentliche Feststellungen nicht erörtert hat[507]. Lückenhaft ist es auch, wenn der Tatrichter bei verschiedenen Indizien diese zwar jeweils im Einzelnen gewürdigt, jedoch keine ausreichende **Gesamtwürdigung** vorgenommen hat. Denn möglicherweise können mehrere Indizien in ihrer Gesamtheit dem Tatrichter eine Überzeugung vermitteln, selbst wenn sie jeweils für sich allein zum Nachweis der Täterschaft nicht ausreichen[508].

Das Gericht kann zudem die Grenzen der freien richterlichen Beweiswürdigung – ggfls. unter Missachtung des Zweifelssatzes – überschritten oder umgekehrt die Anforderungen an die Überzeugungsbildung überspannt haben[509]. Rechtsfehlerhaft ist es auch, wenn das Gewicht bzw. die Richtung von Beweisergebnissen verkannt worden sind oder einem konkreten Beweisanzeichen ein zu geringer Beweiswert zu-

1077

---

502 BGH in st. Rspr., vgl. 1 StR 235/15 Tz. 36; 4 StR 11/15 Tz. 5; 5 StR 494/14 Tz. 5; 1 StR 389/14 Tz. 14; 3 StR 27/14 Tz. 11; 1 StR 378/13 Tz. 7.
503 BGH in st. Rspr., vgl. 1 StR 94/16 Tz. 9; 2 StR 4/15 Tz. 8 (Mord ohne Leiche); 2 StR 14/15 Tz. 10; 3 StR 65/15 Tz. 11; 3 StR 45/13 Tz. 7 f.; 1 StR 600/10; 1 StR 155/09; 5 StR 227/08; NJW 2008, 3584. Verfassungsrechtlich ist dies unbedenklich, siehe BVerfG NJW 2008, 3347 f.
504 BGH 2 StR 110/17 Tz. 6; 2 StR 140/17 Tz. 9; 3 StR 226/15 Tz. 5 m.w.N.
505 BGH in st. Rspr., vgl. 4 StR 202/17 Tz. 9; 5 StR 75/17; 1 StR 389/12 Tz. 9; 1 StR 38/11 Tz. 8, 14; 1 StR 20/11.
506 BGH 2 StR 140/17 Tz. 9; 1 StR 94/16 Tz. 9 m.w.N.; 1 StR 445/15 Tz. 8; 1 StR 394/14 Tz. 13 m.w.N.
507 Siehe z.B. BGH 2 StR 197/15 Tz. 14; 4 StR 340/13 Tz. 13 m.w.N; 4 StR 150/10.
508 Vgl. BGH 4 StR 45/17 Tz. 20; 1 StR 349/15 Tz. 9; 2 StR 14/15 Tz. 9; 5 StR 55/15 Tz. 16; 5 StR 621/14; 5 StR 435/14 Tz. 6 ff.
509 Siehe BGH 2 StR 132/17 Tz. 16; 5 StR 179/16 Tz. 13 ff.; 1 StR 456/15 Tz. 22; 1 StR 423/15 Tz. 7 f. m.w.N.

Kapitel 7 *Die Rechtsmittel im Strafverfahren*

gemessen wurde[510]. Das Tatgericht kann nicht in die Hauptverhandlung eingeführte Erkenntnisse zu Grunde gelegt oder Beweismittel – etwa unter Verstoß gegen die Gesetze der Logik – fehlerhaft gewürdigt haben.

Insbesondere muss die Beweiswürdigung also **erschöpfend** sein. Der Tatrichter muss sich mit allen festgestellten Umständen auseinandersetzen, die den Angeklagten be- oder entlasten, will er sich nicht dem Vorwurf des sog. „Erörterungsmangels" aussetzen[511]. Er muss dabei auch die jedenfalls „naheliegenden" Geschehensalternativen erwägen[512]. Andererseits können aber auch ausufernde, mit unwesentlichen Dingen überfrachtete Ausführungen den Bestand eines Urteils gefährden[513]. Die Abfassung eines „revisionssicheren" Urteils ist also (auch) eine handwerklich-schriftstellerische Kunst.

1078 Besonders erwähnt sei an dieser Stelle der im Zusammenhang mit der Beweiswürdigung oft erwähnte Grundsatz „**in dubio pro reo**". Er ist allerdings **keine Beweisregel**, und folglich nicht auf einzelne Indizien – etwa ein weder widerlegtes noch nachgewiesenes Alibi – anwendbar[514]. Er greift erst dann, wenn das Gericht nach **abgeschlossener Beweiswürdigung** nicht die volle Überzeugung vom Vorliegen einer für den Schuld- oder Rechtsfolgenausspruch entscheidungserheblichen Tatsache zu gewinnen vermag[515]. Er gebietet es nicht, Angaben eines Angeklagten als unwiderlegt hinzunehmen, für die es keine unmittelbaren Anhaltspunkte gibt. Die Zurückweisung einer Einlassung erfordert mithin nicht, dass sich ihr Gegenteil positiv feststellen lässt. Rechtsfehlerhaft ist es auch, sich damit zu begnügen, die Einlassung sei unwiderlegt, oder zu Gunsten des Angeklagten Tatvarianten zu unterstellen, für deren Vorliegen keine konkreten tatsächlichen Anhaltspunkte bestehen[516].

Kommt eine Anwendung des Zweifelssatzes ernsthaft in Frage, so ist er nicht etwa schon verletzt, wenn das Gericht hätte zweifeln müssen, sondern nur, wenn es trotz ernstlicher Zweifel eine Verurteilung ausgesprochen hat[517]. Diese Zweifel müssen sich für die Sachrüge aus dem Urteil selbst ergeben. Daher verhilft es einer Revision nicht zum Erfolg, wenn der Rechtsmittelführer – was nicht selten geschieht – eine im Urteil dargelegte und in sich schlüssige Beweiswürdigung durch seine eigene ersetzt.

Sind dem Tatgericht in vorstehendem Sinne keine Rechtsfehler unterlaufen, so hat das Revisionsgericht dessen Beweiswürdigung hinzunehmen, auch wenn ein anderes Ergebnis möglich oder sogar näherliegend gewesen wäre[518].

---

510 Was streng genommen natürlich nichts anderes ist, als eine der Einzelfallgerechtigkeit dienende inhaltliche Überprüfung der Beweiswürdigung, siehe BGH 4 StR 420/14 Tz. 9; 1 StR 114/11; 5 StR 26/11; 2 StR 434/10; 4 StR 287/09.
511 BGH in st. Rspr., vgl. BGH 1 StR 237/14 Tz. 34 m.w.N.; 1 StR 094/11 Tz. 13 m.w.N., 4 StR 300/13 Tz. 10; 3 StR 158/12 Tz. 6 ff.
512 Siehe BGH 1 StR 655/13 Tz. 20; 2 StR 190/13 Tz. 12.
513 Vgl. BGH 5 StR 357/11; 1 StR 687/08 m.w.N.
514 BGH 1 StR 416/17 Tz. 26; 2 StR 78/16 Tz. 25; 4 StR 442/14 Tz. 10 m.w.N.
515 Siehe hierzu oben Rn. 706 ff., 759 f., 793.
516 Vgl. hierzu BGH 2 StR 135/16 Tz. 8; 1 StR 423/15 Tz. 8 m.w.N.; 2 StR 119/15 Tz. 9; 2 StR 14/15 Tz. 10; 4 StR 442/14 Tz. 10; 4 StR 499/11 Tz. 5.
517 BVerfG NJW 2002, 3015 L. m.w.N.
518 BGH 4 StR 351/16 Tz. 6; 3 StR 237/12 Tz. 6.

Inhaltlich mit der auf eine fehlerhafte Beweiswürdigung gestützten Sachrüge verwandt, prozessual aber anders zu beurteilen ist die sog. Formal- oder „**Inbegriffsrüge**" einer Verletzung des **§ 261 StPO**[519]. Mit ihr kann geltend gemacht werden, das Gericht habe seine Überzeugung nicht – ausschließlich – unter Ausschöpfung der in der Hauptverhandlung verwendeten Beweismittel bzw. aus dem Inbegriff der Hauptverhandlung gewonnen. Sie kommt also etwa in Betracht, wenn der Tatrichter den Inhalt einer in der Verhandlung verlesenen Urkunde bei seiner Beweiswürdigung nicht, unvollständig oder unrichtig gewürdigt hat, obwohl deren Bedeutsamkeit auf der Hand lag[520]. Natürlich verstößt es auch gegen § 261 StPO, wenn ein im Urteil angeführter Beweis in der Hauptverhandlung gar nicht erst erhoben wurde. Denn Grundlage der richterlichen Überzeugungsbildung und des schriftlichen Urteils darf nur das sein, was innerhalb der Hauptverhandlung mündlich so erörtert worden ist, dass alle Beteiligten Gelegenheit zur Stellungnahme hatten[521]. Entsprechende Feststellungen kann das Revisionsgericht im Freibeweisverfahren treffen. Da andererseits für eine inhaltliche Rekonstruktion der Beweisaufnahme im Revisionsverfahren kein Raum ist, kann die Inbegriffsrüge nur im Einzelfall erfolgreich sein. Denn das Tatgericht ist ja nicht gehalten, sämtliche erhobenen Beweise im Urteil zu erörtern[522].

1079

Rechtsfehler bei der Subsumtion: Die Revisionsprüfung erstreckt sich auch auf die Subsumtion des festgestellten Tatgeschehens unter die angewandte Norm des StGB oder der Nebengesetze (z.B. des BtMG). Geprüft wird, ob die Feststellungen des Urteils den tenorierten Schuldspruch „tragen". Hieran fehlt es, wenn sich nicht das Vorliegen **sämtlicher** (objektiver und subjektiver) **Tatbestandsmerkmale** der angewendeten Strafvorschriften aus den Feststellungen des Urteils ergibt.

1080

Grundlage der Prüfung ist allein die Urteilsurkunde. An die **tatsächlichen Feststellungen** (Alter und Werdegang des Angeklagten, Tatgeschehen etc.) ist das Revisionsgericht allerdings gebunden, sofern sie ordnungsgemäß zustande gekommen sind (also auf der tatrichterlichen Hauptverhandlung beruhen) und im Urteil hinreichend dargestellt wurden.

Fehler bei der Strafzumessung: Die neben dem Schuldspruch für den Angeklagten oftmals interessantere Frage der Strafzumessung ist vom Grundsatz her ebenfalls „ureigenste" Sache des Tatrichters[523]. Es ist seine Aufgabe, auf der Grundlage des umfassenden Eindrucks, den er in der Hauptverhandlung von der Tat und der Persönlichkeit des Täters gewonnen hat, die wesentlichen entlastenden und belastenden Umstände festzustellen, zu bewerten und hierbei gegeneinander abzuwägen. Welchen Umständen das Tatgericht hierbei bestimmendes Gewicht beimisst, ist im Wesentlichen seiner Beurteilung überlassen[524]. Die Strafzumessung kann mit der Revision

1081

---
519 Zum Regelungsgehalt dieser Vorschrift siehe oben Rn. 710 ff.
520 Vgl. BGH 3 StR 148/17 Tz. 7; 2 StR 430/14; 1 StR 93/14 Tz. 28 ff.; 3 StR 49/12.
521 BGH 2 StR 12/17 (Vorgänge während oder nach der Urteilsverkündung); 3 StR 424/16 (nicht ordentlich protokolliertes Selbstleseverfahren); 1 StR 316/16 Tz. 2 ff. (Urkunds- statt Augenscheinsbeweis); 2 StR 433/15 (nach Urteilsverkündung eingeholtes Gutachten); 1 StR 532/12 Tz. 20 (nicht förmlich verlesene Urkunde); 2 StR 556/12 („private Beweisaufnahme" der Berufsrichter).
522 Vgl. BGH 3 StR 120/11.
523 BGH 3 StR 132/12; NStZ 2006, 141; NJW 2003, 2037.
524 Siehe BGH 3 StR 28/11; 5 StR 3/10.

Kapitel 7 *Die Rechtsmittel im Strafverfahren*

folglich nur angegriffen werden, wenn die hierzu im Urteil niedergelegten Gründe „rechtsfehlerhaft" sind, sich die verhängte Strafe von ihrer Bestimmung, gerechter Schuldausgleich zu sein, also so weit löst, dass sie nicht mehr innerhalb des dem Tatgericht eingeräumten Spielraums liegt. Das ist der Fall, wenn die Bestimmung des Strafrahmens „nicht mehr nachvollziehbar" ist, **bestimmende** Strafzumessungsfaktoren bzw. rechtlich anerkannte Strafzwecke außer Betracht gelassen wurden oder die erkannte Strafe die Grenze des Schuldangemessenen „unvertretbar" unter- oder überschreitet[525]. Dabei ist eine ins Einzelne gehende Richtigkeitskontrolle jedoch ausgeschlossen. Auch die Darlegung sämtlicher Erwägungen des Tatrichters ist insoweit weder möglich noch nötig[526].

1082 Tatsächlich wird aber so manches Urteil wegen Unzulänglichkeiten zumindest hinsichtlich des Rechtsfolgenausspruchs aufgehoben[527]. Ohne Anspruch auf Vollständigkeit seien nur folgende „beliebte" Aufhebungsgründe genannt:
- mangelnde Schilderung des einer Vorstrafe zu Grunde liegenden Sachverhalts;
- Anwendung eines unzutreffenden Strafrahmens, z.B. infolge fehlerhafter Berücksichtigung des § 21 StGB oder wegen Fehlern im Umgang mit den Voraussetzungen eines „minder schweren" bzw. „besonders schweren" Falles;
- fehlende Abwägung der strafmildernden und der strafschärfenden Umstände;
- Außerachtlassen eines nach dem Urteilsinhalt vorliegenden maßgeblichen Strafmilderungsgrundes (etwa Geständnis);
- Doppelverwertung von Tatbestandsmerkmalen (§ 46 Abs. 3 StGB)[528];
- strafschärfende Berücksichtigung fehlender Milderungsgründe (z.B. mangelnde Einsicht oder Reue, Tatbegehung ohne Not o.ä.)[529];
- strafschärfende Berücksichtigung von zulässigem Verteidigungsverhalten (z.B. Leugnen oder Beschönigen der Tat)[530];
- Ausführung moralisierender Erwägungen (z.B. Annahme einer „Lebensführungsschuld"[531]);
- fehlende Abhandlung des § 47 StGB bei Verhängung einer kurzen Freiheitsstrafe (unter sechs Monaten)[532];
- Überschreitung des Ermessensspielraums (z.B. bei Verhängung der Höchststrafe trotz beachtlicher Milderungsgründe);
- knappe Ausführungen, obwohl die verhängte (Gesamt-)Freiheitsstrafe in der Nähe einer bewährungsfähigen Strafe liegt.

---

525 Vgl. BGH 1 StR 216/17 Tz. 45; 1 StR 201/16 Tz. 13 m.w.N.; 1 StR 414/15 Tz. 11 ff.; 1 StR 317/15 Tz. 60; 2 StR 300/14 (ein Jahr Freiheitsstrafe für den Handel mit 3 Gramm Marihuana; 1 StR 624/14 Tz. 52; 1 StR 414/15 Tz. 18 sowie 1 StR 525/11 Tz. 17 ff. (Steuerdelikte).
526 BGH 3 StR 69/17 Tz. 14; 1 StR 606/16 Tz. 13; 2 StR 338/16 Tz. 8.
527 Siehe zur Vielfalt möglicher Fehler oben Rn. 775 ff. sowie Detter NStZ 2011, 330 ff., 2010, 300 ff., 135 ff.; 2009, 74 ff., 487 ff.
528 Vgl. BGH 2 StR 110/12; 3 StR 378/11. § 46 Abs. 3 StGB findet allerdings bei der Bemessung von **Jugendstrafe** keine Anwendung, BGH 1 StR 649/09; NStZ-RR 2009, 155.
529 Vgl. BGH 2 StR 124/15 Tz. 4; 2 StR 514/13 Tz. 4.
530 BGH 1 StR 268/17 Tz. 4 f.; 4 StR 151/13 Tz. 5; siehe zur Grenzziehung BGH 1 StR 343/11 Tz. 8; 5 StR 267/11 Tz. 6.
531 Sinngemäß: Der Angeklagte habe nichts aus seinem Leben gemacht. Lesenswert insoweit BGH NStZ-RR 2007, 195. Siehe auch BGH 2 StR 496/14.
532 Siehe hierzu BGH 4 StR 382/17 Tz. 10; OLG Düsseldorf NStZ-RR 2013, 202 f.

Im Übrigen dürfen natürlich auch die Strafzumessungserwägungen nicht widersprüchlich oder lückenhaft sein.

Nachweis sachlicher Urteilsmängel: Anders als bei der Verfahrensrüge muss der Rechtsmittelführer die Voraussetzungen der „Sachrüge" nicht nachweisen, da sich die entsprechenden Mängel ja aus der Urteilsurkunde selbst ergeben. Regelmäßig beruht daher die Entscheidung auch auf dem sachlich-rechtlichen Fehler. Etwas anders gilt nur dann, wenn sich der Mangel ersichtlich allein auf eine die Entscheidung nicht tragende Erwägung bezieht. Bei fehlerhaften Rechtsfolgenentscheidungen ist zudem auf die Vorschrift des § 354 Abs. 1a StPO hinzuweisen, auf die wir noch eingehen werden[533].

1083

IV. Weiterer Gang des Revisionsverfahrens

Ist die Revision in zulässiger Weise erhoben und das Gericht folglich in eine inhaltliche Überprüfung eingetreten, so kann das Rechtsmittel auf (zu begründenden) Antrag der Staatsanwaltschaft durch Beschluss als unbegründet verworfen werden, wenn das Revisionsgericht es **einstimmig** für **offensichtlich**[534] **unbegründet** hält, § 349 Abs. 2 StPO. Dabei muss sich das Revisionsgericht nur im Ergebnis, also nicht in der Begründung dem Antrag der Staatsanwaltschaft anschließen. In diesen Fällen bedarf es keiner mündlichen Verhandlung und auch keiner näheren Begründung der Entscheidung, obwohl letztere bei Bedarf sinnvoll ist und dann meist auch erfolgt[535].

1084

Diese Möglichkeit baut auf § 344 Abs. 1 StPO auf, wonach die Gründe für die Anfechtung des Urteils bereits mit der Revisionsbegründung geltend zu machen sind, so dass die Staatsanwaltschaft mit ihrer Gegenerklärung i.S.d. § 349 Abs. 3 StPO hierzu Stellung nehmen kann. Naturgemäß beschränkt sich diese Erklärung auf die vom Revisionsführer vorgebrachten Argumente und diejenigen Aspekte, welche die Staatsanwaltschaft von sich aus für erwähnenswert hält. In der Praxis ist es allerdings weit verbreitet, die **Sachrüge** zunächst nur allgemein zu erheben und erst nach der Gegenerklärung der Staatsanwaltschaft detailliert auszuführen. So soll die Stellung eines „begründeten Antrags" i.S.d. § 349 Abs. 2 StPO und damit eine Entscheidung im Beschlussverfahren verhindert werden. Erfolgreich ist diese Strategie allerdings nicht. Ist das Rechtsmittel nach wie vor offensichtlich unbegründet, so müssen i.d.R. weder die Staatsanwaltschaft noch das Revisionsgericht in ihren Darlegungen auf die nachgeschobenen Gründe näher eingehen[536].

Umgekehrt kann die zugunsten des Angeklagten eingelegte Revision einstimmig durch Beschluss für begründet erachtet und das angefochtene Urteil aufgehoben

---

533 Siehe Rn. 1091.
534 „Offensichtlichkeit" bedeutet in diesem Zusammenhang, dass jeder Sachkundige ohne längere Prüfung die Aussichtslosigkeit erkennen kann, vgl. BVerfG NJW 2002, 815; BGH NStZ 2003, 103; NJW 2002, 3266. Siehe umfassend zu § 349 Abs. 2 StPO *Detter* StV 2004, 345 ff.
535 BGH 3 StR 17/15, BVerfG NJW 2014, 2563 ff.
536 BGH NStZ 2009, 52; 2003, 103; 1 StR 98/04. Das „Nachschieben" von Gründen erst nach der Entscheidung gemäß § 349 Abs. 2 StPO rechtfertigt bei formgerecht eingelegter Revision auch keine Wiedereinsetzung in den vorigen Stand, BGH 2 StR 589/10; 3 StR 24/06 m.w.N.

Kapitel 7 *Die Rechtsmittel im Strafverfahren*

werden, § 349 Abs. 4 StPO. Dies bietet sich bei schwerwiegenden Fehlern bzw. beim Vorliegen absoluter Revisionsgründe an. Auch die Kombination einer Entscheidung aus § 349 Abs. 2 und 4 StPO ist möglich[537].

1085 Kommen die vorgenannten Möglichkeiten nicht zur Anwendung, so ist – was verhältnismäßig selten geschieht – durch Urteil über die Begründetheit der Revision zu entscheiden, § 349 Abs. 5 StPO. Dies setzt wiederum eine Hauptverhandlung voraus, die angesichts der Zielsetzung des Revisionsverfahrens anders abläuft, als in der Tatsacheninstanz. So werden weder der Angeklagte, noch der Verteidiger förmlich geladen. Ort und Zeit der Hauptverhandlung werden ihnen nur mitgeteilt, § 350 Abs. 1 StPO. Die Verhandlung darf allerdings nicht ohne Verteidiger durchgeführt werden[538]. Der Ablauf der Verhandlung ist in § 351 StPO geregelt, wonach Kernpunkt ein **Rechtsgespräch** zwischen den Verfahrensbeteiligten ist. Eine Beweisaufnahme im eigentlichen Sinn findet nicht statt. Allenfalls werden hinsichtlich der Verfahrenshindernisse oder gerügten Verfahrensverstöße im **Freibeweisverfahren** – soweit dies nicht bereits zuvor geschehen ist – Feststellungen getroffen. Das kann selbst die Einholung eines Sachverständigengutachtens umfassen[539].

1086 Wird die Revision für begründet erachtet, so ist gem. § 353 Abs. 1 StPO das erstinstanzliche Urteil – soweit es angegriffen und fehlerhaft ist – aufzuheben. Unter den Voraussetzungen des § 357 StPO (Aufhebung wegen sachlich-rechtlicher Mängel oder fehlerhafter Beurteilung von Verfahrensvoraussetzungen[540]) ist die Entscheidung auch auf andere Angeklagte zu erstrecken, die wegen derselben Tat durch dieselbe Entscheidung verurteilt wurden, trotz des gemeinsamen Revisionsgrundes aber kein Rechtsmittel eingelegt haben. Sind die tatsächlichen Feststellungen von dem Rechtsfehler nicht betroffen, so können diese allerdings aufrechterhalten werden[541].

Unter den besonderen Voraussetzungen des § **354 Abs. 1 StPO** kann das Revisionsgericht sodann in der Sache selbst entscheiden. Das gilt – abgesehen von Sonderfällen einer analogen Anwendung dieser Norm[542] – namentlich dann, wenn
– ein Freispruch,
– eine Einstellung des Verfahrens,
– eine Berichtigung des Schuldspruchs,
– allein die Verurteilung zu einer absolut bestimmte Strafe (z.B. § 211 StGB),
– die gesetzliche Mindeststrafe,
– ein Absehen von Strafe (vgl. § 153b StPO)
in Betracht kommen.

---

537 BGH NJW 1997, 2061.
538 BGH 2 StR 163/14.
539 Vgl. BGH 5 StR 444/11 Tz. 12 (DNA-Gutachten).
540 Siehe BGH 1 StR 367/13 Tz. 29 ff.; 1 StR 355/13 Tz. 48.
541 Will das Revisionsgericht auch die Feststellungen aufheben, so hat es dies **ausdrücklich zu tenorieren**. Fehlt ein entsprechender Ausspruch, so bleiben sie bestehen, BGH 2 StR 428/13 Tz. 8; NJW 2007, 1540 f.
542 Etwa bei überlanger Verfahrensdauer, vgl. BGH 1 StR 617/16 Tz. 5; NStZ 2005, 116 f.

Die Revision **E**

Ein **Freispruch** durch das Revisionsgericht ist allerdings nur dann möglich, wenn **1087**
– die Feststellungen des Tatrichters vollständig und fehlerfrei getroffen worden sind,
– weitere Erkenntnisse im Rahmen einer neuerlichen Hauptverhandlung ausgeschlossen werden können und
– der festgestellte Sachverhalt ohne weiteres eine Freisprechung rechtfertigt[543].

In diesem Fall kann die Entscheidung auf tatsächliche Umstände, aber auch darauf gestützt werden, dass dem Urteil Rechtfertigungs- oder Entschuldigungsgründe zu entnehmen sind. Beurteilungsgrundlage bleibt allein die Urteilsurkunde.

Eine **Einstellung** des Verfahrens kommt insbesondere dann in Betracht, wenn sich **1088** in der Revisionsinstanz das Vorliegen eines Verfahrenshindernisses – etwa die Verfolgungsverjährung der abgeurteilten Tat – zeigt[544]. Auch hier muss aber eine abschließende Entscheidung möglich sein. Damit scheidet eine Einstellung aus, wenn eine fehlende Verfahrensvoraussetzung (etwa ein Strafantrag) noch nachgeholt werden kann. Sofern dem Urteil die entsprechenden Voraussetzungen zu entnehmen sind, ist aber auch die Einstellung nach den §§ 153, 153a, 154, 154a StPO möglich.

Ist die Sachrüge ordnungsgemäß erhoben, so ist die **Berichtigung des Schuldspruchs** **1089** nach allgemeiner Auffassung bereits aus Gründen der Prozessökonomie und des Opferschutzes unter entsprechender Anwendung des § 354 Abs. 1 StPO zulässig[545]. Auch hier müssen natürlich die Urteilsfeststellungen eine vollständige und tragfähige Grundlage bilden. Zudem setzt eine solche Entscheidung immer voraus, dass die Erteilung erforderlicher rechtlicher Hinweise nach § 265 StPO bereits in der Vorinstanz stattgefunden hat oder mangels anderweitiger Verteidigungsmöglichkeiten ausnahmsweise entbehrlich ist[546]. Schließlich muss der Rechtsmittelführer durch den unzutreffenden Schuldspruch beschwert sein. Legt allein der Angeklagte Revision ein, so bleibt ein ihm günstiger, wenngleich unzutreffender Schuldspruch i.d.R. bestehen.

Die **Festsetzung der Strafe** ist grundsätzlich allein Aufgabe des Tatrichters und für das **1090** Revisionsgericht nur eingeschränkt zu überprüfen. Es darf daher das Ermessen des Tatrichters auch nicht durch sein eigenes ersetzen[547]. § 354 Abs. 1 StPO beschränkt folglich die Sachentscheidungskompetenz des Revisionsgerichts auf die genannten Fälle. Die Vorschrift wird aber auch auf weitere Fälle analog angewandt, bei denen die Verfahrenslage ein Ermessen über Art und Höhe der Rechtsfolge ausschließt[548]. So kommt in Einzelfällen auch die Anordnung einer Strafaussetzung zur Bewährung, einer Unterbringung nach § 64 StGB oder die Festsetzung der Tagessatzhöhe in Betracht[549].

---

543 Vgl. BGH 1 StR 24/16 Tz. 15; 5 StR 363/15; NStZ-RR 2004, 270 f.; NJW 1999, 1562 ff.
544 Zu den Verfahrenshindernissen siehe oben Rn. 936 ff.
545 Vgl. BGH 1 StR 126/14 Tz. 2; 5 StR 467/06 Tz. 5; NStZ 1995, 204.
546 BGH NJW 1987, 2384.
547 BVerfG NStZ 2004, 273.
548 Siehe BGH NStZ-RR 2002, 103 (Nrn. 48–50).
549 BGH 2 StR 295/17; StV 1996, 265 f.

Kapitel 7 *Die Rechtsmittel im Strafverfahren*

Insbesondere die Korrektur einer fehlerhaften **Gesamtstrafenbildung** bleibt aber (nach Aufhebung des Urteils insoweit) dem Tatrichter vorbehalten, soweit nicht im Einzelfall auch bei richtiger Anwendung der §§ 53, 54, 55 StGB eine Änderung der verhängten Gesamtstrafe ausgeschlossen erscheint[550].

1091 Bezieht sich die maßgebliche Gesetzesverletzung allerdings (etwa wegen Anwendung eines unzutreffenden Strafrahmens) **ausschließlich** auf die **konkrete Strafzumessung**, so kann das Revisionsgericht nach **§ 354 Abs. 1a StPO** von einer Aufhebung absehen, wenn ein zutreffend ermittelter, vollständiger und aktueller Strafzumessungssachverhalt zur Verfügung steht und es aufgrund eigener Bewertung die verhängte (aber fehlerhaft begründete) Rechtsfolge für angemessen hält[551]. Auf **Antrag** der Staatsanwaltschaft kann die Strafe auch angemessen herabgesetzt (nicht aber erhöht!) werden. Eine solche Sachentscheidung kommt aber nicht in Betracht, wenn dafür eine umfassende neue Gesamtabwägung mit eigener Gewichtung aller maßgeblichen Strafzumessungsgesichtspunkte erforderlich ist[552].

1092 Der Anwendung des – prozessökonomischen und sinnvollen – § 354 Abs. 1a StPO hat das BVerfG allerdings enge Grenzen gesetzt. Danach gilt bei verfassungskonformer Auslegung der Vorschrift Folgendes[553]:

– bei einer Korrektur auch des Schuldspruchs ist dem Revisionsgericht eine eigene Strafzumessungsentscheidung versagt;
– will das Revisionsgericht von § 354 Abs. 1a StPO Gebrauch machen, so hat es den Angeklagten unter Darlegung der maßgeblichen Erwägungen zur „Angemessenheit" der Strafe auf seine Absicht hinzuweisen, soweit dies nicht im Einzelfall – etwa im Hinblick auf einen entsprechend begründeten Antrag der Staatsanwaltschaft – entbehrlich erscheint;
– Einwände zur Richtigkeit und Aktualität der Strafzumessungskriterien hat das Revisionsgericht im Sinne einer Plausibilitätsprüfung zu berücksichtigen;
– die eigene Entscheidung über die Angemessenheit der Strafe ist zu begründen.

Es liegt auf der Hand, dass dieses komplexe Prozedere die – auf eine reine Rechtsprüfung abzielende – Durchführung des Revisionsverfahrens auch zu Lasten des Beschleunigungsgrundsatzes erschwert.

1093 Kann das Revisionsgericht nicht (ausnahmsweise) selbst in der Sache entscheiden, so folgt der Aufhebung zwingend die **Zurückverweisung** der Sache nach **§ 354 Abs. 2 StPO** zur erneuten Verhandlung und Entscheidung an eine andere Abteilung (beim AG als erster Instanz), Kammer (beim LG) oder Senat (beim OLG) desselben Ausgangsgerichts. Denkbar, wenngleich sehr selten, ist aber auch eine Verweisung an den Spruchkörper eines anderen Gerichts. Da es in diesen Fällen an einer abschließenden Sachentscheidung fehlt, bleibt die ggfls. vom Tatrichter getroffene Entscheidung

---

550 Vgl. BVerfG NStZ 2004, 273; NJW 2004, 1790 f.; BGH NStZ 2005, 464; 3 StR 115/04; 5 StR 575/03.
551 Vgl. BGH 4 StR 282/16 Tz. 6; 4 StR 150/16; 3 StR 197/15; 3 StR 440/14 Tz. 5. Siehe zum Beurteilungsspielraum BGH NJW 2005, 1813 ff.
552 BGH 4 StR 414/13 Tz. 9; NStZ-RR 2010, 21.
553 Siehe umfassend BGH 3 StR 175/09; 3 StR 153/09 sowie BVerfG NJW 2007, 2977 ff.

über einen Adhäsionsantrag von der Aufhebung unberührt. Über die Aufhebung oder Änderung der Adhäsionsentscheidung hat daher der neue Tatrichter auf Grundlage der neuen Hauptverhandlung zu entscheiden[554].

Nach § 406a Abs. 3 StPO ist der **Adhäsionsausspruch** vom Rechtsmittelgericht nur aufzuheben, wenn der Angeklagte weder schuldig gesprochen, noch gegen ihn eine Maßregel der Besserung und Sicherung angeordnet wird. Betrifft dagegen die Urteilsaufhebung nur den Adhäsionsausspruch, so kommt eine Zurückverweisung der Sache zur neuen Verhandlung allein hierüber regelmäßig nicht in Betracht[555]. Eine Ausnahme gilt nur dann, wenn bei der Zuerkennung von Schmerzensgeld der Rechtsfehler lediglich dessen Bemessung erfasst, die Entscheidung dem Grunde nach also aufrechterhalten wird[556].

Eine Besonderheit gilt zudem für die Neufestsetzung einer als fehlerhaft beanstandeten **Gesamtstrafe**. Das Revisionsgericht kann hier – in einfach gelagerten Fällen[557] – anordnen, dass diese ohne erneute Hauptverhandlung im Wege der nachträglichen Entscheidung i.S.d. §§ 460, 462 StPO durch Beschluss des Ausgangsgerichts vorzunehmen ist (§ 354 Abs. 1b StPO). Dies gilt auch, wenn das Revisionsgericht das Verfahren nach § 154 Abs. 2 StPO teilweise einstellt und erst dadurch eine neue Gesamtstrafenbildung erforderlich wird[558]. **1094**

Wird das Urteil **insgesamt** aufgehoben, so ist das erneut mit der Sache befasste Tatgericht hinsichtlich seiner Beurteilung grundsätzlich frei. Eine **Bindung** entsteht nur hinsichtlich der vom Revisionsgericht vorgegebenen rechtlichen Bewertung, die der Aufhebung zu Grunde liegt, § 358 Abs. 1 StPO. Der Angeklagte ist generell – wenn lediglich zu seinen Gunsten die Revision eingelegt war – hinsichtlich Art und Höhe der Rechtsfolgen vor einer Schlechterstellung in der neuen Verhandlung geschützt, § 358 Abs. 2 StPO. Hierbei sind allerdings die wichtigen Einschränkungen des § 358 Abs. 2 S. 2 und 3 StPO betreffend Maßnahmen der Sicherung und Besserung (§§ 63, 64 StGB) zu beachten. **1095**

Kommt es demgegenüber nur zu einer **Teilaufhebung**, so tritt hinsichtlich des nicht beanstandeten Teils der Entscheidung **Teilrechtskraft** ein. Eine solche Teilaufhebung ist entsprechend den für die Rechtsmittelbeschränkung geltenden Grundsätzen jedoch nur möglich, wenn der betroffene Teil des Urteils selbstständig geprüft und beurteilt werden kann, ohne auf die übrigen Teile der Entscheidung einzugehen[559]. **1096**

> **Beispiel:** Das Landgericht hat den Angeklagten des Mordes schuldig gesprochen und ihn – statt zu lebenslanger Freiheitsstrafe – über die sog. „Rechtsfolgenlösung"[560] zu einer solchen von 14 Jahren verurteilt. In der Revision bestätigt der Bundesgerichtshof den

---

554 BGH 4 StR 267/17 Tz. 6; 4 StR 197/17 Tz. 13; 5 StR 456/15 Tz. 6 m.w.N.
555 BGH 4 StR 111/17 Tz. 3; 3 StR 52/15 Tz. 7.
556 BGH 5 StR 199/14 Tz. 7; 3 StR 20/14 Tz. 3; 2 StR 578/12 Tz. 3; 4 StR 602/11 Tz. 6; 5 StR 471/11 Tz. 4.
557 Vgl. BGH NJW 2004, 3788 f.
558 BGH 4 StR 275/17; 4 StR 537/13 Tz. 4; NJW 2005, 376 f.
559 Siehe oben Rn. 846 ff. sowie BGH NStZ 1997, 276.
560 Siehe hierzu *Fischer* § 211, Rn. 46.

Kapitel 7 *Die Rechtsmittel im Strafverfahren*

> Schuldspruch (Mord), hebt das Urteil im Strafausspruch auf und verweist die Sache an eine andere Kammer des Landgerichts zur erneuten Entscheidung.

Ein solcher Fall des rechtskräftig gewordenen Schuldspruchs führt zur **Bindung** des neuen Tatrichters an die Feststellungen, welche ausschließlich die Schuldfrage betreffen oder die als sog. doppelrelevante Tatsachen gleichermaßen für die Schuld- und Straffrage von Bedeutung sind (z.B. die Schuldfähigkeit oder bei § 211 StGB das Motiv des Täters)[561]. Der neue Tatrichter darf den in (Teil-)Rechtskraft erwachsenen Teil des Urteils in dem neuen Verfahren also nicht mehr nachprüfen, er hat nur den noch offenen Verfahrensgegenstand neu zu verhandeln und zu entscheiden. Das gilt selbst dann, wenn das Erstgericht das Tatgeschehen in Wahrheit nicht vollständig aufgeklärt hat oder nach der Regel „in dubio pro reo" zugunsten des Angeklagten von bestimmten Tatsachen ausgegangen ist. Dies hat zur Konsequenz, dass in der erneuten Verhandlung solche Beweiserhebungen unzulässig sind, die darauf abzielen, aufrechterhaltene und damit bindende Feststellungen in Zweifel zu ziehen[562].

1097 Maßgebend für den Umfang der Aufhebung ist die Formulierung im Urteilstenor bzw. der Beschlussformel der revisionsgerichtlichen Entscheidung. Denn die Teilrechtskraft kann sich nicht nur alternativ auf den Schuld- oder den Rechtsfolgenausspruch beziehen. Wie der Schuldspruch nur teilweise aufgehoben werden kann, so kann auch allein auf der Ebene des Rechtsfolgenausspruchs (sog. „horizontale") Teilrechtskraft bezüglich einzelner Tatfolgen eintreten. Das gilt etwa, wenn lediglich der Strafausspruch aufgehoben wird, andere vom Tatgericht verhängte Rechtsfolgen (z.B. Maßregeln i.S.d. §§ 63, 64 StGB) aber von Art und Höhe der Strafe unabhängig und vom Revisionsgericht unbeanstandet geblieben – also bindend geworden – sind[563].

In diesem Sinne gesondert zu betrachten ist auch die Frage der – revisionsrechtlich isoliert angreifbaren[564] – Kompensation wegen einer rechtsstaatswidrigen Verfahrensverzögerung. Die Aufhebung eines Urteils allein im Strafausspruch erfasst also nicht den Ausgleich eines bis zur revisionsgerichtlichen Entscheidung eingetretenen Konventionsverstoßes (Art. 6 EMRK)[565].

V. Beispiel für eine Revisionsentscheidung

1098 Diktion und Aufbau einer Revisionsentscheidung können Sie mühelos den zahlreichen Entscheidungen entnehmen, wie sie etwa auf der Homepage des BGH (www.bundesgerichtshof.de) veröffentlicht werden. Angesichts der Vielzahl sozusagen amtlicher Vorlagen wollen wir uns bezüglich Vorbereitung und Inhalt der Revisionsentscheidung mit der Darstellung zum **Fall Lellmann** begnügen.

---

561 BGH 5 StR 81/17 Tz. 5; 1 StR 458/16 Tz. 11 ff. m.w.N.; 4 StR 121/16 Tz. 8.
562 BGH NJW 1998, 3212.
563 Vgl. BGH 3 StR 546/16 Tz. 5; 4 StR 443/16 Tz. 7.
564 BGH 2 StR 60/14 Tz. 6.
565 BGH 2 StR 60/14 Tz. 6.

Die Revision **E**

Hier hat der Verteidiger nach wirksamer Zustellung des angefochtenen Urteils die Revision mit Schriftsatz vom 17.02.2014 (Eingang beim iudex a quo: 19.02.2014) fristgemäß begründet. Das Landgericht hat daraufhin die Akten über die StA Bonn und die GStA (vgl. Nr. 163 Abs. 1 RiStBV) an den zuständigen Strafsenat des Oberlandesgerichts Köln weitergeleitet. Die Generalstaatsanwaltschaft hat Verwerfung des Rechtsmittels als unbegründet durch (einstimmig zu fassenden) Beschluss gem. § 349 Abs. 2 StPO beantragt. Das Revisionsverfahren brachte dem Angeklagten gleichwohl einen (zumindest vorläufigen) Erfolg, nämlich gem. § 349 Abs. 4 StPO die teilweise Aufhebung der angefochtenen Entscheidung sowie Zurückverweisung der Sache zur erneuten Verhandlung und Entscheidung an eine andere Strafkammer des Landgerichts. Das übrige Verfahren und die Entscheidung sahen folgendermaßen aus:

Kapitel 7 *Die Rechtsmittel im Strafverfahren*

1099

Rechtsanwalt
Hermann Löffelholz
Fachanwalt Für Strafrecht

Landgericht
Wilhelmstraße 23
53111 Bonn

[Eingangsstempel: Landgericht Bonn Strafkammer 30. JAN. 2014]

Mein Zeichen
458/13/Lel
Bitte stets angeben

Bonn, den 28.01.2014

Aktenzeichen   5 Ns 234/13 LG Bonn
17 Js 539/13 StA Bonn

In der Strafsache gegen

gegen

Herrn Hans Lellmann

lege gegen das Urteil des Landgerichts Bonn vom 27.01.2014

Revision

ein.

Ich beantrage umgehende Akteneinsicht und bitte um Übersendung des Hauptverhandlungsprotokolls.

[Unterschrift]

Hermann Löffelholz
Rechtsanwalt
Fachanwalt für Strafrecht

Baumschulallee 455 – 53547 Bonn – Gerichtsfach 1235
Telefon: 0228 / 9456813 – Fax: 0228 / 9456814
24-STD-Notruf in dringenden Fällen
Merke: 0178 / Anwalt W – Wähle: 0178 / 356937 3
Sparkasse KölnBonn   IBAN: DE00 0000 0130 3334443333
Steuernummer 567/8362/3591

Rechtsanwalt
Hermann Löffelholz
Fachanwalt Für Strafrecht

Landgericht
Wilhelmstraße 23
53111 Bonn

Landgericht Bonn
Strafkammer
19. FEB. 2014
Bd............ Heft............ Anl............
.... Doppel

Mein Zeichen
458/13/Lel
Bitte stets angeben

Bonn, den 17.02.2014

Aktenzeichen 5 Ns 234/13

In der Strafsache gegen

gegen

Herrn **Hans Lellmann**

wird zu der mit Schriftsatz vom 28.01.2014 eingelegten Revision gegen das am 27.01.2014 verkündete und am 10.02.2013 zugestellte Urteil des Landgerichts Bonn die nachfolgende

Revisionsbegründung

abgegeben mit dem Antrag,

> **das angefochtene Urteil mit den zugehörigen Feststellungen aufzuheben und die Sache zur erneuten Verhandlung und Entscheidung an eine andere Strafkammer des Landgerichts Bonn zurückzuverweisen.**

Gerügt wird die Verletzung materiellen Rechts.

Hinsichtlich des Rechtsfolgenausspruchs wird insbesondere ausgeführt:

Das Gericht hat gegen den Angeklagten eine Einzelfreiheitsstrafe von zwei Monaten und zwei Wochen verhängt und insgesamt auf eine Gesamtfreiheitsstrafe von drei Monaten erkannt.

Kapitel 7 *Die Rechtsmittel im Strafverfahren*

Die Urteilsgründe tragen indes den Rechtsfolgenausspruch bezüglich der Widerstands gegen Vollstreckungsbeamte und der Körperverletzung nicht, da insoweit die Voraussetzungen für die Verhängung einer kurzen Freiheitsstrafe nicht vorliegen.

Nach der gesetzgeberischen Grundentscheidung in § 47 StGB soll auf eine Freiheitsstrafe unter sechs Monaten nur erkannt werden, wenn besondere Umstände, die in der Tat oder der Persönlichkeit des Täters liegen, die Verhängung einer Freiheitsstrafe zur Einwirkung auf den Täter oder zur Verteidigung der Rechtsordnung notwendig machen.

Solche Umstände fehlen vorliegend, denn weder wiegt das dem Angeklagten vorgeworfene Geschehen so schwer, noch sind in seiner Person Umstände begründet, die die Verhängung einer Freiheitsstrafe unerlässlich erscheinen lassen. Der Angeklagte ist in der Vergangenheit lediglich zweimal durch – jeweils verhältnismäßig geringfügige - Vergehen aufgefallen, die mit Geldstrafen im unteren Bereich geahndet werden konnten.

Das Landgericht befasst sich im angefochtenen Urteil nicht mit der Vorschrift des § 47 StGB, was bereits für sich genommen einen sachlich-rechtlichen (Erörterungs-)Mangel begründet (vgl. BGH StV 1982, 366; 1994, 370).

Mit der Aufhebung der Einzelfreiheitsstrafe kann auch die verhängte Gesamtstrafe keinen Bestand haben.

Hermann Löffelholz
Rechtsanwalt
Fachanwalt für Strafrecht

Baumschulallee 455 – 53547 Bonn – Gerichtsfach 1235
Telefon: 0228 / 9456813 – Fax: 0228 / 9456814
24-STD-Notruf in dringenden Fällen
Merke: 0178 / Anwalt W – Wähle: 0178 / 356937 3
Sparkasse KölnBonn - IBAN: DE39 3705 0198 333 444 555
Steuernummer 567/8362/3591

Staatsanwaltschaft Bonn, den 28.02.2014
17 Js 539/13

Vfg. (I.)

1. Keine Gegenerklärung, da nur die Verletzung materiellen Rechts gerügt wird

2. Herrn/Frau Rechtspflegerin mit der Bitte um Fertigung des Revisionsübersendungsberichts

Wernesgruener
Staatsanwalt

Bonn, den 03.03.2014
Vfg. (II.)

1. Vorlagevermerk 3-fach – davon 2 fach beglaubigt - fertigen   **StP 226**

2. Ablichtungen fertigen (begl.)
a) Urteil der I. Instanz   Bl. 45 d.A.   – 2 fach
b) angefochtenes Urteil   Bl. 100 d.A.   – 2 fach
c) Revisionseinlegung   Bl. 98 d.A.   – 2 fach
d) Revisionsbegründung   Bl. 120 d.A.   - 2 fach

3.
Je ein Heft anlegen
für das Revisionsgericht
und die StA bei dem Revisionsgericht und dazu nehmen
a) angefochtenes Urteil
b) Urteil der ersten Instanz
c) Revisionsschriften
Den Heften sind die Vorlagevermerke lose beizufügen, dem Heft für die Staatsanwaltschaft außerdem ein Vordruck zur Benachrichtigung vom Eingang der Revisionssache

4. Wiedervorlegen

Görnersheim
Justizoberinspektorin

Kapitel 7   *Die Rechtsmittel im Strafverfahren*

1102

Staatsanwaltschaft
17 Js 539/13

1 0. MRZ. 2014

An die
Generalstaatsanwaltschaft
Köln

Bonn, den 07.03.2014
Hermann-Rabius-Straße 3
53225 Bonn
Tel.: 0228/9752-0
Durchwahl: -0563

Haft :   Nein

Strafsache gegen Hans **Lellmann**
geboren am geboren am 6. Mai 1965 in Bonn

Tatvorwurf:
Gefährdung des Straßenverkehrs u.a.

Anschrift:
Wagnerstr. 187, 53111 Bonn,

Wahlverteidiger   Vollmacht   Band   Bl. x
Rechtsanwalt Hermann Löffelholz, Baumschulallee 455, 53547 Bonn

Strafantrag ist gestellt am 02.08.2013   Band   Bl. 15

Auf die Revision gegen das Urteil des Landgerichts Bonn werden die Akten übersandt.

Das **Urteil** ist am 27.01.2014 in Anwesenheit des Angeklagten Hans Lellman verkündet worden.

Das **Sitzungsprotokoll** wurde fertiggestellt am 27.01.2014 Band   Bl. 84

Die **Revision** ist eingelegt von
dem Verteidiger Löffelholz des Angeklagten
am 28.01.2014   Band   Bl. 98

Das **Urteil** ist gemäß Anordnung des Vorsitzenden
zugestellt an
den Angeklagten am 10.02.2014   Band   Bl. 113

Die **Revisionsbegründung** ist eingegangen von
dem Verteidiger des Angeklagten am 17.02.2014   Band   Bl. 120

Die Revisionsbegründung ist der Gegner/in des Beschwerdeführers zugestellt
worden
und zwar
der Staatsanwaltschaft am 24.02.2014   Band   Bl. 128

Von der in der Revisionsinstanz ergehenden Entscheidung bitte ich mir vier
Überstücke für Mitteilungszwecke zu übersenden

Beilagen
drei Abschriften dieses Berichts
ein Band Strafakten
zwei Bände Beiakten   17 Js 258/09 StA Bonn
                            17 Js 222/11 StA Bonn
Je ein Beiheft für das Revisionsgericht und die Generalstaatsanwaltschaft, enthaltend je eine beglaubigte Abschrift

- des Urteils vom 27.01.2014
- der Revisionseinlegung vom 28.01.2014
- der Revisionsbegründung vom 17.02.2014
- sowie einen Vordruck zur Benachrichtigung der Staatsanwaltschaft vom Eingang der Revisionssache

Gönnersheim
Justizoberinspektorin

1103

Generalstaatsanwaltschaft
Köln

Generalstaatsanwaltschaft, Reichenspergerplatz 1, 50670 Köln

An das
Oberlandesgericht
- 1. Strafsenat -
50670 Köln

Oberlandesgericht Köln
Eing. 25. MRZ. 2014

Datum: 24.03.2014
Seite 1 von 3

Aktenzeichen
87 Ss 43/14
bei Antwort bitte angeben

Telefon 02 21 77 11 - 001

In der Strafsache
gegen

Hans **L e l l m a n n**,
geboren am 06.05.1965 in Bonn,
wohnhaft: Wagnerstraße 187, 53111 Bonn,
deutscher Staatsangehöriger

- <u>Verteidiger</u>: Rechtsanwalt Hermann Löffelholz,
               Baumschulallee 455, 53547 Bonn -

w e g e n
fahrlässiger Gefährdung des Straßenverkehrs u.a.

werden die Vorgänge der Staatsanwaltschaft Bonn - 17 Js 539/13 - übersandt.

Es wird beantragt,
die Revision des Angeklagten gegen das Urteil des Landgerichts Bonn vom 27.01.2014 durch Beschluss gemäß § 349 Abs. 2 StPO als unbegründet zu verwerfen.

G r ü n d e

Durch Urteil des Amtsgerichts - Strafrichter - Bonn vom 22.10.2013 – 118 Ds 357/13 - ist der Angeklagte wegen fahrlässiger Trunkenheit im Verkehr sowie wegen Widerstandes gegen Vollstreckungsbeamte in Tateinheit mit vorsätzlicher Körperverletzung zu einer Gesamtfreiheitsstrafe von drei Monaten und zwei Wochen verurteilt worden, deren Vollstreckung zur Bewährung ausgesetzt worden ist. Dem Angeklagten ist außerdem die Fahrerlaubnis entzogen, sein

Haus- und Lieferanschrift:
Reichenspergerplatz 1
50670 Köln
Telefon 02 21 77 11 - 0
Telefax 02 21 77 11 – 418
www.gsta-koeln.nrw.de

Öffentliche Verkehrsmittel:
KVB Linien 5, 16, 18

Sprechzeiten:
Mo. - Do. 8³⁰ bis 15⁰⁰ Uhr,
Fr.   8³⁰ bis 14⁰⁰ Uhr

Generalstaatsanwaltschaft Köln

Datum: 24.03.2014
Seite 2 von 3

Führerschein eingezogen und eine Sperrfrist von 9 Monaten für die Erteilung einer neuen Fahrerlaubnis abgeordnet worden.

Der Angeklagte hat gegen dieses Urteil Berufung eingelegt, die er in der Berufungshauptverhandlung wirksam auf den Rechtsfolgenausspruch beschränkt hat.

Das Landgericht Bonn hat durch Urteil vom 27.01.2014 (5 Ns 234/13) unter Verwerfung des weitergehenden Berufung das angefochtene Urteil dahin gehend abgeändert, dass die Gesamtfreiheitsstrafe auf drei Monate und die Sperrfrist für die Erteilung einer neuen Fahrerlaubnis auf drei Monate reduziert worden ist.

Die gegen dieses Urteil form- und fristgerecht eingelegte Revision des Angeklagten vom 28.01.2014 (Eingang beim Landgericht am 30.01.2014, Bl. 98 d.A.), mit der die Verletzung materiellen Rechts gerügt wird (Bl. 120 d. A.), hat keinen Erfolg. Die Überprüfung des Urteils lässt Rechtsfehler zum Nachteil des Angeklagten nicht erkennen.

Die Festsetzung der Rechtsfolgen in dem angefochtenen Urteil ist revisionsrechtlich nicht zu beanstanden.

Es obliegt dem Tatgericht auf der Grundlage des umfassenden Eindrucks, den es in der Hauptverhandlung von der Täterpersönlichkeit gewonnen hat, die wesentlichen entlastenden und belastenden Umstände festzustellen, sie zu bewerten und gegeneinander abzuwägen (vgl. BGHSt 29, 319, 320). Selbst in Zweifelsfällen ist daher die Wertung des Tatrichters zu respektieren und bis an die Grenzen des Vertretbaren hinzunehmen. Das Revisionsgericht darf nur eingreifen, wenn die Strafzumessungserwägungen des Urteils in sich fehlerhaft sind oder wenn der Tatrichter die ihm nach § 46 StGB obliegende Pflicht zur Abwägung der für und gegen den Angeklagten sprechenden Umstände verletzt hat.

Revisionsrechtliche Mängel in dem dargestellten Sinn enthält das angefochtene Urteil nicht.

Die Kammer hat zu den persönlichen Verhältnissen des Angeklagten sowie zu Anzahl, zeitlichem Abstand und Gegenstand der Vorstrafen einschließlich der zugrundeliegenden Sachverhalte hinreichende Feststellungen getroffen und unter Beachtung des § 46 Abs. 2 StGB die für und gegen den Angeklagten sprechenden Umstände mitgeteilt, gegeneinander abgewogen und aufgrund einer Gesamtschau Art und Höhe der Strafe bestimmt.

Kapitel 7   *Die Rechtsmittel im Strafverfahren*

Generalstaatsanwaltschaft
Köln

Datum: 24.03.2014
Seite 3 von 3

Das Landgericht hat insoweit auch bezüglich des Geschehens der Widerstandsleistung und er Körperverletzung die Verhängung einer Freiheitsstrafe unter 6 Monaten ausreichend begründet. Die Urteilsgründe lassen erkennen, dass die Verhängung einer kurzen Freiheitsstrafe im Sinne des § 47 StGB auf rechtlich unbedenklichen Erwägungen beruht; sie sind in Bezug darauf materiell-rechtlich vollständig.

Nach der gesetzgeberischen Grundentscheidung des § 47 StGB soll die Verhängung kurzfristiger Freiheitsstrafen weitestgehend zurückgedrängt werden und nur noch ausnahmsweise unter ganz besonderen Umständen in Betracht kommen (vgl. BGHSt 24, 40, 42 f.). Die Verhängung einer Freiheitsstrafe unter sechs Monaten hat danach regelmäßig nur dann Bestand, wenn sie sich aufgrund einer Gesamtwürdigung aller die Tat und den Täter kennzeichnenden Umstände als unverzichtbar erweist (vgl. *Fischer*, StGB, 58. Aufl., § 47 Rdnr. 10 m.w.N.).

Diesen Ansprüchen wird die Begründung im Urteil entgegen den Ausführungen der Revisionsbegründungsschrift (noch) gerecht.

Die Strafkammer hat hinsichtlich der Notwendigkeit der Verhängung einer (kurzfristigen) Freiheitsstrafe ausgeführt, dass der Angeklagte - insbesondere nach Alkoholgenuss - zu erheblichen Aggressionen neige und dabei vor der körperlichen Integrität anderer Personen keinen Respekt zeige. In diesem Zusammenhang hat das Landgericht maßgeblich darauf abgestellt, dass die – nicht lange zurückliegenden - Verurteilungen zu Geldstrafen wegen ähnlich gelagerter Delikte offensichtlich keinen nachhaltigen Eindruck hinterlassen haben. Dem ist insgesamt zu entnehmen, dass die Kammer die Ahndung der Tat mit einer kurzfristigen Einzelfreiheitsstrafe für unerlässlich gehalten hat.

Dem Verteidiger ist eine beglaubigte Abschrift des Antrages mit Gründen gemäß § 349 Abs. 3 StPO am 24.03.2014 übersandt worden

Bennerscheid
Oberstaatsanwalt

III-1-RVs 77/14
87 Ss 43/14

OBERLANDESGERICHT KÖLN

BESCHLUSS

In der Strafsache

gegen Hans **Lellmann**
geboren am 6. Mai 1965 in Bonn,
wohnhaft: Wagnerstraße 187, 53111 Bonn,

wegen Trunkenheit im Verkehr pp.

hat der 1. Strafsenat des Oberlandesgerichts Köln

auf die Revision des Angeklagten gegen das Urteil der 5. kleinen Strafkammer des Landgerichts Bonn vom 27. Januar 2014

nach Anhörung der Generalstaatsanwaltschaft und teilweise auf deren Antrag einstimmig gemäß § 349 Abs. 2 und 4 StPO

am **15. April 2014**
beschlossen:

Unter Verwerfung des weitergehenden Rechtsmittels wird das angefochtene Urteil, soweit gegen den Angeklagten wegen Widerstandes gegen Vollstreckungsbeamte in Tateinheit mit vorsätzlicher Körperverletzung eine Einzelfreiheitsstrafe von zwei Monaten verhängt worden ist, sowie im Ausspruch über die Gesamtstrafe mit seinen Feststellungen aufgehoben.

Die Sache wird im Umfang der Aufhebung zur erneuten Verhandlung und Entscheidung - auch über die Kosten der Revision - an eine andere Strafkammer des Landgerichts Bonn zurückverwiesen.

Gründe:

I.

Das Amtsgericht Bonn hat den Angeklagten mit Urteil vom 22. Oktober 2013 wegen fahrlässiger Trunkenheit im Verkehr sowie wegen Widerstands gegen Vollstreckungsbeamte in Tateinheit mit vorsätzlicher Körperverletzung zu einer Gesamtfreiheitsstrafe von drei Monaten und zwei Wochen verurteilt, deren Vollstreckung zur Bewährung ausgesetzt worden ist.

Gegen diese Entscheidung hat der Angeklagte Berufung eingelegt, die er in der Berufungshauptverhandlung auf den Rechtsfolgenausspruch beschränkt hat. Mit Urteil vom 27. Januar 2014 hat die 5. kleine Strafkammer des Landgerichts Bonn das Rechtsmittel mit der Maßgabe verworfen, dass die Gesamtfreiheitsstrafe auf zwei Monate und zwei Wochen reduziert und die Sperrfrist auf drei Monate verkürzt worden ist.

Die Kammer hat dabei gestützt auf die im Folgenden wiedergegebenen Strafzumessungserwägungen bezüglich der Widerstandsleistung die Verhängung einer kurzfristigen (Einzel-)Freiheitsstrafe von zwei Monaten zur Einwirkung auf den Angeklagten als notwendig erachtet:

> „Im Hinblick auf die Widerstandsleistung gegenüber den Polizeibeamten und die Körperverletzung zum Nachteil der Zeugin Rossel ist zu Gunsten des Angeklagten eine gewisse Frustration zu berücksichtigen, denn er hatte durch das Anhaltemanöver sein eigenes Fahrzeug nicht unerheblich beschädigt. Diesem Ärger hat er offenbar spontan Luft machen wollen. Auch ist die Verletzung der Beamtin nicht als besonders schwerwiegend anzusehen und mittlerweile vollständig verheilt.
>
> Auf der anderen Seite fällt aber erheblich ins Gewicht, dass der Angeklagte tateinheitlich zwei Straftatbestände verwirklicht hat, wobei er bereits durch ein ähnlich gelagertes Delikt in Erscheinung getreten war. Das Ge-

schehen, das der Vorverurteilung zugrunde lag, belegt, dass der Angeklagte – insbesondere nach Alkoholgenuss – zu erheblichen Aggressionen neigt und dabei vor der körperlichen Integrität anderer Personen keinen Respekt zeigt. Wie das Amtsgericht ist die Kammer daher zu der Überzeugung gelangt, dass ein solches Verhalten nunmehr mit einer Freiheitsstrafe zu ahnden ist, denn die zuvor verhängte Geldstrafe hat offensichtlich nicht gefruchtet."

Gegen diese Entscheidung hat der Angeklagte mit am 30. Januar 2014 bei Gericht eingegangenem Schriftsatz seines Verteidigers vom 28. Januar 2014 Revision eingelegt. Das angefochtene Urteil ist dem Angeklagten am 10. Februar 2014 zugestellt worden. Mit der am 19. Februar 2014 beim Landgericht eingegangenen Revisionsbegründung rügt der Angeklagte die Verletzung materiellen Rechts.

II.

Das Rechtsmittel hat insofern (vorläufigen) Erfolg, als es gemäß §§ 353, 354 Abs. 2 StPO zur teilweisen Aufhebung des angefochtenen Urteils und zur Zurückverweisung der Sache an eine andere Strafkammer des Landgerichts führt. Im Übrigen hat das Rechtsmittel keinen Erfolg.

1.
Soweit sich die Revision gegen die Verhängung der Einzelgeldstrafe für die Trunkenheitsfahrt richtet, hat die Nachprüfung des angefochtenen Urteils auf der Grundlage der Revisionsbegründung keinen Rechtsfehler zum Nachteil des Angeklagten ergeben. Sein Rechtsmittel war daher entsprechend dem Antrag der Generalstaatsanwaltschaft gem. § 349 Abs. 2 StPO als unbegründet zu verwerfen.

2.
Die Gründe des angefochtenen Urteils sind ist indes im Hinblick auf die Verhängung der Einzelfreiheitsstrafe von zwei Monaten materiell-rechtlich unvollständig. Der Senat vermag daher nicht auszuschließen, dass die Entscheidung des Landgerichts insoweit auf fehlerhaften Erwägungen beruht.

Nach der gesetzgeberischen Grundentscheidung des § 47 StGB soll die Verhängung kurzer Freiheitsstrafen weitestgehend zurückgedrängt werden und nur noch ausnahmsweise unter ganz besonderen Umständen in Betracht kommen (vgl. BGHSt 24, 40). Sie haben danach regelmäßig nur dann Bestand, wenn sie sich

- 4 -

aufgrund einer Gesamtwürdigung aller die Tat und den Täter kennzeichnenden Umstände als unverzichtbar erweisen (BGH NStZ 1996, 429; zuletzt: OLG Braunschweig, Beschl. v. 10.05.2013 – 1 Ss 29/13 – bei *juris*). Damit die Anwendung des § 47 StGB auf Rechtsfehler geprüft werden kann, bedarf es einer eingehenden und nachprüfbaren Begründung. Das Urteil muss dazu eine auf den Einzelfall bezogene, die Würdigung von Tat und Täterpersönlichkeit umfassende Begründung dafür enthalten, warum eine kurze Freiheitsstrafe unerlässlich ist. Formelhafte Wendungen genügen nicht. Der Tatrichter hat vielmehr für das Revisionsgericht nachvollziehbar darzulegen, welche besonderen Umstände in der Tat oder in der Persönlichkeit des Angeklagten die Verhängung der kurzzeitigen Freiheitsstrafe zur Einwirkung auf den Angeklagten oder zur Verteidigung der Rechtsordnung unerlässlich gemacht haben (vgl. KG, Beschl. v. 08.01.2013 – (4) 121 Ss 210/12 – 333/12 – bei *juris* = OLG StGB § 46 Nr. 26).

Diesen Anforderungen genügen die Gründe der angefochtenen Entscheidung nicht. Die Ausführungen der Strafkammer lassen entgegen der Auffassung der Generalstaatsanwaltschaft nicht mit hinreichender Sicherheit erkennen, dass das Landgericht sich bei der Verhängung der kurzen Freiheitsstrafe der besonderen Voraussetzungen des § 47 StGB bewusst gewesen ist. Die Vorschrift findet im angefochtenen Urteil bereits keine Erwähnung. Die Ausführungen lassen sich daher auch als allgemeine Strafzumessungserwägungen verstehen. Andererseits lag die Verhängung einer Freiheitsstrafe auch nicht ohne weiteres auf der Hand. Zwar war der Angeklagte bereits zweimal strafrechtlich in Erscheinung getreten und zu Geldstrafen verurteilt worden. Zum Zeitpunkt der Begehung der jetzt abgeurteilten Taten lag die letzte Vorverurteilung (zu einer verhältnismäßig geringen Geldstrafe) wegen einer einschlägigen Tat aber bereits annähend zwei Jahre zurück.

Die Aufhebung der Einzelfreiheitsstrafe bedingt, dass auch die Gesamtstrafe keinen Bestand haben kann.

Dr. Hansen   Klein   Schuster

F. Sonstige Rechtsbehelfe

Die StPO kennt neben den vorgestellten „klassischen" Rechtsmitteln eine Reihe **1105**
sonstiger Rechtsbehelfe (die keinen Suspensiv- oder Devolutiveffekt haben) nämlich:
- die Wiedereinsetzung in den vorigen Stand, §§ 44 ff. StPO;
- den Einspruch im Strafbefehlsverfahren, § 410 StPO;
- das Wiederaufnahmeverfahren (als Rechtsbehelf „eigener Art"), §§ 359 ff. StPO;
- das Klageerzwingungsverfahren, §§ 172 ff. StPO;
- die Anhörungsrüge, §§ 33a, 356a StPO.

I. Wiedereinsetzung in den vorigen Stand

Die Wiedereinsetzung in den vorigen Stand ermöglicht es, die formelle Rechtskraft **1106**
einer Entscheidung (mit Ausnahme der Sachentscheidung des Revisionsgerichts, gegen die nur ein Wiederaufnahmeverfahren statthaft ist) insbesondere dann zu beseitigen, wenn diese durch die Versäumung von Rechtsmittelfristen eingetreten ist. Wird sie dem Betroffenen gewährt, so wird das Verfahren in dem Stadium fortgesetzt, in welchem es sich vor dem Versäumnis befand.

Voraussetzungen der Wiedereinsetzung nach §§ 44, 45 StPO sind:

Es muss eine **Frist** (z.B. nach §§ 341, 345 StPO) versäumt oder eine vorgeschriebene **Form**[566] nicht beachtet worden sein (z.B. Revisionsbegründungsschrift wurde vom Angeklagten selbst unterzeichnet). Dagegen ist ein Wiedereinsetzungsgesuch regelmäßig unzulässig, wenn es um die Beseitigung inhaltlicher Mängel bei fristgemäß erhobenen Verfahrensrügen geht[567]. Ist die Teilnahme an einem **Termin** versäumt worden, so ist Wiedereinsetzung nur in den gesetzlich vorgesehenen Fällen (§§ 235, 329 Abs. 3, 391 Abs. 4, 401 Abs. 3, 412 StPO) statthaft.

Dem Betroffenen darf **kein Verschulden** anzulasten sein. Insoweit sind die Um- **1107**
stände des Einzelfalles, namentlich die individuellen Verhältnisse und Fähigkeiten des Säumigen zu berücksichtigen. Die mangelnde Kenntnis der Gesetzeslage oder der höchstrichterlichen Rechtsprechung vermag ihn allerdings nicht zu entlasten[568]. Beruht die Fristversäumnis hingegen darauf, dass eine gesetzlich vorgeschriebene Belehrung unterblieben ist, so gilt sie als unverschuldet, § 44 S. 2 StPO[569]. Auch Verzögerungen bei der Briefbeförderung können nicht als Verschulden zugerechnet werden; hier darf der Betroffene auf die für den Normalfall festgelegten Postlaufzeiten vertrauen[570].

Ist eine Frist versäumt worden, die den sog. „ersten Zugang" zum Gericht betrifft (etwa die Einspruchsfrist beim Strafbefehl), so dürfen auch im Übrigen an die zu ver-

---

566 Vgl. BGHSt 26, 335 (338).
567 Vgl. BGH 4 StR 121/13; 5 StR 647/12; 1 StR 301/12.
568 BGH NStZ-RR 2010, 244.
569 Etwas anderes gilt aber, wenn das Unterbleiben der Rechtsmittelbelehrung auf Fehlverhalten des Angeklagten beruht, etwa weil er vor Beendigung der Hauptverhandlung eigenmächtig den Sitzungssaal verlässt, vgl. OLG Köln NStZ 2009, 655.
570 OLG Hamm NStZ-RR 2015, 47 f.; OLG Stuttgart NStZ-RR 2010, 15; anders aber, wenn der Betroffene eine falsche Postleitzahl verwendet, siehe OLG Stuttgart NStZ-RR 2010, 148.

Kapitel 7 *Die Rechtsmittel im Strafverfahren*

langende Sorgfalt **keine überspannten Anforderungen** gestellt werden[571]. Es ist dem Betroffenen z.B. nicht anzulasten, wenn er nur vorübergehend von seiner ständigen Wohnung – längstens etwa sechs Wochen – abwesend war und keine besonderen Vorkehrungen wegen der möglichen Zustellung eines Strafbefehls oder einer Ladung getroffen hat. Dabei ist es gleichgültig, ob er mit einer solchen Maßnahme rechnen musste[572].

1108 Anders als im Bereich der ZPO wird dem Angeklagten angesichts der Rechtsgüter, um die es geht, ein Verschulden des Verteidigers, in der Regel nicht zugerechnet[573]. Diese Privilegierung gilt allerdings nur für den Angeklagten. Andere Verfahrensbeteiligte, wie etwa der Privatkläger oder der Nebenkläger, müssen sich nach dem allgemeinen Grundsatz des § 85 Abs. 2 ZPO ein Verschulden ihres Bevollmächtigten zurechnen lassen[574]. Auch der Angeklagte „haftet", wenn ihm die Unzuverlässigkeit seines Bevollmächtigten bekannt war oder wenn er aufgrund bestimmter Tatsachen mit einer Fristversäumnis rechnen musste, etwa weil er dem Verteidiger für möglicherweise notwendige Rücksprachen nicht zur Verfügung stand oder diesen zu spät beauftragt hat[575]. Jenseits der anwaltlichen Vertretung muss er sich Fehlverhalten Dritter zurechnen lassen, welche er mit einer Rechtsmitteleinlegung beauftragt. In diesen Fällen muss er die Fristwahrung selbst überwachen, um eigenes Verschulden i.S.d. § 44 StPO auszuschließen[576].

1109 Es muss ferner binnen einer Woche nach Wegfall des Hindernisses ein **Antrag** auf Wiedereinsetzung in den vorigen Stand gestellt worden sein. Gegen die Versäumung dieser (Not-)Frist gibt es wiederum die Möglichkeit der Wiedereinsetzung. Der Antrag ist zu **begründen**. Erforderlich ist eine genaue Darlegung aller zwischen Beginn und Ende der versäumten Frist liegenden Umstände, welche zur Klärung der Frage bedeutsam sind, wie und gegebenenfalls durch wessen Verschulden es zur Fristversäumung gekommen ist[577]. Dazu gehört – schon zur Überprüfung der Antragsfrist – auch die Erklärung, wann der Angeklagte Kenntnis vom Wegfall des Hindernisses bekommen hat. Das gilt selbst dann, wenn ein Verschulden des Verteidigers geltend gemacht wird[578].

Die den Antrag begründenden Tatsachen sind **glaubhaft zu machen**, etwa durch Vorlage von Urkunden oder eidesstattlichen Versicherungen, wobei jedoch diejenige des Beschuldigten ebenso ausscheidet wie die bloße Benennung potentieller Beweismittel (Argument aus § 26 Abs. 2 S. 2 StPO)[579].

---

571 Vgl. BVerfGE 69, 381 (385 f.); BVerfG NJW 1995, 2544 f.
572 BVerfG NJW 2013, 592 f.
573 Z.B. versehentliches Unterlassen der Notierung einer Frist im Fristenkalender des Anwalts. Vgl. hierzu BVerfG NJW 1991, 351; BGH 1 StR 168/17 Tz. 4; 4 StR 448/15 Tz. 3; 1 StR 435/15 Tz. 2 ff.; NStZ-RR 2009, 375; NJW 1991, 709 f.
574 Siehe BGH 4 StR 474/15 Tz. 13; 4 StR 336/13 Tz. 3; 5 StR 387/12; 4 StR 5/10.
575 Vgl. BGH 1 StR 240/17 Tz. 9; 2 StR 129/17 Tz. 8; 3 StR 551/16; NStZ-RR 2010, 116; OLG Hamm NStZ-RR 2017, 149 f.
576 Vgl. OLG Hamm NStZ-RR 2009, 242 m.w.N.
577 BGH 4 StR 336/13 Tz. 3; 1 StR 245/13; 4 StR 121/13; 4 StR 430/11; 4 StR 574/10.
578 BGH 4 StR 34/17; 3 StR 444/16; 4 StR 321/16 Tz. 3; 3 StR 104/16; 1 StR 135/15 Tz. 4.
579 BGH 4 StR 364/15 Tz. 4; 1 StR 74/14 Tz. 7; 5 StR 462/11; 1 StR 325/11; NStZ-RR 2010, 378.

Sonstige Rechtsbehelfe **F**

Schließlich ist innerhalb der Antragsfrist die **versäumte Prozesshandlung** in der gesetzlich vorgeschriebenen Form[580] **nachzuholen**, vgl. § 45 Abs. 2 S. 2 StPO. Denn der Betroffene soll aus der Tatsache der Säumnis nicht den Vorteil einer weiteren Fristverlängerung ziehen. **1110**

Nach § 45 Abs. 2 S. 3 StPO kann Wiedereinsetzung allerdings auch ohne Antrag **von Amts wegen** gewährt werden, wenn entsprechende Anhaltspunkte vorliegen, z.B. das Gericht anhand des Poststempels erkennt, dass ein Dokument rechtzeitig zur Post gebracht wurde, die Fristversäumnis also nicht dem Betroffenen anzulasten ist.

Zuständig für die Entscheidung ist stets das Gericht, welches bei rechtzeitiger Handlung in der Sache zu entscheiden gehabt hätte, § 46 Abs. 1 StPO, bei der Versäumung von Rechtsmittelfristen also das Rechtsmittelgericht. Dieses ist allerdings an eine vom (unzuständigen) Instanzgericht gewährte Wiedereinsetzung gebunden[581]. **1111**

Wird – durch nicht anfechtbaren Beschluss – Wiedereinsetzung gewährt, so geht das Verfahren „normal" weiter. Gegen eine ablehnende Entscheidung steht dem Betroffenen die sofortige Beschwerde zu, § 46 Abs. 3 StPO. § 305 StPO steht der Zulässigkeit in diesem Fall nicht entgegen.

II. Einspruch im Strafbefehlsverfahren

Das Strafbefehlsverfahren (§§ 407 ff. StPO), welches nur bei **Vergehenstatbeständen** in Betracht kommt, ist bereits dargestellt worden[582]. Erlässt das Amtsgericht den von der Staatsanwaltschaft beantragten Strafbefehl, so wird dieser mit entsprechender Rechtsmittelbelehrung dem Angeklagten zugestellt. **1112**

Er hat nun zwei Wochen Zeit für die Entscheidung, ob er – möglicherweise auf die Rechtsfolgen beschränkt – Einspruch einlegen will, § 410 StPO. Das kann er bei dem Gericht, das den Strafbefehl erlassen hat (judex a quo) schriftlich oder zu Protokoll der Geschäftsstelle tun. Geschieht dies nicht, so entfaltet der Strafbefehl formelle Rechtskraft wie ein Urteil, § 410 Abs. 3 StPO.

Legt der Angeklagte rechtzeitig Einspruch ein, so wird i.d.R. Termin zur Hauptverhandlung anberaumt, § 411 Abs. 1 S. 2 StPO. Hier gilt allerdings das Verschlechterungsverbot nicht, vgl. § 411 Abs. 4 StPO. Zu den Einzelheiten und dem weiteren Ablauf lesen Sie bitte §§ 411, 412 StPO.

III. Wiederaufnahmeverfahren

Die Vorschriften der §§ 359 ff. StPO lassen zur Beseitigung von fehlerhaften Sachentscheidungen in **engen Grenzen** die Durchbrechung der Rechtskraft eines Urteils zu. Sie dienen der materiellen Gerechtigkeit, die in Einzelfällen das Interesse des Staa- **1113**

---

580 Vgl. für die Revision BGH NJW 1997, 1516.
581 BGH 3 StR 295/11.
582 Siehe oben Rn. 826 ff.

Kapitel 7 *Die Rechtsmittel im Strafverfahren*

tes an Rechtssicherheit zurücktreten lässt. Dabei sind die in § 359 StPO genannten Wiederaufnahmegründe abschließend[583].

1. Arten der Wiederaufnahme

Das Verfahren kann wie folgt wieder aufgenommen werden:

zugunsten des Angeklagten unter den Voraussetzungen des **§ 359 StPO**.

zu Ungunsten des Angeklagten unter den Voraussetzungen des **§ 362 StPO**.

Neben diesen Vorschriften ist auch eine Wiederaufnahme des Verfahrens nach **§ 79 Abs. 1 BVerfGG** zulässig, und zwar gegen rechtskräftige Strafurteile, die auf einer mit dem Grundgesetz für unvereinbar oder nichtig erklärten Norm bzw. der Auslegung einer solchen Norm beruhen[584]. Auch für die Wiederaufnahme aus diesem Anlass gelten aber die §§ 359 ff. StPO.

2. Einschränkungen der Wiederaufnahme

1114 Nach **§ 363 Abs. 1 StPO** ist eine Wiederaufnahme zu dem Zweck, eine andere (aus Sicht des Angeklagten geringere) Strafbemessung aufgrund desselben Gesetzes zu erreichen, nicht zulässig. Ein Angeklagter kann also nicht geltend machen, er sei zwar zu Recht verurteilt worden, die Strafe sei aber zu hoch ausgefallen. Auch der Einwand, ein unbenannter Strafmilderungsgrund („minder schwerer Fall", z.B. § 250 Abs. 3 StGB) sei unberücksichtigt geblieben, ist ausgeschlossen[585].

Gleiches gilt, sofern das Ziel einer Wiederaufnahme die Herabsetzung der Strafe aus den Gründen des § 21 StGB (verminderte Schuldfähigkeit) ist, **§ 363 Abs. 2 StPO**. Dies gilt selbst dann, wenn die Anwendung des § 21 StGB im Ergebnis zur Verhängung einer zeitigen, statt einer lebenslangen Freiheitsstrafe führen würde[586]. Grund hierfür ist, dass die Voraussetzungen des § 21 StGB verhältnismäßig leicht zu behaupten, hingegen oftmals schwer zu überprüfen sind.

1115 Nach § 359 Nrn. 1 bis 3 sowie § 362 Nrn. 1 bis 3 StPO kann das Wiederaufnahmeersuchen damit begründet werden, dass ein anderer Verfahrensbeteiligter (z.B. Zeuge) die Verurteilung durch eine Straftat (z.B. Meineid) herbeigeführt hat. Das setzt allerdings nach **§ 364 StPO** – bereits im Bereich der Zulässigkeitsprüfung – voraus, dass der Täter (Zeuge) wegen dieser Straftat rechtskräftig verurteilt worden ist. Eine Ausnahme gilt nur, wenn hinsichtlich dieser Person Verfolgungshindernisse, wie z.B. Tod oder Verhandlungsunfähigkeit, eingetreten sind.

---

583 Zu Reformbestrebungen vgl. *Stoffers* ZRP 1998, 173 ff. In Ausnahmefällen kann das Wiederaufnahmeverfahren auch auf Entscheidungen durch Beschluss entsprechende Anwendung finden, BGH NJW 1999, 2290.
584 Zur Möglichkeit einer **analogen** Anwendung des § 79 Abs. 1 BVerfGG auf den Fall der Nichtberücksichtigung eines besonderen verfassungsrechtlichen Strafmilderungsgrundes vgl. BGH NStZ 1997, 142 ff.
585 LR-*Gössel*, § 363 Rn. 7 f. Allerdings hindert § 363 Abs. 1 StPO nicht daran, den **Schuldspruch** insgesamt oder teilweise anzugreifen, BGH NJW 2003, 1261.
586 KK-*Schmidt*, § 363 Rn. 11 f.

Diese Einschränkung gilt nach § 364 S. 2 StPO jedoch nicht für den Wiederaufnahmegrund des § 359 Nr. 5 StPO, also für den Fall, dass „neue" Tatsachen oder Beweismittel beigebracht werden. Derartige neue Tatsachen können sich insbesondere gegen die Glaubwürdigkeit von Belastungszeugen richten.

Schließlich ist die Wiederaufnahme solcher Verfahren nicht zulässig, die gemäß § 153a Abs. 2 StPO oder § 153 Abs. 2 StPO endgültig eingestellt worden sind[587].

3. Gang des Wiederaufnahmeverfahrens

§ 365 StPO verlangt zunächst einen entsprechenden **Antrag**. Dieser ist nach den allgemeinen Vorschriften über Rechtsmittel anzubringen, so dass die §§ 296 bis 303 StPO gelten. Es sind also insbesondere die dort genannten Personen antragsberechtigt. **1116**

Zur **Form** bestimmt § 366 StPO, dass der gesetzliche Grund der Wiederaufnahme sowie die Beweismittel angegeben werden müssen. Zudem müssen der Angeklagte bzw. nach seinem Tod die in § 361 Abs. 2 StPO bezeichneten Personen den Antrag durch einen Verteidiger oder Rechtsanwalt stellen lassen (§ 366 Abs. 2 StPO). Er kann allerdings auch zu Protokoll der Geschäftsstelle erklärt werden[588].

Dabei muss der Antrag das **Ziel der Wiederaufnahme** erkennen lassen und insbesondere das angegriffene Urteil sowie den konkreten Umfang der gewollten Aufhebung bezeichnen. Beweismittel müssen so genau benannt werden, dass das Gericht sie ohne weiteres nutzen kann. Hinsichtlich neuer Zeugen genügt allerdings die Angabe von Tatsachen, die eine Identifizierung ermöglichen.

Nach §§ 367 StPO, 140a GVG ist der Antrag dem für das Wiederaufnahmeverfahren zuständigen Gericht zuzuleiten. Dieses wird von dem Präsidium des Oberlandesgerichts nach § 140a Abs. 2 GVG vor Beginn eines Geschäftsjahres für den jeweiligen Bezirk festgelegt. **1117**

Das zuständige Gericht hat nach § 368 StPO zunächst über die **Zulässigkeit** des Wiederaufnahmeantrags zu befinden (Form, Wiederaufnahmegrund, geeignete Beweismittel). Hierbei hat das Gericht auch zu prüfen, ob die im Wiederaufnahmeantrag vorgebrachten neuen Tatsachen oder Beweismittel überhaupt geeignet wären, eine dem Antragsteller günstigere Rechtsfolge herbeizuführen[589]. Insoweit ist zwar eine gewisse Beweisantizipation möglich. Im Stadium der Zulässigkeitsprüfung dürfen aber keine Beweiswürdigungen vorgenommen oder Feststellungen getroffen werden, die im Strafprozess einer Hauptverhandlung vorbehalten sind. Die Feststellung der den Schuldspruch „wesentlich" tragenden Tatsachen (z.B. des Tatzeitpunkts) muss daher auch im Wiederaufnahmeverfahren im Rahmen einer Hauptverhandlung erfolgen[590].

Liegen die Zulässigkeitsvoraussetzungen vor, so werden die angetretenen Beweise erhoben.

---

587 Vgl. OLG Zweibrücken NJW 1996, 2246; OLG Frankfurt NJW 1996, 3353 f.
588 Zuständig ist dort der Rechtspfleger, § 24 Abs. 1 Nr. 2 RPflG.
589 Vgl. BGH NStZ 2000, 218.
590 BVerfG NJW 1995, 2024.

Kapitel 7   *Die Rechtsmittel im Strafverfahren*

1118   Erst nachdem dies geschehen ist, wird über die **Begründetheit** des Antrags entschieden. Er wird gem. § 370 StPO insbesondere dann als unbegründet verworfen, wenn die aufgestellten Behauptungen in der vorangegangenen Beweisaufnahme keine genügende Bestätigung gefunden haben.

Zu einer erneuten Hauptverhandlung kommt es nur dann, wenn das Gericht auch diese Begründetheit für gegeben erachtet, § 370 Abs. 2 StPO[591].

Nach § 371 Abs. 2 StPO kann ggfls. eine Freisprechung nach erfolgter Wiederaufnahme auch ohne erneute Hauptverhandlung stattfinden. Ergibt sich die Unschuld schon zweifelsfrei durch die erhobenen Beweise, so wäre Letztere eine sinnlose Förmelei, weshalb ggfls. ein Beschluss ausreichend ist.

IV. Klageerzwingungsverfahren

1119   Auch das Klageerzwingungsverfahren haben wir bereits erwähnt[592]. Mit ihm kann der i.S.d. des § 395 Abs. 1 und 2 StPO **Verletzte** einer Straftat die strafrechtliche Verfolgung ggfls. gegen den Willen der Staatsanwaltschaft erzwingen[593].

Diesem Verfahren, welches bei Privatklagedelikten und bestimmten Einstellungsverfügungen unzulässig ist (lesen Sie § 172 Abs. 2 S. 3 StPO), muss neben einer Strafanzeige zwingend eine **Vorschaltbeschwerde** an die Generalstaatsanwaltschaft oder die ermittelnde Staatsanwaltschaft vorausgehen, die innerhalb einer Frist von zwei Wochen nach Bekanntgabe der Einstellungsverfügung einzulegen ist, § 172 Abs. 1 S. 1 StPO.

Durch diesen Rechtsbehelf wird den Ermittlungsbehörden die Möglichkeit gegeben, bei Vorliegen neuer Tatsachen und Beweismittel (Nr. 105 RiStBV) die Untersuchung wieder aufzunehmen[594]. Parallel dazu ist eine – nicht fristgebundene – **Dienstaufsichtsbeschwerde** statthaft. Diese ersetzt die förmliche Vorschaltbeschwerde allerdings nicht[595].

1120   Erst nach Zurückweisung der Vorschaltbeschwerde durch die Generalstaatsanwaltschaft kann der Verletzte binnen eines Monats einen Antrag auf gerichtliche Entscheidung stellen, § 172 Abs. 2 S. 1 StPO[596]. Diese Zurückweisung kann auch konkludent durch eine der Ablehnung gleichwertige Untätigkeit erfolgen[597]. Der Verletzte muss sich aber in jedem Fall von einem Rechtsanwalt vertreten lassen, § 172 Abs. 3 S. 2 StPO.

Schwierig ist die Einhaltung der gem. § 172 Abs. 3 StPO an Form und Inhalt zu stellenden Anforderungen[598], welche die Oberlandesgerichte vor einer Überlastung durch

---

591   Lesen Sie zum Wiederaufnahmeverfahren auch die Entscheidung des LG Gießen im „Fall Weimar", NJW 1994, 465 ff.
592   Siehe oben Rn. 160 f.
593   Personen, die nicht zumindest in § 395 Abs. 2 StPO genannt sind, ist dieses Verfahren also nicht eröffnet, siehe OLG Celle NStZ-RR 2016, 285.
594   Zu den Erfolgsaussichten siehe *Thode* DRiZ 2007, 57 ff.
595   OLG Koblenz NStZ-RR 2012, 317 f.
596   Auch gegen den zurückweisenden Bescheid ist die Dienstaufsichtsbeschwerde zulässig. Er muss daher unabhängig von der Wahrung der Frist des § 172 Abs. 1 S. 1 StPO eine Sachentscheidung beinhalten.
597   Siehe BVerfG NJW 2017, 3141 f. m.w.N.
598   Lesen Sie hierzu BVerfG NJW 2015, 3500 ff.; NJW 2004, 1585; OLG Celle NStZ 1997, 406 sowie *Krumm* NJW 2013, 2948 ff.

unsachgemäße und nicht hinreichend substantiierte Klageerzwingungsbegehren bewahren sollen. Nach einhelliger Ansicht muss der Antrag nämlich eine aus sich selbst heraus verständliche Schilderung des Sachverhaltes enthalten, der bei Unterstellung des Tatverdachts die Erhebung der Anklage in materieller und formeller Hinsicht rechtfertigt. Die Darstellung muss in groben Zügen den Gang des Ermittlungsverfahrens, den Inhalt der angegriffenen Bescheide und – im Sinne einer Würdigung der Beweislage – die Gründe für ihre Unrichtigkeit wiedergeben[599]. Das Gericht soll dadurch in die Lage versetzt werden, ohne Rückgriff auf die Ermittlungsakten eine Schlüssigkeitsprüfung vorzunehmen[600].

Obgleich die Anforderungen mit Blick auf die Rechtsweggarantie in Art. 19 GG im Einzelfall nicht überspannt werden dürfen[601], gelingt es den allermeisten Antragstellern trotz anwaltlicher Vertretung nicht, diese formale Hürde zu überwinden. Das zuständige OLG verwirft in diesen Fällen den Antrag als unzulässig, was dem Antragsteller immerhin die nachteilige Kostenfolge des § 177 StPO erspart. Erachtet es den Antrag dagegen für zulässig, so prüft es den hinreichenden Tatverdacht aufgrund des gesamten Akteninhalts und des Vorbringens im Klageerzwingungsverfahren. Ergibt sich hierbei die hinreichende Wahrscheinlichkeit der späteren Verurteilung, so beschließt es die Erhebung der öffentlichen Klage durch die Staatsanwaltschaft, § 175 StPO. Andernfalls ist der Antrag zu verwerfen, § 174 Abs. 1 StPO. **1121**

Die vom Gesetzgeber vorgegebenen Alternativen (entweder Anordnung der Klageerhebung oder Verwerfung) werden allerdings nicht allen möglichen Fallgestaltungen gerecht. So scheidet etwa in den Fällen, in denen weitere Ermittlungen angezeigt wären, trotz grundsätzlicher Begründetheit des Antrags die Erhebung der öffentlichen Klage (noch) aus. Hier kann der Staatsanwaltschaft als Minus zur Anordnung der Klageerhebung (§ 175 StPO) daher die Einleitung bzw. Fortsetzung eines Ermittlungsverfahrens aufgegeben werden[602]. Nach dessen Abschluss hat die Staatsanwaltschaft erneut nach § 170 StPO zu entscheiden. **1122**

Unabhängig davon kann die Staatsanwaltschaft die Ermittlungen aber auch von sich aus jederzeit wieder aufnehmen. Der Antrag nach § 172 StPO ist dann (ohne Kostenentscheidung) für erledigt zu erklären[603]. Führen die neuen Ermittlungen zur Anklageerhebung, hat der Antragsteller das Ziel des § 175 StPO erreicht. Nach Auffassung des OLG München[604] hat das Oberlandesgericht dies auf Antrag des Anzeigenden im Hinblick auf die sich aus § 395 Abs. 2 Nr. 2 StPO ergebende Nebenklagebefugnis (deklaratorisch) festzustellen.

---

599 Siehe KG NStZ-RR 2016, 176 f.; OLG Koblenz NStZ 2007, 317; OLG Stuttgart NStZ-RR 2005, 113 m.w.N.; a.A. OLG Frankfurt NStZ-RR 2006, 311 f.
600 Geringere Anforderungen gelten wegen des fehlenden Anwaltszwangs, wenn der Antragsteller zunächst gem. § 172 Abs. 3 S. 2 StPO um **Prozesskostenhilfe** nachsucht. Auch hier ist aber zumindest die Angabe des Sachverhalts und der Beweismittel nötig, weil sonst die Erfolgsaussichten nicht geprüft werden können.
601 Vgl. BVerfG NJW 2016, 44 ff.; NJW 2000, 1027.
602 KG NStZ-RR 2014, 14 f. m.w.N.
603 OLG Bamberg NStZ 2010, 590 ff. m.w.N.; vgl. zur Gegenansicht in der älteren Rechtsprechung: KK-*Moldenhauer*, § 172 Rn. 57.
604 NStZ 1986, 376.

Kapitel 7 *Die Rechtsmittel im Strafverfahren*

1123 Das gesamte **Klageerzwingungsverfahren** gestaltet sich, wie in dem folgenden Überblick dargestellt:

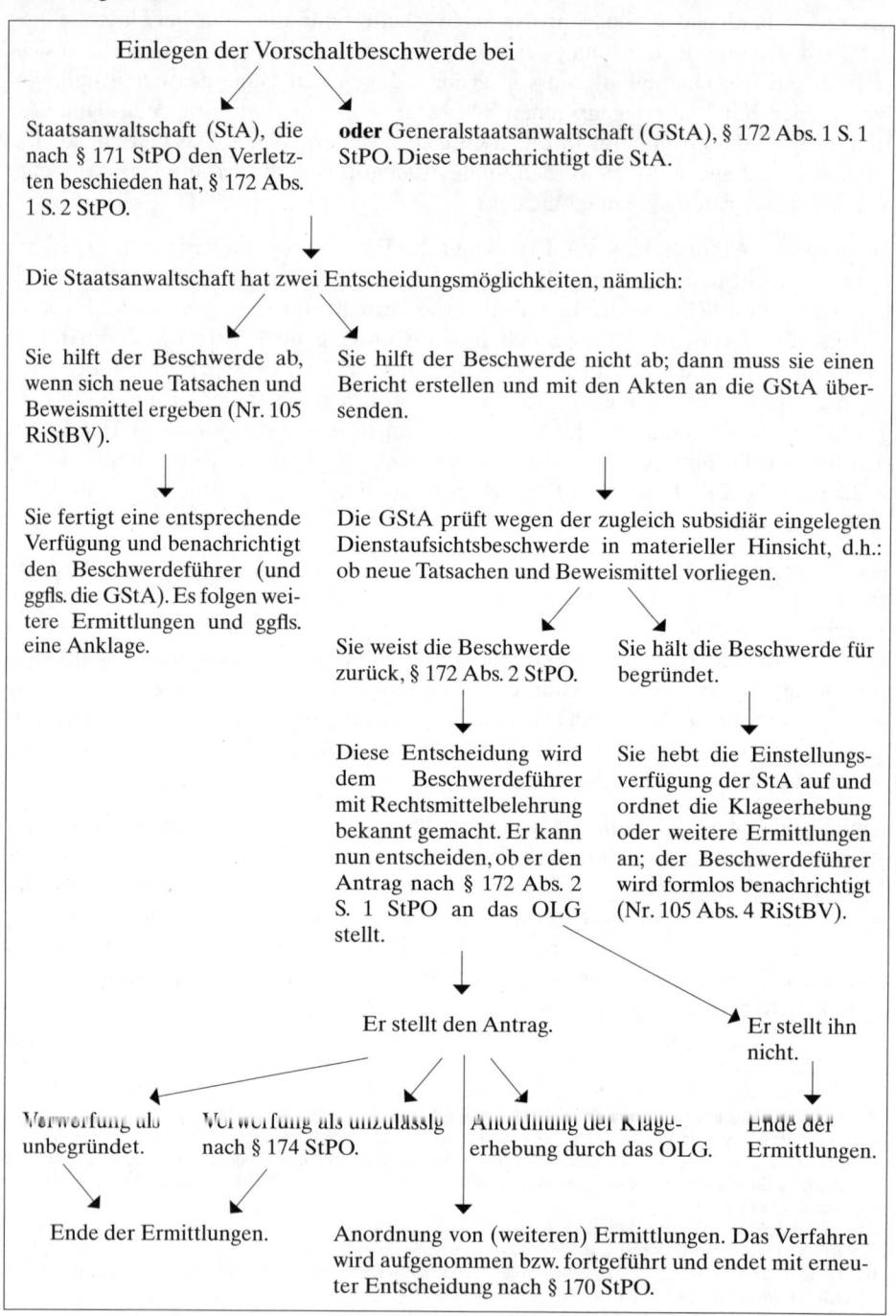

Einlegen der Vorschaltbeschwerde bei

- Staatsanwaltschaft (StA), die nach § 171 StPO den Verletzten beschieden hat, § 172 Abs. 1 S. 2 StPO.
- **oder** Generalstaatsanwaltschaft (GStA), § 172 Abs. 1 S. 1 StPO. Diese benachrichtigt die StA.

Die Staatsanwaltschaft hat zwei Entscheidungsmöglichkeiten, nämlich:

- Sie hilft der Beschwerde ab, wenn sich neue Tatsachen und Beweismittel ergeben (Nr. 105 RiStBV).
  - Sie fertigt eine entsprechende Verfügung und benachrichtigt den Beschwerdeführer (und ggfls. die GStA). Es folgen weitere Ermittlungen und ggfls. eine Anklage.

- Sie hilft der Beschwerde nicht ab; dann muss sie einen Bericht erstellen und mit den Akten an die GStA übersenden.
  - Die GStA prüft wegen der zugleich subsidiär eingelegten Dienstaufsichtsbeschwerde in materieller Hinsicht, d.h.: ob neue Tatsachen und Beweismittel vorliegen.
    - Sie weist die Beschwerde zurück, § 172 Abs. 2 StPO.
      - Diese Entscheidung wird dem Beschwerdeführer mit Rechtsmittelbelehrung bekannt gemacht. Er kann nun entscheiden, ob er den Antrag nach § 172 Abs. 2 S. 1 StPO an das OLG stellt.
        - Er stellt den Antrag.
          - Verwerfung als unbegründet.
            - Ende der Ermittlungen.
          - Verwerfung als unzulässig nach § 174 StPO.
          - Anordnung der Klageerhebung durch das OLG.
            - Anordnung von (weiteren) Ermittlungen. Das Verfahren wird aufgenommen bzw. fortgeführt und endet mit erneuter Entscheidung nach § 170 StPO.
        - Er stellt ihn nicht.
          - Ende der Ermittlungen.
    - Sie hält die Beschwerde für begründet.
      - Sie hebt die Einstellungsverfügung der StA auf und ordnet die Klageerhebung oder weitere Ermittlungen an; der Beschwerdeführer wird formlos benachrichtigt (Nr. 105 Abs. 4 RiStBV).

V. Gegenvorstellung und Anhörungsrüge

Die in der StPO nicht geregelte und formlose Gegenvorstellung kommt in Betracht, wenn eine gerichtliche Entscheidung – namentlich nach Ausschöpfung des Beschwerderechtszuges oder bei Erfolglosigkeit einer Revision – nicht weiter angefochten werden kann. Sie richtet sich nicht an die übergeordnete Instanz und ist letztlich nichts anderes als die Aufforderung an das Gericht, die eigene Entscheidung zu überdenken und ggfls. zu korrigieren.

1124

Als Ausfluss des allgemeinen Petitionsrechts (Art. 17 GG) ist die Gegenvorstellung auch im Strafverfahren anerkannt, sofern das angegangene Gericht überhaupt befugt ist, seine eigene Entscheidung abzuändern. In diesem Rahmen ist sie trotz der fehlenden Rechtsmittelklarheit jedenfalls von Verfassung wegen nicht als generell unzulässig anzusehen[605]. Im Hinblick auf die gesetzliche Einführung der Anhörungsrüge wird die Zulässigkeit der Gegenvorstellung bzw. deren verbliebener Anwendungsbereich jedoch diskutiert[606]. Für die Frage der Zulässigkeit ist folglich zwischen den Fällen der einfachen (§§ 305, 306 Abs. 2 StPO) und der sofortigen Beschwerde zu unterscheiden, da bei Letzterer das Ausgangsgericht gem. § 311 Abs. 3 StPO zu einer Abänderung nur im Fall der Verletzung des Anspruches auf rechtliches Gehör befugt ist. Auch hier kann allerdings gegen die Entscheidung des Beschwerdegerichts Gegenvorstellung erhoben werden.

Da das Recht zur Gegenvorstellung mit dem Grundsatz der Unabänderlichkeit unanfechtbarer und damit rechtskräftiger Beschlüsse kollidiert, kommt eine inhaltliche Abänderung allenfalls in besonderen **Ausnahmefällen** zur Abwendung eines „groben prozessualen Unrechts"[607] bzw. dann in Betracht, wenn die Entscheidung auf einer **Grundrechtsverletzung** beruht[608]. Einen der insoweit denkbaren Anwendungsfälle regelt **§ 33a StPO**. Danach kann (und muss) das **Beschlussverfahren** in den Zustand vor der Entscheidung zurückversetzt werden, wenn

1125

- eine Verletzung des Anspruchs auf rechtliches Gehör vorliegt,
- diese entscheidungserheblich war und
- der Betroffene noch beschwert ist.

Die Ablehnung des Nachverfahrens ist mit der Beschwerde anfechtbar, die inhaltliche (also nicht auf formale Aspekte beschränkte) Entscheidung dagegen nicht[609].

Eine spezielle Regelung existiert in Gestalt des **§ 356a StPO** für Entscheidungen im **Revisionsverfahren**, wenn in diesem der Anspruch auf rechtliches Gehör erstmals verletzt worden sein soll[610]. Gemäß § 356a S. 2 StPO ist der Rechtsbehelf – sog. **Anhörungsrüge** – binnen einer Woche anzubringen, nachdem der Betroffene Kenntnis von

1126

---

605 BVerfG NJW 2009, 829 ff.
606 Vgl. OLG Koblenz NStZ-RR 2015, 122; BFH FamRZ 2009, 1829 f.; DStR 2007, 2162 f.; BVerwG 8 B 20/08 sowie Zuck ZRP 2008, 44 ff.
607 So BVerfGE 63, 78; siehe auch BGH NStZ 2003, 272 ff.
608 Vgl. BVerfG NJW 2003, 281; OLG Zweibrücken wistra 2000, 400.
609 Siehe hierzu BVerfG NJW 2016, 861 f.; OLG Hamburg NStZ-RR 2017, 284 f. m.w.N.; KG NStZ-RR 2016, 52.
610 Die Gegenvorstellung oder das Verfahren nach § 33a StPO sind im Revisionsverfahren also nicht statthaft, vgl. BGH 1 StR 18/10.

Kapitel 7 *Die Rechtsmittel im Strafverfahren*

den tatsächlichen Umständen erlangt hat, aus denen sich die Verletzung des Anspruchs auf rechtliches Gehör ergeben soll. Es gehört zu den Zulässigkeitsvoraussetzungen, dass die entsprechenden Umstände vorgetragen und glaubhaft gemacht werden[611]. Da sich § 356a StPO nur auf das Revisionsverfahren bezieht, sind die Urteile der **Tatsacheninstanz** nach dem Willen des Gesetzgebers von der Gehörsrüge ersichtlich ausgenommen[612].

1127 Eine Änderung ist also trotz der Rechtskraft insbesondere dann möglich, wenn einem Beschluss die

– entscheidungserhebliche Verletzung des Anspruchs auf rechtliches Gehör (siehe hierzu auch die §§ 33a, 311 Abs. 3 S. 2, 311a StPO) oder
– eine Entziehung des durch Art. 101 Abs. 1 S. 2 GG garantierten gesetzlichen Richters

zu Grunde liegt[613].

Wird mit der Gegenvorstellung die Verletzung von Grundrechten gerügt, so bedarf es einer förmlichen Entscheidung, da hiervon – wie auch bei der Gehörsrüge – die Zulässigkeit einer (gegenüber sonstigen Rechtsbehelfen nur subsidiären) Verfassungsbeschwerde abhängen kann[614]. Erachtet das Gericht die Gegenvorstellung für begründet und trifft es eine neue Entscheidung, so richtet sich deren Anfechtbarkeit wiederum nach den allgemeinen Regeln. Im anderen Fall wird der Antrag auf Nachholung des rechtlichen Gehörs – in entsprechender Anwendung des § 465 Abs. 1 StPO kostenpflichtig[615] – zurückgewiesen. Dies stellt in der Praxis offenbar den Regelfall dar[616].

---

611 BGH 3 StR 236/12 m.w.N.; NStZ 2005, 462 f.
612 Eine Ausnahme besteht allerdings – aus welchen Gründen auch immer – für Verurteilungen nach Jugendrecht, vgl. § 55 Abs. 4 JGG.
613 Vgl. auch BVerfG NStZ-RR 2002, 100; NJW-RR 2001, 860; BGH NStZ 2001, 334. Der Begriff der „Entziehung" setzt dabei ein „offensichtlich unhaltbares", willkürliches Verhalten voraus, BVerfG NJW 2003, 281.
614 BVerfG NStZ-RR 2014, 84; NJW 2003, 281.
615 BGH 1 StR 57/10; OLG Köln NStZ 2006, 181 f.
616 Siehe *Lohse* StraFo 2010, 433 ff.

Kapitel 8
Zwangsmittel zur Sachaufklärung und Verfahrenssicherung

Dient das Strafverfahren der umfassenden Sachaufklärung zur Schaffung materieller Gerechtigkeit, so müssen die Ermittlungsbehörden auch die Möglichkeit haben, zweckdienliche Maßnahmen gegen den erklärten Willen von Beteiligten oder Dritten durchzusetzen. Diese können der eigentlichen Sachaufklärung ebenso dienen, wie einer Sicherung des Verfahrens.

1128

Für Ermittlungshandlungen bieten die §§ 161 Abs. 1, 163 Abs. 1 StPO daher als sog. „Ermittlungsgeneralklausel" eine gesetzliche Grundlage selbst für Grundrechtseingriffe, etwa kurzfristige Observationen oder einfache Fahndungen. Die StPO regelt darüber hinaus eine Reihe von Maßnahmen und Zwangsmittel, die sehr viel intensiver in die Rechte des Betroffenen eingreifen und daher spezieller Ermächtigungsnormen bedürfen. Sie richten sich in erster Linie gegen den Beschuldigten[1], können im Einzelfall – etwa bei der Beschlagnahme oder der Durchsuchung – aber auch Dritte betreffen. Naturgemäß erfolgen solche Eingriffe überwiegend im Ermittlungsverfahren. Allerdings können sie auch von dem erkennenden Gericht angeordnet werden. Wegen des die verschiedenen Verfahrensstadien übergreifenden Charakters werden die Zwangsmaßnahmen im Folgenden geschlossen dargestellt.

Hier zunächst ein Überblick über mögliche Maßnahmen:

1129

- vorläufige Festnahme, §§ 127 Abs. 1, 2, 127b Abs. 1 StPO, § 183 S. 2 GVG;
- Anordnung von Haft, §§ 112, 112a, 127b Abs. 2, 230 Abs. 2, 236, 329 Abs. 4, 453c, 457 StPO (außerhalb der StPO: die Auslieferungshaft);
- vorläufige Unterbringung in einem psychiatrischen Krankenhaus oder einer Entziehungsanstalt im sog. objektiven Verfahren, § 126a StPO;
- Unterbringung des Beschuldigten zur Beobachtung in einem psychiatrischen Krankenhaus (Anstaltsbeobachtung), § 81 StPO;
- körperliche Untersuchung des Beschuldigten oder eines Dritten sowie Auswertung und Sicherung der Daten, §§ 81a und c, e bis g StPO;
- erkennungsdienstliche Behandlung, also die Fertigung von Lichtbildern und Fingerabdrücken, § 81b StPO;
- Durchsuchung, §§ 102 ff. StPO;
- Sicherstellung und Beschlagnahme von Gegenständen als Beweismittel im Strafverfahren, §§ 94 ff. StPO, oder im Vorgriff auf die spätere Einziehung im Rahmen der Vermögensabschöpfung, §§ 111b ff. StPO i.V.m. §§ 73 ff. StGB;

---

1 Wenn im Folgenden von dem „Beschuldigten" die Rede ist, so kann – je nach Verfahrensstand – damit auch der „Angeklagte" gemeint sein.

Kapitel 8 *Zwangsmittel zur Sachaufklärung und Verfahrenssicherung*

- vorläufige Entziehung der Fahrerlaubnis, § 111a StPO;
- heimliche Maßnahmen der visuellen und akustischen Observation, §§ 100 ff. StPO;
- Zwangsmittel in der Hauptverhandlung aufgrund sitzungspolizeilicher Verfügungen, §§ 176 ff. GVG.

A. Vorläufige Festnahme

I. „Jedermann-Recht" aus § 127 Abs. 1 Satz 1 StPO

1130 Nach § 127 Abs. 1 S. 1 StPO darf der auf frischer Tat betroffene oder flüchtige Täter von jedermann vorläufig festgenommen werden, um seiner durch Anwesenheitssicherung und Identitätsfeststellung zum Zwecke einer eventuellen Strafverfolgung habhaft zu werden. Der Festnehmende handelt in diesen Fällen rechtmäßig, der von der Maßnahme Betroffene hat daher kein Notwehrrecht.

Voraussetzung ist zunächst, dass es sich um eine – zumindest versuchte – Straftat und nicht nur um eine Ordnungswidrigkeit handelt, die in Rede steht[2]. Es genügt, wenn insoweit **nach den äußeren Umständen** ein **dringender Tatverdacht** besteht. Mehr kann nicht verlangt werden, da § 127 Abs. 1 StPO an die „sichtbare Tat" anknüpft[3]. Daher beeinträchtigen selbst Rechtfertigungs- oder Entschuldigungsgründe auf Seiten des mutmaßlichen Täters das Festnahmerecht nicht, soweit sie nicht erkennbar sind[4].

1131 Darüber hinaus muss der Täter **auf frischer Tat** betroffen **oder verfolgt** sein. Er muss sich also noch bei der Begehung am Tatort befinden oder gerade flüchten. § 127 Abs. 1 StPO berechtigt zur Nacheile. Dabei gibt es hinsichtlich der Dauer einer Verfolgung keine zeitliche Grenze für das Festnahmerecht. Selbst eine vorübergehende Unterbrechung der Verfolgung hindert eine nachfolgende Festsetzung des Verdächtigen nicht[5].

Weitere Voraussetzung ist, dass der Täter einer **Flucht verdächtig** ist – bei einem sich entfernenden Verdächtigen liegt dies auf der Hand – oder seine **Identität nicht sofort festgestellt** werden kann. Ist der Name des Täters bekannt, so ist die Festnahme nach dieser Alternative der Vorschrift folglich unzulässig.

Die Festnahme darf schließlich nur zu dem Zweck erfolgen, den Täter einer Strafverfolgung zuzuführen. Wem diese **innere Willensrichtung** fehlt, der kann sich auf den Rechtfertigungsgrund des § 127 StPO nicht berufen.

1132 Besteht das Festnahmerecht, so kann zu dessen Durchsetzung auch körperliche Gewalt angewendet werden. Gedeckt sind Delikte wie Körperverletzung, Nötigung und

---

2 LR-*Hilger*, § 127 Rn. 8 m.w.N.
3 BGH NJW 1981, 745; OLG Hamm NStZ 1999, 151; LR-*Hilger*, a.a.O. Rn. 11. Dies ist allerdings streitig. Nach a.A., die im Wesentlichen auf rechtspolitische Gründe abstellt, muss tatsächlich eine Straftat begangen worden sein. Siehe hierzu die Nachweise bei KK-*Schultheis*, § 127 Rn. 9 m.w.N. und *Kargl* NStZ 2000, 8 ff.
4 *Meyer-Goßner*, § 127 Rn. 4.
5 RGSt 58, 226 für den Fall, dass die verfolgenden Beamten „aus Ermüdung" eine kurze Rast eingelegt hatten.

Freiheitsberaubung. Allerdings darf es nicht zu einer ernsthaften Gesundheitsschädigung kommen. Verboten sind damit auch gezielte Schüsse auf einen flüchtenden Straftäter[6] oder sonstige das Leben gefährdende Vorgehensweisen[7]. Etwas anderes kann allein unter den Voraussetzungen des § 32 StGB gelten, wenn der Festzunehmende – rechtlich unzulässig – Gegenwehr leistet[8]. Auch die Durchsuchung von Personen oder Sachen ist im Rahmen des § 127 StPO nicht gerechtfertigt.

Im Anschluss an die Festnahme ist der Festnehmende verpflichtet, den Verdächtigen unverzüglich an die Polizei bzw. die Staatsanwaltschaft oder das Gericht zu übergeben.

II. Vorläufige Festnahme nach § 127 Abs. 2 StPO

Die **staatlichen Strafverfolgungsbehörden** wie Staatsanwaltschaft und Polizei[9] haben nach § 127 Abs. 2 StPO weitergehende Möglichkeiten. Bei „Gefahr im Verzuge" besteht für sie – über § 127 Abs. 1 S. 1 StPO hinaus – auch dann ein Festnahmerecht, wenn die **Voraussetzungen eines Haftbefehls oder eines Unterbringungsbefehls** vorliegen. Von der Festnahme kann – gemäß dem Grundsatz der Verhältnismäßigkeit – allerdings unter den Voraussetzungen des § 127a StPO abgesehen werden, wenn keine Freiheitsstrafe zu erwarten ist und der Beschuldigte die Besorgnis der Flucht durch Stellung einer Sicherheit gemäß § 132 StPO beseitigt.

1133

„Gefahr im Verzuge" besteht, wenn der Beamte aufgrund pflichtgemäßer Prüfung zu dem Ergebnis gelangt, die Festnahme sei wegen des mit der Erlangung eines richterlichen Haft- oder Unterbringungsbefehls verbundenen Zeitverlustes gefährdet[10]. Kommt er zu diesem Schluss, so kann die vorläufige Festnahme – und hierin besteht die Privilegierung – auch auf Verdunkelungs- oder Wiederholungsgefahr (§§ 112 Abs. 2 Nr. 3, 112a StPO) gestützt werden. Zur **Vorbereitung** der Festnahme (oder der Ergreifung des Täters aufgrund eines schon bestehenden Haftbefehls) lässt § 100i Abs. 1 Nr. 2 StPO bei Straftaten von erheblicher Bedeutung (vgl. Abs. 2 S. 2) unter den dort genannten weiteren Voraussetzungen die Ermittlung des Standortes eines aktiv geschalteten Mobiltelefons zu, um so den Aufenthaltsort des Gesuchten in Erfahrung zu bringen.

1134

Da Kinder nicht strafmündig sind (vgl. § 19 StGB), dürfen sie nicht vorläufig festgenommen werden. Bei ihnen ist allenfalls eine Identitätsfeststellung nach § 163b StPO zulässig[11].

---

6 BGH NJW 1981, 745 f.
7 Etwa das minutenlange Würgen eines Ladendiebs, vgl. BGH NJW 2000, 1349; lesenswert ist auch BGH NStZ-RR 2007, 303 f. zum Fall eines – freilich unter einer paranoiden Persönlichkeitsstörung leidenden – selbsternannten „Ordnungshüters".
8 BGH NJW 2000, 1349; die Entscheidung ist sehr lesenswert, denn es geht darin auch um die verschiedenen Konstellationen eines Irrtums des Festnehmenden über den Erlaubnistatbestand der Notwehr.
9 Nicht nur die Ermittlungspersonen der Staatsanwaltschaft, sondern sämtliche Beamte des Polizeidienstes. Wer Ermittlungsperson ist, regelt § 152 Abs. 2 GVG i.V.m. den entsprechenden Rechtsvorschriften der Länder. Eine Übersicht hierzu finden Sie bei *Meyer-Goßner*, § 152 GVG Rn. 6.
10 RGSt 38, 373 ff.; LR-*Hilger*, § 127 Rn. 35.
11 Zur Dauer des Festhaltens sowie zum Umfang der hier zulässigen Maßnahmen (z.B. Durchsuchung) siehe BVerfG 1 BvR 289/15; BGH 2 StR 25/15.

Kapitel 8 *Zwangsmittel zur Sachaufklärung und Verfahrenssicherung*

1135 Ist eine vorläufige Festnahme aufgrund des § 127 Abs. 2 StPO erfolgt und wird der Betroffene nicht wieder auf freien Fuß gesetzt, so gelten gem. § 127 Abs. 4 StPO die §§ 114a–114c StPO entsprechend. Der Beschuldigte ist also in einer ihm verständlichen Sprache über die Gründe seiner Festnahme, die gegen ihn erhobenen Beschuldigungen und darüber zu belehren, dass er einen Angehörigen oder eine Person seines Vertrauens benachrichtigen darf. Im Übrigen richtet sich das **weitere Verfahren** nach den §§ 128, 129 StPO. Lesen Sie dazu die Randnummern 1155 ff.!

Ist der Festgenommene freigelassen worden, so kann er trotz tatsächlicher Beendigung der Maßnahme die Rechtmäßigkeit des Eingriffs gerichtlich überprüfen lassen. Zuständig für die Entscheidung ist gem. § 98 Abs. 2 S. 2 StPO das jeweilige Amtsgericht[12].

III. Vorläufige Festnahme nach § 127b Abs. 1 StPO

1136 § 127b Abs. 1 StPO steht im Zusammenhang mit dem **beschleunigten Verfahren** (§§ 417 ff. StPO) und begründet ein eigenständiges Festnahmerecht sowie in Abs. 2 einen damit korrespondierenden Haftgrund. Die Vorschrift soll die Effektivität des Verfahrens fördern, indem eine zügige Durchführung der Hauptverhandlung sichergestellt wird[13]. „Zielgruppe" sind vor allem „reisende Täter" wie Rowdies in Fußballstadien, gewalttätige Mitglieder von Drückerkolonnen oder mobile Schläger- und Diebesbanden[14]. § 127b StPO ist allerdings insbesondere im Hinblick auf den Haftgrund in Abs. 2 umstritten[15], wobei die Vorwürfe von „schierer Repression in der Verfolgung von Alltags- und Armutskriminalität"[16], über „nicht erforderlich"[17] bis hin zur Vermutung der Verfassungswidrigkeit[18] reichen. Die praktische Handhabung hat die Bedenken indes offenbar nicht bestätigt.

1137 **Zur Festnahme berechtigt** sind – wie im Fall des § 127 Abs. 2 StPO – die Staatsanwaltschaft und – sämtliche – Beamte des Polizeidienstes.

Voraussetzungen der **Festnahme** sind lediglich, dass

- jemand auf frischer Tat betroffen ist oder verfolgt wird,
- eine unverzügliche Entscheidung im beschleunigten Verfahren „wahrscheinlich" ist[19],
- auf Grund bestimmter Tatsachen zu befürchten ist, dass der Festgenommene der Hauptverhandlung fernbleiben wird und
- als ungeschriebener Grundsatz, dass die Maßnahme nicht unverhältnismäßig ist (die Möglichkeit des Absehens von der Festnahme nach § 127a StPO ist auch insoweit zu beachten).

---

12 BGH NJW 1998, 3653; OLG Karlsruhe NJW 2014, 646; 2013, 3738 f.
13 Lesen Sie zur Begründung der Vorschrift im Gesetzgebungsverfahren *Hellmann* NJW 1997, 2146; *Hartenbach* ZRP 1997, 227.
14 *Stintzing/Hecker* NStZ 1997, 569 ff.
15 Vgl. HK-*Posthoff*, § 127b Rn. 2.
16 *Kempf* NJW 1997, 1733.
17 *Hartenbach* a.a.O. S. 228.
18 *Meyer-Goßner* ZRP 2000, 348; *Stintzing/Hecker* a.a.O., S. 572 f.
19 Maßgeblich ist die Wochenfrist des § 127b Abs. 2 StPO, vgl. KK-*Schultheis*, § 127b Rn. 8.

§ 127b StPO verlangt von dem Festnehmenden also nicht nur die Beurteilung der Eingriffsvoraussetzungen hinsichtlich der rechtswidrigen Tat, sondern auch eine Prognoseentscheidung betreffend das weitere Verfahren. Die ist aber im Einzelfall schwierig. Dem Festnehmenden wird daher ein verhältnismäßig weiter Beurteilungsspielraum einzuräumen sein. Erst wenn dieser deutlich überschritten ist, kann die Maßnahme als rechtswidrig eingestuft werden[20].

IV. Vorläufige Festnahme nach § 183 S. 2 GVG

§ 183 S. 1 GVG verpflichtet das Gericht, sämtliche während einer Sitzung begangenen Straftaten als solche festzustellen und zu protokollieren. Als Ergänzung zu § 127 StPO eröffnet § 183 GVG für die an der Hauptverhandlung beteiligte Staatsanwaltschaft oder das Gericht darüber hinaus die Möglichkeit der vorläufigen Festnahme aufgrund solcher Delikte, wobei naturgemäß in erster Linie Aussagedelikte in Betracht kommen. Wie bei § 127 StPO genügt auch hier die Begehung einer Ordnungswidrigkeit nicht[21]. Im Übrigen handelt es sich um eine Ermessensentscheidung.

1138

Zum Erlass eines Haftbefehls wegen der in der Verhandlung begangenen Straftat ist das Gericht dagegen nicht befugt. Die Voraussetzungen des § 125 Abs. 2 StPO liegen regelmäßig schon deshalb nicht vor, weil es mit der Ahndung der zur Festnahme berechtigenden Tat nicht „befasst" ist.

B. Die Haft

I. Untersuchungshaft, §§ 112 ff. StPO

Die Anordnung von Untersuchungshaft dient **allein der Sicherung** einer ordnungsgemäßen Durchführung des Strafverfahrens bis zur Rechtskraft der abschließenden Entscheidung[22]. Die Freiheitsentziehung sowie in diesem Zusammenhang angeordnete weitere Maßnahmen dürfen daher weder Sanktionscharakter haben, noch gezielt als Druckmittel im Rahmen der Sachaufklärung eingesetzt werden (etwa zur Herbeiführung eines Geständnisses oder eines Rechtsmittelverzichts nach dem Motto „U-Haft schafft Rechtskraft")[23]. Das Gebot der Beschleunigung gewinnt bei der Untersuchungshaft angesichts des massiven Eingriffs in das Freiheitsrecht naturgemäß eine besondere Bedeutung. Das Verfahren ist daher – gleich in welchem Stadium es sich befindet – mit größtmöglicher Anstrengung zu fördern[24].

1139

---

20 KK-*Schultheis*, § 127b Rn. 9.
21 *Meyer-Goßner*, § 183 GVG Rn. 3.
22 BVerfGE 32, 87 (93).
23 Auch die Ermittlungsbehörden haben § 136a StPO zu beachten. Danach sind Drohungen mit verfahrensrechtlich unzulässigen Maßnahmen stets verboten, vgl. BGH StV 2004, 636. Andererseits bestehen aber keine Bedenken, wenn der Vernehmende den Beschuldigten auf die rechtlich möglichen und sachlich gebotenen verfahrensmäßigen Konsequenzen seines Einlassungsverhaltens hinweist, vgl. *Meyer-Goßner*, § 136a Rn. 21 f. m.w.N.
24 Siehe hierzu oben Rn. 21 ff.

Kapitel 8 *Zwangsmittel zur Sachaufklärung und Verfahrenssicherung*

Untersuchungshaft wird nur vom Richter angeordnet (§ 114 Abs. 1 StPO), und zwar durch den sog. Haftbefehl. Die Polizei „verhaftet" daher niemanden, sie darf nur „festnehmen".

1. Voraussetzungen der Anordnung

1140 Ein Haftbefehl kann ergehen, wenn:

dringender Tatverdacht besteht

und

ein **Haftgrund** vorliegt (§ 112 Abs. 1 S. 1 StPO)

und

der Grundsatz der **Verhältnismäßigkeit** im Hinblick auf die Anordnung gewahrt ist (§§ 112 Abs. 1 S. 2, 113 StPO).

a) Tatverdacht

Ein **dringender Tatverdacht** ist gegeben, wenn nach dem Stand der Ermittlungen eine **große Wahrscheinlichkeit** dafür besteht, dass der Beschuldigte als Täter oder Teilnehmer einer Straftat anzusehen ist. Es ist also mehr erforderlich, als der sog. „Anfangsverdacht" (der überhaupt erst die Aufnahme strafrechtlicher Ermittlungen erlaubt) bzw. als „hinreichender Verdacht" i.S.d. § 203 StPO.

1141 Allerdings darf dies nicht streng schematisch gesehen werden, da sich naturgemäß der Verdachtsgrad im Verlauf des gesamten Strafverfahrens bis zu seinem rechtskräftigen Abschluss verändern, also verstärken oder abschwächen kann. Nicht selten stehen Haftbefehle gleich am Anfang der Ermittlungen, etwa wenn der mutmaßliche Täter aufgrund der – verlässlich erscheinenden – Aussage eines Tatopfers (z.B. bei Sexualstraftaten) in Haft genommen wird. In diesem Stadium des Verfahrens kann der Anfangsverdacht schon das Gewicht des dringenden Tatverdachts erlangen, ohne dass feststeht, ob sich am Ende der Ermittlungen ein hinreichender Tatverdacht ergeben wird. Bei deren Abschluss muss allerdings der Verdachtsgrad über die Wahrscheinlichkeitsprognose des § 203 StPO hinausgehen. Ausreichend ist es, wenn der Beschuldigte in „unmittelbarem Zusammenhang mit der Tat" festgenommen worden ist[25].

Reine Rechtsfragen (z.B. ob ein bestimmtes Verhalten unter einen Straftatbestand subsumiert werden kann) sind dagegen einer Wahrscheinlichkeitsprognose nicht zugänglich. Sie müssen vor Erlass eines Haftbefehls geklärt werden[26]. Nicht behebbare Verfahrenshindernisse, Rechtfertigungs- oder Schuldausschließungsgründe stehen der Annahme eines dringenden Tatverdachts stets entgegen.

1142 Haftentscheidungen sind selbstverständlich auch nach Erhebung der Anklage und während der Hauptverhandlung – dann gem. **§ 126 StPO** durch das erkennende Ge-

---

25 BVerfG NJW 1982, 29 f.
26 LR-*Hilger*, § 112 Rn. 18.

richt – möglich. Zu denken ist etwa an die Situation, dass sich erst während der Beweisaufnahme Anhaltspunkte für eine Fluchtgefahr ergeben. Im Falle der Verurteilung muss das Gericht zudem mit der Urteilsverkündung über die Fortdauer einer angeordneten Untersuchungshaft entscheiden, § **268b StPO**. Hinsichtlich der Beurteilung des dringenden Tatverdachts kann es sich dabei auf die Urteilsgründe stützen. Schließlich ist der Tatvorwurf in der vorangegangenen Beweisaufnahme (hoffentlich) gründlich geprüft worden[27].

Ergeben sich erst nach diesem Zeitpunkt zugunsten des Angeklagten neue Tatsachen oder Beweismittel, die aber nicht mehr in einer Tatsacheninstanz geprüft werden können, so zwingen diese – etwa auf eine Beschwerde hin – nur dann zur Aufhebung des Haftbefehls, wenn nach den Maßstäben des Wiederaufnahmerechts eine neue Hauptverhandlung voraussichtlich zum Freispruch führen würde[28].

b) Haftgründe

Die StPO kennt folgende – ausschließliche – Haftgründe: **1143**
- Flucht oder Fluchtgefahr, § 112 Abs. 2 Nrn. 1 und 2 StPO;
- Verdunkelungsgefahr, § 112 Abs. 2 Nr. 3 StPO;
- Wiederholungsgefahr, § 112a Abs. 1 Nrn. 1 und 2 StPO;
- Tatverdacht bezüglich Schwerkriminalität, insbes. eines Kapitaldeliktes, § 112 Abs. 3 StPO.

Die Untersuchungshaft darf nur angeordnet werden, wenn nach sorgfältiger Prüfung zumindest einer der genannten Gründe angenommen werden kann. Daneben gibt es keine weiteren sog. „apokryphen" Haftgründe. Unzulässig ist folglich insbesondere die Erwägung, die Freiheitsentziehung formal korrekt, in Wirklichkeit aber allein zur „Förderung" der Geständnisbereitschaft anzuordnen. Eine solche Haltung ist schlicht rechtsstaatswidrig.

aa) Flucht oder Fluchtgefahr, § 112 Abs. 2 Nrn. 1 und 2 StPO

Eine **Flucht** liegt vor, wenn der Beschuldigte sich bereits „auf und davon" gemacht hat oder sich verborgen hält. Das ist beispielsweise der Fall, wenn er nach der Tat seine Wohnung aufgibt, ohne eine neue zu beziehen. Ob er eventuell über seinen Verteidiger erreichbar ist, spielt insoweit keine Rolle.

Demgegenüber besteht **Fluchtgefahr**, wenn es nach den Umständen des Einzelfalles **1144** wahrscheinlicher ist, dass sich der Beschuldigte dem Verfahren entziehen, als dass er sich diesem stellen wird. Bei der Beurteilung dieser Frage sind in der Praxis im Wesentlichen folgende Gesichtspunkte bedeutsam[29]:

---

[27] Vgl. OLG Hamm NStZ 2008, 649.
[28] BGH StV 2004, 142 f.
[29] BGH AK 54/16 Tz. 33; AK 46/16 Tz. 28. Siehe hierzu auch die Rechtsprechungsnachweise bei *Schultheis* NStZ 2015, 76 ff. Zur Beurteilung der Fluchtgefahr bei einem sich in seinem Heimatstaat aufhaltenden Ausländer lesen Sie grundlegend OLG Köln NStZ 2003, 219 ff. sowie OLG Hamm und Karlsruhe bei *Paeffgen* NStZ 2005, 76.

Kapitel 8 *Zwangsmittel zur Sachaufklärung und Verfahrenssicherung*

- die Höhe der zu erwartenden bzw. bereits verhängten Strafe, ggfls. auch in Verbindung mit dem drohenden Widerruf einer Strafaussetzung zur Bewährung;
- die Persönlichkeit des Beschuldigten (Vorstrafen/bisheriges Verhalten im Ermittlungsverfahren/Beherrschen von Fremdsprachen);
- soziale Bindungen (Familie/Kinder/Arbeitsplatz/fester Wohnsitz/Eigenheim/internationale Kontakte);
- finanzielle Möglichkeiten.

Fluchtgefahr darf nur angenommen werden, wenn **konkrete Tatsachen** dies rechtfertigen. Pauschale Begründungen, z.B. „bei Rauschgifthändlern ist erfahrungsgemäß mit Fluchtgefahr zu rechnen", sind daher ebenso unzulässig wie die dahinter stehende generalpräventive Erwägung.

Die **Höhe der zu erwartenden Strafe allein** kann die Fluchtgefahr nicht begründen, wohl aber in Verbindung mit anderen Umständen. Je höher die Straferwartung im konkreten Fall ist, desto mehr Gewicht muss ihr jedoch im Rahmen der Prognose zukommen[30]. So ist es gerechtfertigt, bei einer zu erwartenden Freiheitsstrafe von 5 Jahren und mehr von einem hohen Fluchtanreiz auszugehen, dem allerdings im Einzelfall wiederum fluchthemmende Umstände entgegenstehen können[31].

bb) Verdunkelungsgefahr, § 112 Abs. 2 Nr. 3 StPO

1145 Nach § 112 Abs. 2 Nr. 3 StPO darf Untersuchungshaft angeordnet werden, wenn zu erwarten steht, dass der Beschuldigte die Ermittlung der Wahrheit – bezogen auf die dem Haftbefehl zu Grunde liegende Tat – erschweren werde. Insoweit muss er nicht selbst tätig werden, es genügt, dass er Dritte hierzu veranlasst. Das Gesetz nennt verschiedene Modalitäten einer Verdunkelung, nämlich:

- Vernichtung, Veränderung, Beiseiteschaffen, Unterdrückung oder Fälschung von Beweismitteln (z.B. Urkunden);
- das Einwirken auf Mitbeschuldigte (z.B. im Sinne einer Absprache der Einlassung), Zeugen oder Sachverständige.

Erforderlich ist die „große Wahrscheinlichkeit" derartiger Verdunkelungshandlungen für den Fall, dass der Beschuldigte nicht in Haft genommen wird. Die nur objektiv vorhandene Möglichkeit, entsprechende Handlungen zu begehen, genügt für den Erlass eines Haftbefehls nicht. Auch hier müssen wieder **konkrete Tatsachen** die Annahme stützen. Keinesfalls genügt der Hinweis darauf, die Ermittlungen seien noch nicht abgeschlossen[32].

cc) Wiederholungsgefahr, § 112a Abs. 1 Nr. 1 und Nr. 2 StPO

1146 Nach § 112a Abs. 1 StPO existiert auch dann ein Haftgrund, wenn der Beschuldigte eine der dort benannten Anlasstaten begangen hat.

---

30 Vgl. OLG Hamm NStZ 2008, 649.
31 Siehe BGH AK 11/17 Tz. 19; KG StV 2012, 609.
32 Vgl. OLG Frankfurt NStZ 1997, 22 ff.; LR-*Hilger*, § 112 Rn. 42.

Hierbei handelt es sich nach Abs. 1 Nr. 1 zunächst um schwere Taten gegen die sexuelle Selbstbestimmung (§§ 174, 174a, 176–178 StGB) und das sog. Stalking (§ 238 Abs. 2, 3 StGB). Bezüglich der Sexualstraftaten genügt jedenfalls bei erwachsenen Straftätern bereits die einmalige Begehung, um die Wiederholungsgefahr zu begründen. Denn Zielrichtung des § 112a StPO ist auch der Schutz der Bevölkerung vor gefährlichen Tätern[33].

Daneben enthält § 112a Abs. 1 Nr. 2 StPO einen Katalog von Straftaten, die nach kriminologischer Erfahrung oftmals von Serientätern begangen werden. Erfasst werden u.a. Körperverletzungsdelikte (mit Ausnahme der einfachen oder fahrlässigen Körperverletzung), Diebstahl im besonders schweren Fall, Betrug[34], Raub sowie bestimmte Betäubungsmitteldelikte. Der Katalog der aufgeführten Straftaten ist abschließend.

Gemeinsam ist Nr. 1 und Nr. 2, dass zusätzlich bestimmte Tatsachen die Annahme begründen müssen, der Beschuldigte werde ohne die Anordnung von Haft vor einer rechtskräftigen Aburteilung weitere erhebliche Straftaten gleicher Art begehen oder die Straftat fortsetzen. Auch hierfür müssen konkrete Anhaltspunkte vorliegen; allgemeine Erwägungen reichen nicht aus. **1147**

Hinsichtlich der in Nr. 2 genannten Anlassdelikte ist weitere Voraussetzung, dass der Täter bereits **wiederholt** eine entsprechend **schwerwiegende Straftat** begangen hat oder ohne die Haft eine solche Tat fortsetzen würde. Er muss mindestens zweimal durch rechtlich selbstständige Handlungen eines der genannten Delikte verwirklicht haben[35], wobei es nicht darauf ankommt, ob eine dieser Taten bereits Gegenstand einer Verurteilung in einem vorangegangenen Verfahren gewesen ist[36]. Aus Gründen der Verhältnismäßigkeit muss jedoch jedes einzelne Delikt von seinem Unrechtsgehalt einen besonderen Schweregrad aufweisen[37].

In den Fällen der Nr. 2 darf die Haft indessen nur angeordnet werden, wenn für die dem Beschuldigten vorgeworfene Tat die Verhängung einer **Freiheitsstrafe von mehr als einem Jahr zu erwarten ist**. Die Strafaussetzung zur Bewährung unter den Voraussetzungen (allein) des § 56 Abs. 1 StGB kommt dann nämlich im späteren Hauptverfahren nicht in Betracht.

Systematisch ist anzumerken, dass § 112a StPO keine echte Untersuchungs-, sondern eine **Sicherungshaft** begründet. Die Vorschrift ist **subsidiär zu § 112 StPO**, es sei denn, dass von der Anordnung einer Untersuchungshaft nach § 112 StPO entsprechend § 116 StPO abgesehen werden könnte, vgl. § 112a Abs. 2 StPO. **1148**

Angesichts ihres Sicherungscharakters stellt die Vorschrift im System der Haftvoraussetzungen einen Fremdkörper dar. Sie ist mit Zurückhaltung anzuwenden, da sie

---

33 BVerfG NJW 1966, 243 f.
34 Zur nötigen Schadenssumme siehe OLG Hamm NStZ-RR 2015, 115.
35 *Meyer-Goßner*, § 112a Rn. 8; KK-*Graf*, § 112a Rn. 13.
36 OLG Hamm StV 1997, 310; LR-*Hilger*, § 112a Rn. 30; **a.A.**: *Meyer-Goßner*, § 112a Rn. 8.
37 OLG Frankfurt StV 2000, 209; für die Tatbestände des § 243 StGB vgl. OLG Köln bei *Paeffgen* NStZ 1997, 76.

Kapitel 8 *Zwangsmittel zur Sachaufklärung und Verfahrenssicherung*

die Unschuldsvermutung des Art. 6 Abs. 2 EMRK außer Kraft setzt und im Übrigen an die „Schutzhaft" der NS-Zeit erinnert. Andererseits ist jedoch aus kriminalpolitischen Erwägungen heraus eine entsprechende Regelung unerlässlich; sie wird auch durch Art. 5 Abs. 1 S. 2 lit. c Alt. 2 EMRK ausdrücklich für zulässig erklärt[38].

Zur Absicherung der Rechte des Beschuldigten ist der Grundsatz der Verhältnismäßigkeit in § 112a Abs. 1 S. 1 a.E. nochmals ausdrücklich festgeschrieben („zur Abwendung der drohenden Gefahr erforderlich") und die auf diese Vorschrift gestützte Haft auf die Dauer von einem Jahr beschränkt, vgl. § 122a StPO.

dd) Tatverdacht bezüglich eines Kapitaldelikts, § 112 Abs. 3 StPO

1149 Nach dem Wortlaut dieser Vorschrift genügt für eine Inhaftierung bereits die Schwere der Taten, wie sie sich im Einzelnen aus der abschließenden Aufzählung in § 112 Abs. 3 StPO ergeben. Da diese Rigorosität mit dem Verhältnismäßigkeitsgrundsatz kollidiert, ist die Vorschrift verfassungskonform dahingehend auszulegen, dass auch die zumindest geringe Gefahr der Flucht oder Verdunkelung bestehen muss[39]. Es findet also allein eine Befreiung von den strengen Anforderungen des § 112 Abs. 2 StPO statt. Im Übrigen kann auch bei Vorliegen einer in § 112 Abs. 3 StPO genannten Tat ein Haftbefehl ohne weiteres auf § 112 Abs. 2 StPO gestützt werden.

c) Verhältnismäßigkeit der Haftanordnung

1150 Der verfassungsrechtliche Grundsatz der Verhältnismäßigkeit wird in § 112 Abs. 1 S. 2 StPO für die Haft nochmals ausdrücklich erwähnt. Ohnehin durchzieht er das gesamte Strafverfahren, welches zudem von der Unschuldsvermutung des Art. 6 Abs. 2 EMRK geprägt ist.

Der Erlass eines Haftbefehls muss zum Schutz der öffentlichen Interessen also unerlässlich sein. Demgemäß ist in Fällen geringerer Kriminalität, die auch nur eine entsprechend geringe Sanktion erwarten lassen (z.B. Schwarzfahren/Ladendiebstahl), die Möglichkeit eines Haftbefehls begrenzt. Auf Verdunkelungsgefahr darf er nicht gestützt werden (vgl. § 113 Abs. 1 StPO), auf Fluchtgefahr nur unter engen Voraussetzungen (§ 113 Abs. 2 StPO). Auch die Dauer bereits vollzogener Haft oder der zögerliche Fortgang der Ermittlungen können Aspekte sein, welche die Verhältnismäßigkeit der Haftanordnung im Einzelfall entfallen lassen können[40]. Schließlich ist bei jugendlichen Beschuldigten die in **§ 72 JGG** gesetzlich geregelte Subsidiarität der Untersuchungshaft gegenüber sonstigen Maßnahmen (insbesondere einer Heimunterbringung) zu beachten.

1151 Eine besondere Ausprägung des Verhältnismäßigkeitsgrundsatzes ist die Möglichkeit der **Haftverschonung** nach § 116 StPO. Danach kann der Vollzug eines auf Fluchtgefahr gestützten Haftbefehls ausgesetzt werden, wenn weniger einschneidende Maß-

---

38 Vgl. BVerfGE 35, 185 (191).
39 BVerfGE 19, 342 (350); OLG Köln NStZ 1996, 403: Haftverschonung für den Fall, dass eine Flucht des Beschuldigten fernliegend ist.
40 Vgl. OLG Hamm NStZ-RR 2015, 78 f.; NStZ-RR 2004, 152.

nahmen genügen, um den Zweck der Untersuchungshaft zu erreichen. Insoweit kommen insbesondere in Betracht (§ 116 Abs. 1 StPO):
- Auflagen und Weisungen hinsichtlich des Aufenthaltes;
- Meldepflichten bei der Polizei;
- Abgabe des Reisepasses;
- Stellung einer Kaution u.ä.

Es handelt sich hierbei um Maßnahmen, welche die Fluchtgefahr ausräumen bzw. erheblich herabsetzen sollen. Selbstverständlich ist der Haftbefehl vom Richter zu verweigern oder nachträglich aufzuheben, wenn es schon an den übrigen Voraussetzungen, etwa am dringenden Tatverdacht, fehlt. Auch Haftbefehle, die auf Verdunkelungs- oder Wiederholungsgefahr gestützt sind, können grundsätzlich außer Vollzug gesetzt werden, wenn dem Beschuldigten geeignete Anweisungen erteilt werden können, § 116 Abs. 2, 3 StPO.

Unter den Voraussetzungen des § 116 Abs. 4 StPO – also insbesondere bei Verstößen gegen die Auflagen oder neuen haftrelevanten Erkenntnissen – kann der Haftbefehl wieder in Vollzug gesetzt werden.

2. Inhalt des Haftbefehls

Der notwendige Inhalt eines Haftbefehls ist in § 114 Abs. 2 StPO geregelt. Danach muss er enthalten:
- genaue Bezeichnung des Beschuldigten;
- Ort, Datum und Zeit sowie die gesetzlichen Merkmale der vorgeworfenen Tat;
- Ausführungen zur Begründung des dringenden Tatverdachts;
- Haftgrund;
- Begründung der Verhältnismäßigkeit der Anordnung.

Diese Angaben sind teilweise erforderlich, um den Haftbefehl überhaupt vollstrecken zu können (Personalien), andererseits sollen sie den Beschuldigten über den Tatvorwurf informieren und dem Rechtsmittelgericht eine Überprüfung ermöglichen. Ähnlich wie bei einer Anklageschrift muss der Haftbefehl daher das zu Grunde liegende Geschehen nach Ort, Zeit und Ausführung so beschreiben, dass der Beschuldigte den gegen ihn erhobenen Vorwurf einer Straftat entnehmen kann. Ist das noch nicht detailreich möglich, so muss der Haftbefehl der fortschreitenden Ermittlungslage angepasst werden. Zudem muss immer auch erkennbar sein, durch welches Verhalten oder Ereignis die gesetzlichen Tatbestandsmerkmale erfüllt worden sein sollen[41]. Ein **Haftbefehl** könnte etwa folgendermaßen aussehen:

---

41 Siehe BGH AK 34/17 Tz. 5 m.w.N.

Kapitel 8 *Zwangsmittel zur Sachaufklärung und Verfahrenssicherung*

1153

Amtsgericht Bonn   Bonn, den 15.01.2018

75 Gs 22/18 AG Bonn
88 Js 89/18 StA Bonn

Haftbefehl

In dem Ermittlungsverfahren

gegen   Heinz Willi **Katelbach**,
               geb. am 26. Mai 1966 in Heidelberg,
               zurzeit ohne festen Wohnsitz,

wegen   schweren Raubes

wird gegen den Beschuldigten die Untersuchungshaft angeordnet.

Gründe:

Der Beschuldigte ist dringend verdächtig, am 14.01.2018 in Bonn unter Anwendung von Drohungen mit gegenwärtiger Gefahr für Leib und Leben eine fremde bewegliche Sache einem anderen in der Absicht weggenommen zu haben, sich dieselbe rechtswidrig zuzueignen, wobei er zur Ausführung der Tat eine Schusswaffe bei sich führte.

Am Tattag betrat er gegen 12:30 Uhr das Kassengebäude der ARAL-Tankstelle in der Heidelbergerstraße 25 und zog dort eine geladene und schussbereite Pistole aus der Tasche, die er dem Angestellten Michael Schulze vorhielt. Er veranlasste den Zeugen auf diese Weise, die Kassenschublade zu öffnen, aus welcher er anschließend einen Betrag von 1.700 € entnahm und damit das Tankstellengelände verließ.

Diese Handlung ist mit Strafe bedroht nach §§ 249, 250 Abs. 2 Nr. 1 StGB.

2

Der Beschuldigte ist dieser Tat dringend verdächtig. Zwar hat er sich zur Sache nicht eingelassen, er ist aber in unmittelbarer Nähe des Tatortes mit einem der Höhe der Beute entsprechenden Geldbetrag angetroffen und festgenommen worden. Dabei führte er eine geladene Schusswaffe Walther PPK mit sich. Die von dem Zeugen Schulze abgegebene Beschreibung trifft auf die Person des Beschuldigten zu.

Es besteht gegen ihn der Haftgrund des § 112 Abs. 2 Nr. 2 StPO. Der Beschuldigte hat sich seit Wochen in seiner Wohnung nicht mehr aufgehalten. Nennenswerte soziale Bindungen bestehen nicht. Seine letzte Arbeitsstelle bei der Firma Getränkevertrieb Büchel in Bonn ist ihm wegen Unzuverlässigkeit gekündigt worden.

Der Beschuldigte muss zudem in diesem Verfahren mit einer empfindlichen Freiheitsstrafe rechnen. Gemäß § 250 Abs. 2 StGB liegt die Mindestfreiheitsstrafe in der Regel nicht unter fünf Jahren. Der Beschuldigte ist zudem einschlägig strafrechtlich vorbelastet. Er ist durch rechtskräftiges Urteil des Amtsgerichts Euskirchen vom 17.10.2017 - 34 Ls 112/17 - wegen Diebstahls zu einer Freiheitsstrafe von 10 Monaten verurteilt worden, deren Vollstreckung zur Bewährung ausgesetzt worden ist. Im Falle der Verurteilung wegen der ihm jetzt vorgeworfenen Straftat hat er auch mit dem Widerruf der Strafaussetzung zur Bewährung und mit der Verbüßung der durch das Amtsgericht Euskirchen verhängten Freiheitsstrafe zu rechnen. Es ist daher die Gefahr begründet, dass er versuchen würde, sich dem Strafverfahren durch Flucht zu entziehen.

Die Anordnung der Untersuchungshaft steht zu der Bedeutung der Sache und der zu erwartenden Strafe oder Maßregel der Sicherung und Besserung auch nicht außer Verhältnis. Weniger einschneidende Maßnahmen (§ 116 StPO) begründen nicht die Erwartung, dass der Zweck der Untersuchungshaft auch durch sie erreicht werden kann.

(Kolvenbach)
Richter am Amtsgericht

Kapitel 8   Zwangsmittel zur Sachaufklärung und Verfahrenssicherung

3. Verfahren bei Erlass und Vollstreckung des Haftbefehls

a) Anordnungszuständigkeiten

1154   Die Untersuchungshaft kann in jedem Stadium des Verfahrens angeordnet werden. In der Regel entscheidet auf einen entsprechenden **Antrag der Staatsanwaltschaft** hin der Haftrichter beim Amtsgericht, § 125 Abs. 1 StPO. Bei Gefahr im Verzuge kann das Gericht auch ohne einen solchen Antrag den Haftbefehl erlassen.

Örtlich zuständig ist das Gericht, in dessen Bezirk ein Gerichtsstand begründet ist oder wo der Beschuldigte sich aufhält. Folglich können sich die Zuständigkeiten wie folgt ergeben:

- Gerichtsstand des Tatorts, § 7 Abs. 1 StPO, bei Pressedelikten ist das jeder Ort des Erscheinens eines Druckwerkes, sofern dieser zuverlässig festgestellt werden kann[42];
- Gerichtsstand des Wohnsitzes des Beschuldigten, § 8 Abs. 1 StPO;
- Gerichtsstand des gewöhnlichen Aufenthaltes bzw. letzten Wohnsitzes (z.B. in dem Fall, dass der Beschuldigte ohne festen Wohnsitz lebt), § 8 Abs. 2 StPO;
- Gerichtsstand des Ergreifungsortes, § 9 StPO[43];
- besondere Gerichtsstände der §§ 10 bis 11 StPO (für deutsche Schiffe, Auslandsbeamte pp.).

In Betracht kommt auch die Zuständigkeit des Ermittlungsrichters beim OLG bzw. BGH nach § 169 StPO, wenn Delikte i.S.d. § 120 GVG in Rede stehen.

Ist bereits Anklage erhoben worden, so entscheidet gem. § 125 Abs. 2 StPO das **mit der Sache befasste Gericht** über die Anordnung von Untersuchungshaft bzw. die weiteren Maßnahmen (z.B. i.S.d. § 116 StPO)[44], nicht jedoch das Revisionsgericht[45].

b) Einzelheiten des Verfahrensganges

aa) Verfahren nach vorläufiger Festnahme

1155   Wurde der Beschuldigte gem. § 127 StPO nur **vorläufig festgenommen**, so ist er unverzüglich, spätestens am Tage nach der Festnahme, dem Richter bei dem Amtsgericht vorzuführen, in dessen Bezirk dies geschehen ist (§ 128 Abs. 1 S. 1 StPO). Dieser kann den Betroffenen auf freien Fuß setzen, einen Haftbefehl erlassen oder die vorläufige Unterbringung anordnen. Für den Fall, dass gegen den Festgenommenen bereits Anklage erhoben wurde, entscheidet gem. § 129 StPO das mit der Sache befasste Gericht.

Der Richter muss den Beschuldigten belehren und zur Sache vernehmen, soweit dieser aussagebereit ist (§§ 128 Abs. 1 S. 2, 115 Abs. 3 StPO). Danach ist über die Anordnung des Haftbefehls zu entscheiden. Wird er erlassen, so ist dem Beschuldigten unverzüglich eine Abschrift auszuhändigen. Zugleich ist er in geeigneter Weise über

---
42   BGH NJW 1997, 2828 f.; zum Begriff des Pressedelikts siehe BGH NJW 1999, 509 f.
43   Zum Begriff des „Ergreifens" vgl. BGH NStZ 1999, 255 f.; OLG Stuttgart NStZ-RR 2016, 84 f.
44   Zur Mitwirkung der Schöffen an einer solchen Entscheidung siehe oben Rn. 354.
45   Das gilt auch für die Aufhebung des Haftbefehls, vgl. BGH NStZ 1997, 145.

seine zahlreichen Rechte, die sich im Einzelnen aus § 114b Abs. 2 StPO ergeben, zu belehren. Ist der Beschuldigte der deutschen Sprache nicht hinreichend mächtig, müssen ihm die Dokumente in einer ihm verständlichen Sprache übergeben werden; falls erforderlich, ist er darüber hinaus auch mündlich zu belehren.

Stets sind nach einer Verhaftung unverzüglich **Angehörige** oder eine Person des Vertrauens zu **benachrichtigen**, § 114c Abs. 2 StPO. Besonderen Schutz insoweit genießen Jugendliche, vgl. § 67a JGG. Die Mitteilungspflicht hat Verfassungsrang, vgl. Art. 104 Abs. 4 GG. Auch ist dem Verhafteten selbst Gelegenheit zu geben, einen Angehörigen oder eine Person seines Vertrauens zu informieren, soweit keine erhebliche Gefährdung der Untersuchung zu befürchten ist, §§ 114c Abs. 1 StPO, 67a Abs. 3 JGG. Hierdurch soll verhindert werden, dass jemand aufgrund staatlichen Zugriffs spurlos verschwindet. Die Rechtmäßigkeit der Haftanordnung wird durch eine Verletzung der Benachrichtigungspflicht jedoch nicht berührt[46].

1156

Bei einem ausländischen Beschuldigten ist zudem Art. 36 Abs. 1 lit. b WÜK zu beachten, wonach – sein nach Belehrung gem. § 114b Abs. 2 S. 4 StPO erklärtes Einverständnis vorausgesetzt – die jeweilige konsularische Vertretung über die Verhaftung zu informieren ist. Die Konsequenzen eines Verstoßes gegen die entsprechende Belehrungspflicht sind indes nicht gänzlich geklärt[47].

Schließlich ist dem Beschuldigten gem. §§ 140 Abs. 1 Nr. 4, 141 Abs. 3 S. 4 StPO „unverzüglich nach Beginn der Vollstreckung" ein **Pflichtverteidiger** zu bestellen.

In **zeitlicher Hinsicht** gilt Folgendes:

1157

In den Fällen des § 129 StPO ist die Entscheidung spätestens bis zum Ablauf des Tages nach der Festnahme zu treffen. § 128 Abs. 1 StPO enthält dagegen keine Zeitbestimmung für die richterlichen Anordnungen. Nach einhelliger Meinung[48] muss mit der richterlichen Vernehmung des Betroffenen innerhalb des durch § 129 StPO vorgegebenen Zeitrahmens zumindest begonnen werden; teilweise wird vertreten, dass die Entscheidung bis zum Ablauf des Tages nach der Festnahme ergangen sein muss[49]. Das kann – etwa bei mehreren Beschuldigten und/oder bei umfangreichem Aktenmaterial – für den vernehmenden Richter im Einzelfall zu erheblichen Problemen führen, insbesondere wenn ihm der Betroffene erst kurz vor Ablauf der Frist vorgeführt wird.

Voraussetzung für eine sachgerechte und ordnungsgemäße Befragung des Festgenommenen und damit auch für eine möglichst richtige Entscheidung über die Haftfrage ist die zumindest summarische Kenntnis des Haftrichters vom Tatvorwurf und den zur Verfügung stehenden Beweismitteln. Die Vorbereitung der Vernehmung erfordert daher schon im Interesse des Betroffenen eine angemessene Zeit[50].

---

46 Siehe hierzu umfassend BGH V ZB 6/14 Tz. 11 ff. m.w.N.
47 Siehe hierzu oben Rn. 144 f.
48 BGHSt 38, 251 (295); vgl. im Übrigen die Nachweise bei KK-*Schultheis*, § 128 Rn. 7.
49 *Meyer-Goßner*, § 128 Rn. 13.
50 Wozu es führen kann, wenn die Vernehmung nicht innerhalb des nächsten Tages nach der Festnahme stattfindet (nämlich zum Vorwurf der Rechtsbeugung), lesen Sie in der – im Ergebnis richtigen – Entscheidung des OLG Frankfurt NJW 2000, 2037 f.

Kapitel 8 *Zwangsmittel zur Sachaufklärung und Verfahrenssicherung*

bb) Verfahren bei schon bestehendem Haftbefehl

1158 Wird der Beschuldigte aufgrund eines **schon bestehenden Haftbefehls** ergriffen, so gelten – und zwar schon bei der Festnahme[51] – die bereits erwähnten §§ 114a ff. StPO. Spätestens am Tag nach der Ergreifung ist der Beschuldigte dem **Gericht**, welches den Haftbefehl erlassen hat (§ 126 Abs. 1 StPO), vorzuführen (Art. 104 Abs. 2 S. 2 GG, § 115 Abs. 1 und Abs. 2 StPO). Der Festgenommene ist zu belehren und zur Sache zu vernehmen, § 115 Abs. 2 und 3 StPO. Anschließend ist über die Aufrechterhaltung des Haftbefehls zu entscheiden. Soll die Untersuchungshaft vollzogen werden, ist der Beschuldigte über die Rechtsbehelfe zu belehren, vgl. § 115 Abs. 4 StPO, und ihm ein Pflichtverteidiger zu bestellen.

1159 Kann das zuständige Gericht in der Frist des § 115 Abs. 1 StPO nicht erreicht werden, so muss der Beschuldigte nach § 115a Abs. 1 StPO dem **Richter des nächsten Amtsgerichts** vorgeführt werden. Ergibt sich im Rahmen der Vernehmung, dass der Haftbefehl nicht mehr existiert, seine Aufhebung von der Staatsanwaltschaft beantragt worden oder der Festgenommene nicht die in dem Haftbefehl bezeichnete Person ist, so ist der Ergriffene auf freien Fuß zu setzen, § 115a Abs. 2 S. 3 StPO.

Werden nicht offensichtlich unbegründete Bedenken gegen den Haftbefehl geltend gemacht oder hat der Richter selbst Bedenken gegen die Aufrechterhaltung der Haft, muss er diese gem. § 115a Abs. 2 S. 4 StPO unverzüglich dem zuständigen Gericht und der zuständigen Staatsanwaltschaft mitteilen. Das zuständige Gericht hat dann seinerseits unverzüglich zu prüfen, ob der Haftbefehl aufzuheben oder außer Vollzug zu setzen ist. Erfolgt keine Freilassung, so muss der Beschuldigte auf sein Verlangen hin dem zuständigen Gericht vorgeführt werden, § 115a Abs. 3 StPO.

cc) Vollzug der Untersuchungshaft

1160 Wird der Haftbefehl vollzogen – also nicht nach § 116 StPO gegen Auflagen ausgesetzt –, so ist vom Richter ein **Aufnahmeersuchen** zu fertigen, aufgrund dessen der Beschuldigte in eine JVA überstellt wird. Den Informationsaustausch zwischen Vollzugsanstalt und Gericht regeln die §§ 114d, 114e StPO.

Den Vollzug der Untersuchungshaft, insbesondere die zur Abwehr der Flucht-, Verdunkelungs- oder Wiederholungsgefahr anzuordnenden Beschränkungen, und die dem Beschuldigten zu Gebote stehenden Anfechtungsmöglichkeiten normieren die §§ 119, 119a StPO[52].

4. Anfechtungsmöglichkeiten

1161 Naturgemäß hat der Beschuldigte ein Interesse, gegen die Anordnung von Untersuchungshaft vorzugehen. Insoweit kommen **zwei Rechtsbehelfe** in Betracht, nämlich:

Haftprüfung **Haftbeschwerde**.

---

51 KK-Graf, § 115 Rn. 2.
52 Siehe hierzu BVerfG NStZ-RR 2015, 79; BGH 4 BGs 156/17.

a) Haftprüfung

Der inhaftierte Beschuldigte kann jederzeit einen Antrag auf Haftprüfung stellen, **1162** § 117 Abs. 1 StPO. Das Gericht, das den Haftbefehl erlassen hat, muss dann überprüfen, ob die Anordnung aufzuheben ist oder außer Vollzug gesetzt werden kann. Insoweit sind ggfls. auch Einzelermittlungen durchzuführen, vgl. § 117 Abs. 3 StPO.

Die Entscheidung erfolgt aufgrund mündlicher Verhandlung, wenn das Gericht dies für angemessen hält oder der Beschuldigte es beantragt. Letzteres ist die Regel, denn die mündliche Haftprüfung, die allerdings während laufender Hauptverhandlung oder nach Urteilserlass nicht (mehr) zulässig ist (§ 118 Abs. 4 StPO), eröffnet die Möglichkeit, sich dem Gericht persönlich zu präsentieren. Häufig gelingt es, zumindest die Annahme eines Haftgrundes auszuräumen oder jedenfalls die Aussetzung des Vollzugs zu erreichen. Die Haftprüfungsverhandlung ist unverzüglich, ohne Zustimmung des Beschuldigten jedenfalls nicht später als zwei Wochen nach Eingang des Antrags, durchzuführen, § 118 Abs. 5 StPO[53]. Die Art und Weise regelt § 118a StPO, der auch eine Videokonferenz erlaubt. Am Ende der Verhandlung ist die Entscheidung zu verkünden.

Nach durchgeführter mündlicher Haftprüfung besteht ein erneuter Anspruch erst dann, wenn mindestens drei Monate Untersuchungshaft und seit der letzten Haftprüfung zwei Monate vergangen sind, § 118 Abs. 3 StPO[54].

b) Haftbeschwerde

Alternativ zur Haftprüfung ist wegen der allgemeinen Vorschrift des § 304 StPO die **1163** Beschwerde gegen den Haftbefehl zulässig, deren Ziel auch eine Aussetzung des Vollzugs gem. § 116 StPO sein kann. Die **Haftprüfung** ist allerdings **vorrangig**, solange der Antrag gestellt und noch nicht beschieden ist, § 117 Abs. 2 StPO. Denn sie stellt ein eigenständiges Prüfungsverfahren dar; gegen die in diesem Verfahren ergangene Entscheidung bleibt die Beschwerde statthaft (§ 117 Abs. 2 S. 2 StPO).

Wird der Haftbeschwerde nicht abgeholfen, so entscheidet das Beschwerdegericht, ob die Voraussetzungen eines Haftbefehls vorliegen. Die Entscheidung ergeht trotz der Möglichkeit der mündlichen Verhandlung (§ 118 Abs. 2 StPO) in aller Regel nach Aktenlage. Findet das Beschwerdeverfahren parallel zu einer laufenden Hauptverhandlung statt, so stehen dem erkennenden Gericht angesichts der u.U. bereits fortgeschrittenen oder sogar schon abgeschlossenen Beweisaufnahme für die Haftentscheidung überlegene Erkenntnisse zur Verfügung. Dieser Umstand kann im Rechtsmittelverfahren nicht ignoriert werden. Eingriffe des Beschwerdegerichts in die Beurteilung des dringenden Tatverdachts kommen daher in solchen Situationen nur dann in Betracht, wenn die Haftentscheidung des Tatgerichts aus tatsächlichen oder rechtlichen Gründen offensichtlich fehlerhaft ist[55].

---

53 Zu den Folgen einer Fristüberschreitung siehe BerlVerfGH NStZ-RR 2015, 249.
54 Die Frist wird durch die Verkündung eines abgeänderten Haftbefehls im Haftprüfungstermin erneut in Gang gesetzt. Siehe hierzu OLG Köln NStZ 2007, 608.
55 Vgl. BGH StB 30/16 Tz. 5; StB 21/16 Tz. 8; 5/16 Tz. 11; 25/14 Tz. 6; 22/14 Tz. 5 m.w.N.; BVerfG 2 BvR 2652/07.

Kapitel 8 *Zwangsmittel zur Sachaufklärung und Verfahrenssicherung*

Hat eine Beschwerdekammer des Landgerichts über das Rechtsmittel entschieden, kann dagegen (ausnahmsweise) weitere Beschwerde zum Oberlandesgericht eingelegt werden, § 310 Abs. 1 StPO. Auflagen eines Verschonungsbeschlusses nach § 116 StPO können hingegen nicht mit der weiteren Beschwerde angegriffen werden.

5. Erledigung und Aufhebung des Haftbefehls, § 120 StPO

1164   Mit rechtskräftigem Abschluss des Verfahrens wird der Haftbefehl **gegenstandslos**. Die Untersuchungshaft geht bei einem Urteil, das auf Freiheitsstrafe lautet, automatisch in Strafhaft über[56].

Ein Sonderproblem stellt sich, wenn die Anordnung einer Maßregel nach §§ 63, 64 StGB gegen einen in der Untersuchungshaft befindlichen Angeklagten rechtskräftig wird. Es besteht dann in der Regel die Notwendigkeit, den Verurteilten möglichst nahtlos in ein psychiatrisches Krankenhaus oder eine Entziehungsanstalt zu überstellen, um die Therapie zu beginnen oder fortzuführen. Ist neben der Maßregel auch eine Freiheitsstrafe verhängt worden, entspricht der Vorwegvollzug der Maßregel im Übrigen (mit Ausnahme von § 67 Abs. 2 S. 2 StGB) dem gesetzlichen Leitbild in § 67 Abs. 1 StGB. Die Praxis hilft sich in diesen Fällen mit der im Gesetz nicht ausdrücklich geregelten, aber gewohnheitsmäßig anerkannten sog. „**Organisationshaft**". In der Sache handelt es sich um eine Freiheitsentziehung, die so lange andauert, bis die in der Praxis bisweilen schwierige Überstellung in eine Einrichtung der §§ 63, 64 StGB von der Staatsanwaltschaft als Vollstreckungsbehörde „organisiert" ist. Die Organisationshaft ist verfassungsrechtlich im Ansatz unbedenklich, zumal sie für den Betroffenen infolge der Anrechnung in aller Regel nicht zu einer effektiven Verlängerung der Freiheitsentziehung führt. Eine feste Frist für ihre Dauer ist allerdings nicht statthaft. Vielmehr ist in jedem Einzelfall der Maßregelvollzug unverzüglich einzuleiten und zusammen mit den Trägern der Einrichtungen des Maßregelvollzugs umzusetzen[57].

1165   Ein einmal gegenstandslos gewordener Haftbefehl bleibt dauerhaft unwirksam. Wird daher dem Angeklagten, der die Rechtsmittelfrist gegen das Urteil versäumt hat, später auf seinen Antrag Wiedereinsetzung in den vorigen Stand gewährt, lebt der Haftbefehl nicht automatisch wieder auf[58]. Es bedarf dann gegebenenfalls einer erneuten Haftanordnung[59].

Im Übrigen ist nach **§ 120 Abs. 1 StPO** der Haftbefehl aufzuheben, sobald dessen Voraussetzungen entfallen. Dies ist etwa dann der Fall, wenn der Angeklagte freigesprochen oder die Eröffnung des Hauptverfahrens abgelehnt worden ist. Ferner ist

---

56   BGH NStZ 1999, 638; das gilt auch dann, wenn nur Einzelfreiheitsstrafen, nicht hingegen die Gesamtfreiheitsstrafe, rechtskräftig geworden sind, OLG Hamm NStZ 2000, 655 f.
57   BVerfG NJW 2006, 427 ff. Die Auffassung der 3. Kammer des Zweiten Senats dürfte in der Realität des Vollzugs nicht umzusetzen sein. Voraussetzung für die Einleitung der Maßregelvollstreckung ist das Vorliegen des schriftlichen Urteils. Jedermann, der im Vollzug tätig ist, weiß im Übrigen, wie schwierig es in der Praxis ist, zeitnah einen geeigneten Platz im Maßregelvollzug bereit zu stellen.
58   BVerfG NJW 2005, 3131 f.
59   Ob die Auffassung des BVerfG tatsächlich dem Gedanken der Wiedereinsetzung gerecht wird, darf bezweifelt werden. Es leuchtet nicht ein, dass ein Angeklagter, der – wenn auch unverschuldet – das Urteil hat rechtskräftig werden lassen, besser gestellt wird, als wenn er fristgemäß gehandelt hätte. Lesen zur berechtigten Kritik an der Entscheidung des BVerfG *Mosbacher* NJW 2005, 3110 ff.

Die Haft **B**

der Haftbefehl von Amts wegen aufzuheben oder gemäß § 116 StPO außer Vollzug zu setzen, wenn die Staatsanwaltschaft dies vor Erhebung der öffentlichen Klage beantragt (§ 120 Abs. 3 S. 1 StPO)[60]. In diesem Fall kann die Staatsanwaltschaft bereits vor Aufhebung des Haftbefehls gegenüber der JVA die Freilassung des Beschuldigten anordnen.

6. Vorlageverfahren, §§ 121, 122 StPO

Hat wegen **derselben Tat** die Untersuchungshaft **6 Monate ununterbrochen**[61] angedauert, ohne dass ein auf Freiheitsentziehung lautendes Urteil ergangen ist, so sind deren Voraussetzungen gem. **§§ 121, 122 StPO** durch das Oberlandesgericht zu überprüfen. Diese Kontrolle genießt Vorrang gegenüber einem gleichzeitigen Verfahren der Haftbeschwerde[62]. 1166

Der Tatbegriff des § 121 StPO ist (ausnahmsweise) nicht identisch mit dem des § 264 StPO, sondern im Sinne einer „**Verfahrensidentität**" zu verstehen. Unter „dieselbe Tat" i.S.d. § 121 StPO fallen alle Handlungen des Beschuldigten, die – im Sinne eines dringenden Tatverdachts – bereits bekannt geworden sind und in den bestehenden Haftbefehl hätten aufgenommen werden können. Unerheblich ist dabei, ob sie Gegenstand desselben Verfahrens oder getrennter Verfahren sind. So soll der Gefahr eines Missbrauchs durch „Reservehaltung" von bereits bekannten Tatvorwürfen vorgebeugt werden[63].

a) Voraussetzungen der Haftfortdauer über sechs Monate

Wenngleich es mit Ausnahme von § 122a StPO **keine absolute Grenze** für die Dauer der Untersuchungshaft gibt – selbst nach Art. 5 Abs. 3 S. 2 EMRK hat der Beschuldigte im Falle der Verhaftung nur Anspruch auf Aburteilung „innerhalb einer angemessenen Frist oder auf Haftentlassung während des Verfahrens"[64] – gebieten das Freiheitsrecht aus Art. 2 Abs. 2 S. 2 GG und der Grundsatz der Verhältnismäßigkeit die besondere Beachtung des Beschleunigungsgebots. Als positivrechtliche Ausprägung dieses Grundsatzes spielt § 121 Abs. 1 StPO in der Praxis eine große Rolle. Denn nur bei Vorliegen „**besonderer**" Schwierigkeiten oder eines „**besonderen**" Umfangs der auf die im Haftbefehl genannte(n) Tat(en) bezogenen[65] Ermittlungen bzw. bei 1167

---

60 Auch gegen eventuelle Bedenken des Ermittlungsrichters, denn die Staatsanwaltschaft ist die Herrin des Ermittlungsverfahrens, BGH NJW 2000, 967; a.A. bzgl. § 116 StPO: KK-*Schultheis*, § 120 Rn. 23; *Meyer-Goßner*, § 120 Rn. 13; LR-*Hilger*, § 120 Rn. 40.
61 War der Vollzug des Haftbefehls gem. **§ 116 StPO** ausgesetzt oder die Untersuchungshaft zum Zwecke der Verbüßung von Strafhaft unterbrochen, so zählen diese Zeiten bei der Fristberechnung nicht mit. Ist der Beschuldigte dagegen – in Unterbrechung der Untersuchungshaft – vorübergehend nach **§ 81 StPO** untergebracht, so ist diese Zeit bei der Fristberechnung zu berücksichtigen, vgl. KG NStZ 1997, 148 f. Die **Frist ruht allerdings während laufender Hauptverhandlung** (§ 121 Abs. 3 S. 2 StPO).
62 BGH AK 18/12; StB 7/12 Tz. 4.
63 Siehe BGH AK 63/17 Tz. 9; OLG Nürnberg StraFo 2016, 468 f.; OLG Celle StV 2012, 421; OLG Naumburg NStZ-RR 2009, 157 m.w.N.
64 Siehe EGMR NJW 2015, 3773 ff.
65 Beziehen sich die Schwierigkeiten auf Ermittlungen, welche nicht im Haftbefehl aufgeführte Taten betreffen, so muss diesbezüglich jedenfalls dringender Tatverdacht vorliegen, OLG Karlsruhe NJW 2004, 3725 f. m.w.N.

Kapitel 8 *Zwangsmittel zur Sachaufklärung und Verfahrenssicherung*

einem anderen wichtigen Grund, der ein Urteil noch nicht zugelassen hat, darf die Untersuchungshaft fortdauern.

1168 Das **BVerfG** setzt dabei im Hinblick auf die Förderung des Verfahrens hohe Maßstäbe[66]:

Die Justiz hat alle zumutbaren organisatorischen Maßnahmen zu ergreifen, um im Rahmen der bestehenden personellen und sachlichen Ausstattung sowohl die Ermittlungen zu fördern als auch nach erhobener Anklage die rasche Durchführung der Hauptverhandlung zu gewährleisten. Unnötige Verzögerungen – gleich in welchem Stadium des Verfahrens – sind durch organisatorische Maßnahmen zu verhindern[67].

Bei der Bewertung eines Verstoßes gegen den Beschleunigungsgrundsatz kommt es nicht auf einzelne, für sich genommen möglicherweise noch hinnehmbare Verfahrensverzögerungen an; es ist vielmehr eine Gesamtschau des Verfahrensganges vorzunehmen.

1169 Die Überlastung eines Gerichts fällt (anders als unvorhersehbare Zufälle und schicksalhafte Ereignisse) in den Verantwortungsbereich des Staates. Er kann sich dem Beschuldigten gegenüber folglich nicht darauf berufen, dass er seine Gerichte nicht so ausstattet, wie es erforderlich ist, um die anstehenden Verfahren ohne vermeidbare Verzögerung abzuschließen[68]. Das Tatgericht muss die Hauptverhandlung möglichst komprimiert („Verhandlungsdichte") durchführen. Bei bereits lang andauernder Untersuchungshaft kann die Hauptverhandlung an lediglich einem Tag pro Woche also gegen den Grundsatz der Beschleunigung verstoßen[69]. Ein „wichtiger Grund" ist auch dann zu verneinen, wenn Verfahrensverzögerungen auf Fehler der Ermittlungsbehörden oder der Gerichte zurückzuführen sind[70]. So soll beispielsweise die Aufhebung eines Urteils im Revisionsrechtszug wegen eines **Verfahrensfehlers** stets eine dem Beschuldigten nicht zuzurechnende Verzögerung darstellen[71].

1170 Nach der **Rechtsprechung des EGMR** kann die Angemessenheit der Dauer einer U-Haft nicht abstrakt, sondern nur anhand der konkreten Umstände des Einzelfalles beurteilt werden. Dabei ist das Fortbestehen des begründeten Tatverdachts natürlich eine „conditio sine qua non" für die Haftfortdauer. Bei längeren Haftzeiten prüft der EGMR zudem, ob die von den Justizbehörden vorgetragenen Gründe den Freiheitsentzug weiterhin gerechtfertigt haben und ob die zuständigen innerstaatlichen Behörden bei der Durchführung des Verfahrens besonders zügig vorgegangen

---

66   Zusammengefasst werden diese etwa in BVerfG NJW 2012, 513 ff.; 2 BvR 2098/12; StV 2009, 479 ff.; StV 2009, 592 ff.
67   So kommt z.B. die Anlage von Zweitakten durch die Staatsanwaltschaft nur Fortsetzung der Ermittlungstätigkeit in Betracht, wenn sich die Originalakten etwa wegen der Einlegung eines Rechtsmittels bei Gericht befinden oder verschiedene Ermittlungshandlungen gleichzeitig durchzuführen sind.
68   BVerfG NJW 2006, 668 ff.
69   Lesen Sie BVerfG 2 BvR 2098/12; 2 BvR 2652/07; NJW 2006, 677 ff.; OLG Celle, StV 2013, 644 f.
70   Etwa bei Anklageerhebung vor einem unzuständigen Gericht oder bei einem Kompetenzkonflikt zwischen Gerichten, vgl. BVerfG NJW 2000, 1401 f.
71   BVerfG NJW 2006, 672; OLG Koblenz NStZ-RR 2007, 315 ff.; konsequenterweise dürfte dann die Aufhebung eines Urteils aufgrund der Sachrüge ebenfalls als vermeidbare Verfahrensverzögerung einzustufen sein, vgl. *Tepperwien* NStZ 2009, 1 ff.

sind⁷². Bei Verstößen gegen das besondere Beschleunigungsgebot in Haftsachen kann die „Opfereigenschaft" des Inhaftierten aber durch angemessene Kompensation – etwa eine Strafmilderung – entfallen⁷³. Deutschland ist bislang einige Male wegen Verstoßes gegen Art. 5 Abs. 1 c), Abs. 3 bzw. Art. 6 Abs. 1 EMRK verurteilt worden⁷⁴.

Es fällt auf, dass der EGMR⁷⁵ und auch das BVerfG⁷⁶ Verfahrensverzögerungen selbst dann den Strafverfolgungsbehörden anlasten, wenn diese auch bei sorgfältiger Planung nicht vermeidbar waren. Dagegen wird das Prozessverhalten der Betroffenen, insbesondere das exzessive Ausnutzen von Verteidigungsrechten, weitgehend ausgeblendet⁷⁷. Eine Betrachtung allein nach Verantwortungssphären garantiert aber kein ausgewogenes Ergebnis. Denn auch aus der uneingeschränkten Beachtung des Beschleunigungsgrundsatzes können dem Angeklagten nachteilige Folgen erwachsen⁷⁸. Dies gilt etwa, wenn – des raschen Ergebnisses wegen – Absprachen im Strafverfahren die Aufklärung des Sachverhalts auch zugunsten des Angeklagten verhindern, wenn er sich dem Druck anderer Verfahrensbeteiligter beugt und die milde Bestrafung einem möglichen Freispruch vorzieht. Denkbar sind auch Einschränkungen der freien Verteidigerwahl aus Termingründen, etwa wenn der vom Angeklagten gewählte Verteidiger an den zeitnah vorgesehenen Hauptverhandlungstagen verhindert ist und das Gericht deshalb einen mit der Sach- und Rechtslage weniger vertrauten Pflichtverteidiger bestellt, zu dem der Angeklagte auch weniger Vertrauen hat⁷⁹.

1171

b) Formales Verfahren bei Vorlage

Rechtzeitig vor Ablauf der Sechs-Monatsfrist hat der zuständige Haftrichter – also entweder gem. §§ 125 Abs. 1, 162 StPO der Ermittlungsrichter oder gem. § 125 Abs. 2 StPO das mit der Sache befasste Gericht – zu prüfen, ob aus seiner Sicht der Haftbefehl noch aufrecht zu erhalten oder aufzuheben ist. Dabei ist das Gericht nicht auf den Prüfungsmaßstab des § 120 StPO beschränkt; es darf – und muss – den Haftbefehl ggfls. auch aufheben, wenn die besonderen Voraussetzungen des § 121 Abs. 1 StPO nicht gegeben sind⁸⁰. Natürlich ist auch zu prüfen, ob eine Außervollzugsetzung nach

1172

---

72 EGMR NJW 2015, 3773 ff.
73 Wie dies zu geschehen hat, lesen Sie in den Ausführungen zum Urteil, oben Rn. 725.
74 StV 2006, 474 ff. (U-Haft bis zur ersten Verurteilung 4 Jahre und 8 Monate, bis zur rechtskräftigen Entscheidung 8 Jahre); NJW 2005, 3125 ff. (U-Haft bis zur ersten Verurteilung 4 Jahre und 9 Monate); NJW 2003, 1439 ff. (U-Haft bis zur Verurteilung 5 Jahre und 11 Monate).
75 Z.B. Neubeginn der Hauptverhandlung infolge des Ausfalls einer Schöffin sowie einer Ergänzungsschöffin jeweils durch Krankheit, vgl. NJW 2005, 3125 ff.; StV 2006, 474 ff.
76 BVerfG NJW 2006, 668 ff.: Schwangerschaft einer Beisitzerin.
77 Das BVerfG verlangt, dass eine verfahrenswidrige Verzögerung durch die Verteidigung im Einzelfall ermittelt und im Einzelnen dargelegt wird, BVerfG NJW 2006, 668. Lesen Sie sich andererseits BGH NStZ 2005, 341: „Die Möglichkeiten der Strafjustiz müssen aber auf Dauer an ihre Grenzen stoßen, wenn die Verteidigung in Strafverfahren, wie der Senat zunehmend beobachtet, zwar formal korrekt und im Rahmen des Standesrechts geführt wird, sich aber dem traditionellen Ziel des Strafprozesses, der Wahrheitsfindung in einem prozessordnungsgemäßen Verfahren, nicht mehr verpflichtet fühlt …".
78 Dazu grundlegend *Tepperwien* NStZ 2009, 1 ff.
79 Vgl. dazu OLG Hamm NJW 2006, 2788; OLG Naumburg NStZ-RR 2009, 114 sowie oben Rn. 260, 366.
80 Die Haftentlassung darf der Richter gegen den Willen der Staatsanwaltschaft mit Rücksicht auf deren Antragsrecht gem. § 122 Abs. 1 StPO aber nicht anordnen.

Kapitel 8 *Zwangsmittel zur Sachaufklärung und Verfahrenssicherung*

§ 116 StPO in Betracht kommt. Für letztere Entscheidung bleibt der Haftrichter im Übrigen auch nach Anhängigkeit der Sache beim Oberlandesgericht zuständig[81].

Gelangt der Haftrichter zu dem Ergebnis, die Untersuchungshaft müsse fortdauern, und/oder wird dies durch die Staatsanwaltschaft beantragt, so sind gemäß § 122 Abs. 1 StPO die Akten über die Staatsanwaltschaft und die Generalstaatsanwaltschaft dem zuständigen Oberlandesgericht vorzulegen, welches dann die Voraussetzungen des Haftbefehls prüft und über den weiteren Vollzug der Untersuchungshaft entscheidet. Wird im Verfahren gem. §§ 121, 122 StPO durch zu begründenden Beschluss[82] die Fortdauer angeordnet, so muss die Prüfung spätestens nach Ablauf von **drei Monaten** wiederholt werden, § 122 Abs. 4 S. 2 StPO. Hebt das Oberlandesgericht den Haftbefehl dagegen aus den Gründen des § 121 Abs. 1 StPO auf, so kommt der Erlass eines neuen Haftbefehls wegen derselben Straftat nicht in Betracht. Insoweit entfaltet der aufhebende Beschluss eine Sperrwirkung, deren Umfang jedoch im Einzelnen umstritten ist[83].

II. Hauptverhandlungshaft

1173 In den Fällen der Festnahme nach § 127b Abs. 1 StPO zur Durchführung des beschleunigten Verfahrens darf die sog. Hauptverhandlungshaft durch den funktionell zuständigen Richter (§ 127b Abs. 3 StPO) angeordnet werden, wenn **neben den Voraussetzungen des § 127 Abs. 1 StPO** dringender Tatverdacht besteht, die Durchführung der – gesamten – Hauptverhandlung innerhalb einer Woche zu erwarten und die Anordnung der Haft nicht unverhältnismäßig ist.

Der dringende Tatverdacht entspricht begrifflich demjenigen in § 112 Abs. 1 StPO. In jedem Fall ist die Dauer der Haft auf höchstens eine Woche seit dem Zeitpunkt der Festnahme zu befristen, § 127b Abs. 2 S. 2 StPO.

III. Vorführhaftbefehl

1174 Neben den erörterten Maßnahmen nach §§ 112, 112a, 127b StPO kennt die StPO noch weitere Haftbefehle. Insoweit ist zunächst die Haft zur Sicherung der ordnungsgemäßen Durchführung einer Hauptverhandlung zu nennen, §§ 230 Abs. 2, 236, 329 Abs. 4 S. 1 StPO.

In der Regel ist die Anwesenheit des Angeklagten in der Hauptverhandlung zwingend. Das Gericht kann daher den **unentschuldigt ausgebliebenen Angeklagten** gem. § 230 Abs. 2 StPO durch die Polizei vorführen lassen oder aber entsprechenden Haftbefehl erlassen.

---

81 OLG Köln JMBl. NW 1986, 22 f.; **str.**, vgl. die Nachweise bei KK-*Schultheis*, § 122 Rn. 2.
82 Vgl. zu den **inhaltlichen Anforderungen** an eine solche Entscheidung BVerfG 2 BvR 806/08; NStZ-RR 2008, 18 f.; 2007, 311 ff. Um den verfassungsrechtlichen Vorgaben zu genügen, muss die Entscheidung die erforderliche „Begründungstiefe" erreichen. Insbesondere bei länger andauernder U-Haft ist die konkret gebotene Abwägung zwischen dem Freiheitsrecht des Beschuldigten und dem staatlichen Strafanspruch darzulegen. Auch sind die Gründe für die Verfahrensdauer mitzuteilen.
83 Vgl. OLG Frankfurt NStZ-RR 2014, 49; OLG Zweibrücken NJW 1996, 3222.

Hier ist – anders als im Falle der §§ 112, 112a StPO – kein dringender Tatverdacht erforderlich und auch kein Haftgrund, denn die Vorschrift dient allein der Sicherstellung der Hauptverhandlung. Wohl muss der Grundsatz der Verhältnismäßigkeit beachtet werden[84]. Es ist daher immer zu prüfen, ob die zwangsweise Vorführung des Angeklagten zum nächsten Termin ohne zwischenzeitliche Freiheitsentziehung ausreichend ist. Auch muss die nächste Hauptverhandlung möglichst kurzfristig nach einer Festnahme des Angeklagten erfolgen[85].

Auch den Haftbefehl nach § 230 Abs. 2 StPO vollstreckt die Staatsanwaltschaft, § 36 Abs. 2 StPO. Ggfls. wird der Angeklagte zur Festnahme ausgeschrieben. Nach der Festnahme läuft das oben geschilderte Verfahren wie bei einem anderen Haftbefehl, so dass auch § 116 StPO Anwendung finden kann. **1175**

Ist die Hauptverhandlung beendet, so ist der auf §§ 230, 236, 329 Abs. 4 S. 1 StPO gestützte Haftbefehl gegenstandslos[86].

Dem Angeklagten stehen gegen den Vorführungsbefehl und den Haftbefehl nach § 230 Abs. 2 StPO die Beschwerde (§§ 304, 305 S. 2 StPO) sowie die weitere Beschwerde gemäß § 310 Abs. 1 StPO offen. Das gilt auch für eine bereits erledigte Maßnahme i.S.d. § 230 Abs. 2 StPO. Sie kann im Nachhinein noch auf ihre Rechtmäßigkeit überprüft werden[87].

IV. Sicherungshaftbefehl

Der Haftbefehl nach § **453c Abs. 1 StPO** dient einer Sicherung der **Strafvollstreckung**, wenn hinreichende Gründe die Annahme rechtfertigen, dass eine erfolgte Strafaussetzung zur Bewährung widerrufen werden wird. Allerdings darf Sicherungshaft nur angeordnet werden, wenn der Verurteilte flüchtig ist, Fluchtgefahr besteht oder anzunehmen ist, dass er neue **erhebliche** Straftaten begehen wird. Insoweit gelten die obigen Ausführungen entsprechend. **1176**

V. Vollstreckungshaftbefehl

Nach rechtskräftiger Verhängung einer Freiheitsstrafe wird der auf freiem Fuß befindliche Verurteilte zum Haftantritt geladen. Erscheint er nicht, so kann die **Vollstreckungsbehörde**, also die Staatsanwaltschaft (zuständig ist dort gem. § 31 Abs. 2 S. 1 RPflG der Rechtspfleger), gem. § **457 Abs. 2 StPO** Vorführungsbefehl oder Haftbefehl erlassen. **1177**

---

84 Im **Strafbefehlsverfahren** ist die Vorschrift des § 411 Abs. 2 StPO zu beachten. Danach kann sich der Angeklagte, der gegen den Strafbefehl Einspruch eingelegt hat, in der Hauptverhandlung durch einen mit – gesonderter – schriftlicher Vollmacht versehenen Verteidiger vertreten lassen. In diesem Fall kann die Anordnung eines Haftbefehls gegen den nicht erschienenen Angeklagten unverhältnismäßig sein, vgl. OLG Düsseldorf JMBl. NW 1998, 281 f.
85 OLG Hamburg MDR 1987, 78; hier wird ein Zwischenzeitraum von 6 Wochen (zu Recht) für unverhältnismäßig erklärt.
86 KK-*Gmel*, § 230 Rn. 15.
87 Vgl. BVerfG NStZ 2017, 379 ff.

Kapitel 8 *Zwangsmittel zur Sachaufklärung und Verfahrenssicherung*

Die Besonderheit besteht hier also darin, dass die Vollstreckungsbehörde selbst – und nicht das Gericht – einen Haftbefehl erlässt. Gleiches gilt für den Fall, dass ein Inhaftierter aus der Justizvollzugsanstalt entwichen ist.

VI. Auslieferungshaftbefehl

1. Allgemeines

1178 Anders als die Untersuchungshaft, welche die Durchführung der Strafverfolgung im Inland sichern soll, ist die Auslieferungshaft ein Instrument der **Internationalen Rechtshilfe in Strafsachen**[88]. Auf das Begehren eines („ersuchenden") Staates kann eine Person („Verfolgter") von einem anderen („ersuchten") Staat ausgeliefert werden (§ 2 IRG). Das Auslieferungsverfahren dient

– der Durchführung der Strafverfolgung im ersuchenden Staat wegen einer rechtswidrigen Tat des Verfolgten

– und/oder der Vollstreckung einer dort rechtskräftig gegen diesen verhängten Strafe oder Maßregel.

Zum Zwecke der Sicherung der Auslieferung kann der Verfolgte im **ersuchten Staat** in Haft genommen werden, wenn die Gefahr besteht, dass er sich dem Auslieferungsverfahren bzw. der Auslieferung selbst entziehen werde oder wenn Verdunkelungsgefahr anzunehmen ist. Grundlage dieser Freiheitsentziehung ist der Auslieferungshaftbefehl (§ 15 IRG).

Weitere Gegenstände der Internationalen Rechtshilfe sind die Vollstreckung ausländischer Erkenntnisse im Inland (§§ 48 ff. IRG) sowie die sog. sonstige Rechtshilfe, etwa die Ersuchen um kommissarische Vernehmung, um Beschlagnahme oder Herausgabe von Gegenständen (§§ 59 ff. IRG). Beide Komplexe haben im Vergleich zur Auslieferung eine eher geringe praktische Bedeutung.

1179 Wichtigste nationale Rechtsgrundlage des Auslieferungsverkehrs ist das Gesetz über die Internationale Rechtshilfe (IRG), welches u.a. das gerichtliche Verfahren und die Zulässigkeitsvoraussetzungen der Auslieferung regelt (§ 1 Abs. 1 IRG); subsidiär gelten u.a. die Vorschriften des GVG und der StPO (§ 77 IRG). In verfassungsrechtlicher Hinsicht ist Art. 16 GG zu nennen, der in Abs. 2 Satz 1 die Auslieferung eines deutschen Staatsangehörigen im Grundsatz verbietet.

Daneben existiert ein Netzwerk bilateraler und multilateraler völkerrechtlicher Abkommen und Verträge, welche die Vorschriften des IRG ergänzen und diesen mit Ausnahme des Rechtsverkehrs innerhalb der Europäischen Union im Kollisionsfall vorgehen (§ 1 Abs. 3, 4 IRG). Die Regelwerke können wegen ihrer Vielzahl an dieser Stelle nicht aufgezählt werden.

1180 Für den wichtigen Bereich des europäischen Auslieferungsverkehrs ist auf den **Rahmenbeschluss über den Europäischen Haftbefehl (RbEuHB)** hinzuweisen[89]. Mit dem

---

88 Lesen Sie dazu die Einleitung bei *Schomburg* sowie die ausführliche Rechtsprechungsübersicht von *Schmidt* NStZ-RR 2005, 161 ff., fortgeführt von *Mertens* NStZ-RR 2010, 265 ff.
89 Siehe hierzu auch EuGH NJW 2013, 1145 ff.

dort geregelten, jeweils vom ersuchenden Staat zu erlassenden Haftbefehl (daher nicht zu verwechseln mit der Anordnung der Auslieferungshaft im ersuchten Staat) existiert in allen Mitgliedstaaten der Europäischen Union ein einheitliches und verbindliches Instrument der Auslieferung. Der RbEuHB ist in §§ 78 ff. IRG in nationales Recht umgesetzt worden. Danach setzt die Auslieferung deutscher Staatsangehöriger zur Strafverfolgung u.a. voraus, dass die Tat einen maßgeblichen Bezug zum ersuchenden Mitgliedsstaat aufweist. Außerdem muss auf entsprechenden Wunsch des Verfolgten die Rücküberstellung zur Strafvollstreckung in den ersuchenden Staat gesichert sein (§ 80 Abs. 1 Nrn. 1 und 2 IRG).

Nur subsidiär gelten weiterhin **1181**

– das Europäische Auslieferungsübereinkommen (EuAlÜbk) vom 13.12.1957 nebst Zusatzprotokollen, welches die Regelungen des IRG im Verhältnis der Vertragsstaaten ebenfalls modifiziert
– sowie das Schengener Durchführungsübereinkommen (SDÜ) vom 19.06.1990, welches in seinem justiziellen Teil ebenfalls Vorschriften über die Rechtshilfe (Art. 48 ff.) sowie die Auslieferung (Art. 59 ff.) enthält und auf dessen Grundlage (Art. 92 ff.) das sog Schengener Informationssystem (SIS) errichtet worden ist. Letzteres ermöglicht u.a. die vereinfachte Ausschreibung von Personen zum Zwecke der Auslieferung.

2. Auslieferungsvoraussetzungen/Auslieferungshindernisse

In formeller Hinsicht setzt das Auslieferungsverfahren ein ordnungsgemäßes Ersuchen (§ 2 IRG) voraus, dem die Auslieferungsunterlagen nach § 10 IRG, ein Europäischer Haftbefehl (§ 83a Abs. 1 IRG) oder eine diesem gem. § 83a Abs. 2 IRG gleichgestellte Ausschreibung zur Festnahme zwecks Strafverfolgung oder Strafvollstreckung nach dem SIS beigefügt sein müssen. Deren Inhalt muss den Anforderungen an die Darstellung des Sachverhalts nach Tatort, -zeit und Beteiligung des Verfolgten sowie der anzuwendenden gesetzlichen Strafvorschriften genügen[90]. Außerdem ist der das gesamte Auslieferungsrecht beherrschende Grundsatz der **Spezialität** (Art. 14 EuAlÜbk, §§ 11, 83h IRG) zu beachten. Aus ihm ergibt sich für den ersuchenden Staat eine Beschränkung seiner Hoheitsrechte im Sinne eines Vollstreckungshindernisses[91]. Die „Verfolgung"[92] darf im ersuchenden Staat nur auf die Tat gerichtet sein, derentwegen die Auslieferung erfolgt ist. Auch müssen die in der Auslieferungsbewilligung enthaltenen Bedingungen beachtet werden, § 72 IRG. Ob sich der um Auslieferung ersuchte Staat an sein eigenes Auslieferungsrecht gehalten hat, ist demgegenüber unbeachtlich[93]. **1182**

Ausnahmen gelten, wenn der ersuchte Staat im Rahmen eines Nachtragsersuchens einer weitergehenden Verfolgung zustimmt, der Verfolgte auf die Einhaltung dieses

---

90 Lesen Sie dazu: *Mertens* NStZ 2010, 267. Ggfls. sind auch Ausführungen zur Prüfung der formellen Zulässigkeitsvoraussetzungen erforderlich, OLG Karlsruhe NStZ-RR 2015, 387 f.
91 Siehe BGH 2 StR 162/16 Tz. 5; 2 StR 246/16 Tz. 2 m.w.N.
92 Hierzu gehört auch die Bildung einer (ggfls. nachträglichen) Gesamtstrafe; vgl. BGH 3 StR 245/16 Tz. 4; 1 StR 661/15; 3 StR 40/15 Tz. 5; 4 StR 499/13 Tz. 9 f.
93 Vgl. hierzu BGH NStZ 2003, 336; NStZ 2001, 259 f.

Kapitel 8 *Zwangsmittel zur Sachaufklärung und Verfahrenssicherung*

Grundsatzes verzichtet (§ 41 Abs. 2 IRG) oder nach Verlassen der Bundesrepublik hierhin zurückkehrt, obwohl er auf die sich daraus ergebenden Rechtsfolgen (Art. 14 Abs. 1 lit. b EuAlÜbk) hingewiesen wurde[94].

1183 In materieller Hinsicht muss die Tat, wegen der eine Auslieferung begehrt wird, sowohl im ersuchenden als auch im ersuchten Staats strafbar sein (§ 3 Abs. 1 IRG, Art. 2 Abs. 1 EuAlÜbK). Die beiderseitige Strafbarkeit ist im europäischen Auslieferungsverkehr aber nicht zu prüfen, wenn es sich um eine sog. Katalogtat handelt (§ 81 Nr. 4 IRG)[95]. Eine Prüfung des Tatverdachts erfolgt im ersuchten Staat nur dann, wenn „besondere Umstände" dies gebieten (§ 10 Abs. 2 IRG). Der Überstellung des Verfolgten darf schließlich kein sog. Auslieferungshindernis entgegenstehen. Ein solches besteht etwa, wenn zu erwarten ist, dass der ersuchende Staat sich nicht aus eigenem Antrieb an den Grundsatz der Spezialität halten wird[96]. Zu den Hindernissen zählen jenseits des Rechtshilfeverkehrs innerhalb der Mitgliedstaaten der Europäischen Gemeinschaft aber auch Art. 16 Abs. 1 S. 1 GG, politische Taten (§ 6 Abs. 1 IRG), die Gefahr der Verfolgung im ersuchenden Staat aus politischen, religiösen oder anderen Gründen (§§ 6 Abs. 2, 82 IRG), die Todesstrafe (§ 8 IRG). Ergänzende Regelungen für den europäischen Auslieferungsverkehr enthält § 83 IRG. Dabei ist insbesondere § 83 Nr. 3 IRG (bei Abwesenheitsurteilen) von praktischer Bedeutung. Die Auslieferung darf schließlich dann nicht erfolgen, wenn sie wesentlichen Grundsätzen der deutschen Rechtsordnung widersprechen würde (§ 73 S. 1 IRG)[97]. Im europäischen Auslieferungsverkehr darf sie wegen § 73 S. 2 IRG nicht gegen den „ordre public" verstoßen, wie er in der Europäischen Grundrechtscharta niedergelegt ist (vgl. Art. 6 des EU-Vertrages in der Fassung von Lissabon)[98].

3. Gang des Auslieferungsverfahrens/Zuständigkeiten

1184 Das Verfahren ist zweistufig. Zunächst findet auf Antrag des ersuchenden Staates eine gerichtliche Zulässigkeitsprüfung auf der Grundlage des IRG sowie der ergänzenden Rechtsvorschriften statt. Wird die Auslieferung für unzulässig erklärt, darf sie nicht stattfinden. Der in Haft befindliche Verfolgte ist auf freien Fuß zu setzen. Eine für zulässig befundene Auslieferung muss andererseits nicht deren Vollziehung zur Folge haben. Denn auf das gerichtliche Verfahren folgt die Prüfung der Bewilligung der Auslieferung, welche Art. 32 GG, § 74 IRG als Bestandteil der auswärtigen Beziehungen des Bundes der Bundesregierung zuweist. Freilich kann diese Entscheidung gem. § 74 Abs. 2 IRG den Länderverwaltungen, namentlich den Staatsanwaltschaften bei den Oberlandesgerichten, übertragen werden[99].

---

94 Vgl. hierzu BGH 1 StR 165/12; 5 StR 49/12 Tz. 8; 1 StR 148/11 Tz. 10 ff.; 4 StR 499/11 Tz. 16 ff.; OLG Stuttgart NStZ-RR 2012, 175 f.
95 In diesem Fall müssen dem Europäischen Haftbefehl auch nicht die nationalen Vorschriften beigefügt werden, vgl. OLG Frankfurt NStZ-RR 2011, 341 f. m.w.N.
96 BVerfG NStZ-RR 2017, 226 ff.; OLG Frankfurt NStZ-RR 2017, 57 ff. zu den USA.
97 Zu den Einzelheiten: *Schomburg-Lagodny*, § 73 Rn. 54 ff.; vgl. auch BVerfG NStZ 2016, 546 ff.; NJW 2005, 3483 ff.; OLG München NStZ-RR 2016, 323 f.; OLG Karlsruhe NStZ-RR 2016, 257 f.
98 Siehe hierzu EuGH NJW 2017, 378 ff.; BVerfG NStZ 2017, 43 ff.; 2 BvR 890/16; OLG Schleswig NStZ 2017, 50 ff. (aktuell keine Auslieferung in die Türkei).
99 Vgl. *Seitz* NStZ 2004, 546 f.

Die gerichtliche Zulässigkeitsprüfung der Auslieferung ist den Oberlandesgerichten übertragen (§ 13 IRG), welche auch über die – vor Eingang der Auslieferungsunterlagen zunächst vorläufige (§ 16 IRG) – Anordnung der Auslieferungshaft (§ 15 IRG) entscheiden. Die inhaltlichen Anforderungen des **Auslieferungshaftbefehls** ergeben sich aus § 17 IRG. Das weitere Verfahren nach Ergreifung des Verfolgten regeln §§ 19 ff. IRG. Es bestehen insoweit Parallelen zu §§ 114 ff. StPO. Dabei ist insbesondere die für den Vollzug der Haft geltende Vorschrift des § 119 StPO zu nennen.

Das eigentliche Prüfungsverfahren bezüglich der Zulässigkeit der Auslieferung regeln §§ 30–32 IRG. Es endet mit der förmlichen Feststellung der Zulässigkeit bzw. Unzulässigkeit der Auslieferung durch Beschluss (§ 32 IRG). Hinzuweisen ist auf die häufig praktizierte Möglichkeit der vereinfachten Auslieferung im Einverständnis des Verfolgten (§ 41 IRG). Allerdings ist die Vollstreckung eines europäischen Haftbefehls ggfls. aufzuschieben, wenn in dem ersuchenden Staat eine echte Gefahr unmenschlicher oder erniedrigender Behandlung besteht[100].

C. Vorläufige Unterbringung

Auf Antrag der Staatsanwaltschaft kann der auch für den „normalen" Haftbefehl zuständige Richter die vorläufige Unterbringung in einem psychiatrischen Krankenhaus oder einer Entziehungsanstalt unter den Voraussetzungen des **§ 126a StPO** anordnen.

1185

Hierzu müssen dringende Gründe für die Annahme vorliegen, dass der Beschuldigte eine rechtswidrige Tat im Zustand der Schuldunfähigkeit oder der erheblich verminderten Schuldfähigkeit i.S.d. §§ 20, 21 StGB begangen hat **und** dass seine Unterbringung in einem psychiatrischen Krankenhaus (§ 63 StGB) oder einer Entziehungsanstalt (§ 64 StGB) im späteren Urteil angeordnet werden wird.

Die vorläufige Unterbringung ist praktisch eine **Vorwegnahme der Maßregel** und ermöglicht bereits in einem frühen Stadium des Verfahrens eine – ggfls. auch zwangsweise[101] – ärztliche Behandlung, so dass möglicherweise z.Zt. der Hauptverhandlung eine Aussetzung des Maßregelvollzugs nach § 67b StGB erörtert werden kann.

Da die Zielrichtung im **Schutz der Allgemeinheit** besteht, müssen die Voraussetzungen des § 112 StPO nicht erfüllt sein[102]. Auch bei der Festnahme aufgrund eines Unterbringungsbefehls muss der Beschuldigte aber dem zuständigen Richter vorgeführt werden, §§ 126a Abs. 2, 115 Abs. 1 StPO. Ohnehin ähneln sich die Verfahrensweisen weitgehend. So sind auch die Regelungen zur Überprüfung der Rechtmäßigkeit eines Haftbefehls entsprechend anwendbar, §§ 126a Abs. 2, 117–118a StPO. Jedoch ist eine Außervollzugsetzung des Unterbringungsbefehls im Hinblick auf die prognostizierte Gefährlichkeit des Beschuldigten nicht vorgesehen.

1186

---

100 BVerfG NJW 2018, 37 ff.; EuGH NJW 2016, 1709 ff.; OLG München NStZ-RR 2017, 229 f.
101 Siehe hierzu BGH 2 ARs 426/16.
102 Eine Konkurrenz zwischen § 126a und § 112 StPO kommt ohnehin nur bei Vorliegen verminderter Schuldfähigkeit (§ 21 StGB) in Betracht, da gegen Schuldunfähige ein Haftbefehl nicht erlassen werden darf. Vgl. zum Verhältnis Haftbefehl/einstweilige Unterbringung auch LR-*Hilger*, § 126a Rn. 4 f.

Kapitel 8 *Zwangsmittel zur Sachaufklärung und Verfahrenssicherung*

Gemäß § 126a Abs. 2 S. 2 StPO hat das Oberlandesgericht über die Fortdauer der Unterbringung zu befinden, wenn diese über sechs Monate angedauert hat. Die Anordnung ist dabei allerdings nicht an die besonderen Voraussetzungen des § 121 Abs. 1 StPO gebunden[103]. Freilich ist wie bei allen freiheitsentziehenden Maßnahmen der Grundsatz der Beschleunigung in besonderer Weise zu beachten[104].

D. Unterbringung des Beschuldigten zur Beobachtung

1187 Nach **§ 81 Abs. 1 StPO** darf zur **Vorbereitung eines Gutachtens** über den psychischen Zustand des Beschuldigten die Unterbringung in einem psychiatrischen Krankenhaus (**Anstaltsbeobachtung**) angeordnet werden. Diese Möglichkeit besteht bereits im Ermittlungs- oder Sicherungsverfahren. Sie stellt im Verhältnis zur vorläufigen Unterbringung nach § 126a StPO die mildere Maßnahme dar und setzt keine Gefährlichkeitsprognose i.S.d. § 63 StGB voraus. Sie soll auch nicht die spätere Unterbringung vorwegnehmen, sondern dient beispielsweise einer Abklärung der Schuld- oder Verhandlungsfähigkeit des Beschuldigten.

Erforderlich sind jedoch:
– dringender Tatverdacht;
– die Anhörung eines Sachverständigen, dem der Beschuldigte hierzu auch zwangsweise vorgeführt werden kann. Der Gutachter muss nach persönlicher Untersuchung des Beschuldigten ein schriftliches Gutachten erstatten[105];
– Verhältnismäßigkeit der Maßnahme, § 81 Abs. 2 S. 2 StPO;
– Mitwirkung eines Verteidigers, § 140 Abs. 1 Nr. 6 StPO.

1188 Die **Anordnungskompetenz** liegt nach § 81 Abs. 2 S. 1 StPO allein beim Gericht, das seine Entscheidung gemäß § 34 StPO zu begründen hat[106].

Die Dauer einer derartigen Maßnahme ist auch bei weitergehendem Einverständnis des Beschuldigten auf insgesamt sechs Wochen beschränkt, § 81 Abs. 5 StPO. Eine Verlängerung kann allenfalls über die einstweilige Unterbringung nach § 126a StPO erfolgen, wenn die Voraussetzungen dieser Vorschrift vorliegen.

E. Körperliche Untersuchungen

1189 Die Sicherung von Beweismitteln kann es u.U. erforderlich machen, den **Beschuldigten oder Dritte** körperlich zu untersuchen, um so Spuren (z.B. Verletzungen) festzuhalten. Willigen die Betroffenen in die entsprechende Untersuchung nicht ein, so muss hinsichtlich der Zulässigkeit einer zwangsweisen Durchsetzung unterschieden werden, gegen wen sich die Maßnahme richtet.

---

103 OLG Düsseldorf NJW 2008, 867; OLG Hamm NJW 2007, 3220 f.
104 OLG Koblenz NStZ-RR 2007, 207 f.
105 KG NStZ-RR 2013, 182.
106 LG Zweibrücken NJW 1997, 70.

Körperliche Untersuchungen **E**

I. Maßnahmen gegen den Beschuldigten, § 81a StPO

Nach dieser Vorschrift darf bei fehlender Einwilligung des Beschuldigten im Rahmen der Verhältnismäßigkeit dessen körperliche Untersuchung zur Feststellung von Tatsachen angeordnet werden, die für das Verfahren von Bedeutung sind. Das betrifft insbesondere **körperliche Eingriffe** – die stets ärztlich durchzuführen sind – wie:

– die Entnahme einer **Blutprobe** (so geschehen in unserem **Originalfall**);
– die **Untersuchung auf Verletzungen**;
– Maßnahmen zur **Feststellung der Verhandlungsfähigkeit**.

Heftig umstritten ist dagegen die Zulässigkeit der Verabreichung von Mitteln, um im Körper versteckte Gegenstände (beispielsweise Rauschgiftbehältnisse) beschleunigt auszuscheiden (sog. Exkorporation, etwa durch das Einflößen eines Brechmittels)[107].

Stets soll mit der Anwendung von Zwang nur die passive Duldung erreicht werden, die aktive Mithilfe des Beschuldigten darf nicht erzwungen werden. Darüber hinaus darf durch die Untersuchung kein Nachteil für die Gesundheit des Beschuldigten entstehen, § 81a Abs. 1 StPO a.E. Wie bei allen strafprozessualen Zwangsmaßnahmen ist selbstverständlich der Grundsatz der Verhältnismäßigkeit zu beachten[108].

Die **Anordnung** obliegt gem. § 81a Abs. 2 StPO dem Richter und nur bei Gefährdung des Untersuchungserfolges durch Verzögerung auch der Staatsanwaltschaft sowie – nachrangig – ihren Hilfsbeamten[109]. Es gelten im Grundsatz die gleichen Anforderungen wie beim Richtervorbehalt in § 105 Abs. 2 StPO. Im Zusammenhang mit der Veranlassung von **Blutentnahmen** durch Polizeibeamte anlässlich von Straßenverkehrsdelikten (etwa Trunkenheitsfahrten) gab es eine wahre Flut höchst- und obergerichtlicher Entscheidungen zu der Frage, ob ein Verstoß gegen den Richtervorbehalt ein Verwertungsverbot nach sich zieht. Dies wurde jenseits der Fälle einer willkürlichen Umgehung verneint[110]. Durch Einfügung des § 81a Abs. 2 S. 2 StPO hat der Gesetzgeber beim Verdacht bezüglich der maßgeblichen Verkehrsdelikte sowie der entsprechenden Ordnungswidrigkeiten i.S.d. §§ 24a und 24c StVG (siehe insoweit § 46 Abs. 4 OWiG) den Richtervorbehalt im Jahr 2017 ausdrücklich aufgehoben.

1190

Aufgrund einer besonderen richterlichen Entscheidung ist im Rahmen der Verhältnismäßigkeit auch die ambulante Vorführung bei einem Sachverständigen oder die

---

107 Lesen Sie dazu die umfangreichen Nachweise aus Schrifttum und Rechtsprechung bei: *Meyer-Goßner*, § 81a Rn. 22. Wie ein solcher Eingriff abläuft und welche schlimmen Folgen er für den sich widersetzenden Beschuldigten haben kann, belegen in erschütternder Weise BGH 5 StR 536/11; 5 StR 18/10. Jedenfalls dürfte im Anschluss an die Rechtsprechung des EGMR (NJW 2006, 3117 ff.), der in dem von ihm zu beurteilenden Fall sogar einen Verstoß gegen das Folterverbot in Art. 3 EMRK angenommen hat, eine besonders strenge Handhabung des Verhältnismäßigkeitsgrundsatzes geboten sein.
108 So verstößt die Anordnung eines bis zu drei Tage andauernden stationären Aufenthaltes eines 81 Jahre alten Beschuldigten zum Zwecke der Feststellung seiner Erektions- bzw. Ejakulationsfähigkeit (u.a. mittels einer sog. „Nachtschlafuntersuchung") gegen das Übermaßverbot, BVerfG NJW 2004, 3697 f.
109 Siehe zur praktischen Anwendung oben Rn. 75, 78 f.
110 Siehe BVerfG StraFO 2011, 145; NJW 2010, 2864; SaarlVerfGH NJW 2010, 2037; OLG Köln NStZ-RR 2010, 281; OLG Schleswig NStZ-RR 2010, 82 f. sowie KG NStZ 2015, 42 f. zur parallelen Situation der Atemalkoholmessung ohne Belehrung über die Freiwilligkeit.

Kapitel 8 *Zwangsmittel zur Sachaufklärung und Verfahrenssicherung*

vorübergehende stationäre Unterbringung zur Vorbereitung eines entsprechenden Gutachtens zulässig[111]. Die Vollziehung obliegt in jedem Fall nach § 36 Abs. 2 StPO der Staatsanwaltschaft. Bei Untersuchungen, die das Schamgefühl verletzen können, ist die Vorschrift des § 81d StPO zu beachten.

Soweit Blutproben oder sonstige Körperzellen (auch Flüssigkeiten) entnommen worden sind, unterliegen sie dem ausschließlichen Verwendungszweck in einem Strafverfahren; sie müssen, sobald sie hierfür nicht mehr benötigt werden, **unverzüglich vernichtet werden**, § 81a Abs. 3 StPO.

II. Maßnahmen gegen Dritte, § 81c StPO

1191 Andere Personen als der Beschuldigte dürfen **gegen ihren Willen** nur unter engeren Voraussetzungen als in § 81a StPO körperlich untersucht werden. Ist der jeweils Betroffene – ob Beschuldigter oder Dritter – dagegen mit der Untersuchung/Maßnahme einverstanden, so ist diese ohne weiteres zulässig.

In der Vergangenheit hat sich die Polizei bereits einige Male etwa eines **Massentests** zur Erstellung von DNA-Analysen bei einer Vielzahl von nicht Verdächtigen bedient. Den Fall der freiwilligen Mitwirkung an einer solchen Reihenuntersuchung regelt – mit umfassenden Belehrungspflichten – § 81h StPO. Weigert sich eine Person aus dem definierten Kreis der Probanden, der Entnahme zuzustimmen, so kann dies einen hinreichend konkreten Verdacht i.S.d. § 152 Abs. 2 StPO begründen. Gegenüber diesem Betroffenen kann dann auch die zwangsweise Entnahme nach § 81a Abs. 1 StPO angeordnet werden[112].

1192 Ärztliche Untersuchungen Dritter sind – im Rahmen der Verhältnismäßigkeit, § 81c Abs. 4 StPO – zulässig, wenn sie **als Zeugen in Betracht kommen** oder wenn **die Untersuchung zur Erforschung der Wahrheit erforderlich ist**, um an ihrem Körper Spuren oder Folgen einer Straftat aufzufinden, § 81c Abs. 1 StPO. Eine **Blutprobe** oder eine Untersuchung zur Frage der Abstammung darf dagegen auch unter erweiterten Voraussetzungen erfolgen, 81c Abs. 2 StPO.

Zu beachten ist insbesondere die Befugnis, bei Vorliegen eines Zeugnisverweigerungsrechts auch die Untersuchung zu verweigern, § 81c Abs. 3 StPO. Hierüber ist der Zeuge zu belehren, und zwar in der Regel durch denjenigen, der die entsprechende Maßnahme angeordnet hat.

Unmittelbarer Zwang darf gegen Dritte nur auf ausdrückliche Anordnung des Richters ausgeübt werden, § 81c Abs. 6 S. 2 StPO.

1193 Die **Anordnungskompetenz** hat nach § 81c Abs. 5 StPO ohnehin grundsätzlich der Richter und nur bei Gefährdung des Untersuchungserfolges durch Verzögerung

---

111 KG NStZ-RR 2016, 174; *Meyer-Goßner*, § 81a Rn. 24 m.w.N.
112 Vgl. BVerfG NJW 1996, 3071 ff.; zur Frage der Verwertbarkeit siehe BVerfG NJW 1996, 345 f. Lesen Sie zur Frage der Rechtmäßigkeit der Anordnung von DNA-Massentests: *Graalmann-Scheerer* NStZ 2004, 297 ff.

Körperliche Untersuchungen **E**

auch die Staatsanwaltschaft und deren Ermittlungspersonen[113]. Im Übrigen gilt die Regelung hinsichtlich des **Verwendungszwecks der Untersuchungen** in § 81a Abs. 3 StPO für die Maßnahmen gegenüber Dritten entsprechend, § 81c Abs. 5 S. 2 StPO.

III. DNA-Analyse und Speicherung von Daten, §§ 81e–g StPO

1. Allgemeines

Durch die **DNA-** (engl.: **D**esoxyribo **N**ucleic **A**cid) oder **Genomanalyse**, den sog. „**genetischen Fingerabdruck**", kann anhand von Spurenabgleichung (z.B. aus Sperma, Blut, Speichel) ein Tatbezug hergestellt oder ausgeschlossen werden[114]. Der Gesetzgeber hat die Untersuchung in § **81e** ff. StPO als gegenüber anderen Aufklärungsmaßnahmen gleichberechtigten Eingriff normiert[115]. Es ist ohne weiteres möglich, eine Verurteilung allein auf den DNA-Befund zu stützen[116]. Die Vorschriften der §§ 81e und 81f StPO regeln dabei die Untersuchung von entnommenem DNA-Material zu Aufklärungszwecken in einem laufenden Verfahren, während § 81g StPO die Speicherung von Daten zur eventuellen Verwendung in künftigen Strafverfahren betrifft.

1194

2. Anordnungsvoraussetzungen der DNA-Analyse, §§ 81e, 81f StPO

Voraussetzung für Feststellungen nach § 81e StPO ist, dass neben dem zu untersuchenden Material – in der Regel Tatspuren – Vergleichsmaterial auf der Grundlage der §§ 81a und 81c StPO erlangt worden ist. Für die Anordnung einer entsprechenden Untersuchung ist der Richter – bei Gefahr im Verzug auch die Staatsanwaltschaft oder eine Ermittlungsperson – zuständig, wenn sich die Maßnahme gegen einen konkreten Beschuldigten richtet und dieser mit der Untersuchung nicht einverstanden ist, § 81f Abs. 1 S. 1 StPO. Örtlich zuständig ist der Richter, in dessen Bezirk die Körperzellenentnahme stattfindet[117]. Der förmlichen Anordnung bedarf es nicht bei anonymen Tatspuren und wenn der Betroffene nach entsprechender Belehrung schriftlich einwilligt, § 81f Abs. 1 S. 2 StPO.

1195

Nach § 81e Abs. 1 S. 2 StPO unterliegen die Untersuchungen dem eingeschränkten Zweck der Feststellung der Abstammung, des Geschlechts oder der Tatsache, ob aufgefundenes Spurenmaterial von dem Beschuldigten bzw. dem Verletzten stammt. Hierzu muss die Maßnahme erforderlich sein. Das Material darf auch nicht für andere Zwecke (etwa Einstellung in eine Datenbank zur Identitätsfeststellung in künftigen Strafverfahren) genutzt werden[118].

---

113 Ausgenommen ist der Fall des § 81c Abs. 3 S. 3 StPO.
114 Oftmals ist die DNA-Analyse das entscheidende Beweismittel zur Überführung des Täters, vgl. BGH NStZ-RR 2011, 347; NStZ 2009, 285; 2009, 1159.
115 Lesen Sie zur DNA-Methodik im Strafverfahren *Schneider et al.* NStZ 2010, 433 ff.
116 BGH 3 StR 31/17 Tz. 5; 3 StR 298/15 Tz. 5; 3 StR 67/13 Tz. 4.
117 OLG Düsseldorf NJW 2002, 1814.
118 Verstöße hiergegen führen indes nicht ohne weiteres zu einem Verwertungsverbot, BGH 4 StR 555/14.

Kapitel 8 *Zwangsmittel zur Sachaufklärung und Verfahrenssicherung*

3. Speicherung von Daten (sog. Gen-Datenbanken)

1196 § 81g Abs. 1 und 4 StPO erlauben es, einem **Tatverdächtigen**, einem **bereits rechtskräftig Verurteilten** (nicht hingegen einem rechtskräftig Freigesprochenen[119]) oder einer wegen nicht erwiesener Schuldfähigkeit oder ihres Alters nicht zur Verantwortung gezogenen Person Körperzellen zu entnehmen, diese molekulargenetisch zur Erstellung eines „genetischen Fingerabdrucks" zu untersuchen und die Ergebnisse mit Rücksicht auf **mögliche künftige Strafverfahren** zu speichern. Es handelt es sich hierbei also um eine vorsorgende erkennungsdienstliche Maßnahme[120].

a) Inhaltliche Anforderungen

1197 Um dem Spannungsfeld zwischen dem verfassungsrechtlich geschützten Recht des Betroffenen auf informationelle Selbstbestimmung einerseits und dem Interesse des Staates an der Aufklärung von Straftaten andererseits gerecht zu werden, kann die Entnahme von Körperzellen allerdings nicht als präventive Routinemaßnahme behandelt werden. Die gegen den Willen des Beschuldigten (vgl. § 81g Abs. 3 StPO) erfolgende, auf § 81g Abs. 1 bzw. 4 StPO gestützte – nachvollziehbar zu begründende – Anordnung erfordert daher auf der Grundlage einer umfassenden Sachverhaltsaufklärung die **einzelfallbezogene Beurteilung** der begangenen Straftat und der Täterpersönlichkeit in Abwägung mit den Interessen des Betroffenen[121].

Die materiellen Voraussetzungen sind kumulativ:
– das Vorliegen bzw. der (einfache) Verdacht einer Sexualstraftat oder einer sonstigen Tat „von erheblicher Bedeutung", § 81g Abs. 1 S. 1 StPO. Erfasst werden Tatbestände, die dem **mittleren Kriminalitätsbereich** zuzuordnen sind, den Rechtsfrieden empfindlich beeinträchtigen und geeignet sind, das Gefühl der Rechtssicherheit der Bevölkerung erheblich zu stören[122]. Ausreichend sind auch sonstige **wiederholt begangene** Taten, deren Unrechtsgehalt insgesamt von erheblicher Bedeutung ist, § 81g Abs. 1 S. 2 StPO;
– die **Prognose**, dass gegen den Betroffenen in Zukunft **erneut Strafverfahren** wegen Taten mit diesem Erheblichkeitscharakter zu führen sein werden.

1198 Die Anforderungen, die im Rahmen des § 81g StPO an die Negativprognose zu stellen sind, eröffnen einen vergleichsweise weiten Anwendungsspielraum. So ist es etwa nicht erforderlich, die **konkrete** Gefahr weiterer Straftaten festzustellen. Auch ist die Prognoseentscheidung nicht an den Kriterien der §§ 63, 64, 66 StGB zu messen[123] oder gar an eine Wiederholungsgefahr im Sinne des § 112a StPO geknüpft. Andererseits

---

119 Und zwar auch dann nicht, wenn der Freispruch „in dubio pro reo" erfolgt ist. Denn der Betroffene ist nicht mehr Beschuldigter. Durch den rechtskräftigen Freispruch ist die Strafklage verbraucht; es fehlt an einer verfolgbaren Straftat, OLG Oldenburg NStZ 2008, 711.
120 Der damit regelmäßig verbundene Eingriff in das Grundrecht auf informationelle Selbstbestimmung ist von dem Betroffenen grundsätzlich hinzunehmen, BVerfG NJW 2001, 879 f.
121 Siehe BVerfG NJW 2016, 2799 f.; NStZ-RR 2014, 48 f.
122 Ob in diesem Sinne eine mit zwei Freizeitarresten geahndete gefährliche Körperverletzung durch einen Jugendlichen als Anlasstat ausreicht, ist nach BVerfG NJW 2008, 281 f. zweifelhaft.
123 OLG Köln NStZ-RR 2002, 306 f.; OLG Karlsruhe NStZ-RR 2002, 45.

genügt es nicht, wenn der Betroffene bei künftigen Straftaten nur allgemein in den Kreis von Verdächtigen einbezogen werden könnte[124].

Maßstab ist entsprechend der identischen Regelung in § 8 Abs. 6 BKAG das Vorhandensein schlüssiger und verwertbarer Tatsachen für die Annahme künftiger Straftaten. Für deren Aufklärung muss das DNA-Identifizierungsmuster einen Ansatz („potentielle Aufklärungsrelevanz") bieten können[125]. Gemessen daran kann die Annahme der Gefahr neuerlicher Straftaten im Einzelfall auch dann gerechtfertigt sein, wenn zuvor eine Strafaussetzung zur Bewährung erfolgt war[126]. Sie ist andererseits bei einem bislang nicht vorbelasteten Beschuldigten nicht mehr gerechtfertigt, wenn die Tatvorwürfe bereits über ein Jahrzehnt zurückliegen und sich den Akten keine Anhaltspunkte für ein erneutes Auffälligwerden entnehmen lassen[127]. Bei einem jugendlichen Ersttäter muss schließlich in die Prognose die Erwägung einfließen, dass es sich bei der Anlasstat um eine jugendtypische, möglicherweise einmalige Verfehlung gehandelt haben kann[128].

1199

b) Anordnungskompetenz

Hinsichtlich der Anordnungskompetenz differenziert § 81g Abs. 3 StPO zwischen der Entnahme der Körperzellen und deren molekulargenetischer Untersuchung. Für beides ist der Richter zuständig; lediglich die Entnahme darf auch durch die Staatsanwaltschaft oder ihre Hilfsbeamten angeordnet werden (§ 81g Abs. 3 S. 1 StPO). Nach § 162 Abs. 1 StPO entscheidet stets der Ermittlungsrichter desjenigen Amtsgerichts, in dessen Bezirk die Staatsanwaltschaft die Entnahme beantragt[129]. Nach Erhebung der öffentlichen Klage ist das mit der Sache befasste Gericht zuständig.

1200

F. Erkennungsdienstliche Behandlung

Insbesondere die Identifizierung des Täters kann eine erkennungsdienstliche Behandlung (Aufnahme von Lichtbildern, Abnahme von Fingerabdrücken pp.) erforderlich machen. Derartige Maßnahmen sind nach **§ 81b StPO** zulässig, soweit sie für Zwecke des **Strafverfahrens** bzw. des **Erkennungsdienstes** notwendig sind[130].

1201

Im letzteren Fall handelt es sich angesichts des rein präventiven Charakters der Maßnahmen inhaltlich um materielles Polizeirecht. Entsprechend ist auch die Anord-

---

124 BVerfG NJW 2008, 281 f.
125 BVerfG NJW 2001, 880. Diese „potentielle Aufklärungsrelevanz" dürfte bei zu erwartenden Straftaten, bei deren Begehung typischerweise keine DNA-Spuren hinterlassen werden, nicht angenommen werden; für den Fall der Hehlerei OLG Celle NStZ-RR 2010, 149 f.
126 *Meyer-Goßner*, § 81g Rn. 8 m.w.N.
127 OLG Köln NStZ-RR 2002, 307.
128 BVerfG NStZ-RR 2013, 315; NJW 2008, 281 ff.
129 In den Fällen der richterlich angeordneten Entnahme von Körperzellen und der Abspeicherung von Daten (§§ 2 DNA-IFG, 81g StPO) ist für die Beanstandung von Art und Weise des Vollzugs der Maßnahme in entsprechender Anwendung des § 98 Abs. 2 S. 2 StPO zu verfahren, vgl. OLG Karlsruhe NJW 2002, 3117 f.
130 Vgl. zur Unterscheidung zwischen polizeilichen Präventivmaßnahmen und Ermittlungstätigkeit KK-*Senge*, § 81b Rn. 1.

Kapitel 8 *Zwangsmittel zur Sachaufklärung und Verfahrenssicherung*

nungskompetenz geregelt. Während für strafprozessuale Maßnahmen die Ermittlungsbehörden (Staatsanwaltschaft und Polizei) zuständig sind, liegt die Zuständigkeit für Präventivmaßnahmen allein bei den Beamten des Polizeidienstes, für die außerdem die Ermächtigungsgrundlagen der Polizeigesetze der Länder gelten[131]. Damit ist dann auch (nur) der Rechtsweg zu den Verwaltungsgerichten eröffnet[132].

1202 **Nach der Anklageerhebung** entscheidet über repressive Maßnahmen i.S.d. § 81b StPO das Gericht. Die konkrete Durchführung obliegt in jedem Fall der Kriminalpolizei. Diese kann unmittelbaren Zwang auch ohne vorherige Androhung anwenden. Ermächtigungsgrundlage insoweit ist ebenfalls § 81b StPO.

Erkennungsdienstliche Maßnahmen im Bereich des Strafverfahrens dürfen sich nur gegen den „**Beschuldigten**" und nicht etwa einen „Verdächtigen" richten. Gegen Letztere sind allerdings Identifizierungsmaßnahmen nach § 163b Abs. 1 S. 2 und 3 StPO möglich.

Gedeckt werden durch § 81b StPO nur solche Maßnahmen, die nicht als körperliche Untersuchung i.S.d. § 81a StPO anzusehen sind. Zudem sind die Grenzen für erkennungsdienstliche Maßnahmen durch die Sachaufklärungspflicht des § 244 Abs. 2 StPO und den Grundsatz der Verhältnismäßigkeit gesetzt.

G. Durchsuchung

1203 Zur Auffindung von Beweismaterial oder zur Ergreifung einer Person kann eine Durchsuchung von Räumen des Beschuldigten oder auch dritter Personen erforderlich sein. Die Zulässigkeit solcher Maßnahmen ist in den **§§ 102 ff. StPO** geregelt. Dabei ist zu differenzieren:

I. Durchsuchung beim Verdächtigen

Bei demjenigen, der als Täter oder Teilnehmer einer Straftat bzw. wegen Begünstigung, Strafvereitelung oder Hehlerei verdächtig ist, darf eine Durchsuchung nach § 102 StPO sowohl bezüglich seiner Person wie auch seiner Sachen durchgeführt werden, wenn zu vermuten ist, dass sie zur **Auffindung von Beweismitteln** (§ 94 StPO) oder Gegenständen führen wird, die der Einziehung unterliegen (vgl. § 111b StPO). Werden solche Gegenstände gefunden, schließt sich in der Regel deren Sicherstellung bzw. Beschlagnahme an. Die Zwangsmittel der Durchsuchung und der Beschlagnahme stehen daher in einem engen Zusammenhang.

1204 Die Anordnung der regelmäßig in einem frühen Verfahrensstadium erfolgenden Durchsuchung setzt voraus, dass **tatsächliche Anhaltspunkte** einen **konkreten Verdacht** für das Vorliegen einer Straftat rechtfertigen und die Möglichkeit besteht, Beweismittel aufzufinden (sog. **Ermittlungsdurchsuchung**). Eine bloße Ausforschung

---

131 Vgl. für Nordrhein-Westfalen § 10 PolG NW. Zu den inhaltlichen Anforderungen von Präventivmaßnahmen siehe OVG Sachsen-Anhalt StV 2011, 391 ff.
132 OLG Celle NStZ-RR 2012, 254.

aufgrund vager Vermutungen ist – insbesondere innerhalb der grundrechtlich geschützten Privatsphäre – unzulässig[133].

Durchsucht werden können beispielsweise:

- Wohnungen, Garagen, Geschäftsräume, PKW[134];
- Personen (ohne körperliche Untersuchung gem. § 81a StPO);
- Kleidungsstücke, Gepäckstücke pp.

Neben dem Auffinden von Beweismitteln kann Ziel einer solchen Maßnahme auch die Ergreifung eines Täters sein, wenn zu vermuten ist, dass er sich in dem Durchsuchungsobjekt aufhält (sog. **Ergreifungsdurchsuchung**). Einen Haftbefehl erfordert dies zwar nicht, jedoch muss Ziel der Maßnahme zumindest die prozessual berechtigte Festnahme sein.

II. Durchsuchung bei Dritten

Auch andere Personen als die in § 102 StPO genannten (selbst juristische Personen oder Behörden[135]), müssen ggfls. eine Durchsuchung dulden. Dies gilt allerdings nur, wenn sie erforderlich ist

- zur **Ergreifung des Beschuldigten** oder
- zur **Verfolgung von Spuren einer Straftat** oder
- zur Beschlagnahme bestimmter Gegenstände, seien sie als Beweismittel im Sinne von § 94 StPO geeignet oder mögliche Objekte der späteren Einziehung, § 111b StPO.

Es müssen im Gegensatz zu § 102 StPO **bestimmte Tatsachen** vorliegen, aus denen geschlossen werden kann, dass die gesuchte Person, Spur oder Sache sich in den zu durchsuchenden Räumen befindet (z.B. Blutspuren bis vor die Türe o.Ä.). Zu erleichterten Möglichkeiten vgl. § 103 Abs. 1 S. 2 sowie Abs. 2 StPO.

III. Einzelheiten

1. Einschränkungen der Möglichkeit einer Durchsuchung

Zunächst ist eine Durchsuchung immer dann unzulässig, wenn sie nur der Sicherstellung beschlagnahmefreier Gegenstände i.S.d. § 97 StPO dienen soll.

Darüber hinaus verbietet § 104 StPO eine **nächtliche** Haussuchung. Die erfassten Zeitspannen hat der Gesetzgeber dankenswerter Weise in § 104 Abs. 3 StPO definiert. Ausnahmen gelten naturgemäß für die Verfolgung auf frischer Tat bzw. bei Gefahr im Verzuge oder bei einem entwichenen Gefangenen. Eine absolute zeitli-

---

133 BVerfG NJW 2015, 851 ff.; 2 BvR 15/11; BGH StB 36/16 Tz. 6; StB 8/15.
134 Vgl. im Einzelnen zu den Durchsuchungsgegenständen KK-*Bruns*, § 102 Rn. 7 ff.
135 KK-*Bruns*, § 103 Rn. 1; nach Ansicht des OLG Jena (NJW 2001, 1290 f.) muss in Fällen der Durchsuchung von Behörden- oder Diensträumen in der Regel zuvor ein mit Gründen versehenes Herausgabeverlangen an die Behörde gerichtet werden, welches den gesuchten Gegenstand möglichst genau bezeichnet. Erst wenn innerhalb angemessener Frist eine auf der Grundlage von § 96 S. 1 StPO ergehende Sperrerklärung der Behörde nicht abgegeben oder dem Herausgabeverlangen nicht entsprochen wurde, soll die Durchsuchung zulässig sein.

Kapitel 8 *Zwangsmittel zur Sachaufklärung und Verfahrenssicherung*

che Grenze für Zwangsmaßnahmen ist im Übrigen der rechtskräftige Abschluss des Strafverfahrens. Durchsuchungen oder Beschlagnahmen sind weder zum Zwecke der Strafvollstreckung noch aus Gründen der Bewährungsüberwachung des rechtskräftig Verurteilten zulässig[136].

In jedem Fall ist – schon wegen des oftmals betroffenen Grundrechts auf Unverletzlichkeit der Wohnung – der **Verhältnismäßigkeitsgrundsatz** zu beachten. Danach muss die Durchsuchung in einem angemessenen Verhältnis zur Schwere der Straftat und der Erheblichkeit des Tatverdachts stehen, wovon sich der Richter aufgrund eigenverantwortlicher Prüfung zu überzeugen hat. Dies gilt insbesondere bei einer Durchsuchung nach § 103 StPO, da hier ein – möglicherweise unbeteiligter – Dritter einer einschneidenden Maßnahme unterworfen wird[137]. Gegebenenfalls kann als im Verhältnis zur Wohnungsdurchsuchung milderes Mittel auch die Aufforderung in Betracht kommen, gesuchte Unterlagen zu den Akten zu reichen[138].

1207 Eine sog. „verdeckte **Online-Durchsuchung**" wird durch die §§ 102 ff. StPO nicht gedeckt. Dabei handelt es sich um die Ausspähung und Auswertung von Dateien, die auf der Festplatte oder im Arbeitsspeicher von Rechnern des Beschuldigten abgelegt sind. Im Zielrechner wird hierzu heimlich ein Programm installiert, welches das Kopieren und Übertragen der Daten ermöglicht. Nach der – uneingeschränkt zu begrüßenden – Auffassung des BGH geben §§ 102 ff. StPO hierfür keine hinreichende Ermächtigungsgrundlage, weil es sich bei der Durchsuchung nach dem klaren Wortlaut und der Systematik des Gesetzes um eine offen durchgeführte Maßnahme handelt. Dies belegen die §§ 105 Abs. 2, 106 Abs. 1 S. 1 StPO[139]. Klarzustellen ist freilich, dass der Inhalt von Speichermedien damit auch jenseits von Maßnahmen nach § 100b StPO keinen besonderen strafprozessualen Schutz genießt. Zulässig bleibt die Anordnung einer „regulären" Durchsuchung, bei deren Vollzug auch Speichermedien sichergestellt und anschließend ausgewertet werden können[140].

2. Anordnungsverfahren

1208 Durchsuchungen kommen im Erkenntnisverfahren ebenso in Betracht, wie – was den Regelfall bildet – im Ermittlungsverfahren. Stets ist die Anordnung dem **Richter** vorbehalten, § 105 Abs. 1 StPO. In laufenden Strafverfahren ist dies das erkennende

---

136 KG StV 2000, 10 f.
137 Vgl. BVerfG NJW 2016, 1645 f.; 2015, 3430 ff.; 2011, 1859 ff.; 2275 f.; 2008, 1937 f. sowie EGMR NJW 2017, 1533 ff.; NJW 2008, 2565 ff. zur Durchsuchung bei einem **Journalisten** oder einer **Redaktion**. Die Durchsuchung einer **Arztpraxis** (§ 53 StPO!) wegen des angeblichen Abrechnungsbetruges mit einem Schaden von 75 € ist mithin unverhältnismäßig, BVerfG NStZ-RR 2008, 176 f. Hinsichtlich einer **Anwaltskanzlei** sind die Stellung des Anwalts als Organ der Rechtspflege und (vielleicht wichtiger) die Besonderheiten des Mandatsverhältnisses zu berücksichtigen, BVerfG NJW 2017, 2816 f.; NJW 2008, 2422 ff. Auch im **Ordnungswidrigkeitenverfahren** ist wegen der allgemeinen Verweisungsnorm des § 46 Abs. 3 OWiG eine Durchsuchung grundsätzlich zulässig. In einem solchen Fall sind aber besondere Anforderungen an die Wahrung des Verhältnismäßigkeitsgrundsatzes zu stellen, vgl. BVerfG NJW 2008, 103 f.
138 BVerfG NJW 2005, 1640 ff.
139 Vgl. BGH NJW 2007, 930 ff.
140 Siehe hierzu auch *Zerbes/El-Ghazi* NStZ 2015, 425. Siehe zur Online-Durchsuchung auch unten Rn. 1253 f.

Gericht (Berufsrichter). Für polizeilich beabsichtigte Durchsuchungen besteht jedenfalls tagsüber auch außerhalb der üblichen Dienstzeiten ein Bereitschaftsdienst (vgl. § 22c GVG)[141]. Die Anordnungskompetenz liegt nur bei **Gefahr im Verzug** bei der Staatsanwaltschaft oder – nachrangig[142] – deren Ermittlungspersonen, also nur dann, wenn ein sofortiges Tätigwerden zur Verhinderung eines Beweismittelverlustes erforderlich ist.

Die Verfolgungsbehörden müssen sich folglich stets zunächst bemühen, eine Entscheidung des Ermittlungsrichters herbeizuführen. Erst wenn eine richterliche Befassung nicht möglich ist – etwa mangels Erreichbarkeit oder weil eine zeitnahe Entscheidung abgelehnt wird – geht die Anordnungskompetenz auf die Staatsanwaltschaft über[143]. Maßgeblich für die Gefahrenprognose ist der Zeitpunkt, in dem Staatsanwaltschaft oder Polizei die Anordnung der Maßnahme aus kriminalistischer Sicht für erforderlich halten. Der Richtervorbehalt entfällt also dann nicht, wenn die mögliche Einschaltung des Gerichts bewusst verzögert[144] oder durch grob nachlässiges Verhalten der Ermittlungsbehörden die Gefahr im Verzug „geradezu heraufbeschworen" wird. In diesen Fällen unterliegen die Erkenntnisse aus der Durchsuchung wegen Verstoßes gegen den Richtervorbehalt sogar einem Verwertungsverbot[145]. In diesem Zusammenhang ist auch zu beachten, dass dem Richtervorbehalt des § 105 Abs. 1 StPO im Einzelfall schon durch eine mündliche Antragstellung und die **mündliche** Zustimmung des Richters entsprochen werden kann, wenn diese zeitnah dokumentiert wird[146].

Soweit es sich bei dem zu durchsuchenden Objekt um eine durch Art. 13 GG besonders geschützte **Wohnung** handelt, ist dem gesetzlich vorgesehenen Regel-Ausnahmeverhältnis hinsichtlich der Anordnungskompetenz in besonderer Weise Rechnung zu tragen. Die Justizverwaltung hat daher die uneingeschränkte Erreichbarkeit eines Ermittlungsrichters – auch außerhalb der üblichen Dienststunden – bei Tag und bei regelmäßigem Bedarf (z.B. in Großstädten) auch nachts sicherzustellen. Die Gefahr eines durch zeitlichen Verzug drohenden Beweismittelverlustes ist zudem im jeweiligen Einzelfall mit aktenkundigen und dokumentierten konkreten Tatsachen zu belegen, die nicht durch allgemeine „kriminalistische Erfahrungen" oder hypothetische Erwägungen ersetzt werden dürfen[147]. Wird – was den Regelfall bildet – eine richterliche Genehmigung beantragt, so **endet** damit **die Eilkompetenz** der Ermittlungsbe-

1209

---

141 Zur Nachtzeit (vgl. § 104 Abs. 3 StPO) ist nach der Rechtsprechung des BVerfG ein Bereitschaftsdienst nur notwendig, wenn hierfür ein praktischer Bedarf besteht, der über den Ausnahmefall hinausgeht, vgl. BVerfG NJW 2004, 1442 ff.
142 Vgl. BVerfG StraFo 2010, 286.
143 Lesen Sie hierzu BGH 3 StR 140/14 Tz. 15; NStZ 2006, 114 f.; 2004, 449 f. sowie OLG Koblenz NStZ 2002, 660.
144 BGH NStZ 2007, 601 ff. Hier war der Beschuldigte um 17:30 Uhr festgenommen und von der Staatsanwaltschaft am selben Tag um 20:00 Uhr eine Durchsuchungsanordnung betreffend seine Wohnung getroffen worden.
145 Vgl. BGH 3 StR 210/11; BVerfG NStZ 2003, 319. Ein lediglich ungeschicktes Verhalten von Polizeibeamten, das die Notwendigkeit eines unverzüglichen Handelns zur Folge hat, soll das Merkmal der Gefahr im Verzug aber noch nicht entfallen lassen; vgl. BGH wistra 2010, 231 f.
146 BVerfG NJW 2015, 2790; StraFo 2010, 286; BGH NJW 2005, 1060 f.
147 BVerfG NJW 2014, 1650 f.; 2005, 1637 ff.; 2003, 2004.

Kapitel 8 *Zwangsmittel zur Sachaufklärung und Verfahrenssicherung*

hörden. Sie lebt nur dann wieder auf, wenn neue und außerhalb des Genehmigungsverfahrens liegende tatsächliche Umstände bekannt werden, welche die Gefahr eines Beweismittelverlusts begründen und wegen des Zeitdrucks nicht mehr zum Gegenstand richterlicher Prüfung gemacht werden können[148].

1210 In § 105 Abs. 2 StPO ist darüber hinaus geregelt, wer im Einzelnen bei der Durchsuchung hinzuzuziehen ist. Vorgefundenes **Schriftmaterial** sowie elektronische **Speichermedien** (auch auf einem externen Server) dürfen nach § 110 Abs. 1, 3 StPO von der Staatsanwaltschaft gesichtet werden. Solange dies geschieht, ist die Durchsuchung noch nicht abgeschlossen. Widerspricht der Inhaber einer Beschlagnahme, so darf die Polizei gem. § 110 Abs. 2 StPO lediglich eine sog. Grobsichtung vornehmen (z.B. anhand der Beschriftung von Aktenordnern o.Ä.). Sie hat die entsprechenden Gegenstände dann in einem verschlossenen Behältnis der Staatsanwaltschaft abzuliefern.

1211 Daneben gebietet der Anspruch des Betroffenen auf ein rechtsstaatliches Verfahren, dass mit der Anordnung zugleich eine angemessene Beschränkung der Zwangsmaßnahme stattfindet, um deren Umfang nicht allein den ausführenden Beamten zu überlassen. Der Durchsuchungsbeschluss muss daher den Tatvorwurf hinreichend umschreiben und angeben, welche konkreten Handlungen dem Beschuldigten für welchen Tatzeitraum zur Last gelegt werden[149]. Soweit dies nach dem Ergebnis der Ermittlungen bereits möglich ist und Zwecke der Strafverfolgung nicht entgegenstehen, sollen auch Art und Inhalt der mutmaßlich aufzufindenden Beweismittel beschrieben werden. Die nur schlagwortartige Bezeichnung der in Rede stehenden Straftat und die Anführung des Wortlauts des § 102 StPO im Durchsuchungsbeschluss genügen also nicht. In einem solchen Fall kann der Betroffene in seinen geschützten Rechten aus Art. 13 GG oder in seinen Rechten aus Art. 8 EMRK verletzt sein[150]. Auf der anderen Seite richten sich die Anforderungen an den Inhalt des Durchsuchungsbeschlusses nach den konkreten Umständen des Einzelfalls. Es können also auch Darlegungen dazu geboten sein, aus welchem Grunde man am Durchsuchungsort bestimmte Beweismittel vermutet[151].

Entspricht die Konkretisierung des Tatvorwurfs nicht den verfassungsrechtlichen Mindestanforderungen, so tritt auch nicht die Wirkung des § 78c Abs. 1 Nr. 4 StGB, also eine Unterbrechung der Verfolgungsverjährung, ein[152].

1212 Der Richter darf eine Durchsuchung nur anordnen, wenn er sich aufgrund **eigenverantwortlicher Prüfung der Ermittlungen** überzeugt hat, dass ein die Durchsuchung rechtfertigender Anfangsverdacht gegeben und die Maßnahme verhältnismäßig ist[153]. Seine Anordnung hat die Grundlage der konkreten Maßnahme zu schaffen und muss

---

148 BVerfG NJW 2015, 2787 ff.
149 BVerfG NJW 2017, 2016 f.; NJW 2015, 851 ff.; 2 BvR 1345/08; NJW 2005, 275 f.; 2004, 1517 ff.; BGH 4 StR 86/16 Tz. 14 m.w.N. Die Mitteilung der Verdachtsgründe ist aus verfassungsrechtlicher Sicht allerdings nicht zwingend notwendig; diese kann gegebenenfalls im Beschwerdeverfahren nachgeholt werden, BVerfG NStZ 2004, 160.
150 EGMR NJW 2013, 3081 ff.; BVerfG NJW 2012, 2097 f.; NStZ 2004, 160.
151 Siehe BVerfG NJW 2014, 2265.
152 BGH NStZ 2004, 275 f.
153 BVerfG NJW 2015, 851 ff.; 1585 ff.; NJW 2009, 2516 ff.; 2008, 1937 f.

Rahmen, Grenzen und Ziel der Durchsuchung definieren. Die Entscheidung ist formal und inhaltlich abschließend. Im Beschwerdeverfahren dürfen Mängel regelmäßig nicht „nachgebessert" werden[154].

In zeitlicher Hinsicht hat der Richtervorbehalt die Wirkung, dass die Zwangsmaßnahme in einer angemessenen Zeitspanne nach deren Anordnung durchgeführt werden muss. Liegt zwischen Durchsuchung und deren Anordnung ein Zeitraum von mehr als sechs Monaten, so verliert der Durchsuchungsbeschluss „seine rechtfertigende Kraft"[155].

Dem von der Durchsuchung Betroffenen ist die vollständige richterliche Anordnung bei Vollzug auszuhändigen. Hiervon kann aber abgesehen werden, wenn dies den Untersuchungszweck gefährden würde oder – im Fall des § 103 StPO – schutzwürdige Belange des Beschuldigten entgegenstehen. Dem Betroffenen ist jedoch stets eine Abschrift der richterlichen Entscheidung zu übergeben, in welcher die gesuchten Gegenstände konkret bezeichnet werden. Nur so kann er die Durchsuchung kontrollieren und seine Rechte wahren[156].

In der Praxis könnte ein **Durchsuchungsbeschluss** wie folgt aussehen:

---

154 Das ist jedenfalls die Auffassung der ersten Kammer des 2. Senats des BVerfG, StV 2011, 68 f. Das Beschwerdeverfahren würde hierdurch – systemwidrig – faktisch auf eine reine Rechtskontrolle reduziert.
155 BVerfG NJW 2012, 2096 f.; NJW 1997, 2165.
156 Siehe hierzu BGH 1 BGs 148/17.

1213

75 Gs 28/18 AG Bonn
56 Js 48/18 StA Bonn

AMTSGERICHT BONN

BESCHLUSS

In dem Ermittlungsverfahren

g e g e n   Heinz Willi **Katelbach**,
geb. am 26. Mai 1966 in Heidelberg,
wohnhaft: Blumentalstraße 262 b,
53179 Bonn,

w e g e n   Wohnungseinbruchsdiebstahls

wird auf Antrag der Staatsanwaltschaft Bonn gemäß §§ 102, 105 StPO die

D u r c h s u c h u n g

der Wohnung und der sonstigen Räume des Beschuldigten und der ihm gehörenden Sachen, insbesondere seines Kraftfahrzeuges, angeordnet.

G r ü n d e:

Nach den bisherigen Ermittlungen ist davon auszugehen, dass die Durchsuchung zur Auffindung von Beweismitteln führen wird. Der Beschuldigte ist verdächtig, am 07.01.2018 in das Einfamilienhaus in der Gartenstraße 17 in Bonn-Beuel eingebrochen zu sein. Bei seiner polizeilichen Festnahme am

2

14.01.2018 in anderer Sache wurde bei ihm eine Herrenarmbanduhr der Marke „Daniel Wellington" sichergestellt, die aus der Beute des Einbruchsdiebstahls stammt. Dabei wurden weitere Gegenstände entwendet, nämlich

- ein Smartphone Samsung Galaxy S8
- eine digitale Spiegelreflexkamera der Marke Canon,
- ein goldenes Damenarmband mit Rubinen,
- ein Nerzmantel, Konfektionsgröße 42.

Es ist zu vermuten, dass der Beschuldigte in seiner Wohnung Gegenstände aus dieser Straftat verborgen hält.

Das vorgefundene Beweismaterial ist in Verwahrung zu nehmen oder in anderer Weise sicherzustellen. In den Fällen des § 98 Abs. 2 StPO ist binnen drei Tagen eine richterliche Bestätigung der Beschlagnahme herbeizuführen.

Bonn, den 15.01.2018
Amtsgericht Bonn

(Kolvenbach)
Richter am Amtsgericht

Kapitel 8   *Zwangsmittel zur Sachaufklärung und Verfahrenssicherung*

3. Zufallsfunde

1214   Zufallsfunde sind solche, die bei einer Durchsuchung vorgefunden werden und auf eine **andere Straftat** hindeuten, also in keiner Beziehung zu der eigentlichen Untersuchung stehen, § 108 Abs. 1 StPO. Sie werden sichergestellt, wenn sie für andere strafrechtliche Ermittlungen von Bedeutung sind. Die Staatsanwaltschaft ist entsprechend zu unterrichten. Natürlich darf eine Durchsuchung nicht als Vorwand dazu missbraucht werden, systematisch nach „Zufalls"-Funden zu suchen. Dieses Problem kann sich insbesondere bei sog. „legendierten Kontrollen" stellen, also etwa nur dem äußeren Anschein nach, tatsächlich aber gezielten „allgemeinen" Verkehrskontrollen. Selbst diese begründen indes nicht ohne weiteres ein Verwertungsverbot[157].

4. Rechtsbehelfe gegen Durchsuchungsmaßnahmen

1215   Bei den Rechtsbehelfen gegen Durchsuchungsmaßnahmen muss unterschieden werden hinsichtlich:

– deren Anordnung: in richterliche und nicht richterliche Maßnahmen;
– des zeitlichen Ablaufs: in noch andauernde und bereits vollzogene, d.h. sog. prozessual überholte Maßnahmen;
– des Rechtsschutzziels: ob die Rechtmäßigkeit der Anordnung oder die Art und Weise ihrer Durchführung beanstandet werden soll.

Eine **richterlich angeordnete** Durchsuchung kann mit der einfachen Beschwerde (§ 304 StPO) bezüglich der **Rechtmäßigkeit ihrer Anordnung** angefochten werden, solange die Maßnahme noch andauert. Das ist der Fall, wenn über den Verbleib vorläufig sichergestellter Gegenstände (z.B. Schriftgut oder Datenträger) noch nicht entschieden wurde, die „Sichtungsphase" also noch nicht beendet ist[158]. Die Maßnahme ist beendet, wenn nichts sichergestellt worden ist, alle Gegenstände zurückgegeben wurden oder umgekehrt sichergestelltes Material aufgrund einer gesondert angeordneten Beschlagnahme im Besitz der Ermittlungsbehörde verbleibt.

1216   Häufig würde wegen der relativ kurzen Zeitspanne, in der sich der Eingriff vollzieht, von dem Betroffenen indes kein effektiver Rechtsschutz zu erlangen sein, wollte man die Zulässigkeit der rechtlichen Überprüfung auf diesen Zeitraum begrenzen. Auch nach Abschluss der Maßnahme ist die Beschwerde daher noch zulässig, wenn dem Betroffenen ein **besonderes Feststellungsinteresse** zur Seite steht. Dies ist jedenfalls beim Vorliegen „tiefgreifender" Grundrechtseingriffe generell zu bejahen, etwa bei der Durchsuchung einer Wohnung oder der Geschäftsräume. In diesen Fällen darf das Rechtsmittel nicht mit der formalen Begründung der prozessualen Überholung zurückgewiesen werden. Das Beschwerdegericht muss dem Betroffenen vielmehr zunächst rechtliches Gehör und ggfls. auch Akteneinsicht gewähren. Die Beschwerdeentscheidung hat sich sodann mit den Beanstandungen und den sonst aktenkundigen

---

157 Siehe umfassend BGH 2 StR 247/16 sowie *Mitsch* NJW 2017, 3124 ff.; *Müller/Römer* NStZ 2012, 543 ff.
158 BGH NJW 1995, 3397.

Tatsachen zu befassen und diese erkennbar zu würdigen. Das gebietet der Anspruch des Betroffenen auf Gewährung rechtlichen Gehörs aus Art. 103 Abs. 1 GG[159].

Auch die **Art und Weise** der Durchsuchung unterliegt der gerichtlichen Überprüfung gemäß § 98 Abs. 2 StPO[160]. 1217

Haben die **Staatsanwaltschaft oder eine ihrer Ermittlungspersonen** die Durchsuchung kraft ihrer Eilkompetenz angeordnet, so kann hiergegen entsprechend § 98 Abs. 2 S. 2 StPO die Entscheidung des Richters herbeigeführt werden. Um eine möglichst **effektive gerichtliche Überprüfung** zu gewährleisten, müssen die Voraussetzungen für ein Absehen von der richterlichen Anordnung durch aktenkundige Tatsachen belegt und die Entscheidung in geeigneter Weise begründet sein. 1218

Auch hier ist die Möglichkeit einer umfassenden nachträglichen Überprüfung der Anordnung und der Art und Weise des Vollzugs unbestritten[161]. Im Falle schwerwiegender Grundrechtseingriffe (etwa bei Wohnungsdurchsuchungen) gelten die oben dargestellten Grundsätze. Daher kann der Betroffene – wie im Fall der noch andauernden Durchsuchung – gemäß § 98 Abs. 2 S. 2 StPO die gerichtliche Entscheidung beantragen[162]. In deren Rahmen ist auch zu prüfen, ob für die Ermittlungsbehörde überhaupt eine Anordnungskompetenz („Gefahr im Verzug") bestanden hat[163].

H. Beschlagnahme

I. Voraussetzungen

Um die Untersuchung gründlich und umfassend führen zu können, sind die Ermittlungsbehörden häufig auf objektive Beweismittel angewiesen. Das können Gegenstände aller Art sein. Zum Beweismittel werden sie dadurch, dass sie **unmittelbar oder mittelbar Rückschlüsse auf die Tatbegehung oder die Tatumstände** erlauben. Insoweit kommen insbesondere in Betracht: 1219
– bewegliche Sachen (Tatwaffe, Kleidung, Schriftstücke, Datenträger jeder Art mitsamt den darauf gespeicherten Informationen, Mobiltelefone o. Ä.);
– unbewegliche Sachen (Tatort, z.B. eine Wohnung);
– ferner auch nicht körperliche Gegenstände wie etwa sog. ausgelagerte Daten (auf dem Server des Providers zwischen- oder endgespeicherte E-Mails[164]).

Damit beweisgeeignete Gegenstände den Ermittlungsbehörden bzw. Gerichten auch tatsächlich zur Verfügung stehen, bieten die §§ 94 ff. StPO eine verfahrensrechtliche Handhabe, um sich den Besitz daran zu verschaffen und für die Dauer des Verfahrens

---
159 BVerfG NStZ-RR 2013, 379 f.; NJW 2013, 3634; 2004, 1517 ff.; 2002, 1333; 1998, 2131 f. (Redaktionsräume); vgl. auch BGH StB 10/14; NJW 2000, 85. Siehe allgemein zur prozessualen Überholung oben Rn. 843 ff., 859 f.
160 BGH 1 BGs 148/17 Tz. 10.
161 BGH NJW 1999, 730 (dem Beschuldigten war es bei der Durchsuchung verwehrt worden, seinen Verteidiger hinzuzuziehen). Vgl. i. Ü. die Nachweise bei KK-*Bruns*, § 105 Rn. 17 f., KK-*Greven*, § 98 Rn. 24 ff.
162 BVerfG NStZ 2003, 319; NJW 2004, 1519, 1520; BGH NJW 1999, 730 ff.
163 BVerfG NJW 2002, 1333; 2002, 2456.
164 BVerfG NJW 2009, 2431 ff.

Kapitel 8 *Zwangsmittel zur Sachaufklärung und Verfahrenssicherung*

zu erhalten. Das kann, muss aber nicht notwendigerweise gegen den Willen dritter Personen geschehen. So besagen § 94 Abs. 1 und Abs. 3 StPO, dass Gegenstände, die als **Beweismittel** in Frage kommen oder der **Einziehung** unterliegen[165] (etwa Führerscheine), sicherzustellen sind. Das geschieht in der Regel durch die Polizei, welche für den ersten Zugriff zuständig ist und beispielsweise den Tatort aufsucht oder eine Durchsuchung durchführt.

Diese **Sicherstellung** erfolgt bei beweglichen Sachen durch Ingewahrsamnahme, bei unbeweglichen i.d.R. durch Versiegelung. Sie begründet zunächst ein rein faktisches Gewahrsamsverhältnis. Zwang kommt erst in den Fällen des § 94 Abs. 2 StPO ins Spiel, wenn nämlich die Gegenstände im Gewahrsam einer Person stehen und nicht freiwillig herausgegeben werden. Dann muss nach einer (ggfls. zwangsweisen) Sicherstellung gem. § 94 Abs. 2 StPO auch die **förmliche Beschlagnahme** erfolgen. Die wird auch notwendig, wenn die Sache zunächst freiwillig herausgegeben wurde und erst später widersprochen wird bzw. wenn der Betroffene von der Sicherstellung keine Kenntnis hatte und nunmehr eine richterliche Entscheidung beantragt, § 98 Abs. 2 S. 2 StPO.

1220 Voraussetzung der Beschlagnahme ist das Vorliegen eines – im Einzelfall sorgfältig zu prüfenden[166] – **Anfangsverdachts** einer Straftat; es müssen daher zumindest „zureichende tatsächliche Anhaltspunkte" i.S.d. § 152 Abs. 2 StPO gegeben sein. Darüber hinaus ist auch hier der **Grundsatz der Verhältnismäßigkeit** zu beachten, insbesondere bei großem Umfang von Akten, die der Beschuldigte z.B. zur Weiterführung eines Geschäftsbetriebs benötigt[167]. Bei Urkunden, bei denen es nicht auf deren Echtheit, sondern auf den Inhalt ankommt, ist daher immer die Möglichkeit der Anfertigung von Ablichtungen zu prüfen. Der Umfang der Beschlagnahme muss stets in einem angemessenen Verhältnis zur Schwere der Tat und der Stärke des Tatverdachts stehen[168].

Beschlagnahmte bzw. sichergestellte Gegenstände sind nur solange im amtlichen Gewahrsam zu belassen, wie es der Sicherungszweck erfordert. Anschließend sind sie zurückzugeben. Die Beschlagnahme endet jedenfalls mit dem Eintritt der Rechtskraft des Urteils[169]. Die Herausgabe erfolgt, sofern vorhanden, an den letzten Gewahrsamsinhaber, in den Fällen des § 111k StPO an den Verletzten, dem die Sache durch die Straftat unmittelbar entzogen worden ist. Eine abschließende eigentumsrechtliche Regelung ist damit freilich nicht verbunden. Diese bleibt ggfls. der zivilrechtlichen Klärung vorbehalten[170]. In welche Schwierigkeiten die Ermittlungsbehörden geraten können, zeigt die Beschlagnahme einer großen Zahl von Gemälden

---

165 Lesen Sie dazu Rn. 1327 sowie §§ 111b, 111c StPO.
166 Die Anordnung darf für den Richter nicht zum „Routinefall" werden, vgl. BVerfG NJW-RR 2004, 143 f.
167 Vgl. BGH StV 1988, 90 f. für den Fall der Sicherstellung von 220 Disketten, welche die gesamte Buchführung eines Betriebes beinhalteten.
168 Vgl. BVerfG NJW 1995, 2839 ff. Die Anordnung der Beschlagnahme des gesamten auf dem Mailserver des Providers gespeicherten E-Mail-Bestandes eines Beschuldigten verstößt regelmäßig gegen das Übermaßverbot, vgl. BGH StB 48/09 (a).
169 OLG Düsseldorf NStZ 1997, 301.
170 Vgl. BGH NJW 2007, 3352; OLG Frankfurt Urt. v. 18.03.2013 – 19 U 4878/10.

(mutmaßlicher NS-Beutekunst) durch die Staatsanwaltschaft Augsburg im Zuge eines Ermittlungsverfahrens wegen Steuervergehen im „Fall Gurlitt".

Beschlagnahmefrei sind nach § 97 Abs. 1 StPO bestimmte Gegenstände, mit deren Verwertung das Zeugnisverweigerungsrecht umgangen werden könnte. Erfasst sind z.B. schriftliche Mitteilungen zwischen dem Beschuldigten und bestimmten zeugnisverweigerungsberechtigten Personen, insbesondere seinem Strafverteidiger, sowie bestimmte Aufzeichnungen dieser Personen[171] und andere Gegenstände (etwa Untersuchungsbefunde). Eine Ausnahme gilt allerdings nach § 97 Abs. 2 S. 3 StPO, wenn der zur Zeugnisverweigerung Berechtigte – z.B. der Ehegatte – an der Straftat beteiligt war[172]. Zu den geschützten Dokumenten zählen auch Unterlagen, die der Beschuldigte erkennbar zu seiner Verteidigung in einem laufenden Strafverfahren angefertigt hat[173]. Solche dürfen auch nicht gegen den Willen des Beschuldigten zu seinem Nachteil verwertet werden.

1221

Lesen Sie zu den Einzelheiten § 97 StPO.

Der Beschlagnahme nach den §§ 94 ff. StPO unterliegen dagegen bei dem Beschuldigten aufgefundene Mobiltelefone, die darin befindlichen SIM-Karten sowie die Festplatten von Computern. Auch darauf gespeicherte Daten aus einem bereits abgeschlossenen Kommunikationsvorgang (Verbindungsdaten, SMS, E-Mails) dürfen allein aufgrund der Beschlagnahme ausgewertet werden. Denn eine über die Voraussetzungen der §§ 94, 102 StPO hinausgehende Beschränkung des Zugriffs auf solche Daten würde die wirksame Strafverfolgung unangemessen erschweren[174]. Selbst das durch Art. 10 Abs. 1 GG geschützte E-Mail-Postfach, auf das der Nutzer nur über eine Internetverbindung zugreifen kann, unterliegt schon in Fällen einfacher Kriminalität der Beschlagnahme nach den §§ 94 ff. StPO[175]. Dem erheblichen Eingriff in die betroffenen Grundrechte muss daher allein durch besondere Beachtung des Grundsatzes der Verhältnismäßigkeit Rechnung getragen werden[176].

1222

Beschlagnahmt werden können auch Gegenstände, die der **Einziehung** unterliegen, vgl. § 111b und c StPO. Im letzteren Fall kommt auch die Anordnung eines Vermögensarrestes i.S.d. § 111e StPO in Betracht. Eine solche Maßnahme dient nicht der Aufklärung einer Straftat, sondern der Gewährleistung späterer (endgültiger) Anordnungen nach den §§ 73, 74 StGB. Allerdings sind Überschneidungen mit den §§ 94 ff. StPO nicht selten. Für die Wirksamkeit der Beschlagnahme solcher Gegenstände ist die Anordnung nach einer der genannten Vorschriften ausreichend.

1223

---

171 Auch wenn diese Person ehemaliger Mitbeschuldigter in demselben Verfahren war, vgl. BGH NJW 1998, 840.
172 So ist ein Presseorgan, welches ein Bekennerschreiben einer terroristischen Vereinigung zum Zwecke der Veröffentlichung im Besitz hat, nicht über die Vorschrift des § 97 StPO geschützt, BGH NJW 1996, 532 f.
173 BGH NStZ 1998, 309 ff.
174 BVerfG NStZ 2006, 641.
175 Lesen Sie zu den sonstigen Anforderungen an die Anordnung und Abwicklung solcher Maßnahmen BVerfG NJW 2009, 2431, 2437 ff. Die §§ 94 ff. StPO sollen auch für das Stadium vor dem Abruf der Mail durch den Nutzer (sog. Zwischenspeicherung) gelten. Für solche Zugriffe stellt der BGH dagegen auf § 99 StPO ab, NJW 2009, 1828.
176 Vgl. BGH NStZ 2010, 345 f.

Kapitel 8 *Zwangsmittel zur Sachaufklärung und Verfahrenssicherung*

II. Anordnungskompetenz

1224 Für die Anordnung der Beschlagnahme ist der Richter zuständig, bei Gefahr im Verzug aber auch die Staatsanwaltschaft oder deren Ermittlungspersonen, § 98 Abs. 1 StPO. Bei Pressesachen und Postbeschlagnahme dürfen – anders als sonst – die Staatsanwaltschaft bzw. ihre Hilfsbeamten selbst bei Gefahr im Verzuge die Beschlagnahme nicht anordnen. Hier bleibt sie in jedem Falle dem Richter vorbehalten, § 98 Abs. 1 S. 2 StPO. Zur gerichtlichen Zuständigkeitsbestimmung lesen Sie bitte § 98 Abs. 2 S. 3 und 4 StPO.

Ein **Beschlagnahmebeschluss** könnte in der Praxis folgendermaßen abgefasst werden:

75 Gs 37/18 AG Bonn
73 Js 59/18 StA Bonn

AMTSGERICHT BONN

BESCHLUSS

In dem Ermittlungsverfahren

g e g e n Heinz Willi **Katelbach**,
geb. am 26.05.1966 in Heidelberg,
wohnhaft: Blumentalstraße 262 b,
53179 Bonn,

w e g e n schweren Raubes

wird gemäß §§ 94 ff. StPO die Beschlagnahme folgender Gegenstände angeordnet:

1. eine Pistole der Marke Walther, Kaliber 9 mm, Fertigungsnummer 975643, nebst Magazin und vier Patronen;
2. eine Herrenarmbanduhr der Marke „Daniel Wellington", Fabrikationsnummer W420365X.

G r ü n d e:

Der Beschuldigte ist dringend verdächtig, am 14.01.2018 einen Raub in der ARAL-Tankstelle in der Heidelberger Straße 27 in Bonn ausgeführt zu haben. Er wurde im unmittelbaren Anschluss an die Tat festgenommen, wobei die im

Kapitel 8 Zwangsmittel zur Sachaufklärung und Verfahrenssicherung

2

Beschlusstenor genannten Gegenstände bei ihm sichergestellt werden konnten. Hinsichtlich der Herrenarmbanduhr Daniel Wellington haben die Ermittlungen zwischenzeitlich ergeben, dass diese Bestandteil der Beute aus einem Wohnungseinbruch vom 07.01.2018 in der Gartenstraße in Bonn-Beuel ist, bei dem weitere Gegenstände entwendet worden sind.

Der Beschuldigte hat bei seiner richterlichen Vernehmung der Sicherstellung der genannten Gegenstände mit der Begründung widersprochen, die Pistole sei nicht sein Eigentum und die Uhr habe er auf dem Flohmarkt in der Rheinaue erworben.

Unter den Voraussetzungen der §§ 94, 98 StPO war die Beschlagnahme der Gegenstände anzuordnen, da sie als Beweismittel für die Untersuchung von Bedeutung sein können. Hinsichtlich der Pistole ist die Beschlagnahme auch aus dem Gesichtspunkt der §§ 111b Abs. 1, 111c Abs. 1 StPO gerechtfertigt, da dringende Gründe für die Annahme vorhanden sind, dass die Voraussetzungen für ihre Einziehung (§ 74 StGB) vorliegen.

Bonn, den 24.01.2018
Amtsgericht Bonn

(Kolvenbach)
Richter am Amtsgericht

III. Rechtsbehelfe gegen die Beschlagnahme

Wird der Sicherstellung bzw. Beschlagnahme **durch Staatsanwaltschaft oder Polizei** vom Betroffenen (eventuell auch erst nach freiwilliger Herausgabe) widersprochen, so muss innerhalb von drei Tagen der Richter über die Rechtmäßigkeit entscheiden, §§ 98 Abs. 2 S. 1, 100 Abs. 2 StPO[177]. Auch ansonsten kann der Betroffene gemäß § 98 Abs. 2 S. 2 StPO jederzeit die **richterliche Überprüfung** beantragen. Gegen **richterlich angeordnete** Beschlagnahmen bzw. Bestätigungsbeschlüsse nach § 98 Abs. 2 S. 2 StPO ist gemäß § 304 StPO die Beschwerde zulässig.

1226

Die Problematik des Rechtsschutzes bei **vollzogenen Maßnahmen**, seien sie aufgrund richterlicher Anordnung oder durch die Ermittlungsbehörden erfolgt, stellt sich ähnlich wie bei der Überprüfung von Durchsuchungsanordnungen und -maßnahmen. Insoweit gelten die dargelegten Grundsätze entsprechend[178]. Folglich kann eine **nicht richterlich** angeordnete und erfolgte Beschlagnahme hinsichtlich der Rechtmäßigkeit bzw. der Art und Weise ihrer Durchführung bei Vorliegen eines Rechtsschutzinteresses auch im Nachhinein überprüft werden. Der Rechtsweg ist über § 98 Abs. 2 S. 2 StPO eröffnet[179]. Gegen erledigte **richterliche** Anordnungen ist die Beschwerde gemäß § 304 StPO statthaft.

I. Vorläufige Entziehung der Fahrerlaubnis

1. Allgemeines

Als Maßregel der Besserung und Sicherung sieht § 69 StGB die Entziehung der Fahrerlaubnis vor, wenn der Angeklagte wegen einer rechtswidrigen Tat, die er bei oder im Zusammenhang mit dem Führen eines Kraftfahrzeuges oder unter Verletzung der Pflichten eines Kraftfahrzeugführers begangen hat, verurteilt wird und sich aus der Tat ergibt, dass er zum Führen von Kraftfahrzeugen ungeeignet ist. Bei den in § 69 Abs. 2 StGB aufgezählten **straßenverkehrsbezogenen Delikten** wird die **Ungeeignetheit vermutet**. Die Entziehung der Fahrerlaubnis wird oftmals als die eigentliche Sanktion empfunden. Sie ist nicht nur häufig mit beruflichen Konsequenzen verbunden, sondern für Viele auch gleichbedeutend mit einem sozialen Statusverlust. Dementsprechend wichtig ist die Rolle dieser Maßregel in der täglichen gerichtlichen Praxis – zumeist – der Amtsgerichte.

1227

II. Voraussetzungen

Da zwischen Straftat und Verurteilung naturgemäß eine gewisse Zeitspanne liegt, die Ungeeignetheit zum Führen von Kraftfahrzeugen sich aber bereits in der Begehung des Delikts manifestiert hat, erlaubt § 111a StPO quasi als **vorweggenommenen Vollzug der Maßregel** die vorläufige Entziehung der Fahrerlaubnis, wenn **dringende Gründe** für die Annahme vorhanden sind, dass diese – durch das spätere Urteil – end-

1228

---

177 Für **Führerscheine** gilt § 111a Abs. 3 StPO, wonach die vorläufige Entziehung der Fahrerlaubnis zugleich als Anordnung bzw. Bestätigung der Beschlagnahme gilt; lesen Sie dazu Rn. 1227 ff.
178 BVerfG NJW 1997, 2163 ff.
179 Im Hinblick auf den Rechtsweg gelten die Ausführungen des BGH NJW 1999, 730 ff.

Kapitel 8   *Zwangsmittel zur Sachaufklärung und Verfahrenssicherung*

gültig entzogen werden wird. Die Regelung dient also in erster Linie einem präventiven Zweck und nur mittelbar der Sicherung und Durchführung des Strafverfahrens.

Die Anordnung nach § 111a StPO setzt – wie der Haftbefehl, vgl. § 112 Abs. 1 S. 1 StPO – den fast an Gewissheit grenzenden Tatverdacht im Hinblick auf ein unter § 69 Abs. 1 StGB fallendes Delikt voraus.

1229 Ferner muss eine zuverlässige Prognose hinsichtlich der **Ungeeignetheit zum Führen von Kraftfahrzeugen** gestellt werden können. Bei Erfüllung der in § 69 Abs. 2 StGB genannten Straftatbestände, nämlich

- der Gefährdung des Straßenverkehrs (§ 315c StGB);
- der Trunkenheit im Verkehr (§ 316 StGB), was i.d.R. mit entsprechendem Konsum von Alkohol oder anderen Drogen, etwa Haschisch, einhergeht[180];
- des unerlaubten Entfernens vom Unfallort (§ 142 StGB), wenn der Täter weiß oder wissen kann, dass bei dem Unfall ein Mensch getötet oder nicht unerheblich verletzt wurde (also ärztlicher Hilfe bedarf) oder an **fremden** Sachen bedeutender Schaden (jedenfalls höher als 1.300,– €) entstanden ist[181];
- des Vollrausches (§ 323a StGB) unter Begehung eines der oben genannten Delikte

wird die Ungeeignetheit zum Führen von Kraftfahrzeugen vermutet und bedarf in der Regel keiner gesonderten Feststellung.

1230 Bei nicht verkehrsspezifischen Anlasstaten (Fahrt zu einem Tatort; Transport von Betäubungsmitteln etc.) ist dagegen eine Gesamtwürdigung des Geschehens erforderlich. Die Entziehung der Fahrerlaubnis setzt hier voraus, dass das Verhalten des Täters tragfähige Rückschlüsse auf seine Bereitschaft zulässt, die Sicherheit des Straßenverkehrs seinen eigenen Interessen unterzuordnen[182].

Schließlich muss die Maßnahme – wie jeder strafprozessuale Eingriff – dem Grundsatz der **Verhältnismäßigkeit** entsprechen. Dieser wird bei Verkehrsstraftaten angesichts der besonderen Gefahren des Straßenverkehrs gewahrt sein. Selbst der drohende Verlust der Arbeitsstelle infolge einer vorläufigen Entziehung der Fahrerlaubnis muss daher in der Regel vom Betroffenen hingenommen werden[183].

III. Anordnungskompetenzen und Zuständigkeit

1231 Funktionell zuständig ist allein der Richter. Die Staatsanwaltschaft und deren Ermittlungspersonen sind allerdings unter den Voraussetzungen der §§ 94 Abs. 3, 98 Abs. 1

---

180 Zur **Berechnung des Blutalkoholgehalts** zur Tatzeit siehe oben Rn. 677 ff. Hinsichtlich des Konsums von **Haschisch** ist anerkannt, dass im akuten Rausch und während der Dauer einer mehrstündigen Abklingphase die Fahrtüchtigkeit aufgehoben ist, vgl. die Nachweise bei BVerfG NJW-Mitt 2002, Nr. 71. Ohnehin ist hier selbst bei nur gelegentlichem Konsum zum Führen von Kraftfahrzeugen charakterlich ungeeignet, wer zwischen Drogeneinnahme und Fahren nicht trennt, vgl. OVG Lüneburg NJW 2017, 1129; VGH München NJW 2016, 2601 ff.; NJW 2014, 407 ff. Für sonstige Drogen dürfte dies entsprechend gelten, vgl. BGH 4 StR 427/17 Tz. 3. Allerdings gibt es hier – anders als bei Alkohol – keine gesicherten Grenzwerte bezüglich der Blutwirkstoffkonzentration; siehe hierzu BGH 4 StR 477/11.
181 Vgl. zu der betragsmäßig uneinheitlichen Rechtsprechung die Nachweise bei *Fischer*, § 69 Rn. 29.
182 BGH 5 StR 185/12 Tz. 16; NJW 2005, 1957 ff.
183 Vgl. BVerfG NJW 2001, 357.

Vorläufige Entziehung der Fahrerlaubnis **I**

StPO befugt, einen **in Deutschland ausgestellten Führerschein** als Einziehungsgegenstand (§ 69 Abs. 3 S. 2 StGB) sicherzustellen bzw. zu beschlagnahmen. Das gilt auch für Führerscheine, die von Behörden eines **Mitgliedstaates der Europäischen Union** oder eines EWR-Staates (Island, Liechtenstein, Norwegen) ausgestellt worden sind, wenn der Inhaber seinen ordentlichen Wohnsitz im Inland hat (§ 111a Abs. 3 S. 2 StPO). Solche Führerscheine unterliegen nämlich gem. § 69 b Abs. 2 S. 1 StGB ebenfalls der Einziehung[184].

Da die Eingriffskompetenz der Ermittlungsbehörden nicht weitergehender sein kann als eine richterliche Entziehung der Fahrerlaubnis, müssen hierfür die Voraussetzungen des § 111a Abs. 1 StPO ebenfalls erfüllt sein. Letztere Vorschrift stellt somit die übergeordnete Regelung dar. Sie ersetzt die Beschlagnahme bzw. Sicherstellung des Führerscheins nach § 94 StPO, falls diese bis dahin noch nicht erfolgt war. Nach vorangegangener Beschlagnahme wirkt die Anordnung i.S.d. § 111a StPO als deren Bestätigung (vgl. § 111a Abs. 3 StPO). Ist eine richterliche Entscheidung unter den Voraussetzungen des § 98 Abs. 2 StPO erforderlich, so tritt die vorläufige Entziehung der Fahrerlaubnis automatisch an deren Stelle (§ 111a Abs. 4 StPO).

Für **ausländische Führerscheine, die nicht als EU-Führerscheine unter § 69b Abs. 2 S. 1 StGB fallen**, gelten einige Besonderheiten: Eine im Ausland erworbene Fahrerlaubnis kann zwar ebenfalls entzogen werden, der Führerschein unterliegt aber nicht der Einziehung (vgl. § 69 Abs. 3 S. 2 StGB). Dies hat Konsequenzen für die vorläufige Entziehung nach § 111a StPO. Gemäß dessen Abs. 6 ist der ausländische Führerschein – ggfls. nach Beschlagnahme zu diesem Zweck – mit dem Vermerk zu versehen, dass dem Inhaber die Fahrerlaubnis vorläufig entzogen wurde[185]. Anschließend ist ihm das Papier unverzüglich wieder auszuhändigen. Der Eintrag hat zur Folge, dass der Betroffene im Inland führerscheinpflichtige Fahrzeuge nicht mehr führen darf (vgl. § 69b Abs. 1 StGB)[186]. 1232

Die **sachliche und örtliche Zuständigkeit** für Anordnungen gemäß § 111a StPO richtet sich während der Dauer des Ermittlungsverfahrens allein nach § 162 Abs. 1 S. 1 StPO. Nach Erhebung der öffentlichen Klage ist das nach dem jeweiligen Verfahrensstand mit der Sache befasste Gericht zuständig, nicht jedoch das Revisionsgericht[187]. 1233

Liegen die Voraussetzungen für die vorläufige Entziehung der Fahrerlaubnis nicht mehr vor, so ist die Maßnahme aufzuheben und der Führerschein an den Beschuldigten herauszugeben (§ 111a Abs. 2 und 5 StPO).

Ein Beispiel für einen Beschluss nach § 111a StPO, der im Hinblick auf § 34 StPO mit Gründen zu versehen ist, finden Sie oben unter Rn. 89.

Wurde die Fahrerlaubnis **durch Urteil endgültig** entzogen, so entscheidet nach Ablauf der gem. § 69a StGB anzuordnenden Sperrfrist über den Antrag auf Neuerteilung allein die **Verwaltungsbehörde**. An welche Voraussetzungen sie die Wiedererteilung 1234

---

184 Sie werden nach endgültiger Entziehung der Fahrerlaubnis an die ausstellende Behörde zurückgesandt, damit diese darüber entscheiden kann, ob sie ihrerseits die Fahrerlaubnis entzieht.
185 Siehe auch BGH 2 StR 416/10.
186 Europarechtlich ist dies unbedenklich, vgl. EuGH, Entscheidung vom 23.04.2015, C 260/13.
187 OLG Hamm VRS 21, 283 f.

Kapitel 8 *Zwangsmittel zur Sachaufklärung und Verfahrenssicherung*

knüpft, liegt in deren pflichtgemäßem Ermessen. Die Klärung von Eignungszweifeln bei einer Alkoholproblematik ist in § 13 FeV dahingehend geregelt, dass der alkoholauffällige Täter ab einer BAK von 1,6 ‰ regelmäßig auf der Grundlage einer medizinisch psychologischen Untersuchung (sog. MPU) ein entsprechendes Gutachten beizubringen hat[188].

Die Anforderungen an die Erteilung bzw. Wiedererteilung der Fahrerlaubnis sind in den EU-Mitgliedsstaaten aber nicht einheitlich geregelt und ein EU-Führerschein berechtigt nach Maßgabe des § 28 FeV grundsätzlich zum Führen eines Kraftfahrzeuges auch im Inland. Mit dem Zweck, die MPU zu umgehen, hat sich in einigen Ländern der EU daher ein regelrechter „Führerscheintourismus" entwickelt[189].

J. Verdeckte Ermittlungsmaßnahmen

I. Gesetzliche Entwicklung und allgemeiner Überblick

1235 Im Bereich der Schwerkriminalität bzw. des organisierten Verbrechens mit Drogen-, Waffen- oder Menschenhandel und den begleitenden Erscheinungen wie Geldwäsche etc. ist es – neben dem bereits erwähnten Einsatz verdeckter Ermittler oder von Privatpersonen[190] – aus ermittlungstaktischen Gründen oft unumgänglich, die Kommunikation eines Beschuldigten oder Dritter zu überwachen und/oder andere technische Maßnahmen der Observation zu ergreifen. Diese Art der Kriminalität zeichnet sich durch hohe Professionalität, gut eingespielte Strukturen, eine besondere Skrupellosigkeit, die konsequente Nutzung technischen Fortschritts (insbesondere in den Bereichen der Kommunikation und der mobilen Informationssysteme) sowie einen vergleichsweise großen volkswirtschaftlichen oder individuellen Schaden aus. Deshalb besteht im Prinzip Einigkeit darüber, dass den staatlichen Organen effektive Mittel für eine Verhinderung bzw. Aufklärung solcher Straftaten zur Verfügung stehen müssen[191]. Der Gesetzgeber ist daher fortlaufend bemüht, den Ermittlungsbehörden mit den §§ 100a ff. StPO Instrumente an die Hand zu geben, welche es ermöglichen, gegen professionelle kriminelle Strukturen „auf Augenhöhe" vorzugehen.

1236 Je weiter der Spielraum der Strafverfolger durch erlaubte Eingriffe in Grundrechte gezogen wird, desto mehr fordert das Gebot der Rechtsstaatlichkeit klare Ermächtigungsnormen und Anordnungskompetenzen. Schließlich darf schon nach Art. 8 EMRK in das Recht auf Achtung des Privat- und Familienlebens nur aufgrund gesetzlicher Regelungen und auch nur dann eingegriffen werden, wenn dies „in einer demokratischen Gesellschaft" zum Schutz gewichtiger Rechtsgüter erforderlich ist[192]. Der Gesetzgeber versucht, dem mit restriktiven Anordnungsvoraussetzungen, Richtervorbehalten, zeitlichen Zulässigkeitsgrenzen, Dokumentations- und Benachrichtigungspflichten etc. gerecht zu werden.

---
188 Vgl. im Übrigen § 13 FeV sowie die Kommentierung zu dieser Vorschrift bei *Hentschel*.
189 Lesen Sie bei Interesse hierzu Hentschel-*Dauer*, § 28 FeV Rn. 18 ff.
190 Siehe hierzu oben Rn. 616 ff.
191 BVerfG NJW 2008, 822, 828 f.
192 Vgl. hierzu EGMR JZ 2000, 993 f.

Verdeckte Ermittlungsmaßnahmen **J**

Wie umstritten die Ausgestaltung verdeckter Ermittlungen aus rechtspolitischen Gründen sein kann, zeigt der lange Weg, den das Gesetz zum sog. „großen Lauschangriff"[193], also zur **repressiven akustischen Überwachung von Wohnraum**, genommen hat. Im Jahre 1998 in Kraft getreten, wurde es vom BVerfG im Jahr 2004[194] teilweise für verfassungswidrig erklärt, weil kein ausreichender Schutz des „Kernbereichs" privater Lebensgestaltung innerhalb des von Art. 13 GG erfassten Wohnraums sichergestellt war. Erst zum 01.07.2005 wurde ein verfassungskonformer[195] Rechtszustand hergestellt. Die praktische Bedeutung der Maßnahme ist seitdem gering. Ausweislich der turnusmäßigen Unterrichtungen des Bundestages durch die Bundesregierung liegt die Zahl der Anordnungen pro Jahr, bezogen auf das gesamte Bundesgebiet, regelmäßig im einstelligen Bereich[196].

Das „Gesetz zur Neuregelung der Telekommunikationsüberwachung und anderer Ermittlungsmaßnahmen" hat im Jahr 2008 eine weitere Reform gebracht, deren Schwerpunkt auf heimlichen Maßnahmen lag. Seine Regelungen dienten einerseits der Vereinheitlichung von allgemeinen Verfahrens- und Verwendungsvorschriften, andererseits (und in geringerem Maße) einer Umsetzung der „Kernbereichsrechtsprechung" des Bundesverfassungsgerichts. Für **alle** gerichtlichen Handlungen im Stadium des Ermittlungsverfahrens sieht seitdem beispielsweise § 162 Abs. 1 StPO in der Regel die örtliche und sachliche Zuständigkeit des Amtsgerichts vor, in dessen Bezirk die den Antrag stellende Staatsanwaltschaft ihren Sitz hat. § 101 Abs. 3 bis 6 StPO enthalten für sämtliche Eingriffe i.S.d. §§ 100a ff. StPO einheitliche und weitreichende Kennzeichnungs-, Löschungs- sowie Benachrichtigungspflichten. Diese dienen zum einen dem Schutz des Betroffenen während der Maßnahme, sie sollen aber auch die ausdrücklich vorgesehene nachträgliche gerichtliche Überprüfung (§ 101 Abs. 7 S. 2 StPO), die ihrerseits beschwerdefähig ist (§ 101 Abs. 7 S. 3 StPO), zu einem hinreichend effektiven Instrument machen[197].

1237

Auf der anderen Seite hat der Gesetzgeber mit den seinerzeitigen Neuregelungen die in die Privatsphäre intensiv eingreifende und daher (zu Recht) besonders umstrittene **Vorratsdatenspeicherung** von Telekommunikationsverkehrsdaten bis zur Dauer von sechs Monaten eingeführt. Diese Regelungen haben indes (wieder einmal) der verfassungsgerichtlichen Überprüfung nicht standgehalten[198]. Wenngleich die entsprechende Richtlinie des Europäischen Parlaments und des Rates vom EuGH für ungültig erklärt wurde[199], ist im Dezember 2015 das Gesetz zur Einführung einer

1238

---

193 Diese Bezeichnung ist nicht korrekt und tendenziell, denn Ermittlungsbehörden starten – jedenfalls bei einem gesetzeskonformen Vorgehen – keine „Angriffe", sondern sind im Rahmen ihres Aufgabenbereiches mit der rechtsstaatlich gebotenen Aufklärung von Straftaten befasst.
194 BVerfG NJW 2004, 999 ff.
195 BVerfG NJW 2007, 2753 ff.
196 Für das Berichtsjahr 2015 sind insgesamt sieben Anordnungen verzeichnet, vgl. BT-Drucksache 18/9660.
197 Lesen Sie zur Systematik dieses Rechtsbehelfs und der Abgrenzung zu den Regelungen der §§ 98 Abs. 2 S. 2, 304 StPO *Singelnstein* NStZ 2009, 481 ff.; vgl. auch BGH NStZ 2010, 50 ff. zur Statthaftigkeit der sofortigen Beschwerde nach § 101 Abs. 7 S. 3 StPO im Falle gleichzeitig eingelegter Revision.
198 BVerfG NJW 2010, 833 ff.; BGH 3 StR 332/10; 1 StR 663/10. Siehe zur Vorratsdatenspeicherung auch unten Rn. 1251.
199 EuGH NJW 2014, 2169 ff.

Kapitel 8 Zwangsmittel zur Sachaufklärung und Verfahrenssicherung

Speicherpflicht und einer Höchstspeicherdauer für Verkehrsdaten[200] in Kraft getreten. Über das Schicksal dieser neu gefassten Regelungen wird erneut das Bundesverfassungsgericht zu entscheiden haben. Für Eilentscheidungen hat es indes keinen Anlass gesehen[201].

1239 Mit „Gesetz zur effektiveren und praxistauglicheren Ausgestaltung des Strafverfahrens" vom 17.08.2017[202] ist der Gesetzgeber noch einen Schritt weitergegangen und hat die rechtspolitisch seit langem umstrittene Quellentelekommunikationsüberwachung (**Quellen-TKÜ**) sowie die **Online-Durchsuchung** eingeführt. Vielleicht liegt es an der Materie, dass bereits das Gesetzgebungsverfahren quasi „verdeckt" ablief, indem die Novellierung kurzerhand in einen Änderungsantrag zu dem Gesetzesentwurf u.a. betreffend die Erweiterung der Anordnungsmöglichkeiten eines Fahrverbots untergebracht wurde[203]. Quellen-TKÜ und Onlinedurchsuchung unterscheiden sich technisch kaum. In beiden Fällen wird verdeckt ein informationstechnisches System infiltriert, um mit einer eigens hierfür entwickelten Software (sog. „Staatstrojaner") in ein IT-System einzudringen und Daten an die Verfolgungsbehörden zu übermitteln. Allerdings ist die Zielrichtung verschieden. Die Quellen-TKÜ dient der Überwachung laufender Telekommunikation über das jeweilige Endgerät, während die Online-Durchsuchung – ggfls. auch über einen längeren Zeitraum – den Zugriff auf gespeicherte Daten ermöglichen soll.

Dem Gesetzgeber ist zuzugeben, dass gerade die Nutzung mobiler Systeme wie Smartphones und Tablets inklusive der Möglichkeit der externen Datenspeicherung einen großen Teil der herkömmlichen Telekommunikation verdrängt hat. Es ist aber nicht zu verkennen, dass der Staat nun in die Lage versetzt ist, sich in einem außergewöhnlichen Ausmaß als „Hacker" zu betätigen. Führt man sich vor Augen, wie viele Dinge der privaten Lebensführung heutzutage den digitalen Medien anvertraut werden, so bieten die nunmehr geschaffenen Instrumentarien sicherlich die weitreichendsten Eingriffsmöglichkeiten in die Privatsphäre. Sie dürften zu weit ergiebigeren Erkenntnissen führen, als etwa die ohnehin kaum praxisrelevante Wohnraumüberwachung.

1240 Im Einzelnen sieht die StPO derzeit folgende verdeckte technische Maßnahmen vor:
– Überwachung und Aufzeichnung der Telekommunikation inklusive Quellen-TKÜ, § 100a StPO;
– Online-Durchsuchung, § 100b StPO;
– Abhören und Aufzeichnen des nicht öffentlich gesprochenen Wortes (jenseits der Telekommunikation) innerhalb, § 100c StPO (sog. „großer Lauschangriff"), und außerhalb einer Wohnung, § 100f StPO;

---

200 BGBl. 2015 I, S. 2218 ff.
201 Siehe hierzu die vom EuGH (NJW 2017, 717 ff.) gezogenen rechtlichen Grenzen, die Beschlüsse des BVerfG vom 26.03.2017 (1 BvR 3156/15, 1 BvR 141/16) sowie BVerfG 1 BvQ 42/15, 1 BvR 229/16 und Roßnagel NJW 2017, 696 ff.; 2016, 533 ff.
202 BGBl. 2017 I, S. 3202 ff.
203 Die FAZ titelte daher am 22.06.2017 zutreffend: „Durch die Hintertür zur Überwachung"; vgl. auch Singelnstein/Derin NJW 2017, 2646.

– Herstellung von Bildaufnahmen zu Observationszwecken, § 100h Abs. 1 S. 1 Nr. 1 StPO;
– Einsatz sonstiger, für Observationszwecke bestimmter technischer Mittel, § 100h Abs. 1 S. 1 Nr. 2 StPO;
– Ermittlung der Geräte- und Kartennummer sowie des Standortes eines Mobilfunkendgerätes mittels eines sog. „IMSI-Catchers", § 100i StPO.

Bei der Anordnung, Ausgestaltung und Durchführung sämtlicher Maßnahmen muss insbesondere der Grundsatz der **Verhältnismäßigkeit** beachtet werden. Dass das Leben der Bürger nicht total erfasst werden darf, gehört zur sog. verfassungsrechtlichen Identität der Bundesrepublik Deutschland[204]. Dieses Postulat gilt angesichts der gegenwärtigen Gesetzeslage mehr denn je. Eine „Rundumüberwachung" ist daher nicht statthaft[205]. Die Gefahr einer solchen Totalobservation besteht insbesondere dann, wenn mehrere dem Betroffenen verborgene Maßnahmen kumulativ eingesetzt werden und dadurch „additiv" in Grundrechte eingreifen. In diesen Fällen obliegen den Ermittlungsbehörden gesteigerte Informations- und Dokumentationspflichten, um eine verantwortliche Prüfung und gegebenenfalls Feststellung übermäßiger Belastung zu gewährleisten[206].

1241

Der Schwere des Eingriffs in die Privatsphäre durch eine **längerfristige** Observation hat der Gesetzgeber zusätzlich durch die Einführung des § 163f StPO Rechnung getragen, wonach eine durchgehend länger als 24 Stunden dauernde oder für mehr als zwei Tage geplante Überwachung der Anordnung durch den Richter bedarf[207]. Im Rahmen der auf §§ 100a ff. StPO gestützten Maßnahmen hat die Vorschrift wegen der dort ohnehin ausgeprägten richterlichen Entscheidungskompetenzen (vgl. §§ 100e Abs. 1 S. 1, Abs. 2 S. 1, 100f Abs. 4, 100i Abs. 3 S. 1 StPO) aber kaum praktische Bedeutung.

II. Überwachung der Telekommunikation

Die Überwachung des Telefonverkehrs (im Ermittlerjargon kurz „**TÜ**" genannt) ist ein „Klassiker" unter den heimlichen Maßnahmen[208]. Insbesondere bei der Aufklärung von Betäubungsmitteldelikten ist die Aufzeichnung von Gesprächen aus den Dealer- und Kurierkreisen, in welche die Ermittlungsbehörden etwa durch den Einsatz von V-Leuten und verdeckten Ermittlern nur schwer Zugang finden, eines der wichtigsten Beweismittel. Es ist immer wieder erstaunlich, mit welcher Leichtfertigkeit auch ansonsten professionell vorgehende Täter bei der Nutzung eines Mobiltelefons wichtige Informationen preisgeben und mit welcher Naivität man versucht, kri-

1242

---

204 Vgl. dazu das „Lissabonurteil" des BVerfG NJW 2009, 2267 ff.
205 BVerfG NJW 2012, 907 ff.; 2010, 833, 839 ff.; 2005, 1338, 1340, 1341; vgl. zu den Anforderungen an die Verfahrensrüge der unzulässigen Rundumüberwachung BGHSt 54, 69, 102 ff.
206 BVerfG NJW 2005, 1341.
207 Auf die tatsächliche Dauer der anschließenden Maßnahme kommt es nicht an. Einer richterlichen Genehmigung bedarf es auch dann, wenn sich die Notwendigkeit einer längerfristigen Überwachung erst während einer kürzer angelegten Maßnahme herausstellt. Vgl. hierzu OLG Hamburg NStZ-RR 2008, 144 f.
208 Zu den technischen Möglichkeiten siehe *Singelnstein* NStZ 2012, 593 ff.

Kapitel 8   *Zwangsmittel zur Sachaufklärung und Verfahrenssicherung*

minelle Inhalte durch Verwenden dümmlicher Synonyme zu verschleiern. Durch die TÜ werden häufig nicht nur einzelne BTM-Geschäfte, sondern auch Bandenstrukturen, Transportwege, Treffpunkte etc. offenbar. Die gewonnenen Erkenntnisse können zudem durch weitere, darauf basierende Ermittlungen verfestigt werden.

Hinsichtlich des für eine Überwachung in Betracht kommenden Personenkreises gibt es – abgesehen von den für bestimmte zeugnisverweigerungsberechtigte Personen geltenden Besonderheiten (Rn. 1268) – vom Ansatz her keine Ausnahmen[209].

1243 Die Rechtsgrundlage für die Überwachung und Aufzeichnung der Telekommunikation bildet § 100a StPO, und zwar zum Zwecke der **Erforschung des Sachverhalts** oder der **Ermittlung des Aufenthaltsortes des Beschuldigten**. Die mit der Durchführung einer solchen (rechtmäßig angeordneten) Maßnahme notwendigerweise verbundene Beschränkung des Fernmeldegeheimnisses ist gemäß Art. 10 Abs. 2 GG statthaft und begegnet im Grundsatz keinen verfassungsrechtlichen Bedenken. Das ist seit Langem anerkannt[210].

Was unter „Telekommunikation" im Einzelnen zu verstehen ist, richtet sich nach der Legaldefinition in § 3 Nr. 22 TKG. Sie umfasst alle Formen der Nachrichtenübermittlung mittels technischer Einrichtungen und damit natürlich auch Gespräche per Mobiltelefon, den Zugriff auf den Datenbestand einer Mailbox oder den Abruf von Seiten aus dem Internet. Entscheidend ist die fehlende Verkörperung der zunächst übermittelten, dann empfangenen und schließlich wiedererzeugten Kommunikation[211]. Die Überwachung darf nach nunmehr geltender Gesetzeslage auch in der Weise erfolgen, dass mit technischen Mitteln in von dem Betroffenen genutzte informationstechnische Systeme aktiv eingegriffen wird, wenn dies notwendig ist, um die Überwachung und Aufzeichnung insbesondere in unverschlüsselter Form zu ermöglichen (§ 100a Abs. 1 S. 2 StPO). Das eröffnet nunmehr die von Ermittlern immer wieder nachgefragte technische Möglichkeit, Nachrichten der unterschiedlichsten Art (etwa auch über soziale Netzwerke oder Skype) bereits auf dem Rechner des Absenders abzufangen, bevor diese verschlüsselt werden.

Die im Wege einer rechtmäßigen Überwachung gewonnenen Erkenntnisse dürfen im Strafverfahren gegen den Beschuldigten, aber auch gegen andere Personen – jedenfalls wenn auch insoweit eine Katalogtat im Sinne des § 100a Abs. 2 StPO vorliegt – verwertet werden, § 161 Abs. 2 S. 1 StPO[212].

1. Inhaltliche Voraussetzungen

1244 Es muss sich bei dem Anlassdelikt zunächst um ein solches aus dem **abschließenden Katalog** des § 100a Abs. 2 StPO handeln und die Tat muss auch im Einzelfall schwer wiegen. Die in Rede stehende Rechtsgutverletzung muss also erheblich sein, was

---

209 So dürfen auch die Telefonate von Mitarbeitern der Medien überwacht werden, vgl. BVerfG NJW 2003, 1787.
210 BVerfG NJW 2012, 833 ff.; 2007, 2749 f.; 1971, 275.
211 Vgl. BVerfG NJW 2016, 3508 ff.; BGH NJW 2003, 2034 ff.
212 Vgl. auch BGH 3 StR 498/16. Siehe hierzu sowie zur Einführung in die Hauptverhandlung oben Rn. 612 ff.

indes auch bei Annahme eines minder schweren Falles – und damit eines reduzierten Strafrahmens – eine Überwachung nicht ausschließt[213].

Bestimmte Tatsachen müssen zudem den **konkreten Verdacht** begründen, dass jemand – nicht notwendigerweise der zu Überwachende – Täter oder Teilnehmer (unter bestimmten Voraussetzungen auch im Vorbereitungs- und Versuchsstadium) einer Tat aus diesem Katalog ist. Ein Verdachtsgrad im Sinne des § 203 StPO oder gar des § 112 StPO ist nicht erforderlich[214]. Angesichts der Schwere der zur Debatte stehenden Delikte genügen schlüssige Tatsachen, die ein routinemäßiges und nicht fallbezogenes – also letztlich willkürliches – Vorgehen der Strafverfolgungsbehörden ausschließen. Soll die Maßnahme der Aufklärung des Sachverhalts dienen, so ist dies einhellige Meinung in Rechtsprechung und Literatur[215]. Im Falle der Überwachung allein zur Ermittlung des Aufenthaltsortes des Beschuldigten werden teils höhere Maßstäbe gefordert[216].

Ferner muss die Erforschung des Sachverhalts oder die Ermittlung des Aufenthaltsortes des Beschuldigten auf andere Weise aussichtslos oder wesentlich erschwert sein (§ 100a Abs. 1 Nr. 3 StPO), sog. **Subsidiaritätsgrundsatz**. Das ist insbesondere der Fall, wenn andere ermittlungstaktische Schritte einen erheblich höheren Arbeitsaufwand erfordern würden[217]. Ob auch ein nur höherer Kostenaufwand in die Abwägung einbezogen werden darf, ist streitig[218]. **1245**

Gegenstand der Anordnung sind in erster Linie die Telekommunikationsanschlüsse **des Beschuldigten**. Gegen **Dritte** sind Maßnahmen gemäß § 100a Abs. 3 StPO zulässig, wenn aufgrund konkreter Tatsachen anzunehmen ist, dass sie für den Beschuldigten bestimmte oder von ihm herrührende Mitteilungen entgegennehmen bzw. weitergeben (sog. „Nachrichtenmittler"[219]) oder dass der Beschuldigte ihren Telekommunikationsanschluss benutzt.

§ 100a StPO bietet damit im Grundsatz eine hinreichende Ermächtigungsgrundlage auch für die Überwachung des Telefonanschlusses eines **Rechtsanwalts** und die Verwertung der daraus gewonnenen Erkenntnisse. Das gilt uneingeschränkt dann, wenn der Anwalt im Verfahren selbst Beschuldigter ist. Im Übrigen ist zu beachten, dass der Verteidiger durch Maßnahmen i.S.d. §§ 100a, 100g StPO jedenfalls mittelbar auch in seinem eigenen Recht auf freie Berufsausübung (Art. 12 GG) verletzt sein kann[220]. Das Abhören von Gesprächen zwischen dem Beschuldigten und seinem Strafvertei- **1246**

---

213 BVerfG NJW 2004, 999, 1012.
214 BGH NStZ-RR 2016, 346; NStZ 2010, 711 f.
215 Vgl. zum Stand des diesbezüglichen Meinungsstreits auch *Meyer-Goßner*, § 100a Rn. 9 sowie BVerfG NJW 2007, 2752 f.
216 Vgl. KK-*Bruns*, § 100a Rn. 33, der die Frage des Tatverdachts unter dem Aspekt der Verhältnismäßigkeit behandelt.
217 KK-*Bruns*, § 100a, Rn. 33.
218 Vgl. die Nachweise bei: *Meyer-Goßner*, § 100a Rn. 13.
219 Dabei spielt es für die Rechtmäßigkeit der Anordnung keine Rolle, ob die Person, deren Anschluss abgehört werden soll, von dem aufzuklärenden Tatgeschehen weiß oder ob sie gutgläubig ist. Mit Blick auf das Aufklärungsinteresse ist nicht einmal erforderlich, dass der Betroffene „im Lager" des Beschuldigten steht. Auch das Opfer einer Schutzgelderpressung kommt daher als Anschlussinhaber in Betracht. Vgl. BVerfG NJW 2007, 2752 f.; KK-*Bruns*, § 100a Rn. 35 m.w.N.
220 Lesen Sie dazu EGMR NJW 2017, 3577 ff.; BVerfG NJW 2007, 2750 f.

Kapitel 8 *Zwangsmittel zur Sachaufklärung und Verfahrenssicherung*

diger **innerhalb eines bestehenden Mandatsverhältnisses** ist nach unbestrittener Auffassung schon wegen des Anspruchs auf ungehinderten Verkehr mit dem Verteidiger aus § 148 StPO stets unzulässig[221]. Gleichwohl erhobene Daten sind ohne inhaltliche Auswertung zu löschen, sobald erkennbar ist, dass es sich um geschützte Kommunikation handelt.

1247 Liegen tatsächliche Anhaltspunkte dafür vor, dass durch die Überwachung **allein** Erkenntnisse aus dem **Kernbereich privater Lebensgestaltung** erlangt würden, so ist die Maßnahme ebenfalls unzulässig (§ 100d Abs. 1 StPO). Das gilt für jede Maßnahme i.S.d. §§ 100a bis 100c StPO. Sie darf dann weder angeordnet, noch dürfen derartige Erkenntnisse verwertet werden. Aufzeichnungen darüber sind unverzüglich zu löschen, was zu dokumentieren ist (§ 100d Abs. 2 StPO). Der Gesetzgeber hat allerdings davon abgesehen, diesen absolut geschützten Bereich im Gesetz positiv zu umschreiben. Er hat sich vielmehr – verfassungsrechtlich unbedenklich[222] – mit § 100d Abs. 1 StPO auf die sog. **negative Kernbereichsprognose** beschränkt. Eine Maßnahme ist nur dann unzulässig, wenn tatsächliche Anhaltspunkte einen Eingriff in den Kernbereich privater Lebensgestaltung erwarten lassen.

Unter dem „Kernbereich" versteht das BVerfG innere Vorgänge wie Empfindungen und Gefühle, Überlegungen, Ansichten und Erlebnisse höchstpersönlicher Art sowie deren Ausdruck, und zwar ohne Angst, dass staatliche Stellen derlei überwachen. Erfasst sind folglich Äußerungen von Empfindungen oder unbewusstem Erleben sowie Ausdrucksformen der Sexualität. Der nötige Freiraum besteht für die vertrauliche Kommunikation überall dort, wo die Rechtsordnung um der höchstpersönlichen Lebensgestaltung willen einen besonderen Schutz einräumt und die Bürger auf diesen Schutz vertrauen[223]. Er existiert u.U. auch dann, wenn sich höchstvertrauliche mit alltäglichen Inhalten vermischen[224]. Zum geschützten Kernbereich gehört etwa das belastende Selbstgespräch eines Beschuldigten im Zimmer eines Krankenhauses oder im Pkw[225].

1248 Der Prognosemaßstab des § 100d Abs. 1 StPO bleibt erkennbar hinter § 100d Abs. 4 StPO zurück, wonach die (deutlich intensivere) akustische Wohnraumüberwachung nur angeordnet und fortgeführt werden darf, wenn und soweit im Sinne einer positiven Prognose keine Äußerungen aus der privaten Lebenssphäre zu erwarten sind. Dies findet seine Rechtfertigung darin, dass Telefongespräche in den seltensten Fällen ausschließlich diesen geschützten Bereich betreffen.

Ohnehin lässt die regelmäßige Unmöglichkeit einer treffsicheren Prognose im Zeitpunkt der Anordnung den vom Gesetzgeber bezweckten Schutz bei der praktischen Anwendung des § 100d Abs. 1 StPO nicht leerlaufen. Denn es ist keineswegs erforderlich, den Zugriff wegen einer potentiellen Kernbereichsverletzung von vornherein zu unterlassen. Vielmehr muss der Schutz der Privatsphäre erst in der **Auswertungs-**

---

221 Siehe EGMR NJW 2016, 2013 ff.; BVerfG NJW 2007, 2749.
222 BVerfG NJW 2007, 2753, 2755.
223 BVerfG NJW 2005, 999, 1002.
224 BVerfG NJW 2016, 1781, 1795 f. zu §§ 20a ff. BKAG; 1 BvR 966/09, 1 BvR 1140/09.
225 BGH 2 StR 509/10 Tz. 13 f.; BVerfG NJW 2005, 3295 f.

phase sichergestellt werden. Ergibt sich hier, dass kernbereichsrelevante Inhalte erhoben wurden, müssen diese unverzüglich gelöscht werden. Es darf nicht zu einer Weitergabe oder sonstigen Verwendung kommen[226].

2. Anordnungskompetenzen und Dauer der Maßnahme

Gemäß § 100e Abs. 1 StPO muss die Überwachung **durch das Gericht** angeordnet werden. Im Ermittlungsverfahren ist dies in aller Regel der Ermittlungsrichter des Amtsgerichts am Sitz der Staatsanwaltschaft, § 162 StPO, in den Fällen des § 169 StPO der Ermittlungsrichter des Oberlandesgerichts bzw. des Bundesgerichtshofs. Ist die Anklage bereits erhoben, so entscheidet das mit der Sache befasste Gericht. Bei Gefahr im Verzug kann für die Dauer von längstens drei Werktagen eine Anordnung jedoch auch durch die Staatsanwaltschaft getroffen werden. Die **Ausführung** obliegt gem. § 100a Abs. 4 StPO dem Telekommunikationsunternehmen, welches den betroffenen Anschluss betreibt. Es hat am Übergabepunkt eine vollständige Kopie der Telekommunikation bereitzustellen und muss auch weitergehende Mitwirkungs- und Informationspflichten erfüllen, etwa hinsichtlich der Ermittlung des Ortes, von dem aus telefoniert wurde[227].

1249

Hinsichtlich der Annahme des Tatverdachts und der Bewertung anderer Ermittlungsansätze im Sinne der Subsidiaritätsklausel hat der Entscheidungsträger einen eigenen **Beurteilungsspielraum**. Der Tatrichter und die Revisionsinstanz dürfen die Entscheidung aus dem Ermittlungsverfahren also nur dahingehend überprüfen, ob ihr eine Katalogtat zu Grunde lag und ob sie willkürlich war.

Auch eine richterlich angeordnete Maßnahme ist gem. § 100e Abs. 1 S. 4 StPO **auf drei Monate befristet**. Diese Frist beginnt mit dem Erlass der Anordnung. Nach ihrem Ablauf erlischt die Ermächtigung zur Durchführung der Maßnahme automatisch. Es besteht jedoch die Möglichkeit einer Verlängerung – wiederum durch richterlichen Beschluss –, von der in der Praxis häufig Gebrauch gemacht wird. Nach Abschluss der Überwachung muss der Abgehörte unter Hinweis auf die Möglichkeit des nachträglichen Rechtsschutzes benachrichtigt werden (§ 101 Abs. 4, Abs. 7 S. 2 StPO), wenn der Untersuchungszweck, die öffentliche Sicherheit bzw. Leib oder Leben einer Person – z.B. eines verdeckten Ermittlers – hierdurch nicht gefährdet werden (§ 101 Abs. 5 StPO).

1250

3. Vorratsdatenspeicherung

Die repressive Verwendung von Verbindungsdaten, die im Wege der Vorratsdatenspeicherung gewonnen worden sind, regeln nach der gesetzlichen Neufassung seit Ende 2015 nunmehr §§ 113c TKG, 100g Abs. 2 StPO. Soweit die Erforschung des Sachverhalts oder die Ermittlung des Aufenthaltsortes des Beschuldigten auf an-

1251

---

226 Vgl. BVerfG NJW 2012, 837.
227 Siehe BGH StB 7/15. So hat das Unternehmen auch mitzuteilen, in welcher „Funkstelle" bzw. „Zelle" sich ein Mobiltelefon zu bestimmten Zeiten befunden hat, und zwar unabhängig davon, ob telefoniert wurde oder nicht, vgl. LG Ravensburg NStZ-RR 1999, 84 f.

Kapitel 8 *Zwangsmittel zur Sachaufklärung und Verfahrenssicherung*

dere Weise wesentlich erschwert oder aussichtslos wäre, dürfen sie zur Verfolgung besonders schwerer Straftaten herangezogen werden. Was unter „Verkehrsdaten", die der Diensteanbieter grundsätzlich erheben darf, zu verstehen ist, bestimmt § 96 TKG. Es handelt sich demnach u.a. um die Nummern oder Kennungen (inklusive IP-Adressen) der beteiligten Anschlüsse, ggfls. Standortdaten sowie Beginn und Ende der jeweiligen Verbindungen. § 113b TKG normiert zudem nach Verbindungs- und Standortdaten gestaffelte Speicherpflichten des Anbieters von bis zu zehn Wochen. Auf die entsprechenden Daten sollen die Ermittlungsbehörden bei dem Verdacht der Begehung von Katalogstraftaten im Sinne des § 100g Abs. 2 StPO grundsätzlich Zugriff erhalten können. Unter bestimmten Umständen können auch alle in einer Funkzelle angefallenen Verkehrsdaten ausgewertet werden (sog. Funkzellenabfrage), vgl. § 100g Abs. 3 StPO[228].

4. „IMSI-Catcher"

1252 § 100i Abs. 1 Nr. 1 StPO erlaubt beim Verdacht erheblicher Straftaten – nicht notwendig Katalogtaten i.S.v. § 100a Abs. 2 StPO – unabhängig von beabsichtigten oder bereits laufenden Maßnahmen nach § 100a StPO die Ermittlung der Geräte- (sog. IMEI = **I**nternational **M**obile **E**quipment **I**dentity) und Kartennummer (sog. IMSI = **I**nternational **M**obile **S**ubscriber **I**dentity) sowie des Standorts eines Mobiltelefons, soweit dies für die Erforschung des Sachverhalts oder die Ermittlung des Aufenthaltsorts des Beschuldigten erforderlich ist. Dies geschieht mittels des sog. „IMSI-Catchers". Dabei handelt es sich um ein Gerät, welches eine Basisstation für Mobiltelefone simuliert und in das sich die im Umkreis befindlichen Geräte einloggen. Dabei werden die Gerätedaten übertragen. Auch diese Maßnahme darf sich nur gegen den Beschuldigten richten (§§ 100i Abs. 3, 100a Abs. 3 StPO).

III. Online-Durchsuchung

1253 § 100b StPO erlaubt unabhängig von einem laufenden Datentransfer den Eingriff in ein vom Betroffenen genutztes informationstechnisches System (IT-System) und die Erhebung – nicht Veränderung[229] – von Daten zwecks Erforschung des Sachverhalts oder Ermittlung des Aufenthaltsorts des Beschuldigten. Anders als bei der Telekommunikation existiert bezüglich des Eingriffsobjekts keine Legaldefinition. Der Gesetzgeber will den Begriff weit verstanden wissen[230]. Die Ermittler sollen mittels einer speziellen Software, deren praktische Funktionstauglichkeit indes gelegentlich angezweifelt wird, in Rechner oder Netzwerke jedweder Art, Smartphones etc. sowie extern vorhandene Daten Einblick bekommen. „Durchsuchung" kann dabei den einmaligen Zugriff („Online-Durchsicht"), aber auch eine auf gewisse Dauer angelegte Maßnahme („Online-Überwachung") bedeuten.

---

228 Siehe hierzu BGH 1 BGs 237/17.
229 *Singelnstein/Derin* NJW 2017, 2646 f.
230 Nach dem Verständnis des BVerfG in seiner Entscheidung vom 27.02.2008 (1BvR 370/07, 1 BvR 595/07) umfasst der Begriff „IT-System" das Internet als elektronischer Verbund von Rechnernetzwerken.

Hinsichtlich der Anordnungsvoraussetzungen ist § 100b StPO weitgehend dem § 100a StPO nachgebildet. Jedoch ist der Katalog von Anlasstaten in § 100b Abs. 2 StPO im Verhältnis zur Überwachung der Fernmeldeverkehrs noch einmal deutlich verschlankt, indem dort nur „besonders schwere Straftaten" aufgeführt sind. Ob diese Qualifizierung auf sämtliche dort genannte Delikte zutrifft, darf allerdings angezweifelt werden. Immerhin sollen auch die gewerbsmäßige Hehlerei und bestimmte Verstöße gegen das Asylgesetz eine Online-Durchsuchung rechtfertigen. Hier kann zur Begründung allerdings auf komplexe kriminelle Strukturen verwiesen werden, die bei solchen Taten oft existieren. Darüber hinaus muss – wie bei der Telekommunikationsüberwachung – die Tat auch im Einzelfall schwer wiegen und es müssen bestimmte Tatsachen vorliegen, die einen Verdacht begründen.

Den Schutz des Kernbereichs persönlicher Lebensgestaltung sollen § 100d Abs. 1 und 3 StPO sicherstellen. Restriktiver als etwa bei § 100a StPO darf eine Maßnahme nur angeordnet werden, soweit aufgrund tatsächlicher Anhaltspunkte anzunehmen ist, dass durch die Überwachung Äußerungen, die dem Kernbereich privater Lebensgestaltung zuzurechnen sind, nicht erfasst werden. Ferner gilt der Subsidiaritätsgrundsatz (§ 100b Abs. 1 Nr. 3 StPO). Insoweit kann auf die Ausführungen zu § 100a StPO[231] verwiesen werden.

Objekte der Online-Durchsuchung sind – analog zur Telekommunikationsüberwachung – in erster Linie informationstechnische Einrichtungen des Beschuldigten. Ein Eingriff in die Systeme (unverdächtiger) Dritter ist nur unter den besonderen Voraussetzungen des § 100b Abs. 3 S. 2 StPO zulässig. Veränderungen am Zielobjekt (Software) sind nur zulässig, soweit sie für die Datenerhebung notwendig und nach Beendigung der Maßnahme, im Rahmen des technisch Möglichen, automatisiert rückgängig gemacht werden können, § 100b Abs. 4, 100a Abs. 5 S. 1 Nrn. 2 und 3 StPO.

1254

Was die Anordnungskompetenz und den Verfahrensgang betrifft, besteht in § 100e Abs. 2 bis 6 StPO für die Online-Durchsuchung und die akustische Wohnraumüberwachung eine einheitliche Regelung. Es kann daher auf die Ausführungen unter Rn. 1263 verwiesen werden.

IV. Sonstige Observationsmaßnahmen

§§ 100c, 100f und 100h StPO ergänzen die bereits erwähnten Möglichkeiten der Erkenntnisgewinnung im Bereich der Telekommunikation oder elektronischer Medien, indem sie unter bestimmten Voraussetzungen zusätzlich bzw. alternativ die visuelle Observation, den Einsatz sonstiger technischer Mittel und schließlich das Abhören und die Aufzeichnung des nicht öffentlich gesprochenen Wortes (jenseits der TKÜ) erlauben. Der Gesetzgeber beginnt in § 100c StPO mit der Wohnraumüberwachung, also dem intensivsten Grundrechtseingriff, um sich anschließend in § 100f StPO dem Abhören und Aufzeichnen des nicht öffentlich gesprochenen Wortes außerhalb der Wohnung zu widmen. Es folgt in § 100g StPO die bereits erwähnte Regelung des Zugriffs auf Verkehrsdaten, der systematisch (ebenso wie § 100i StPO) eigentlich zu

1255

---

231 Siehe oben Rn. 1244 f.

Kapitel 8 *Zwangsmittel zur Sachaufklärung und Verfahrenssicherung*

§ 100a StPO gehört, bevor in § 100h StPO schließlich die Ermächtigung zur Herstellung von Bildaufnahmen und zur Verwendung bestimmter technischer Observationsmittel normiert wird. Die Reihenfolge unserer Darstellung folgt entgegen diesem **gesetzlichen Durcheinander** der Intensität des Eingriffs.

1. Technische Observation nach § 100h StPO

1256 § 100h Abs. 1 StPO erlaubt die Herstellung von Bildaufnahmen (d. h. Fotos, Video- und Filmaufnahmen[232]) und die Verwendung sonstiger für Observationszwecke bestimmter technischer Mittel (Sichtgeräte, Richtmikrofon, Sender etc.)[233]. Für die Anordnung gilt wie bei allen verdeckten Maßnahmen nach §§ 100a ff. StPO das **Subsidiaritätsprinzip**. Die Erforschung des Sachverhaltes oder die Ermittlung des Aufenthaltsortes des Beschuldigten muss auf andere Weise zumindest erschwert sein. Andererseits gibt es hier keinen Katalog von bestimmten Anlassdelikten. Gleichwohl muss Gegenstand der Untersuchung eine Straftat „**von erheblicher Bedeutung**" sein, § 100h Abs. 1 S. 2 StPO. Dies ist ungenau gefasst. Man versteht in der Praxis hierunter Tatbestände, die zumindest im Bereich der mittleren Kriminalität liegen[234].

1257 Grundsätzlich dürfen sich alle Maßnahmen **nur gegen den Beschuldigten** richten, § 100h Abs. 2 S. 1 StPO. Lichtbilder und Bildaufzeichnungen dürfen indes, sofern das Subsidiaritätsprinzip gewahrt ist, auch **von dritten Personen** angefertigt werden. Der Einsatz der in § 100h Abs. 1 Nr. 2 StPO genannten technischen Mittel ist wegen des damit verbundenen gravierenden Eingriffs gegenüber Dritten allerdings nur bei der Annahme gerechtfertigt, dass eine Verbindung zum Täter besteht **und** die Maßnahme zur Aufklärung des Sachverhalts oder zur Ermittlung des Aufenthaltsortes des Beschuldigten führen wird, § 100h Abs. 2 Nr. 2 StPO. Dass unbeteiligte Personen durch die Maßnahme betroffen sein können, ist in solchen Fällen unvermeidbar und hinzunehmen (§ 100h Abs. 3 StPO).

1258 In Ermangelung einer ausdrücklichen richterlichen Anordnungszuständigkeit dürfen Maßnahmen nach § 100h Abs. 1 StPO durch die Staatsanwaltschaft oder ihre Ermittlungsbeamten angeordnet werden. Allerdings ist § 163f Abs. 3 StPO zu beachten, wonach für längerfristige Observationen ein Richtervorbehalt gilt. Zudem gelten uneingeschränkt die in § 101 StPO vorgesehenen Schutzrechte des Betroffenen.

2. Abhören jenseits der Telekommunikation

1259 Da § 100a StPO bereits die Überwachung der Telekommunikation gestattet, ist es von dort kein großer Schritt zur Überwachung von sonstigen persönlichen Gesprächen des Beschuldigten, deren Inhalt nicht für Dritte bestimmt ist. Der qualitative Un-

---

232 Zur längerfristigen Videoüberwachung lesen Sie BGH NStZ 1998, 629 ff. und allgemein auch *Singelnstein* NStZ 2014, 305 ff.
233 Was im Einzelnen hierunter fallen kann, finden Sie bei *Meyer-Goßner*, § 100f Rn. 4. Zulässig ist grundsätzlich auch der Einsatz eines GPS-Senders. Lesen Sie hierzu EGMR NJW 2011, 1333 ff.; BGH NJW 2001, 1659 ff.; BVerfG NJW 2005, 1338 ff.
234 *Meyer-Goßner*, § 100h Rn. 3; höhere Anforderungen stellt KK-*Bruns*, §§ 100h Rn. 4, 110a Rn. 21, der eine „besonders gefährliche Kriminalität" verlangt.

terschied zu den reinen Observationsmaßnahmen nach § 100h StPO ist das **gezielte Abhören** (Belauschen) der betroffenen Person mit einem gewissen technischen Aufwand (Wanzen etc.) und das **Konservieren** der gewonnenen Erkenntnisse. Wegen des mit einer solchen Maßnahme notwendigerweise verbundenen – massiven – Eingriffs in die Persönlichkeitsrechte bestehen besondere Anforderungen an ihre Anordnung und Durchführung.

a) Abhörmaßnahmen außerhalb von Wohnungen

Zulässig ist die Anordnung hier nur bei dem auf tatsächlichen Anhaltspunkten beruhenden Verdacht einer **Katalogtat im Sinne von § 100a Abs. 2 StPO**, die auch im Einzelfall schwer wiegt. Die Maßnahme darf sich grundsätzlich nur gegen den Beschuldigten richten; gegen Dritte ist sie nur statthaft, wenn die Voraussetzungen des § 100f Abs. 2 StPO bejaht werden können. Allerdings hat der Gesetzgeber, anders als bei den Maßnahmen nach §§ 100a bis 100c StPO, eine Regelung zum Schutz des Kernbereichs der Persönlichkeitsentfaltung hier nicht vorgesehen. Das überrascht, denn der Eingriff in die Grundrechtssphäre des Betroffenen dürfte bei der Aufzeichnung des nichtöffentlich gesprochenen Wortes nicht geringer einzuschätzen sein, als bei der Aufzeichnung der Telekommunikation.

1260

§ 100f StPO erlaubt ein Abhören und Aufzeichnen allerdings ausdrücklich nicht innerhalb des durch Art. 13 GG besonders geschützten Bereichs der **Wohnung**. Dabei versteht man diesen Begriff in Anlehnung an die Rechtsprechung des BVerfG[235] in einem **weiten Sinne** als „räumliche Privatsphäre", in der sich der Mensch aufhält bzw. in die er sich zur „individuellen Lebensgestaltung zurückzieht"[236]. Dazu gehören auch der in erkennbarer Weise (Hecke, Zaun) abgegrenzte Vorgarten eines Hauses, der Öffentlichkeit nicht zugängliche Arbeits-, Betriebs- und Geschäftsräume[237] (insbesondere Anwaltskanzleien[238]), nicht dagegen der Besuchsraum einer JVA[239] oder ein allgemein zugängliches Vereinsbüro[240]. Auch ein Fahrzeug stellt keine geschützte Räumlichkeit dar, denn es dient allein der Fortbewegung[241]. Es darf zum Zwecke des Einbaus von Abhörmitteln auch geöffnet werden. Nicht von § 100f StPO gedeckt sein soll aber das Verbringen des Fahrzeugs in eine Werkstatt, um dort die Maßnahme vorzubereiten[242].

1261

Für die Anordnungskompetenzen, den Inhalt der Anordnung und die **Befristung** der Maßnahme gelten §100e Abs. 1, 3 und Abs. 5 S. 1 StPO entsprechend, § 100f Abs. 4 StPO.

---

235 BVerfG JW 1971, 2229.
236 BGH NJW 1998, 157.
237 BVerfG NJW 1977, 1489 f.
238 BVerfG NJW 2006, 2974.
239 BGH NJW 1998, 3284 ff.: jedenfalls dann nicht, wenn der Besuch erkennbar durch einen Beamten überwacht wird, der Verdacht einer schweren Straftat besteht und im Übrigen der Grundsatz der Verhältnismäßigkeit gewahrt wird; offen gelassen in BVerfG NJW 2006, 2974.
240 BGH NStZ 1997, 195 f. für das Büro eines „Deutsch-Kurdischen Freundschaftsvereins".
241 Geschützt sind gleichwohl Selbstgespräche im Pkw, vgl. BGH 2 StR 509/10.
242 So schwerlich nachvollziehbar BGH NJW 1998, 157; für eine weitergehende Ermächtigung in gewissen Fällen ist *Janker* NJW 1998, 269 f.

Kapitel 8 *Zwangsmittel zur Sachaufklärung und Verfahrenssicherung*

b) Abhörmaßnahmen innerhalb einer Wohnung

1262 Bei Vorliegen der Voraussetzungen des § 100c StPO ist das akustische Observieren und Aufzeichnen von Gesprächen auch innerhalb des durch Art. 13 GG geschützten Bereiches einer Wohnung zulässig. Insoweit bedarf es aber eines konkreten Verdachts bezüglich einer **Katalogtat i.S.d. § 100b Abs. 2 StPO**[243]. Angesichts der besonderen Grundrechtsrelevanz sind die Eingriffsvoraussetzungen und Anordnungskompetenzen also noch einmal deutlich restriktiver geregelt, als beim Abhören „im Freien". Das dürfte maßgeblich zu der geringen praktischen Bedeutung dieser Maßnahme beitragen.

1263 Die **Anordnungskompetenz** liegt gem. § 100e Abs. 2 StPO ausschließlich bei der gemäß § 74a Abs. 4 GVG zuständigen Strafkammer des Landgerichts, in dessen Bezirk die verfolgende Staatsanwaltschaft ihren Sitz hat. Das ist die (für den ganzen OLG-Bezirk zuständige und nicht mit Hauptverfahren befasste) sog. **Staatsschutzkammer**. Bei Gefahr im Verzug kann deren Vorsitzender allein über die Anordnung entscheiden, jedoch bedarf diese der Bestätigung durch die Kammer innerhalb von drei Tagen, soll sie nicht automatisch ihre Wirksamkeit verlieren. Die Kammer ist von der Staatsanwaltschaft über den weiteren Verlauf zu informieren und gegebenenfalls auch frühzeitig in die Prüfung einzubinden, ob wegen einer Beeinträchtigung des sog. Kernbereichs ein Verwertungsverbot nach § 100d Abs. 2 StPO vorliegt, § 100d Abs. 4 StPO. § 100d StPO normiert zudem i.V.m. § 100e Abs. 5 StPO Berichtspflichten.

Inhaltlich muss die Anordnung den Anforderungen des § 100e Abs. 3, 4 StPO genügen. Die Maßnahme ist auf einen Monat **befristet**; jedoch ist bei Fortbestehen der Anordnungsvoraussetzungen eine mehrfache Verlängerung um jeweils nicht mehr als einen Monat zulässig. Nach Ablauf von sechs Monaten entscheidet das Oberlandesgericht, § 100e Abs. 2 S. 4 bis 6 StPO.

1264 Bei **dritten Personen** ist ein Abhören nur unter den erschwerten Voraussetzungen des § 100c Abs. 2 S. 2 StPO zulässig, wenn also anzunehmen ist, dass der Beschuldigte sich in den betreffenden Räumlichkeiten aufhält, Maßnahmen allein in dessen Wohnungen für die Erforschung des Sachverhaltes oder die Ermittlung seines Aufenthaltsortes nicht ausreichen und die Aufklärung auf anderem Wege unverhältnismäßig erschwert oder aussichtslos wäre.

1265 Die materiellen Anordnungsvoraussetzungen werden weiter eingeschränkt durch die bereits erwähnte „**Kernbereichsprognose**"[244], die anders als bei § 100a StPO betreffend Wohnraumüberwachung allerdings positiv ausfallen muss, § 100d Abs. 4 StPO. Ergeben sich erst **während der Überwachung** Anhaltspunkte für einen Eingriff in den Kernbereich, so muss nach § 100d Abs. 4 S. 2 StPO die Maßnahme unterbrochen werden; sie kann – ggfls. nach Einschaltung des Gerichts, § 100d Abs. 4 S. 4 StPO – bei Wegfall des Hindernisses fortgeführt werden. Diese Regelung ist aber praktisch kaum umsetzbar. Der überwachende Beamte dürfte nicht in der Lage sein, spontan eine zutreffende rechtliche Bewertung vorzunehmen. Um zu entscheiden, ob er die Maß-

---

243 OLG Celle StV 2011, 215 ff.
244 Siehe oben Rn. 1247 f.

nahme wieder aufnehmen darf, muss er zudem das Gespräch weiter verfolgen. Nach dem Wortlaut des Gesetzes wären auch automatische Aufzeichnungen kaum zulässig.

V. Verwertungsverbote bei Überwachungsmaßnahmen

Klar ist, dass Erkenntnisse aus dem Kernbereich privater Lebensgestaltung, die durch eine Maßnahme nach den §§ 100a bis 100c StPO erlangt wurden, nicht verwertet werden dürfen, § 100d Abs. 2 S. 1 StPO. Das bezieht sich freilich nicht auf alle aufgezeichneten Gesprächsinhalte, sondern lediglich auf die geschützten Passagen[245].

1266

Für Fehler im Zusammenhang mit der **Anordnung** einer Überwachungsmaßnahme ist dagegen zu bedenken, dass dem Entscheidungsträger ein gewisser Beurteilungsspielraum zusteht. Jenseits des Eingriffs in den Kernbereich besteht ein Verwertungsverbot folglich nur dann, wenn die Anlasstat nicht zum Katalog des § 100a StPO gehörte oder der Richter/Staatsanwalt bei der Anordnung das ihm eingeräumte Ermessen „unvertretbar" ausgeübt hat[246]. Auch bei Anordnungen der Staatsschutzkammer (§ 100d Abs. 4 S. 1 StPO) ist zu bedenken, dass dieser hinsichtlich der Kernbereichsprognose ein gewisser (mit der Revision nur beschränkt überprüfbarer) Beurteilungsspielraum zusteht. Ein Verwertungsverbot wegen Verletzung des Beweiserhebungsverbotes besteht folglich nur dann, wenn das Gericht diesen Beurteilungsspielraum „klar erkennbar und damit rechtsfehlerhaft" überschritten hat[247].

Der nach § 34 StPO zu begründende Anordnungsbeschluss muss daher zumindest eine knappe Darlegung der den Tatverdacht begründenden Tatsachen, der Beweislage und ggfls. der Prognoseerwägungen enthalten, um eine spätere Überprüfung der Rechtmäßigkeit zu ermöglichen. Entspricht der Beschluss diesen Anforderungen und hat keiner der Verfahrensbeteiligten Einwände erhoben, so darf sich der Tatrichter bei Prüfung der Verwertbarkeit der durch die Maßnahme gewonnenen Erkenntnisse auf die Frage beschränken, ob etwa die ermittlungsrichterliche Entscheidung eine genügende Verdachts- und Beweislage plausibel darlegt. Fehlt es hieran, so führt auch dies nicht automatisch zu einem Verwertungsverbot. Vielmehr muss der Tatrichter dann den Ermittlungstand zum Zeitpunkt der Anordnung eigenständig rekonstruieren und auf dieser Grundlage die Vertretbarkeit der Entscheidung untersuchen[248].

1267

Auch eine **Fristüberschreitung** hat nicht zwingend ein Verwertungsverbot bezüglich der außerhalb des Anordnungszeitraumes gewonnenen Erkenntnisse zur Folge[249].

Sog. „**Zufallserkenntnisse**", d.h. Informationen, die aus einer rechtmäßig durchgeführten Maßnahme gem. § 100a StPO gewonnen werden, dürfen zudem zur Grundlage weiterer Ermittlungen in einem anderen gegen den Beschuldigten geführten Strafverfahren auch dann gemacht werden, wenn dieses keine Katalogtat zum Gegenstand hat[250].

---

245 BGHSt 54, 69, 96.
246 Siehe oben Rn. 611 ff. sowie BGH NJW 2003, 368 ff.; 1880 ff.
247 BGHSt 54, 69, 96 f.
248 BGH NJW 2003, 368 ff.
249 BGH NStZ 1999, 203 f.
250 BVerfG NJW 2005, 2766.

Kapitel 8 *Zwangsmittel zur Sachaufklärung und Verfahrenssicherung*

1268 Besonderheiten gelten für bestimmte **zeugnisverweigerungsberechtigte Personen**, § 100d Abs. 5 StPO. Bereits in der Gesetzgebungsphase vor 1998 war die Frage des Schutzes der sog. Berufsgeheimnisträger i.S.d. **§ 53 StPO** vor Überwachungsmaßnahmen heftig umstritten. Denn gerade in deren Umfeld ist das Abhören von Gesprächen (insbes. mit dem Beschuldigten) naturgemäß am ergiebigsten. Der Gesetzgeber hat sich gleichwohl für eine sehr weitgehende Wahrung des Berufsgeheimnisses entschieden, wonach (ohne nachvollziehbare Differenzierung) Maßnahmen nach den §§ 100b und 100c gegen sämtliche Angehörige der in § 53 StPO genannten Berufsgruppen unzulässig sind, es sei denn, die konkrete Person wäre einer Teilnahme an der Straftat, einer Begünstigung, Strafvereitelung oder Hehlerei verdächtig, §§ 100d Abs. 5 S. 3, 160a Abs. 4 StPO. Vorschriftswidrig gewonnene Erkenntnisse unterfallen zudem dem Verwertungsverbot des § 100d Abs. 2 S. 1 StPO.

Bestehen Zeugnisverweigerungsrechte „nur" aufgrund der Vorschriften der **§§ 52, 53a StPO**, so ist der Einsatz technischer Mittel zum Abhören innerhalb der Wohnung grundsätzlich statthaft, die **Verwertbarkeit** der gewonnenen Erkenntnisse hängt aber von einer Güterabwägung ab. Die Berücksichtigung des geschützten Vertrauensverhältnisses kann im Einzelfall höher einzustufen sein, als das Interesse an der Aufklärung des Sachverhaltes oder der Ermittlung des Aufenthaltsortes des Täters, § 100d Abs. 5 S. 2 StPO.

1269 Eine weitere Einschränkung der Verwertbarkeit gewonnener Erkenntnisse enthält § 100e Abs. 6 S. 1 StPO. Danach dürfen **personenbezogene Informationen** grundsätzlich nur in dem Strafverfahren verwendet werden, in dem sie ermittelt wurden. Werden sie hierfür oder zu Zwecken der Überprüfung nicht mehr benötigt, so sind sie zu vernichten. In anderen Verfahren dürfen sie nur dann verwertet werden, wenn dort die Aufklärung einer Katalogtat des § 100b Abs. 2 StPO in Rede steht.

Personenbezogene Erkenntnisse aus einer Maßnahme nach § 100c StPO dürfen schließlich **zur konkreten Gefahrenabwehr** nur unter den Voraussetzungen des § 100e Abs. 6 Nr. 2 StPO herangezogen werden. Stammen sie aus einer vorangegangenen, rechtmäßig angeordneten polizeilichen Maßnahme, so dürfen sie im Strafverfahren – unbeschadet eventueller Verwertungsverbote aus § 100d Abs. 1 bis 3 StPO – ohne Einwilligung des Betroffenen nur zur Aufklärung einer Straftat aus dem Katalog des § 100c StPO[251] oder zur Ermittlung des Aufenthalts der einer solchen Straftat beschuldigten Person verwendet werden, § 100e Abs. 6 Nr. 3 StPO.

K. Zwangsmittel in der Hauptverhandlung

1270 Nicht immer stellen sich alle erforderlichen Personen einem Strafverfahren freiwillig. Hinsichtlich des Angeklagten erscheint dies verständlich. Da andererseits das Gericht von Amts wegen zur Ermittlung der Wahrheit verpflichtet ist, müssen ihm bestimmte Zwangsmittel an die Hand gegeben werden, das Erscheinen von Verfahrensbetei-

---

251 Damit sind auch (Nichtkatalog-)Taten erfasst, die mit einer Tat gem. § 100c StPO im Zusammenhang stehen; vgl. BGHSt 54, 69, 79 ff. bei Tateinheit zwischen Delikten gem. §§ 129a, 129b StGB und systematischen Betrugstaten zur Geldbeschaffung für Al Qaida.

ligten zu erzwingen und unbefugte Eingriffe in das Verfahren bzw. Störungen zu unterbinden. Denn Ordnung und Sicherheit im Gerichtssaal sind für eine angemessene Justizverwaltung unabdingbar[252].

I. Zwangsmittel gegen den Angeklagten

Da die Hauptverhandlung in der Regel ohne den Angeklagten nicht stattfindet (vgl. § 230 Abs. 1 StPO), kann das Gericht im Falle seines unentschuldigten Ausbleibens – als im Vergleich zum Haftbefehl milderes Mittel – einen Vorführbefehl erlassen (§ 230 Abs. 2 StPO). Dieser wird unmittelbar der Polizei übermittelt (ggfls. telefonisch), die dann versucht, des Angeklagten habhaft zu werden.

1271

Bei Verfahren vor dem Amtsgericht bietet sich auch die Möglichkeit des § 408a StPO, also im Falle des Nichterscheinens einen Strafbefehl zu erlassen. Legt der Angeklagte hiergegen Einspruch ein (§ 410 StPO), so kann dieser verworfen werden, wenn er erneut nicht erscheint, vgl. §§ 412, 329 Abs. 1 S. 1 StPO.

Will der Angeklagte sich während der Hauptverhandlung entfernen, so kann er durch geeignete Mittel festgehalten werden, § 231 Abs. 1 S. 2 StPO. Gelingt es ihm gleichwohl, so darf ohne ihn weiter verhandelt werden, wenn er bereits über die Anklage vernommen worden war und nach dem Ermessen des Gerichts seine weitere Anwesenheit nicht erforderlich ist, § 231 Abs. 2 StPO. Gleiches gilt, wenn der Angeklagte wegen Ungebühr nach § 177 GVG aus der Sitzung entfernt wurde, § 231b StPO.

II. Zwangsmaßnahmen gegen Zeugen und Sachverständige

Der Zeuge muss – nach ordnungsgemäßer Ladung – erscheinen, wahrheitsgemäß aussagen und seine Angaben ggfls. beeiden. Ausnahmen gelten nur, wenn er zur Verweigerung des Zeugnisses berechtigt ist, §§ 52 ff. StPO. Verweigert ein Zeuge zu Unrecht das Zeugnis, so können – Schuldfähigkeit vorausgesetzt (womit z.B. Kinder ausscheiden) – Zwangsmaßnahmen ergriffen werden, § 70 StPO.

1272

Erscheint ein Zeuge erst gar nicht, so muss ggfls. vertagt werden, sofern die gem. § 51 Abs. 1 S. 3 StPO mögliche zwangsweise Vorführung misslingt. Dem nicht erschienenen Zeugen können die Kosten der Säumnis (also die Kosten des nächsten Termins) sowie ein Ordnungsgeld von 5 bis 1000 € (Art. 6 Abs. 1 EGStGB) auferlegt werden. Ersatzweise ist Ordnungshaft für den Fall der fehlenden Beitreibbarkeit des Ordnungsgeldes festzusetzen[253].

Will der Zeuge nicht aussagen, so kann zur Erzwingung des Zeugnisses auch Haft angeordnet werden, jedoch nicht länger als das Verfahren dauert und insgesamt nicht für einen größeren Zeitraum als sechs Monate (§ 70 Abs. 2 StPO). Diese Maßnahmen dürfen nur vom Richter verhängt werden. Sie werden durch die Staatsanwaltschaft

---

252 So EGMG NJW 2015, 3423 ff.
253 In der Regel für je 50 € ein Tag Ordnungshaft.

Kapitel 8 *Zwangsmittel zur Sachaufklärung und Verfahrenssicherung*

vollstreckt und können nach Ausschöpfung der zeitlichen Befristung nicht wiederholt werden[254]. Die Beugehaft wird vom Gericht selbst vollstreckt.

1273 Nach § 77 StPO können Zwangsmaßnahmen auch gegen Sachverständige ergriffen werden, falls diese nicht erscheinen oder die Erstattung des Gutachtens verweigern. Auch dem Sachverständigen können die hierdurch verursachten Kosten (etwa die Mehrkosten für einen neuen Sachverständigen) auferlegt werden. Zugleich kann gegen ihn – auch wiederholt – ein Ordnungsgeld festgesetzt werden.

III. Ordnungsmittel gegen (fast) jedermann

1274 Während der Sitzung hat der Vorsitzende die **sitzungspolizeilichen Befugnisse** gemäß § 176 GVG. Er hat die Aufrechterhaltung der Ordnung **in** und ggfls. auch **außerhalb des Sitzungssaals** zu gewährleisten, um das Verfahrensziel – Erforschung der Wahrheit – sicherzustellen[255]. Erlaubt sind zudem die Abwehr von Zeugenbeeinflussung und präventive Maßnahmen, wie etwa die Durchsuchung von Personen vor der Hauptverhandlung[256]. Das begegnet im Grundsatz keinen verfassungsrechtlichen Bedenken. Soweit sich eine solche Anordnung aber gegen den in der Sache tätigen Verteidiger richtet, bedarf sie eines besonderen rechtfertigenden Grundes[257].

Teil der Sitzungsordnung sind auch die Würde des Prozesses und die Aufrechterhaltung der äußeren Formen. Aus gegebenem Anlass (schuldhafte Ungebühr, z.B. demonstratives Entkleiden[258]) können der Vorsitzende bzw. das Gericht daher nach vorheriger Anhörung, soweit diese zumutbar ist, durch Beschluss die Entfernung eines Störers aus dem Sitzungssaal, ein Ordnungsgeld bis zu 1000 € oder Ordnungshaft bis zu einer Woche (§ 178 Abs. 1 GVG) festsetzen und unmittelbar vollstrecken, § 179 GVG.

Straftaten in der Sitzung sind zu protokollieren, ggfls. ist die vorläufige Festnahme des Täters anzuordnen, § 183 S. 2 GVG.

1275 Ordnungsmittel bestehen nicht gegen den Vertreter der Staatsanwaltschaft. Er unterliegt zwar der Sitzungspolizei des Vorsitzenden (§ 176 GVG), nicht aber der Ordnungsgewalt des Gerichts, §§ 177, 178 GVG. Die Verhängung eines Ordnungsmittels gegen einen missliebigen Sitzungsvertreter der Staatsanwaltschaft kommt daher nicht in Betracht. Gleiches gilt für den Urkundsbeamten sowie einen Rechtsanwalt, der den Neben- oder Privatkläger vertritt.

---

254 Siehe hierzu OLG Nürnberg NStZ 2013, 614 f.
255 Siehe OLG Celle NStZ 2012, 592 (Schlagen gegen Fenster des Sitzungssaales).
256 Vgl. OLG Stuttgart NJW 2011, 2899 ff. (an Verteidiger adressiertes Verbot des Besitzes eines Mobiltelefons im Sitzungssaal); LG Ravensburg NStZ-RR 2007, 348 f. (Beschlagnahme einer DVD); BGH NJW 1998, 1420 (Konfiszieren von Bildmaterial).
257 BVerfG NJW 2006, 1500 f. für den Fall, dass Anhaltspunkte dafür vorliegen, der Verteidiger werde möglicherweise gefährliche Gegenstände in den Sitzungssaal einschmuggeln. Zur generellen Zugangsbeschränkung bezüglich Personen unter 16 Jahren siehe BGH NStZ 2006, 652.
258 Lesen Sie die Beispielsfälle aus der Rechtsprechung für ungebührliches Verhalten bei KK-*Diemer*, § 178 GVG Rn. 3 sowie OLG Köln NJW 2008, 2865 ff.; zum Tragen eines Kopftuchs im Sitzungssaal BVerfG NJW 2007, 56 f.; zur Kleiderordnung für Anwälte vor Gericht (in Bayern) OLG München NJW 2006, 3079 („T-Shirt-Verteidiger"); BVerfG NJW 2012, 2570 m.w.N.; in Baden-Württemberg LG Mannheim NJW 2009, 1094 ff. Umfassend zu Ordnungsmitteln: *Milger* NStZ 2006, 121 ff.

Zwangsmittel in der Hauptverhandlung **K**

Die Frage, ob gegen einen **Verteidiger**, der nach Auffassung des Gerichts die Hauptverhandlung stört, Zwangsmittel auf der Grundlage der §§ 177, 178 GVG (analog) zulässig sind, ist in Rechtsprechung und Literatur umstritten[259]. Dagegen spricht, dass der Verteidiger als gleichgeordnetes unabhängiges Organ der Rechtspflege fungiert und in den genannten Ordnungsvorschriften nicht aufgeführt ist. Als „ultima ratio" gegenüber extrem störendem, eine Verhandlung unmöglich machenden Verhalten muss allerdings ein Ausschluss des Verteidigers nach entsprechender Abmahnung auch nach der gegenwärtigen Rechtslage möglich sein[260]. Sinnvoll wäre jedenfalls die Schaffung einer gesetzlichen Grundlage[261].

---

259 Vgl. OLG Hamm wistra 2003 m.w.N.
260 Lesen Sie dazu oben Rn. 640 f.
261 Siehe hierzu auch *Kirch-Heim* NStZ 2014, 431 ff.

Sachverzeichnis

Die Zahlen verweisen auf die Randnummern des Buches.

Abhörmaßnahmen   *1235 ff.; 1259 ff.*
Ablehnung (Befangenheit)   *980 ff.*
– Begriff   *976; 980*
– Beispielsfall   *999*
– bei Kollegialgerichten   *981*
– und Konfliktverteidigung   *633; 980*
– des Dolmetschers   *334*
– des Sachverständigen   *306*
– des Staatsanwalts   *998*
– des Urkundsbeamten   *336; 976; 980 ff.*
– Rechtsmittel   *996 f.*
– Revisionsvorbringen   *997*
– Verfahren   *633; 989 ff.*
– Verwirkung   *988*
– Voraussetzungen   *328; 980 ff.*
– bei Zusagen   *657*
Abschlussverfügung   *214 ff.*
absolute Antragsdelikte   *99*
absolute Revisionsgründe   *960 ff.*
– Abwesenheit von Verfahrensbeteiligten *1005 ff.*
– Begriff   *960*
– fehlende/verspätete Urteilsgründe *1024 ff.*
– fehlende Unterschriften im Urteil *1024 ff.*
– Mitwirkung eines abgelehnten Richters *980 ff.*
– Mitwirkung eines ausgeschlossenen Richters   *976 ff.*
– Rügepräklusion   *974*
– Unzuständigkeit des Gerichts   *1000 ff.*
– Übungsfall   *999*
– Verstoß gegen Grundsatz der Öffentlichkeit   *1015 ff.*
– vorschriftswidrige Besetzung   *962 ff.*
Absprachen   *389; 584; 642 ff.; 709; 850; 890; 986*
Abtrennung von Verfahren   *857; 1013*
Abwesende
– Verfahren gegen   *834*
Abwesenheit von Verfahrensbeteiligten
– und Revision   *1005 ff.*
Adhäsionsverfahren   *192; 324 ff.; 378; 702; 727; 740; 827; 980; 1093*
Akkusationsprinzip   *18; 118*
Aktendoppel   *217*

Akteneinsicht
– Beiziehung von Akten   *269 (Fn)*
– durch Beistand des Angeklagten   *248*
– durch Beistand des Zeugen   *161 f.*
– durch Beschuldigten   *146 f*
– durch Dritte   *164; 321*
– und Revision   *1041 f.*
– durch Verletzten   *321; 324*
– durch Verteidiger   *266 ff.; 514*
Alkohol
– Befundbericht bei Blutentnahme   *81 f.; 558*
– Berechnung der BAK   *677 ff.; 767*
– Protokoll über Blutentnahme   *80 f.; 558*
– Verfahrensmäßige Bedeutung   *675 ff.*
Allgemeinkundigkeit   *481*
Amnestie   *938*
amtliche Wahrnehmung   *109*
Amtsanwalt   *113*
Amtsgericht
– Besetzung   *342*
– Zuständigkeit   *208 ff.*
Amtshilfe   *358*
Amtspflichtverletzung   *14*
anderweitige Rechtshängigkeit   *363; 938*
Anerkenntnis   *10; 325*
Anfangsverdacht   *120; 167; 173; 176; 302; 1140*
Angeklagter   *225 ff.*
– Abwesenheit bei Urteilsverkündung   *402*
– Abwesenheit und Revision   *1006 ff.; 1013 f.*
– Akteneinsicht   *248*
– als Beweismittel   *226 ff.; 428*
– Alter   *429*
– Anfechtungsberechtigung   *842*
– Anwesenheit in der Hauptverhandlung *230 ff.; 1174; 1271*
– Ausbleiben in der Hauptverhandlung *231 f.; 237*
– Ausschluss aus der Hauptverhandlung *240 ff.*
– Befragung von Zeugen   *249; 1067*
– Begriff   *225*
– Beweisantragsrecht   *249; 458 f.*
– Blutprobe   *591; 1189 f.; 1196*
– Einlassung   *127; 226 ff.; 428; 756 ff.*

605

Sachverzeichnis

- erkennungsdienstliche Behandlung 1201 f.
- Gesundheitsgefährdung 241
- körperliche Untersuchung 1129; 1189 ff.
- Ladung zur Hauptverhandlung 368 ff.
- Ladungsverzicht 374
- letztes Wort 250
- notwendige Auslagen 728 ff.
- persönlicher Werdegang 385; 391
- schuldhafte Säumnis 730
- Schweigerecht 226 ff.; 1039
- Teilschweigen 228
- Tod 938
- Strafunmündigkeit 938
- Verhandlungsunfähigkeit 186 f.; 234; 958 f.
- Vernehmung zur Person 83 f.; 249; 391
- Vernehmung zur Sache 391
- Vorführung zur Hauptverhandlung 1174
- vorläufige Unterbringung 1185 f.
- Vorleben/Vorstrafen 391
- Zurechnung von Verteidigerverschulden 1108
- Zustimmung zur Nachtragsanklage 577

Angeschuldigter
- Anfechtungsberechtigung 842
- Beantragung von Beweiserhebungen 458 ff.
- Begriff 225

Anhörungsrüge 1126 f.

Anklage
- Abschlussverfügung 214 ff.
- Adressat 208 ff.
- als Bejahung öffentlichen Interesses 101
- als Grundlage des Urteils 194 f.; 561
- Bestimmtheitserfordernis 194; 949 ff.
- Bindung des Gerichts 194; 561
- genügender Anlass zur Erhebung 52; 193
- Konkretisierung 198 f.; 561
- Mitteilung an Dritte (MiStrA) 215 f.
- Rückgabe 357
- Rücknahme 356
- Serientaten 200 f.
- Verlesung und Revision 1038
- Zulassung durch das Gericht 355 ff.
- Zustellung 357

Anklageerhebung 14; 52; 118; 167; 208 ff.

Anklagegrundsatz
- Inhalt 192; 948 ff.
- und Tatbegriff 561; 949 ff.
- Übungsfall 948 ff.
- Verletzung 938; 948 ff.

Anklagemonopol 169; 948

Anklagesatz 194; 198 ff.
- Inhalt 198 ff.
- praktisches Beispiel 203; 219 f.
- Verlesung in der Hauptverhandlung 195; 386; 1013

Anklageschrift 194 ff.
- Originalfall 219
- praktisches Beispiel 197 ff.; 219
- wesentliches Ergebnis der Ermittlungen 205 ff.; 951
- Zustellung 53

Anknüpfungstatsachen 497; 765

Anlasstat 1146; 1229 f.

Anstaltsunterbringung
- und Pflichtverteidigung 254 f.

Antragsdelikte 11
- absolute 99
- relative 99
- und Offizialmaxime 11

Anzeigenerstatter
- Bescheidung bei Verfahrenseinstellung 168
- Rechte im Ermittlungsverfahren 168 f.

Anzeigepflicht 96; 294

Arbeitsunfähigkeitsbescheinigung 877

Arrest 1223

Arzt
- Atteste 555 f.; 877
- Zeugnisverweigerung 293 ff.; 877

Arzthelferin 296

Asservate 381

Audiovisuelle Vernehmung 159 ff.; 245 f.; 440; 450; 512 ff.; 544; 1010

Aufklärungspflicht 427; 432 ff.; 446; 454; 469 f.; 496; 514; 535; 544; 557; 560; 562; 626 f.; 644; 648 f.; 708; 819
- Schätzungen 455
- Umfang 435 ff.
- und Freibeweis 430
- und Revision 910; 1049 f.
- Voraussetzungen 435; 1049

Aufklärungsrüge 910; 1036; 1045 ff.; 1056; 1065

Auflagen
- bei Einstellung des Verfahrens 176

Aufnahmeersuchen 1160

Aufruf der Sache
- und Revision 1034

Augenscheinseinnahme
- als Beweismittel 367, 559 f.
- Fotografien/Zeichnungen des Zeugen 509
- in Abwesenheit des Angeklagten 243

606

Sachverzeichnis

- Tonbandmitschnitt   *559*; *610 ff.*
- und Unmittelbarkeitsgrundsatz   *509*
- Ungeeignetheit   *443*
Augenscheinsobjekt
- Begriff   *559*
- Videoaufzeichnung *160*; *512 ff.*
Ausgangsdokument   *266; 505*
Auskunftsverweigerungsrecht *301 ff.*
- Belehrung   *304*; *1055 f.*
- Beweiserhebungsverbot   *581*
- Protokollverlesung   *597*
Ausland
- Ladung   *369; 380*
Auslandszeuge   *444 ff.*; *482*
Ausländeramt   *215*; *444*
Auslieferung   *1178 ff.*
- Einstellungsmöglichkeit   *189*
- Spezialitätsgrundsatz   *1182*
Aussageanalyse   *519 ff.*; *712; 763*
Aussagegenehmigung   *299 f.*; *451*
Aussagegenese   *526 f.*; *712*
Aussagepsychologie   *307*; *315*; *519 ff.*; *600*
Aussageverweigerungsrecht   *134*; *226 ff.*; *516*
Ausschluss
- der Öffentlichkeit   *32*; *1015 ff.*
- von Gerichtspersonen   *976 ff.*
Ausschöpfungsrüge   *1050*
Ausschreibung   *186*
Aussetzung der Hauptverhandlung   *405 f.*
- bei fehlerhafter Ladung   *375*
- nach Hinweis   *406*; *573 f.*
- und Revision   *1042*
Ausweiskontrolle   *35*; *1274*
Ausweisung
- Einstellungsmöglichkeit   *189*

Bagatellkriminalität   *15*
beauftragter Richter   *239*; *358*
Bedeutungslosigkeit
- einer Beweistatsache   *438*; *482 ff.*
Bedingung
- bei Beweisanträgen   *472 ff.*
- bei Rechtsmitteln   *843*
Befangenheit   *980 ff.*
Befangenheitsgesuch
- Bescheidung   *989 ff.*
- und Konfliktverteidigung   *633*; *980*
Befundtatsachen   *313*; *600*; *765*
Begleitstoffanalyse   *684*
Begleitverfügung   *214 ff.*
Behördengutachten   *555 ff.*
Beistand   *161 f.*; *323*
Beiziehung von Akten   *269 (Fn)*; *466 (Fn)*

Belehrung
- bei Absprachen   *654, 660*; *662*
- im Haftbefehlsverfahren   *1155 f.*
- Protokollpflicht   *414*
- über Rechtsmittel   *403 f.*
- über Schweigerecht des Angeklagten   *139 ff.*; *390*; *1039*
- von Zeugen   *289 f.*; *298*; *300*; *304*
Beleidigung
- Schmerzensgeld   *327*; *789*
Benannte Strafschärfungsgründe   *567*
Beratungsgeheimnis   *269*; *399*; *417*; *581*
Beratungsstelle   *293*
Berichtigung
- des Urteilstenors   *698*
- der Urteilsgründe   *699*
Berufshelfer   *296*; *596*
Berufung   *864 ff.*
- Absprache   *666*
- Annahmeerfordernis   *866*
- Bagatellsachen   *866*
- Beschränkung   *864*; *892*
- Hauptverhandlungsprotokoll   *883*
- Ladung des Angeklagten   *372*; *873*
- Nichterscheinen des Angeklagten   *875 ff.*
- Tenorierungsbeispiele   *879*; *885*; *888*; *891 ff.*
- Übergang zur Revision   *869*
- und Nachtragsanklage   *576*
- und Sprungrevision   *865*
- Urteile des Jugendrichters   *867*
- Verschlechterungsverbot   *837*; *889*
- Verwerfung   *870 f.*; *875 ff.*; *885*; *888*
- Zuständigkeiten   *872*
Berufungsbeschränkung   *864*
Berufungsurteil
- Beispiel   *894*
- Kostenentscheidung   *730*; *888 ff.*
- Tenorierung   *879*; *885 ff.*
Beruhen
- Begriff   *1030*
Beschlagnahme   *122*; *1128 f.*; *1219 ff.*
Beschlagnahmebeschluss
- Beispiel   *1225*
Beschleunigtes Verfahren   *817 ff.*
Beschleunigungsgrundsatz   *21 ff.*; *725 f.*; *936*
- in Haftsachen   *1167 ff.*
beschränkte Geschäftsfähigkeit
- und Strafantrag   *104*
Beschränkung der Strafverfolgung   *188 f.*
Beschuldigtenvernehmung
- Ablauf   *127 ff.*
- Polizeiliches Protokoll (Beispiel)   *83 f.*

607

Sachverzeichnis

Beschuldigter
– Abgrenzung zum Zeugen *129*
– Anwesenheitsrecht *148*
– Akteneinsichtsrecht *146 f.*
– als Beweismittel *127*
– Anfechtungsberechtigung *842*
– Aufenthaltsermittlung . *186; 1243*
– Aussageverweigerungsrecht *134; 226 ff.*
– Begriff *129*
– Belehrung *134 f.; 139 ff.*
– Benachrichtigung von Verfahrenseinstellung *168*
– Benachrichtigung von Zeugenvernehmung *150 f.*
– Blutprobe *591; 1189 f.*
– erkennungsdienstliche Behandlung *127; 1201 f.*
– konsularische Hilfe *144 f.*
– richterliche Vernehmung *133; 148 ff.*
– Spontanäußerung *140; 583 ff.; 587 ff.; 599*
– Schuldunfähigkeit *167; 667 ff.; 833*
– Unerreichbarkeit *186; 188*
– Verhandlungsunfähigkeit *187; 833*
– Vernehmung *132 ff*
– Verteidigerkonsultation *135; 143*
– vorläufige Festnahme *1130 ff.; 1155*
– vorläufige Unterbringung *1185 f.*
Beschwer *844 ff.*
Beschwerde *854 ff.*
– außerordentliche *857*
– Umfang der Prüfung *862*
– bei Untätigkeit *855*
– Verwirkung *861*
– weitere *863; 1163; 1175*
Besetzung des Gerichts
– als Revisionsgrund *962 ff.*
– Mitteilung *368*
– Übungsfall *962*
Besetzungseinwand *974 f.*
Besonders schwerer Fall *772 ff.*
Betäubungsmittelkonsum *234; 462; 671*
Betäubungsmittel
– Schätzung des Wirkstoffs *455*
Betreuer *104 (Fn); 248 (Fn)*
Beugehaft *279; 1272*
Bewährung
– Auflagen *474 f.*
– Begründung im Urteil *786*
Bewährungshelfer *332*
Beweisantizipation *438; 445; 482; 1117*
Beweisantrag *457 ff.*
– Ablehnung und Revision *1042; 1045 f.*

– Ablehnungsbeschluss *477*
– Ablehnungsmöglichkeiten *635; 477 ff.*
– auf Sachverständigenbeweis *442; 497 ff.*
– auf weiteren Sachverständigen *504 f*
– Auslandszeuge *445 ff.*
– Auslegung *468; 478*
– Bedeutungslosigkeit der Beweistatsache *438; 482 ff.*
– Bedingung *472 ff.*
– Befristung *637; 471*
– Entscheidungsmöglichkeiten *477 ff.*
– Erwiesensein der Beweistatsache *486*
– falsche Behandlung *1045 ff.*
– Form *470*
– Frist *637; 471*
– Fürsorgepflicht des Gerichts *470*
– hilfsweise Stellung *472 ff.*
– und Konfliktverteidigung *635 ff.*
– Konnexität *467 f.*
– Missbrauch *459*
– Offenkundigkeit der Beweistatsache *481*
– Opferschutzinteressen *158; 483 f.*
– präsente Beweismittel *507 f.*
– Protokollierung *476*
– im Strafbefehlsverfahren *1048*
– Unerreichbarkeit des Beweismittels *444 ff.; 488*
– Ungeeignetheit des Beweismittels *439 ff.; 487; 497 f.*
– Unzulässigkeit der Beweiserhebung *437; 480; 581 f.*
– Verschleppungsabsicht *465; 489 ff.*
– Wahrunterstellung *494 ff.*
Beweisanzeichen *535*
Beweisaufnahme *393 ff.; 427 ff.*
– Aufklärungspflicht *432 ff.*
– Augenschein *559 f.*
– Beweisantrag *434; 457 ff.*
– Beweiserhebungsverbote *580 ff.*
– Beweisermittlungsantrag *434; 506*
– Beweisverwertungsverbote *583 ff.*
– Erklärungsrecht des Angeklagten *395 f.*
– Ermessensspielraum *435 f.*
– Fragerecht des Angeklagten *249*
– Freibeweis *427; 429 ff.*
– in Abwesenheit des Angeklagten *243*
– neue Gesichtspunkte *561 ff.*
– Schließung *396*
– Strengbeweis *427 f.*
– Unmittelbarkeitsgrundsatz *509 ff.*
– Urkundsbeweis *530 ff.*
– vorläufige Bewertung *572*

- Wiederholung *469*
- Wiedereröffnung *401; 473*
- Zeugenvernehmung *516 ff.*

Beweisergebnis
- Darstellung im Plädoyer *397*
- Darstellung im Urteil *715 ff.; 756 ff.; 894 (Beispiel); 1072 ff.*
- Würdigung *705 ff.; 793*

Beweiserhebungsverbote *299 f.; 437; 581 f.; 1195*

Beweisermittlungsantrag *434; 506*

Beweismittel
- Akteneinsicht *266*
- Arten *428*
- Begriff *1219*
- Benennung in der Anklageschrift *204*
- Erreichbarkeit *189; 444 ff.; 488*
- Geeignetheit *439 ff.; 487; 497*
- Herbeischaffung 368; 381
- objektive *530*
- präsente *507 f.*
- Unerreichbarkeit *444; 488*
- Ungeeignetheit *439 ff.; 487; 497 f.; 508*

Beweistatsache *460 ff.*
- Bedeutungslosigkeit *438; 482 ff.*

Beweisverbot *453; 580 ff.*

Beweisverwertungsverbot
- Anwendungsfälle *583 ff.*
- Fernwirkung *623 f.*
- Filmaufnahmen *615*
- Fortwirkung *625*
- Mithören *617 ff.*
- bei Rechtshilfe *586*
- Revision *585*
- Selbstgespräch *1247*
- Tagebücher *606 ff.*
- Tonbandmitschnitt *610 ff.*
- und Protokollverlesung *543*

Beweiswürdigung
- Beispiel *894*
- Darstellung in den Urteilsgründen *715 ff.; 756 ff.; 793*
- (freie) im Urteil *705 ff.*
- und Revision *710 ff.; 1074 ff.*
- Zeuge vom Hörensagen *454; 510*

Bewertungseinheit (und Tatbegriff) *60; 68 f.; 797; 800*

Bezugssanktion *178; 182 f.*

Blutalkohol
- Abbau *442*
- Befund *87; 555; 558*
- Berechnung *677 ff.*
- Entnahmebericht *80 ff.; 558*

Blutprobe
- beim Beschuldigten/Angeklagten *591; 1189 ff.; 1196*
- Genomanalyse *1189; 1192; 1194 ff.*
- Verwertungsverbot *1190*
- beim Zeugen *591; 1191 ff.*

Botschaft *447; 450*
Bundespräsident *12*
Bundeszentralregister *186*
- Auszug *217; 733; 747 f.*
- Löschungsreife *581; 747*

Bürovorsteher *296*

Darstellungsrüge *1072*
Datenbanken *126*
Dauerdelikt
- Rechtsmittelbeschränkung *846*
- und Tatbegriff *60*
- Verfahrenseinstellung *179*
- und Teilfreispruch *800*

Deal *642 ff.*
Deliktstypen *98 f.*
deutsche Gerichtsbarkeit *938*
Depravation *671*
Devolution *276*
Devolutiveffekt *841*
Dezernent *113*
Dienstaufsichtsbeschwerde *300*
dienstliche Erklärung *994*
Dienstsiegel *813*
Dispositionsmaxime *10*
Distanztat *189*
DNA-Analyse *530; 765; 1194 ff.*
DNA-Analysedatei *126*
DNA-Massentest *1191*

Dolmetscher
- Abwesenheit und Revision *1005; 1012 f.*
- Anspruch auf *40; 45; 163; 258; 272*
- Anwesenheitspflicht *333*
- Auswahl *335*
- Kosten *40 (Fn)*
- Ladung zur Hauptverhandlung *381*
- als Sachverständiger *334; 613*
- Vereidigung *334; 384; 414; 1064*

doppelrelevante Tatsachen *849; 1096*
Doppelverwertung *777; 1082*
Drehnystagmus *82*
dringender Tatverdacht *360; 1140 ff.*

Drogenhandel
- Überwachung und Observation *613; 1235 ff.*

Drogenkriminalität *15*

Sachverzeichnis

Durchsuchung 1203 ff.
– bei vorläufiger Festnahme 1132
– Beweiserhebungsverbot 581 f.
– Beweisverwertungsverbot 590
– und Öffentlichkeitsgrundsatz 35
– Zufallsfunde 1214
Durchsuchungsbeschluss
– Beispiel 1213
– Rechtsmittel 1215 f.

Ehegatten
– Ersatzzustellung 925
– und Strafantrag 103
– Zeugnisverweigerung 294 f.
Eid 1057 ff.
Eidesmündigkeit 429; 1060
Eidesverweigerungsrecht 1063
eigene Sachkunde 500 ff.; 504
Einheitsjugendstrafe 785
Einkommen
– Schätzung 455
Einlasskontrolle 857
Einlassung
– als Beweismittel 127; 226 ff.; 367; 428; 756 ff.
Einschreiten der StA von Amts wegen 109 f.
Einsichtsfähigkeit 669 f.
Einspruch
– gegen Strafbefehl 1112 ff.
Einstellung des Verfahrens 52 f.; 171 ff.; 178 ff.; 186 ff.; 359; 742; 887
Einwohnermeldeamt 186; 444
Einziehung
– des Führerscheins 737; 1223
– als Vermögensabschöpfung 329 f.; 1223
– im selbständigen Verfahren 834
– im Urteil 727
Einziehungsbeteiligte 329 (Fn.), 458, 920
Einziehungsverfahren 329 f.; 834
Empfangsbekenntnis 373; 376; 815
Entbindung von der Anwesenheitspflicht 238 f.
Entfernung der Zeugen
– und Revision 1015 ff.; 1036
Entziehung der Fahrerlaubnis
– Tenorierung 737; 1233
– Voraussetzungen und Verfahren 1227 ff.
Entziehungsanstalt
– Unterbringung 1185
Ergänzungspfleger 290
Ergänzungsrichter 347; 965
Ergänzungsschöffe 344; 347; 965

Ergreifungsdurchsuchung 1204
Erinnerungsfähigkeit 521 f.
erkennendes Gericht 363; 863
Erkenntnisverfahren 52 f.
erkennungsdienstliche Behandlung 1128 f.; 1201 f.
Ermächtigungsdelikte 12
Ermittlungsdurchsuchung 1204
Ermittlungsperson 115
Ermittlungsprotokolle
– Verlesung in der Hauptverhandlung 545
Ermittlungsrichter
– Beschuldigtenvernehmung 133
– und Untersuchungshaft 1154
– als Zeuge 604 ff.
Ermittlungsverfahren 52 ff.
– Abschlussmöglichkeiten 167 ff.
– Anfangsverdacht 120
– bei absoluten Antragsdelikten 102
– Einleitung 94 ff.
– Ermessen der Staatsanwaltschaft 122
– International 124 f.; 1178
– Mindestumfang 122 ff.
– Originalakte 71 ff.
– Pflichten der Staatsanwaltschaft 10 ff.; 109 ff.
– Rechte des Anzeigenden 168
– Rechte des Verletzten 168 f.
– Umfang 122 ff.
– Zweck, Ziel und Ablauf 118 ff.
Eröffnung des Hauptverfahrens 355; 360 ff.
Eröffnungsbeschluss 360 ff.
– als Prozessvoraussetzung 955 f.
– Beispiel 365
– Inhalt 362; 955
– Mängel/Fehlen 938; 955 ff.
– Rekonstruktion 956
– Voraussetzungen 360; 956
Eröffnungszuständigkeit 208 ff.; 360
Erreichbarkeit
– des Beweismittels 444 ff.; 488
Ersatzzustellung 925 ff.
erster Zugriff 115
ersuchter Richter 239; 358
Erwiesensein einer Beweistatsache 486
Erziehungsberechtigter
– Beweisantragsrecht 458
Eurodac 126
Eurojust 125
Europäische Ermittlungsanordnung 124 f
Europäische Grundrechtscharta 51
Europäische Staatsanwaltschaft 125
Europäischer Haftbefehl 1179 f.

Europäisches Auslieferungsübereinkommen *1181 ff.*
Europol *125*
Evokationsrecht *117*
Exkorporation *1189*
Exploration *273; 307 f.; 504 (Fn); 600*
externes Weisungsrecht *114*

Fahrerlaubnis
– Entziehung *89 (Beispiel); 803 (Beispiel); 1227 ff.*
– Sicherstellung/Beschlagnahme *1219*
– Sperrfrist *737; 1234*
Fahrverbot *737*
Fairnessgebot („fair trial") *39 ff.; 128; 316; 403; 644; 656; 890; 1039; 1041 f.*
falsa demonstratio *839*
Fälschung
– des Hauptverhandlungsprotokolls *409; 413*
Fahndung *186; 1128*
Fernmeldegeheimnis *618 f.*
Fernmeldeverkehr
– Beweiserhebungsverbot *581 f.; 611 ff.*
– Mithören *617 ff.*
– Überwachung *582; 611 ff.; 1235 ff.*
Fernwirkung *623 f.*
Festnahme *1128 ff.*
Feststellungen (Urteil) *746 ff.*
Feststellungsinteresse *859 ff.; 1215 f.*
Filmaufnahmen
– als Revisionsgrund *1020*
– in der Hauptverhandlung *33 f.*
– Beweisverwertungsverbot *615*
Finanzbehörden *117*
Fingerabdruck *623; 1129; 1201 f.*
Flucht *1143*
Fluchtgefahr *1144*
formelle Rechtskraft *404*
Formalgeständnis *758*
Formalrüge *1079*
Förmlichkeiten
– Beweiskraft des Sitzungsprotokolls *409 ff.*
– und Protokollpflicht *414 f.*
fortgesetzte Handlung *69*
Fortsetzungszusammenhang *69*
Fortwirkung
– von Verwertungsverboten *625*
Fotoaufnahmen
– Beweisverwertungsverbot *615*
Freibeweisverfahren *429 f.; 916; 940; 959; 1085*

– über Geständnis *427; 430*
– Protokollverlesung *549*
freie Beweiswürdigung
– Begriff *431; 705 ff.*
– und Revision *710 ff.; 1074 ff.*
– bei Wahrunterstellung *494 ff.*
Freispruch *700; 704; 730; 791 ff.*
– Tenorierung *736 f.*
– und Untersuchungshaft *1165*
frische Tat
– Begriff *1131*
Fristberechnung
– beim Strafantrag *107*
– Beispiel *923*
– Fragen der Zustellung *813 ff.; 923 ff.*
Fristwahrung
– verhafteter Beschuldigter *839*
– Rechtsmittel per fax *905 (Fn)*
fruit of the poisonous tree doctrine *624*
Führerschein
– EU-Führerschein *1231 ff.*
– Sicherstellung/Beschlagnahme *1219*
– vorläufige Entziehung *1227 ff.*
Fürsorgepflicht *233; 392; 470; 562*

Geeignetheit des Beweismittels *439; 487; 497 f.*
Gefahr im Verzug
– bei Durchsuchung *1208 f.*
– bei vorläufiger Festnahme *1133 f.*
Gefährdung des Straßenverkehrs *737*
Gegenerklärung *930 f.*
Gegenvorstellung *300; 857; 1124 ff.*
Geheimnisträger *596*
Gehörsrüge *1125 f.*
Geistliche
– Zeugnisverweigerung *293 ff.*
Geldstrafe
– Berechnung *722*
– Schätzung des Einkommens *455*
Geldwäsche *294*
Gen-Datenbank *1196 ff.*
Genehmigung
– beim Strafantrag *105; 946 f.*
Generalbundesanwalt *114*
Generalkonsulat *144 f.; 610*
Generalprävention *174; 775*
Generalstaatsanwaltschaft *112; 114; 1119 ff.*
genetischer Fingerabdruck (Genomanalyse) *1194 ff.*
Gerechtigkeit
– als Verfahrensziel *39; 435*

Sachverzeichnis

Gericht *339 ff.*
- Aufsicht über Wachtmeister *1023*
- Besetzung *342*
- besondere Zuständigkeiten *1004*
- Bindung durch Inhalt der Anklage *194*
- eigene Sachkunde *500 ff.; 504*
- ordnungsgemäße Besetzung *342; 963 ff.*
- örtliche Unzuständigkeit *1001*
- örtliche Zuständigkeit *208*
- sachliche Unzuständigkeit *938; 1002 f.*
- sachliche Zuständigkeiten *208 ff.; 342*
- Strafgewalt *342*
- Unterbesetzung *966*
- Überbesetzung *966*
- Zustimmung zur Verfahrenseinstellung *174; 176; 178*

gerichtliches Verfahren
- Eröffnungsbeschluss *360 ff.*
- Hauptverhandlung *366 ff.*
- Zwischenverfahren *355 ff.*

Gerichtsaufbau *342*
Gerichtshilfe *332; 598*
Gerichtskundigkeit von Beweistatsachen *481*
Gerichtsmedizin *307; 315*
Gerichtsstand *208; 1154*
Germanit *351 (Fn)*
Gesamtstrafenbildung *184; 724; 755; 781 ff.; 1094*
Gesamtvorsatz *69*
Geschäftsstelle *368; 813*
Geschäftsunfähigkeit
- und Strafantrag *104*
- und Strafanzeige *95*

Geschäftsverteilung
- als Revisionsgrund *963 f.*

Geschäftsverteilungsplan *963; 1000*
Gesetzesbegriff
- bei relativen Revisionsgründen *1029 f.; 1032*

Gesetzeskonkurrenz *185*
gesetzlicher Richter *6; 962 ff.*
gesetzlicher Vertreter
- Anfechtungsberechtigung *842*
- Beweisantragsrecht *458*

Geständnis
- und Absprache *649; 658; 661; 664; 758*
- als Beweismittel *127; 226 ff.; 367; 649; 664; 756 ff.*
- Protokollverlesung *551 ff.*

Glaubhaftmachung *1109*
Glaubwürdigkeit/Glaubhaftigkeit
- Beurteilungskriterien *519 ff.; 712 f.; 759 f.*

- Beweisantrag *483 ff.; 502*
- eigene Sachkunde des Gerichts *500 ff.; 504*
- und Wiederaufnahmeverfahren *1115*

Glaubwürdigkeitsgutachten *291; 307; 502 ff.; 600*
Global-Positioning-System (GPS) *1256 (Fn)*
Grundurteil *324; 327*
Gutachten
- Anforderungen *309 (Fn)*
- Erstattung *309*
- vorläufiges schriftliches *309*

Gutachtenverweigerung *1273*
Gutachtenverweigerungsrecht *597*

Härteausgleich *783*
Häusliche Gewalt *166*
Haft *1129; 1139 ff.*
- zur Erzwingung des Zeugnisses *279; 1272*

Haftbefehl *1139 ff.*
- Aufhebung *1164 ff.*
- Aufnahmeersuchen *1160*
- Aussetzung *1151; 1165*
- Beispiel *1153*
- Bekanntmachung *1155 f.*
- bei Einstellung nach § 154f StPO *186 f.*
- Europäischer *1179 f.*
- Inhalt *1152 f.*
- internationaler *1178 ff.*
- Rechtsbehelfe *1161 ff.*
- Verfahren und Zuständigkeiten *1154 ff.*
- Verhältnismäßigkeit *1150 f.*
- Voraussetzungen *1140 ff.*
- Vorlageverfahren *1166 ff.*
- Zuständigkeiten *1154 ff.*
- zwecks Strafvollstreckung *1176 f.*
- zwecks Vorführung des Angeklagten *1174; 1271*

Haftbeschwerde *1163*
Haftgründe
- Flucht *1143*
- Fluchtgefahr *1144*
- Kapitaldelikt *1149*
- Verdunkelungsgefahr *1145*
- Wiederholungsgefahr *1146 f.*

Haftkartei *186*
Haftprüfung *1162*
Haftverschonung *1151*
Handakte *217*
Handlungsbegriff *56 ff.*
Haschischkonsum *1229*
Hauptschöffe *345 f.*

Sachverzeichnis

Hauptverhandlung
– Ablauf *383 ff.*
– Ablauf und Revision *1033 ff.*
– Absprachen *642 ff.*
– Abwesenheit des Angeklagten *231 f.; 237 ff.; 243*
– Anwesenheit der Staatsanwaltschaft *276*
– Aufruf der Sache *383*
– Ausbleiben des Angeklagten *231 f.; 237*
– Ausschluss des Angeklagten *240 ff.*
– Aussetzung *405 f.; 573 f.*
– Beanstandung der Sachleitung *634; 394*
– Belehrung des Angeklagten *390*
– Besetzungsmitteilung *384*
– Beurlaubung eines Mitangeklagten *236*
– Beweisaufnahme *393 ff.*
– eigenmächtiges Sich-Entfernen *232*
– Entfernung des Angeklagten *240 ff.*
– Identitätsfeststellung *385*
– im Revisionsverfahren *1085*
– Ladungen *368 ff.*
– letztes Wort *398*
– ohne Verteidiger *265; 1011*
– ordnungswidriges Verhalten *235; 1274 f.*
– Präsenzfeststellung *384*
– Protokoll *408 ff.*
– Rechtsmittelbelehrung *403 f.*
– Schlussvorträge *397*
– Straftaten während der Verhandlung *96; 1274*
– Terminierung *366 f.*
– Unterbrechung *405 f.; 579*
– Urteilsverkündung *402 f.*
– Urteilsberatung *399 f.; 417*
– Vereidigung *244; 1057 ff.*
– Verhandlungsunfähigkeit *234*
– Verlesung des Anklagesatzes *386*
– Vernehmung des Angeklagten *385; 391 f.*
– Vorbereitung *366 ff.*
– Vorführung des Angeklagten *1174*
– vorläufige Festnahme *1136 f.*
– Zwangsmittel *1271 ff.*
Hauptverhandlungshaft *1173*
Hauptverhandlungsprotokoll *408 ff.*
– Beweisantrag *476*
– Beweisermittlungsantrag *506*
– Beweiskraft *409 ff.; 1043 f.*
– Einverständniserklärung *543*
– Fälschung *409; 413*
– Förmlichkeiten (Begriff) *414 f.*
– Hinweise *584*
– Nachtragsanklage *578*
– ordnungsgemäße Errichtung *412*
– praktisches Beispiel *417 ff.*
– Rechtsmittelverzicht *850*
– und Revision *1043 f.*
– Unterzeichnung *412*
Hausrecht *31*
Heilung von Zustellungsmängeln *928*
Heiratsschwindler *294*
Heranwachsende
– Adhäsionsverfahren *324*
– Öffentlichkeitsgrundsatz *32*
Hilfsbeweisantrag *472 ff.; 493; 768*
Hilfsschöffe *346; 971 (Fn)*
Hilfsstrafkammer *964; 971 (Fn)*
hinreichender Tatverdacht (Begriff) *360; 956*
Hinweispflicht *43; 561 ff.; 660*
– Fairnessgebot *39 ff.; 128*
– und Revision *573; 1066*
– bei Serientaten *200*
– bei Zusagen/Absprachen *43; 570; 660; 662*
Hörfalle *128; 617 ff.*
Hungerstreik *234*

ICD-10 *673*
Idealkonkurrenz *56 ff.*
Identifizierungsmaßnahmen *1201 f.*
Identitätsfeststellung *1134*
IMSI-Catcher *1240; 1252*
Inbegriffsrüge *1079*
Indizienbeweis *713, 754; 760; 764; 766; 1076*
in dubio pro reo *38; 193; 360; 455; 687; 707; 714; 760; 766; 793; 916; 941; 1077 f.*
Informantenschutz *293*
Ingewahrsamnahme
– Protokoll *76*
Inhaltsanalyse *525*
innere Tatsachen *441*
Inquisitionsprozess *19*
Instanzenzug *342*
Internationale Rechtshilfe *125; 586; 1178 ff.*
Interpol *126*
Intimsphäre (Schutz) *32; 483 f.; 518*
Intoxikationspsychose *675*

Journalist *293*
judex a quo (Begriff) *856*
Jugendgerichtshilfe *332; 598*
Jugendliche
– Adhäsionsverfahren *324 (Fn)*
– Ladung *378*
– und Nebenklage *317 (Fn)*
– und Privatklage *191*

Sachverzeichnis

Jugendrichter 208; 872
Jugendschöffe 348; 971
Jugendschöffengericht 208; 872
Jugendschutzkammer 208; 210; 872
Jugendstrafsache
– vereinfachtes Verfahren 817
– Einstellungsmöglichkeiten 189
Justizbeitreibungsverordnung 52
Justizminister 112

Kapitalverbrechen 116
– und Untersuchungshaft 1149
Kausalität (als Voraussetzung der Revision)
– bei absoluten Revisionsgründen 960
– bei relativen Revisionsgründen 1028; 1030 f.; 1041
– bei Verstoß gegen Hinweispflicht 1066
– bei Zeugenvereidigung 1057 f.; 1060; 1063
– beim letzten Wort 1068 f.
Kernbereichstheorie 607 ff.; 1236 f.; 1247 f.; 1253; 1263; 1265 f.
Kerngeschehen 522; 526
Kinder
– Ladung 379
– und Strafantrag 103 f.
– vorläufige Festnahme 1134
– Zeugenbelehrung 289 f.
Klageerzwingungsverfahren 14; 169 f.; 1105; 1119 ff.
Klammerwirkung 67 f.
Kleiderordnung 1274 (Fn)
körperliche Untersuchung
– Beweiserhebungsverbot 582
– des Beschuldigten/Angeklagten 1189 ff.
– Dritter 1191 ff.
Körperverletzung
– und öffentliches Interesse 101
Kognitionspflicht 701; 708
Kognitive Dissonanz 524
kommissarische Vernehmung 449; 1178
Konfliktverteidigung 626 ff.
Konfrontationsrecht (MRK) 41; 242; 249
Konkretisierung
– durch die Anklage 194 f.; 198 ff.
Konkurrenzen 56 ff.; 564, 721
Konnexität 467 f.
Konstanzanalyse 526
Konsularischer Beistand 144; 1156
Kontaktsperre 272
Konzentrationsmaxime 21 ff.
Kopftuch
– im Gerichtssaal 350; 1274 (Fn)

Kostenansatzverfahren 728
Kostenbeschluss
– Beschwerdegrenzen 854
Kostenentscheidung 728 ff.
– bei Rücknahme des Strafantrages 107
– Freispruch 730; 736 f.
– Rechtsmittelurteile 730; 893
– Urteil 728 ff.; 790
– Verfahrenseinstellung 731
Kostenfestsetzung 338; 728
Kostengrundentscheidung 728
Krankengeschichte 600
Kronzeugenregelung 16; 771

Ladung 368 ff.
– des Angeklagten 370 ff.
– im Ausland 369; 380
– Mängel 375
– von Kindern 379
– von Seeleuten 379
– der Verteidigers 376 f.
Ladungsfrist 374; 377 f.
Ladungsverfügung 368; 382
Ladungsverzicht 374
Laienrichter 344 ff.
Landeskriminalamt 186; 55
Landgericht
– als Adressat der Anklage 208; 211 f.
– Besetzung 342
– sachliche Zuständigkeit 209 ff.; 342
– Strafgewalt 342
Lauschangriff 584; 611; 1235 ff.
Legalitätsprinzip 14; 109 f.; 118; 169 f.; 171; 192
– Amtspflichtverletzung 14
– Begriff 14
– Durchbrechungen 15 f.
Legende 451; 511
Legendierte Kontrolle 1214
Leichenfund
– Anzeigepflicht 96
– Einschreiten von Amts wegen 109 ff.
Leitender Oberstaatsanwalt 113
letztes Wort
– Bedeutung 250; 1068 f.
– Protokollpflicht 415
– und Revision 882; 1068 f.
Lichtbilder 716; 756; 1129; 1201 f.
Lichtbildvorlage 528
Lügendetektor 498

Massenverfahren 456; 482
Maßregel 566; 739; 788; 833; 844

Maßregelvollzug 1185
Mainzer Modell 158 (Fn.)
materielle Rüge 917; 1070 ff.
Mautüberwachung 123
Medien 31; 33 f.
Mehrfachverfolgung 48 ff.; 55
Mehrfachverteidigung 254
Meineid
– und Wiederaufnahme 1115
Menschenhandel
– Überwachung und Observation 1235 ff.
– Zeugenvernehmung 157
Menschenraub 567
Menschenwürde 8; 40 f.; 136; 127; 606 ff.
minder schwerer Fall
– und Urteil 772 ff.; 1081 f.
– und Verjährung 942
Minderjährige
– und Strafantrag 103 f.
Missbrauchsklausel 630
Mitangeklagter
– als Beweismittel 648; 706
– als Zeuge 437; 763
– Krankheit/Gebrechlichkeit 541 f.
– Tod 541
Mithören
– Beweisverwertungsverbot 617 ff.
Mitverschulden 741
Mitwirkungsplan 963
Möglichkeitstheorie 1030; 1065
monokratisches Prinzip 112
moralisierende Erwägungen 779
Mündlichkeitsgrundsatz 36

Nacheid 1059
Nachtat 800
Nachtbriefkasten 905
Nachträgliche Gesamtstrafe 184; 755; 783
Nachtragsanklage 54; 561; 575 ff.; 700
Nachtrunk 684
Nachtzeit 1206
Nämlichkeit der Tat 561
Naturalbezüge 722
natürliche Handlungseinheit 56 ff.; 179
ne bis in idem 6; 48 ff.; 950
Nebengesetze (Begriff) 52
Nebenklage 317 ff.
Nebenkläger 317 ff.
– Ablehnungsbefugnis 321, 328; 980
– Beistand 323
– Beweisantragsrecht 458
– Kostentragungspflicht 728 ff.

Sachverzeichnis

– Rechtsmittelbefugnis 322; 842
– Schlussvortrag 397
Nebenstrafe 703; 722; 788
Nebenstraftat
– Einstellungsmöglichkeiten 188
Negativprognose 1197 f.
Negativtatsache 468
nemo-tenetur-Grundsatz 127 f.; 226; 619; 621; 711
Nettoeinkommensprinzip 722 f.
nichtrichterliche Protokolle
– Verlesbarkeit 545 ff.; 554
Notar 293 ff.
Notstaatsanwalt 109
Notwehr
– bei vorläufiger Festnahme 1130
notwendige Auslagen 728 ff.
notwendige Verteidigung 254 ff.; 1187
– und Revision 265; 1011; 1013 f.
– und Rechtsmittelverzicht 851
nulla poena sine lege 6

Oberlandesgericht
– als Adressat der Anklage 208 f.
– Besetzung 342
– sachliche Zuständigkeit 342
– Strafgewalt 342
– Zuständigkeit bei Untersuchungshaft 1154; 1163; 1166 ff.
Oberstaatsanwalt 113
Obduktionsbericht 558
objektives Verfahren 834; 1129
Observation 1235 ff.
Öffentlichkeitsfahndung 186
Öffentlichkeitsgrundsatz 29 ff.; 1015 ff.
Offenkundigkeit 481; 508
Offizialdelikte 98
– und Privatklage 191
Offizialmaxime 10 ff.; 118
OLAF 125
Online-Durchsuchung (verdeckte) 1207; 1239; 1253
Opening statement 390
Opferschutz 158 ff.; 245 f.; 512 ff.; 695; 827
– Mindeststandards 158; 483
– und Beweisantrag 483 f.
– zivilrechtlich 165 f.; 324 ff.
Opportunitätsgrundsatz 15; 171 f.
Ordnungsgeld 1272 ff.
ordnungsgemäße Besetzung 962 ff.; 973
Ordnungshaft 1272; 1274
Ordnungsvorschriften 1032 ff.; 1051; 1055; 1067

615

Sachverzeichnis

Ordnungswidrigkeit
– und Berufung 865
Organisationshaft 1164
organisierte Kriminalität 644
– Überwachung und Observation 1235 ff.
Ortstermin
– in Abwesenheit von Verfahrensbeteiligten 1013
– Ausweiskontrollen 35; 1233
– Durchsuchungen 35; 1274
– als Beweismittel 443
– und Öffentlichkeit 31, 35, 1023

Paragraphenleiste 733
Parteivorbringen 17
Pauschvergütung 256
Personalbeweis 509 f.
Persönlichkeitsrecht (Schutz) 34 f.; 607 ff.;
  611 ff.; 618
Persönlichkeitsstörung 672 ff.
Pflichtverteidigung 254 ff.; 828
– für einen Sitzungstag 256
– bei Freiheitsentziehung 264
– Beschwerde 261
– im Zwischenverfahren 357
– Rechtsmittelverzicht 850
– Rücknahme der Bestellung 262; 640
Plädoyer 397
Polizei
– Aufgaben und Stellung 115 f.
– erkennungsdienstliche Behandlung
  1201 f.
– Sicherstellung 1219; 1224
– und amtliche Wahrnehmung 109
Polizeigewahrsam 76 f.; 166
Polygraphentest 498
Post
– Beschlagnahme 1219 ff.; 1224
– Zustellungen 369; 813
präsente Beweismittel 507 f.
Präsenzfeststellung 384; 1035
Presse 31; 33 f.
Pressedelikt
– Gerichtsstand 1154
– Beschlagnahme 1224
private Kenntnisse
– und Einschreiten von Amts wegen 110 f.
Privatklage 191
– Beweisantragsrecht 458
– und Anklagemonopol 18; 948
– und Offizialmaxime 13
Privatsphäre
– Schutz 32; 483 f.; 518; 1015

Protokoll
– Begriff 533; 540 ff.
– nichtrichterliches 545 ff.
– polizeiliche Beschuldigtenvernehmung
  (Beispiel) 83 f.
– polizeiliche Zeugenvernehmung
  (Beispiel) 90 ff.
– richterliches 540 ff.
– über die Hauptverhandlung 408 ff.
Protokoll der Geschäftsstelle
– Berufung 868
– Beschwerde 856
– Funktion des Rechtspflegers 337 f.
– Revision 904; 918
– Wiederaufnahmeantrag 337; 1116
Protokollführer 336
Protokollierungsantrag 638
Protokollpflichten
– Beweisantrag 476
– Beweisermittlungsantrag 506
– Förmlichkeiten 414 f.
– Urkundenbeweis 415; 531; 543; 548
Protokollrüge 912; 915; 1043 f.
Protokollverlesung
– Anwendungsfälle des § 251 StPO 539 ff.
– bei Auskunftsverweigerung 597
– und Unmittelbarkeitsgrundsatz 539
– bei widersprüchlicher Einlassung 551 ff.
– bei Zeugnisverweigerung 546 ff.
– im Freibeweisverfahren 549
– über Geständnis 551
– zur Gedächtnisunterstützung 550 f.
Prozesserklärung
– und Anfechtung 851
– und Stellvertretung 105; 946 f.
Prozesskostenhilfe 323
prozessleitende Verfügung 857 f.
Prozessökonomie 439
prozessuale Überholung 845; 859; 1175;
  1215 ff.
Prozessverschleppung 489 ff.; 508
Prozessvoraussetzungen 936 ff.
Prüfungssache 217
psychiatrisches Krankenhaus
– Unterbringung 1185 f.
Psychopathologie 693
Psychosoziale Prozessbegleitung 331

„Qualifizierte" Belehrung 131; 141 f., 602
Quellen-TKÜ 1239

Radargerät 442
Rahmenbeschluss 158; 483; 1180

Realkonkurrenz 56
rechtlicher Hinweis 54; 561 ff.
rechtliches Gehör 6; 44 ff.; 386; 430; 457; 562; 862; 1125 f.
Rechtsanwalt
– Telefonüberwachung 1246
– Zeugnisverweigerungsrecht 293 ff.
– Zustellung an 813 ff.
Rechtsbehelfe
– Anhörungsrüge 1125
– Gegenvorstellung 1124
– Klageerzwingungsverfahren 1119 ff.
– Strafbefehlsverfahren 1112
– Wiederaufnahmeverfahren 1113 ff.
– Wiedereinsetzung in den vorigen Stand 1105 ff.
Rechtsbeschwerde 337;
Rechtsfolgenminus 182; 185
Rechtshilfeverkehr 124 f.; 447; 586; 593
Rechtskraft 53; 364; 404; 940; 1096
Rechtskreistheorie 606; 1029
Rechtslehrer 253
Rechtsmedizin
– Blutalkoholbefund (Beispiel) 87
– Verlesbarkeit von Urkunden 555 ff.
Rechtsmittel 835 ff.
– Anfechtungsberechtigte 842
– Bedingung 843
– Belehrung 403 f.
– Beschwer 844 f.
– Disposition 846 ff.
– falsche Bezeichnung 839
– gemeinsame Regelungen 839 ff.
– Rücknahme 853
– Übergang 869
– unbestimmtes 869
– verhafteter Beschuldigter 839
– Verwerfung wegen Säumnis 372; 875 ff.
– Verzicht 850 f.
– Wirkungen 841
– zu Protokoll der Geschäftsstelle 839
Rechtsmittelbeschränkung 846 ff.
Rechtsmittelverzicht 850 f.
– abgekürztes Urteil 404
– Absprache 665 f.; 850
– und Sitzungsprotokoll 415
– und Urteilszustellung 813
Rechtsnorm
– Begriff 1029
Rechtspfleger
– Funktion 337 f.
– Revisionsbegründung 918
– Revisionseinlegung 904

– Strafvollstreckung 1177
– Wiederaufnahmeverfahren 337; 1116 (Fn)
Rechtsstaatsprinzip 21; 33; 580; 624
reformatio in peius 836 ff.; 862; 889; 934; 1112
Regelbeispiele
– Hinweispflicht 567
– Strafrahmenbestimmung im Urteil 720 f.; 771 ff.; 787
Rehabilitierung 122
Reichsbürger 351 (Fn)
Rekonstruktionsverbot 1050; 1071; 1075; 1079
relative Antragsdelikte 99; 946 f.
relative Revisionsgründe 960; 1027 ff.
– Beispielsfall 1033 ff.
– falsche Behandlung von Beweisanträgen 1045 ff.
– Hinweispflicht 1066
– letztes Wort 1068 f.
– Unmittelbarkeitsgrundsatz 1065
– Verstöße gegen die Aufklärungspflicht 910; 1049 f.
– Zeugenvernehmung 1051 ff.
Revision 895 ff.
– Absprachen 665
– Abwesenheit von Verfahrensbeteiligten 243; 1005 ff.
– Adressat 903
– Anhängigkeit 931
– Antrag 906; 932
– Aufklärungspflicht 433; 910; 1049 f.
– Aufruf der Sache 1034
– Bagatellsachen 901 f.
– Bedeutungslosigkeit einer Beweistatsache 438; 482 ff.
– Begründetheit 932 ff.; 1070 ff.; 1085 f.
– Begründung 869; 906 ff.; 932; 1083
– Belehrungspflichten 229; 283 ff.; 1039
– Beschränkung 932; 961
– Beweisanträge 1045 ff.
– Beweisverwertungsverbote 585 f.
– Beweiswürdigung 710 ff.; 1074 ff.
– Einlegung 898; 921 ff.; 903 ff.
– Einstellung des Verfahrens 1086; 1088
– Erörterung der Vorstrafen 1039
– fair trial-Grundsatz 39 ff.; 128; 1042
– Form 904
– Formalrüge 1079
– Freispruch 1086 f.
– Frist 905; 923 ff.
– Gegenerklärung 930

617

Sachverzeichnis

- Gesamtstrafenbildung 724; 755; 1090; 1094
- Hauptverhandlungsprotokoll 408 ff.; 1043 f.
- Hinweispflicht 1066
- konkurrierende Rügen 933; 935
- Kostenentscheidung 730
- letztes Wort 1068 f.
- materielle Rüge 917; 933; 935; 1070 ff.
- Möglichkeitstheorie 1030
- notwendige Verteidigung 265; 1011
- Ordnungsvorschriften 1032 ff.
- Öffentlichkeitsgrundsatz 29 ff.; 1015 ff.
- örtliche Unzuständigkeit 1001
- Pflichtverteidigung 265; 1011
- präsente Beweismittel 507 f.
- Präsenzfeststellung 1035
- Protokollrüge 912; 1043 f.
- Protokollverlesung 548
- Prüfung von Amts wegen 933
- Prüfungsschema 898 ff.; 920
- Rechtskreistheorie 1029
- reformatio in peius 934; 1095
- Rekonstruktionsverbot 1050; 1071; 1075; 1079
- Rügepräklusion 974; 1027
- sachliche Unzuständigkeit 1002 f.
- Schuldspruch (Berichtigung) 1086; 1089
- Schöffenwahl 970 f.
- Sollvorschriften 1032 ff.
- Statthaftigkeit 899 ff.
- Strafzumessung 1081 f.; 1090 f.
- Subsumtion 1080
- Tagessatzhöhe 722 f.
- Teilrechtskraft 1096
- Unmittelbarkeitsgrundsatz 1065
- Urteil (Beispiel) 1104
- Verbot der Schlechterstellung 838; 934; 1095
- Verfahrensfehler 907 ff.; 933; 960 ff.
- Verfahrenshindernisse 908; 933; 936 ff.
- Verfahrensverzögerung 21 ff.; 917; 1070
- Verlesung der Anklage 1038
- Vernehmung zur Person/Sache 1037
- Verwerfung 929; 1084
- Wiedereinsetzung in den vorigen Stand 931
- Zeugenvernehmung 1051 ff.
- Zulässigkeitsvoraussetzungen 898 ff.

Resorptionsphase 679 f.
Resorptionsdefizit 689
Revisionsbegründung 906 ff.; 1070

Revisionsgründe
- absolute 935; 960 ff.
- Gruppen 933; 960
- relative 935; 1027 ff.

Revisionsverfahren
- Bindung des Instanzrichters 1095 f.
- Gang 1084 ff.
- Hauptverhandlung 1085
- Urteil (Beispiel) 1104
- Zurückverweisung 1093

Richter
- Ablehnung 980 ff.
- Ausschluss 976 ff.
- Beurteilung 340
- Dienstaufsicht 339
- dienstliche Erklärung 994
- Mängel in seiner Person 972
- Privilegien 339
- Unabhängigkeit 339 f.
- Verhinderung 965; 1026
- als Zeuge vom Hörensagen 604 ff.
richterliche Bestätigung 157; 604 ff.
richterliche Protokolle 540 ff.; 551 f.
richterliche Vernehmung
- im Vorverfahren 122; 148 ff.; 157
Richterprivileg 515; 604 ff.
Richtervorbehalt 582; 590 f.; 1208
Rubrum 718
Rückwirkungsverbot 6
Rügepräklusion 974 f.; 1027
Rügeverkümmerung 408
Ruhen
- der Verjährung 945

Sachaufklärung
- und Absprachen 642 ff.
- und Grundrechtsschutz 17; 580 ff.; 606 ff.
sachliche Zuständigkeit 208 ff.; 342; 1002 f.
Sachrüge 907; 917; 933; 935; 1070 ff.
Sachverständiger 306 ff.
- Ablehnung 306
- Abgrenzung zum Zeugen 312 f.
- Ablehnung eines Beweisantrages 442; 497 ff.
- Auswahl 314 f.
- als Zeuge 313
- Belehrung 283
- eigene Sachkunde des Gerichts 500 f.; 504
- Erinnerungslücken 550 f.
- fehlende Sachkunde 442; 504
- Gutachtenerstattung 309; 600
- Gutachtenverweigerung 316; 597

Sachverzeichnis

- Ladung zur Hauptverhandlung *381*
- Ordnungsgeld *1273*
- Tod *541*
- Ungeeignetheit *442; 497 f.*
- Vereidigung *1064*
- vorläufiges Gutachten *309*
- Zwangsmittel in der Hauptverhandlung *1273*

Sanktionsschere *643; 658*
Schätzungen *455 f.*
Schengener Durchführungsübereinkommen (SDÜ) *50; 1181*
Schengener Informationssystem (SIS) *126; 1181*
Schiebetermin *405*
Schiffe
- Gerichtsstand *1154*

Schlussvorträge *397; 472; 1069*
Schmähschrift *843*
Schmerzensgeld *324 ff.; 789*
Schöffen *344 ff.*
- Ablehnung *347; 352; 980 ff.*
- Auslosung *345; 970 f.*
- Ausschluss *349; 976 f.*
- Auswahl *970 f.*
- Haftentscheidungen *354*
- Kopftuch *350; 1274 (Fn)*
- Ladung zur Hauptverhandlung *381*
- Mängel in der Person *972*
- unfähige *971*
- Urteilsberatung *353; 399 f.; 417*
- Vereidigung *971*
- Vorschlagsliste *345; 970*
- Wahlverfahren *345 f.; 970*

Schöffengericht *208 ff.; 213*
Schöffenwahlausschuss *970 f.*
Schriftlichkeit
- Begriff *856*

Schuld *171; 176; 193*
Schuldfähigkeit *463; 558; 667 ff.; 685 ff.; 1114*
Schuldspruch *649; 720 f.*
Schwangerschaftsabbruch *293*
Schweigerecht
- des Angeklagten *226 ff.*
- des Zeugen *282 ff.*

Schweigepflicht
- Entbindung *297; 877*
- öffentlicher Dienst *299 f.*

Schwerkriminalität
- Haft *1143*
- Überwachung und Observation *1235 ff.*

Schwurgericht *208; 899*

Seeleute
- Ladung *379*

Selbstablehnung *858 (Fn.)*
Selbstanzeige *730*
Selbstgespräch *608*
Selbstleseverfahren *531*
Serientaten *200 f.; 456; 752*
sexueller Missbrauch
- Besonderheiten der Anklage *200*
- Beweiswürdigung *310; 526 f.; 752*
- Verjährung *945*

sicheres Geleit *448*
Sicherstellung *1219*
Sicherung der Beweise *122*
Sicherungshaft *1148; 1176*
Sicherungsverfahren *167; 317 (Fn); 833*
Sitzungspolizei *34 f.; 1129; 1270 ff.*
Sitzungsprotokoll *408 ff.; 1043 f.*
Skizze *509*
Sofortige Beschwerde *732; 856*
Sollvorschriften *1032 ff.*
Sozialarbeiter *599*
Speichel (Genomanalyse) *1189 ff.; 1194 ff.*
Sperma *1194 ff.*
Sperrerklärung *451 ff.; 511; 714*
Spezialitätsgrundsatz *1182*
Spezialprävention *174*
Spielsucht *674*
Spontanäußerung *140; 583; 587 ff.; 599;*
Sprungrevision *900 ff.*
Staatsanwalt
- Ablehnung *998*

Staatsanwaltschaft *10; 14; 52; 112 ff.; 275 ff.*
- Abwesenheit und Revision *1012 ff.*
- amtliche Wahrnehmungen *109 ff.*
- Anfechtungsberechtigung *842*
- Anklagegrundsatz *18*
- Antrag auf Untersuchungshaft *1154*
- Beweisantragsrecht *458*
- Einstellungsmöglichkeiten *167 ff.*
- Ermessensspielraum *15 f.*
- Gegenerklärung *930*
- in der Hauptverhandlung *275 ff.*
- Hierarchie *112 f.; 275*
- interne Weisungen *112; 114; 275*
- Legalitätsprinzip *14*
- Offizialmaxime *10*
- Terminsnachricht *381*
- Transnationale Ermittlungen *50; 124 f*
- Zwang zum Einschreiten *10 ff.*
- Zwangsmittel gegen *1275*

Staatsschutzkammer *208; 1263; 1266*

619

Sachverzeichnis

Staatssicherheit 32; 581
Stellvertretung
– bei Prozesshandlungen 105
Steuerberater 293
Steuerungsfähigkeit 669 ff.
Strafanspruch des Staates 9 f.; 17
Strafantrag 97 ff.
– als Verfahrenshindernis 946 f.
– Antragsberechtigung 103
– Auslegung 106; 946 f.
– Berechtigung (Beispielsfall) 105; 947
– Offizialdelikt 98
– öffentliches Interesse 101
– relative Antragsdelikte 99; 946 f.
– Rücknahme 107
– Stellvertretung 105; 947
– Tod des Verletzten 104
– Wirksamkeitsvoraussetzungen 103; 946
Strafanzeige 94 ff.
– Beispiel 72 ff.
– querulatorische 120
– Verlesbarkeit 599
Strafbefehl
– Einspruch 830
– Formular 832
– Verlesung 831
Strafbefehlsverfahren 192 f.; 826 ff.; 1112
– Beweisantrag 1048
– Einspruch 830; 1112
– Ladung des Angeklagten 370 ff.
Strafhaft
– und Zustellung 926 f.
Strafkammer 208; 899; 963; 995
Strafklageverbrauch 6; 48 ff.; 54; 120; 189 f.; 195; 938; 950
– beschränkter 175; 177; 190
Strafmaß
– Zusagen 43; 642 ff.; 649
Strafrahmenbestimmung
– im Urteil 720 f.; 770 ff.; 787
Strafrichter
– Zuständigkeit 208; 210; 342
Strafunmündigkeit 938
Strafvereitelung 14
Strafvollzugssachen
– Rechtsbeschwerde 337
Strafzumessung
– im Urteil 770 ff.
– und Revision 1081 f.; 1090 f.
Straßenverkehr
– Strafbefehlsverfahren 826
– und Strafverfolgung 101
Straßenverkehrsamt 215

Strengbeweis 428 ff.
Stufentheorie 41
Subsidiaritätsprinzip 1245; 1249; 1256 f.
Substitution 276
Suchtberatungsstelle 293
Suchvermerk 186
Sühnebedürfnis 942
Suspensiveffekt 841

Tagebuch 533; 606 ff.
Tagessatz
– Berechnung 722 f.
Tat
– Begriff 54 ff.; 179; 952 ff.
– Darstellung in der Anklageschrift 198 ff.; 949 ff.
– frische 1131
– und Anklagegrundsatz 950 ff.
– Übungsfall 952
Tatbestandsirrtum 38
Tateinheit
– und Tatbegriff 56 ff.
– und Verfahrenseinstellung 179 ff.
Tatgeschehen
– Schilderung im Urteil 750 ff.
– Schilderung in der Hauptverhandlung 391
Tatkomplexe
– Rechtsmittelbeschränkung 846
Tatmehrheit
– und Tatbegriff 56 ff.
Tatort
– Ortstermin 35; 559
– Sicherstellung 1219
tatsächliche Feststellungen
– Bindung des Revisionsgerichts 933; 1071; 1075
– im Urteil 750 ff.
Tatverdacht 52 f.; 130; 193
Tatwaffe
– Sicherstellung 1219
Täuschung
– bei Vernehmungen 136 ff.; 580 ff.
Teilanfechtung 846
Teilfreispruch
– und Tatbegriff 56 ff.
– Tenorierung 737
– Voraussetzungen 700; 704; 795 ff.
Teilnahmeformen 564; 720
Teilrechtskraft 471; 1096
Teilschweigen 228; 711
Telefonat
– Beweisverwertungsverbot 582; 611 ff.

- Mithören   *617 ff.*
Telefonfalle   *617 ff.*
Telefonüberwachung   *559; 611 f.; 1235 ff.*
- Einführung in die Hauptverhandlung   *614*
- Verwertungsverbote   *610 ff.; 1266*
Telekommunikation (Überwachung)   *582; 611 ff.; 1235 ff.*
Tenorierung   *400; 719 ff.*
Terminsbestimmung
- zur Hauptverhandlung   *366 f.*
Terminsnachricht   *381 f.*
Terminsverlegung   *366*
terroristische Gewalttaten   *211*
Tod
- des Angeklagten   *938*
- des Verletzten (Strafantrag)   *104*
Tonaufnahmen
- in der Hauptverhandlung   *33 f.*
- Beweisverwertungsverbot   *610 ff.*
Transnationale Ermittlungen   *50; 124 f*
Traumatisierung   *523*
Trennbarkeitsformel   *847 f.*
Trunkenheit des Angeklagten   *234*
Trunkenheit im Verkehr
- Tenorierung   *737*

unbestimmtes Rechtsmittel   *869*
Unbrauchbarmachung   *834*
Unerreichbarkeit des Beweismittels   *444 ff.; 488*
Ungebühr   *1274*
Ungeeignetheit des Beweismittels   *439 ff.; 487; 497 f.*
Unmittelbarkeitsgrundsatz   *36 f.; 509 ff.; 820*
- Ausnahmen   *537 ff.*
- Beispiele   *534 f.*
- und Augenschein   *559 f.*
- und Ordnungswidrigkeiten   *536*
- und Revision   *1065*
Unschuldsvermutung   *8; 38*
Untätigkeitsbeschwerde   *855*
Unterbrechung
- der Verjährung   *944*
- Hauptverhandlung   *27; 405; 573 f.; 1042*
Unterbrechungsantrag
- und Konfliktverteidigung   *631*
Unterbringung   *22; 32; 1129; 1185 ff.*
Unterhaltspflichten   *722*
Unterlassen   *564*
Unterschriften im Urteil   *1024 ff.*
Untersuchungshaft   *1139 ff.*
- und Akteneinsicht   *271*
- Aufnahmeersuchen   *1160*

- Aussetzung   *1151; 1163 f.*
- Benachrichtigungen   *1156*
- Dauer   *1164 ff.*
- Entscheidung im Eröffnungsbeschluss   *955*
- Verhältnismäßigkeit   *1150 f.*
- Verschonung   *1151*
unzulässige Beschränkung
- der Verteidigung   *1041 f.; 1045*
Unzulässigkeit der Beweiserhebung   *437; 480; 581 f.*
Urkunden
- als Augenscheinsobjekt   *559*
- als Beweismittel   *367*
- Einführung in das Verfahren   *531*
- Formen   *532 ff.*
Urkundsbeamter der Geschäftsstelle
- Ablehnung   *976; 980 ff.*
- Abwesenheit und Revision   *1005; 1013 f.*
- Ausschluss   *976 f.*
- Funktion   *336; 414 ff.*
- Kostenfestsetzung   *728*
Urkundenbeweis   *530 ff.*
- bei Abwesenheit des Angeklagten   *243*
- und Revision   *1065*
- und Unmittelbarkeitsgrundsatz   *509; 534 f.; 1065*
Urteil   *694 ff.*
- Abkürzung bei Rechtsmittelverzicht   *801 f.*
- Absprachen   *642 ff.*
- Adhäsionsentscheidung *727; 740; 789*
- Arten   *703 f.*
- Aufbau   *715 ff.*
- Beispiele   *769* (erste Instanz); *894* (Berufung); *1104* (Revision)
- Beratung   *399 f.; 417*
- Berichtigung   *698*
- Fristen   *812*
- Gegenstand   *700 ff.*
- Gliederung   *715 ff.*
- Grundlagen   *705 ff.*
- Kostenentscheidung   *728 ff.*
- Rubrum   *718*
- Teilfreispruch   *700; 704; 730; 737; 795 ff.*
- Tenorierung   *719 ff.*
- Verwertbarkeit von Beweismitteln   *761*
- Zustellung   *813 ff.*
Urteilsgründe
- bei Verurteilung   *743 ff.*
- bei Freispruch   *730; 791 ff.*
- fehlende Unterschriften   *1024 ff.*
- verspätete Ablieferung   *1024 ff.*

Sachverzeichnis

Urteilsverkündung 29; 35; 402 f.; 695 f.
– Gliederung 402
– Medienöffentlichkeit 33 f.
– und Sitzungsprotokoll 695

verbotene Vernehmungsmethoden 136 ff.
Verbindung von Verfahren 857
Verbindungsdaten 1222; 1251
V-Mann
– Begriff 451
– Beweisverbot 582; 599; 622
– Beweiswürdigung 454
– fehlende Aussagegenehmigung 451 ff.; 511
– Schutz in der Hauptverhandlung 244
– Unerreichbarkeit 451 ff.
Verdacht
– und Strafanzeige 72; 94 ff.
verdeckte Ermittlungen 1235 ff.
verdeckter Ermittler
– Begriff 451; 616
– Beweisverbot 582
– fehlende Aussagegenehmigung 451 ff.; 511
– Verwertungsverbot 616
Verdunkelungsgefahr (Begriff) 1145
Vereidigung
– des Dolmetschers 334; 384; 414; 1064
– Protokollpflicht 415
– des Sachverständigen 1064
– des Schöffen 971
– des Zeugen 1057 ff.
Vereidigungsverbot 430; 1060 f.
Verfahrensablauf
– Überblick 52 ff.
Verfahrensdauer 21 ff.; 629; 725
– als Einstellungsgrund 24; 176
Verfahrenseinstellung
– Begründung/Bescheidung 168
– endgültige 190
– gem. § 154f StPO 186 f.
– gem. § 170 Abs. 2 StPO 167 f.
– gem. §§ 153, 153a StPO 171 ff.
– gem. §§ 154, 154a StPO 54; 178 ff.
– Hinweispflicht 562 ff.; 570
– im Urteil 742; 887
– Kostenentscheidung 731
– mit beschränktem Strafklageverbrauch 190
– ohne Strafklageverbrauch 189
– Verfahren 168
– vorläufige 188

– Wiederaufnahme der Ermittlungen 167; 175; 183
– Wiedereinbeziehung ausgeschiedener Tatteile 180; 183
Verfahrensfehler
– Beweis 914 f.
– Heilung durch Instanzgericht 961
– Revisionsbegründung 908 ff.
Verfahrensgrundsätze 9 ff.
Verfahrenshindernisse 936 ff.
– anderweitige Rechtshängigkeit 363
– Anklagegrundsatz 948 ff.
– Einstellung des Verfahrens 54; 177; 183; 703; 937
– fehlender Strafantrag 11; 108; 938; 946 f.
– mangelhafter/fehlender Eröffnungsbeschluss 938; 955 ff.
– ne bis in idem 48 ff.
– Revisionsbegründung 908
– Strafklageverbrauch 48 ff.; 120; 950
– Tod des Angeklagten 938
– Verfolgungsverjährung 942 ff.
– Verhandlungsunfähigkeit 958 f.
– im Zwischenverfahren 359
– Zweifelssatz 941
Verfahrenskosten 728 ff.
Verfahrensrüge 907 ff.
Verfahrensverzögerung 21 ff.; 1070
Verfolgungsbeschränkung 178 ff.
Verfolgungsverjährung 942 ff.
Verfügung
– Begriff und Inhalt 214
Vergehen
– Antragsdelikte 98
– Einstellungsmöglichkeiten 173; 176
– Pflichtverteidigung 256
– Strafbefehlsverfahren 192 f.; 826 ff.
Vergewaltigung 185
Vergleich 325
verhafteter Beschuldigter
– Einlegung von Rechtsmitteln 839; 903
Verhältnismäßigkeit
– Beschlagnahme 1220
– Beweisverwertungsverbote 607 ff.
– Durchsuchungen 1206
– erkennungsdienstlicher Behandlung 1202
– Untersuchungshaft 1150 f.; 1166 ff.
– verdeckte Ermittlungsmaßnahmen 1241; 1247
Verhandlungsfähigkeit
– Begriff 187; 958 f.

Sachverzeichnis

- Feststellung   *385; 429*
- körperliche Untersuchung   *1189 ff.*
- Verhandlungsunfähigkeit   *186 f.; 234; 958 f.*
- Verhörsperson
- als Zeuge vom Hörensagen   *454; 510 f.; 594 ff.*
- Verjährung   *942 ff.*
- Verkündungstermin   *402*
- Verlesung
- der Urteilsformel   *402*
- des Anklagesatzes   *386 f.; 414; 1038*
- Einverständnis der Verfahrensbeteiligten   *543*
- Protokollierung   *414 f.; 548*
- schriftlicher Erklärungen des Angeklagten   *552*
- von Ärzteerklärungen   *555 f.*
- von Behördenerklärungen   *555 ff.*
- von Protokollen   *539 ff.*
- von Urkunden   *531 f.; 545*
- Verletzter
- Akteneinsichtsrecht   *321; 324*
- Begriff   *170; 319*
- Klageerzwingung   *169 f.; 1119 ff.*
- Nebenklage   *317 ff.*
- und Strafantrag   *103*
- Verletzungsfolgen   *555 f.*
- Verlobte
- Zeugnisverweigerung   *294*
- Vermögensabschöpfung   *329 f.; 338*
- Vermögensbagatelldelikte   *174*
- Vernehmung
- Begriff   *391; 598 ff.*
- des Angeklagten   *249; 385; 391; 578; 1037*
- des Beschuldigten im Ermittlungsverfahren   *132 ff.*
- des Zeugen im Ermittlungsverfahren   *90 ff. (Beispiel); 152 ff.*
- Vernehmungsfähigkeit   *137*
- Vernehmungsmethoden
- Beweiserhebungsverbot   *582*
- Beweisverwertungsverbot   *139 f.; 141; 143 f.; 583 f.; 623 ff.*
- verbotene   *136 ff.; 583 ff.; 623 ff.*
- Verschlechterungsverbot   *836 ff.; 862; 889; 934; 1112*
- Verschleppungsabsicht   *471; 489 ff.; 508*
- Verschlusssache   *268*
- Verschwiegenheitspflicht   *299 f.*
- Entbindung   *297; 877*
- Verteidiger   *251 ff.*
- Abwesenheit bei Urteilsverkündung   *402*

- Abwesenheit und Revision   *265; 1011; 1013 f.*
- Akteneinsicht   *266 ff.; 514*
- Anfechtungsberechtigung   *842 f.*
- Ausschluss   *640*
- Beweisantragsrecht   *274; 458*
- Durchsuchung des Verteidigers   *1274*
- Fragerecht   *274; 639*
- Kleidung   *1274 (Fn)*
- Konfliktverteidigung   *626 ff.*
- Ladung zur Hauptverhandlung   *376 f.*
- letztes Wort   *398*
- notwendige Verteidigung   *254 ff.*
- Prozessverschleppung   *471; 489 ff.; 626 ff.*
- Rechte   *266 ff.*
- Revisionsbegründung   *918*
- Sitzplatz   *1042*
- Terminierung des Gerichts   *1042*
- und Hinweispflicht   *584*
- Urteilszustellung   *813 ff.*
- Verzicht auf Schlussvortrag   *1069*
- Zeugnisverweigerung   *293 ff.*
- Zurechnung von Verschulden   *1108*
- Zustellungen   *813 ff.*
- Zustimmung zur Nachtragsanklage   *577*
- Zwangsmittel in der Hauptverhandlung   *1274*
- Verteidigererklärung   *390 f.; 649*
- Verteidigerpost   *552*
- Verteidigung
- Unzulässige Beschränkung   *1041 f.; 1045*
- Vertrauensperson   *163*
- Vertraulichkeit   *610*
- Vertypte Strafmilderungsgründe   *771 ff.*
- Verwandte
- Zeugnisverweigerung   *294 f.*
- Verwarnung mit Strafvorbehalt   *238 f.*
- Verweisungsbeschluss   *361*
- Verwertbarkeit   *863*
- Begriff   *133 (Fn)*
- Verwertungsverbote   *580 ff.*
- Abhören/Observation   *610 ff.; 1266 ff.*
- Ausführungen im Urteil   *761*
- bei Absprachen   *584; 658; 661*
- bei Zeugnisverweigerung   *155; 601 ff.*
- Benachrichtigungspflicht   *150 f.*
- Blutprobe   *1190*
- fehlerhafte Belehrungen   *139 ff.; 155; 229; 1051 ff.*
- Fernwirkung   *623 ff.*
- Filmaufnahmen   *615*
- Fortwirkung   *625*
- Konfrontationsrecht   *42*

Sachverzeichnis

- Mithören   *617 ff.*
- richterliche Vernehmung   *150 f.; 5604 f.*
- Tagebücher   *606 ff.*
- Telefonüberwachung   *611 f.; 1266 ff*
- und Protokollverlesung   *543*
- verbotene Vernehmungsmethoden   *136 ff.*
- verdeckter Ermittler   *616*
- Verletzung rechtlichen Gehörs   *47*

Verwirkung   *26; 861; 912; 988; 1011; 1028*
Verzicht
- auf Rechtsmittel   *404; 850 f.*
- auf Verwertungsverbot   *602*

Verzögerungsrüge   *28; 855*
Videovernehmung
- Beschuldigter   *135; 551*
- Zeugen   *159 ff.; 245 f.; 415; 440; 450; 512 ff.; 544; 1010 f.*

Videoaufzeichnung   *135; 159 ff.; 512 ff.; 551*
- und Akteneinsicht   *266*

Videokonferenz   *1162*
Völkermord   *211*
Vollstreckung   *52 f.*
Vollstreckungsbehörde   *1177*
Vollstreckungshaftbefehl   *1177*
Vollstreckungslösung   *24; 725 f.*
Vollstreckungsverfahren   *52*
Vollstreckungsverjährung   *945*
Vorführbefehl   *1174; 1271*
Vorführersuchen   *373*
Vorführung
- ausgebliebener Angeklagter   *231*
- vor den Haftrichter   *1158*

Vorhalt   *530; 550; 554; 601*
vorläufige Entziehung der Fahrerlaubnis   *88 f. (Beispiel); 1227 ff.*
vorläufige Festnahme   *1130 ff.*
vorläufige Unterbringung   *1185 f.*
Vorratsdatenspeicherung   *1238; 1251*
Vorschaltbeschwerde   *1119*
Vorsitzender
- Funktion   *341*
- in der Hauptverhandlung   *393*
- Tod bei Urteilsverkündung   *402*

Vorstrafen
- ausländische   *784*
- im Urteil   *746 ff.; 775*
- und Revision   *1039*
- Verwertung   *581; 747; 1039*

Wahlfeststellung   *564; 798*
Wahlgegenüberstellung   *528 f.*
Wahlrechtsmittel   *343*
Wahlverteidiger   *253; 1011*

Wahrnehmungsfähigkeit   *520 f.*
Wahrunterstellung   *43; 494 ff.*
Wasserschutzpolizei   *379*
Weisungen
- bei Einstellung des Verfahrens   *176*
- innerhalb der Staatsanwaltschaft   *112*

weitere Beschwerde   *863, 1163; 1175*
weitere Straftat
- Nachtragsanklage   *575 ff.*

weiterer Sachverständiger   *504 f.*
wesentliche Förmlichkeiten
- Absprachen   *415; 650 ff.*
- Begriff   *414 f.*
- Belehrungen   *390; 414*
- Beweisantrag   *476*
- Beweisermittlungsantrag   *506*
- Hinweise   *584*
- Nachtragsanklage   *578*
- Verlesung der Anklage   *386 f.*
- Verlesung von Urkunden   *415; 543; 548*

wesentliches Ergebnis der Ermittlungen   *62; 205 ff.; 951*
Widerspruchslösung   *592; 1027*
Widmarkformel   *688*
Wiederaufnahmeverfahren   *1113 ff.*
Wiederaufnahme der Ermittlungen   *167; 175, 183*
Wiedereinsetzung in den vorigen Stand   *913; 1105 ff.*
- Beschwerde   *854; 1111*
- Urteilsergänzung   *802*
- Verschulden   *913; 1107*

Wiedereröffnung
- der Beweisaufnahme   *401; 473*

Wiederholungsgefahr als Haftgrund   *1146 f.*
Wiener Übereinkommen   *144; 1156*
Willkür
- Begriff   *212*

Wirtschaftsstrafkammer   *208*
Wohnraum
- Überwachung   *1236; 1240; 1262 ff.*

Wohnung
- Begriff   *926 f.; 1261*
- Durchsuchung   *1209 ff.*

Zeuge   *152 ff.; 278 ff.; 367*
- Abgrenzung zum Beschuldigten   *129*
- angemessene Behandlung   *280; 518*
- Auskunftsverweigerung   *301 ff.*
- im Ausland   *444 ff.; 542*
- Beistand   *161 f.; 281; 517*
- Belastungsstörung   *523*

Sachverzeichnis

- Belehrung   *154 ff.; 283; 289 f.; 298*
- Benennung im Beweisantrag   *466*
- Beugehaft   *279; 1272*
- Blutprobe   *591; 1191 ff.*
- Entfernung aus dem Sitzungssaal   *1015 ff.; 1036; 1274*
- Entschädigung   *280*
- Erinnerungslücken   *441; 550 f.*
- Ermittlung des Aufenthaltsortes   *444; 447*
- Gesundheitsgefährdung   *241*
- Glaubhaftigkeit der Aussage   *502 f.; 519 ff.*
- Kinder und Jugendliche   *158 ff.; 210; 241; 245 f.; 289; 502 f.*
- körperliche Untersuchung   *1191 ff.*
- Krankheit/Gebrechlichkeit   *440; 541 f.*
- Ladung zur Hauptverhandlung   *378 ff.*
- Lichtbildvorlage   *528*
- Nichterscheinen trotz Ladung   *444*
- Ordnungsmittel   *1272*
- präsenter   *507 f.*
- psychische Erkrankung   *502 f.*
- richterliche Vernehmung   *157*
- Schutz   *32; 158 ff.; 210; 241; 245 f.*
- Schweigerecht   *282 ff.*
- Spontanäußerung   *140; 583; 587 ff.; 599*
- Tod   *541*
- Unerreichbarkeit   *444 ff.; 488*
- Ungeeignetheit   *440 f.*
- unzumutbares Erscheinen   *542*
- Vereidigung   *518; 1057 ff.*
- Videovernehmung   *159 ff.; 512 ff.*
- vom Hörensagen   *454; 510 f.; 535; 554*
- Vorhalt   *530; 550; 554*
- Wahlgegenüberstellung   *528 f.*
- Zwangsmittel in der Hauptverhandlung   *1272*

Zeuge vom Hörensagen
- Begriff   *510; 535; 712*
- und Auskunftsverweigerung   *597*
- und Revision   *1065*
- Beweiswürdigung   *454; 510*
- und Zeugnisverweigerung   *594 ff.*

Zeugenaussage
- Bewertung/Fehlerquellen   *519 ff.*
- und Protokollpflicht   *414 f.*

Zeugenbeistand   *161 f.; 281; 323; 517*
Zeugenbelehrung   *289 ff.*
- Heilung von Mängeln   *1053*
- und Revision   *1051 ff.*
- von Kindern   *289 f.*

Zeugenvernehmung   *152 ff.; 210; 516 ff.*
- Ablehnung eines Beweisantrages   *477 ff.*

- Ausschluss des Angeklagten   *240 ff.*
- Polizeiliches Protokoll (Beispiel)   *90 ff.*
- richterliche im Ermittlungsverfahren   *157*
- und Sitzungsprotokoll   *415 f.*
- Videoaufzeichnung   *159 ff.; 512 ff.*
- Wiederholung   *469*

Zeugenschutz   *158 ff.*
- Mindeststandards   *158; 483*

Zeugenschutzprogramm   *164*
Zeugnisverweigerung
- aus beruflichen Gründen   *293 ff.*
- aus dienstlichen Gründen   *299 f.*
- aus persönlichen Gründen   *294 ff.*
- Berechtigte   *282 ff.*
- Berufshelfer   *296 f.*
- und Protokollverlesung   *594 ff.*
- und Zeuge vom Hörensagen   *594 ff.*
- Verwertungsverbot   *284; 291; 594 ff.*
- Zwangsmittel   *279; 284; 1272*

Zeugnisverweigerungsrecht
- Belehrung   *154; 283; 289 f.; 298; 1052 ff.*
- Beweiserhebungsverbot   *581*
- Geltendmachung   *292*
- prozessualer Schutz   *155; 594 ff.*
- und Freibeweis   *430*
- von Kindern   *289 f.*

Zufallsfund   *1214*
Zufallserkenntnisse (Telefonüberwachung)   *613; 1267*
Zuhälterei   *60; 157*
Zusagen des Gerichts   *43; 570; 642 ff.*
- zur Strafvollstreckung   *852*

Zusatztatsachen   *313; 600*
Zuschauer
- Ausschluss von der Hauptverhandlung   *1015*
- Zwangsmittel in der Hauptverhandlung   *1274*

Zuständigkeit   *209 ff.; 342; 360 f.; 1000 ff.; 1154*
Zustellung   *923 ff.*
- an Angeklagten/Verteidiger   *813 ff.; 923 ff.*
- an die Staatsanwaltschaft   *816*
- an Familienmitglied   *925 f.*
- an mehrere Bevollmächtigte   *814*
- Bedeutung   *815*
- bei Haft   *926 f.*
- der Anklage   *357*
- der Einstellungsverfügung   *168*
- des Eröffnungsbeschlusses   *363*
- des Strafbefehls   *830*

Sachverzeichnis

- des Urteils   *813 ff.*
- im Ausland   *369*
- Nachweis   *815 f.*

Zustellungsurkunde   *369; 815*

Zustellungsvollmacht   *814*

Zustimmungspflicht
- bei Verfahrenseinstellung   *174; 176; 178*

Zwangsmittel   *1128 ff.*
- Beschlagnahme   *1219 ff.*
- Durchsuchung   *1203 ff.*
- erkennungsdienstliche Behandlung   *1201 f.*
- Haft   *1139 ff.*
- in der Hauptverhandlung   *1270 ff.*
- körperliche Untersuchung   *1189 ff.*
- Observation   *1235 ff.*
- Online-Durchsuchung *1207; 1253*
- Sicherstellung   *1219*
- Überwachung der Telekommunikation   *1235 ff.*
- vorläufige Entziehung der Fahrerlaubnis   *1227 ff.*
- vorläufige Festnahme   *1130 ff.*
- vorläufige Unterbringung   *1185*

Zweifelssatz (in dubio pro reo)   *38; 193; 360; 455; 583; 668; 683; 687; 707; 714; 766; 793; 916; 941; 1077 f.*

Zwischenverfahren   *355 ff.; 365*

Über den Tellerrand des nationalen Strafrechts hinaus

Strafprozessrecht

Eine systematische Darstellung des deutschen und europäischen Strafverfahrensrechts

Von Prof. Dr. Dr. h.c. Hans-Heiner Kühne, Trier.
9., völlig neu bearbeitete und erweiterte Auflage 2015.
XXXV, 884 Seiten. Gebunden. € 129,99
ISBN 978-3-8114-9551-7
(C.F. Müller Lehr- und Handbuch)

Das Handbuch zum Strafprozessrecht bietet dem Leser eine wissenschaftlich fundierte, den Ansprüchen der Rechtspraxis genügende Darstellung des deutschen Strafprozessrechts, die über das Referieren der höchstrichterlichen Judikatur hinaus auch die Realität des Strafverfahrens dogmatisch einordnet und kritisch analysiert.

Die deutsche StPO wird stets auch im Lichte der Rechtsprechung des EGMR ausgelegt, wobei sowohl dessen vielfältige Entscheidungen gegen Deutschland, als auch gegen andere Vertragsstaaten, welche üblicherweise in der wissenschaftlichen Diskussion nur bruchstückhaft Berücksichtigung finden, rechtsvergleichend herangezogen und für das deutsche Verfahrensrecht fruchtbar gemacht werden.

Ein besonderes Augenmerk gilt zudem den Wechselbeziehungen von Polizeirecht und Strafprozessrecht, die insbesondere auf dem Gebiet der Zwangsmaßnahmen von Bedeutung sind.

Die 9. Auflage brachte das Werk auf den Stand von Ende Dezember 2014. Einzelne wichtige Neuerungen aus dem Frühjahr 2015, wie etwa die Ergänzung des englischen Strafverfahrensrechts durch den im März 2015 in Kraft getretenen Criminal Justice and Court Act wurden außerdem berücksichtigt.

C.F. Müller GmbH, Waldhofer Straße 100, 69123 Heidelberg,
Bestell-Tel. 089/2183-7923, Bestell-Fax 089/2183-7620,
E-Mail: kundenservice@cfmueller.de, www.cfmueller.de/lehrundhandbuch

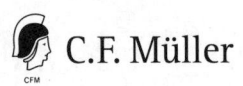

C.F. Müller

Fit für die Strafstation!

- Stationspraxis: Anleitung zur Fallbearbeitung, Tipps für den Sitzungsdienst, Musterakten
- Assessorprüfung: Klausurtechnik und -taktik, Aktenvortrag
- Grundlagen, Examenswissen, Beispiele, Formulierungshilfen

Dr. Lasse Dinter/ Dr. Christian Jakob
Die Staatsanwaltsklausur: Prüfungswissen für das Assessorexamen
3. Auflage 2018. Ca. € 19,99

Dr. Tim Charchulla/ Dr. Marcel Welzel
Referendarausbildung in Strafsachen
Stationspraxis - Klausurtechnik - Aktenvortrag
3. Auflage 2012. € 22,95

Holger Willanzheimer
Die mündliche Strafrechtsprüfung im Assessorexamen
12 Prüfungsgespräche - Allgemeine Hinweise - Wiederholungstipps
2. Auflage 2016. € 22,99

RiOLG Marc Russack
Die Revision in der strafrechtlichen Assessorklausur
11. Auflage 2017. € 21,99

Alle Bände der Reihen und weitere Infos unter: **www.cfmueller-campus.de/shop**

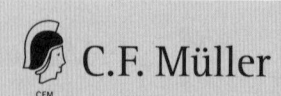

C.F. Müller   Jura auf den ● gebracht